U0470286

心理学核心课

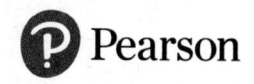

心理学的世界 上
THE WORLD OF PSYCHOLOGY 7th Ed.

[美] 塞缪尔·E. 伍德 Samuel E. Wood
埃伦·格林·伍德 Ellen Green Wood
丹妮斯·博伊德 Denise Boyd 著

陈 莉 译

上海社会科学院出版社
SHANGHAI ACADEMY OF SOCIAL SCIENCES PRESS

本书该版本谨献给我们所怀念的作者，**山姆·伍德**(Sam Wood，1934—2008)。他所完成的工作仍在影响不计其数的学生的人生。没有他，也不会有今天这本书。

简要目录

第 1 章　心理学简介 / 001
第 2 章　生物和行为 / 050
第 3 章　感觉和知觉 / 099
第 4 章　意识状态 / 151
第 5 章　学习 / 197
第 6 章　记忆 / 246
第 7 章　认知、语言和智力 / 292
第 8 章　儿童发展 / 349
第 9 章　青少年期和成年期 / 402
第 10 章　情绪与动机 / 447
第 11 章　人类的性和性别 / 493
第 12 章·压力与健康 / 543
第 13 章　人格理论和人格评估 / 585
第 14 章　精神障碍 / 623
第 15 章　治疗方法 / 670
第 16 章　社会心理学 / 708
附录 A　统计方法 / 749
附录 B　工作中的心理学 / 758

目 录

前　言 / 001
作者简介 / 001
如何学习心理学：学习这本书的一些技巧 / 001

第1章　心理学简介 / 001
  心理学的世界 / 003
    科学方法 / 003
    心理学的目标 / 006
  探索心理学的历史根基 / 008
    构造主义 / 008
    机能主义 / 009
    心理学的"变脸" / 010
  心理学的流派 / 012
    行为主义 / 012
    精神分析 / 013
    人本主义心理学 / 014
    认知心理学 / 015
    进化心理学 / 016
    生物（生理）心理学 / 017
    社会文化观点 / 018
    心理学观点与折中模式 / 019
  对理论和研究的思考 / 021
    评价理论 / 021
    评估研究 / 022
  描述性研究方法 / 024
    自然观察和实验室观察 / 024
    个案研究 / 026
    调查研究 / 026
    相关法 / 029

实验法 / 031
　　　　实验和假设检验 / 031
　　　　自变量和因变量 / 033
　　　　实验组和控制组 / 033
　　　　实验研究偏差的来源 / 035
　　　　实验法的局限性 / 036
　　心理学研究的被试 / 037
　　　　心理学研究中的被试相关偏差 / 038
　　　　保护被试的权利 / 039
　　　　动物在研究中的使用 / 040
　　工作中的心理学家 / 041
　　　　心理学专家 / 041
　　　　主修心理学 / 042
　　总结与回顾 / 043
　　关键术语 / 046
　　章末测验 / 047

第 2 章　生物和行为 / 050
　　神经细胞和神经递质 / 051
　　　　神经元的结构 / 051
　　　　神经元间的交流 / 052
　　　　神经递质：神经元的信息员 / 055
　　　　神经递质的种类 / 057
　　人类神经系统 / 060
　　　　中枢神经系统：脊髓 / 060
　　　　中枢神经系统：后脑 / 061
　　　　中枢神经系统：中脑 / 063
　　　　中枢神经系统：前脑 / 064
　　　　周围神经系统 / 066
　　进一步了解脑 / 068
　　　　大脑的组成 / 068
　　　　大脑半球 / 070
　　　　额叶 / 074
　　　　顶叶 / 077
　　　　枕叶 / 078
　　　　颞叶 / 079

　　　　人一生的脑 / 079
　　　　　　成人脑部的性别差异 / 081
　　探索脑的奥秘 / 082
　　　　脑电图和微电极 / 082
　　　　电子计算机断层扫描和核磁共振成像 / 083
　　　　PET 扫描、fMRI 和其他的图像技术 / 084
　　内分泌系统 / 085
　　基因和行为遗传学 / 087
　　　　遗传法则 / 088
　　　　行为遗传学 / 092
　　总结与回顾 / 093
　　关键术语 / 095
　　章末测验 / 097

第 3 章　感觉和知觉 / 099
　　感觉的过程 / 100
　　　　绝对阈限和差别阈限 / 101
　　　　换能与适应 / 102
　　视觉 / 104
　　　　眼睛 / 105
　　　　视觉和大脑 / 107
　　　　色觉 / 110
　　　　色觉理论 / 111
　　听觉 / 112
　　　　声音 / 112
　　　　耳 / 114
　　　　听觉理论 / 116
　　　　听力丧失 / 116
　　其他感觉：嗅觉、味觉、触觉和平衡觉 / 118
　　　　嗅觉 / 118
　　　　味觉 / 121
　　　　触觉 / 123
　　　　痛觉 / 124
　　　　平衡和运动 / 126
　　知觉原则 / 128
　　　　知觉组织 / 128

深度知觉 / 130
运动知觉 / 132
令人困惑的知觉 / 133
影响知觉的因素 / 136
注意 / 136
先验知识 / 137
社会知觉 / 141
不寻常的知觉经验 / 142
总结与回顾 / 144
关键术语 / 147
章末测验 / 148

第4章 意识状态 / 151

什么是意识 / 152
意识观点的变化 / 152
文化和非常规意识状态 / 153
生理节律 / 154
生理节律的生物基础 / 155
生理节律的破坏 / 156
昼夜节律和神经系统障碍 / 158
睡眠 / 159
人为什么要睡觉 / 159
睡眠类型:非快速眼动睡眠和快速眼动睡眠 / 160
睡眠周期 / 161
快速眼动睡眠和记忆 / 162
睡眠差异 / 163
睡眠剥夺 / 164
睡眠障碍 / 165
梦 / 169
梦的内容 / 169
释梦 / 170
冥想和催眠 / 172
冥想 / 172
催眠 / 173
精神药物 / 175
药物怎样影响大脑 / 176

兴奋剂对行为的影响 / 177
抗抑郁药对行为的影响 / 179
致幻剂对行为的影响 / 180
药物滥用的风险和保护性因素 / 183
药物成瘾 / 186
草药方和营养剂 / 189
总结与回顾 / 190
关键术语 / 193
章末测验 / 194

第 5 章　学习 / 197
经典条件反射：最初的观点 / 199
巴甫洛夫和经典条件反射 / 199
经典条件反射的过程 / 201
改变条件反射 / 203
约翰·华生和情绪条件作用 / 205
经典条件反射：当代的观点 / 207
认知观点 / 207
生物学倾向 / 209
日常生活中的经典条件反射 / 210
经典条件反射的影响因素 / 212
操作性条件反射 / 213
桑代克和效果律 / 213
操作性条件反射的过程 / 214
强化 / 217
强化模式 / 218
影响操作性条件反射的因素 / 222
惩罚 / 222
逃避和回避学习 / 226
操作性条件反射的应用 / 228
认知学习 / 232
顿悟学习 / 232
潜在学习和认知地图 / 232
观察学习 / 234
从媒体中学习 / 235

　　　　总结与回顾 / 240
　　　　关键术语 / 242
　　　　章末测验 / 243

第 6 章　记忆 / 246
　　　　人类记忆的结构 / 247
　　　　　　信息加工方法 / 247
　　　　　　感觉记忆 / 250
　　　　　　短时记忆 / 251
　　　　　　长时记忆 / 253
　　　　记忆的本质 / 258
　　　　　　记忆任务的三种类型 / 258
　　　　　　系列位置效应 / 260
　　　　　　情境和记忆 / 261
　　　　　　记忆重建 / 262
　　　　日常生活中的记忆 / 264
　　　　　　闪光灯效应和摄影式记忆 / 265
　　　　　　记忆和文化 / 266
　　　　　　目击证词 / 267
　　　　　　关于被压抑的记忆的争议 / 269
　　　　生物学与记忆 / 271
　　　　　　海马体和海马区 / 271
　　　　　　神经元的变化和记忆 / 273
　　　　　　激素和记忆 / 274
　　　　　　记忆丧失 / 275
　　　　遗忘 / 277
　　　　　　艾宾浩斯和针对遗忘的第一次实验研究 / 277
　　　　　　遗忘的原因 / 279
　　　　增强记忆 / 284
　　　　总结与回顾 / 287
　　　　关键术语 / 289
　　　　章末测验 / 290

第 7 章　认知、语言和智力 / 292
　　　　认知 / 293
　　　　　　推理 / 294

　　　　表象 / 295
　　　　概念 / 296
　　　　决策 / 298
　　　　问题解决 / 303
　　　　人工智能 / 306
　　语言 / 308
　　　　语言结构 / 308
　　　　语言和思维 / 310
　　　　学习第二语言 / 311
　　　　动物交流 / 313
　　智力 / 316
　　　　智力的本质 / 316
　　　　智力测量 / 319
　　　　良好测验的要求 / 322
　　　　钟形曲线 / 325
　　　　天才 / 326
　　　　智力障碍 / 327
　　　　学习障碍 / 328
　　解释认知能力中的差异 / 330
　　　　智力的遗传性 / 330
　　　　智力：固定的还是可变的？ / 332
　　　　种族和智商 / 334
　　　　文化、智力和成就 / 335
　　超越智力 / 337
　　　　情绪智力 / 337
　　　　创造力 / 339
　　　　学者综合征 / 341
　　总结与回顾 / 343
　　关键术语 / 346
　　章末测验 / 347

第 8 章　**儿童发展** / 349
　　发展心理学：基本原理和方法论 / 351
　　　　发展心理学中具有争议性的问题 / 351
　　　　研究发展变化的方法 / 352

胎儿发育 / 354
　　胎儿发育中的重要事件 / 355
　　胎儿的行为 / 357
　　影响胎儿发育的负面因素 / 357
婴儿期 / 360
　　反射和动作的发展 / 360
　　感觉和知觉的发展 / 362
　　学习 / 363
　　气质 / 364
　　依恋 / 366
　　父子关系 / 368
皮亚杰的认知发展理论 / 370
　　图式:认知发展的基础 / 370
　　皮亚杰的认知发展阶段理论 / 372
　　对皮亚杰贡献的评价 / 378
认知发展的其他途径 / 379
　　维果茨基的社会文化理论 / 380
　　信息加工方法 / 381
语言发展 / 382
　　语言发展的顺序 / 382
　　关于语言发展的理论 / 384
　　学会阅读 / 386
社会化发展 / 387
　　父母在社会化过程中扮演的角色 / 387
　　同伴关系 / 390
　　电视是一种社交媒介 / 391
　　文化和儿童发展 / 393
总结与回顾 / 396
关键术语 / 399
章末测验 / 400

第9章　青少年期和成年期 / 402
　　毕生发展观 / 403
　　　　埃里克森的社会心理发展理论 / 404
　　　　同一性危机 / 405
　　　　繁殖 / 406

青少年期 / 408
  青春期 / 409
  认知发展 / 412
  道德发展 / 413
  亲子关系 / 416
  同辈群体 / 417
  成人初显期 / 418

成年早期和成年中期 / 420
  生理变化 / 420
  智力 / 421
  大学的影响 / 423
  成年期的生活方式 / 426

成年晚期 / 431
  成年晚期的生理变化 / 432
  成年晚期的认识改变 / 434
  阿尔茨海默病,最普遍的智力衰退 / 435
  成年晚期的社会化发展与适应性 / 437
  赡养老人的文化差异 / 438
  死亡和临终 / 439

总结与回顾 / 442
关键术语 / 444
章末测验 / 444

第10章 情绪与动机 / 447

动机的基础 / 448
  动机的组成部分 / 448
  动机的类型 / 449
  动机的生理学原理 / 451
  动机的行为主义和社会认知原理 / 454
  马斯洛需要层次理论 / 457

两个原始驱力:渴和饥饿 / 459
  口渴 / 459
  内部或者外部饥饿的触发机制 / 459
  解释体重的不同 / 462
  减肥的策略 / 464
  饮食障碍 / 466

理解情绪 / 469
　　解释情绪的组成 / 469
　　情绪理论 / 470
　　情绪与大脑 / 473
情绪表达 / 474
　　情绪的范围 / 474
　　面部表情的发展 / 474
　　面部表情的普遍性 / 475
　　情绪表达的文化规则 / 477
　　情绪，一种交流方式 / 478
　　检测谎言的艺术和科学 / 479
情绪体验 / 481
　　面部反馈假说 / 481
　　情感体验中的性别差异 / 483
　　情绪和认知 / 484
　　爱 / 485
总结与回顾 / 487
关键术语 / 490
章末测验 / 491

第 11 章　人类的性和性别 / 493
性、性别和性别规则 / 495
　　生理性别 / 495
　　心理性别 / 497
　　性别角色发展的早期理论 / 498
　　性别角色的多维分析 / 501
　　性别图式理论 / 503
　　进化论 / 503
性别差异 / 507
　　关于性别差异的思考 / 508
　　认知能力 / 510
　　社会行为与人格的性别差异 / 513
性态度和性行为 / 515
　　性态度和性行为的影响因素 / 515
　　性欲望和性唤起 / 519

性取向 / 522
　　性取向的定义 / 522
　　对待男女同性恋的社会态度 / 525
　　男女同性恋的恋爱关系 / 526
性功能障碍 / 527
　　性欲障碍 / 527
　　性唤起障碍 / 527
　　性高潮障碍和性交疼痛 / 528
性传染病 / 530
　　细菌性性传染病 / 531
　　病毒性性传染病 / 532
　　获得性免疫缺陷综合征（艾滋病）/ 533
总结与回顾 / 537
关键术语 / 540
章末测验 / 540

第12章　压力与健康 / 543
　　压力的来源 / 544
　　　　生活事件：大和小 / 545
　　　　日常琐事和进步 / 546
　　　　冲突与控制力 / 548
　　　　工作场所中的压力 / 549
　　　　灾难性事件 / 552
　　　　种族歧视和压力 / 552
　　　　社会经济地位和压力 / 554
　　应对压力 / 555
　　　　塞里和一般适应综合征 / 555
　　　　拉扎勒斯关于压力的认知学说 / 557
　　　　应对策略 / 558
　　健康和疾病 / 560
　　　　健康和疾病的两种理论 / 561
　　　　冠心病 / 562
　　　　癌症 / 564
　　　　免疫系统和压力 / 565
　　　　个人因素会降低压力和疾病的影响 / 567
　　　　性别与健康 / 569

种族和健康 / 570
生活习惯和健康 / 572
吸烟与健康 / 572
酒精滥用 / 574
日常饮食 / 576
锻炼 / 576
替代疗法 / 577
总结与回顾 / 579
关键术语 / 581
章末测验 / 582

第 13 章　人格理论和人格评估 / 585
精神分析理论 / 586
意识、前意识、潜意识 / 587
本我、自我和超我 / 587
性心理发展阶段 / 589
评价弗洛伊德的贡献 / 592
新弗洛伊德理论 / 593
人本主义理论 / 595
两种人本主义理论 / 596
自尊 / 596
特质理论 / 598
早期特质理论 / 598
五因素理论 / 600
五因素的来源和稳定性 / 602
文化和人格特质 / 604
社会认知理论 / 605
情境论与特质论之争 / 606
交互决定论 / 606
自我效能和控制点 / 607
人格评估 / 610
观察、访谈和评定量表 / 610
人格量表 / 611
投射测验 / 615
总结与回顾 / 618
关键术语 / 620

章末测验 / 620

第 14 章 精神障碍 / 623
  精神障碍的定义 / 624
    什么是异常 / 625
    精神障碍的分类 / 626
    解释精神障碍 / 628
    精神障碍的患病率 / 629
  焦虑症 / 630
    惊恐发作、广场恐惧症、恐慌症 / 630
    广泛性焦虑症和恐惧症 / 632
    强迫症 / 636
  心境障碍 / 638
    重度抑郁症 / 639
    文化、性别和抑郁症 / 640
    双相障碍 / 641
    解释心境障碍 / 642
    种族、性别、年龄和自杀行为 / 643
  精神分裂症 / 644
    年龄、性别、精神分裂症 / 645
    精神分裂症的阳性症状 / 646
    精神分裂症的阴性症状 / 646
    精神分裂症的类型 / 647
    解释精神分裂症 / 648
  躯体形式障碍及解离症 / 651
    躯体形式障碍 / 652
    解离症 / 653
  人格障碍 / 656
    人格障碍的特点 / 656
    人格障碍的类型 / 657
  儿童时期的精神障碍 / 660
    广泛性发育障碍 / 660
    注意缺陷多动障碍 / 663
  总结与回顾 / 664
  关键术语 / 667
  章末测验 / 667

第 15 章　治疗方法 / 670

领悟疗法 / 671
心理动力疗法 / 671
人际关系疗法 / 673
人本主义疗法 / 674
格式塔心理疗法 / 674

关系疗法 / 675
婚姻疗法 / 675
家庭治疗 / 676
团体治疗 / 677

行为疗法 / 678
建立在操作条件作用基础上的行为矫正技术 / 679
建立在其他学习理论上的行为疗法 / 680

认知疗法 / 684
理性情绪行为疗法 / 684
贝克的认知疗法 / 685

生物医学疗法 / 688
药物疗法 / 688
针对儿童和青少年的精神类药物 / 692
电休克疗法 / 693
精神外科 / 694
对这些治疗方法的评价 / 695

治疗方法之间的关系 / 697
选择治疗师 / 698
文化敏感和性别敏感疗法 / 700

总结与回顾 / 702
关键术语 / 704
章末测验 / 705

第 16 章　社会心理学 / 708

社会知觉 / 710
印象形成 / 710
特质 / 711

吸引力 / 712
吸引力影响因素 / 712
外表吸引力 / 713

浪漫和相配 / 713
　顺从、服从和屈从 / 716
　　　顺从 / 716
　　　服从 / 717
　　　屈从 / 719
　群体影响 / 721
　　　社会助长 / 721
　　　社会懈怠 / 722
　　　社会角色 / 723
　态度和态度改变 / 725
　　　态度 / 725
　　　认知失调 / 726
　　　说服 / 727
　亲社会行为 / 729
　　　帮助的理由 / 729
　　　旁观者效应 / 730
　攻击性 / 732
　　　攻击性的生理因素 / 732
　　　其他影响攻击性的因素 / 733
　　　攻击性社会学习理论 / 735
　　　性侵犯 / 736
　偏见和歧视 / 737
　　　偏见和歧视的根源 / 738
　　　偏见在减少吗？/ 741
　总结与回顾 / 743
　关键术语 / 745
　章末测验 / 746

附录 A　统计方法 / 749
　描述性统计 / 749
　　　集中趋势测量 / 749
　　　用表格和图表来描述数据 / 751
　　　变异性测量 / 752
　　　正态曲线 / 753
　　　相关系数 / 754

推断性统计 / 756
　　统计显著性 / 757

附录 B　工作中的心理学 / 758
　　人事心理学 / 758
　　　招聘员工 / 758
　　　员工培训与发展 / 760
　　　评估员工 / 761
　　组织心理学 / 762
　　　管理方法 / 762
　　　领导力 / 764
　　　工作场所的多样性 / 766
　　人因心理学 / 768
　　　工作场所设计 / 768
　　　工作生活质量运动 / 769

答　案 / 772

术语表 / 775

参考文献 / 798

图片版权目录 / 874

前　言

在 21 世纪教授普通心理学是一个巨大的挑战。和以前相比，现在的学生们更加多元、多变，对科技手段运用自如。许多人正在大学要求和家庭、事业及课堂之外的任务之间寻找平衡。

这一版的《心理学的世界》将继续满足所有学生不断变化的需求。在内容、研究、教学方法和设计上都有大量的更新和新添加的素材，同时在介绍众所周知的内容时做到有吸引力又好理解，从而让心理学的学习变得既有趣又有意义。

《心理学的世界》专注于学与用相结合。像先前的版本一样，第七版提供了先进的教学支持，同时将心理学原理和学生们的日常生活相联系。《心理学的世界》将会以一种更吸引人的方式，为学有成就的学生或正在成长的学生介绍心理学。

第七版更新

和每一个版本一样，我们对书的内容、组织形式和教学法都进行了仔细检视和全面更新。第七版的主要变化如下：

学生练习测试

在每一个章节的后面，学生可以进行一次本章内容测试。这个测试包括选择和问答题，这些问题的答案能从该章最后找到。

探索、总结和观察

在 MyPsychLab 探索

在 MyPsychLab 总结

在 MyPsychLab 观察

MyPsychLab 的重点在于将书本内容拓展到基于网站的延伸话题。从而使教员和学生获得额外的信息、录像和模拟。这些内容并非多余——甚至有许多资源比本书上强调的内容更为有用。这些内容将注意力转向最为有趣的一些资料上，你可以在 www.my-psychlab.com 上获取。

插图和照片

我们认为书中的插图是学习过程不可分割的部分。因此，我们已经认真地检查了每一个图表,以确保其精确性,从而为概念提供清晰的解释。我们也增加了一些新的表格和数据,以解释本书中的主要概念。我们也更新了大量的解剖图,加上了颜色编码标签和定义。

照片及其标题也能够辅助教学,它们也应该是多种多样的,就像它们所代表的人和问题一样,我们已经检查过所有书中的照片和它们的目的,许多开篇照片和内部照片对于第七版来说是全新的。

结构变化

第七版在结构上有大量改变,目的是使讨论和材料总体流程显得更清晰:最显著的一点,我们的章节已经从17章压缩到16章,将先前的第17章——工作中的心理学——转为附录。

关于SQ3R方法的介绍被提到第1章(心理学简介)。

"当今心理学的主要趋势"已经被放到第1章"心理学的流派"后面。

在第2章(生物和行为)中,"发现大脑的秘密"紧跟着"细看大脑"。

意识的变化状态与文化之间的联系已经被放到了第4章(意识状态)开始的部分。

在第10章(情绪与动机)中,情绪的生理、行为和社会认知理论与马斯诺的需要层次理论归为一节"动机的基础"。

第14章(心理障碍)中"焦虑症"这一部分已经被重新排序,惊恐发作、广场恐惧症及恐慌症被放到一起了。

第15章(治疗方法),不同心理健康专家类型已经被放到"疗法关系"这一节里。

在第16章(社会心理学)中,米尔格拉姆的研究被放到"顺从、服从和屈从"这一节中。

内容和研究的更新

与其他版本一样,在第七版中,作者致力于引用最近的研究和最新的内容,从而促进读者对心理学基础的理解。为了能够准确清晰地介绍心理学的世界,作者查阅了原始资料,并重读了心理学中重要人物的著作,以及该领域的经典作品。作者也确保呈现心理学知识的最新内容。在第七版中,一些新例子和更新的内容和研究包括:

- 在第1章(心理学简介)中关于伪科学的讨论
- 关于社会知觉中镜像神经元的内容(第3章,感觉和知觉)
- 在线阅读和在线学习的内容(第5章,学习)
- 各种失忆类型的讨论(第6章,记忆)
- 锚定在决策中的作用和学习障碍(第7章,认知、语言和智力)
- 事业、工作和家庭如何保持平衡的讨论,老年人性活动和老年痴呆药物的研究(第9章,青少年期和成年期)
- 从进化论的角度讨论吸引力的跨文化研究(第11章,人类的性和性别)
- 产后抑郁的讨论,作为创伤后应激障碍表现的解离症的新研究(第14章,心理

障碍）
- 关于临床医学家怎么利用网络环境去和病人联系的新研究（第15章，治疗方法）
- 关于对比去个性化和社会认同理论（第16章，社会心理学）

我们关于学习的承诺：SQ3R 的学习方法

本书采用SQ3R学习方法，该方法包括五个步骤：调查、问题、阅读、背诵、复习，这些是成功学习的基础。我们在第1章中介绍，这个SQ3R方法将贯穿全书，它有助于学生将心理学与生活相联系，同时促进学生更好地阅读、学习和测验。

为了有效使用SQ3R方法，需要具备的重要学习特征如下：

学习目标

每一个章节都有具体的学习目标。每一个章节的页边空白处有关学习目标的问题有助于将学生的注意力集中在主要信息上。这些学习目标也会出现在每一章节开始时的概述中，也会出现在每章结尾的总结和复习版块中。

关键词

书中的关键词在第一次出现时就会被用粗体标出，它们一般出现在书中的页边空白处，关键词清单及其页码附在每一章结尾处。

记一记

在主要内容后面出现的这些快速复习有助于学生巩固所学知识。

复习表格

这些综合总结表格有助于学生巩固主要概念、内容及其相互关系。复习表格以视觉形式展现的信息是学生独特的学习工具。

总结和回顾

围绕着学习目标，每一章后的总结部分为学生提供了综合性的学习工具，以及对该章关键术语的快速查找。关键术语以字母排序，并附有页码。

章末测验

在第七版本中，每一章都包括了一个小测验，用来检测学生对本章节知识的掌握程度。测验包括选择题和问答题，目的是让学生进行思考。书后附答案。

用中学

作者意识到,学生的成功不仅有赖于好的学习方法,还要将心理学的知识运用到生活和职业选择上去。第七版本提供了各种实践学习的机会。

想一想

每一章开篇部分都有**想一想**这一环节,该部分主要鼓励学生从该章开始部分就能积极地学习,一般会让学生完成一些活动(例如,小测验、小实验),从而能以一种非常有趣的形式开始介绍内容。同样,该部分还会对学生接下来所要学的内容进行简略的总结。

试一试

在每一章中间部分,都有**试一试**这一环节,该部分主要是介绍简单的应用实验、自我测试、实践活动,让学生将心理学知识与日常生活相联系,**想一想**和**试一试**都是为了强调书中所学内容。

应用

每一章还包括**应用**这一部分,该部分将科学研究与实践建议相联系,为学生处理今后个人生涯、学术生涯、专业生涯中出现的困境和挑战提供帮助。

欣赏和反映人的多样性

作者一直致力于促进和扩大对人类多样性的认识。第七版从性别、种族、性和年龄这样一个全球视角来提出多样性问题。下面有一些例子:
- 面对不断变化的心理
- 社会文化方法
- 文化和意识状态的改变
- 记忆和文化
- 学习第二种语言
- 种族和智商
- 父子关系
- 文化和儿童发展
- 对年长者照顾的文化差异
- 展示情感的文化规则

- 情绪体验的性别差异
- 心理性别
- 社会行为和个性的性别差异
- 对男女同性恋的社会态度
- 种族歧视和压力
- 性别和健康
- 种族和健康
- 文化和人格特质
- 文化、性别和抑郁症
- 自杀和种族、性别以及年龄
- 文化敏感和性别敏感理论
- 偏见和歧视的根源
- 工作场合的多样性

教育和学习资源

《心理学的世界》第七版本包括了关于教育和学习资料,帮助你备课,提高讲课水平,更好地帮助你的学生理解材料。教学资料对教师来说是非常有用处的。请联系您当地的皮尔森代理。

教师手册（ISBN 0-205-76881-4）

教师手册由作者Denise Boyd(休斯敦社区学院)编写,为教师提供了详尽资源。包括了众多的活动、讲义、教学大纲、演讲材料、概述、阅读建议、多媒体和视频资源以及教学目标等。《APA相关指南》指出学习结果和试题库与APA学习目标和对本科专业的要求有着一致性。

试题库（ISBN 0-205-76882-2）

由Jason Spegelman(休斯敦社区学院)所建的试题库已经通过终审,每章含超过200个问题,形式包括选择题、是非题、简答题和讨论题,还有在每章的开头都有两份包含10个问题的快速问答。试题库包括一份完整的评估指导材料,材料列举了测试题目的答案,并根据学习目标和问题类型编排了测试题项。每个问题有答案解释、参考书、难易指标和题型认定。

建立在学生实际和反馈情况上的项目数据分析包含在一部分问题中。选择题的正确答案和主要干扰项的分析有助于教师检查问题,并对所选的问题作进一步评估。

第二份试题库（ISBN 0-205-76882-2）

这份试题库质量高,共有超过 2 000 个题目的试题库可供选择。这份试题库的题目可用于整班测试,每个问题都可以进行项目分析。

皮尔逊计算机化自我测验题库（www.pearsonmytest.com）

《皮尔逊自我测验》可以通过计算机化格式进行,这种权威的评估系统帮助教员很容易地创建和打印小测验和考试。考试可以在线授权,有助于教师在任何时间、地点灵活有效地评估。教师能通过拖放功能和文字类的控制装置容易地生成问题,并进行编辑、创建和储存。在每个问题的元数据提供难易度和页码信息。除此之外,问题还反映了测试主要章节和想学习目标。为了获得更多的信息,请登录该网址 www.pearsonmytest.com。

对于那些只需要测验项目文件的教师,我们将完整的测验项目文件以 BlackBoard and WebCT 的格式进行存储。

幻灯片

我们很乐意提供独特、综合性的幻灯片,以供课堂教学。幻灯片可通过在资源中心下载区获得或者通过资源光盘……幻灯片资料主要突出每章的重点,并配有图片。同时来自教师手册中的额外的例子和解释会出现在"笔记"部分。"幻灯片图片集"可以让教师使用书中的图表文件。最后皮尔逊已经编辑了一套的幻灯片用植入的动画、录像、活动制成。该部分由社区学院的 Derek Borman 制作。许多幻灯片包含分层图片,便于教师重点标识,比如标识脑的不同区域。

课堂应答系统

对于采用课堂应答系统的老师,每一章提供了课本内容的讨论问题,这些问题能够评估学生对材料的熟悉程度,或促使课堂讨论。这些问题能够提高学生思考能力,可从教师资源中心下载。

学习指导（ISBN 0-205-77697-3）

该部分由 Theodore W. Whitley(东卡罗莱那大学)完成。学习指导包括复习材料、深度活动和自我评测。每一章的学习指导部分被分成了三个板块,"阅读前""阅读时""阅读后"。

"阅读前"板块包括一个先前章节复习和学习材料的列表和关键词(含页码)。

"阅读时"板块功能包括各种实践活动、练习活动。

"阅读后"板块为学生提供了评估自己对每个章节理解力的机会。该部分包括两章练习题,每章含 20 个选择题。鼓励学生在他们参加测试前预测自己回答问题的正确率,然后再把预测和结果相比较。书中提供一个完整的答案(含页码)。

《心理学的世界》第七版的在线资源

在全国范围内,从一个小的社区学院到大的公立大学,有一种趋势正在蔓延:心理学导论课程的学习人数在增加,所以资源不能停止不前。指导时间空前地少,但与此同时,持续的指导对成功学习很重要。同时,美国心理学会强烈建议学生使用自我评估工具以及使用嵌入式问题和作业。为了满足这样的要求,Pearson 出版社的 MyPsychLab(MPL)为学生提供有效且引人入胜的自我评价工具,教师可以灵活地评估和追踪学生的学习进程。

什么是 MyPsychLab?

MyPsychLab 是一个学习和评估工具,它可以让教师评估学生的表现和使学生适应课程内容,而不需要付出额外的时间和资源。学生可以从这一便利的网站中获得助益,可以针对关键内容考查自己的学习,追踪自己的学习进程,并且调整适合自身的个性化学习计划。MyPsychLab 中的**新内容**包括:

新的更容易使用的 Pearson 电子书,具有更突出的特色和强大的媒体

新的时间表特征

新的词汇闪存卡

新的播客工具

新的视频剪辑、动画以及播客

持续不断地改进设计、课程内容,以及建立在顾客反馈基础上的评分系统

评估和适应能力

MyPsychLab 是从教师可以灵活发挥的角度来设计的——你可以决定将其中的内容在多大的程度上与课程进行整合——从学生独立的自我评估到全面的课程管理。通过将教师的大部分费时工作——课堂教学、学生评估和等级划分——变成使用自动化工具,MyPsychLab 能够让教师花更多的有效时间与学生在一起。关于将教学大纲中的观点整合进 MyPsychLab 中,你可以参考 Wood/wood/boyd 的教师手册或访问 www.mypsychlab.com。

除了包含在学生自定学习计划中的评估活动之外,教师可以得到额外的讲义、视频碟片和一些反映课堂棘手问题的活动。教师可以将这些资源带到课堂中或者放到网上,以使学生容易获得。

MyPsychLab 上可得到的资源:New PeerScholar 在线资源

当在线资源可帮助形成强大的批判性思考能力和掌握学习内容时,学习才是最有效。在 MyPsychLab 上的新工具 PeerScholar 允许教师分派在线写作任务,甚至可以分派大段

的心理学章节。PeerScholar 允许学生在上面阅读和写文章，这些文章与课程材料、评价其他学生的作业和获得自己作业的反馈等有关。在测验市场上成功运营了 5 年并建立在不断研究的基础上，这一工具提供了一个公平强大的教学平台，包含了任何教学内容下的开放式写作任务。

MyPsychLab 对 WebCT 和板书的用处

自制的黑板胶卷和 WebCT 项目包括测验项目文件、章节学习目标、词汇闪卡、章节小结、MyPsychLab 链接，以及章节测验。请询问 Pearson 出版社的代表关于其他定制的学习管理系统。

你可以登录 www.mypsychlab.com，获得更多关于 MyPsychLab 的信息。

心理学导论课程的补充材料

心理学导论的幻灯片（ISBN 0-205-39862-6）

这组幻灯片约包含 200 个经过修正的四种醋酯纤维颜色的幻灯片，将增强课堂讲演和讨论的效果。这组幻灯片中的图片来自 Pearson 出版社的心理学导论课本的主体部分。

Pearson 教学电影：心理学导论，教师图书馆（ISBN 0-13-175432-7）

这 5 盘 DVD 光盘包含 82 个部分，它们涵盖了心理学导论的所有主要论题。所有 82 个部分均来自美国广播公司（ABC）关于人文和科学的新闻和影片、Pearson 出版社的自有资源，以及科学中心（ScienCentral）的资源。

Pearson 教学电影：心理学导论，教师图书馆 2008 更新（ISBN 0-205-65280-8）

这 5 盘更新过的 DVD 光盘提供了新的视频，它们用来解释关键点和提高你的教学水平。特别值得一提的是，这些 DVD 提供了一些对解决科学和伪科学问题的新内容。

获取所有的资源[*]

《心理学的世界》（第七版）的所有可用于学习的资源清单都可以去 www.mypearson-store.com 寻找，输入 ISBN（0-205-76373-1），然后检查一下图书封面的"Everthing That Goes with It"部分。

为了获得 Wood/wood/boyd 提供的所有补充材料，《心理学的世界》（第七版）的使用

---

[*] 本部分版权属培生教育出版集团，如需查询，请咨询培生相关部门。

者可以进入 http://pearsonhighered.com/irc 并按照指导语进行注册(或者如果你已经拥有 Pearson 出版社的用户名和密码的话就直接登录)。

一旦你注册成功,并且你作为教师的身份得到证实,将有一封邮件告诉你登录名和密码。使用登录名和密码进入目录。点击"在线目录"链接,然后点击"心理学",找到"心理学导论",然后出现"Wood/wood/Boyd,《心理学的世界》(第七版),教材"。在每一个补充材料的描述下面有一个链接,你可以下载,并将补充材料保存在你的桌面上。

你和你的学生都可以通过 http://247.pearsoned.com 获得 Pearson 产品的所有支持技术。

致谢

我们感谢 Pearson 出版社许多人的支持,他们帮助我们将《心理学的世界》(第七版)出版。在编辑方面,Stephen Frail 策划了该书的进程,从而确保最终产品是一本全面详尽且与时俱进和通俗易懂的导论性质的教材。我们要感谢开发主管 Shron Geary 和资深开发编辑 Chritina Lembo 的帮助,他们的建议和鼓励是我们追求这一目标的巨大动力。主编 Ginny Livsey 帮助我们为学生和老师创造新的和改进的小助手。我们也希望感谢资深项目主管 Harriet Tellem 和编辑主管 Maureen Richardson 在将我们的初稿转化为书本过程中所做的长期和复杂的审阅工作。文字编辑 Donna Mulder 提供的建议有助于提高我们的写作,并且她的帮助使教材变得清楚、简明和结构完善。同时还要感谢设计者 Llze Lemesis 和艺术设计主管 Anne Bonanno 对第七版所做出的设计创新和管理。最后,我们要感谢市场营销主管 Jeanette Koskinas 对完善教材所提供的帮助。

致我们的书评员

诸多书评员对《心理学的世界》(第七版)和之前版本来说都是无价之宝,在此感谢他们付出的时间和精力。

第七版的书评员

Matt Canham,Central Oregon Community College

Lynda Crane,College of Mount St. Joseph

Vicki Dretchen,Volunteer State Community College

Bryan Gibson,Central Michigan University

Rebecca Hendrix,Northwest Missouri State University

Angie MacKewn,University of Tennessee at Martin

Lisa Milford,University at Buffalo

Jennifer Sullivan,Mitchell College

Janet Weigel,Black Hawk College

之前版本的书评员

Elaine Adams, Houston Community College

Mark D. Agars, California State University, San Bernadino

Patricia Alexander, Long Beach City College

Beth A. Barton, The University of North Carolina at Wilmington

Shirley A. Bass-Wright, St. Philip's College

Kenneth Benson, Hinds Community College

John Brennecke, Mt. San Antonio College

James Brooks, Tarrant County College District

Cari Cannon, Santiago Canyon College

Jane Marie Cirillo, Houston Community College

Maria G. Cisneros-Solis, Austin Community College

Wanda Clark, South Plains College

Betty L. Clark, University of Mary Hardin-Baylor

Dennis Cogan, Texas Technical University

Betty S. Deckard, California State University, Long Beach

Kimberly J. Duff, Cerritos College

Curt Dunkel, Illinois Central College

Laura Duvall, Heartland Community College

Joy Easton, DeVry University Orlando

Leticia Y. Flores, Southwest Texas State University

James Francis, San Jacinto College

Alexander B. Genov, Heartland Community College

Colleen Gift, Highland Community College

Victor Gombos, University of California-Fullerton

Paula Goolkasian, University of North Carolina at Charlotte

Allen Gottfried, California State University, Fullerton

Chuck Hallock, Pima Community College

Barbara J. Hart, Arizona State University-West

Brett Heintz, Delgado Community College

Debra Hollister, Valencia Community College

Steven Isorio, Golden West College

Victoria A. Kazmerski, Penn State Erie, The Behrend College

Norman E. Kinney, Southeast Missouri State University

Kim Kostere, Edison Community College

Callista Lee, Fullerton College
Bernard Levin, Blue Ridge Community College
Elizabeth Levin, Laurentian University
Barbara Lusk, Collin County Community College
Laura Madson, New Mexico State University
Barbara B. Marcel, Regis College
Catherine J. Massey, Slippery Rock University
Daniel Mayes, Seattle Community College
Carla Messenger, George Washington University
Wendy Mills, San Jacinto College North
George Mount, Mountain View College
Peggy Norwood, Metropolitan State College of Denver
Mark O'Dekirk, Meredith College
Fernando Ortiz, Santa Ana College
Ginger Osborne, Santa Ana College
Jack A. Palmer, University of Lousiana at Monroe
Debra Parish, Tomball College—NHMCC
Janet R. Pascal, DeVry University
Dan Perkins, Richland College
Michelle Pilati, Rio Hondo College
Vicki Ritts, St. Louis Community College-Meramec
Kevin S. Salisbury, Community College of Rhode Island
H.R. Schliffman, Rutgers University
Mark S. Schmidt, Columbus State University
Debra Schwiesow, Creighton University
Susan Siaw, California Polytechnic University, Pomona
Nancy Simpson, Trident Technical College
Lynn M. Skaggs, Central Texas College
Stacey Souther, Cuyahoga Community College
Donette A. Steele, Cerritos College
Genevieve D. Stevens, Houston Community College System—Central College
Chuck Strong, Northwest Mississippi Community College
Inger Thompson, Glendale Community College
M. Lisa Valentino, Seminole Community College
Monica Vines, Central Oregon Community College

Jeffrey B. Wagman, Illinois State University
Fred Whitford, Montana State University
Sandra Wilcox, California State University, Dominguez-Hills
Diane E. Wille, Indiana University Southeast
Jeana Wolfe, Fullerton College

作者简介

塞缪尔·E.伍德(Samuel E. Wood, 1934—2008),他在佛罗里达大学获得博士学位,曾经在西弗吉利亚大学和密苏里大学圣路易斯分校执教,并且同时是两个学校的博士生导师。从1984年到1996年,Wood博士供职于高等教育中心以及一个由圣路易斯地区的14个学院和大学组成的联盟。自1987年圣路易斯高等教育有限电视频道建立,到1996年,他一直是该频道的合伙人、主席和CEO。

埃伦·格林·伍德(Ellen Green Wood),她在圣路易斯大学获得教育心理学博士学位,并且在位于Meramec的圣路易斯社区大学做助理教授。她也曾经在华盛顿大学和密苏里圣路易斯大学讲授临床课程。除了她的教学活动之外,Wood博士还开办和讲授批判性思考课程的研讨班。由于她对远程教育领域的贡献,她在1982年到1988年获得了电视教育先驱奖。

丹妮斯·博伊德(Denise Boyd),她在休斯敦大学获得教育博士学位,并且从1988年开始一直是休斯敦社区大学的心理学教师。从1995年到1998年,她在休斯敦社区大学中心供职于心理学系、社会学系和人类学系。Byod博士还是其他Allyn and Beacon系列教材的著作者:与Helen Bee合著的《一生发展》(第五版),《儿童的发展》(第二十版),以及《成长中的儿童》(第一版)。作为一名专业的心理学家,Boyd博士已经在一些专业会议上报告了关于儿童、青少年和成人发展的一系列论文。她还为从幼儿园到大学阶段的老师开设专题研讨会。

如何学习心理学:学习这本书的一些技巧

《心理学的世界》运用五种由心理学家提出和检验过的学习策略,来帮助你提高学习能力。这五种策略是:预览、提问、阅读、复述和复习。这些步骤放在一起被称为 SQ3R 方法(Robinson,1970)。如果你遵循这些步骤,这将比你通过简单的阅读每一节要学到和记住得更多。下面是这些步骤的具体操作:

预览:首先,扫视每一节。章节提纲帮助你简要地预览学习内容及其组织架构。阅读每一节的标题和学习目标问题,它们可以使你的注意力集中在关键信息上。扫视一下说明和表格,包括组织、复习和总结关键概念的**复习表格**。然后阅读位于每一章最后的**总结和复习**。

提问:在你阅读每一章的时候,你应该依次阅读每一个主要章节。事实上,在你阅读每一节之前,应重新阅读每一节的学习目标问题。但是不要停止于此;当你浏览每一节的副标题和关键术语时,添加一些你自己的问题。回答每一个问题有助于你聚焦于阅读。

阅读:阅读每一节。在你阅读的时候,尝试回答学习目标问题和你自己的问题。阅读完每一节之后,停下来。如果章节非常长,或者学习材料特别有难度或复杂,在阅读了仅仅一节或两节内容之后,你就应该停止阅读。

复述:为了更好地掌握章节里的每一个主题,你要为这些内容写下一个简短的总结。如果你在总结一个主题或回答学习目标问题时存在困难,在再一次尝试之前,你要再次预览或阅读这一节。将你的总结与每一章最后面的**总结和复习**中提供的复习问题进行比较。

复习:在每一章节的最后有一个**记忆**部分,它包含了之前一些主题的问题。回答这些问题,然后检查一下你的答案。如果出错了,立刻复习之前的材料,直到你理解了为止。当你完成了一章后,再看一遍**记忆**部分,然后转向**总结和复习**。复习每一个关键术语。如果你不理解术语的含义,翻到定义这一术语所在的页面。方框中的定义提供这一重要术语的解释,这些术语在文中用的是黑体字。所有这些术语和定义也出现在课本最后面的词汇表中。最后回答一下每一章最后的**练习**部分,并且结合课本最后提供的答案检查一下你的回答。如果出现错误,复习这一章的材料,直到你理解这些答案。

第 1 章

心理学简介

心理学的世界
- 1.1 科学家采用什么样的程序来回答关于行为和心理过程的问题?
- 1.2 心理学的目标是什么?

探索心理学的历史根基
- 1.3 冯特和铁钦纳在心理学的创建中所扮演的角色是什么?
- 1.4 为什么机能主义在心理学史中起着重要作用?
- 1.5 在过去和现在、女性和少数族裔如何改变心理学领域?

心理学的流派
- 1.6 行为学家如何解释行为和心理过程?
- 1.7 精神分析心理学家认为无意识扮演什么角色?
- 1.8 根据马斯洛和罗杰斯的理论,人类行为和心理过程的动机是什么?
- 1.9 认知心理学家关注的重点是什么?
- 1.10 进化心理学的主要观点是什么?
- 1.11 生物心理学是如何改变心理学领域的?
- 1.12 社会文化学方向的心理学家对哪类变量感兴趣?
- 1.13 什么是心理学观点,它们如何与折中模式相联系?

对理论和研究的思考
- 1.14 心理学家如何评价理论?
- 1.15 如何使用批判性思维来解释有关心理学研究的媒体报道?

描述性研究方法
- 1.16 心理研究人员如何使用自然观察法和实验室观察法?
- 1.17 个案研究法的优势和劣势是什么?
- 1.18 研究人员如何保证研究结果的有效性?
- 1.19 相关法的优势和劣势是什么?

实验法
- 1.20 研究者为何用实验检测因果关系的假设?
- 1.21 如何区分自变量和因变量?
- 1.22 为什么设立实验组和控制组?
- 1.23 哪些因素会把偏差引入实验研究?

1.24 实验法的局限是什么？	1.27 为什么在研究中使用动物？
心理学研究的被试	**工作中的心理学家**
1.25 被试偏差如何影响研究结果？	1.28 在心理学领域工作的专业人员有哪些？
1.26 当被试是人类时，研究者应遵守何种伦理道德？	1.29 哪些工作适合心理学专业学生？

想一想

上第一堂心理学课时，你正在思考心理学是关于什么的。当你注意到这个单词"心理学"，你的脑海里面出现了什么？例如，治疗、大脑、心理疾病、情绪和催眠等相关词语出现在你的脑海里了吗？心理学的开篇部分将会涉及以上所有的概念，但同时也会涉及你认为应与心理学无任何联系的问题。例如，你一定认为儿童学习新的语言比成人快，但是这种观点是否正确？这本书将在第7章回答这个问题。在第11章，我们将讨论一个古老的话题：男女是否天生就不同。在第16章，我们将解释广告如何说服人们去购买商品。

在接下来的几个星期内，你将会学到心理学能帮助你处理日常生活中那些紧迫的实际问题：如何才能有效地学习？（你可以在第三页**应用**这一部分找到这个答案）你如何知道哪一种职业适合你？你如何能摆脱压力过大的感觉？这些现实问题都会在你全面理解心理学后得到解决。但是什么是心理学呢？

正式来讲，心理学被定义为研究行为和心理过程的一门科学。如果你像大多数人一样，你就会对行为和心理做许多观察，并且很有可能用一些自己的理论来解释它们。从电视、收音机或网络中，你可能也接触到一些专家关于行为和心理过程的观点。因此，让我们开启探索心理学之旅吧。在这之前，让我们先来评估一下你了解了多少知识。请回答以下问题，然后根据书后给出的答案进行核对。

正确的请标"T"，错误的请标"F"。

1. 一旦受损，大脑细胞就无法再次工作。
2. 在正常情况下，所有人每天晚上都做梦。
3. 在突发事件中，随着旁观者数量不断的增加，受害者得到帮助的时间就越少。
4. 人类不具备母性本能。
5. 人类不可能听到20英尺以外手表的嘀嗒声。
6. 证人证词常常是不可信赖的。
7. 大猩猩能被教会说话。
8. 创造力和高智商没有必然的联系。

> **预览** 每节要素主要包括大纲、标题、学习目标问题、插图、照片、图表、章末总结、学习指南。这一步骤有助于你回顾每章的主要内容。在开始学习每一章节时，使用预览有利于预习这部分的主要内容和特色。

9. 谈到亲密的人际关系,即异性相吸。
10. 绝大多数青少年和他们的父母有良好的关系。

所谓的"常识"会让你误入歧途,这很有可能会令你吃惊。以上题目的奇数项都是错误的,偶数项都是正确的。因此,单凭常识不会让你在心理学的学习中走得久远。学习一切这本书中教授的知识是了解行为和心理的第一步。这本书的特色将有助于你的学习,因为这是系统学习方法的组成部分。系统学习就是指目标导向的、有计划的、努力的学习。同样,在进行行为和心理问题的研究时,与常识相比,科学家所采用的研究过程更有可能产生可信的答案。这是因为这种研究过程是系统研究的一部分,而一些哲学家将系统研究视作科学的终极目标:寻找真理(Popper, 1972)。

心理学的世界

正如我们刚才所学的,**心理学**(psychology)被正式定义为对个体行为及心理过程的科学研究。但是什么使心理学成为一门科学?许多人认为一个领域被认为是科学,是因为它知识体系的本质。例如,没有人会对物理是否是真正的科学产生质疑。但是一门学科不是由于它的研究题材而成为科学。如果某一研究领域采用科学方法来获取知识,那就可以被称为科学。

1.1 科学家采用什么样的程序来回答关于行为和心理过程的问题?
  科学方法

科学方法(scientific method)是指一套有序的、系统的研究步骤,研究者可以据此进行确定研究问题、设计问题的研究方案、收集和分析数据、得出结论、交流成果。这种科学的研究方法是获取知识最为客观的方法(Christensen, 2007)。采用这种方法所获取的知识是可靠的。

应用——有效学习的最佳练习

多年关于学习和记忆的研究表明,如果你除了 SQ3R(预览、提问、阅读、复述、复习五

> **提问** 在学习每一章节之前,请浏览一下在每章目录或页边空白处的预习问题,来了解一下这章的主要内容。另外,还增加了你有可能会提的一些关于这章内容的初步问题和关键术语。记住这些问题,这将有助于你专注于每一章节的内容。

> **心理学** 一门研究个体行为及心理过程的科学研究。
> **科学方法** 指一套有序的、系统的研究步骤,研究者可以据此确定研究问题、设计问题的研究方案、收集和分析数据、得出结论、交流成果。

个学习阶段)方法以外,再采用一些学习策略,这将会使你的学习变得更为有效。

- 选择一个安静的、不易分散注意力的环境。在这种环境下,你除了学习无其他事情可做。你可以使自己适应这种学习环境,以致一进入房间或该环境下,就可以开始学习。
- 合理安排你的学习时间。关于记忆的研究已经证实,分段学习比集中学习更为有效。与其连续学习五个小时,不如分成五个学习时间段,每个时间段学习一个小时。
- 做好课前准备工作。每一周或每个自我学习周期,都给自己设定具体的学习目标。你的目标应该是富有挑战性的,但又不是无法完成的。如果每次学习任务都是可以完成的,这就很容易使自己坐下来完成它。完成设定的任务将会给你带来一种满足感。
- 在学习过程中,你越积极主动,越能记住所要学习的知识。将你一部分学习时间用来复述而不是重读。一种有效的方法就是使用索引卡片作为闪存卡。将关键术语或学习问题写在每张卡片的正面。在卡片的反面,列出书本或课堂中的相关信息。使用这些卡片有助于你复习考试。
- 过度学习是指学习时间超过你刚能背诵所要记住信息的时间。反复复习学习的内容,直到牢牢锁进自己的脑海里。如果你受困于考试焦虑,过度学习是有帮助的。
- 遗忘主要产生在你学习知识后的 24 小时内。无论你学习了多少内容,都要在考试之前短暂复习一下。记忆刷新将会有助于提高你的分数。
- 学习后立即睡觉有助于记住所学的内容。如果你不能在睡前进行学习,那至少要对白天所学习的内容进行复习。此时同样也是回顾你的索引卡片的好时机。

掌握了这些学习方法,将有利于你提高对所有课程的提高并取得更大的成功。

观看关于学习习惯的视频 www.mypsychlab.com

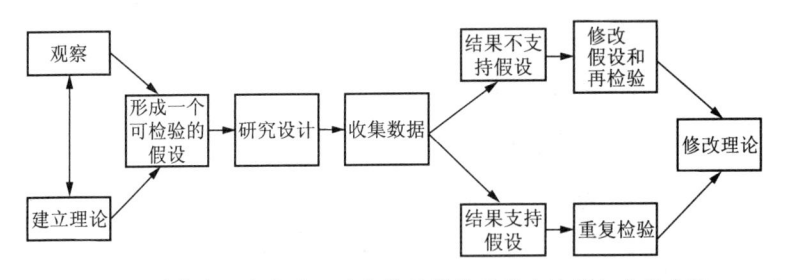

图 1.1 科学的研究方法 以上是科学的研究方法所包含的步骤。

阅读 当你阅读每一章节的内容时,试着回答学习目标问题,以及你自己脑海里的问题。如果你发现有一些部分内容特别长或者复杂,请将该部分内容分解成小块,并进行阅读。

科学的研究方法包含以下研究步骤(见图 1.1)：

观察和形成理论。科学研究方法的第一步是相互作用的过程。研究者观察到一些现象并对其进行理论化，或者对这些现象是由什么引发的产生预感。例如，假设一位心理学家观察学生在学生休息室内对着大屏幕电视打电子游戏，并且注意到男同学得分高于女同学，那么心理学家就有可能推测这种性别差异是由于男女同学花在玩游戏上的时间不同所造成的。换句话说，她预感男性在游戏中得分较高是因为他们练习的时间比女性要长。这种预感主要来自心理学的理论，**理论**(theory)是指用来解释许多分散的事件如何联系在一起的总的原理或一系列原理。在我们的例子中，研究者的预感似乎是基于一个理论，即强调经验在行为塑造过程中的作用；也就是说，她的理论认为人们从事该事情的经验越多，那么就越擅长。

形成假设。基于研究者对男女在电子游戏得分上的性别差异，形成研究**假设**(hypothesis)，即一个可以采用实证(即数据)的方法进行验证的预测。尽管研究者的理论可以形成许多可能的假设，但是关键在于理解练习对游戏得分的作用。

研究设计。接下来就是检验关于相同时间练习的假设。研究者设计了一个方案，在这个方案里，她使用相同的步骤教会男女同学如何玩一款新的游戏。然后，研究者允许学生花 30 分钟进行自我练习。最后在练习部分的结束阶段，研究者告诉被试再尝试一次，并且尽可能得最高分。

收集数据。一旦研究者完成研究，就可以收集与研究假设有关的数据。首先，她计算男女被试的平均得分，然后计算被试实际花费在游戏练习上的时间。这个信息对解释研究结果非常重要，因为尽管每个被试都被给予了 30 分钟进行练习，但是研究者不能保证所有的被试都进行了相等时间的练习。

运用结果来证明假设。如果研究者发现男女在游戏得分上无显著差异，那就可以得出数据支持其研究假设的结论，即如果给予相同的练习时间，男性和女性在游戏得分上是一样好的。然而，研究者不能就此停住。研究者必须采用相同的研究步骤重复研究，来决定研究发现是否仅仅是由一次现象所引发的、由潜在的心理规律所导致的一般现象。这个过程被称作**验证**(replication)。

另外一方面，如果研究者发现男性被试还是比女性被试在游戏得分上要高，她必须承认研究结果没有支持其研究假设，必须修改假设。然而，这时研究者所收集的被试实际训练的时间就开始派上用场了：如果数据显示男性比女性在实际练习上花费更多的时间，那研究者可以坚称其研究结果支持研究假设。不过，研究者依然必须修改其研究假设，其中包括关于为何在其研究中男性比女性会花费更多的练习时间的可检验的推断。例如，如

理论 用来解释许多分散的事件如何联系在一起的总的原理或一系列原理。
假设 对于两个或两个以上变量关系的预测。
验证 是指采用不同的被试，最好是不同的的调查者，对研究进行重复，以证实研究结果。

果研究者假设练习的差异是由于在研究中所采用的游戏类型所造成的,那么在接下来的研究中,研究者可以进一步检验不同的游戏类型是如何影响练习时间的。

1.2 心理学的目标是什么?

心理学的目标

当心理学研究者从事研究时,其追求的研究目标是什么?简而言之,心理学研究的目标就是描述、解释、预测和影响行为和心理过程。让我们来仔细了解每个目标。

描述通常是理解行为和心理过程的第一步,因此这一步骤对研究的早期阶段或者一些新的研究领域来说是非常重要的。为了达到这一目标,研究者必须尽可能准确、完整地描述行为和心理过程。描述就是告诉发生什么。

第二个目标,解释,即认识一个既定的行为或心理过程是在何种条件下产生的。这种认识常常使研究者清楚所研究的行为或心理过程产生的原因。但是研究者直到研究结论被检验、再检验、证实后才算达到解释的目的。研究者证实解释的方法就是消除或排除其他解释。解释就是说明一件既定的事件或行为为何会产生。

预测的目的是研究者能够指明某一行为或事件在何种条件下会产生。一旦研究者可以明确某一行为或事件产生的所有前提条件,他们就能预测行为或事件。

影响的目的就是知道如何运用某一原理,或改变某一条件来阻止不想发生的事件,或带来满意的结果。

◀为了解释公路暴力行为——最终有可能控制该行为——心理学研究者很有可能观察和描述在压力条件下汽车驾驶员的行为。

复习 这一部分总结了心理学的研究目标,并且将此运用到前面所谈论的游戏假设中去。

复习——心理学的研究目标

目 标	定 义	举 例
描 述	尽可能地准确描述行为或心理过程。	计算男性和女性电子游戏的平均得分。
解 释	对所感兴趣的行为或心理过程产生的原因进行分析。	认为男性的游戏得分显著高于女性,是因为男性练习的时间比女性长。

(续表)

目标	定义	举例
预测	列举某一行为或心理过程有可能产生的具体条件。	假设男性和女性具有相同的练习时间,那么其游戏得分也是相等的。
影响	运用研究结果,改变某一条件,从而产生令人满意的研究结果,并阻止不想要的研究结果。	利用游戏练习研究的结果,来开发相关游戏,提高女性在数学和科学上的成就。

有两类研究有助于心理学家完成以上四个目标:基础研究和应用研究。**基础研究**(basic research)的目的是寻找新的知识,并解释和发展一般科学认识。基础研究探索的内容主要有记忆的本质、大脑的功能、动机和情绪表达。**应用研究**(applied research)的目的就是具体解决实际问题,并提高生活质量。应用研究重点在于找到相关方法来提高记忆或增加动机、治疗心理障碍的方法、降低压力的手段,等等。这类研究是与心理学研究目标的第四点——"影响"紧密相连的,因为它具体指明了改变行为的方式和手段。

这两类研究有助于心理学家积累大量关于行为和心理过程的相关知识。然而,光靠信息是不能提高我们对心理现象的理解的。正如我们之前所意识到的,采用通过科学方法所获得的知识有助于我们理解所学知识。考虑到这一点,我们将注意力转向源于早期理论家和其批评者之间的争论所建立起来的早期心理学理论构建和心理学流派。

记一记——心理学世界的介绍

1. 科学家在形成知识体系时所采用的有序、系统的步骤,这些步骤组成了_____。
2. 对研究进行再次检验,来决定研究结果是否可靠,这一过程被称为_____。
3. 心理学的四个研究目标是_____、_____、_____和_____。
4. 应用研究强调_____目标。

答案:1.科学的研究方法 2.重复 3.描述 解释 预测 影响 4.影响

基础研究 寻找新的知识并解释和发展一般科学认识的研究。
应用研究 基于具体解决实际问题并提高生活质量的研究。

背诵 在读完每一部分后,请试着回到预习问题或你自己的问题,可以大声地读出来或写下来,或同时采用两种方式都可以。写下简单的总结有助于你巩固对每一部分的理解。如果对回答以前的预习问题或对总结有困难,那么可以花几分钟时间再次阅读所学内容。将你的问题答案和所写总结与每章后面的总结和复习进行比较。

探索心理学的历史根基

如果你想要从起源上追踪心理学的发展，你就要追寻到有历史记载之前，甚至早于早期古希腊哲学家，例如亚里士多德和柏拉图。然而，直到实验技术被应用于研究心理学问题时，心理学才开始作为一门正式的学科出现。

探索心理学年表 www.mypsychlab.com

1.3 冯特和铁钦纳在心理学的创建中所扮演的角色是什么？
构造主义

谁是心理学的创始人？历史学家承认三位德国科学家——厄恩斯特·韦伯（Ernst Weber）、古斯塔夫·费希纳（Gustav Fechner）和赫尔曼·冯·赫尔姆霍兹（Hermann von Helmholtz）——是第一批系统研究行为和心理过程的科学家。但是威廉·冯特（Wilhelm Wundt）一般被认为是心理学之父。冯特心理学研究的视野包括了社会和文化对人类思想的影响（Benjafield，1996）。

1879年冯特在德国的莱比锡大学创建了心理学实验室，该事件被认为标志着心理学成为一门独立的学科。采用内省的研究方法，冯特及其同事研究了对各种视觉刺激、触觉刺激和听觉刺激（以及由不同速率的节拍器所产生的节律模式）的知觉。内省法作为一种研究方法，主要是指个体向内检查自己的意识体验，并将此报告出来。

冯特最著名的学生，英国人爱德华·铁钦纳（Edward Bradford Titchener，1867—1927），将这一新的研究领域带到了美国，在美国康奈尔大学建立了一个心理学实验室。他为心理学的第一个流派取名为**构造主义**（structuralism），构造主义试图分析个体的意识体验的基本元素或结构。就像冯特一样，铁钦纳认为意识可以被分解为基本元素，就像水（H_2O）由成分氢（H）和氧（O）所组成。对冯特来说，纯粹的感觉——例如甜、冷或者红——是意识的基本元素，这些纯粹的感觉组成了知觉。

冯特和铁钦纳的研究因其所采用的内省法而受到了他人的批评和指责。内省法不是客观的，即使这种方法包含了观察、测量和实验。当不同的内省者接受同一种刺激时，例如节拍器，他们常常报告不同的体验。因此，构造主义流行的时间不长。之后心理学流派的建立部分是基于对构造主义的反驳，而构造主义在其忠实的发言人铁钦纳去世后也逐渐消亡了。然而，构造主义心理学家极力主张心理的研究过程是可以采用类似于其他领域中的研究方法来进行测量和研究的，因此它对于心理学成为一门独立科学的作用是不可磨灭的。

> **构造主义** 心理学理论中第一个正式的流派，分析个体意识经验的基本元素或结构。

▲即使这些空中造型跳伞运动员具有相同的感觉——下落感,但当他们下落时气团在其面部的冲撞以及降落伞打开时的突然摇晃——他们对其体验的自我报告也很有可能是因人而异的。

1.4 为什么机能主义在心理学史中起着重要作用?
机能主义

20世纪早期,构造主义在美国已经失去了影响力了,这时,一个新的心理学流派——**机能主义**(functionalism)正在形成。机能主义并不关心意识的结构,而是关心心理过程的机能,也就是说关心人和动物如何使用心理过程来适应环境。达尔文(1809—1882)极具影响力的工作,特别是其进化论和物种延续性的观点,是导致心理学的实验研究中动物被试不断增加的主要原因。尽管英国人达尔文散播了有助于心理学新流派产生的思想种子,然而机能主义的特点和精神却极具美国特色。

著名的美国心理学家威廉·詹姆斯(William James, 1842—1910)是机能主义的倡导者,在机能主义出现之前他已完成了大量的写作工作。詹姆斯最著名的作品就是一个多世纪之前(1890年)出版的、获高度评价、经常被引用的教材《心理学原理》。詹姆斯认为心理过程是一个流动、连续的过程,而不是构造主义所认为的固定的结构。詹姆斯认为,他所提出的"意识流"的主要功能是帮助人类适应他们的环境。

▲威廉詹姆斯是美国第一位心理学家。

机能主义是如何改变心理学的呢?机能主义扩大的心理学的研究范围,不仅包括了

> **机能主义** 早期的心理学流派,主要关注人和动物如何使用心理过程来适应他们的环境。

心理过程,也包括了行为研究。研究被试包括了儿童、动物、具有精神障碍的个体、群体,这些被试是无法被构造主义心理学家所研究的,因为这些被试是不能被训练使用内省法的。机能主义同样也通过鼓励对教育实践、个体差异以及对工作环境的适应(工业心理学)等问题的研究,来关注心理学的实际运用。

1.5 在过去和现在、女性和少数族裔如何改变心理学领域?
心理学的"变脸"

从起源到20世纪中叶,心理学研究领域主要是由欧洲和美国白人男性所主宰。几个世纪以来,传统的观点认为高等教育是白人男性专属的,女性应该照顾孩子和家庭,而少数族裔适合体力劳动。正如托马斯·潘恩在其极具影响力的小册子《常识》(Common)中写道:"对错误事物的久不思考,就会造成'它是正确的'的假象。"然而,在19世纪后期,女性和少数族裔克服了这些偏见,在心理学的研究中取得了显著的成就和贡献。

女性先驱。克莉丝汀·拉德-富兰克林(Christine Ladd-Franklin, 1847—1930)在19世纪80年代中期就已达到约翰·霍普金斯大学博士学位的要求,但直到40年后的1926年才拿到博士学位,之前约翰·霍普金斯大学一直拒绝为女性授予博士学位。拉德-富兰克林最为著名的理论是她的色觉理论。

◀在19世纪80年代期间,克莉丝汀·拉德-富兰克林成为达到心理学博士学位要求的女性之一,尽管约翰·霍普金斯大学在20世纪20年代中期之前一直拒绝为其授予博士学位。来自美国心理学的历史档案——阿克伦大学。

在1895年,玛丽·惠顿·柴金斯(Mary Whiton Calkins)完成了获得哈佛博士学位的所有要求,甚至威廉·詹姆斯也认为她是他最杰出的学生之一,但是哈佛还是拒绝将博士学位授予一位女性(Dewsbury,2000)。柴金斯并没有知难而退,她在威尔斯利学院建立了一个心理学实验室,并且开发了配对—联想测试,一种研究记忆的重要研究技术,并于1905年担任了美国心理学会第一位女性主席。

玛格丽特·弗洛伊·沃什伯恩(Margaret Floy Washburn,1871—1939)获得康奈尔大学的心理学博士学位,随后在瓦瑟学院任教(Dewsbury,2000)。她一生写了许多书籍,其中有影响力的书为《动物心理》(The Animal Mind,1908)以及《运动和心理意象》

(*Movement and Mental Imagery*, 1916)。

非裔美国人和其他种族群体。 弗朗西斯·塞西尔·萨姆纳(Francis Cecil Sumner, 1895—1954)是一个自学成才者：1920年，尽管没有接受过正规的高等教育，萨姆纳在美国克拉克大学心理学专业获得哲学博士学位，成为首位获得心理学博士学位的非裔美国人。"即使有无数社会和环境因素阻碍美国黑人取得如此成就"(Guthrie, 1998, 第177页)，但萨姆纳做到了。萨姆纳将德语、法语和西班牙语的3 000多篇文章翻译成英语。他是哈佛大学心理系的负责人，被认为是"非裔美国心理学之父"。

艾伯特·西德尼·贝克汉姆(Albert Sidney Beckham, 1897—1964)，另一位美国心理学家，从事早期的智力研究，并在无数职业领域证实智力与成功有密切联系。贝克汉姆在哈佛大学的非裔美国高等研究机构建立了第一个心理学实验室。

近来，非裔美国心理学家肯尼斯·克拉克(Kenneth Clark, 1914—2005)由于其关于种族隔离负面影响的著作而获得广泛的认可。他的研究对最高法院的裁决产生影响，高等法院宣布在美国种族隔离是违反宪法的(Benjamin & Crouse, 2002)。他的妻子，玛米·菲普斯·克拉克同样也取得了成就并得到认可，夫妇俩共同出版了关于种族认同和自尊的著作，该著作被认为是该领域的经典教材(Lal, 2002)。

西班牙裔美国人乔治·桑切斯(George Sánchez, 1906—1972)在1930年左右进行了关于智力测试偏见的研究(Sanchez, 1932, 1934)。他认为在进行智力测试时，文化差异和语言差异不利于西班牙裔学生。

印第安人和亚洲裔美国心理学家也对心理学研究做出了不可磨灭的贡献。此外，他们是心理学研究领域中发展最快的群体。从20世纪70年代到90年代，这两个群体的博士学位授予率增加了一倍多(National Science Foundation, 2000)。一位当代印第安裔心理学家，玛丽戈尔德·林顿，因其关于自传式记忆的研究而闻名。在1999年，理查德·苏斯，一位从事行为心理学的杰出研究者，成美国心理学会第一位亚洲裔主席。

今天，女性获得的心理学学位的数量要多于男性，并且少数族裔的代表性正不断上升(NCES, 2006, 2008)。然而，在美国人口中少数族裔的比例与他们专业心理学家的代表性之间还存在着差距(APA, 2000)。因此，美国心理学会和其他组织提出方案，鼓励少数族裔加入心理学的研究生课程。

▶肯尼斯·克拉克(1914—2005)和玛米·克拉克(1917—1983)对于非裔美国儿童自尊的研究在1954年美国高等法院在裁决"布朗诉教育委员会"一案中被引用，最高委员会宣布公共学校中的种族隔离政策是违法的。

记一记——探索心理学的历史根基

1. 将下列人物和概念进行匹配：(a)冯特，(b)构造主义或(c)机能主义。（小提示：一些联系不止一项）

　　_____ (1) 詹姆斯
　　_____ (2) 以达尔文的进化论为基础
　　_____ (3) 意识流
　　_____ (4) 经验的要素
　　_____ (5) 铁钦纳
　　_____ (6) 内省法
　　_____ (7) 在20世纪早期广泛流传

2. 将下列人物和其对心理学的贡献进行匹配。

　　_____ (1) 弗朗西斯·塞西尔·萨姆纳　　a. 第一位美国心理学会女性主席
　　_____ (2) 玛丽·惠顿·柴金斯　　　　　b. 进行智力测试文化偏见的研究
　　_____ (3) 肯尼斯·克拉克　　　　　　　c. 第一位获得心理学博士学位的非裔美国人
　　_____ (4) 克莉丝汀·拉德-富兰克林　　 d. 进行种族隔离负面影响的研究
　　_____ (5) 乔治·桑切斯　　　　　　　　e. 在完成博士学位要求的40年后才获得博士学位

答案：1. (1) c　(2) c　(3) c　(4) a, b　(5) b　(6) a, b　(7) c　2. (1) c　(2) a　(3) d　(4) e　(5) b

心理学的流派

　　为什么我们现在不再听说构造主义和机能主义了呢？在20世纪早期，这两个流派观点的争论使得心理学研究的理论讨论和研究数量急剧增加，结果便是新的理论不断地出现，这些理论能够更好地解释行为和心理过程。在这个时期，心理学的主要思想流派建立起来，并且对今天的心理学的发展产生影响。

1.6　行为学家如何解释行为和心理过程？

行为主义

　　心理学家约翰·华生（John B. Watson, 1878—1958）审视了一下由构造主义和机能主义所定义的心理学研究，几乎不喜欢所有他看到的。在他的文章《行为主义者眼中的心理学》(1913)中，华生提出一种全新的研究心理学的方法，这种方法否定了构造主义和机能主义的主观内容。这一新的心理学流派将心理学重新定位为研究行为的科学,并由华生取名为**行为主义**(behaviorism)。行为主义认为心理学研究的对象应是行为,因为行为是可以被观察、测量的,因此是客观的和科学的。行为主义同样也强调行为主要是由环境因素来决定的。

在19世纪60年代之前,行为主义是美国心理学最具有影响力的流派。直到今天,在现代心理学中,其仍然是一种主要的力量,这主要归功于斯金纳(B.F. Skinner, 1904—1990)的深远影响。斯金纳认同华生的观点,认为思想、意思和情感既不是客观的,也不能被测量,因此,对于心理学来说就不是恰当的研究对象。斯金纳还认为,这些概念对于解释行为并不是必需的。他声称,一种能够解释行为的方法,就是通过分析行为产生的条件,然后分析由行为产生的结果。

斯金纳关于操作性条件反射的研究强调强化在学习、塑造、维持行为中的重要性。他坚持任何一种可以被强化的行为(通过愉快或奖励)都很有可能再次表现出来。斯金纳的研究对现代心理学产生了极有力的影响。关于操作性条件反射的内容你可以阅读第5章。

▲行为主义学家斯金纳坚持可以通过分析行为产生的条件和分析行为产生之后的结果来理解行为。你如何运用这个理论来解释使用雨伞这一行为呢?

1.7 精神分析心理学家认为无意识扮演什么角色?
精神分析

西格蒙德·弗洛伊德(1856—1939),他的生活和工作情况你可以通过学习第13章来

> **行为主义** 约翰·华生建立的心理学流派,认为心理学应该研究可观察、可测量的行为,并且强调环境对于行为起着决定性的作用。

了解,他创立了一种基于其病人个案研究的人类行为理论。弗洛伊德的理论——**精神分析**(psychoanalysis)认为,人类的精神生活就像一座冰山。冰山浮在海面的那一最小的可见部分代表了个体的意识部分。但是大部分潜藏在海平面之下的内容都是个体无法觉察到的无意识的冲动、愿望和欲望。弗洛伊德坚持认为,个体是不能有意识地控制他们的想法、情感和行为的;这些实际上是由无意识所决定的。

弗洛伊德认为,无意识储存了大量对个体意识层面的生活造成威胁的内容——例如会造成人内心不安的性冲动和攻击性冲动,被压抑到无意识中去的创伤性事件。一旦到了那里,无意识的内容不是静静地休息(眼不见,心不烦),而是在不断地翻腾。

弗洛伊德将性冲动和攻击性冲动放在最重要的地位,这一观点不论在心理学研究领域之内还是之外都产生了巨大的争议。弗洛伊德最著名的学生——卡尔·荣格、阿尔弗雷德·阿德勒、卡伦·霍妮——脱离了他们的导师,发展了他们自己的人格理论。这三人及其追随者被后人称为新精神分析主义者(neo-Freudians)。

大众都有听说过诸如此类的概念,例如无意识、压抑、合理化和弗洛伊德口误。人们对这些如此熟悉,以至弗洛伊德成为了一位耳熟能详的人物,而不是埋没在尘封历史篇章中的无名小辈。尽管弗洛伊德对大众文化一直产生着影响,但关于精神分析的研究数量持续下降(Robins et al., 1999)。在过去的几十年内虽然精神分析方法仍具有一定的影响力,但新精神分析学者对精神分析方法仍进行了大量的修改。

1.8 根据马斯洛和罗杰斯的理论,人类行为和心理过程的动机是什么?
人本主义心理学

人本主义心理学家对行为主义和精神分析的观点都给予了否认:(1)行为主义者认为行为是由环境因素决定的。(2)精神分析者的消极观点,认为人的行为主要是无意识的冲动所决定的。**人本主义心理学**(humanistic psychology)关注人的独特性,认为人有选择、成长和心理健康的能力。

亚伯拉罕·马斯洛(1908—1970)和其他早期的人本主义心理学家,如,卡尔·罗杰斯(1902—1987)指出,弗洛伊德构建其理论主要是依据其病人的数据。相反,人本主义心理学家强调人性的积极方面。他们认为人天生是善良的,并且拥有自由的意志。人本主义心理学家认为人有能力做出有意识、理性的选择,这能促使个体成长和心理健康。

你会在第 13 章学到马斯洛的需要层次理论。该理论认为自我实现的需要(充分发挥人的潜能)是需要的最高层次。卡尔·罗杰斯开发了来访者中心疗法,来访者或病人对关注问题展开主导性讨论,而不是从治疗师的分析为中心。罗杰斯和其他人本主义心理学家将团体治疗作为人的潜能开发活动的一部分。至今,人本主义心理学仍然在人类动机

精神分析 弗洛伊德在他的人格理论和精神治疗中都使用了这个术语。无意识是精神分析理论的主要动力。

人本主义心理学 关注人的独特性,认为人有选择、成长和心理健康的能力。

研究和心理治疗的实践中起着重要的作用。

1.9 认知心理学家关注的重点是什么？
认知心理学

认知心理学流派的建立与发展部分是基于行为主义,尤其是在美国(Robins et al.,1999)。**认知心理学**(cognitive psychology)认为,人类不是被动地承受环境的压力,而是积极寻求经验,改变和塑造这些经验,使用心理加工,在自身的认知发展过程中转变信息。认知心理学主要研究心理过程,例如,记忆、问题解决、推理、决策、感觉、语言和其他认知形式。从历史角度看,现代认知心理学主要来源于两方面:一方面是20世纪早期一些研究人类知觉的德国科学家,另一方面是在21世纪下半叶起不断发展的计算机科学。

格式塔心理学。格式塔心理学(Gestalt psychology)形成于1912年的德国。格式塔心理学的主要成员包括马克斯·韦特海默、沃尔夫冈·科勒和库尔特·考夫卡,主张个体将知觉对象看作是整体,并且整体大于局部之和。德语"格式塔"大致就是"形式"和"整体"的意思。

为了证明格式塔理论,韦特海默,格式塔心理学家的领导者,完成了一项证明"Φ现象"的著名实验。在这项实验中,在一个黑暗的房间里,当两个相距一定距离的光点相继一明一灭时,观察者会知觉到一个单一的光点来回晃动。格式塔心理学家认为该实验证明了人们是以整体,而不是分开的感觉集合进行知觉的。

▲对这个人来说,这是糟糕的一天吗?格式塔心理学家认为知觉的过程是在日常生活中可以观察到的。我们常常将受挫的事情——例如起床晚了、汽车爆胎——加在一起形成一个整体知觉,例如"我这一天真糟糕"。

> **认知心理学** 认为人是环境的积极参与者,主要研究记忆、问题解决、推理、决策、感觉、语言及其他认知形式。
>
> **格式塔心理学** 强调个体将知觉对象看作是整体,且整体大于局部之和。

20世纪30年代在纳粹上台掌权德国后,格式塔心理学流派解散了,其中一些最著名的成员都移民到了美国。今天,格式塔心理学中的一些基本概念,如心理以可预测的方式,而不是简单的反应来解释经验,仍是认知心理学关于学习、记忆、问题解决的核心观点,甚至是心理治疗的核心观点。

信息加工理论。 计算机的出现为认知心理学开辟了一条新途径来研究心理结构和过程,这就是**信息加工理论**(information-processing theory)。根据该理论,大脑的信息加工过程是由一系列的步骤来完成的,这种方式很大程度上类似于计算机的串行处理过程,即一次一个步骤。然而,正像现代技术改变计算机和计算机程序一样,认知心理学也同样改变了它们的模式。例如,许多当代心理学家发现人类记忆系统具有进行并行处理的能力,即一次可以多路处理大量的信息,这种信息加工的方式在今天的计算机中非常常见(Bajic & Rickard,2009;Sung,2008)。

信息加工理论的中心观点与格式塔心理学的观点一致,认为人脑是对信息进行解释而不是仅仅只对外界信息做出反应。例如,思考一下这句话:老奶奶正在清扫台阶。如果信息加工的研究者问读过这句话的人,这句话是否包括了扫把这个单词,绝大多数人会说包括了。根据信息加工理论,处理信息的原则会让我们发现新输入信息之间的联系,例如关于"老奶奶扫地"这句话,与以前所获得的知识(例如我们认为扫把是用来扫地的)。结果,大多数人在构建这句话的记忆时,就会将单词扫把放入回忆中。

设计能够像人脑一样处理人类语言的计算机程序是人工智能的研究目标之一。今天,这类研究是信息加工理论中最重要的运用之一。

今天的认知心理学。 在过去的100年左右,认知心理学家进行了相关研究,增长了我们关于人类记忆系统和问题解决的心理过程的知识。另外,在这些实验中所发现的原理可以用来解释和研究各种各样的心理变量——从性别角色发展到智力的个体差异。由此,认知心理学已是当今最为突出的心理学流派之一(Robins et al.,1999)。

1.10 进化心理学的主要观点是什么?

进化心理学

为什么你认为所有健康的婴儿都会对他们的主要照顾者形成依恋呢?为什么你认为大多数男性都喜欢比自己年轻的配偶呢?这一类的问题引发了进化心理学家的兴趣。**进化心理学**(evolutionary psychology)关注在漫长的进化过程中面对环境压力时一些满足生存需要的人类行为是如何适应环境的(Archer,1996)。例如,进化心理学很大程度上依赖于达尔文的自然选择的理论。达尔文的理论认为,一个既定物种具有使之生存的特性,那其个体成员就很有可能将具有该特性的基因遗传给下一代。结果,有利于个体生存的

信息加工理论 将人的思维比作电脑,来研究心理结构和过程。

进化心理学 主要研究在漫长的进化过程中,面对环境压力,人类如何使其行为适应生存的需要。

特质就会在物种间变得很普遍;也就是说,物种内的每一个成员都会具有。例如,每一个人都具有说话的能力。自然选择将这种普遍性解释为该能力是个体之间进行交流信息的有效手段,从而赋予人类生存优势。

▶根据进化心理学,自然选择为婴儿和照顾者提供了一种内在的遗传倾向,使之形成一种情绪依恋,因为该依恋有利于婴儿存活。

简单地说,进化心理学是进化生物学和认知心理学的结合(Barker,2006;Evans & Zarate,2000)。两位广为熟知的进化心理学的支持者,莱达·科斯米迪斯和约翰·图比认为,进化心理学将进化生物学、人类学、认知心理学和神经科学有机地结合在一起。他们认为,进化的观点可以运用于心理学领域的任何一部分(Tooby & Cosmides,2005)。例如,最有影响力的进化心理家之一,戴维·巴斯和他的同事进行了许多关于恋情中男女行为模式的非常有趣的研究(1999,2000a,2000b,2001,2008)。你将在第11章读到巴斯的文章和对其的批评。

1.11 生物心理学是如何改变心理学领域的?
生物(生理)心理学

有时候学生会对进化心理学和**生物心理学**(biological psychology)——有时也被称为**生理心理学**——之间的区别感到很困惑。毕竟,许多人认为,进化从本质上难道不是生物的?是的。但是进化心理学为具有生物特性的行为如何在整个物种之间广泛流传提供了解释。因此,进化心理学关注的是广泛性,即一个物种中的每个成员都具有的特质。例如,语言这一行为就具有人类的广泛性。

> **生物心理学** 研究具体的行为和相对应的具体生理过程之间的联系,从而有助于解释个体之间的差异。

相反,生物心理学家研究具体的行为和相对应的具体的生理过程之间的联系,从而有助于解释个体差异。他们研究大脑结构和中枢神经系统、神经元的功能、神经递质和荷尔蒙之间的微妙平衡,以及遗传对寻找这些生物因素和行为之间联系的作用。例如,在一岁之内儿童耳部感染的次数(个体生理差异)与小学的学习障碍相关(个体行为差异)(Golz et al., 2005)。

许多生理心理学家在一门跨学科的领域——神经科学的庇护下进行研究。**神经科学**(neuroscience)将心理学、生物学、生物化学、药学和其他学科结合起来,研究神经系统的结构和功能。心理学许多重要的发现都来自神经科学的研究结果。例如,研究者已经发现神经细胞膜的缺陷会干扰细胞利用大脑化学物质的能力,该种化学物质有助于我们控制身体运动(Kurup & Kurup, 2002)。这些研究结果解释了一些严重神经性疾病,例如帕金森症的内在生理过程,有助于药理研究人员为这些疾病研发出更多有效的药物。最近完成的人类基因组图谱为许多心理疾病提供了新的解释(Plomin et al., 2003)。

1.12 社会文化学方向的心理学家对哪类变量感兴趣?
社会文化观点

你的社会背景和文化经验是如何影响你的行为和心理过程的呢?心理学家现在已不断地意识到,正像当前流行的生物学解释一样,社会文化因素同进化和生理因素一样重要。**社会文化观点**(sociocultural approach)强调社会和文化对人类行为的影响,并强调在解释他人行为时理解这些影响的重要性。例如,许多心理学家(比如 Tweed & Lehman, 2002)研究了亚洲和西方文化之间的哲学差异,这些差异有助于解释跨民族的成就差异(你可以在第7章学习更多关于他们的研究成果)。其他社会文化取向的心理学家对亚洲人是"模范少数族群"的观点提出挑战,该观点认为亚洲人的文化价值能使绝大数,甚至全部的人,无论在其生活中遇到何种环境障碍(例如,贫穷),都能实现高水平的成就(Lew, 2006)。

社会和文化对行为的影响常常在更为广泛的系统观点背景下被研究。这个系统方法的主要观点是:多因素是整体一起工作的,即它们在行为上组合的相互影响比单个因素总和的影响更为重要。系统方法论的一个绝佳例子就是心理学家杰拉尔德·帕特森和其同事所提出的一个理论,该理论解释了多个变量之间如何相互作用,从而使一些青少年出现反社会行为(Granic & Patterson, 2006)。这个系统论认为,贫穷(一个社会文化因素)可以预测青少年犯罪,但是仅此一点是无法产生犯罪行为的。因此,大多数贫穷家庭出身的

神经科学 将心理学、生物学、生物化学、药学和其他学科结合起来,研究神经系统的结构和功能的一门学科。

社会文化观点 认为在影响行为和心理过程上,社会和文化因素同进化和生理因素一样重要,在解释其他行为时这些因素也必须被考虑的观点。

青少年并没有反社会行为。然而,贫穷可以作为影响因素所组成的系统的一部分,这个系统包括辍学、与有反社会行为的伙伴一起玩、缺乏父母监督,以及会增加青少年反社会行为的其他变量。同时,这些变量相互影响来维持系统,在一些情况下,还可以产生多代循环。例如,辍学会增加青少年成年后贫困的可能性。同样,贫穷也会增加他们被迫长时间工作的可能性,导致他们不能监督其孩子的行为,从而使下一代也面临反社会行为的危险。

▲社会文化观点有助于心理学家解释行为的跨文化差异。例如,如果该交易行为发生在纽约,那将会有何不同?

1.13 什么是心理学观点,它们如何与折中模式相联系?
心理学观点与折中模式

现代心理学家的观点常常很难归类到传统的心理学流派。因此,与其讨论心理学流派,还不如讨论**心理学观点**(psychological perspectives)更为有用,即用来解释人的行为和思想(无论正常还是不正常)的一般观点。例如,心理学家可以采用行为主义的观点,而不需要同意华生或斯金纳的所有观点。最重要的是,采用这种观点的心理学家可以从环境的角度来解释人的行为。

今天心理学的主要观点和变量类型都强调按以下方式解释行为:
- 行为主义观点——环境因素
- 精神分析主义观点——情绪、无意识动机、早期童年经历
- 人本主义观点——主观经验、自我实现的内在动机
- 认知学观点——心理过程
- 进化学观点——增强适应性的遗传特质
- 生物学观点——生物构造、生物过程、生物遗传
- 社会文化观点——社会和文化的多样性

复习 列举了这些观点,以及每一个观点怎样解释学生糟糕的考试成绩。

> **心理学观点** 用来解释人的行为和思想(无论正常还是不正常)的一般观点。

复习——心理学主要观点

观　点	强　调	对学生考试糟糕的解释
行为主义	环境在形成和控制行为上的作用	在过去,学生还没有为了得到好的成绩而强化自身。
精神分析	潜意识动机的作用,早期童年经历在决定行为和思维上的作用	一个未解决的早期童年情感创伤转移了学生在学术活动上的注意力。
人本主义	作为理解个人行为的关键的客观经历的重要性	为了考试而学习不符合学生对于一个有意义的生活的定义。
认知理论	行为背后的心理过程,如知觉、思维和记忆的作用	学生没有使用有效的学习策略,比如 SQ3R 学习法。
进化论	已经被证明适用于人类的遗传倾向的作用	学生相信学习不重要,因为潜在择偶对象对他的外貌和地位这些社会优势上的兴趣比对成绩的兴趣更浓。
生物学	在行为的解释上,生物过程与构造,以及遗传的作用	不适当水平的情绪唤起(即考试焦虑)阻碍学生在乐观情绪水平上的表现。
社会文化	社会和文化影响行为	不想被认为是"书呆子",学生只做到刚好不失败。

15　　心理学家不需要把自己界定为仅仅是一个观点或方法。很多心理学家以折中(整合)取向来选择综合的方法解释某一特定的行为(Norcross, Karpiak, & Lister, 2005)。比如,一位心理学家对行为的解释可能包含环境因素和潜意识动机这两方面。一个孩子在学校任性的行为可能被认为由于老师的关注(一种行为解释)而不是最初由家庭事件造成的情感反应,例如父母离婚(一种精神分析的解释)。吸收多种观点,心理学家才有可能想出更多复杂的理论和研究学术,以及效果更好的治疗策略。这样,他们的理论和研究能更密切地反映现实情境中人的真实行为。

记一记——心理学流派

1. 将主要观点与思想流派配对。

　　_____(1) 对行为的科学研究　　　　　　　　a. 格式塔心理学
　　_____(2) 对整个单位或模式的知觉　　　　　b. 人本主义心理学
　　_____(3) 对潜意识的研究　　　　　　　　　c. 认知心理学
　　_____(4) 使用电脑作为人类认知的模型　　　d. 行为主义
　　_____(5) 人类的独特性和个人成长的能力　　e. 信息加工理论
　　_____(6) 心理过程的研究　　　　　　　　　f. 精神分析

2. 一个_____心理学家会对依恋是否是婴儿护理关系的普遍特征感兴趣。
3. 一个_____心理学家会对激素与攻击性行为之间的关系感兴趣。
4. 以下的哪项表述表达了折中观点？
a. 攻击性的个体差异是遗传性的，但是父母和老师可以教育高攻击性的孩子表现得不这么富有攻击性。
b. 有高攻击性行为的孩子的不适当行为没有受到足够的惩罚。
c. 有攻击性行为的孩子很可能是用攻击来释放郁积的挫折感。
d. 经历一次创伤（例如父母离婚）可能导致孩子攻击性的增加，因为他们感到焦虑。
答案：1.（1）d （2）a （3）f （4）e （5）b （6）c 2.进化 3.生物 4.a，d

对理论和研究的思考

无论我们什么时候讨论理论，学生想知道的是哪一个是正确的，哪一个是错误的。然而，心理学家和其他科学家不用这种方式思考理论。相反的，他们根据科学方法的有效性来评价理论。记住，科学方法包括了一套系统的方法，用来查找重要问题的答案，并且是我们日常思维必不可少的部分。尽管如此，比起一般所做的，我们仍然能够从练习中获益。通过练习科学思考，当遇到有关新研究结果的轰动性媒体报道时，我们能用一系列的工具去分析。

1.14 心理学家如何评价理论？

评价理论

一些学生想知道，为什么我们要为理论烦扰。很多人问，为什么不只是报告事实。就像你在这一章之前学到的，理论提供给我们对事实的解释，所以它们是科学方法中不可或缺的。但是，很明显，一些理论比其他的有更好的数据解释。这里有几个标准来决定到底是什么使一个理论有效，而另一个不太有效。

一个理论引出的假设的可测性程度也许是判断其有效性的重要标准。当你使用这个标准来考虑目前讨论的理论，那些行为主义者和认知心理学家比心理治疗学家和人本主义者显得更加有用。斯金纳的预测，比如强化能增加特定行为，比马斯洛的"自我实现是人类的最高需求"的言论更具可测性。

有效的理论也促进了现实问题解决方法的发展。例如，基于信息加工模型的研究促进了为提高记忆力的实践措施的发展。类似地，虽然心理治疗和人本主义理论曾因缺少可测性而遭到批评，但是它们已经形成了一定数量有益的心理疗法。

假设和实践应用是重要的，但是一个拥有启发性价值的理论是有效的，即使它在假设和实践应用领域里存在不足之处。一个有启发性价值的理论促进了心理学家之间的争论，并且激发该理论的支持者和反对者都继续相关的研究。也就是说，一个拥有启发性价值的理论使人们思考,并鼓舞他们的好奇心和创造力。

目前所有被讨论的理论在启发性价值上都赢得了高分。事实上,即使一个理论拥有有限的实证支持,如果它在这一领域中一直本着启发式的重要性,教心理学导论的教授还是会为其辩护的。这是我们仍然教授有关构造主义者和机能主义者的知识的原因,以及我们仍旧把弗洛伊德的理论作为该领域中最重要的理论的原因。此外,这样的理论通常以与影响心理学家同样的方式影响学生,通过学习它们,可以激励学生们对行为和心理过程的思考。因此,介绍这些理论可以帮助教师达到最重要的教学目标之一,即激励学生批判性思考。

1.15 如何使用批判性思维来解释有关心理学研究的媒体报道?
评估研究

大多数教心理学导论的教授的另一个重要目标是让学生具备用以评估心理研究结论的工具。处于信息时代,我们每天都被各种类型的统计和结论轰炸。举个例子,几年前,新闻媒体搬出了一些报告来提醒儿童们的母亲,在早年看太多的电视可能导致儿童童年期出现注意缺陷多动障碍(ADHD)(Clayton, 2004)。据报告,这些提醒是基于一个发表在权威杂志《儿科学》上的科学研究。一个不是这一专业的专家该如何评估像这样的观点的呢?

这些被心理学家和其他科学家使用的思维策略能够帮助我们筛选这类信息。**批判性思维**(critical thinking),即科学方法的基础,是客观评估观点、命题和结论的方法,并根据所呈现出来的证据来判断它们是否遵循逻辑。当启用批判性思维时,我们拥有这些特征:

● 独立思考。批评性地思考,我们不会无意识地接收和相信所看到的或者是听到的。

● 暂缓判断。批判性思维需要在做判断前掌握该问题所有方面相关的和最新的信息。

● 愿意修改或放弃之前的判断。批判性思维包括评估新的证据,即使它反驳了已存在的信条。

📖 探索怎样成为一个批判性思维者 www.mypsychlab.com

把这三个特征中的第一点应用到电视—注意缺陷多动障碍的研究,需要承认任何研究的价值不是由它原始资料的权威所决定的。享有声望的学术期刊或者有关的心理学教科书不应该被认为是固有事实的来源。事实上,学会质疑"事实"对于科学方法本

批判性思维 客观评估观点、命题和结论的方法,根据所呈现出来的证据来判断它们是否遵循逻辑。

身是很重要的。例如，许多年来科学家相信自从出生后，人的大脑就不会产生任何新的神经细胞。然而，一旦技术发展到可以直接研究神经元发展的水平，那些愿意挑战现状的研究者将发现大脑在人的整个生命过程中都会产生新的神经细胞（Gould et al.，1999）。

第二和第三个特征可能需要我们放弃一些旧的习惯。如果你和大多数人一样，你会根据自身的经验来回应关于研究的媒体报道，这被科学家叫作轶事证据。比方说，关于电视和注意缺陷多动障碍的媒体报道，一个人可能会说："我同意这个研究，因为我有一个表亲有严重的注意缺陷多动障碍，以至于只能从高中退学。在小时候，他就总是紧紧盯着电视机。"另一个人可能反驳道："我不同意，因为当我还是一个小孩时，我也看很多电视，但是我没有患注意缺陷多动障碍。"

暂缓判断要求延迟接受或拒绝研究的发现，直到你积累了更多的证据。这可能包括判定：其他研究者是否对看电视和注意缺陷多动障碍之间的联系有所发现。其他相关研究的分析能帮助我们形成关于整个研究的全面蓝图。基本上，当聚集到足够多的证据时，一个批判性思维者一定愿意放弃矛盾的先入观念和先验信念。

批判性思维策略也能帮助我们辨认**伪科学**（pseudoscience），即失真的、为支持一些声明而提出的理论和/或研究。没有一个能被广泛接受的定义，能把伪科学概念与真正的科学区分开来（McNally，2003）。然而，有一些迹象显示，批判性思维者能用来识别伪科学的观点（Lilienfeld，Lynn，& Lohr，2004）。

📖 观看关于伪科学的视频 www.mypsychlab.com

举个例子，想象看见一个"Rememberitol"的电视广告节目，一种（虚假的）说是有提高记忆功能的营养增补剂。这个广告由一系列表现试图记住一些东西的人的视频短片组成。有一个短片突出展现了一位忘记自己的车停在哪里的老女人。另一个显示了一位试图学习的大学生。然而，还有一个展示一位试着记住电话号码的中年人。画外音说道："Rememberitol通过刺激你的记忆细胞，增强记忆功能。Rememberitol使这些细胞处于警戒状态，并时刻准备着抓住你需要记住的信息，无论它什么时候出现。"

在下面一系列的短片中，感到满意的Rememberitol顾客做出评论。"我原认为我渐渐患上了阿尔茨海默病，但是多亏了Rememberitol，我又恢复到了和以前一样"，"自从我开始服用Rememberitol，我的GPA从2.5升到了4.0"，以及"我错过了一次大销售，因为我记不住客户的电话号码。多亏了Rememberitol，这不会发生第二次"。最后，一位穿白色外套站在图书馆的女人，被介绍为是一个"杰出的记忆研究员"。她表明她的研究显示Rememberitol提高了记忆功能，大家可以在Rememberitol看到她的研究结果。

伪科学 失真的、为支持一些声明而提出的理论和/或研究。

坦白说,我们很少人能被Rememberitol广告愚弄,并把它在意识里的"太好而不会是真的"这一文件夹中存档。但是是广告的什么方面使它成为伪科学?有三个强有力的指标(Lilienfeld et al.,2004)。第一,"你大脑的记忆细胞"这个短语,让Rememberitol看上去有点科学基础的样子。第二,"杰出的研究员"让观察者的注意力集中到了"研究员"这三个字上,支持了Rememberitol制造者。一个可信科学的研究也会指出,营养增补剂不会提高记忆作用的研究(DeKosky et al.,2008)。所以,就像短语"你大脑的记忆细胞",研究者的支持强调了科学的象征,但是缺少实质内容。最后,广告提供了轶事证据,一种典型的证据,像我们之前所知,它是主观和不可靠的。

可以看到,当解释我们听到或者看到的研究发现时,批判性思维策略是一个有效的智力工具。理解科学家所使用的方法能给我们提供更多的帮助,来评估关于研究的媒体报道。在接下来的内容中,我们会介绍几种方法。

记一记——对理论和研究的思考

1. 一个理论在心理学家之间有争议,就说它拥有_____价值。
2. 有效的理论给研究者提供_____假设。
3. 愿意改变先验信念是研究中批判性思维的组成部分。(对/错)
4. 对研究的媒体报道的批判性思维需要精通_____。
5. 用一些听起来科学的术语来使消费者相信产品是被研究支持的,这是_____的特征。

答案:1. 启发式的 2. 可试验的 3. 对 4. 方法论 5. 伪科学

描述性研究方法

最简单的研究类型是什么?包含直接的观察报告的研究通常便于展示,并经常能提供最清晰的结果。**描述性研究方法**(descriptive research methods)放弃对行为的描述,包含自然观察和实验室观察、实例研究、测量和相关法。

1.16 心理研究人员如何使用自然观察法和实验室观察法?

自然观察和实验室观察

你是否曾经坐在机场或大商场里,仅仅是看人们正在做什么?这样的行为与自然观察很相似。**自然观察**(naturalistic observation)是一种叙述性研究方法,研究者观察和记

> **描述性研究方法**　描述行为的研究方法。
> **自然观察**　一种描述性研究方法,研究者观察和记录自然状态下的行为,并不试图影响和控制。

录在自然状态下的行为,并不试图影响和控制。自然观察的主要优势是在常态下研究行为。行为在这样的条件下比在人为造成的实验室条件下发生得更加自然自发。有时候,自然观察是研究行为唯一可行的方法。比如,没有其他方法可以用来研究在地震和火灾这样的灾害中人们的典型反应。

然而,自然观察也有它的局限性。研究者必须等到事件发生;他们不能加快或者减慢进程。因为没有控制权利,所以研究者不能获得因果关系的结论。另一个自然观察的潜在问题是观察者偏差,这是研究者观察中的一种失真现象。当研究者对某一情境的预测让他们去看预期看到的东西或者对观察到的事物做出不正确的推断时,就会导致观察者偏差。假设你是在学前班研究攻击行为的心理学家。你已经决定对每一次孩子打或推另一个孩子的行为进行计数。相对平时看一群孩子玩耍而言,你把孩子间的这种肢体接触标签为"侵略性"的决定,可能促使你更多地注意这种行为,并标签为"侵略性"。当有两个或者更多的观察者观察同一个行为时,观察员偏差的影响能被实质性地减小。所以,如果你和另外一个观察者都独立计数到每小时 23 个侵略动作,这个发现就被认为是公正的。如果你看到了 30 个这样的动作,但另外一个人仅仅记录了 15 个,那么在这次工作中存在着某种偏差。在这样的状况下,观察者通常会澄清行为分类的标准,并重复观察。用录像带同样能帮助消除观察者偏差,因为对行为能进行几次评估,以便做出分类决定。

▲自然观察在研究动物行为中的作用很大。

研究行为的另外一种方法包含在实验室而不是常态下发生的观察。研究者使用**实验室观察**(laboratory observation)能运用更多的控制以及精确的衡量反应的工具。比方说,我们对睡眠或者性反应的认识就是通过实验观察得到的。然而,像其他研究方法一样,实验室观察有局限性。其一,实验者可能不会精确地反映真实行为。例如,在睡眠研究中,

---

实验室观察　实验室环境下的一种研究方法。研究者能进行更多的控制以及使用精确测量反应的工具。

一些在实验室中显现的行为可能不会在家里出现。因此，基于实验发现的结论可能在实验室外无法一般化。另一个劣势是实验室、场所、人员配给、装备和维护方面会很贵。

1.17 个案研究法的优势和劣势是什么？

个案研究

个案研究(case study)或个案史是被心理学家使用的另外一种描述性研究方法。在个案研究中，个人或者一个小团体被深入研究，通常持续一段时间。个案研究包括观察、采访，有时也做心理学测试。究其本质，个案研究的目的是提供一些行为或者障碍的细节描述。此方法尤其适用于有不寻常的心理或生理障碍或者脑损伤的人。很多个案研究都是关于因这种问题而治疗的病人。在某些情况下，个案研究的结果为心理学理论提供了基础。西格蒙德·弗洛伊德理论的基础主要是对他的患者的个案研究。

尽管个案研究在心理学几个领域的知识推进中被证实是有效的，它仍然存在必然的局限性。研究者在个案研究中无法确定行为观察的原因，而且观察者偏差是一个潜在的问题。另外，因为只有几个个体被研究，研究者不知道他们的调查结果对于大部分人或者不同的文化有多少适用性或概括性。

1.18 研究人员如何保证研究结果的有效性？

调查研究

你是否曾经就选举行为或者你钟爱的牙膏类型被提问过？如果有，你得到了参与另一类调查研究的机会。**调查**(survey)是一种描述性研究方法。研究者用面谈或者问卷调查来收集关于一群人的态度、信念、经历或者行为的信息。认真操作的调查为吸毒、性行为和精神障碍发病率提供了有价值的信息。

选择样本。心理学研究者很少对群体中的每一个人都进行研究。比如，对美国女性性行为感兴趣的研究者不会调查美国的每一个女性(想象一下采访大约1.4亿人！)。相对于研究整个**总体**(population)(研究者感兴趣的整个群体，研究者想把调查结果推广到这个群体)来说，研究者宁愿选择挑选一个调查样本。**样本**(sample)是总体的一部分，用来得出关于整体的结论。

个案研究 对个人或者一个小团体进行较深度的研究，通常持续一段时间的一种描述性研究方法。

调查 一种描述性研究方法。研究者用面谈或者问卷调查来收集关于一群人的态度、信念、经历或者行为的信息。

总体 研究者感兴趣的整个群体，研究者想把调查结果推广到这个群体；样本就是从这个群体中挑选出来的。

样本 总体的一部分，用来得出关于整个群体的结论。

也许你看到过一盒冰淇淋包含三种口味：巧克力、草莓和香草味，一个挨一个排列包装。为了适当地抽取，你需要选取包含了全部三种口味相同比例的小部分冰淇淋，作为代表性样本。**代表性样本**（representative sample）反映了兴趣总体，也就是说，它包括相同比例的重要子组，该比例与在总体中的相同（见下文**试一试**）。另一方面，偏性样本无法充分反映大的群体。

▲希尔顿家庭是美国一般家庭的典型吗？为什么是或为什么不是？

▲网络调查使得心理学家能在短时间内收集较多的问卷数据。但是回答网络调查的人是怎样代表一般群体的？一般网络使用者的代表性如何？像这样的问题还有待解答。

获得代表性样本最好的方法是从兴趣总体中挑选随机样本。个体通过这样的方法被挑选出来，以便它们有相同的机会被纳入样本中。通过使用随机样本，调查组织结构能够依据1 000个人的反应准确得出美国公众的态度（O'Brien，1996）。

面谈和问卷调查。调查结果受到问题的措辞和调查环境的影响（Schwartz，1999）。并且，回答的真实性受访谈员特性的影响，比如性别、年龄、种族、宗教信仰、社会阶层和口

代表性样本 能够反映感兴趣的总体，包括相同比例的重要子群，该比例与在总体中的相同。

音。一般来说,当给予同龄异性访谈员个人信息时,人们大多数会感到羞怯。因此调查研究者必须挑选那些个人特性适合应答者的访谈员。

试一试——小样本真的具有代表性吗?

有时候,学生们很难相信1 000个人左右能代表美国的整个总体。这个活动会帮助你看到小样本可以具代表性。你或许知道,当你掷硬币时,获得正面或反面的机会是50%。这个概率是以无限次的硬币投掷为基础的。掷两次硬币能在多大程度上代表整个总体的投掷,也就是无限次数投掷?如果两次投掷(或n=2,统计员会这样表达)的样本不能代表总体,那么5或10或15或20次怎么样?回答这样的问题,你必须进行一样大小的重复抽样。掷两次硬币(n=2),然后把正反面的次数记在样本1的纵列标签下。第二次重复程序再多进行4次,把结果记录在样本2下,第三次记在样本3下,等等,直到你拥有5个样本,每一次包括2次硬币投掷。当n=2这行填满,计算总的正反面百分比。接下来,用同样的步骤收集样本n=5,n=10,n=15和n=20的数据,直到把表格填满。

你会发现,随着n的变大,正反面总的百分数变得越来越稳定(接近50/50)。然而,也注意到n=2不比n=15好,以及收集每次20次掷硬币的5个样本数据要花费很长的时间。也就是说,就额外的时间和精力而言,这样做在代表性上没有太多的收益。所以,小样本能有代表性,且当费用与利益相冲突时,增加样本大小不总是能获益。

样本大小	样本1 H T	样本2 H T	样本3 H T	样本4 H T	样本5 H T	总体百分比 H T
n=2						
n=5						
n=10						
n=15						
n=20						

问卷调查比面谈完成得要更快、更便宜,特别是应答者能够在家里或者网上填好问卷。网络给心理学家提供了一个快速、便宜的拉拢被试和收集问卷数据的方法,网络调查经常能得到大量的回应(Azar, 2002)。例如,研究者发布了一份网络调查,以收集有关自杀感受的数据,结果吸引来全世界超过38 000人予以响应(Mathy, 2002)。然而这种调查存在问题,包括技术上的小毛病,有时候阻碍应答者完成问卷。另外,样本倾向于代表网络参与者的总体,而不是一般总体或者网络使用者总体。要记住的关键是,应答者自行选择参与与否,而不是通过某种随机程序被选择出来,这种调查就不是科学的。

调查研究的优点和缺点。 如果管理恰当,调查能提供高精确度的信息,也能随时间追踪态度和行为的变化。比方说,自从 1975 年起,约翰斯顿等人就曾追踪高中生吸毒。然而,大规模的调查是昂贵和旷日持久的。调查研究另外一个重要的局限性是应答者可能提供不精确的信息。错误的信息可由错误的记忆或者对访谈员的迎合造成。应答者可能试图尽可能好地呈现自己(一种称为社会赞许性反应的现象),或者甚至故意误导访谈员。最后,当应答者回答敏感问题(例如,性行为)时,比起自行实施的调查或者电脑问卷调查,与访谈者面对面时他们不那么坦白(Tourangeau et al.,1997)。

1.19 相关法的优势和劣势是什么?
相关法

或许对心理学家来说最强大的描述法是**相关法**(correlational method),一种用来建立两个特征、事件或者行为之间关系(相关)程度的方法。一个群体被选来做研究,对每个被试进行所有变量的测量。一个研究者可能测验获得大学学位和后来的收入之间的关系,另一个可能寻找学生用于学习的时间和他们的平均成绩之间的相关。

相关的重要性不仅仅是对于科学家而言,它在我们的日常思维中也很普遍。例如,新车的价格和拥有它所获得的社会地位之间的关系是什么?难道不是价格越高,地位也越高?地位不是人们买车时考虑到的因素之一吗?就如这个例子所阐明的那样,相关是我们日常生活的一部分,我们经常在做决定时用到。

科学家们研究相关时,会把统计公式应用到代表两个或者更多变量的数据中,以获得相关系数。**相关系数**(correlation coefficient)是一个数值,显示了两个变量之间关系的强度和方向。相关系数的范围是 +1.00(一个完美的正相关)到 0.00(无相关)到 −1.00(一个完美的负相关)。相关系数的数字表明了两个变量之间的相关强度——数值越高,关系越强。因此,相关 −0.85 比 +0.64 要强。

相关系数的符号表示这两个变量是否朝着同一个方向变化。正相关表示两个变量朝同一个方向变化,就像车的价格和与之相关的社会地位。另一个例子是,压力和疾病之间存在微弱的正相关。当压力增加时,疾病也可能增加;当压力减少时,疾病也有减少的趋势(见图 1.2)。

负相关意味着一个变量值的增加与另一个变量值的减少有关系。例如,当里程表里的里程数积累,车子的性能就变得更不可靠;烟民吸烟的数量与他们能期望生存的年数之间存在负相关。(更多的相关系数信息见附录 A。)

两个变量之间有相关是否表示其中一个变量变化导致另一个变量变化?不是压力和患病相关,我们无法得出结论说压力使人生病。可能是患病导致压力,或者第三种因素,

---

相关法 用来建立两个特征、事件或者行为之间关系(相关)程度的方法。

相关系数 显示两个变量之间关系的强度和方向的数值,范围是 +1.00(一个完美的正相关)到 −1.00(一个完美的负相关)。

比如,贫穷或糟糕的健康造成人们对患病和压力更加敏感,如图1.3所示。

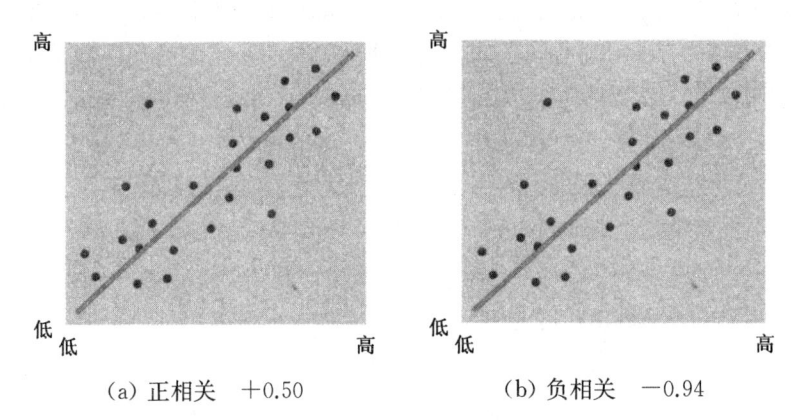

(a) 正相关 +0.50　　(b) 负相关 -0.94

图1.2　正相关和负相关　这是两张展示正相关和负相关的图。(a)当两个变量的正相关得分如图所示,各点沿着从左向右上升的直线落下,这个图可能代表像用于学习的时间和考试所得分数这样的两个变量。学习时间上升,考试得分也上升。(b)当负相关得分如图所示,各点沿着从左向右下降的直线落下,这个图可能代表像看电视的时间和考试得分这样的两个变量。看电视时间上升,分数下降。

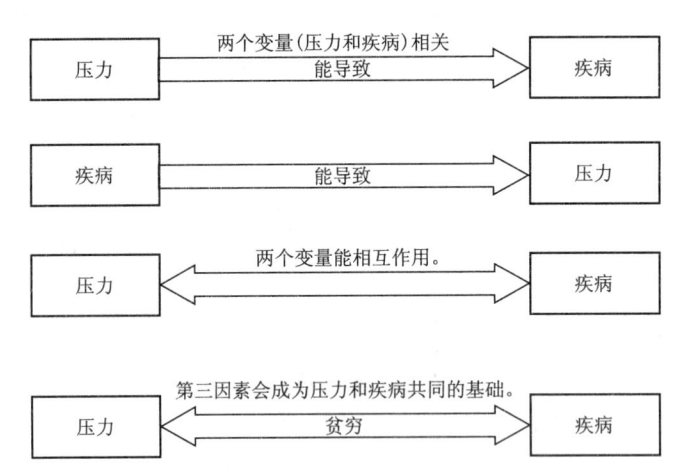

图1.3　相关不能证明因果关系　两个变量之间的相关不能证明它们之间存在因果关系。压力和疾病之间存在相关,但是这不意味着压力必然导致疾病。压力和疾病两者都有可能由另一因素造成,例如贫穷或糟糕的健康。

所以,你可能会想,如果研究者不能得出因果关系,那为什么做相关研究? 有三个原因。一是有时候出于伦理原因,用更多直接的方法研究是不可能的。伦理上科学家无法让怀孕的妇女喝酒来查明酒精是否能导致胎儿先天畸形。这种情况下唯一可行的选择是相关法。研究者必须询问妈妈们的饮酒习惯,并记录宝宝任何与先天畸形相关的信息。了解产前饮酒和先天畸形风险之间的相关帮助科学家做出预测。

使用相关法的另外一个原因是,对于心理学家来说,许多变量不可控。每个人都想知道生物性别(是男性或女性)是否能导致我们看到的男女行为差异。但是我们不能让个体吃药或者安慰剂来分配他们的性别。再者,唯一的选择是研究生物性别与特殊变量之间的相关,例如认知作用和性格。

最后,相关研究经常可以做得相当快。对比而言,实验耗时且复杂。然而,耗费时间、如此麻烦地完成一个实验,使研究者能够得出两个变量之间因果关系的结论。

探索相关不代表因果关系 www.mypsychlab.com

记一记——描述性研究方法

1. 哪一个描述性研究方法最适合以下主题?
   _____(1) 关于种族歧视的态度　　　　　　　　a. 自然观察
   _____(2) 人们定位自我和他们所有物的性别差异　b. 实验观察
   _____(3) 睡眠中伴有的生理变化　　　　　　　c. 个案研究
   _____(4) 分娩时缺氧对婴儿大脑发育的影响　　d. 调查
2. _____的其中一个难题是,不同于研究的主题,它往往不能推广到个体。
3. 为了有效,调查必须以_____样本为基础。
4. _____是描述两个变量间相关强度和方向的数。
5. 在正相关中,两个变量_____移动。
6. 在负相关中,两个变量_____移动。
7. 相关系数越接近+1.0或者-1.0,两个变量的关系越_____。

答案:1. (1) d　(2) a　(3) b　(4) c　2. 个案研究　3. 代表性　4. 相关系数　5. 同向　6. 反向　7. 强烈

实验法

听到实验这个词,你会想到什么?很多人用这个词指代任意一种研究。然而,在心理学家间,实验这个术语仅仅指代一种研究,即研究者探索并确定行为原因的研究。

1.20 研究者为何用实验检测因果关系的假设?

实验和假设检验

实验法(experimental method),或实验,是能够确定因果关系的唯一一种研究方法。设计实验是用作检验**因果假设**(causal hypothesis)——两个或更多变量之间因果关系的

> **实验法**　能够确定两个或更多条件或变量间因果关系的唯一一种研究方法。
> **因果假设**　两个或更多变量之间因果关系的预测。

预测。变量是能操作、控制或测量的任意条件或因素。你在这门心理学课程上会获得的一个变量是分数,另一个是你用于学习的时间。你是否猜想学生用于学习的时间和他们得到的分数之间存在因果关系?思考一下其他两个变量:饮酒和攻击性。饮酒和攻击行为经常在同一时间被观察到。但是我们能推断饮酒导致攻击行为吗?

艾伦·朗和他的同事(1975)进行了一个经典的实验,来确定是酒精本身增加攻击,或是酒精影响的信念或者期望导致攻击行为。实验的被试是96位被认为是男大学生中社交饮酒者。一半学生给予单纯的汤力水;另一半给予足够的伏特加和汤力水混合物,使他们的血醇水平保持在0.10,比大多数酒精中毒情况的极限0.08高。被试分为4组:

组1:预期酒精,只获得汤力水
组2:预期酒精,获得混有汤力水的酒精
组3:预期汤力水,获得混有汤力水的酒精
组4:预期汤力水,只获得汤力水

你可能认为重度社交饮酒者能察觉单纯汤力水和1:5比例混合的伏特加和汤力水之间的区别。但是初步研究中,饮酒者能分辨出混合了两种饮品的正确率不超过50%(Marlatt & Rohsenow, 1981)。

▶在什么情况下这些年轻酒徒的聚会气氛会由快乐变成攻击性?

学生喝完指定数量饮品后,研究者有了一个助手,他假装成被试,在一次艰难的任务中贬低他们的表现,故意激怒一半的学生。然后,所有的学生都参加学习实验,在这个实验中,同一个助手假装成学习者。被试被要求在助手每次解码错误时,给予他电击。每个被试可以决定"电击"的时间和强度。(尽管学生认为他们是在电击助手,事实上没有电击发生。)研究者根据学生选择的电击强度和时间来测量他们的攻击性。

这个实验的结果是什么?你可能想象得到,被激怒的学生给助手的电击比没有被激怒的学生更强。但是摄入酒精的学生不一定是最有攻击性的。不管他们的酒里到底含有什么,不管有没有被激怒,认为自己喝了酒精的被试显然给了比那些假装自己只喝了汤力水的人更强的电击(见图1.4)。研究者得出结论,是饮酒的期望而不是酒精本身使学生更加有攻击性。

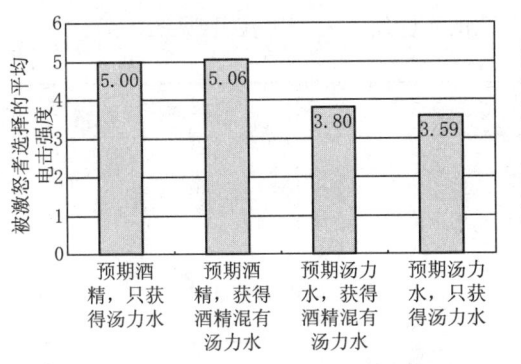

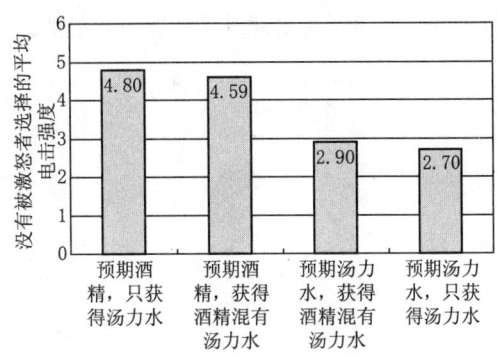

图1.4 被激怒者和没有被激怒者选择的平均电击强度 在朗的实验中,不管有没有被激怒,认为自己喝了酒精的被试比那些相信只喝了汤力水的被试选择给予显著强烈的电击。来源:Lang et al., 1975。

1.21 如何区分自变量和因变量?

自变量和因变量

回忆一下检验因果假设的实验。这种例子包括"学习导致好分数"和"服用阿司匹林使头不再痛"。注意,每个假设包括两个变量:一个被认为是原因(学习,服用阿司匹林),另一个被认为由原因造成。这两个变量存在于所有的实验中。一个实验至少有一个**自变量**(independent variable)——研究者相信它能改变其他一些变量。研究者有意操纵自变量(假设原因)是为了确定它是否造成其他行为或条件的变化。有时候自变量被称为处理。朗的实验有两个自变量:酒的酒精含量和饮酒预期。

所有的实验中都能找到的第二种变量,即假设中说到被自变量影响的是**因变量**(dependent variable)。它是在实验的最后被测量的,假设其变化(增加或减少)是操纵自变量引起的。研究者必须提供实验中所有变量的操作定义,也就是他们必须仔细说明变量是怎样观察和测量的。在朗的研究中,因变量——攻击性——操作上定义的是被试所选"电击"的强度和持续时间。

📖 模拟区分自变量和因变量 www.mypsychlab.com

1.22 为什么设立实验组和控制组?

实验组和控制组

大多数实验采用两组或者更多的被试。总是至少有一个**实验组**(experimental

自变量	实验中的因素或条件,被有意地操纵,以确定它是否造成其他行为或条件的变化。
因变量	实验最终所要测量的变量,假设其变化是操纵自变量引起的。
实验组	实验中接受自变量操作的一组被试。

group),即设置自变量或受处理的一组被试。朗的实验用了三个实验组(见图1.5)。

被试期望的		被试获得的
	实验组1:预期酒精,只获得汤力水	
	实验组2:预期酒精,获得酒精混有汤力水	
	实验组3:预期汤力水,获得酒精混有汤力水	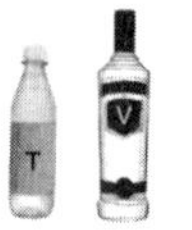
	控制组:预期汤力水,只获得汤力水	

图1.5 朗实验中的实验组和控制组 朗的实验包括3个实验组和1个控制组。

大多数实验也有一个**控制组**(control group)——与实验组相似,为了比较,也是在实验最后测量因变量。控制组所处的环境要与实验组相同,但是不接受处理。朗实验中的第四组没有设置这两个自变量;也就是说,这个组既没有预期饮酒也没有酒精。因为这个组和实验组类似,并处于相同的实验环境,它被作为控制组。

你也许想知道为什么控制组是必要的。主试就不能给自变量只设置一组被试,看看是否有变化。这个方法有时候有效,但通常最好有一个控制组,因为人们和他们的行为经常发生没有干预的变化。有控制组可揭示哪些变化"自然"发生,把自变量的影响与这些变化区分开来。例如,你想知道某些药是否能缓解头痛。你可以就找一些头痛的人,给他们药品,然后一小时后看看有多少人仍然头痛。但是一些头痛不经处理就能缓解。所以

控制组 实验中,与实验组类似,处于相同的实验环境,但没有接受处理的一组;用来对比。

有些看似是药品起效,实际可能仅仅是因为头痛自行好转了。设置控制组能让你知道,除了那些不用药就能缓解的人,是否是药品让头痛好转。

1.23 哪些因素会把偏差引入实验研究?
实验研究偏差的来源

研究者能够总是假定自变量是因变量变化的原因吗?不一定。有时候实验受**混杂变量**(confounding variables)的影响——不同于自变量的因素或条件,在组别中不等价,造成因变量在组之间的差异。在实验室做实验,朗和他的同事能控制环境条件,例如极端的噪声或热量等增加攻击性应答的混杂变量。所有实验中,必须被控制的3个混杂变量是选择偏差、安慰剂效应和实验者偏差。

选择偏差。为什么研究者不允许被试自己选择处于实验组还是控制组?因为这样的程序会将选择偏差引入研究中。若按这种方法,系统误差就会在实验一开始就出现在组间,**选择偏差**(selection bias)在被试用这样的方式分配到实验组或者控制组时发生。如果选择偏差发生,实验结尾的差异反映的可能不是自变量的变化,而是先存的差异。为了控制选择偏差,研究者必须**随机分配**(random assignment)被试。这个选择被试的步骤采用机会程序(就像从帽子里抽取被试的名字)来保证每一个被试选入任意组中的可能性相同。随机分配保证了实验开始时组间差异尽可能地小。在朗的实验中,如果在学生的攻击水平上存在先存差异,随机分配会让那些差异平均分布各组。

安慰剂效应。被试的期望能影响实验的结果吗?是的。**安慰剂效应**(placebo effect)发生在被试根据自己对处理的期望而不是处理本身来对处理作出反应。假如患者报告服用指定药物后有所改善。这个改善可能是药物的直接效果,也可能是患者期望药物起作用而造成的结果。研究表明,有时候,患者所得到的显著改善可能仅仅是暗示的作用——即安慰剂效应。

在药物试验中,通常给予控制组**安慰剂**(placebo)——一种惰性或无害的物质,像糖丸或生理盐水注射液。为了控制安慰剂效应,研究者不让被试知道他们是在实验组(获得处理)还是控制组(获得安慰剂)。如果获得真正药品或处理的被试比那些获得安慰剂的被

混杂变量 不同于自变量的因素或条件,在组别中不等价,造成因变量组间差异。

选择偏差 将被试分配到实验组或控制组的方式,这种分配方式会导致实验一开始就在组间出现系统误差。

随机分配 为实验组和控制组挑选被试的程序,使用一个机会程序来保证每一个被试被选入任意组的可能性相同;选择偏差的控制处理之一。

安慰剂效应 被试根据自己对处理的期望而不是处理本身来对处理作出反应的现象。

安慰剂 一种给予控制组的惰性或无害的物质,作为对安慰剂效应的控制处理。

试表现出更为显著的改善,那么被试的改善就是由药物造成的,而不是被试对药物效果的期望。在朗的实验中,期望酒精混合汤力水的一些学生仅仅得到汤力水。没有酒精作用的汤力水作为安慰剂使研究者能够测量期望在攻击性产生中的作用。

实验者偏差。实验者偏差是什么?**实验者偏差**(experimenter bias)发生在研究者的预期观念或期望变成自行实现的预言并促使研究者发现他们所期望发现的情况下。实验者的期望能传达给被试,也许是在无意间,通过说话的语气、手势或面部表情。这些传达能影响被试的行为。即使在实验过程中没有产生影响,期望也可能影响研究者对实验结果的解释说明。为了控制实验者偏差,不能让研究者知晓哪一个被试是被分配到实验组和控制组的,直到研究数据收集和记录结束。(很显然,一些协助研究者的人知道。)当研究者和被试都不知道哪些被试获得处理以及哪些在控制组时,该实验就使用了**双盲技术**(double-blind technique)。

1.24 实验法的局限是什么?

实验法的局限性

现在你知道,实验提供因果关系的信息。但是它们的局限性是什么?首先,使用实验法的研究者能进行严格的环境控制,但是控制得越多,实验环境变得越刻意和不自然。实验越是不自然,实验结果对现实的概括性越小。实验法另外一个重要的局限性是,在许多领域,对心理学家来说,它的使用要么不道德,要么不可能。一些处理不能用于人类被试,因为他们的生理或心理健康会因此受到威胁,或者他们的宪法权利遭到侵犯。

当我们把关于实验法局限性的知识应用到朗的研究结果中去时会发生什么?我们能不能得出结论:一般来说,当人们相信自己受到酒精的影响时,他们会变得更有攻击性。在得出这样的结论之前,我们必须考虑几个因素:(1)所有被试都是男大学生。我们不能确定同样的结论是否适用女性或者其他年龄段的男性;(2)这个实验的被试被划分到重度社交饮酒者。如果被试包括不饮酒的人,适度社交饮酒者或者酗酒者,同样的结果还会出现吗?为了把实验的结果应用到其他团体中,研究者必须用不同的人群来平行测量或重复测量;(3)给予学生的酒精量只是刚刚好能让他们的血醇浓度达到0.10,我们不能确定同样的结果是否会在他们消耗更多或更少的酒精时发生。

复习 概述了我们在这章讨论过的不同类型的研究方法。

实验者偏差 研究者的预期观念或期望以某种方式影响被试的行为和/或研究者对实验结果的现象。

双盲技术 在这种程序中,无论主试还是被试都不知道谁在实验组、谁在控制组,直到实验数据收集完毕;实验者偏差的一种控制处理。

复习——心理学研究方法

方法	描述	优点	局限性
自然观察和实验观察	在自然状态下或实验室中观察和记录行为。	日常行为的研究更加自然。实验室环境使变量的测量更加精确。能为之后测试的假设提供基础。	研究者的期望会扭曲观察结果（观察者偏差）。在自然环境下，研究者对条件的控制几乎没有。实验室观察可能不能推广到现实环境中，并且费用高。
个案研究	用观察、访谈或心理测验对一个或若干个体进行深入研究。	提供稀少或异常的情况或事件的信息来源。能够为之后的试验假设提供基础。	结果可能不太具有普遍性。无法得出导致行为的原因。研究者易曲解被试的反应。
调查法	使用访谈或者调查问卷来收集关于一个团体的态度、信念、经历或行为等信息。	能够提供大量人群的精确信息。能够持续追踪态度和行为的改变。	反应也许不精确。样本可能不具代表性。访谈的特点可能影响反应。费用高，耗时多。
相关法	确定两个事件、特征或行为之间关系（相关性）的方法。	能评估两个变量之间的关系强度，并能很快完成。为预测提供基础。	不能证明因果关系。
实验法	被试随机分配到各组。自变量的操纵和对因变量影响的测量。	能确定因果关系。	实验室环境可能约束被试的自然行为。结果可能不能推广到现实情境中。有时候，实验不道德或不可能完成。

记一记——实验法

1. _____是能用来确定两个变量因果关系的唯一一种研究方法。
2. 实验中，研究者操纵_____，它对_____的影响在研究的最后测量。
3. _____组有时候接受安慰剂。
4. 随机分配用来控制_____偏差。
5. 当研究者不知道哪些被试属于实验组和控制组时，_____偏差得到控制。

答案：1. 实验法　2. 自变量　因变量　3. 对照　4. 选择　5. 实验者

心理学研究的被试

你已经学过研究中的观察者和实验者偏差，但是你有没有意识到被试自身也可能造成研究结果的偏差？另外，研究者受制于伦理准则，它详细说明了应怎样对待人类被试和动物被试。

1.25 被试偏差如何影响研究结果？
心理学研究中的被试相关偏差

你还记得之前在调查研究中读到过的,有关代表性样本重要性的内容吗？结合其他方法,代表性成了心理学家想要推广研究结果到个体而不单是研究被试的关键。例如,美国人口普查局(2000)的预测表明,预期美国人口中西班牙裔白人所占百分比将从2000年的71.5%减少到2050年的53%。至今,白人常常过度代表心理学研究中的样本,因为在过去的30年里,大多数研究的被试都来自大学生人群(Graham,1992),少数族裔比例比一般人口更低。另外,即使是那些少数族裔的大学生样本,也是以年龄、社会经济阶层和受教育水平为标准挑选出来的。这样,他们就不能完全代表一般人口。研究样本缺少代表性是典型的被试相关偏差。

性别偏差是另一种典型的被试相关偏差。阿德和约翰逊(1994)发现,当采用同一性别的被试做研究时,如果是女性,研究者就典型地详细说明样本性别,而当样本仅仅是男性,则不。根据阿德和约翰逊的发现,这样的实践揭示了"一个考虑'规范'男性被试的趋势,并且鉴于女性被试的'不同',从他们中获得的结果普遍适用,从女性被试获得的结果特定于女性。"(217—218页)。然而积极地,数十年来研究者报告中的样本偏差和研究主题的选择偏倚已经减少。

还有一种偏差发生在研究者或实验者过于笼统地概括被试组所有成员研究结果的时候。桑德拉·格雷厄姆(1992)提出发现了一个方法论错误——即未考虑社会经济状况——在许多美国白人与非裔美国人相比较的文献中。格雷厄姆指出非裔美国人过多代表了经济弱势。她坚持社会经济状况应该纳入研究设计中以在白人与非裔美国人的比较

◀大学生是一个易得的群体,因此,很多心理学研究者从他们当中选择样本。若采用这种做法,研究者必须谨慎选择以确保样本尽可能地具有普遍代表性。这意味着样本必须包含不同种族、民族、文化和社会经济背景的个体。

研究中"解决种族和社会地位的影响"。

老年歧视是被试相关偏差的另一种持续来源,尤其出现在心理学研究的言语使用上(Schaie,1993)。研究报告中关于年龄的主题经常包含例如缺损、退化、下降和依赖这样的字眼。另外,研究者可能低估他们所研究的老年人的多样性。根据沙伊所说,"大多数成人的研究表现出他们 60 岁和 80 岁时的差异比 20 到 60 岁要明显得多"(p.50)。研究者应该避免使用暗示指定年龄组成员具有负面特征的描述或研究结论。

1.26 当被试是人类时,研究者应遵守何种伦理道德?
保护被试的权利

研究者在道德上有义务保护所有被试的权利。2002,美国心理学会(APA)采用一系列新的伦理准则来规范以人为被试的研究,在支持科学探究目标的同时也保护被试的权利。下面是准则的一些主要规定:

- 合法性。所有研究者必须遵守适用的联邦、国家和地区法律和法规。
- 机构批准。研究者必须获得研究涉及的所有机构的允许。研究者不能在没有得到学校允许的情况下在校进行研究。
- 知情同意。必须告知被试研究目的和潜在伤害。研究者只能在有正当理由的前提下,背离知情同意原则。典型做法是,由制度委员会检测他们欺骗被试的理由是否正当。大多数委员会发现安慰剂的使用不会违反这项准则,因为安慰剂控制组通过控制被试的期望,使主试更有效地测量处理的影响。
- 欺骗。必要时,对被试的欺骗也是一项原则。然而,道德准则会提醒研究者如果有另外的途径可以检验研究假设,就要小心使用欺骗。
- 解说。无论什么时候研究者欺骗了被试,包括用安慰剂处理,他/她必须在研究结束时尽快告诉被试实情。
- 来访者、病人、学生和下属。当被试在另一个人的权威之下(比如治疗师的来访者,医院的病人,心理学课堂上的学生,或者员工),研究员必须逐步确保被试参与研究,以及保证获得的关于被试的信息无论如何都不会伤害被试。比方说,如果学生拒绝参与调查研究,教授就不能减少他们的学分。
- 有偿参与。被试需要得到一定的报酬,但是道德准则要求他们充分了解为获得报酬所要做的。另外,禁止研究者支付过多的报酬,这又可能在某种程度上造成被试偏差。
- 发表。心理学研究者必须在适当的论坛上报告他们的研究结果,比如心理学杂志,而且,他们的数据对想核实研究结果的其他人来说要有价值。即使研究没有得出结论,仍要报告结果;这种情况下,适当的论坛就是研究的赞助机构、进行研究的组织、代理机构或为研究提供资金的基金会。研究结果对被试来说也要有价值。

📖 模拟心理学研究的伦理 www.mypsychlab.com

1.27 为什么在研究中使用动物？
动物在研究中的使用

APA新的伦理准则同样包括心理学研究使用动物的指南。这里列出几项重要的规定：

- 合法性。与以人为被试相似，动物研究必须遵守相关联盟、国家和当地的法律。
- 经验人员监督。使用动物被试必须由受过保护该种动物的训练的人监督。这些经验人员必须教授所有人员，例如研究助手，如何正确处理和喂养动物以及辨认生病或不安状态。
- 不适感最小化。伦理要求研究者将实验动物的任何不适感降到最低。动物研究不予以适当麻痹是不道德的。当研究者必须结束动物的生命时，必须采用人道的方式。

即使有这些适当的保障，研究中使用动物仍然有争议。许多动物权利倡导者希望立即停止所有动物研究。关于动物权利的书籍中平均63.3%的内容都是有关动物研究（Nicholl & Russell, 1990）。至今，美国每年有接近630万只动物被杀，只有0.3%是用在研究和学习上，96.5%用作食物，2.6%被猎人捕杀，0.4%在动物收养所被杀，以及0.2%用于皮草服饰（Christensen, 1997）。

一项随机抽取约4 000名APA成员的调查显示："应答者中80%的人普遍支持心理学上的动物研究。"（Plous, 1996, p.1177）对公众来说，当研究与人类健康有关时，支持动物研究的呼声更高，当涉及鼠而不是狗、猫或灵长类动物这类研究时，支持率最高（Plous, 1996）。大多数人同意研究中使用动物至少有6个理由：(1)它们提供了与人类手术相似的简单模型；(2)更便于研究者控制，这样，结果就会更确切；(3)能使用更多的医学或其他操作；(4)研究整个生命周期更加方便，甚至可以在一些物种身上进行多化研究；(5)作为研究主体，动物更经济方便；(6)一些研究者仅仅是想更多地研究动物本身。

动物研究真的必要吗？几乎所有的现代医学奇迹至少有一部分的实验结果是在动物的基础上得出的。动物研究得出了很多关于大脑、视觉、听觉和其他感觉的信息（Domjan & Purdy, 1995），同样增加了学习、动机、压力、记忆方面的知识，以及孕期摄入各类药物对后代的影响。类似的，动物研究能帮助精神药理学家更好地理解药物副作用，诸如用于缓解精神分裂症这类精神障碍的药物的副作用（Ortega-Alvaro, Gilbert-Rahola & Micó, 2006）。

总的来说，动物权利争议对研究伦理有积极影响：它使动物被试得到更多关注，激励研究者寻找替代研究方法，据说替代研究能减少研究中动物的需求量（Mukerjee, 1997, p.86）。

第1章 心理学简介 041

▲大多数心理学家承认,要是没有动物研究,许多科学发展都无法进行。关于这个问题,你站在那一边?

记一记——心理学研究的被试

1. 包括_____的研究结束后,心理学家要向被试作出全面的解说。
2. _____、_____和_____在许多种心理学研究中过度代表样本。
3. 通过在研究中使用_____,研究者了解到大量知识,比如孕期药物摄入的影响。

答案:1. 欺骗 2. 白人 男性 大学生 3. 动物

工作中的心理学家

心理学是一个迷人的领域。事实上,它如此迷人以至很多人选择与这些工作有关的职业,了解更多人类行为和心理过程,或者用心理学原理提高人们的生活质量。大多数这样的职业要求研究生学历,但也有很多适合心理学专业本科生的工作机会。

1.28 在心理学领域工作的专业人员有哪些?

心理学专家

无论你在哪里发现人类活动,你很有可能遇见心理学家。这些专业人员的工作需要大量专业技能,大多数要求硕士或博士学位。

📖 探索工作中的心理学家 www.mypsychlab.com

● 临床心理学家专攻精神和行为障碍的诊断和治疗,例如焦虑、恐惧症和精神分裂症。他们中的一些也进行研究。
● 学校心理学家是专攻干扰学习的学习和行为问题的诊断和治疗。

- 犯罪心理学家把他们在临床心理学上受到的训练应用于心理学和法律问题。
- 咨询心理学家帮助那些有适应问题（婚姻、社会或行为）的人，比起临床心理学家接触的人，他们接触到的人情况不太严重。
- 生理心理学家又称生物心理学家或神经心理学家，研究生理过程和行为之间的关系。
- 实验心理学家在心理学的绝大多数领域做实验——学习、记忆、感觉、知觉、动机、情感以及其他。
- 发展心理学家研究人们在一生中怎样成长、发展和改变。
- 教育心理学家专攻教育和学习的研究。（注解：不要把教育心理学与学校心理学混为一谈。回忆一下，学校心理学是临床心理学的分支，进行学习问题的诊断和治疗。教育心理学家主要研究发展中人群的学习。相比前者，他们接受理论和研究方法方面的训练，而不是学习问题的诊断和治疗。）
- 社会心理学家研究个体在社会中怎样感知、思考和行动——当其他个体出现时。
- 工业/组织心理学家研究人和他们的工作环境之间的关系。

▲你能猜出图中是哪类心理学家吗？

1.29 哪些工作适合心理学专业学生？

主修心理学

你考虑过主修心理学吗？很多学生考虑过。事实上，心理学本科生人数只排在工商管理学和教育学之后（NCES，2008）。

之前提到过，职业心理学家有硕士学位。美国心理学会报导，除了学士学位，获得心理学博士学位需要花费大约5年的学习（APA，2000）。然而，有很多可供拥有心理学博士学位的人选择的职位，这些职位大多集中在以营利为目的的公司（National Science Foundation，2000）。薪级，一个在广泛多样的就业环境中追踪申请资格的体制，据报告，最受心理学本科生欢迎的工作是行政助理、经理、社会服务个案管理员和人力资源经理（PayScale，Inc.，2009）。另外，许多心理学专业的学生试着继续攻读其他专业的硕士学位，比如法律。

你可能想知道提供给心理学专业学生的课程有哪些。心理学导论课程的一个目的是统览提供更多高级课程的分支学科（Brewer et al.，1993）。如果你主修心理学，本书能指导你如何选择课程。表1.1提供心理学本科课程中不同内容的概述。

表1.1 心理学专业的内容

基础课程	中级和高级课程	顶点经验
这些课程是所有心理学专业学生必修的。许多项目接受从满足条件的社区大学转换课程。 ● 心理学导论 ● 研究方法 ● 统计学	学生从广泛的领域内选取课程，像下面列举的那些。一些项目要求在该领域内至少选学一门课程。在一些项目，学生可能从社区大学转到中级课程（大二水平），来满足专业要求。然而，不管学生拿到多少学分，所有的学士学位项目需要至少修满下列初级和高级课程。 ● 学习与认知 ● 个体差异、心理测量、人格、社会和文化进程 ● 行为的生物学基础、感觉、知觉、动物行为、动机、情感 ● 终生发展	一些项目需要顶点经验，这是指预期心理学专业高年级学生整合他们先前所学的知识和技能。其他也可提供顶点经验的项目，可能被计入高级课程的要求。顶点经验可能包括下列中的一个或更多： ● 心理学史和体系（高级课程） ● 社区服务 ● 毕业论文 ● 研究实习

来源：Halonen et al.（2002）；Brewer et al.（1993）。

记一记——工作中的心理学家

1. 心理学本科生人数排_____，仅次于工商管理学和教育学。
2. 对于心理学专业的大学毕业生来说，就业机会_____。

答案：1. 第三　2. 许多

总结与回顾

复习：阅读这一章每一节之后，跟随之前SQ3R的步骤，复习本章末尾的"总结与回顾"。复习关键术语列表并翻到术语定义的那页，如果你不能复述该术语的含义，回顾其定义。

心理学的世界 p.3

1.1 科学家采用什么样的程序来回答关于行为和心理过程的问题？p.3

科学家用科学的方法设计研究以调查问题，收集和分析数据，得出结论并交流成果。科学的研究方法是指一套有序的、系统的研究步骤，研究者可以遵循该研究步骤来确定研究问题。

1.2 心理学的目标是什么？p.5

心理学的四个目标是描述、解释、预测和影响行为和心理过程。

探索心理学的历史根基 p.6

1.3 冯特和铁钦纳在心理学的创建中所扮演的角色是什么？p.6

冯特，被认为是"心理学之父"，在1879年建立了第一个心理学实验室，开启了心理学研究的正规学术原则。他的一个学生，铁钦纳，建立了一个思想流派，称为构造主义。

1.4 为什么机能主义在心理学史中起着重要作用？p.7

机能主义是美国第一个心理学流派，该流派将行为研究的范围扩展到意识过程。

1.5 过去和现在、女性和少数族裔如何改变心理学领域？p.7

早期的女性和少数族裔心理学家工作时必须克服显著的教育和专业偏见。尽管如此，他们中的许多人做出了引人注目的贡献。今天少数族裔团体的样本代表性在上升，并且相比男性，有更多的女性获得了心理学学位。

心理学的流派 p.9

1.6 行为学家如何解释行为和心理过程？p.9

行为主义，心理学流派之一，由约翰·华生建立，认为可观察可测量的行为是心理学唯一恰当的研究对象。行为主义同时强调环境是影响行为的主要因素。

1.7 精神分析心理学家认为无意识扮演什么角色？p.10

根据弗洛伊德的精神分析理论，个体的思维、感觉和行为主要由无意识决定——意识的一部分，不能看见，无法测量。

1.8 根据马斯洛和罗杰斯的理论，人类行为和心理过程的动机是什么？p.10

马斯洛和罗杰斯的人本主义心理学关注人类的独特性以及他们的选择能力、人格成长和心理健康。人类有满足自我实现需求的动机。

1.9 认知心理学家关注的重点是什么？p.10

认知心理学是具有影响力的一个流派，关注心理过程，例如记忆、问题解决、推理、决策、语言、知觉和其他认知形式。

1.10 进化心理学的主要观点是什么？p.12

进化心理学主要研究在漫长的进化过程中，面对环境的压力，人类如何使行为适应生存的需要。

1.11 生物心理学是如何改变心理学领域的？p.12

生物心理学家寻找特定行为(例如攻击)与特定的生物因素(例如激素水平)之间的联系，帮助解释个体差异。使用现代技术，生物心理学家发现生物和行为变量之间的关系，促进研发更多针对特定行为失调的有效药物的和洞察许多心理疾病的遗传基础。

1.12　社会文化学方向的心理学家对哪类变量感兴趣？p.13

社会文化方向关注诸如文化价值这样的因素是怎样影响人类行为的。

1.13　什么是心理学观点，它们如何与折中模式相联系？p.14

心理学观点是解释人的行为和思维的一种普遍观点。采取折中的立场，心理学家用两个或者更多相结合的观点解释特定的行为。

对理论和研究的思考 p.15

1.14　心理学家如何评价理论？p.15

心理学家评价理论以有效性为标准。有效的理论普遍提供可验证假设和问题解决方案。拥有启发价值的理论利于促进争论和研究。

1.15　如何使用批判性思维来解释有机心理学研究的媒体报道？p.16

批判性思维者是独立的，能延迟判断以及改变先前的信念。他们用研究方法的知识评估媒体报道的研究结果。

描述性研究方法 p.18

1.16　心理研究人员如何使用自然观察法和实验室观察法？p.18

在自然观察中，研究者观察和记录自然状况下人类或动物被试的行为，没有刻意影响或者控制。在实验观察中，研究者更多运用控制和精准设备测量应答。

1.17　个案研究法的优势和劣势是什么？p.18

个案研究适用于研究少见的有生理、心理障碍或者大脑损伤的人。这种方法的缺点包括可能引起观察者偏差，无法确定行为的原因以及缺少代表性。

1.18　研究人员如何保证研究结果的有效性？p.19

为了确保有效，研究必须确定一个具有总体代表性的样本，该总体是能够用研究结果来解释的群体。

1.19　相关法的优势和劣势是什么？p.21

当两个变量之间的联系已知，关于一个变量的信息能够用来预测另外一个变量。然而，关联性不能用来支持两个变量之间的因果关系。

实验法 p.23

1.20　研究者为何用实验检测因果关系的假设？p.23

实验法是能确定因果关系的唯一方法。

1.21　如何区分自变量和因变量？p.24

实验中，自变量是一个条件或因素，由研究者操控以确定其对因变量的影响。

1.22　为什么设立实验组和控制组？p.24

实验组和控制组的比较让研究者在对比自然发生的结果或有安慰剂的情况下，判断自变量的影响。

1.23　哪些因素会把偏差引入实验研究？p.26

环境因素，例如热量和噪声，可以是偏差的来源。选择偏倚在实验开始前，组之间存在系统差异时出现。安慰剂效应发生在个人期望影响处理或实验的时候。

    1.24   实验法的局限是什么？p.27

实验经常在不自然的状况下进行，这种因素限制了结果的一般化。

心理学研究的被试 p.28

    1.25   被试偏差如何影响研究结果？p.28

被试相关偏差在研究者没有考虑到样本中的弱势群体时发生。

    1.26   当被试是人类时，研究者应遵守何种伦理道德？p.29

所有研究必须遵守相应的法律和法则。研究者必须获得与研究相关的所有机构的允许。被试必须知情同意，除非有必要欺瞒。如果欺骗，必须在实验之后尽可能快地给予知情解释。实验助手不能对他们有消极影响。被试在被完全告知实验期望他们要做什么后可以给予一定的报酬。研究者必须在适当的论坛中报告他们的结果，并且结果对被试来说要有价值。

    1.27   为什么在研究中使用动物？p.29

动物为研究与人类类似的过程提供了样本模型；研究者能在动物上应用更多的控制并且使用广泛的医学和其他操作；有了动物，研究者能研究整个生命历程甚至一代被试；动物作为研究主体更加经济实用；在某些情况下，研究者只是想学习与动物本身相关的知识。

工作中的心理学家 p.31

    1.28   在心理学领域工作的专业人员有哪些？p.31

心理学家有临床心理学家、学校心理学家、犯罪心理学家、咨询心理学家、生物心理学家、实验心理学家、发展心理学家、教育心理学家、社会心理学家和工业/组织心理学家。

    1.29   哪些工作适合心理学专业学生？p.31

拥有心理学学士学位的人在许多地方都能得到雇用。最受欢迎的工作包括行政助理、人力资源经理、社会服务个案管理员和零售经理。主修心理学同样是在其他领域攻读研究生的良好准备（例如法律）。

关键术语

应用研究 p.6	基础研究 p.6
行为主义 p.9	生物心理学 p.12
个案研究 p.18	因果假设 p.23
认知心理学 p.10	混杂变量 p.26
控制组 p.25	相关系数 p.21
相关法 p.21	批判性思维 p.16
因变量 p.24	描述性研究方法 p.18
双盲技术 p.26	进化心理学 p.12

实验组 p.24
实验者偏差 p.26
格式塔心理学 p.11
假设 p.4
信息加工理论 p.11
自然观察 p.18
安慰剂 p.26
总体 p.19
精神分析 p.10
心理学 p.3
验证 p.5
样本 p.19
选择偏差 p.26
构造主义 p.7
理论 p.4

实验法 p.23
机能主义 p.7
人本主义心理学 p.10
自变量 p.24
实验室观察 p.18
神经科学 p.12
安慰剂效应 p.26
伪科学 p.17
心理学观点 p.14
随机分配 p.26
代表性样本 p.19
科学方法 p.3
社会文化观点 p.13
调查 p.19

章末测验

选择题

1. _____是试着解释一组独立事实怎样联系在一起的一个或一套一般原理。
   a. 假设　　　　b. 理论　　　　c. 观点　　　　d. 基础研究

2. 一位一年级的老师请学校心理学家帮助她管理在课堂上表现不当行为的一年级学生。回顾相关研究后，这位心理学家建议，只要孩子表现得当，老师就给予一些奖励。这位心理学家是朝着心理学的哪个目标工作的？
   a. 解释　　　　b. 描述　　　　c. 预测　　　　d. 影响

3. 构造主义流派的拥护者因他们对内省的信赖而受到批评，这是因为_____。
   a. 他们太过依赖自由联想　　　　b. 他们缺少客观性
   c. 他们不借助于实验室实验法　　d. 他们不提供可以给出反应的个体测量

4. 一位心理学家在广播热线节目中称，父母在孩子做出令人满意的行为时表达情感，但在孩子表现得不让人满意时克制情感，这种情感表达会影响孩子的发展。这位心理学家的观点与_____流派的主张相符。
   a. 进化　　　　　　　　　　　b. 生物
   c. 行为主义　　　　　　　　　d. 认知

5. 下面哪一项陈述是精神分析观点的最好概括？
   a. 心理是一场蓬勃、嘈杂的混乱。

b. 生命始终追求卓越。
c. 内省在心理学上不是一项适当的科学技术。
d. 心理像一座冰山,我们可见的只是一小部分。

6. 哪两个思想流派表明,我们能解释体验比体验本身更重要?
   a. 认知、精神分析   b. 行为主义、精神分析
   c. 认知、格式塔   d. 格式塔、行为主义

7. Mkemba 医生是一位心理学家,研究激素对情感的影响。她是一位_____心理学家。
   a. 生物   b. 认知   c. 心理分析   d. 行为主义

8. 丽莎向治疗师描述了她的困扰,请他分析。治疗师回答说他更喜欢听她自己分析问题,因为她的观点比自己的观点更重要。这位治疗师的方法例证了_____观点。
   a. 行为主义   b. 精神分析   c. 进化   d. 人本主义

9. 学生们问林戈尔德医生,为什么他们需要学习那些观点缺少支持的心理学理论。他回答说,那些理论对心理学领域很重要,因为它们引发了研究者之间大量的争论。林戈尔德医生评论了理论的_____。
   a. 现实问题应用   b. 启发价值
   c. 解释观察内容的能力   d. 可验证假设

10. 最新报道,德克萨斯大学的研究表明,低脂饮食导致实验室老鼠的生育力下降。这项报告也暗示希望有孩子的女性需要在她们的饮食中增加脂肪。如果贾尼斯想要把她学到的批判性思维技巧应用到心理学教学中去考虑如何回应报告,那么她应该做什么?
    a. 立刻开始吃高脂肪食物。
    b. 如果她发现这项研究已经在颇具声望的杂志中发表,就该开始吃高脂肪食物。
    c. 在改变自己的饮食之前,看看其他研究有没有得出类似的结果。
    d. 问问她的朋友认不认同这个研究。

11. 桑迪对确定熊崽和妈妈在一起的时间有多长感兴趣。她用好几年的时间在黄石公园研究好几个熊家庭的行为,记录熊崽出生、开妈妈的时间等等。这是_____方法的例子。
    a. 调查   b. 实验   c. 个案研究   d. 自然观察

12. 以下哪个相关系数表明的相关性最高?
    a. +0.52   b. −0.13   c. +0.19   d. −0.97

13. 克里斯蒂娜正在做不适气味的影响的实验。她相信暴露在不适气味下会减少一个人从书本阅读中学到的东西。在克里斯蒂娜的研究中,_____是自变量,_____是因变量。
    a. 学习,气味   b. 研究,学习   c. 气味,学习   d. 气味,研究

14. 博福特正在进行确定练习对记忆是否有影响的实验。实验给予 3 个组相同的包括 25 个单词的列表,有 15 分钟的学习时间。另外两组在锻炼时,一组在教室里看电视。一个

锻炼组参与一小时的瑜伽课程,另一组参加相同时长的有氧舞蹈课程。哪个组是控制组?

  a. 瑜伽组   b. 有氧舞蹈组

  c. 电视组   d. 这个实验没有控制组

15. 雷宾医生想要研究精神药物对胎儿发育的影响。他希望给实验组孕妇真正的药物,给控制组孕妇安慰剂。雷宾医生的研究_____。

  a. 是道德的,如果他完全告知孕妇所有的危险性

  b. 是道德的,如果大学审查委员会允许

  c. 是不道德的,如果药物被查出是有害的

  d. 在任何环境下都是不道德的

16. 伍德斯托克和斯迈思医生正在讨论一个实验,实验中,黑猩猩接触可能导致恶性肿瘤的物质。审查委员会将裁定这个研究是道德的,如果_____。

  a. 技术上可行

  b. 研究者让任何患肿瘤的动物安乐死

  c. 研究者逐步确定动物不会不必要地受罪

  d. 黑猩猩是该研究唯一可用的动物

17. 精神病院的病人更可能接受_____心理学家的诊治,相对于_____心理学家而言。

  a. 发展,工业/组织 b. 临床,咨询   c. 生物,教育   d. 教育,临床

简答题

18. 无论什么时候进入自助食堂,苏珊都会感到焦虑。选择心理学的三种主要观点并对比它们会怎样解释苏珊的问题。

19. 假如你听到消息:一位研究者声称已经"证实"日间托儿所对婴儿有害。你会怎样使用在这章学到的批判性思维和研究方法来评估这个声明?

20. 给出(a)发展心理学家、(b)工业/组织心理学家和(c)犯罪心理学家可能会做的研究实例。

答案见第772页。

第 2 章

生物和行为

神经细胞和神经递质

2.1 神经元不同区域的功能是什么?

2.2 信息如何通过神经系统传递?

2.3 什么是神经递质,它们在神经系统的运作中起到什么作用?

2.4 一些主要神经递质的作用是什么?

人类神经系统

2.5 为什么完整的脊髓对人类神经系统的正常工作至关重要?

2.6 后脑有哪些脑结构以及功能?

2.7 中脑有什么重要结构?

2.8 前脑有哪些脑结构以及功能?

2.9 交感神经系统和副交感神经系统之间有什么区别?

进一步了解脑

2.10 大脑的构成有哪些?

2.11 左右大脑半球有什么特殊功能?

2.12 额叶跟什么心理功能有联系?

2.13 顶叶有什么重要结构?

2.14 为什么枕叶对视力有决定性?

2.15 颞叶有什么重要区域以及功能?

2.16 在人的一生中,脑会如何变化?

2.17 男性和女性的脑有何不同?

探索脑的奥秘

2.18 脑电图是如何揭示大脑奥秘的?

2.19 在脑结构的研究中,CT 扫描和 MRI 是怎么起作用的?

2.20 PET 扫描和更新的成像技术是如何研究脑的?

内分泌系统

2.21 内分泌系统中各种腺体的功能是什么?

基因和行为遗传学

2.22 在遗传特性的传递上,哪种模式的遗传是显性的?

2.23 行为遗传学家做哪些类型的研究?

想一想

解读他人的面部表情令人习以为常,所以我们经常不假思索地做这件事。但是,你的眼睛有时候会欺骗你。看看你是否能够辨别左边的两张脸哪张更开心(Jaynes, 1976)。

你说哪张脸会更开心?你的答案很可能依据你是惯用左手还是右手。你想,大脑分配一些任务给右半球,另一些给左半球。这些任务在一定程度上与用手习惯有关。举个例子,如果你习惯用右手,你会倾向于用脑的右半球来解释情绪。同时,脑的右半球支配左侧躯体,你会用人的左边脸来推断他们的情绪状态(Mcgee & Skinner, 1987)。由此,即使画中的人是镜像,惯用右手的人也趋向于把左边的脸看成是更开心。左撇子则呈现相反的模式。他们依靠脑的左半球来解释情绪,因此左半球支配右侧躯体,他们经常判断右边的脸更开心。

在你即将阅读到的这一章中,区分左右半球的功能只是关于行为的生物学基础和心理过程众多有趣事实中的一项。我们不仅会告诉你关于脑和神经系统的内容,也会介绍内分泌系统。你还会读到关于遗传的东西。在这一章中,仔细关注这些内容,因为我们在接下来的章节中会再次提到这些重要概念。

神经细胞和神经递质

你思考的每个想法,你感受的每种情绪,你经历的每种感觉,你做出的每个决定,你制定的每个步骤——简而言之,所有的人类行为——源于生物学事件。此篇开始于脑的最小功能单位,神经细胞或者神经元,也就是行为的开端。

2.1 神经元不同区域的功能是什么?

神经元的结构

我们所有的想法、感情和行为最终都可以追溯到在神经系统引导脉冲的**神经元**(neurons)的活动。神经元起到几个重要的作用:(1)感觉神经元从感受器或者感受器官(眼睛、耳朵、嘴巴和皮肤)传递信息给大脑或者脊髓;(2)运动神经元从中枢神经系统传递信号给腺体和肌肉,使身体得以运动;(3)中间神经元,是感觉神经元或运动神经元的几千倍之多,在脑的神经元间和脊髓的神经元间传递信息。

神经元的解剖。 虽然没有哪两个神经元长得完全一样,但是它们都由三个重要部分

> **神经元** 在神经系统中引导脉冲的特定细胞,主要由细胞体、树突和轴突三部分组成。

组成：细胞体、树突和轴突。**细胞体**（cell body），或胞体，含有细胞核，负责细胞的新陈代谢和维持生命。从细胞体向外延伸的枝状结构是**树突**（dendrites），看上去很像没有叶子的树枝（树突一词来自希腊语，意为树枝）。树突是接收来自其他神经元信号的主要接收器，同时细胞体也能直接接收信号。

轴突（axon）是神经元伸出的分支，有着细长的尾状延伸，称为**轴突末梢**（axon terminal）。信号从轴突传递到其他神经元的树突或细胞体，或者传递到肌肉、腺体或身体其他部位。在人类当中，有一些轴突很短，仅仅是一英寸的千分之一这么长。其他的可以长至一米（39.37英尺）——长到足够从脑到达脊髓的尖端，或者从脊髓到身体远端。图2.1显示了神经元的结构。

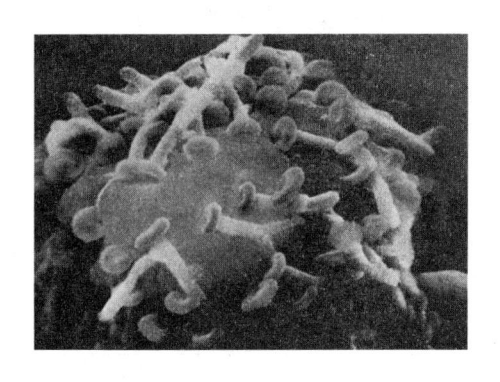

◀这张由扫描电子显微镜拍摄的照片显示了轴突末梢（橙色纽扣状结构），可以与细胞体构成突触（用绿色表示）。

神经元的支持系统。胶质细胞（glial cells）是脑和脊髓中把神经元聚在一起的专门用途的细胞。它们比神经元更小，占据了人类大脑一半的体积。胶质细胞通过吞食和消化移除脑中的废弃物，比如死亡的神经元，然后处理其他生产、滋养和清洁工作。在脊髓中，胶质细胞也参与把疼痛感从身体的各个部位传递给脑（Hald, Nedergaard, Hansen, Ding, & Heegaard, 2009）。

2.2 信息如何通过神经系统传递？

神经元间的交流

显然易见的是，数十亿神经元的信号发射和接收不通过物理连接。轴突末梢与突触

细胞体　神经元的一部分，包含细胞核，负责神经元的新陈代谢。

树突　神经元中细胞体的枝状延伸，用以接收其他神经元的信号。

轴突　神经元的细长尾状延伸，传递信号到其他神经元的树突或细胞体，或者传递到肌肉、腺体或身体其他部位。

轴突末梢　轴突的球根状末端，信息在这里从一个神经元的轴突传递到另一个神经元的树突或细胞体。

胶质细胞　脑和脊髓中把神经元聚在一起的专门用途的细胞。移除废弃物，比如死掉的神经元，同时处理其他生产、滋养和清洁工作。

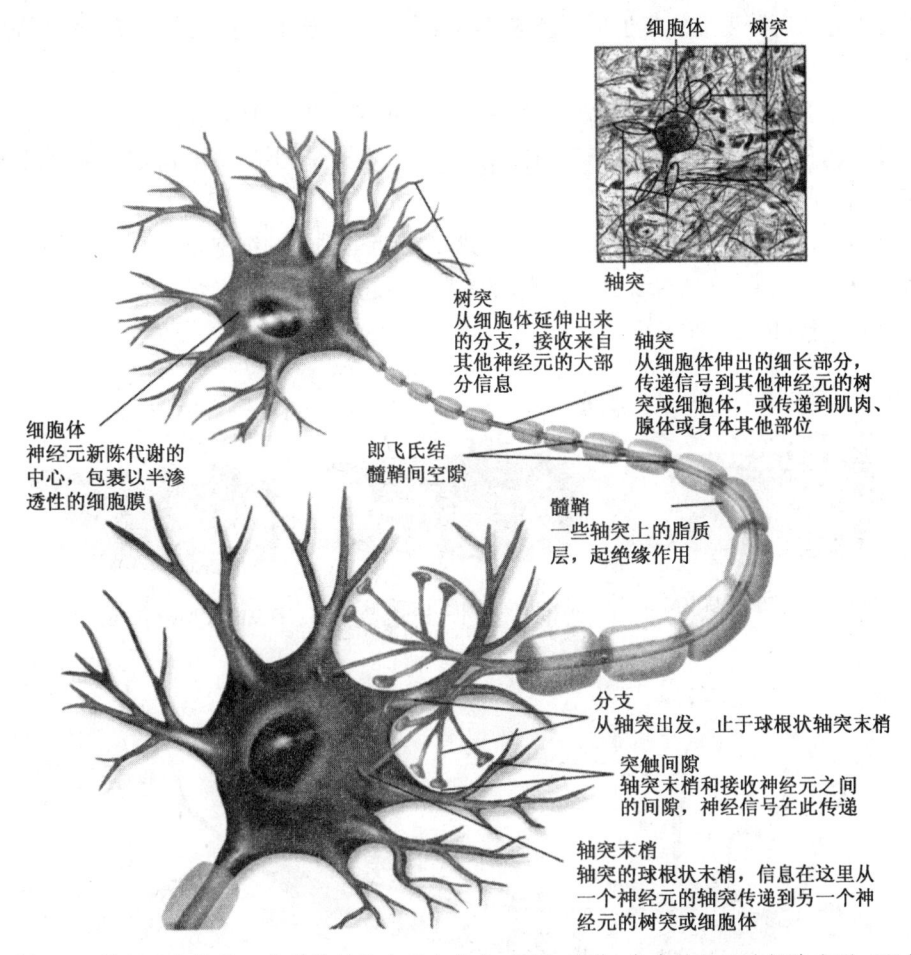

图 2.1 神经元的结构 典型神经元有三个部分：(1)细胞体，负责神经元的新陈代谢；(2)树形纤维被称为树突，是从其他神经元接收脉冲的主要接收器；(3)细长的，尾状延伸被称为轴突，神经元的传递末梢，发出很多分支，每个都有轴突末梢。这张图片很好地放大了人类的神经元。

间隙被微小的、充满液体的突触间隙隔断（回看图 2.1）。**突触**（synapse）是一个发送（突触前）神经元的轴突末端穿过突触间隙后与一个接收（突触后）神经元交流的连接点。在人的神经系统中，有多达一百万亿的突触（Pakkenberg et al., 2003），而单个神经元可能与其他上千个神经元形成突触（Kelner, 1997）。一项最近研发的用于监测突触活动的技术可能很快就可以使调查者亲眼看到单个神经元的所有突触。如果神经元没有相连，那么它们之间是如何交流的呢？

神经脉冲。研究者们两百年前就知道，脑、脊髓和肌肉细胞会产生电位。这些小的电位变化在所有身体功能中都起作用。每当你动一下肌肉，体验一种感觉，或是产生一种想法或感情，一股细小的但可测量到的电脉冲便会出现。

这种生物电是如何工作的？尽管脉冲在轴突中是带电的，但轴突传输脉冲不同于电线传导电流。实际变化的是细胞膜的渗透性（细胞膜被渗透或通过的能力）。换句话说，膜的变化在某种程度上使离子更容易穿过膜进入细胞。这个过程允许离子（带电的原子或分子）通过离子通道进出轴突。

体液中含离子，一些是正离子，另一些是负离子。当处于静息状态时，轴突膜与细胞膜相差的－70微伏负电位（－70千分之一伏）。这个微小的负电位被称为**静息电位**（resting potential）。

当一个神经元接收到一个脉冲时，离细胞体最近的轴突的细胞膜离子通道开始打开，允许正离子流入轴突（见图2.2）。内流的正离子引起膜电位的突然变化，变成＋50微伏左右的正电位（Pinel, 2000）。

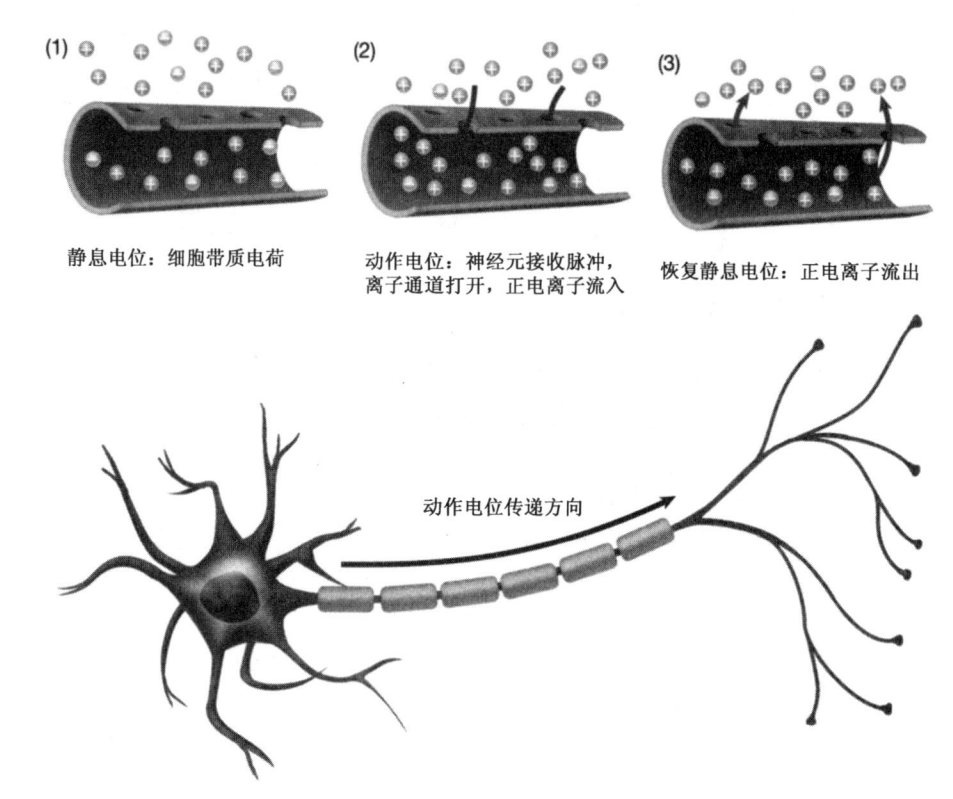

(1) 静息电位：细胞带质电荷
(2) 动作电位：神经元接收脉冲，离子通道打开，正电离子流入
(3) 恢复静息电位：正电离子流出

动作电位传递方向

图2.2 动作电位 动作电位从轴突传到轴突末梢。来源：改编自 Lilienfeld et al. (2009)。

探索突触 www.mypsychlab.com

大概持续1微秒（千分之一秒）的静息电位突然逆转就是**动作电位**（action potential）。

> **突触** 一个发送（突触前）神经元的轴突末端穿过突触间隙后与一个接收（突触后）神经元交流的连接点。
>
> **静息电位** 静息状态下轴突膜与细胞膜相差的－70微伏负电位。
>
> **动作电位** 静息电位的突然逆转，启动一个神经元的传递。

然后允许正离子进入的离子通道关闭,其他离子通道打开,使一些正离子流出轴突。结果,原始负电位或静息电位恢复。离子通道的打开关闭继续下去,顺着轴突,一段接一段,使得动作电位沿着轴突传递(Cardoso et al., 2000)。动作电位的运行遵循"全或无"法则——神经元要不全部传递要不完全不传递。在神经元传递以后,迅速进入不应期,即在1到2微秒内无法再次传递。但是,虽然有着短暂的休息时段,神经元每秒传递几百次。

神经活动的速度和脉冲的速度。 如果一个神经元只发射或不发射(信号),我们如何能区分一个刺激是强还是弱呢?换言之,你在火堆前暖手时对热度的感觉,还是你把手伸进火堆的感觉,两者的生理区别是什么?答案就是在相同时间内在发射(信号)的神经元数目和它们的发射速度。一个弱的刺激可能只能使少量相关的神经元发射。然而,一个强的刺激会引发几千个神经元同时发射。同时,一个弱刺激发射也很慢;强一点儿的刺激会使神经元每秒发射几百次。

脉冲速度从1米每秒到几乎100米每秒(大概每小时224英里)。途中脉冲加速的最重要因素是**髓鞘**(myelin sheath)——白色的,包裹在一些轴突外面用作绝缘的脂质层。如果你再看一下图2.1,你会看见这层外衣有许多缺口,称为郎飞氏结。电子脉冲在轴突的每个节点再次触发或再生。这个再生使脉冲比在没有髓鞘的轴突里快至100倍。髓鞘的破坏耽误神经信息的传递。事实上,多发性硬化与髓鞘的恶化有关,导致身体不协调、运动不稳、肌肉无力和言语障碍。

探索动作电位 www.mypsychlab.com

2.3 什么是神经递质,它们在神经系统的运作中起到什么作用?

神经递质:神经元的信息员

一旦神经元发射,它是如何穿过突触间隙,把信息传给下一个神经元的?信息在神经元间传递靠的是一种或多种称为**神经递质**(neurotransmitters)化学物质。神经递质身处何处?轴突末梢有很多微小的、有薄膜的球型容器,被称为突触小泡,神经递质就在这里面(小泡一词来自于拉丁文,意为"小囊袋")。当一个动作电位到达轴突末梢时,突触小泡向细胞膜移动,与它结合,释放神经递质,这个过程见图2.3。

受体。 一旦神经递质被释放,它们不仅仅流入突触间隙,也刺激所有邻近的神经元。每种神经递质有着互相区别的分子形状,就像**受体**(receptors)(附在树突和细胞体表面的

> **髓鞘** 白色、包裹在一些轴突外面用作绝缘并能加速脉冲传递的脂质层。
>
> **神经递质** 发送神经元轴突末端通过突触释放到突触间隙的化学物质,联系接收神经元的树突或细胞体上的接收位点,影响细胞发射或不发射。

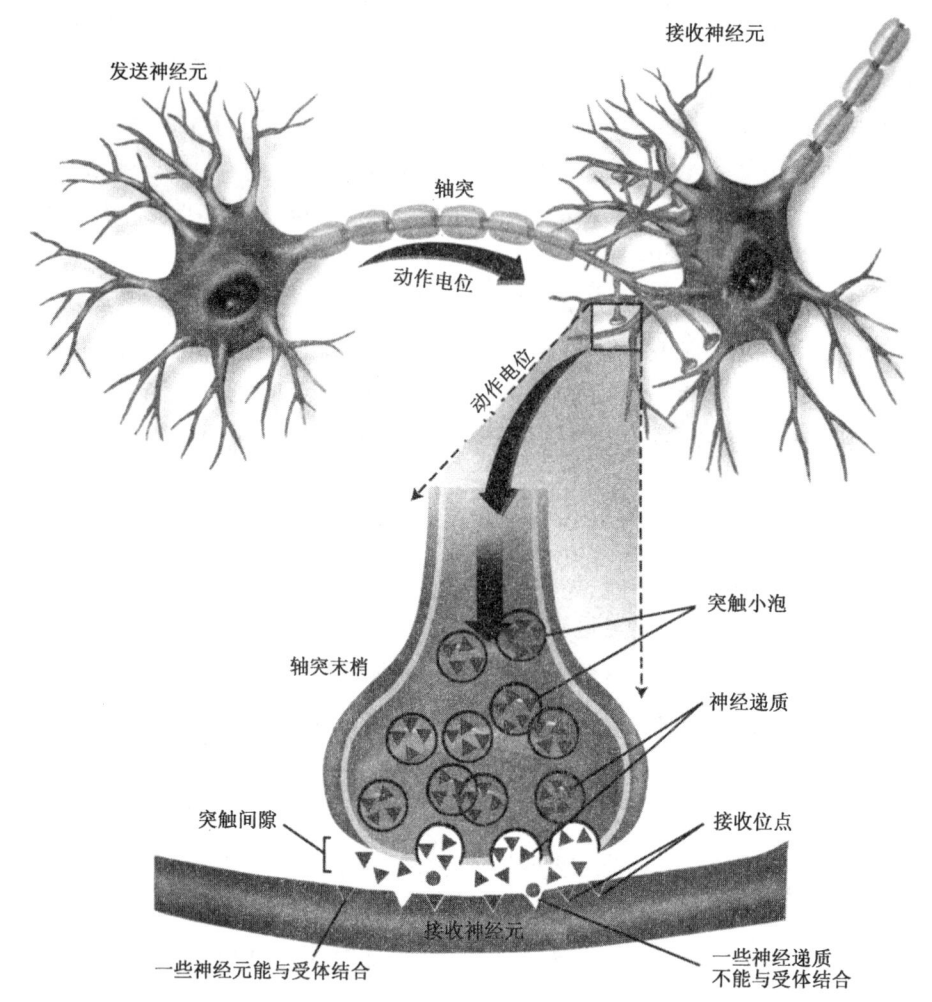

图 2.3 突触传递 发送神经元通过电化学作用传递信息给接收神经元。神经元发射信息后，动作电位到达轴突末梢，突触小泡触发神经递质的释放。神经递质涌入突触间隙，并向有大量受体的接收神经元移动，受体只与拥有独一无二的形状，能与封闭式体积匹配的神经递质结合。神经递质影响接收神经元发射或不发射。

蛋白质分子)一样。神经递质只影响那些具有合适形状的受体，能够接收它们的神经元。换句话说，每个受体像是一把锁，只有唯一确定的神经递质才能解锁（Cardoso et al.，2000；Restak，1993）（正如你在第 4 章将学到的，许多药物通过模拟天然神经递质分子的形状来影响大脑）。

然而，神经递质和受体的结合作为钥匙配锁或拼图拼合过程并不是固定和死板的。神经元的受体是灵活的；它们可以扩大和收缩封闭的体积。并且，不同类型的神经递质

> **受体** 附在树突和细胞体表面的蛋白质分子，有相区别的分子形状，只与特定的神经递质相互作用。

可能会有相似的形状。因此，两个不同的神经递质可能会争夺同一个受体。这个受体只承认在争夺中的一个神经递质——最合适的那个。一个受体有时候可能接收一个特定的神经递质，但当出现另一个更合适，与受体关系更密切的神经递质时，受体便不会去接收它。

神经递质的传导。 当神经递质与接受神经元的树突或细胞体上的受体结合时，该过程可能是刺激性的（影响神经元发射）或抑制性的（影响神经元不发射）。因为单个接受神经元可能同时与其他上千个神经元有突触，所以它会一直受到神经递质传入引起的刺激性和抑制性影响。神经元若要发射，其刺激性影响必须足够强于抑制性影响（临界值）。

你可能会奇怪，突触小泡如何能持续产生神经递质的，充分供给到神经元可以对持续的刺激做出反应。首先，神经元细胞体一直在制造更多的神经递质。第二，在突触间隙中未被使用的神经递质会被分解并由轴突末梢回收和再次使用。第三，通过一个称为**再摄取**（reuptake）的重要过程，神经递质被完好无缺地带回轴突末梢以备随时使用。神经递质作用于接收神经元的刺激性或抑制性影响到此结束。

突触传递的本质——到底是化学的还是电的——在20世纪前半期是一个具有争议的话题。到20世纪50年代，似乎确定神经元之间的交流方式是化学的。但是，在一些突触中发生的，学术上称作间隙连接或电传递。最近的研究显示，这种电传递比神经科学家曾经相信的更为频繁（Bennett，2000）。一项研究发现间隙连接涉及"脊髓镜像"痛觉，从躯体受伤的一侧传递到躯体的另一侧（Spataro et al.，2004）。因此，现有证据显示，虽然有一些常见的电传递，但神经元之间信息的突触传递根本上是化学的。例如，电传递发生在视网膜、嗅球（嗅觉）和大脑皮层的突触中。稍后，我们会在这一章中进一步讨论。

2.4 一些主要神经递质的作用是什么？

神经递质的种类

研究者已经识别出脑、脊髓、腺体和身体其他部位制造并作为神经递质的75种以上的化学物质（Greden，1994）。其中最重要的一种是**乙酰胆碱**（acetylcholine，Ach）。这种神经递质对骨骼肌纤维产生兴奋性影响，导致它们收缩从而使躯体移动。但它对心脏的肌纤维有抑制性效果，能避免心脏跳动过快。因此，当你为了准时跑着去上课时，乙

再摄取 将神经递质从突触间隙带回轴突末端以备后用的过程，从而终止它们对接收神经元的刺激性或抑制性影响。

乙酰胆碱 在学习新知识时起作用的神经递质，导致骨骼肌纤维收缩，防止心动过速。

酰胆碱帮助你的腿部肌肉快速收缩；同时，它防止你的心肌因跳动过快而失去知觉。这两种肌肉中的接收神经元上的受体的不同性质导致相反的效果。乙酰胆碱在学习新信息时对神经元也起着刺激性的作用。所以，当你在阅读这段时，乙酰胆碱在帮你理解和储存信息。

多巴胺(dopamine，DA)，被称为单胺的四种神经递质之一，既产生刺激性影响又有抑制性影响，涉及好几个功能，包括学习、注意、运动和强化。多巴胺对我们感受愉悦的能力也很重要(Schultz，2006)。

另外三种单胺同样起到重要功能。**去甲肾上腺素**(norepinephrine，NE)对饮食习惯有影响(它刺激糖类的摄入)，在警觉和唤醒上起重要作用。**肾上腺素**(epinephrine)通过影响葡萄糖代谢与去甲肾上腺素互补，导致储存在肌肉中的营养能在剧烈运动时被释放。**血清素**(serotonin)在调节情绪、睡眠、冲动、攻击和食欲中起重要作用。这与抑郁和焦虑症有关联(Dayan & Huys，2008)。

两种充当神经递质的氨基酸比中枢神经系统的其他任何递质物质都常见。**谷氨基酸**(glutamate)是大脑中最多的刺激性递质(Neale，Bzdega，& Wroblewaka，2000)。大约40%的神经元可释放谷氨基酸，活跃于参与学习、思考和情绪的脑区域(Gillespie & Ressler，2005)。**伽玛氨基丁酸**(GABA)是脑中主要的抑制性递质(Olsen，2008)，它被认为可促进控制焦虑。镇静剂、巴比妥酸盐和酒精具有镇静和放松的效果，是因为它们结合并刺激某一类型的伽玛氨基丁酸受体，从而增加伽玛氨基丁酸的焦虑控制效果。分泌伽马氨基丁酸的神经细胞的异常被认为是癫痫病产生的原因之一，它是一种严重的神经紊乱，神经活动过度频繁导致发作。

30多年前，坎迪斯·佩特和她的合作研究者们(1974)指出，大脑的局部区域包含有应对鸦片类毒品如鸦片、吗啡和海洛因的神经受体。随后，研究者知道了脑本身也会产生类似鸦片的物质，即**内啡肽**(endorphins)。内啡肽纾解疼痛或者剧烈运动带来的压力，并产生愉悦感和幸福感。跑步者的愉悦感就来自内啡肽的缓解效果。

多巴胺 在学习、注意、运动和强化中起作用的一种神经递质；帕金森症和精神分裂症患者的脑部神经元对其影响不敏感。

去甲肾上腺素 影响饮食、警觉和睡眠的一种神经递质。

肾上腺素 影响葡萄糖代谢，促使储存在肌肉中营养能量在剧烈运动时释放的一种神经递质。

血清素 在调节情绪、睡眠、冲动、攻击和食欲上起重要作用的一种神经递质。

谷氨基酸 脑中主要的刺激性神经递质。

伽马氨基丁酸 脑中主要的抑制性神经递质。

内啡肽 脑自然产生的化学物质，用来减少疼痛和剧烈运动的压力，对情绪产生积极影响。

▲跑步者的愉悦感归因于内啡肽的缓解效果。

复习 归纳了各种神经递质。

复习——主要的神经递质和它们的功能

神经递质	功 能
乙酰胆碱(Ach)	影响运动、学习、记忆
多巴胺(DA)	影响学习、注意、运动、强化
去甲肾上腺素(NE)	影响饮食、警觉和唤醒
肾上腺素	影响葡萄糖代谢,运动中释放能量
血清素	影响情绪、睡眠、冲动、攻击、食欲
谷氨基酸	活跃在参与学习,思考和情绪的脑区域
伽马氨基丁酸	促进中枢神经系统的神经抑制
内啡肽	缓解疼痛;产生愉悦感和幸福感

记一记——神经元和神经递质

1. 神经元的树状延伸,主要接收来自其他神经元的信息的是_____。
2. _____支持神经元,给它们提供营养物质并带走废弃物。
3. _____是发送神经元的轴突和接收神经元交流的节点。
4. 当一个神经元发射时,在_____的神经递质从突触小泡释放到_____。
5. 神经元发射时产生_____电位;细胞膜相对密闭时产生_____电位。
6. 接收神经元的受体只接收_____和它们相似的递质分子。
7. 神经递质中的_____防止心跳过快。
8. _____通过刺激葡萄糖的摄入来影响饮食习惯。

9. _____是天然止痛的神经递质。

答案:1. 树突 2. 胶质细胞 3. 突触 4. 轴突末梢 突触间隙 5. 动作 静息 6. 分子形状 7. 乙酰胆碱 8. 去甲肾上腺素 9. 内啡肽

人类神经系统

人体运作远远不只个体神经元的活动这么简单。神经元的组合、脑的结构和器官系统同样扮演着重要角色。神经系统有两部分:(1)**中枢神经系统**(central nervous system, CNS),由脑和脊髓组成,以及(2)**周围神经系统**(peripheral nervous system, PNS),它把中枢神经系统和身体其他部分联系起来(见图2.4)。

2.5 为什么完整的脊髓对人类神经系统的正常工作至关重要?

中枢神经系统:脊髓

脊髓(spinal cord)可以被称为脑的延伸。脊髓是与你的小指一般粗细的柱状神经组织,从大脑底部出发,通过颈部,向下延伸至脊柱。脊髓被骨骼和脊髓液所保护,作用就像

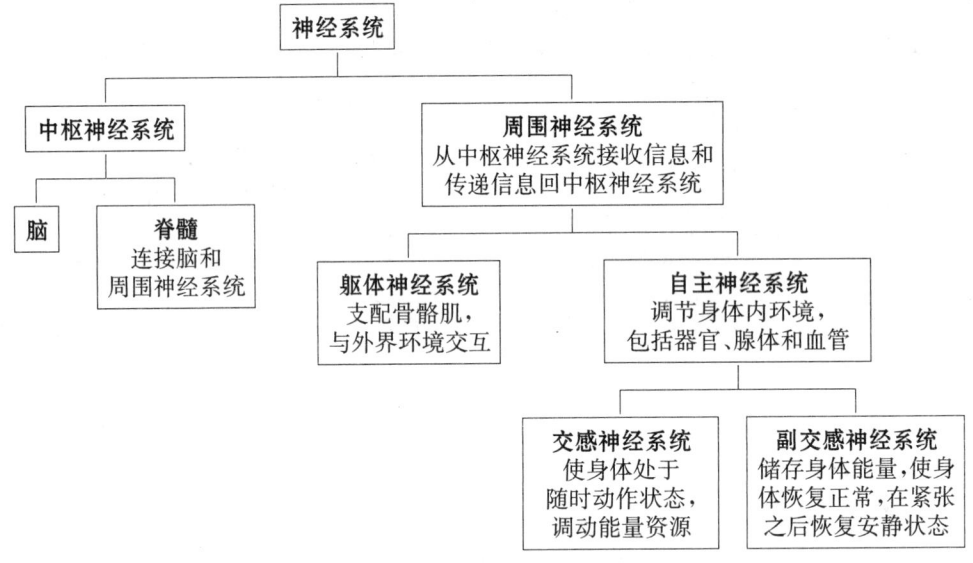

```
                  神经系统
          ┌──────────┴──────────┐
     中枢神经系统            周围神经系统
                          从中枢神经系统接收信息和
                          传递信息回中枢神经系统
      ┌─────┐          ┌──────────┴──────────┐
     脑   脊髓       躯体神经系统          自主神经系统
          连接脑和     支配骨骼肌,         调节身体内环境,
          周围神经系统  与外界环境交互      包括器官、腺体和血管
                                    ┌──────────┴──────────┐
                               交感神经系统           副交感神经系统
                               使身体处于            储存身体能量,使身
                               随时动作状态,        体恢复正常,在紧张
                               调动能量资源          之后恢复安静状态
```

图2.4 人类神经系统 神经系统被分为两部分:中枢神经系统和周围神经系统。这幅图表反映了神经系统不同部分的关系,同时提供这些部分的功能的粗略描述。

中枢神经系统(CNS) 神经系统的一部分,由脑和脊髓组成。
周围神经系统(PNS) 联系中枢神经系统和身体余下部分的神经。
脊髓 脑的延伸,从脑底部出发,穿过颈部和脊柱,在脑和周围神经系统之间传递信息。

减震器。脊髓连接躯干和脑。它在脑和周围神经系统之间传递信息。因此,感觉信息可以到达脑,脑的信息也能传递到肌肉、腺体和身体的其他部位。

虽然脊髓和脑经常同时发挥功能,但脊髓经常不用借助脑的帮助就能保护身体免受伤害。因为疼痛刺激而引发一个轻微的避缩反射——比如说,碰到了一个电熨斗——就涉及三种神经元(见图 2.5)。你手指上的感觉神经元察觉到痛觉刺激并把信息传递给位于脊髓的中间神经元。这些中间神经元激活控制手臂肌肉的运动神经元,从而促使你把手缩回。这一切发生在毫秒之内,无须脑的参与。然而,当疼痛信号到达脑时,脑很快就会感到痛觉。这时,你会把手放进冷水里来缓解疼痛。

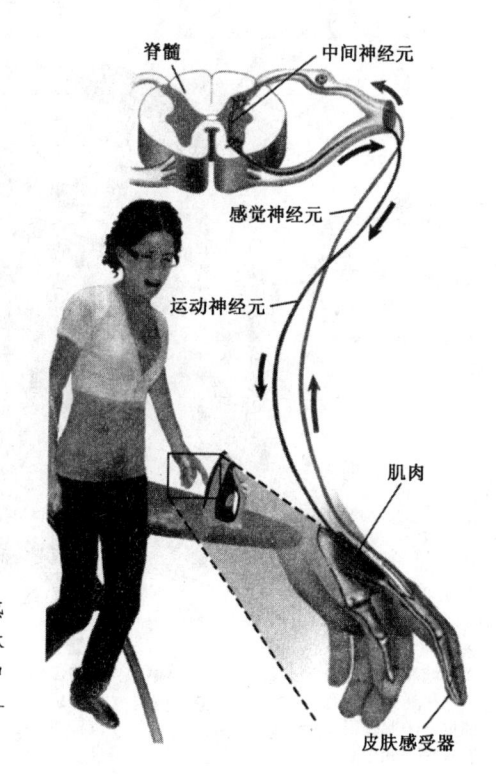

图 2.5 脊髓反射 这个过程开始于感觉刺激(比如说碰到一些烫的东西),以身体反应结束(缩手),其中涉及感觉神经元、中间神经元和运动神经元。来源:改编自 Lilienfeld et al. (2009)。

2.6 后脑有哪些脑结构以及功能?
中枢神经系统:后脑

脑按结构通常被分为后脑、中脑和前脑,正如图 2.6 所示。**后脑**(hindbrain)控制心率、呼吸作用、血压和许多其他重要功能。

后脑中被称为**脑干**(brainstem)的部分起始于脊髓膨大,刚好进入头骨的地方。脑干

> **后脑** 脊髓和脑之间的联系,内有调节心率、呼吸、血压等生理机能的结构。
> **脑干** 起始于脊髓膨大刚好进入头骨的地方,对机体生存至关重要,包括髓质、脑桥和网状结构。

对机体生存至关重要,倘若受到损害,便会危及生命。**髓质**(medulla)是脑干的一部分,控制心跳、呼吸、血压、咳嗽和吞咽。幸运的是,髓质会自动处理这些功能,所以你不必有意识地去呼吸或记得让你的心脏保持跳动。

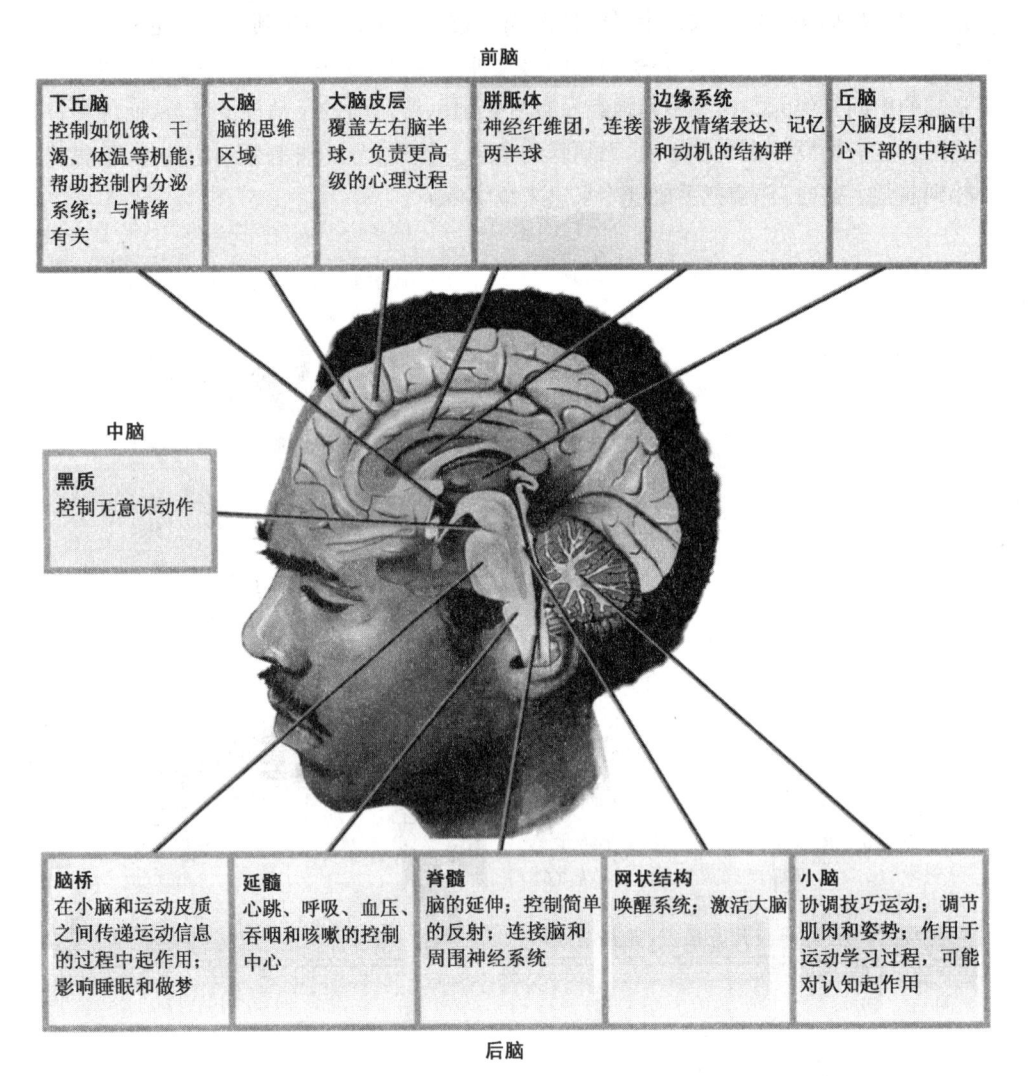

前脑

下丘脑	大脑	大脑皮层	胼胝体	边缘系统	丘脑
控制如饥饿、干渴、体温等机能;帮助控制内分泌系统;与情绪有关	脑的思维区域	覆盖左右脑半球,负责更高级的心理过程	神经纤维团,连接两半球	涉及情绪表达、记忆和动机的结构群	大脑皮层和脑中心下部的中转站

中脑

黑质
控制无意识动作

后脑

脑桥	延髓	脊髓	网状结构	小脑
在小脑和运动皮质之间传递运动信息的过程中起作用;影响睡眠和做梦	心跳、呼吸、血压、吞咽和咳嗽的控制中心	脑的延伸;控制简单的反射;连接脑和周围神经系统	唤醒系统;激活大脑	协调技巧运动;调节肌肉和姿势;作用于运动学习过程,可能对认知起作用

图2.6 人脑的主要结构 这幅图简要描述了大脑各主要组成结构的功能。脑干包括延髓、网状结构及脑桥。

脑干中央核心延展的是另一个重要的结构,**网状结构**(reticular formation),有时也被称为网状激活系统(RAS)(参见图2.6)。网状结构在唤醒和注意方面起关键作用(Pinel, 2007)。每天,我们的感觉器官饱受众多刺激,但是,我们不可能去注意我们看到或听到每

> **髓质** 脑干的一部分,控制心跳、呼吸、血压、吞咽和咳嗽。
> **网状结构** 脑干的一个结构,对唤醒和注意力起作用,筛选进入脑的感觉信息。

一件事。网状结构阻止一些信息的接收,把其他的一些信息传到中脑和前脑进行加工。举个例子,一个司机正在认真地听一个广播节目,突然,一辆车在他前面停下。在这种情况下,网状结构会阻止来自广播的感觉信息,而把司机的注意力集中在另一司机的行动所带来的潜在危险上。一旦交通状况恢复正常,网状结构会让他再次注意到广播,同时继续监控交通情况。

网状结构也决定了我们的警觉程度。当它活动放缓,我们会打瞌睡或睡着。但是,由于网状结构,即使我们在睡着时重要信息也能进入我们的大脑。这就是为什么父母在雷雨天也能睡得熟却会因孩子最轻微的哭声醒过来。

在延髓上面,脑干顶部是一个桥状结构,称为**脑桥**(pons),从脑干的前顶端延伸,连接小脑两半球。小脑在躯体运动上起作用,甚至对睡眠和做梦都有影响。

小脑(cerebellum)大概占脑面积的10%(Swanson,1995)(参考图2.6)。小脑对身体流畅动作的能力至关重要(Spencer et al.,2003)。它也具有调节肌肉和姿势的功能。此外,已经发现小脑在运动学习和获得运动记忆上起着作用(Nyberg et al.,2006)。小脑引导芭蕾舞者的优雅动作,熟练赛车手的分秒计时。但更典型的是,小脑能协调做很多简单运动所必需的一系列动作——例如,走直线或者用你的手指去摸你的鼻尖——不需凭借意识。对小脑受到损伤或因酗酒暂时受损的人来说,这种简单的动作可能难以或不可能做到。

虽然部分研究者仍持怀疑态度,一些研究显示,小脑不仅与运动功能有关,还与认知和情绪功能有关(Tamminga & Vogel,2005)。小脑可能有助于提高对传入的感觉刺激的专注能力以及当条件需要时迅速转移注意力的能力(Allen et al.,1997)。另外,小脑功能障碍与好几种精神疾病的发展有关(Konarski,McIntyre,Grupp & Kennedy,2005)。

2.7 中脑有什么重要结构?

中枢神经系统:中脑

正如图2.6所示,**中脑**(midbrain)位于前脑和后脑之间。这个大脑区域主要作为中继站将后脑的基本生理功能与前脑的认知功能联系起来。举个例子,当你烧到了手指,身体感觉从你手上的神经元传到手臂,最终到达脊髓。从那里,神经冲动通过中脑传到前脑,在那里它们得到解读("我最好放下这个热锅,因为手指烫伤了,而且可能伤得很严重!")。

黑质(substantia nigra)位于中脑。该结构由深色核神经细胞组成,控制我们的无意识动作。当你在没有任何意识指示时骑自行车或者上楼梯,是黑质中的核神经细胞允许你这样做。研究显示,在黑质中制造多巴胺的神经元的缺失可以解释帕金森症病人无法

脑桥	连接小脑两半的结构。
小脑	有助于身体做出流畅娴熟动作,调节肌肉和姿势。
中脑	将后脑的基本生理功能与前脑的认知功能联系起来的脑区。
黑质	中脑中的结构,控制无意识动作。

控制他们的身体运动(Simunovic et al.，2009)。

◀脑的哪个区域确保我们在无意识状态下可以维持平衡？

2.8 前脑有哪些脑结构以及功能？
中枢神经系统：前脑

脑的最大区域是**前脑**(forebrain)。这部分的脑控制我们能立刻想到的有关大脑的大部分功能,如记忆、逻辑和自我知觉。

丘脑和下丘脑。这是位于脑干上方的两个极其重要的结构(参见图2.6)。**丘脑**(thalamus)形似两个鸡蛋,为几乎所有的流入或流出前脑的信息(包括来自除嗅觉之外的所有感觉信息)充当中继站(你在第3章将会对嗅觉了解更多)。

动物研究表明,丘脑,至少丘脑的一部分,影响我们学习新的言语信息的能力(Soei, Koch, Schwarz, Daum, 2008)。丘脑的另一功能就是调节睡眠周期(Sapar, Scammell, & Lu, 2005)。大多数受过严重脑损伤而处于无反应状态的"植物人"丘脑严重受损,或是连接前脑部分的神经组织受损,或是两者兼而有之(Graham, Adams, Murray, Jennett, 2005)。

下丘脑(hypothalamus)正位于丘脑下方,只有2盎司重。它调节饥、渴、性行为和各种情绪行为。下丘脑同时调节内部体温,当你太热时使你出汗,当你太冷时使你战栗来保持体温。同时,下丘脑设有生物钟——负责定时睡眠/觉醒周期和100多个身体功能的日常波动机制(Sapar et al., 2005)。因为有生物钟,一旦你的身体习惯在特定时间醒来,你会在

前脑 脑的最大区域,负责认知和其他运动机能。

丘脑 位于脑干之上,充当信息流入或流出前脑的中继站。

下丘脑 一个很小却重要的脑结构,它调节饥饿、干渴、性行为、体内温度、其他身体功能和各种情感行为。

每一天的那个时刻起床——哪怕你忘了设置闹钟。伴随强烈情感而产生的生理变化——手心出汗，心脏怦怦直跳，胃底空空的感觉——也是由主要集中在下丘脑的神经元引发的。

边缘系统。 如图 2.7 所示，**边缘系统**(limbic system)是前脑中的一组结构，包括杏仁核和海马体。这些结构与情绪表达、记忆和动机有关。**杏仁核**(amygdala)在情绪方面起重要作用，尤其是有关区分奖励、惩罚刺激方面(Cain & LeDoux, 2008；Tye et al., 2008)。杏仁核与恐惧反应密切相关，它有助于形成情绪事件的生动记忆，使人类和其他动物能避免危险情境(Roozendaal, Catello, Vedana, Barsegyan, & McGaugh, 2008)。只要看见惊恐的面孔便会促使杏仁核的神经元发射(Morris et al., 1996)。杏仁核的损伤会削弱一个人识别恐惧与愤怒表情和音调的能力(Ariatti, Benuzzi, & Nichelli, 2008)。

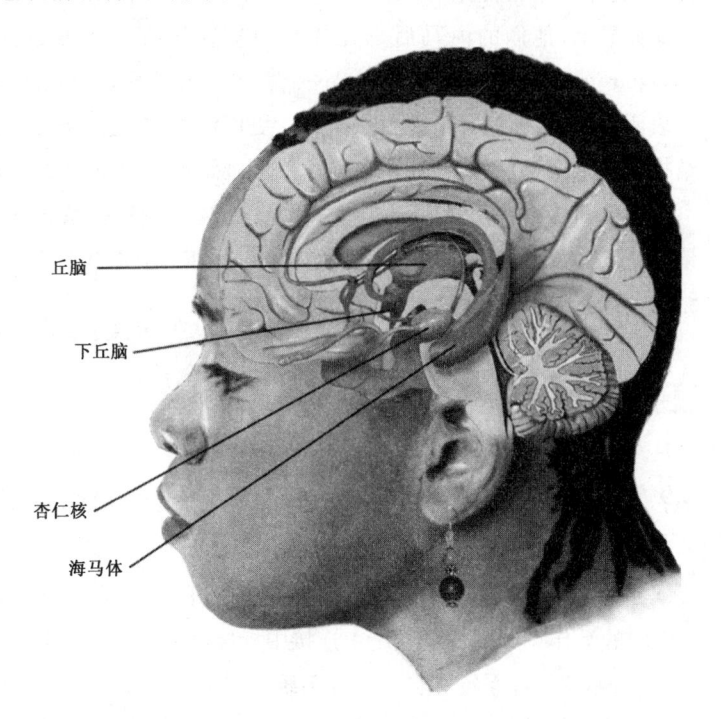

图 2.7 边缘系统的主要结构 杏仁核在情绪上起重要作用；下丘脑对新记忆的形成很有必要。

海马体(hippocampus)是位于大脑两侧的边缘系统的一个重要脑结构，就在耳朵上方（见图 2.7）。如果海马区——海马体和底层皮层区域——被破坏，你就无法存储或回忆任何新的个人或认知信息，例如某天的棒球比分或你吃晚饭时遇到的那个人的电话号码

边缘系统 前脑中的一组结构，包括杏仁核和海马体。这些结构与情感表达、记忆和动机有关。

杏仁体 边缘系统中的结构之一，在情绪上起重要作用，尤其是对不愉快或惩罚刺激。

海马体 边缘系统的一个结构，在新记忆的储存、对新或意外刺激的反应和导航能力上起关键作用。

(Wirth et al., 2003)。不过,海马区受伤之前储存的信息依然完好无损。然而,对于海马体受损的人,其记忆提取会受到妨碍(Yanike, Wirth, & Suzuki, 2004)。因此,一旦海马体受到损伤,大脑虽仍保留原有记忆,却只能在特定情况下回忆起来。研究表明,成人海马体的细胞可能可以再生(Robertson & Murre, 1999)。你将在第 6 章学到更多有关海马区对记忆形成的核心作用的内容。

除了在记忆上的重要作用,研究者发现,海马体也是对意外或异常刺激做出侦查和反应的神经网络的不可或缺的一部分(Rutishauer, Mamelak, & Schuman, 2006)。举个例子,海马体会引导你注意电脑屏幕上突然出现的弹出框。海马体在大脑内部表征空间的神经"地图"形成上起作用(Maguire, Nannery, & Spiers, 2006)。关于伦敦出租司机的有趣研究显示,他们的海马后部比控制组那些没有导航城市街道经验的参与者大得多(Maguire et al., 2000)。事实上,一个出租车司机经验越广泛,该部分就会越大。这项研究表明,海马后部对导航能力很重要。更广泛地讲,这项研究揭示,成年人大脑这一重要结构具有可塑性,能对环境要求作出反应(Maguire et al., 2000, 2003)。

其他前脑结构。最后,大脑皮层是我们经常与脑联系起来的一个前脑结构。它具有褶皱,覆盖大脑的灰色区域,或是脑的思考区域。胼胝体是把大脑两半球连接起来的膜状结构。在下一节,你将会读到这些结构的细节。

📖 探索边缘系统 www.mypsychlab.com

2.9 交感神经系统和副交感神经系统之间有什么区别?
周围神经系统

是什么让你在看恐怖电影时心脏猛跳,手掌出汗?这些反应是由于周围神经系统(PNS)的运作。周围神经系统由连接中枢神经系统和身体其余部分的神经元组成。它有两部分:躯体神经系统和自主神经系统。图 2.4 显示周围神经系统的部分。

躯体神经系统(somatic nervous system)包括(1)所有感觉神经,从感受器——眼睛、耳朵、鼻子、舌头和皮肤——传递信息到中枢神经系统,以及(2)所有运动神经,从中枢神经系统传递信息到所有骨骼肌。简单来说,躯体神经系统的神经在意识控制下感知环境,使身体的移动变为可能。

自主神经系统(autonomic nervous system)在没有意识控制未觉察时运行。它在中枢神经系统和腺体、心肌、平滑肌(例如在大动脉和胃肠系统中)之间传递信息,非个体意识控制下进行。这个系统又被分为两部分——交感和副交感神经系统。

> **躯体神经系统** 在脑和躯体部分之间传递信息的所有感觉和运动神经元,使感知环境和运动成为可能(如皮肤和关节)。
>
> **自主神经系统** 在脑和躯体之间自发地传递信息(如心脏)。

📖 探索自主神经系统 www.mypsychlab.com

每当你有压力或遇到紧急状况的时候，**交感神经系统**（sympathetic nervous system）自动调动身体资源，随时准备行动。交感神经系统产生的生理唤醒被沃尔特·坎农命名为战斗或逃跑反应(1929，1935)。一个面带凶相的陌生人开始尾随你走在一条黑暗的废弃街道上，你的交感神经系统会自动开始工作。你的心脏开始怦怦直跳，脉搏速率也迅速增加，呼吸加快，你的消化系统几乎会停止运转。血液会更多流入骨骼肌，你所有的身体资源都已准备好来处理紧急状况。

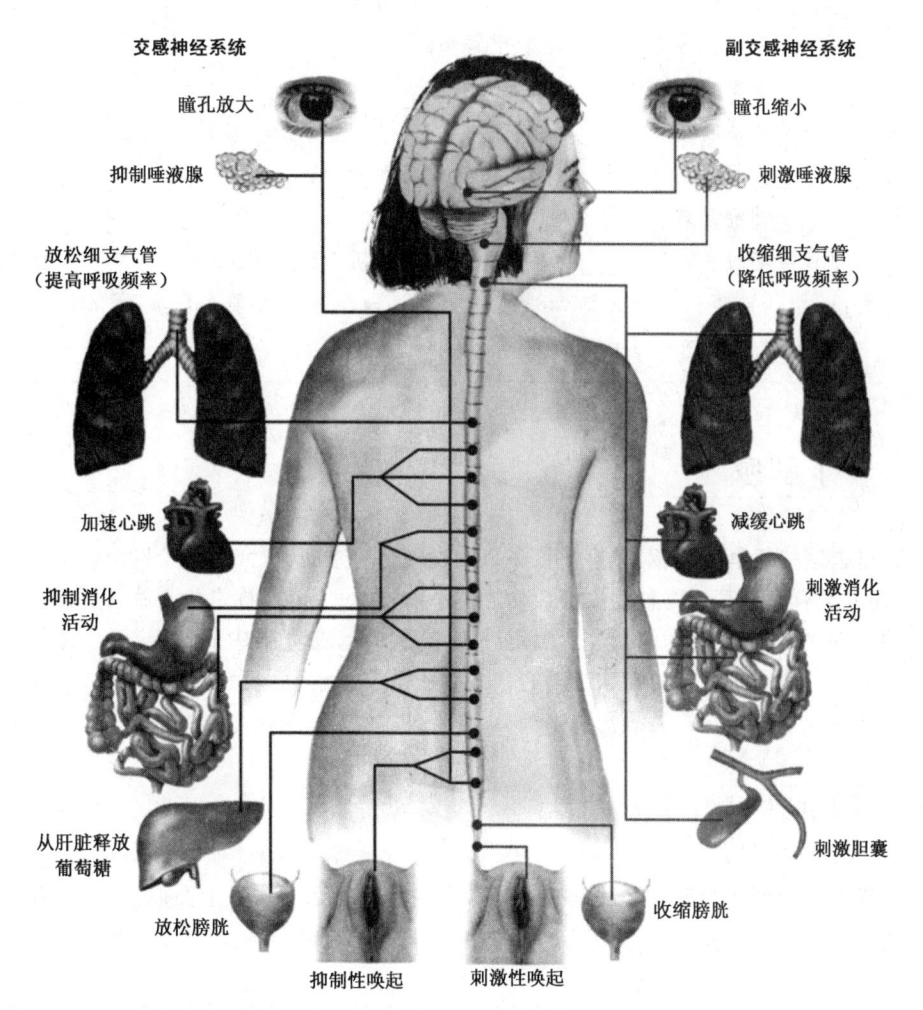

交感神经系统	副交感神经系统
瞳孔放大	瞳孔缩小
抑制唾液腺	刺激唾液腺
放松细支气管（提高呼吸频率）	收缩细支气管（降低呼吸频率）
加速心跳	减缓心跳
抑制消化活动	刺激消化活动
从肝脏释放葡萄糖	刺激胆囊
放松膀胱	收缩膀胱
抑制性唤起	刺激性唤起

图 2.8　自主神经系统　自主神经系统包括(1)交感神经系统，在紧急状况或压力情况下，调动身体资源和(2)副交感神经系统，把过高的身体反应恢复到正常。

> **交感神经系统**　自主神经系统的一种，在压力和紧急状况下调动身体资源，准备躯体运动。

一旦紧急状态结束,**副交感神经系统**(parasympathetic nervous system)使高身体机能回复到正常水平。这样,你的心跳缓慢下来,脉搏和呼吸减慢,而你的消化系统恢复正常功能。正如图 2.8 所示,交感和副交感分支系统看似对立却是自主神经系统的补充。它们的平衡对生存和健康很重要。

记一记——人类神经系统

1. ＿＿＿＿和＿＿＿＿构成中枢神经系统。
2. 人体内环境温度由＿＿＿＿调节。
3. ＿＿＿＿与情绪有关,＿＿＿＿与记忆学习有关。
4. ＿＿＿＿充当大多数感觉信息的中转站。
5. ＿＿＿＿由脑桥、延髓和网状结构组成。
6. 协调的身体活动主要由＿＿＿＿控制。
7. ＿＿＿＿神经系统连接脑、脊髓和身体的其他部分。
8. ＿＿＿＿神经系统在有压力时调动身体资源。
9. 一旦危险期过去,＿＿＿＿神经系统恢复身体机能到正常水平。

答案:1. 脑　脊髓　2. 下丘脑　3. 杏仁核　海马体　4. 丘脑　5. 脑干　6. 小脑
　　　7. 周围　8. 交感　9. 副交感

进一步了解脑

在过去这些年里,人们对脑有了很多重大发现。一方面,研究者一个世纪以来就已经知道,使人类有别于其他物种的大多数功能位于前脑的一部分,称之为大脑,比如说,语言的使用。近些年,现代技术使研究者确定许多重要功能,在大脑中的特定部位,比如计划和逻辑能力。他们对大脑两半球之间的联系有了更多了解,而且积累了大脑结构和功能在年龄和性别方面差异的大量知识。

2.10 大脑的构成有哪些?

大脑的组成

如果可以透视你的头盖骨,俯视你的脑,你会看到什么——一个类似大胡桃的内部。形似胡桃,两个匹配的半球互相联系,**大脑**(cerebrum)就是由这两个**大脑半球**(cerebral

---

> **副交感神经系统**　自主神经系统的一种,在紧急状态后将高身体机能回复到正常水平。
>
> **大脑**　人脑最大的结构,由通过胼胝体连接的两个大脑半球组成,表面覆盖大脑皮层。
>
> **大脑半球**　大脑的左右两半,被大脑皮层覆盖,通过胼胝体联系,控制对侧躯体的运动和情感。

hemispheres)组成的——互相挨着的左右半球(见图2.9)。这两个半球是由被叫作**胼胝体**(corpus callosum)的一捆神经纤维物理连接起来。这个连接使得半球之间进行信息传递和活动协调成为可能。通常来说,大脑右半球控制运动和左侧躯体的感觉;左半球控制躯体右侧。

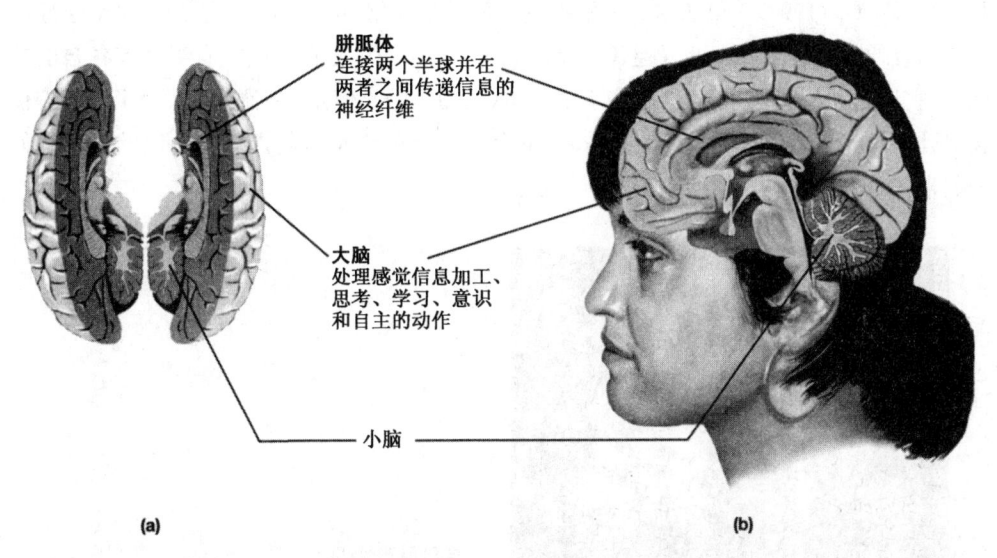

图2.9 大脑半球结构图 (a)两个半球就像匹配的两半紧挨着,由胼胝体连接。(b)大脑左半球的内部。

大脑半球有一层八分之一英寸厚的外部薄层,称为**大脑皮层**(cerebral cortex),它主要负责语言、记忆和思考等高级神经加工。大脑皮层中有数十亿神经元细胞,看上去呈灰色。因此,皮层通常被称为灰质。皮层下面是白色鞘化轴突(称为白质),连接皮层神经元和其他脑区。研究显示,灰质数量与人类智力呈正相关(Narr et al., 2007)。

人类大脑皮层面积很广——如将其摊平,约2×3英尺见方。因为皮层面积粗略为大脑本身的三倍,并不是光滑地贴在大脑表面的。相反,它呈现出众多折叠或皱褶,称作脑回。大概三分之二的大脑皮层隐藏在这些折叠中。欠聪明的动物的大脑皮层比整个大脑的面积要小得多,因而不会那样盘绕成团。大脑皮层包括三个区域:(1)感官输入区,视觉、听觉、触觉、压力和温度输入的地方;(2)运动区,控制随意性运动的地方;(3)**联合区**(association areas),储存记忆,同时涉及想法、知觉和语言。在每个大脑半球,都有四个区域,或者叫叶——额叶、顶叶、枕叶和颞叶。随后我们会在这一节中进行探讨。

胼胝体 一束连接两个半球的厚神经纤维,使半球之间的信息传递和同步活动变成可能。

大脑皮层 灰色曲回覆盖在大脑半球上,负责语言、记忆和思考的高级心理过程。

联合区 储存记忆,同时涉及想法、知觉和语言。

2.11 左右大脑半球有什么特殊功能？
大脑半球

你可能听说过右脑发达的人和左脑发达的人之间的区别。举个例子，右脑发达的人通常很活跃，而左脑发达的人则比较注重逻辑。这些观点出自记者们对研究成果的简化和曲解（Coren，1993）。虽然这一见解没有任何科学根据，可它却引起了公众对脑半球的分工和普通神经科学的高度兴趣（Coren，1993）。事实上，尽管大脑左右半球有各自的功能，但它们是互相联系的，功劳就在于胼胝体（见图2.9）。但是研究显示，大脑半球的**偏侧优势**(lateralization)是存在的；也就是说，每个大脑半球是专门负责某些功能的。让我们一起来看看大脑左右半球的分工。

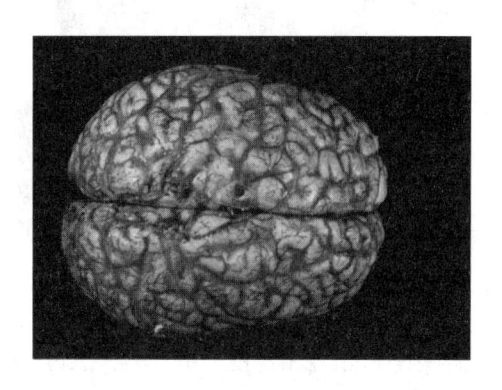

◀俯看整个脑部，两个半球清晰呈现。

左半球。左半球比右半球多近2亿个神经元（Pakkenberg et al.，2003）。此外，对于95%惯用右手的人和大约62%的左撇子，**左半球**(left hemisphere)负责大部分的语言功能，包括说话、书写、阅读、言语理解和书面信息的逻辑理解（Hellige，1990；Long & Baynes，2002）。但两个大脑半球都具有把书面信息与上下文联系起来的功能。同样地，两个大脑半球均加工听力障碍者所使用的美国手语（ASL）（Neville et al.，1998）。大脑左半球还专门负责数学能力，尤其是计算能力。它通过分析和按顺序或按步骤的方式来加工信息（Piazza & Dehaene，2004）。逻辑思维主要是左半球的活动。

左半球通过直接支配右侧躯体和间接支配左侧躯体的动作来协调复杂运动。它通过把指令经胼胝体发送到右半球，从而协调和顺畅地实施恰当的动作（记住小脑在帮助协调复杂运动中也起到重要作用）。

右半球。右半球(right hemisphere)通常被认为更擅长于视觉空间关系，而且它在加工音乐方面的能力远超左半球（Zatorre et al.，2002）。当你布置卧室的家具或是注意到收音机里在播你最喜欢的歌时，你主要依赖你的大脑右半球。

偏侧优势 某个大脑半球负责某个功能的专业性。

左半球 支配右侧躯体，协调复杂运动，对于大多数人，左半球是负责大部分的语言功能的半球。

右半球 支配左侧躯体，对于大多数人，右半球专门负责视觉空间知觉。

右半球也促进左半球的语言处理活动。举个例子,它产生出不同寻常的具有创造性思维和解决问题特征的的语言联想(Kounios et al., 2008)。正如凡·朗克指出的,"虽然左半球最了解在说什么,但右半球弄明白怎么说和谁在说"(Lancker, 1987, p.13)。正是右半球理解我们熟悉的习语,例如"她让猫从袋子里出来"(在不小心的情况下泄露秘密)。

为了体验大脑半球功能分工的影响,试着做一下**试一试**。

试一试——平衡动作

拿一根米尺或标准尺。尝试让它直立在你的右手手掌上并使它保持平衡,如图所示。然后试着用你的右手食指来平衡它。大多数人用他们的优势手——对惯用右手的人来说右手会做得更好。对你来说是这样吗?

现在试试这个:在你用左手平衡它时,以你的最快速度背诵字母表。这下你觉得简单一些了吗?为什么会这样?大脑右半球控制左手的平衡动作。然而,你的大脑左半球虽然不易于控制左手,但仍会努力协调你的平衡动作。当你连续不断地讲话来分散左半球的注意力时,右半球可以在不受干扰的情况下更有效地用左手完成平衡动作。

观看一个关于平衡动作的视频 www.mypsychlab.com

大脑右半球有损伤的病人很难理解隐喻,或者在找路时很难确定方向,即便是在熟悉的环境里。他们可能会有注意力缺陷,意识不到左侧视野的物体,这种情况叫单侧忽略(Savevarsson, Kristiansson, & Hjaltason, 2009)。有这种情况的病人可能只吃盘中右侧的食物,只读页面右边一半的文字,只打扮身体的右边一半,甚至否认脑未损伤一侧的手臂属于他们。

正如你在这一章开头学到的,大多数人依靠脑的右侧来解释其他人的情绪表达。在大多数人——即那些惯用右手的人——当中,右半球对别人的语调所传达的情绪信息也会做出反应(LeDoux, 2000)。阅读和理解非言语行为,例如手势和面部表情,是大脑右半球的另一些任务(Hauser, 1993;Kucharska-Pietura & Klimkowski, 2002)。举个例子,让我们明白某人在撒谎的微妙线索(比如过度眨眼或缺少眼神交流),都在大脑右半球进行加工(Malcolm & Keenan, 2005)。

大脑右半球与情绪表达有关,包括语调和面部表情。被右半球控制的左侧面部通常比右侧面部传递更强的情绪。劳伦斯·米勒形容右半球损伤的人的面部表情和声音变化"常常异常苍白——几乎就像机器人似的"。(Miller, 1998, p.39)

又有证据证实,与消极情绪有关的脑机制都位于大脑右半球,与积极情绪有关的在左半球(Hellige, 1993)。比如,脑成像研究显示,在电视上观看暴力节目激活了儿童大脑的右半球,非暴力节目却不激活(Murray et al., 2006)。

图2.10总结了与左右半球有关的功能。

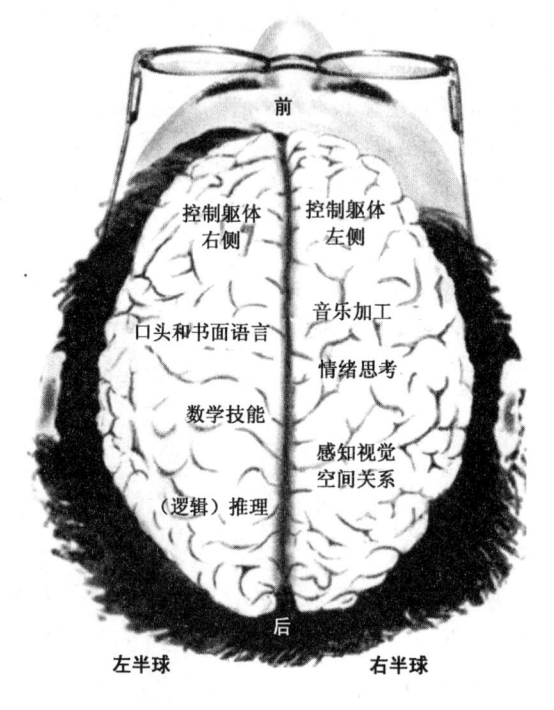

图 2.10 脑的单侧功能 将功能分配到一个半球或另一个,使脑更高效地运作。来源:基于 Gazzaniga (1983)。

裂脑。大量关于单侧优势的知识是从关于人的胼胝体是不存在还是被手术改变的研究中获得的。很多这样的人用外科手术割裂胼胝体,称为**裂脑手术**(split-brain operation)。神经外科医生约瑟夫·柏格和飞利浦·沃根(Bogen & Vogel, 1963)发现,对于患有严重癫痫,频繁发作且无法抑制痉挛的患者,都可以通过割裂胼胝体的外科方法来起作用,这切断了两个半球的交流。这个手术在三分之二的病人中使痉挛的频率降低,也会造成最小限度的认知功能缺损和人格改变(华盛顿大学药学院,2003)。

罗杰·斯佩里(Sperry, 1964)和同事迈克·加扎尼加(Gazzaniga, 1970, 1989),简

▶吉他手大脑的哪一侧在分析他表演的质量?

裂脑手术 一种外科手术,用来处理严重的癫痫案例,切断胼胝体,分开大脑半球。

瑞·勒维(Levy，1985)做的关于裂脑病人的研究扩展了研究者对个体脑半球的独特能力的认识。斯佩里(1968)发现，脑被外科手术分开，每个大脑半球仍各自拥有经历、感觉、想法和知觉。但大部分的感觉体验几乎同时共享，因为耳朵和眼睛直接与两个半球的感觉联系。

斯佩里的研究，在1981年获得诺贝尔医学奖，透露了一些吸引人的发现。在图2.11中，一个裂脑病人坐在左右视野分开的屏幕前。如果一个橘子在右侧视野闪过，它会记录在左半球(言语)上。如果问他看到什么，这病人会轻松地回答："我看见了一个橘子。"假设这样，相反，一个苹果在左侧视野闪过，然后传递给右半球(非语言)，这病人会回答："我什么也没看到。"

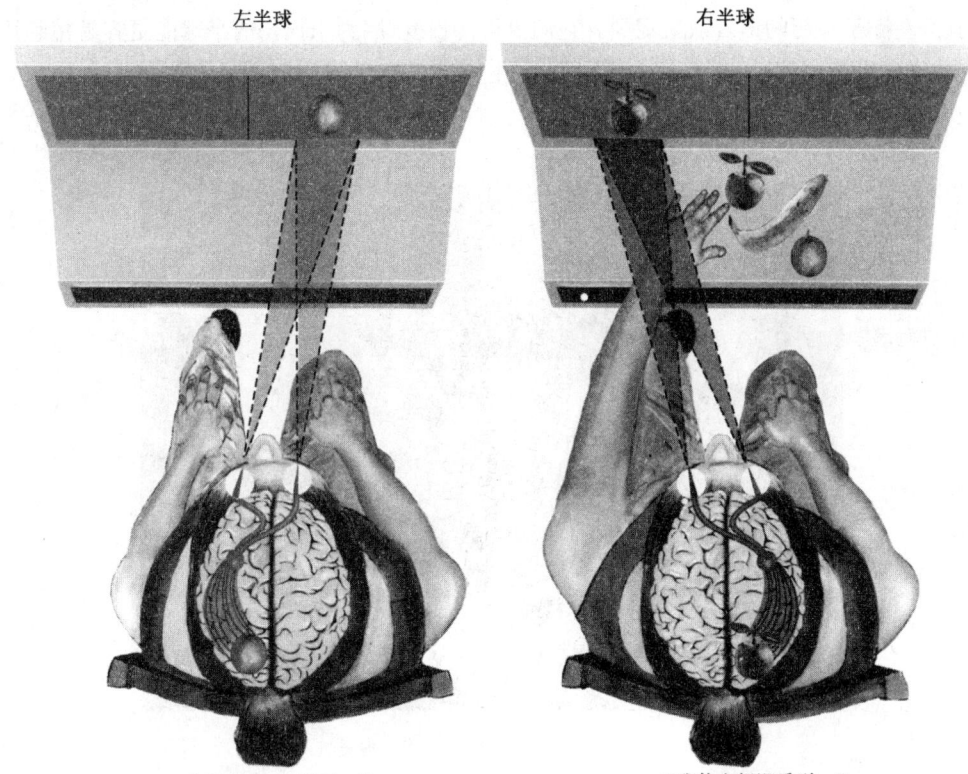

左半球　　　　　　　　　　　　　右半球

"我看见一个橘子。"　　　　　　　　"我什么都没看到。"

图2.11　测试一个裂脑人　使用一个特殊设备，调查者可以研究裂脑患者半球的独立功能。在这个实验中，当一个视觉画像(一个橘子)在屏幕右侧闪过，它被传递到左半球(语言)。当被问到看到了什么，裂脑患者回答："我看到一个橘子。"当一个画像(一个苹果)在屏幕左边闪过，它被传递到右半球(非语言)。因为裂脑患者的左半球(语言)并没有接收到图像，他回答："我什么都没看到。"但是如果用他的左手的话，他可以通过触摸分辨出苹果，证实了右半球"看到"了苹果。来源：基于Gazzaniga(1983)。

为什么病人会说他看到橘子，但没有看见苹果呢？斯佩里(1964，1968)主张，对于裂脑病人，只有负责言语左半球的能报告他看到了什么。在这些实验中，左半球并没有看到右半球闪过了什么，右半球无法用语言表达看到了什么。但是右半球真的看到了苹果在左视野闪过吗？是的，因为这人的左手是由右半脑控制的，他可以分辨出苹果或任何其他在右半球显示的物体。右半球和左半球一样知道和记得看到什么，但是不像左半球，右半球无法给看到的东西命名。（在这些实验中，图像闪过时间少于十分之一或二十分之一秒，这样，被试没有时间去调整眼睛并发信息给另一半球。）

利手。 在这章开始时，你就学到了，惯用右手的人在脑的右侧加工关于面部表情的信息，然而左撇子却在左侧。这只是利手和脑单侧优势之间联系中的一个。举个例子，左撇子的胼胝体比惯用右手的人的胼胝体大 11%，多包含 250 万个神经纤维（Witelson, 1985）。研究者还不知道是什么让用手习惯不同的人胼胝体不同。但是他们怀疑，这种结构差异归因于功能不同，比如面部表情的解释。另一个功能性差异是在任何一个半球损伤后，左撇子经历的语言缺失更少。它们更可能恢复，因为未损伤的半球能更容易担起语言功能。最后，左撇子比惯用右手的人往往更易患有学习障碍和心理障碍（Francks et al., 2007）。

▲很多高成就者，比如奥巴马总统，都是左撇子。

2.12 额叶跟什么心理功能有联系？

额叶

脑中最大的叶，**额叶**（frontal lobes），从脑前部开始，一直延伸到头骨中心，包括运动皮层、布洛卡区和额叶联合区。

运动皮层。 1870 年，两位物理学家，古斯塔夫·弗里奇和埃得·希齐西对一只狗的皮层用一枚探针来施加一个微电流（脑本身对疼痛并不敏感，所以用探针并不会引起不适）。

> **额叶** 最大的脑叶，包括运动皮层、布洛卡区和额叶联合区。

当他们沿着额叶后部在皮层上刺激好几个点时，狗身体的一些特定部位出现运动，弗里奇和希齐西从而发现了**运动皮层**（motor cortex）——控制身体自主运动的区域（见图2.12）。右侧运动皮层控制左侧躯体的运动，左侧运动皮层控制右侧躯体。

| 额叶 最大的叶；包括运动皮层和布洛卡区 | 布洛卡区 控制言语声音的产生 | 运动皮层 控制运动 | | 感觉皮层 解释触觉、压力、温度、痛觉 | 顶叶 接收与身体知觉、空间定位有关的信息；包括躯体感觉皮质 |

| 威尔尼克区 解释语言；控制语言理解能力 | 颞叶 从耳朵接收听觉信息；包含初级听觉皮层、韦尼克区 | 初级听觉皮层 解释声音 | | 枕叶 从眼睛接收视觉信息；包含初级视觉皮层 | 初级视觉皮层 解释视觉输入 |

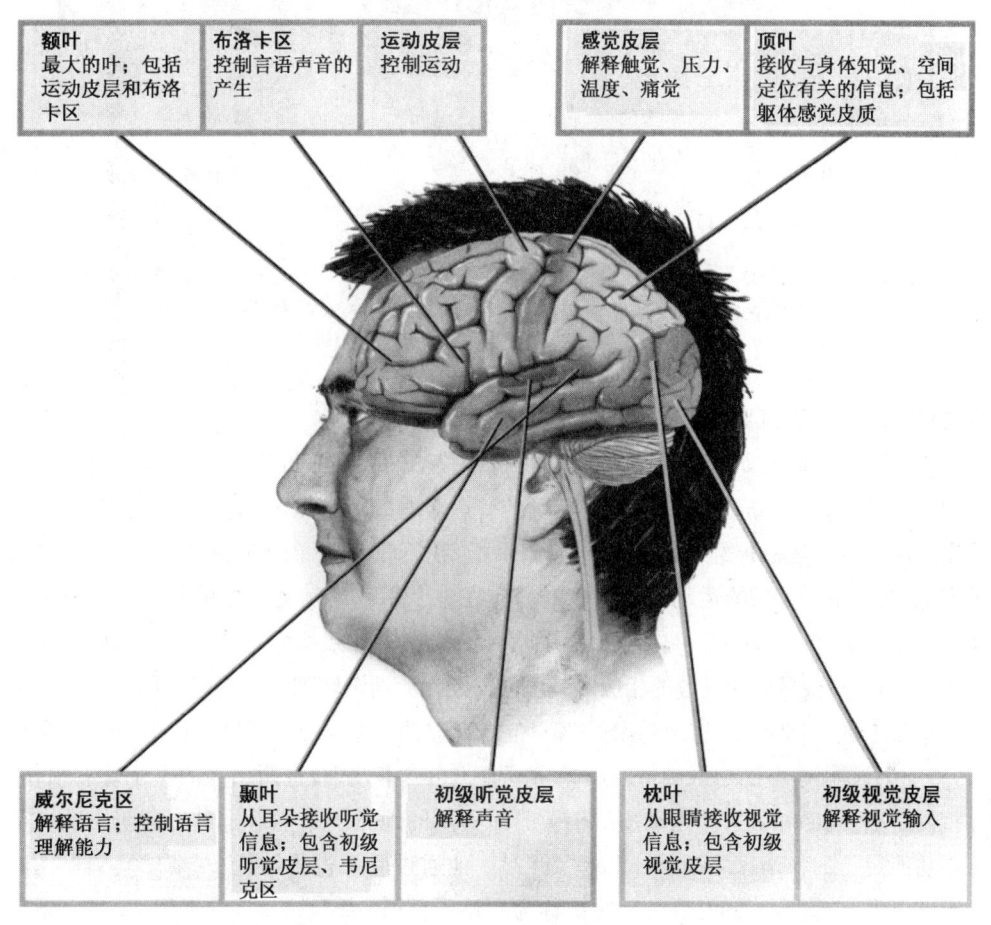

图2.12 左半球的大脑皮层 该图展示了左半球大脑皮层的四个叶：(1)额叶，包括运动皮层、布洛卡区；(2)顶叶，包括躯体感觉皮质；(3)枕叶，包含初级视觉皮层；(4)颞叶，包含初级听觉皮层、威尔尼克区。

随后，在1937年，加拿大神经外科医生怀尔德·潘菲尔德将电刺激应用到接受神经外科手术的人类患者的运动皮层上。他指出了人身上主要的运动皮层，如图2.13所示，身体各部分占运动皮层的比例与每部分的运动量有关。那些最擅长做精确运动的身体部分，例如手指、嘴唇和舌头，运动皮层的份额更大。在身体上位置较低的部分，运动主要由位于运动皮层顶端的神经元控制，而较高部分（面部、嘴唇和舌头）的运动则主要是由运动皮层底部的神经元控制。举个例子，当你摆动你右脚大脚趾，该运动主要是由左侧运动

运动皮层 在额叶后部的带状组织，控制自主运动、参与学习和认知事件。

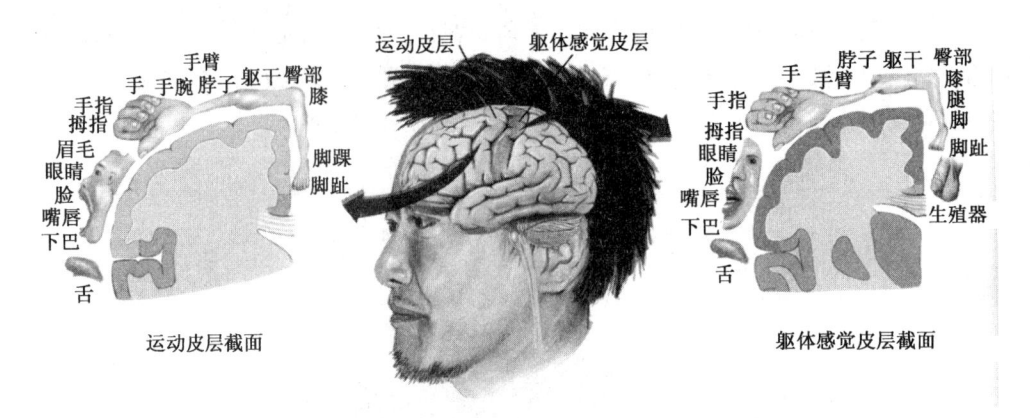

图 2.13 左半球的运动皮层和躯体感觉皮层 左侧运动皮层控制躯体右侧的自主运动。左侧躯体感觉皮层（见边码第 58 页）是从右侧躯体接收的触觉、压力、温度和痛觉的位点。身体部位越敏感，协调精细运动能力越强，对应的躯体感觉皮层和运动皮层区域越大。

皮层顶端的一簇脑细胞发射产生。

潘菲尔德的地图如何正确、完整地评价身体移动的控制？虽然广义上说，它可能是有用的，更多最近的调查显示，没有一个精确的——对应的特定点之间的运动皮层和运动的特定身体部位。运动神经元，举例子，控制手指，在不仅仅是单个手指的运动中起作用。事实上，任何单个手指的运动控制由广泛分布在整个手部的运动皮层的神经元网络处理（Sanes & Donoghue, 2000）。有时候，运动皮层的损伤会导致癫痫痉挛；另一方面，如果手臂或腿被截肢，很多运动皮层的相应区域里的神经元会渐渐转到别的功能（Murray, 1995）。

布洛卡区。 1861 年，物理学家保罗·布洛卡对两个病人进行尸检，一个完全不会说话，另一个只能说 4 个词（Jenkins et al., 1975）。布洛卡发现，这两个人的左半球有损伤，在控制下巴、嘴巴和舌头的运动皮层稍微前面一点的地方。布洛卡是最先证明大脑皮层存在功能定位的科学家之一（Schiller, 1993）。他通过验尸得出结论，左半球受到损伤的是与言语发音功能有关的区域，现在被称为**布洛卡区**（Broca's area）（参考图 2.12）。布洛卡区涉及引导肌肉运动模式来发声。

如果布洛卡区由于头部受伤或中风受到损伤，会导致**布洛卡失语症**（Broca's aphasia）。失语症是由于脑部受伤，导致使用或理解语言的能力丧失或损伤（Kirshner & Jacobs, 2008）。典型的布洛卡失语症患者知道他们想说什么但是只能说一点或根本不会说。如果他们说话，他们会说得很慢，很努力却很不连贯。布洛卡失语症，是语言产生而不是语言理解上的问题。

但是布洛卡区域不仅仅控制言语的物理产生。一项脑成像研究（Embick et al.,

> **布洛卡区** 通常位于左半球额叶，控制语言声音的产生。
>
> **布洛卡失语症** 产生语言声音的能力受损，或者，在特殊情况下不能讲话；由布洛卡区损伤引起。

2000)表明,布洛卡区与一个人犯语法错误,尤其是涉及文字顺序时的活动相关。一些布洛卡区受损的病人可以说话但是所产生的语言间没有顺序也没有语法特点,比如说所有格缺失,例如,当想表达"雷切尔的狗"时说"雷切尔　狗"(Martin, 2006)。这些调查结果证实了加工语言知识的脑结构的存在,为布洛卡区的语法专业化提供直接证据。

额联合区。很多额叶共同组成了涉及思考、动机、未来计划、冲动控制和情绪反应的联合区(Stuss et al., 1992)。在医学史上,众所周知的案例之一就是这个不幸的铁路建筑工人菲尼亚斯·盖奇,这个案例告诉了我们,当额联合区受损时,可能会发生什么。

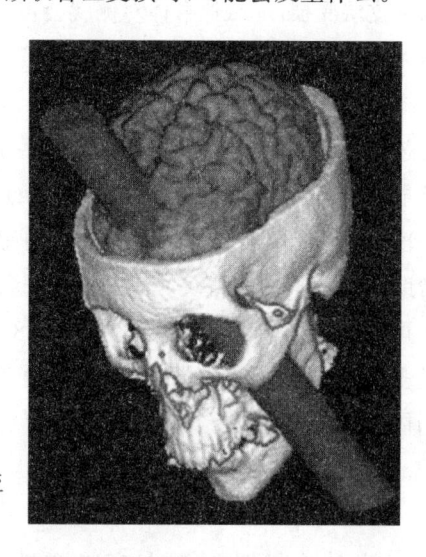

▶这幅计算机生成的图像显示菲尼亚斯·盖奇的头骨被破坏的可能路径。

1848年9月13日,那时25岁的盖奇用炸药爆破岩石和泥土,炸开铺设连接美国东西海岸的铁路。突然,一次没有预料到的爆炸几乎带走了盖奇的头,一根3.5英尺长,13磅重的金属棒从他左边颧骨下方穿过并从头骨顶部穿出。他额叶的很多脑组织被撕开,当时他就昏迷了。神奇的是,几分钟后他清醒过来了。当他的同事用二轮运货马车把他送到旅馆,他还有气力走出马车,甚至还能向前走几步。几周以后,盖奇看上去已经完全康复了。然而,其他工作人员注意到他的性格发生变化。在事故之前,盖奇是一个随和的人。之后,他变得粗鲁又冲动。他性格的转变使他失去了工作,靠马戏杂耍度过余生(Harlow, 1848)。

2.13 顶叶有什么重要结构?

顶叶

顶叶(parietal lobes)位于额叶正后方,在脑的顶端中部(参考图2.12)。顶叶参与触觉刺激的接收和加工。顶叶的脑组织前带是**躯体感觉皮层**(somatosensory cortex),是大脑

> **顶叶**　包含躯体感觉皮层(引发触觉、压力、温度和痛觉)和其他与空间定位及身体知觉有关的区域。
>
> **躯体感觉皮层**　在顶叶的脑组织前带,大脑皮层上引发触觉、压力、温度和痛觉的位点。

皮层引发触觉、压力、温度和痛觉的区域。躯体感觉皮层也使你感觉到你身体的运动和在特定时刻你身体的位置。

在左右顶叶中的躯体感觉皮层与身体对侧相连接。同时，躯体感觉皮层顶部的细胞支配人体下肢的感觉。把一块砖扔在你的右脚上，左侧躯体感觉皮层的顶部细胞便会激发而产生痛觉。（注意：不要这样尝试！）如图2.13所示，大面积的躯体感觉区域连接身体的敏感部分，如舌头、嘴巴、面部和手，尤其是大拇指和食指。一个人如果一侧脑半球的躯体感觉皮层受损，那么他身体对侧就会丧失一定的触觉敏感度。如果损伤很严重，这个人可能无法感受到砂纸和丝绸的区别，或者受影响的身体部位会感觉麻木。

经历会影响躯体感觉皮层（Feldman & Brecht, 2005）。举个例子，与非演奏家相比，演奏弦乐器的专业演奏家，从他们的左手手指推断，躯体感觉皮层的面积更大。并且，他们越早开始弹奏，可以推测皮层区域的面积越大（Elbert et al., 1995）。

顶叶的其他部分与空间定位和方向感有关——举个例子，当你转错弯的时候，顶叶会帮助重新调整你的路线。海马体共同参与这些功能，正如第49页讨论的关于伦敦出租车司机的研究，海马体会与这些顶叶区域合作（马奎尔等，2000）。顶叶还包括储存有人类皮肤是如何感知物体的记忆的联合区，这也能够解释为什么我们可以通过触觉辨别物体。在这些区域受损的人可以用手握持电脑鼠标、CD，或者一个网球，却无法辨别它们。

2.14 为什么枕叶对视力有决定性？

枕叶

枕叶（occipital lobes）位在顶叶后方，脑的后部，与视觉信息的接收和解释有关（参考图2.12）。在枕叶的后方是**初级视觉皮层**（primary visual cortex），皮层中传递视觉信息的区域。

左右枕叶中都有与眼睛联系的初级视觉皮层。左线的所有事被称为左视野并在右视野传递。右线的所有事被称为右视野并在左视野传递。一半初级视觉皮层损坏的人，两只眼睛仍保有部分视力，因为每只眼睛都会向两边的枕叶发送信息。

枕叶中的联合区与视觉刺激的解释有关。联合区有过去视觉信息的记忆，使我们能够辨别出我们看到的事物中哪些是熟悉的。这就是为什么一个朋友的面孔会在一群陌生人中凸显出来。若这些区域受损，人们会丧失视觉辨别物体的能力，虽然他们仍然可以通过触觉或者其他感官辨别同一物体。

枕叶 与接收和解释视觉信息有关，包含初级视觉皮层。

初级视觉皮层 在枕叶后部，大脑皮层中负责视觉传递的区域。

2.15 颞叶有什么重要区域以及功能？

颞叶

颞叶(temporal lobes)，位于耳朵上方，与听力刺激的接收和解释有关。皮层中接收听力的区域是**初级听力皮层**(primary auditory cortex)。在每一侧的颞叶里，初级听力皮层都接收从两边耳朵输入的声音，一侧区域的受损会导致两只耳朵的听力减弱，两侧区域都受损会使耳朵失聪。

威尔尼克区。在左侧枕叶，靠近初级听力皮层的是**威尔尼克区**，负责理解口语和明确表达书面、口语语言的语言中枢(参考图2.12)。在大概95%的人中，威尔尼克区位于左侧枕叶。当你在听别人讲话时，声音首先在初级听力皮层传递，然后传递到把语音整理成有意义的文字模式的威尔尼克区，当你听别人讲话时，活跃的区域与失聪的人看到有人在使用手语时活跃的区域相同(Söderfeldt et al., 1994)。当你在说话或书写时，威尔尼克区也参与选择用什么词(Nishimura et al., 1999)。

威尔尼克失语症是由于威尔尼克区受损伤导致的一种失语症。虽然语言流畅，文字清晰有条理，但是听的人无法理解信息(Kirshner & Jacobs, 2008)。内容可能模糊奇怪，可能包含不恰词汇、词汇片段或不存在的捏造词。一个威尔尼克病人当被问及感觉怎么样时，他回答："我觉得这里有很多恶心的绿豆，但是我觉得我有很多网，在一个小的小麦多味灯。"(Buckingham & Kertesz, 1974)。有威尔尼克失语症的人并没有意识到自己语言上的差错。因此，这种失调很难治疗。

另一种失语症是听觉失语症，或者词聋。如果与威尔尼克区的初级听觉皮层相连的神经受损就会发生这种失语症。这个人能听见但无法理解说的话——就像你听见有人在讲一门外语并感受到了声音，但不知道说话者在说什么。

颞叶联合区。颞叶的剩余部分组成了解释听力刺激的联合区。举个例子来说，储存好几种声音的记忆的联合区使你可以识别你最喜欢的乐队的音乐、电脑启动的声音、室友打鼾的声音，等等。同时也有储存熟悉音乐的特殊联合区。

2.16 在人的一生中，脑会如何变化？

人一生的脑

你所知道的神经学功能法则(动作电位如何产生等)无论人在什么年纪都实施得很

颞叶　接收和解释听觉信息的脑叶；包含初级听觉皮层、威尔尼克区和颞联合区。

初级听觉皮层　颞叶中接收听力的大脑皮层。

威尔尼克区　理解口语，阐述连贯语言和书面语言的左侧颞叶区域。

威尔尼克失语症　由于威尔尼克区损伤引起失语症，语言流利和清晰却不能让听众明白。

好。然而，在脑结构和功能中有一些与年龄有关的重要区别，从而导致心理和行为上的年龄差异。你将会在第 8 章和第 9 章学习到更多关于差异的细节；现在让我们讨论一些常见的神经学发展法则。

不断变化的脑。 你有考虑过你的脑是否完全成熟了吗？你觉得它什么时候会完全成熟？这个问题的答案可能会让你感到困扰。事实上，脑中的概念蓬勃生长直到我们步入成年期（Fischer, 2008）。在儿童期和青春期，很多这样的发展都与身体和知识技能的重大进步有关，比如，对大多数孩子来说，习得流利的语言交流。每个成长冲刺看上去涉及不同的脑区。举个例子，这种冲刺在 17 岁左右开始，持续到 20 岁早期，主要影响负责回忆、计划能力、控制情绪的额叶。孩童和成年人之间的能力不同主要是成长冲刺的影响。脑功能的变化受各种发展过程影响。

神经形成和突触发生。 一些等级的神经元的形成贯穿人整个生命，但大多数的神经元在出生之前发展形成。神经形成的过程或神经元的创造在怀孕三周后就开始了。神经元的形成在第十周到第十八周之间进行。经过这个快速发展的阶段，紧接着，神经元移动到脑的一些部位，在那里产生专业分工，例如视觉和运动。

当神经元在移动时，它们只有细胞体。一旦神经元到达适当位置，突触开始组成，长出树突和轴突。这个突触发生的过程终生进行。每个冲刺之后紧接着是**修剪**（pruning）过程，发展中的脑消除不必要或多余的突触。突触的神经递质活动也因年龄而异。举个例子，孩子脑中的乙酰胆碱不如青少年和成年人多。这个差别可以帮助解释被兴奋性递质影响的记忆和其他功能的年龄差异。

髓鞘形成。 髓鞘形成的过程或轴突周围的髓鞘发展，在出生之前开始并持续到成人。举个例子，大脑联合区直到 12 岁左右才有完整的髓鞘（Tanner, 1990）。你在回忆、调节注意时依靠的网状结构直到 25 岁左右才完全形成（Spreen et al., 1995）。因此，髓鞘形成的区别可以解释孩童和成人在加工速度、记忆和其他功能上的年龄差异。

半球分工。 一定程度的半球分工在人的生命早期就已出现。举个例子，语言加工主要在胎儿和婴儿期的大脑左半球产生（Chilosi et al., 2001）。其他功能，例如空间知觉，直到 8 岁左右才出现单侧优势（Roberts & Bell, 2000）。结论就是，小于 8 岁的儿童与年纪大的人相比较，空间技能较弱。

可塑性。 脑应对内外环境的输入信息进行重组和重塑（Clifford, 2000），并且对损伤做出补偿的能力称为**可塑性**（plasticity）。可塑性在脑半球还没有完全产生单侧优势的小孩子身上最显著。在一个案例研究中，研究者发现，产前出血阻碍了孩子大脑右侧的发展，通过孩子三岁时的轻微震颤可以证明这点（Mancini et al., 2001）。你可能会怀疑，一个缺失大脑左侧的成年人会经历更多的功能损伤。

然而，脑在一生中会有一定程度的可塑性。举个例子，研究者已经发现，对中年人听

修剪 脑发展过程中消除不必要或多余突触的过程。

可塑性 脑适应变化（例如脑损伤）的能力。

力缺陷的矫正导致脑中所有关于听力知觉的区域发生变化(Giraud et al., 2001)。而且，就同一脑区而言，在这些人身上就会对声音作出反应，而正常听力的人则不会有反应。

▶成年人和孩子的脑之间有很多差异，这可以用来解释为什么孩子加工信息没有成年人有效。

老化和脑。 脑会停止变化吗？不，在一生中，脑不断地形成和损失突触。然而，在成年期，损失开始超过形成(Huttenlocher, 1994)。研究表明，几乎脑的全部区域在成年早期、中期和晚期都在减少脑量(Raz et al., 2006)。一项脑成像研究显示，灰质，而不是白质，在大脑左右半球的正常老化中减少(Sullivan et al., 2000)。由于灰质减少而导致与年龄相关的功能缺陷很常见。举个例子，年长的人会遭受平衡问题，他们的脚步开始不稳，步伐也受到影响。然而，在儿童期，知识和运动技能训练可以对以后年纪大了的脑部产生积极影响。

2.17 男性和女性的脑有何不同？
成人脑部的性别差异

在大脑发展中，男性与女性的脑某种程度上有所不同。然而，两者的差异和其与行为的可能联系在个体中得到研究。差异之一是，男性脑部比女性脑部的白质含量更高(Gur et al., 1999)。此外，男性左脑的白质含量比右脑低。对比之下，在女性脑部，左右脑半球的灰质和白质比例相等，这样的研究成果引导一些神经心理学家推测左右脑半球内灰质和白质含量的性别差异，这可以解释男性左右半球任务上的杰出表现，例如：心理旋转几何图形。类似地，女性在情绪知觉推测能力方面表现更好(第10章对这方面介绍更多)可以归因于她们在控制情绪的脑区比男性拥有更多的灰质(Gur et al., 2002)。

其他研究显示，一些任务刺激女性和男性的不同脑区。举个例子，图像研究表明，男性在左海马加工导航信息，例如，需要在迷宫中找一条路出去。相比之下，女性完成同一任务时，运用右侧顶叶和右侧额叶皮层(Gron et al., 2000)。类似地，研究表明，男性和女性在找声源时使用脑的不同区域(Lewald, 2004)。

脑的性别差异是什么意思？最简短的答案是科学家尚不清楚，要做更多研究才行。此外，在神经学基础上的可能的行为性别差异结论没有得出之前，寻找这些脑差异和行为之间的联系仍很有必要。

记一记——进一步了解脑

1. 连接大脑左右半球的纤维束是_____。
2. 当你在听一个人说话时，你一般在你的_____半球加工他的话。
3. 你在你的_____半球加工面部表情。
4. 裂脑手术有时候是用来治疗_____。
5. _____负责产生语言，_____负责言语理解。
6. 初级听力皮层在_____叶，而初级视力皮层位于_____叶。
7. 无法调节情绪的脑损伤者最有可能损伤_____叶。
8. 触觉与_____叶有关。
9. 在神经元发展之间的联系时，_____是一个渐进过程。
10. 脑适应和变化的能力被称为_____。
11. 要求_____和_____的任务刺激男性和女性的不同区域。

答案：1. 胼胝体　2. 左　3. 右　4. 癫痫　5. 布洛卡区　威尔尼克区　6. 颞　枕　7. 额　8. 顶　9. 突触形成　10. 可塑性　11. 导航　声音定位

探索脑的奥秘

正如我们所看到的，发现人类大脑奥秘的最初尝试是通过尸体解剖和临床观察脑损伤和疾病的影响。接下来的研究方法是向活体大脑插入电探针，正如在1870年希齐西和弗里奇做的。

现代研究者不需要尸体解剖或者损伤的发生来更多地了解脑。如今，研究者用脑电图(EEG)、微电极和现代扫描技术，例如电子计算机断层扫描(CT)、核磁共振成像(MRI)、正电子发射层析扫描(PET)、功能性磁共振成像和其他技术来开启人类脑的奥秘(Andreasen et al., 1992)。

2.18 脑电图是如何揭示大脑奥秘的？
脑电图和微电极

1924年，奥地利精神病医生汉斯·伯杰发明了脑电图仪，用该机器记录脑内发生的电活动。通过放置在头皮上不同的点上的检测电极放大脑电活动,该力量使钢笔穿过纸,产生了被称为**脑电图**(electroencephalogram,EEG)的脑波活动记录。**β波**(beta wave)是与心理或生理活动有关的脑波模式。**α波**(alpha wave)与深度放松有关,**Δ波**(delta wave)与慢波(深度)睡眠有关。(你将会在第4章学到更多关于脑波模式的内容。)

一份计算机脑电图显示了每一毫秒出现在大脑表面的不同程度的电活动(盖文斯等,1995)。它可以展示癫痫发作的进展,可用于研究有学习障碍、精神分裂症、阿尔茨海默病、睡眠障碍和其他神经系统问题的人的神经活动。

尽管脑电图能够检测大脑不同区域的电活动,但是它不能揭示单个神经元的活动。然而,**微电极**(microelectrode)可以做到这一点。一个微电极是一段很小的电线,它可以被插到单个神经元附近而不会损坏它。微电极可以用来监控单个神经元的电活动或刺激它的活动。研究人员利用微电极发现单个细胞在初级视觉皮层和初级听觉皮层的确切功能。

2.19 在脑结构的研究中,CT扫描和MRI是怎么起作用的?
电子计算机断层扫描和核磁共振成像

从20世纪70年代早期开始,科学家和医生将大量能够提供脑结构图像的技术投入使用。举个例子,脑部**电子计算机断层扫描**(computerized axial tomography,CT scan)的病人躺在内部是X射线管环绕整个头部的圆环状结构里。这个管在圆环里旋转并同时向脑发射X射线。一系列计算机横断图像显示了脑的结构,也显示了异常和损伤,包括肿瘤和或旧或新的中风证据。

另一项技术是20世纪80年代广泛运用的**核磁共振成像**(magnetic resonance imaging,MRI),该技术不需要危险的X射线,并能产生更清晰、有更多细节的图像(Potts et al.,1993)。MRI可以用来寻找中枢神经系统和身体其他系统的异常。虽然电子计算机断层扫描和核磁共振成像在展示脑外部和内部外观上作出了卓越的成绩,但是它们无法显示出脑在做什么。但是其他技术可以。

> **脑电图(EEG)**　使用脑电图仪对脑电波活动的记录。
> **β波**　与心理或生理活动有关的脑波模式。
> **α波**　与深度放松有关的脑波模式。
> **Δ波**　与慢波(深度)睡眠有关的脑波模式。
> **微电极**　用来监控单个神经元的刺激活动或电活动的小电极。
> **电子计算机断层扫描(CT扫描)**　使用旋转的电脑控制的X射线管来显示脑结构断层图像的脑成像技术。
> **核磁共振成像(MRI)**　一种产生高分辨率脑结构图像的诊断扫描技术。

2.20 PET 扫描和更新的成像技术是如何研究脑的？
PET 扫描、fMRI 和其他的图像技术

正如它们一样有帮助性，CT 和 MRI 只单纯显示结构。相反，**正电子发射层析扫描**（positron-emission tomography，PET scan）从 20 世纪 70 年代中期就被用来确认导致生理或心理失调的脑部障碍。它也被用来研究脑的日常活动。PET 扫描技师给病人注射大量记录向身体消耗葡萄糖（身体的食物）的地方移动的放射性"示踪物"，包括脑。扫描仪标记示踪物的轨迹，电脑软件绘制血液流动、耗氧情况和葡萄糖消耗情况图。同时也能显示药物的活动和脑及其他身体器官中的其他生物化学物质运作（Gorman，2007）。

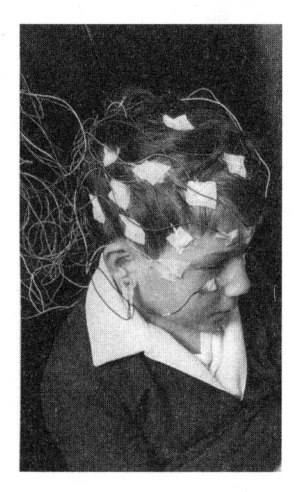

(1) 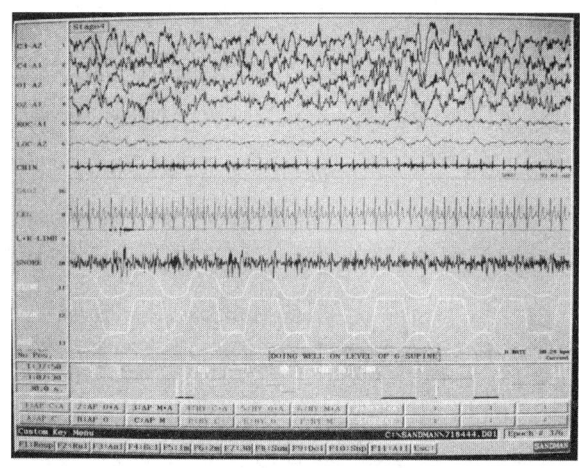　　　　(2)

(3) 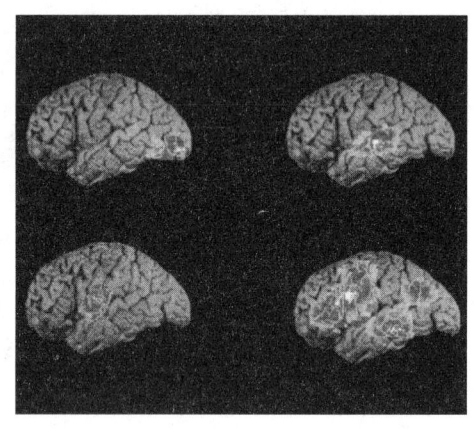　　　　(4)

▲(1)脑电图或者 EEG；(2)运用头皮上的电极来放大和记录脑中的电活动；(3)MRI 是显示大脑外观的有力工具，然而，不能像 PET 那样显示大脑正在做什么；(4)PET 显示脑特定区域的活动。

> **正电子发射层析扫描（PET scan）** 显示不同脑区活动的脑成像技术，建立在血流、耗氧和葡萄糖消耗情况的基础上。

一项在20世纪90年代变得通用的技术，**功能性磁共振成像**（functional MRI，fMRI），比核磁共振成像多好几个优点：(1)为脑结构和脑活动提供图像；(2)不需要注射（放射性或其他物质）；(3)比PET扫描更能确认活动位置；(4)与PET扫描的一分钟相比，它可以侦察到一秒之内发生的变化（"脑成像"，1997）。

其他成像设备到现在仍在使用。SQUID（超导量子干涉仪）通过测量神经元发射时引发的电流引起的磁性变化来反映大脑活动。另一个成像奇迹，MEG（脑磁图）同样测量这样的磁性变化，即时显示脑内的神经元活动，比PET或fMRI快得多。

脑成像技术帮助神经科学家发展了关于日常脑功能的理论知识，比如记忆（Logothetis，2008）。这些脑成像技术已经被用来显示异常脑模式，特别是某些精神病学失调，也用来显示不同药物影响脑的位置和方法（Gorman，2007）。一些神经科学家正在试验将虚拟现实和fMRI结合起来，从而研究脑对情景和环境是如何做出反应的，这用传统的成像技术本不可能实现（Wiederhold & Wiederhold，2008）。

记一记——探索脑的奥秘

1. CT扫描和MRI被用来产生脑_____图像。
2. _____通过产生脑电波的记录显示脑电波的活动。
3. _____扫描显示了脑活动和功能，以及脑结构。
4. 一个被叫作_____的更新的成像技术既显示脑结构也显示脑活动。
5. 将脑波模式和状态匹配起来。
   _____(1) 慢波（深度）睡眠　　a. 贝塔波
   _____(2) 深度放松　　　　　　b. 德尔塔波
   _____(3) 生理或心理活动　　　c. 阿尔法波

答案：1. 结构　2. 脑电图　3. PET　4. fMRI　5.(1) b　(2) c　(3) a

内分泌系统

2.21 内分泌系统中各种腺体的功能是什么？

当听到激素这个词时，大部分人都会想到生殖系统。或者他们会将激素和特殊的生理变化联系起来，例如，青春期、孕期或更年期。然而，这些物质调节很多其他生理和心理功能。并且它们的影响远远大于生殖系统。

内分泌系统（endocrine system）是一系列位于身体不同部位制造和分泌**激素**（hor-

功能性磁共振成像（fMRI）　比正电子发射层析扫描显示脑结构和脑活动更快，更精确的脑成像技术。

内分泌系统　一系列位于身体不同部位，制造和分泌到血液中的无管腺，因此在体内其他部位发挥效应。

激素　在身体一处制造和释放，在其他部位发挥效应的化学物质。

mones)这种化学物质的无管腺,虽然在身体一处释放,却在其他部位发挥效应。激素释放到血液中,在循环系统中游走,但是每种激素只有在遇到有受体的细胞体才会发挥它的特定作用。一些相同的化学物质使神经递质发挥与激素相同的作用——去甲肾上腺素和抗利尿激素,就是其中两种。图 2.14 展示了内分泌系统的腺体及它们在身体上的位置。

脑垂体(pituitary gland)在下丘脑下方并受其控制(见图 2.14)。垂体被认为是身体的"主腺",因为它释放激活或开启内分泌系统其他腺体的激素——一个只有豌豆大小却担任重要工作的结构。腺体也产生与身体成长有关的激素(Howard et al.,1996)。这种激素太少会使人变成侏儒;太多会产生巨人。

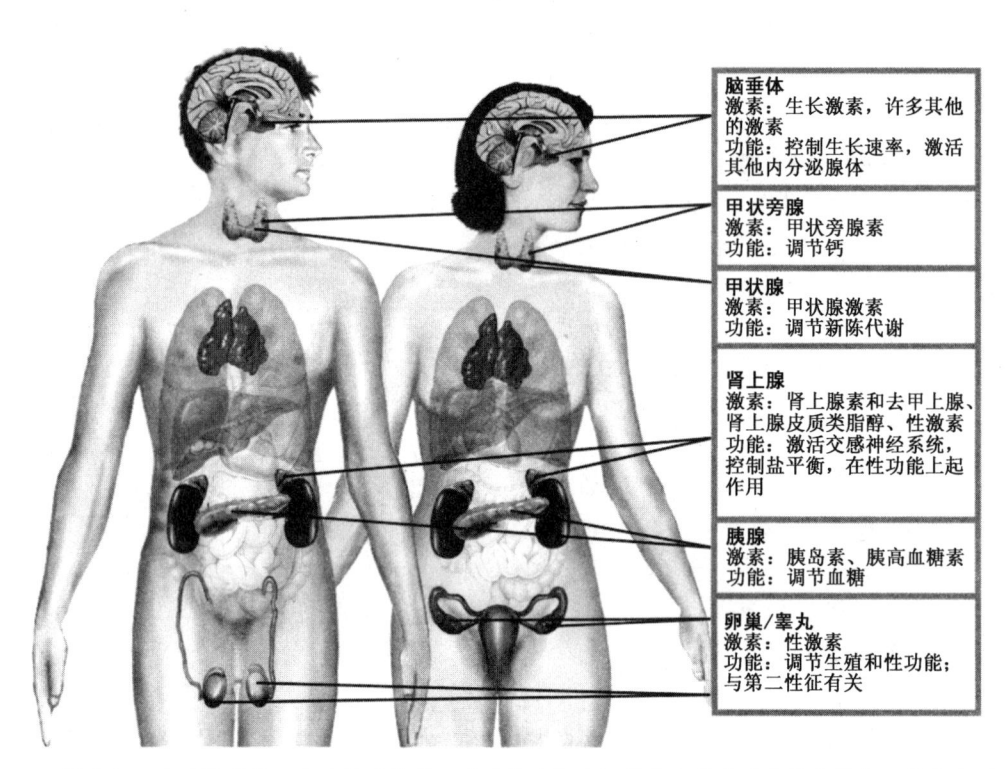

图 2.14 内分泌系统 内分泌系统是一系列制造和分泌激素这种化学物质的腺体。激素在循环系统中游走,在很多身体功能上起作用。

甲状腺位于脖子前方较声带低处。甲状腺产生调节食物新陈代谢和转换成能量的速率的重要的甲状腺激素。甲状旁腺分泌调节血液中钙含量的甲状旁腺素。正如你所猜测的那样,它影响骨骼密度。然而,甲状旁腺的功能紊乱与忧郁和记忆丧失有关(Kim & Makdissi,2008)。胰腺通过向血液中释放胰岛素和胰高血糖素调节血糖

脑垂体 位于脑内的内分泌腺,是身体的主腺,释放激活其他内分泌腺的激素和生长激素。

水平。糖尿病患者的胰岛素产生太少。没有胰岛素来分解食物中的糖,血糖水平会危险地升高。

两个位于肾脏上方的**肾上腺**(adrenal glands)(如图 2.14 所示),产生肾上腺素和去甲肾上腺素。通过激活交感神经系统,这两种激素在身体应对压力时起重要作用。肾上腺也释放肾上腺皮层类脂醇和少量的性激素,它控制体内重要的盐平衡。

生殖腺是性腺——包括女性的卵巢和男性的睾丸(参考图 2.14)。被脑垂体激活后,生殖腺释放有助于生殖的性激素,与第二性征有关——两性都有阴部和腋下毛发,女性的乳房和男性的胡须低沉的嗓音。雄性激素,男性的性激素,影响性动机。雌性激素和孕激素,女性的性激素,帮助调节月经周期。虽然男性和女性都有雄性激素和雌性激素,男性雄性激素相对更多,女性雌性激素相对更多。(性激素和它们的影响会在第十一章讨论更多。)

记一记——内分泌系统

1. 内分泌腺体直接分泌_____到_____里。
2. _____腺作为激活其他腺体的主腺。
3. _____通过释放_____和_____来调节血糖水平。
4. 性激素由_____和_____产生。
5. _____是与新陈代谢的平衡有关的腺体。

答案:1. 激素　血液　2. 脑垂体　3. 胰腺　胰岛素　胰高血糖素　4. 卵巢　睾丸
　　　5. 甲状腺

基因和行为遗传学

可能你还记得你在高中或大学生物课上学到的关于**基因**(genes)、DNA 片断以及携带它们的棒状结构,即**染色体**(chromosomes)。所有你在这一章中学到的生物学原理归因于构成人类基因组的 3 万个基因的结构和功能特性。引人注目的是,在 13 年的努力之下,与人类基因工程有关的科学家在 2003 年 4 月完成了对每个基因的定位和确认(美国能源部,2006)。它们包括我们都拥有的普遍特征信息和把我们区别开来的信息。换句话说,人类面部的组成由我们的基因编码,所以,一个细微的变化使我们的脸与别人不同。

肾上腺　一对释放激素的腺体,使身体为紧急状态和压力状况做好准备,同时释放肾上腺皮层类脂醇少量的性激素。

基因　染色体上的 DNA 片断,传递所有遗传特征的基础单元。

染色体　细胞核中的棒状结构,包含构成一个独特个体所有必需的基因信息。

> 探索基因构成 www.mypsychlab.com

我们个人的基因编码也包括一些没有表达的基因。举个例子,一些人携带一种致病基因,但是并没有发病。为了帮助区别基因是否表达,科学家使用术语**基因型**(genotype)来指代个人的基因组成和**表现型**(phenotype)来指代他或她的实际表现。因此,如果一个人携带一种致病基因,但是并没有生这种病,这种病是他的基因型的一部分但并不是他的表现型。科学家还没有完全理解掌管基因表达的所有因素。然而,一些决定个人的基因型是否表达在他的表现型上的规则已经通过研究很好地得到了建立。

2.22 在遗传特性的传递上,哪种模式的遗传是显性的?
遗传法则

除了精子和卵细胞,体内的每个细胞的细胞核携带23对染色体(总共46条)。每个精子和卵细胞有23条单个染色体。在怀孕时,精子把自己的23条染色体与卵细胞的加在一起。通过这种结合,一个叫作受精卵的单个细胞产生;它拥有包含大约3万个基因的完整的46条染色体(23对)(Baltimore, 2000)。这些基因所携带所有的基因信息对形成一个人来说是必需的。

23对染色体的22对是互相匹配的,称为常染色体,这些对中的每一条携带包含特殊的生理和心理特点的基因。第23对染色体被称为性染色体,因为它们携带决定人性别的基因。女性的性染色体由两个X染色体(XX)组成;男性的由X染色体和Y染色体(XY)组成。卵细胞通常含有一个X染色体。男性精子一半携带一个X染色体,一半携带一个Y染色体。因此,人的性别由与卵细胞结合的那个精子携带的染色体决定。只在Y染色体上找得到的单个基因导致胎儿成为一名男性。这个被标记为Sry的基因,细节把握与男性性器官的发展(Capel, 2000)。

个体的很多特征受互补的基因对影响,一半来源于精子,一半来源于卵细胞。在很多案例里,这些基因对遵循一系列的继承法则,即**显隐性模式**(dominant-recessive pattern)。举个例子,卷发基因与直发基因相比是显性的。因此,一个同时拥有卷发基因和直发基因的人会拥有卷发,而拥有直发的人则有两个隐性基因。一个携带两个相同基因的人,无论是隐性还是显性,都是纯合子,而两个不同基因的是杂合子。

正如图2.15所示,一个直发女性一定是直发基因纯合子,因为它是隐性基因。换句话说,要有两个直发基因才能使一个人直发。当这样一个女性和一个卷发基因纯合子男

基因型 个体的基因组成。

表现型 个体的实际特征。

显隐性模式 一系列的遗传规则,单个显性基因的存在使特征得到表达,但是要有两个隐性基因才能表达隐性特征。

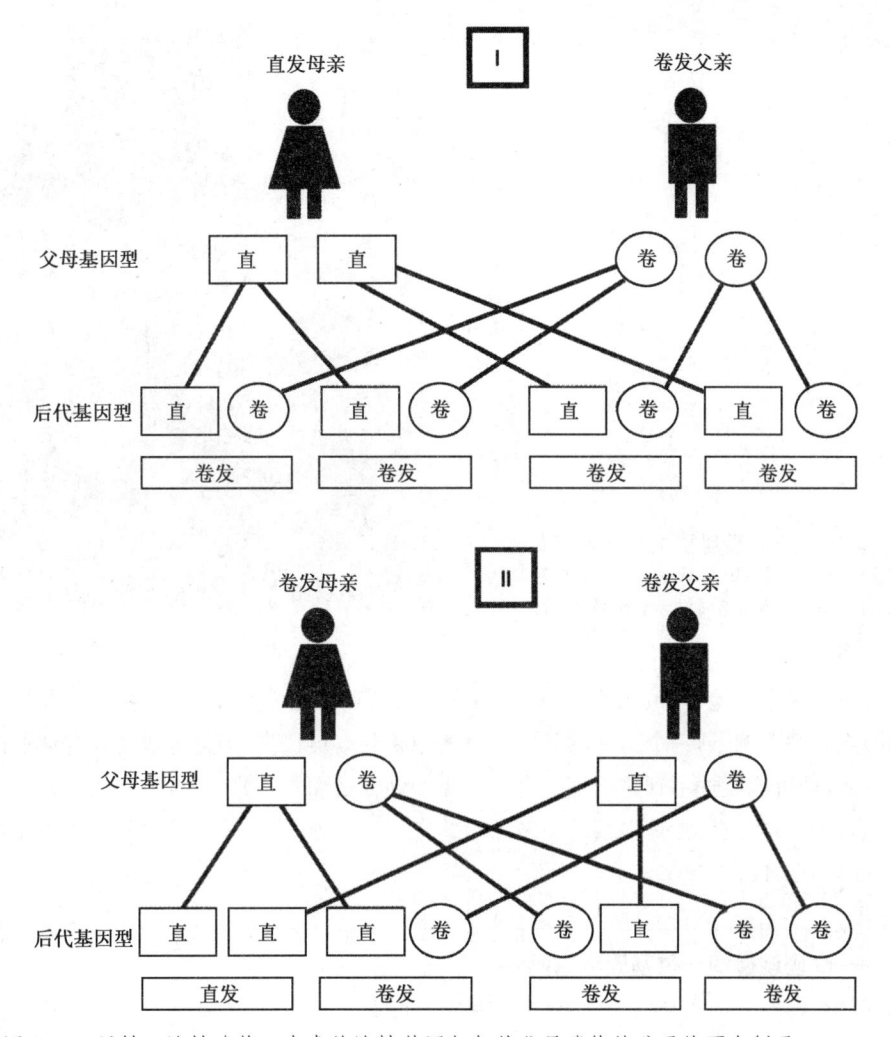

图 2.15 显性—隐性遗传 直发的隐性基因如何从父母遗传给孩子的两个例子。

性,也就是说,一个有两个卷发基因的人,他们所有的孩子都是卷发。为什么?因为每个孩子都会从母亲那得到一个直发基因和父亲的卷发基因。一个直发基因和一个卷发基因的结合使一个人拥有卷发,因为卷发是显性的。该图也显示,如果一个男性和一个女性都是卷发杂合子,拥有的孩子会是怎样的呢?正如你所见,这一对夫妻有一个各自从父母那里各继承一个直发基因的直发孩子的概率是 25%。

好几种神经和心理失调与显性或隐性基因有关,举个例子,亨廷顿病,神经系统退化症,是由一个显性基因导致的。一些精神分裂症也与隐性基因有关。然而,大多数心理学家感兴趣的是更复杂的遗传模式(下页的**应用**概述了你可能考虑到基因咨询的情境。)

在多基因遗传中,很多基因影响一个特定特征。举个例子,肤色由好几种基因决定。当父母中一个是深色皮肤,另一个是浅色皮肤,这个孩子可能是两者之间的肤色。很多基

▶这孩子的**表现型**包括卷发。你可以推断出她的**基因型**是什么？有没有可能她的父母都不是卷发？（提示：看图 2.15）

因特点是受**多因子遗传**（multifactorial inheritance）影响，也就是说，同时被基因和环境因素所影响。举个例子，一个男人的基因可以使他长到 6 英尺高，但是如果他长身体的时候营养不良，他可能就达不到这个基因潜力。正如你在后面章节将学到的，智力（第 7 章）和人格（第 13 章）都被认为是多基因和多因素的作用。此外，许多精神病也是多因素影响的（Leonardo & Hen，2006）。

应用——你应该咨询一位基因专家吗？

基因咨询的目的是分析个人拥有基因缺陷的孩子的风险和自己罹患遗传疾病的风险。如果你有亲戚患了这种遗传病的话，你要考虑是否需要寻求基因咨询。这样的咨询对任何人来说都有帮助，尤其在以下情况中，基因咨询的专业意见很重要。

天生缺陷和儿童期的遗传疾病

正如你可能知道，产前检查可以在孩子出生之前确认出生缺陷和基因失调。然而，专家表示，如果你或你的伴侣满足以下任意一条，就必须在怀孕之前做好风险预防（Brundage，2002）：

● 你或你的伴侣之前有过天生有缺陷的孩子（例如，脊柱裂）或者遗传病（例如，苯丙酮尿症）

● 在你父母的家庭里有人在人生早期有无法解释的发展迟缓或残疾（视力或听力损伤，精神发育迟缓）

● 你或你的伴侣属于一个有某个特定遗传疾病的高发族群（例如，美籍非洲人：镰状

多因子遗传　特征会被基因和环境因素共同影响的遗传模式。

细胞病;欧洲犹太人:泰萨克斯病;高加索人:囊胞性纤维症;德国、中东或者北非血统的人:地中海贫血)

成年期开始表现的基因缺陷

基因咨询师建议说,如果你家庭里有人被诊断出这些成年期开始表现的基因缺陷中的一种,那你就有必要认真考虑基因咨询:
- 亨廷顿病
- 肌强直性肌营养不良症
- 肌萎缩性脊髓侧索硬化症
- 精神分裂症

遗传癌症

如果你家庭里有人被诊断出癌症,那基因咨询可以帮助你确定自己得这种疾病的风险。根据弗吉尼亚州立联邦大学的梅西癌症中心(2006)的建议,下列家族史是最需要基因咨询的:
- 罹患相同或者相关癌症的家族史
- 一个或多个亲戚有罕见癌症
- 至少一个成员比通常年纪更早发生癌症(50岁以下)
- 双侧癌症(在成对器官中单独发展的两种癌症,如都在肾脏或乳房)
- 一个或多个有两种主要癌症的家庭成员(两个原始肿瘤在不同位置发展)
- 东欧犹太背景

多因素失调

很多长期的健康状况与基因和生活方式的共同作用有关。虽然,没有针对这些失调的测试,但基因咨询师可以分析你的家族史,帮助你确定你患上一种或多种疾病的风险。基因咨询师也可以在一定程度上提供你改变生活方式的建议,这样,你可以避免患上因为生活质量不好而患病的家庭成员得的那种病。因此,如果你家庭里有任何人被诊断出这些多因素失调症中的其中一个或多个,你需要寻求基因咨询:
- 成年后开始的糖尿病
- 高血压
- 青光眼
- 心脏病
- 风湿性关节炎
- 内分泌系统紊乱(例如,甲状腺功能减退、胰腺炎)
- 自身免疫病(例如,狼疮、多发性硬化症)
- 肝脏或肾脏疾病
- 抑郁
- 帕金森症

- 阿尔茨海默病

做决定

即使这些检查单让你得出了结论,你还是应该咨询一下基因咨询师。你会发现,自己会很难面对你或你孩子可能会有严重健康问题。在有家人患病的人群中这样的情绪很常见。然而,研究者发现,没有被告知自己基因情况的人会对患上遗传失调症的概率过高估计(Quaid, 2001;Tercyak, 2001)。因此,基因咨询会帮助你分析你自己个人风险的真实可能,如果你可能在未来患上基因失调症的话,他们也会使你建立起与病症斗争的计划(Henneman, Marteau, & Timmermans, 2008)。

2.23 行为遗传学家做哪些类型的研究?

行为遗传学

行为遗传学(behavioral genetics)研究遗传和环境对行为的影响——即先天条件和后天养育(Plomin et al., 1997)。在双胞胎研究中,行为遗传学家研究同卵双胞胎和异卵双胞胎在许多性格特点上是如何互相相像的。同卵双胞胎几乎拥有一模一样的基因,父亲的一个精子和母亲的一个卵细胞结合,组成了一个细胞,然后分裂,形成两个人类个体——"碳拷贝"。在异卵双胞胎的案例中,两个分开的精子与两个分开的恰好同时释放的卵细胞结合。异卵双胞胎与其他同父同母兄弟姐妹在基因上没有特别相似。

无论是同卵还是异卵,一起养大的双胞胎,拥有相同的环境。如果一起抚养的同卵双胞胎在某些特点上比异卵双胞胎更相像,那这个特点就被假设为更多受遗传影响。如果异卵和同卵双胞胎在这个特点上没有差别,那么,这个特点就假设为更多受环境影响。

在收养研究中,行为遗传学家研究在出生后不久就被收养的孩子。研究者把孩子的能力和人格特征与养父母和亲生父母进行比较。这个策略使研究者得以厘清遗传和环境的不同影响(Plomin et al., 1988)。你在接下来的章节中将学到的,行为基因学家已经找到,基因在智力(第7章)和人格(第13章)的个体差异上的作用。然而,该研究也证明了环境因素,例如贫穷和文化,也会影响这些特征。

因为遗传和环境的共同作用引起了这么多心理学家的兴趣,你将会在接下来的章节中读到更多有关其影响的内容。

记一记——基因和行为遗传学

1. X 和 Y 染色体是_____染色体。
2. 如果个体只携带一个基因,_____基因不会被表达。
3. 被基因和环境同时影响的特点是_____。
4. _____是研究遗传和环境对行为的相关影响的研究领域。

> **行为遗传学** 通过双生子研究和收养研究考察遗传和环境对行为的影响的学科。

5. _____双胞胎是从单个受精卵发育而来。
6. 研究者使用_____和_____研究证明遗传和环境的影响。
答案：1.性 2.隐性 3.多因素 4.行为遗传学 5.同卵 6.双胞胎 收养

总结与回顾

神经细胞和神经递质 p.38

2.1 神经元不同区域的功能是什么？p.38

细胞体负责新陈代谢的功能。树突从其他神经元细胞体接受信息。轴突把信息传递给其他神经元的树突和细胞体、肌肉、腺体和身体其他部位

2.2 信息如何通过神经系统传递？p.40

动作电位是脑和躯体通过神经系统互相交流的根本方式，是神经元细胞膜上的静息电位的突然反转（从负值到正值），这个反转触发神经元的发射。一个强的刺激会导致更多的神经元发射，发射速度比弱刺激要快得多。

2.3 什么是神经递质，它们在神经系统的运作中起到什么作用？p.41

神经递质是发送神经元通过突触释放到突触间隙的化学物质，联系接收神经元的树突或细胞体上的接收位点，影响细胞发射或不发射。因此，神经递质在神经元之间传递消息。

2.4 一些主要神经递质的作用是什么？p.43

主要的神经递质有乙酰胆碱、多巴胺、去甲肾上腺素、肾上腺素、血清素、谷氨基酸、伽马氨基丁酸和内啡肽。乙酰胆碱对骨骼肌纤维收缩和学习产生影响。多巴胺是在学习、注意、运动和强化过程中起作用的一种神经递质。去甲肾上腺素和肾上腺素调节进食和能量释放。血清素和伽马氨基丁酸是抑制性神经递质，帮助睡眠；而谷氨基酸是刺激性神经递质，帮助觉醒。内啡肽是天然的止痛剂。

人类的神经系统 p.44

2.5 为什么完整的脊髓对人类神经系统的正常工作至关重要？p.44

只有脊髓完整，感觉信息才能到达脑，脑的信息才能到达肌肉、腺体和身体其他部位。

2.6 后脑有哪些脑结构以及功能？p.46

后脑包含小脑，协调躯体做出流畅的技巧运动和调节肌肉、骨头和姿势。脑干部分包含髓质，控制心跳、呼吸、血压、吞咽和咳嗽；网状结构在唤醒和注意上起作用；脑桥连接大脑两半球。

2.7 中脑中有什么重要结构？p.47

黑质位于中脑。控制我们的无意识动作，例如骑自行车。这个区域受损，会导致帕金森症。

2.8 前脑有什么脑结构及其功能？p.47

丘脑位于脑干之上，作为信息涌入或流出前脑的中继站。下丘脑是一个小却有影响

力的脑结构,调节饥饿、渴觉、性行为、体内温度、其他身体功能和一系列情绪行为。边缘系统是前脑的一组结构,包括杏仁核和海马体,与情绪表达、记忆和动机有关。其他结构包括大脑、大脑皮层和胼胝体。

2.9　交感神经系统和副交感神经系统之间有什么区别？p.49

交感神经系统在压力和紧急状况下调动身体资源；副交感神经系统在紧急状态后将高身体机能回复到正常水平。

进一步了解脑 p.51

2.10　大脑的构成有哪些？p.51

大脑由胼胝体联系起来,被大脑皮层覆盖,与语言、记忆和思考等高级心理过程有关的。

2.11　左右大脑半球有什么特殊功能？p.52

大脑左半球支配右侧躯体,协调复杂运动；处理大部分的语言功能,包括说话、书写、阅读和理解口语和书面语言。大脑右半球支配左侧躯体,擅长视觉—空间知觉,非言语行为的理解和表情分辨。

2.12　额叶跟什么心理功能有联系？p.55

额叶包括：(1)运动皮层,控制自主运动活动；(2)布洛卡区,言语产生；(3)额联合区,与思考、动机、未来计划、冲动控制和情绪反应有关。

2.13　顶叶有什么重要结构？p.58

躯体感觉皮层在顶叶前部,是控制触觉、压力、温度和痛感的位点。

2.14　为什么枕叶对视力有决定性？p.58

枕叶与视觉信息的接收和理解有关,包含在大脑皮层接受视觉的初级视觉皮层。

2.15　颞叶有什么重要区域及其功能？p.59

颞叶包括：(1)初级听觉皮层,接收听觉刺激；(2)威尔尼克区,与理解口语和组织条理分明的口语和书面语言有关；(3)颞联合区,理解听力刺激。

2.16　在人的一生中,脑会如何变化？p.59

脑迅速成长,伴随着对没有必要的突触的修剪。突触内神经递质的活动也随着年龄发生变化。少量神经元在出生时就髓鞘化了,但是有些的髓鞘化过程持续到成年。语言在早期表现出单偏侧优势。但是其他功能,比如,空间知觉,直到八岁左右才完成偏侧优势。衰老也导致突触的减少。

2.17　男性和女性的脑有何不同？p.61

男性左脑的白质含量比右脑更低。对比之下,女性左右脑半球的灰质和白质比例相等。一些任务刺激女性和男性的脑的不同区域。

探索脑的奥秘 p.62

2.18　脑电图是如何揭示大脑奥秘的？p.62

一个电脑化的脑电图成像技术显示了每一毫秒出现在大脑表面的不同程度的电活动(盖文斯等,1995)。它可以展示一个癫痫发作在发展,可用于研究神经活动的人有学习障碍、精神分裂症、阿尔茨海默病、睡眠障碍和其他神经系统的问题。

2.19 在脑结构的研究中，CT扫描和MRI是怎么起作用的？p.62

CT扫描和MRI都能提供脑结构的细节图像。

2.20 PET扫描和更新的成像技术是如何用来研究脑的？p.62

PET扫描显示血液流动、耗氧情况和葡萄糖消耗情况。同时也能显示药物在脑和其他身体器官的活动。PET扫描研究显示，不同的脑区用来完成不同的任务。功能性磁共振成像为脑结构和脑活动提供图像，比PET扫描更精确更快。两项更新的技术，SQUID和MEG同步测量脑内神经活动。

内分泌系统 p.64

2.21 内分泌系统中各种腺体的功能是什么？p.64

脑垂体分泌生长激素和控制其他内分泌腺体的激素。甲状腺分泌甲状腺激素来调节新陈代谢。胰腺分泌胰岛素和胰高血糖素来调节血糖。肾上腺分泌肾上腺素和去甲肾上腺素，帮助身体为紧急和压力状况做好准备，也会分泌肾上腺皮脂类脂醇和少量性激素。生殖腺是性腺，分泌性激素来调节生殖功能。

基因和行为遗传学 p.66

2.22 在遗传特性的传递上，哪种模式的遗传是显性的？p.66

一些基因特点遵从显性—隐性模式，另一些是多基因和多因素的。智力和人格被认为是多基因和多因素的。因此，它们被环境中的很多因素影响。

2.23 行为遗传学家做了哪些类型的研究？p.69

行为遗传学研究遗传和环境对行为的可能影响。研究者研究双胞胎（同卵双胞胎和异卵双胞胎）和被收养的孩子（出生后不久即被收养）与其亲生父母。这些研究显示，智力和人格既受遗传影响也受环境影响。

关键术语

乙酰胆碱 p.42

布洛卡失语症 p.57

动作电位 p.41

布洛卡区 p.57

肾上腺 p.65

细胞体 p.38

α波 p.62

中枢神经系统（CNS）p.44

杏仁体 p.48

电子计算机断层扫描（CT扫描）p.62

自主神经系统 p.49

大脑皮层 p.51

轴突 p.39

大脑半球 p.51

轴突末梢 p.39

大脑 p.51

行为遗传学 p.69

染色体 p.66

β波 p.62

联合区 p.52

脑干 p.46
胼胝体 p.51
去甲肾上腺素 p.43
Δ波 p.62
枕叶 p.58
树突 p.38
副交感神经系统 p.49
显隐性模式 p.66
顶叶 p.58
多巴胺 p.43
周围神经系统(PNS)p.44
脑电图(EEG)p.62
表现型 p.66
内分泌系统 p.64
脑垂体 p.64
内啡肽 p.43
可塑性 p.60
肾上腺素 p.43
脑桥 p.47
前脑 p.47
正电子发射层析扫描(PET scan)p.63
额叶 p.55
初级听觉皮层 p.59
功能性核磁共振成像(fMRI)p.63
初级视觉皮层 p.59
伽玛氨基丁酸 p.43
修剪 p.60
基因 p.66
受体 p.41
髓鞘 p.41
胶质细胞 p.39
神经递质 p.49
脊髓 p.44

小脑 p.47
谷氨基酸 p.43
网状结构 p.47
后脑 p.46
再摄取 p.42
海马体 p.49
右半球 p.52
激素 p.64
躯体感觉系统 p.49
下丘脑 p.48
躯体感觉皮层 p.58
偏侧优势 p.52
裂脑手术 p.53
左半球 p.52
黑质 p.47
边缘系统 p.48
交感神经系统 p.49
核磁共振成像(MRI)p.62
突触 p.40
髓质 p.47
颞叶 p.59
微电极 p.62
丘脑 p.48
中脑 p.47
威尔尼克失语症 p.59
运动皮层 p.55
威尔尼克区 p.59
多因子遗传 p.66
基因型 p.66
静息电位 p.40
神经元 p.38
血清素 p.43

章末测验

选择题

1. 动作电位的产生涉及_____。
   a. 轴突膜电位变化,使正离子内流　　b. 轴突的电流进入细胞体
   c. 神经冲动穿过突触间隙的传递　　d. 离子通道打开,轴突膜内产生负电位

2. 神经递质与_____结合。
   a. 其他形状和数目类似的神经递质分子　　b. 最符合它们独一无二形状的受体
   c. 接收神经元的轴突末端　　d. 在突触膜上的任何可用接受器

3. 拉梅什把蛋糕拿出烤箱时,他的大拇指不小心碰到了热盘子。他大拇指的感觉神经元发现了痛觉刺激,并把消息传给中间神经元,_____迅速激活控制他手从热盘子缩回来的手臂肌肉的运动神经元。
   a. 边缘系统　　b. 脊髓　　c. 小脑　　d. 网状结构

4. 梅瑟已经骑了将近一个小时的自行车,并开始感觉到热。他的_____使他的体温控制在一个合适的温度。
   a. 海马体　　b. 下丘脑　　c. 丘脑　　d. 杏仁核

5. 安娜因车祸脑部严重受损,结果,她不能形成新记忆。安娜的状况像是由于_____损伤引起的。
   a. 脑干　　b. 杏仁核　　c. 海马体　　d. 下丘脑

6. 尼克乐在陡峭小路上从她的山地自行车上翻倒,结果她左侧头盖骨破裂。她现在单侧忽视,不能够用她的_____分辨物体。
   a. 中央视野　　b. 左视野　　c. 视野外围　　d. 右视野

7. 在马蒂接受脑外科手术之前,她的医生警告她说,这个手术可能会影响她的说话能力。医生认为这个手术可能会伤到_____。
   a. 丘脑　　b. 布洛卡区　　c. 枕叶　　d. 威尔尼克区

8. 比利的右脚趾被锤子砸到,痛觉会传递到脑的哪里?
   a. 右侧躯体感觉皮层的最顶层细胞　　b. 右侧躯体感觉皮层的最底层细胞
   c. 左侧躯体感觉皮层的最顶层细胞　　d. 左侧躯体感觉皮层的最底层细胞

9. 瑞巴在脑损伤之后无法辨别私人物品,例如梳子和牙刷。然而,当她手上拿着它们的时候,又可以不看一眼准确说出它们是什么。瑞巴最有可能伤到了哪里?
   a. 颞叶联合区　　b. 枕叶联合区
   c. 额叶联合区　　d. 顶叶联合区

10. 当你认出一首歌时,你在使用你的_____。
    a. 颞叶联合区　　b. 枕叶联合区
    c. 额叶联合区　　d. 顶叶联合区

11. 下面哪一组人的脑可塑性最低?
    a. 青少年   b. 20岁出头的女性   c. 40多岁的男性   d. 很小的孩子

12. 男性_____的灰质含量比女性要高。
    a. 后脑   b. 右脑   c. 中脑   d. 左脑

13. 辛迪的医生很关心她持续的头痛。为了更加细致地研究她的头痛,他们决定,如果发现问题,对她的脑部进行X射线扫描时,她的医生会让她躺在长管内。请问,辛迪的医生用的是什么技术?
    a. PET扫描   b. MRI   c. CT扫描   d. fMRI

14. fMRI长于MRI的一个优点是_____。
    a. 提供脑活动的测量   b. 可以用作诊断工具
    c. 不用将病人暴露在危险的X射线下   d. 可以应用于身体的其他系统

15. 3岁大的迈卡生长缓慢。他的医生担心他可能是_____失调。
    a. 脑垂体   b. 甲状腺   c. 甲状旁腺   d. 胸腺

16. 杰森携带有一种罕见的基因失调疾病,但是没有表现出任何症状。由此我们可以看出,该疾病是杰森的_____而不是他的_____。
    a. 显隐性模式,多因素遗传   b. 表现型,基因型
    c. 多因素遗传,显隐性模式   d. 基因型,表现型

17. 米歇尔医生进行比较同卵和异卵双胞胎人格相似点的研究,米歇尔医生研究的是_____。
    a. 人格心理学 b. 进化心理学   c. 神经心理学   d. 行为遗传学

简答题

18. 这一章中,你看到许多的脑研究都是用动物完成的。请为以下观点准备好论据:(a)在脑研究项目中使用动物是道德和公平的,因为可能会有利于人类;(b)在脑研究项目中使用动物不是公平道德的,即使是可能有利于人类。

19. 比较脑左右两边中风会给人日常生活带来的影响。

20. 假设你听见有人声称:"父母方是A型血,另一方是O型血,那小孩子一定是A型血,因为A是O的显性。"该言论正确吗?为什么?你将如何向这个不了解基因的人阐述呢?

答案见第772页。

第 3 章

感觉和知觉

感觉的过程
- 3.1 绝对阈限和差别阈限的区别是什么?
- 3.2 换能如何使大脑接收感官信息?

视觉
- 3.3 眼睛的各部位在视觉中起什么作用?
- 3.4 视觉信息采取什么通路从视网膜进入初级视觉皮层?
- 3.5 我们如何区分颜色?
- 3.6 哪两种理论尝试解释色觉?

听觉
- 3.7 什么决定了声音的音高和响度?如何测量每一种特性?
- 3.8 外耳、中耳和内耳在听觉中的功能如何?
- 3.9 试图来解释听觉的两种主要理论是什么?
- 3.10 导致听力丧失的主要原因有哪些?

其他感觉:嗅觉、味觉、触觉和平衡觉
- 3.11 嗅觉信息从鼻子传到大脑的通路是什么?
- 3.12 什么是基本味觉以及如何检测它们?
- 3.13 皮肤如何提供感觉信息?
- 3.14 疼痛的功能是什么,疼痛如何受心理因素、文化和内啡肽的影响?
- 3.15 动觉和前庭感官提供了哪类信息?

知觉原则
- 3.16 知觉组织的原则是什么?
- 3.17 什么是双眼和单眼的深度线索?
- 3.18 大脑如何感知真实和看似的运动?
- 3.19 三种令人困惑的知觉类型是什么?

影响知觉的因素
- 3.20 在注意的过程中获得了什么,丧失了什么?
- 3.21 先验知识是怎样来影响你的知觉的?
- 3.22 我们是用同样的方式来知觉物理对象和社会刺激吗?
- 3.23 对于阈下知觉、超感官知觉和联觉的研究表明了什么?

想一想

试着像图中女性一样单脚站立。你可能保持平衡站立30秒没有问题。但是如果你尝试闭上眼睛单脚站立呢？试试看。

毫无疑问，你发现闭上眼保持平衡更困难。你身体保持平衡的系统极其复杂，该系统依赖多种类型的信息输入。正如你所学的，视觉输入是关键的。事实上，视觉输入很重要，所以医生使用单腿实验或双闭眼试验来评估神经系统健康与否(Chaitow & DeLany, 2002)。因为测试中的行为表现通常随着我们变老而变差（由于小脑老化），它也可以用来判断你的大脑是否正在老化。研究显示，如果你介于20至49的年龄之间，如果你不能闭眼保持单脚站立至少25秒，那么你的大脑会比你的同龄人老化得更快(Bohannon et al., 1984)。但是令人振奋的是，强调平衡的运动疗法如中国的古老运动太极，能帮助对抗衰老的影响(Fuzhong, Harmer, Fisher, & McAuley, 2004)。

你身体维持平衡的能力是众多我们将要探索的关于感觉和知觉互动过程的话题之一。

首先，我们会考虑两类感觉：视觉和听觉。之后，我们会将注意力转向其他感觉：嗅觉、味觉、触觉、痛感和平衡感。你会学到感官如何检测感官信息以及感官信息如何被大脑积极地组织和分析。

感觉的过程

我们的感觉是对我们世界所有信息输入的端口。然而令人惊奇的是，与动物相比，人的感官世界很小。有些动物有出色的听觉（蝙蝠和海豚），有些动物有极其敏锐的视觉（鹰），还有些动物有惊人的嗅觉（猎犬）。然而，人类有非凡的感觉和知觉能力。**感觉**(sensation)是感官接收视觉、听觉和其他感官刺激并传输到大脑的过程。**知觉**(perception)是感官信息被积极组织和解释的过程。我们会从讨论感觉过程开始。

感觉　感官接收视觉、听觉和其他感官刺激并传输到大脑的过程。

知觉　感官信息被积极组织和解释的过程。

3.1 绝对阈限和差别阈限的区别是什么？
绝对阈限和差别阈限

你可以听到的最轻的声音是什么？可以看到的最弱的光线是什么？可以尝到的最淡的味道是什么？感官心理学研究者进行了多年的试验来回答这些问题。他们的研究建立了被称为绝对阈限的感官测量。就像门是房间外和房间内的阈值分割点一样，感觉的**绝对阈限**（absolute threshold）是不能知觉刺激和刚刚能知觉刺激的分界点。心理学家定义绝对阈限为有50%的概率可以被知觉到的最小感官刺激。图3.1说明了视觉、听觉、味觉、嗅觉和触觉的绝对阈限。

(a) 视觉绝对阈限是晴朗夜晚30英里外一根燃烧的蜡烛

(b) 听觉绝对阈限是20英尺外手表的嘀嗒声

(c) 味觉绝对阈限是1茶匙糖溶解于2加仑水中

(d) 嗅觉绝对阈限是一滴香水扩散到三室一厅的整个空间

(e) 触觉绝对阈限是一只蜜蜂从1厘米处落到脸颊上

图3.1 绝对阈限 就像门是房间外和房间内的阈值分割点一样，感觉的绝对阈限是不能知觉刺激和刚刚能知觉刺激的分界点。

如果你正在听音乐，你能听到就意味着已经越过绝对阈限了。但是声音被调整到多响或多轻你才会注意到不同？或者说如果你正在提一些购物袋，重量增加或减少了多少你才能感觉到负重变重或变轻了？**差别阈限**（difference threshold）测量产生**最小可觉差**（just noticeable difference，JND）的物理刺激的最小增加量或减少量。最小可觉差是一个人能在50%的时间里检测到的最小感觉变化。如果你持了5磅的重物并增加了1磅，你能轻易注意到差别。但是如果你持了100磅的重物并又增加了1磅，你不能感到差别。这是为什么？

150多年以前，研究者厄恩斯特·韦伯（1795—1878）发现，所有感觉的最小可觉差取决于刺激的比例或百分比变化而不是固定量的变化。这一发现即著名的**韦伯定律**

> **绝对阈限** 有50%的概率可以被感觉到的最小感官刺激。
> **差别阈限** 有50%的概率可以被感觉到的物理刺激变化量。
> **最小可觉差（JND）** 一个人能在50%的时间里检测到的最小感觉变化。
> **韦伯定律** 该定律指出，所有感官的最小可觉差（JND）取决于刺激的比例或百分比变化而不是固定量的变化。

(Weber's law)。你所持的重量必须是按 1/50 或 2%增加或减少以便你注意到差别；相比之下，如果你正在听音乐，只有在声音轻微地按 0.33%调高或调低你才能注意到差别，根据韦伯定律，最初的刺激越大，越要增加或减小的差异就更明显。

▲这个救生员在黑暗中能看到的最微弱的光线是什么？感官心理学研究者进行了多年的试验来回答这些问题。他们的研究建立了被称为绝对阈限的感官测量。

正如你所怀疑的，所有感觉的差别阈限是不同的。对一些味觉改变的觉察就需要巨大差异(1/5 或 20%)。此外，韦伯定律最适用于平均敏感度的人和不是非常强(雷声隆隆)也不是非常弱(微弱低语)的感觉刺激。例如，专业品酒师知道某种葡萄酒是否有点太甜，即使它的甜度在 20%必要的味道改变范围之内。

📖 模拟恒定刺激 www.mypsychlab.com

与此同时，失去一种感觉能力的人在其他方面有更强的感觉。一项研究发现，早期失明的孩子比视力正常的孩子更能准确标记 25 种常见气味。而另一项研究发现，先天性耳聋的学生比听觉正常的学生更具有运动直觉能力(Bavelier et al., 2000)。此外，失聪的学生比他们听力正常的同辈更容易受到视觉刺激(Dye, Hauser, & Bavelier, 2008)。

3.2 换能如何使大脑接收感官信息？
换能与适应

如果你知道我们的眼睛实际上不能看，我们的耳朵不能听，你是不是很惊讶？感觉器官只提供了感觉的开始,而感觉由大脑完成。正如你在第2章所学到的,在大脑特定部分的特定神经元集必须刺激我们去看、听、尝等。然而大脑本身不能直接回应光、声波、气味和味道。那么它如何获得信息呢? 答案是通过感受器。

身体的感觉器官配备了被称为**感受器**(sensory receptors)的特别细胞,该细胞能觉察某一类型的感觉刺激——光、声波、气味等并作出反应。

通过**换能**(transduction)这一过程,感受器将感觉刺激转化为神经冲动,大脑的电化学语言。之后,神经冲动被传送到大脑中的精确位置,例如处理视觉信息的初级视觉皮层或处理听觉信息的初级听觉皮层(详见第56页的图2.12)。只有当大脑相应部分受到刺激时,我们才有感觉。感受器为物理感觉世界和大脑提供了必要联系。

过了一段时间,感受器习惯了恒定不变的刺激水平——看到的东西、听到的声音或闻到的气味——所以我们很少或根本没有注意到它们。例如,吸烟者习惯了他们家和他们衣服上香烟的味道。这一过程被称为**感觉适应**(sensory adaptation)(详见下面的**试一试**部分)。即使这减少了感觉觉察,感觉适应使我们能在任意时刻将注意力转移到最重要的地方。然而,感觉适应不可能在一个非常强的刺激存在时发生,如氨水的气味、震耳欲聋的声音或腐臭食物的味道。

▲感觉适应在股票交易员的谈话中起着什么作用?

感受器 感觉器官中的特定细胞,该细胞能觉察某一类型的感觉刺激——光、声波、气味等并作出反应,再将刺激转换成神经冲动。

换能 感受器将感觉刺激转化为神经冲动的过程。

感觉适应 感受器习惯恒定不变刺激水平的过程。

试一试——感觉适应

取三个大麦片碗或小的搅拌碗。一个装满非常冷的水,一个装满热水(不是沸腾或会烫伤人的水),第三个装满温水。把你的左手放在冷水,右手放在热水中至少一分钟。然后迅速同时将双手放入温水中。

为什么你产生温水比实际的温度要更温暖和更冷的错觉?答案是适应。你既感受到适应冷的左手上的温暖,也感受到适应热的右手上的冰冷。这说明我们对刺激的感觉与我们已经适应的刺激和新刺激之间的差别相关。

记一记——感觉的过程

1. 觉察到视觉、听觉和另外感觉刺激并将它们传输到大脑的过程被称为_____。

2. 有50%的概率你几乎不能感觉到刺激的刺激水平被称为_____阈限。

3. _____在感觉器官和大脑之间传递感觉信息。

4. 感觉刺激被转换为神经冲动的过程被称为_____。

5. 每一天,当杰西卡去咖啡屋工作时,她闻到现煮咖啡的浓郁味道。过了几分钟后,她再也感受不到那味道。被称为_____的现象可以解释杰西卡的经历。

答案:1.感觉 2.绝对 3.感受器 4.换能 5.感觉适应

视觉

你认为你的感官哪一个最有价值?如果你同大多数人一样,那么你会认为你的视觉比其他感觉体验更有价值。所以视觉是所有感觉中被研究最多的,这一点也不奇怪。视觉研究者已知我们眼睛仅仅只能接收感官世界信息的一部分。我们的眼睛只能对可见的光波作出反应,可见的光波是电磁波的一部分,称为**可见光谱**(visible spectrum)(见图3.2)。我们可见的最短光波是紫色,而最长的可见光是红色。但是视力不仅仅是对光作出反应。

可见光谱 人的视觉可以感受到的电磁波谱中一段很窄的波长范围。

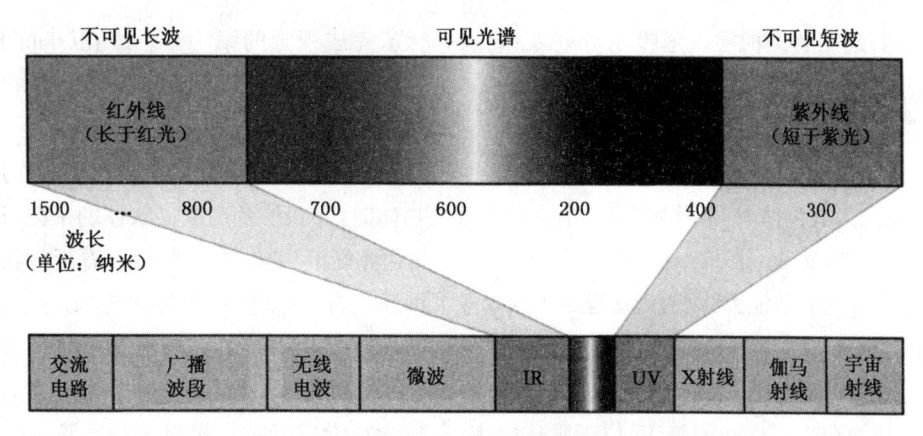

图 3.2 电磁波谱 人眼只能接收电磁波非常窄的一段,即所说的可见光谱。

3.3 眼睛的各部位在视觉中起什么作用?

眼睛

图 3.3 中显示的圆形人眼球直径大约 1 英寸。它是自然的真正奇迹之一。

角膜
屈折光线的透明覆盖物

瞳孔
允许光线进入的小孔

虹膜
控制瞳孔的有色部分

视网膜
包含感受器的组织

视网膜动脉与静脉

视杆细胞

视锥细胞

晶状体
位于虹膜后的透明组织,可以聚焦图像

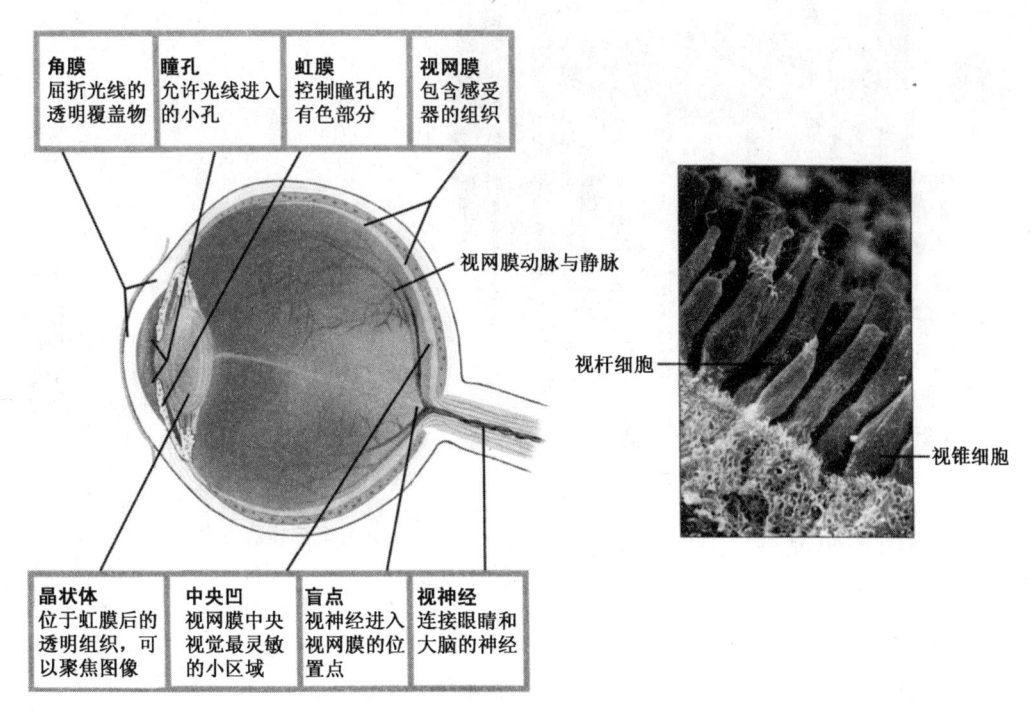

中央凹
视网膜中央视觉最灵敏的小区域

盲点
视神经进入视网膜的位置点

视神经
连接眼睛和大脑的神经

图 3.3 人眼的主要结构

角膜,虹膜,瞳孔和晶状体。凸起的眼睛表面是**角膜**(cornea)——位于眼球前壁的一

> **角膜** 位于眼球前壁的一层透明保护层,可以屈折进入瞳孔的光线。

层坚韧、透明的保护层。角膜屈折进入瞳孔的光线，完成视觉的第一步。**瞳孔**（pupil）是位于虹膜中心的开口，光线通过它进入眼睛。虹膜是眼睛的彩色部分。**虹膜**（iris）使得瞳孔扩张和收缩以调节进入眼球的光线量。

晶状体（lens）位于虹膜和瞳孔之后，是一个双凸面透明组织。晶状体起着聚焦作用。当它聚焦远处物体时，晶状体变平；当它聚焦近处物体时，晶状体变凸。晶状体的平凸行为被称为**调节**（accommodation）。随着年龄的增长，晶状体渐渐硬化，丧失弹性。看近的物体时，晶状体的调节能力降低，无法准确地聚焦于视网膜上，这一状况称之为老花眼。这就是为什么超过40岁的人必须把书或报纸放在一臂的距离或者使用老花镜来放大印刷的字。

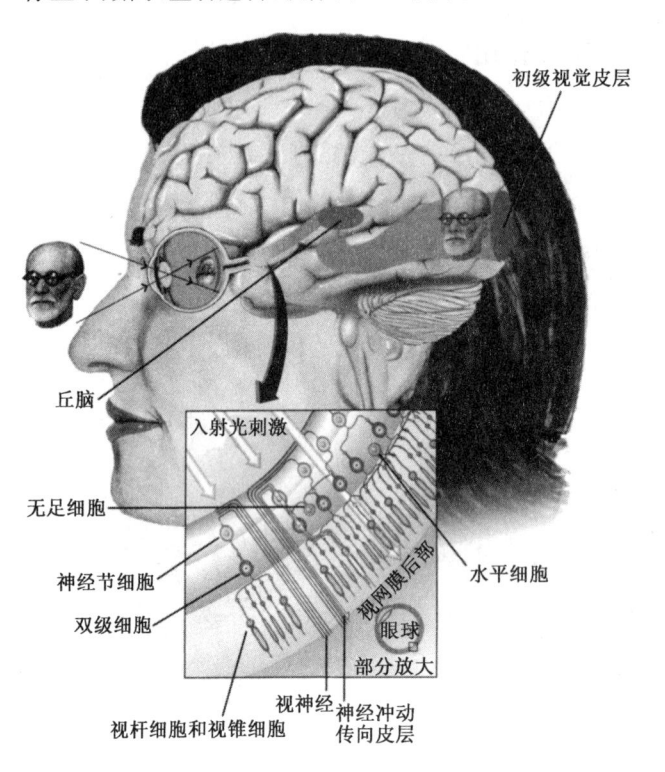

从晶状体到视网膜。晶状体将输入图像聚焦到**视网膜**（retina）——一层和小邮票一样大、像洋葱皮一样薄的组织，位于眼球内表面，包含视觉感受器。投射于视网膜上的图像上下颠倒、左右逆转，就像图3.4中所示。

图3.4 从视网膜成像到形成有意义的信息 因为晶状体改变光线以产生清晰图像的方式，图像在视网膜上是上下颠倒的。大脑的视觉处理系统采用颠倒的视网膜图像并将其翻转，使我们看到正确的图像。

> **瞳孔** 眼球有色部分中心的小开口。
> **虹膜** 眼睛的彩色部分，虹膜使得瞳孔扩张和收缩以调节进入眼球的光线量。
> **晶状体** 位于虹膜和瞳孔之后的双凸面透明组织。可以通过改变形状对位于不同距离的物体进行聚焦。
> **调节** 当晶状体将物体图像聚焦到视网膜时所产生的平凸行为。
> **视网膜** 位于眼球内表面、包含视觉感受器的一层组织。

在部分人中,通过眼球的距离(从晶状体到视网膜)对正常聚焦来说太长或太短。当晶状体将远处物体聚焦到视网膜的前面,而不是视网膜上,这时会发生近视。有这种情况的人看近处物体清晰,而看远处物体模糊。当晶状体将远处物体聚焦到视网膜的后面,会发生远视。这种个体看远处物体清晰而看近处物体模糊。这两种情况均可通过戴眼镜、角膜接触镜或外科手术矫正。

探索正常视力、近视和远视 www.mypsychlab.com

视杆细胞和视锥细胞。视网膜后面是一层光感受器细胞——**视杆细胞**(rods)和**视锥细胞**(cones)。由它们的形状所命名,视杆细胞看起来像细长圆柱,视锥细胞相对更短以及更圆。在视网膜上大约有1亿2 000万视杆细胞和600万视锥细胞。视锥细胞是使我们在充足光线下能看到颜色和细节的受体细胞,但是它们在非常昏暗的光线下不起作用。相反的是,人眼中的视杆细胞极其敏感,能感受弱光(Hecht et al.,1942)。

视杆细胞中一种被称为视紫质的物质使我们能够适应光线的变化。视紫质有两个组成部分:视蛋白和视黄醛(一种类似于维生素A的化学物质)。当明亮光线下明适应发生时,视蛋白和视黄醛分解。在暗适应时,视蛋白和视黄醛相互结合,重新生成视紫质。当你从明亮处进入完全黑暗处,如当你进入黑暗的电影院里,你会短暂失明直到视蛋白和视黄醛重新合成。同样的,当你离开剧院,你会暂时失明直到这两样物质再一次分解。

视网膜中心是**中央凹**(fovea),一块跟句号差不多大小的区域。当你直视一个物体时,该物体的成像会直接在你的中央凹中心聚焦。中央凹没有视杆细胞但是有大约30 000个紧紧挤在一起的视锥细胞,在整个视网膜中提供最清晰和最灵敏的视觉区域。视锥细胞在中央凹中心最密集,中央凹以外急剧减少并在视网膜上逐级减少。

3.4 视觉信息采取什么通路从视网膜进入初级视觉皮层?

视觉和大脑

正如你在图3.4中看到的,大脑负责将上下颠倒的视网膜图像转化为有意义的视觉图像。但是神经加工的第一步通常发生在视网膜上。

从视网膜到大脑。光线到达视杆细胞和视锥细胞上的视觉感受器前,首先通过四层组织,每一层都包含特殊神经元——神经节细胞、轴突细胞、双极细胞和水平细胞——没

视杆细胞 能感受弱光的视网膜光感受器细胞。

视锥细胞 能使人在光线充足下看到色彩和细节,但对弱光不起反应的视网膜光感受器细胞。

中央凹 视网膜中心一小部分区域,拥有最密集的视锥细胞,能提供最清晰、最灵敏的视觉。

有哪一层能直接对光线做出反应(详见图 3.4)。当光线到达视觉感受器(视杆细胞和视锥细胞)时,感受器换能,即将它们转化为神经冲动。神经冲动发送给双极细胞、水平细胞和轴突细胞,并传递到神经节细胞。大约 100 万神经节细胞轴突形成铅笔大小的视束,穿过视网膜,离开眼睛并传入大脑。视神经穿过视网膜位置是没有视杆细胞和视锥细胞的,这一位置被称为**盲点**(blind spot)(请看**试一试**这一部分)。

试一试——视觉

若要找到你的盲点,请把本书拿到一臂远的距离。闭上右眼,直视魔术师的眼睛。现在慢慢将书移近,让你的眼始终注视魔术师。当兔子消失时,你会发现左眼的盲点。

观看关于盲点的视频 www.mypsychlab.com

通过每只眼的视网膜壁,视束成为**视神经**(optic nerve)(请看图 3.5)。视神经在视交叉处会合,视交叉是双侧视神经的会合点。每条视神经的轴突在视交叉处又分为两束,来自每一只眼睛的视网膜的视神经的一半仍然会传递到同侧,而从每一眼睛内侧而来的视神经会进入对侧大脑半球。这个互换很重要,因为它允许单眼中的视觉信息传递到大脑两个半球的初级视觉皮层。此外,它在深度知觉中发挥重要作用。但如果一只眼睛在生命早期视觉发展关键时期被遮盖并剥夺视觉,那么视觉皮层几乎完全不会对由那只眼发出的信号做出反应。(Fagiolini & Hensch, 2000)

视神经从视交叉向丘脑的外侧膝状体(lateral geniculate nuclei)延伸,在那里形成将冲动传递给初级视觉皮层的神经元突触。初级视觉皮层的四分之一用来精确分析来自中央凹的输入信息,正如你所回忆的,中央凹是视网膜中极小但是十分重要的部分。

初级视觉皮层。大卫·休布尔和托尔斯滕·维塞尔在 1982 年获得诺贝尔奖(Wiesel, 1959, 1979, 2005; Hubel, 1963, 1995)。因为他们的杰出贡献,我们知道大量关于**初级视觉皮层**(primary visual cortex)神经元的知识(回顾第 2 章中初级视觉皮层是大脑中处理视觉信息的部位)。通过将细小的微电极插入猫视觉皮层的单一细胞中,并呈现给猫不同的视觉刺激,休布尔和维塞尔得以发现细胞的变化。研究显示,每一个神经元

盲点 视神经穿过视网膜位置是没有视杆细胞和视锥细胞的,这一位置被称为盲点。

视神经 从视网膜将视觉信息传递到大脑两边的神经。

初级视觉皮层 处理视觉信息的大脑区域。

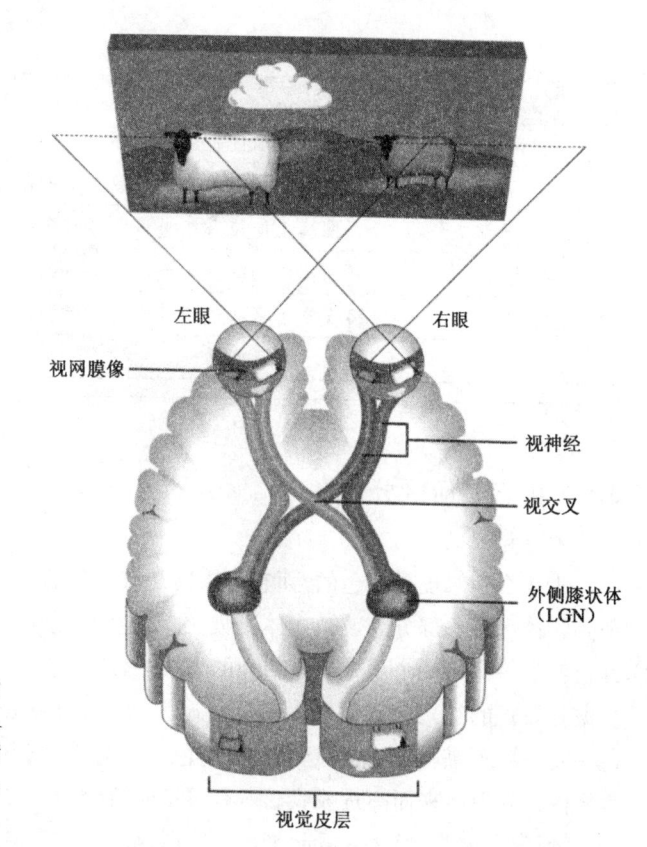

图 3.5 人类视觉系统的通路 该图说明了视觉输入进入视网膜后由光波传导转换为神经冲动的通路。来源：Gerrig & Zimbardo(2008)。

只对特定刺激做出反应。一些神经元只对线条和角度刺激作出反应，而一些只对水平或垂直线作出反应，还有一些只对直角或特殊长度的线条作出反应。这类神经元被称为**特征检测器**（feature detectors），它们一开始就被编码以作出独特反应。然而，我们看到的是整个图像而不是孤立特征的集合，这是因为当初级视觉皮层将上百万的视觉信息传送到大脑且在那里整合形成整体视觉图像时，视觉感知才完成(Self & Zeki, 2005)。

视觉系统的主要结构将在**复习**中总结。

复习——视觉系统的主要结构

结　构	功　能
角　膜	位于眼球前壁一层坚韧、透明的保护层。角膜屈折进入瞳孔的光线
虹　膜	眼球有色部分，调节穿过瞳孔进入眼睛的光线量
瞳　孔	位于虹膜中心的开口，光线通过它进入眼睛
晶状体	瞳孔后透明的盘状物，调节形状允许不同距离的物体聚焦

特征检测器 仅对特定视觉模式做出反应的大脑神经元（如直线或角度）。

(续表)

结 构	功 能
视网膜	眼睛内表面的一层组织,包含视觉感受器
视杆细胞	视网膜上对光线改变灵敏的感受器细胞
视锥细胞	视网膜上能使人在光线充足时看见细节和色彩的感受器细胞
中央凹	视网膜中心的小区域,富含视锥细胞,使直视对象清晰明确
视神经	将视觉信息从视网膜传递到大脑的神经
盲 点	视神经穿过视网膜且无视觉细胞的眼中区域

3.5 我们如何区分颜色?

色觉

为什么苹果皮是红色的,而它的果肉是灰白色的? 记住,我们所看到的是反射光。照射到物体上的一部分光波被物体所吸收,其他则反射出去。那么为什么苹果皮看起来是红色? 如果你将一个苹果放在明亮的光线中,所有不同波长的光波都会停在苹果上,而大量波长较长的红光会从苹果表皮反射出来,短波则被吸收,所以你只能看见被反射的红色。咬一口苹果,发现它看起来是灰白色的。为什么呢? 因为几乎所有的可见光都会从苹果内部反射出来而不是吸收。所有可见光波会给人接近白色的感觉。如果一个物体会100%反射可见光,那么它看起来就是纯白色。

我们日常的视觉体验远远超出彩虹的颜色。我们可以区分出数以千计的细微色差。是什么产生这些精细的色差? 研究者发现光的三种维度,可以结合在一起为我们体验世界提供丰富的颜色:(1)**色调**(hue),指特定颜色感知——如红、蓝或黄色;(2)**饱和度**(saturation),指颜色的纯度,当其他波长的光波混合在其中时,颜色就会变得不饱和或不纯;(3)**明度**(brightness),指对光的强度的描述。

色盲(color blindness)是指无法将某些颜色区分开来。约有8%的男性在辨别某些颜色上有困难,最常见的是区别红色和绿色(Mather,2006)。相比之下,不到1%的女性患有色盲(回顾第2章,色觉性别差异是由X染色体上的基因所解释)。

研究显示色盲有多种程度:它不是有或没有这么简单。为什么我们中一部分人更能区分颜色差异,例如当我们必须将黑色和深蓝色袜子分类时。这些差异与个体拥有的色觉基因数量相关。研究者发现,色觉正常的人,X染色体包含至少两个至多九个的色觉基因(Neitz & Neitz, 1995)。那些有更多色觉基因的人能更好地区分颜色。这些基因上的

> **色调** 特定颜色感知的维度。
> **饱和度** 颜色的纯度,或所产生的光波与其波长相同的程度。
> **明度** 对光的强度的描述。
> **色盲** 缺乏将某些颜色区分开来的能力。

差异导致视网膜上各种视锥细胞分配方式差异(Hofer et al., 2005)。

3.6 哪两种理论尝试解释色觉?

色觉理论

科学家知道视锥细胞负责色觉,但是它们是如何工作产生颜色信息呢? 有两个理论可以解释色觉,都是在能对其检测的实验室技术能力发展之前出现的。**三原色理论**(trichromatic theory),由托马斯·杨首先提出,50年后由赫尔曼·冯·赫尔姆霍兹修改。该理论指出,视网膜上有三种视锥细胞,并且每一种细胞只会对三种颜色之一——蓝色、绿色或红色产生最强的化学反应。1950至1960年期间,诺贝尔奖获得者乔治·沃尔德(Wald, 1964; Wald et al., 1954)主持的研究支持了三原色理论。沃尔德发现,即使所有的视锥细胞有相同的基础构造,但是视网膜确实包含三种视锥细胞。随后的研究表明,每一种视锥细胞对三种颜色的一种特别敏感——蓝色、绿色或红色(Roorda & Williams, 1999)。

另一种尝试解释色觉的主要理论是**拮抗理论**(opponent-process theory),由生理学家埃瓦尔德·赫林在1878年首次提出,并由研究者里昂·赫维奇和多西亚·贾米森在1957年修正。根据拮抗理论,当不同颜色出现时,三种细胞通过增加或减少放电率来反应。红对绿细胞,当红色出现时放电率增加,当绿色出现时放电率减少。黄对蓝细胞,当黄色出现时放电率增加,当蓝色出现时放电率减少。第三种细胞当白光出现时增加放电率,当光消失时减少放电率。

如果你看互补色中一种颜色足够长时间,再看白色的表面,你的大脑就会给你相反的色觉——负的**视觉后像**(afterimage),刺激停止后所保留下来的感觉印象。在你盯着互补色中一种颜色后(红/绿、黄/蓝、白/黑),对应这种颜色的细胞开始疲倦,而相对立的细胞就开始工作了,视觉后像产生。

但是哪一个颜色理论是正确的? 每个理论解释了不同的颜色处理阶段。现在普遍接受的是,视锥细胞按照三原色理论进行颜色加工。视锥细胞把波长的信息传递给神经节细胞,拮抗加工的位置。颜色知觉似乎涉及的不仅仅是这两个阶段。研究者认为,颜色过程开始于视网膜,通过双极细胞和神经节细胞,最后由视觉皮层的颜色检测器完成(Masland, 1996; Sokolov, 2000)。然而,单独的三原色理论不能完全解释色觉,因为视锥细胞在视网膜表面并不是均匀分布的。一些新理论,包括视觉肌肉运动方面,例如眼跳——一种几乎看不见的眼睛运动,会为研究者提供更综合的色觉理解(Wittenberg, Bremmer, & Wachlter, 2008)。

> **三原色理论** 该理论指出,视网膜上有三种视锥细胞,会对三种颜色中的一种颜色——红色、绿色或蓝色产生反应。
>
> **拮抗理论** 该理论指出,当不同颜色出现时,三种细胞通过增加或减少放电率来反应。
>
> **视觉后像** 刺激停止后所保留下来的感觉印象。

> 记一记——视觉
>
> 1. 将眼睛部位与描述相匹配。
>   _____（1）眼睛有色部位　　　　　　　　　　a. 视网膜
>   _____（2）虹膜扩张和收缩的开口　　　　　　b. 角膜
>   _____（3）虹膜的半透明覆盖物　　　　　　　c. 瞳孔
>   _____（4）视网膜上聚焦倒立图像的透明结构　d. 虹膜
>   _____（5）眼睛晶状体后聚焦倒影的薄、光敏感膜　e. 晶状体
> 2. 视网膜上的_____能使你看见昏暗的灯光。
> 3. 视网膜上的_____能使你看见色彩和细节。
> 4. 视神经将神经冲动从视网膜传递到_____，冲动被传导到_____。
>
> 答案：1.（1）d　（2）c　（3）b　（4）e　（5）a　2. 视杆细胞　3. 视锥细胞　4. 外侧膝状体　初级视觉皮层

听觉

令人恐惧的科幻电影《异形》第一次上映时，广告词是这样的："太空中，没有人能听见你的尖叫。"尽管电影是虚构的，但描述是正确的。光线可以穿过广阔无物的太空或真空，但是声音不能。在这一节中，你可以学到原因。

3.7　什么决定了声音的音高和响度？如何测量每一种特性？

声音

声音传播需要媒介，例如空气、水或固体物。这一事实由罗伯特·波义耳在1660年首次证明，他将细丝缠绕的环形怀表悬挂于一个设计特殊的广口瓶。当波义耳将广口瓶中的空气全部挤出时，他不能听见钟表的声音。当他将气体挤入广口瓶时，他又能听见钟表的声音。波义耳的发现对理解声音的本质迈出了第一步。通常来说，需要媒介是因为声音是一系列类似波的媒介中的替换分子的振动。

听觉系统和大脑处理声波的过程受到声波两大特征的影响。**频率**（frequency）是指一秒中声波完整循环的次数（见图3.6）。用来测量波频率或每秒循环次数的单位是赫兹（Hz）。音高——声音的高或低——主要由频率决定——频率越高（每秒循环越多），声音越响。人耳能听见20赫兹到20 000赫兹的声音频率。钢琴的最低音频率大约是28赫兹，最高音大约是4 214赫兹。很多哺乳动物例如狗、猫和老鼠能听到频率超过20 000赫兹的声音。令人惊奇的是，海豚可以对100 000赫兹频率的声音作出反应。

频率　一秒钟声波完整循环的次数，决定声音的音高，测量单位是赫兹。

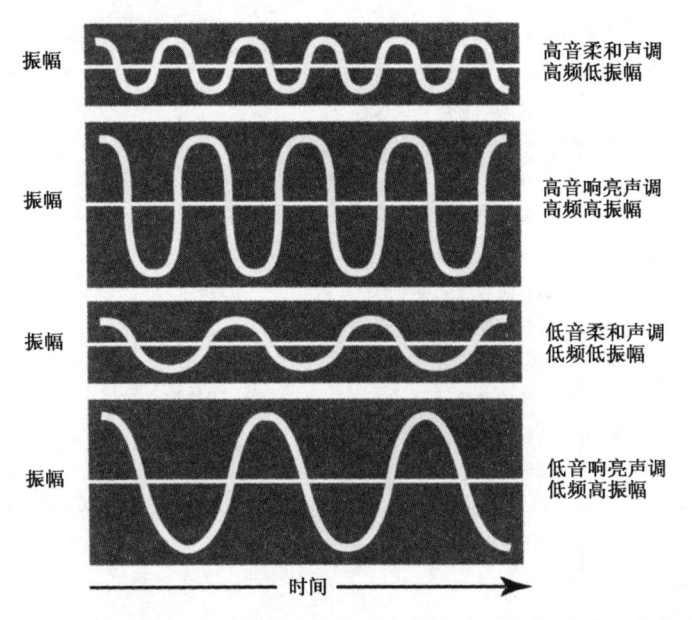

图 3.6　声波的频率和振幅　声波的频率指每秒完成的循环次数,决定了声音的音高。决定响度的是振幅——声波的能量或高度。

声音的响度由**振幅**(amplitude)决定。响度主要是由气体分子移动的力量或压力决定的,使用贝尔(bel)作为测量单位,由亚历山德拉·格拉汉姆·贝尔命名。因为贝尔是相当大的单位,声音水平由贝尔的十分之一或**分贝**(decibels,dB)表达。人能听见的界限被设置为 0 分贝,这并不意味着声音的缺失,而是在非常安静设定中能听见的最轻的声音。每 10 分贝的增加使得声音听起来响 10 倍。图 3.7 显示各种声音的相对的分贝水平。

探索声波的频率和振幅 www.mypsychlab.com

声音的另一个特征是**音色**(timbre),在同一音高和同一声音强度的情况下也能区分不同声音的特性。你是否曾想过为什么同一个音符在钢琴、吉他、小提琴乃至其他通过振动产生声音的三弦乐器上听起来都不同呢? 弦的特性——用于产生振动的技术和琴身——放大振幅一起产生每一个乐器独一无二的"嗓音"或音色。人的音色也很丰富,当我们不能看见别人的脸时,音色为我们提供辨别个体的方式。不同的乐器音色不同,不同的人声音色不同,因为大部分声音由多种不同频率组成而不是单一音高。那些频率的范围给予每一个乐器和每一个人声独一无二的声音。

> **振幅**　声音响度的测量;单位是分贝。
> **分贝(dB)**　声音响度的测量单位。
> **音色**　声音的独特品质,对同样音高和响度的声音的区分。

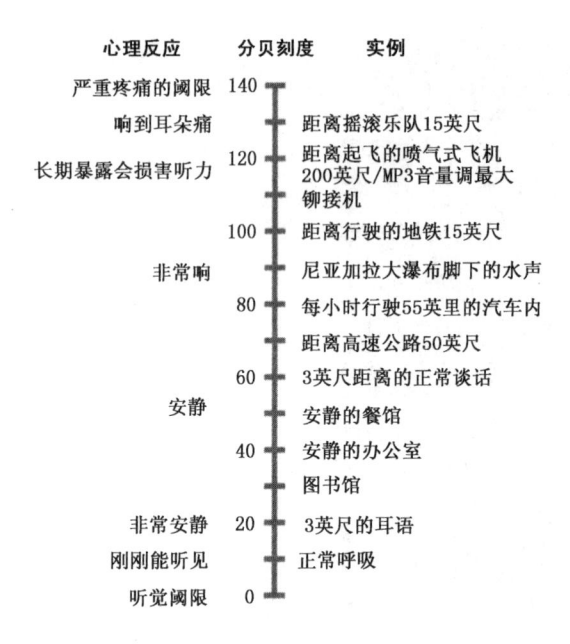

心理反应	分贝刻度	实例
严重疼痛的阈限	140	
响到耳朵痛		距离摇滚乐队15英尺
长期暴露会损害听力	120	距离起飞的喷气式飞机200英尺/MP3音量调最大铆接机
非常响	100	距离行驶的地铁15英尺尼亚加拉大瀑布脚下的水声
	80	每小时行驶55英里的汽车内距离高速公路50英尺
安静	60	3英尺距离的正常谈话安静的餐馆
	40	安静的办公室图书馆
非常安静	20	3英尺的耳语
刚刚能听见		正常呼吸
听觉阈限	0	

图 3.7　不同声音的分贝水平。声音响度(振幅)的测量单位是分贝。每增加 10 分贝声音响 10 倍。3 英尺距离的正常谈话大约是 60 分贝,是 20 分贝悄声细语的 10 000 倍响。任何 130 分贝或更高的声音会置人于直接的听力伤害风险,长期处于 90 分贝水平,也会造成听力丧失。

3.8　外耳、中耳和内耳在听觉中的功能如何?

耳

如果失去耳朵你还能听见声音吗？事实上,人身体中被称为耳的部位在**听觉**(audition)的感知过程和听力中只起到了次要的作用。所以,即使外部的耳朵被切掉,你的听力也很少受损。让我们看看耳朵中的每一部位对听力有何贡献。

耳郭,形状奇特、呈弧形片状、由软骨和皮肤所组成,是**外耳**(outer ear)中的可见部分(请看图 3.8)。耳朵的内部,耳道大约 1 英寸长,它的入口与头发相连。在耳道末端是耳鼓(或鼓膜),直径 1/3 英寸的柔韧薄膜。声波穿过并击打耳道,使鼓膜振动。鼓膜将这一振动从外耳传递到**中耳**(middle ear),包括人体中最小的三块骨——听小骨。以其形状命名,听小骨——锤骨、砧骨和镫骨——三者相连以便连接鼓膜和卵圆窗(见图3.8)。听小骨可以扩大声音大约 22 倍(Békésy, 1957)。**内耳**(inner ear)从前庭窝的内侧开始,到**耳蜗**(cochlea)——充满液体的螺旋状的骨室。当镫骨振动前庭窝时,耳蜗中的液体在听小骨中前后移动。在听小骨内部,与基底膜相连有大约 15 000 个被称为**毛细胞**(hair cells)的感受器,每一个毛细胞都有许多突出的根毛。根毛受耳蜗中液体运动而弯曲。如果毛

听觉	听力的感觉和加工。
外耳	耳朵可视部分,由耳郭和耳道组成。
中耳	该部分包括听小骨,联系鼓膜和卵圆窗并扩大声波。
内耳	耳朵最里面的部分。
耳蜗	内耳中充满液体的螺旋状骨室,包含基底膜和毛细胞(听觉感受器)。
毛细胞	耳蜗中与基底膜相连的听觉感受器。

细胞以一个原子的宽度的大小运动,那么就会产生神经冲动,神经冲动通过听神经传输到大脑。

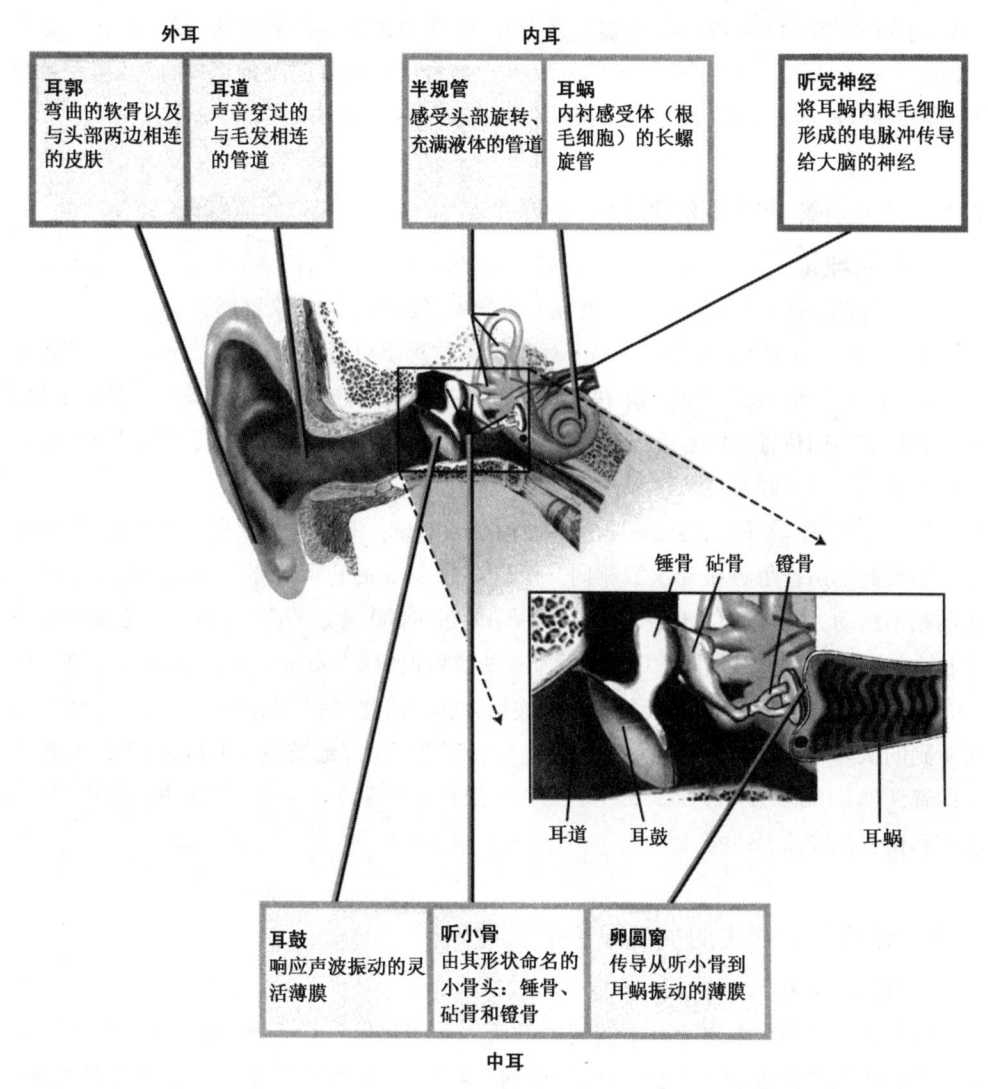

外耳

耳郭 弯曲的软骨以及与头部两边相连的皮肤

耳道 声音穿过的与毛发相连的管道

内耳

半规管 感受头部旋转、充满液体的管道

耳蜗 内衬感受体(根毛细胞)的长螺旋管

听觉神经 将耳蜗内根毛细胞形成的电脉冲传导给大脑的神经

锤骨　砧骨　镫骨

耳道　耳鼓　　　　　耳蜗

耳鼓 响应声波振动的灵活薄膜

听小骨 由其形状命名的小骨头:锤骨、砧骨和镫骨

卵圆窗 传导从听小骨到耳蜗振动的薄膜

中耳

图 3.8　人耳的构造　声波穿过耳道进入鼓膜,致使中耳中的听小骨纤维振动。当镫骨推动前庭窝时,它启动内耳中的振动。它使得耳蜗中的液体前后移动并推动毛细胞,通过听神经向大脑传输信息。

探索耳朵的主要结构 www.mypsychlab.com

并不只有耳朵会产生听觉。我们可以通过骨传导(面部和头骨骨头的振动)也听到一些声音。当你敲击你的牙齿或吃易碎食物时,你主要通过骨传导听到这些声音。如果你曾听过你自己声音的录音,你会认为这听起来奇怪。这是因为录音不是你讲话时从骨传导中听到的声音的复制,所以你听到的声音就像是别人的声音一样。

头部两侧各有一耳,能帮助你决定声音传来的方向(Konishi, 1993)。除非声音是直接从你的上面、下面、前面或后面传来,否则它到达一只耳朵比到达另一只耳朵的速度要快(Spitzer & Semple, 1991)。大脑能区分0.000 1秒的差异并解释它,指出声音的方向(Rosenzweig, 1961)。声音来源可能也取决于声音到达两耳强度的区别,以及声音被检测到的时间(Kopinska & Harris, 2003; Middlebrooks & Green, 1991)。

3.9 试图来解释听觉的两种主要理论是什么?

听觉理论

耳的各部分如何一起工作产生听觉?科学家提出两个理论来解释听觉。

在19世纪60年代,赫尔曼·冯·赫尔姆霍兹提出**位置理论**(place theory)。该理论指出,一个人听到的每一个音调取决于基底膜上振幅最大的具体位置。观察活体基底膜,研究者核实不同位置的确是根据不同音调进行振动的(Ruggero, 1992)。即使如此,位置理论似乎只适用于频率在150赫兹之上的声音。

另一个尝试解释听觉的理论是**频率理论**(frequency theory)。根据这个理论,毛细胞与传递到此的声音每秒振动次数相同。所以,500赫兹的音调刺激毛细胞也以每秒500次的频率震动。然而,频率理论不能解释频率超过1 000赫兹的声音,因为与毛细胞相连的独立神经元不能每秒放电1 000次以上。所以,即使感受器随着声波音调升高快速振动,感知音调的必要信息也不能如实地传递给大脑。因此,频率理论似乎能较好解释我们所听到的低频率声音(500赫兹以下),但是位置理论能更好地描述所听到的1 000赫兹以上的音调(Matlin & Foley, 1997)。当我们听到频率在500至1 000赫兹中间的声音时,频率和位置都涉及。

3.10 导致听力丧失的主要原因有哪些?

听力丧失

你是否知道每个个体都有不同程度的听力丧失风险?在美国,每一千个婴儿中就有一个是先天性重度的听力丧失,而原因通常是出生环境(尤其是早产或出生时缺氧)或遗传因素(CDC, 2003b)。有些儿童患有相对轻度的听觉丧失,这些部分是由于出生后的疾病或暴露在极强噪声的情况下导致的。听觉丧失也影响着40%的美国老年人(Hidalgo et al., 2009)。各种程度不一的听觉丧失,这之中有些是可治愈或完全可预防的。

传导性听力丧失或传导性耳聋通常是由疾病或鼓膜受损或中耳的骨头受损所造

位置理论 该听觉理论指出,一个人听到的每一个音调取决于基底膜上振幅最大的具体位置。

频率理论 该听觉理论指出,毛细胞感受器与传到此的声音每秒振动次数相同。

成，它阻止声波传递到耳蜗。几乎所有的传导性听觉缺失可被药物或手术修复。当然在少数案例中，个体需要配备助听器，助听器绕开中耳使用骨传导向耳蜗发送声音振动。

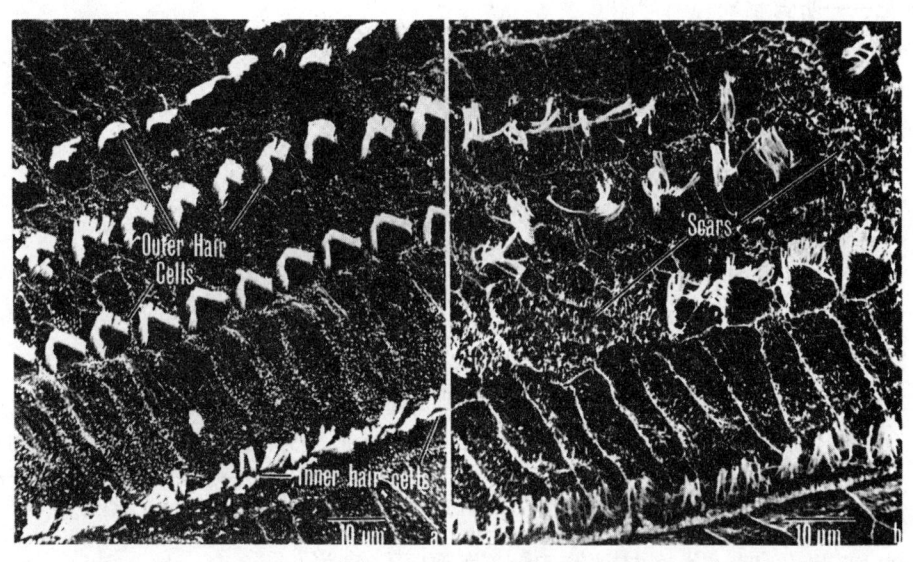

▲左图显示耳蜗中未受损的毛细胞。右图显示极强噪声如何破坏脆弱的毛细胞。

大多数听觉丧失的成年人患有神经性听力损失，涉及耳蜗或听神经损失。耳蜗内大量脆弱的、将声波转化为神经冲动的毛细胞会被伤害或损坏。如果损害不是很严重，那么便利的助听器会减少该类听觉丧失的影响（Korczak，Kurtzberg，& Stapells，2005）。即使个体完全耳聋，耳蜗移植可能帮助修复神经性听力丧失。但是如果联系耳蜗和大脑的听神经损失，那么助听器和移植是没有帮助的；在这些情况下，通常是听力完全丧失。

老年人中许多听力丧失的原因是长期暴露于极强噪声环境下而不是年龄增长（Rabinowitz，2000）。跨文化研究支持噪声是与年龄相关的听力丧失的一个因素。非洲苏丹部落文化中的老年人似乎不会因为年龄而丧失听觉。事实上，当部落成员接受听力测试时，一些80岁的老年人听力水平与工业化国家20岁的人一样好。他们以灵敏的听力为荣，而一个重要的部落传统是从不提高嗓门。即使是部落节日和庆典也是很安静的，特色舞蹈和庆生唱歌都是由弦乐器而不是鼓伴奏的（Bennett，1990）。

噪声诱发的听力丧失不只是老年人的问题。在工作场所，政府部门会对工作时的噪声音量进行控制，因为噪声对听力造成永久伤害的可能性是很大的。在美国，职业卫生和安全行政部门需要雇主在超过90分贝的工作环境中提供耳朵保护（Noise Pollution Council，2003）。儿童如果玩可以发出超过90分贝声音的玩具，其听力会受损，正如你所怀疑的，烟火也有可能损伤任何人的听觉。此外，部分演唱会中的分贝水平超过临界水平也可能导致听力损伤。此外，当一个人一直戴着能调响MP3或CD机音量的耳机或耳塞,也会增加其听觉丧失的风险。出于这些原因,医生指出,大量听力丧失案例通过管理个人所听到的噪声程度是100%可预防的(Rabinowitz,2000)。

记一记——听觉

1. 声音的音高主要由_____决定。
2. 音量主要由_____决定。
3. 分贝是用来测量_____的单位。
4. 将耳朵的部位与其组成相匹配。
   _____(1) 外耳　　　　　　a. 听小骨
   _____(2) 中耳　　　　　　b. 耳郭、耳道
   _____(3) 内耳　　　　　　c. 耳蜗、毛细胞
5. 听觉感受器在_____里。
6. 两个解释听觉的主要理论是_____理论和_____理论。

答案:1. 频率　2. 振幅　3. 音量　4.(1) b　(2) a　(3) c　5. 耳蜗　6. 频率　位置

其他感觉:嗅觉、味觉、触觉和平衡觉

明显地,若没有视觉和听觉,我们的感觉体验就会受到很大的限制,但是化学感觉——嗅觉和味觉呢?皮肤中的感受器也为我们提供大量信息,包括我们愉快和伤痛的经验。感受我们位置的能力帮助我们保持平衡并从一个地方移动到另一个地方。

3.11　嗅觉信息从鼻子传到大脑的通路是什么?

嗅觉

如果突然失去嗅觉,你可能会想:"这并不糟糕。我不能闻到花或食物的气味,但是另一方面,我再也不用忍受生活中的恶臭气味。"但是你的嗅觉系统——与嗅觉有关的器官和大脑结构——有助于你生存。火灾发生前,若你闻到烟味,就能逃脱。当有毒气体或有害烟出现时,你的鼻子会向大脑传递气味警告。有味觉相助的嗅觉可以防止你摄入腐败食物或饮料。并且,信不信由你,每一个个体发出的由遗传决定的气味是独一无二的(Axel, 1995)。

嗅觉机制。你是否知道人类嗅觉系统能够闻出和区分10 000种不同的气味?**嗅觉**(olfaction),闻的感觉,是一种化学感觉。你不能闻到物质除非它的一些分子气化——从固体或液体状态转化为气体状态。加热可以加快分子气化的速度,这就是为什么煮过的食物比未煮过的食物气味更浓和更明显。当气体分子气化时,它们在空气中传播并从鼻

> **嗅觉**　对气味的感觉。

孔进入**嗅上皮**(olfactory epithelium)。嗅上皮由两块 1 平方英寸大小的组织组成,每个鼻腔的顶部各有一块;这些组织包含一千万左右的嗅觉神经元即嗅觉感受器。每一个神经元仅包含 1 000 种不同类型的气味感受器中的一种(Martin,2003)。因为人能闻到 1 000 多种气体,所以每一种感受器至少能对一种以上的气体分子做出反应。此外,一些气体分子会激活几种气味感受器(Axel,1995)。嗅觉刺激的强度——它多强或多弱——由同时被激发的嗅觉神经元的数量所决定的(Freeman,1991)。图 3.9 显示人类嗅觉系统的图解。

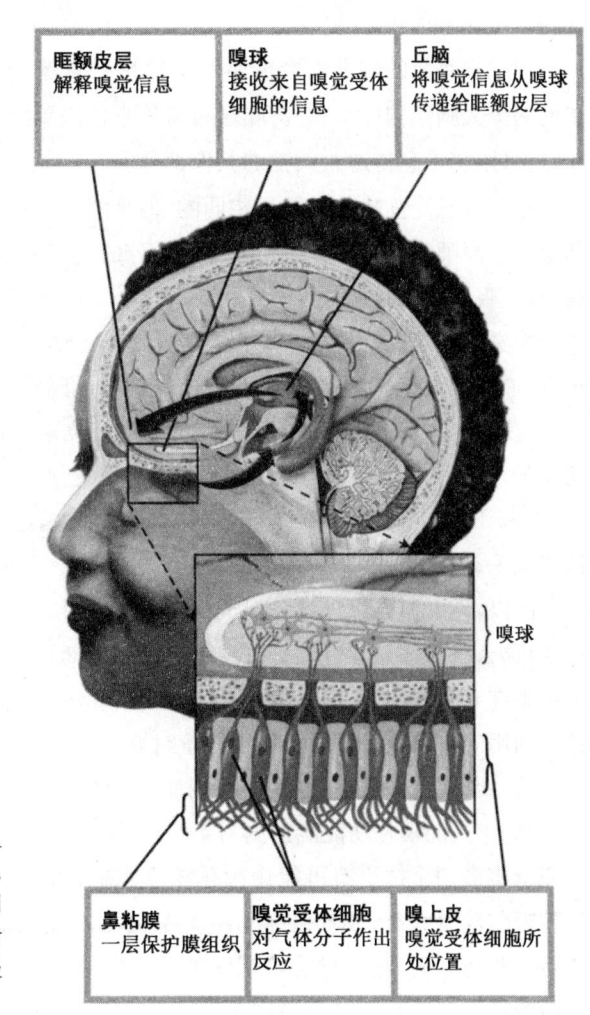

图 3.9 嗅觉系统 气体分子从鼻孔进入含有嗅觉感受器的嗅上皮。嗅觉感受器是一种特殊的神经元,它们的轴突构成了嗅觉神经。嗅觉神经传递嗅觉信息给嗅球,嗅球再将信息传递给丘脑、眶额皮层和大脑其他部分。

你是否想过为什么狗比人拥有更灵敏的嗅觉?狗不只有灵敏嗅觉,而且有些品种的狗的嗅上皮包含的神经元是人类嗅觉神经元的 20 倍(Engen,1982)。众所周知,狗不只使用气味来识别同类,也用气味来识别与它们共同生活的人类。人类也使用这种能

嗅上皮 两块 1 平方英寸大小的组织,每个鼻腔的顶部各有一块,这些组织包含一千万左右的嗅觉神经元即嗅觉感受器。

力。新生儿的母亲通过出生几小时后的气味来识别她们自己的孩子。但是人类能识别其他物种的气味吗——例如他们自己的宠物？答案是肯定的。当面对一块充满狗气味的毛毯时，89%的狗主人能轻易地通过气味识别他们自己的狗（Wells & Hepper, 2000）。

嗅觉神经元与其他感受器不同：它们直接与感觉刺激相连并将嗅觉信息直接传递给大脑。这些神经元的生命周期很短；在发挥功能一个月至一年后，它们会死亡并被新细胞代替（Bensafi et al., 2004）。

嗅觉神经元的轴突直接传递嗅觉信息给**嗅球**（olfactory bulbs）——鼻腔上方火柴形状的两个大脑结构（图3.9）。嗅球再将信息传递到丘脑和眶额皮层，眶额皮层可以区分气味，还可以将信息传递给大脑的其他部分。

每个人感受气味的过程是相同的，但是感受气味的灵敏度却是不同的。例如，香水师和威士忌酒师能区分那些平常人不能区分的气味的微妙变化。年轻人比老年人对气味更灵敏，不吸烟者比吸烟者更敏感（Boyce & Shone, 2006；Danielides et al., 2009）。

嗅觉和记忆。特殊气味是否能触发你的记忆？法国小说家马塞尔·普鲁斯特在他的小说《追忆逝水年华》中讲述了主人公仅仅通过闻浸在茶杯中的"小马德林"（小蛋糕或曲奇）来获得他所有童年的回忆。但是有没有证据来支持这个观点？事实上，有关人类嗅觉功能的大脑成像研究显示，嗅觉、情绪和记忆之间已经建立了关键联系（Hertz, 2004；Pause & Krauel, 2000；Zald & Pardo, 2000）。有趣的是，与嗅觉相关的记忆的大脑编码系统似乎忽略了涉及众多其他种类记忆的结构——海马体（Kaut et al., 2003）。

所以，你可能会想，如果我学习时洒了一滴独特的香水，然后在考试前又使用相同的香水，那么我对信息的记忆是否会更好？有可能，但你应该意识到，联系气味与记忆的能力似乎在6至10岁之间达到顶峰（Chu & Downes, 2000）。所以，像普鲁斯特书中主人公这样利用气味加强记忆最适用于儿童时期。

另一个有关气味—记忆的困惑来自测试阿尔茨海默病患者的嗅觉的研究。研究者发现，中老年人的嗅觉功能能预测与年龄相关的记忆问题（Devanand et al., 2008）。那些嗅觉完全丧失的个体更有可能患阿尔茨海默病。回顾第1章中的有关问题，嗅觉缺陷会导致阿尔茨海默病，或者提高老年人嗅觉能力或阻止嗅觉功能丧失会帮助他们免于患上阿尔茨海默病，这些想法是错误的。然而，这些研究至少显示，对老年人嗅觉功能进行检测能有效地在个体出现阿尔茨海默病状之前，就将那些易患阿尔茨海默病的个体鉴别出来。

信息素。许多动物分泌的化学物质称为**信息素**（pheromones），它们能有效影响同一

嗅球 鼻腔上两个火柴头大小的结构，大脑中首先获得嗅觉刺激的器官。

信息素 由人和其他动物分泌的化学物质，能有效影响同一物种其他成员的行为。

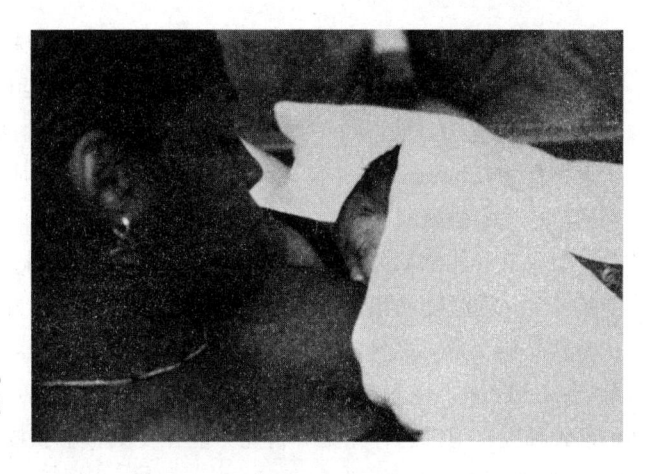

▶每个人都有其独一无二的气味。事实上,母亲和自己的新生儿能在出生几小时内识别对方的气味。

物种其他成员的行为。例如,蚁后会发出气味以标识其从属蚁巢的所有成员(Vander Meer & Alonso, 2002)。动物也利用信息素来标记领土和性感受性信号。发情的雌性小鼠会不可抗拒地对雄性小鼠阴茎上腺体分泌的信息素作出反应;而同样的信息素会激怒另一只雄性小鼠。更高等的哺乳动物如猴子也能在它们的性行为中使用信息素。在有些动物中,信息素用于为反捕食行为如躲避的线索(Kiyokawa et al., 2006; Sullivan, Maerz & Madison, 2002)。

人类也产生信息素并对此作出反应。在一项研究中,研究者对 66 位年轻男性的唾液进行了分析,这 66 位年轻男性使用过交配信息素的吸入器,交配信息素是一种发现于女性阴道分泌物的信息素(Holden, 1996)。分泌物分别在月经周期的三个不同时间获得,但是唯一导致男子睾丸激素水平上升的分泌物是在排卵期获取的。男性下意识地认识到,处于排卵期的女性最有可能生育。在另一项有趣的研究中,研究人员随机在等候室的椅子上喷洒男性信息素。当研究被试进入该房间时,研究者注意到,男同性恋者和女异性恋者(基于自述的性取向)更有可能选择被喷洒过的而不是未被喷洒过的椅子(Pause, 2004)。研究还显示,处于男性信息素环境下的男性比在平时没有这些物质影响的环境下更显示出对男性杂志的兴趣(Ebster & Kirk-Smith, 2005)。此类研究表明,信息素可能在维持性别角色认同和性吸引力中发挥某种作用。

3.12 什么是基本味觉以及如何检测它们?

味觉

你觉得你会享受没有新鲜烤面包、脆皮炸鸡或巧克力冰淇淋的生活么?当然,即使没有味觉,你还能感受到放入嘴中食物的质地和温度。你可能会惊讶地发现,许多你认为是由味觉产生的快感实际上是嗅觉产生的,这是因为当你在咀嚼和吞咽时,气味分子通过舌头、双颊和喉咙的行动进入鼻腔。所以,没有了味觉,你的嗅觉还能为你提供一些味觉感受。当然,如果完全无法体验喜爱的食物味道,那么生活毫无疑问会缺少乐趣。

五种基本味觉。心理学教材长期以来一直坚持,**味觉**(gustation),尝起来的感觉,包含可区分的四种:甜、酸、咸和苦。这是真的。但是最近研究表明,人类有第五种味觉感受(Herness, 2000),即鲜味;一种由谷氨酸所激发的感觉,谷氨酸以味精的形式被广泛使用于亚洲食物(Matsunami et al., 2000)。许多富含蛋白质的食物例如肉、牛奶、成熟的干酪和海鲜也含有谷氨酸。

所有五种味觉都可在舌头的相应位置上被检测到。事实上,一个人即使没有舌头也能感受到一定程度的味道,因为在下唇瓣、脸颊和嘴唇黏液、喉咙部分包括扁桃体中也有味觉感受器。当味道混合时,每一种味道的特别感受器就被激活并分别将信息传输到大脑(Frank et al., 2003; Sugita & Shiba, 2005)。换句话说,你的大脑分别接收酸甜酱汁中的两种独立味道。这种味觉分析能力能在受其他愉快味道掩盖时,阻止你吃变质或有毒的食物。

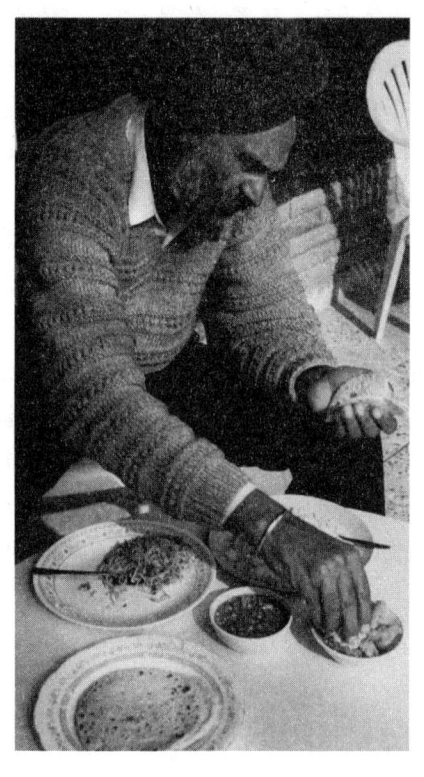

◀当感冒干扰你的嗅觉能力时,你也不能品尝味道,即使是辣的食物。

味觉感受器。如果你看镜子中的舌头,你会看到许多被称为舌乳头的小凸起。有四种不同的乳头类型,其中三种两侧有**味蕾**(taste buds)(见图 3.10)。每个味蕾含有 60 至 100 个感受器细胞。但是味觉感受器寿命非常短暂——只有 10 天——并且它们会不断地被取代。

> **味觉** 对味道的感觉。
> **味蕾** 许多舌乳头中的结构,含有 60 至 100 个味觉感受细胞。

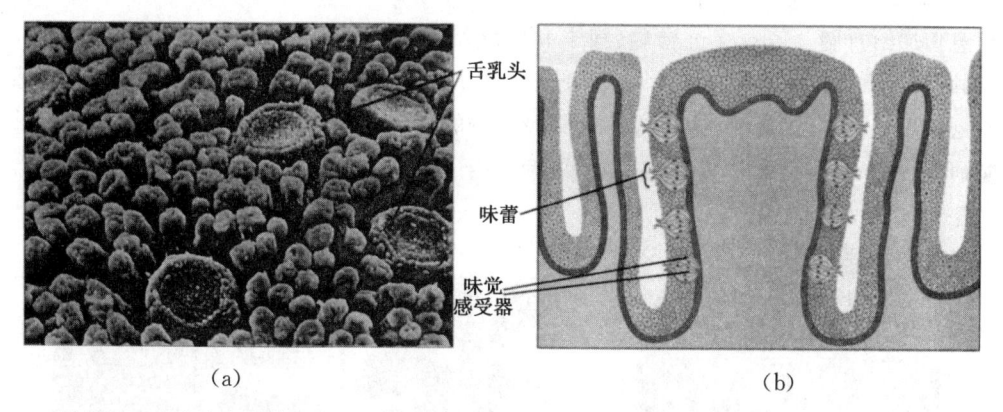

图 3.10 舌乳头和味蕾 (a)舌头表面的显微镜照显示了一些舌乳头。(b)通过乳头的垂直剖面揭示了味蕾和味觉感受器的位置。

味觉的敏感性。 研究显示,基于对甜和苦的味觉敏感度,人们可被分为三种:味盲、中等味觉者和极度灵敏者(Yackinous & Guinard,2002)。味盲不能确切品尝出甜和苦的化合物,但是他们能尝出其他物质,即使他们缺少敏感度。极度灵敏者远远超过其他人能够尝出甜和苦的混合物。研究者正在研究味觉灵敏度、饮食行为及健康状况和肥胖之间的联系(Tepper,2008)。例如,对水果和蔬菜中的苦味化学物质极其敏感的极度灵敏者比中等味觉者和味盲更少吃沙拉(Yackinous & Guinard,2002)。因此,极度灵敏者比中等味觉者和味盲更不易超重。事实上,在那些从未通过刻意节食来减肥的个体中,苦味的极度灵敏者比中等味觉者或味盲身体脂肪更少(Tepper & Ullrich,2002)。所以虽然研究者知道味觉敏感性与食物偏好相关,但是他们仍不清楚这些偏好如何与营养状况相联系。

3.13 皮肤如何提供感觉信息?

触觉

触觉有多重要? 20 世纪 80 年代中期的经典研究证明,一天接受三次 15 分钟按摩的早产儿比只接受定期重症监护治疗的早产儿体重增长速度快 47%(Field et al.,1986)。按摩过的婴儿反应更迅速,且比未按摩过的婴儿平均早 6 天左右出院。所以,触觉不只是生活中更舒适的方面,对我们的生存也是至关重要的。对成人和新生儿同样重要。例如,你可能会感觉到有毒蜘蛛爬上了你的手臂,在它造成致命叮咬之前就拂去它。另一种皮肤感受——疼痛——也很重要,正如你在本节将学的,它可以作为许多潜在致命条件的预警。

你的天然衣服——皮肤,是人体的最大器官。它具有许多重要的生物功能,同时也提供许多已知的快感。当一个对象触碰并按压皮肤时,**触觉**(tactile)信息被传送到大脑,并刺激一个或多个神经末梢中的不同受体。这些敏感的皮肤神经末梢通过神经连接将触觉

触觉 与触感有关的感觉。

信息传递给脊髓。信息穿过脊髓、脑干和中脑，最终到达体感皮层，如图3.11中所示。（回顾第2章，体感皮层是顶叶前负责登记触感、压迫、温度和伤痛的带状组织。）一旦体感皮层被激活，你可以意识到哪里被触碰以及触碰的程度。在19世纪90年代，最突出的触觉研究者之一，马克思·冯·弗雷发现了两点阈——能分辨皮肤上两点刺激的最小距离。

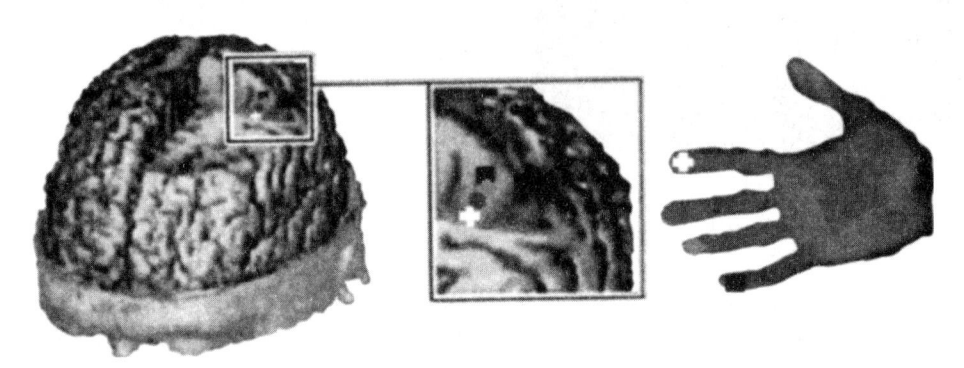

图3.11 触觉和大脑 MRI和MEG的彩色图像显示，右手拇指和手指与左侧体感皮层有地图样连接。来源：Rodolfo Linás, © NAS(1993)。

如果你可以从最外层皮肤检查到最深层皮肤，你会发现各种外观明显不同的神经末梢。大部分甚至所有这些神经末梢在某种程度上都可以对所有不同类型的触觉刺激作出反应。身体表面感受器集合越多，该部分对触觉刺激就越灵敏。

3.14 疼痛的功能是什么，疼痛如何受心理因素、文化和内啡肽的影响？
痛觉

尽管触觉传递了大量快感，但是它也带来了痛觉。它可以刺激人们注意身体损伤，限制活动和寻找医疗帮助。疼痛也教育我们未来要避免造成疼痛的情况。当然，疼痛也能干扰我们的活动。美国35%的人报告，持续性疼痛是他们日常生活中的一个问题（Singh, Patel, & Gallagher, 2005）。然而，真正的慢性疼痛——持续三个月或更长时间，并且在它失效后还能继续很长时间的疼痛——折磨着美国大约14%的成年人（Hardt, Jacobsen, Goldberg, Nickel, & Buchwald, 2008）。慢性疼痛的三种主要类型是腰背痛、头痛和关节疼痛。对其受害者来说，慢性疼痛就像是没有人可以关闭的火灾报警。

科学家并不确定疼痛是如何工作的，但是罗纳德·梅尔扎克和帕特里克·沃尔提出的**门控理论**（gate-control theory）是尝试解释该问题的一个主要理论（Melzack & Wall, 1965, 1983）。研究人员认为，在脊髓内有一个像门一样的区域，可以阻止疼痛信息或将它们传输给大脑。一次只有一定的信息能通过门。当疼痛信息由小而缓慢处理的神经纤维携带到门口并促使它打开时，你感到疼痛。携带身体的其他感官信息的大而快速处理的神经纤维可以有效地占用门口交通，以至于它会关闭阻止大量疼痛信息通过。当你用锤子

门控理论 指脊髓内的一些区域像门一样，能切断和阻止一些痛觉信号进入大脑。

不小心砸到你的脚趾或手指时,你首先会做什么? 如果你用手轻揉你受伤的部位,大而能快速传导的神经纤维就被激活,它们首先将信息传递脊髓门并阻止由较慢神经纤维传递而来的疼痛信息。对受伤区域使用冰、热敷或电刺激也能刺激大神经纤维并关闭脊髓门。

门控理论也解释心理因素,包括认知和情绪,能影响疼痛知觉的事实(Dickenson,2002)。梅尔扎克和沃尔(1965,1983)指出,从大脑到脊髓的信息能抑制脊髓门的疼痛信息传输从而影响疼痛的知觉。这解释了为什么有些人在催眠状态下手术却感受不到疼痛。它也解释了为什么战争中受伤的军人或比赛中受伤的运动员会转移注意力以至于受伤后一段时间里都没有感到疼痛。

心理和文化对疼痛体验的影响。正如你在图3.12中所见,慢性疼痛率在各文化中不同。为什么? 研究者没有一个统一的回答。然而,他们知道疼痛体验有生理和情绪成分,而且每一个人都不同。动物研究显示,当疼痛发生时,杏仁核细胞中的生化指标也发生改变,这一研究支持了疼痛与情绪是相联系的(Narita et al.,2006)。所以,疼痛专家区分了疼痛和痛苦——痛苦是对疼痛的情感或情绪回应。沙利文和其他人(2009)发现,当人们怀着消极想法并担心他们的幸福受潜在威胁时,感受到的疼痛水平更高。所以慢性疼痛的跨文化变量与人的情绪状态差异相联系。

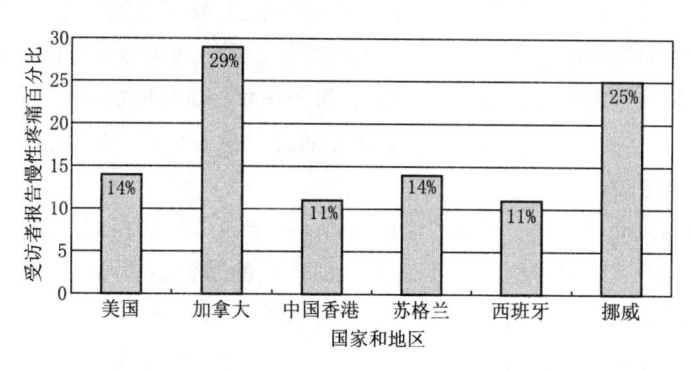

图3.12 慢性疼痛发病率中的跨文化变量 在各文化中慢性疼痛发病率是不同的。来源:Hardt et al. (2008); Breivik et al. (2006); Moulin et al. (2002); Ng et al. (2002); Smith et al. (2000)。

文化也影响疼痛体验的方式和对其的表达。引用最多的关于痛苦和文化的研究来自兹波罗夫斯基(Zborowski,1952),他对纽约一家大型医院中意大利人、犹太人、爱尔兰人和本土的盎格鲁撒克逊人对疼痛的反应进行比较。在四组人中,犹太人和意大利人反应更情绪化,且疼痛表达更为强烈。

文化甚至影响分娩时疼痛的体验和其表达。中国珍视沉默,忍受分娩痛苦的中国妇女通常不会大声喊叫和表现出强烈的情绪反应,因为不希望自己和家人失态(Weber,1996)。与之形成鲜明对比的是巴基斯坦妇女,她们认为她们遭受的痛苦越大,对疼痛的反应越强烈,她们丈夫在接下来几周内就会越关心她们(Ahmad,1994)。

内啡肽。比其他医疗目的相比,美国人花更多的钱在消除疼痛上。在美国,超过20%

的成年人每周多次服用止痛药(Turunen et al., 2005)。他们之中有8%的人使用非处方止痛药。有8%的人每周多次使用处方止痛药。而将近5%的人按照相同的频率同时使用处方止痛药和非处方止痛药。身体自身会产生天然的止痛药，**内啡肽**(endorphins)，它能阻止疼痛并产生幸福感。当你受伤时，当你经历压力或极度疼痛时，当你笑、哭或运动时，内啡肽就释放出来。最近研究显示，针灸治疗过程中，内啡肽会释放，从而使个体能有效应对类似慢性腰疼等疾病的治疗(Cabýoglu, Ergene, & Tan, 2006)。

有些人以为他们服用了止痛药，体内就会释放内啡肽。而事实上，他们只是服用了作为安慰剂的糖衣片或注射生理盐水治疗(Zubietal et al., 2005)。成像研究证实，安慰剂导致与疼痛知觉相关的大脑部分区域活动减少(Price, Finniss, & Benedetti, 2008)。为什么？显而易见，当病人相信他们已经服用了止痛药，这种想法会刺激释放自身天然的止痛药，内啡肽。

3.15 动觉和前庭感官提供了哪类信息？

平衡和运动

到目前为止，你所学的感官为你提供了与你周围环境有关的有用信息。如果你能很好地看、听、闻、尝和感受触觉，但是自己的空间定位能力被打乱怎么办？例如，假如你不能感觉举起铁锤的高度以敲击钉子怎么办？你可能会用铁锤敲打你自己的头。如果你不能感受你是否站直或是向一侧倾斜，那你怎么避免摔跤？这样的话，当你经过墙角时你会永远撞向墙壁，幸运的是，动觉和前庭感官让你熟悉自身姿势，以及与你所处的物理环境相关的你的身体定位。

运动觉(kinesthetic sense)提供的信息包括：(1)全身部位的相对位置和(2)整个身体或其中某部分的活动。该信息由关节、韧带和肌肉中的感受器检测。其他感官提供身体位置和移动的附加信息。例如，正如你在本章开头所学的一样，当大脑丧失视觉信息时，运动感觉功能会变差。然而，即使没有视觉输入，它也能发挥功能。如果你尝试做一下平衡活动，你可能发现，你的身体通过提示你定期下抬你的脚与地面接触来保持平衡。所以，即使你不能持续地保持单腿平衡，你也不会完全摔倒。这是因为运动觉能使用其他感官的信息或特定的行动方式，来补偿缺少的感官信息。所以，我们在没有视觉反馈或有意识的努力下，也能保持控制身体。

前庭觉(vestibular sense)察觉活动并提供关于身体在空间内方位的信息。前庭感觉器官是位于内耳中的半规管和前庭。**半规管**(semicircular canals)感受头部转动，例如当你把头从一边转到另一边，或你旋转时(见图3.13和图3.8)。因为管道充满液体，头部任

内啡肽	人体自身天然的止痛药，能消除疼痛并产生幸福感。
运动觉	提供全身部位的相对位置和全身或部分位置移动的感官。
前庭觉	检测移动、提供身体空间定位信息的感官。
半规管	内耳中感受头部转动的三个充满液体的管道。

何方向的旋转运动使液体流经管状骨半规管。在管道内,移动的液体使毛细胞发生弯曲,毛细胞作为接收器将神经冲动传递到大脑。因为在不同位置平面有三个管道,所以给定方向的旋转会使一个管道内的毛细胞比其他两个中的毛细胞弯曲更多。

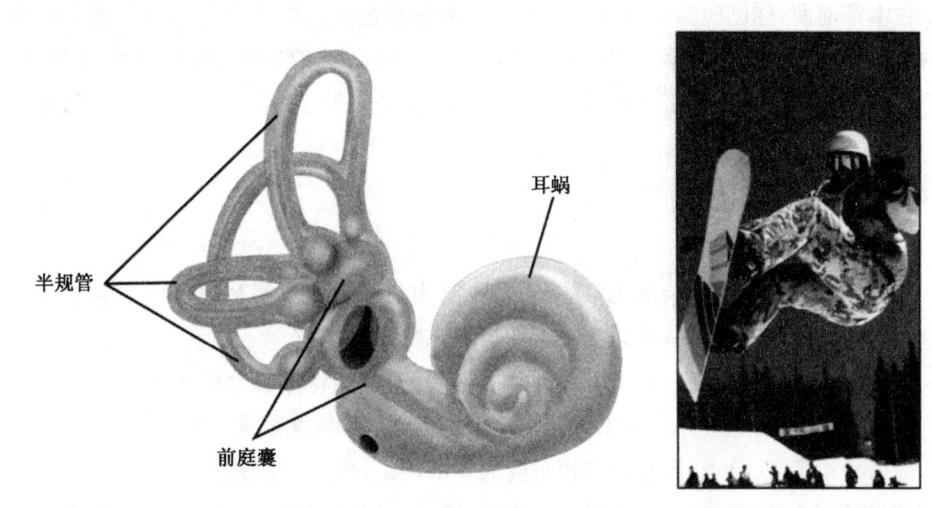

图 3.13 感觉平衡和移动　你能感受到头部朝任一方向转动,是因为移动使液体流经内耳中的管状骨半规管。移动的液体弯曲了毛细胞感受器,从而使其向大脑传输神经冲动。

半规管和前庭只有在运动或定位时信号改变。如果你被蒙住眼睛且没有视觉或其他外部线索,一旦你的速度达到一个恒定的速率,你将无法感受运动。例如,在飞机上,你能感受到飞机起飞和着陆,也能感受到任何速度上的突然改变。但是一旦飞机趋于稳定并保持相对恒定的航速,你的前庭器官就不能将你正在移动的信号传递给大脑,即使你正以每小时几百英里的速度移动。

记一记——其他感官:嗅觉、味觉、触觉和平衡觉

1. 嗅觉感受过程的专业术语是_____。
2. 嗅觉感受器位于_____。
3. 基本味觉是_____、_____、_____、_____和_____。
4. 每一个_____包含60至100个味觉感受器。
5. 解释触觉信息的大脑部分是_____。
6. 皮肤中的_____对所有的触觉刺激作出反应。
7. _____是人体天然产生的止痛药。
8. _____感官提供全身部位的相对位置的信息。
9. 前庭感觉器官位于内耳中的_____和_____。

答案:1. 嗅觉　2. 嗅上皮　3. 甜　咸　酸　苦　鲜(如谷氨酸)　4. 味蕾　5. 躯体感觉皮层　6. 神经末梢　7. 内啡肽　8. 运动感觉　9. 半规管　前庭

知觉原则

在本章前面,你已经知道为什么苹果看起来是红色的。但是为什么我们视苹果为球形的?以及我们如何区分苹果图片和真实事物——即二维事物和三维事物的区别?**知觉**是感官信息在大脑中积极组织和解释的过程。感觉是人类经验的原材料;知觉是成品。

3.16 知觉组织的原则是什么?

知觉组织

我们的知觉本质上是杂乱无章的,还是大脑为我们提供了解释感觉体验的原则?解决该问题的研究者发现了一些人类知觉的组织原则。

知觉组织格式塔原则。格式塔心理学家认为,人不能将经验分解为微小部分并分别分析,以此来理解知觉世界。当感觉元素汇聚一起时,新事物形成。即,整体大于部分之和。德语**格式塔**(Gestalt)没有确切相对应的英语词汇,但是它大致是指人感知的整个形式、图案或组合。格式塔心理学家指出,感觉经验是根据一定的知觉组织原则进行的:

● 图形—背景。当我们看世界时,一些事物(图形)通常似乎在背景(背景)中突出。图 3.14 中的图形—背景例子里,你可以在黑色背景中看到一个白色花瓶,或在白色的背景中看到两个黑色的侧脸。

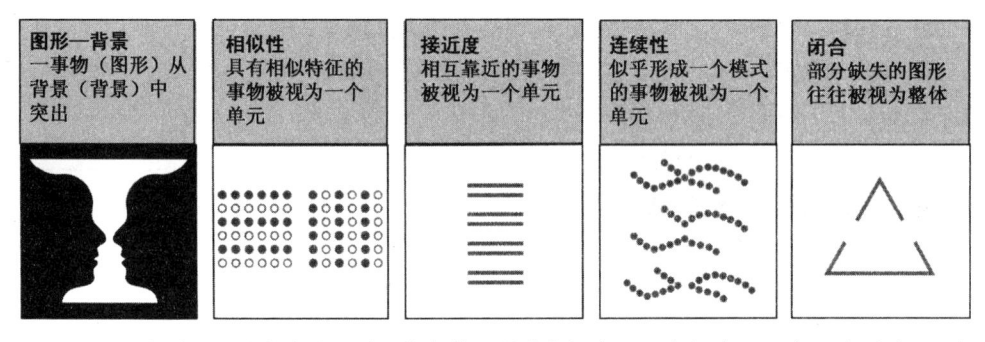

图形—背景 一事物(图形)从背景(背景)中突出	相似性 具有相似特征的事物被视为一个单元	接近度 相互靠近的事物被视为一个单元	连续性 似乎形成一个模式的事物被视为一个单元	闭合 部分缺失的图形往往被视为整体

图 3.14 知觉组织的格式塔原则 格式塔心理学家提出了几个知觉组织的原则,包括图形背景、相似性、接近度、连续性和闭合。

● 相似性。有相似特征的事物被视为一个单元。在图 3.14 中,相似颜色的圆点被视为整体,共同形成左图的水平行和右图的垂直列。

● 接近性。在空间或时间上接近的事物被视为整体。因为它们的间隔,图 3.14 中的线条被视为四对线而不是八条独立的线。

● 连续性。如果人或事物形成了一个连续的模式,我们往往视其为整体。就像图

格式塔 德语词汇,指人感知的整个形式、图案或组合。

3.14 中展示的那样。

- 闭合。我们能将有缺口的事物看成整体。即使图 3.14 中有些部分缺失了，我们仍然将它视为一个闭合的三角形。

模拟和分辨图形和背景的格式塔原则 www.mypsychlab.com

知觉恒常性。当你对朋友说再见并看着他们离开，他们投射在你视网膜上的图像越来越小直到他们在一定距离后消失。你的大脑如何知道他们始终是同一个尺寸？科学家称该现象为**知觉恒常性**（perceptual constancy）。由于知觉恒常性，当你看到一个人离开时，视网膜发送给大脑的信息（人在收缩的感觉）才不会愚弄知觉系统。随着事物或人的远离，你继续将他们知觉为同一个尺寸。这种知觉现象叫作大小恒常性。你不用从其视网膜图像大小来对事物做解释——事物投射在视网膜上的图像。如果你这样做了，你会认为事物靠近时它变大，而当它远离时它变小。

事物投射于视网膜上的形状或图像是根据观察角度而改变的。但是你的知觉能力包括形状恒常——当观察角度改变而使视网膜图像发生改变时，对物体的形状知觉仍趋向保持不变。换句话说，无论你观察角度如何改变，你仍将门视为矩形（见图 3.15）。

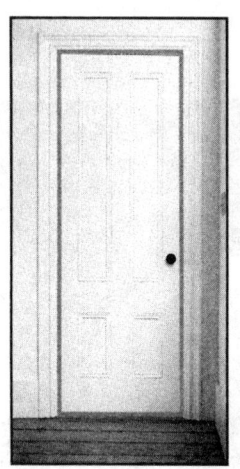

图 3.15 形状恒常 当你从不同角度看它时，门在你的视网膜上所投射的图像是不同的。但是因为形状恒常，你仍将门知觉为一个矩形。

改变亮度使物体反射的光量变化时，对物体的明度知觉仍趋向于保持不变——这种知觉现象被称为明度恒常性。几乎所有的物体都会反射照在它们上的部分光线，白色的事物比黑色的反射更多。然而，黑色的柏油马路在阳光充足的中午比晚上门内微弱光线

> **知觉恒常性** 当距离、看的角度和光线发生变化时，我们知觉事物的特性，如尺寸、形状、亮度保持稳定的现象。

中的白衬衫反射更多的光。尽管如此,马路看起来仍然是黑色的,衬衫仍然是白色的。为什么?因为我们知道在相同光线下同时比较物体与通过其他物体来推断物体的明度。

3.17 什么是双眼和单眼的深度线索?

深度知觉

深度知觉(depth perception)是感受三维视觉世界和精确判断距离的能力。我们判断物体或他人离我们的距离,我们无障碍地上下楼梯,以及完成许多其他活动都需要深度知觉。深度知觉是三维的。每一只眼只能提供二维实景。投射到视网膜上的图像不包含深度;它们是平面的,就像照片。那么我们是如何生动地感受深度的呢?

双眼深度线索。一些深度知觉的线索依赖于双眼共同工作。这些被称为**双眼深度线索**(binocular depth cues),他们包括辐合和双眼视差。辐合发生于眼睛聚焦近物时——事物越近,辐合越大。将你手指指尖放在距离鼻子 30.5 厘米的地方,然后盯着它。现在,慢慢开始向你的鼻子方向移动手指。当你的指尖碰到鼻尖时,你的视线会向内弯曲,最后交叉。许多心理学家相信,眼部肌肉汇聚传达信息的张力为大脑提供深度知觉线索。幸运的是,眼睛距离足够远,比如大约 6 厘米,可以使每个眼睛用不同的视角看同一个事物,结果形成不同的视网膜图像。被称为双眼视差的左右视网膜图像差异为深度知觉提供了重要线索(见图 3.16)。眼睛所看事物越远,两视网膜图像的视差或差别越少。大脑融合有细微差别的视网膜图像并创造三维知觉。

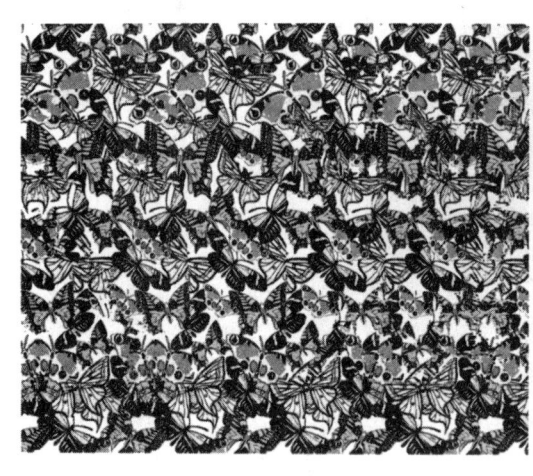

图 3.16 网膜象差和观看立体图 网膜象差使我们大多数人能感受立体图中的三维图像。将左图放在你的鼻尖前,然后非常非常缓慢地远离你的脸。毫不眨眼地盯着左图。蝴蝶的 3D 图(右边)会突然出现。

单眼深度线索。闭上一只眼睛,你会发现你仍能感受深度。由单眼感知的视觉深度

深度知觉　感受三维视觉世界,精确判断距离的能力。
双眼深度线索　依赖于双眼共同工作的深度线索。

线索被称为**单眼深度线索**(monocular depth cues)。以下描述了七种单眼深度线索,其中一些已被西方艺术家用来为其绘画增加深度错觉。

- 遮挡。当你看到的物体被其他物体部分遮挡时,你感知被遮挡的物体在远处。
- 线条透视。随着距离的变远,被认为处于相同距离的平行线越来越密,或汇聚成一点。
- 相对大小。大一点的物体被感知为离我们近,小一点的物体被感知为离我们远。
- 纹理梯度。靠近你的物体似乎有清晰特征,而相同的物体离你远时,似乎纹理模糊而不清晰。
- 空气透视。远处的物体有点蓝色,且比近处的物体更模糊。
- 阴影。当光线落到物体上时,它们投射阴影,增加了深度知觉。
- 运动视差。当你在移动车辆里向外看时,你看见外面的物体都在以不同的速度向反方向移动;那些靠近你的物体似乎比远距离的事物移动得更快。非常远的物体例如月亮和太阳,似乎与观察者移动方向一致。

图 3.17 展示的图片用来说明这些线索。

遮挡
当你看到的物体被其他物体部分遮挡时,你感知被遮挡的物体在远处。

线条透视
随着距离的变远,被认为处于相同距离的平行线越来越靠近,或汇聚成一点。

相对大小
大一点的物体被感知为离我们近,小一点的物体被感知为离我们远。

纹理梯度
靠近你的物体似乎有清晰特征,而相同的物体离你远时,似乎纹理模糊而不清晰。

空气透视
远处的物体有点蓝色,且比近处的物体更模糊。

阴影
当光线落到物体上时,它们投射阴影,增加了深度知觉。

运动视差
当你在移动车辆里向外看时,你看见外面的物体都在以不同的速度向反方向移动;那些靠近你的物体似乎比远距离的事物移动得更快。

图 3.17 单眼深度线索

单眼深度线索 可由单眼感知的深度线索。

3.18 大脑如何感知真实和看似的运动？
运动知觉

想象你正坐在一辆巴士里，向外看另一辆平行停在那里的巴士。突然，你感到你坐的巴士动了。然后，你又意识到不是你的巴士在动而是旁边那辆在动。换句话说，你感知物体移动的能力在某种程度上被愚弄了。这个例子说明了运动知觉的复杂性，它不仅是基础视觉，也包括听觉和动觉线索。错误的运动知觉如此普遍，以至于信息学家进行了大量研究来发现大脑如何感知真实运动和视运动。这些研究者使用术语**真动**（real motion）来专指对在空间中真实移动的事物的运动知觉。相反，**似动**（apparent motion）是指对各种刺激心理构建的运动知觉。

真动。当事物在视野中移动时，它们投在视网膜上的像也在移动。正如你所期盼的，研究表明，运动检测由与视网膜相连的大脑机制造成，它的优势似乎是对运动特别敏感，就像中央凹对细节和色彩特别敏感一样（Bach & Hoffman，2000）。然而，假如你穿过房间时紧盯一件事物——如你的沙发——事物会穿过你的视网膜。所以，图像穿过视网膜的移动对运动检测不必要。你自身的前庭感觉有助于运动判断。通常来说，你知道你是否在移动。但是你是否曾静止地坐着看一辆火车经过？感觉自己的头随着火车呼啸而过而移动，这是很平常的。所以，你的前庭感觉也与你体外的运动知觉相关。大脑成像研究显示，此类刺激就像真实的身体移动一样激活前庭皮层（Nishiike et al.，2001）。

对我们理解运动知觉最重要的贡献者之一是心理学家詹姆斯·吉普森。吉普森指出，我们的运动知觉建立于原始的，但是频繁改变的稳定假设基础上（Gibson，1994）。我们的大脑似乎在环境中搜寻一些刺激来作为稳定的假设参考点。一旦稳定参考点被选定，所有相对参照点移动的事物就被判定为运动。例如，在公交车站，你大脑假设一辆公交车是静止的，当与视网膜相连的运动传感器检测到移动时，它得出结论认为是你所在的公交车在动。在火车站，你大脑假设火车是静止的，那么一定是你的头在动。当你在开车时，你感到你的车相对于外界环境是在运动的。只有当你的运动与座位、方向盘等有关时，你的大脑才会觉知为你在运动。

似动。在似动研究中，在一个黑暗房间里，几个固定的灯有序地开和关，导致被试感觉是一个光点从一个点移动到另一个点。这类似动现象被称为 **φ现象**（phi phenomenon），是由格式塔心理学创始人之一的马克思·韦特海默首次讨论（1912）。霓虹灯是否引起了你的感知运动？霓虹灯并没有移动；它们只是按某一规律有序地亮起。当你看电影时，你也能感知到这类被称为动景运动的似动现象。

眼睛从来没有过完全静止不动，这一事实也有助于个体知觉到似动现象。比如说，如

真动　对空间中真实移动的事物的运动知觉。

似动　对各种刺激心理构建的运动知觉。

φ现象　黑暗房间里几个固定灯光有序地亮和暗，导致被试感觉到一个光点从一点移动到另一点的似动现象。

果你在一个黑暗的房间里盯着一个单独的不动的灯光几秒钟,这个灯光将会开始移动,这个现象叫作**自主运动错觉**(autokinetic illusion)。然而,如果你把视线从灯光上移开然后再回来看它,它会再一次变得固定不动。(这个现象能证明一些目击到"不明飞行物"的事件吗?)两个光点如果彼此离得很近,会出现一起移动,就像它们是被一个看不到的线连接起来一样。真正导致这些发生的根源是你的眼睛,不是因为光点真的在移动。因为房间很黑暗,大脑在判断光点是否真的在移动时,没有固定的可视参考点来参考(Gibson,1994)。但是当房间变亮了,大脑马上就能"纠正"这个错误,因为可以根据固定看见的背景来辨别光点。

3.19　三种令人困惑的知觉类型是什么?
令人困惑的知觉

我们不仅仅可以感知到并不存在的移动,我们也可以感知到那些并未出现的物体,并且把它们曲解为存在。

歧义图片和不可能的图片。当你第一次面对一张歧义图片时,你很有可能缺乏经验,不知道该怎么办。你的知觉系统很混乱,并会以最早看到的图片作为知觉对象,而把其他作为背景来识别图片,从而解决你不确定的地方,但不能同时看到两张图片。你不能得到一个持续的对模棱两可图片的印象,因为它似乎会跳回来并且超出你的控制。在一些模棱两可的图像中,两个不同的物体或图片被看成轮流出现的。关于这一点,最知名的就是"老妪/年轻的女人",由柏林提出,见图3.18(a)。如果你直接注视画的左边,你将将有可能看见一个漂亮的年轻女人,她的脸转了过去。但是当你知觉到是一个老妪的图像时,年轻女人就消失了。这种模糊对象的例子提供了惊人的证据证明,知觉不仅仅是简单的感官感觉的总和。很难相信同样的画(同样的感觉总和)可以传达这样差异巨大的知觉。

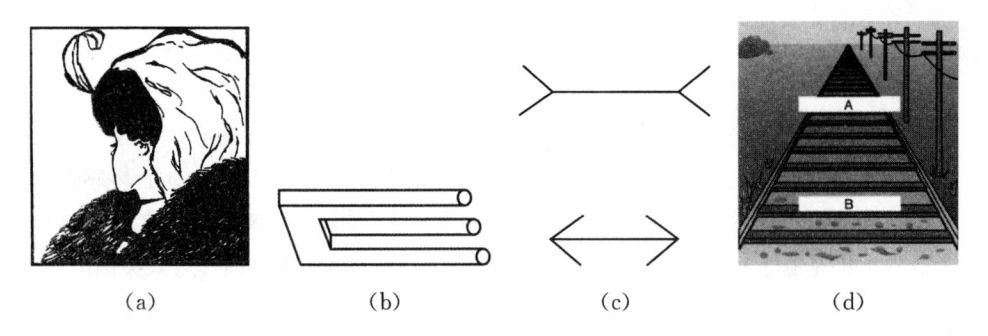

(a)　　　　　(b)　　　　　(c)　　　　　(d)

图 3.18　一些令人困惑的知觉　(a)你看到一个年轻还是老的女人?(b)为什么你不能造一个这个三尖叉的复制品?(c)哪条水平线显得更长一点?(d)A或B哪条线更长?来源:"Old Woman/Young Woman" by E.G.Boring。

第一眼看过去,许多不可能图像不是特别地与众不同,至少在你仔细观察它们之前不

自主运动错觉　明显感觉到的移动是由眼睛的运动而不是由观察到物体的运动导致的。

会觉得不同寻常。你会把你的钱投资在一个生产三尖头叉子设备[如图 3.18(b)所示]的公司吗？这样一个物体实际上是不能被生产出来，因为中间的那个尖头同时出现在了两个不同的地方。然而，这种不可能图片更可能迷惑来自西方国家的人们。20 世纪 70 年代的经典研究表明，非洲文化中的人们在他们的艺术作品中是不会展现三维视觉空间的，他们不知觉那些含有绘画深度线索的画的空间上的深度。他们看不出来那些和三尖头叉子相似的图画的奇特之处，并且他们可以比西方人更容易地根据记忆直接画出图片(Bloomer，1976)。

错觉。 错觉(illusions)是对环境中的真实刺激一种不正确的知觉或错误的知觉。我们可以错误感知大小、形状或者某元素和其他元素之间的关系。我们不需要付钱去看魔术师表演产生的错觉。错觉是自然地发生的，我们可以在任何时候看到它们。一个在水中的船桨在它接触水面的地方看起来好像弯曲了。地平线上的月亮比在头顶上的月亮看起来要大很多。为什么呢？对月亮错觉其中的一个解释就是相对大小。这个观点认为月亮在地平线上看起来非常大是因为观察它时把它和树木、建筑物和其他物体比较了。当我们观察头顶上的月亮时，月亮不能直接地被用来和其他的物体比较，所以它显得更小。

在图 3.18(c)中，两条线是同样长的，但是上面那一条线的两端是向外延伸的斜线，这使得它看起来比下面那条线要长，下面那条线的两端是向内指向的斜线。这个现象被称为缪氏错觉。蓬佐错觉同样也在我们估计大小时也开了个有趣的玩笑。图 3.18(d)，和你知觉到的正好相反，A 线条和 B 线条是一样长的。又例如，我们所信赖的对大小和距离的知觉，在通常情况能准确地让我们感知真正的世界，但有时这种知觉也可能出错。如果你在真正的铁路轨道上看见类似错觉图中的两个障碍物，那个看起来大一点的障碍物确实要大一点。所以蓬佐错觉并不是自然错觉而是一种人为错觉。事实上，所有这些错觉是对那些在日常生活中正常运转的生活原理的误用。

📖 探索 5 种著名的错觉 www.mypsychlab.com

视错觉感知方面的文化差异。 因为对错觉的反应是普遍的，许多心理学家相信它们是天生的。然而，英国心理学家格雷戈里认为对穆勒莱尔和其他类似错觉的易感性不是先天的。文化对个体感知的错觉起着一定的作用。为了检验是否对穆勒莱尔和其他相似错觉的易感性是源于经验，西格尔和其他人(1966)测试了来自非洲、菲律宾、美国的 15 个不同文化下的 1 848 名成人和儿童。包括一组来自南非的祖鲁人和一组伊利诺伊州的居民。研究揭示了"不同文化的群体其错觉易感性有显著不同"(Segall，1994，p.137)。同时所有的被试都倾向于知觉到穆勒莱尔错觉，这一现象说明存在影响错觉的生理因素，但是经验也是一个确定的原因。有圆形房屋的祖鲁人比任何种族都很少看到转角，不会被这些错觉愚弄。而伊利诺伊州的居民却会轻易地看到它。

早期跨文化研究表明，种族也许可以对感知错觉的文化差异提供解释(Pollak，

> **错觉** 对环境中的真实刺激的虚假知觉或错误知觉。

1970)。但是由斯图尔特(1973)所做的一项重要的研究却提供了证据证明是文化并非种族,驱动个体对错觉的感知。当对来自伊利诺伊州的两个学龄儿童的团体(60 个非裔美国人和 60 个白人)进行穆勒莱尔和其他错觉的测验时,没有发现他们在错觉易感性上存在显著差异。并且在赞比亚,研究者使用了相同错觉图对非洲黑人学龄儿童的 5 个不同团体进行测试。儿童感知错觉的倾向和种族无关,但是受文化的强烈影响。这些孩子中那些住在有角落、尖锐的结构、转角和门的建筑物里的孩子更可能被错觉愚弄;那些住在偏远山区的原始圆房屋里的孩子并不会。

在另一个关于错觉的经典跨文化研究中,彼得森和惠勒(1983)研究了纳瓦霍族印第安的两个群体对于穆勒莱尔错觉的感知性。居住在有直角房屋里并且体验过转角、角落、尖锐结构的团体更容易看到错觉。另一个团体中的成员,像祖鲁人不倾向于看到错觉,因为他们住在圆房子里。

▶一些视错觉似乎是依赖文化的。比如说,祖鲁人和那些来自其他文化,居住在缺少直边和角的房屋里的人不会知觉到穆勒莱尔错觉。

记一记——知觉原则

1. 视网膜视差和视轴辐合是两个_____深度线索。
2. 把每个例子和其合适的单眼深度线索匹配。
   _____(1) 一个建筑群挡住了你观察另一个的视野　　　　a. 运动视差
   _____(2) 铁路轨道在远处聚合在一起　　　　　　　　b. 线条透视
   _____(3) 近处的物体看起来似乎比远处的物体移动得更快　c. 遮挡
   _____(4) 小的物体看起来更远一些　　　　　　　　　d. 相对大小
3. 由几个灯光依次闪现造成的明显的运动效果被称为_____。
4. 由眼睛运动造成的明显的运动被称为_____。
5. _____是对真实刺激的误解。
6. 对许多错觉的反应是_____,但是对另一些错觉的知觉是受_____影响的。

答案:1. 单眼　2.(1) c　(2) b　(3) a　(4) d　3. 似动现象　4. 自主运动错觉
　　　5. 错觉　6. 普遍的　文化

影响知觉的因素

我们对感觉信息的知觉由一些因素决定——比如知觉组织的格式塔原则,但个体差异极小。但个体差异也可以影响知觉。结论是,许多感知体验因人而异。

3.20 在注意的过程中获得了什么,丧失了什么?
注意

在一些案例中,把感觉和意义联系在一起——知觉过程的本质——并不需要多少心理努力。例如,当阅读熟悉的单词时,看单词的感觉和对于单词意义的知觉几乎是同时发生(Heil et al., 2004)。同样地,当我们正在开车时,我们不需要花费什么心思就能知觉到在路上的其他物体是些车辆,这是因为我们对其已经非常熟悉。换句话来说,看到车辆的感觉和这些物体是车辆的知觉之间的连接是一种自动化(不需要努力)的心理过程。然而,决定我们需要密切关注的车辆需要更多的心思。当我们进行这种类型的心理活动时,注意的过程就在工作了。**注意**(attention)被定义为,通过感官筛选,并选择其中的一些进一步再加工的感觉过程。没有注意,把最熟悉的感觉排除在知觉外是不可能的。

当然,我们不能立即注意到所有事物。因此,在一个复杂的知觉任务中,比如说每天驾车的经验,意识到注意会带来某种知觉消耗是很重要的。**无意视盲**(inattentional blindness)的研究帮助说明了这些消耗(Bressan & Pizzighello, 2008; Mack & Rock, 1998)。无意视盲发生在当我们把我们的注意从一个物体转移到另一个物体的时候,在这个过程中,我们会忽视那些我们并不直接关注的物体改变(Woodman & Luck, 2003)。在许多对无意视盲的研究中,实验者会呈现一些情景给被试,并要求他们注意情境中一个特定的因素。比如说,丹尼尔·西蒙和他的同事(e.g., Simons & Chabris, 1999)让被试观看篮球比赛的录像带,录像带中有一个球队穿白色的衣服,另一个球队穿黑色的衣服。被试被要求去数篮球从一个运动员传到另一个运动员这样一共传了几次,可以数在白色球队里被传的次数,也可以数在黑色球队里被传的次数。在这样的条件下,大概三分之一的被试在事后无法回忆在屏幕上出现的一些十分不协调的刺激(比如,一个男人打扮成猩猩)。无意视盲甚至出现在一些不和谐的刺激长时间出现在屏幕上时。西蒙的研究帮助我们明白,为什么我们有时会惊叫"那辆车从哪里来的?",那辆突然转弯进入了我们行驶的车道上的车,之前其实一直为我们所忽视。阅读后面的**应用**,学习开车时打电话可能发生的危险。

> **注意** 感觉分类并选择其中一些信息进一步加工的过程。
> **无意视盲** 该现象发生在当我们把注意从一物体转移到另一物体的时候,在这个过程中,我们会忽视那些我们并不直接关注的物体改变。

▶当你看这张照片时,你可以容易地发现这个装扮成大猩猩的人,然而,这张照片是来自西蒙的无意视盲研究的录像中的画面。被试在被告知需要一直追踪篮球在球员之间传了几次后,然后看这个录像。在这样的条件下,参与者不能注意到穿着猩猩异服的人进入到了情景中。

当我们处理听觉感觉时也会有相似的消耗出现。假设你正站在一个拥挤的房间里,里面人声鼎沸。这时如果有人提到你的名字,将会发生什么呢?研究表明,你将集中精力听含有你名字的对话而忽视了其他的交谈。这个鸡尾酒会现象是由谢里进行一项经典实验时所证明的(1953)。记住,知觉就是把感觉赋予意义的过程。对一个人来说,什么会比他或她的名字来说更有意义呢?因此,当你听到你的名字,你会假设接下来的信息对你个人来说是有意义的。然而提及你名字的谈话将妨碍了你完整地知觉其他会谈。因此,你无法获得那些或许对你更有意义,但却没有明显的注意线索的谈话。

虽然注意力集中于一个刺激就会忽略其他刺激,但是注意并不是一个全或无的过程。我们经常可以同时处理多个刺激。确实,研究表明我们能够精确地知觉到一些我们并没有直接注意的感觉。比如说,在鸡尾酒会现象的同一系列经典研究中,谢里(1953)发现那些两耳同时接收两种不同语言信息的被试,可以记住实验者指示要注意的那只耳朵的信息内容(如"注意你左耳的信息")。然而,他们也可以记住许多未被注意的信息,比如说是一个男人还是女人发出的信息。你可以回忆下在第二章对网状结构的讨论,当必要时,大脑能够封闭不相关的感觉输入从而使得我们能将注意力集中在单一的信息资源。这个过程叫作**选择性注意**(selective attention)。它帮助我们在一个吵闹的教室里可以集中注意于测验,或者在一个繁忙的医生等待室里可以集中注意力做填数字游戏。事实上,多亏了选择性注意,我们可以变得对一项活动如此投入,以至于我们不能注意到关于测验的重要说明或者护士叫我们去实验室。

3.21 先验知识是怎样来影响你的知觉的?
先验知识

我们对特定的感觉刺激的知识会影响着我们如何感知它。先验知识有时促进感知,

选择性注意　屏蔽不相关的感觉输入,从而使得我们能将注意力集中于单一的信息资源。

但是它也可以把我们引向错误。

自下而上和自上而下的加工。看看这些字母和数字的排列。你将怎样尝试运用你的先验知识来给它们赋予含义？

DP

6-4-3

如果你不能立即认出这个排列，你也许开始试图通过猜 DP 代表的意思来解释它，这是一个经典的**自下而上加工**（bottom-up processing），或者叫数据驱动加工的例子。当你进入自下而上加工时，你会使用先验知识来进行整体的心理表征。比如说，自下而上加工可以使得你想起记忆中的复合名词（由两个单词组成的名词），比如说"底特律警察"（Detroit Police）或"数码放映机"（data projector），这些也许是字母代表的意思。也许你将尝试去决定哪一个意思更有可能是基于给出的信息"6-4-3"。最终，你可能会放弃，并且认为这个排列要不就是无意义要不就是无法解释。

假设我们告诉你这个排列和棒球有关的。现在，如果你有一些比赛知识，你会思考一下可以用字母"DP"代表的棒球术语。这样做的话，你正在进行**自上而下加工**（top-down processing），或者概念驱动加工。在自上而下加工中，先验知识为个体提供一个"整体"，这个整体可以充当个体信息定位的背景，从而限制了猜测的范围。因此，既定的棒球是排列的背景，那么"底特律警察"和"数码放映机"都不适合。当然，如果你知道怎样计算棒球比赛的分数，当你看到排列时你也许立刻会采取自上而下的加工方式。毫无疑问，你意识到排列是代表一场双杀（DP），在其中棒球游击手（6）把球传给了二垒手（4），然后他转而把球传给了一垒手（3），让两名跑垒手出局。

应用——在开车时打电话有多危险？

当你阅读有关无意视盲的研究时，开车时打电话可能存在的危险会引起你较高的关注吗？有趣的是，调查显示，与自己相比，我们更关心开车打电话的使用情况（Troglauer, Hels, & Chirstens, 2006）。然而，研究结果清晰显示，打电话或者做其他需要注意力的任务都会导致在我们驾驶过程中增加潜在的危险。

手机使用的行为后果

大多数有关行车时打电话的研究都是在实验室中进行的，在那里被试使用驾驶模拟装置。实验组被试在开车时打电话，控制组不做。研究结果表明，手机的使用在很多方面都影响了驾驶者的行为（Drews, Pasupathi, & Strayer, 2008）。

> **自下而上加工**　一种信息加工过程，刺激的个体成分在大脑里得到结合，用先验知识来推断组成模式。
>
> **自上而下加工**　一种信息加工过程，应用个体已有的经验和概念知识以识别"整体"的本质，然后逻辑上推断整体组成成分。

驾驶者在打电话时会减速。

驾驶者在打电话时反应更慢。

驾驶者在打电话时通常不能一直沿着自己的车道行驶。

驾驶者在打电话时有时会在绿灯前停下却在有红灯和停车标志的情况下通过。

这些影响在使用免提电话的研究中也经常出现(Strayer & Drews, 2004)。然而,一项研究表明,免提电话的使用会给驾驶员一种错误的安全感(Langer, Holzner, Magnet, & Kopp, 2005)。因此,实验研究表明,总的来说,移动电话的使用肯定会削弱驾驶能力。

对移动电话使用影响的排除

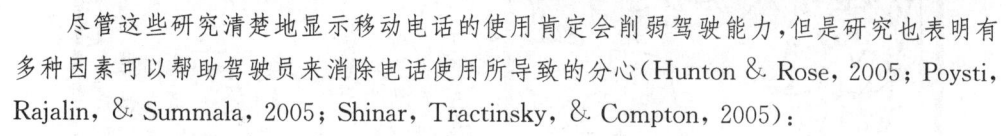

尽管这些研究清楚地显示移动电话的使用肯定会削弱驾驶能力,但是研究也表明有多种因素可以帮助驾驶员来消除电话使用所导致的分心(Hunton & Rose, 2005; Poysti, Rajalin, & Summala, 2005; Shinar, Tractinsky, & Compton, 2005):

多任务的经验可以提高驾驶者一边打电话一边开车的能力。

减少其他的分心事物,比如说关掉广播,有助于驾驶员在打电话时集中注意力在驾驶上。

当驾驶员意识无法同时兼顾开车和打电话时,可以用一些话来结束通话,"我正在开车,稍后我会打电话给你"。

这些发现表明驾驶员同样也意识到了分心会导致潜在危险的增加。因此他们会积极地尽力在驾车时保证注意力集中。

这是关于注意力,而不是关于移动电话

你也许从个人经验得知有许多任务和使用移动电话一样都需要集中注意力,这些任务都会影响驾驶行为。比如说,驾车时和一个乘客谈话或搜寻一个电台也会和移动电话一样对驾驶者的行为产生同样的有害影响(Amado & Ulupinar, 2005; Horberry, Anderson, Regan, Triggs, & Brown, 2006)。此外,发短信,不管驾驶员是发送者还是接收短信者,和操作 MP3 对驾驶员来是最危险的,甚至也许比在酒精和药物影响下的驾驶更危险(Crisler et al., 2008)。因此,对于驾驶者来说,需要远离会导致无意视盲的信息。当驾驶者注意那些与驾驶不相关的活动时——可以是移动电话、MP3、收音机或和一个乘客交谈——都会降低他们集中驾车的能力。因此开车人的目标应该是尽可能地减少分心的程度:

如果可能的话,驾驶员应该靠边停车,再使用移动电话发短信或谈话。

驾驶员应该在红灯或停止行驶标志前停下来再调收音电台。

不论何时乘客分散他们注意力时，驾驶员应该礼貌地要求他们停止交谈。

通过使用这些措施，驾驶员将降低他们错失重要线索比如红绿灯的风险，并减少由此造成的损失，可能最好的情况是得到交通罚单，最差的是导致车祸。

> 观看一段关于开车时使用移动电话的录像 www.mypsychlab.com

这个例子可能会使你认为自下而上的加工过程几乎无法产生准确的知觉。然而，在许多情景下，只能使用自下而上的加工。一种"找不同"游戏中，比如图3.19中的，提供了一个只能使用自下而上加工来完成的例子。为什么？自上而下的加工使得你以整体来知觉图画，结果是，忽视了细节。为了发现不同，你必须分开观察其细节，而不能把整个图片作为背景，在下面**试一试**中解码游戏也需要运用自下而上的加工。

图3.19　一项自下而上的加工任务　自下而上的加工方式对一些任务的完成是最好的方法，因为自上而下的加工会妨碍你加工上面两幅风景画的细节。来源：Filchock，© Highlights for Children，Inc.(1995)。

知觉定势。如果你点了被染成绿色的树莓果汁，它是尝起来更像树莓呢，还是尝起来更像酸橙？你会非常想吃加了绿色食用色素的汉堡小馅饼，还是你将会变得更为谨慎呢？**知觉定势**(perceptual set)在很大程度上决定了我们真正看到、听到、感觉到、尝到、闻到的。当然，这些期待是基于先验知识的(酸橙果汁通常是绿色的，而绿色的肉通常是腐坏的)。这种预测似乎影响了知觉。所以，绿色的树莓果汁也许尝起来会有点像酸橙，一个绿色的汉堡也许会闻起来和尝起来都是腐坏了的。

试一试——自下而上的加工

解码这些单词：

1. GIVV　2. DRMWLD　3. ELOFMGVVI　4. NZTRX　5. YILMGLHZFIFH

> **知觉定势**　一种对于将会知觉到什么的期待，可以影响真正知觉到的东西。

答案：1. tree　树　2. window　窗户　3. volunteer　志愿者　4. magic　魔法
　　　5. brontosaurus　雷龙

密钥：

A	Z	H	S	O	L	V	E
B	Y	I	R	P	K	W	D
C	X	J	Q	Q	J	X	C
D	W	K	P	R	I	Y	B
E	V	L	O	S	H	Z	A
F	U	M	N	T	G		
G	T	N	M	U	F		

在一项研究知觉定势的经典研究中，心理学家大卫·罗森韩恩(1973)和他的同事装作被许多心理医院确诊的精神分裂症病人。一旦被确诊，他们的行为又在各方面表现正常。这样做的目的是什么？他们想知道需要多久，医生和医院的工作人员会认识到，他们不是精神病。但医生和工作人员看到了他们所希望看到的，而不是真正所发生的。他们认为伪病人的一切言行，比如说记笔记，都是他们的病症。但是真正的病人并没有被愚弄，他们最先发现这些心理学家并不是真正的精神病人。

3.22　我们是用同样的方式来知觉物理对象和社会刺激吗？
社会知觉

最后，你目前学过的知觉加工规则可以用于社会刺激和物理对象吗？传统的观点认为，大脑的知觉过程是根据加工的种类来组织的——视觉、听觉、嗅觉、味觉、触觉或者运动觉，它们对于感知一个特定的刺激都是必要的。因此，观察一张脸或一只猫都会引发大脑同一种类的反应，因为它们都是视觉刺激。不论你在观察什么，在同一大脑区域的视知觉确实是最先发生的。但是脑成像研究显示，这些区域的神经活动模式却根据观察事物类型的不同而不同。比如说，有一种对于脸模式和另一种对于猫的模式(Haxby et al., 2001)。这些不同也存在其他灵长目动物的大脑中(Tsao, Freiwald, Tootell, & Livingstone, 2006)。

脑成像研究表明，另一种神经系统有助于我们解释别人的行为并引导自己的行为。这些研究表明，观察和执行动作(比如，抓住一个杯子)和与情绪有关的行为(比如微笑)都能激活**镜像神经系统**(mirror neuron system, MNS)(Iacoboni, 2009)。关于动作，镜像神经系统会通过观察别人完成任务的情况来促使自身能力的提高，并且通过演示这些技巧来教别人这些技巧的能力。在社会知觉的领域，研究者假定镜像神经系统存储了特定文

> **镜像神经系统**　一个细胞组成的网络，大脑用其解释并产生动作和与情绪相关的行为。

化下情绪表达的原则,且镜像神经网络发展是观察并模仿与情绪相关的行为的结果。因此镜像神经系统就像一个过滤器,有助于我们"解码"他人的情绪行为并合适地来根据我们的文化规则和符号来编码自己的表达方式。

与其他类型的视觉刺激相比,人类面孔的知觉尤其复杂和不同。研究者詹姆斯·哈克斯比和他的同事认为有一个面部知觉的"核心系统",运用了人脸的普遍特征(眼睛、鼻子和嘴)来进行对人们身份的判断(Haxby et al.,2002)。当我们与别人进行口头和非口头的交流时我们超越了这个核心系统,在这种情况下,一个更大的神经网络被激活了。另一些研究者在人类身体部分的加工图像中也发现了不同的神经系统被激活(Downing et al.,2001)。

▲为庆祝圣·帕特里克节,喝绿色的啤酒是一项传统。对于知觉定势的研究是怎样说明颜色是怎样影响这些人们对啤酒的品尝的?(顺便说一句,你注意到图片中的节日装饰引发了自上而下加工没有?自上而下加工可以揭示喝绿色啤酒原因。没有节日装饰,自下而上的加工将使得你想知道为什么啤酒是绿色的。)

来自两种感官的信息合并的方式——跨模式的感知——对于非社会和社会刺激是不同的。比如说,你的大脑要怎样对一个进站列车却配有离站列车声音的景象作出反应?研究表明,当判断的运动视觉和听觉线索矛盾时,我们倾向于依赖听觉输入(Meyer & Wuerger,2001)。所以,你的大脑将决定这个列车是出站而不是进站。

在社会知觉的情况下,事实是相反的。面部表情,是情绪知觉的视觉线索,通常比真正说的话语和相关的听觉线索地位更优先。因此,一个有着愤怒的面孔但有着愉快声音的人通常被判断为生气而不是开心(Vroomen et al.,2001)。也许这就是为什么有一首老歌说我们"露出我们的笑脸"。

3.23 对于阈下知觉、超感官知觉和联觉的研究表明了什么?
不寻常的知觉经验

你学过的所有的知觉原则和对知觉有影响的刺激都是在绝对阈限以上的。当你遇到一些阈限之下的刺激会发生什么呢？此外，没感觉到任何刺激但能知觉到它是可能的吗；就是说，超感官知觉是存在的吗？

阈下知觉。几十年来，心理学家研究过这种现象，被称为**阈下知觉**（subliminal perception），它是对低于阈值的刺激的感知和反应能力。神经影像学研究表明，大脑的确会对阈下刺激有生理反应（Bernat et al., 2001；Brown, 2004）。此外，阈下信息可以在一定程度上影响行为。比如说，在一项研究中，研究者在阈值以下地给被试呈现一个单词流感——一种类型的刺激被称为启动刺激——然后进行一个英语的语法练习，这个练习中含有感冒的治疗方法（Henderson, Orbell, & Hagger, 2009）。研究者发现经历过潜意识首先物的被试比那些没有呈现过的被试对包括感冒治疗的名字更注意。

把阈下信息运用在广告中，被称为隐性宣传，已有几十年。然而，对于阈下刺激的许多研究表明，虽然这个现象确实存在，但是它很有可能无法产生拥护者所声称的行为改变（Greenwald, 1992）。相似地，那些想要减肥的人也许会购买包含阈下信息的录像带，比如音乐或涛声的录音中含有"我会少吃点"这一类话语，并希望能通过听这些音乐来帮助节食。想要戒烟的人也会购买此类唱片。然而，安慰剂对照的实验研究发现，这类阈下信息对行为没有影响（Green-wald, 1992；Greenwald et al., 1991；Russel et al., 1991）。

超感官知觉。超感官知觉（extrasensory perception，ESP）被定义为通过非已知感官通道的方法来获得有关对象、事件或其他人的想法等信息的方式。几种不同类型的ESP已经被指出是存在的。心灵感应是指无须使用感官，来获得另一人的思想、感情或活动——换句话来说——读出一个人的思想。透视是指不使用感官来获取物体或事件的信息，比如打开信之前就知道了信的内容。预知是指在一个事件发生前，就能意识到它。大多数已知的日常生活的预知案例是当人在做梦时发生的。

许多对于超感官知觉的研究采用的是甘兹菲尔德程序（Ganzfeld procedure），一种研究设计，即选择两个个体，一个"发送者"和"接收者"，他们待在不同的房间。这个房间是被特别设计的，以尽量减少干扰，并促进深度的集中专注。实验者提供发送者信息，他们需要尝试把信息传给接收者。一些使用甘兹菲尔德技术的研究证明了ESP的存在，并且有些人比别人更有能力发送和接收超感官信息（Bem & Honorton, 1994）。然而，在几乎所有情况下，重复这些研究的尝试都失败了（Milton & Wiseman, 2001）。因此，大多数心理学家仍然对ESP的存在持怀疑态度。

联觉。联觉（synesthesia）是一种对普通刺激体验到不寻常感觉的能力。比如说，一个具有联觉的人看到蓝色会同时感觉到牛肉的味道，当他吃食物时，如果一个橘色的东西出现在他视野中，那么这个东西会有生姜味（Carpenter, 2001）。然而，联觉的最常见的类

阈下知觉 对低于阈值的刺激感知和作出反应的能力。

超感官知觉 通过非已知感官通道的方法来获得有关对象，事件或其他人的想法等信息。

联觉 对普通刺激会体验到不寻常感觉的能力。

型是一些人会对话语感觉到颜色,被称为"彩色的听觉"(Carpenter,2001)。神经影像学研究表明,彩色听觉并不是习得的关联性的结果。这些研究表明在把文字和颜色相关联的联觉者身上,不同的大脑区域被激活了,而在那些被训练得有意识地来组织这些关联的被试身上,被试并没有出现不同的大脑区域被激活(Nunn et al.,2002)。

一些心理学家推测,所有新生儿大脑都是有联觉的,随着在童年和青春期的很多年里,各种大脑区域变得更加专门化,大多数人会失去联觉能力(spector & Maurer,2009)。然而,一些药品也可以产生临时的联觉,一些科学家推测,每个人都有联觉经验的基础神经连接(Grossenbacher & lovelace,2001)。然而,批评者仍然不承认和考虑联觉的起源和神经学基础(Carpenter,2001)。针对这个现象仍需要大量更多的研究。

记一记——影响知觉的因素

1. 当一个人专注在他们视野中移动的几个物体的其中之一时,他经常表现出_____。
2. 当你运用先验知识分析部分的方式来解决一个问题,你在运用_____加工过程。
3. 解决一个问题时,当你运用先验知识来假设解决方法的性质时,你在运用_____加工过程。
4. _____指人们期待想要知觉到的东西。
5. 当视觉和听觉信息矛盾时,人们在加工社会信息时倾向依赖_____感官。
6. 对于阈下知觉的研究表明大脑(会/不会)对那些在意识阈限以下的刺激作出反应。
7. ESP研究使用_____程序。
8. 那些具有联觉能力的人能(感觉/知觉)到和别人不同的世界。

答案:1. 无意视盲 2. 自下而上 3. 自上而下 4. 知觉定势 5. 视觉 6. 是 7. 甘兹菲尔德 8. 知觉

总结与回顾

感觉的过程 p.75

3.1 绝对阈限和差别阈限的区别是什么? p.75

绝对阈限是指有50%的概率能被感觉到的最小的刺激量。差别阈限是有50%的概率能察觉到的物理刺激最小的增长或下降量。

3.2 换能如何使大脑接收感官信息? p.77

对于任一种感觉,人体都有可以察觉并且对感觉刺激作出反应的感觉接收器。通过被称为换能这一过程,感觉感受器将感觉刺激转化为神经冲动,之后,神经冲动被传送到大脑中的精确位置。

视觉 p.78

3.3 眼睛的各个部位在视觉中起什么作用？p.78

角膜会弯曲光线并让其通过瞳孔——一个小的、黑色的在眼睛上的开口。虹膜通过扩张和缩小瞳孔来调节进入眼睛的光量。晶状体会根据不同距离的物体在视网膜上的图像来改变自己的形状，它是一层薄薄的包含视觉感受器的组织。视锥细胞检测颜色和细节，它们的在具有充足光线时最起作用。视杆细胞极其敏感，它使我们在昏暗的光线能看到东西。

3.4 视觉信息采取什么通路从视网膜进入初级视觉皮层？p.80

视杆和视锥细胞把光波转化为神经冲动，神经冲动发送给双极细胞、水平细胞和轴突细胞，并传递到神经节细胞。神经节细胞的轴突组成视网膜壁的视神经。在视交叉上，两条视神经聚集，从每一只眼睛的视网膜来的视神经的一半交叉到对侧的大脑。他们和丘脑的神经元有突触连接，这些突触可以把神经冲动传送到初级视觉皮层。

3.5 我们如何区分颜色？p.85

对于颜色的知觉来自于事物表面对可视光谱中特定波长的反射，比如说，一个呈现红色的物体比一个蓝色的物体反射更长波长的光线。色盲就是指无法将某些颜色区分开来的能力，而不是对于全部颜色的视觉都丧失了。

3.6 哪两种理论尝试解释色觉？p.83

三原色理论和拮抗加工理论。

听觉 p.85

3.7 什么决定了声音的音高和响度？如何测量每一种特性？p.85

对于声音的音高，它决定于声波的频率，是用赫兹来计量的。声音的大小决定于声波的振幅，是以分贝来计量的。

3.8 外耳、中耳和内耳在听觉中的功能如何？p.86

声音进入了耳郭，即外耳我们可以看见的部分，然后一直进入到耳道的最底部，导致鼓膜振动。这样调动了中耳的听小骨，听小骨会放大声波。卵圆窗的振动可以使内耳活跃起来，然后调动耳蜗里的液体。这个移动的液体可以刺激附在薄基膜上的毛细胞，基膜可以将振动转化为神经冲动。听觉神经再把神经冲动传到大脑。

3.9 试图来解释听觉的两种主要理论是什么？p.88

听觉位置理论和振动频率理论。

3.10 导致听觉丧失的主要原因是哪些？p.88

一些导致听觉丧失的原因是过度的噪声、疾病，出生时的环境条件、遗传缺陷、损伤和衰老。

其他感觉：嗅觉、味觉、触觉和平衡觉 p.89

3.11 嗅觉信息从鼻子传到大脑的通路是什么？p.90

对于嗅觉，刚开始是由于气味分子到达了位于鼻腔上部嗅觉上皮细胞的感受器。这些感受器的轴突就会把嗅觉信息传送到嗅球。然后嗅觉信息从那被传到了丘脑和眶额叶皮层,它们可以区分气味并把这些信息传递到其他大脑区域。

3.12　什么是基本味觉以及如何检测它们? p.92

主要的味觉是甜、咸、酸和苦,还有一种新发现的谷氨酸引起的味觉,叫鲜味。味觉感受器细胞分布在舌头的味蕾、口腔、喉咙的其他地方。

3.13　皮肤如何提供感觉信息? p.93

当一个外界事物触摸或按压皮肤时,皮肤上的感觉神经把触觉信息传送到大脑。触觉神经冲动最终会到达大脑的躯体感觉皮层。

3.14　疼痛的功能是什么,疼痛如何受心理因素、文化和内啡肽的影响? p.94

疼痛可以被认为是警告或保护机制,它可以刺激人们注意身体损伤处、限制活动和寻找医疗帮助。消极的想法可以影响对疼痛的知觉。一些文化会鼓励人们抑制(或扩大)对于疼痛的情感反应。内啡肽是一种机体自然产生的止痛药,它可以阻止疼痛并让个体有健康的感觉。

3.15　动觉和前庭感官提供了哪类信息? p.95

运动觉提供的信息是关于我们身体各部分的相对位置,还关于我们整个身体或某部分的活动。这些信息被一些位于关节、韧带和肌肉的感觉接收器察觉。前庭觉察觉活动提供关于身体在空间内方向的信息,位于内耳半规管和前庭囊的感觉接收器会感觉到头部的运动和方向的改变。

知觉原则 p.97

3.16　知觉组织的原则是什么? p.97

知觉组织的格式塔原则包括图形—背景、相似、接近性和闭合。知觉恒常性是指不管光线的改变或从不同角度或距离观察物体以致视网膜上图像的改变,都影响不了知觉事物,人们的知觉能一直保持这些事物的形状、大小和亮度恒定不变。

3.17　什么是双眼和单眼的深度线索? p.99

双眼的深度线索包括辐合和双眼视差,它依赖双眼同时为深度知觉来工作。单眼深度线索就是那些由单眼感知的视觉深度线索,包括遮挡、线条透视、相对大小、纹理梯度、空气透视、阴影和遮蔽、运动视差。

3.18　大脑如何感知真实和看似的运动? p.100

大脑是通过比较呈现在视网膜上的图像移动和来源于空间导向感的信息来知觉真正的运动的。似动是一种对某种类型刺激的心理反应的结果,比如说,闪光感,大脑有时也会错误地把眼动知觉为某事物的运动。

3.19　三种令人困惑的知觉类型是什么? p.102

被迷惑知觉的三种类型是模棱两可的图画、不可能图形和错觉。

影响知觉的因素 p.104

3.20　在注意的过程中获得了什么,丧失了什么? p.104

注意使得大脑关注一些感觉而屏蔽另一些感觉,不注意的信息也许会被全部错过或被不正确察觉。

3.21 先验知识是怎样来影响你的知觉的？p.105

个体通过使用自下而上或自上而下的加工，把先验知识运用到知觉问题中。基于先验知识上的期待感，也许会使得人们偏向于用某种方式来知觉感觉。

3.22 我们是用同样的方式来知觉物理对象和社会刺激吗？p.108

研究表明，对于社会刺激和事物，神经系统和加工信息的规则是不同的。

3.23 对于阈下知觉、超感官知觉和联觉的研究表明了什么？p.109

阈下知觉对于行为有微妙的影响，但在劝说人们去购买或者进行某些选择时并无效果。研究者不能重复那些支持 ESP 存在的少数试验。所有的人也许天生就具有联觉的能力，但在生命前几个月中感知觉经验会逐渐影响脑的结构，人们会失去联觉这种能力。

关键术语

绝对阈限 p.75
视觉后像 p.84
似动 p.100
听觉 p.86
双眼深度线索 p.99
自下而上加工 p.105
耳蜗 p.86
视锥细胞 p.79
分贝（dB）p.85
差别阈限 p.75
超感观知觉 p.109
中央凹 p.80
频率理论 p.88
格式塔 p.97
毛细胞 p.86
错觉 p.103
内耳 p.86
最小可觉差（JND）p.75
晶状体 p.78
镜像神经系统 p.108
嗅觉 p.90
嗅上皮 p.90

调节 p.75
振幅 p.85
注意 p.105
自主运动错觉 p.102
盲点 p.81
明度 p.83
色盲 p.83
角膜 p.78
深度知觉 p.99
内啡肽 p.95
特征检测器 p.82
频率 p.85
门控理论 p.94
味觉 p.92
色调 p.83
无意视盲 p.105
虹膜 p.78
运动觉 p.96
中耳 p.86
单眼深度线索 p.100
嗅球 p.91
拮抗理论 p.84

视神经 p.81
知觉 p.75
知觉定势 p.107
φ 现象 p.101
初级视觉皮层 p.82
真动 p.100
视杆细胞 p.79
选择性注意 p.105
感觉 p.75
感受器 p.77
联觉 p.110
味蕾 p.92
自上向下加工 p.105
三原色理论 p.83
可见光谱 p.78

外耳 p.86
知觉恒常性 p.98
信息素 p.91
位置理论 p.88
瞳孔 p.78
视网膜 p.79
饱和度 p.83
半规管 p.96
感觉适应 p.77
阈下知觉 p.109
触觉 p.93
音色 p.85
换能 p.77
前庭觉 p.96
韦伯定律 p.76

章末测验

选择题

1. 萨姆找到了一封很老的信，这封信褪色了，他几乎无法阅读。然而，他发现这封信的笔迹来自他过世的父亲，萨姆阅读这封信的困难是_____过程，而他认出这封信的笔迹是_____过程。

    a. 知觉，转换　　　　　　　　　　b. 感觉，转换媒介
    c. 感觉，知觉　　　　　　　　　　d. 知觉，感觉

2. 米歇尔决定举重时休息一下，当她离开举重床时她的朋友决定在举重杆的每一边都增加五磅的重量，看看米歇尔是否会注意到额外多出的重量。当米歇尔回来时，开始举重，她马上就发现了不同，这是为什么？

    a. 10 磅超出了米歇尔个人举重的阈限　　b. 10 磅在绝对阈限之下
    c. 10 磅在差值阈限之上　　　　　　　　d. 10 磅在绝对阈限之上

3. 虽然去吉尔的公寓的拜访者能立刻注意到房间中香烟的气味，而吉尔，一个严重的抽烟者，却几乎不能闻到，这是一个_____的例子。

    a. 转换传导　　　b. 调节　　　c. 饱和度　　　d. 感觉适应

4. 甚至当卧室里的光线极其昏暗时，南希眼中的_____也可以使得她能辨认床头几上眼镜的轮廓。

    a. 神经节细胞　　　b. 椎体细胞　　　c. 视杆细胞　　　d. 特征检测器

5. 乔纳森在一次摩托车车祸中遭受了后脑的严重损伤,现在很难区分圆形和方形,他可能是遭受了_____的损伤。
   a. 海马体　　　　b. 视神经　　　　c. 特征检测器　　　　d. 大脑额叶

6. 盯着一个绿色的光点几分钟后,玛雅把视线移开到一个白色的区域,她很惊奇地看到和绿色光点一样大小的红点漂浮在白色的背景上。玛雅看到的颜色后像提供了支持颜色视觉_____理论的证据。
   a. 拮抗　　　　　　　　　　b. 杨和赫尔姆霍兹的三色
   c. 三原色　　　　　　　　　d. 信号检测

7. 斯卡皮萨女士抱怨在她公寓里听到的街上噪声比她楼下邻居能听到的大。为了验证她的想法,你用一个测声计在每个公寓进行了噪声的检查,测声器显示在斯卡皮萨女士的公寓噪声有50分贝,在她邻居的公寓里噪声有30分贝。斯卡皮萨女士家的噪声比她的邻居的噪音多出了多少?
   a. 200倍　　　　b. 100倍　　　　c. 10倍　　　　d. 50倍

8. 对于声波音量的知觉决定于声波振动在听觉通道中的位置,这是_____理论下的基本观点。
   a. 听觉的鼓膜理论　　　　　b. 听觉的并发原则
   c. 频率听觉理论　　　　　　d. 听觉的位置理论

9. 佩吉对气味非常不敏感。下面的哪个关于佩吉的说法最可能是正确的?
   a. 佩吉是一个孩子　　　　　b. 佩吉是一个年轻女人
   c. 佩吉是一个老年妇女　　　d. 佩吉不是一个气味专家

10. 卡罗斯的手肘重重撞上了桌子,因为剧痛露出了十分痛苦的表情。他马上抓住手肘揉它。令他惊奇的是,刚才他的疼痛有了一点点的缓和。这种现象可以用_____作出最好的解释。
    a. 两点阈值　　　　　　　　b. 门控制理论
    c. 卡罗斯关于疼痛的文化信念　d. 卡罗斯体内内啡肽的缺乏

11. 当在高速公路上驾驶时,拉齐奥变得特别饿,但是当他看到一些含有断断续续字母,比如"M-Do-a-d's N-x-E-x"的标志时,他的症状就会减轻,这个现在可以被格式塔原则中的_____来解释。
    a. 闭合　　　　　　　　　　b. 相似性
    c. 形状恒常　　　　　　　　d. 大小恒常

12. 卢拉看着她的指尖接近并最终触摸到她的鼻子,卢拉做的是对于_____的示范。
    a. 闭合　　　　b. 辐合　　　　c. 遮挡　　　　d. 双眼视差

13. 吉米坐在一辆停着的列车的窗边,突然另一列车从吉米所在的列车旁疾驶而过。尽管吉米的列车仍然是静止的,但吉米觉得它是移动的,这是一个_____的例子。
    a. 遮挡　　　　b. 运动　　　　c. 真动　　　　d. 似动

14. 在社交场景中,一个人在微笑,可他却在说一些有点敌意的话语,_____最可能优先于其他线索来判断这个人的情感。

    a. 面部表情　　　　　　　　　b. 讲话音量

    c. 真正使用的语言　　　　　　d. 讲话语气

15. 在纵横猜字谜游戏中,有一条线索是"北美最长的河流"。为了解决它,卡尔思考了所有他知道的北美河流的名字,并从他记忆中回忆那些可以帮助他决定最长河流的记忆。不确定这条线索究竟说的是哪条河,卡尔就去看另外一条线索。当解决了线索中的一条时,卡尔知道了这河流的第一个字母是 M,他推断出了这条河流是密西西比河。卡尔使用了_____来找出正确答案的。

    a. 自上而下的加工

    b. 自下而上的加工

    c. 既不是自上而下也不是自下而上的加工

    d. 同时使用了自上而下的加工和自下而上的加工

16. 视觉经验的不同解释了为什么那些具有不同_____的人们不会对错觉图作出同样的反应。

    a. 文化背景　　　　　　　　　b. 基因遗传

    c. 大脑偏侧优势　　　　　　　d. 自主运动刺激的敏感度

17. 史蒂芬背诵字母表的时候他确实能"看到"每个字母有着不同颜色,下面的哪一条是可以用来解释他的经历的?

    a. 史蒂芬有联觉

    b. 史蒂芬有极其高的智商,应该被看作一个奇才

    c. 史蒂芬的感觉器官被损坏,组织了他的知觉

    d. 史蒂芬有些部分大脑有神经性障碍,不能正确运转。

简答题

18. 比较丧失视力和丧失听觉对一个人生活造成的影响。

19. 使用你曾经学到过的噪声导致听力丧失的知识,准备一个声明,在声明里指出你觉得为了控制噪声污染,应该采些哪些措施,甚至包括需要达到什么程度来禁止某噪声的损害。可以考虑工作场所、家庭、汽车或其他车辆、玩具、机器、摇滚乐会等。

20. 基于你自己的观点,选择下面其中的一条并解释你为什么同意:(1)对于阈下知觉的研究可以用来帮助人们学习对自己对社会更好的行为方式。比如说,阈下的反毒品信息可以被植入到受欢迎的电视节目中。(2)秘密地在娱乐媒体中植入阈下信息会侵犯个体自由选择的权利,因此这样做应该是违法的。

答案见第 772 页。

第 4 章

意识状态

什么是意识

4.1 自心理学发展初期,心理学家对意识的观点如何变化?

4.2 非常规意识状态和文化有什么联系?

生理节律

4.3 生物因素和环境如何影响生理节律?

4.4 生理节律紊乱如何影响身心?

4.5 将生理节律和神经障碍相结合的研究如何运用于实际?

睡眠

4.6 睡眠恢复理论和睡眠节律理论有何不同?

4.7 快速眼动睡眠和非快速眼动睡眠有何不同?

4.8 一晚睡眠中非快速眼动和快速眼动睡眠阶段如何进展?

4.9 研究者发现快速眼动睡眠与记忆有何联系?

4.10 年龄和个体差异怎样影响人的睡眠模式?

4.11 睡眠剥夺怎样影响人的行为和神经系统功能?

4.12 困扰睡眠者的各种紊乱症是什么?

梦

4.13 研究者从梦、梦的内容、生物学基础和可控性中学到了什么?

4.14 关于梦的本质,当代心理学家与弗洛伊德有何不同观点?

冥想和催眠

4.15 冥想有何作用?

4.16 催眠有何效果?理论学家如何解释催眠?

精神药物

4.17 药物如何影响神经递质系统?

4.18 兴奋剂如何影响行为?

4.19 抗抑郁药对行为有何影响?

4.20 致幻剂会产生什么影响?

4.21 药物滥用有什么风险和保护性因素?

4.22 生理药物依赖和心理药物依赖有什么不同?

4.23 草药方的利与弊是什么?

想一想

你是否有过这样的经历：美梦做到中途醒来，而你是多么希望能继续这场美梦？若有类似经历，你或许会有兴趣学习如何控制自己做梦这一技术。该技术步骤如下：

1. 放松。
2. 闭上眼睛，集中注意力于你所想象的画面中。
3. 集中注意力以控制你的梦。
4. 告诉自己将会梦到自己想要梦到的任何事情。
5. 想象你正在做一个自己创造的梦。
6. 重复以上步骤直到你睡着。

你在本章将了解到：至少在某种程度上，梦的确是受意识控制。但是当我们提到"有意识地"控制，又是什么意思呢？显然，心理学家在理解这一过程（如：做梦）之前，需要对"意识"进行有效的定义。因此，我们将首先讨论意识状态，以解释下列现象：生理节律，睡眠，冥想和大脑对能改变精神状况的物质的反应。

什么是意识

如果，午夜时分电话响起，母亲告诉你，外祖母突发脑溢血，已昏迷了一小会儿但现在已恢复意识，这意味着什么？你很有可能理解为，外祖母开始时陷入昏迷状态，但是一段时间后，又恢复意识状态或者清醒了。理解意识的方法之一就是从意识的对立面——无意识——对其进行思考。然而，意识是否单纯意味着保持清醒呢？如果是，那么以下情况又该如何解释：你购物完回家，却不记得从购物中心到家里的行车路线？当然，你是清醒的，那你不记得的原因并不是你处于无意识状态。因此，**意识**（consciousness）被定义为在给定的任何时间里，我们所能知觉到的一切——我们的想法、情感、感觉和对外界环境的知觉。

4.1 自心理学发展初期，心理学家对意识的观点如何变化？
意识观点的变化

早期心理学家关于意识的本质的看法众说纷纭。威廉·詹姆斯把意识比作流动的河流（意识流），有时候会被意志影响，有时候不会。西格蒙德·弗洛伊德着重强调隐藏在意识背后的无意识愿望、想法和情感，因为它们能激发太多焦虑。与詹姆斯和弗洛伊德相反，

意识 在给定的任何时间里，我们所能意识到的一切——我们的想法、情感、感觉和对外界环境的知觉。

行为学家约翰·华生认为心理学家应该放弃对意识的研究,声称意识不能被科学地研究。由于深受行为主义影响,尤其在美国,心理学家几十年来都未对意识进行研究(Nelson,1996)。

近几十年,心理学研究者重新开始研究意识,测量生理节律、睡眠及**非常规意识状态**(altered states of consciousness)(由睡眠、冥想、催眠和药物产生的意识方面的改变)。现代大脑成像技术使得心理学家积累了大量证据,以便更好地理解意识的神经基础。因此,今天的心理学家对意识的研究主要集中在神经生物学领域。换言之,心理学家试图把意识的主观体验看成是对大脑内部变化的客观观察,比如观察睡觉和催眠状态下的意识(Parvizi & Damasio,2001)。

4.2 非常规意识状态和文化有什么联系?
文化和非常规意识状态

在世界诸多文化贯穿记载的历史中,人类已经发现了能够促使改变意识状态的方法(Ward,1994)。在其他文化下所使用的能改变意识状态的一些方法可能对大部分西方人来说很奇怪,并极具异国风情。在这些文化中,进入出神状态和体验神灵附体在很多宗教仪式和部落典礼上都可以看见。特别是,人们可以通过重复吟诵、鼓掌、唱歌,或以使人头晕的速度进行旋转,或通过焚烧浓烈、辛辣的香料进入出神状态。

▶祭祀旋转之舞使他们进入了一种非常规意识状态,这种意识状态被认为是宗教活动的一部分。

当一种文化的实践被另外一种文化的成员认定为离经叛道,则将产生文化冲突。当非西式实践观与西式观念在关于正常行为和精神疾病的问题发生交叠时,文化冲突就产生了。例如,一种被称为通灵的宗教活动与心理健康专家所采用的诊断标准是相互交叠的。在巴西,有一种深受人们欢迎的巫术——招魂术,巫师可以与死者灵魂进行沟通。灵媒巫师要接受离魂或将某人从物质世界分离出来这一能力的专业训练,使之可以进入精神世界。研究显示,有些灵媒巫师很难做到仅仅在降神会上使用招魂术(降神会是一种利

非常规意识状态 由睡眠、冥想、催眠和药物产生的意识方面的改变。

用灵媒将物质和精神世界连在一起的宗教仪式)。因此,临床医生建议,切断与物质世界的心理联系,这种做法对一些灵媒巫师的长期心理健康不利(Negro, Palladino-Negro, & Louza, 2002)。

在美国,一种被美洲土著人教会(Native American Church)成员称为佩奥特掌(peyote)或佩奥特碱(peyotism)的非法药物的使用颇具争议性(Feeney, 2007)。很久之前,法院裁定,土著人教会成员有权利在其宗教庆典上使用该药物。然而,一些心理健康研究专家坚持,宗教上使用佩奥特掌可能导致教会成员药物滥用的问题。他们指出,佩奥特掌,即便使用很小剂量,也会产生强效致幻效果。甚至,有专家指出,美洲土著人教会成员在宗教仪式上使用佩奥特掌的目的就是体验幻觉,而幻觉体验正是药物滥用诊断标准之一。

作为对这些评论的回应,美洲土著人教会佩奥特掌的使用支持者坚称,教会官员会严格规定仪式期间该药物的使用剂量。为了证明其声明,支持者引用事实,表明从未发生因为宗教仪式而导致佩奥特掌过量服用的相关案例报道(Jones, 2005)。教会官方教义亦谴责对佩奥特掌物质依赖是一种道德败坏。因此,支持者称,药物依赖不可能出现。此外,研究显示,佩奥特掌使用者在用药之后没有表现出长期影响(Halpern et al., 2005)。因此,佩奥特掌支持者声称,那些称宗教用药是滥用药物的精神健康研究专家,表达的是对当地美国土著人几个世纪来一贯的刻板成见。

事实上,如此众多能改变意识状态的方式被世界上不同文化的人所实践体验,这使得专家进行思索,是否存在一种普遍的产生并维持意识体验变化的人类需求(Ward, 1994, p.60)。这或许能解释为什么有些人使用药物来故意诱导改变意识状态。

记一记——什么是意识

1. 意识的同义词是_____。
2. 由于_____的影响,心理学家回避了几个世纪的意识研究。
3. 今天的心理学家关注意识的_____领域。
4. 睡眠、冥想、催眠和药物相联系的意识方面的改变被称作_____。
5. 媒灵要接受_____训练来达到意识状态的改变。
6. 在美国,法庭已经授权美国土著人出于宗教用途使用_____。

答案:1. 觉知 2. 行为主义 3. 神经生物学 4. 非常规意识状态 5. 离魂 6. 佩奥特掌

生理节律

你有在下午上课时打盹吗?如果有,你可能正在遭受生理节律的困扰。**生理节律**

> **生理节律** 在每24小时的周期里,身体机能和行为从高点到低点的有规律波动。

(circadian rhythms),即每24小时期间身体机能的有规律波动(见图4.1),将人类的身体机能与地球昼夜循环紧密联系。这样,我们在白天警觉度最高,而晚上警觉度最低。在讨论某些情境下发生生理节律紊乱之前,让我们来看看通常情况下生理节律是如何运行的。

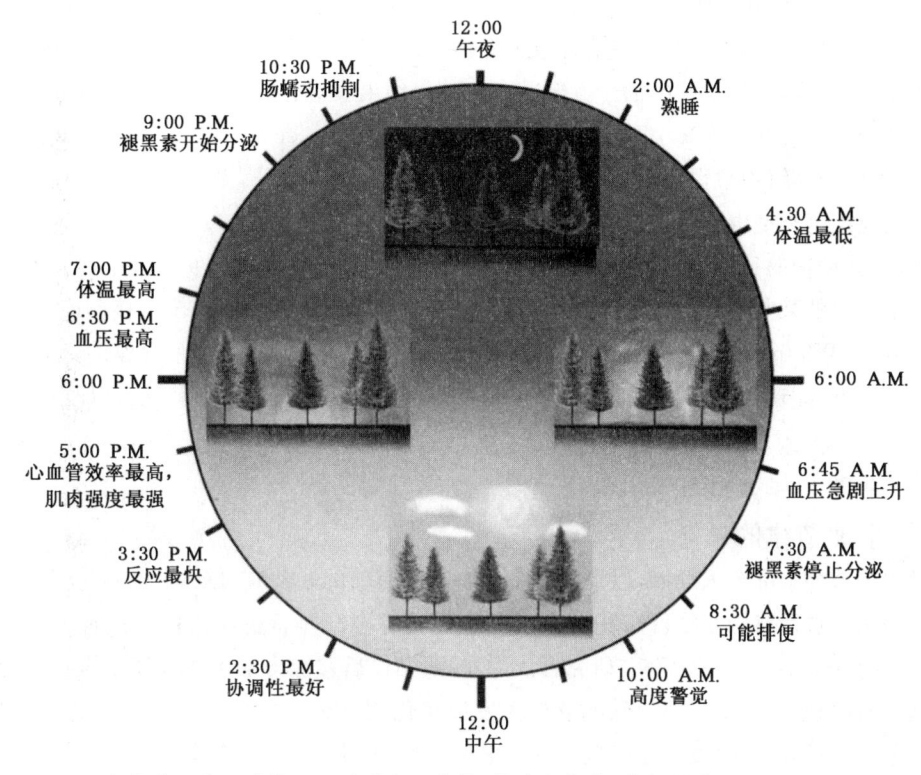

图4.1 生物钟 生理功能可以通过生理节律(俗称生物钟)进行调节。

4.3 生物因素和环境如何影响生理节律?

生理节律的生物基础

对于所有生物而言,从人类到脊椎动物到植物,甚至于单细胞生物,生理节律在维持生命的过程中均发挥重要作用(Rea, Bierman, Figeiro, & Bullough, 2000)。生理机能,如血压、心率、食欲、激素分泌、消化酶、感知敏感度,甚至机体对于药物的反应,都与生理节律同步(Hrushesky, 1994;Morofushi et al., 2001)。此外,昼夜节律的计时系统实际上包含了研究者所研究的所有生理和心理变量(Kurnz & Herrmann, 2000)。

有两种非常重要的生理节律,即睡眠觉醒周期和日常体温波动。正常人体体温在凌晨三点到四点时下降到36~36.4 ℃,而在傍晚六到八点时上升到37 ℃。人们在体温达到最低时睡眠最深,而在体温到达最高时最警醒。警觉度也遵从生理节律,与睡眠觉醒周期完全不同(Monk, 1989)。对大多数人而言,警觉度在下午两点到五点之间和上午两点到七点之间下降(Webb, 1995)。

在对哺乳动物生理节律的研究中,研究者发现位于下丘脑处的**视交叉上核**(suprachiasmatic nucleus, SCN)是人体生物节律中心(Sack et al., 2007)。视交叉上核,即一对小巧的、约针头大小的大脑结构,控制着生理节律的计时(Moor-Ede, 1993)。但是,生理节律的变化并没有严格遵循生物因素;环境因素也起着一定作用。其中,最重要的环境因素是强光,尤其是阳光(Davidson et al., 2009)。眼睛后部视网膜上的感光细胞对进入眼睛的光线数量作出反应,并将这些信息通过视神经传递到视交叉上核。视交叉上核再通过位于大脑中央的松果体发出信号。松果体将对此作出反应:从黄昏到黎明之前分泌一种激素,即褪黑素,共约为9小时,但在白天却不分泌(Kripke et al., 2005)。褪黑素促进睡眠,能使得身体组织意识到一天的时间和一年的时间(Benarroch, 2008)。

其他细胞类型也会对昼夜节律作出反应。研究人员在研究比人类简单的脊椎动物时发现,一些动物的身体器官若暴露在光下,则会自行设置生物钟并维护生理节律。当将这些脊椎动物的某些单个细胞取出放于实验室里,它们会对昼夜节律作出直接反应(Abe et al., 2002; Whitmore et al., 2000)。这些发现为用阳光治疗生理节律紊乱提供支持证据。正如你在下一节将学习到,其他紊乱类型可以仅通过简单的行为改变就能得以改善。

4.4 生理节律紊乱如何影响身心?

生理节律的破坏

生理节律紊乱令人烦恼,以下将介绍一些行之有效的紊乱应对策略。

睡眠相位后移综合征(DSPS)。睡眠相位后移综合征是青少年人群中最常见的生理节律障碍(Sack et al., 2007)。研究者认为,睡眠相位后移综合征由青春期激素水平变化引起,并且由于青春期压力导致的熬夜而发展恶化(Sack et al., 2007)。一旦患上睡眠相位后移综合征,患者会发现在凌晨三点前很难入睡,即使他们并不想熬夜。睡眠相位后移综合征患者与正常节律的人睡眠所需时间相同,因此,他们自然醒的时间通常是中午。无论是睡八小时还是超过八小时,几乎所有睡眠相位后移综合征患者都会在下午感到很困,并且无法保持清醒。

睡眠相位后移综合征大学生患者可以通过免修早课的方式进行调节。然而,睡眠相位后移综合征同样也会使他们在下午的课程中力不从心。有好消息称,睡眠相位后移综合征不是永恒的状态,是可以调节治疗的。研究者发现,睡眠相位后移综合征可以通过避免在午夜到凌晨三点进行社交活动和进食来控制,然后逐渐调整睡眠时间。例如,如果一个学生习惯的就寝时间是凌晨三点,则他可以尝试接下来几天在凌晨两点半就寝,一旦两点半的就寝时间成为习惯,那么他就可以把就寝时间再调整到2:00,然后1:30,直到达到他满意的睡醒点和白天的警觉度。

睡眠相位前移综合征(ASPS)。很多年纪大一些的成年人患有一种正好相反的生理节律障碍,即睡眠相位前移综合征(Sack et al., 2007)。他们很早就想睡觉,有时甚至是晚

视交叉上核 一对位于下丘脑的很小的大脑结构,控制生理节律;生物钟。

上六点，不出所料，他们在凌晨两三点就醒。正如睡眠相位后移综合征患者，睡眠相位前移综合征患者在白天昏昏欲睡。患者可以通过避免夜晚的社交活动来进行调整，这种调整方式颇受争议，因为这与整个文化环境不协调。睡眠相位前移综合征起因尚不清楚，但是可以通过类似于上述治疗睡眠相位后移综合征的方式来进行调整，逐步把睡觉时间调回来。

时差。 假设你从芝加哥坐飞机到伦敦，飞机于芝加哥当地时间中午十二点到达，而这个时候你通常在睡觉。同理，当芝加哥是午夜时，伦敦则是早上六点，差不多到你要起床的时间。钟声、太阳以及在伦敦的一切都告诉你，现在是清晨，但是你仍然感觉这是午夜。你正在体验时差。

慢性时差，如飞行员和空中服务人员都曾体验，产生的记忆障碍可能是永久的（Cho, 2001；Cho, et al., 2000）。你可能会想，定期在不同时区间穿梭的飞机工作人员可能会习惯于他们的时间表。然而，研究表明，即使是资深飞机工作人员，也和第一次进行洲际旅行的乘客一样，会经历时差（Criglington, 1998）。

调查发现，旅游者可以在出发前几天，通过将他们的睡眠时间每天提前一个小时，从而在某种程度上避免时差（Eastman et al., 2005）。当然，这些策略不能被所有旅游者采纳，尤其是那些在短时间内进行远途旅行者。例如，空中服务人员在短短几天内可能跨越好几个时区。对他们而言，恢复生理节律的最好方法是：沐浴早晨明媚的阳光、避免夜晚强烈灯光，补充褪黑素（Sack et al., 2007a）。

▶研究表明，经常飞行者，如飞机工作人员，很有可能也会跟第一次进行洲际旅行的乘客一样经历时差。

倒班。 同样，如果人们在**主观夜**（subjective night）工作，警觉度和工作表现会下降，因为他们体内的生物钟告诉他们该睡觉了（Sack et al., 2007a）。在主观夜，能量和效率降到了最低点，反应时间最慢，生产力下降，工作事故可能性更高。在一项研究中，超过百分之

主观夜 每24小时，生物钟告诉个体应该去睡觉。

十七的商业长途卡车司机承认有过（车辆）侥幸免撞的情况（Häkkänen & Summala，1999）。此外，倒班工作者比不倒班的工作者睡眠时间更少（Bonnefond et al.，2006）。研究显示，倒班工作的危害性可以持续几个月甚至几年，直到倒班工作结束（Rouch，Wild，Ansiau，& Marquie，2005）。

把工作时间表从白天移到晚上会使调节更加容易，因为人们发现迟睡迟起比早睡早起要容易得多。每三周轮流换班代替每周换班可以降低对睡眠的影响（Pilcher et al.，2000）。科学家正在研究一种名叫莫达非尼的能使人清醒的药物，这种药物可以帮助人们保持警戒，同时又没咖啡因一类兴奋剂的副作用（Wesensten et al.，2002）。但是在工作上保持清醒和警戒仅仅只是和轮班工作相关的问题之一。另一个问题是睡眠相位后移综合征。轮班工作者即使是在很累的时候也很难入睡。而褪黑素的供应可能在某些场合下起作用（Aminian，Pouryaghoub & Yazdi，2008）。科学家还发现一些换班工作者受益于一种叫作遮光罩（light mask）的设备。这种设备可以让研究者控制进入被试眼睑中的光的数量。关于遮光罩的研究显示，使被试在睡眠的最后4个小时暴露在光亮下可以有效地调整睡眠延迟（Cole et al.，2002）。因此，该设备有助于治疗倒班所产生的睡眠障碍。

4.5 将生理节律和神经障碍相结合的研究如何运用于实际？
昼夜节律和神经系统障碍

鉴于生物周期节律的神经学基础，你认为这些节律和大脑损伤、神经系统疾病或者精神疾病有关联吗？我们以V.D.为案例探讨这个问题。V.D.，54岁，从脚手架上摔下来，之后头部受伤（Florida Institute for Neurologic Rehabilitation, Inc., 2002）。V.D.所患的创伤并发症之一是难以入睡，入睡后又难以醒来。这种问题在头部受伤的病人中很常见（Thaxton & Myers，2002），原因在于这种创伤和许多神经系统疾病和精神疾病一样，都与生理节律功能的受损有关。因此，和轮班工作者一样，很多头部受伤的病人都会遭受睡眠觉醒周期的干扰。专家认为，这类睡眠——觉醒问题给病人造成巨大的压力，建议运用类似于倒班工人重新建立生物钟的方法加以改善。

生理节律和神经系统疾病相关性研究为阿尔茨海默病的诊断提供了新方法。非正常生物周期节律在阿尔茨海默病患者中很常见（Harper et al.，2006；Volicer et al.，2001）。非阿尔茨海默病类型的痴呆症患者，和那些自认为患有记忆问题的患者一样，都是正常老化的结果，不太可能会出现节律障碍。因此，研究者相信，追踪患者日常体温和其他生理变量（如心率），将为区分阿尔茨海默病和其他种类的痴呆症提供更简单的方法（Cromie，2001）。这种区分是很重要的，因为不同种类的痴呆需要不同种类的治疗方法。对疑似阿尔茨海默病患者进行尸体解剖发现，将近三分之一的患者并未患上阿尔茨海默病，因此当前阿尔茨海默病诊断方法尚不全面（Cromie，2001）。

了解昼夜节律干扰，有助于看护人员更好地照顾阿尔茨海默病患者。阿尔茨海默病患者有两种非典型的昼夜节律，即睡眠困难和日落综合征——日落后有加重的现象

(Volicer et al., 2001)。照顾患有日落综合征的阿尔茨海默病患者,使照料者自身也出现睡眠障碍。因此,调查者希望尽快改善这种模式,从而使病人和照料者都受益。

记一记——生理节律

1. 生理节律尤为重要的两方面是睡眠觉醒周期和_____的昼夜波动。
2. 当人体温度达到_____点时,睡眠质量最好。
3. 作为人体生物钟的结构是_____。
4. 暴露在_____下有助于许多旅行者克服时差的影响。
5. 当人在_____期间工作,警戒性和表现会下降。
6. _____是一种被认为能够调节生物钟的激素。

答案:1. 体温 2. 最低 3. 视交叉上核 4. 亮光 5. 主观夜 6. 褪黑素

睡眠

据早期资料记载,睡眠觉醒周期是一种生理节律。然而,在我们的睡眠阶段究竟发生了什么呢?20世纪初,人们并不知晓睡眠的意识状态。19世纪50年代,有几所大学成立了睡眠实验室,以监测人们在睡眠过程中的脑电波、眼动、肌肉紧张力、心率和呼吸率。对睡眠记录(多导睡眠图)进行分析,研究者发现两种主要的睡眠类型,接下来将作讨论。

4.6 睡眠恢复理论和睡眠节律理论有何不同?

人为什么要睡觉

你认为睡觉是浪费时间吗,尤其当第二天必须上交期末作业?(当然,如果你从未想要拖延作业提交,就无须面对失眠之夜了!)事实上,良好的睡眠习惯对取得好成绩至关重要。这是为什么?

有两个互补的理论可以用来解释为什么我们需要睡眠。第一个理论,即**睡眠恢复理论**(restorative theory of sleep)指出,保持清醒需要消耗体力和脑力,而睡眠有助于恢复身体和大脑机能(Gokcebay et al., 1994)。现今有一个支持此理论的有力证据:睡眠的功能的确包括恢复精力并巩固记忆(Kunz & Herrmann, 2000)。第二个理论,即**睡眠节律理论**(circadian theory of sleep),又称进化理论。该理论假设睡眠经过演变,能使人类在黑夜免受伤害,尤其是避免受到夜间捕食者的伤害。

亚历山大·博尔贝(1984;Borbely et al., 1989)解释了如何运用节律理论和恢复理

睡眠恢复理论　该理论认为,睡眠的功能是恢复身体和大脑机能。

睡眠节律理论　即进化理论,该理论认为,睡眠可以保护人类在夜晚不受伤害。

论解释睡眠。人们在一定的时间想睡觉,这与节律理论相一致。睡得越多,人清醒的时间越长,这与睡眠恢复理论相一致。换言之,睡眠需求一部分是由人们清醒的时长决定,另一部分是由一天的时间决定(Webb,1995)。

4.7 快速眼动睡眠和非快速眼动睡眠有何不同?
睡眠类型:非快速眼动睡眠和快速眼动睡眠

两种主要的睡眠类型是非快速眼动睡眠(non-rapid eye movement sleep)和快速眼动睡眠(rapid eye movement sleep)。在**非快速眼动睡眠**(NREM sleep)阶段,没有快速的眼动。心率和呼吸率低但很有规律,身体活动很少,血压和大脑活动达到一天里的最低点。**快速眼动睡眠**(REM sleep)则极其活跃,因此被称为"活跃睡眠",REM 占到整个正常睡眠时间的 20%~25%。在快速眼动睡眠阶段,有强烈的脑部活动。事实上,在快速眼动睡眠开始的 1 到 2 分钟内,大脑新陈代谢加速,温度迅速上升(Krueger & Takahashi,1997)。肾上腺素被释放,从而使血压升高,心率与呼吸更快且不规则。溃疡患者白天可能分泌肾上腺素 3 到 20 次,正如白天胃酸分泌过多一样,从而导致晚上痛醒(Webb,1975)。在快速眼动阶段,相对于内部的警醒状态,外部却处于平静状态。手臂、腿、躯干肌肉处于瘫痪状态(Chase & Morales,1990)。一些研究者认为这种状态可以防止梦游。然而,在快速眼动睡眠行为障碍这一少见的疾病状态下,患者在快速眼动睡眠中不会出现瘫痪状态。因此,他们可能变得粗暴,甚至会对他们自己以及同床的人造成伤害,对家庭也会造成损害(Uddin & Jarmi,2009)。

观察一个人睡者的快速眼动阶段,你会发现他的眼珠在眼睑内移动。1952 年,尤金·阿泽林斯基(Eugene Azerinsky)首先发现快速眼动的这一现象,威廉·德门特和纳撒尼尔·柯莱特曼(Dement & Kleitman,1957)也共同研究了快速眼动睡眠和梦之间的关系。最为生动的梦往往出现在快速眼动睡眠阶段。从快速眼动睡眠中醒来,80%的人称他们做过梦(Carskadon & Dement,1989)。并且,如果从该阶段醒来并且保持几分钟的清醒,在至少 30 分钟内你可能回不到快速眼动睡眠。这就是大部分人从美梦中途醒来之后却失望地发现很难再入梦乡的原因。

几乎自出生起,不管做什么梦,男性在快速眼动睡眠阶段都会出现完全或部分勃起,而女性的阴道则变得肿胀和润滑。因为睡眠者在快速眼动睡眠的最后阶段比非快速眼动睡眠更容易自然醒来,男性醒来时通常伴有勃起(Campbell,1985)。对于男性而言,快速眼动时的勃起,即使是偶然的,也十分重要。这表明了男性阳痿由心理因素所引起。而从未有过勃起则很有可能说明其问题是器质性的。

> **非快速眼动睡眠**　由四个阶段组成,其特征是呼吸和心率慢且有规律,无快速眼动,血压和脑部活动达到 24 小时中的最低点。
>
> **快速眼动睡眠**　一种典型的睡眠模式,伴随有快速眼动,大范围的肌肉麻痹,心率和呼吸快而不规则,脑电波活动增加,还伴有梦境。

4.8 一晚睡眠中非快速眼动和快速眼动睡眠阶段如何进展?
睡眠周期

你可能会惊奇地发现,自己每个晚上的睡眠遵循了一个可预见性模式。我们的睡眠具有周期性。每个**睡眠周期**(sleep cycle)持续约90分钟,一个人有一段或多段非快速眼动睡眠,其后均伴随一段快速眼动睡眠。图4.2展现了一晚睡眠中的非快速眼动和快速眼动睡眠模式的进展。让我们来观察一下一个成年人一晚上的典型睡眠模式。

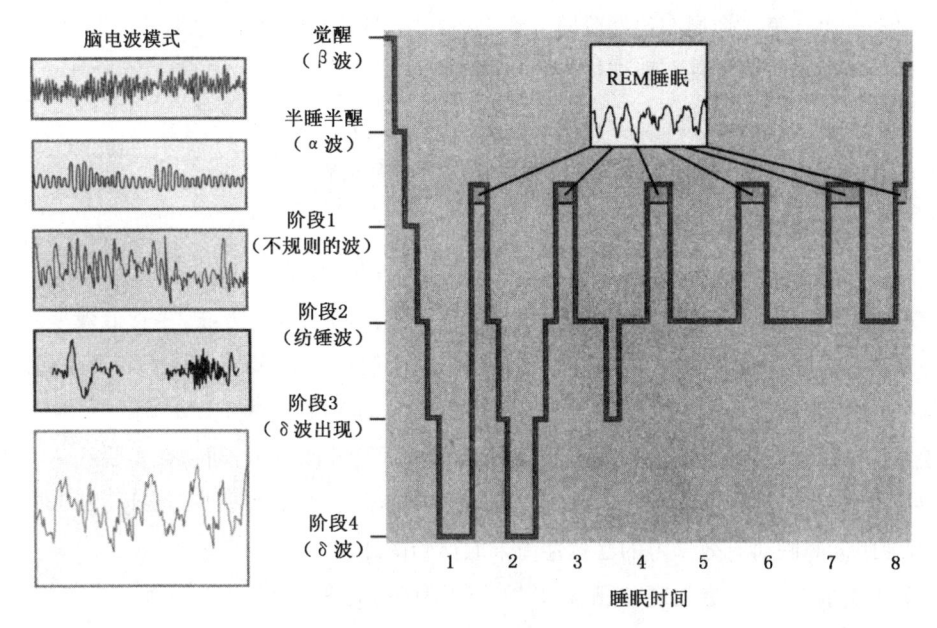

图4.2 睡眠不同阶段的脑电波模式图 根据整晚睡眠期间脑电图所记录的脑电波活动,研究者已经确定脑电波模式与不同的睡眠阶段有关。在这四个非眼动睡眠阶段,脑电波模式从阶段1和2快而小的波转变为阶段3和4慢而大的δ波。

困倦期:当α波比β波更频繁出现时,人开始嗜睡。

阶段1:从清醒过渡到睡眠,波动无规则但偶尔出现α波。

阶段2:从浅睡期到深睡期,**纺锤波**(sleep spindles)(平稳与剧烈变化交替出现的波动)出现。

阶段3:更深的睡眠。当脑电图显示20%的脑电波呈δ波时,**慢波睡眠**开始。

阶段4:最深睡眠。当50%波是δ波时,**阶段4睡眠**(Stage 4 sleep)开始。大概40分

睡眠周期 持续大约90分钟的睡眠期,包括一个或多个NREM睡眠和紧随其后的REM睡眠。

纺锤波 睡眠第二阶段,脑电波显示为平稳交互的波动,之后被剧烈短暂的波动打断。

慢波睡眠 深度睡眠与阶段3和阶段4有关。

阶段4睡眠 NREM睡眠最深,脑电图显示有50%脑电波是δ波。

钟后δ波开始消失。

返回阶段1:快速地从深睡(阶段4)开始,经过相对深度睡眠(阶段3)到浅睡眠(阶段2)再到转醒阶段(阶段1)。

快速眼动阶段:在睡眠者回到阶段1之后的短时间内,快速眼动阶段开始,在此阶段前后睡眠者可能很容易醒过来。

阶段1:快速眼动阶段结束之后,新的周期开始。第一个周期包括阶段1到4和一个快速眼动阶段。第二个周期包括阶段2到4和一个快速眼动阶段。之后的周期仅包括阶段2和快速眼动阶段。每个周期持续约90分钟。

4.9 研究者发现快速眼动睡眠与记忆有何联系?

快速眼动睡眠和记忆

就个人经历你可能会发现,若在一场大型考试前夜通宵学习,则会导致在真实考试中频繁打哈欠和瞌睡。但是你是否发现,这一时下流行的考试准备方法,尽管低效率,却可以缩短学习过程?研究者发现,快速眼动睡眠有助于信息处理,有助于人们将日常经历进行筛分,以便在脑海中组织并储存与此相关的信息。动物研究为REM睡眠与学习之间的关系提供了强有力的证据(Valeo,2008)。然而,研究者也表示,动物在实验约4天后,变得可以忍受快速眼动睡眠缺失,并且回到缺失前的学习表现水平(Kennedy,2002)。于是,快速眼动睡眠对有效学习的必然性尚未取得确凿证据。

就人类而言,研究者发现,睡眠将对学习后记忆的巩固起至关重要的作用。卡尔尼等人(Karni et al.,1994)发现,在被试学习新的知觉技能的实验中,如果让被试者在学习之前保持正常睡眠,或仅扰乱其快速眼动睡眠,则8到10小时之后,不需额外练习,他的技能表现会提高。然而,对于那些被剥夺了快速眼动睡眠的被试来说,其技能表现并未得到提高。即使仅包括慢波和快速眼动睡眠的打盹也具有增强学习效果的作用(Nishida,Pearsall,Buckner,& Walker,2008)。

尽管心理学家目前尚不熟悉快速眼动睡眠的功能,但其重要性不容置疑。事实上,新生儿的快速眼动睡眠所占比例极高,说明这种类型的睡眠对婴儿期的大脑发育是必需的(Siegel,2005)。此外,缺乏快速眼动睡眠将导致睡眠不足或者某些疾病的产生,可以通过增加一定量的快速眼动睡眠来对此加以弥补,这被称为**快速眼动反弹**(REM rebound)现象。在快速眼动反弹阶段,由于快速眼动睡眠强度增加,因此人经常会做梦魇。酒精、苯丙胺类、可卡因和迷幻药能够抑制快速眼动睡眠,因此使用此类药物将导致快速眼动反弹(Porte & Hobson,1996)。

> **快速眼动反弹** 快速眼动睡眠缺失将导致快速眼动睡眠量的增加,常伴有不愉快的梦或梦魇。

4.10 年龄和个体差异怎样影响人的睡眠模式？
睡眠差异

你有没有和朋友讨论过，一个人需要多少睡眠时间才能使自己在接下来的一天感觉精力充沛？如果有，则说明你已注意到不同个体对睡眠需求量是不同的。但是我们究竟需要多长时间的睡眠？许多人听说过8小时的睡眠时间最为健康。研究者并不同意这一观点。在始于1982年的一项纵向研究中，超过100万的美国人被问及他们的睡眠习惯。而20年后，调研报告显示，每晚睡眠小于或等于6小时的人，以及每晚睡眠超过8小时的人，比每晚睡眠约7小时的成年人死亡率要高(Kripke et al., 2002)。

该研究是否意味着我们要力争每晚睡整整7小时？并非如此，因为这些发现具有相关性。在这项研究中，我们无法推断因睡眠量的不同造成死亡率的不同。因患有疾病而早逝的人可能睡眠时间少，这由他们疾病的相关症状或者出于对自己健康状况的焦虑所致。此外，这种类型的研究针对的是普通人群。不同个体对睡眠需求量具有相当大的差异性，而且就个人而言，一定量的睡眠可能在人生的某一阶段是充足的，而在另一阶段则是不够的。

不同年龄段的睡眠需求量也各不相同。通常年纪越大，需要的睡眠越少（见图4.3）。非快速眼动睡眠与快速眼动睡眠的比例在不同的年龄段均不同。对婴儿和儿童而言，快速眼动和慢波睡眠占的比例最大(Siegel, 2005)。然而，较之其他年龄段，婴儿和儿童具有更多不规则睡眠模式(Millman, 2005)。相反，6岁到青春期的孩子的睡眠比较稳定，他们容易入睡，整个晚上能酣睡10到11小时，且白天警醒有活力。此外，他们通常每天在同样的时间点睡觉和醒来。

▶普通人一天需要睡多久？睡眠需求因人而异，但是这些人明显睡眠不足。

通常，随着年龄增长，睡眠量减少，睡眠质量有所降低。一些研究者推测，这种睡眠量减少是由于睡眠需求量减少而产生的，是人们自然老化过程的一部分(Klerman & Dijk, 2008)。尽管如此，许多年长者认为这种衰退将威胁他们的生活质量。在北美、欧洲和日本，一项大规模调查结果显示，多达2/3的人有日间嗜睡、夜间觉醒和失眠的经历(Diaper & Hindmarch, 2005)。然而，尽管30到50岁慢波睡眠大体上在减少(Van Cauter, 2000)，快速眼动睡眠所占比例始终保持不变(Moran & Stoudemire, 1992)。

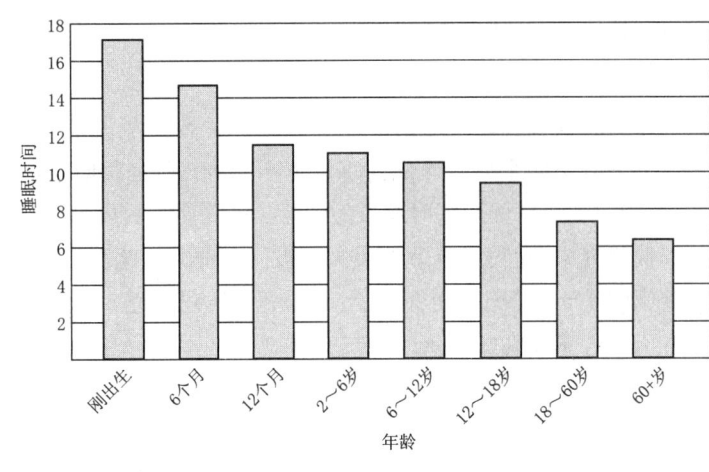

图4.3 人一生平均日常睡眠时间 贯穿一生,每24小时需要的睡眠量在减少。来源:Foley, Ancoli-Israel, Britz, & Walsh(2004); Hansen, Janssen, Schiff, & Ziff(2005); Iglowstein, Jenni, Molinari, & Largo(2003); Millman(2005); Mindell(1999); Ohayan, Carskadon, Guilleminault, & Vitiello(2004)。

4.11 睡眠剥夺怎样影响人的行为和神经系统功能?

睡眠剥夺

你保持清醒的最长时间是多久?将近48小时?有些人甚至连续几个夜晚熬夜奋战期末考试。如果你连续2个或3个晚上不睡觉,则将感觉自己难以集中注意力、总是出差错、变得易怒。研究者认为,在周末推迟入睡时间而造成少量睡眠时间缺失,将导致周一早晨认知表现降低(Chee et al., 2008)。

如果连续60个小时没有睡眠,人的认知表现会明显减弱,甚至出现少许幻觉。大部分尝试长时间保持警醒的人,都会经历**微睡眠**(microsleeps),即打盹,一般持续2—3秒钟。如果你曾经在课堂上或者在一次长途汽车旅行中有过几秒钟的打盹,那么你就可能经历过微睡眠。注意:如果你驾驶时感觉很困,那么你不应该依赖一股冷风或者调高收音机音量来使自己保持30分钟的清醒(Reyner & Horne, 1998)。

研究者已发现,睡眠缺失会导致多种认知表现下降,比如:不管儿童还是成年人,睡眠缺失将使他们无法回忆最近刚学过的知识(Sadeh et al., 2003)。当睡眠缺失者与非睡眠缺失者执行认知任务时,其大脑特定区域呈现最活跃(或最不活跃)状态,然而直到现在,对这个大脑特定区域的认识仍不明确。

德拉蒙德等人(Drummond et al., 2000)在一次言语学习任务过程中,借助大脑成像技术绘制两组被试的大脑活动模式图:其中实验组被试缺失35小时睡眠,控制组被试保持正常睡眠。在控制组中,前额叶和颞叶高度活跃。正如所预期的,保持正常睡眠的被试

> **微睡眠** 从清醒到睡眠短暂的打盹(2到3秒),通常发生在个体睡眠缺失的情况下。

（即控制组），在学习任务中，得分远远高于睡眠缺失被试（即实验组）。然而令人意外的是，睡眠缺失被试前额叶区域的活跃性更高。控制组的颞叶活动性高而实验组的颞叶活动完全不活跃。而且，实验组顶叶活跃性高，似乎在弥补睡眠缺失状态。在学习任务中，顶叶越活跃，则睡眠缺失被试得分越高。

这项研究首次使用脑成像技术来检测睡眠缺失对言语学习的影响，并得出在任务学习过程中，睡眠缺失将严重削弱认知功能的结论。该研究也显示，顶叶的代偿机制在一定程度上能补偿削弱的认知功能（Drummond et al.，2000）。

4.12 困扰睡眠者的各种紊乱症是什么？
睡眠障碍

到目前为止，我们的讨论重点都围绕特定类型睡眠者的一个特定夜晚。但是，那些自称患有睡眠问题的其他患者又是怎样的呢？

异睡症。 你睡觉的时候会行走或说话吗？或者，你的亲人或室友曾有过这样的行为吗？心理学家用专业术语异睡症来指代这一行为。**异睡症**（parasomnias）是一种睡眠扰动，指通常仅出现于清醒情况下的行为和心理状态却在睡眠阶段出现了（Schenck & Mahowald，2000）。例如，梦游发生在睡眠的第四阶段，即睡眠者处于沉睡的阶段（Ackroyd, D'Cruz, & Sharp, 2007）。在这一阶段，梦游者可能会起床，在房间内闲逛，或者站站小会儿，然后回到床上睡觉。有时，他们会穿上衣服，吃零食，或者洗澡，甚至开车（Schenck & Mahowald, 1995）。然而第二天他们对于昨晚发生的事通常没有记忆（Moldofsky et al., 1995）。

夜惊症也发生在睡眠的第四阶段。夜惊症通常开始于尖叫。睡眠者在恐慌中突然跃起，眼睛大睁，大汗淋漓，呼吸急促，心跳比正常状态快 2 倍或以上（Karacan, 1988）。夜惊症通常会持续 5 到 15 分钟，之后睡眠者又陷入睡眠。高达 5% 的孩子有夜惊症（Connelly, 2008），但是成人仅占 1%（Partinen, 1994）。家长不必对孩子的夜惊症过度恐慌，但是，夜惊症若从青春期持续到成年期，则表明该症状在加重（Horne, 1992）。成人出现夜惊症，则表明他们有过多的焦虑或其他心理问题。

不同于夜惊症，梦魇是令人恐惧的梦，它发生在快速眼动睡眠阶段，醒来后仍可回忆起生动形象的梦中情境。梦魇的内容通常关于掉入深渊、被追杀、恐吓或袭击。梦魇是不顺心生活经历的反映（Krakow & Zadra, 2006）。常见于高烧、焦虑和情绪突变期。在停药或长期睡眠缺失期间的快速眼动反弹也将导致梦魇。夜惊症发生于睡眠第 4 阶段早期，而梦魇接近早晨时发生，此时快速眼动睡眠时间最长。频繁发生梦魇可能与心理失调有关（Berquier & Aston, 1992）。

梦呓能在睡眠的任何一个阶段发生，且较之于成人，在儿童身上出现更为频繁（Ackroyd, D'Cruz, & Sharp, 2007）。目前尚无法证明梦呓与生理或心理障碍，甚至是罪恶感

异睡症 睡眠障碍，睡眠中出现通常只在清醒时期才会发生的行为和心理状态。

有关。梦呓者很少会回应问题,通常低声呢喃一些对听者来说毫无意义的词或短语。

对于异睡症患者,医生通常首先检查他们是否存在导致睡眠障碍的隐性疾病或者心理因素,并在此基础上进行治疗(Sharma, 2006)。一旦发现隐性病状,医生将进行直接治疗,并且相信治疗这些隐性疾病可以缓解患者的异睡症症状。不论处方还是非处方的睡眠诱导药物,这些药物都被视为异睡症治疗中的最后方案。其原因在于,这些睡眠药物潜在的副作用和产生的药物依赖远远大于其暂时药效。相反,医生建议患者遵从睡眠卫生准则,具体可参见**应用**这一部分。

128 **睡眠失调**。一些睡眠障碍会使患者大伤元气,并影响其一生生活。**睡眠失调**(dyssomnias),闻如其名,与睡眠的定时、质量和数量有关。比如说,**嗜睡症**(narcolepsy)是一种以白天周期性睡眠为特征的无法治愈的睡眠障碍,患者几乎立即进入快速眼动睡眠。持续时间通常为10到20分钟(Bozorg & Benbadis, 2008)。仅在美国,就有250 000到350 000人患有嗜睡症,他们在任何地方都很容易出事故——比如开车、工作以及家里(Broughton & Broughton, 1994)。嗜睡症由调节睡眠脑区异常造成,同时它有遗传性(Billiard et al., 1994;Partinen, 1994)。一些狗易得嗜睡症,目前已经从犬科研究中发现这种睡眠障碍的遗传性。

▲这只狗正在遭受嗜睡症,目前已从犬科研究中发现许多这种睡眠障碍的信息。

应用——怎样获得好睡眠

你会怎样描述自己的睡眠习惯?还能改善吗?尽管当你一听到**卫生**这个术语时,洗手这个词就会在你的脑海中跳出来,但是卫生保健专业人员会把它作为一项长期预防保健的措施。因此,**睡眠卫生**指让我们遵从准则来减少发生睡眠问题的风险。梅奥诊所(2006)汇编了一张实践睡眠卫生准则的要点清单,你可以在网站 http://mayoclinic.com 中看到。这里是最重要的几条:

● 养成按时睡觉和起床的习惯

> **睡眠失调** 一类睡眠障碍,睡眠定时、质量和数量受损。
> **嗜睡症** 一种以白天困倦为特征的无法治愈的睡眠障碍,发作时患者几乎立即进入快速眼动睡眠。

- 睡觉前不要吃或喝太多
- 控制白天尼古丁和咖啡因的摄入量
- 定期锻炼
- 房间保持舒适的温度和光亮
- 白天不要打盹
- 尽可能地使你的床睡起来舒服
- 建立一个能让你放松的上床睡觉流程
- 不要清醒地躺在床上超过30分钟,可以先起床做一些事直到自己感到困了再回去睡
- 超过睡眠时间点时不要迫使自己保持清醒
- 避免服用助眠药物,除非你绝对需要

超过一百万的美国人——大多数为肥胖人群——遭受另一种睡眠障碍的困扰,即**睡眠呼吸暂停**(sleep apnea)。患者在睡觉时会发生间歇性呼吸暂停,而患者为了能继续呼吸将暂时性苏醒(Kakkar, 2009)。睡眠呼吸暂停的主要特征为:白天困倦和极响的打鼾声,通常伴有鼻息声、喘气、憋气声。睡眠呼吸暂停患者会在入睡后发生呼吸暂停,这就迫使患者醒来以重获呼吸。患者在半清醒的状态下喘息几次后,将继续入睡,然后又将再次停止呼吸。严重的睡眠呼吸暂停患者每晚几乎会为了喘息要醒过来800多次。酒精和镇静剂会加重病情(Langevin et al., 1992)。

约有三分之一的成年美国人遭受**失眠**(insomnia)的困扰。失眠是一种以难以入睡、难以保持睡眠、早醒、浅睡眠、不安或睡眠质量差为特征的睡眠障碍(Passaro, 2008)。上述任一症状都将导致白天功能下降(Sateia et al., 2000)。三周或三周以下的暂时性失眠,则可能由时差、情绪过高(例如正在筹办即将举行的婚礼)或情绪过低(失去爱人或工作)、影响睡眠的暂时性疾病或受伤引起(Reite et al., 1995)。然而,习惯性失眠则更为严重。习惯性失眠通常长达几个月甚至几年,约10%的成人饱受习惯性失眠折磨。而女性、老人、精神疾病患者和内科疾病患者的比例更高(Costa E Silva et al., 1996)。

本章开篇已经讨论了医生避免使用睡眠药物来治疗异睡症。这也同样适用于睡眠失调患者,但是在危及个体生命的状况下,睡眠失调者比异睡症患者更需要使用处方药。例如,当嗜睡症患者正在开车时,需要服用兴奋剂使其维持清醒状态,因为开车时睡着是非常危险的(Bozorg & Benbadis, 2008)。睡眠呼吸暂停患者可以通过药物、能唤醒患者的电子设备或手术进行治疗(Dahloef et al., 2002)。总之,失眠可以用药物治疗,但是,在大

睡眠呼吸暂停 一种以周期性睡眠呼吸停止,个体必须为了重获呼吸而短暂苏醒为特征的睡眠障碍。

失眠 一种以难以入睡、难以保持睡眠、早醒、浅睡眠、不安或睡眠质量差为特征的睡眠障碍。

多数情况下,医生鼓励病人通过养成良好的睡眠卫生习惯以获得长期睡眠改善。

接下来将在**复习**中总结睡眠障碍。

复习——睡眠障碍

障碍	症状
异睡症	
梦 游	发生于睡眠第四阶段
夜 惊	发生于睡眠第四阶段;睡眠者在入睡后不久,从恐慌状态中突然跳起
梦 魇	发生于快速眼动睡眠;患者能回忆起生动的梦境细节
梦 呓	睡觉说话;发生于睡眠任何阶段
睡眠失调	
嗜睡症	不可治愈;白天疲倦;发作时患者几乎立即进入快速眼动睡眠
睡眠呼吸暂停	周期性睡眠呼吸暂停;个体必须为重获呼吸而暂时苏醒
失 眠	难以入睡、难以保持睡眠,早醒、浅睡眠、不安或睡眠质量差

记一记——睡眠

1. 两种解释睡眠功能的主要理论分别是_____和_____理论。
2. 在_____睡眠中,心率和呼吸缓慢而有规律。
3. 在_____睡眠时伴有激烈的脑活动和大范围肌肉麻痹。
4. 请将下列各类非快速眼动睡眠阶段与其特征进行连线:

    _____(1) 清醒和睡眠的过渡期　　　　　　a. 阶段 1

    _____(2) 最深度的睡眠发生　　　　　　　b. 阶段 2

    _____(3) 慢波睡眠开始　　　　　　　　　c. 阶段 3

    _____(4) 睡眠纺锤波　　　　　　　　　　d. 阶段 4

5. 在_____睡眠时,大脑巩固和组织记忆。
6. 不管哪个年龄阶段,_____和_____所占快速眼动睡眠和慢波睡眠比例最高。
7. 请将下列睡眠问题与其描述或相关症状匹配:

    _____(1) 白天不可控制的睡眠　　　　　　　a. 嗜睡症

    _____(2) 非常恐怖的梦,发生在快速眼动睡眠阶段　b. 睡眠呼吸暂停

    _____(3) 睡眠呼吸停止　　　　　　　　　　c. 失眠

    _____(4) 难以入睡或难以保持睡眠　　　　　d. 梦魇

    答案:1. 恢复　节律　2. 非快速眼动　3. 快速眼动　4.(1) a　(2) d　(3) c　(4) b

    　　　5. 快速眼动　6. 婴幼儿　儿童　7.(1) a　(2) d　(3) b　(4) c

梦

当一个年轻女人说"我昨天在梦里见到那个人了"的时候,她是什么意思呢?或者,当一电话推销员没有对你吹嘘销售技巧,而向你承诺一个"理想的假期",那么他又是什么意思呢?大多时候,我们认为梦是一种愉快的、富有想象的经历。但是,当一位同学大喊"那次考试简直是一场梦魇",显然,他或她的意思是那场考试与其说是缺少愉悦,倒不如说是更像一个梦魇。美梦或噩梦,到底什么是梦呢?

4.13 研究者从梦、梦的内容、生物学基础和可控性中学到了什么?

梦的内容

大部分时候,人们都不记得他们的梦(Foulkes,1996)。然而,发生在快速眼动睡眠阶段的梦,又称**快速眼动梦**(REM dreams),常常包含生动的画面。与**非快速眼动梦**(NREM dreams)中较为寻常的画面相比,快速眼动梦的画面更使人难忘。此外,快速眼动梦具有故事性或梦一般的情节,而且比非快速眼动梦更具视觉性、生动性,富有情感以及攻击性行为(McNamara et al.,2007)。5岁前失明的盲人,虽然他们做过其他感觉的美梦,却通常没有做过视觉性的梦。

人们梦见了什么?格里菲斯等人(Grffith et al.,1958)调查了250名大学生所梦的主题。70%以上被调查者坦言,他们所梦的主题大部分是关于下坠、被攻击或追逐、尝试重复地做某件事或者学习。上述情况有多少你曾梦到?

梦是那么难以记忆,梦具有奇异性或富有情感性等特征。事实上,妄想症患者,比未患上述病症者,所梦到的内容更为奇异(Watson,2001)。然而,研究者并不清楚到底是这些精神疾病患者的梦更奇异,还是他们的病症导致他们更关注梦的奇异性。

快速眼动睡眠、梦和大脑。 脑成像研究显示个体在快速眼动梦中所经历的事情比清醒时的经历更奇怪、更易激发情绪,这一观点可能是正确的。负责情绪的脑区和主要视觉皮层在快速眼动梦时非常活跃(DangVu et al.,2007)。相反,前额叶皮层,也就是大脑中更为理性的部分,在快速眼动睡眠时处于被抑制状态,这意味着快速眼动梦中的离奇梦境是由于大脑在这一时期无法合理地处理感知所造成。与记忆相关的脑区在快速眼动时期也受到抑制,这或许就解释了为什么快速眼动时期的梦很难被记住。

与此同时,在清醒时期和快速眼动睡眠时期,大脑皮层中不同的神经递质分别处于支配地位(Gottesmann,2000)。当我们清醒时,强大的抑制因素控制着大脑皮层的运作,使

快速眼动梦 几乎连续发生在每一个快速眼动睡眠期,梦境具有故事性情节,而且明显比非快速眼动时期的梦更生动、更具视觉性、更富情感性。

非快速眼动梦 发生在非快速眼动睡眠期,明显比快速眼动梦缺少流畅性和可记性。

得我们从实际情况出发，减少冲动的想法和行为，保持理智。这些抑制影响主要靠血清素和去甲肾上腺素所激活的皮层神经元反应来维持。而在快速眼动睡眠时期，这种皮层神经元并不活跃，但由高浓度的多巴胺所激活的皮层神经元却在此时异常活跃。这种非抑制性的、由多巴胺所刺激的活跃状态被喻为精神病性精神状态(Gottesman, 2000)。

睡眠专家认为，在快速动眼睡眠时期，做梦是大脑对此时神经元随机发出的神经信号整合、使之有意义的结果。对于这一假设，目前研究者们尚存质疑。根据英国研究者马克·索姆(Solms, 2007a)的研究，有越来越多的证据显示，做梦和快速眼动睡眠即使同时进行，却互不相同。快速眼动睡眠状态由脑干的神经机制所控制，而我们在梦中所感受到的复杂而又生动的体验来自前脑区所提供的神经通路。事实上，快速眼动时期所做的美梦与前脑区活动的分布相关，且这些脑区分布与妄想症患者在清醒时的脑区分布非常相似(Schwartz & Maquet, 2002)。这些研究显示，无论一个人是否睡着，与做梦有关的神经网络均可被激活。

清醒梦。 你曾被可怕而重复的梦所困扰么？比其他人相比，有这种梦的人似乎在童年期经历更多的慢性疼痛、更大的压力、更多的焦虑和压抑(Brown & Donderi, 1986)。是否可以阻止做这种梦呢？正如你在本章开篇所学，研究人员已经设计程序以控制梦。所以当你得知一些人在指引下刻意地控制梦的内容，以阻止不受欢迎的、经常性的梦时，你并不会感到吃惊。在**清醒梦**(lucid dreams)中，人们试图控制梦的进程。研究表明，一个清醒时善于控制自己思想的人也能成功控制他的清醒梦(Blagrove & Hartwell, 2000)。此外，关于锻炼的清醒梦似乎会改善心脏功能(Erlacher & Schredl, 2008)。清醒梦甚至可以作为对抑郁症的一种干预，尽管功效因人而异(Newell & Cartwright, 2000)，可能因为抑郁症患者的思维控制能力多受损。

观看关于清醒梦的视频 www.mypsychlab.com

4.14 关于梦的本质，当代心理学家与弗洛伊德有何不同观点？

释梦

大多数人认为他们的梦有隐含的意义(Morewedge & Norton, 2009)。而且，他们用其固有的信仰来解释他们的梦。比如说，有宗教信仰的人经常解释他们的梦是神的旨意。相反，西格蒙德·弗洛伊德认为梦的功能是满足潜意识的性欲和攻击欲望。因为这些欲望无法被做梦者接受，所以他们不得不伪装，在梦中以象征性形式出现。弗洛伊德(1900/1953a)指出，棍子、雨伞、树枝和枪等物体象征男性性器官，而箱子、柜橱和盒子等物体代表女性性器官。弗洛伊德将梦区分为**显性梦境**(manifest content)——即做梦者通常能记

> **清醒梦** 做梦者意识到正在做梦，同时还可以控制梦的内容。
> **显性梦境** 弗洛伊德用来指可以被做梦者回忆的梦。

得的梦的内容，和**隐性梦境**（latent content）——即梦的隐藏含义。他认为隐性梦境更有意义。

弗洛伊德观念被遗忘数十年后，如今他的观点又备受梦研究者的欢迎。然而，一些心理学家仍然认为应重点研究显性梦境，即真实的梦本身。例如，心理学家加尔文·霍尔（Calvin Hall）提出了**梦的认知理论**（cognitive theory of dreaming），他认为梦是个体睡眠时所进行的思考（Hall, 1953）。霍尔观念的支持者认为应该更关注梦的显性内容，即真实的梦本身，显性梦境被认为是做梦者思想延伸的表现，而不是性冲动的表现（Glucksman & Kramer, 2004）。

著名的睡眠研究者杰·艾伦·霍布森（Hobson, 1988）否认：大自然赋予人类做梦的能力，而梦需要专家的解释。霍布森和麦卡利（Hobson & McCarley），提出**梦的激活—整合假说**（activation-synthesis hypothesis of dreaming）。该假说认为，在快速眼动睡眠时期，梦是大脑试图对脑细胞随机发出的一系列神经信号进行整合使其变得有意义的结果。正如人们在清醒时对外界刺激进行整合并使之有意义一样，他们试图对脑细胞随机发出的神经信号进行整合，找到其有意义的感觉和记忆的交汇点。霍布森（1989）认为梦也有心理意义，因为一个人随机心理活动的意义反映了他的经历、久远的记忆、关系、内驱力和恐惧（如前所述，一些研究者已经质疑霍布森的观点）。

最后，**梦的进化理论**（evolutionary theory of dreaming）的支持者认为，在快速眼动时期所做的生动而富有情感的梦具有保护作用（Revonsuo, 2000）。这些梦经常涉及我们

▶ 如果你梦见自己被困在一个虚拟的社会环境中，根据梦的认知理论可推断：你最近曾看过与梦境相关的电影或玩过与梦境相关的游戏。根据进化理论可推断：梦的适应性功能将帮助你准备好与敌人斗争。

隐性梦境　弗洛伊德用来指梦的隐藏含义。

梦的认知理论　该理论认为梦是做梦者在睡眠时进行的思考。

梦的激活—整合假说　该假说认为，梦是快速眼动睡眠期大脑试图对脑细胞随机发出的神经信号进行整合、使其变得有意义的结果。

梦的进化理论　该理论认为，生动的梦帮助人们演习与敌人对抗的技能。

可能遇到的危险情境。例如,个体可能梦到,当他的车刹突然失灵时,他正在高速公路上以每小时 70 英里的车速行驶。根据进化理论,这样的梦使得做梦者在遇到现实生活中类似威胁时能提前准备好应对策略。

记一记——梦

1. 最容易忘记的梦发生于_____睡眠。
2. 请将梦的理论与描述相匹配。

_____(1) 弗洛伊德理论 　　　a. 梦是大脑对脑细胞随机发出的神经信号进行整合、使其有意义的结果

_____(2) 梦的激活—整合假说　　b. 梦能满足浅意识的性欲和攻击性欲望

_____(3) 认知理论 　　　　　　c. 生动的梦具有保护功能

_____(4) 进化理论 　　　　　　d. 梦是个体在睡觉时所进行的思考

答案:1. 非快速眼动时期　2.(1) b　(2) a　(3) d　(4) c

冥想和催眠

我们都必须睡觉。即使你强打精神,你的身体最终也会强迫你睡觉。然而,睡眠并不一定产生意识的停滞,我们也能从中经历各种不同的意识状态。冥想和催眠正是其中两种。

4.15 冥想有何作用?

冥想

你知道身心放松技巧可以促使我们意识状态发生改变吗?**冥想**(meditation)就是这样一组技能,即我们通过将注意力集中于一个物体、一个单词、自身呼吸或是肢体动作而不分心,从而增强幸福感以及完成意识状态的转换。诸如瑜伽、坐禅或超凡冥想这些冥想方式,它们根源于东方宗教,且被宗教信徒们不断实践以追求精神的更高层次。在美国,人们往往通过这些方式来放松身心、减轻焦躁或提升意识(Wolsko et al., 2004)。脑成像研究也表明,冥想除了有放松之益,还可以帮助人们改变意识状态(Cahn & Polich, 2006; Newberg et al., 2001)。

威斯康星州大学的神经学家们怀疑,冥想可能会导致大脑中的整合额叶和顶叶区域的功能发生永久性变异(Lutz et al., 2008)。他们主要研究长期练习深度冥想的藏传佛教僧人。迄今为止,神经影像学研究显示,大脑中的部分区域可能因长期冥想练习而产生永

> **冥想** 通过这种技术,我们将注意力集中于一个物体、一个单词、自身呼吸或是肢体动作以排除杂念,从而增强幸福感并改变我们的意识状态。

久的变异。这些发现只是初步的成果，在神经学家们对这些神经性变异如何影响冥想者的认知功能和情绪功能深入了解之前，仍有许多研究亟待开展。

冥想不仅有利于我们放松和减轻压力，研究者还发现定期的冥想有助于人们学会控制情绪，即使他们正处于极度抑郁中（Butler et al.，2008）。冥想还可以降低血压、胆固醇水平以提高心血管健康水平（Seeman et al.，2003）。但需注意的是，冥想并不是治疗心理或身体疾病的权宜之计，若想真正从中受益，严格的自律和承诺是必需的（Murray，2002）。按照**试一试**中的步骤，学习如何像冥想者那样进行放松，并持续练习，直到你能熟练应用，久而久之，冥想会成为你生活的一部分。

▲与冥想相关的意识状态的改变似乎对健康有益。

试一试——放松练习

找一个安静的地方，让自己处于舒适的姿态。

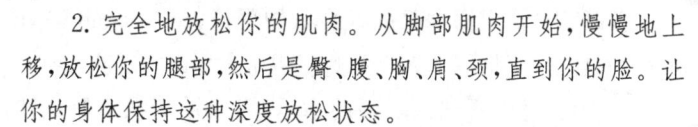

1. 闭上你的眼睛。

2. 完全地放松你的肌肉。从脚部肌肉开始，慢慢地上移，放松你的腿部，然后是臀、腹、胸、肩、颈，直到你的脸。让你的身体保持这种深度放松状态。

3. 现在请集中注意力于你的呼吸。用鼻子，吸气，呼气。每当你完成一次呼气，对自己默念"一"。

4. 重复这个过程20分钟。（你可以周期性地，睁开眼睛看你的表，但，请不要用闹钟。）结束的时候，请先闭着眼睛坐几分钟，再睁开。

观看一段关于放松练习的视频 www.mypsychlab.com

4.16 催眠有何效果？理论学家如何解释催眠？
催眠

催眠（hypnosis）是由催眠者运用专业知识去促使一个人改变想法、情绪、感觉、知觉或行为的过程。关于催眠有很多错误的认识，有些误解可能与长期以来的催眠表演有密

> **催眠** 催眠师运用专业知识去诱导改变另一个人的思想、情绪、感觉、知觉或行为的过程。

切关联。你相信表4.1中关于催眠的误区吗？

表4.1 催眠的误区

误 区	事 实
为了完成催眠，你必须完全服从催眠师	催眠是一个注意力集中的过程，但不涉及一个人对另一人的服从
催眠师控制被催眠者的行为	被催眠者自愿进入注意力高度集中的状态，催眠师只作引导而非行为操纵
被催眠与进入无意识状态是一回事，被催眠者不会记得自己被催眠时所做的事	大多数人记得自己在被催眠时所做的事
一个人可以在不被告知的情况下被催眠	催眠是自愿的，"秘密"催眠是不可能的

来源：Mayo Clinic(2007)。

自催眠从最初作为娱乐工具起，迄今已走过了漫长的道路。今天，它被认为是一种切实可行的技术，应用于医疗、牙科和心理治疗(Weisberg, 2008)。催眠被美国医学协会、美国心理协会和美国精神病学协会所认可。催眠对控制疼痛十分有效(Oman, Chambers, McGrath, & Kisely, 2008)。然而，催眠对体重控制收效甚微，并且它在克服戒毒、戒酒及戒烟等方面实际上并无助益(Abbot et al., 2000; Green & Lynn, 2000; Orne, 1983)。

催眠理论。根据**催眠的社会认知理论**(sociocognitive theory of hypnosis)，被催眠者的行为是在催眠情境下为达到其期望所表现出的反应活动。人们都希望成为合格的被催眠者。因此，他们听从催眠师的指示，完成被催眠者所认知的社会角色(Spanos, 1986, 1991, 1994)。

厄内斯特·西尔格德(Ernest Hilgard, 1986, 1992)提出一个理论，以解释为何被催眠的个体可以完成非常困难的动作，甚至能在不麻醉的情况下接受手术。根据他的**催眠的新解离理论**(neodissociation theory of hypnosis)，受意识控制的规划功能和监测功能在催眠的诱导下可进行分裂或分离。在催眠过程中，规划功能执行催眠师的指令，并且保持被催眠者的部分主观意识。而监控功能则监控或观察非意识形态下发生于被催眠者身上的任何事情。西尔格德把与意识相分离状态下的监控功能称为"隐形的观察者"。

鲍尔斯及其同事(Bowers, 1992; Woody & Bowers, 1994)提出，催眠是真正意义上的意识状态改变。他们的**解离控制理论**(theory of dissociated control)和西尔格德的理论

> **催眠的社会认知理论** 该理论认为，被催眠的人的行为是其在催眠情境下为达到其期望所表现出的反应活动。
>
> **催眠的新解离理论** 该理论认为，催眠可以诱导意识控制下的规划功能和监控功能分裂或解离。
>
> **解离控制理论** 该理论认为，催眠是真正意义上的意识状态改变，可以削弱意识对执行功能的控制。

相反,认为催眠不会引起意识各不同方面间的分裂。他们认为,催眠可以削弱意识对执行功能的控制,从而使催眠师的指令可以直接接触并影响那些意识子系统。鲍尔斯坚信,被催眠者的回应就像反射一样是自动和非自愿的,而且不被正常的认知功能所控制(Kirsch & Lynn, 1995)。

尽管多数催眠研究者似乎都支持社会认知理论,但是大部分临床医生和一些该领域资深研究者显然认为,催眠是一种独一无二的认知状态改变(Kallio & Revonsuo, 2003)。希尔斯特伦(Kihlstrom, 2007)指出,结合社会认知理论和新解离理论,可以加深对催眠的理解。尽管研究者对催眠理论仍有分歧,催眠正逐渐被运用于临床实践和药学与牙医学的部分领域。

▲一个被催眠的人正处于高度受暗示状态。催眠治疗师因此可以帮助该女子控制慢性疼痛或术后疼痛。

记一记——冥想和催眠

1. 研究者已经发现,冥想可能在防止和治疗_____和_____以及其他有利于心血管健康的举措方面有作用。

2. 催眠师可以控制那些被催眠者的行为。(正确/错误)

3. 解释催眠的三大理论分别是_____、_____和_____。

答案:1. 高血压　高胆固醇　2. 错误　3. 社会认知理论　新解离理论　解离控制理论

精神药物

你上一次服用止痛药或抗生素的时候,你可能认为自己并没有经历精神活动的改变。然而,所有的化学物质,甚至是你用以缓解头痛的止痛药和医生所开的用于治疗耳朵和鼻窦感染的青霉素,都会对大脑产生影响,因为它们改变了神经递质的功能(Munzar et al., 2002)。你可能认为,大多数的这类物质对你的意识状态没有明显的影响。然而,有些药物,对大脑会产生极大的影响,并且会引起意识状态的显著改变。

精神药物(psychoactive drug)是指任何可以改变情绪、知觉或思维的物质。当一种精神药物,如抗抑郁药,被允许作为药物使用时,我们称之为管制药物。违禁这一术语,表示

> **精神药物**　任何可以改变情绪、知觉或者思维的物质;若被允许作为药物使用,则称为管制药物。

非法的精神药物。许多像抗组胺药、减充血剂的非处方药,以及很多的中药制剂都是精神药物。此外,有些食物,如巧克力,也会改变我们的情绪(Macht & Mueller,2007)。注意餐厅里的服务员,你会发现:那些将巧克力和客户的支票一起给客户的服务员将会得到更多的小费(Strohmetz et al.,2002)。

4.17 药物如何影响神经递质系统?
药物怎样影响大脑

你知道各种身心愉悦都具有相同的神经学基础吗? 无论是来自性,还是某种精神化学物质,或是其他的来源,主观感受到的身心愉悦都是来自对大脑奖赏系统的刺激(图4.4)。当刺激触发大脑的中脑腹侧被盖区,并传递多巴胺到位于大脑边缘的伏隔核后,即会产生所谓的快感反应(Koob & Le Moral,2008)。大脑的腹侧被盖区也会传递多巴胺分子到眶额叶皮层,此结构负责将物质以及该物质产生的感觉进行联系。因此,我们并不奇怪研究人员已经发现大多数能产生奖赏和激励作用的精神药物中均含有大量的多巴胺(Carlson,1998),包括大麻、海洛因(Tanda et al,1997)和尼古丁(Pich et al.,1997; Pontieri er al.,1996)。那么为什么由酒精产生的改变状态和由尼古丁和大麻产生的改变状态不一样? 药物对多巴胺系统的影响是连锁反应的开始,并涉及大脑的整个神经递质系统。每种药物都会以一种独特的改变意识状态的形式对整个系统产生不同的影响。以下是几种不同药物是如何作用于神经递质的例子以及所带来好处:

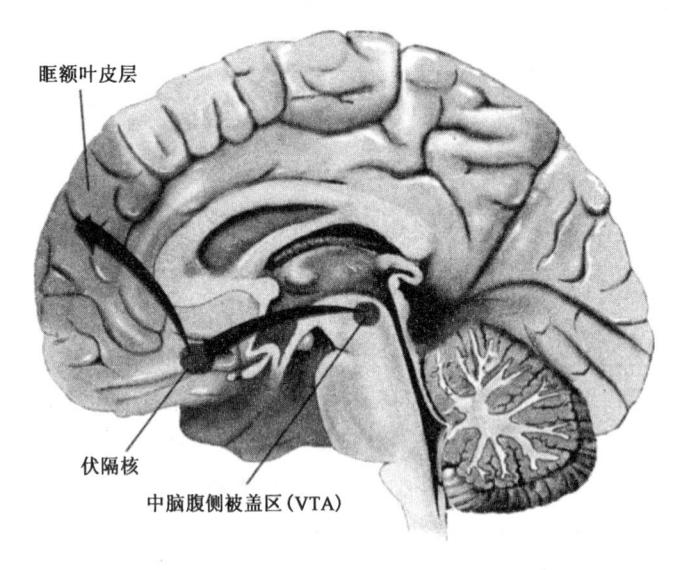

图4.4 大脑的愉悦系统
大脑奖励中枢的主要结构有中脑腹侧被盖区(VTA)、伏隔核和眶额叶皮层。药物和其他潜在的奖励刺激会诱发大脑的腹侧被盖区分泌多巴胺进入到伏隔核和前额脑区底部。

● 镇痛制剂如吗啡和海洛因会模仿大脑内啡肽的作用,这类化学物质可以缓解疼痛和产生一种良好的感觉。因此镇痛剂在疼痛治疗中有很好的效果。
● 镇静剂如酒精、巴比妥类、苯二氮卓类(例如安定药、利眠宁)作用于伽马氨基丁酸受体从而产生一种镇定和镇静的作用(Harris et al.,1992)。因此,镇静剂可以在缓解病人紧张的情绪从而接受药物治疗方面发挥作用。

● 兴奋剂如安非他命和可卡因会模仿肾上腺素的影响,触发交感神经系统的神经递质。交感神经系统的影响包括抑制饥饿和消化;这就是为什么减肥药中会含有一定的兴奋剂,如咖啡因。

然而,众所周知,药物并不只具有好的方面。为什么呢？因为好的东西过量了,或是被错误地组合都会导致疾病。举例来说,经常使用镇痛剂最终会完全压制内啡肽的产生。因此,天然的镇痛管理系统被打破,大脑就会依赖于使用镇痛剂来维持正常的功能。同样地,如果摄入大量的酒精,或者是酒精和其他镇静剂的混合物,将会对大脑的伽马氨基丁酸产生强烈的冲击,导致意识的丧失,甚至可能是死亡。过量的兴奋剂会导致心律和血压水平的升高;同时单一的、大剂量的摄入也可能会导致死亡。

4.18 兴奋剂如何影响行为？
兴奋剂对行为的影响

兴奋剂(stimulants)可以加速中枢神经系统的活动,抑制食欲,然后使人的意识更加清醒,思维更加敏捷,并更具活力。兴奋剂会增加脉率、血压和呼吸速率,并且会减少脑内的血流量(Mathew & Wilson, 1991)。但是高剂量的兴奋剂会使人变得紧张、焦虑和不安,也可能会导致抖动、颤抖或是影响睡眠。

咖啡、茶、可乐、巧克力,以及100多种的处方药和非处方药都含有咖啡因。咖啡因可以使人变得更加警觉,从而使人保持清醒(Wesensten et al., 2002)。当中度或重度咖啡因使用者停止使用咖啡因,他们会出现戒断症状,比如说紧张、不稳定、头痛、嗜睡、警觉性降低。研究者利用脑电图和超声检查观察咖啡因戒断症状对大脑的影响,发现个体出现血压明显增高和所有的脑动脉中的血流速度加快的症状。同时脑电图中的脑电波也呈现较慢增长,这与警觉性降低和嗜睡有关(Jones et al., 2000)。

跟咖啡因相似,尼古丁也具有提高人的警觉度的作用,但是那些尝试戒烟的人大都相信其具有使人上瘾的能力。(很多由于吸烟而引起的严重健康问题会在第12章提到。)其实很多治疗方法并不像广告说的那样有效,作用大都有限。举例来说,格林和赖宁(Green & Lynn, 2000)对59份关于吸烟和催眠之间关系研究的结果进行审查,并得出结论,认为催眠不是帮助吸烟者戒烟的有效方法。然而,实验研究发现,过量的非处方尼古丁贴片可以帮助大约五分之一的戒烟者成功戒烟,并且可以使很多其他吸烟者减少吸烟的数量(George & Weinberger, 2008)。

安非他命可以使人保持清醒、缓解疲劳、提高警觉、抑制食欲,并且能提供一时的能量。对动物的研究表明,安非他命可以促使额叶皮层和伏隔核中的多巴胺释放,这也许可以解释其对认知的影响,比如安非他命可以促进注意力集中(Frantz et al., 2002)。但是

兴奋剂 这类药物可以加快中枢神经系统的活动,抑制食欲,使人意识变得更加清醒,思维更加敏捷,并更具活力。

当高剂量时(100毫克及以上)，安非他命会导致受试者表现出令人困惑和混乱的行为、产生极度的恐惧和猜疑、出现妄想和幻觉、做出攻击性和反社会的行为，甚至会做出一些狂躁行为和患上偏执症(Thirthalli & Benegal, 2006)。来自可抽吸形式（"冰毒"）的安非他命甲基苯丙胺(俗称"神力"或"飙")，很容易上瘾并且可能会致命。

> 观看关于使用甲基苯丙胺的视频 www.mypsychlab.com

安非他命的戒断会使人体力透支；他或是她将会睡上10～15个小时，甚至更久，只有在极度郁闷和非常饥饿的情况下才会清醒过来。兴奋剂可以使毛细血管和小动脉收缩。随着时间的推移，高剂量的兴奋剂会导致血液流动受阻，引发出血和大脑部分缺氧现象。实际上，因过量兴奋剂致死的受害者在脑部有多处出血。

可卡因是从古柯叶中提取出来的一种兴奋剂，它可以制成白色粉末用于嗅食，可以通过静脉注射来摄入，也可以以甲基苯丙胺的形式进行抽吸。吸食可卡因产生的快感大概可持续2～3分钟，含量高的则可达30～45分钟。当不能接触到可卡因时，紧接而来的是极度崩溃，其主要特征为抑郁、焦虑、情绪激动和对可卡因的强烈需求。

通过可卡因的刺激得到的奖励，就是所谓的快感，在大脑中的传递路径是通过神经递质多巴胺进行的(Landyry, 1997)。随着不断使用可卡因，大脑中的奖赏机制不能正常工作，吸食者除吸食可卡因外不会产生任何的快感。其中主要的戒断症状表现在心理上，即无法获得快感和对可卡因的强烈需求。

可卡因的吸食会导致血管收缩、血压升高、心跳加快、呼吸加速，甚至会使一个没有癫痫史的个体癫痫发作(Pascual-Leone et al., 1990)。吸食时间或者使用高剂量的频率增加，可导致心肌、心律不齐、心脏病发作，还会使年轻的个体出现中风。慢性可卡因的使用会导致鼻中隔（鼻子中间的软骨脊）穿孔和腭中（口腔天花板）穿孔(Greenfield & Hennessy, 2008)。

相对于其他的任何药物来说，动物更容易对可卡因上瘾，并且对于那些沉迷于多种物质的人，当提供可供选择的药物时，动物会更倾向于选择可卡因(Manzardo et al., 2002)。当可以无限制地提供可卡因时，动物会对其他的一切东西都失去兴趣，包括食物、水、交配，并且会持续不断地给自己注射可卡因。它们往往会在14天内死亡，其原因通常是心肺衰竭(Gawin, 1991)。可卡因成瘾的猴子会压杠杆12 800次，只是为了得到一次注射可卡因的机会(Yanagita, 1973)。

快克可卡因是可卡因最危险的一种形式，会使使用者在几周内产生严重的依赖。如果使用者是从吸粉的形式开始的话，那么以后就很可能会去使用快克；然而当使用者是从使用快克开始的话那么之后他很可能持续使用，并且剂量会越来越多。当白粉和快克可以交互使用时，效果似乎加强了，于是使用者就产生了两种形式的可卡因依赖(Shaw et al., 1999)。

▲甲基苯丙胺的滥用使人的外貌发生可怕的改变,因为这种物质会损坏身体内部对皮肤、头发和牙齿的修护和维持功能(Wells, 2007)。

4.19 抗抑郁药对行为有何影响?
抗抑郁药对行为的影响

另一类药物,即**抗抑郁药**(depressants)(有时也被称为"镇定剂"),会降低中枢神经系统的活性,减弱身体的机能,并降低对外界刺激的敏感性。这一类药品包括镇静催眠药(酒精、巴比妥类药物、弱安定剂)和毒品(鸦片)。当各种不同的镇静药物共同使用时,带来的镇静效果会让人上瘾。因此,这种药品对人体存在一定的潜在危险。

▶有的人喝少许酒就会醉,但是有的人喝大量的酒才会醉。要喝很多的酒才会喝醉的人往往更容易成为酗酒者。

酒精的摄入量越多,中枢神经系统就被抑制得越厉害(Knapp, Ciraulo, & Kramzler, 2008)。当酒精的摄入量增加时,饮酒者会出现醉酒的症状——言语含糊不清、协调性变差、走路摇摇晃晃;他们会变得更具有攻击性(Pihl et al., 1997)并激发性欲(Roehrich & Kinder,

> **抗抑郁药** 一类会降低中枢神经系统活性、减缓身体机能、降低对外界环境的敏感性的药物。

1991),但他们很少会去进行性行为(Crowe & George, 1989)。(我们将在第 12 章节详细讨论酗酒对健康的影响。)酒精也会降低人们形成新记忆的能力(Kirchner & Sayette, 2003;Ray & Bates, 2006)。这就是为什么人在大量饮酒后会记不得曾发生的小插曲,因为在这个期间他或她在酒精的影响下失去了记住事情的能力。不过有趣的是,酒精安慰剂对记忆功能有类似的效果,所以饮酒者的预期在一定程度上有助于酒精发挥功效(Assefi & Garry, 2003)。

📖 探索血液中的酒精含量与行为的相互联系 www.mypsychlab.com

巴比妥类药物对中枢神经系统起抑制作用,并且根据剂量的多少,巴比妥类药物可以作为一种镇静剂或者是安眠药。滥用巴比妥类药物会使人变得昏昏欲睡,困惑茫然,他们的思维判断能力和协调反应能力会受到影响(Henningfield & Ator, 1986)。过量的巴比妥类药物可致人死亡,即使超过的剂量很少,其致命性也是处方药物的三倍。酒精和巴比妥类混合使用时,就是一种潜在的致命性组合。

市面上流行的弱安定剂——苯二氮卓类药物,于 20 世纪 60 年代面世并在安定、利眠宁、盐酸氟胺安定等牌子下销售,最近也在安普锂仓(也被用作抗抑郁药)这个牌子下销售。每年含有轻微镇静剂的处方约达 90 亿美元。苯二氮卓类药物被用作一些医学和心理障碍的处方药。临时性或是永久性的记忆减退以及其他认知功能的下降都与此类药物的滥用有关(Paraherakis et al, 2001)。(更多有关镇静剂的资料会在第 15 章节详细介绍。)

麻醉剂(narcotics)是从罂粟中提取出来的具有止痛和镇静作用的物质。鸦片主要对大脑有影响,但是它也会麻痹肠肌肉,这就是它被用于医学上治疗腹泻的原因。如果你服用过止痛药,那么你就摄入过鸦片酊。由于鸦片会抑制咳嗽中枢,所以它也用于一些治疗咳嗽的药物中。吗啡和可卡因,这些鸦片的天然成分物质,可能会在一些缓解疼痛的处方药中被发现,这类药物,包括奥施康定、凡可汀,都是很容易上瘾的,并且每年都会在美国被非法出售给数以百万计的人(毒品管制局,2003)。

海洛因是一种从吗啡中提取出来并且极易上瘾的物质。海洛因成瘾者会表现出突如其来的兴奋,伴随着嗜睡、迟钝和注意力不集中。戒断症状出现于使用该药物的 6~24 小时内,海洛因上瘾者会变得身体虚弱。恶心、腹泻、抑郁、胃痉挛、失眠、疼痛会变得越来越严重,直到他们无法忍受这种痛苦——除非给这个人来"一剂"。

4.20 致幻剂会产生什么影响?
致幻剂对行为的影响

致幻剂(hallucinogens),或迷幻剂,这种药物会改变和扭曲人对于时间和空间的感

> **麻醉剂** 一类从罂粟中提取出来,被用来生产具有止痛和镇静作用的抗抑郁药。
> **致幻剂** 这类药物会改变和扭曲人对于时间和空间的观念,改变人的心情,使人产生虚幻的感觉,导致幻觉;又名迷幻剂。

知，改变人的心情，并且使人产生虚幻的感觉。正如它的名字所暗示的，致幻剂会导致人的幻觉，所产生的感觉非并依据外部真实世界（Andreasen & Black, 1991；Malik & D'Souza, 2006；Miller & Gold, 1994；Thirhtalli & Benegal, 2006）。致幻剂不像其他的药物那样产生可预测的效果，通常会放大服药者在服药期间的心情。而且和一些人想的不同，致幻剂会阻碍而不是促进创造性思维（Bourassa & Vaugeois, 2001）。

　　四氢大麻酚（THC）的大麻含量很高，并会在人体内停留数天或者数周（Julien, 1995）。大麻会损害注意力和协调性，并且会减慢反应时间，这些影响也会让人在操作复杂机器比如开车时处于危险状态，即使在陶醉感消除后。大麻会对注意力、逻辑思维能力和形成新的记忆的能力产生影响。它会使人在思考和回忆最近发生的事情时出现思维破裂和混乱（Herkenham, 1992）。一项针对哥斯达黎加人长达17年的纵向研究支持这一观点，认为长期使用大麻会对短时记忆和持续注意力集中的能力产生负面影响（Fletcher et al., 1996）。许多四氢大麻酚的受体是在海马体内，这就解释了为什么大麻会对人的记忆产生影响（Matsuda et al., 1990）。

138

▶许多美国人认为将大麻用于医疗目的应该是合法的。但是，美国食品和药物管理局坚持认为，吸食大麻用于医疗用途是不合法的（U. S. FDA, 2006）。他们指出大麻中的活性成分，即四氢大麻酚，可以以药片的形式存在，那么美国的任何一个持有执照的医生都可以合法地将它以处方药的形式开给病人。

　　长期使用大麻会使个体失去动力、变得冷漠并且在学校的表现下降，这就是典型的动机缺乏综合征（Andreasen & Black, 1991）。研究在17岁之前吸食大麻和在17岁之后吸食大麻的人进行对比发现：较早吸食大麻的人会出现脑容量较小和大脑皮层灰质含量比较低的现象。同时，较早开始吸食大麻的人也会比那些较晚开始吸食大麻的身高矮一些和体重轻一些(Wilson et al., 2000)。此外,大麻的烟雾中有很多和香烟烟雾中相同的化学致癌物。

然而,一个国家药物滥用研究所的顾问小组在审核科学证据后得出结论,大麻有望作为一种特定的医疗处理。并且已经发现大麻可以有效用于治疗眼部疾病如青光眼,抑制接受化疗的癌症患者的恶心和呕吐,和改善艾滋病人的食欲下降与体重的减轻(Fackelmann, 1997)。但是也存在一个持续的争论,就是用于医疗目的的大麻是否应该合法化。此外,美国食品与药物管理局已经开始明确指出,吸食大麻并没有产生已知的医学作用,因此它仍然应该被认为是一种危险药物(U.S. FDA, 2006)。

迷幻药麦角酸二乙基酰胺(LSD)的药效会持续10～12小时,并且会产生极端的感知和情绪变化,包括视觉混乱和感情恐慌(Weaver & Schnoll, 2008)。有时,迷幻药产生的不良的迷幻感觉,会以意外事故、死亡或者是自杀可悲地结束。以往使用迷幻药的人有时会出现突然的闪回,没有任何征兆的就突然闪回之前的幻觉。一些人出现的症状叫作致幻剂致持续感知障碍(HPPD),在这种症状中,人的视觉皮层会变得高度敏感,当他们想要睡觉而闭上眼睛时会导致他们出现幻觉(Abraham & Duffy, 2001)。

所谓的策划药(designer drugs)是指专门配置的一种可以模仿其他毒品给人带来的快感而又没有副作用的药物。甲基苯异丙胺类(即安眠药,起宁静镇定的作用)和亚甲-氧基-甲基安非他命(俗称摇头丸)都是常见的策划药。所有的策划药都来源于安非他命药物,但是都有致幻和兴奋的作用。这种毒品很受欢迎,其原因是这些毒品不像他们所模仿的那些毒品一样,而是大部分都可以被身体所代谢掉(Drug Free Workplace, 2002)。其结果是传统的毒品测试不能在人体系统中监测出这种毒品。随着毒品检测在就业前身体检测和在一些工作场所与一些学校的随机检测中变得越来越普遍,策划药也变得越来越受欢迎。

摇头丸经常被用于热辣的舞蹈中。使用摇头丸的人会产生一种美妙愉快的意识状态,即使是最落伍、害羞和自觉的人都会展现出不为人知的一面(U.S, Department of Health and Human Services, 2001)。在音乐和灯光的作用下,使用者沉浸在这种氛围中,与其他的社交场常客"情投意合"。使用者认为这个药可以让他们做真正的自己。他们会立刻接受并且理解其他的同类人,其人际交往的障碍也不复存在,随之而来的是打破情感和性的禁忌。有人说,频繁的、大规模的、自发性的、爆发性的拥抱和亲吻使得摇头丸使用者觉得自己是被他人认可的,甚至是被爱的。但是要进入这种欢乐的状态必须要付出相应的代价。

摇头丸会损害各种认知功能,包括记忆力、注意力、分析思考和自我控制的能力(Weaver & Schnoll, 2008)。此外,对于那些持续使用的人来说,这种药物似乎还会损害他们对社会线索的判断。在一项研究中发现,摇头丸使用者比那些不用摇头丸的人更容易错误分析他人的行为,更具有侵略性意图(Hoshi et al., 2006)。你将在第16章节学到:这种类型的不良社会判断被认为是侵略行为的认知基础。因此,鉴于摇头丸使用者会改变他们对社会线索判断的认知方式,这种药物可能会间接提高他们的侵略行为倾向。

表 4.2 总结了上述精神药物对行为的影响。

表 4.2 一些精神药物对行为的影响

精神药物	影响
兴奋剂	
咖啡因	产生清醒意识和警觉意识;增加新陈代谢但是会减缓反应时间
尼古丁(烟草)	影响范围从警觉到镇静;降低对碳水化合物的食欲;脉搏加快和促进其他代谢过程
安非他命	增加新陈代谢和提高警觉性;提升情绪,导致唤醒,抑制食欲
可卡因	带来愉悦的心情,增强活力和兴奋的感觉,抑制食欲
镇静剂	
酒精	开始时较小剂量的饮酒时会使神经中枢变得活跃,同时降低焦虑和压抑感;较高剂量会起到镇静的作用,反应时间增加,影响运动控制和感知能力
巴比妥类	促进睡眠,有镇静和安神的作用,降低肌张力,损害协调和反应能力
镇定剂(如安定)	降低焦虑,有镇静和安神的作用,降低肌张力
麻醉剂	缓解疼痛;产生肠麻痹
致幻剂	
大麻	通常都会产生愉悦和轻松感;影响储存新记忆的能力
麦角酸二乙基酰胺	产生激动和兴奋,出现幻觉,体验一种具有洞察力的深刻感知
摇头丸	通常会产生一种欣快感,产生一种理解和接受他人的感觉;降低抑制作用;往往会导致过热,脱水,恶心,可能会导致颚紧咬,眼睛抽搐和头晕

4.21 药物滥用有什么风险和保护性因素?

药物滥用的风险和保护性因素

是什么驱使人们滥用精神药物从而导致可怕的副作用?一个可能的原因是许多人对这些药物究竟多有害并不了解(Johnston et al.,1997)。或者药物滥用者相信他们没有服用过量的药物就不会导致身体产生永久性伤害。可能更重要的是,许多其他因素也会导致药物滥用。

神经生物学因素。滥用药物的一个原因是伏隔核受到刺激从而产生兴奋的生理状态。但是仅仅追求快感不能完全解释为什么滥用药物。研究者认为另一个同样具有说服力的原因是,药物滥用者滥用药物是为了逃避内心的不安(Koob & Le Moal, 2008)。同样,缺乏对于冲动的控制力也是其中一个原因(Lacono, Malone, & McGue, 2008)。脑成像技术已经证明,药物滥用者的非理性行为与眶额叶皮层的改变有关(Haney, 2008)。我们很早以前就注意到眶额叶皮层能够把刺激和与此产生的反应联系在一起,但是它也能控制我们的冲动。因此,重现药物本身令人愉悦的效果和生化效果的愿望可能会干扰眶额叶皮层的机制从而阻止个体的行为冲动。从某种程度上说,由于这种药物导致脑区受损,从而造成无法做决策、无法控制地滥用药物以及为了获得药物自愿做任何事(London et al.,2000)。

那么眶额叶皮层在哪里?把你的食指指向两眼之间,鼻子与头盖骨相接的地方。你现在所指正是眶额叶皮层,在大脑皮层前端的最低点,也就是在眼窝后面。这个大脑结构构成了边缘系统,在解剖学上与五种感觉的联合区紧密联系(就像杏仁核对情绪的重要性一样),而且与起决策作用的前额叶的其他区域也紧密联系(Koob,2008)。因此,眶额叶皮层与你的所看、所听、所触、所尝、所闻,甚至所做的决定都密切相关。现在,想象一下当这块大脑区域被违禁药物非正常刺激,会发生什么可怕的事。这也难怪成瘾行为如此非理性。

遗传。个体对精神药物的生理反应不同,这也会导致物质滥用(Geleernter & Kranzler,2008)。打个比方,有些人喝一点酒就会醉,而另一些人要喝很多才会醉。那些喝很多酒才会酒精中毒的人更有可能变成酒鬼。基因研究者目前正在搜寻导致对酒精反应差的基因(Schuckit, Smith, & Pierson,2006)。

酒精成瘾和其他类型的成瘾遗传基础所涉及的生理差异远超过了由药物本身所产生的差异。已故神经科学家亨利·贝格雷特(Henri Begleiter,1935—2006)和他的同事积累了大量的证据表明,在面对听觉和视觉的刺激时,酗酒者的大脑反应不同于不喝酒的人的反应(Hada et al.,2000;Porjesz et al.,2005;Prabhu et al.,2001)。而且,许多酗酒者的亲属,甚至是滴酒不沾的儿童和成年人,都有相同的反应模式(Ranaswamy et al.,2007)。有相同反应模式的亲戚更容易变成酗酒者或其他各种成瘾者(Anokin et al.,2000;Bierut et al.,1998)。贝格雷特认为,在研究中使用脑成像技术可能在某一天被用来确定酗酒者的亲戚中哪一些人是遗传易感成瘾者,而哪一些不是(Porjesz et al.,1998)。

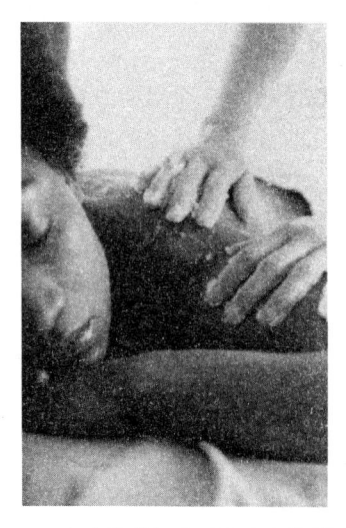

▲当你得知这两种生理愉悦感会激活同一块脑区时,你会感到诧异吗?

心理和社会因素。心理因素当然也会对一个人的药物反应产生很大的影响。例如，冲动不仅与药物实验有关，还与成瘾有关(de Wit，2009)。同时，与压力相关的变量都是幼年期或成年期药物滥用的可靠预测变量(Koob & Le Moal，2008)。例如，最近研究表明，家庭暴力对药物滥用具有很强的预测作用(Easton et al.，2000)。一项研究发现，女性比男性更容易使用药物去应对家庭功能失调和各种形式的虐待所造成的内化症状(Dakof，2000)。

那些在青春期早期就使用药物的人(多数开始于饮酒和吸食尼古丁)很有可能会发展成更严重的药物滥用者和完全成瘾者(Kandel & Davies，1996；Zinkernagel et al.，2001)。见图4.5，青少年使用非法药物的比例比1976年"婴儿潮"时期所出生的那些青少年要低(Johnston et al.，2008)。而且，最近的调查表明"婴儿潮"时期出生的这一代人的药物滥用和药物依赖比率比其他时期的人高得多，即使他们现在已经中年(Sherer，2006)。大多数专家认为目前青少年药物滥用的程度仍然是不可接受的。

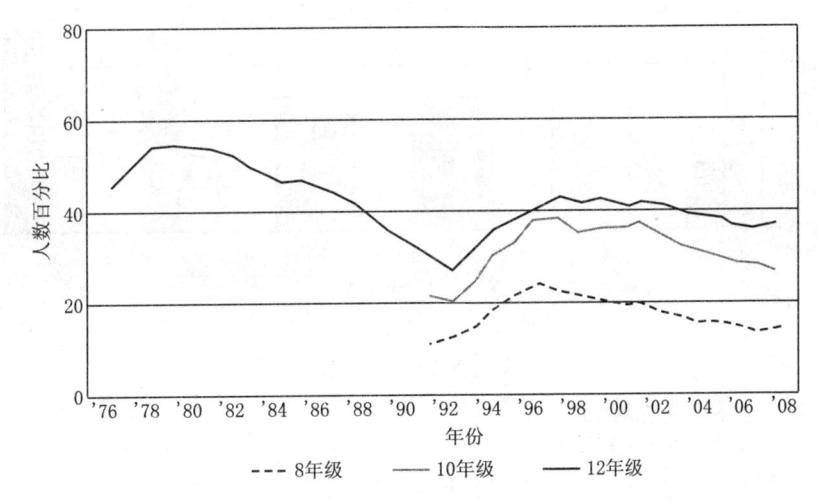

图4.5　8年级、10年级、12年级学生在过去的12个月中使用任何非法药物的调查结果　该图显示，从1976年到2008年，高年级学生每年使用违禁药物的百分比和从1991年到2008年8年级、10年级学生每年使用违禁药物的百分比。违禁药物使用百分比从1982年到1992年持续减少，然而从1992年开始陡然回升，并且持续增加至1997年。然后，在1997年到1998年药物滥用有所下降，但是又在1999年回增，此后又在2006年下降。然而，2008年的结果显示，使用药物的趋势在8年级和12年级之间可能上升。来源：Johnston et al.(2008)。

滥用药物的青少年之间会相互影响(Brook，Pahl，& Rubenstone，2008)。滥用药物的青少年会倾向冒险。据报道，有相当比例的冒险型药物滥用者(15%)在药物滥用时会受伤(Spirito et al.，2000)。

观看有关药物滥用的视频 www.mypsychlab.com

保护性因素。一些保护性因素会试图降低年轻人使用毒品的风险。这些因素包括父母的支持、行为应对技能、学业和社交胜任（Brook，Pahl，& Rubenstone，2008），以及传统的宗教信仰（Dew et al.，2008）。此外，那些尊重学术和个人能力的青年则不大可能使用毒品（Piko，2006）。文化因素也会对防止药物滥用起着一定的作用。在一项对400多名加利福尼亚青少年的研究中，研究者发现具有中国、亚洲/太平洋岛国背景的青少年比其他地方的同龄人更可能远离酒精（Faryna & Morales，2000）（见图4.6）。很明显，9%的欧美青年人和12%的拉丁美洲年轻人被报道每天喝酒。研究者把这些不同归咎于社会的影响，例如许多具有中国和亚洲/太平洋岛国背景的美国人提倡禁欲和家庭完整性。当然，年轻的亚裔美国人会花更多的时间和父母在一起而不是和朋友或同龄人在一起，这样就会减少潜在的不利影响和来自朋友的压力（Au & Donaldson，2000）。

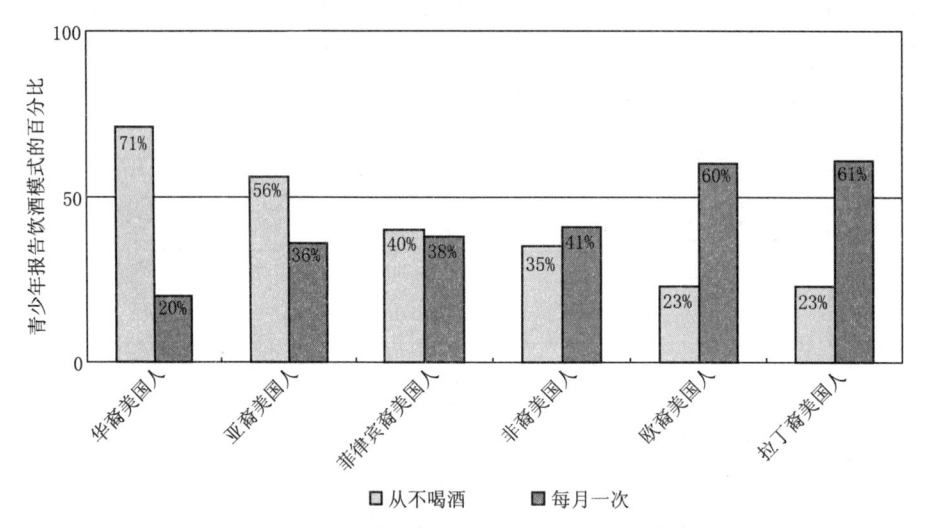

种族	从不喝酒	每月一次
华裔美国人	71%	20%
亚裔美国人	56%	36%
菲律宾裔美国人	40%	38%
非裔美国人	35%	41%
欧裔美国人	23%	60%
拉丁裔美国人	23%	61%

图4.6 不同种族的青年饮酒情况 经过对超过400名加利福尼亚高中学生的调查，调查者发现，具有中国和亚洲/太平洋岛国背景的青少年比其他的同龄人更可能远离酒精。这项调查表明文化价值和家庭结构的不同也有助于说明这种差异。中国和亚洲/太平洋岛国的青少年更可能来自父母双全的家庭，而非美、欧美、拉丁美洲的青少年则花更多时间和朋友在一起而不是跟父母在一起，当然对中国和亚洲/太平洋岛国的高中学生来说恰好相反。来源：Faryna & Morales（2000）；Au & Donaldson（2000）。

4.22 生理药物依赖和心理药物依赖有什么不同？
药物成瘾

从第一次使用"滥用药物"一词至今，这个时间可以说长也可以说短。药物滥用可能被定义为持续的药物使用，并已妨碍一个人的主要生活角色，如在家、学校、工作场所或者其他任何地方，甚至引起法律难题或各种心理问题（American Psychiatric Association，1994）。有四种因素可以影响药物的成瘾风险：

- 对药物功效快慢的感觉
- 药物在产生快感或消除痛苦上的功效
- 药物产生快感的持续时长

● 药效褪去后,不适感的持续时长(Medzerian,1991)

最容易让人上瘾的毒品能够使人第一时间产生快感,并且十分短暂。例如,一种能够产生强烈快感的药品——可卡因,在 7 秒内能被感受到但是仅持续 5 分钟。如果一种致瘾药物被注射,那么上瘾的可能性远大于口服;如果是吸食,那么上瘾的可能性就会略高于注射了。

生理依赖。有一些药物可以产生生理或化学的依赖,而其他一些药物产生的则是心理依赖。**药物生理依赖**(physical drug dependence)的产生是由于机体为了保护自身免受有害物质的影响而产生**药物耐受性**(drug tolerance)的结果。这就意味着当药效在机体内逐步降低,为达到与原来相当的反应和药效,机体就必须逐步增加用药剂量(Koob, 2008)。耐受性的出现是因为大脑通过对药物的反应性减弱来适应药物。此外,肝脏会产生更多的酶来分解该药物。各种生理过程进行调整为了使药物继续在整个身体系统中发挥作用。

一旦产生药物耐受性,个体在没有这种药物的情况下就不能正常运作。如果停用药物,身体就会出现戒断症状。不论是在生理上还是心理上,**戒断症状**(withdrawal symptoms)经常会产生与药物本身应有的完全相反的效果(见表 4.3)。例如,停用兴奋剂使人精疲力竭和沮丧;停用镇静剂使人焦躁和不安。消除这些不适的症状的唯一办法就是服用这些药物,否则只会复发。此外,滥用药物后对大脑产生的持续性行为和认知影响,也经常对试图停止使用这种药物的企图进行干扰。至于其他副作用,研究者已经发现药物成瘾也会影响注意力和记忆、导致感知时间的能力丧失、计划和控制行为的能力下降(Bates et al., 2002; Buhusi & Meck, 2002; Lyvers, 2000)。滥用者需要尽全力去克服成瘾,重铸生命,但是他们一旦复吸,所有的一切就毁于一旦。

表 4.3 一些精神药物的戒断症状

精神药物	戒断症状
兴奋剂	
咖啡因	头痛、抑郁、疲劳
尼古丁	易怒、焦虑、不安、食欲增加
安非他命	疲劳、食欲增加、抑郁、长时间睡眠、易怒、焦虑
可卡因	抑郁、疲劳、食欲增加、长时间睡眠、易怒

药物生理依赖 一种强制药物使用模式,当停止使用药物,使用者会产生一种药物耐受性伴有难受的戒断症状。

药物耐受性 当药效在机体内逐步降低,为达到与原来相等的反应和药效,机体就必须逐步增加用药剂量的一种状态。

戒断症状 定期使用某种药物,停用后出现的生理和心理症状(通常与药物本身所产生的症状相反)。

(续表)

精神药物	戒断症状
镇静剂	
酒精	出汗、沮丧、疲软、易怒和在某些情况下的幻觉
巴比妥类	失眠、焦虑、突然断药会导致癫痫发作、心血管崩溃、死亡
安定	坐立不安、焦虑、易怒、肌肉紧张、很难入睡
麻醉剂	恶心、腹泻、痉挛、失眠
致幻剂	
大麻	焦虑,很难入睡,食欲减少,多动症
麦角酸二乙基酰胺	未知
摇头丸	抑郁、疲劳和在某种情况下"崩溃"、突然悲伤、害怕或生气

◀收容康复项目的目标之一就是让成瘾者远离原本的成瘾环境,该环境可能使成瘾者面对物理和社会的诱因而复吸。在澳大利亚中央盆地,成瘾者再就业,在奶制品农场工作,接受来自自助中心的咨询和帮助。

心理依赖。药物成瘾不仅仅只是生理依赖。**药物心理依赖**(psychological drug dependence)是一种对药物带来的欣快感的欲望或无法抵制的冲动,这比生理药物依赖难戒得多(O'Brien, 1996)。一些专家认为药物渴求是由独立运作的神经网络所控制,这与控制协商决策的神经网络相互竞争(Bechara, 2005)。药物渴求网络系统会导致冲动行事,

---

药物心理依赖 是一种对药物带来的欣快感的欲望或无法抵制的冲动。

它很大程度受即时满足影响。相反,决策网络系统会先识别潜在的行为结果,再做出决定并实施有建设性的行为,同时阻止破坏性的行为。这种竞争性的神经网络模型可能能够解释,为什么那些饱受成瘾痛苦的个体尽管知道复吸的可怕后果,但还是依然选择复吸。生理成瘾的人继续使用药物受心理习惯来影响。有一些药物可能不会产生生理成瘾但可能发展成心理依赖。

了解发展和维持心理依赖的过程是很重要的。比如,药物服用的信号——与药物使用有关的人物、地点和事件——能使个体对药物产生强烈的欲望(Koob,2008)。事实上,许多研究者发现,对鸦片制剂成瘾的个体在任何时间一旦与药物相关的信号出现,就会忽视所有非药物信号,将注意集中于药物信号(Lubman et al.,2000)。然而,对沉迷药物的大脑来说,"选择性注意"可能还不是描述最多的词汇。对可卡因成瘾的个体大脑进行正电子放射断层造影术扫描(PET),结果显示,这样的信号会激发出一个具体的信号神经网络,这可以解释为什么成瘾者对药物转移注意这么难了(Bonson et al.,2002)。这些研究成果强调了在治疗生理依赖和心理依赖时,改变成瘾者的所处的物理和社会环境的重要性。

4.23 草药方的利与弊是什么?
草药方和营养剂

你是否曾经在广播或电视上的商业广告上听过一种"自然"疗法,它的功效和处方药一样有效?这样的广告变得越来越多,因为近几年来人们对可供选择的健康保养方法越来越感兴趣。在对大学生的调查中发现,几乎有一半的大学生曾经用过草本营养剂(Newberry,2001)。把草药作为药物是一种古老的方法,许多国家常见。

许多草药对大脑的作用与药物相似。然而,在药理研究中最为常见的研究方式——安慰剂控制组方式——却很少在草药研究中使用。在极少采用该方式的草药研究中,研究者发现许多草药名副其实。卡瓦胡椒和缬草属植物都能使人镇定,有助睡眠(Mischoulon,2002;Wheatley,2001)。然而,卡瓦胡椒对肝来说是有毒的,而且与传统治疗焦虑和失眠的方法相比,缬草属植物药效更慢可靠性更差(Wheatley,2005)。在治疗注意缺失障碍(Lyon et al.,2001)、缓解经前综合征的症状和更年期方面,其他草药似乎更有效(Chavez & Spitzher,2002)。

许多人觉得被叫作"纯天然"的东西肯定很安全,但是研究者尚未对草本治疗建立有效安全的剂量标准。这个剂量很重要,因为过度使用草药补充剂会产生过敏反应、晒伤风险、哮喘、肝功能衰竭、高血压、躁狂、抑郁,以及和处方药交互使用会产生潜在危险(Escher et al.,2001;Halemaskel et al.,2001;Pyevich & Bogenschutz,2001;RivasVasquez,2001)。

其他问题也出现了,在美国,草本营养剂是按照食品而不是药品进行规范的,这就意味着消费者无法确定草本营养剂的内容和容器上的标签是否一致。打个比方,黑升麻能减轻潮热和其他更年期症状(Briese et al.,2007),然而,北美人滥用这种植物的药效,认为这种植物中所包含的化合物类似女性的荷尔蒙。在一项黑升麻产品可靠性检测中,研究者选取了 11 种产品进行分析,检测到底这些产品中每一款包含多少草药成分(Jiang et al., 2006)。研究发现,三种产品中包含一种黑升麻的亚洲变种,而它们对治疗更年期没有一点作用。另一种产品包含黑升麻和它的亚洲变种混合物。另外七种所含有的北美黑升麻含量参差不齐。一些含大量所谓能减轻症状的化合物,而有些则没有。然而这11个产品都获得了政府监管食品产品的标签。相比之下,处方药和非处方的柜台药品都标示出了精确有效的成分。

很显然,我们中的许多人认为草药制剂有益。但是我们需要保持清醒的头脑,不能只因为他们比处方药更"天然"就低估这些草药影响我们身心的能力。

记一记——精神药物

1. 所有成瘾药物都具有增加位于_____的神经递质_____的效果。
2. 药物滥用的冲动可能是由于药物作用于_____的结果。
3. 身体依赖药物的开始是一种_____的发展,接着无论什么时候停止服用药物都会伴随着_____。
4. 根据每一种药物所属的范围进行分类。

　　_____(1) 大麻　　　　　　　a. 镇静剂
　　_____(2) 咖啡因　　　　　　b. 兴奋剂
　　_____(3) 摇头丸　　　　　　c. 致幻剂
　　_____(4) STP 迷幻药　　　　d. 策划药
　　_____(5) 海洛因
　　_____(6) LSD
　　_____(7) 安非他命
　　_____(8) 可卡因
　　_____(9) 酒精

答案:1. 伏隔核　多巴胺　2. 眶额叶皮层　3. 耐受性　戒断症状　4.(1) c　(2) b　(3) d　(4) d　(5) a　(6) c　(7) b　(8) b　(9) a

---

总结与回顾

什么是意识 p.116

4.1 自心理学发展初期,心理学家对意识的观点如何变化? p.116

早期的心理学家把意识看成是心理学的本质。弗洛伊德区别了意识和非意识。詹姆斯强调意识的连续性以及意识中的情感。今天的心理学家对意识的研究主要集中在神经生物学方面。

4.2 非常规意识状态和文化有什么联系? p.117

许多文化包含了可以改变意识状态的实践活动,这通常是作为部落仪式或宗教仪式的一部分。

生理节律 p.118

4.3　生物因素和环境如何影响生理节律？p.119

视交叉核（SCN）是人体的生物钟，它可以调整生理节律，发出信号至松果体。松果体分泌或抑制一种激素——褪黑素，褪黑素可以促进睡眠。视网膜上的感光细胞所接收的光线数量将决定松果体释放褪黑素的数量。

4.4　生理节律紊乱如何影响身心？p.119

睡眠相位后移综合征和睡眠相位前移综合征分别会使人过晚或过早进入睡眠。时差和轮班工作也会导致生理节律紊乱，从而导致很难入睡，同时在清醒状态时警觉度降低。

4.5　将生理节律和神经障碍相结合的研究将如何运用于实际？p.121

有神经障碍的个体通常有不同的生理节律，恢复生理节律模式可以使病人和照料者受益。

睡眠 p.122

4.6　睡眠恢复理论和睡眠节律理论有何不同？p.122

睡眠的恢复理论强调保持清醒需要消耗体力和脑力，睡眠帮助我们恢复身体和大脑机能。睡眠的节律理论主要是指包含睡眠和唤醒的生理节律有助于人们在晚上远离捕食者。

4.7　快速眼动睡眠和非快速眼动睡眠有何不同？p.122

在非快速眼动睡眠时期，心律和呼吸缓慢而稳定，血压和大脑活动是 24 小时内的最低点，几乎没有任何身体活动和眼部运动。在快速眼动睡眠中，大部分肌肉是被麻痹的，呼吸和心脏速率快速而不规则，脑活动增加，快速的眼动和生动的梦境开始发生。

4.8　一晚睡眠中非快速眼动和快速眼动睡眠阶段将如何进展？p.123

在典型的睡眠过程中，一个人要进行 5 个睡眠周期，每一个持续大概 90 分钟。第一个睡眠周期包含一个非快速眼动睡眠周期的阶段 1～4 和一个快速眼动睡眠周期；第二个睡眠周期包括一个非快速眼动睡眠周期的阶段 2～4 和一个快速眼动睡眠周期。在第三个周期中，只有阶段 2、3 和一个快速眼动睡眠周期。在剩下的睡眠周期中，睡觉者主要交替在阶段 2 和快速眼动睡眠之间，每个睡眠周期都伴随着越来越长的快速眼动睡眠时间。

4.9　研究者发现快速眼动睡眠与记忆有何联系？p.124

快速眼动睡眠对记忆的巩固有着至关重要的作用，在此期间，大脑可以清除不重要的记忆和整理重要记忆。

4.10　年龄和个体差异怎样影响人的睡眠模式？p.125

婴儿和儿童的睡眠时间最长，快速眼动和慢波睡眠占的比例最大。孩子们从 6 岁到青春期睡眠质量最好，通常随着年龄增长，睡眠量会减少，醒得越来越早，短波睡眠也越来越少。

4.11　睡眠剥夺怎样影响人的行为和神经系统功能？p.126

睡眠剥夺可以导致注意力不集中和易怒。短暂晕眩普遍存在于睡眠剥夺后。研究睡眠剥夺对言语的影响,结果显示,睡眠剥夺可能导致暂时性抑制脑叶神经活动。

  4.12 困扰睡眠者的各种紊乱症是什么? p.126

  像梦游、夜惊症这类异睡症发生在睡眠的第四阶段,睡眠者正值沉睡的阶段。夜惊症患者会在恐慌和一阵心跳加速中醒来,持续5到15分钟,然后又回去睡觉。梦魇是令人恐惧的梦,它发生在快速眼动睡眠阶段,并且具体形象的细节很可能被记住。梦呓能在睡眠的任何一个阶段发生,且较之于成人,在儿童身上更为频繁。嗜睡症是一种以白天困倦为特征的无法治愈的睡眠障碍,发作时患者几乎会立即进入快速眼动睡眠。呼吸暂停是一种严重的睡眠疾病,睡觉者会呼吸暂停并且会为了呼吸而短暂醒来,主要征兆是白天困倦和极响的打鼾声。

梦 p.129

  4.13 研究者从梦、梦的内容、生物学基础和可控性中学到了什么? p.129

  快速眼动梦具有类故事性或梦一般的情节,而且比非快速眼动梦更具视觉性、生动性,富有情感。普遍的梦的主题包括下落、被攻击或追逐。在快速眼动睡眠中,负责情绪的脑区和初级视觉皮层很活跃,但是,神经递质血清素和去甲肾上腺素却很少。清醒梦是做梦者意识到正在做梦,同时还可以控制梦的内容的一种技术。

  4.14 关于梦的本质,当代心理学家与弗洛伊德有何不同观点? p.130

  弗洛伊德认为梦具有隐含的深意并有满足无意识的性欲和挑衅欲的功能。他宣称,梦的显性内容与隐性内容不同。当今有一部分心理学家支持梦的认知理论,他们宣称梦是睡眠时的思考;其余人并不支持这一假说,认为梦是快速眼动睡眠时期大脑试图对脑细胞随机发出的神经信号进行整合,让其变得有意义。一些人支持梦的进化理论,认为生动的快速眼动睡眠可以帮助人们练习与敌人对抗的技能。

冥想和催眠 p.131

  4.15 冥想有何作用? p.132

  冥想可以帮助放松,降低唤醒,或者拓展意识。它也可能帮助预防和治疗心血管疾病。

  4.16 催眠有何效果?理论学家如何解释催眠? p.132

  催眠是一个由催眠者运用专业知识去诱导改变另一个人主观方面的思想、情绪、感觉、知觉或行为的过程。它在控制疼痛方面最为成功。用于阐述催眠的三个主要理论是社会认知理论、新解离理论和解离控制理论。

精神药物 p.134

  4.17 药物如何影响神经递质系统? p.134

  精神活性药物增强了伏隔核里多巴胺的分泌量。此外,每种药物对于特定的神经递质都有特定的影响。

  4.18 兴奋剂如何影响行为? p.135

  兴奋剂(安非他命、可卡因、咖啡因和尼古丁)加速中枢神经系统活动,抑制食欲并且使人感觉清醒、警惕且精力充沛。

4.19　抗抑郁药对行为有何影响？p.137

抗抑郁药降低中枢神经系统的活动性，减缓机体功能，并降低对外界刺激的敏感性。抑制剂包括镇静催眠药（酒精、巴比妥酸盐和安定剂）和麻醉剂（鸦片剂如鸦片、可卡因、吗啡和海洛因），此类药物有缓解疼痛和镇静作用。

4.20　致幻剂会产生什么影响？p.137

致幻剂包括大麻、麦角酸二乙基酰胺和摇头丸，可以改变和扭曲对时间和空间的认知，改变情绪，制造虚幻感和导致幻觉。

4.21　药物滥用有什么风险和保护性因素？p.140

药物滥用的风险因素有：渴望药物、遗传、冲动、使用毒品的朋友、家庭暴力和性侵犯。年龄是风险因素之一：青少年第一次用药时，年龄越小，越容易滥用。保护因素包括父母的支持、行为应对技能、学术能力、社交能力以及传统的宗教信仰。文化背景也可能有保护作用。

4.22　生理药物依赖和心理药物依赖有什么不同？p.142

产生生理药物依赖的人具有药物耐受性，为了达到同样或者更强的效果，他们渐渐地使用越来越多的药物。停药后，戒断症状就会出现。心理药物依赖是一种对药物带来的欣快感的欲望或无法抵制的冲动。

4.23　草药方的利与弊是什么？p.144

许多草药对大脑的作用与药物相似。据表明，一些草药对焦虑、失眠、注意缺失紊乱、经前期综合征和绝经综合征的治疗有帮助。然而，有效剂量指南还没有确立，并且过度使用草药补品会严重影响身体健康。

关键术语

梦的激活—整合假说 p.131
生理节律 p.118
梦的认知理论 p.130
抗抑郁药 p.137
异睡症 p.127
致幻剂 p.137
失眠 p.129
清醒梦 p.130
冥想 p.132
嗜睡症 p.128
催眠的新解离理论 p.133
非快速眼动睡眠 p.122

非常规意识状态 p.116
睡眠节律理论 p.122
意识 p.116
药物耐受性 p.143
梦的进化理论 p.131
催眠 p.133
隐性梦境 p.130
显性梦境 p.130
微睡眠 p.126
麻醉剂 p.137
非快速眼动梦 p.129
异睡症 p.126

药物生理依赖 p.142　　　　　　精神药物 p.134

药物心理依赖 p.143　　　　　　快速眼动梦 p.129

快速眼动反弹 p.124　　　　　　快速眼动睡眠 p.122

睡眠恢复理论 p.129　　　　　　睡眠呼吸暂停 p.129

睡眠周期 p.123　　　　　　　　纺锤波 p.123

慢波睡眠 p.123　　　　　　　　催眠的社会认知理论 p.133

睡眠失调 p.128　　　　　　　　阶段4睡眠 p.123

兴奋剂 p.135　　　　　　　　　主观夜 p.120

视交叉上核 p.119　　　　　　　解离控制理论 p.133

戒断症状 p.143

章末测验

选择题

1. 文化和非常规意识形态之间关联的调查研究说明了什么？

　　a. 在所有文化中，改变意识的方法都是一样的。

　　b. 在宗教仪式上使用的能改变情绪的药物对人们无效。

　　c. 人类对能产生意识体验变化的需求是普遍存在。

　　d. 不管它们是否被用于文化仪式，改变情绪的药物应该全面停用。

2. 睡眠规律和哪种激素有关？

　　a. 睾酮　　　　b. 褪黑素　　　　c. 伽马氨基丁酸　　　　d. 多巴胺

3. 唐在市医院值夜班。换班期间，他总是觉得疲惫。那是当他的体温最低，生物钟提醒他应该去睡觉。心理学家认为，唐受什么影响？

　　a. 主观夜　　　　b. 破坏性不适　　　　c. 客观夜　　　　d. 褪黑素波动

4. 区别阿尔茨海默病和其他形式的痴呆症的途径之一是_____。

　　a. 有看护者让患者进行睡眠问题的自我报告

　　b. 观察日落综合征

　　c. 跟踪记录病人的生理节律变量，如体温

　　d. 检查病人的生活史以查找头部受伤的证据

5. 以下哪个理论是以身体在睡眠时可以进行自我修整为理论基础的？

　　a. 睡眠恢复理论　　　　　　b. 睡眠节律理论

　　c. 睡眠褪黑素理论　　　　　d. 睡眠生态行为理论

6. 詹森正处于睡眠最深阶段，几乎不可能被叫醒。睡眠研究人员会说詹森处于_____。

　　a. 睡眠阶段一　　　b. 睡眠阶段二　　　c. 睡眠阶段三　　　d. 睡眠阶段四

7. 达拉昨晚为了准备期中考试没睡觉,今晚她去睡觉时会发生_____。

 a. 快速眼动反弹   b. 做梦魇

 c. 失眠   d. 非快速眼动反弹

8. 可汗医生已在圣约瑟急诊室度过了 36 小时,且因为时间表混乱,需要再待 8 小时。可汗医生脑部哪一部分区域的活跃程度可能会降低?

 a. 颞叶   b. 顶叶   c. 额叶   d. 枕叶

9. 爱德华是一名心理学教授,有时会在梦中讲课。这是一个关于什么的例子?

 a. 异睡症   b. 失眠   c. 梦魇   d. 呼吸暂停

10. 斯蒂芬妮做了一个栩栩如生的梦,在梦里她从一头狮子口下救了一只小狗。以下哪个解释最有可能出自一个赞同弗洛伊德对梦的观点的心理学家?

 a. 斯蒂芬妮想要一个孩子。

 b. 斯蒂芬妮也许在睡前看了关于动物的电视。

 c. 斯蒂芬妮的脑子正试着将随机发出的神经信号进行整合。

 d. 斯蒂芬妮是个富有创造力的人。

11. 冥想不包括以下哪项?

 a. 对个体心理历程的高度觉知

 b. 长时间的静坐

 c. 全神贯注地聆听灵魂导师的发言

 d. 把注意力集中在某物上,如一件物品或一句话

12. 对于处于催眠状态下的人们,下列说法哪项正确?

 a. 他们比处于清醒状态时具有更强的体能。

 b. 他们比处于清醒状态时更不诚实。

 c. 如果他们不知情就不能对其催眠。

 d. 他们的记忆比有意识时更加准确。

13. 下列哪项是降低毒品使用风险的保护因素?

 a. 文化信仰和行为标准

 b. 亲密友谊

 c. 对生活的乐观态度

 d. 可以证明物质滥用的毁灭性后果的榜样

14. 因为滥用药物,辛迪接受治疗后出现了肌颤和眩晕恶心。辛迪可能滥用了哪种药物?

 a. 酒精   b. 麻醉药

 c. 兴奋剂   d. 致幻剂

15. 下列哪项是兴奋剂影响行为的方式之一?

 a. 导致表现平静   b. 降低主观感受到的压力

 c. 增加机敏度   d. 肠肌瘫痪

16. 据发现,大麻在治疗什么方面有效?
a. 痢疾　　　　b. 肺结核　　　　c. 青光眼　　　　d. 流感

17. 药草(如卡瓦胡椒)有什么作用?
a. 充当镇静剂和睡眠辅助药物　　　　b. 增进肾和脾的功能
c. 提高性欲　　　　　　　　　　　　d. 充当厌食剂

简答题

18. 假如你被一个睡眠门诊雇用,要设计一个评估病人睡觉习惯的调查问卷。列出10个你的问卷中的问题。

19. 朗婷俪·安是一个全日制学生,她想在跟上课程进度的情况下进行全职工作。她计划晚11点至早上7点在医院轮班,然后上早上的课。中午下课后,她从下午1点睡到晚上7点,然后起来学习直到该去上班。根据你在本章所学的生理节律,朗婷俪·安这么拼命,身体会出现什么问题?

20. 现在要求你为七年级和八年级的孩子们做一个关于毒品危险的讲座。为了说服他们不滥用物质,例如酒精、大麻、可卡因和摇头丸。你能给出的最有说服力的大体论据是什么?请具体说明。

答案见第772页。

第 5 章

学 习

经典条件反射：最初的观点
5.1 巴甫洛夫发现了哪种类型的学习？
5.2 经典条件反射是如何实现的？
5.3 在刺激和学习条件下，什么类型的改变会导致条件反射变化？
5.4 华生怎样证明恐惧可以建立在经典条件反射之上？

经典条件反射：当代的观点
5.5 根据瑞思考勒所说，经典条件反射的关键成分是什么？
5.6 加西亚和柯林发现了有关经典条件反射的什么内容？
5.7 哪些类型的日常反应受经典条件反射的支配？
5.8 条件刺激和非条件刺激同时发生时，为什么不会产生经典条件反射？

操作性条件反射
5.9 通过观察猫尝试逃脱桑代克迷箱的行为，桑代克得出了有关学习的什么结论？

5.10 通过操作性条件反射获得行为的过程是什么？
5.11 正强化和负强化的作用是什么？
5.12 四种类型的强化模式分别是什么，哪种最有效？
5.13 结果为什么不总能引起行为的改变？
5.14 惩罚怎样影响行为？
5.15 回避学习何时能够满足需要，何时会产生适应不良？
5.16 操作性条件反射的应用有哪些？

认知学习
5.17 什么是顿悟，它又是怎样影响学习的？
5.18 关于强化的必要性托尔曼有什么发现？
5.19 我们是怎样通过观察他人来学习的？
5.20 从各种媒体中获取的调查研究显示了什么？

想一想

在一集受欢迎的有线电视喜剧节目中,主持人向那些能够吃掉一整根黄油棒的任何一个片场观众提供 100 美元。正如你可能预测到的,他们毫不费力地找到了志愿者;我们都知道,对可观报酬的期望会影响我们的行为。但是否所有的奖励都以相同的方式影响我们的行为?如果那些主持人提供的是 1 美元而不是 100 美元,他们会成功吗?不见得——奖励必须值得我们去完成这项任务。此外,如果观众在吃完黄油棒之后实际收到 100 美元的可能性只有 75% 该怎么办?——这会不会影响到他或她参加的意愿?

一份预期奖励的可预见性很重要,但不是你想的那样。为了弄清我们的意思,你可以估计一下附带的图表中每个行为实际能获得相应报酬的可能性。从 0 到 10,0＝完全不可能,10＝完全确定,如果确实可能,那么将会带来报酬。举个例子,在你用遥控器切换频道时,找到你想看的电视节目的可能性有多少?是不是没可能(0)?有一些可能(5)?你会不会确定地找到一个节目(10)?对此和其他列在表中的项目做出你的判断。

行　　为	潜在的报酬	获得报酬的概率
切换电视频道	找到一个你想看的电视节目	0 ←——→ 10
使用一台 ATM 机	拿到现金	0 ←——→ 10
玩电子游戏	击败对手,或者超过你自己过去的表现	0 ←——→ 10
根据食谱烤曲奇饼干	出炉的曲奇和预想的一致	0 ←——→ 10
买彩票	中奖	0 ←——→ 10

你对一些行为的评级高很有可能与其他行为有关;举例来说,你评定从 ATM 机得到钱的可能性也许会比你赢彩票的可能性更高。但是现在,花点时间思考哪些行为你能够深入地参与以继续实施它们,比你最初打算的还要久。你极有可能不会看着自己在 ATM 机上重复地按键输入密码或是连续几小时地烘烤曲奇饼干,即使这些行为有报酬的可能性很高。从另一方面来说,谁没有在切换频道或者玩电子游戏上浪费过时间呢?有多少人尽管从未中奖依然定期买彩票?就此而言,日常经验证实了你将会在这个章节中读到的一条重要原则:不可预知的报酬对行为改变(心理学家称之为学习)的影响通常比可预知的报酬更强烈。

心理学家将**学习**(learning)定义为通过经验获得的,在行为、知识、能力和态度上比较持久的变化,这种变化不归因于疾病、损伤或者成熟。有必要对这个定义的各个部分进行

> **学习** 通过经验获得的,在行为、知识、能力和态度上比较持久的变化,不归因于疾病、损伤或者成熟。

进一步的解释。首先，将学习定义为"比较持久的变化"排除了由于疾病、疲劳或是情绪波动引起的暂时性变化。第二，将学习限定在"通过经验获得的"变化排除了由于脑损伤或某些确定的疾病产生的、在行为上容易观察到的变化。当然，发生在个人成长和成熟过程中的某些显著变化与学习毫无关系。例如，从严格意义上来说，婴儿不是学会爬和走路的。基本的动作技能和决定它们发展的成熟计划是每个物种基因编制的全部行为技能的一部分。我们考虑的第一种学习是经典条件反射。

经典条件反射：最初的观点

为什么阿道夫·希特勒的图像、对美国国税局的偶尔提及、一面美国国旗在微风中飘扬的景象会引起强烈的情绪反应？之所以会激起我们的情绪，是因为它们带有某些确定的关联：希特勒与罪恶，IRS（美国国税局）与交税，美国国旗与民族自豪。这些关联是怎样发生的呢？**经典条件反射**(classical conditioning)是指有机体学会将一个刺激和另一个刺激联系在一起的一种学习类型。**刺激**(stimulus)是在环境中有机体能够对其作出反应的任何事件或物体。通过经典条件反射习得的联系深刻影响着人们的生活，有时经典条件反射也称反应性条件反射，或者巴甫洛夫条件反射。

5.1 巴甫洛夫发现了哪种类型的学习？

巴甫洛夫和经典条件反射

伊凡·巴甫洛夫（1849—1936）从1891年直至去世，45年时间里在俄国圣彼得堡的实验医学部门组织和指导生理研究。在那里他进行了他在生理学上关于消化的经典实验，使他在1904年获得了诺贝尔奖——他是第一个接受这项荣誉的俄国人。

巴甫洛夫对心理学所做出的贡献是相当偶然的。为了研究狗的唾液反应，巴甫洛夫在每只狗的嘴边开了一道切口。然后接上一根管子以便唾液能从动物的嘴巴里流出，通过管子进入一个收集和测量唾液的容器。巴甫洛夫的目的是收集狗对放在嘴里的食物产生反应而自然分泌出的唾液。但是他注意到，在多数情况下，狗甚至在提供食物之前就开始分泌唾液。巴甫洛夫观察狗在听到实验助手来给它们喂食的脚步声时，容器中收集的唾液量。他观察狗在听到它们的餐盘发出的响声，看到负责给它们喂食的人员，或是认出它们的食物时唾液的收集量。像唾液分泌这样的非自发反应是怎样与涉及喂食的景象和声音联系起来的？巴甫洛夫用他的余生在研究这个问题。他所研究的学习类型在今天被称为经典条件反射。

> **经典条件反射** 有机体学会将一个刺激和另一个刺激联系在一起的一种学习类型。
>
> **刺激** 在环境中有机体能够对其作出反应的任何事件或物体。

▲伊凡·巴甫洛夫(1849—1936)以研究狗身上的条件反射闻名。

图 5.1 用于巴甫洛夫经典条件反射研究的实验装置 在巴甫洛夫经典条件反射的研究中，狗被安全带限制在一个小室里，并与各个方位隔离开来。一位实验者通过单面镜观察狗，并使用遥控给狗提供食物和其他条件刺激。一根管子将从狗嘴巴里流出的唾液导入一只可以测量唾液的容器中。

5.2 经典条件反射是如何实现的？
经典条件反射的过程

巴甫洛夫使用如图5.1所示的装置来研究经典条件反射的过程。这个装置允许巴甫洛夫通过一个单面镜观察狗并测量各种刺激如何影响它们口中的唾液分泌。在大量实验的基础之上，巴甫洛夫确定了经典条件反射的基本成分。它开始于刺激和反应之间多种内在的连接。

反射。 反射（reflex）是对特定刺激的不随意反应。有两种类型的反射：条件反射和非条件反射。将条件这个术语想成是"习得"的意思，非条件想成"不是习得"的意思。对食物的唾液分泌反应是一种非条件反射，因为这是对特定刺激的一种天生的、自发的、不是学习得来的反应。另一方面，当巴甫洛夫观察到他的狗在一看到食物或者听到餐盘的响声就会分泌唾液时，他认识到这种唾液分泌反射是学习的结果。他将这些习得的不随意反应称作**条件反射**（conditioned reflexes）。

条件、非条件刺激和反应。 巴甫洛夫（1927/1960）在他的条件作用实验中使用了音调、铃声、蜂鸣器、灯光、几何图形、电击和节拍器。在一个典型实验中，给狗喂食引起了唾液分泌。因为狗不需要形成对食物分泌唾液的条件反射，所以对食物分泌唾液是一种非习得的反应，或者说是**非条件反应**（unconditioned response，UR）。任何不用预先学习的刺激，比如食物，会自动引起，或产生非条件反射的刺激被称为**非条件刺激**（unconditioned stimulus，US）。

接下来列出了一些常见的非条件反射，指出了它们的两个成分：非条件刺激和非条件反应。

非条件反射

非条件刺激（US）	非条件反应（UR）
食　物	唾液分泌
巨　响	惊恐反应
射入眼睛的光线	瞳孔收缩
吹入眼睛的气流	眨眼反应

反射　一种对特定刺激的不随意反应，比如一阵气流引起的眨眼反应或是当食物进入嘴里引起的唾液分泌。

条件反射　习得的不随意反应。

非条件反应（UR）　一种由不用预先学习的非条件刺激引起的反应。

非条件刺激（US）　一种会引起特定的非条件反射，不用预先学习的刺激。

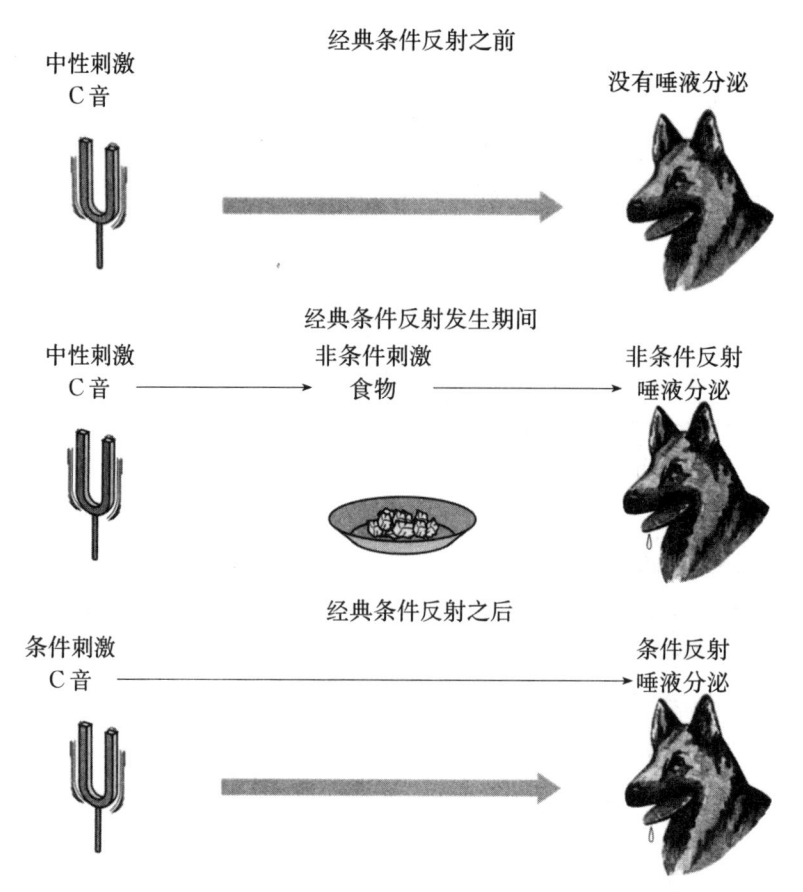

图5.2 唾液分泌反应的经典条件作用　一个中性刺激（一个音调）只有与非条件刺激（食物）重复配对才会引起唾液分泌。在多次配对之后，这个中性刺激（现在叫作条件反射）单独引起唾液分泌。经典条件反射已经产生。

巴甫洛夫证明狗可以对各种各样与食物从未有过联系的刺激形成唾液分泌，如图5.2所示。在条件作用形成过程中，研究者会在喂食之前很短的时间里快速呈现一个中性刺激，比如一个乐音。食物会使狗分泌唾液。巴甫洛夫在乐音和食物进行多次配对之后发现，乐音单独通常能够引起唾液分泌20次或者更多（Pavlov, 1927/1960, p.385）。巴甫洛夫把乐音称为习得性刺激，或者**条件刺激**（conditioned stimulus, CS），把乐音引起的唾液分泌反应称为习得性反应，或者**条件反应**（conditioned response, CR）。

高级条件作用。一旦条件刺激和条件反射之间的联系被习得，新的刺激可以通过与条件刺激配对的方式被引入。这个过程建立了一系列信号并被称作**高级条件作用**

条件刺激(CS)　在和一个非条件刺激重复配对之后与之相联系，并引起一个条件反射的中性刺激。

条件反应(CR)　由于一个条件刺激与一个非条件刺激的重复配对而引起的习得性反应。

高级条件作用　多个条件刺激联结在一起建立一系列信号时发生的条件作用。

(higher-order conditioning)。你为一个血液测验而去实验室的先后顺序为高级条件作用提供了一个很好的例子。首先,你坐在一张椅子上,靠近已经准备好的材料诸如针、注射器之类的桌子。接着,一些收缩装置系在你手臂的周围,护士或者技术人员拍拍你的表皮直到血管清晰可见。这个顺序中的每一步告诉你不可避免的"扎针"和刺痛,大部分是反射性肌肉紧张的结果。扎针本身是非条件刺激,你会产生反射性反应。但在这之前的所有步骤都是使你预想扎针本身疼痛的条件刺激。随着每个连续的步骤,当通过对扎针刺痛的预想,肌肉用更多的收缩来对焦虑作出反应,一个条件反射发生了。正如你大概推断的那样,当你暴露于先于会引起反射性反应的刺激出现的刺激序列时,高级条件作用就会发生。例如,暴露在寒冷的气温中会引起的一个反射性反应,也许是开始打战,因此你逐层添加衣物,在一个下雪天外出之前穿上厚重的冬衣和靴子。你能想想刺激顺序先于反射性反应的其他例子吗?

探索高级条件作用 www.mypsychlab.com

5.3 在刺激和学习条件下,什么类型的改变会导致条件反射变化?
改变条件反射

使动物形成对音调分泌唾液的条件反射之后,如果你继续发出这个音但不再与食物配对将会发生什么?如果你发出比最初用来形成动物的条件反射更高或者更低的音又会发生什么?

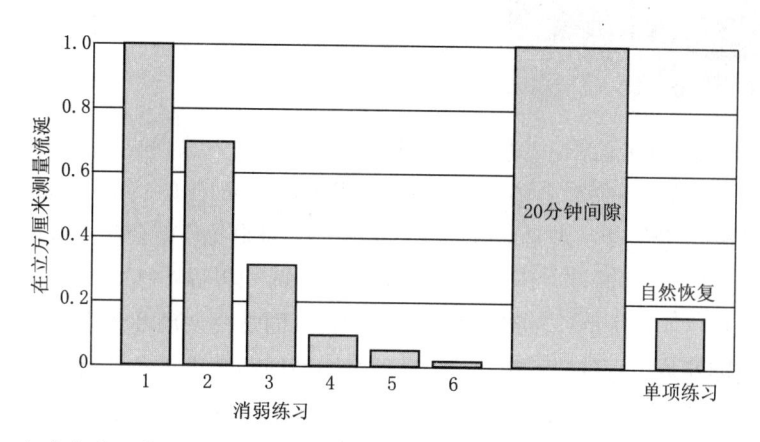

图5.3 经典条件反射的消退 当一个经典条件刺激(一个音调)在一系列没有非条件刺激(食物)的试验中呈现,巴甫洛夫的狗分泌唾液越来越少直至几乎没有唾液分泌。但在20分钟休息过后,音调的一个响声导致条件反射以减弱的形式再次出现(只产生少量的唾液分泌),这个现象被巴甫洛夫称为自然恢复。来源:Pavlov(1927/1960),p.58。

消退和自然恢复。 巴甫洛夫通过发出使狗已经形成唾液分泌条件反射的乐音之后不给狗食物的方法研究第一个问题。他发现没有了食物,对乐音的唾液分泌反应变得越来越弱,最后完全消失——被称为**消退**(extinction)的过程。在条件反射消失了以后,巴甫洛夫让狗休息20分钟,然后将它带回实验室。他发现狗重新对乐音作出唾液分泌。巴甫洛夫称这次复现为**自然恢复**(spontaneous recovery)。但自然恢复的反射比起最初的条件反射更弱,持续时间更短。图5.3显示了消退和自然恢复的过程。

一些研究表明消退具有环境特定性(Bouton, Vurbic, & Woods, 2008)。当一个条件反射在一个环境中消退时,它仍然可以在某些没有发生过消退训练的其他环境中被引起。巴甫洛夫没有发现这一点是因为他的实验总是在相同的环境下进行。

泛化和分化。假设你已经训练好一只狗在它听到钢琴上弹中央C音时分泌唾液。如果你弹的是B音或是D音它会分泌唾液吗?巴甫洛夫发现与最初的条件刺激相类似的乐音能产生条件反射(唾液分泌),被称为**泛化**(generalization)的现象。但唾液分泌在乐音偏离最初的条件刺激时进一步减少,直到乐音变得截然不同以至于狗一点也不分泌唾液。

◀嗅觉和味觉紧密联系,因为对特定食物的嗅觉是味觉的一个信号,也是与吃到这个食物相联系的生理感觉。因此,食物的气味是一种随着食物本身引起的、相同的情感甚至心理反应的一个条件刺激。事实上,看着一张某人正在闻一种特别辛辣的食物的照片也可以作为一种条件刺激。当你看着这张照片时,你能想象这个桃子闻起来是怎么样的吗?当你想象这个气味时,你是否回忆起了食物的味道和纹理?你是不是开始感觉饥饿?

巴甫洛夫能利用其他感觉,例如触觉来证明泛化。他在一只狗的大腿上系上小型振动器,训练狗在大腿受到刺激时分泌唾液。一旦泛化建立起来,狗的其他身体部位受到刺激时唾液分泌同样也会发生。但是刺激点离大腿越远,唾液分泌反应会变得越弱(见图5.4)。

在日常生活中很容易发现泛化的价值所在。例如,如果你在孩童时代喜欢待在学校里,你对大学经历的想法也许比那些不太喜欢学校的同学更主动和肯定。由于泛化的存在,我们不需要对每个与最初的刺激仅仅是稍微不同的刺激进行条件反射的学习。恰恰相反,我们学习接近或是避开一系列与产生最初条件反射的刺激相类似的刺激。

消退 在经典条件作用中,由于不带有非条件刺激的条件刺激反复呈现导致条件反射减弱和最终的消失。

自然恢复 在一段休息时间过后,有机体再接触最初的条件刺激而使一个已经消退的反应(以一个更弱的形式)重新出现。

泛化 在经典条件作用中,对与最初的条件刺激相类似的刺激作出反应的倾向。

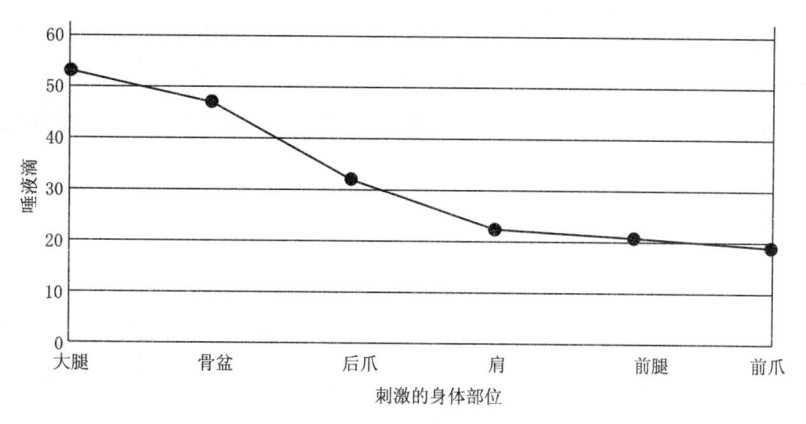

图5.4 条件反射的泛化 巴甫洛夫将小型振动器系在一只狗不同的身体部位。在刺激狗的大腿形成唾液分泌的条件反射之后,他又刺激了这只狗身体的其他部位。由于泛化,当其他身体部位被刺激的时候唾液分泌反应同样发生。但是刺激被施用的离大腿越远,唾液分泌反应就越弱。来源:Pavlov(1927/1960)。

让我们回到一只狗形成对乐音的条件反射的例子来追溯**分化**(discrimination)的过程,即区别相似刺激的习得能力,使条件反射只对最初的条件刺激而不是对相似的刺激产生。

第一步,狗被训练,对C音形成唾液分泌的条件反射。

第二步,泛化出现,狗对一系列在C音之上或之下的乐音都能分泌唾液。在乐音偏离C音时狗分泌唾液越来越少。

第三步,最初的C音与食物反复配对。临近的乐音也会出现,但它们不跟随着食物出现。狗形成了分化。逐渐地,对临近乐音的唾液分泌反应(A、B、D和E音)被消除,然而对最初的C音的唾液分泌被加强。

像泛化一样,分化具有生存价值。分辨新鲜牛奶和变质牛奶的气味会使你免于喝坏肚子。分辨响尾蛇和花纹蛇能够拯救你的生命。

探索经典条件反射中的刺激泛化和刺激分化 www.mypsychlab.com

5.4 华生怎样证明恐惧可以建立在经典条件反射之上?

约翰·华生和情绪条件作用

1919年,约翰·华生(1878—1958)和他的助手罗莎莉·雷纳,进行了一个到现在还十分著名的实验来证明恐惧可以建立在经典条件反射之上。研究的被试叫作小阿尔伯特,是一个11个月大、健康并且情绪稳定的的婴儿。在测试时他没有表现出恐惧,除非他听到华生用锤子在他头部附近的一根钢条上敲打所发出的巨响。

在实验室中,雷纳给小阿尔伯特呈现了一只白鼠。当小阿尔伯特伸手去摸白鼠时,华

分化 区别相似刺激的习得能力,从而只对最初的条件刺激而不是对相似的刺激发生条件反射。

生就用锤子敲打在阿尔伯特的头后面的钢条。这个步骤不断地重复,小阿尔伯特"猛烈地跳起来,向前跌倒,并开始啜泣"(Watson & Rayner, 1920, p.4)。一星期以后,华生继续这个实验,使老鼠和巨响同时呈现达到 5 次以上。之后,一看到一只单独的白鼠,小阿尔伯特就开始大哭。

探索小阿尔伯特的经典条件作用 www.mypsychlab.com

小阿尔伯特 5 天后回到实验室时,他的恐惧已经泛化到对兔子,反应稍轻些的话,狗、毛皮大衣、华生的头发,还有圣诞老人面具(见图 5.5)。30 天以后,小阿尔伯特最后一次造访实验室。他的恐惧依然很明显,虽然有点不那么强烈了。华生得出结论,条件恐惧反应"贯穿一生持续并改变人格"(Watson & Rayner, 1920, p.12)。

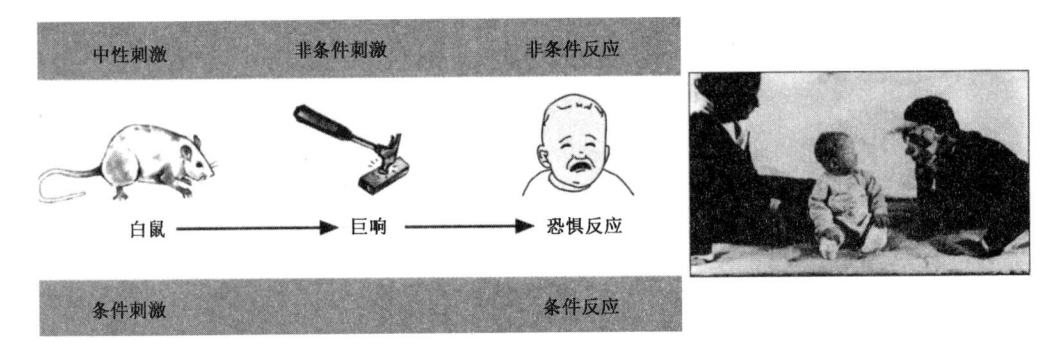

图 5.5 条件恐惧反应 小阿尔伯特对白鼠的恐惧是一种已经对其他刺激产生泛化的条件反射,包括兔子,反应稍轻的还有圣诞老人面具。来自美国心理学历史档案——阿克伦大学。

观看关于小阿尔伯特的视频 www.mypsychlab.com

虽然华生已经制定出消除条件恐惧的方法,但在他们能进行试验时,阿尔伯特已经搬出了这个城市。华生显然知道在这些恐惧移除技术能够被应用之前阿尔伯特将会离开,他无疑表现出了对孩子幸福健康的忽视。正如你在第 1 章中所学到的,美国心理学会现在对于实验研究采用人和动物被试制定了严格的伦理标准,不会认可像华生那样的实验。

华生对消除恐惧的一些想法构成了今天明确运用的行为疗法的基础。在他的小阿尔伯特实验之后三年,华生和一个同事,玛丽·琼斯(Mary Cover Jones, 1924),找到一个三岁的名叫彼得的小男孩,像阿尔伯特一样害怕白鼠。他也害怕兔子、毛皮大衣、羽毛、棉花和毛毯。彼得对兔子的恐惧是最强烈的,这成为华生恐惧消除技术的目标。彼得被带入实验室,坐在一张高椅上,得到糖果吃。一只装在铁丝笼子里的白兔被带进房间但是放在离彼得足够远的地方,不会让彼得感到不安。通过 38 个疗程,兔子离继续享受自己的糖果的彼得越来越近。有时,彼得的一些朋友也会被带进来,在与彼得保持安全距离之处和兔子一起玩耍,因此彼得可以亲眼看到兔子是无害的。对彼得的治疗结束时,兔子从笼子里被取出,最终放在彼得的膝盖上。通过最后一个疗程,彼得已经变得喜欢这只兔子了。

更重要的是,他消除了对皮毛大衣、棉花和羽毛的所有恐惧,并且能够忍受白鼠和毛毯。

到目前为止,我们已经考虑了经典条件反射中主要有关于巴甫洛夫的狗和华生的人类被试的部分。接下来我们会审视操作性条件反射在今天是被如何看待的。

记一记——操作性条件反射:最初的观点

1. 经典条件反射是由_____发现的。
2. 一只狗对乐音的唾液分泌反应是一种_____反应。
3. 当一个条件刺激的呈现不伴随着非条件刺激,所产生的条件反射的减弱叫作_____。
4. 5岁的米娅被她祖母的拉布拉多猎犬咬伤。她不再接近那条狗但似乎不害怕其他狗,即使其他的拉布拉多犬。她的行为的最佳解释是_____原则。
5. _____条件反射出现时,条件刺激联结在一起形成了一系列信号。
6. 在华生的小阿尔伯特实验中,白鼠是(条件/非条件)刺激,小阿尔伯特在锤子敲击钢条时的大哭是(条件/非条件)反应。
7. 阿尔伯特对白鼠的恐惧转移到兔子、狗、皮毛大衣和面具上,在学习过程中被称为_____。

答案:1. 巴甫洛夫 2. 条件 3. 消退 4. 分化 5. 高级 6. 条件 非条件 7. 泛化

经典条件反射:当代的观点

经典条件反射过程中的哪个方面是最重要的?巴甫洛夫相信经典条件反射的关键成分在于条件刺激和非条件刺激短暂间隔的重复联结。然而在20世纪60年代下半叶,研究者开始发现巴甫洛夫确认的一些普遍原则也有例外。

5.5 根据瑞思考勒所说,经典条件反射的关键成分是什么?

认知观点

罗伯特·瑞思考勒(Rescorla & Wagner,1972)主要的贡献是改变心理学家看待经典条件反射的方式。瑞思考勒通过大量实验证明经典条件反射的关键成分不是条件反射和非条件反射的重复联结(Rescorla,2008)。恰恰相反,其重要因素在于条件刺激是否提供一种信息,使得有机体能够可靠地预测非条件刺激的发生。瑞思考勒是如何证明预测才是关键成分的呢?

在瑞思考勒最初以老鼠作为被试的研究中,他以音调作为条件刺激,电击为非条件刺激(Rescorla,1967)。对其中一组老鼠,音调和电击联结了20次——电击总是发生在乐音响起期间。另一组老鼠在乐音响起的时候同样受到20次电击,但是这组也接受到20次没有和乐音联结的电击。如果经典条件反射的唯一关键因素是条件刺激与非条件刺激联结的次数,那么两组老鼠都应该建立起对乐音的条件恐惧反应,因为两组恰好都经历了相同次数的乐音和电击的联结。不过情况并非如此。只有第一组建立起了对乐音的条件恐惧反应,于它而言,乐音对于电击是个可靠的预言者。第二组没有显示多少关于条件作用的证据,因为电击在伴随和不伴随着乐音时同样都有可能发生。换句话说,乐音没有提供有关于电击的额外信息。

可是巴甫洛夫对于几乎任何的中性刺激都能充当条件刺激的观点又怎么样呢?后来的研究揭示了有机体的生物倾向可以限制他们通过经典条件反射建立起来的联结。

你的身体学着对各种不同的食物味道作出反应的方式为阐明瑞思考勒的工作提供了一个日常的例子。举个例子,研究者已经发现胰腺能够快速适应食物信号(e.g., Stockhorst et al., 2004)。很多时候,舌尖上甜味的呈现(一种条件刺激)可靠地预测了血糖的升高(一种非条件刺激)。由于甜味和血糖接踵而至的上升的反复联结,胰腺"学会"泵出胰岛素对甜味做出反应(一种条件反射),而不是等着血糖实际上升的出现(一种非条件反射)。当你在吃人工甜味剂,也就是说,不能预测血糖上升的甜味时"迷惑"了胰腺,会发生什么呢?不幸的是,这个过程导致很多人经历了低血糖的症状(举例来说,头痛、眩晕),因为条件胰岛素反应引起他们的血糖水平降至正常水平以下。此外,低血糖引发大脑的"我饿了!"反应(和你将在第10章学到的一样)。因此,喝无糖汽水和其他带有人工甜味剂的产品也许会导致过量饮食。

最后,同时食用人工甜味剂和真糖的人的胰腺通过消除甜味和胰岛素反应之间的经典条件联结达到适应。由于甜味不能再可靠地预报血糖的升高,你的胰腺将只对实际的血糖升高作出分泌胰岛素的反应(最初的非条件刺激),而不是立即依据舌头对甜味的感觉。研究者猜想,甜味和胰岛素反应的相互作用借助经典条件反射的原理可以在糖尿病的进展中发挥一些作用(e.g., Stockhorst et al., 2004)。

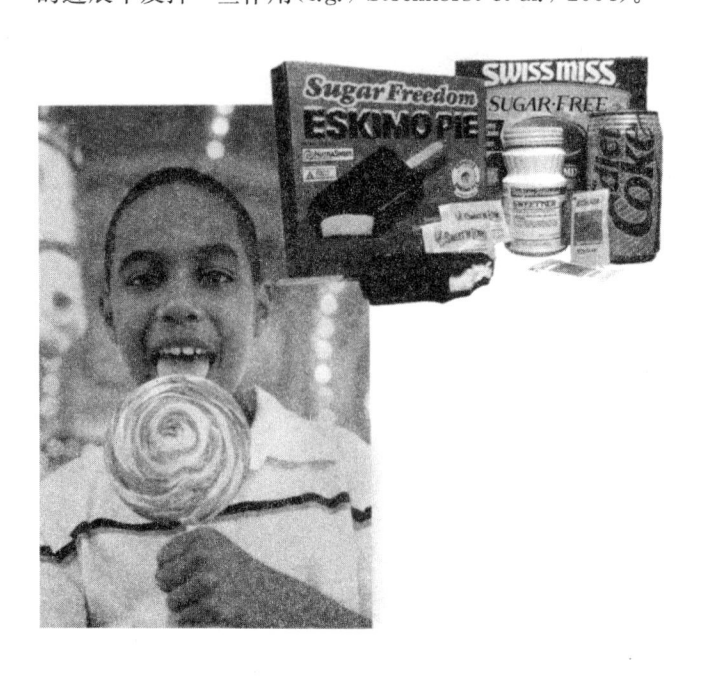

◀含糖餐点的甜味决定胰腺在实际的血糖上升之前释放胰岛素。与瑞思考勒的研究放在一起考虑,这点会发生的原因是甜味可靠地预报了血糖的升高。这样的条件作用在我们食用人工甜味剂的时候也许会消退。这是为什么呢?

5.6 加西亚和柯林发现了有关经典条件反射的什么内容?
生物学倾向

得知遗传学在经典条件反射中发挥着作用,你也许会感到惊讶。举个例子,单个基因似乎可以成为一只老鼠快速学会避免诸如电击这样的潜在有害刺激的基础(Mathur et al., 2009)。携带这个基因的老鼠只需要一次试验来避免刺激,而那些缺乏这个基因的老鼠需要多次试验或者丝毫未能获得回避反应。因此,很多当代的研究者声称是生物学倾向,或者说是基因使动物和人类准备获得或抵抗获得经典条件反射的程度,是条件作用过程中的一个重要因素。

有一个关于人类获得对一些物体的条件恐惧比其他物体更容易的重要发现。例如,回想一下华生的小阿尔伯特实验。你认为华生能够同样容易地用一朵花或者一片丝带形成恐惧反应吗?可能性不大。研究表明,人类更容易对恐惧刺激形成条件反射,比如蛇,会对他们的健康造成真正的消极影响(Mineka & Oehlberg, 2008)。而且,对蛇和其他潜在的危险动物的恐惧在猩猩和猴子身上和在人类身上同样常见,提示着生物学倾向建立了这些恐惧反应。

按照马丁·塞利格曼(Martin Seligman, 1972)所言,大多数普遍的恐惧"与人类物种在漫长的生物进化过程中的幸存有关"(p.455)。塞利格曼(1970)曾提出,人类和其他动物准备好仅将某些确定的刺激与特定的结果联系起来。这种准备的一个例子是建立**味觉厌恶**(taste aversions)倾向——强烈的厌恶和/或恶心或者不适与对特定食物的逃避联系在一起。

吃完一种特定食物后经历恶心和呕吐经常足以形成持久的味觉厌恶。对于这种现象你也许有一些个人经验,如果你曾经在吃完意大利粉、红辣椒或者其他一些带有特殊口感和气味的食物后发生了呕吐。如果是这样,你知道,几周以后只是那令人不愉快的食物气味也足够激起一阵阵的恶心。研究者发现当条件刺激(食物或饮料)与非条件刺激(恶心)之间的延时长达12小时,味觉厌恶能够形成经典条件反射。

在一项味觉厌恶的经典研究中,加西亚和柯林(Garcia & Koelling, 1966)让老鼠处于三种条件刺激的影响下:强光、滴答声和加味水。对于一组老鼠,非条件刺激是被暴露在X射线或氯化锂中,两者的任何一个在暴露几个小时之后会产生恶心和呕吐;对另外一组,非条件刺激是对足部的电击。感到恶心的老鼠将加味水和恶心联系在一起,并总是避免它,但它们在强光和滴答声呈现的时候依然饮用没有加味的水。受到电击的老鼠仍旧喜欢加味水多过没有加味的水,但它们在强光或滴答声呈现的时候一点也不饮水。第一组的老鼠只将恶心与加味水联系在一起,在另一组的老鼠只将电击与光和声联系在一起。

加西亚和柯林的研究确立了关于经典条件反射传统观点的两个例外。第一,老鼠建立恶心与几个小时前摄入的加味水之间的联系。这一发现反驳了条件刺激必须在非条件刺激前不久就呈现的原则。第二,老鼠只将电击与光和声联结,恶心与加味水联结这一发现揭示了动物对建立确定的联结有明显的生物倾向性,这个联结不能轻易地在任意两个

味觉厌恶　强烈的厌恶和/或恶心或者不适与对特定食物的逃避联系在一起。

刺激之间形成。

条件味觉厌恶的知识在解决其他问题上也是有帮助的。伯恩斯坦和其他学者（Bernstein et al.，1982；Bernstein，1985）设计出一种方法来帮助癌症病人避免对满足需求的食物形成厌恶。一组癌症病人在化疗前被给予一种新奇味道,枫糖味冰激凌。由治疗引起的恶心导致对冰激凌的味觉厌恶。研究者发现当一种不寻常或是不熟悉的食物成为"替罪羊",或者说是味觉厌恶的目标,其他在病人日常饮食中的食物也许受到了保护,病人将会继续定期地食用它们。所以,癌症病人应该在化疗之前克制食用偏爱的或是有营养的食物,取而代之的是应该在治疗前不久被给予一种不同寻常味道的食物。因此,他们对平常所吃的食物形成厌恶的可能性降低,反而更可能在治疗期间维持他们的体重。

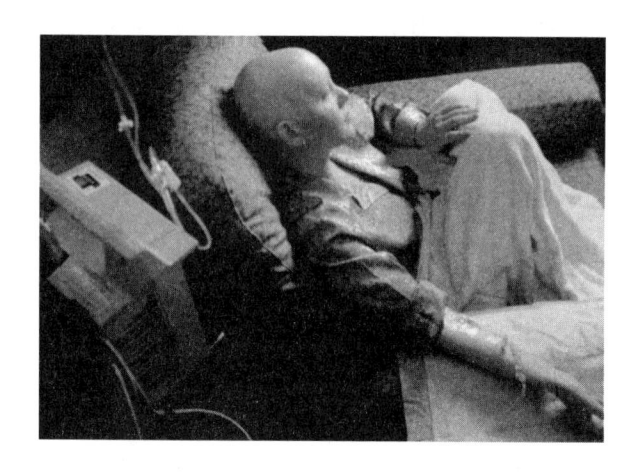

◀化疗会导致条件味觉厌恶,但为病人提供一个作为味觉厌恶的"替罪羊"的目标可以帮助他们维持合适的饮食。

5.7 哪些类型的日常反应受经典条件反射的支配？
日常生活中的经典条件反射

某些特定的歌使你想起了一段进行中的或是已经逝去的爱情是否是因为它们拥有特别的意义？你有没有发现因为一种独特香水或是刮胡水的气味使你想起了某个人而感到愉悦或不快？许多情绪反应,不论是积极的还是消极的,都起因于经典条件反射。无疑,经典条件反射在人类学习能力特征中是一个重要的甚至是必不可少的成分。的确,最近的研究提出无法获取经典条件反射是阿尔茨海默病的最初症状,先于任何记忆丧失的症状出现（Woodruff-Pak，2001）。

恐惧反应。 通过经典条件反射的习得你也许会有惧怕或者恐惧。例如,很多曾有过痛苦牙科门诊经历的人会形成牙科恐惧症。他们不仅仅开始害怕牙医的钻头,还对与之相联系的广泛刺激都形成了焦虑的反应——牙科手术椅、候诊室,甚至是牙医办公室所在的建筑。在恐惧的条件作用下,一个条件刺激（CS）,比如音调,与厌恶刺激（US）,比如足部电击,在一个新的或者不熟悉的环境（背景）中形成联结。在只有一次的联结之后,动物显示出对条件刺激（CS）和背景的持久恐惧（Mathur et al.，2009）。

药物使用。 通过经典条件反射,环境线索与药物使用的联结能够成为条件刺激并在以后产生药物渴求的条件反射(Field & Duka,2002；London et al.,2000)。与药物相联系的条件刺激变得十分强烈,常常会发展成导致个体想获得和使用这些东西的不可抵抗的力量(Porrino & Lyons,2000)。结果,药物顾问强烈鼓励治愈成瘾者,以避免任何线索(人、地点和事物)与他们先前的药物使用发生联系。旧态复发在那些没有避免像这样相关的环境线索的人身上是十分常见的。

广告。 广告商在他们使用漂亮的模特、名人或是人们自我享受的情景中展示产品时,争取让顾客形成经典条件反射。广告商的推论是,如果"中性"产品与人、物,或是消费者特别喜欢的情境发生联系,最后这个产品会引起类似的积极反应。巴甫洛夫发现在喂食物前不久呈现乐音是形成狗的条件唾液分泌反应最有效的方法。电视广告,同样,在漂亮的人物或是情境展示之前呈现产品是最有效的(van den Hout & Merckelbach,1991)(见**试一试**)。

▶经典条件反射已经证明是广告商的一个高效工具。在这里,一件中性产品(牛奶)与一张有魅力的名人的照片形成联结。

试一试——商业广告中的线索

一些商业广告仅仅提供有关产品或营业地点的信息。其他的则尝试着对观察者进行经典条件作用来建立积极联结。晚上当你正在看电视的时候,记录下你所看的商业广告。哪些部分是依赖经典条件反射的？什么种类的线索(人、物体或者情境)和产品形成联结？产品介绍是稍微之前,在这期间还是在这些线索之后？

免疫系统。研究表明即使是免疫系统也受到经典条件作用的支配(Clow，2001)。在20世纪70年代中期,罗伯特·阿德进行了一项有关老鼠的实验,训练它们避开糖精甜味水(Ader，1985)。在喝下甜味水之后(老鼠认为是治疗),老鼠立即被注入一种能引起严重恶心的无味药物(环磷酰胺)。条件反射起了作用,从那时起,老鼠无论有没有注射药物都不会饮用甜味水。为了尝试逆转条件反射,阿德给老鼠强行喂甜味水很多天;随后,出乎意料的是他们中的许多只都死了。阿德很困惑,因为甜味水绝不会致死。当他进一步检查这种无味药物的性质时,他认识到药物抑制了免疫系统。少许剂量的免疫抑制药物与甜味水联结产生了条件反射。结果,单纯的甜味水继续抑制免疫系统,导致了老鼠的死亡。阿德和科恩(1982)成功重复了该实验,以严格的控制排除了其他解释。一个诸如甜味水的中性刺激能够产生类似于那些免疫抑制药物的效果这一事实说明了经典条件反射是多么强大。

在另一项早期研究中,博比耶格等(Bovbjerg et al.，1990)发现一些癌症病人在经历化疗时,治疗环境(背景)中的环境线索最终引起恶心和免疫抑制。这些同样是条件反射,单独治疗导致早已产生。其他研究者表明,经典条件反射可以用来抑制免疫系统,目的是延长老鼠心脏组织移植后的生存时间(Grochowicz et al.，1991)。并且经典条件刺激不仅能抑制,还能被用来促进免疫系统(Clow，2001)。

5.8 条件刺激和非条件刺激同时发生时,为什么不会产生经典条件反射? 经典条件反射的影响因素

作为小结,四个促进获得经典条件反射的主要因素是:

1. 条件刺激预测非条件刺激的可靠程度。中性刺激一定能可靠地预测非条件刺激的发生。一个总是跟随在食物之后的乐音将会比只是有些时候跟随在食物之后的乐音引起更多的唾液分泌。同样地,与电子游戏相联系的线索会引起愉快情绪,与你不喜欢的学科主题相联系的线索会引起不愉快情绪。

2. 条件刺激和非条件刺激联结的次数。一般来说,联结的次数越多,条件反射越强烈。但是一次联结所需要做的是形成味觉厌恶或是与一些创伤性事件相联系的线索引起的强烈情绪反应的条件反射,比如地震或是强奸。

3. 非条件刺激的强度。如果一个条件刺激与一个非常牢固的非条件刺激形成联结,那么条件反射会更加强烈,并比条件刺激与更弱的非条件刺激形成联结所获得的条件反射更快(Gormezano，1984)。举个例子,当你在事故发生地点附近时,危及生命的车祸比起次要的车子轻微碰撞更有可能使你形成焦虑的感觉。

4. 在条件刺激和非条件刺激之间流逝的时间总量。如果条件刺激发生在非条件刺激前不久,则条件作用产生得最快。例如,作为一个行为不当的孩子,你大概知道你的父母在显示了他或她的第一条愤怒线索之后到实施惩戒行为需要多长时间(举例来说,更高的嗓音或是叫你名字的一种不同方式)。如果间隔很短,你大概得学着对最初的愤怒线索(一种条件刺激)迅速作出反应,以便避开惩戒行动(一种非条件刺激)。

> **记一记——经典条件反射：当代的观点**
>
> 1. 根据瑞思考勒的说法，经典条件反射中最关键的成分是_____。
> 2. 加西亚和柯林的研究提出，经典条件反射受到_____的影响。
> 3. _____的条件作用反驳了经典条件反射的普遍原则，即非条件刺激应该在条件刺激之后立即发生，并且两者应该反复联结。
> 4. 经典条件反射能够抑制或者促进_____。
>
> 答案：1. 预测　2. 生物学倾向　3. 味觉厌恶　4. 免疫系统

操作性条件反射

理解经典条件反射的原则能提供对人类行为的大量深入了解。但是人类的学习仅是简单地对刺激反射性地做出反应么？举个例子，设想一部正在响的电话。你会对这个刺激做出反应，是因为它已经和某种中性刺激形成联结，还是因为在你听到它时，预期到一个结果？有两位心理学家，爱德华·L.桑代克和B.F.斯金纳的工作，帮助我们回答了这个问题。

5.9 通过观察猫尝试逃脱桑代克迷箱的行为，桑代克得出了有关学习的什么结论？

桑代克和效果律

你是否曾经看到过一只学习如何翻垃圾桶的狗或一只学习如何开门的猫？如果是这样，你大概能观察到这些动物在找到实现目标的正确身体技术之前失败了好多次。根据美国心理学家爱德华·桑代克（1874—1949），**试错学习**（trial-and-error learning）是大多数行为改变的基础。在他对动物行为观察的基础上，桑代克明确指出了几条学习规律，最重要的是效果律（Thorndike, 1911/1970）。**效果律**（law of effect）规定无论将来以同样方式作出的反应倾向是加强还是减弱，反应的结果或效果将是确定的。紧随有令人满意结果的反应更有可能被重复。桑代克（1898）坚持用"调用推理"来解释学习怎样发生是"没有必要的"。

在桑代克最著名的实验中，一只饥饿的猫被放置在用条板制成的，被称为迷箱的木箱里。这只箱子的设计使动物必须操纵一个简易装置——按下一个踏板或是拉下一只环——来逃脱和获得放在箱子外面的食物奖励。这只猫首先会试着通过条板挤出去；当

> **试错学习**　一个反应在若干不成功的反应之后与一个成功的问题解决方案形成联结时所产生的学习。
>
> **效果律**　桑代克学习定律中的一条，规定无论将来以同样方式作出的反应倾向是加强还是减弱，反应的结果或效果将是确定的。

这些尝试失败的时候,它会在箱子里抓、咬和挖。最后,猫可能会偶然绊到这个装置,从而打开箱门。每次在赢得自由和获得食物奖励之后,猫就会被送回箱子。在多次尝试之后,猫学会在被放置在箱子中之后立即就去开门。

桑代克的效果律成为B.F.斯金纳在操作性条件反射研究上的概念起点。

5.10 通过操作性条件反射获得行为的过程是什么?
操作性条件反射的过程

大部分美国人都知道一些关于B.F.斯金纳(1904—1990)的知识,因为他关于学习的理念深深地影响了美国教育、教养实践和商业管理的方法。斯金纳的研究和他对自己的发现所做的解释表明,行为改变,或者说是学习,常常起因于**操作性条件反射**(operant conditioning),由于行为产生的结果导致自发行为改变的频率增加的一种学习类型。在斯金纳的研究中,他通过有意操纵动物完成某些特定行为后所产生的结果来论证操作性条件反射。举例来说,实验鼠学会按压杠杆来获取食物,因为无论什么时候它们这样做,斯金纳都会将食物分配给它们。因此,斯金纳得出结论,被强化的行为——也就是说,跟随奖励结果的行为——易于被重复。**强化物**(reinforcer)是加强或提高接下来反应可能性的任何事物。

观看一段关于B.F.斯金纳的视频 www.mypsychlab.com

操作性条件反射允许学习一系列广泛的新反应。举个例子,如果脑电波向预期的方向改变就被给予直接的正强化,人类可以通过操作性条件反射学会改变他们的脑电波模式。像这样的操作性条件变化能够引起在机械任务上的更好表现和对各种认知任务的更快反应(Pulvermüller et al.,2000)。

行为塑造。你是否曾经看过经过训练的动物参与的表演?训练员运用了一个称为**塑造**(shaping)的过程,即动物一小步一小步地学习它们的特技,而不是一下子全部学会。斯金纳证明了塑造对形成复杂行为特别有效。运用塑造,而不是等待期望的反应产生然后再强化它,一个研究者(父母或是动物训练员)能够加强受训者朝着期望反应方向发展的任何动作,从而渐渐地引导这些反应接近最终的目标。

> **操作性条件反射** 由于行为产生的结果导致自发行为改变的频率增加的一种学习类型。
>
> **强化物** 任何跟随反应出现,加强反应或是增加反应可能性的事物。
>
> **塑造** 一种逐渐塑造期望行为(反应)的操作性条件反射技术,通过加强朝着期望反应方向发展的任何动作,渐渐地引导这些反应接近最终的目标。

第5章 学习

📖 探索塑造过程 www.mypsychlab.com

斯金纳设计出一种隔音装置,通常称为**斯金纳箱**(Skinner box),用来进行他的操作性条件反射实验。箱子装有杠杆或是棒子,老鼠通过按压来获得饵粒或来自分发器的水。动物按杆的记录显示在一个叫作累计记录表的装置上,同样也是由斯金纳发明的。通过塑造,斯金纳箱里的老鼠被训练成通过按杆来获得奖励。第一次也许仅仅转向杠杆就能获得奖励。下一个奖励只有在老鼠再靠近杠杆时才会获得。靠近杠杆的每一步都会被奖励。接着,老鼠必须触摸杠杆来接受奖励;最后,只有当它按下杠杆时才会被奖励。

塑造——奖励对期望反应的**渐进式趋近**(successive approximations)——被用来有效地形成人们和其他动物的复杂行为。父母也许会用塑造来帮助他们的孩子养成良好的餐桌礼仪,在每次他们表现出进步时表扬他们。老师经常用塑造对付爱搞破坏的孩子,首先强化他们的短期良好行为,然后逐渐期待他们越来越长期有效的行动。通过塑造,马戏团的动物学会表演各种不同的令人惊异的技艺,鸽子学会投球和打乒乓球。

当然,塑造者的动机与行为被塑造的人或动物的动机有很大的不同。塑造者试图通过控制结果来改变另一方的行为。行为被塑造的人或动物的动机是获得奖励或是避免不需要的结果。

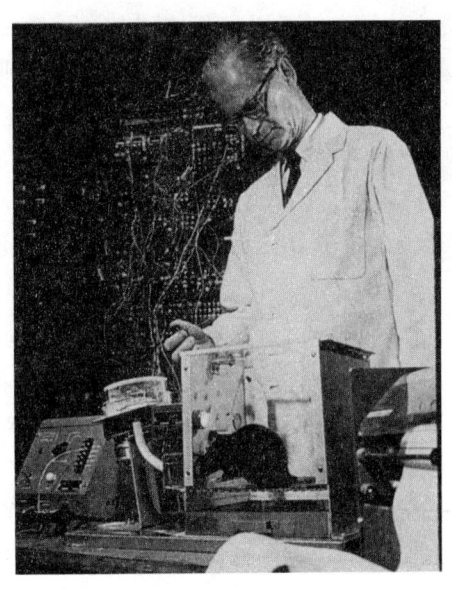

▶B.F.斯金纳用斯金纳箱塑造一只老鼠的按杆行为。

消退。当强化不再有效时会发生什么呢?操作性条件反射中,不再提供强化物时**消退**

斯金纳箱 一种能向动物被试投食的隔音装置;用于操作性条件反射实验。
渐进式趋近 一系列渐进的步骤,每一步都更近似最后的期望反应。
消退 在操作性条件反射中,由于强化的停止造成条件反射的减弱和最终消失。

(extinction)就会发生。当不再有饵粒奖励时,斯金纳箱里的一只老鼠最终将停止按压杠杆。

对人类和其他动物来说,强化的停止会导致挫败甚至狂怒。想想一个会乱发脾气的孩子如果抱怨和大声疾呼不能带来强化物,这个孩子可能会向乱踢和尖叫发展。如果一个自动贩卖机吞了你的硬币却不能递出糖果或是汽水,你也许会摇晃这台机器甚至在放弃之前踢它两脚。不能得到我们期望的东西会使我们生气。

我们在经典条件反射中讨论过的自然恢复的过程,这同样也会在操作性条件反射中发生。按杆动作消失的一只老鼠在一段时间的休息之后回到斯金纳箱,也许会重新按压杠杆几次。

泛化和分化。斯金纳用放在经过专门设计的斯金纳箱里的鸽子进行他的很多实验。这些箱子容纳了小型的照明圆盘,鸽子可以从食物托盘里啄食少量谷粒。斯金纳发现在操作性条件反射里发生的**泛化**(generalization),就如同在经典条件反射里一样。一只被强化在黄色圆盘上啄食的鸽子很有可能在另一只颜色相近的圆盘里啄食。圆盘的颜色和原来的颜色相似的程度越小,啄食的比率就会越低。

操作性条件反射中的分化涉及学习分辨一个已经被强化的刺激与其他也许非常相似的刺激。分化建立在对最初刺激的反应被强化,但是对类似刺激的反应没有被强化的情况之上。举个例子,为了促使分化,一个研究者会强化鸽子在黄色圆盘上啄食而不是在橘色或是红色圆盘上啄食。鸽子甚至形成区别一幅立体派毕加索的绘画和一幅莫奈作品并拥有90%准确性的能力。然而,它们没有能力分清雷诺阿和塞尚的作品("心理学家的鸽子们……",1995)。

📖 探索操作性条件反射中的刺激泛化和刺激分化 www.mypsychlab.com

确定的线索开始与强化或惩罚联系在一起。举个例子,孩子在父母正在微笑时比在皱眉时更倾向于向他们的父母要求请客。标志着某个确定的反应或行为是否有可能得到奖励,被忽视,或是惩罚的一个刺激称为**辨别刺激**(discriminative stimulus)。如果一只鸽子在发光的圆盘里啄食,结果获得奖励,但在不发光的圆盘里啄食则没有奖励的话,鸽子会很快仅在发光的圆盘里啄食。辨别刺激的存在或缺乏——在这个实验中,指的是发光的圆盘——将会控制啄食是否发生。

为什么儿童有时会对祖父母不礼貌,但不是对父母,或者使一个老师的生活过得很悲惨,然而对他人来说仍是模范生?这些儿童也许认识到有某些人在场(辨别刺激),他们的不当行为几乎必定会招致惩罚,但是有其他某些确定的人在场的话,也许甚至会得到奖励。

泛化 在操作性条件反射中,对类似最初被强化反应的刺激作出习得反应的倾向。

辨别刺激 标志着某个确定的反应或行为是否有可能得到奖励,被忽视,或是惩罚的一个刺激。

5.11 正强化和负强化的作用是什么?

强化

你怎样学会使用一台 ATM 机的正确顺序？简单——在顺序中一个简单的错误将会使你拿不到你的钱，所以你学着正确地完成它。按时买单怎么样？迅速付款是否使你避免不合理的逾期罚金？在不同情况下，你的行为被强化，但是以不同的方式。

正强化和负强化。强化（reinforcement）在操作性条件反射里是一个关键概念，可以定义为由于一个结果而导致的行为增加。对此换个说法就是强化包括学习或增加一个行为的频率以便使某事发生。强化可以是正的，也可以是负的。这些术语以它们的数学角度在操作性条件反射中被使用。因此，正等价于增加，负等价于减去或剔除。

结合你刚学过的两个概念得出**正强化**（positive reinforcement）的定义：由额外的结果造成的行为增加。例如，完成在 ATM 机上操作的正确顺序是取钱的唯一途径。这样，你要仔细地保证顺序正确（增加的行为），因为这么做将会使得机器分发你所需要的钱（额外的结果）。这里有更多的正强化的例子。

- 老鼠学会按压杠杆（增加的行为）来获得饵粒（额外的结果）
- 大学生在一次学得比平时多的考试中得到 A（额外的结果）后更多地学习（增加的行为）
- 一个人在中了 100 美金的头奖后（额外的结果）买更多的彩票（增加的行为）

你也许已经预料到**负强化**（negative reinforcement）的定义，因为它在逻辑上产生于其包含的两个术语的定义（消极＋强化）。这简单地意味着由某些典型不愉快的事物的减少带来的行为增加（强化）。换句话说，负强化包含学习或增加一个行为的频率，为的是让不愉快的事走开。例如，你服用止咳药（习得行为）来驱走你的咳嗽（远离的结果）。这里有更多的例子：

- 老鼠学会按压杠杆（增加的行为）来关掉一个恼人的刺激，像高声蜂鸣器（远离的结果）
- 大学生为了避免在考试中又得到 F（远离的结果）而更多地学习（增加的行为）
- 某人经常打电话给他妈妈（增加的行为）为了阻止他的妈妈对他唠叨（远离的结果）

初级和次级强化物。 所有被创造的强化物都有相等效果么？不见得。**初级强化物**（primary reinforcer）是满足生存的基本生理需要，不用依靠学习的一种强化物。食物、水、睡眠和结束痛苦都是初级强化物的例子。性是一种强有力的、满足物种存续的基本生理需求的强化物。幸运的是，学习不仅仅依赖于初级强化物。假如真是这样，人们在他们能够完全作出反应之前早就感到饥饿、口渴和性饥渴了。许多观察到的人类行为是对次

强化 由于行为产生的结果使得行为频率增加的过程。

正强化 由于额外的结果造成行为上的增加。

负强化 由于增加行为导致不愉快条件或刺激的终止而造成行为增加。

初级强化物 能满足生存的基本生理需要，不用依靠学习的一种强化物。

级强化物的反应。**次级强化物**(secondary reinforcer)是通过与其他强化物的联结获得或习得的。有些次级强化物(举个例子,钱)可以在后来的时间里与其他强化物进行交换。表扬、好成绩、奖品、鼓掌、注意和赞成的信号,比如一个微笑或是一句友好的话,都是次级强化物的例子。

5.12 四种类型的强化模式分别是什么,哪种最有效?
强化模式

思考下一台 ATM 机和一台老虎机之间的差别。在正确的条件下,你能够从两者当中的任何一个取到钱。但 ATM 机在每次你使用正确的步骤时给你一个强化刺激,而老虎机只是间歇地这样做。你的行为在每种情况下是怎样被影响的?本章开头的讨论提供给你一条线索。你继续读下去之前,回顾一下这个内容来帮助你回忆。

最初,斯金纳通过用饵粒强化每个按杆反应来训练老鼠。对每个正确反应的强化,称为**连续强化**(continuous reinforcement),ATM 机提供的就是这种强化,并且是形成新反应最有效的方法。然而,在一个反应形成之后,部分或间歇性强化在维持或增加反应比率上常常是最有效的。有多少人在 ATM 机上按键只是为了好玩?在你做对了每一步,而这台 ATM 机对于若干次尝试都没有作出反应,你将会坚持多久继续试着从里面取钱?但是人们没有得到奖励也会花费好几个小时玩老虎机。**部分强化**(partial reinforcement),即老虎机的强化类型,在非并全部反应被强化时起作用。在现实生活里,强化几乎从不连续;部分强化才是常事。

部分强化可以根据几种类型的**强化模式**(schedules of reinforcement)中的任何一个来实施。不同模式产生显著不同的比率和反应模式,并在强化中止时不同程度地抵消消退。强化方式的效果可以因人而异,这取决于给予被试的能够改变他们的期望的任何指令(Lattal & Neef, 1996)。

两种基本的模式类型是比率和时距模式。比率模式要求一定数量的反应在其中一个反应被强化之前形成。对于时距模式,在强化物实施之前必须经过一个给定的时间。这些模式类型又进一步细分为固定和可变类别(见图 5.6)。

固定比率模式。在**固定比率模式**(fixed-ratio schedule)中,在固定次数的正确、非强化的反应之后再给予强化。如果固定比率设置成 30(FR-30),那么在 30 次正确反应后给予强化。当付给工厂工人的工资是根据生产部件的数量,付给农民的报酬根据他们采

次级强化物 通过与其他强化物的联结获得或习得的一种强化物。
连续强化 每次期望或正确反应后给予强化;是形成新条件反应最有效的方法。
部分强化 部分但不是全部正确反应给予强化的强化模式。
强化模式 给予部分强化,产生比率、反应模式以及对消退的抵抗程度不同的系统化强化过程。
固定比率模式 在固定次数的正确、非强化反应之后给予强化的模式。

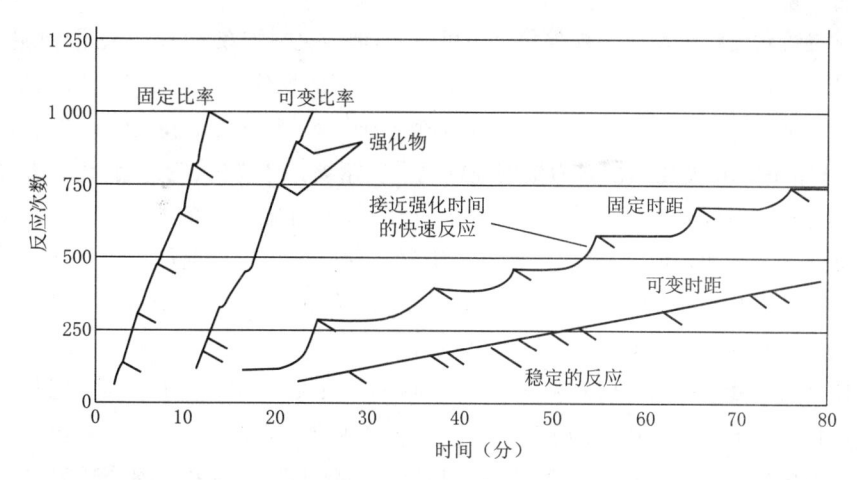

图 5.6 四种强化模式类型 斯金纳的研究揭示了四种部分强化模式的不同反应模式（强化物用斜线号标明）。相比时距模式，基于反应次数的比率模式，即基于强化之间消逝的时间数的模式产生更高的反应率。

摘的水果蒲式耳数，这些报酬都基于固定比率模式。

固定比率模式是维持高反应率非常有效的一种方法，因为得到的强化物数量直接取决于反应率。人或动物反应得越快，他们获得的强化物就越多，获得的也越快。当大比率应用时，人和动物倾向于在每次强化后停顿，不过接着就会回到高反应率。

可变比率模式。 与高固定比率模式同时出现的强化后的停顿，通常不会与可变比率模式同时出现。**可变比率模式**（variable-ratio schedule）中，基于一个平均比率，在若干变化的非条件反射之后给予强化。对于可变比率为 30 的模式（VR-30），人们可能在 10 个可变比率后被强化一次，50 个可变比率后又强化一次，30 个可变比率后再强化一次，以

▶可变比率强化模式的两个例子：赌徒们不能预测收益（强化）什么时候会出现，所以他们有高度的动机继续玩下去。同样地，许多电脑用户发现自己处于明知道应该停止玩纸牌游戏开始工作，但他们就是舍不得离开游戏的窘境。为什么？可变比率强化的力量激励他们坚持玩着游戏直到下个赢局，下一个，再下一个……

可变比率模式 基于一个平均比率，在可变数量的非条件反射之后给予强化的模式。

此类推。准确预测哪个反应会被强化是不可能的,但强化平均在30次里会发生一次。

可变比率模式比固定比率模式能引起更高更稳定的反应率。斯金纳(1953)报告,在这种类型的强化模式中,"鸽子每秒的反应快达之前的5倍,并能保持这个速度好几个小时"(p.104)。体现可变比率模式力量的最好例子在赌场。老虎机、轮盘赌,还有大多数其他的机率游戏,包括彩票,以这种模式类型支付金钱。电子游戏中的成功经历也对可变比率模式起作用。一般来说,可变比率模式产生最高反应率和对消退最大的抵抗。这就是为什么赌徒花费数小时在老虎机里押钱币,学生发现停止玩电子游戏很困难,甚至当他们知道他们应该写一篇文章或是准备一场考试时。

固定时距模式。 在**固定时距模式**(fixed-interval schedule)中,一个反应被强化之前必须经过一段特定的时间。举个例子,在一个60秒的固定时距模式中(FI-60),第一个正确反应发生在最后一个强化反应后的60秒,并给予强化。那些每隔两周接受固定数量工资,而不是根据工资结算期内他们工作了多少小时的人被固定时距模式强化。

与比率模式不同,时距强化模式不取决于作出反应的次数,只取决于随着一个正确反应所经过的时间间隔。固定时距模式的特征是每次强化后紧接着一个停顿或是反应的急剧衰退,和下一次强化到来之前反应的飞快加速。

可变时距模式。 可变时距模式消除了固定时距模式中典型的强化后停顿。在**可变时距模式**(variable-interval schedule)中,第一个正确反应后经过可变时间间隔再给予强化,时间间隔根据平均值变化。不是被给定每个60秒,举个例子,也许在30秒的时间间隔后强化被给予,接着另外90、45和75秒时间间隔。但在强化之间的消逝的平均时间会是60秒(VI-60)。这种模式可以保持非常稳定和统一的反应率,可是反应率通常低于比率模式,因为它的强化并不直接与反应次数相关。工作坊随机的药物测试是可变时距模式应用的极佳例子。

📖 模拟简单强化模式下的反应 www.mypsychlab.com

接下来的**复习**总结了四种强化模式的特征。

复习——强化模式的比较

强化模式	反应率	反应模式	对消退的抵抗	举例
可变比率模式	最高反应率	恒定的反应模式,没有停顿	对消退抵抗最强	赌博赢钱

固定时距模式 一段特定时间过去后,接着第一个正确反应给予强化的一种模式。
可变时距模式 第一个正确反应后经过可变时间间隔再给予强化,时间间隔根据平均值变化。

(续表)

强化方式	反应率	反应模式	对消退的抵抗	举 例
固定比率模式	非常高	低比率时稳定反应。很高比率时每次强化后短暂停顿	比率越高,对消退抵抗越强	以固定次数的特定行为表现获取奖金,像一个销售人员每 10 次销售能收到 25 美金的奖金
可变时距模式	中等	稳定、统一的反应	在相同的平均时间间隔上比固定时距模式抵抗消退效果更强	当你钓鱼时你的鱼线被轻咬
固定时距模式	最低反应率	强化后长时间停顿,跟着逐渐加速	时间间隔越长,对消退抵抗越强	在固定时期被支付固定数量的薪水(如,每隔 X 个星期有 X 美元)

连续和部分强化在消退上的效果。理解操作性条件反射中消退的一个方法是考虑强化后反应的一致性如何。在连续模式中,每次正确反应后期望强化物不衰退。当强化停止时,可以立即注意到消退。但在部分强化模式中,强化在每次反应后没有被期望。这样,部分强化模式和消退的开始之间的直接差别并不明显。

当你把钱放入自动贩卖机并拉下控制杆,可是没有糖果或汽水出现时,你马上就知道是机器出了什么问题。但是假如你正在玩一台坏了的老虎机,在你怀疑机器出故障之前你很可能有许多非强化反应。

部分强化比连续强化导致了对消退的更强反抗(Lerman et al., 1996)。这个结果被称为**部分强化效应**(partial-reinforcement effect)。在已经被强化的反应百分比和对消退的抵抗之间存在着相反关系。也就是说,被强化的反应百分比越低,强化停止时消退的时间就越长。对消退最强烈的抵抗曾经在一个训练鸽子在圆盘上啄食的实验中出现并被观察到。霍兰德和斯金纳(1961)报告,"在反应保持在 900 固定比率并且强化被中止后,鸽子在第一个 4½ 小时的消退期间发出 73 000 次反应"(p.124)。

家长常常想知道,为什么他们的孩子为了得到他们想要的能持续地发牢骚,即使他们经常不让步于这些牢骚。不知不觉地,家长被可变比率模式的发牢骚强化,结果导致了最稳固的行为。这就是专家总是告诫家长要始终如一的原因。如果家长从不奖励发牢骚,这种行为就会停止;如果他们偶尔让步,这种行为将会持续并极其难以消除。

谋求奖励对人类和动物来说的确是一股强大的驱动力。毫无疑问,奖励对塑造行为的影响极为重要(Elliott et al., 2000)。然而,超过 100 项研究结果表明,有形奖励的过度使用也许会有某种长期负面的影响,像破坏人们用来调节自身行为的内在动机等(Deci et al., 1999)。

部分强化效应　一部分而不是全部正确反应给予强化时对消退的反抗更强烈。

5.13 结果为什么不总能引起行为的改变?
影响操作性条件反射的因素

除了强化模式,还有哪些因素影响对结果的学习? 我们已经看到强化模式对反应率和消退抵抗的影响。其他三个因素也影响反应率、消退抵抗以及获得一个反应有多快:

1. 强化的程度。一般来说,随着强化程度的增加,反应获得更快,反应率更高,对消退的抵抗更强(Clayton,1964)。举个例子,在研究检查现金激励对吸毒者戒除毒瘾能力的影响中,研究者发现激励的数额越大,吸毒者越有可能长期戒除毒瘾(Dallery et al., 2001; Katz et al., 2002)。

2. 强化的即时性。一般来说,立即强化时反应会更有效地形成。通常,强化前的延时越长,反应的获得就越慢(Church, 1989; Mazur, 1993)(见图5.7)。在动物中,强化中存在着任一延误就很难产生学习行为,因为即使一个短暂的延误也会模糊行为和强化物之间的关系。对于人,有时一个未来的强化物经常在控制行为上无法与即时强化匹配。超重的人在改变他们的饮食习惯上有困难,部分是由于他们的行为改变和减少体重的奖励结果之间的长时间延误。

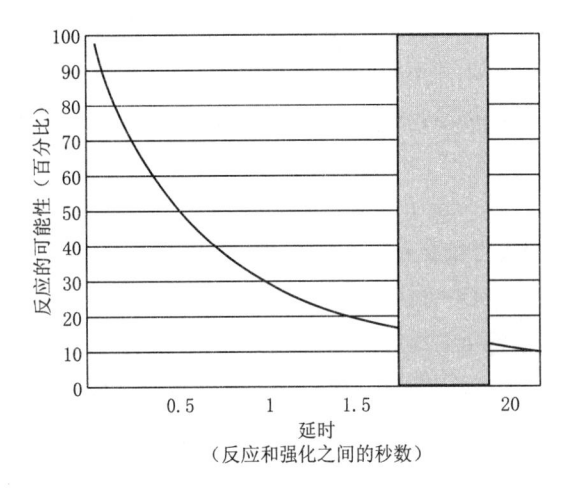

图5.7 在反应的条件作用中强化延时的影响 一般而言,即时强化时反应形成得更有效。强化中的延时越长,反应获得的可能性就越低。

3. 学习者的动机水平。如果你有强烈的动机学网球,你会更多地练习,比你对这项运动上没有兴趣时学得更快。斯金纳(1953)发现,在食物成为强化物时,一只饥饿的动物比起一只饱食的动物学得更快。为了使动机最大化,他使用已经被剥夺食物24小时的老鼠和维持自身体重的75%到80%的鸽子。

5.14 惩罚怎样影响行为?
惩罚

你大概想知道最常见的结果类型之一,惩罚。**惩罚**(punishment)是强化的对立面。

> **惩罚** 由某种结果引起的行为频率减少。

因此，该术语指紧随某种结果的行为频率的减少。

正惩罚和负惩罚。 就像强化一样，惩罚可以包括正面(增加的)或负面(消除的)后果。在**正惩罚**(positive punishment)中，产生结果之后行为减少，通常是不愉快的结果。举例来说，一个司机避开采取特殊路线(减少的行为)，因为这曾经导致他陷入交通阻塞的困境(额外的后果)。这里有一些更多的例子：

- 当按杠引起了一阵响亮的，令人厌烦的嗡嗡响(增加的后果)，老鼠停止按压杠杆(减少的行为)
- 在一场重要的考试中睡着(增加的后果)之后，学生停止熬夜(减少的行为)

学生有时会混淆负强化和正惩罚，因为两者都包含不愉快刺激。然而，负强化增加了行为，而正惩罚减少它接下来的行为。最简单的例子发生在实验室环境中。在一个负强化实验中，一只老鼠被放在一只笼子里，其中电流通过金属地板在老鼠足部引起一阵不愉快的感觉。通过按压杠杆，老鼠可以关闭电流。在一些尝试和错误之后，老鼠立起它的后足并用它的前爪来保持杠杆处于压低的位置，从而消除电击。它的按杆行为增加(强化)是由于不愉快的电击感觉的消除。在一个正惩罚实验中，杠杆将会接通电流而不是关闭电流。结果，老鼠学会不去按压杠杆(行为上的减少)，因为它这么做时会受到电击。

负惩罚(negative punishment)发生在后果消除后行为减少的情况下。这个结果通常包括失去某些满足需要的事物。举个例子，一个司机较少超速(减少的行为)常常是在挨过对他的驾照暂扣6个月之后(消除后果)就是经历了消极惩罚。这里有一些更多的例子：

- 当按杠引起一盘食物从它的笼子里消失(消除后果)，老鼠便停止按压杠杆(减少的行为)
- 在父母剥夺了他外出的特权2星期后(消除后果)，少年不再晚归(减少的行为)

表5.1总结了强化和惩罚的不同类型。

表 5.1　强化和惩罚的效果

强化(增加或巩固一个行为)	惩罚(减少或抑制一个行为)
增加一个愉快刺激(正强化)：呈现食物、金钱、表扬、注意或其他奖励	增加一个厌恶刺激：给予一个产生疼痛或其他厌恶刺激，比如拍打或电击
减去一个厌恶刺激(负强化)：去除或终止一些产生疼痛或另外的厌恶刺激，比如电击	减去一个愉快刺激：去除一些愉快刺激或剥夺权限，比如看电视、使用汽车

惩罚的缺点。 因此，如果惩罚能抑制行为，为什么这么多人反对它的使用呢？一些潜在的问题与惩罚的使用有关：

> **正惩罚**　由增加结果引起的行为减少。
> **负惩罚**　由消除结果引起的行为减少。

1. 根据斯金纳所言,惩罚不会消除不良行为;恰恰相反,它在惩罚中介出现时抑制行为。但当惩罚的威胁被转移,并处于不大可能发生惩罚的环境中时,行为容易延续。如果惩罚(监禁、罚款等)确实能消除非法行为,那么在刑事司法中就很少会有重复违法者。

2. 惩罚表明一个不被接受的行为不能帮助人们形成更适当的行为。如果采用惩罚,它应该与强化或对适当行为的奖励相互协调后再执行。

3. 一个接受严重惩罚的人通常会害怕,并对惩罚者感到愤怒和敌意。这些反应也许会伴随着报复的欲望,避免或逃离惩罚者和惩罚情境。很多逃跑的青少年离开家以避免身体虐待。包含特权损失的惩罚比身体惩罚更加有效,并能引起较少的恐惧和敌意(Fasotti,2003)。

4. 惩罚会频繁地导致攻击。那些给予身体惩罚的人可以通过展示攻击作为一种解决问题和释放愤怒的方法来成为攻击行为的示范。那些父母有虐待、严厉惩罚倾向的孩子比其他自身有侵略性和虐待性的孩子处于更大的危险之中。

如果惩罚会导致这些问题,我们又能够为阻止不良行为做什么?

替代惩罚。有没有其他方法来抑制行为呢?许多心理学家相信去除不良行为的奖励结果是消除问题行为的最好办法。根据这个观点,父母不应该通过惩罚来压制孩子的乱发脾气,而是应该通过在发脾气期间从不向孩子的要求屈服。父母可以消除仅仅为了获得关注而表现出来的问题行为,采用忽略它并对更适当的行为给予关注的最佳途径。有时候,简单地解释一个确定的行为不适当的原因是消除这个行为所需要的全部。

使用正强化比如表扬将会使好的行为对孩子来说更加值得去做。这种方法带来了孩子希望和需要的注意——而此前,只有在他们行为不当的时候才会出现这样的注意。

认为惩罚在任何时候都是不必要的想法不切实际。如果一个小孩子冲到马路上,把手指放在电插座附近,或者伸手去拿火炉上的热锅,一个迅速的惩罚可以把孩子从潜在的灾难性情境中解救出来。

使惩罚更加有效。在惩罚是必要的时候(举例来说,为了阻止破坏性行为),我们怎样做才能确保有效呢?研究显示了影响惩罚有效性的几个因素:时机、强度以及应用的一致性(Parke,1977)。

1. 当被应用在行为不当或之后尽可能快的期间时惩罚是最有效的。打断问题行为最有效果,因为突然这样做停止了它的奖励方面。反应和惩罚之间的延时越长,惩罚在抑制反应上就越无效(Camp et al.,1967)。当存在一个延误时,大多数动物不会在行为不当和惩罚之间建立联系。举个例子,任何曾经设法训练一只小狗养成卫生习惯的人都知道,它正在弄脏地毯时抓住它并施以有效惩罚很有必要。然而,对于人类来说,如果惩罚必须被延误,那么惩罚者应该使作恶者回想起事件并解释为什么这个行为是不适当的。

2. 理想的情况下，惩罚应该在抑制问题行为上有必要使严重性最小化。动物研究显示惩罚的强度越高，对不良行为的抑制作用就越大(Church, 1963)。但是惩罚的强度应该与不当行为的严重性相匹配。不必要的严厉惩罚很有可能会产生前面所提到的负面影响。惩罚的目的不是发泄愤怒，而是修饰行为。给予愤怒的惩罚很有可能超过对期望结果的必要性。然而，如果惩罚太过温和将会没有效果。类似地，惩罚强度的逐渐增加也是无效的，因为作恶者会逐渐适应，而不当的行为将持续下去(Azrin & Holz, 1966)。从最低限度来说，如果一个行为将要被抑制，那么惩罚一定要比不当行为的奖励更严厉。对人而言，一张200美元的罚单比起一张2美元的罚单更有可能抑制超速的欲望。

3. 为了有效，惩罚一定要坚持运用。父母不能一天忽略不当行为，第二天惩罚同样的行为。并且父母双方应该对相同的行为以相同的方式作出反应。一个非预期反应在惩罚的可能性很高时将会被更有效地抑制。如果你在你的后视镜中看到一辆警车时还会忍不住想要超速吗？

文化和惩罚。你认为石刑是对通奸行为的适当惩罚吗？应该不会，除非你来自这样的惩罚可以接受的文化当中。惩罚被应用在每一种文化中来控制和镇压人们的行为，当违反重要的价值观、规定、法规和法律时执行。但并不是所有的文化都分享同样的价值观或具有同样的法律来规范行为。在其他国家旅行的美国公民需要意识到不同的文化是怎样考虑和实行惩罚的。举个例子，贩卖毒品几乎在每个地方都是一项严重的罪行。在美国，它会带来强制监禁时间；在其他一些国家，它是一项可以判死刑的罪。

▶除了惩罚，父母可以使用什么策略让这个孩子举止更适当？

◀ 文化塑造惩罚的观念。因为关于什么是、什么不是人道惩罚的观念在西方社会已经改变,无论它在减少犯罪方面的潜力如何,公开侮辱不再被视为一种恰当的惩罚。

5.15 回避学习何时能够满足需要,何时会产生适应不良?
逃避和回避学习

记得先前那个按时付款以避免滞纳金的例子吗?学着完成一个行为是为了防止或终止一个不愉快事件被称为逃避学习,它反映了负强化的能力。逃离一个惩罚情境,吃下镇痛药解除一阵剧烈的头痛都是逃避行为的例子。在这些情境中,不愉快事件已经发生,作出尝试是为了逃避该事件。

相比之下,**回避学习**(avoidance learning)取决于两种条件作用。通过经典条件反射,一个事件或是条件开始标志不愉快状态。饮酒和驾驶可以与车祸和死亡相联系。由于这样的联系,人们会从事某些行为来避免预期的不愉快结果。养成避免坐醉酒的驾驶员开的车这一习惯是明智的回避行为。

然而,许多回避学习是适应不良的,并且对恐怖症作出反应。曾经有过在全班面前发言失败经历的学生也许会开始害怕任何涉及在团体面前发言的情境。这样的学生也许会避免选修需要课堂展示或者必须在公开演讲中担任领导者角色的课程。回避这些情境能够防止他们遭受感知到的可怕后果。但是这种回避行为是负强化,并因此通过操作性条件反射加强。适应不良的回避行为要消除是非常困难的,因为人们从来不会给自己机会去认识可怕的后果大概不会发生,或者他们大大地夸张了其后果。

应用——如何赢得反对拖延行为的战役?

你是不是经常在想,只要你有更多的时间你可以取得更好的成绩?你是不是经常发现你自己在最后一分钟才为考试学习或是完成学期论文?如果是这样,你很有必要学习如何克服所有当中最大的浪费时间者——拖延行为。研究表明,学业拖延的出现在一定

回避学习 学会回避与不愉快后果或恐怖症相联系的事件或条件。

程度上是由于对达到期望的能力缺乏自信(Wolters, 2003)。一旦拖延成为一种行为模式，它通常会持续好几年(Lee, Kelly, & Edwards, 2006)。虽然如此，任何人都能够通过使用行为矫正技术克服拖延行为，并在过程中获得自信。系统化地应用下面的建议来阻止拖延行为干扰你的学习：

● 确认日常干扰你学习的环境线索。电视、电脑或者电子游戏，甚至食物也可以成为消耗几小时宝贵学习时间的强大分心物。然而，这些分心物在你结束学习之后可以成为有用的正强化物来享受。

● 安排你的学习实践并强化自己坚持计划。一旦你已经安排好时间，只要对你的计划如同对由老板设立的工作时间表一样忠实就可以了。务必安排一些紧接着学习时间之后你要去享受的一些事物。

● 开始。最困难的部分是开始。对于及时开始，给你自己一个额外的奖励，或者可能的话，开始晚了就交纳一份罚金。

● 使用形象化。许多拖延行为是由考虑它的消极后果的失败所造成的。将不学习的后果形象化，比如试着完成一次你没有充分准备过的考试，可以是与拖延行为作斗争的一项有效工具。

● 在你到达一份作业的难点时谨防跳到另一项任务中去。这种拖延战略会给你这样的感受，即你正在忙于完成一些事，但这不过是一种回避机制。

● 谨防准备过度。拖延者事实上会花上好几个小时准备一项任务而不是忙于任务本身。举个例子，他们会收集足够的图书馆资料来写一本书而不是一份5页的学期论文。这使得他们能够延缓写论文。

● 记录下你给自己找的延缓学习或者完成重要作业的原因。如果最喜欢的文饰是，"我要等到我有心情做的时候"，数数一个星期里你抓住学习愿望的次数。学习的心情通常在你开始之后，而不是之前来临。

不要拖延！现在就开始！应用这里提出的步骤获得对你行为的更多控制，来打赢这场反对拖延行为的战役。

同样地，拖延是一种使许多学生为之苦恼的适应不良的回避行为。有助于拖延的行为模式被负强化，因为它们让学生避免在学习时经历困惑、焦虑和厌倦。虽然这类适应不良的行为模式难以消除，但这些可以被克服。171页上的应用囊括了一些对克服拖延行为很有用的提醒。

人类和其他动物学习逃脱和避免厌恶情境的能力存在一个重要的例外：**习得性无助**(learned helplessness)是对厌恶环境的一种被动屈从，通过反复接触逃脱不了或无法避免的厌恶事件习得。关于习得性无助的最初实验是由奥弗米尔和塞利格曼(1967)进行的。

习得性无助 通过反复接触逃脱不了或无法避免的厌恶事件习得的，对厌恶环境的被动屈从。

实验组的狗被皮带绑在它们无法逃脱并会接触到电击的装置上。后来,这些相同的狗被放置在被屏障分开有两个隔间的箱子里。接着狗会经历一系列的尝试,在警告信号发出后,箱子底面给予电击。但是,底面只有一边是带电的,而狗只需跳过屏障就能逃脱电击。出人意料的是,狗并没有这样做。控制组的狗没有预先经历过无法逃脱的电击,并且表现出完全不同的方式,很快学会在警告信号发出声音时跳过屏障,从而逃脱了电击。塞利格曼(1975)后来推论,遭受过既不能避免也不能逃脱的痛苦经历的人类也许同样经历习得性无助。然后他们会简单地放弃并对生活作出失望的反应,变得迟钝、逃避现实和抑郁(Seligman,1991)。

◀习得性无助可能起因于我们无法控制的创伤性体验。

5.16 操作性条件反射的应用有哪些?
操作性条件反射的应用

你大概已经认识到操作性条件反射是我们几乎每天都会经历的重要学习过程。操作性条件反射也可以被一个人用来有意地改变另一个人或者一只动物的行为。

塑造动物的行为。 操作性条件反射的原则可以有效地用来训练动物,不仅仅用来表演有趣的特技,还能帮助残障人士过着更加独立的生活。狗和猴子已经被训练用来帮助瘫痪或者只限于轮椅上的人们,而多年来,导盲犬被训练用来帮助视力损伤的人群。

通过塑造的运用,动物园、马戏团和海洋公园里的动物已经习惯于表演各种令人惊奇的技艺。出于广告和娱乐目的,训练超过38个不同物种的动物表演无数种技艺之后,布里兰(Breland & Breland，1961)得出结论，各种物种的生物倾向可以影响反应习得的难易程度。当一只动物的本能行为与形成条件反射的行为背道而驰，这只动物最终将会继续它的本能行为，这是一种被称为本能倾向的现象。举个例子，捡起硬币并将它们存入银行是一项与浣熊和猪的自然倾向背道而驰的任务。最后，一只浣熊将会保存这些硬币并把它们一起摩擦而不是把它们丢进银行，猪则会把它们丢在地上然后用猪嘴拱着。

生物反馈。训练你的狗打滚是一件事，但是你能训练你自己控制对压力的身体反应吗？多年来，科学家认为内在反应比如心率、脑电波模式和血流量不受操作性条件反射的制约。现在大家都知道，当给予人们有关这些内部过程的非常精确的反馈，他们可以学着联系实际来练习控制它们。**生物反馈**(biofeedback)是获取有关内在生物学状态信息的一种方法。生物反馈装置设有传感器，监控这些内在反应的细微变化，然后放大并将它们转换成视觉或听觉信号。这样，人们可以看到或者听到内在心理过程的迹象，并通过尝试各种各样的策略(思考、感受或者想象)，他们能认识到哪些指标常规地增加、减少，或者维持在特定的活动水平。

生物反馈已经被用于调节心率和控制偏头痛与紧张性头痛、肠胃失调、哮喘、焦虑紧张、状态、癫痫、性功能障碍和神经肌肉疾病，比如脑瘫、脊髓损伤和中风(Kalish，1981；L. Miller，1989；N.E.Miller，1985)。

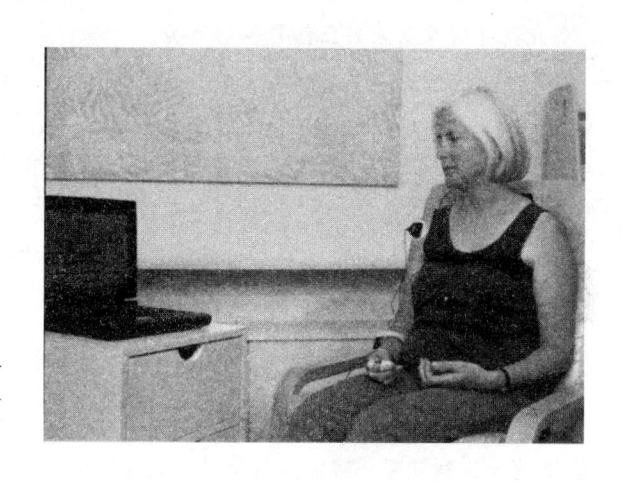

▶使用生物反馈装置，人们可以看到或听到内在心理状态的迹象，并学着如何通过各种精神策略来控制它们。

行为矫正。操作性条件反射能帮助你取得更好的成绩吗？或许能，如果你应用其原则到你的学习中去。**行为矫正**(behavior modification)是基于经典条件反射、操作性条件反射或是观察学习(我们很快就会讨论到)的学习原则，通过一套系统程序改变行为的一种方法。行为矫正程序多数采用操作性条件反射的原则。在**试一试**激励你提出你自己的

生物反馈 使用灵敏装备对人们内在心理过程给出精确反馈，以便他们可以学着联系实际来练习控制它们。

行为矫正 基于经典条件反射、操作性条件反射或是观察学习的学习原则，通过一套系统程序改变行为的一种方法。

行为矫正计划。

许多社会公共机构,比如学校、精神病院、少年犯之家和监狱,已经在使用行为矫正程序并取得了不同程度的成功。这样的机构很适合这些程序的使用,因为他们提供了一个受限环境,在其中行为的后果可以被更严格地控制。有些监狱和精神病院采用一种**代币法**(token economy)——通过用代币强化来激发社会期许行为的一种程序。代币(扑克筹码或优惠券)之后可以兑换成所需的物品比如糖果或香烟,特权比如周末外出、自由时间或参与期望的活动。在这个计划中人们预先准确地知道什么行为将要被强化和他们要怎样强化。代币行为矫正法已经有效地应用于精神病院中,来鼓励病人注意清洁、与其他病人互动和完成内务整理任务(Ayllon & Azrin, 1965, 1968)。虽然当代币被中断时积极行为逐渐停止,但这并不意味着这个计划不值得进行。毕竟,大多数被雇用的人很有可能放弃他们的工作,如果他们不再获得报酬的话。

许多班主任和家长采用"淘汰出局"(time-out)——让一个行为不当的孩子短时间失去正强化的一种行为矫正技术。(记住,根据操作性条件反射,一个不再被强化的行为将会消退。)

试一试——使用行为矫正

使用条件反射来矫正你自己的行为。

1. 确认目标行为。它必须同时是可观察和可测量的。你也许会选择,举个例子,增加你花在学习上的时间量。

2. 收集和记录基线数据。保持一份你一星期左右在目标行为上所花的时间量的日常记录,并且记下行为发生的地点,以及环境中有什么线索(或诱惑)先于目标行为出现。

3. 计划你的行为矫正程序。制订一个计划,确立一个目标来减少或者增加目标行为。

4. 选择你的强化物。你更加喜欢的任何活动可以用来强化所有你比较不喜欢的活动。举个例子,在一段规定的学习时间之后,你可以奖励自己看一部电影。

5. 设置强化条件并开始记录和强化你的进步。注意不要把你的强化目标设定得太高,以至于变得几乎不可能获得奖励。记住斯金纳关于塑造的概念,奖励小步骤直到接近期望的结果。对你自己完全诚实,只在你达到目标时要求奖励。在你致力于对目标行为获得更多控制的同时在图表上记录下你的进步。

行为矫正同样被成功地应用于商业和工业来增加盈利和矫正员工与健康、安全和工作表现有关的行为。为了维护保险费的低额,一些公司将年度退税给那些没有用完健康保险计划中免赔额的员工。为了鼓励员工修读公司认可的大学课程,一些公司提供学费

> **代币法** 通过代币强化来激发社会期许行为的一种程序,代币可以兑换成物品或是特权。

补助给完成这样的课程并且成绩合格的员工。很多公司通过给销售人员分发红利、提供旅行和其他因为销售额增加的奖赏来促销。行为矫正最成功的应用之一已经被引入从恐惧症到成瘾行为的心理问题治疗当中。出于这个原因,行为矫正被称为行为疗法(在第15章中讨论)。

下面**复习**中的表格有助于回顾经典和操作性条件反射的原则,区别这两种类型的学习。

📖 模拟学习形式 www.mypsychlab.com

复习——经典条件反射和操作性条件反射的比较

特　　征	经典条件反射	操作性条件反射
联结的类型	两个刺激之间	一个反应和它的结果之间
被试状态	被　动	主　动
关注的焦点	在反应之前	在反应之后
通常涉及的反应类型	不随意或反射性反应	随意反应
通常涉及的身体反应	内部反应;情绪和腺体反应	外在反应;肌肉和骨骼肌运动;语言反应
反应范围	相对简单	从简单到高度复杂
习得反应	情绪反应;恐惧、喜欢、厌恶	面向目标的反应

记一记——操作性条件反射

1. 运用渐近式接近强化行为的过程被称为_____。
2. 当强化物被扣留时,反应的_____出现。
3. 吃镇痛药解除头痛是_____强化的一个例子;为了在考试中取得好成绩而学习是_____强化的一个例子。
4. 格伦和梅根被雇用来清扫落叶。格伦每清扫一袋落叶能得到1美元,梅根每小时得到4美元。格伦是根据_____方式得到工钱,梅根是根据_____方式得到工钱。
5. 负强化_____行为,而惩罚_____行为。
6. 屡次未能逃脱或避免虐待的婚姻暴力受害者最终会被动地认命,这是一种被称为_____的情况。
7. 使用灵敏的电子设备监控心理过程,为的是使它们处于有意识的控制之下称为_____。
8. 应用学习原则消除不良行为和/或鼓励期望行为称为_____。

答案:1. 塑造　2. 消退　3. 负　正　4. 固定比率　固定时距　5. 加强　抑制　6. 习得性无助　7. 生物反馈　8. 行为矫正

认知学习

到目前为止,你大概已经确信经典和操作性条件反射两者的有效性。但这两种条件作用类型的任一种能解释你如何学习比如阅读这样的复杂心理机能吗?行为主义者,如斯金纳和华生认为,任何种类的学习都可以不提及内部心理过程而被解释。然而在今天,越来越多的心理学家强调心理过程所扮演的角色。他们选择拓宽学习研究,包括诸如思维、认知、问题解决、记忆和形成心理表征的**认知过程**(cognitive processes)。根据认知理论家们的观点,理解这些加工过程对形成更完整、更广泛的关于学习的看法至关重要。我们将思考在认知学习领域里三位重要研究者的工作:沃尔夫冈·科勒,爱德华·托尔曼和阿尔伯特·班杜拉。

5.17 什么是顿悟,它又是怎样影响学习的?
顿悟学习

曾经,你是否担心过一个问题,不料一个极其清楚的解决方案突然蹦入你的脑海?如果有,你就是经历了首先由沃尔夫冈·科勒(Wolfgang Köhler, 1887—1967)描述的一种重要的认知学习类型。在他的书《人猿的智慧》(1925)中,科勒描述了他在被限制于笼子区域内的黑猩猩身上进行的实验。在一个实验中,科勒在笼子区域内的空中,黑猩猩够不着的地方悬挂了一串香蕉;箱子和木棍留在笼子周围。科勒观察到黑猩猩通过跳起来或朝香蕉挥木棍的方式接触香蕉的失败尝试。最后,黑猩猩把箱子一个接一个往上堆积,并爬上箱子直到它们能伸手拿到香蕉。

科勒观察到黑猩猩有时似乎放弃了它们拿香蕉的尝试。然而,隔了一段时间,它们带着问题的解决方案回来,仿佛它们开始在瞬间**顿悟**(insight)。它们看上去突然就意识到木棍或箱子与香蕉之间的关系。科勒坚持认为顿悟,而不是试错学习,是能解释黑猩猩成功的原因,因为这更容易重复并迁移到类似的问题上。对人类而言,一个由顿悟获得的解决方案更容易习得,不太可能被遗忘,并比死记硬背学会的解决方案更容易迁移到新问题上(Rock & Palmer, 1990)。脑成像研究显示,顿悟学习与包括几个不同脑区在内的一种独特交互作用模式有关(Jing, 2004)。

5.18 关于强化的必要性托尔曼有什么发现?
潜在学习和认知地图

像科勒一样,爱德华·托尔曼(Edward Tolman, 1886—1959)坚持不同于当时盛行的

认知过程 诸如思维、认知、问题解决、记忆和形成心理表征等心理过程。

顿悟 突然领悟问题情境中各要素之间的关系,使得解决方案显而易见。

学习观点。首先,托尔曼(1932)认为学习可以在没有强化的情况下发生。第二,他区分了学习和操作。他主张**潜在学习**(latent learning)的存在;也就是说,学习可以在没有明显强化的情况下发生,直到有机体产生这样做的动机时才会展现出来。托尔曼和杭齐克(1930)的一项经典实验研究支持了这一命题。

三组老鼠17天内每日被放在迷宫里。第一组总是在迷宫的尽头处得到食物奖励。第二组从来没得到过奖励,第三组直到第11天才得到食物奖励。第一组在17天时间里显示出操作的稳步提高。第二组显示出少量、逐渐的提高。第三组,在第11天的奖励之后,次日表现出显著提高,并且从那时起超过了每日得到奖励的老鼠(见图5.8)。第三组的快速提高向托尔曼指出,潜在学习已经发生——老鼠在开始的11天里已经学会了走迷宫,但直到它们为此得到奖励才激发它们表现出这种学习。

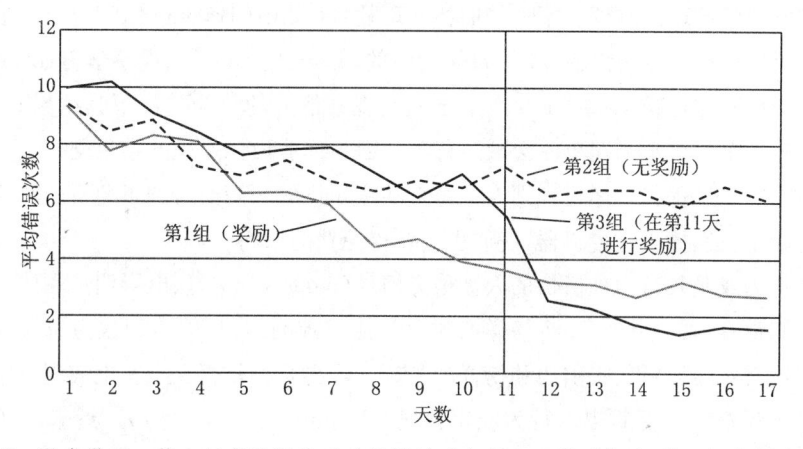

图5.8 潜在学习 第1组老鼠因为正确地穿过迷宫而每天得到奖励,第2组老鼠从未得到过奖励。第3组老鼠只在第11天后得到奖励并且从那时以后超过第1组老鼠。这些老鼠已经"学会"走迷宫但直到获得奖励才激发它们表现出来,证明潜在学习已经发生。

托尔曼在1930年对操作性条件反射的一个基本原则——学习新行为时需要强化——提出异议时,斯金纳还在学校里做研究生。学习组的老鼠的确在强化前学会了一些,而且没有任何证据表明是通过外显、可观察的行为习得的。可是它们学到了什么?托尔曼得出结论,老鼠学会形成一幅**认知地图**(cognitive map),对迷宫的心理表征或图像,但直到它们被强化后才能证明它们的学习行为。在随后的研究中,托尔曼说明了老鼠是如何快速学会重新整理它们已经建立的认知地图并轻而易举地发现通过日益复杂的迷宫的途径。

用认知地图的概念解释老鼠的行为这一特有见解与斯金纳深深奉行的信念——即心

潜在学习 可以在没有明显强化的情况下发生,直到有机体产生这样做的动机时才会展现出来的学习。

认知地图 对空间位置排列的心理表征,如迷宫。

理过程不能解释行为的原因背道而驰。但认知地图和潜在学习的概念在今天的心理学中比在托尔曼的生平时代明显占有更为重要的地位。它们为操作性条件反射提供了认知的观点。举例来说，无论是赢还是输，你在每次玩电子游戏时都会有所提升。就像托尔曼的老鼠，这类学习帮助你建立有关游戏的心理地图，使你能够更有效地追求想得到的强化物，比如下次你玩的时候从一个等级升到下个等级。

5.19 我们是怎样通过观察他人来学习的？
观察学习

你是否想知道为什么在你看到另一个司机拿到一张超速罚单时会放慢速度？十有八九没人曾经强化你在这些情况之下减速，那么你为什么会这样做呢？

观察学习的原理。 心理学家阿尔伯特·班杜拉(Albert Bandura, 1986)主张很多行为或反应是通过观察学习获得的，或者如他所称的，社会认知学习。**观察学习**(observational learning)，有时称作**模塑**(modeling)，产生于人们观察他人的行为并记下其结果时。因此，在你看到另一个司机拿到罚单时会减速行驶。因为你假设他或她的结果同样也是你的结果。这种相同的过程包括你看到别人猛撞自动贩卖机的一侧而得到了免费的软饮料。我们会假定如果我们撞击这台机器，我们也会获得免费的饮料。

示范行为或是其行为被模仿的人被称为**榜样**(model)。父母、电影明星和体育名人通常是孩子们强有力的榜样。一个榜样的效力与他或她的地位、能力和权力有关。其他重要的因素还有年龄、性别、吸引力和榜样的种族。习得行为是否在事实上表现出来很大程度上取决于观察者是否期望以行为获得奖励(Bandura, 1969, 1977)。近来的研究也表明，几段时间的观察（观看行为）先于表现行为的尝试时，观察学习会得到提高，接着在练习的早期阶段不断地被重复(Weeks & Anderson, 2000)。

可是单单重复不足以引起观察者向榜样学习：一个观察者必须在身体上和认知上都有能力表现出行为以便学会它。换句话说，无论你投入多少时间观看塞雷娜·威廉姆斯打网球或是看老虎·伍兹打高尔夫，你也无法获得像他们那样的技术，除非你拥有和他们相等的身体潜能。同样地，一个幼儿园教师通过读她念中学的弟弟写的作业学到地理，这是值得怀疑的。此外，观察者必须关注榜样并将有关榜样行为的信息储存到记忆中去。最后，为了展示通过观察学到的行为，观察者必须有动力独自完成她或他的行为。

榜样不一定是人。举例来说，当你买一套标签是"需要组装"的家具时，它通常配有图解和用法说明，其中展示了怎样组合它。一般来说，这些指示把组合零件的大型任务分解成一系列更小的步骤。

观察学习(模塑) 通过观察他人的行为以及行为后果习得；模仿习得。

榜样 示范行为或是其行为被模仿的个体。

观察学习的类型。人们从观察中学到的一种方法是获得新反应，一种被称为**模塑效果**（modeling effect）的学习。你记得在学校里是怎样学会解数学题的吗？最有可能的是，当你的老师提出一类新问题时，他们会在黑板或投影仪上论证解题的方法。你的任务是接着跟随他们的步骤，循序渐进，直到你能够独立解决这类新问题。对你和你的同学来说，解答每个类型的新问题都是从榜样处学到的新行为。

另一种观察学习在异常情境中特别常见。把你自己想象成在白宫精心举办的国宴上的宾客。你的餐桌上摆放着你以前从未见过的好多件银质餐具。哪只餐叉应该用来做什么？你该怎么进行下去？你也许决定学着第一夫人的样子。在这种情形下，你并不是在学习一个完全的新行为。相反地，你在运用榜样学习调整一个已知的行为（怎样使用餐叉）以符合不熟悉情境的需要。这种观察学习被称为**启发效果**（elicitation effect）。

有时候，榜样影响着我们展示以前学着抑制的行为，一个称作**抑制解除效果**（disinhibitory effect）的过程。举个例子，我们都知道不要当众打嗝。然而，如果我们处于其他人正在打嗝而没有人阻止他们这么做的社会环境中，我们很有可能照着做。青少年会失去任何阻力而毫无顾忌地喝酒、吸毒和发生性行为，由于看到或听到同龄人或电影、电视中的角色参与这些行为却没有经历任何不利后果。

然而，我们同样要根据观察榜样因表现出一个行为而受到惩罚来抑制行为，即**抑制效果**（inhibitory effect）。这是我们根据看到的另一个司机收到罚单而减速所表现的一种观察学习。当小学生看到一个同学由于大声讲话被罚，这样的经历有种在他们所有人里抑制这种行为的倾向。因此，一个人可以不必经历危险或不被社会接受的行为所带来的不幸后果，直接做出适当行为以避免这些。

恐惧，也可以通过观察学习获得。吉拉尔和拉佩（Gerull & Rapee, 2002）发现，如果学步期小孩的妈妈一看到橡皮蛇和橡皮蜘蛛就流露出恐惧，这些小孩在随后的测试中比控制组妈妈没有流露出这类恐惧的小孩表现出对这些物体更高的恐惧水平。相反地，看到"父母一方或同龄人在一个可能产生恐惧的情境里表现得不害怕"的孩子会在以后面对类似的可怕情境时对感到恐惧"免疫"（基本行为科学工作组，1996，p.139）。

5.20 从各种媒体中获取的调查研究显示了什么？
从媒体中学习

你有多少天是在各种电子来源中产生的信息面前度过的？如今很多人几乎醒着的每分钟里都被暴露在这样的信息中。目前甚至有全天候针对婴儿的有线电视频道（"24小时婴儿电视……"，2006）。

模塑效果	通过新反应的获得向榜样学习新行为。
启发效果	在不熟悉的情境下表现出类似榜样所做出的行为。
抑制解除效果	由于榜样这样做而没有受到惩罚从而表现出的先前被抑制行为。
抑制效果	由于榜样表现出此行为受到惩罚，因而抑制行为。

多任务环境的影响。 在当今世界常见的各种类型的电子信息媒体由一些研究者称为电子多任务环境所组成,身在其中我们试图立即管理几种不同的信息来源(Rideout, Roberts, & Foehr, 2005)。在大学计算机实验室的一个观察研究中,研究者发现许多大学生用多画面格式进行论文写作和其他作业,他们把一部分屏幕专用于他们的作业,另一部分则用来游戏(Jones, 2003)。而且这些学生中有很多人同时用他们的 MP3 播放器听音乐。

研究中对多任务环境里学习效果的检验仍然处于初步阶段,尚不能支持最后的结论,但检测中出现的问题很有可能引起花时间在应付多重信息来源上的人们的极大兴趣。此类问题之一关系到大脑通过改变注意策略来适应多重信息来源(e.g., Zhang et al., 2005)。另一个引导研究者检验对多重信息来源的同时接触,降低从这些来源中任何一个学习到事物的可能性(e.g., Law, Logie, & Pearson, 2006)。其他正在被研究的假设包括掌握多重信息流的线索引起焦虑的可能性(e.g., Bailey & Konstan, 2006)。

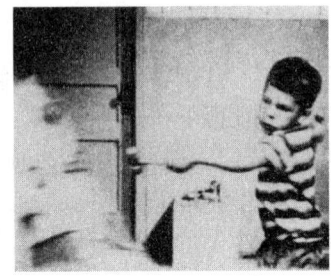

▲在班杜拉的观察学习研究中,儿童通过观察成人榜样对波波玩偶的攻击性表现学会效仿攻击行为。

电视和其他娱乐性媒体。 四十多年前,阿尔伯特·班杜拉通过一系列的经典研究提出了关于电视暴力对儿童行为影响的担忧。班杜拉推测电视节目中的攻击和暴力,包括动画片,易于增加儿童的攻击行为。他的首创性工作深刻影响了对这些问题的当前观点。在几个经典实验中,班杜拉证明了儿童是如何通过接触侵略性榜样而被影响的。其中的一个研究包括三组学龄前儿童。第一组的儿童单独观察一个成人榜样用拳头砸、脚踢、用棍子打一只 5 英尺高的充气塑料"波波玩偶",同时说着攻击性话语(Bandura et al., 1961, p.576)。第二组儿童观察一个忽略波波玩偶,安静地坐着组合拆装玩具的没有攻击性的榜样。控制组的儿童被放在没有成人在场的相同环境中。随后,通过单向镜观察每个儿童。那些接触到攻击性榜样的儿童模仿了许多攻击行为,也比其他任何组的儿童显著参与更多的非模仿性攻击。观察没有攻击性榜样的组别比控制组显示出更少的攻击行为。

观看关于班杜拉的波波玩偶实验的视频 www.mypsychlab.com

进一步的研究比较了儿童暴露在下列情境中的攻击性程度:(1)生活情境中的攻击性榜样,(2)相同情境的电影版本,(3)一部描绘了一个富有攻击性的卡通人物在幻想环境下采取相同攻击行为的电影(Bandura et al.，1963)。控制组不接触这三种攻击情境中的任何一种。接触到攻击性榜样的组别显著使用比控制组更多的攻击行为。研究者得出结论，"在三种实验条件中，暴露于描绘真人攻击情境在引起和塑造攻击行为上最有影响力"(p.7)。

班杜拉的研究引发了对其他娱乐媒体描绘的暴力和攻击造成的影响的研究兴趣。举例来说，研究者同样用各种各样的方法说明——包括准确控制对儿童、青少年和大学生的实验室实验——暴力电子游戏增加攻击性行为(Anderson & Bushman, 2001)。此外，无论是以音乐、音乐视频、广告还是网络呈现暴力，媒体暴力的影响都是明显的(Villani, 2001)。这类研究产生了种种混乱的评级系统，家长在为他们的孩子选择媒体时也许会作为参考。然而，研究者已经发现多种多样的评级系统在传达节目中暴力行为的频率和强度上做得很不好(Linder & Gentile, 2009)。此外，研究者也发现给媒体贴上"暴力"的标签会增强儿童体验的渴望，尤其是11岁以上的男孩子(Bushman & Cantor, 2003)。

但你也许会反驳，如果电视暴力随后加上适当的后果，比如拘捕，实际上教育了孩子不要参与攻击行为。然而，实验研究证明儿童不像成人那样加工后果的有关信息(Krcmar & Cooke, 2001)。观察攻击性行为的后果看上去的确有助于学前儿童认识到暴力在道德上是不被接受的。相比之下，学龄期儿童似乎根据挑衅来判断暴力行为对错与否；换句话说，他们认为在报复的情况下展现的暴力行为在道德上是可以接受的，即使因此被权威人士惩罚。

▶攻击性行为并不是人们从观看电视能够学到的唯一行为类型。瑞秋·雷通过向成千上万的电视观众展示怎样给日常活动如准备家庭聚餐一般增添创意而出名。

还有，值得注意的是，最近发布的纵向研究证据显示，童年受到暴力的影响会持续到成人时期。心理学家L.罗威尔·休斯曼和他的同事（2003）发现童年时期观看过大量暴力电视节目的个体很有可能在青少年时期参与现实的暴力行为。这项研究首次说明了童年时期对媒体暴力的观察与成年期真正的暴力行为有关联。脑成像研究提出，这些长期影响也许是儿童在观看暴力节目的同时学到了情感超荷的行为脚本，构成这些脚本所需的神经模式由此激活的结果（Murray et al.，2006）。

但是正如儿童模仿他们在电视上注意到的暴力行为一样，他们也模仿那里看到的亲社会行为或是助人行为。诸如《罗杰斯先生的邻居》和《芝麻街》这类电视节目已经被证实对孩子有积极影响。休斯曼和他同事的发现有望同样适用于电视的积极影响。

模拟媒体暴力和社会性攻击 www.mypsychlab.com

电子游戏。近年来，对媒体暴力的担忧已经脱离了电视，转而把重点放在电子游戏上。这个转变的发生是由于儿童和青少年如今玩这些游戏所花的时间与他们看电视的时间一样多（Cummings & Vandewater，2007）。成人也将相当大的时间量投入游戏中。举个例子，70%的大学生和40%的二十多、三十多、四十多岁的成年人告诉研究者，他们定期玩电脑、上网或是电子游戏（Jones，2003；"Survey：4 in 10..."，2006）。心理学家们想知道玩家在游戏中学到了什么，尤其是那些鼓励他们设想因参与攻击行为而获得奖励的角色扮演游戏（Schneider，Lang，Shin，& Bradley，2004；Walsh，Gentile，VanOverbeke，& Chasco，2002）。

大量研究已经表明玩暴力游戏增加敌意感和减少对暴力图像的敏感性（Arriaga et al.，2006；Bushman & Huesman，2006；Carnagey & Anderson，2005）。研究者同样发现这类游戏会影响生理相关的敌对情绪和攻击性行为。这些相关包括大脑激活的特定模式、激素调节和维持生命的机能比如心率和呼吸（Brady & Matthews，2006；Hébert et al.，2005；Wang & Perry，2006；Weber，Ritterfield，& Mathiak，2006）。研究也显示，有攻击行为历史的个体比他们没有攻击性的同龄人更强烈地喜爱暴力游戏并有更多情感上的响应（Anderson & Dill，2000）。

尽管有这些发现，一些心理学家还是认为，暴力电子游戏使得个体，尤其是青少年和年轻的成年男性，能以社会所接纳和安全的方式表达不被社会接受的情感（Jansz，2005）。他们指出这些游戏经常是由群体一起玩的，是许多年轻男性的同伴关系里的一种中心共享活动（Jansz & Martens，2005）。因此，学着引导攻击冲动转化为朋友之间的竞争性游戏，即使在这类游戏含有模拟暴力时，也是青少年男性社会发展一个必不可少的部分。

就像电视，电子游戏可以被用来教授积极信息和技巧。举个例子，密歇根大学的研究人员发现，电子游戏是一个有效媒介，通过它能够教会青少年怎样更安全地驾驶（密歇根大学交通研究所[UMTRI]，2003）。此外，玩电子游戏似乎能提高女性的空间认知能力，这是一个女性表现得通常比男性弱的领域（Achtman，Green，& Bavelier，2008；Terlecki

& Newcombe, 2005)。

最后,你知道心理是电子游戏设计过程中的一个极为重要的组成部分吗? 设计者查阅心理学理论和研究,学习如何创造出逼真的角色(Poznanski & Thagard, 2005)。设计者积累从心理学原理到使电子游戏人物能以真实可信的方式行为举止的编程代码知识,将各种各样的虚拟环境"人性化"。举个例子,这类知识可以促进现今基于文字信息的在线银行网站替换为和现实生活中相对应的一样,擅长与顾客打交道的虚拟银行出纳员。

互联网。 教育工作者们一致认同互联网作为一种教学工具,前景十分广阔(Schofield, 2006)。一些富有创造性的教授已经将他们的在线课程转换成类似角色扮演的电脑游戏,加上高质量的图像、视频、音响,还有链接到网络的参考资料(Riegle, 2005)。大体上,这些课程被证明是有效的教学工具并深受学生欢迎(Moreno, Mayer, Spires, & Lester, 2001)。

尽管如此,研究人员注意到教师不应该假定基于互联网的富媒体教学,默认情况下,比传统的方法更有效(Schofield, 2006)。举个例子,当课文在网络上呈现时,嵌入式视频和音响有助于维持学生的注意,可是这样的联系不一定有助于学习(Liu, Liao, & Pratt, 2009)。而且,电脑本身的物理性操作,比如打字和移动鼠标,分散了在线阅读者的注意力,阻碍他们理解和记住所读内容(Mangen, 2008)。几个设计巧妙的研究同样显示传统的课堂讲授和教科书在复杂材料的学习上就和多媒体演示一样有效(Mayer, Hegarty, Mayer, & Campbell, 2005)。

研究提出,教育者对孩子使用互联网教学时必须特别谨慎。一方面,儿童在识别网络广告上有困难,一直到他们10岁左右;尽管他们早在5岁的时候就能识别电视广告(Ali, Blades, Oates, & Blumberg, 2009)。因此,使用网络材料的小孩子比年龄较大的孩子更有可能由于广告分散注意力。此外,研究者丁娜·威洛比和她的同事发现,即使在大学生之中,背景知识的不同也会造成学习比如维基百科这类在线参考资料的明显的个体差异(Willoughby, Anderson, Wood, Mueller, & Ross, 2009)。所以,这类资源很有可能会对背景知识普遍拓展得比成人少得多的儿童来说没有很大的用处。由此,研究在线阅读现象的教育家们建议给儿童预留时间,在他们初次接触在线阅读之前先从传统材料里获得背景知识和阅读技巧(Ali et al., 2009; Mangen, 2008)。

复习比较了我们已经讨论的三种认知学习类型。

复习——认知学习

学习类型	描述	主要贡献者	经典研究
顿悟	解决问题方式的突然领悟	沃尔夫冈·科勒	观察黑猩猩拿笼子顶悬挂下来的香蕉的尝试
潜在学习	未显示出学习直到被强化	爱德华·托尔曼	比较学会走迷宫而得到奖励的老鼠和允许自由探索但得不到奖励的老鼠
观察学习	通过观察他人习得	阿尔伯特·班杜拉	比较观察成人榜样表现出攻击性的儿童和那些没有观察这类攻击性榜样的儿童

181 **记一记——认知学习**
1. 突然领悟问题情境中各要素之间的关系而找出问题的解决方案叫作_____。
2. 直到有机体产生表现行为的动机时才展现出来的学习叫作_____。
3. 格兰特从他能记事时就害怕老鼠,他的妈妈也有同样无能为力的恐惧。格兰特最有可能通过_____学习获得他的恐惧。
4. 把每个心理学家和他的研究主题连线。
_____(1) 爱德华·托尔曼　　　　　　a. 观察学习
_____(2) 阿尔伯特·班杜拉　　　　　　b. 认知地图
_____(3) 沃尔夫冈·科勒　　　　　　c. 通过顿悟学习
　　　　　　　　　　　　　　　　　　d. 潜在学习
5. 研究表明在线教学比传统教学方式更有效。(对,错)
答案:1. 顿悟　2. 潜在学习　3. 观察　4.(1) b,d　(2) a　(3) c　5. 错

总结与回顾

经典条件反射:最初的观点 p.151

5.1　巴甫洛夫发现了哪种类型的学习？ p.151

巴甫洛夫对狗的条件反射的研究使他发现一种叫作经典条件反射的学习模型。

5.2　经典条件反射是如何实现的？ p.152

在经典条件反射中,一个中性刺激(巴甫洛夫实验中的音调)在一个非条件刺激(巴甫洛夫实验中的食物)前不久呈现,自然引起或产生一个非条件反射(巴甫洛夫的狗分泌唾液)。反复配对之后,条件刺激单独(音调)开始引起条件反射(唾液分泌)。

5.3　在刺激和学习条件下,什么类型的改变会导致条件反射变化？ p.154

如果条件刺激(音调)在没有非条件刺激(食物)的情况下反复呈现,那么条件反射(唾液分泌)最终会消失,这是一个称为消退的过程。如果有机体在一段时间的休息后再次接触条件刺激,则此反应能够以较弱的形式重现,这是一个称为自然恢复的过程。泛化发生于有机体对与最初的条件刺激相类似的刺激作出条件反射时。分化是辨别类似刺激的能力。

5.4　华生怎样证明恐惧可以建立在经典条件反射之上？ p.155

华生表示恐惧可以通过向小阿尔伯特呈现一只白鼠并伴随着大声、惊恐的噪声形成经典条件反射,从而使这个儿童形成对白鼠的恐惧条件反射。

经典条件反射:当代的观点 p.157

5.5　根据瑞思考勒所说,经典条件反射的关键成分是什么？ p.157

瑞思考勒发现经典条件反射中的关键成分是条件刺激能否提供有机体可靠预测非条件刺激发生的有关信息。

5.6 加西亚和柯林发现了有关经典条件反射的什么内容？p.158

加西亚和柯林进行了一项研究,其中老鼠在几小时前摄入的加味水和恶心之间建立了联结。这代表条件刺激必须在非条件刺激前不久呈现这一原则存在例外,也揭示了动物对形成的确定联结表现出生物学倾向,意味着联结不能仅在任何两个刺激之间形成。

5.7 哪些类型的日常反应受经典条件反射的支配？p.159

通过经典条件反射获得的反应类型包括积极和消极情绪反应(其中包括喜欢、厌恶、担心和恐惧),与滥用药物相联系的环境线索的反应,对广告的反应,还有条件免疫系统反应。

5.8 条件刺激和非条件刺激同时发生时,为什么不会产生经典条件反射？p.160

无论非条件和条件刺激是否紧挨着发生,四个因素决定经典条件反射是否产生：(1)条件刺激预测非条件刺激的可靠程度,(2)条件刺激和非条件刺激联结的次数,(3)非条件刺激的强度,(4)在条件刺激和非条件刺激之间流逝的时间总量和两者发生的顺序。

操作性条件反射 p.161

5.9 通过观察猫尝试逃脱桑代克迷箱的行为,桑代克得出了有关学习的什么结论？p.161

桑代克得出结论,大多数学习通过尝试和犯错发生。他声称反应的结果会决定将来以同样方式作出的反应倾向是加强还是减弱(效果律)。

5.10 通过操作性条件反射获得行为的过程是什么？p.162

在操作性条件反射中,行为的改变是由于产生的结果。对于操作性条件反射的一种类型,塑造,复杂行为是以小步骤习得的。对于消退,行为在先前产生的结果不再有效时消失。

5.11 正强化和负强化的作用是什么？p.163

正(额外的)强化和负(去除、远离的)强化增加行为。在正强化中,一个行为频繁发生是由于它产生了期望的结果。在负强化中,行为的习得是由于它使不良的条件或刺激远离。

5.12 四种类型的强化模式分别是什么,哪种最有效？p.164

四种强化模式类型分别是固定比率、可变比率、固定时距和可变时距模式。可变比率模式提供了最高的反应率和对消退最强的抵抗。部分强化效应表现为发生于部分强化,而不是连续强化之下维持反应时对消退的强烈抵抗。

5.13 结果为什么不总能引起行为的改变？p.167

在操作性条件反射中,反应率、对消退的抵抗和反应获得有多快会受到强化的程度、强化的即时性和学习者的动机水平的影响。如果刺激是最小限度的、强化被延迟,或者学习者动机水平最低时,结果不一定会引起行为的改变。

5.14 惩罚怎样影响行为？p.171

惩罚发生在一个额外(正)或是远离(负)的结果导致行为频率减少时。通常,惩罚不会帮助人们形成更适当的行为,并且会导致被惩罚者的恐惧、愤怒、敌意和攻击。惩罚在紧接着不良行为之后立即给予、坚持运用、正好强烈到足以抑制行为的时候最有效。

5.15 回避学习何时能够满足需要,何时会产生适应不良? p.171

回避学习在引起有益反应时是值得做的,比如扣紧安全带来停止蜂鸣器发出的烦人声响。当它在对恐惧做出反应时发生则是适应不良的。举个例子,对着一群人讲话的恐惧会使你在口头报告进行的那一天逃课。

5.16 操作性条件反射的应用有哪些? p.172

操作性条件反射的应用包括训练动物以供娱乐或是帮助残障人士,使用生物反馈获得对内部心理过程的控制,使用行为矫正技术消除个体或群体的不良行为和/或鼓励期望行为。

认知学习 p.175

5.17 什么是顿悟,它又是怎样影响学习的? p.175

顿悟是对问题情境中各要素之间的关系的突然领悟,使得解决方案显而易见;这种解决方案容易习得和迁移至新问题中。

5.18 关于强化的必要性托尔曼有什么发现? p.175

托尔曼证明老鼠能够学会到达迷宫终点,在被允许自由探索时和以食物强化到达终点一样快。他的假设是老鼠形成了关于迷宫的认知地图。

5.19 我们是怎样通过观察他人来学习的? p.176

通过观察他人(称为榜样)的行为及其行为结果的学习被称为观察学习。当我们假定,如果我们表现出榜样的行为,他们经历的结果将会发生在我们身上时,我们会学习榜样。

5.20 从各种媒体中获取的调查研究显示了什么? p.178

当大脑一次接收到来自不止一个源头的信息时,从一个或是所有来源中的学习也许会折中。电视节目和电子游戏中的暴力可能导致敌意并减少观看者和玩家的移情能力。然而,游戏能为年轻的成年男性提供被社会所接受的此类情感的发泄口。背景知识和纸质阅读的经验强烈影响着人们阅读在线文本能学到多少。

关键术语

回避学习 p.171	(操作性条件反射中的)消退 p.163
行为矫正 p.173	固定时距模式 p.166
生物反馈 p.173	固定比率模式 p.165
经典条件反射 p.151	泛化(经典条件反射中)p.155
认知地图 p.176	泛化(操作性条件反射中)p.163
认知过程 p.175	高级条件作用 p.153
条件反射 p.152	抑制效果 p.177
条件反应(CR)p.153	顿悟 p.175
条件刺激(CS)p.153	潜在学习 p.175
连续强化 p.164	效果律 p.161

分化 p.155
辨别刺激 p.163
抑制解除效果 p.177
启发效果 p.177
模塑效果 p.177
负惩罚 p.168
负强化 p.164
观察学习(模塑) p.176
操作性条件反射 p.162
部分强化 p.164
部分强化效应 p.167
积极惩罚 p.168
正强化 p.164
初级强化物 p.164
惩罚 p.168
反射 p.152
可变比率模式 p.165
强化物 p.162

习得性无助 p.172
学习 p.150
榜样 p.176
消退(经典条件反射中) p.155
次级强化物 p.164
塑造 p.162
斯金纳箱 p.162
自然恢复 p.155
刺激 p.151
渐近式趋近 p.162
味觉厌恶 p.158
代币法 p.173
试错学习 p.161
非条件反应(UR) p.152
非条件刺激(US) p.152
可变时距模式 p.166
强化 p.163
强化模式 p.164

章末测验

选择题

1. 通过有魅力的模特展示产品的广告商应用了_____。
   a. 工具性条件作用　　　　　　b. 消退理论
   c. 操作性条件反射　　　　　　d. 经典条件反射

2. 艾莉森是一个摇滚歌星,她的生活大部分在频频闪光的相机之下。她的瞳孔通过轻微收缩对相机快门按下的咔哒声作出反应,即使在闪光灯没有被使用的情况下。在没有闪光灯时她瞳孔的这种收缩是_____的例子。
   a. 反射性反应　　b. 辨别性反应　　c. 非条件反射　　d. 条件反射

3. 杰森试图训练他的狗一听到音乐就分泌唾液但失败了。然而,杰森不总是把食物的呈现接在音乐后面。杰森的设计违反了影响经典条件反射的哪个因素?
   a. 条件刺激和非条件刺激联结的次数
   b. 非条件刺激的强度
   c. 条件刺激和非条件刺激的时序关系
   d. 条件刺激预测非条件刺激的可靠程度

4. 小时候,鲁迪被狗袭击过,随后形成了对它们的严重恐惧。现在鲁迪已经成人。最近在公园里散步的时候,他看到一只吠叫得十分凶的狗。他感到有些害怕,即使这只狗用皮带拴住并且明显在它主人的牢牢控制之下。鲁迪的恐惧反应是_____的例子。

    a. 高级条件作用　　　　　　　b. 自然恢复

    c. 刺激泛化　　　　　　　　　d. 刺激分化

5. 露西不穿用人造毛皮做的外套,因为看到任何种类的毛皮都会引发她在5岁时,脸部被一只猫抓伤带来的惊恐感。下列哪个实验与猫影响露西的行为这一事件最为相似?

    a. 巴甫洛夫的狗和肉末实验　　b. 华生的小阿尔伯特实验

    c. 瑞思考勒的老鼠实验　　　　d. 加西亚和柯林的老鼠实验

6. 丹尼相当害怕去看牙医。久而久之他注意到甚至是牙医诊所的气味也会让他变得焦虑。丹尼采取的每一步举措,直到牙医开始在牙上钻洞好像会引起肌肉紧张和焦虑。丹尼正在经历_____。

    a. 累进式条件作用　　　　　　b. 操作性条件反射

    c. 反射性条件作用　　　　　　d. 高级条件作用

7. 味觉厌恶研究的实际应用包括除了以下哪一点?

    a. 完善经典条件反射的传统观点的特例

    b. 帮助癌症患者避免厌恶

    c. 证明经典条件反射中生物学倾向的重要作用

    d. 帮助餐馆优化菜单供应

8. 效果律是什么意思?

    a. 部分强化比连续强化更有效。

    b. 两个刺激必须紧挨着发生,一个与另一个形成联结。

    c. 人类和其他物种通过观察习得。

    d. 学习在行为引起期望的结果时产生。

9. 罗莉的爸爸刚得知他被安排在下个月下岗时心情很不好。看到这种情绪,罗莉在放学回家的路上决定不要求他停下来买冰激凌吃。在这种情境中,他爸爸的情绪可以充当_____。

    a. 中性刺激　　b. 辨别刺激　　c. 强化刺激物　　d. 泛化的刺激

10. 正强化倾向于_____反应的可能性;负强化倾向于_____反应的可能性。

    a. 减少;减少　　b. 增加;增加　　c. 减少;增加　　d. 增加;减少

11. 当一只老鼠学会按压杠杆以便终止一个不愉快刺激,比如巨响,哪种学习已经发生?

    a. 惩罚　　　　b. 塑造　　　　c. 回避　　　　d. 逃避

12. 一个老师每周五给他的班级进行一次随堂测验。这个老师正在尝试通过使用_____模式影响他学生的学习习惯。

    a. 固定比率　　b. 可变时距　　c. 固定时距　　d. 可变比率

13. 下列哪个是部分强化效应的例子?
    a. 约翰在每次使用ATM机时都希望收到所需的现金额数。
    b. 仙黛儿总是及时支付她的账单以避免滞纳金。
    c. 罗伊花费好几个小时玩在线扑克,因为他总是认为他的下一把牌会赢。
    d. 德蒙德几乎不超速因为他不想拿到罚单。
14. 托雅幼小的儿子,特洛伊,在商店里时有唠叨催促和发脾气的习惯。托雅从一本育儿书中学到她应该忽视他的发脾气。当她这样做时,发脾气明显减少,到后来完全消失。特洛伊的行为改变是一个_____的例子。
    a. 泛化   b. 部分强化   c. 消退   d. 塑造
15. 城市医院根据病人与工作人员的配合和对治疗过程的参与奖励得分给病人。病人可以把得分兑换成令人愉快的活动比如玩电子游戏、看电视,还有使用医院的健身房。城市医院正在运用_____努力增加病人的合作度和参与度。
    a. 代币法   b. 行为矫正   c. 生物反馈   d. 以上都不是
16. 塔米卡刚拿到她的驾照并准备现在开车去购物中心。虽然她之前从未开着车去购物中心,但塔米卡知道路。塔米卡能自己开车去购物中心这一事实说明_____发生。
    a. 潜在学习   b. 顿悟学习   c. 模块学习   d. 效果律
17. 下列哪项是观察学习的最佳范例?
    a. 英格丽德游泳很差直到她注意到下一个泳道的男人专业的游泳姿势;现在她有了很大的进步。
    b. 盯着电脑屏幕几小时之后,马利突然明白了他一直试着解出的谜题的解法。
    c. 凯里明白如果不给她的老板一段难挨的日子,他会非常好相处。
    d. 格雷格还是个小男孩时目击了一场枪击,现在他一听到巨响就会哭喊。
18. 哪个表述最好地总结了从电子游戏中学习的有关研究?
    a. 电子游戏可以作为有效的教学工具。
    b. 电子游戏影响男性的学习但不影响女性。
    c. 只有暴力游戏才影响学习。
    d. 电子游戏影响儿童和青少年的学习但不影响成人。

简答题

19. 比较和对照经典条件反射与操作性条件反射的原理。这两种学习之间的本质区别是什么?
20. 运用你所知道的有关经典条件反射、操作性条件反射和观察学习的知识,制订一个改变他人行为的计划。
21. 解释惩罚和负强化间的差别。

答案见第772页。

第 6 章

记　忆

人类记忆的结构

6.1　信息加工方法如何描述人类记忆的结构？

6.2　感觉记忆有什么特点？

6.3　短时记忆中的信息会发生怎样的变化？

6.4　长时记忆的子系统中储存了哪种信息？

记忆的本质

6.5　心理学家运用哪三种方法来测量记忆？

6.6　当必须按照特定顺序回忆信息时会发生什么？

6.7　环境条件和情感状态如何影响记忆？

6.8　"记忆本质上可以重建"这句话的含义是什么？

日常生活中的记忆

6.9　心理学研究如何解释闪光灯效应和过目不忘？

6.10　文化对记忆有什么影响？

6.11　在什么情况下，目击证词的可信度会降低？

6.12　关于重获被压抑的童年时期受性虐待的记忆存在着哪些争议？

生物学与记忆

6.13　海马体和海马区在记忆中扮演着怎样的角色？

6.14　长时程增强具有怎样的重要性？

6.15　激素怎样影响记忆？

6.16　遗忘症和痴呆症患者会经历怎样的记忆丧失？

遗忘

6.17　关于遗忘，艾宾浩斯有什么发现？

6.18　为什么会出现遗忘？

增强记忆

6.19　组织学习、过度学习、分散学习和背诵对增强记忆有什么帮助？

想一想

也许你曾经听说过,人们有时会忽然记起一件发生在很久以前的事情,结果却发现这件事其实从未发生过。这样"错误"的记忆不禁使我们对人类记忆的准确性感到疑惑——创造这样一段记忆很容易吗?请以大约每秒钟1个单词的速度大声读出下面所有的单词,然后合上书,写下所有你能记住的单词。

bed	dream	nap	rest
wake	yawn	awake	snooze
snore	tired	doze	slumber

现在检查一下你写的单词。你能想起"睡觉"(sleep)这个词吗?很多人能想到,即使这个词根本不在上面的单词表中(Deese, 1959)。正如你所看到的,建立一段错误的记忆的确不那么难,并且在任何人身上都可能发生。

在这个章节中你将会学到,记忆的加工过程受制于各种原因导致的感知扭曲。显然,人类的记忆系统与照相机有着完全不同的运作方式;相反地,这个系统会把新输入的信息和先前储存的信息结合起来形成事物的表征,而不是单纯地复制信息。在这个章节里你将会了解到如此吸引人的加工过程怎样协同组成了人类的记忆。

人类记忆的结构

我们的头脑怎样创建记忆?心理学家们对记忆的研究已经持续超过一个世纪。然而,现代电脑和计算机编程的发明为将记忆加工过程分解成不同组分做出了巨大贡献,也为心理学家了解人类记忆系统的工作方式打开了一扇大门。

6.1 信息加工方法如何描述人类记忆的结构?

信息加工方法

大多数针对人类记忆的现行研究都在**信息加工理论**(information-processing theory)框架的引导之下(Klatzky, 1984)。这种途径通过当代计算机科学技术及其相关领域提供的模型来帮助心理学家了解记忆过程(Bishop, 2005)(详见图6.1)。类比计算机科学,持信息加工理论者有时会使用一些术语如硬件(与记忆相关的大脑结构)和软件(学习到的记忆策略)来解释人类记忆系统的各个方面。

> **信息加工理论** 一种研究思维结构和过程的方法,以计算机为模型来解释人类的思维。

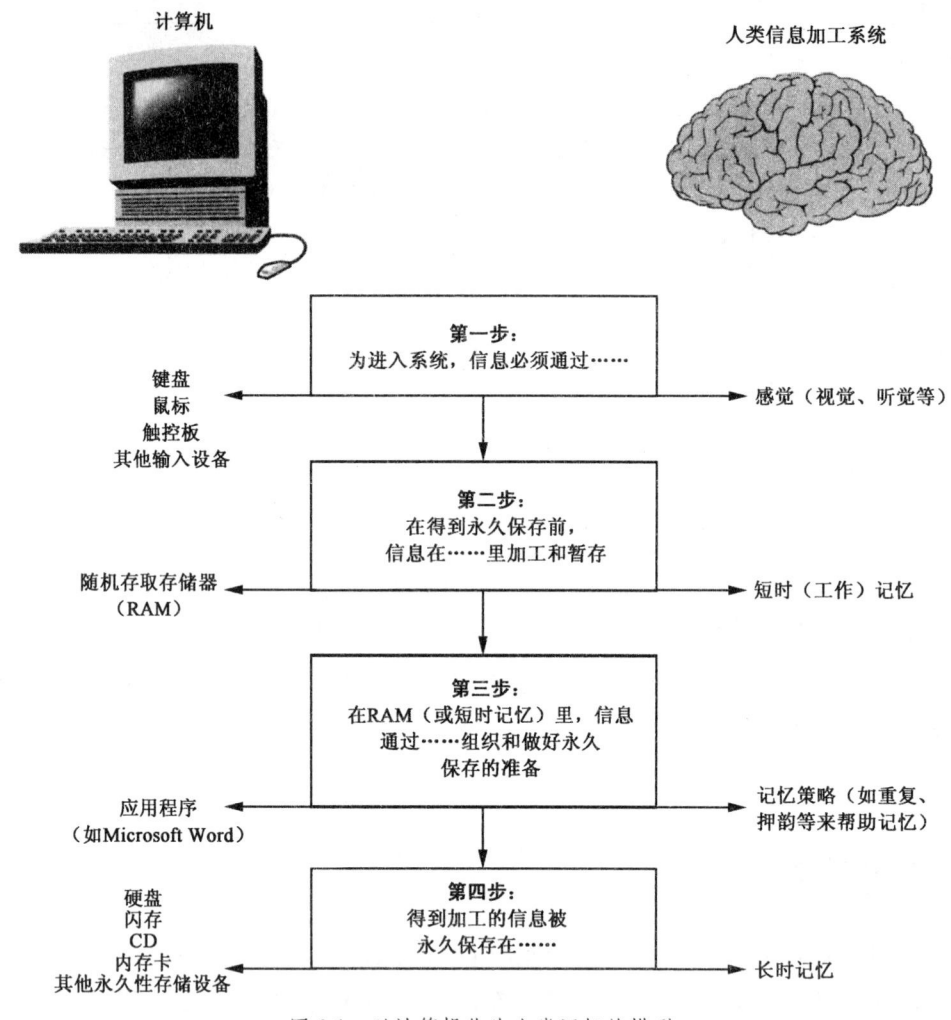

图 6.1　以计算机作为人类记忆的模型

　　既然信息加工理论是一种观点，或者说是主要的框架，那么解释具体的记忆过程和结果的微观理论则要用到信息加工方法的一般法则。一种微观理论可能能解释被试如何在实验室条件下记住一列单词；而另一种可能更加关注我们怎样记住日常工作，如"我一定要记得下课以后去趟图书馆"。

　　记忆的信息加工方法的一般法则阐述了一个概念：记忆包含了三个不同的过程。第一个过程，**编码**（encoding），是将外界信息转化为可被存储在记忆中的形式的过程。举个例子，如果你目击了一场车祸，你也许会努力在脑海里构建一幅有关于这场车祸的情景，这样你就能记住它。第二个记忆过程，**存储**（storage），指保留和维持记忆中的信息。为了

编码　将外界信息转化为可被存储在记忆中的形式的过程。

存储　保留和维持记忆中的信息的过程。

储存编码后的信息,大脑必然会产生一些生理上的变化,这一过程被称为巩固。最后一个过程,**提取**(retrieval),即出现在记忆库中的信息被唤起的过程。记住某样事物,你需要完成所有以上的三个步骤——对信息进行编码,存储和提取。因此,**记忆**(memory)是包含对信息的编码、存储和提取的认知过程(见图6.2)。

```
┌──────────────┐    ┌──────────┐    ┌──────────┐
│   编码       │    │  存储    │    │  提取    │
│将外界信息转化成可│──→ │将信息保留│──→ │回忆起已储存│
│ 储存在记忆中的形式│   │ 在记忆中 │    │  的材料  │
└──────────────┘    └──────────┘    └──────────┘
```

图6.2　回忆的必要过程　回忆行为需要成功完成这三个加工过程:编码、存储和提取。

📖 探索记忆的编码、存储、提取和回忆过程的关键阶段 www.mypsychlab.com

信息加工方法与任何一位理论家都没有什么关联。不过,在接下来的章节中你将会接触到几位特别有影响力的理论学者。其中两位是理查德·阿特金森和理查德·谢夫林。他们提出的记忆模型几乎被所有的研究者采用(Atkinson & Shiffrin, 1968; Shiffrin, 1999)。他们的理论模型把记忆描述成三个互不相同又相互作用的系统:感觉记忆、短时记忆和长时记忆。我们将分别对这三个系统进行研究,详细内容请看图6.3。

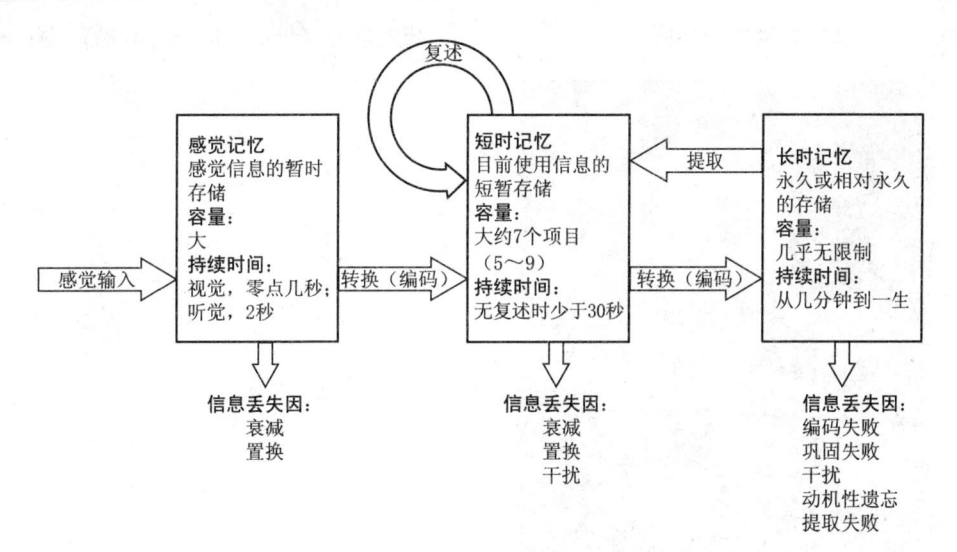

```
                        复述
                         ↺
┌──────────┐        ┌──────────┐         ┌──────────┐
│ 感觉记忆  │        │ 短时记忆 │  提取   │ 长时记忆 │
│感觉信息的暂时│      │目前使用信息的│←────  │永久或相对永久│
│  存储    │        │ 短暂存储 │         │  的存储  │
│ 容量:    │        │ 容量:   │         │ 容量:   │
│  大      │ 转换(编码)│大约7个项目│转换(编码)│几乎无限制 │
│感觉输入→  │───→    │ (5～9)  │────→    │持续时间: │
│ 持续时间: │        │持续时间: │         │从几分钟到一生│
│视觉,零点几秒;│      │无复述时少于30秒│     │          │
│听觉,2秒   │        │          │         │          │
└──────────┘        └──────────┘         └──────────┘
     ↓                   ↓                    ↓
  信息丢失因:          信息丢失因:           信息丢失因:
    衰减                衰减                 编码失败
    置换                置换                 巩固失败
                        干扰                 干扰
                                             动机性遗忘
                                             提取失败
```

图6.3　三个记忆系统的特点和有关过程　这三个记忆系统在保存信息的内容和数量以及保存时间上各不相同。来源:Peterson & Peterson(1959)。

提取　出现在记忆库中的信息被唤起的过程。

记忆　包含对信息的编码、存储和提取的认知过程。

6.2 感觉记忆有什么特点?

感觉记忆

想象你正在一条城市的街道上开车。你感受到多少单独的信息块？或许你每分钟都在看、听、碰、闻着数百万计的微小信息。但是你能记住它们其中的多少呢？极有可能是非常少的。这是因为，虽然我们看到、听到或是通过其他途径感受到的每件事物几乎都保存在**感觉记忆**(sensory memory)中，每个信息片段却只保留了极短的时间。如图6.3所示，感觉记忆对视觉表象的保留时间只能持续零点几秒，而对声音的保留大约能持续两秒(Crowder，1992；Klatzky，1980)。视觉记忆持续的时间相当于在你眨眼的时间内能够记住你所看到的事物。当某人所讲的最后几个词似乎短时间在你脑子里回响时，你正在体验着听觉记忆。所以，感觉记忆的作用有点像一台过滤器；也就是说，进入这台过滤器的大部分内容很快又流失了。

视觉记忆到底能够保留多少时间呢？用零点几秒的时间浏览下面所给的三行字母，然后闭上你的眼睛。你能回忆起几个字母？

```
X    B    D    F
M    P    Z    G
L    C    N    H
```

在它们短暂呈现之后，大多数人只能正确地回忆起3～5个字母。这是否表明视觉记忆每次只能保存3～5个字母？为了找出答案，研究者乔治·斯柏林(George Sperling，1960)给被试短暂呈现如上所示的12个字母。在结束呈现字母的同时，他用高音、中音和

◀感觉记忆能够将视觉表象保存下来，例如闪电，并维持零点几秒的时间——久到正好你能察觉到气流运动。

感觉记忆　信息保留时间为零点几秒到两秒不等的记忆系统。

低音三种音调提示被试分别只报告第一行、中间行和底行的字母。在他们听到声音之前，被试不知道需要报告哪行字母。斯柏林还发现，当被试有15/1 000秒到1/2秒的时间看这几行字母时，他们几乎每次都能够100%准确地报告任意一行的所有字母。但是这些内容从感觉记忆中消退得非常快，以至于在开始报告3~4个字母的时候，其他的8~9个已经被遗忘了。

6.3 短时记忆中的信息会发生怎样的变化？
短时记忆

你也许在想，如果几乎每件事物都从感觉记忆中流失了，我们究竟是怎样记住事情的？幸运的是，我们自身参与其中的能力允许我们抓住一些感觉信息并将它们输送到下一个过程，**短时记忆**(short-term memory，STM)。无论你此刻正在想着什么，它们都存在于你的短时记忆里（见图6.3）。与实际上保存着精密感觉刺激的感觉记忆不同，短时记忆通常根据声音对信息进行编码。比如，T这个字母是根据"tee"的发音来编码的，而不是T本身的形状。

容量。 短时记忆的容量非常有限——一次大约只能保存7(±2)个不同的项目或者信息块。对记忆电话号码和普通的邮政编码来说刚刚足够（九位邮政编码用尽了大多数人短时记忆的容量）。当短时记忆的容量被用完，置换就会发生。在**置换**(displacement)中，每个新进入的项目会取代一个现存的、之后被遗忘的项目。想象一下当你桌面上的物件太密集时会发生什么。物件开始"消失"在其他物件之下，有些物件甚至从桌子上掉到了地上。所以，你可以通过这一原理来记住短时记忆在记忆系统里是个容量有限的成分：桌子的尺寸是有限的，桌面物件密集的时候会导致你丢东西，短时记忆也是一样的道理。

克服短时记忆容量限制的一个方法是采用由乔治·A.米勒(1956)，一位记忆研究的先驱提出的叫作**组块**(chunking)的方法——将单一的信息点组织或聚集成更大的单位，或是组块。一个组块就是一个容易辨别的单位，像是一个音节、词语、首字母或是一个数字(Cowan, 1988)。例如九位数 5 2 9 7 3 1 3 2 5 可以被分成三个更容易记忆的组块，529 73 1325（注意到这是美国的社会保险号码）。

在任何时候你进行的信息组块都建立在存储于长时记忆中的知识基础之上，换句话说，通过将信息与某些意义进行联系，短时记忆的有效容量增加了(Lustig & Hasher, 2002)。因此，组块对于记忆大量信息和记忆电话号码等类似的项目都有用。举例来说，这本教材里的标题、副标题和旁注问题帮助你把信息分类成可以操作的组块。这样，如果

短时记忆(STM) 根据声音进行编码，30秒以内不进行复述还能保存7(5~9)个左右项目的记忆系统，也可称为工作记忆。

置换 发生在短时记忆的容量被用完时，每个新进入的项目取代一个现存的项目，之前的项目因此被遗忘。

组块 将信息点组织或聚集成更大的单位，使其更加便于记忆的一种记忆策略。

你利用这些要素作为你组织笔记的思路和回忆信息的线索,在考试复习时你将会记得更多来自各个章节的内容。

持续时间。短时记忆里的项目会在 30 秒以内丢失,除非你一遍又一遍地重复它。这个过程被称为**复述**(rehearsal)。但是复述很容易被中断。事实上,它脆弱到一次中断会使信息在几秒之内丢失。应激情况下的干扰尤其可能中断短时记忆。而且,生存威胁确实会影响短时记忆。依据研究者所做的实验,他们在小鼠正在完成短时记忆任务的实验里将狐狸,即令人恐惧的捕食者的气味送入时,小鼠的完成质量骤然下降(Morrison et al., 2002; Morrow et al., 2000)。

如果复述被阻碍,那么短时记忆会持续多久呢?在一系列早期研究中,向被试短暂呈现三个辅音字母(例如 H, G 和 L),然后要求被试从一串给定的数字里三个三个往回数(738,735,732 等)(Peterson & Peterson, 1959)。在时间间隔持续了 3～18 秒之后,被试得到指示,停止数数并回忆之前的三个字母。随着 9 秒的延迟时间,被试平均只能回忆起其中的 1 个字母。在 18 秒之后,被试实际没有任何回忆。一个 18 秒的干扰完全将这三个字母从短时记忆里抹去了。

◀假设与这个司机讲话的人正在给她指引方向。正如你所看到的,这个司机无法写下实际的方向,而她的短时记忆在努力周旋于开车和打电话这两种任务的同时也在理解并记住实际的方向。如果你曾经身处这种情景,你大概也经历了这艰难的步骤——由于短时记忆的容量有限,你在至少一项任务中的表现会受到影响。

短时记忆和工作记忆。艾伦·巴德利(Allan Baddeley, 1998)提出,短时记忆是更广泛的暂时存储结构的组件和一个如同**工作记忆**(working memory)的过程。简单地说,工作记忆就是你在理解、记忆或者使用信息去解决一个问题或者与他人交流时的一个记忆子过程。巴德利认为,短时记忆更多是以语言为基础。因此,当短时记忆在参与言语信息加工时,会把另外形式的信息(如视觉信息)暂时存储到工作记忆的其他组件中。研究表明,当我们使用工作记忆时,前额叶皮层会被激活。

因此,工作记忆到底怎样运作?其中最重要的一种工作记忆过程就是记忆策略的应

复述 有目的地重复背诵信息,将其维持在短时记忆里的行为。

工作记忆 理解、记忆或者使用信息来解决问题或者与他人交流时的记忆子过程。

用,比如组块。使用记忆策略指适当的操纵信息使它更便于记忆。我们使用一些记忆策略大部分是无意识的和自然的,但是有一些则需要更多的努力。举个例子,有时候我们会一遍又一遍地重复信息直到我们能轻松地回忆它。(还记得在小学记乘法表吗?)这种策略,有时候叫作**保持性复述**(maintenance rehearsal),在记忆电话号码、车牌号码、乘法表时发挥了重要的作用,特别是结合组块运用时效果更好。然而,这并不是记忆更多复杂信息的最好方法,比如教科书中的一些知识。对于这种信息,最好的的记忆策略是将新的信息与你已知的信息联系起来,这一策略被称为**精细复述**(elaborative rehearsal)。

精细复述是如何工作的呢?举一个简单的例子。假设你正在上一堂法语课,要学一个单词 *escaliers*(楼梯),在英语中是 *stairs*。你可能通过联想到英语单词 *escalator*(自动扶梯)来记住 *escaliers* 的意思。191 页上的**应用**中关于精细记忆策略的其他信息可能对你有所帮助。

工作记忆中的加工层次。保持性复述和精细复述在记忆研究者费格斯·克雷克和罗伯特·洛克哈特(Craik & Lockhart, 1972)的记忆加工层次模型(Baddeley, 1998)中被首次描述。他们的模型提出,保持性复述涉及浅层次的加工(根据信息的表面特征进行编码,比如一个单词的读音),而精细复述则涉及深层次的加工(根据信息的意义进行编码)。他们假定经深层次加工的信息更有可能得到长期的保留。

加工层次假说在克雷克和托尔文(Craik & Tulving, 1975)的经典研究中进行测试。研究要求被试在涉及几个单词的问题中回答是与否。然后这些单词以 1/5 秒的速度迅速向他们呈现。参与者必须通过三种方式加工这些单词:(1)视觉(单词是大写字母吗?);(2)听觉(单次是否与另一个特殊单词谐音?);(3)语义(这个单词在一个特定的句子中是否有意义?)。因此,第一个问题要求浅层次加工,第二个问题要求更深层加工,第三个问题也要求更深层次的加工。后来的记忆保持测试显示,加工层次越深,记忆的准确性越高。

6.4 长时记忆的子系统中储存了哪种信息?
长时记忆

接下来会发生什么?如果信息在短时记忆中被有效地加工,那么它将进入长时记忆。**长时记忆**(long-term memory, LTM)是储存永久或相对永久记忆的巨大仓库(参考图 6.3)。这一记忆系统的存储容量没有已知的限制,而且长时记忆能持续几年,有些甚至是终生。

> **保持性复述**　重复短时记忆中的信息直到不再需要重复,最后信息可能会进入长时记忆。
>
> **精细复述**　将新的信息与已知的信息联系起来,使新信息更便于记忆的一种记忆策略。
>
> **长时记忆(LTM)**　储存永久或相对永久记忆的记忆系统,这一记忆系统的存储容量没有已知的限制。

长时记忆中的信息通常以语义形式被储存,尽管也会以视觉图像、声音和气味的形式被储存。记忆研究者经常把长时记忆分为两个子系统,陈述性记忆和非陈述性记忆(见图6.5)。

应用——利用记忆术来增强记忆

做笔记、列表、排日程表,或者把事情记在预约簿上通常比依靠记忆更为可靠和精确(Intons-Peterson & Fournier, 1986)。但是如果你在一些不可预测的时候需要信息而又没有任何方便的外部辅助时该怎么办呢?一些记忆术,或者记忆设备已经能够用来帮助记忆(Bower, 1973; Higbee, 1977; Roediger, 1980)。

押韵

押韵是记忆的一种普遍的辅助,否则材料可能会很难回忆。也许当你是一个孩子的时候,你在尝试拼写一个包含元音组合的单词之前,要学会背诵"i在e前,除非c在e前"。

地点法

地点法是当你想要记住食品单等一系列条目时,或者当你在演讲或做班级报告并需要不借助笔记提出自己观点时采用的一种记忆术。单词 *loci*(发音"LOH-sye")是 *locus* 的复数形式,意为方位或地点。

图6.4显示了如何使用地点法。选择任意一个你熟悉的地方——举个例子,你的家——简单地记住方位和它的关联项目并以有序的方式进行。举个例子,你第一个想要记住的项目的位置在车道上,第二个在车库里,第三个在前门,以此类推,直到把你想要记住的每个项目都找到它特定的方位。你可能会发现,很容易就能回忆起你在每个地方存放的超大图片项目。当你想要回忆这些项目时,第一个项目就会不假思索地进入你的头脑。当你想起第二个地方,第二个项目就会随之而来,以此类推。

图6.4 地点法 按顺序想象你家的各个地点,然后通过视觉记住与每个地点对应的一样事物。

首字母法

另一种有用的记忆术就是记住每一个项目的第一个字母然后用这些字母形成一个单词、词组或者句子(Matlin, 1989)。举个例子,假设你要按顺序记住以下可见光谱的七种颜色:

红色(Red)

橙色(Orange)

黄色(Yellow)

绿色(Green)

蓝色(Blue)

靛蓝色(Indigo)

紫罗兰色(Violet)

通过记住每种颜色的第一个字母,你能更为轻松地完成任务。每种颜色的首字母可以形成一个名字 Roy G. Biv。三个组块相比七个不同的项目更容易记忆。

📖 观看关于记忆术的视频 www.mypsychlab.com

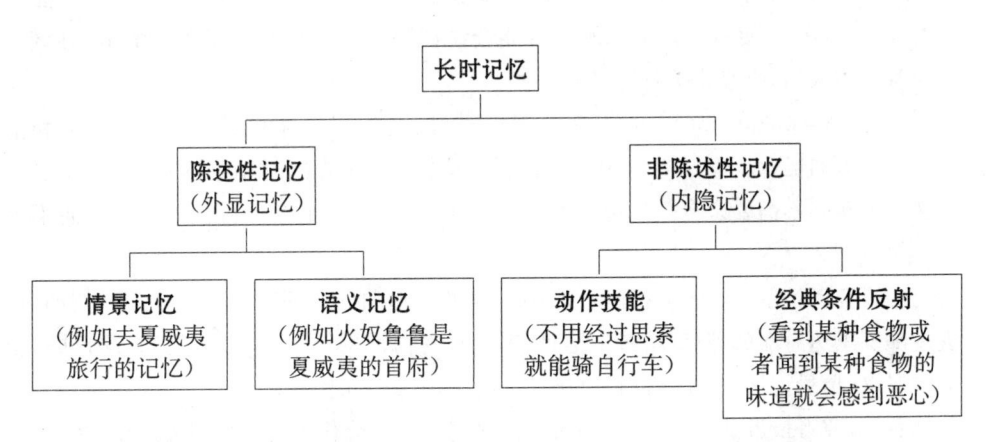

```
                        长时记忆
                    ┌──────┴──────┐
               陈述性记忆          非陈述性记忆
              (外显记忆)          (内隐记忆)
              ┌────┴────┐         ┌────┴────┐
           情景记忆   语义记忆    动作技能   经典条件反射
          (例如去夏威夷 (例如火奴鲁鲁是 (不用经过思索  (看到某种食物或
           旅行的记忆)  夏威夷的首府) 就能骑自行车)  者闻到某种食物的
                                              味道就会感到恶心)
```

图 6.5 长时记忆的子系统 陈述性记忆分为两个子系统:情景记忆和语义记忆。情景记忆储存个人经历的事件。语义记忆储存事实和信息。非陈述性记忆由通过反复实践得来的动作技能和经典条件反射构成。

陈述性记忆。记忆系统储存事实、信息以及个人的生活事件,它们可以通过口语或者以图像的形式回到意识中,通过**陈述性记忆**(declarative memory)表达出来。长时记忆的子系统保留那些我们刻意和有意识回想的信息。此外,陈述性记忆可以以口头的形式表达出来。换句话说,你可以轻松地把它们组织成文字然后转述给另一个人。陈述性记忆有两种形式:情景记忆和语义记忆。

> **陈述性记忆** 长时记忆的一个子系统,储存事实、信息以及个人的生活事件,可以通过口语或者以图像的形式进入意识中,通过陈述性记忆表达出来,也叫外显记忆。

◀ 陈述性记忆涉及事实、信息以及日常生活，例如一次去国外的旅行。非陈述性记忆包含动作技能，例如，专业高尔夫球手老虎伍兹。这些动作一旦习得，使用时只需少量的意识参与，甚至无须意识的参与。

情景记忆（episodic memory）（也称外显记忆）是一种陈述性记忆，它可以记录个体经历过的事件（Wheeler et al., 1997）。这有点像精神日记，记录一段生活中的情节——你知道的人，你看见过的地方以及你的经历。根据加拿大心理学家托尔文（1989）的观点，"情景记忆能够让人们进行时间旅行，使他们意识到曾经目睹过或参加过的、很久以前发生的事件"（p.362）。使用情景记忆的人可能会说："我记得去年春天我在佛罗里达度假，躺在沙滩上晒太阳，听浪花拍打海岸的声音。"

语义记忆（semantic memory）是另一种陈述性记忆，它保存常识或者主观事实和信息。当一个人回忆佛罗里达的东边是大西洋，西边是墨西哥湾时用到的就是语义记忆。了解这些事实并不需要亲自去过佛罗里达。因此，语义记忆更像百科全书或字典而不仅仅是个人日记。

记忆研究者托尔文（1995）指出，这两种形式的陈述性记忆不会单独起作用。例如，你对去过佛罗里达海滩的记忆（情景记忆）依赖于你对海滩的认识（语义记忆）。同样的，亲身去过那里（情景记忆）毫无疑问可以增加你的常识（语义记忆）。

然而，研究者最近证明，那些长期语义记忆遭受过部分伤害的人仍然可以使用情景记忆来进行学习和回忆（Graham et al., 2000）。患有"语义性痴呆"的人在语义记忆测试中表现较差，像给图片命名，举一般例子（例如，家庭日用品），给词语、图片划分到特定的类别中（例如，生活与非生活的东西）等。但是他们的情景记忆基本不受影响（Hodges et al., 1995；Snowden et al., 1996）。尽管情景记忆和语义记忆相互联系，情景记忆储存感知觉信息无须取决于语义记忆或者语义记忆的直接帮助（Graham et al., 2000）。

非陈述性记忆。 非陈述性记忆（nondeclarative memory）（也称内隐记忆）是长期记忆

情景记忆 陈述性记忆的一种，记录个体经历过的事件。
语义记忆 陈述性记忆的一种，保存常识或主观事实和信息。
非陈述性记忆 长时记忆子系统的一种，能储存动作技能、习惯和简单的经典条件反射，也称作内隐记忆。

子系统之一,它储存动作技能和经典条件反射(Squire et al., 1993)。与陈述性记忆相反,非陈述性记忆很难用语言表达。例如,想象试着仅靠口头讲解教一个人骑自行车。不论你把过程描述得多好,那个人也不可能仅仅通过听你的描述学会怎样骑自行车。迟早有一天,你不得不去展示你的身体技能,你的学生会去模仿你。最后,她不得不靠自己找到骑车时保持平衡的感觉。同样地,回忆第5章的内容,经典条件反射是对环境刺激作出的反应。就其本身而言,人与人之间通过言语交流建立经典条件反射是不可能的。

与非陈述性或者内隐联系在一起,记忆是一种叫作**启动**(priming)的现象,通过这一现象,先前接受的刺激(例如一个词语或一张图片)能够提高之后命名该刺激或相关刺激的速度或准确度。这种改善体现在个体无意识辨认出先前看到或听到过的刺激物。例如,研究者可能在电脑屏幕上快速闪过"大象"这个单词,因为如此简单以至于没有被观察者有意识地察觉到。但是如果最后需要尽可能多地说出动物名字时,观察者很有可能会把"大象"也列入其中(Challis, 1996)。

▶你听说过你从来不会忘记怎么骑自行车这种说法吗?这是正确的,因为像这种要花费很多时间的内隐记忆,一旦习得,几乎就不会被遗忘。

记一记——人类记忆的结构

1. 把信息转化成你能储存在脑海里的形式是_____的过程;回忆已经储存在你脑

启动 先前接受的刺激(例如一个词语或一张图片)能够提高之后命名该刺激或相关刺激的速度或准确度的现象。

海里的信息是_____的过程。

2. 将下面的记忆系统与最能描述它的容量和信息保存时间的描述相匹配。

_____（1）感觉记忆　　　　　　a. 几乎没有容量的限制；保持时间长

_____（2）短时记忆　　　　　　b. 有很大的容量；保持时间短

_____（3）长时记忆　　　　　　c. 容量很有限；保持时间短

3. 陈述性记忆包括能被转化成_____形式的信息。

4. 你骑自行车时使用的信息被储存在_____记忆里。

答案：1.编码　提取　2.(1) b　(2) c　(3) a　3.言语　4.非陈述性

记忆的本质

你需要花多少时间辨认出一个人但不需要回忆出他/她的名字？或者你可能尝试回忆一个电话号码而只能够记住前几个和后几个数字。造成这种外在记忆失效的过程表现为两种不同的管理记忆的原则。

6.5　心理学家运用哪三种方法来测量记忆？

记忆任务的三种类型

根据自己的经历你会发现，回忆之前看到和听到的信息总会比辨认出之前看到过或听到过的事物来得困难。大量的记忆研究集中于了解这两个过程的差异。研究人员还得出，再次阅读信息或者再学习的方式能够影响记忆的效果。

回忆。 你的论述题做得好吗？大多数学生更倾向于其他形式的测试。因为论述题通常会要求应试者回忆大量的信息。在**回忆**（recall）的过程中，应试者必须通过搜索记忆中的信息来得到需要的信息。试着去记起一个人的姓名、一件商品、一张购物清单，或者是一次演讲、一首诗都是需要回忆的任务。下列问题中你认为哪一个更困难？

三个基本的回忆过程是？

下列回忆过程中哪一个不属于三个基本的回忆过程？

a. 编码　　　　b. 储存　　　　c. 提取　　　　d. 再学习

大多数人会认为第二个问题更容易解答，因为它仅仅要求再认，而第一个要求的是回忆。

如果能够提供推进记忆的线索，那么完成一项记忆任务就会变得容易得多。**提取线索**（retrieval cue）指能够帮助你提取一段特定记忆的某种刺激或是信息单位。想一想你会如何回答下面的测试题目：

四个基本的回忆过程是？

> **回忆**　必须通过搜索记忆中的信息来得到需要的信息的记忆任务。
>
> **提取线索**　有助于提取特定记忆的某种刺激或是信息单位。

四个回忆过程包括:e_____, s_____, c_____ and r_____.
两个题目都要求你回忆一些信息,然而大多数学生会认为第二个题目更容易回答,因为它包含四条提取线索。

有时候需要系列回忆。这就是说,信息必须以某种具体的顺序被回忆。这就是你学习字母表、背诵诗歌、学习某种需要以特定顺序呈现的事件时所使用的方式。系列回忆通常比自由回忆或者按任意顺序的回忆容易得多。在系列回忆中,一个标题、一个字,或是一个任务都可能在接下来作为一条线索出现。确实,研究证明,在回忆任务中,顺序联想会比有意义的联想更能抵抗干扰。

即使你被提供了许多提取线索,仍然有可能在记忆任务上失败。但这不一定表明信息没有进入长时记忆。如果你能进行再认,就有可能完成这次回忆。

再认。再认(recognition)正如字面意思。个体能够很容易地通过熟悉的印象辨认出另一个人——一张脸、一个名字、一种口味、一段旋律等。各种选择、连线、判断的问题是以再认为基础的测试项目的范例。回忆和再认最大的不同之处在于再认不需要你去提供信息,只需要在你看到它的时候将它辨认出来。在再认任务中,正确答案会与其他答案一同出现。

最近,脑成像研究已经发现,海马体在再认等记忆任务中扮演着重要的角色,它的活动程度取决于任务的本质。当任务是辨别熟悉的面孔时,广泛的大脑活动在两个半球同时发生,主要涉及前额叶和颞叶,包括海马体和海马体附近的区域。当面对最近才被编

▶你是否更擅长记住面孔而不是名字呢?这是为什么呢?因为任务涉及的是再认而不是回忆。你必须要回忆名字,而针对面孔,只需要进行再认。

再认 确认事物是否熟悉或之前是否遇到过的记忆任务。

码的面孔或第一次见到的面孔时,大脑活动不那么广泛(Henson et al.,2002)。在对海马体区域受到损伤的猴子的研究中发现,这一区域对正常完成再认任务是十分关键的(Teng et al.,2000;Zola et al.,2000)。

再学习。有一种更为敏感的方法去测试记忆,就是**再学习法**(relearning method),在这种方法中,记忆力表示再学习与初次学习相比省时间的百分比。假定你花费了 40 分钟去记忆一张单词表,一个月后用回忆或者再认的方法进行测试。如果你无法回忆或者再认某一个单词,这是否意味着你对表中的单词完全没有记忆了呢?或者这是否意味着使用回忆和再认任务去测试你曾经储存过的信息不够敏感呢?那么研究者如何测试之前学习的痕迹呢?使用这种再学习的方法,研究者可以计算你再次学习这张单词表所花的时间。如果你花了 20 分钟再次学习这张单词表,这就表示与最初学习所用的 40 分钟相比,节省了一半时间。时间节省的百分比——**节省分数**(savings score)——反映了保存在长时记忆里的材料数量。

大学生每学期的期末复习都展示出了再学习法。为了期末考试,再次学习材料会比初次学习材料节约时间。

6.6 当必须按照特定顺序回忆信息时会发生什么?

系列位置效应

如果在一个派对上,你被介绍给十几人,那会发生什么?你最多能够回忆起前几个你见过的人和最后一两个人的名字,而忘记大多数中间的人的名字。这需要归因于**系列位置效应**(serial position effect)——如果按某种顺序记忆信息,那么回忆最初和最后的项目的效果比回忆中间项目的效果好。

开头的信息服从**首因效应**(primacy effect)——回忆开头的几个项目比回忆中间几个项目更容易的倾向。这是因为开头的信息已经被储存在长时记忆里。最后的信息服从**近因效应**(recency effect)——回忆最后几个项目比回忆中间几个项目更容易的倾向。这是因为最后的信息仍在短时记忆中。回忆中间的信息较为困难是因为信息既不在短时记忆里也未储存在长时记忆里。系列位置效应强有力地证明了短时记忆和长时记忆是两个独立的系统(Postman & Phillips,1965)。

再学习法 测量记忆的一种方法,用再学习与初次学习相比节省时间的百分比来表示记忆力。

节省分数 再学习与初次学习相比节省时间的百分比。

系列位置效应 如果按某种顺序记忆信息,那么回忆最初和最后的项目的效果比回忆中间项目的效果好。

首因效应 回忆一段材料开头的几个项目比回忆中间几个项目更容易。

近因效应 回忆一段材料最后几个项目比回忆中间几个项目更容易。

📖 模拟系列位置曲线 www.mypsychlab.com

6.7 环境条件和情感状态如何影响记忆？
情境和记忆

你曾经遇到过这种情况吗？你想到卧室拿点东西，等来到了卧室却忘了要拿什么。当你再次回到卧室时，你会想起需要拿的东西吗？托尔文和汤普森(1973)提出，一个人在学习信息时，许多物理环境因素也会随着信息被编码，然后成为记忆中的一部分。如果一部分或者全部的情景被复原，它就可以作为一个提取线索。这就是为什么重新回到卧室能引出记忆的目标即你原打算在卧室拿的东西。实际上，想象自己回到卧室也可能获得成功(Smith et al., 1978)。（提示：下次当你考试的时候回忆某些知识有困难时，尝试想象自己身处学习的场所。）

古德恩和巴德利(Godden & Baddeley, 1975)针对一个大学潜水俱乐部的成员们进行了一项关于环境和记忆的早期研究。被试被要求在不同的环境（陆地上或10英尺深的水下）下记忆同一张单词表，然后在相同的环境下和不同的环境下回忆单词。研究显示，在水下学习的被试在水下回忆的效果最好，在陆地上学习的被试在陆地上回忆的效果最好（见图6.6）。

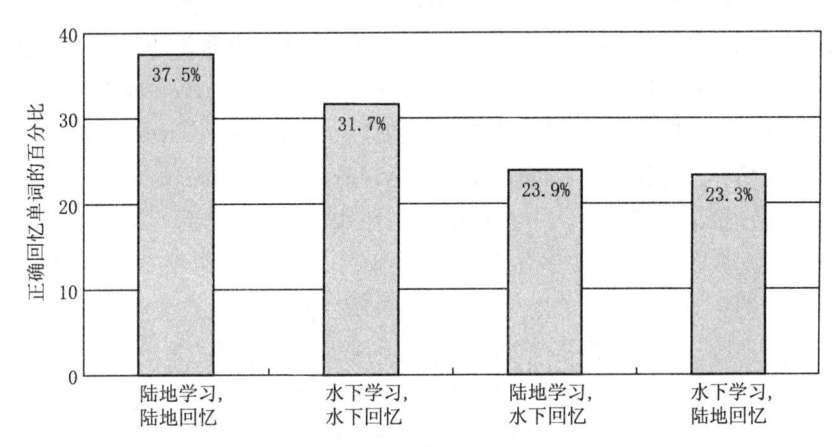

正确回忆单词的百分比

陆地学习，陆地回忆	水下学习，水下回忆	陆地学习，水下回忆	水下学习，陆地回忆
37.5%	31.7%	23.9%	23.3%

图 6.6 情境依赖记忆 古德恩和巴德利呈现了在回忆中，环境的重要影响。潜水员不管在水下还是在陆地上学习单词，在相同情景下回忆单词的效果最好。来源：Godden & Baddeley(1975)。

在一项最近的关于情境依赖记忆的研究中，被试观看录像带然后测试关于录像带的记忆，测试在两天中以两次访谈的形式进行。对所有被试来说，记忆情境全部相同。只有一个例外，一半的被试被不同的考官询问，而另一半的被试在两次访谈中都是同一个考官（相同的内容）。正如你所料想的，在这项记忆任务中，两次都被同一个考官询问的被试会比另一些被试表现得更好(Bjorklund et al., 2000)。

气味也可以在记忆方面提供有力并且持久的提取线索。在摩根(Morgan, 1996)的一项经典研究中，被试被安排在孤立的小房间里，接触一张列有40个单词的单词表。同时，他们需要闻各种不同的味道。他们被要求利用这些单词完成一项认知任务,但是不需要记住单词。五天后回到这个小房间里,被试在不知情的情况下被要求回忆这40个单词。研究发现,那些在学习时和测试时都一直闻让人愉悦的气味的被试能记起的词语远多于其他被试。

当人们身处与信息编码时相同的情绪状态时,回忆的效果更好。心理学家将这种情况称为**状态依赖记忆效应**(state-dependent memory effect)。比如,当研究者让大学生们在他们记单词时接触蜘蛛或蛇(也许是一个让焦虑感增加的经历)。如果这些生物在测试时也出现,那么这些学生回忆起的单词也就越多(Lang et al., 2001)。而一个人的情绪状态质量对记忆进程也有一定的影响。举个例子,抑郁症患者更倾向于回忆不愉快的刺激(Hamilton & Gotlib, 2008)。除此之外,针对48项研究的元分析揭露了抑郁症和记忆损伤之间有十分重要的关系。同时,年轻患者的回忆和再认功能相比老年患者更容易受到损伤(Burt et al., 1995)。但是,随着抑郁症的加重,消极回忆和相关记忆损伤的趋势反而会逆转。

6.8 "记忆本质上可以重建"这句话的含义是什么?
记忆重建

维尔德·彭菲尔德,一名加拿大籍神经外科医生,声称所有的经历在脑子里都会留下永久的记录(Penfield, 1969)。然而,研究显示,记忆研究先驱弗雷德里克·巴特利特的观点可能更接近事实。巴特利特宣称,记忆是一个**重建**(reconstruction)过程——一个由一些花絮拼凑起来的账户,包括精确或不精确的信息(Loftus & Loftus, 1980)。

图式和记忆。巴特利特认为,重建记忆的过程受到**图式**(schemas)的影响,即对人、事物以及事件的设想和知识框架。在很多情况下,图式对记忆有帮助,因为它们为加工大量新信息提供了框架。比如,假设你在读了标题"狗救了一个溺水男孩"之后,你希望这个故事能包含怎样的事实呢?你可能期待读到这件事发生的地点,也许发生在一个海滩,又或者发生在邻居的游泳池里。但是你可能不想读到发生在浴缸里的关于救狗的故事。为什么呢?因为图式建立在平均情境上。溺水事件通常发生在人们游泳的地方。因此由标题引起的图式通常会引导你默认这件事最可能发生的地方。

当然,图式也会导致记忆不准确。巴特利特也对这一现象进行了研究。他向被试呈现故事和画作,然后在不同的时间间隔之后,让这些被试再现最原始的材料。研究结果显示,精确的报告很少。被试更倾向于重建这些材料而不是准确地记住它们。他们改编了

状态依赖记忆效应 当人们身处与信息编码时相同的药理或心理状态时,回忆的效果更好。

重建 记忆中的事件由一些花絮拼凑起来,包括精确或不精确的信息。

图式 综合的知识框架和对人、事物以及事件的设想,能够影响人们对信息的编码和回忆。

这个故事，让故事更短，与他们的个人观点更加一致。他们将故事里令人困惑的特征改编成符合他们自己想法的样子，并经常改编细节，用更熟悉的事或物来代替。记忆的错误点随着时间增加而增加。巴特利特的被试并未意识到他们只是记住了部分信息，另一部分是经过他们改造的。讽刺的是，那些被试创造的部分往往是他们坚决声称的已经记住的部分(Bartlett，1932)。

▶当人们回忆一件事时，事实上是对精确或不精确的信息单位进行了拼凑和重组，比如对一场车祸的回忆。

巴特利特总结，人们会系统地扭曲事实和经历的环境。已经存在于长时记忆里的信息对人们记住新信息和经历发挥了十分重要的作用。正如巴特利特(1932)所说，过去正在持续地被重建，以符合现在的情况(p.309)。

模拟你对故事的记忆能力 www.mypsychlab.com

记忆扭曲。 当人们重建记忆时，他们并不会有目的地去扭曲真实经历，除非他们故意说谎。但是人们极有可能遗漏一些实际上发生了的细节，然后从他们的图式里提取其他细节。这种针对事实的系统性扭曲已经被多次证实。事实上，这章开头的事例向你展示了创造一段扭曲的记忆是一件多么简单的事情，就像一张单词表一样。

这种扭曲事实的倾向让这个世界更加容易被理解，并且使人们能够组织经历到他们已有的信仰和期望系统里。但是这种倾向常常会导致人们的记忆出现明显的错误。研究显示，自传记忆特别服从于这样一种重建方式，即愉快的记忆比起不愉快的记忆更能被记住，而那些不愉快的记忆随着时间的流逝往往会变成愉快的记忆。研究者将这种扭曲称为正偏差(Wood & Conway，2006)。一项关于大学生回忆他们高中成绩的研究证实了这项偏差。几乎所有的学生都准确地记住了他们所拿到的 A，而只有 29% 的人记住了他们拿到的 D(Bahrick et al.，1996)。

出乎意料的是，研究显示，有关人生中可怕经历的记忆也会受到正偏差的影响。在 20 世纪 80 年代进行的一些研究中，研究者将大屠杀中的幸存者关于他们在纳粹集中营中的记忆与第二次世界大战(1939—1945)期间或者之后某些战争犯罪调查者的报告进行比较。在一项个例中,一个人在20世纪40年代说他亲眼看到一个囚犯被集中营的守卫溺死。然而到了20世纪80年代,他却说这样的事情从来没发生过,甚至否认他给出的先前那份报告(Baddeley, 1998)。为什么我们的记忆服从于这种正偏差呢？研究者推测,这种正偏差对当前良好情绪状态的管理十分重要(Kennedy, Mather, & Carstensen, 2004)。换句话说,我们当前对情绪安定的需要使我们选择性地加工我们记忆的图式。然而,重要的是,脑成像研究也显示,用来加工和储存信息并连接杏仁核和大脑的神经连接会随着人们年龄的增加而发生显著的改变(St. Jacques, Dolcox, & Cabeza, 2009)。因此,这种和年龄相关的生理改变可能更多地导致与年龄有关的记忆情感特征的转变而不是人们生理需要的转变。

记一记——记忆的本质

1. 将每一个任务与相应的记忆测量方法相匹配。
   _____ (1) 在一组人中找出嫌疑犯　　　　　　　　　　a. 再认
   _____ (2) 做填空题　　　　　　　　　　　　　　　　b. 再学习
   _____ (3) 相比前面的考试,期末考试需要学习的较少　c. 回忆
   _____ (4) 回答连线题或多选题
   _____ (5) 重复剧中人的台词

2. 当儿童学习字母表时,他们先能够复述"A, B, C, D,..."和"..., W, X, Y, Z",而不是中间的字母,这是因为_____。

3. 当个体在获得信息时意识的药理状态改变或者经历某种特殊的情绪,就会发生_____。

4. 当个体使用_____来加工信息时,编码和提取会受到影响。

答案:1. (1) a　(2) c　(3) b　(4) a　(5) c　2. 系列位置效应　3. 状态依赖记忆效应　4. 图式

日常生活中的记忆

目前为止,你在这一章中所学到的知识都基于实验室研究,一些研究为心理学家提供了关于记忆的重要信息,然而,他们尚未了解人类记忆真实的复杂性(Roediger, 2008)。所以,一些研究者在实验室之外寻找日常背景下记忆的运作方式,例如当我们遭遇可怕的情绪体验时。研究者也检测了当我们面对那些不同于自己文化传统的信息时的记忆功能。其他研究者,包括那些研究目击者证词的人,曾经利用实验去验证人类记忆的误差有时会导致严重的后果,这些后果也能跟随人们相信的已经找回的记忆一起到来,事实上他们已经产生了一段错误记忆。

6.9 心理学研究如何解释闪光灯效应和过目不忘？
闪光灯效应和摄影式记忆

你还记得当你听到2001年"9·11"事件的悲剧后你在哪里并且你当时在做什么吗？大多数人记得，同样地，大多数年龄超过55岁的人宣称对何时何地收到肯尼迪总统遭暗杀这一新闻有着鲜明的记忆。并且他们的父母有着非常清楚的关于1941年12月7日偷袭珍珠港事件的记忆，这标志着美国正式加入第二次世界大战。这种极其生动的记忆叫作**闪光灯记忆**（flashbulb memory）（Bohannon，1988）。布朗和库里克（Brown & Kulik，1977）认为，当人们遇到十分令人惊讶、恐慌、激动的事件时，闪光灯记忆就形成了。当你听闻家庭成员或朋友死亡或者严重受伤的时候，就有可能形成闪光灯记忆。

皮勒莫（Pillemer，1990）认为闪光灯记忆与其他记忆完全不同。相反地，他认为所有记忆的情感、结果（事件结果的重要性）以及叙述（人们后来思考和讨论相关事件的频繁程度）三个维度都是不同的。闪光灯记忆的三个维度级别都高，因此它是极其难忘的一种记忆。

然而，许多研究表明，许多闪光灯记忆并没有像人们想象的那样准确。奈瑟以及哈齐（Neisser & Harsch，1992）向大一新生询问了电视中有关"挑战者"号爆炸的报道以及第二天早上的事情，当问到三年前曾被问及同样问题的学生时，三分之一的学生给出了与当初不同的答案，但是他们却对自己的回忆特别有信心，概括来说，闪光灯记忆的遗忘规律和遗忘方式与别的记忆相同（Curci et al.，2001）。

▶目睹了"9·11"事件的人一定会形成关于这次恐怖袭击的闪光灯记忆，你还记得当你听到这一新闻时你在哪里和在干什么吗？

> **闪光灯记忆** 第一次听闻十分令人惊讶、恐慌、激动的事件时，所形成的一种鲜明的记忆。

通常我们会相信,闪光灯记忆在本质上就是照片,但研究显示,这些记忆包括了一些细微的错误,心理学家认为人们很少能做到过目不忘,甚至一些研究显示,儿童比成人更有可能做到过目不忘。大约有百分之五的儿童能做到过目不忘,这一过程的结果心理学家们称之为**遗觉象**(eidetic imagery)(Haber,1980)。这些孩子可以保留视觉刺激的图像,例如一张照片,几分钟后从眼前拿走时,能够用保留的图像去回答关于视觉刺激的问题。

拥有遗觉象的孩子在长时记忆上的表现不会优于同龄人,事实上,这一类孩子在成人之前就会丧失这一能力。比如伊丽莎白,是一个老师也是一个资深的艺术家,她可以画出一个场景中的任何细节,值得惊奇的是她拥有保留言语视觉表象的能力,"在读过一首外文诗之后的几年,她可以重现诗作的画面,并且从下往上快速地将整首诗默写出来"(Stromeyer,1970,p.77)。

6.10 文化对记忆有什么影响?
记忆和文化

巴特利特(1932)坚信一些伴随着特定的社会背景或文化背景发挥作用的印象深刻的记忆能力不能被完全理解成一个过程。他强调,态度以及回忆的事物通常由社会影响所决定。巴特利特(1932)描述了非洲斯威士人记忆奶牛细微个体差异的惊人能力。巴特利特宣称,一个斯威士牧人可以清晰地记得每个去年他所饲养的牛的细节。但当你得知放牧是斯威士人生活的主题并且他们以此谋生时,就不会对此感到惊讶了。难道斯威士人拥有超强的记忆力? 巴特利特让斯威士人以及欧洲的年轻人回忆一条25个单词构成的信息,结果,斯威士人的表现并不比欧洲人好。

▲在许多传统文化中,年长者通常会口述历史,回忆和传递一些部落的传统和神话以及族谱。

在非洲的许多原住民中,许多部落的历史都通过口口相传保留下来。专家必须去编

遗觉象 几分钟后将视觉刺激从眼前拿走时,能够用保留的图像去回答关于视觉刺激的问题的一种保留视觉刺激图像的能力。

码、存储和提取这些数量庞大的历史数据(D'Azevedo, 1982)。据说年长的新几内亚人民有义务记住部落的子系,许多年以前也是这样(Bateson, 1982)。年长者关于亲属关系模式的正确记忆常被用来解决财富争端(Mistry & Rogoff, 1994)。

芭芭拉·罗杰夫,一位文化心理学的专家,认为文化背景是这些惊人记忆能力的最好解释(Rogoff & Mistry, 1985)。年长的部落人能够形成深刻的记忆,因为这是他们所处的文化背景中关键而又重要的部分。他们记忆无意义信息的能力很可能并不比我们好。

一项针对印度某一部落原住民的记忆研究中,不使用人工照明提供了文化对记忆的影响的更深入的信息(Mishra & Singh, 1992)。研究者们假设被试对地点的记忆要优于对词组的记忆。因为在没有人工照明的情况下,他们得记得东西在哪里,目的是在黑暗中移动时不会撞到东西。当测试完成后,结果支持了这一假设,地点的记忆要优于词组的记忆。

在经典的研究中,认知心理学家也同样发现,人们更容易记住以自己的文化为背景的故事,他们更容易从图片中辨认出他们自己部落的人(Corenblum & Calker, 1982)。研究者为被试随机安排了两个不同结果的故事版本。在一个版本中,女孩在得到物理治疗后恢复健康,而另一个版本是当地的医生被找来帮助女孩。结果显示,原住民回忆第二个版本的结果较为精确,而美国女性回忆第一个版本的效果更好。大致的说,这样的结果反映了以文化为基础的图式的影响。原住民被试期待故事符合自己的图式,这样更加便于理解和记忆,而西方的被试则相反。

文化也同时影响着自传记忆,西方人民一般更加重视个人而不是整个社会,更加关注记忆事件中感性的一面。相比之下,社会导向文化不那么强调情感,比如能够摧毁关系的愤怒情绪(Fivush & Nelson)。

6.11 在什么情况下,目击证词的可信度会降低?
目击证词

1939 年,美国的司法部门准备了美国第一套有关目击证据收集的指南(Wells et al., 2000)。对证词不准确性的研究强调了这一指南的必要性(Loftus, 1993a, 2003; Villegas et al., 2005)。根据其中一位主要研究者伊丽莎白·罗夫特斯的说法,人类记忆的重建本质显示了目击证词在很大程度上会出现错误,这需要时刻注意。

幸运的是,目击者的失误可以最小化。目击者需要从几个人中指认出犯罪嫌疑人。如果在见这几个人之前先让目击者看他们的照片,就比较容易出现错误,因为那些人看起来都很像。研究建议,目击者最好先进行对嫌疑人的描述,再根据描述来匹配,而不是一开始就对照片进行辨认(Pryke et al., 2000)。

嫌疑人阵容的组成也十分重要,其他人无论在年龄、身材还是种族方面都和罪犯很像。即使那样,如果阵容中没有罪犯,目击者仍会选出与罪犯最像的人(Gonzalez et al., 1993)。如果使用顺序阵容,目击者就不那么容易出错。顺序阵容就是阵容中的人一个接着一个被审查而不是同时出现(Loftus, 1993a)。一些警察和研究者希望目击者一次只见一名成员并且确定他们是否是罪犯,但这也增加了错误的风险(Dekle,2006;Wells,1993)。

当指认与自己不同种族的人时,目击者更容易出现错误(Brigham,Bennett,Meissner,& Mitchell,2007)。根据艾吉斯(Egeth,1993)的说法,指认不同种族罪犯的错误率要比指认同种族罪犯的错误率高出大约15%。错误鉴定在某种程度上更可能发生于指认使用武器的罪犯时。目击者可能更加关注武器而不是罪犯的生理特征(Steblay,1992)。

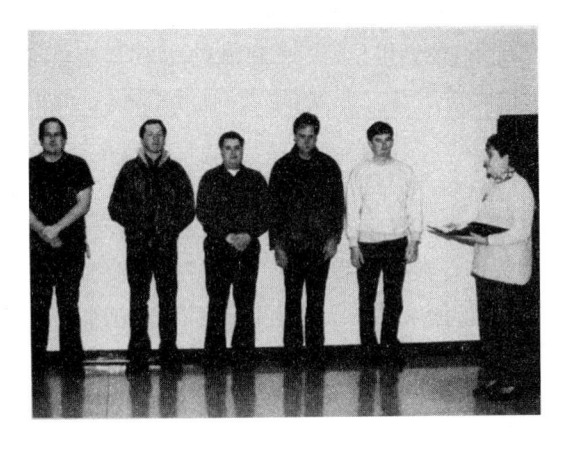

◀嫌疑人阵容要符合以下建议:阵容中的人在年龄、身材、种族等方面都要和罪犯相似。

对目击者的提问也能影响他们之后的记忆,因为重要的问题可以大体上改变一些目击者关于某事的记忆,提问者应该问一些中性的问题这点很关键(Leichtman & Ceci,1995)。一些误导信息会重建事实,这就是众所周知的错误信息效应(Loftus,2005)。洛夫斯(Loftus,1997)以及他的学生们针对20 000名被试做了超过20项实验,来研究错误信息会导致记忆扭曲(p.71)。相类似地,研究者们发现那些影响目击者回忆的误导信息会影响到他们对罪犯的指认(Hasel & Kassin,2009)。并且在目击者反复回忆信息之后,不管信息是否正确,他们在法庭上都会变得更加自信,因为那些信息是如此容易被唤起(Shaw,1996)。令人惊讶的是,目击者在描述证词时,会使证词更加符合误导信息,尽管他们越来越自信(Chan,Thomas,& Bulevich,2009)。

目击一次犯罪是一件压力很大的事,那么压力是如何影响亲眼所见的事实的呢?研究表明,亲眼所见更容易记住事件的核心以及犯罪的细节,尽管见证者的唤醒程度很高,但记忆中不那么重要的部分依旧存在(Burke et al.,1992;Christianson,1992)。

并且,证人对证词的信心并不代表证词的准确性(Loftus,1993a;Sporer et al.,1995)。事实上,认为自己较为客观的目击者对自己的证词更有信心,暂且不论真实性,并且在他们的口头表达中更有可能包含错误的信息(Geiselman et al.,2000)。当目击者较为肯定却作出错误的指认时,对法官和陪审员的说服力却更高。错误的指认会成为被指认者及其朋友和亲人的一场噩梦,也同样表示真正的罪犯正逍遥法外,造成最终的双重不公。

6.12 关于重获被压抑的童年时期受性虐待的记忆存在着哪些争议？
关于被压抑的记忆的争议

你相信童年时期受虐待的无意识记忆可以导致严重的心理障碍吗？或许是由于这些场景高频率地出现在虚构小说或者电视或者电影中，许多美国人显然相信所谓被压抑的记忆能够导致成年后的一系列问题(Stafford & Lynn, 2002)。这些信念也被一些自我帮助书籍所收录，例如1988年出版的由艾伦·贝斯和罗拉·戴维斯所作的《治疗的勇气》，这本畅销书成为了遭受性虐待者的"圣经"，也成为了一些治疗师的教科书。贝斯和戴维斯不只帮助那些记得曾受性虐待的受害者，也帮助那些不知道自己曾受性虐待的人确定自己是否被虐待过。他们建议，如果你不记得一些具体的事实，但仍然有曾受虐待的感觉，那就去寻求帮助(p.71)。他们提供了一个结论：如果你认为你曾经被虐待过并且显示出了一些症状，那么你可能真的曾经受过虐待(p.22)。并且他们消除了性虐待潜在受害者的疑虑："你没有责任去证明你是否被虐待过"(p.37)。

恢复的记忆还是错误的记忆？ 许多心理学家对恢复的记忆提出了质疑，他们宣称这是治疗师创造的完全错误的记忆。批评人士质疑了性虐待记忆的恢复，他们怀疑治疗师所用的催眠、意象引导等方法是否正确。催眠并不能增强记忆的准确性，它只能证明一个人对记忆准确性的确信。并且使用意象引导方法的治疗师可能会告诉病人一些类似温迪·莫尔茨(1991)的书中的主张：

想象你被性虐待，证明任何事，或者使你的想法有意义，而不用担心准确性……问问你自己……这些问题：现在是什么时候？你在哪里？在室内还是室外？正在发生什么事？(p.50)能不能仅仅用这种方法而使人们相信这种经历确实发生在自己身上？根据某些研究来说，答案是肯定的。许多被要求想象一件虚构的事的被试会产生一段关于这件事的

▶在美国，两个著名的宣称被外星人绑架的受害者是来自新罕布什尔州朴次茅斯的贝蒂和巴利·希尔。希尔宣称，在1961年9月19日的晚上，那些外星人把他们带上了太空飞船并对他们进行了人体实验。研究者表明，那些宣称自己曾经被绑架的人们，在叙述他们的故事的时候，都表现出极度焦虑的症状，正如心理学家所预料的，他们的说法是有根据的(Clancy, 2007)。然而，至今，没有证据能够证明希尔以及那些几百个宣称曾经被外星人绑架者的故事的真实性。

错误的回忆(Mazzoni & Memon，2003)。

错误的童年记忆也能通过实验诱导出来。加里和罗夫特斯(Garry & Loftus，1994)能够将"在5岁的时候在超市里迷路"这个错误的记忆植入百分之二十五的被试中，这些被试年龄在18岁到53岁之间。反复接触错误的记忆能够创造一些记忆(Zaragoza & Mitchell，1996)。并且研究者发现，和那些报告没有回忆起那种记忆的成年人相比，那些宣称已经回顾起童年受虐待或是被外星人绑架的记忆的成年人更容易受到实验诱导错误记忆的攻击(McNally，2003)。所以，在暗示感受性上的个体差异对记忆的重获有影响。

幼儿期遗忘。一些专家十分怀疑对幼儿时期事件的记忆；在某种程度上来说，因为在幼儿期，情景记忆的重要构造海马体没有完全发育，而且记忆存储的大脑皮质也没有发育完全(Squire et al.，1993)。此外，那些在语言方面有障碍的儿童，在他们以后的生活中，不能分类存储语义记忆。年龄较大的儿童和成人相对无法回忆起幼儿期的事件，这一现象叫作**幼儿期遗忘**(infantile amnesia)。

根据这些发展限制，是否有一些人无法回忆起小时候受到性虐待的事呢？威登和莫里斯(Widom & Morris，1997)发现，在20年后对一群童年时期曾受性虐待的女性进行长达2小时的采访，64%的女性表示没有受虐待的记忆。跟踪有文件证明曾是性受害者的女性，大约17年后，威廉(1994)发现，38%的女性表示她们不记得曾经被性虐待。当受害经历发生在7到17岁而不是6岁之前时，被虐待的记忆会更容易唤起。但是需要记住，有可能一些女性记起了被虐待的事，但出于一些原因，不愿意承认。并且有些迹象表明，那些受过精神创伤的人发展出了一种注意力风格，包括躲避潜在的不愉快刺激(Deprince and Freyd，2004)。一些研究者证明，正是这种注意力风格，阻止了一些人回想起被虐待的记忆。

受害人能否回忆起当时的情景是否重要呢？弗洛伊德曾说过，将记忆压抑在无意识中会引起不良情绪。他的精神分析理论是为了帮助病人回想起被压抑的记忆从而促进他们的精神健康。但是事实证明，那些受害者失去曾受虐待的记忆是客观可信的，比如警察报告，和那些记得那些事件的人相比，那些没有记忆的受害者没有显现出精神上的不健康状态(McNally et al.，2006)。

美国心理学会(1994)、美国精神病学学会(1993)和美国医学协会(1994)已经发布关于童年期受虐待记忆的重要报告。这三个组织的地位能够证明被压抑的记忆的存在。与此同时，这些组织承认在虐待事件的暗示下，错误的记忆可以被构建。此外，持有错误记忆的人们经常很肯定他们是正确的，因为他们有关于细节的记忆和自身强烈的情感体验(Dodson et al.，2000；Gonsalves et al.，2004；Henkel et al.，2000，2004；Loftus，2004；Loftus & Bernstein，2005；McNally et al.，2004)。神经影像学表明，错误记忆在视觉上的生动回放会让人更加坚定自己的想法(Lindsay et al.，2004)。因此，许多专家建议，关于受虐待的记忆应该在它们作为事实被接受之前被单独证明真实存在。

幼儿期遗忘　年龄较大的儿童和成人相对无法回忆起幼儿期的事件。

记一记——日常生活中的记忆

1. _____记忆是一个人对在某个地方某个时间所习得的特别引人注目的事件的生动记忆。

2. _____是在视线离开物体之后的几分钟内,保持视觉刺激画面的能力。

3. 记住数百年文化历史的口述历史家拥有的记忆能力优于那些不从事这项工作的人。(对/错)

4. 目击者证词容易受到_____的影响。

5. _____争论起因于研究显示一些记忆事实上是治疗师诱导的错误记忆。

答案:1. 闪光灯 2. 遗觉象 3. 错 4. 误导信息 5. 被压抑的记忆

生物学与记忆

显而易见,一个人大量的记忆一定存在于大脑的某个部位。但是在哪里?

6.13 海马体和海马区在记忆中扮演着怎样的角色?

海马体和海马区

研究者进一步确认了存储和调整记忆功能和记忆过程的大脑区域。一个重要的信息来源是因脑损伤而导致记忆缺失的人们。一个特别重要的案例就是 H.M.,一个患有严重癫痫病,近乎绝望的男人,他同意了彻底的外科手术。外科医生切除了他大脑里被认为是引起癫痫病的部分——左右半球颞叶中间的部分,包括了杏仁核和**海马区**(hippocampal region)(海马体本身和它下面的皮质区域)。那是 1953 年,H.M.当时 27 岁。

手术后,H.M.保持了智力和心理上的稳定,他的癫痫彻底缓解了。但是不幸的是,从他脑中切除的薄片中不仅仅有他癫痫病的病灶,也包括他运用工作记忆将新的信息存储在长时记忆中的能力。尽管他短时记忆的能力保持不变且仍然记得手术以前的事情,H.M.在手术后已经无法回忆起一些单独的事件。直到 H.M.在 2008 年 82 岁的时候过世,他有意识的长时记忆仍然是 1953 年当他还是 27 岁的时候的记忆。

手术影响的仅仅是 H.M.的陈述性长时记忆——存储事实、个人经历、姓名、面孔、电话号码等类似的能力。但是研究者惊讶的发现,他仍然可以形成非陈述性记忆;也就是说,他仍然可以通过重复练习来获得技能,尽管他不记得曾做过这件事。举个例子,外科手术后,H.M.学习打网球并提升他的技术,但是他不记得曾经打过(Milner, 1966, 1970; Milner et al., 2002)。

海马区 边缘系统的一部分,包括海马体本身和它下面的皮质区域,是涉及语义记忆的构造之一。

动物研究也显示,H.M.被切除的大脑部位对工作记忆起着十分关键的作用(Ragozzino et al.,2002)。此外,其他遭受类似大脑损伤的病人显示出相同类型的记忆缺失(Squire,1992)。

◀ 在电影《初恋50次》中,德鲁·巴里摩尔扮演的角色患有与H.M.类似的记忆障碍。

大量研究显示,海马体对形成情景记忆有特别重要的作用(Eichenbaum & Fortin, 2003)。但是,语义记忆的形成不仅仅依靠海马体,而且还依靠海马区的其他部分(Hoening & Scheef, 2005; Vargha-Khadem et al., 1997)。一旦储存,记忆在没有海马体联系的情况下也能被提取(Gluck & Myers, 1997; McClelland et al., 1995)。因此,许多研究者认为情景记忆与语义记忆的神经基础是完全分离的(e.g., Tulving, 2002)。但是一些精神病学家对大脑加工情景记忆和语义记忆的程度差别提出了质疑。涉及由于额叶受伤而语义记忆受到损伤的老年人的研究表明,他们中的很多人在情景记忆上也有缺陷(Nestor et al., 2002)。此外,其他研究显示,颞叶和枕叶的损伤也会影响情景记忆(Wheeler & McMillan, 2001)。

一系列有趣的研究表明海马体除了那些已知的功能,还从事着其他特殊的功能

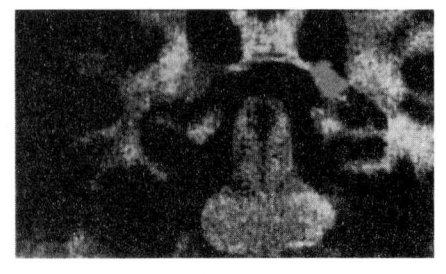

图6.7 核磁共振扫描显示一位经验丰富的出租车司机大脑中海马体后部的放大图像 一位经验丰富的伦敦出租车司机的海马体后部,在MRI扫描中显示为红色,明显比不是出租车司机的被试的海马体后部要大,正如红色部位所标示的。来源:Maguire et al.(2000)。

(Maguire, Nannery, & Spiers, 2006; Maguire et al., 2000)。海马体的一部分专门从事通过创造复杂的精神空间地图来导航的功能。借助核磁共振扫描,研究者发现伦敦出租车司机的海马体后部明显比控制组中不需要依靠导航技能生存的被试要来得大(见图 6.7)。此外,成为出租车司机的时间越长,海马体后部就越大。

因此,研究已经表明海马体对于存储和运用精神地图十分重要。而且,参与实验的伦敦经验丰富的出租车司机的海马体大小增长证实,为满足环境的要求,成年后大脑仍然具有可塑性。这些发现也提出了成人海马体中神经元再生(新神经元的生长)的可能性。

我们已经考虑到研究者如何识别和定位一些大脑结构在记忆中扮演的角色。但是在这些大脑结构通过改变、再造、调整来创建新记忆时会发生什么?

6.14 长时程增强具有怎样的重要性?
神经元的变化和记忆

一些研究者对记忆的研究已经不再局限于大脑结构。一些人观察单个神经元的活动;其他人则研究神经元的集合和它们的突触及神经递质在记录和存储记忆过程中的化学变化(Kesner, 2009)。第一个近距离观察单个神经元记忆活动的是艾瑞克·坎德尔和他的同事,他们追踪了海兔这种海螺的学习和记忆(Dale & Kandel, 1990)。在海螺的单个神经元中植入微小的电极,并绘制了当动物学习和记忆时所形成并保持的神经回路。他们也发现了不同类型的可以促进短时记忆和长时记忆的蛋白质合成(Sweatt & Kandel, 1989)。坎德尔因为他的研究成果而获得了 2000 年的诺贝尔奖。

但在海兔的学习和记忆研究中仅有单一的经典条件反射,是一种非陈述性记忆。其他研究哺乳动物的研究者也表示,动物大脑神经元和突触的物理改变与陈述性记忆有关(Lee & Kesner, 2002)。

早在 20 世纪 40 年代,加拿大心理学家唐纳德·欧·赫布(Hebb, 1949)提出学习和记忆必须依靠神经元之间突触传递的加快。大多数神经元水平上的学习和记忆研究模型符合赫布所描述的机制(Fischbach, 1992)。**长时程增强**(long-term potentiation, LTP)是突触神经传递效率提高并持续几个小时或更长时间的现象(DeRoo, Klauser, Muller, & Sheng, 2008)。在传入神经元和传出神经元同时被强烈的刺激激活时,长时程增强现象才会出现。并且,当刺激发生时传入神经元必须去极,否则长时程增强现象不会发生。长时程增强在海马体部位很常见,正如你所学习过的,这对陈述性记忆的形成非常关键(Eichenbaum & Otto, 1993)。

如果长时程增强引起的突触改变与学习的改变相同,那么中断和阻止长时程增强现象会干扰学习,确实如此。当戴维斯和其他人(Davis et al., 1992)给老鼠注射足量药物阻塞它的某一接收器以干扰迷宫实验时,他们发现老鼠的海马体也被破坏了。相对地,里德尔(Riedel, 1996)发现在老鼠进行迷宫实验后给予他们兴奋接收器的药物,长时程增强现

长时程增强(LTP)　突触神经传递效率提高并持续几个小时或更长时间的现象。

象有所增强,老鼠的记忆也提升了。

这些研究引导研究者去寻找长时程增强现象和扰乱神经递质活动及记忆功能的障碍之间的联系。举个例子来说,抑郁症会影响长时程增强现象(Froc & Racine,2005)。其他障碍被怀疑与长时程增强现象有生物化学上的联系,包括双向情感障碍、阿尔茨海默病和帕金森症(Francis,2003;Friedrich,2005;Ueki et al.,2006)。但是,争论仍在继续,到底是突触效率的相对长时间提高导致了长时程增强,即大量神经递质释放的结果,还是因为接收器的增加,或者两者都是(Bennett,2000)?

6.15 激素怎样影响记忆?
激素和记忆

最强和最持久的记忆是那些加入了情感的记忆(Cahill & McGaugh,1995)。当一个人情绪激动时,肾上腺会释放肾上腺素和去甲肾上腺素进入血液。众所周知,在"战或逃反应"中起作用的这些激素可以使人生存下来,它们也能长久地保持对危险环境的记忆(见图 6.8)。这些加入了情感的记忆能够激活杏仁核(在情绪中发挥着重要的作用)和另外的记忆系统。这种大脑的广泛激活可能是解释闪光灯记忆强度和持久性的最重要的因素。

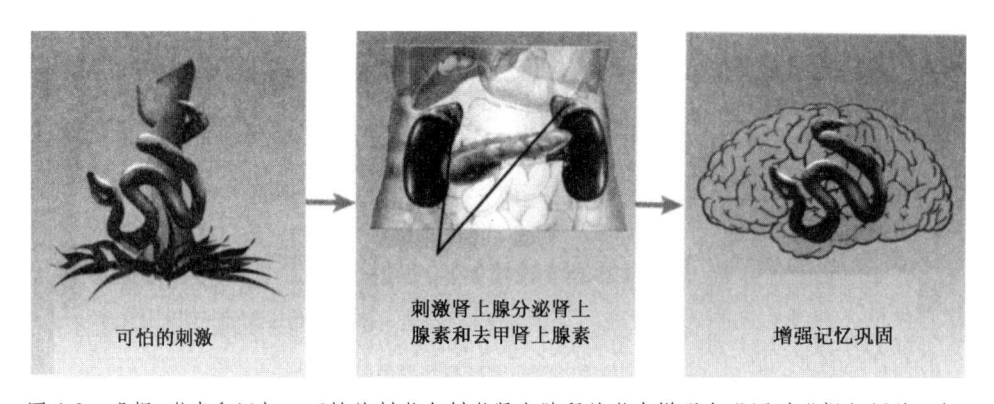

图 6.8 恐惧、激素和记忆 可怕的刺激会刺激肾上腺释放激素增强和巩固对恐惧经历的记忆。

其他的激素对记忆也有重要影响。例如,应激激素皮质醇的水平过高会干扰那些肾上腺(皮质醇产生的部位)有关病患的记忆(Jelicic & Bonke,2001)。此外,那些对实验者给出的压力源(如禁止在公众场合讲话)作出反应的人,会释放出比平均水平更多的皮质醇,他们比其他人在记忆测验中的表现要差(Al'absi et al.,2002)。

动物研究显示,雌激素与工作记忆效率有关(Wallace, Luine, Arellanos, & Frankfurt, 2006)。该激素与卵巢产生的其他激素一样,在促进与记忆有关的大脑突触的发育和维持中也起到一定作用(如海马体)。该发现引导研究者假设激素替代疗法可阻止或逆转阿尔茨海默病的症状(Dohanich,2003)。然而,最近的研究表明,合成雌激素和孕激素(调节月经周期的两种激素)可能会增加绝经后女性患上痴呆症的风险(Rapp et al.,2003;

▶最强和最持久的记忆通常加入了情感。那就是大部分人对某些事情和陷入恋爱经历的环境有生动记忆的原因。

Shumaker et al.，2003)。一些研究者已经通过阐明雌激素替代的时间对记忆功能有关键影响来解释这些看起来矛盾的结果(Marriott & Wenk，2004)。他们认为,在阿尔茨海默病症状出现前使用雌激素比疾病发生后运用激素替代更有利。尽管大部分研究者认为,在对激素阻止和治疗痴呆症的可能作用有一个明确的回答前,还需要进行大量的研究调查。

观看关于激素和记忆的视频 www.mypsychlab.com

6.16 遗忘症和痴呆症患者会经历怎样的记忆丧失？
记忆丧失

每个人都有记忆错误的时候,但是对于像本节开头你读到的故事主人公 H.M.这样的个体来说,记忆丧失是他们日常生活的持续性特征。这样的情况是由一些身体或心理上的外伤或大脑疾病所导致的。涉及这种记忆丧失的病症有两大类:遗忘症和痴呆症。

遗忘症。遗忘症(amnesia)是表示部分或全部记忆丧失的一般术语。不同于稍后提到的一些只有老年人才会经历的记忆障碍,遗忘症可以发生在任何一个年龄阶段。在一些案例(如 H.M.)中,遗忘症患者无力采取任何形式去储存新的信息。这类遗忘被称为**顺行性遗忘**(anterograde amnesia)。

有一些遗忘症患者可以形成新的记忆,但是他们不能记起过去发生的事情,这种障碍被称为**逆行性遗忘**(retrograde amnesia)。然而因为逆行性遗忘通常涉及情景记忆而不是语义记忆,所以患者一般对周围的世界有一个清楚的了解。他们经常缺少的是对自己的

遗忘症 由于意识的缺失、大脑损伤或其他心理原因导致的部分或全部记忆丧失。

顺行性遗忘 无法对大脑损伤或大脑手术之后的事件形成长时记忆,但是事故之前的记忆和短时记忆未受影响。

逆行性遗忘 对失去意识前发生的事情失去记忆。

了解或是围绕他们记忆丧失发生的事情。畅销书和电影《谍影重重》系列中的主人公杰森·波恩就患有这类遗忘症。

大部分遗忘症案例都比小说和电影中的人要缺乏戏剧性。例如,一个人在遭受严重车祸或其他创伤性事件之后同时患有顺行性遗忘和逆行性遗忘并不寻常。在这种情况下,研究者认为,由外伤引起的恐惧和惊慌使受害者不能储存任何关于被遗忘的事情的记忆。奇怪的是,与这些记忆丧失相关的生理过程增强了受害者关于该事情的其他方面的记忆,例如关于撞到他们的火车或公交车的大小的视觉图像与环境中的实体不成比例(Strange, Hurlemann, & Dolan, 2003)。因此,情感或许比真正的遗忘更能解释记忆的丧失。

在一些案例中,微弱的逆行性遗忘和顺行性遗忘会发生于同一个体。H.M.遭受了与2年前或近期手术相关的逆行性遗忘。然而,尽管有时他很痛苦,但是顺行性遗忘对他生活的影响更大。相反,在另一个著名的记忆丧失的例子中,英国音乐人克莱夫·韦尔林,顺行性遗忘和逆行性遗忘的结合造成了他心理的停滞。因为数年前两侧大脑海马区受伤引起的严重感染,韦尔林既不能形成新的记忆也不能回忆起在他生病前储存的长时记忆内容。在这一案例中,熟练的技能如自我照顾、语言、阅读能力、演奏的能力已经被很好地保存在韦尔林的大脑中。然而,他经常忘记家庭成员的名字,也不能意识到他曾是一个专业音乐人。如果被问到,他会坚决认为自己从来没有演奏过一个音,尽管他仍在继续常规的基础练习。

◀英国音乐人克莱夫·韦尔林同时患有顺行性遗忘和逆行性遗忘,这使得他难以形成新的记忆,也不能提取旧的信息。

痴呆症。 像克莱夫·韦尔林这样,一个人与过去失去联系到如此惊人的地步,是**痴呆症**(dementias)的突出特点,痴呆症是患者因大脑退化导致的失去记忆和处理信息能力的神经系统疾病的统称。最普遍的痴呆症被称为阿尔茨海默病,该疾病我们将在第9章中

痴呆症 患者因大脑退化导致的失去记忆和处理信息能力的神经系统疾病的集合。

与其他类型的年龄相关的疾病一同做深入了解。此外,像艾滋病(详见第11章)这样的疾病也能使年轻人患上痴呆症。

痴呆症患者会失去情景记忆和语义记忆,并且大部分患者难以形成新的记忆。重复地问同一个问题和表达关于位置和时间的疑惑是痴呆症患者的表现。有一部分人已完全丧失做饭、金融交易等日常生活能力,也不能完成像自己穿衣服这样的事情。

记一记——生物学与记忆

1. 海马体主要涉及_____记忆的形成;其他海马区主要涉及_____记忆的形成。
2. H.M.在增加他的_____记忆上仍保有能力。
3. _____指突触传递效率提高并保持一段较长的时间;它可能是神经元层次学习和记忆的基础。
4. 对危险环境的记忆引起的"战或逃反应"激活了_____。
5. 受到性虐待的受害者无法回忆起受虐待之前或是该过程中的事,可能患上了(逆行性/顺行性)遗忘。
6. 阿尔茨海默病属于_____。

答案:1. 情景 语义 2. 非陈述性 3. 长时程增强 4. 杏仁核 5. 逆行性 6. 痴呆症

遗忘

如果你记得曾经发生在你身上每一件糟糕事的精确的细节,你会沮丧吗?大多数人认为遗忘应该作为问题被解决,但是它不总是不受欢迎的。当然,当你需要记得考试需要的信息时,遗忘会变得很令人沮丧。

观看关于记忆威胁的视频 www.mypsychlab.com

6.17 关于遗忘,艾宾浩斯有什么发现?
艾宾浩斯和针对遗忘的第一次实验研究

艾宾浩斯(1850—1909)指导了第一个关于学习和记忆的实验研究。了解到有些材料比其他的材料更容易理解和记忆,艾宾浩斯面对一个问题,就是找到难度相同的材料来进行实验。所以他发明了**无意义音节**(nonsense syllable),由中间一个元音两边各一个辅音组成的没有实际意义的字母组合。例如LEJ、XIZ、LUK和ZOH。通过对无意义音节的

> **无意义音节** 用于记忆研究、由中间一个元音两边各一个辅音组成的没有实际意义的字母组合。

大量运用,艾宾浩斯达成了实验目标。但是你是否注意到有些音节听起来比另一些更像具有实际意义的单词,因此,更容易去记忆?

艾宾浩斯(1885/1964)用2 300个无意义音节进行了关于记忆的研究,同时他自己是唯一的被试。他在一天中的相同时间、相同环境下进行所有的实验,排除一切可能的干扰因素。艾宾浩斯通过用每秒恒定2.5个音节的速度一遍又一遍地重复,并用节拍器或发出滴答响声的手表来计时。他重复背诵列表直到可以连续两次没有错误地回忆,这种程度他称之为掌握。

艾宾浩斯将学习列表所花费的时间或者实验次数记录了下来。在一段时间后,遗忘出现了。他记录再次学习相同的列表到达掌握程度所需要的时间和实验次数。艾宾浩斯比较再次学习和初次学习所需要的时间或者实验次数,同时计算出节省时间的百分比。这个节省分数显示了初次学习在脑中的保存量。

艾宾浩斯通过对拥有超过1 200个无意义音节的列表的两次学习,发现了快速遗忘是如何出现的。图6.9是他提出的著名的遗忘曲线,曲线由不同时间段的节省分数组成。遗忘曲线显示,大部分的遗忘出现得非常快,之后遗忘速度逐渐减慢。艾宾浩斯在一两天之后保存的信息甚至在一个月后也没有出现较多的遗忘。但是得记住,这个遗忘曲线适用于无意义音节。有意义的材料的遗忘速度通常较慢,因为材料已经被仔细地编码、深加工和频繁地提取。

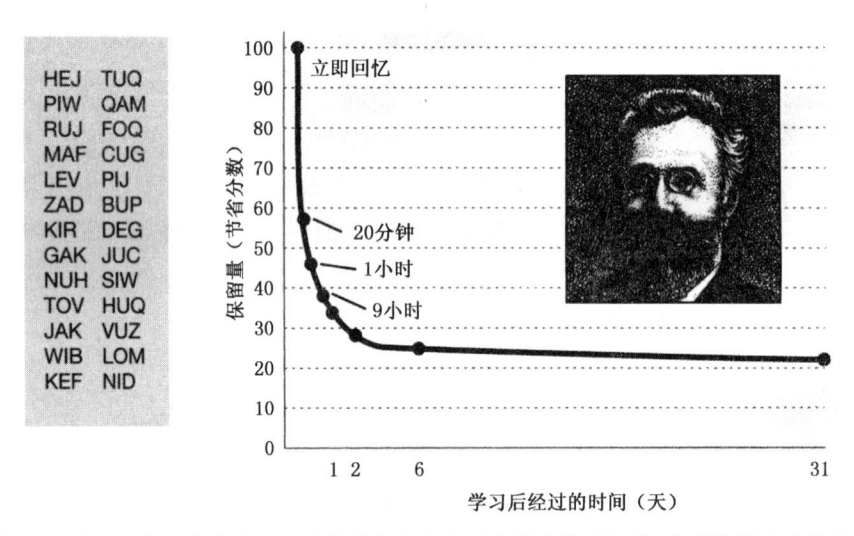

图6.9 艾宾浩斯遗忘曲线 在记住类似左边的无意义音节列表后,艾宾浩斯在不同的时间段用再学习的方法计算音节的保留量。遗忘在最初是最快的,如图所示,20分钟之后保存量只有58%,1小时后只有44%。随后遗忘速度开始减慢,1天之后保存量为34%,6天之后为25%,31天之后为21%。来源:Ebbinghaus(1885/1993)。

艾宾浩斯得出的遗忘速率关乎每一个人。你会像大部分同学一样在大型考试前死记硬背吗?如果是这样,请不要想当然地认为你在星期一所记的一切可以完整地保留到星期二。遗忘会出现在第一个24小时内,所以至少花一些时间复习当天看的考试内容是明智之举。材料越没有实际意义,就会遗忘得越多,就越需要进行复习。回顾第4章的内容,在学习和参加考试期间,你的睡眠质量和时间也会影响你的记忆力。

观看一段关于考试前死记硬背的视频 www.mypsychlab.com

当研究者测量心理系学生对名字和概念的保存量时发现,他们的遗忘模式和艾宾浩斯的记忆曲线是相符的。在最初的几个月,名字和概念的遗忘非常迅速,然而在接下来的7年里,保存量却没有太大的变化。

6.18 为什么会出现遗忘?
遗忘的原因

即使我们有目标地努力去记忆,为什么还会遗忘?有很多的理由可以解释。

编码失败。当你不能记住一些东西时,这是因为它一开始就没有被储存在记忆中吗?当然,遗忘和不能够记住是不同的。遗忘是没有能力去回忆一些你先前可以回忆的东西。但是通常当人们说记不住时,他们事实上没有遗忘。记不住有时候是**编码失败**(encoding failure)的结果。信息在一开始就没有进入长时记忆。

许多东西我们每天都会遇到,奇怪的是事实上我们很少将它们编码。你能精确地回忆或者再认有些你曾经看了成千上万遍的东西吗?请阅读以下**试一试**。

试一试——你印象中的便士

根据记忆,在纸张上画出便士的样子。在你的画中,请显示出林肯总统肖像的脸的朝向和发行日期所在的位置,包括便士正面的所有文字。或者试一试更容易的再认任务,看看你是否能辨认出以下哪个是真正的便士(Nickerson & Adams, 1979)。

在你的一生中已经看过成千上万个便士,你可能没有将便士表面的细节进行编码,除非你是一个硬币收集者。或许你在**试一试**中的表现不理想,其他很多人也是如此。在研究了一大群被试后,尼克森和亚当斯(1979)指出,几乎没有人可以依靠回忆在脑海中呈现便士的样子。事实上,也只有少数被试可以在5个选项中辨认出正确的便士。(正确的便

编码失败 信息从未进入长时记忆时所产生的导致遗忘的原因。

士是 A。)

📖 观看关于编码失败的视频 www.mypsychlab.com

在准备考试时,你通常是一个被动的角色吗?你是否只是反复阅读教科书和你的笔记,设想这个过程将最终导致怎样的学习结果?如果你不通过背诵材料测试你自己,你会发现你已经被动地成为了编码失败的受害者。在旁注中有学习目标,章末有复习的教科书可以通过提供知识结构来确保信息被编码。

衰退。衰退理论(decay theory)可能是遗忘最古老的理论,即,如果记忆得不到强化,将会随着时间消退,最终完全消失。衰退意味着记录经历的神经元发生了生理变化。根据这个理论,神经元记录可能在几秒、几天,甚至更长的时期之内消退。

现在大部分心理学家接受了衰退理论,或者说是记忆的消退,是感觉记忆和短时记忆遗忘的原因,而不是长时记忆遗忘的原因。长时记忆的衰退不可避免但不是渐进的。在一项实验研究中,哈利·巴赫瑞克和其他人(Bahrick et al., 1975)发现,在 35 年之后,被试仍然可以识别 90% 的高中同学的名字和照片,这个数据和刚毕业的大学生的测试结果是一样的。

干扰。导致人们每天遗忘的最主要的原因是**干扰**(interference)。举个例子,心理学中一个著名的实验叫作 Stroop 测验,它要求被试记住用不同颜色显示的关于颜色的单词。你可能猜测,相比用紫色笔写的"红色"这个单词,用红色笔写的"红色"这个单词更容易记忆。在检索字的意思时颜色会对被试产生干扰,因为被试在测试时检索单词的意思而不是单词呈现的颜色。不管你在什么时候回忆曾经得到的信息,都会有两种类型的干扰阻碍你。记忆之前或之后给予的信息会干扰记忆(见图 6.10)。干扰可以在之前或之后影响记忆。同时,当干扰和要回忆的信息是相似的时候,回忆会变得更加困难(Underwood, 1964)。

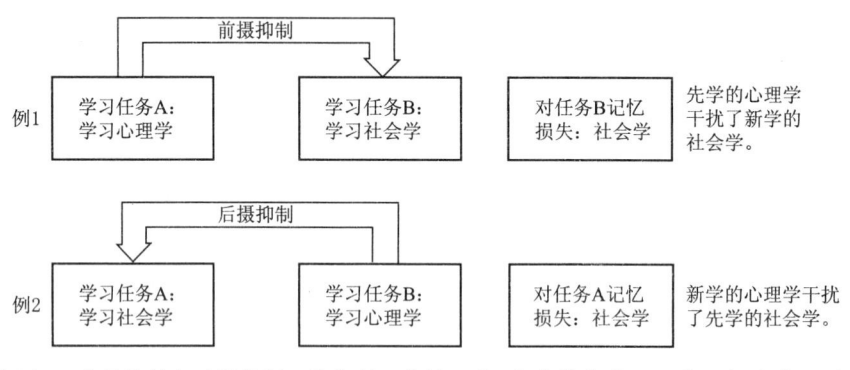

	前摄抑制			
例1	学习任务A:学习心理学	学习任务B:学习社会学	对任务B记忆损失:社会学	先学的心理学干扰了新学的社会学。

	后摄抑制			
例2	学习任务A:学习社会学	学习任务B:学习心理学	对任务A记忆损失:社会学	新学的心理学干扰了先学的社会学。

图 6.10 前摄抑制和后摄抑制 就像例 1 中显示的,当先前的学习干扰了新的学习时就出现了前摄抑制。在例 2 中,后摄抑制出现在新学的知识干扰了对以前信息的回忆时。

衰退理论 遗忘的最古老的理论,该理论认为,如果记忆得不到强化,将会随着时间消退,最终完全消失。

干扰 遗忘由信息储存和回忆期间受到其他刺激的干扰所致。

📖 模拟 Stroop 效应 www.mypsychlab.com

前摄抑制出现在已经储存在长时记忆里的先前信息或经验阻碍了记住新信息的能力时(Underwood, 1957)。例如,劳拉正想和新男朋友托德亲热,当他们正要开始上床的时候,她突然叫了她前男朋友的名字"戴夫"。对这一现象的解释是前摄抑制代表了新旧信息之间的竞争(Boweretal, 1994)。

当新学习的内容阻碍了回忆先前学过的内容时,后摄抑制出现了。新内容和之前的内容越相似,干扰越大。例如,当你在上了心理学课后,它可能会干扰你记住在社会学课上所学的内容,尤其是一些两个学科都存在但在应用和解释方面不同的理论知识(例如精神分析)。尽管如此,研究表明,后抑摄制的影响通常是暂时性的(Lustig, Konkel, & Jacoby, 2004)。事实上,一段时间之后,旧的信息可能比最近所学的材料记得更牢。所以当学生在心理学课堂上遇到好像曾经出现在社会学课上的知识时,之前社会学的知识点可能出现消退。然而从长远来看,他的社会学知识可能更加巩固。

巩固失败。 巩固是一种将信息进行编码储存到记忆中的过程。如果这个过程出现任何差错,将无法形成长时记忆。车祸、头部受伤、癫痫发作,或者针对重度抑郁症患者的电击治疗等都可能导致一个人失去意识,最终导致**巩固失败**(consolidation failure)。

研究者奈得和其他人证明(Nader et al., 2000),老鼠的条件性恐惧可以被一种阻止蛋白质合成(这个合成的过程是记忆巩固必需的)的药物消除。老鼠在听到一对简单音调(条件性刺激,CS)的同时脚上会受到电击(非条件刺激,US)。最后,老鼠一听到声音(CS)就会表现出明显的恐惧,身体僵硬(因为害怕好像身体被冻住了一样)。显然,老鼠记得令它恐惧的刺激。24 小时后,当老鼠再次听到声音时,仍然会感到害怕,身体僵硬。然后把阻止蛋白质合成的药物茴香霉素注入到老鼠的杏仁核(对刺激进行加工的部位)中。注射药物后,老鼠再一次被电击,但是它们没有表现出害怕的样子(僵硬不动)。在研究中老鼠已经巩固了令它恐惧的记忆,但是在刺激出现后药物阻止了蛋白质合成,恐惧的记忆完全消除。这就意味着恐惧记忆一旦被激活,必须再次巩固,否则将消失。

这个发现有着积极的意义。如果恐惧记忆可以被激活,同时也可以用阻止蛋白质合成的药物消除,一种针对衰弱性恐惧患者的新疗法就进入了人们的视野(Nader et al., 2000)。

我们已经讨论了避免遗忘的方法,但是在某些情况下,人们会刻意地想要遗忘某些东西。

动机性遗忘。 恐怖的经历可能会伴随那些遭受强暴或肉体虐待的受害者、战争后的老兵、飞机失事或地震中的幸存者很多年。这些受害者会想要遗忘那些创伤性的经历,甚至那些没有遭受过创伤的人们也会用**动机性遗忘**(motivated forgetting)的方式来忘记那

巩固失败 在巩固过程中阻止长时记忆形成的任何干扰。

动机性遗忘 通过抑制和潜抑来遗忘一些痛苦、恐惧和不愉快的经历,从而达到保护自己的目的。

些令他们感到痛苦、害怕或其他不愉快的经历来保护自己。

动机性遗忘的一种表现形式是抑制，一个人下意识，努力试着忘记痛苦的、不安的、焦虑的或者内疚生气的事情，但是他仍能意识到痛苦事件的存在。另一类动机性遗忘是**潜抑**（repression），不愉快的记忆从意识中彻底移除，他不再意识到曾经出现过的令他不愉快的事件（Freud，1992）。患有遗忘症（部分或完全记忆缺失）的人不是因为失去意识或大脑损伤而抑制了事件的记忆。相对于其他方法，面对不愉快的记忆，更多人选择动机性遗忘。这似乎是人类的天性，忘记不愉快的生活事件，记住愉快的事情（Linton，1979；Meltzer，1930）。

预期性遗忘（prospective forgetting）是不记得一些本打算要做的事情（例如，忘记去看牙医），这是动机性遗忘的另一种类型。人们最有可能忘记一些他们认为不重要的、不愉快的、有负担的事情。对他们而言，重要的、愉快的事情不太可能忘记（Winogard，1988）。

尽管如此，你可能知道预期性遗忘不总是出现在渴望避免某些事的时候。你有下班回到家后才记起你原本打算去银行存薪水的经历吗？或者是你在报纸上看到一场音乐会的评论，你突然想起原本打算去买这场音乐会的门票。在这些情况中，预期性遗忘更有可能是因为干扰或巩固失败所造成的。

◀你经历过知道考题的答案但是当时想不起来而感到失望的情况吗？如果有，那就是提取失败。

潜抑　完全将不愉快的记忆从意识中移除，从而使个体再也意识不到曾经发生的痛苦事件。

预期性遗忘　遗忘了原本打算做的事。

提取失败。以下这种经历你有过几次？当你在参加考试时，你无法想起一个你明明知道的答案。很多时候，人们确信自己知道某些事或物，但当他们需要时却不能提取出来。这种遗忘类型叫作**提取失败**(retrieval failure)。

恩德尔·托尔文(1974)提出，很多人把无法记起需要的信息称为遗忘。信息存在长时记忆中，但是不能被提取出来。在他的实验中，托尔文发现，如果为被试提供提取线索，唤醒他们的记忆，他们就可以回忆起大量他们似乎已经遗忘的信息。举个例子，气味在回忆过去的经历时经常能够提供有效的暗示，同时在学习中出现的某些气味可作为提取线索(Schab, 1990)。

常见的提取失败的例子是著名的**舌尖效应**(tip-of-the-tongue phenomenon, TOT) (Brown & Mcneil, 1966)。你肯定有过这种体会，你尽力回忆一个人的名字、一个单词，或者其他信息，你知道你熟悉它，但是就是说不出来。你正在回忆单词或名字的时候，可能意识到了音节的数量、开头和最后一个字母。它就在你的舌尖上，但是就是不能说出来。

舌尖效应是我们日常记忆体验中被研究得最彻底的一种现象(Gollan & Brown, 2006)。指尖效应与舌尖效应相类似，出现在用手语交流的人群中。对于说话者和手语使用者而言，对专有名词的提取失败要比其他词语多得多(Thompson, Emmorey, & Gollan, 2005)。尽管舌尖效应客观存在，研究者建议，最好的克服这种提取失败的方法就是把你的注意力暂时移开，稍后再尝试提取(Choi & Smith, 2005)。这一发现提供了一种考试技巧：忽略那些答案不能立即出现在脑海中的题目，在你已经回答完所有你知道答案的题目后再思考那些题目。

记一记——遗忘

1. _____创造了无意义音节，提出了为保持记忆而再次学习的方法并绘制出了遗忘曲线。

2. 将遗忘的原因与相应的例子做匹配。

　　_____（1）编码失败　　　　a. 直到你交卷后才记得试卷上的答案
　　_____（2）巩固失败　　　　b. 忘记童年丢脸的经历
　　_____（3）提取失败　　　　c. 不能够描述纸币的背面
　　_____（4）抑制说　　　　　d. 用其他人的名字称呼你朋友
　　_____（5）干扰说　　　　　e. 在医院中醒来，不记得你遭遇了车祸

3. _____理论认为记忆如果不被使用，将会随着时间消退，以至于最终消失。

答案：1. 艾宾浩斯　2. (1) c　(2) e　(3) a　(4) b　(5) d　3. 衰退

提取失败　回想不起原本知道的事。

舌尖效应(TOT)　对于已经学过的信息非常熟悉，但是不能够提取的一种现象。

增强记忆

6.19 组织学习、过度学习、分散学习和背诵对增强记忆有什么帮助？

当你在复习的时候是否希望有这么一种神奇的药片可以使你记住教科书和课堂笔记中的一切知识？对不起，世上不存在可以改善记忆力的神奇药方。记忆和其他能力一样是一种技巧，要求知识和练习。在这一节，我们将列出一些良好的学习习惯和技巧来改善你的记忆力。

你在家里或办公室里都有一块合理空间来放置物品，还是简单地把所有东西都乱扔？如果你是那类有序放置物品的人，你可能比那些"随便一扔"的人更容易找到要寻找的东西。记忆遵循同样的工作方式。信息的组织方式极大影响着你的记忆力，就像接下来的**试一试**一样。举个例子，几乎每一个人都能在10秒内说出一年12个月的名称，但是如果用按字母顺序排列的方式说出月份的名称将会花多少时间呢？12个众所周知的月份名称按照字母顺序很难去提取，因为它们没有以那种方式在记忆中储存。相似地，如果你用一种杂乱无章的方式记忆大量的信息，这对于你的记忆是一个极其困难的任务。你可以按字母表中的顺序进行分类，也可以按时间顺序、大小或者形状，用任何对你来说便于提取的方式来组织信息。

试一试——为了增强记忆有条理地组织信息

手边有一支笔和一张纸。大声朗读下表中的事物名称，然后尽可能多地写下你所记得的名称。

豌 豆	剃须膏	曲奇饼
卫生纸	鱼	葡 萄
胡萝卜	苹 果	香 蕉
冰淇淋	馅 饼	火 腿
洋 葱	香 水	鸡 肉

如果把这张表进行组织分类，你将会更容易记得这些事物。现在请阅读每个类别及它下面所列出的事物名称。尽可能多地写下你所记得的事物。

甜 点	水 果	蔬 菜	肉 类	盥洗用品
馅 饼	香 蕉	胡萝卜	鸡 肉	香 水
冰淇淋	苹 果	洋 葱	鱼	剃须膏
曲奇饼	葡 萄	豌 豆	火 腿	卫生纸

你还记得高中时流行的歌曲的歌词吗？你能在多年以后背诵那些儿时听到过的童谣吗？因为**过度学习**(overlearning)的存在，你或许能够做到。过度学习就是当你可以一字不错地背诵时仍不断地练习和学习。假设你想记住一串单词，你一直学习直到你能正确无误地背诵它们。这时学习或练习足够了吗？研究表明，如果一个人过度学习，那么他的记忆将更好更持久(Ebbinghaus，1885/1964)。克鲁格(Krueger，1929)主持的过度学习研究表明，50%或100%过度学习的被试将大量保留长时记忆(见图6.11)。此外，过度学习使得信息更能抵抗干扰因素，这可能是防止压力性遗忘的最好方式。所以你在下次复习时，切忌认为自己已经知道时就停止。多花几个小时去复习它，利用教科书的一部分，如书中空白处的学习目标和每一节最后的复习题目，你将会惊奇地发现你记得的更多了。

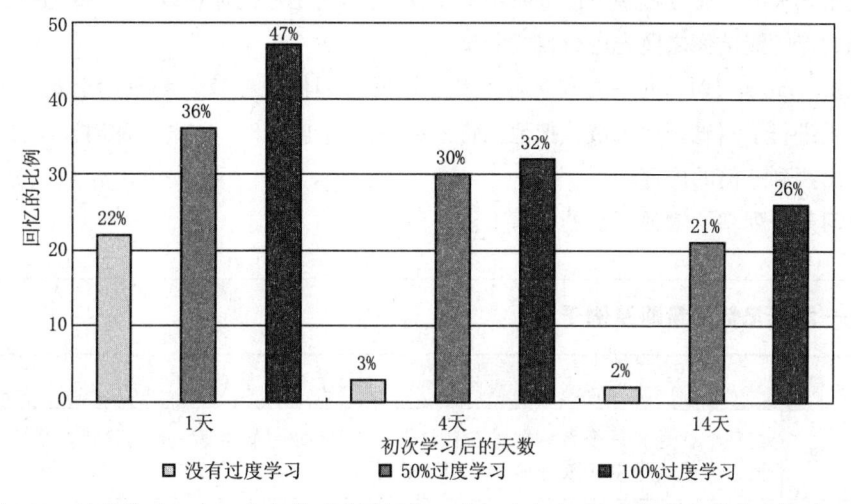

图6.11 过度学习 当一个人学习到刚好能正确复述出来时，遗忘速度是非常快的。在一天之后仅仅保留了22%，4天之后保留了3%，14天之后保留了2%。当被试花了50%的时间去复习，一天之后记忆的保留量增加到了36%，4天之后还有30%，14天之后还有21%。来源：Krueger (1929)。

大多数学生曾尝试过用死记硬背的方法来应付考试，然而采用分散练习的方法，普遍意义上讲效果要比那种长时间不间断学习(Clover & Corkill，1987)的**集中练习**(massed practice)的方法更好。如果采用在一些较短时间的练习之间插入一些休息时间的**分散练习**(spaced practice)方法，你将能够在更少的时间内记更多的东西。长时间的记忆使材料遭到干扰，并且经常会导致疲劳和注意力下降。与此同时，当你进行分散练习时，你可能会创造出可以被存放在不同位置的新的记忆，因而可以增加你回忆出的机会。这种分散的效果不仅适用于动作技能的学习，而且还适用于事实和信息的学习。

过度学习	可以一字不错地背诵时仍不断地练习和学习。
集中练习	长时间不间断地学习。
分散练习	在一些较短时间的练习之间插入一些休息时间。

音乐系的学生会告诉你不间断每天练习半个小时比一个星期一次性练习几个小时的效果要更好。

此外,调查还显示,在分散练习的期间插入短时间的频繁的测试会对学习结果有重大提高(Cull,2000)。因此,如果你回答了本书每一节最后的**记一记**部分的问题,你会掌握得更好。

你曾在考前重新阅读过某一章节吗?多年来的研究发现,如果你增加背诵的次数,你会记得更多。举个例子,读某一页或几段然后背诵或练习刚才读的东西,然后继续阅读,停下来并再次试着背诵,依此类推。当你准备心理学考试复习指定章节时,试着回答每章最后**总结与回顾**部分的每一个问题,然后,阅读每个问题并核对答案判断你是否正确,这将防止编码失败。在复习某一部分时不要仅仅阅读,而是假设你可以正确回答这个问题。要在你的老师测试你之前先进行自我测试。

盖茨(Gates,1917)对一批在学习上花了同样时间但是在背诵和重读上花了不同时间的学生进行了测试。如果被试把他们背诵的时间增加到80%,20%的时间来重读,就能回忆出两到三倍的内容。

复习部分列举了增强记忆的一些方法。

复习——增强记忆的策略及例子

策　　略	例　　子
组　　织	把每个标题和每个副标题写在目录卡片中,把每一节和每一目的笔记写在卡片上,把它们按次序整齐放好并用它们来复习。
过度学习	记忆那些简单组织成列表的信息(例如,大脑两半球的功能)直到你可以自动准确回忆起列表上的每个信息。
分散练习	当你打算花一个小时学习,把它分成三段,每段15分钟,每段之间有5分钟的休息时间。
背　　诵	当你完成**复习**的学习内容时,闭上你的眼睛看看能回忆起多少信息。

记一记——增强记忆

1. 当你在考前复习时,最好是_____。
    a. 背诵比重读花更多的时间
    b. 重读比背诵花更多的时间
    c. 重读和背诵花一样多的时间
    d. 所有时间都用来背诵
2. 童年时能背诵许多童谣的能力可能主要归因于_____。

答案:1. a　2. 过度学习

总结与回顾

人类记忆的结构 p.186

6.1 信息加工方法如何描述人类记忆的结构？ p.186

信息加工理论将人类的认知比作电脑，它把记忆概括为包括编码、存储、提取的加工过程，在这个加工模型中信息流经三个系统——感觉记忆、短时记忆、长时记忆。

6.2 感觉记忆有什么特点？ p.188

感觉记忆对通过感官得来的信息只能保持2秒，但这对神经系统开始加工接收到的信息来说已经足够了。

6.3 短时记忆中的信息会发生怎样的变化？ p.189

短时记忆（工作记忆）可以在少于30秒的时间内一次性保持7（±2）个不相关的项目的记忆，短时记忆同时也可以作为思维活动产出的思维工作区。

6.4 长时记忆的子系统中储存了哪种信息？ p.190

长时记忆的子系统里有(1)陈述性记忆，保存的是个人生活经历（短暂性记忆）中的事实和信息（语义记忆）；(2)非陈述性记忆，包含运动技巧、条件反射行为和其他很难或不可能转化成言语形态的记忆。

记忆的本质 p.193

6.5 心理学家运用哪三种方法来测量记忆？ p.194

三种用来测量记忆的方法是：(1)回忆，一种很少或基本没有提取线索的方法；(2)再认，一种根据信息之前是否出现过而进行辨认的方法；(3)再学习，一种通过计算初次学习和再学习节省的时间来测量的方法。

6.6 当必须按照特定顺序回忆信息时会发生什么？ p.195

系列位置效应是一种倾向，当回忆一系列项目时，回忆最前面的项目（首因效应）和最后的项目（近因效应）的效果比中间的项目好。

6.7 环境条件和情感状态如何影响记忆？ p.195

人们在与学习时相同的环境下回忆信息的效果较好。情景依赖记忆效应是指在相同的药理或心理状态下能更好地回忆学过的信息的倾向。

6.8 "记忆本质上可以重建"这句话的含义是什么？ p.196

记忆并不是像录像机那样运作的。人们重建信息，用一些重点把它们串联起来，并使用一些不确定正确与否的信息。巴特利特发现人们为了使信息符合已储存的记忆，会系统性地重组和扭曲记忆。巴特利特提出，在对记忆进行编码和提取的阶段，对记忆的重建包括了对图式的应用，即先前知识和假设的综合框架。

日常生活中的记忆 p.198

6.9 心理学研究如何解释闪光灯效应和过目不忘？ p.198

闪光灯记忆是人们对令人惊讶的、震惊的或高度情绪化的事件的记忆，它没有人们想象的那样精确。研究者还发现,闪光灯记忆的一些细节经常随时间改变。与过目不忘有关的是遗觉象,它只在5%左右的儿童中存在。

6.10 文化对记忆有什么影响？ p.199

有些文化中口述历史学家的存在表明记住某一种材料的能力可能受到文化的影响。地位和特殊信息的重要性促使该文化背景下的个体去存储和提取大量的相关信息。然而,他们对于其他信息的记忆能力并没有比他人好。另外,我们更加容易记住以自己的文化为背景的故事。

6.11 在什么情况下,目击证词的可信度会降低？ p.200

当目击者在看嫌疑人阵容前看了嫌疑犯的照片时,他们证词的可信度会降低。阵容里的成员彼此不够相像,阵容中的成员是一起呈现而非一个接一个呈现,罪犯的种族与目击者不同,罪犯在犯罪过程中使用武器,有诱导信息误导目击者,上述情况都会使证词的可信度降低。

6.12 关于重获被压抑的童年时期受性虐待的记忆存在着哪些争议？ p.201

批评家们强烈反对治疗师利用催眠和意象引导的方式来帮助病人从童年遭受性虐待的被压制的记忆中解脱。那些运用这些治疗技术的治疗师认为,一些心理问题可以通过唤起被抑制的记忆而成功治愈。

生物学与记忆 p.203

6.13 海马体和海马区在记忆中扮演着怎样的角色？ p.203

海马体首先参与了情景记忆的构成；其余的海马区参与了语义记忆的构成。

6.14 长时程增强具有怎样的重要性？ p.204

长时程增强效应(LTP)是一种突触间神经传导效率的长时间增加。LTP非常重要,因为它可能是神经元水平上学习和记忆的基础。

6.15 激素怎样影响记忆？ p.205

关于恐惧情景的记忆相比较普通的记忆更加鲜明和持久,因为关于强烈情绪的激素在这种情景中被唤醒了。

6.16 遗忘症和痴呆症患者会经历怎样的记忆丧失？ p.206

大脑损伤和疾病会导致顺行性遗忘(失去学习新信息的能力)和/或逆行性遗忘(不能记起过去特定某段时间的记忆)。那些患有阿尔茨海默病或其他类型痴呆症的病人会忘记伴随他们生活的人名、物名和日常活动,例如理财。

遗忘 p.207

6.17 关于遗忘,艾宾浩斯有什么发现？ p.208

在做第一个有关学习和记忆的试验时,艾宾浩斯发明了无意义音节,用重复学习的理论来测试记忆,并绘制了遗忘曲线。他发现大多数的遗忘在开始时较快,随后渐趋平缓。

6.18 为什么会出现遗忘？ p.209

编码失败会发生在当一个项目看似被遗忘但实际上它并没有储存在记忆中时。那些长时间不能在记忆中恢复的信息可能消失并最终完全不见(衰退理论)。干扰出现在当信息或联想既没有储存在呈现的记忆之前也没有在其之后时,阻碍了记忆能力。巩固失败是由新记忆编码时失去意识引起的。有的时候,我们遗忘是因为我们不想记住某些东西,这被称为动机性遗忘。又有些时候,我们不能恢复储存在记忆里的信息(提取失败)。

增强记忆 p.212

6.19 组织学习、过度学习、分散学习和背诵对增强记忆有什么帮助？p.212

组织,运用以章节标题为基础的大纲,提供了信息的提取线索。过度学习是指在可以无错地复述一份材料的基础上再学习或练习。你将对这些通过过度学习的材料记得更好更长久,而且这对干扰和与压力有关的遗忘更有抵抗力。在不同时间段的短时间学习(分散练习)允许有时间去合并新的信息。背诵新学习的材料比重读它们的效果来的好得多。

关键术语

遗忘症 p.206
组块 p.189
衰退理论 p.209
痴呆症 p.207
遗觉象 p.199
编码 p.186
情景记忆 p.192
海马区 p.203
信息加工理论 p.186
长时记忆(LTM)p.190
保持性复述 p.190
记忆 p.187
非陈述性记忆 p.193
过度学习 p.213
启动 p.193
回忆 p.194
再认 p.194
复述 p.189
潜抑 p.211
提取线索 p.194
逆行性遗忘 p.206
图式 p.196

顺行性遗忘 p.206
巩固失败 p.210
陈述性记忆 p.192
置换 p.189
精细复述 p.190
编码失败 p.209
闪光灯记忆 p.198
幼儿期遗忘 p.202
干扰 p.210
长时程增强(LTP)p.205
集中练习 p.214
动机性遗忘 p.211
无意义音节 p.208
首因效应 p.195
预期性遗忘 p.211
近因效应 p.195
重建 p.196
再学习法 p.194
提取 p.186
提取失败 p.211
节省分数 p.195
语义记忆 p.192

感觉记忆 p.188　　　　　　　系列位置效应 p.195
短时记忆(STM) p.189　　　　分散练习 p.214
状态依赖记忆效应 p.196　　　存储 p.186
舌尖效应(TOT) p.212　　　　工作记忆 p.190

章末测验

选择题

1. 在银行被抢劫中，艾德娜不断提醒自己要记住那两个强盗的长相。这个记忆的过程是_____。
   a. 存储　　　　b. 提取　　　　c. 巩固　　　　d. 编码

2. 当我们看电影时看到的动作事实上是一种假象，这些动作的假象是通过什么辅助形成的？
   a. 在看到下一个影像之前对上一个影像保持几秒钟记忆的感觉记忆能力
   b. 构建新的蛋白质通路以巩固记忆的能力
   c. 尽管在多年之后仍然可以回忆起看过的电影中情节的长时记忆能力
   d. 感觉记忆与其他记忆相比对视觉影像能够保持更长的时间

3. 多年以来，阿贾对自己可以回想起邮政编码感到十分自豪。然而，这些年，她发现自己不能记住那些新的邮政编码。对此有什么合理的解释？
   a. 阿贾没有改变和接受的能力
   b. 由于阿贾有限的智力，简单的工作最适合她
   c. 新的九位数的邮政编码超出了短时记忆的范围
   d. 随着年龄的增长，阿贾的记忆力下降了

4. 下列哪种记忆存在于情景记忆中？
   a. 在温暖的夏天和父母一起去看职业棒球赛时看到了一次犯规
   b. 成立一个高尔夫俱乐部的正确方式
   c. 一个千字节中字节的个数
   d. 地球上最长的河流的名字

5. 杜安觉得多项选择题比填空题容易得多。这可能是因为_____。
   a. 提取线索　　b. 再认　　　　c. 语义符号　　d. 启动

6. 回忆起在序列开头的信息的倾向被称为_____。
   a. 系列位置效应　　　　　　b. 序列顺序效应
   c. 首因效应　　　　　　　　d. 近因效应

7. 你的心理学教授正在作关于状态依赖记忆效应的讲座，他会提到什么？
   a. 在记忆过程中个体得到提取线索后，对信息的辨认度会提高。
   b. 当个体处于和学习信息时相同的环境中，对信息的辨认度会提高。

c. 当个体没有处于焦虑状态时对信息的回忆能力会提高。
d. 当被试处于与信息编码时相同的心理状态和生理状态时,回忆能力会提高。

8. 潘菲尔德声称所有的经历会在脑中留下一个_____记录。
   a. 暂时的   b. 永恒的   c. 临时的   d. 偶然的

9. 塞德里克仍旧记得"挑战者"号航天飞机失事,就好像它刚刚发生一样。这是一个关于_____的例子。
   a. 过目不忘   b. 理论一贯性   c. 闪光灯记忆   d. 遗觉象

10. 巴特利特认为一些感触很深的记忆是在某种特定的文化背景下的。为了证明这个理论,他描述了非洲斯威士人的一种特殊能力:_____。
    a. 能记住包含 25 个词的信息   b. 能记住丛林里树的特征
    c. 能记住他们的奶牛间的细微差别 d. 能回忆童年经历的细节

11. 哪种记忆系统被比喻为百科全书?
    a. 工作记忆   b. 非陈述性记忆 c. 语义记忆   d. 情景记忆

12. 当雅各布两岁时,他们一家人从龙卷风对他们家的摧毁中死里逃生,除了这件事的重要性,他不记得有关这件事的其他内容。这被称为_____。
    a. 心因性遗忘 b. 慢性失忆症   c. 幼儿期遗忘 d. 海马遗忘症

13. 实际上只有少数人能够准确的描述一便士,尽管已经接触过成千上万个,这是个关于_____的例子。
    a. 前摄抑制   b. 精细化失败   c. 编码失败   d. 后摄抑制

14. H.M.是一个通过切除海马区的方法来控制癫痫发作的人,失去了对新信息编码的能力,但是他仍旧可以形成新的_____。
    a. 情景记忆   b. 陈述性记忆   c. 非陈述性记忆 d. 清晰记忆

15. 下列哪个术语表示几个小时或更长时间内增加突触间神经传导的效率?
    a. 情景觉醒   b. 去极化   c. 长时程增强   d. 短时程增强

16. 过量的_____可以对患肾上腺疾病患者的记忆产生干扰。
    a. 雌激素   b. 皮质醇   c. 肾上腺素   d. 去甲肾上腺素

17. 琳达忘了她发生车祸那天的大部分事情。那天她撞到了方向盘上并在一段时间内失去了意识,她失忆的可能原因是_____。
    a. 后摄抑制   b. 巩固失败   c. 反作用干扰   d. 前摄抑制

简答题

18. 目击证人证词的优缺点是什么?
19. 笔记本上的信息是怎样从感觉记忆转换成长时记忆并且在考试答题时又被提取的?
20. 解释前摄抑制和后摄抑制在记忆过程中的作用。

答案见第 772 页。

第 7 章

认知、语言和智力

认知

7.1 演绎推理与归纳推理之间有什么区别?

7.2 表象如何帮助我们思考?

7.3 哪些类型的概念能帮助我们组织信息?

7.4 系统加工、启发、框架、直觉和锚定在决策中的作用是什么?

7.5 问题解决的基本方法是什么?它们有何不同?

7.6 人工智能技术有哪些重要的应用?

语言

7.7 什么是语言的必要组成成分?

7.8 思维通过什么方式影响语言?

7.9 儿童时期或成年期学习第二语言有什么优势?

7.10 有关动物语言能力的研究说明了什么?

智力

7.11 斯皮尔曼、瑟斯顿、加德纳、斯滕伯格对智力的定义有什么不同?

7.12 比内、特曼和韦克斯勒对智力研究的贡献是什么?

7.13 为什么信度、效度、标准化和文化偏差在智力测验中很重要?

7.14 应用于智力测验分数的钟形曲线意味着什么?

7.15 天才与普通人之间有何不同?

7.16 被归为智力障碍者必须满足的两个标准是什么?

7.17 如何定义和应对学习障碍?

解释认知能力中的差异

7.18 什么是智力的先天—后天之争?为什么双生子研究对这个争论很重要?

7.19 什么类型的证据表明智力是可变的?

7.20 什么论据被提出来用于解释智力分数的种族差异?

7.21 关于智力重要性的文化观点有何不同?这些不同如何影响成就?

超越智力

7.22 什么是情绪智力的必要组成成分?

7.23 创造力与其他形式的认知有何不同？如何测量？

7.24 学者综合征患者与其他人有何不同？

想一想

假设用数字 1 到 100 来评价重要性，1 表示非常不重要，100 表示非常重要，下面的每项对你的长期幸福而言有多重要？

沉浸在稳定浪漫的恋情中。

拥有足够多的金钱而且生活舒适。

实现职业目标。

现在，从另外一个角度来看这三个问题。想象一下你从现在开始到十年后的生活并假设那时你过得 100% 的幸福。那么这三个因素中的每一个在你所想象的幸福生活中各贡献了多少？估计一下它们所占的比例使它们总和为 100%：

_____%恋爱＋

_____%金钱＋

_____%职业目标＝

100%幸福

你有没有注意到，当你同时权衡它们的重要性而不是单独考虑它们的时候，每个因素分配到的重要性是否发生了变化？那是因为当我们孤立地考虑一个因素的时候，我们的思维会被一个叫作**锚定**，或者聚焦效应的加工过程所扭曲（Tversky & Kahneman，1974）。结果，我们常常会过高估计我们正在考虑的那项因素的重要性。实际上，集中考虑单个因素，比如对金钱的渴望，会让我们相当痛苦，因为这会让我们更加强调我们所没有的而不是我们所拥有的（Kahneman et al.，2006）。

在本章的开篇，我们会讨论一些诸如锚定这样的扭曲加工，以及信息加工系统如何管理并对此进行补偿。在本章，我们将介绍人类用来感知世界的普遍的智力工具：推理、想象和概念，并讨论怎么使用这些工具来决策、解决问题和发展一些能反映我们自己思维过程的技术手段；接下来，我们会关注另外一个重要的认知工具——语言；最后，我们在讨论智力、创造力以及认知功能的其他方面中结束本章。

认知

认知（cognition）是一个集合名词，是指涉及信息获取、存储、提取和应用的心理过程（Matlin，1989）。它包括我们思考抽象事物的能力，比如诚信和公平，也包括我们做决策

> **认知** 涉及信息获取、存储、提取和应用的心理过程，包括感觉、知觉、记忆、表象、概念形成、推理、决策、问题解决和语言。

和解决问题时所使用的策略。事实表明,我们人类大脑能够轻松解决的任务,对于电脑来说却是几乎不可能学会的。

7.1 演绎推理与归纳推理之间有什么区别?

推理

也许你还记得星际迷航原初系列里的斯波克先生。斯波克先生因不能体验到情绪而让他能够冷静理性地将企业号飞船从克林贡舰队手中解救出来,就像在一场友好的象棋比赛中击败柯克船长一样。古希腊哲学家亚里士多德如果还在,也会赞赏斯波克先生呈现给百万电视观众的认知模型。亚里士多德曾设计了一个形式逻辑系统。他认为通过这个系统能使思考者将认知过程从情感及其他一些无关因素中分离出来,这些因素可能使思考者得出与他们所根据的前提不一致的结论。因此,从这个角度看,**推理**(reasoning)是一种从一系列事实中得出有效结论的思维形式。2 000多年来,亚里士多德的体系一直是科学方法的基础,也是你在第1章中读到的批判性思维策略的基础。下面是一些形式逻辑的规则。

◀在星际迷航原初系列中,斯波克先生常常斥责企业号飞船上的其他船员运用情感而不是逻辑来控制思维。斯波克先生强调精确的逻辑和情感客观性,这与亚里士多德的演绎和归纳推理系统是一致的。

演绎推理。演绎推理(deductive reasoning)是一种从普遍到特殊,或者从一般原理中得出特殊结论的形式。亚里士多德提出了演绎推理的一种形式——三段论。三段论逻辑推理的结构是,有两个命题作为前提(大前提和小前提),紧跟两个前提的是正确的结论。三段论的效力在于它的形式而不是它的内容。如果两个前提都是真,并且都遵循形式逻辑规则,那么结论一定为真。

📖 观看关于演绎推理的视频 www.mypsychlab.com

思考这个三段论:
大前提:所有标准车都有四个轮子。
小前提:玛丽亚的车子是一辆标准车。

> **推理**　一种基于一系列事实得出结论的思维形式。
> **演绎推理**　从一般到特殊的推理,或者从一般原理中得出特殊结论。

结论：因此，玛丽亚的车子有四个轮子。

很明显，结论正确，因为所有的标准车都被包括在范围更大的四轮车类别内。玛丽亚的车子在"标准车"的类别内，因此也包括在更大的"四轮车"类别内。

现在请思考这个没有遵循形式逻辑规则的三段论：

大前提：所有标准车都有四个轮子。

小前提：玛丽亚的车有四个轮子。

结论：因此，玛丽亚的车是标准车。

结论不正确。虽然大前提和小前提都真，但根据它们得出的结论并不正确。小前提过于普遍而不能适用于演绎：一些货车和其他的交通工具也有四个轮子，比如拖拉机。所以，我们不能得出玛丽亚的交通工具是标准车的结论。

归纳推理。 归纳推理(inductive reasoning)是一种从特殊事实或个案中得到一般结论的推理形式。这种推理的结论可能是正确的。因此，基于结论前提可以被判定为假，但不能被判定为真。所以，归纳推理与演绎推理完全对立，演绎推理中正确前提通常能得出正确结论。

比如，有一列数字系列 73737373737，你预测下一个数字是什么？一个合理的结论是下一个数字应是 3。这个结论的前提是从这个系列得出的一般规则：7 总是在 3 后面。如果下一个数字是 5，你就知道这个前提是错的。然而，如果下一个数字是 3，你仍然不知道这个前提是否是正确的，因为这个预测也许在未来无法继续下去。你只知道在这个特殊的事例中才被支持。

日常生活中的形式逻辑。 许多人在推理中存在困难。造成我们困难的一个原因是先前的信念可能使我们质疑通过演绎推理和归纳推理得到的结论的正确性(DeNuys & VanGelder, 2009)。我们似乎更喜欢坚持这些信念而不是放弃它们以满足逻辑的要求。不过，研究表明指导和训练能够很大程度地影响我们使用形式逻辑的能力。比如，科学家研究发现，当被要求完成与学校里的学习相似的逻辑题目时，12 到 14 岁的青少年表现出了让人印象深刻的推理技能。相反，当研究者指导他们运用逻辑去解决日常问题的时候，这个年龄段的青少年常常表现不佳(Artman, Cahan & Avni-Babad, 2006)。大学生和其他成人也常常从形式逻辑训练中获益(leshowitz et al., 2002)。

7.2 表象如何帮助我们思考？

表象

你能想象听到你最爱的一首歌曲或者他人在喊你的名字吗？当你在做这些事情时，你其实正在利用你的心理**表象**(imagery)能力——也就是，表征出或者想象出感觉经验。

根据心理学家史蒂芬·科斯林(Kosslyn, 1988)的观点，我们在头脑中一次只能建构

归纳推理 从特殊事实或个案中得到一般结论的推理形式。

表象 头脑中感觉经验(视觉、听觉、味觉、运动觉、嗅觉和触觉)的表征。

我们所想象的物体的一部分。存储于记忆中的有关物体局部的样子会被提取并在工作记忆中组合形成完整的图像。这些表象可以直接类似于来自于真实世界的图片，也可以进行创造。在第6章的**应用**中，你已经读到了一些基于表象的记忆术。这些表象对记忆相当有帮助。比如，为了记住自变量是实验中被试操作的变量，你可以想象额头有一个大大的"I"的操作者正在摆弄木偶。

表象也有助于学习和保持运动技能。神经影像学研究显示，一般来说，不管是在实际完成一项给定的任务，还是使用表象在头脑中重复一样的任务，相同的大脑和脊髓区域被激活（Fourkas, Banavolota, Avenanti, & Aglioti, 2008; Fourkas, Ionta, Aglioti, 2006）。因此，那些工作中常涉及重复性身体动作的专业人员——比如音乐家和运动员——能有效地使用表象也就不足为奇了。钢琴家刘诗昆的案例是关于表象的强大作用的一个著名实例。"文化大革命"期间他在监狱中被关了7年。他每天运用心理表象练习他所记得的钢琴曲子。当被释放的时候，他能够立刻演奏那些钢琴曲（Garfield, 1986）。

◀许多专业运动员运用视觉表象提高成绩。

7.3 哪些类型的概念能帮助我们组织信息？

概念

形成概念的能力是思维的另一个重要工具。**概念**（concept）是一种心理范畴，用于表征一类或一组物体、人、组织、事件、处境或者具有共同特点的关系。家具、树木、学生、大学和婚姻都是概念的例子。作为思维的基本单元，概念是非常有用的工具，可以帮助我们制定和组织我们世界的规则，有助于我们快速高效地思考和交流。

形式概念和自然概念。由于我们使用概念的能力，在识别事物之前，我们不必再考虑

> **概念** 一种心理范畴，用于表征一类或一组物体、人、组织、事件、处境或者具有共同特点的关系。

和描述事物的所有细节。如果你看到一只多毛的、棕白相间的、四脚的动物,并且张着嘴巴、伸着舌头、摇着尾巴,你可以立即发现这个概念代表的是狗。狗是一个概念,代表一类具有相似特点或特征的动物,即使它们在重要方面有所不同。大丹犬、腊肠犬、牧羊犬、吉娃娃和其他品种——你可以发现所有这些不同的生物符合狗的概念。而且,我们形成的这些概念并不是孤立存在的,而是存在于有层次的结构中。比如,狗代表动物概念的一个子类;在更高的层次上,动物是生物的子类。因此,概念的形成有其内在的逻辑。

心理学家确立了概念的两种基本类型:形式概念(也称人工概念)和自然概念(也称模糊概念)。**形式概念**(formal concept)是指被一系列规则明确界定的一种形式定义或分类系统。**自然概念**(natural concept)并不来自定义,而是来自日常生活知觉和经验。我们形成和运用的概念绝大部分都是自然概念。一位重要的认知研究者埃莉诺·罗施和她的同事研究了在自然状态下概念的形成,得出了这样的结论:自然概念(比如水果、蔬菜或者是鸟)都是有些模糊的,而不是界定清晰的或系统界定的(Rosch, 1973, 1978)。

形式概念大部分都是在学校教育中获得的。比如,我们通过学习得知一个等边三角形的三边是等长的。我们通过生活经验中的范例或者肯定实例获得大量自然概念。当孩子们还小的时候,家长可能指出轿车的实例——家用轿车、邻居的轿车、大街上的轿车或者书中轿车的图片。但是如果一个孩子指着其他类型运动着的车辆并且说"轿车",家长会说,"不,那是货车"或者"这是一辆公交车"。货车和公交车对于轿车概念来说都是否定实例,或者非样例。经历过一些肯定的和否定的概念样例之后,孩子开始掌握一些能够区分轿车和其他带轮子的车辆的轿车属性。

原型和范式。 在日常生活中,我们是如何使用概念来思考的?一种观点是,在使用自然概念时,我们可能会描绘概念的一个**原型**(prototype)——一个包含了最典型、最多共同特征的实例。在你的头脑中鸟的原型更可能是知更鸟或者麻雀,而不是企鹅或火鸡;那些鸟能飞,而火鸡、企鹅并不能飞,虽然它们都是鸟。因此,不是所有自然概念的实例都适合当原型的。这就是为什么自然概念比形式概念常常看上去更加界定不清。然而,原型最合适某个给定的自然概念,该概念的其他实例与该概念的原型具有的共同特征在绝大多数情况下要多于该概念的其他实例与其他概念的原型所具有的共同特征。

一个最新的关于概念形成的理论认为,概念是由**样例**(exemplars)所表征的——被储存在个体记忆中的与个人经历有关的特有事例或者实例(Estes, 1994)。所以,如果你每天和企鹅或者火鸡在一起,你的头脑中鸟的范式的确可能是企鹅或者火鸡。相比之下,大部分人与知更鸟或者麻雀的接触比与火鸡或者企鹅的接触更多(除非是在烧烤品种中!)。

形式概念 被一系列规则明确定义的,一种形式定义或分类系统;也被称为人工概念。

自然概念 不是来自定义而是来自日常知觉和经验的概念;也被称为模糊概念。

原型 包含了一个概念最共同、最典型特征的实例。

样例 储存在个体记忆中的与个人经历有关的特有事例或者实例。

因此，对于大部分人来说，知更鸟或麻雀是鸟这个概念的样例。

如上所述，我们形成的概念并不孤立存在，而更多以层级或嵌套类别的形式存在。因而，概念形成遵循特定次序，就像决策顺序一样——或者至少，有时会按一定顺序。

▲原型是指包含了一个概念最典型特征的实例。这里呈现的动物中哪种更适合作为你有关鸟的概念的原型？

7.4 系统加工、启发、框架、直觉和锚定在决策中的作用是什么？
决策

你还能回想起最近一次所做的重要决定吗？你能描述一下为了使你的决策合乎逻辑所采用的心理加工过程吗？心理学家将**决策**（decision making）定义为考虑多个选项并从中选择的过程。

系统决策。 一些对决策过程感兴趣的心理学家和科学家——特别是经济学家——主张人类使用**系统决策**（systematic decision-making）过程（Loewenstein, Rick, & Cohen, 2008）。这种方法需要考查所有可能的选项并选择其中最有利的一个。然而，心理学家指出，在日常生活中，我们很少使用这种形式化、系统化的方法决策。系统决策方式需要大量时间是促使我们寻求其他决策方式的原因之一。此外，这种决策方式还有其他几个缺陷。

系统决策的局限。 当代有关决策的大量研究都可追溯至赫伯特·西蒙于1956年提出的有限理性。简单来说，有限理性论是指决策过程中的一些局限、缺陷，使得决策过程不能完全的系统化。工作记忆广度就是其中一个重要的局限。我们在限定的时间内只能思考这么多。另一个局限是我们无法预测未来。比如，你正在考虑与某人结婚，你如何能得知从今往后的20年中你对他（她）能一直保持同样的感觉？很明显，你不知道，所以你

> **决策** 考虑多个选项并从中选择的过程。
> **系统决策** 在仔细考虑所有可能选项后作出决定。

需要做一个有根据的推测。过去几十年中，决策研究一直致力于我们如何形成有根据的推测。

逐步消除法。 这是早期研究决策最重要的路线之一，心理学家阿莫斯·特沃斯基（Tversky, 1972）建议应用一种他称之为**逐步消除法**（elimination by aspects）的策略来应对决策过程中的局限。使用这种策略，可以将选项的评价因素按最重要到最不重要进行排序。任何一个不能满足最重要因素的选项都将被自动剔除。消除过程按照因素的重要性顺序依次进行。最终留下的选项就是被选择的那个选项。举个例子，如果你寻找公寓的最重要因素是你最高可以支付 800 美元每月的租金，你就会自动剔除所有租金高于这个的公寓。如果第二重要的因素是车位的易得性，你将会在租金 800 美元或低于 800 美元的公寓清单中，剔除那些没有合适车位的公寓。接着，你会继续用第三重要的因素进行剔除，以此类推，直到你找到合适的公寓为止。

启发法。 当然，决策往往并没有特沃斯基的模型所描述的那么系统化。决策经常基于**启发法**（heuristics）——一种单凭经验的方法。有三种启发法。**可得性启发法**（availability heuristic）是其中一种已被大量研究的启发法，即评估某件事情发生的可能性与该事件被想起的容易程度有关。举个例子，一个人可能正在思考一条最佳的线路以确保自己能在比赛开始前到达足球场。突然，他想起最近一次可怕的大堵车让他几乎错过了近四分之一的球赛。他会基于上次大堵车的记忆很快选择一条与上次不一样的线路，而不会去查看在线的交通报告或者收听电台的交通信息对通往球场的线路的路况的客观评价。

代表性启发法（representativeness heuristic）是另一种启发策略，根据新的信息或事件与相似事件的类似程度进行判断。比如，假定你想养一条小狗并且需要决定买什么品种。你想起小时候你很喜欢家里养的可卡犬。代表性启发法可能使你相信，你将和以前一样享受另一只可卡犬给你带来的快乐。也就是说，在你的头脑中，你的新狗变成了你童年时那只狗的代表，结果，你决定买一只可卡犬。这里有任何东西能够保证你养这只新狗的经历和你童年时养狗的经历同样快乐吗？当然没有，但是代表性启发法给了你一个理由从广泛的备选项中选择其中一个，使你不需要浪费更多额外的精力去考虑目前最适合养哪种狗。

再认启发法也是许多研究中的主题，在决策过程中当某一个接近决定的因素被发现时，决策过程就被终止。假设你正在进行投票，你仅有的信息是写在选票上的某个具

逐步消除法 一种根据重要性标准逐步对选项进行评价的决策策略。

启发法 一种来自生活经验的单凭经验的方法，决策和问题解决中经常用到，即使准确性和实用性没有保证。

可得性启发法 一种认知经验方法，评估事件发生概率或者事件重要性是基于它在记忆中的可获得性。

代表性启发法 一种基于新事物或情境与原有典型事物或情境的相似程度或者匹配程度进行判断的思维策略。

体部门的候选人名单。如果你发现某个候选人的名字看上去像是一个女人的名字，并且你倾向于看到更多的女性被选到公共部门中，再认启发法可能使你决定投票给女性候选人。

　　心理学家就**再认启发法**（recognition heuristic）在决策中的重要性问题存在争议。歌德·吉仁泽和他的同事（Gigerenzer et al.，1999；Goldstein & Gigerenzer，2002）主张再认启发法使决策者进行"快速且简单"的加工过程，几乎不需要认知努力就能快速决策。他们关于人类决策过程的计算机模型显示，再认启发法可能与耗费更长时间的决策过程一样都能做出好的决定。因此吉仁泽坚持认为，因其高效性，再认启发法很多时候是我们首选的认知决策工具。

　　其他研究者则怀疑吉仁泽关于再认启发法重要性的主张（Lee & Cummins，2004；Newell，Lagnado，& Shanks，2007；Richter & Spath，2006）。他们的研究显示，被试仅仅在他们获得的关于可供选择事物的信息很少或几乎没有，并且必须在有限时间内做出决定时，才会使用再认启发策略。即使在这样的条件下，某项研究中的所有被试都没有使用再认启发法。一些个体即使在几乎没有信息或时间做决定的情况下，仍然倾向于使用更耗时、符合逻辑的策略，这其中的原因尚未知。结论是，许多心理学家认为决策研究中在论述再认启发法使用的普遍性的同时也需要说明其个体差异性（Lee & Cummins，2004；Newell，2005）。

▲当你想吃快餐时你如何决定光顾哪家速食店？你可能会使用代表性启发，原型引导你对花费多长时间拿到食物和吃起来有什么味道产生一定期望。任意一家速食连锁店都使用相同的原料和烹制方法以维持顾客的代表性启发作为未来速食购买决策的指导。

再认启发法　一旦向决定接近的一个因素被识别出来，决策过程就终止的一种策略。

然而，心理学家普遍同意，启发法有时会导致非理性决策转而导致灾难性的结果。例如，2001年9月11日恐怖分子袭击之后，吉仁泽猜测在接下来几周内美国交通事故中死亡的人数将戏剧性地增加(Gigerenzer, 2004)。为什么呢？吉仁泽认为关于恐怖袭击的记忆将会充当可得性启发刺激，导致人们更多选择乘车出行而不是坐飞机，尽管事实上他们被恐怖分子选作袭击目标的概率远低于发生汽车交通事故的概率。为了检验他的假设，吉仁泽比较了2001年9、10、11月的致命汽车撞击事故记录与1996年到2000年相同月份的记录。他发现在9月11日后几个月中此类交通事故发生的数量明显多于此前五年同期的数量。

毫无疑问，关于启发法在决策中的作用的学术争论带给我们的信息是，启发法可以帮助我们快速做决定并且几乎无须心理努力，但是也可能会导致错误。在日常生活中做决策时，我们需要面对的挑战是如何准确评估启发法对一个决策的适用程度。例如，在投票站前，我们大概都会同意基于候选人在相关议题上的立场做出的决定会优于到最后一刻基于候选人的某些性格特征作出的快速决策，比如从名字中推测的性别。

框架。不管我们使用启发法还是更加耗时的策略，我们应该意识到信息呈现方式会影响决策过程。例如，**框架**(framing)指信息的呈现方式是为了强调结果是潜在收益还是潜在损失。为了研究决策框架效应，卡尼曼和特沃斯基(Kahneman & Tversky, 1984)给一组被试呈现了如下一些选择。你将选择哪套方案？

> 美国正在为即将爆发的一场危险的疾病做准备，这场疾病预计将导致600人丧生。有两套可供选择的方案。如果采用A方案，能够挽救200人的生命。如果采用B方案，有三分之一的可能600人都被救活，还有三分之二的概率没人被救活。

研究者发现72%的被试选择了"有把握的"A方案多于"冒险赌博"的B方案。现在请考虑选择，框架被重新建构如下：

> 如果采用C方案，有400人将会死亡。如果采用D方案，有三分之一的概率没有一个人会死，有三分之二的可能600人都死。

你将选择哪个方案？当问题以这个版本给被试时，78%的被试选择了D方案。仔细阅读将会发现D方案与先前版本的B方案的结果是完全一样的。如何解释这个结果呢？问题的第一个版本建构框架将注意聚焦在能够被拯救的生命的数量上。当人们主要被鼓励获得收益(拯救生命)，他们更可能选择一个安全的选项而不是一个冒险的选项，正如那72%的被试所做的。问题呈现的第二个版本构建框架时将注意聚焦在400人将会死亡上。当试图避免损失时，人们表现出更愿意选择冒险的选项，就像那78%的被试一样。

框架 呈现的方式使得要么强调潜在收益，要么强调潜在损失的结果。

直觉。你有多频繁听到一些人建议其他人"跟着你的直觉走"？心理学家使用**直觉**（intuition）一词来指根据内心的感受或本能快速形成的判断。尽管我们相信直觉，了解直觉受情绪的强烈影响也很重要。因此，直觉有时能够干扰逻辑推理。研究者发现即使涉及中性情绪的内容在做判断时，也会存在直觉干扰。例如，判断一串字符是否构成符合正确语法结构的句子（Topolinski & Strack，2009）。词汇中包含的情绪唤醒词（如战斗、死亡）会影响被试语法判断的正确率。

　　直觉也可能引导我们根据可供选择的选项能够带来的收益多少来决定其重要性。例如，购买一辆标价18 000美元的车然后返还你1 000美元，还是买一辆标价17 000美元的车？如果要你当场作出决定，你会怎么选择？信息加工观点的研究者认为，面对这样的抉择时，根据一组信息产生的内心表征而不是事实细节形成直觉判断（Reyna，2004）。汽车交易商给那辆标价18 000美元车辆并折扣1 000美元的车的广告主题会是"如果你在这里买下它，你将省钱"而不是"18 000美元－1 000美元＝17 000美元；因此，你在哪买车并不重要"。此外，研究者发现直觉可能导致我们在决策推理中犯错误，这带来的风险远大于购买汽车所带来的风险。研究者发现直觉思维过程会导致内科医师过高估计了避孕套降低性疾病传播风险的作用（Adam & Reyna，2005；Reyna & Adam，2003）。研究被试在评估性行为中有没有戴避孕套的相对危险性时，倾向于忽略性病的传播方式而不会忽略性交行为（例如，衣原体）。

　　锚定。在本章的开头，我们向你介绍了**锚定**（anchoring）的概念，是指在决定过程中关注一个因素会放大这个因素相对于其他有关因素的重要性。英国的心理学家尼尔·斯图尔特在一系列的研究中，探讨了信用卡最低支付额的锚定效应是如何影响还款决策的（Stewart，2009）。首先，研究者做了个调查要求被试回答关于他们最近信用卡账单的问题。回答者报告了他们的余额、账户的最低支付额和实际支付额。研究者发现最低支付额越少，参与者的实际支付额越少。此外，在余额和实际支付额之间没有相关。也就是说，调查参与者将他们的支付决定锚定在最低支付额的多少，而不是余额的多少。

　　在后续的实验室研究中，斯图尔特提供被试余额900美元的信用卡账单。其中一半账单有最低支付额而另一半没有。要求被试思考如果这些账户是他们的，他们能够支付得起的账单是多大，然后告诉研究者他们可能在这些账单上支付多少。那些账单没有最低支付额的被试愿意支付的金额平均是那些账单有最低支付额的被试愿意支付金额的两倍。根据这些结果，斯图尔特推测银行和金融机构出售平均额度（约4 000美元）的信用卡，这些信用卡要求较低的最低支付额而不提示消费者这样支付的利息费用，这样银行和金融机构的利息收入就能翻番。斯图尔特也指出，如果信用卡账单上标明不同支付额度的利息费用，那么锚定效应就会减弱。

　　复习中总结了决策的不同方式。

直觉	根据"直觉"或"本能"进行快速判断。
锚定	过高估计一个因素的重要性，排斥其他有关因素。

复习——决策的不同方式

方　　式	描　　述
系统决策	在做出决定之前考虑所有可能的选择
逐步消除法	评估选项的因素按照最重要到最不重要依次排序；任何不满足最重要因素的选项被删除；以因素的重要性为参照，依次删除选项，直到剩下最后一个选项
可得性启发法	常由于近期经验，容易进入头脑的信息决定了决策的结果
代表性启发法	决策是基于事物或情景与已存的原型的相似程度或匹配程度做出的
再认启发法	根据对选项的再认做出快速决策
框　　架	强调潜在收益和损失，并影响决策
直　　觉	收获的预计影响"第六感"，进而影响决策的得出
锚　　定	高估选项的重要性，决定只被这一个因素影响

7.5 问题解决的基本方法是什么？ 它们有何不同？

问题解决

你通常怎么试着解决问题？也许你利用尝试错误法；就是说，你尝试用一种又一种的方法解决问题直到你找到一种有效的方法。也有可能，你已经找到更加有效的策略。事实上，你刚才阅读的决策过程与**问题解决**（problem solving）有许多共同特点，都包括为达到预定目标而产生的想法和行为。

启发法和算法。大多数人发现启发法在问题解决中与其在决策过程中一样有用。例如，**类比启发法**（analogy heuristic）是将问题与你以前遇到过的问题进行比较。其想法是如果 A 策略对以前遇到的相似的问题起作用，那么用它解决一个新的问题也会有效。

还有一种能有效解决问题的启发法是**逆向工作法**（working backward），有时叫作逆向搜索。这种方法是从问题答案和已知条件开始，然后逆向分析问题。一旦逆向搜索找到可采取的步骤和顺序，问题就能被解决。试着用逆向工作解决**试一试**的荷花问题。

> **问题解决** 达到预定目标的想法和行动不能够轻易得到。
>
> **类比启发法** 一种经验方法，如果新问题与过去解决的问题有许多共通点，那么可以把用过的方法用在解决新问题上。
>
> **逆向工作法** 通过确定目标发现解决问题所需的步骤，然后逆向工作达到当前状态的一种启发法；也称为逆向搜索。

试一试——荷花问题

覆盖水面的荷花每 24 小时增加一倍。夏天开始的时候池塘里有一株荷花。荷花完全覆盖这个池塘需要 60 天。一半池塘被覆盖是在哪天？

答案：问题关键是荷花每 24 小时数量翻倍。如果池塘被完全覆盖是 60 天，那么它一半被覆盖是在第 59 天。

来源：*A Perplexing Profusion of Puzzles* by James F.Fixx(1978)。

观看关于荷花问题的视频 www.mypsychlab.com

228　　另外一种广泛使用的启发法是**手段—目的分析法**(means-end analysis)，即将当前状态与预定目标进行对比，形成一系列的步骤，然后采取这些步骤以缩小两者的差距(Sweller & Levine, 1982)。许多问题大而复杂，在它被解决之前必须被拆分成许多小步骤或子问题。例如，如果你的教授给你布置了一篇学期论文，你不可能坐下来就写。你必须首先决定如何确定一个主题，研究这个主题，列出大纲，然后在一段时间里写出每一部分的内容。最后，你做好整合成一篇完整论文的准备，写出草稿并修改几遍，在上交之前将它整理成终稿格式，然后你将获得一个成绩 A。

当你采用启发策略时，可能得到也可能得不到一个正确的解决方案。相比之下，如果合理使用的话，**算法**(algorithm)是一种总是能够找到正确答案的问题解决策略。比如，你在学校学习的计算矩形面积(长×高)的公式就是一种算法。

当然，你必须得了解算法和能够适用这种算法的问题。同样地，启发法必须基于以往的知识。因此，缺乏合适的知识是阻碍问题有效解决的一个重要因素。当然，还有一些其

> **手段—目的分析**　将当前状态与目标状态进行对比，形成并采取一系列步骤以缩小两者之间的差距的启发策略。
>
> **算法**　采取系统的逐步程序，就像数学公式，如果应用合适和执行恰当，就能确保某类问题能够解决。

他因素。

问题解决的阻碍因素。日常生活中,在某些事情上,我们努力解决问题却会因为**功能固着**(functional fixedness)而受阻——不能以新颖的方式使用熟悉的东西成功解决问题。我们仅以惯有功能看待事物。请想想你每天使用的所有东西——工具、餐具还有其他设备——帮助你实现一定的功能。这些东西的日常功能在你的头脑中常常会固定下来,以至于你不能想到新的方式创造性地使用它们(German & Barrett,2005)。

▶我们很多人努力解决问题却因为功能固着而受阻——不能以新颖的方式使用熟悉的东西成功解决问题。

假设你想要一杯咖啡,但是咖啡机上接咖啡的玻璃瓶弄坏了。如果你面临功能固着,你可能得出这样一个结论:此刻你没有任何办法解决这个问题。但是,想一下你所需要实现的功能,而不是你没有的东西或餐具。你需要的是能接咖啡的东西,而不是与咖啡机一起买来的指定类型的玻璃瓶。你能用碗或者餐具,甚至是咖啡杯接咖啡吗?

心理定势是问题解决的另一阻碍因素,类似于功能固着但范围更广。**心理定势**(mental set)是一个人以自己的方式解决问题的惯性心理,倾向于使用相同的老方法即使其他方法可能更好(请看**试一试**)。例如,一些人对在线支付账单的抵触可能就是心理定势的结果。当他们想到"支付账单"的时候,出现在脑海中的是这样一系列场景:阅读结算单,填写支票,信封贴上邮票和将它们投入邮箱。尽管完成这一系列行为比网络上在线支付需要花费更多的时间,一些人不能将"支付账单"的概念同他们想到的——读结算单,填写支票等——行为分开来。他们视这些为"支付账单"的组成部分。也就是说,他们很难

功能固着 不能以新颖的方式使用熟悉的东西成功解决问题,因为倾向于以惯有的功能看待这些东西。

心理定势 倾向用熟悉的策略去解决问题而不考虑问题的具体要求。

打破心理定势去获得一组新的行为序列,就好像他们不愿意为了获得长期的高效率而去经历学习在线支付账单过程中所要损失的短期效率。

◂世界冠军加里·卡斯帕罗夫与深蓝的比赛中正在深思下步棋,深蓝是 IBM 开发的顶级棋类游戏领域的人工智能。

229　　最后,你可能听过"三个臭皮匠顶个诸葛亮"这句话。在问题解决中,这个谚语的说法可能确实是真的。研究者已经发现 2~5 人的小组比组中任何个人能想出更好的问题解决方案(Laughlin et al., 2006)。因此,下次当你面临复杂问题时,最好的策略就是向你的朋友、家人或是同学寻求帮助以找到一个切实可行的解决方案。

试一试——邓克蜡烛问题

你怎么使用图钉将蜡烛固定在墙上?

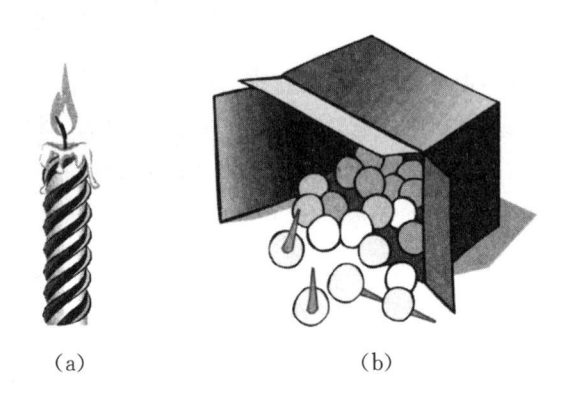

(a)　　　　　　(b)

答案:利用图钉将盒子固定在墙上,然后将蜡烛放入盒子中(Duncker, 1945)。

7.6　人工智能技术有哪些重要的应用?

人工智能

先前的部分中你已经学到数学公式是种算法或者是通向正确答案的问题解决策略。另一类算法是测试所有可能的方案然后执行一个效果最好的方案。在大多数情况下,人类工作记忆的有限性使得这类算法很难应用,但并非不可能。相比之下,电脑能够执行这样的算法并且在几秒之内完成。电脑这种"思维"特点已经被**人工智能**(artificial intelligence)程序很好地证明,这类程序被设计用来在象棋这样的游戏中与人类专家进行技能比赛。你可能听说过著名棋手卡斯帕罗夫与 IBM 计算机"深蓝"和"Deep Junior"的一系列象棋比赛。卡斯帕罗夫能够做到的最好结果是与电脑平局。

如果电脑能够在象棋游戏中打败人类,这是否意味着电脑信息加工过程与人类大脑完全一样?不一定。然而,计算机科学家希望设计出能实现该目标的人工智能。设计用来模拟人类大脑功能的程序称为**人工神经网络**(artificial neural networks,ANNs)。这样的网络已经被证明在电脑程序中很有用,这些程序被设计用于在有限领域执行高度特殊的功能,被称为**专家系统**(expert system)。第一个专家系统是 MYCIN,该系统被医师用于诊断血液疾病和脑膜炎。在大多数情况下,当专家系统作为人类的助手时,能够提供最大的益处。例如,医学诊断程序经常用于验证医师的猜测或生成他们没有遇到过的可能诊断(Brunetti et al.,2002)。记住,任何一个专家系统都依赖人类专家积累的知识。因此,电脑完全取代人类专家是不可能的。

此外,许多人类相对容易操作的认知任务,事实上很难教会电脑去操作。语言加工过程的很多方面对电脑来说极难掌握(Athanasselis et al.,2005)。例如,当你听到壮丽(majestic)这个词时,你的脑海中出现了什么场景?你可能好像看到一群被积雪覆盖的山脉。电脑科学家目前正在开发能够基于这种模糊的、抽象的线索来提取图片的程序(Araujo,2009)。你将在下一节中看到,虽然大部分时间里我们能毫不费力地使用语言,但人类的语言是极其复杂的现象。

记一记——认知

1. 三段论涉及_____推理。
2. 想象一个动作与实际上进行一个动作激活相同的大脑部位。(对/错)
3. _____是最典型的概念例子。
4. 启发法在系统决策中同时具有令人满意的和令人不满意的影响。(对/错)
5. _____是能确保答案正确的问题解决策略。
6. 想要模拟人类大脑的电脑系统被称为_____。

答案:1. 演绎 2. 对 3. 原型 4. 对 5. 算法 6. 人工神经网络

人工智能　在问题解决、判断和决策中模拟人类思维的计算机程序。

人工神经网络(ANNs)　想要模拟人类大脑的电脑系统。

专家系统　设计用来执行高度特殊功能的电脑程序。

语言

不使用语言我们能思考吗？有关表象的研究表明我们能。但是，没有语言，我们每个人将生活在一个大多数时候孤独、孤立的世界中，不能交流或者接收信息。科学家将**语言**（language）定义为一种交流思想和感情的工具，一套按照语法规则组织的、社会共同的而不是任意的符号系统（声音、标志或书面符号）。

想一想语言有多么神奇。它让我们产生和理解几乎无限数量的有意义的句子。如果不是这样，我们可能仅被限制于重复我们听过或读过的陈述。此外，语言不受时间和空间的束缚。语言让我们能够交流抽象的或是具体的、存在的或是不存在的以及关于过去是什么样的、现在是什么，或是可能是什么的内容。由于语言，我们可以从经验、知识还有其他智慧中获益，我们也能给他人带去帮助。语言使得来自世界每个角落的当下的智慧都可以被利用。在第 8 章，我们将讨论婴儿是如何获得语言的。这里我们将探讨这一神奇的人类交流形式的结构和成分。

7.7 什么是语言的必要组成成分？

语言结构

心理语言学（psycholinguistics）是研究语言的获得、产生和应用，以及语言的语音和符号是如何转换为意义的学科。心理语言学家投入了大量的精力研究语言的结构和控制语言使用的规则。语言至关重要的成分是音素、语素、句法、语义和语用。

音素。口语中的最小语音单位称为**音素**（phonemes）。音素构成了口语最基本的部件。三个音素一起构成单词 cat 的语音——c（听起来像 k）、a 和 t。音素并不像你背诵字母表中单个字母时那样的发音，a-b-c-d-e-f-g，而是像单词中字母那样发音，就像 b 在 boy 中，p 在 pan 中等。在单词 cat 中音素 c 的发音与在单词 city 中音素 c 的发音是不一样的。

字母联合形成发音，比如 th 在 the 里和 ch 在 child 里都是音素。相同的语音（音素）在不同的单词中可能由不同的字母表示，就像 a 在 stay 里和 ei 在 sleigh 里一样。并且，正如你看到 c 一样，相同的字母可以表示不同的音素。比如字母 a 在 day、cap、watch 和 law 里，发音成四种不同的音素。

总共有多少音素？大约有 100 个不同的发音可被作为音素，但是大多数语言比这个数字少得多。英语大概使用 45 个音素，而其他一些语言有的只有 15 个这么少，有的有 85 个

> **语言** 一种交流思想和情感的方式，运用一套按照语法规则组织的，社会共同的而不是任意的符号系统。
>
> **心理语言学** 对语言的获得、产生和应用，语言的语音和符号如何转换为意义的研究。
>
> **音素** 口语中的最小语音单位。

这么多(Solso,1991)。然而,音素不提供意义。意义是由语言的下一个成分——语素表达。

语素。语素(morphemes)是语言意义中的最小单位。在英语中几乎所有的实例中,语素由两个或以上的音素构成。但是少量的音素也能当作语素,例如冠词 a 和人称代词 I。在英语中许多词是单个语素——*book*、*word*、*learn*、*reason* 等。除了作词根之外,语素也可以作为前缀(例如 *re-*在 *relearn* 中)或后缀(例如*-ed* 是过去时,就像在 *learned* 里)。单词 *reasonable* 由两个语素组成:*reason* 和 *able*。添加前缀 *un-*(另一个语素)构成 *unreasonable*,则意义相反。字母 *s* 在单词中是表示复数的意思,因此是一个语素。语素 *book*(单数)变成两个语素是 *books*(复数)。

所以,单独和结合的语素在语言中构成词汇并提供意义。但是单独一个词不能构成语言。语言需要单词按顺序和意义形式组织或组合在一起的规则。这正是句法的功能。

句法。句法(syntax)是用来说明词汇排列和组合以构成词组和句子的语法部分。例如,英语中一个重要的句法规则是形容词通常在名词前面。说英语的人把美国总统的住处称作白宫(the White House)。但是西班牙语中,名词通常在形容词前面,讲西班牙的人会说"la Case Blanca"(the House White)。使用英语时,我们会问"Do you speak German?";但是说德语的人会问"Sprechen sie Deutsch?"(Speak you German?)。所以,一种语言的词序规则或者句法不同于另一种语言的词序规则或者句法。

这里需要重点指出的是,语法包括语素组合的规则和规范句法的规则。例如,语素组合规则决定了"sock"和"socks"的不同。"Is it here?"和"Here it is."的不同涉及句法。这两个规则构成了语言中的语法。

▲手语,例如美国聋哑人手语,包括与语言相同的所有元素。手语中的"音素"是(1)手形,(2)位置,(3)手掌方向,(4)移动,(5)保持。因此,任何一个手势都能从这些基本元素进行分析,就像口语中的单词可以被分解为成分音素一样。例如,就像上面呈现的"猫"的手语比口语中的"猫"有更多的音素,口语中它仅有三个音素(k/a/t)。

> **语素** 语言的最小意义单位。
> **句法** 用来说明词汇排列和组合以构成词组和句子的语法部分。

语义。 语义（semantics）是指语素、词汇和句子的意义。同一个词可以有不同的意思，取决于它在句子中如何应用："I don't mind." "You mind your manners." "He has lost his mind."

著名的语言学家和富有创意的理论家诺姆·乔姆斯基（Chomsky，1986，1990）断言从句子中获取意义信息的能力储存在大脑的不同部位，而不在构成句子的词汇中。而且，他区分了句子的表面结构和深层结构。句子的**表面结构**（surface structure）是指说的或写的（或是标记的）文字的字面含义。**深层结构**（deep structure）是指句子的深层含义。

在有些句子中，句子的表面结构和深层结构是一致的。"Lauren read the book."是句子的真正意思。但是如果这个句子被重写为被动语态——"The book was read by Lauren."——句子的表面结构变了，而深层结构还是一样的。另外，一个句子可能有一个或多个不同的深层结构。比如，在句子"John enjoys charming people"中，两个矛盾的深层结构就产生了歧义。约翰是喜欢有魅力的人，还是他喜欢运用自己的魅力吸引别人？

语用。 你怎么知道一个人是在陈述还是在问问题呢？语用的特点能帮你分辨不同。**语用**（pragmatics）被定义为能帮你解读言语的社会意义的口语特征。例如，韵律或语调是语用的一部分。每种语言在生成陈述句或疑问句的时候都有韵律规则跟随。英语中，陈述句在语调上以降调结束而疑问句以升调结束。所以，如果在机场坐在你旁边的某个人以升调结尾和你说"报纸"，你就知道她说的是，"你想要这份报纸吗？"其他非语言线索可能伴随着问句。她可能递出报纸给你或者示意你放在桌子上的报纸。这些手势代表了语用的另一方面。

7.8 思维通过什么方式影响语言？
语言和思维

如果语言是人类独有的，那么它会不会促进人类思考？你说英语难道意味着你的推理、思维和你感知世界的方式不同于说西班牙语、汉语或是斯瓦希里语的人？根据50年前提出的一个假说，它确实是。本杰明·沃尔夫（Whorf，1956）提出**语言相对性假说**（linguistic relativity hypothesis），认为一个人说的语言很大程度上决定了其思想的性质（Tohidian，2009）。根据这个假说，人们的世界观主要由他们所使用的语言的词汇构成。沃尔夫提供了一个经典例子作为证据：爱斯基摩人使用的语言中有多个不同的词来表达

语义 语素、词汇和句子的意义。

表面结构 说的或写的（或是标记的）句子的字面含义。

深层结构 句子的深层含义。

语用 口语特征，就像提示言语的社会含义的语调和手势。

语言相对性假说 一个人说的语言在很大程度上决定了其思想的性质的观点。

雪——"*apikak*，降下的第一场雪；*aniv*，散开的雪；*pukak*，作为饮用水的雪"——而英语世界只有一个字，*snow*（Restak，1988，p.222）。沃尔夫声称有关雪的类型和条件的词汇如此丰富多样，使得爱斯基摩人对雪的思考会不同于那些所使用的语言中没有这一系列词汇的人。

埃莉诺·罗施（Rosch，1973）检验了这个假设：所使用的语言中包含了很多颜色词的人是否比那些所使用的语言只有少量颜色词的人更加善于思考和辨别颜色。她的被试是讲英语的美国人和丹尼人，丹尼人来自新几内亚一个偏远部落，他们的语言只有两个颜色词——*mili* 表示黑暗、冷色和 *mola* 表示明亮、暖色。罗施给两组被试都呈现了 11 种单色色块——黑色、白色、红色、黄色、绿色、蓝色、棕色、紫色、粉色、橘黄色和灰色——每种五分钟。然后，30 秒后，她让被试从 40 种色块中选出刚才看到过的 11 种颜色。美国被试比丹尼被试表现得更好吗？对于丹尼人而言棕色、黑色、紫色和蓝色都是 *mili* 或是暗色。不是的。罗施发现丹尼人和美国人在分辨、记忆或思考这 11 种基本颜色时没有表现出明显的差异。罗施的研究结果并不支持语言相对性假说。

然而，很清楚的是，如果在相反的观点上走得太远，即假定语言并不影响人们如何思考也将是一个错误。思维影响语言，同时也受语言影响，语言反映了文化差异而不是语言决定了文化差异（Pinker，1994；Rosch，1987）。

7.9 儿童时期或成年期学习第二语言有什么优势？
学习第二语言

你会说一种以上的语言吗？大多数土生土长的美国人只说英语。但在世界上许多其他国家，大多数人说两种甚至更多种语言（Snow，1993）。在欧洲国家，大多数学生除了学习他们周边国家的语言外还学习英语。荷兰语是荷兰人的母语，但是所有荷兰学龄儿童也学习德语、法语和英语。德国的准大学生通常学习三种语言（Haag & Stern，2003）。学习两种语言在语言发展过程中对学习者本身有什么影响？

▶青少年时期和成年期在双语家庭中成长具有明显的优势。英语和西班牙语是大部分美国双语者使用的语言。

研究表明,在早期学习两种语言同时具有优势和劣势。好处之一是学龄前和学龄儿童中,**双语能力**(bilingualism)——流利使用两种语言的能力——与更好的元语言技能有关,元语言技能是指思考应用语言的能力(Bialystok et al.,2000;Mohanty & Perregaux,1997)。缺点是,即使到了成年期,双语有时与词汇记忆任务的效率下降有关(Gollan & Silverberg,2001;McElree et al.,2000)。然而,双语使用者似乎能发展补偿策略,使他们能够弥补这些不足。结果是,他们在执行这些任务时与只使用一种语言的人一样准确,虽然他们反应会比较慢。然而许多人会认为,流利使用两种语言值得放弃一点认知加工效率。

因此,你可能会问,那些没有好运能在双语环境中长大的人会怎么样?在到达成人期后是否仍有可能流利地使用第二语言?研究者发现任何年龄期都可能获得一种新的语言技能。虽然那些学习第二语言越早的人能够达到的精通水平越高,但是年龄不是唯一的决定因素。白田(音译)和他的同事(Hakuta et al.,2003)利用人口普查数据考察了说汉语和西班牙语的移民的英语水平和入境美国的年龄以及受教育程度之间的关系。图7.1显示了他们的研究结果。正如你所看到的,即使移民者是在成年中期和晚期进入美国,他们学习英语的能力仍可由他们的教育背景来预测。而且其他研究显示,你对第一语言了解得越多——拼写规则、语法结构和词汇——你越容易学习另一种语言(Meschyan & Hernandez,2002)。

📖 观看关于双语家庭、双语教育和双语教学的视频 www.mypsychlab.com

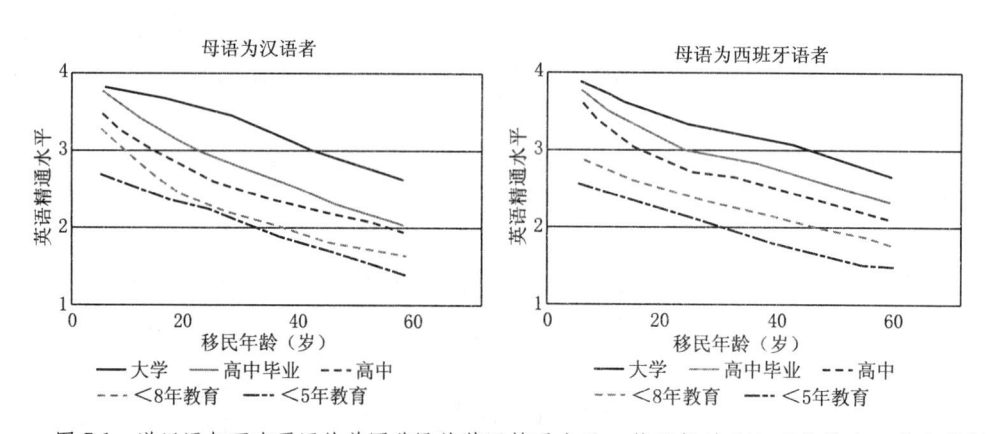

图7.1 说汉语与西班牙语的美国移民的英语精通水平 基于超过200万人的人口普查数据所获得的这些研究结果表明,任何时候开始学习第二语言都不会晚。来源:Hakuta et al.(2003)。

也许儿童比成人更容易熟练掌握第二语言仅仅是因为他们练习更多。年龄较大的个体也许更多依靠被动策略学习一种新的语言,比如通过听别人对话或是看电视。研究显示,被动地听可以帮助我们学习新的词汇,但是它对学习语法没有帮助(Van Lommel,

双语能力 流利使用至少两种语言的能力。

Laenen,& d'Ydewalle，2006）。事实上，听别人讲似乎会导致我们忘记已经掌握的语法知识。这是可能发生的，因为自然对话中包含不完整的表达而不是完整的句子。例如，朋友可能会对你说："为了心理学考试你复习了多久？"作为回答，你可能会说"大约3小时"而不是"我为心理学考试复习了大约3小时"。因此，当你上外语课时，某些要求的练习可能看起来很傻。（在现实生活中，有人会这么说吗？"这是我阿姨的黄色大铅笔"或"那是露西漂亮的蓝色帽子"。）然而，这些练习对你学会语言的语法很有必要。

然而，早期学习两种语言有个明显的优势。学习一种新的语言的人越年轻更有可能学会用恰当的口音来说（McDonald，1997）。早期和晚期语言学习者有这种差异的一个原因可能与神经加工过程中的变化有关。研究显示较早（年龄小于10或11岁）学习第二语言的双语者对所说的两种语言的加工依靠相同的大脑区域（Bloch et al.，2009）。在较大年龄学习第二语言的双语者，当他们执行语言任务的时候激活两个不同的脑区——其中一个用于第一语言，另一个用于第二语言。然而，两个脑区非常接近，仅0.8厘米的距离。

7.10 有关动物语言能力的研究说明了什么？
动物交流

问人们是什么能力将人类区别于其他物种，大多数人将会回答"语言"，并有充分理由。据科学家们所知，人类是唯一形成了这么丰富多变和复杂的交流系统的物种。而且，语言学家断言人类的语言包括一些关键的要素，所有已知的动物交流系统缺乏其中一个或多个要素（Hockett，1959）。语言学家在类似人类语言独有的特点是什么这样的问题上存在一定程度的不同意见（Anderson & Patrick，2006）。然而，下列是大多数语言学家都认同的一些关键要素：

● **模式双重性**：音素在规则支配模式下被组合成单词；单词在规则支配模式下被组合成句子。
● **生产力**：有限的语音被用来生成数量无限的独特言语。
● **随意性**：物体、事件或想法没有意义上的联系并且以韵律的方式表达。
● **互换性**：任何能被听到的语音都可以再生。
● **特殊化**：语言的声音仅用于交流。
● **替代性**：言语可以是关于当前不存在的物体和事件。
● **文化传播**：社会环境是语言学习所必需的；自身并不会发展。
● **说谎**：语言可以表达不真实的想法。
● **自反性**：语言能描述它自己。

尽管交流系统存在缺陷，然而，很清楚的是动物能彼此交流。此外，研究者已经教会了一些不同种类的动物与人类交流。

关于黑猩猩的研究。 早期研究者试图教会黑猩猩说话，但是因为黑猩猩的声道并不适应人类的语言发音，他们的实验失败了，所以研究者转向符号语言。心理学家艾伦和加德纳（Allen & Gardner，1969）收养了一只叫沃肖的一岁左右的黑猩猩并教它符号语言。

沃肖学会了表示物体和某些指令的符号,比如花、给我、来、开和更多。到它5岁时,它已经掌握了160个符号(Fleming,1974)。

心理学家戴维·普瑞马克(1971)教另一只黑猩猩——莎拉,使用由各种形状、大小和颜色的磁片组成的人工语言,如图7.2所示。普瑞马克利用操作性条件发射技术教莎拉选择代表一种水果的磁片并且把它摆放在有磁性的语言板上。训练者将会奖励莎拉它选对的水果。莎拉也学会了示意两个物体是相同的或是不同的,达到近乎完美的准确度。

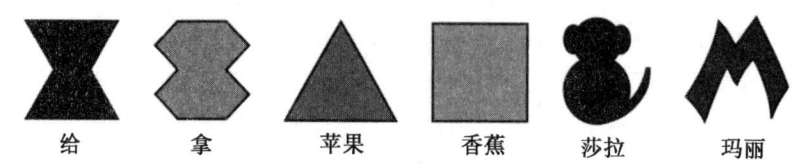

图7.2 莎拉的符号 一只叫作莎拉的黑猩猩学习用各种形状、大小和颜色的塑料片来表示词,这些词来自她的训练者普瑞马克开发的人造语言。来源:Premack(1971)。

在埃默里大学的耶基斯灵长类动物研究中心,一只叫作拉娜的黑猩猩参与了电脑控制的语言训练项目。它学会按那些印有几何符号的按键,这些按键代表了来自耶基斯人工语言中的词。研究者苏·萨维奇-鲁姆博夫和同事(Rumbaugh et al.,1986;Rumbaugh,1977)改变了这些按键的位置、颜色和亮度,所以拉娜不得不学习使用哪一个符号,无论它们在哪个位置。一天,它的训练者蒂姆拿了个它想要的橘子。拉娜能找到表示很多水果的符号——苹果、香蕉等——但是没有一个表示橘子的符号。然而有一个表示橘黄色的符号。所以拉娜灵机一动并示意,"蒂姆给一个橘黄色的苹果。"

与此同时,研究者赫伯特·特勒斯(Terrace,1979,1981)和他的合作者教一只叫作尼姆·齐姆斯基的黑猩猩符号语言(以著名的语言学家乔姆斯基命名)。尼姆学习了125种符号,但是特勒斯认为像尼姆这样的黑猩猩只是模仿他们的训练者并作出反应以得到强化物。特勒斯还认为用灵长类做的研究可能会受实验者偏差的影响;训练者可能无意识中倾向于以暗示语言发展的进步来解释黑猩猩的行为而不通过它如此行为的真正意思。

沃肖、莎拉、拉娜和尼姆·齐姆斯基的本领是那么令人印象深刻,而一只名叫坎齐的倭黑猩猩所学得的语言技能使它们都黯然失色。在20世纪80年代中期,研究者教坎齐的妈妈按代表词的符号。它的进步并不明显,但是它幼小的儿子坎齐在它训练期间站在旁边观看,快速地学会了(由于观察学习,在第5章已讨论)。当坎齐有机会用符号板时,他的表现很快超越了他母亲。

坎齐展示了对英语口语的高级理解(对于黑猩猩而言),甚至能对新的命令作出正确反应,例如"把你的球扔到河里"或是"去冰箱拿出一个西红柿"(Savage-Rumbaugh,1990;Savage-Rumbaugh et al.,1992)。当坎齐六岁大的时候,围绕它工作的一个研究团队已经记录了坎齐超过13 000种"表达",并报道坎齐能够用200种不同的几何符号进行交流(Gibbons,1991)。坎齐能通过按符号叫别人和它玩追逐游戏,甚至能叫它看到的其他两

▶ 从他们对黑猩猩和其他动物的交流研究中,研究者获得了对自然语言有用的理解。倭黑猩猩坎齐变得能熟练使用特殊符号板进行交流。

个人一起玩追逐游戏。如果坎齐示意某人"追逐"和"躲藏",它会坚持它的第一个命令"追逐"先完成(Gibbons,1991)。坎齐不仅会回应边上那些它模仿动作和手势的训练者,也会对来自耳机的要求作出回应(这样房间里就没有人能有意或无意地暗示它)。

观看关于鸟类及其语言的视频 www.mypsychlab.com

其他物种的研究。语言研究者对大多数动物的语言研究都局限于动作回应,例如手语、手势、利用磁性符号,或者在符号板上按键。但是这些局限并没有延伸到某些鸟类,比如鹦鹉,它们能发出像人类一样的声音。一个著名的例子是亚历克斯,一只非洲灰鹦鹉,不仅能模仿人类讲话还能聪明地学讲话。能够识别和命名不同的颜色、物体和形状,亚历克斯能用英语回答关于它们的问题。当被问到"哪个物体是绿色的?"亚历克斯可以很轻松地指出绿色的物体(Pepperberg,1991,1994b)。而且它还能数数。当被问到诸如"红色积木有多少个?"这样的问题时,亚历克斯能正确回答大约80%的问题(Pepperberg,1994a)。最近的研究显示亚历克斯甚至能够做加法(Pepperberg,2006)。

有关海洋哺乳动物的研究,例如鲸鱼和海豚,证实它们能利用咕哝声、口哨声、滴答声和其他声音建立复杂的系统并在物种内用这个系统进行交流(Quick & Janik,2008;Schulz et al.,2008)。夏威夷大学的研究者已经训练了海豚对相当复杂的指令进行回应,这些指令需要理解方向和关系概念。例如,海豚能学会捡物体并把它放在右边或左边的篮子里,而且能理解像"在篮子里"和"在篮子下"这样的命令(Chollar,1989)。

记一记——语言

1. 将每个描述与正确的语言成分进行匹配。

　　_____ (1) 最小语义单位　　　　　　a. 语用
　　_____ (2) 言语表达的意义　　　　　b. 句法
　　_____ (3) 词序规则　　　　　　　　c. 语素
　　_____ (4) 语言的社会意义方面　　　d. 语义

_____ (5) 最小语音单位　　　　　　　　　　e. 音素
2. 句意可能会很模糊,如果有两个或多个_____结构。
3. 根据_____,思维能被语言束缚。
4. 当人变老后,学习第二语言时达到高水平精通的能力会_____。
5. 黑猩猩能用符号或_____与人类交流。
答案:1. (1)c (2)d (3)b (4)a (5)e　2. 深层　3. 语言相对性假说　4. 衰退
　　　5. 手势

智力

你是否曾经停下来想过当你说某人"聪明"的时候,你真正的意思是什么?你的意思是那人学得快还是他/她能解决看上去令他人困惑的问题?花几分钟时间以这样的方式想一想智力这个概念,这有助于你意识到定义能以各种方式测量的智力是一个相当大的挑战。

7.11　斯皮尔曼、瑟斯顿、加德纳、斯滕伯格对智力的定义有什么不同? 智力的本质

美国心理协会一个专家小组将**智力**(intelligence)定义为拥有以下几个基本方面的能力:理解复杂想法、有效适应环境、从经验中学习、能进行不同形式的推理和通过思考克服困难(Neisser et al., 1996, p.77)。然而,正如你将看到的,智力的涵义多于这个简单定义所界定的。

美国心理协会的智力定义中包括一些诸如理解复杂问题的能力和适应环境的能力这样的因素。但是这些能表示单一的实体或者真正单独的能力吗?这个问题已经使心理学家困惑了超过一个世纪。

英国心理学家查尔斯·斯皮尔曼(Spearman,1863—1945)观察到在一个领域聪明的人通常在其他领域也聪明。换句话说,他们趋向于普遍聪明。斯皮尔曼(1927)开始相信智力是由潜藏在所有智力功能下的一般能力构成。斯皮尔曼总结认为智力测验包括这个**g因素**(g factor),或一般智力,和一群 s 因素,或特殊智力。在那些智力测验中都能看到斯皮尔曼的影响,比如斯坦福—比内量表生成一个 IQ 分数表示一般智力的水平。

早期测验研究者中,路易斯·L.瑟斯顿(Thurstone,1938),拒绝了斯皮尔曼一般智力

智力　个体理解复杂想法,有效适应环境,从经验中学习,进行不同形式的推理和通过心理努力克服困难的能力。

g因素　斯皮尔曼用于表示一般智力的词,g因素某种程度上潜藏在所有心理操作之下。

或 g 因素的观点。在分析了 56 个独立能力测验上许多被试的分数后,瑟斯顿发现了 7 个**基本心理能力**(primary mental abilities):言语理解、数字能力、空间关系、知觉速度、言语流畅性、记忆和推理。他认为所有智力活动包含一个或多个基本心理能力。瑟斯顿和他的妻子西尔玛·G·瑟斯顿,开发了基本心理能力测验去测量这七种能力。瑟斯顿认为单一的 IQ 分数掩盖的东西比它揭示的更多。他认为表示这七种基本心理能力相对强弱的剖面图能更加准确地描绘一个人的智力。

哈佛心理学家霍华德·加德纳(Gardner & Hatch, 1989)也否认 g 因素的存在。相反,他提出八个独立的智力形式,或者智力结构,如图表 7.3 所示。这八个心智结构是语言、数理逻辑、空间、身体运动、音乐、人际、内省和自然探索。

探索加德纳的多元智力理论 www.mypsychlab.com

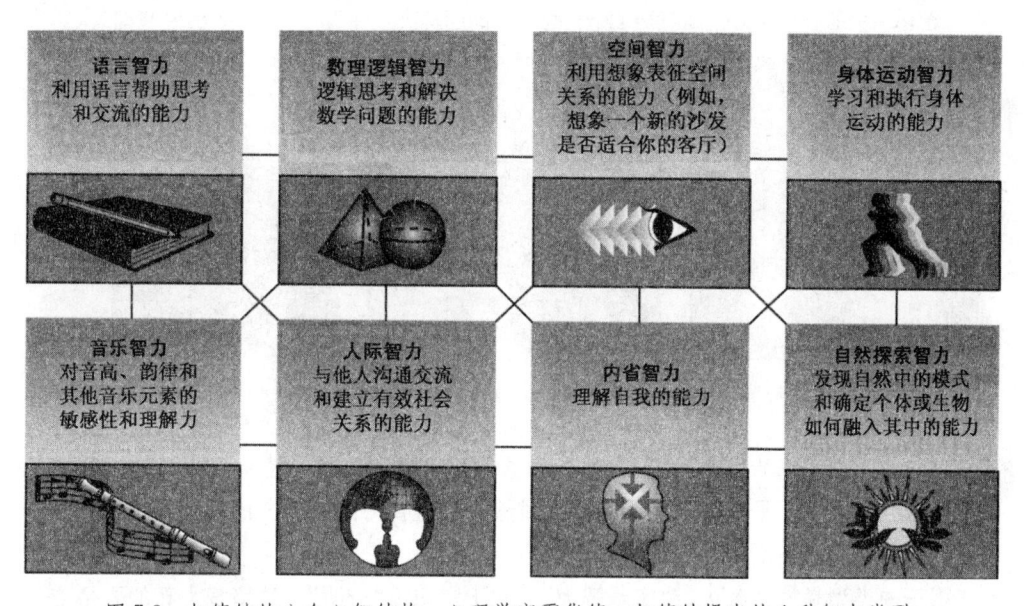

图 7.3 加德纳的八个心智结构 心理学家霍华德·加德纳提出的八种智力类型。

加德纳(1983)最初在研究不同类型脑损伤病人时发展出他的理论,这些病人的脑损伤会影响智力的某些形式但是其他形式的智力完好无损。他也研究了患有学者综合征的人,这些人是心理发育迟滞和非同寻常的天赋或能力的综合体。(在本章的后面,你将读到更多关于这种现象的内容。)加德纳也考虑了在不同的文化和历史时期,不同的能力和技能是如何被评估的。此外,加德纳继续改善他的模型。近几年,他提出第九种智力类型,叫作存在智力,涉及精神领域并使我们思考生命的意义(Halama & Strizenec, 2004)。

> **基本心理能力** 瑟斯顿的观点,七种相对独特的能力,单独或联合涉及所有智力活动。

也许加德纳的理论最具争议的一点是他认为所有智力形式同等重要。事实上，不同文化赋予各种类型智力的重要性程度有所不同。比如，语言和数理逻辑智力在美国和其他西方文化被视为最重要；身体运动智力在依靠狩猎生存的文化中被认为更重要。

心理学家罗伯特·斯滕伯格(Sternberg, 2000)也对大量依赖斯皮尔曼的g因素测量智力持批评观点。然而斯滕伯格不仅仅是批判，他也发展了他自己的智力理论。斯滕伯格(1985a，1986a)构建了**三元智力理论**(triarchic theory of intelligence)，提出有三种智力类型(见图7.4)。第一种类型是成分智力，指与传统IQ测验和成就测验取得好成绩最密切相关的心理能力。他断言传统IQ测验仅测量了成分智力或分析智力。

成分智力
与传统IQ测验和成就测验上取得好成绩最密切相关的心理能力

经验智力
创造性思维和问题解决

情境智力
实践智力或"精明"

图7.4 斯滕伯格三元智力理论 根据斯滕伯格的观点，有三种类型的智力：成分、经验和情境。

第二种类型是经验智力，体现在创造性思维和问题解决中。经验智力高的人能够解决新颖问题和处理不平常的和出乎意料的挑战。经验智力的另一方面是寻找创造性方法更高效地执行日常生活中的任务。

第三种类型是情境智力，或实践智力，等同于常识或"精明"。情境智力高的人是能充分利用长处，弥补自己弱点的生存者。他们或者能很好地适应环境、改变环境以便他们能获得成功；或者，如果必要，寻找一个新的环境。

探索斯滕伯格三元智力理论 www.mypsychlab.com

斯滕伯格等(1995)认为IQ测验成绩和现实生活的成功是基于两类不同的知识：正式的学术知识，或我们在学校获得的知识，和内隐知识。不像正式的学术知识，内隐知识是

> **三元智力理论** 斯滕伯格的理论，认为有三种智力类型：成分(分析)、经验(创造性)和情境(实践)智力。

行动导向的并且该知识的获得无须借助他人的直接帮助。根据斯滕伯格的观点,内隐知识对现实生活中的成功更重要。研究支持斯滕伯格认为两种类型的知识是不同的这一观点(Grigorenko et al.,2004;Taub et al.,2001)。然而,调查者发现诸如传统智力测验等正式学术知识的测验结果比斯滕伯格的实践智力测验结果能更好地预测现实生活中的成功。斯滕伯格和那些与他观点一致的人认为测验本身的缺陷是造成这种结果的原因。因此,近几年,斯滕伯格和他的同事致力于发展可靠而又有效的智力测验,用以测量这三个假设的智力类型(Chart, Grigorenko, & Sternberg, 2008)。

斯滕伯格的想法已经在教育者中流行。一些研究显示,旨在开发这三种智力类型的教学方法对成绩落后的学生有效果(Jarvin et al.,2008)。在这样的教学中,老师强调正式学术知识与实际生活的关联性而且能帮助学生将知识应用到现实问题中。

复习总结了不同的智力理论。

复习——智力理论

理　　论	描　　述
斯皮尔曼 g 因素	智力由单个 g 因素组成,它代表了一般智力能力。
瑟斯顿的基本心理能力	智力有七种独立的成分:言语理解能力、数字能力、空间关系、知觉速度、语词流畅性、记忆和推理。
加德纳的智力结构	智力有八种独立的形式:语言、数理逻辑、空间、身体运动、音乐、人际、内省和自然探索。
斯滕伯格的三元智力论	智力有三种类型:成分、经验和情境。

7.12 比内、特曼和韦克斯勒对智力研究的贡献是什么?

智力测量

智力测量最初的成功结果并不来自理论,而是作为一个解决问题的实用方法出现。

比内—西蒙智力量表。 1903 年,法国政府成立了一个特别委员会寻求一种能够评估学龄儿童个体智力潜能的方法。其中一个委员会成员,阿尔弗雷德·比内(1857—1911),在他的同事精神病学家西奥多·西蒙的帮助下,开发了多种测验。这些测验最终成为了第一个智力测验——比内—西蒙智力量表,于 1905 年第一次出版。

比内—西蒙量表使用了一类叫作心理年龄的分数。一个儿童的心理年龄基于他/她正确回答的题目数量与不同年龄期相应儿童正确回答题目数量的平均数进行比较的结果。换句话说,如果一个孩子的分数与八岁儿童的平均分数相等,那么这个孩子的心理年龄就被确认为八岁,不管她/他的实际年龄(以年度量的年龄)是多少。然后比内比较了孩子的心理年龄和实际年龄。一个孩子的心理年龄比他/她的实际年龄大两岁则被认为是聪明的;一个孩子的心理年龄比他本该达到的心理年龄落后两岁则被认为有智力

▲和精神病学家西奥多·西蒙一起工作开发了一套评估儿童智力的测验后,阿尔弗雷德·比内(如图)在1904年开始测验巴黎的学生。

障碍。但是比内的计分系统中有一个缺陷。比起一个十二岁的孩子有十岁的心理年龄,一个四岁的孩子有两岁的心理年龄是远落后于她的同龄人的。在不同年龄相似的智力落后程度该如何表达?

斯坦福—比内智力量表。德国心理学家威廉·斯登(Stern, 1914)提供了一个答案。1912年,他设计了一个简单的公式计算智力指数——智力商数。但是美国心理学家、斯坦福大学教授路易斯·M.特曼,完善了这个智力测验计分的新方法。1916年,特曼发表了一份全面修订过的比内—西蒙量表,其组成项目适用于美国儿童。特曼也以大量儿童的分数为基础制定了新的**常模**(norms),或年龄均数。3年内,400万的美国儿童参加了特曼的修订版测验,称为斯坦福—比内智力量表。它是第一个采用斯特恩**智商**(intelligence quotient, IQ)概念的测验。(特曼也采用了智商的缩写形式 IQ。)特曼计算 IQ 分数的公式:

$$\frac{\text{心理年龄}}{\text{实际年龄}} \times 100 = IQ$$

例如,

$$\frac{14}{10} \times 100 = 140 (\text{高智商})$$

备受重视的斯坦福—比内量表是一个适用于2到23岁个体的 IQ 测验。它包括四个分量表:言语推理、数字推理、抽象视觉推理和短时记忆。一个总的 IQ 分数来自这四个分量表的分数,测验分数与成就测验的分数有较好的相关(Laurent et al., 1992)。在20世纪20年代和30年代,智力测验在美国日益流行起来,但是斯坦福—比内智力量表不适用于测量成人的事实很快变得显而易见。原始的智力公式不能应用于成人,因为到某个年龄人们的智力会达到成熟。根据原始的智力公式,一个四十岁的人智力分数与二十岁的平均智力分数相同,将被认为有智力障碍,智商仅有50。很显然,当应用于全部年龄人口时这个公式就会发生问题。

为了解决这个问题,心理学家大卫·韦克斯勒开发了第一个适合年龄超过16岁的人

常模 根据一大群人的测验分数范围建立的标准,这群人为以后接受该测验的受试者提供了比较的基准。

智商(IQ) 一种智力指数,最初通过个体心理年龄除以实际年龄然后乘以100得到,但是现在通过比较个体分数和其他同龄人的分数得到。

的个体智力测验(Wechsler,1939)。韦氏成人智力量表(WAIS)的分数是以个体分数偏离成人平均分数的多少为基础,而不是以心理年龄和实际年龄为基础。韦氏的新IQ分数很快就得到了接受,以至于他随即出版了适合于儿童(韦氏儿童智力量表,WISC)和学龄前儿童(韦氏幼儿智力量表,WPPSI)的采用相似计分方法的测验。

现代智力测验。特曼和韦氏的测验都仍然是最常用的心理测验之一。心理学家也对它们进行了几次修订。斯坦福—比内量表现在被称为SB-V,意思是原量表的第五次修订版。当前韦氏量表的版本有WAIS-Ⅲ、WISC-Ⅳ和WPPSI-Ⅲ。从初次使用到现在,这些量表稍微有所改变,采用过几种分数类型,WISC-Ⅳ或许是现代智力量表特征的典型代表。

当在学校工作的心理学家需要找出为什么某个孩子表现出学习困难,他们经常寻求WISC-Ⅳ的帮助,以确定孩子的智力优势和弱势。量表由15个分量表组成,其中10个必须让所有受试者完成(见表7.1),而另外五个是可选的。这些分量表中的五个组成了言语理解指数,用以测量言语技能,例如词汇。(学习策略能帮助你建立一个更有效力的词汇表,看应用。)其余10个测验要求非言语思维,例如排列故事图片和向检查者倒背数字。这些非言语测验分属于知觉推理指数、加工速度指数和工作记忆指数。这些指数测量了不同类型的非言语智力并生成自身的IQ分数。WISC-Ⅳ也提供了综合的全量表智商分数。该分数把所有四类测验都计算在内。许多心理学家发现比较WISC-Ⅳ生成的不同类型的智力分数有助于理解儿童的学习困难。

表7.1　韦氏儿童智力量表典型分测验(WISC-Ⅳ)

言语理解分量表	样题
类同	老虎和狮子在哪些方面相似?
词汇	关节是什么意思?
理解	把钱存银行的好处是什么?
知觉推理分量表	样题
积木设计	利用积木搭出图中图案。
图画概念	从一组图画(d、e、f)中选择一个最合适目标图画组(a、b、c)的选项。

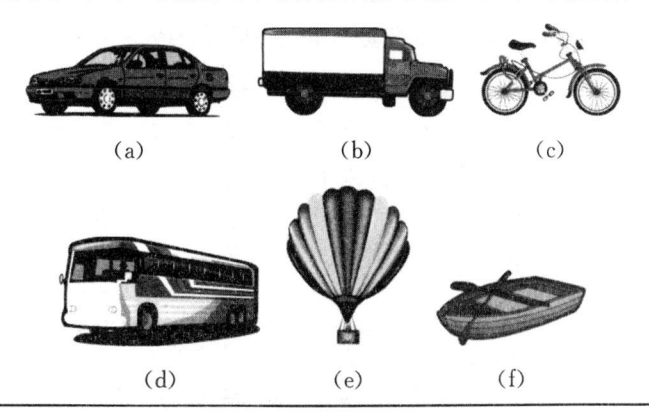

(a)　　　(b)　　　(c)

(d)　　　(e)　　　(f)

(续表)

矩阵推理	填入哪个图形(a、b、c)使矩阵完整？
工作记忆分量表	**样题**
背数	在听过一次后，回想并重复一列数字，如 31067425。
字母—数字序列	在听到大声读出的一列随机字母和数字之后，例如 3CQ7A91M，按字母顺序和数字顺序回忆出来。
加工速度分量表	**样题**
译码	填入缺失的符号：
符号搜索	确认目标图形是否在一组图形状中出现过。

应用斯坦福—比内量表和韦氏量表这样的个体智力测验时，一个心理学家或教育诊断专家一次只能给一个人施测。在短时间内测量大量的人员（常常由于预算限制是必要的），团体智力测验是一种方法。团体智力测验如加州心理成熟测验、认知能力测验和奥蒂斯—伦农心理能力测验均被广泛使用。

7.13 为什么信度、效度、标准化和文化偏差在智力测验中很重要？
良好测验的要求

个体和群体智力测验都根据相同的标准进行判断。首先，它们必须提供一致的结果。倘若某一天你的手表快了 6 分钟而第二天慢了 3 或 4 分钟？它将是不可靠的。你想要一个能日复一日提供准确时间的可信赖的手表。像手表一样，智力测验必须要有**信度**（reliability）；当同一个人进行测验后再测试相同的测验或是测验的另一个形式时，测验必须一致地给予几乎一样的分数。我们说"几乎"一样的分数是因为个体的智商测验分数是波动的。在某些情况下，从一个测验者到另一个测验者，分数变化很大。然而，如果所有受测者和所有测验阶段的平均变异很小，这样的变化不会威胁测验的信度。信度通

信度 接受过测验的人之后接受相同的测验或测验的另一种形式，测验给出几乎相同的分数的能力。

常以同一个测验中子测验间的相关或以与另一个测验版本的相关表示。相关越高,测验越稳定。

如果没有效度,测验可能是稳定的但是毫无价值。**效度**(validity)是一个测验能够测量到它想要测的东西的能力。例如,体温计是测量体温的一个有效工具;体重计测量体重是有效的。但是不管你的体重计多可靠,它不能测量你的体温。它仅仅对于测量体重有效。

能力倾向测验(aptitude test)被设计用来预测一个人在未来的某个时间可能获得的成就或表现。大学或者研究生院学生的挑选就部分基于诸如 SAT、美国大学入学考试项目(ACT)、美国研究生入学考试(GRE)这样的能力倾向测验的预测效度。SAT 的分数预测大学期间的成就效果如何? SAT 分数与大学新生的考试分数的相关系数大概是 0.53,高中期间分数和新生时的分数的相关与该相关系数几乎一样(Kobrin et al.,2008)。(回忆一下第 1 章中正相关意味着两个变量同时增加和减少,并且 0.53 是中等程度相关。)

观看关于标准化测验使用和误用的视频 www.mypsychlab.com

应用——如何建立一个有效力的词汇表

研究者常常发现词汇测验与 IQ 分数有很强的相关(Sattler & Dumont, 2004)。这些相关提供了证据支持这样的观点:对于智力发展而言,学习至少与我们与生俱来的任何一种能力一样重要。显然,我们掌握的所有认知技能中,没有一个比词汇对思维清晰和学业成功更重要了。因此,从实际意义上讲,你也许能通过改善你的词汇量使你自己更聪明。你如何完成这一目标?最好的方法是认识到几乎所有的单词属于更大的意义网络,并且认识到你的头脑已经准备好以意义的方式组织信息。因此,下一点功夫,通过为你的大脑想要的学习类型提供支持,你能大大地增加你的词汇量。这里有一些遵从这个建议的技巧。

学习分析性思考你已经知道的单词并且与新的单词联系起来

单词消毒剂(antiseptic)和化粪池(septic tank)有什么共同点?你使用消毒剂以预防伤口被细菌感染;化粪池用来消除来自有人类粪便的水中的有害细菌。一个合理的结论是受感染的(septic)可能与细菌有关。知道了这个,当一个医生说一个病人患败血症(sepsis),你认为医生是什么意思?通过把败血症与化粪池和消毒剂联系起来,你能猜到她是指某种细菌感染。

知道隐藏在不同拼写中的单词间的联系

你可能知道凯撒(Caesar)和沙皇(Czar)都是指某类统治者或领导者。但是你可能不

效度 测验能够测量出实际想要测的东西的能力。

能力倾向测验 设计用来预测一个人在未来某个时刻的成就或表现的测验。

知道在古罗马(Caesar)在沙俄(Czar)他们有相同的单词发音和稍微不同的拼写。现在，如果你在课堂上学到在第一次世界大战期间领导德国的 Kaiser Wilhelm(德皇威廉)，分析性地思考他的头衔可能会帮助你认识到这是一个像 Caesar 和 Czar 一样的单词，但是用德语拼写。这里有另一个例子：通过把它与一个拼写上略有不同的词联系起来，你能猜到 Ecuador(厄瓜多尔)的位置和气候吗？

利用你的词干知识主动寻找新单词

学习新单词不要一次只学一个。而是，寻找"词族"——词根、前缀和后缀。这里有一个重要的词根 *spect*。你已经在很多单词中看到它了。*Spect* 意思是"看""看着""注视""看到"，并且 *spect* 出现在许多不同单词中，例如 *inspect*。当你查看东西时你会做是什么？你会仔细地看。一旦你有了这些知识，其他包含 *spect* 单词开始出现脑中，伴随着以全新的方法思考它们的意思：*spectacular*、*spectator*、*spectacle*、*spectacles*、*perspective*、*prospect*、*respect*、*disrespect*、*retrospect*、*suspect* 等。单词 *circumspect* 对你而言可能是一个新单词。查一下字典并且思考如何把这个词的字面意思("环顾四周")与这个单词经常使用的方式联系起来。而且，当你阅读第 1 章时，如果你思考了这个词的 *spect* 部分，可能会使你更容易理解和记住冯特的研究方法**内省法**(introspection)吗？可能是的。

基于词根、前缀和后缀的强大词汇量将会使词汇量猛增，使你在很多方面获益。

一旦一个测验被证明有信度和效度，下一个要求就是**标准化**(standardization)。必须有标准地施测程序和评分程序。不管是书面的还是口头的，必须给予几乎完全一样的指导语，允许每位受试者回答的时间必须一样。但是更加重要的是，标准化意味建立常模并通过常模解释所有测验分数。一个测验的标准化是通过对一个大样本人群施测得来的，这群人代表着未来可能接受这个测验的人。分析这群人的分数，计算平均分数、标准差、百分等级、其他测量参数。这些可比分数成为常模，作为那个测验其他受试者分数比较的标准。

一个令智力测验倡导者烦恼的批评是，当用传统测验评估时，少数族裔儿童和把英语作为第二语言的儿童处于劣势，因为他们的文化背景不同于测验开发者所假定的文化。作为回应，已尝试开发非言语的**文化公平智力测验**(culture-fair intelligence test)旨在减少文化偏见。测验中的问题不会使那些文化经验或语言不同于主流文化或优势文化的个体处于不利地位。看图 7.5，这是一个文化公平测验中找到的测验项目的例子。研究显示这些测验与其他智力能力测量工具如韦氏测验有中等程度相关(Strauss, Sherman, & Spreen, 2006)。同样地，当使用文化公平测验而不是学校官方使用的传统智力测验来甄选学生进入天才项目时，高智商的少数族裔儿童更可能被确认为是有天赋的(Shaunessy et al., 2004)。

> **标准化** 建立常模用于比较将来接受测验者的分数；使用规定的程序实施测验。
> **文化公平智力测验** 智力测验所使用的问题不会使那些与主流文化或优势文化不同的人处于劣势地位。

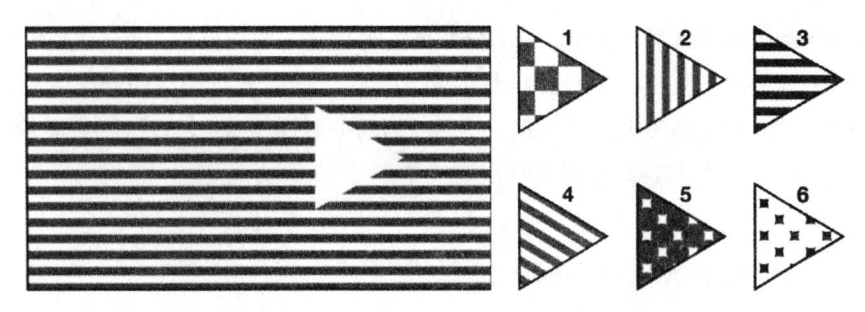

图 7.5 文化公平测验中一个题目的例子 文化公平测验中的题目不会使那些语言或文化经验不同于城市中产或以上阶层的受试者处于不利地位。受试者从右边的 6 个样图中选择一个图块使图案完整。图块 3 是正确答案。来源：改编自《瑞文标准推理测验》。

7.14 应用于智力测验分数的钟形曲线意味着什么？

钟形曲线

你可能已经听说过钟形曲线并可能正想弄明白它到底是什么。测量大样本人群的智力或生理特征时，例如身高或血压，测验分数或结果的频次图通常符合一个钟形分布，叫作正态曲线，有时叫作钟形曲线。大部分分数集中在平均数附近。分数偏离越大，它们离平均数越远——高于或者低于平均数——分数越少。曲线完全对称；也就是，高于平均数和低于平均数的分数同样多。

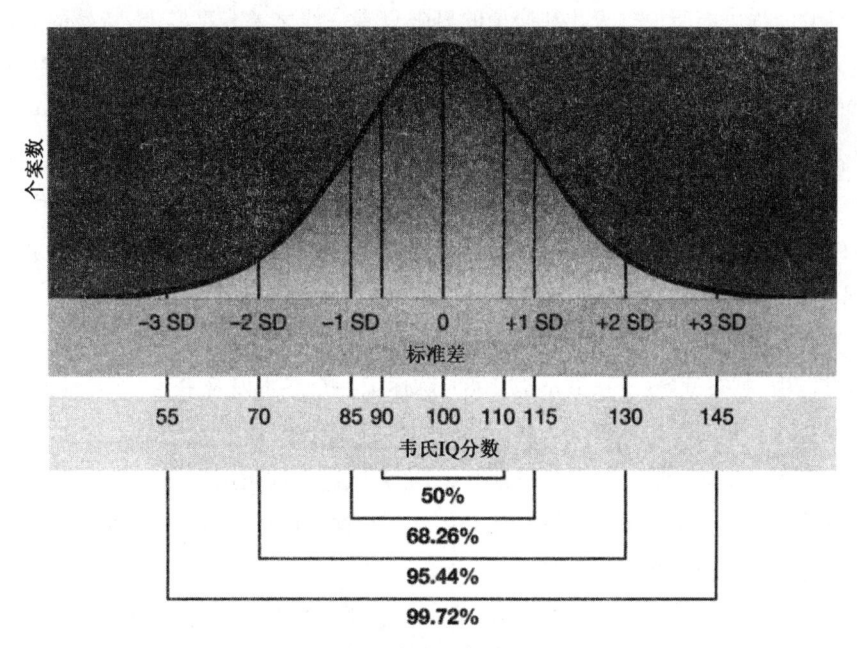

图 7.6 正态曲线 当大量的 IQ 测验分数被收集并绘制成图时，通常分布在正态（钟形）曲线中。在韦氏量表中，智商分数的平均值被设置在 100。大约 68% 的分数落在 100 上下 15 个智力分数（1 个标准差）之间（85 到 115），大约 95.5% 的分数在 100 上下 30 个智力分数（2 个标准差）之间（70 到 130）。

同一年龄组所有人智力测验的平均分数被主观指定为智商分数100。在韦氏智力测验中,大约50%的分数在平均范围内,即在90与110之间。大约68%的分数在85到115之间,大约95%分数在70到130之间。大约2%的分数高于130,是优秀的;大约2%的分数低于70,属于智力障碍(见图7.6)。

7.15 天才与普通人之间有何不同?
天才

智商分数的变化意味着什么?分析这个问题的一个途径是研究分数位于钟形曲线两个极端的个体。

特曼的"天才"研究。 1921年,路易斯·特曼(1925)发起了一项追踪研究,现在看是一个经典,这个研究中1 528个有"天才"IQ分数的学生在不同年龄阶段被测量,这项研究贯穿他们一生。这些被试,其中857位男性和671位女性,平均IQ是151,他们斯坦福—比内测验的分数范围是从135到200。特曼假定斯坦福—比内量表测量的是天生的智力并且IQ一出生就被固定了(Cravens, 1992)。

特曼的早期发现使得智力优秀的人身体比较差的荒诞说法被终结。事实上,特曼的天才被试在几乎所有特曼研究的能力中都表现优秀——智力的、身体的、情感的、道德的还有社会的。特曼也破除了许多其他有关智力天才的荒诞说法(Terman & Oden, 1947)。例如,你可能听过天才和疯子的界限只有一线之差。事实上,特曼的天才被试比一般人有更好的心理健康状态。还有,你也可能听说过天才只知"书本知识"而缺乏"常识"。事实上,比起那些智力天赋不高的同伴,特曼的被试得到更高的学位,获得更高的职业地位和更高的薪水,能更好地在个人和社会事务上进行调整,也更加健康。然而,在那个时候大多数妇女并不出门上班,所以结果中与职业成功有关的结果主要应用于男人。特曼(1925)总结道"并没有什么补偿规律,天才的智力优势会被非智力方面的劣势所抵消"(p.16)。

特曼研究今天仍在继续,那些还活着的被试已经80多岁或90多岁了。在一份特曼研究的报告中,施奈德曼(Shneidman, 1989)陈述了一个基本发现——"不寻常的脑袋、精力充沛的身体和相对适应良好的人格特质可以并存"(p.687)。

谁是天才? 从20世纪20年代早期开始,有天赋这个词被用来描述智力优秀的人,这些人智商分数位于美国人口的前2%到3%。今天,这个词也同时包括有极强创造力的人和在视觉艺术或表演艺术上卓越的人。

传统上,有天赋的特别项目包括跳级或丰富教学。跳级使学生的进步速率与他们的能力相一致。学生跳级,通过更快地掌握学科内容获得进步,能提前获得大学入学资格,或是提早进入大学。丰富教学目的是通过给学生提供外语、音乐鉴赏和类似的特殊课程,或通过提供旨在培养高级思维技能的特殊经历以扩大学生的知识面。

7.16 被归为智力障碍者必须满足的两个标准是什么？

智力障碍

与天才相反，位于钟形曲线另一端的占美国 2% 的人口，他们的 IQ 分数使他们被归入**智力障碍**（mental retardation）的范围。个体不会被归为智力障碍除非(1)他们的 IQ 分数低于 70 并且(2)他们日常生活中有严重的适应功能缺陷——照顾他们自己的能力和与别人相处的能力(Sattler, 2008)。智力障碍的程度范围从轻度到极重度。个体 IQ 分数在 55～70 为轻度智力障碍；40～55 是中度智力障碍；25～40 是重度智力障碍；低于 25 是极重度智力障碍。表 7.2 呈现了不同等级智力障碍的功能水平。

表 7.2　用韦氏量表测量的智力障碍

分　级	IQ 范围	个体智力障碍分数	各水平智力障碍者的特征
轻　度	55～70	90%	能够最高掌握 6 年级水平的学习技能。可能能自立，能够被各种职业岗位雇用。
中　度	40～55	6%	可能不能掌握超过 2 年级水平的学习技能，但是能够学会一些自理技能和一些社会和学习技能。可能在庇护工场工作。
重　度	25～40	3%	能训练获得一些基本的健康习惯；能够学会口头交流。通过重复的习惯性训练学习。
极重度	低于 25	1%	有基本动作发展。可能学会非常有限的自理能力。

导致智力障碍的原因包括脑损伤、染色体异常如唐氏综合征、化学物质损害和出现在胎儿发育期的危害。研究连续报道了早期铅暴露导致的持久性智力缺陷(CDC, 2008)。

20 世纪 60 年代末之前，在美国，有智力障碍的孩子几乎都在特殊学校接受教育，被排除在正常学校之外。从那时开始，有一个社会运动指向**全纳**（inclusion）教育——让有智力障碍的儿童在正常学校接受教育。全纳，或回归主流，可能包括一天中部分时间把孩子安排在普通班级或者安排在正常学校的特殊班级中。

在对智力障碍个体的训练项目上所花费的资源被证明是可靠的投入。这些项目，主

智力障碍　以智力分数低于 70 并且相对其年龄而言有严重的适应功能缺陷为表现的智力低能。

全纳　智力障碍儿童在正常学校接受教育。一天中部分时间把他们安排在普通班级中或者把他们安排在正常学校的特殊班级中，也称为回归主流。

◀ 有智力障碍的个体能做许多种类的工作，这对社会和他们自己都有益处。

要依靠行为矫正技术，让有智力障碍的公民有可能成为被雇用的工作者，能赚取最低工资或更多。每个人都从中受益——个人、家庭、团体和整个社会。

7.17 如何定义和应对学习障碍？

学习障碍

与有智力障碍的人相反，有**学习障碍**(learning disability)的人 IQ 分数达到平均分或优秀范围，但是他们在掌握某门具体的学业技能方面有困难，最常见的是阅读。法律上，学生的学科成绩所表示的年龄必须比别人落后至少 2 年才能被归为有学习障碍(Smith, 2007)。

导致学习障碍的原因是一个相当具有争议的话题。曾经，研究者认为这些问题是由一个模糊定义为轻微脑损伤的因素导致的。然而，有学习障碍的人在标准的神经测验中很少显示任何脑损伤的迹象(Smith, 2007)。作为结果，一些专家认为可能没有任何潜在的神经问题。反而，有学习障碍的儿童（尤其是阅读障碍）可能仅仅是在理解语音和语言结构上有更为综合的问题(Carroll & Snowling, 2004; Share & Leiken, 2004; Torgesen et al., 1999)。

无论导致学习障碍的原因是什么，许多特殊教育者和研究者认为通过对落后于同龄人的学生进行早期干预有可能预防这些学生发展为学习障碍。因此，在美国许多预防和治疗学习障碍最常见的策略是干预反应(RTI)，三层计划目的在于预防尽可能多的学生发展为学习障碍并且及时发现、有效干预这些学习障碍者(Fuchs, Fuchs, & Zumeta, 2008)。第一层涉及全校范围内的努力以预防学习问题并且一旦问题发生，快速干预。例

学习障碍 智力分数在平均分或优秀范围内，但是在掌握某门具体的学业技能方面有困难，最常见的是阅读。

如,在学年初测试学生以识别存在风险的学生,并且提供给老师他们所需要的材料以对那些学生进行个别化教育,这些都是第一层的策略。第一层也包括仔细监测所有学生在全部学科上的进步。第二层的干预是把儿童分派到一个小组中,在这个小组中,学科领域专家帮助他们赶上进度。第三层在对第一和第二层策略没有回应的儿童身上执行。它包含学校心理学家和特殊教育老师的传统服务,如果需要的话,包括心理测验的综合评估和给学生提供特殊课程。"学习障碍"这个标签常常仅用于第三层。

许多有阅读学习困难的学生从向他们提供的干预中获益,这些干预给了他们大量的把字母翻译成语音和把语音翻译成字母的练习(Koppenhaver, Hendrix, & Williams, 2007; Ryder, Tunmer, & Greaney, 2008)。然而,所提供的项目的课程灵活性也很重要。当接受字母—语音训练时有些学生并没有得到改善。将字母—语音训练与理解训练联合起来已被证明在帮助弱势阅读者赶上别人方面很成功,尤其是当这个项目在小学早期阶段实施时(Hurry & Sylva, 2007)。因此,不管使用什么方法,老师需要能够评估方法的有效性并适当调整以适合那些有学习障碍的学生的需求。

尽管研究者尽了最大努力,但有些阅读学习障碍的人,失读症患者,在他们长到十岁时也只有极少的文字阅读技能并且必须依靠有声书和电脑语音合成软件来读懂阅读材料。不少此类学生能够很成功地适应他们的学习障碍并且成为高成就者。事实上,威廉·詹姆斯有失读症,他是美国心理学的创始人,他的贡献你在第1章已经读到过。

记一记——智力

1. 将每个智力理论和提出者匹配。
   _____ (1) 基本心理能力　　　　　a. 斯滕伯格
   _____ (2) 智力结构　　　　　　　b. 瑟斯顿
   _____ (3) g因素　　　　　　　　c. 斯皮尔曼
   _____ (4) 三元智力理论　　　　　d. 加德纳

2. 现代智力测验中,IQ分数基于_____。

3. 一个能够提供一致结果的测验具有_____,而一个能测量到它想测量的内容的测验具有_____。

4. 智力测验中,50%的个体分数在_____到_____之间。

5. _____的研究驳斥了高智商个体在身体上会比别人差的说法。

6. 如果他们有明显的适应功能缺陷并且IQ分数低于_____,这些人会被认为有智力障碍。

7. 被归为有学习障碍的学生IQ分数必须在_____范围内,并且在学业成就上比同龄人落后至少_____年。

答案:1.(1)b　(2)d　(3)c　(4)a　2.个体偏离其他相同年龄的人的平均分数的多少　3.信度　效度　4.90　110　5.特曼　6.70　7.平均或天才　2

247 解释认知能力中的差异

我们用一些词来形容我们认为智力优秀的人——伶俐的、机灵的、聪明的、精明的等。同样地,我们也有许多词去形容那些似乎智力低于其他人的同龄人。事实上,词汇中这些词的存在说明了智力功能差异很大,这些差异在我们每天与别人的交流中很容易发现。什么能解释这些差异?

📖 探索影响智力的因素 www.mypsychlab.com

7.18 什么是智力的先天—后天之争?为什么双生子研究对这个争论很重要?

智力的遗传性

你认为智力是遗传的还是习得的特征?尽管这个问题已经争论了近400年,智力的**先天—后天之争**(nature-nurture debate)仍然非常活跃。英国研究者弗朗西斯·高尔顿爵士(1822—1911)创造了这个词,当时他发起了关于智力主要是遗传(天性的)还是环境(养育的)的结果的讨论(Galton, 1874)。在研究了许多杰出的英国家庭后,高尔顿总结认为智力是遗传的——天性,而不是后天的原因。环境学家对高尔顿的主张表示异议并且坚持认为智力是环境影响的结果——养育的结果。今天,许多心理学家承认天性和养育都对智力的发展起作用,但是他们一直在争论这两个因素的相对贡献大小(Petrill, 2003)。

你应该记得第2章的行为遗传学就是这个领域的研究,科学家试图确定天性和养育对诸如智力这样的变量的相对贡献大小。这个领域许多最重要的研究往往涉及双生子。双生子,不管同卵还是异卵,被一起养大时就有相似的环境。如果一起养大同卵双生子在某个特质上比一起养大的异卵双生子更相像,那么这个特质被认为更多地受遗传影响。但是如果来自相同环境的同卵和异卵双生子在某个特质上没有不同,那么这个特质就会被认为更多地受环境因素影响。特质的**遗传力**(heritability)是估计一个特质受遗传影响程度的指标。

明尼苏达州——双城的发源地和明尼苏达双城——也是美国最大规模研究同卵和异卵双生子的地方。自20世纪80年代,明尼苏达州双生子和收养研究中心就已经开始招募异卵和同卵双生子参与研究项目,这些项目调查基因和环境对包括智力在内的各种心理变量的影响。1997年,该中心的第一任主管,托马斯·布沙尔总结了该中心到那时为

先天—后天之争 关于智力(或其他特质)主要是遗传因素(天性的)造成的还是环境因素(养育的)造成的争议。

遗传力 估计特质受遗传影响程度的指标。

止已经完成的所有关于智力的研究。布沙尔报告说,这些研究合在一起计算的遗传力估计值为 0.60 到 0.70(1.00 遗传力意味着智力的所有变异是由基因产生的)。该中心最近的一些研究提供了相似的估计值(比如 Johnson et al., 2007)。

其他双生子研究显示,明尼苏达研究者可能过高估计了智力的遗传力。例如,双生子早期发展研究,英国另一个大规模研究双生子的研究项目的研究者发现一组在 7 岁、9 岁和 10 岁测量的双生子的智力上,遗传力估计在 0.34~0.42 范围内(Kovas, Haworth, Dale, & Plomin, 2007)。另一个双生子纵向研究中——俄亥俄州西储阅读项目,研究者发现了相似的遗传力估计值,这个项目在双生子 4 岁、7 岁和 8 岁时进行测验(Hart, Petrill, Thompson, & Plomin, 2009)。

研究者也采用**收养研究法**(adoption study method),这个方法研究很小被收养的儿童。收养研究显示,出生后不久即被收养儿童的 IQ 更接近生物学上的父母而不是养父母。在生命早期,家庭环境会影响智力,但是随着年龄的增加影响似乎会减小(Loehlin et al., 1988; McCartney et al., 1990; Plomin & Rende, 1991)。双生子和收养研究都显示,当人们长到成年期时,遗传因素与智力的相关最密切(Loehlin et al., 1988; McCartney et al., 1990; Plomin & Rende, 1991)。事实上,基因的影响似乎随着年龄增长而增加,婴儿期的遗传力是 0.30,儿童期的遗传力是 0.40,青少年期的遗传力是 0.50,成年期的遗传力是 0.60(McGue et al., 1993)。瑞典有一项大规模的有关同卵双生子和几乎很少共同生活的同性异卵双生子的研究——他们活到了 80 多岁,这项研究表明一般认知能力的遗传力估计值可以达到 0.62(McClearn et al., 1997)。

▶被收养儿童的 IQ 分数与他们生物学上的父母的 IQ 分数的相关比他们与养父母的相关更强。然而,远非完全相关,给养父母留有充足的机会去影响这些孩子的认知功能。

布沙尔和其他人(Bouchard et al., 1990)声称"尽管父母能够影响儿童认知技能的习得率,但是他们对儿童认知技能能够达到的终极水平几乎没有影响"(p.225)。大量有说服力的研究证实了基因在决定包括语言技能在内的智力上的重要性(Craig & Plomin, 2006; Plomin & Dale, 2000)。但是环境因素仍有较大机会对智力造成显著影响。因此,

收养研究法 研究者通过研究早期被收养儿童来评估遗传和环境的相对影响的研究方法。

先天—后天之争仍然没有解决。

7.19 什么类型的证据表明智力是可变的？
智力：固定的还是可变的？

显然，刚才给出的信息显示遗传学有强大的影响力。但是重要的是，我们要记住没有人能遗传具体的智商分数。相反，基因可能设置一个功能等级范围相当宽泛的边界，称为反应范围。环境因素决定了我们在哪个范围内最终达到的水平。

收养研究。 一般来说，被收养儿童的智力分数更接近生物学上的父母而不是养父母。然而，30年前，桑德拉·思卡儿和理查德·温伯格（Scarr & Weinberg, 1976）在一群被收养的儿童身上发现了不同的模式，这些儿童的生物学父母和养父母在种族和社会经济地位上都不同。他们的研究涉及130个黑人和黑白混血儿童，这些儿童被高学历的和中上阶层的白人家庭收养；99%的儿童是在一岁前被收养的。养子们完全接触中产阶层社会的文化经验和词汇，"考试和学校的训练"（p.737）。

这些儿童在智力和成就测验上的表现怎么样？130个养子的平均智力分数是106.3。而且他们的成就测验分数稍微高于全国平均分，没有一个低于平均分。通常，越早被收养的儿童，他们的IQ分数越高。99个早期被收养儿童的IQ平均分是110.4，比白人儿童IQ平均分高10分左右。在法国的研究也显示当来自较低阶层环境的儿童被中产阶层和中上阶层家庭收养时，他们的IQ测验和成就测验分数会有相当大的提高（Duyme, 1988; Schiff and Lewontin, 1986）。

儿童早期干预。 除收养研究外，调查学前教育项目作用的研究如领先计划（Head Start）明显地显示早期教育经验可以影响智力功能，研究涉及一些来自贫穷家庭的婴儿和幼儿（Reynolds & Temple, 2008; Love et al., 2005）。发展心理学家克雷格·雷米实施了一些著名的干预措施（Ramey, Ramey & Lanzi, 2007）。不像许多早期研究，雷米的研究专注于真实验——所以我们知道这些结果是由早期干预产生的。

◀ 发展心理学家克雷格·雷米利用实验的方法表明儿童早期教育能提高处于劣势的儿童的IQ。

在雷米其中一个研究项目中,6 到 12 个月大的来自低智商、低收入母亲的婴儿被随机分配到一个贯穿整个学前期、每周 40 小时、精心安排的日托项目中,或者仅有医疗护理和营养补给的控制组。当孩子到达入学年龄时,每组有一半(再次基于随机分配)的儿童参加特别的课后项目,该项目帮助他们的家庭学习如何在家里通过教育活动支持儿童的在校学习。雷米追踪了所有四组儿童的进步直到 12 岁,在不同年龄给他们进行智力测验。

图 7.7 显示,参与雷米婴儿和学前项目的儿童比没有接受干预或仅接受学龄阶段干预的同龄人在智力测验上分数更高。也许更重要的是,在小学阶段,控制组中约 40% 的被试的 IQ 分数被归为边缘型或障碍(分数低于 85),相比之下,参加婴儿干预项目的被试中仅有 12.8%。而且,近期研究显示,婴儿干预组被试享有认知优势一直持续到成年期(Campbell et al., 2001, 2002, 2008)。显然,雷米的工作表明,环境很有可能影响智力分数。

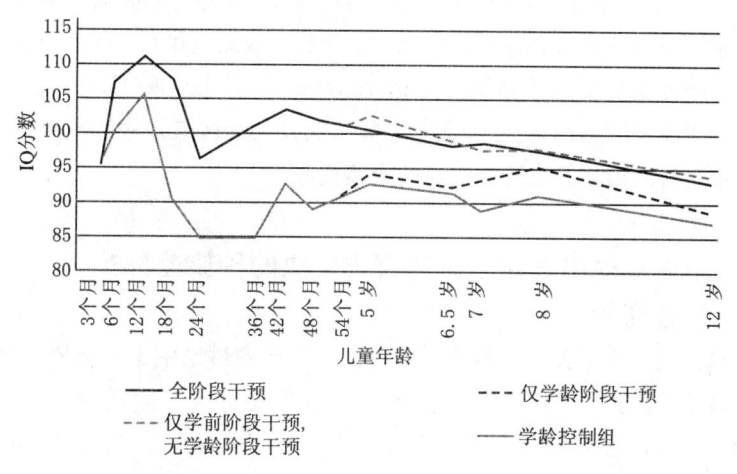

图 7.7 雷米的婴儿干预程序 参与干预程序的孩子直到 12 岁时,干预带来的积极效果仍很显著。来源:Campbell, F., & Ramey, C. (1994). Effects of achievement: A follow-up study of children from low-income families, Fig. 1, P. 690, *Child Development*, 65, 684—698. By permission of the Society for Research in Child Development.

生活水准的改变。 美国和其他发达国家国民的智力分数自 1940 年以来每十年平均增加 3 分左右,这个结果常常被归因于生活水准的广泛变化。詹姆斯·弗林(1987,1999;Dickens & Flynn, 2001;Must et al., 2009)分析了 73 个研究,涉及 7 500 名年龄在 12 到 48 岁范围内的被试,发现"从 1932 到 1978 年的每个比内和韦氏常模的样本人群都比他们的前辈表现得更好"(p.225)。在发展中国家如肯尼亚和苏丹的研究显示,当生活水平大幅提高时,智力在短时间内迅速增加(Daley et al., 2003;Khaleefa, Abdelwahid, Abdulradi, & Lynn, 2008)。随着生活水平的提高,智力分数持续增加的现象,被称为弗林效应。

一些研究者认为在生活水平提高和智力分数增加的关系之中存在一些心理学变量。他们断言营养改善和产前保健能够解释导致智力分数增加的神经功能的提高(Flynn,

2003)。他们引用的研究显示,婴儿认知能力测验分数的增加与年龄稍大儿童和成人在这些测验上分数的增加程度相当(Lynn,2009)。然而,弗林认为这些变化对处于智力范围底部的人的影响应该会大于对处于智力顶部的人的影响。他发现高智力分数者与智力分数低于平均数的人的智力变化幅度一样。因此,弗林主张是更为一般的文化改变带来了这些分数的增加。例如,在过去几十年,在儿童保育中心和幼儿园报名的婴儿和幼儿的比例大幅增加,主要是因为现在的妈妈比曾经的妈妈更喜欢在家外面工作(National Institute of Child Health and Human Development [NICHD] Early Child Care Research Network,2003)。暴露在这些环境下的学习经验使儿童更容易在智力测验上比他们的父母和祖父母得到更高的分数。

250　　一些心理学家像弗林一样相信生活水平的改变能缩小黑人—白人的智商差距(见下文)。研究者肯·文森特(Vincent,1991)呈现的数据指出幼儿间的差距(约七八个智力分数)小于年长的儿童间和成人间的差距。文森特(1993)将美国非洲裔儿童平均智力的快速提高归功于经济和教育机会环境的变化。给低收入家庭提供代金券使之能在更加富裕的社区居住的研究支持了这些结论(Faith,Levebthal,& Brooks-Gunn,2008)。尽管这些研究没有直接涉及智力,它们已经证明那些从低收入社区搬到中等收入社区居住的家庭的儿童在很短时间内就能表现出明显的成绩提高。

7.20　什么论据被提出来用于解释智力分数的种族差异?
种族和智商

先天—后天之争在有关智力测验分数的种族差异的讨论中也很重要。历史上,大多数研究已经显示美国黑人在标准智力测验上的分数比白人平均低约15分(Loehlin et al.,1975;Rushton & Jensen,2005)。其他研究显示,在其他国家黑人和白人也有相似的差异(Rushton & Jensen,2003)。这是为什么呢?论述这个问题的两篇文章激发了科学界和普通大众有关种族与智力的关系的大讨论。

1969年,心理学家阿瑟·詹森发表了一篇文章,他将种族间的智力差距归因于遗传差异。他进一步声称遗传对智力的影响很强,以至于环境不能使之有明显的差异。詹森甚至声称黑人和白人拥有不同品质的智力。

之后的心理学家理查德·赫恩斯坦(1930—1994)和政治学者查里斯·莫瑞在20世纪90年代出版的书《钟形曲线》使得这个争论更加激烈(Herrnstein & Murray,1994)。他们认为个体和团体的智力差异可以解释那些处于美国上层社会的人是如何步入金字塔尖,而处于底层社会的人为什么仍然留在那里。赫恩斯坦和莫瑞将低智商归咎于现代社会病——包括贫穷、依赖福利、犯罪和不法行为,它们主要受遗传影响并且在很大程度上不受环境因素变化干预的影响。著名的研究者理查德·林恩已经提供证据显示赫恩斯坦和莫瑞所报告的美国人智力分数与社会经济地位之间的关系,在全球范围内也是正确的(Lynn,2008)。像赫恩斯坦和莫瑞一样,林恩相信,智力差异在很大程度上可归因于遗传。

像詹森、赫恩斯坦和莫瑞等人表达的这些观念与克雷格·雷米和其他你在前节读到的人所完成的实验结果有冲突。这些研究认为种族智力差异更可能来自于贫穷和缺乏受教育的机会而不是来自遗传。此外,一种叫作动态评估的新测量技术,支持了环境因素解释。在动态评估中,应试者在真正测验之前会被告知每个智力分测验的目标和形式。这项技术背后的理论假设是来自中产阶层的孩子有更多的测验程序的经验而且能更好的理解测验目标,从而表现出能力。动态评估研究显示这项技术能够使智力分数超过平均分的少数族裔儿童数量显著增加(Lidz & Macrine, 2001)。

近年来,心理学家已经开始研究另一个叫作刻板印象威胁的变量,该变量可能有助于解释智力分数的种族差异(Nguyen & Ryan, 2008)。刻板印象威胁理论最初由心理学家克劳德·斯蒂尔提出(Steele & Aronson, 1995)。根据斯蒂尔的观点,当少数族裔个体听到关于不同族群智力差异的讨论时,他们可能臆断他们自己的智力低于多数族群中个体的智力。因此,当面临智力测验时,他们"撤退"以避免拥有有限智力能力的刻板印象的威胁。这种撤退成为一个自我实现预言:这使个体获得低分数,从而似乎验证了刻板印象。研究显示当他们进行认知能力测验时,设计用来帮助人们谈论和克服他们感知刻板印象威胁程度的项目能帮助他们取得更高的分数(Abrams et al., 2008)。其他心理学家指出,尽管研究显示刻板印象威胁确实存在,但它只能解释种族间平均分数差异的一小部分(Sackett et al., 2004)。

在离开种族和智力这个话题之前,停下来并思考由一群人比另一群人有更高的智力平均分的现象所引起的争论为何激起了如此强烈的情感。其中一个原因可能是在西方社会,比如美国,智力能力很受重视。

7.21 关于智力重要性的文化观点有何不同? 这些不同如何影响成就? 文化、智力和成就

说到智力分数种群差异,比起全球范围内的变化程度,存在于美国的种族差异算是相当小了。心理学家理查·林恩(Lynn, 2006, 2008)研究跨国智力差异已经超过30年。通过结合数百项研究结果,林恩估计智力在中国香港、日本和韩国这样的工业化经济体中最高,接下来是欧洲国家、加拿大和美国。林恩声称亚洲人群智力平均分约是105,欧洲和北美人群的智力平均分约为100。需注意的是这些人群的平均智力分数差异只有几分。相比之下,林恩估计依靠狩猎和农业经济的文化群体中的人的智力平均分要低30到40分。

考虑到世界范围内生活水平的大范围波动,林恩的发现可能并不让你惊讶。而且那些显示工业化国家的学龄儿童在成就测验上比非工业化国家的同龄人表现更好的研究结果可能也不会使你感到惊讶。然而,有关数学和科学成就的跨国研究显示,亚洲国家的学生得分超过欧洲和北美国家的学生,尽管他们在一般智力能力上很相似(National Center for Education Statistics[NCES], 2008)。一些研究者推测关于能力和努力的文化信念至少能部分解释这些差异(Li, 2003)。

文化信念。 在一项关于文化信念中智力重要性的经典研究中,最近的教育心理学家哈罗德·史蒂文森(1925—2005)和他的同事(Stevenson et al., 1986)约谈了他们研究中

被试的父母。中国和日本的母亲认为学术成就是孩子最重要的追求,然而美国父母不把这个视为最重要的关注点。亚洲家庭,但不是美国家庭,只要他们的第一个孩子开始上小学,就会安排家庭活动以促进他们孩子的学业成就。

值得注意的是,亚洲父母也会轻视天生的能力而强调努力和坚持的价值(Stevenson,1992)。相比之下,美国父母更坚信能力和成就上的遗传限制。最近的研究显示出了美国的学前儿童学习了与亚洲儿童所学习的类似的关于努力与成就的联系的信念(Heyman et al.,2003)。然而,显然作为成年人和同伴影响的结果,在他们达到 11 岁时,美国儿童获得的信念是成就更多来自能力而不是努力(Altermatt & Pomerantz, 2003;Heyman et al.,2003)。正如史蒂文森所陈述的,"当成年人相信在学校的成功大部分依靠的是能力而不是努力,他们更不会敦促孩子参加与学业成就有关的活动"(1992,p.73)。作为结果,能力—成就信念会影响儿童付出很多学业努力并且成为自我实现的预言。

◀亚洲学生在数学成就测验中的得分一贯比美国同龄人的得分高。文化信仰和父母养育活动解释了部分差异,但是两种文化中教育方法的变化也是起作用的因素。

在后续的研究中,史蒂文森和其他人(1993)发现美国和亚洲学生的学业成就差距持续十年。一些批判史蒂文森的工作的人认为如下事实可以部分解释高中生学业成就的跨国差异:美国学生比他们的亚洲同伴在兼职工作和社交上花费更多的时间(Fuligni & Stevenson,1995;Larson & Verma,1999)。然而,德国学生与日本学生的比较发现了德国青少年,像美国同龄人一样,也很少将学业成功归因于努力(Randel et al.,2000)。而且,德国学生的成就测验分数也低于日本青少年的分数(NCES,2008)。这些结果支持了西方国家关于能力和学习的信念导致了学业成就的跨国差异的观点。

教育方法。显然,文化价值上的差异没有告诉我们数学成就跨国差异的全部原因。然而,就像文化价值自身对数学成就差距的作用一样,这些差异可能是背后其他跨国变化的主要推力。也就是,因为亚洲文化比美国和欧洲的文化更不重视天赋能力,这些国家的父母和老师可能在教授数学和科学技能方面和鼓励孩子努力学习方面做得更好。例如,在新加坡,一个一贯有高数学成就分数的亚洲国家,早在儿童入学前,家长就开始教授他们数字和数字之间的关系(Sharpe,2002)。此外,新加坡的家长特别善于调整这种家庭教育,选择正式的学前教育经验,根据公共学校低年级数学课程进行调整。因此,在幼小的五六岁年龄时,新加坡孩子已经比其他国家的同龄孩子超前了。

从一个国家到另一个国家,教育方法也可能变化很大。在一项被频繁引用的研究中,施蒂格勒和史蒂文森(1991)观察了日本、台湾和美国的数学老师。他们发现亚洲老师在每类问题上花更多的时间并且在确定学生理解了之前不会转到下一个问题。相比之下,美国老师单独一个课时内会介绍很多类问题并且不会给学生时间去掌握其中任意一类问题。最近的研究也有类似的发现(NCES,2003)。

数学教育的另一个重要方面,强调计算流畅性,在美国已经被发现有助于解释数学成就的文化差异和班级差异(Geary et al.,1999;Kail & Hall,1999)。计算流畅性指回答简单计算问题时自动加工的能力。许多美国教育方法的批评者认为在美国小学的数学课程中很少包括鼓励学生发展计算流畅性的标准(Geary et al.,2007;Murray,1998)。这些批判者说,这么做的结果是,美国小学的学生没有充分准备好处理更高级的代数、几何和微积分的数学概念。关于计算器使用的跨国研究支持了这样的结论。日本八年级的学生学习代数时比美国同龄人更少使用计算器(NCES,2003)。可能是日本学生优越的计算流畅性释放了工作记忆空间,让他们比美国学生能更好的处理多步问题和发现不同数学问题之间的联系。

记一记——解释认知能力中的差异

1. 智力测验是_____成功的良好预测因子。
2. 双生子研究显示智力分数的变化受_____的强烈影响。
3. 温伯格和斯卡尔的研究显示智力_____。
4. 早期儿童干预项目能提高智力分数的发现与_____的研究有关。
5. _____指伴随着生活水平的改善智力分数的历史性变化。
6. 史蒂文森和他的同事的工作表明西方文化把智力成就与_____相联系,然而亚洲文化把学业成功归因于_____。

答案:1. 学业 2. 遗传 3. 可变 4. 雷米 5. 弗林效应 6. 能力 努力

超越智力

也许加德纳、斯滕伯格和其他提出智力多元模型的人最重要的贡献是他们强调认知功能有很多方面,而且不能全部被标准智力测验测出来。比如,这些测验测量不出我们与他人的交往怎么样,也测不出我们利用想象以逃脱现实世界的限制的能力。同样地,没有测验能预测哪个有认知能力障碍的个体将会发展成卓越的天才。

7.22　什么是情绪智力的必要组成成分?

情绪智力

不管是男是女,我们拥有对我们自己和其他人情感的理解力,影响着我们如何考虑自己并且管理我们自己如何与他人交流。**情绪智力**（emotional intelligence）是指日常生活中我们应用情绪知识的能力(Salovey & Pizarro, 2003)。该领域的两位主要研究者，彼得·萨洛维和大卫·皮萨罗认为，对其他许多重要结果变量而言，包括我们如何在所选择的事业上获得成功，情绪智力就像通过IQ测验测得的智力一样重要。研究结果支持了这个观点，显示情绪智力与IQ分数没有相关(Lam & Kirby, 2002；van der Zee et al., 2002)。同时，情绪智力与学术和社会成功都有关(Mayer, Roberts, & Barsade, 2008)。

◀情绪智力高的人能表现出移情，从他人那里识别非语言信号并作出合适的反应。

　　情绪智力包括两个部分。第一部分称为情绪智力的个人方面，包括自我情绪的知觉和管理。能够监测到自我情绪唤醒的人更不容易受情绪的支配。然而，情绪管理既不意味着压抑情绪，也不意味着放任所有情绪。反而，有效的情感管理需要恰当地表达它们。情绪管理也需要参与一些活动使我们高兴、抚慰我们的伤痛，或者当我们焦虑时消除我们的疑虑。

　　情绪智力的人际方面构成它的第二个部分。共情或对他人的情感的敏感性是其中一个成分。共情的重要指标是能读懂他人的非语言行为的能力——手势、口语变调、音调和他人的面部表情。人际情绪智力的另一个成分是管理人际关系的能力。然而，这与情绪智力的个体方面和共情都有关。换句话说，为了有效管理社会关系中的情感交流，我们需要管理自己的情绪并且对他人的情绪敏感。

　　在一项研究中，男人的情绪加工，尤其是积极情绪，主要集中在大脑左半球，而女人则更为同等地利用大脑两个半球加工情绪(Coney & Fitzgerald, 2000)。这个发现可以为情绪的性别差异做出解释。你可以在下面的**试一试**中测一下你自己的"情商"。

试一试——感受你自己的情商

　　情绪智力对你在你所选择的职业上取得成功的重要性与你的实际工作技能一样。请做一下这个简短测验以评估你的情商，给每个项目选择一个回答。

| **情绪智力**　　将情绪知识应用于日常生活的能力。 |

1. 当我有很微弱的情绪时,我总能意识。
   _____总是_____通常_____有时_____很少_____从不
2. 我能延迟满足我所追求的目标,而不会由于冲动失去控制。
   _____总是_____通常_____有时_____很少_____从不
3. 面对挫折或失望时我保持希望和乐观,而不是放弃。
   _____总是_____通常_____有时_____很少_____从不
4. 我对他人情绪的敏锐感知能使我同情他人的困境。
   _____总是_____通常_____有时_____很少_____从不
5. 我能感觉到人群或关系动向并且表达非语言情感。
   _____总是_____通常_____有时_____很少_____从不
6. 我能减轻或抑制沮丧的情感,以使它们不会妨碍我做我需要做的事。
   _____总是_____通常_____有时_____很少_____从不

你的回答计分如下:总是=4分;通常=3分;有时=2分;很少=1分;从不=0分。你的总分越接近24分,你的情商越高。

7.23 创造力与其他形式的认知有何不同? 如何测量?

创造力

你有没有听说过一个人聪明但缺乏创造力? **创造力**(creativity)是产生原创的、适当的并且有价值的想法或问题解决方法的能力。

创造力和智商。 研究显示创造力和智商之间只有弱到中等程度的相关(Lubart, 2003)。还记得路易斯·特曼有关天资优异者个体的研究吗? 他们中没有一个人产生高度创造性的成果(Terman & Oden, 1959)。没有诺贝尔奖获得者,没有普利策奖。天才,是的;创造性天才,不是。因此高智商并不一定意味着高创造力。

真正的创造力很少以灵光一闪的形式出现(Haberlandt, 1997)。通常,创造性想法在出现在意识中前已经酝酿了一段时间。

创造性问题解决过程有四个基本阶段(Goleman et al., 1992):

1. 准备——搜寻可能帮助解决问题的信息
2. 酝酿——把问题先放一放,消化相关信息
3. 启发——突然想到正确的解决方法
4. 转化——把顿悟转化为有用的行动

酝酿过程,也许是最重要的过程,发生在意识水平之下。

创造性思维。 创造性思维的独特之处是什么? 根据已经研究创造力几十年的心理学

创造力 产生原创的、合适的并且有价值的想法或是问题解决方案的能力。

▲ 具有创造性的人的一个特征是内在的积极性。他们享受创造本身的过程——结果可能是一个异想天开的玩具而不是一个实用的工具。

家吉尔福德(Guilford，1967)的观点，拥有创造性思维者非常精通发散思维。**发散性思维**(divergent thinking)是指能够产生多个想法、或是对没有统一答案的问题有多个答案、多种解决方案的能力(Guilford，1967)。更广泛地说，发散性思维是新颖的、原创的或涉及不同想法的综合联系；它是灵活的，能快速平稳地从一个想法或一套想法转到另一个；它要求流畅，或是形成大量想法的能力(Csikszentmihalyi，1996)。与发散性思维相对，吉尔福德把辐合思维定义为一类能通过 IQ 和成就测验测量的心理活动；它包括解决精确定义的、有一个正确答案的逻辑问题。

然而，发散性思维和辐合思维并不总是分离的。两者是大多数认知任务都需要的。例如，创新，必须发展发散性思维，但是也需要辐合思维分辨想法的好与不好(Csikszentmihalyi，1996)。相似地，解决精确定义的问题也包括发散性思维，如试着思考问题的可能解决方法。

研究者正在确认辐合思维和发散思维所涉及的不同脑区。总的来说，辐合思维在左侧前额叶皮层有更大的激活，而发散思维在右侧前额叶皮层有更高的激活水平(Razoumnikova，2000)。其他研究显示，涉及辐合思维的加工，例如搜寻事件的模式在左半球进行(Wolford et al.，2000)。卡尔森和其他人测量脑区血流量(rCBF)的研究显示，进行高创造性思维时和没有进行创造性思维时前额叶激活存在着显著的差异。图 7.8(a) 显示了进行高创造性思维时的前额叶激活。在两个脑区都有激活，但右侧前额叶激活的脑区数量明显更多。相比之下，图 7.8(b) 显示了没有进行创造性思维期间，左侧前额叶有高度激活，右侧脑区几乎没有激活。

测量创造力。 个体创造力差异如何测量？旨在测量创造力的测验，解决开放式问题或是创作艺术作品等强调测量原创性方式的方法都可以用来测量创造力(Gregory，1996)。一个叫不寻常用途测验的创造力测验，要求回答者尽可能多地说出一件普通物体的用途(例如一块砖)。另一个测量创造力的测验是结果测验，要求受试者尽可能多地列出他们能想到的结果，这些结果可能是随着一些基本的改变而产生的(例如重力减少 50%)。

> **发散性思维** 产生多个想法、答案，或是对没有统一答案的问题有多种解决方案的能力。

(a)　　　　　　　　　　(b)

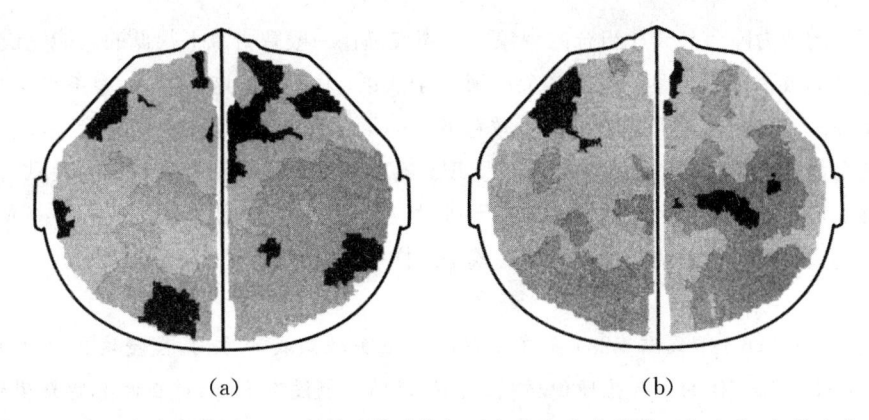

图 7.8　脑区血液流量图　(a)高创造性思维与两个大脑半球的激活都有关,但是右半球大脑有显著的更高水平的激活(红色表示激活)。(b)非创造性思维期间,激活大部分局限在左半球大脑。来源:Carlsson et al. (2000)。

研究者梅德尼克等(Mednick & Mednick,1967),推断创造力的本质由创造性思维者将多种想法组合在一起的能力构成,这些想法对于非创造性思维者而言可能是极难获得或无关的。他们因此创造了远隔联想测验(RAT)。

模拟问题解决的直觉和发现 www.mypsychlab.com

创造性个体。心理学家在对有特殊创造性的个体研究(比如 Bloom,1985;Csikszentmihalyi & Nakamura,2006)中了解到,区分有创造力的个体与缺乏创造力的个体有一些共同的特征。多数有创造力的个体具有这些特征:
- 好奇心和求知欲
- 对新经验的开放性
- 在学习和工作多年的特殊领域积聚了专业知识
- 倾向于做一个独立思考者
- 自我激励

最后,创造性努力需要努力工作和面对失败时的坚持。例如,阿尔伯特·爱因斯坦在相对论完成之前发表了248篇有关相对论的论文,还有莫扎特,当他在35岁去世时,他已经创作了609首乐曲(Haberlandt,1997)。

7.24　学者综合征患者与其他人有何不同?

学者综合征

最后,在我们理解智力功能的探索中,我们回到**学者综合征**(savant syndrome)现象,

学者综合征　一个智力水平很低的人完成高创造力或困难的心理技能的情况。

一种罕见的智力障碍与天才组合的现象。其表现是让一般智力水平很低的人能完成某些高创造性的或困难的心理技能。这个词来源于法语,用来描述这样的人:白痴学者(idiot savant,idiot 意思是"学问差的或未受教育的",savant 意思是"充满智慧的人")。学者综合征的个体在各个领域展示了高水平的表现。有一些在音乐表演上有特别的天赋。另一些能够确定过去或是将来任何具体的一天所对应的是一星期的哪一天。还有一些人可以在他们的头脑中进行复杂的计算。阿瑟就是这样一个人。

"阿瑟,6 427 乘以 4 234 是多少?"阿瑟把头转向我的方向,慢慢地但坚决地说:"27 211 918。"他的声音生硬但精确。他的眼睛一直没有走神,现在他重新凝望天空,看不见任何东西,一个英俊冷漠的 8 岁孩子(Rimland, 1978, p.69)。

阿瑟能够在他的脑中进行多位数计算,比你用计算器算得更快,并且他从来没有出错。然而,他的测量得到的智力极其低。

学者综合征的谜题正慢慢被科学家们破解。例如,心理学家已经知道很长一段时间,自闭症个体对绝对音高辨认率——一种仅仅依靠听就能辨别音高的能力,要高于普通人群。近年来,研究者已经发现,总的来说,自闭症患者比其他人对声音和改变音高上更敏感(Heaton, Davis, & Happe, 2008)。此外,那些能快速算出过去和未来的两种历时联系的学者综合征患者,被称为日历学者,他们似乎有更强的计算能力和将所有类型的言语和数字刺激联系在一起的能力(Cowan et al., 2003;Pring & Hermelin, 2002)。

其他呈现学者综合征本质的内容能在澳大利亚认知科学家艾伦·斯奈德的工作中发现(Snyder et al., 2006)。他长久以来一直主张每个人都拥有学者综合征患者所展现出来的天赋,特别是涉及快速心算的能力。他的观点是,学者综合征患者大脑的损伤才让这些能力表现出来,而在健康的大脑中,它们被较高级的认知功能压制,学者综合征患者的神经影像学研究支持了这一假设(Young, 2005)。此外,在一项开创性的研究中,斯奈德和他的同事使用磁脉冲来抑制健康个体大脑中进行信息分类的脑区(Snyder et al., 2006)。随着这些大脑区域被抑制,被试能够像学者综合征患者一样在他们的头脑中快速地进行复杂计算。

这些研究是否意味着大自然给予了患有认知障碍的人一些优势,实际上是消除了原本给予没有认知障碍的人抑制?不是的,因为由这些患有学者综合征的人所展现的天赋虽然是非凡的,但是,就帮助智力障碍和自闭症患者在这个世界上生存的意义而言,它们没有适应性。例如,大江光,一个著名的有非凡音乐天赋的自闭症患者,也是一位著名的作曲家,但是他缺乏在日常生活中所需的认知技能,例如结算支票簿。结果,虽然他有音乐天赋,但是他不能独立生活。健康的大脑使我们能够在各种情况下有效运转,即使这些发展了会抑制一些技能,例如快速心算。因此,斯奈德及其同事还有其他人像这样的研究无疑将帮助神经科学家更好地理解一般个体的智力和创造力(Miller, 2005)。此外,斯奈德也打算开发一些技巧能使一般个体发掘出他们的大脑拥有但仍潜藏着的他所认为的天赋。你能在 http://www.centreforthemind.com 了解更多关于这些技巧的内容。

记一记——超越智力

1. 确定每种智力情绪成分的归类。
   _____ (1) 共情   a. 个人的
   _____ (2) 觉知自我情绪   b. 人际的
   _____ (3) 自我激励
   _____ (4) 处理人际关系的能力

2. 创造力和智力分数呈_____相关。

3. 把创造力过程的每个阶段和相关的活动配对。
   _____ (1) 准备   a. 消化信息时,把问题先放一放
   _____ (2) 酝酿   b. 把领悟转化为有用的行动
   _____ (3) 启发   c. 搜集相关信息
   _____ (4) 转化   d. 突然想到正确的解决方法

4. 发散性思维与大脑的_____活动有关。

5. 弗雷德是自闭症患者,但是他能在听完任何一段曲子后马上在钢琴上弹出这首曲子,弗雷德显示出_____。

答案:1.(1) b (2) a (3) a (4) b 2. 弱的 3.(1) c (2) a (3) d (4) b 4. 右侧前额叶皮层 5. 学者综合征

总结与回顾

认知 p.220

7.1 演绎推理与归纳推理之间有什么区别? p.220

演绎推理包含从一般到特殊的推理或从一般的原理中得出特定的结论。归纳推理是从特殊的事实或个案中得到一般结论。

7.2 表象如何帮助我们思考? p.222

表象有助于我们学习新的技能和练习我们已经学会的技能。它也能帮助我们储存和提取信息。

7.3 哪些类型的概念能帮助我们组织信息? p.222

概念使我们快速理解信息的分类。规则和定义决定了形式概念,而自然概念由日常经验产生。我们也将信息与原型或样例进行匹配,这些原型包含了它们所代表的概念的大部分或全部相关特征。样例是相应概念中我们最熟悉的例子。

7.4 系统加工、启发、框架、直觉和锚定在决策中的作用是什么? p.223

系统加工需要在决策前考虑所有可能的选项。有时我们用优先法来排除某些选项以加快决策过程。相比之下,启发法或经验法则让我们只需一点努力就能快速地做出决定。

框架让我们去权衡一个决策的得与失,直觉依赖于内心的直觉感受。锚定于某一则信息而不考虑所有与决策有关的因素可能造成思维的扭曲。

7.5 问题解决的基本方法是什么？它们有何不同？p.227

类比法、逆向工作法、手段—目的分析是问题解决的启发法,有可能产生正确的解决方案。算法是一种总能带来正确解决方案的策略。

7.6 人工智能技术有哪些重要的应用？p.229

人工神经网络(ANNs)被用于模仿人类的思维。它们像人类专家一样加工信息,并从经验中学习。

语言 p.230

7.7 什么是语言的必要组成成分？p.230

语言的成分有(1)音素、(2)语素、(3)句法、(4)语义和(5)语用。

7.8 思维通过什么方式影响语言？p.232

一般来说,思维对语言的影响比语言对思维的影响大。沃尔夫的语言相对性假说尚未得到研究的支持。

7.9 儿童时期或成年期学习第二语言有什么优势？p.233

人们从小于10岁或11岁时开始学习第二语言,通常说第二语言时不会带有口音。然而,青少年和成年人知道更多关于他们自己的语言,当他们学习第二语言时,他们能运用这些知识。

7.10 有关动物语言能力的研究说明了什么？p.234

黑猩猩能够学习用符号语言进行交流。能够发声的鸟类经过训练能用语言交流。研究表明,绝大多数情况下,动物能把符号串在一起而不是创造真正的句子。

智力 p.236

7.11 斯皮尔曼、瑟斯顿、加德纳、斯滕伯格对智力的定义有什么不同？p.236

斯皮尔曼认为智力是由一般能力因素(g)和一群特殊能力(s)构成。瑟斯顿提出七种基本心理能力。加德纳声称有八种类型的智力,斯滕伯格的智力三元理论指出存在三种类型的智力。

7.12 比内、特曼和韦克斯勒对智力研究的贡献是什么？p.239

比内开发了第一套标准化的智力测验。特曼改编了比内的测验以适用于美国人口并采用了斯特恩的"智商"或"IQ"作为新测验的评分系统。韦克斯勒开发了适用于儿童和成人的测验。韦氏测验中的分数以年龄基准平均数的偏离程度为基础。

7.13 为什么信度、效度、标准化和文化偏差在智力测验中很重要？p.241

有信度的测验产生一致的结果。如果测验能预测适当的结果变量,那么这个测验就具有效度。标准化是必要的,那样个体的分数才能进行比较。文化偏差威胁测验的效度,所以测验编制者必须尽可能地减少文化偏差的影响。

7.14 应用于智力测验分数的钟形曲线意味着什么？p.243

绘制大量IQ分数的频率图能生成一个钟形的对称曲线(正态曲线)。一半分数落在平均数之上，一半分数在平均数之下。

7.15 天才与普通人之间有何不同？p.243

特曼的纵向研究显示，一般情况下天才个体都有更好的身体和心理健康，而且比普通人更成功。

7.16 被归为智力障碍者必须满足的两个标准是什么？p.245

被划分为有智力延迟障碍的人必须智力分数低于70并且表现出有严重的日常适应功能缺陷。

7.17 如何定义和应对学习障碍？p.245

有学习障碍的人在智力测验中都能获得平均分或更高的分数，但是在具体的学业领域，通常是阅读方面，有技能获取上的困难。其原因尚未知。干预反应项目试图预防学龄期儿童发展为学习障碍。在字母—语音联系上的精心训练能帮助一些孩子学会阅读，但是灵活性也是重要的。

解释认知能力中的差异 p.247

7.18 什么是智力的先天—后天之争？为什么双生子研究对这个争论很重要？p.247

先天—后天争论关注遗传和环境对智力测验分数变化的相对贡献。同卵双生子的研究对于这个争论来说很重要，因为这样的双生子有完全一样的基因。如果发现一起抚养的同卵双生子比一起抚养的异卵双生子在某种特质上更相似，那么那种特征会被认定更多地受遗传因素的影响。反过来也是正确的。

7.19 什么类型的证据表明智力是可变的？p.248

收养研究已经显示，被中产阶层家庭收养的来自不利环境中的婴儿比仍然在不利家庭环境抚养的婴儿的智力更高。早期教育经验也可能提高智力分数。还有，智力分数在过去70年里稳定增长，可能是因为生活水平的改变。

7.20 什么论据被提出来用于解释智力分数的种族差异？p.250

有些研究者声称种族差异来自遗传。另外一些研究者则主张贫穷、缺少教育机会、测验环境的熟悉性以及刻板印象威胁能解释这些差异。

7.21 关于智力重要性的文化观点有何不同？这些不同如何影响成就？p.251

亚洲文化好像更加强调努力而不是能力。作为结果，亚洲家长比西方社会的家长更可能鼓励他们的孩子努力学习，在西方社会能力被认为比努力更重要。这些信念也可能影响教育方式。源于文化信念的家长和教育实践，可能带来成就的跨文化差异。

超越智力 p.253

7.22 什么是情绪智力的必要组成成分？p.253

情绪智力的组成成分包括自我情绪觉知、管理情绪的能力、自我激励、共情和处理人际关系的能力。

7.23 创造力与其他形式的认知有何不同？如何测量？p.254

吉尔福特认为创造力包括发散性思维。用于测量创造力的测验有不寻常用途测验、结果测验和远隔联想测验。

7.24 学者综合征患者与其他人有何不同？ p.256

学者综合征患者的一般智力水平很低，但是他们可以表现出某些需要高度创造力或困难的心理技能。

关键术语

收养研究法 p.247
类比启发法 p.227
能力倾向测验 p.242
人工神经网络（ANNs）p.230
双语能力 p.233
概念 p.222
文化公平智力测验 p.243
演绎推理 p.221
发散思维 p.254
情绪智力 p.253
专家系统 p.230
框架 p.225
g 因素 p.237
启发法 p.224
全纳 p.244
智力 p.236
直觉 p.226
学习障碍 p.244
手段—目的分析 p.228
心理定势 p.229
自然概念 p.222
常模 p.240
语用 p.232
问题解决 p.227
心理语言学 p.230
再认启发法 p.225
代表性启发法 p.224
语义 p.231

算法 p.228
锚定 p.226
人工智能 p.229
可得性启发法 p.224
认知 p.220
创造力 p.254
决策 p.223
深层结构 p.232
逐步消除法 p.224
样例 p.223
形式概念 p.222
功能固着 p.229
遗传力 p.247
表象 p.222
归纳推理 p.221
智商（IQ）p.240
语言 p.230
语言相对性假说 p.232
智力障碍 p.244
语素 p.231
先天—后天之争 p.247
音素 p.231
基本心理能力 p.237
原型 p.223
推理 p.221
信度 p.241
学者综合征 p.526
标准化 p.243

表面结构 p.232　　　　　　　　句法 p.231
系统决策 p.223　　　　　　　　三元智力理论 p.238
效度 p.242　　　　　　　　　　逆向工作法 p.227

章末测验

选择题

1. 所有的猫都有胡须。毛毛是一只猫。因此毛毛有胡须。这是_____的例子。
   a. 决策　　　b. 三段论　　　c. 可得性启发　　　d. 归纳推理

2. 麦克需要把特大号床垫拿到楼上的卧室。在楼梯顶，他必须转 90 度才能进入卧室。他正在他的脑中制定一个策略以怎样的方式把床垫转过来。麦克正在利用_____。
   a. 认知地图　　　b. 想象　　　c. 概念化　　　d. 概念形成

3. 琼斯医生给他的心理学课上的学生提供了中枢神经系统主要结构的草图。这幅草图是_____。
   a. 自然概念　　　b. 样例　　　c. 形式概念　　　d. 原型

4. 弗雷德最近看了讲述低血糖症患者健康史的电视节目。头疼是他们都遭受的一种症状。第二天，弗雷德发生了严重的头疼，他怀疑自己可能得了低血糖症。弗雷德的怀疑可能由_____引起。
   a. 样例　　　b. 算法　　　c. 可得性启发　　　d. 代表性启发

5. 查德决定按照他在杂志上看到的类似的设计重新铺厨房的地板瓷砖。在调研这项工程时，查德必须决定怎么取出旧的瓷砖、用什么样的瓷砖等。在做与工程相关的决策中，查德使用了哪种策略？
   a. 逆向工作法　　　b. 算法　　　c. 尝试错误法　　　d. 手段—目的分析

6. 根据语言学家诺姆·乔姆斯基的观点，句子"露西爱打羽毛球"和"打羽毛球是露西喜欢的事"_____。
   a. 只在深层结构不同　　　b. 深层和表层结构都不同
   c. 只在表层结构不同　　　d. 深层和表层结构都相同

7. 下面哪项是双语能力的优势？
   a. 更好的听力技能　　　b. 更好的阅读技能
   c. 更好的元语言技能　　　d. 更好的记忆技能

8. 鲁迪在数学能力测验上得高分但是在语言能力测验上获得了平均分。他的分数模式支持_____智力理论。
   a. 斯皮尔曼的　　　b. 瑟斯顿的　　　c. 弗林的　　　d. 比内的

9. 雷兰德博士是一个评估 6 岁以下儿童智力的儿童心理学家。下面哪个智力量表他最可能给 5 岁儿童施测？
   a. WISC-IV　　　b. WAIS-III　　　c. WPPSI　　　d. 比内西蒙量表

10. 如果相同个体不同场合下在一个测验上获得近乎相同的分数,这个测验被认为_____。

  a. 有效度但是不一定有信度   b. 有信度但是不一定有效度
  c. 效度和信度都有   d. 效度和信度都没有

11. 茱莉亚35岁,和她的父母住在一起。她有一年级水平的学业技能并且智力分数是47,但是她可以在当地的一个工厂做零工。茱莉亚是_____智力障碍。

  a. 轻度   b. 重度   c. 极重度   d. 中度

12. 玛塔认为儿童的认知能力受他们父母的基因影响。桑德拉认为养育活动是儿童智力的重要决定因素。谁的说法正确?

  a. 玛塔   b. 桑德拉   c. 都不对   d. 都对

13. 如果一个孩子在婴儿期就被领养,并且从来没有与她或他的生物学上的父母接触过,这个孩子的智力发展可能_____。

  a. 更像生物学上的父母   b. 更像收养家庭中生物学上的兄弟姐妹
  c. 介于生物学父母和养父母之间 d. 更像养父母

14. 研究者认为下面哪项对智力分数增加没有贡献(弗林效应)?

  a. 生活水平的提高   b. 接触电视教育节目的增加
  c. 更好的营养   d. 报名儿童看护中心人数的增加

15. 下面哪项被提出来解释亚洲和美国学生在学业成就水平上的差异?

  a. 父母教育差异   b. 经济水平差异
  c. 教育策略差异   d. 营养差异

16. 下面哪项不是情绪智力的成分?

  a. 管理自我情感的能力   b. 人际关系意识
  c. 共情   d. 抑制自我情绪的能力

17. 在最近的全体教师会议上,贾曼博士就一个困扰心理系好几个月的问题提出了一些不同的可行的解决方法。贾曼博士表现出了_____。

  a. 最优化理论 b. 发散性思维 c. 学者综合征 d. 辐合思维

简答题

18. 比较和对比本章所讨论的不同决策方法能怎样应用于日常生活问题。

19. 不同于人类语言,动物通过哪些方式进行交流?

20. 比较和对比斯皮尔曼、赛斯顿、斯滕伯格和加德纳提出的智力理论。

答案见第773页。

第 8 章

儿童发展

发展心理学：基本原理和方法论

8.1 发展心理学家对哪三个问题进行频繁的争论？

8.2 发展心理学家用什么方法研究伴随年龄增长而发生的心理变化？

胎儿发育

8.3 胎儿发育的三个阶段中每个阶段都发生了什么？

8.4 近年来科学家们从胎儿行为中了解到了什么？

8.5 影响胎儿发育的一些负面因素是什么，什么时候影响最为明显？

婴儿期

8.6 新生儿的运动行为和那些更大一点的婴儿的运动行为有什么区别？

8.7 新生儿的感觉和知觉能力包括哪些？

8.8 婴儿期存在着哪几种类型的学习？

8.9 什么是气质？托马斯、切斯和伯奇对气质是怎样分类的？

8.10 哈罗、鲍尔比和安思沃斯做了怎样的研究来揭示婴儿对照顾者的依恋？

8.11 父亲如何影响孩子们的发展？

皮亚杰的认知发展理论

8.12 皮亚杰是如何使用图式、同化、顺应的概念来解释认知发展的？

8.13 皮亚杰提出的认知发展阶段理论中，每个阶段的发展任务是什么？

8.14 针对皮亚杰的研究成果，有哪些重要的评论？

认知发展的其他途径

8.15 在维果茨基看来，私语和支架式教学对认知发展起到了什么作用？

8.16 信息加工的研究者对哪三种认知能力进行了深入研究？

语言发展

8.17 从牙牙学语到语法规则的习得，语言发展的顺序是怎样的？

8.18 学习理论和语法天生假说是如何解释语言的习得的？

8.19 语音意识是什么？它为什么重要？

社会化发展

8.20 鲍姆林德提出了哪三种教养方式？其中哪种最有效？

8.21 同伴在人的社会化过程中有什么作用？

8.22 电视有哪些积极影响和消极影响？

8.23 布朗芬布伦纳是如何解释文化在儿童发展中的作用的？

想一想

当学生第一次接触针对儿童期的科学研究时，他们经常会觉得自己非常熟悉该领域，至少就像我们之前考虑过的比如大脑和意识状态的问题一样。毕竟有很多人会认为，"经历过童年时代，我应该知道关于儿童期的一些事情"。我们会根据一些里程碑式的重大事件来看待我们自己或我们孩子的童年，比如走路、说话、第一天上学、第一次接吻等。但是心理学家对儿童期的研究显示，这一阶段远比表面上看起来要复杂得多。为了加深对发展的复杂性的感受，请试着按时间顺序将以下七个心理发展中的重大事件排序，1表示最早发生的事件，7表示最晚发生的事件：

_____ 用双词句交流

_____ 辨识出以前听过的一个故事

_____ 理解游戏的规则

_____ 对主要照顾者的依恋

_____ 对事物进行分类使它们更便于记忆

_____ 相信无论走到哪里月亮都会跟着自己

_____ 在相互信任的基础上建立友谊

从上至下，正确答案依次为：3、1、5、2、7、4、6。你也许会感到很惊奇，事实上对故事的辨认在出生之前就已经发生，比婴儿在7到8个月时与主要照顾者建立联系还要早得多。双词句在婴儿18个月左右时出现，拉开了学龄前儿童掌握流畅语言的序幕。奇妙的是，2到6岁的儿童在逐渐获得流畅语言的同时，也产生了很多令成人也觉得不可思议的想法，比如意识到无论走到哪里月亮都会跟着自己。到了6岁左右，他们放弃了这些观点，因为他们开始明白世界是有规则的，最重要的一个表现就是他们经常会表现出对游戏很浓厚的兴趣和对游戏规则的理解。通常到了小学阶段，与理解游戏规则同时发生的是他们更偏向于把玩具交给可以信任的伙伴，而不是交给同样喜欢这个玩具的伙伴，就是以上所说的"在信任的基础上建立友谊"。最后，大约在9到10岁，信息加工能力的进步使孩子们能够使用你在第6章所学到的有效的记忆策略，例如将事物进行分类使其更便于记忆。

当然，发展并不止于10岁，它贯穿了人的一生。因此，为了尽可能完整地解释人类是如何伴随着年龄改变的，我们将人的发展分为两个章节来学习。在这一章中，我们将粗略地按从胎儿期到青春期的顺序来学习儿童时期。在下一章中，我们再专注于青春期和成年期发生的改变。

发展心理学：基本原理和方法论

发展心理学（developmental psychology）是研究整个生命过程中个体的成长、发展、变化的一门学科。一些发展心理学家从婴儿期、儿童期、青春期、成年早期、中期和晚期直至死亡这一系列年龄段中选择某一年龄段人群做专门的研究。其他一些发展心理学家则根据自己的兴趣选择发展过程中的某一特定领域进行研究，例如生理变化、认知、语言的发展或情绪、道德的发展。在本章（儿童发展）和下一章（青少年期和成年期）我们将按顺序介绍发展的每个阶段，讨论关于不同年龄群体的问题。在我们开始探究之前，让我们先来学习一些基本原理，它们是有关个体发展的所有问题。第一部分介绍了发展的本质，第二部分介绍了发展心理学家在研究与年龄相关的变化时所采用的方法。

8.1 发展心理学家对哪三个问题进行频繁的争论？
发展心理学中具有争议性的问题

在谈到发展心理学的研究时，我们总是与两个古老的问题不期而遇。第一，遗传因素和环境因素哪一个更重要？第二，发展是阶段性的还是连续不断的？

遗传与环境。 第7章提到过关于遗传决定智力发展还是环境决定智力发展的争论，你们应该记得赞同前者的一方认为是基因导致了智力的个体差异，而另一方则认为是环境导致了这些差异。事实上，发展心理学家对遗传和环境的兴趣在智力研究之外也广泛地存在，他们设法去了解基因和环境的作用，或者说先天遗传和后天培养在以下这些发展问题的答案中所扮演的角色，例如：

- 新生儿如何获得动作技能？
- 锻炼能否帮助成年人在他们年老的时候维持他们最佳的身体活动能力？
- 为什么学龄前儿童比婴儿有更好的记忆力？
- 为什么年轻人完成简单的记忆测试要比老年人快？
- 为什么同伴在学龄儿童和青少年的生活中比在婴儿和年幼儿童的生活中更重要？
- 随着年龄的增长，成年人是否会变得更加成熟，或者说人的性格在一生中是否保持不变？

显而易见，遗传因素限制了一个人的成长，哪怕是最好的家庭环境、教育和营养都不足以出现一个爱因斯坦和玛丽莲·马赫莎凡（她230的智商是有记录以来最高的）。然而父母的疏漏、营养不良、身体疾病、陋习和教育的缺乏都会妨碍孩子变成他基因所决定的最优秀的样子，最聪明的孩子亦是如此。但是仍然有许多童年被剥夺的孩子拥有了正常的甚至是优越的生活。

针对遗传与环境的争论和一些孩子对不利因素和有害环境产生心理弹性（受到挫折之后复原的能力）的现象，发展心理学家认为最好的解释是孩子在出生时就伴随着一些易

发展心理学 研究整个生命过程中个体的成长、发展、变化的一门学科。

感性,例如棘手型气质或是遗传性障碍(Masten & Powell,2003)。每个孩子都天生具有一些趋向于提高心理弹性的保护性因素,例如高智商、良好的协调能力或是外向随和的性格。整个儿童时期和青春期中,自身弱点和保护性因素在环境变化中相互作用,以至于相同的环境对不同的孩子会产生不同的影响。例如,一个害羞、几乎没什么朋友的孩子与一个外向、人际关系较好的孩子相比,更容易受到情感上的伤害。

阶段性的还是非阶段性的? 我们经常说一个孩子用各种方式发泄受压抑的情绪是正在经历某个"时期"或某个"阶段"的表现。但是在发展过程中真的有不同时期或阶段的存在吗?这是发展心理学中最重要的问题之一。为了了解发展心理学家如何考虑这个问题,可以先思考儿童的身高增长有什么特点。身高的变化只是量变,换言之,身高特征在所有年龄阶段都是一样的,即年龄较大的孩子仅仅比年龄较小的孩子高一点而已。然而例如逻辑思维等其他发展变量则会发生阶段性的变化,会自然而然地发生一些质变。简单来说,10岁儿童的逻辑已经和3岁儿童的逻辑完全不同。年龄稍大的孩子不仅拥有更多的逻辑思维,并且他完全是以不同的方式来思考。在这一章中,我们将要探究发展心理学中最重要的发展阶段理论之一——皮亚杰的认知发展理论。在第9章,你将会读到埃里克森的心理社会期阶段理论和科尔伯格的道德推理阶段论。

▲这个孩子似乎拥有几个保护因素中的一种——开朗的性格。

同时,发展心理学专家也正试图去解答智力、个性等个人特质随时间变化能否保持稳定的问题。

8.2 发展心理学家用什么方法研究伴随年龄增长而发生的心理变化? 研究发展变化的方法

发展心理学家如何研究一生中的心理变化?你可以跟踪分析一组人的发展,也可以对不同年龄阶段的人群进行对比。这两种方式在发展心理学家的研究中都会被用到。

在**纵向研究**(longitudinal study)中,研究者用几年的时间跟随同一组被试的成长,并在不同年龄阶段分析他们的心理状况。这种方法使研究者能够观察到个体随年龄增长而发生的心理变化。然而纵向研究也存在着一些缺点,例如这种方法需要花费大量的时间和成本,被试也有可能退出研究或中途去世,从而导致最后的样本发生偏差。

| **纵向研究** 该研究方法跟踪同一组被试并在不同年龄阶段对其进行测量。|

```
                        纵向研究
         在一段较长时间内的不同时间段对同一组被试进行研究,
              从而确定某些心理特征随年龄增长而改变。
```

初次研究	第二次研究	第三次研究	第四次研究
1999年	2001年	2004年	2007年
被试1岁	相同被试3岁	相同被试6岁	相同被试9岁

→ 同一组被试研究了8年。 →

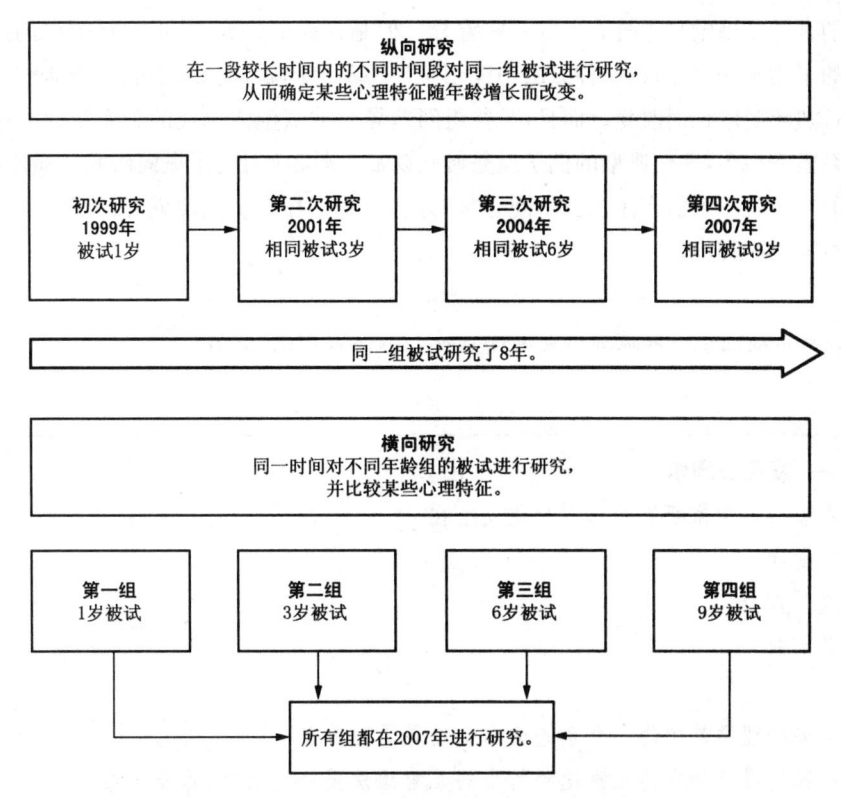

```
                        横向研究
            同一时间对不同年龄组的被试进行研究,
                  并比较某些心理特征。
```

第一组	第二组	第三组	第四组
1岁被试	3岁被试	6岁被试	9岁被试

所有组都在2007年进行研究。

图 8.1 纵向研究与横向研究的比较 纵向研究在一段较长的时间内对同一组被试进行重复测量。横向研究中,研究者对不同年龄组被试的某一方面进行比较。

▶为了研究心理发展中的变化,用像图片上一样将老年人和年轻人做比较的方法是不是就比从个体年轻时开始对他们的发展进行跟踪的方法更好一些?事实上以上两种方法都会被用到,每一种都有自己的优点和缺点。

横向研究(cross-sectional study)需要花费的时间和金钱较少,研究者通过对比不同

横向研究 该研究方法对不同年龄组的被试在同一时间内进行观测比较,从而确定某些特征上与年龄有关的差异。

年龄组的被试来确定与年龄有关的一些差异。但是在横向研究中,不同年龄组的差异建立在组的平均水平上,所以这种方法不能用来回答某些问题,例如,不能用于研究个体的气质是否随年龄增长而改变。而且,某些组间差异与被试生活时代的关系要比与被试年龄的关系紧密得多,一个典型的例子就是时代效应。图8.1对比了纵向研究和横向研究。

人的发展是一个引人注意且不同寻常的过程,它早在出生之前就开始了。我们将从头开始追随它的脚步。

探究横向研究设计和纵向研究设计 www.mypsychlab.com

记一记——发展心理学

1. 发展心理学家研究的心理变化发生在_____。
   a. 儿童期
   b. 成年期
   c. 老年期
   d. 终生
2. 发展心理学其中的一个争论话题是发展是否具有_____。
3. 研究发现年龄大的儿童比年龄小的儿童想法更有逻辑性,这是思维_____变的一个例子。
4. 以下叙述中,是横向研究特点的用字母c来表示,是纵向研究特点的用字母l来表示。
   _____(1) 不同的年龄组在同一时间进行测试
   _____(2) 对一个年龄组在不同时间进行研究
   _____(3) 两个研究方法中花费较少的
   _____(4) 可以显示个体随时间发生的变化
   _____(5) 被试退出实验或死亡
   _____(6) 差异也许是由发展以外的因素引起的,比如被试成长的时代背景

答案:1. d 2. 阶段性 3. 质 4. (1) c (2) l (3) c (4) l (5) l (6) c

胎儿发育

很多人将九个月的妊娠期以三个月为一个单位分成三个阶段。第一阶段由受精开始到第三个月结束,第二个阶段从第三个月到第六个月,第三个阶段从第六个月到第九个月。然而,这样的划分对研究胎儿的发育没有重要意义。并且也许会让你感到十分惊奇的是,第二阶段早在第一阶段还没结束时就已经开始了。

8.3 胎儿发育的三个阶段中每个阶段都发生了什么？
胎儿发育中的重要事件

胎儿发育(prenatal development)需要经历从受精卵直至出生的所有事件。胎儿发育分三个阶段，增殖期、胚胎期、胎儿期，由特殊事件标志每个时期的开始，一系列典型的变化区分了一个阶段，并且一个特定的事件同时标志着一个阶段的结束和下一个阶段的开始。

受精。受精发生在精子和卵子(卵细胞)结合时，此时就形成了一个单细胞的**受精卵**(zygote)。你应该记得在第2章中曾提到过，受精卵携带了46个完整的染色体(23个来自父亲的精子，23个来自母亲的卵子)，这是人类发展必需的。这些染色体携带基因，决定了个体的许多特征，例如眼睛的颜色和遗传缺陷。其他生化物质的导向作用加上环境的影响塑造了人生全程发展。这些生化物质包括影响智力、人格和诸如糖尿病、心脏病等慢性疾病发展的基因。

有时出于未知原因，受精卵分裂为两个细胞，从而出现了同卵双胞胎，甚至有三胞胎、四胞胎、多胞胎。事实上，1930年在加拿大出生的著名的多尼多胞胎就是同卵双胞胎。有时也会有两个(或更多)卵子和两个(或更多)精子结合的情况，出现了异卵双胞胎。

增殖期、胚胎期和胎儿期。受精通常发生在其中一条输卵管，在接下来的两周时间里，受精卵将到达子宫附于子宫壁上，这个过程叫作着床(见图8.2)。这两个星期称作增殖期，发生快速的细胞分裂，细胞逐渐分化出能够成为胎盘(一个专门养育胚胎的器官)的细胞和成为胚胎的细胞。一旦受精卵成功地着床，增殖期就结束了。这一阶段结束，受精卵只相当于核苷酸三联体中最后一部分的大小。

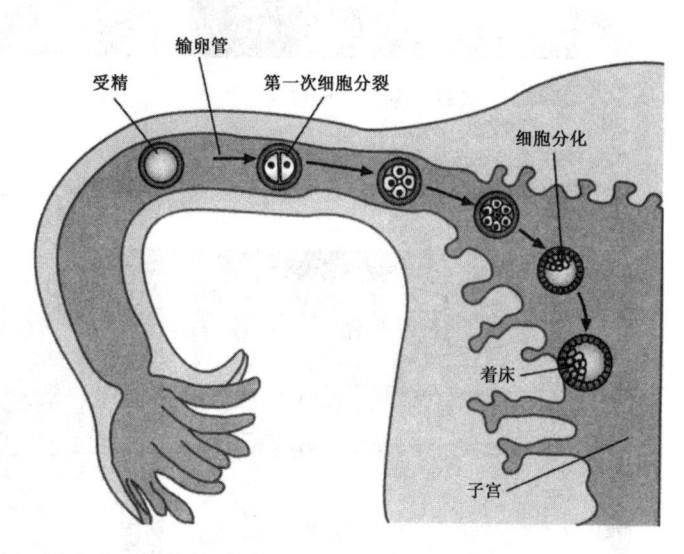

图8.2 从受精到着床的过程 这张图展示了胎儿发育前两周的过程。数据来源：Bee&Boyd(2010)。

第二个阶段是胚胎期。这一阶段中，人体的各个主要系统、器官、结构开始逐渐组成

> **胎儿发育** 胎儿从受精卵到出生的过程，由三个阶段构成(增殖期、胚胎期、胎儿期)。
>
> **受精卵** 由精子和卵子结合形成的一个单细胞。

一个机体,即**胚胎**(embryo)。从妊娠第三周开始到妊娠第八周,这一阶段从受精卵着床开始止于第一个骨细胞生成。只有 2.5 厘米长和 4 克重,胚胎已经类似于一个人形了,有肢体、手指、脚趾,还有许多内部的器官已经开始形成了。

> 观看关于胎儿发育的视频 www.mypsychlab.com

胎儿发育的最后一个阶段是胎儿期。从第九周骨骼细胞开始形成持续到出生,发育

(1) 受精
精子和卵子结合,经遗传指令形成一个受精卵,从而能够成为一个新的个体。

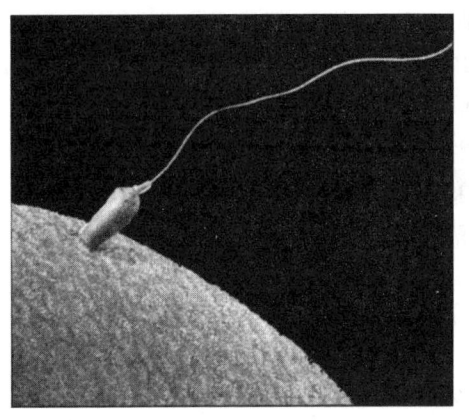

(2) 增殖期
受精卵附着在子宫壁上,细胞快速分裂。在受精后的第二个星期结束时,受精卵相当于核苷酸三联体中最后一部分的大小。

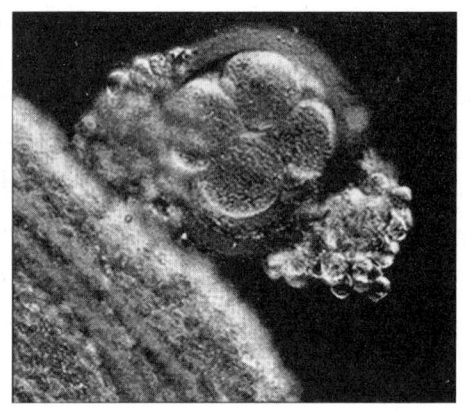

(3) 胚胎期
从第三周开始到第八周结束。这一阶段身体主要的系统、器官和结构逐渐发育,在骨骼细胞出现并且胚胎大约 2.5 厘米长、4 克重时这一阶段结束。

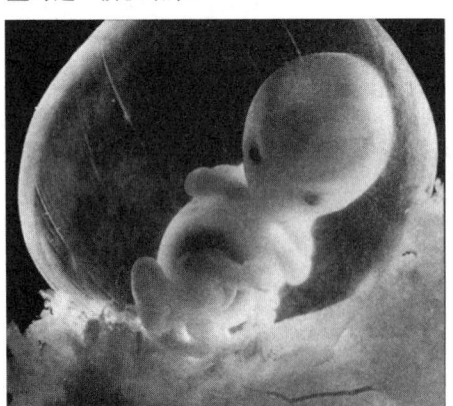

(4) 胎儿期
从第九周到出生结束,胎儿快速成长,身体的结构、器官和系统逐渐成熟。

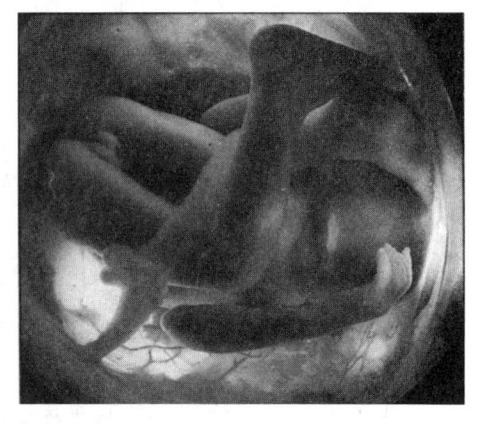

图 8.3 胎儿发育的过程

胚胎 受精后第三周到第八周由人体主要系统、器官、结构组成并发育成的有机体。

中的机体称为**胎儿**(fetus),它经历着快速的成长、身体结构以及各个系统和器官逐渐完善。图 8.3 总结了胎儿发育的过程。

8.4 近年来科学家们从胎儿行为中了解到了什么？
胎儿的行为

当了解到早在怀孕第 25 周时胎儿对声音就十分敏感(Joseph, 2000),你是否感到十分惊讶？在过去的几十年中,科学家们借助超声检查等技术直接观察胎儿,从而研究了胎儿的大量行为。因此我们知道,胎儿对声音的反应是出于本能的,比如将头转向声音的方向和神经上的反应等(Moore et al., 2001)。

一些针对新生儿的研究显示,他们对胎儿时期接受过的一些声音刺激仍有记忆。一个被频繁提及的研究是,笛卡斯伯和斯宾塞(DeCasper & Spence, 1986)在 16 个孕妇妊娠期的最后六周期间,每天为她们肚子里正在发育中的胎儿读两遍《帽子里的猫》。出生后的几天,婴儿就会通过调整特别设计的、对压力敏感的奶嘴来聆听妈妈读的《帽子里的猫》或像《国王、老鼠、奶酪》这类他们之前从未听到过的故事。伴随着他们的吮吸行为,婴儿展现出了对《帽子里的猫》这一熟悉声音的偏爱。其他研究也表明,新生儿对胎儿时期妈妈的心跳、羊水的味道、在子宫里听到的音乐等刺激都有记忆(Kisilevsky et al., 2003; Righetti, 1996; Schaal et al., 1998)。

胎儿期的学习只对婴儿期的发展有好处还是会惠及到儿童时期呢？研究者还不知道这个问题的答案(Bornstein et al., 2002)。在一项研究中,孕妇在妊娠期的最后几周用带子在腹部固定上小型扬声器持续几个小时,使胎儿能够听到古典音乐(Lafuente et al., 1997)。结果发现听音乐的孩子在出生后 6 个月的认知发展方面比不听音乐的孩子要优秀很多(Lafuente et al., 1997)。当然,这项研究结果的长远意义就不得而知了。

稳定的个体差异在胎儿发育中也可见一斑(DiPietro et al., 2007)。例如胎儿的活动程度存在广泛的差异。纵向研究表明,活动程度较大的胎儿将发育成较为活跃的孩子(DiPietro et al., 2002)。并且在小学时期,家长和老师会认为这些孩子异常活跃。相反地,胎儿活动程度较小则与智力延迟有关(Accardo, et al., 1997; DiPietro, 2005)。

一些性别差异也在胎儿发育的早期显现出来。其中之一就是男性胎儿在肢体活动上普遍比女性胎儿活跃(DiPietro et al., 1996a, 1996b)。另一个差异就是女性胎儿比男性胎儿对声音和外界刺激更加敏感(Groome et al., 1999)。

8.5 影响胎儿发育的一些负面因素是什么，什么时候影响最为明显？
影响胎儿发育的负面因素

大多数情况下,胎儿发育会很顺利,孕妇会生出一个正常健康的婴儿。然而,一些负

胎儿 从妊娠第九周到出生期间伴随人体各结构、器官、系统进一步完善而逐渐发育的有机体。

面因素导致了多种问题的出现。哪怕是一种产妇疾病也会干扰整个胎儿发育过程。例如，像糖尿病这样的慢性疾病会导致胎儿生长阻滞或加速等问题(Murray, 2009)。

当母亲患有像风疹、水痘或艾滋病这样的病毒性疾病时，她可能会分娩出身体畸形或行为异常的婴儿(Murray, 2009)。这些影响之中，由于孕妇患风疹而导致的胎儿心脏疾病将伴随胎儿的一生。除此之外，病毒性疾病可能会通过母体传给孩子。就拿艾滋病来说，胎儿在出生前感染病毒会导致出生后患上典型的艾滋病。病毒和其他的有害化学制剂，例如会对胎儿发育造成消极影响的药物、X射线和环境毒素等都称为**致畸剂**(teratogens)。

模拟致畸剂及其影响 www.mypsychlab.com

致畸剂的影响取决于它的剂量和它在胎儿发育中出现的时期。药物、X射线和有毒废物这样的环境毒素以及孕妇风疹如果在胚胎期出现，会导致毁灭性的后果。这个阶段是一些身体结构发育的**关键期**(critical periods)，如果药物或感染阻碍了发育，某些身体结构就不能正常地形成，胎儿就有可能会出现生长停滞的情况(Kopp & Kaler, 1989)。例如在胎儿发育的早期孕妇如果有酒精摄入，就会导致胎儿面部畸形、智力延迟和出现行为问题，这些表现合称为**胎儿醇中毒综合征**(fetal alcohol syndrome)。在胎期接触致畸剂更可能导致各种各样的智力和社交障碍而不是身体畸形。表 8.1 列出了许多影响胎儿发育的致畸剂和其他因素。

◀妊娠期摄入酒精会导致胎儿醇中毒综合征。这种疾病的表现包括智力延迟、身体畸形和行为异常。

致畸剂最严重的影响之一是增加**低出生体重**(low birth weight)（出生体重低于 2.5 千克）的风险。低出生体重的婴儿有两种：早产儿和足月小样儿。早产儿是指胎龄不足

致畸剂　对胎儿发育有消极影响的病毒和其他有害化学制剂。

关键期　发展过程中环境影响能起最大作用的时期。

胎儿醇中毒综合征　胎儿发育早期孕妇的酒精摄入导致胎儿发生面部畸形、智力延迟和行为问题。

低出生体重　胎儿出生时体重低于 2.5 千克。

表 8.1　影响胎儿发育的消极因素

致畸剂	可能对胎儿造成的影响
产妇疾病/情况	
营养不良	生长迟缓,智力延迟
糖尿病	发育异常
风疹	心脏缺损,眼盲,耳聋
疱疹	神经损伤,疾病会传播给胎儿
艾滋病	疾病会传播给胎儿
癌症	胎儿或胎盘肿瘤
乙肝	肝炎
衣原体	结膜炎,肺炎
梅毒	眼盲,耳聋,智力落后
淋病	眼盲
药物	
酒精	胎儿醇中毒综合征(面部畸形,智力延迟,行为问题),注意缺陷多动障碍
海洛因	成瘾,震颤,不稳定的睡眠模式,呕吐,早产
可卡因	早产,生理缺陷,睡眠障碍,震颤
大麻	震颤,睡眠困难,注意缺陷多动障碍
烟草	低出生体重,突发性胎儿死亡综合征,注意缺陷多动障碍
咖啡因	每天摄入超过 300 毫克(大约 3 杯酿造咖啡)会造成胎儿低出生体重
减肥药	低出生体重

数据来源:Amato(1998);Kliegman(1998);Huizink & Mulder(2006)。

38 周的胎儿。足月小样儿是指出生体重低于相同胎龄标准体重的胎儿。在这两种类型中,足月小样儿更容易死亡或者有终生的残疾。因为他们的体形是产妇营养不良等产前因素造成的结果,这会导致他们生长缓慢。相比之下,早产儿有更丰富的发育经历,但是身体器官,特别是肺,还不能独立地工作。

最后,有些是在分娩过程中出现的问题。当婴儿在出生时显露出危及生命的并发症,比如脐带溃烂时,那么就会增加他们在发育过程中出现问题的风险。比如,缺少足够的氧气会导致大脑受损。并且出生时的一些并发症还与儿童期或青春期出现攻击行为等问题有关(Scarpa & Raine, 2007)。

记一记——胎儿发育

1. 将胎儿发育的各阶段与其对应的描述相匹配。

　　＿＿＿＿(1)增殖期　　　a. 出生两周

　　＿＿＿＿(2)胚胎期　　　b. 快速生长和身体结构及系统进一步发育

_____(3) 胎儿期　　　c. 主要系统、器官和身体结构的发育

2. 胎儿在_____上的变异与在儿童时期诊断出多动症有关。

3. 由于这个阶段是身体生长的关键期,所以致畸剂最可能导致机体缺陷。这个阶段是_____。

答案:1. (1) a　(2) c　(3) b　2. 活动水平　3. 胚胎期

婴儿期

威廉·詹姆斯,心理学开创者之一,为这个领域做出了许多显著的贡献。然而,他宣称新生儿感知到的世界是杂乱无章的,这犯了一个很大的错误。相反,新生儿一进入这个世界,就准备并渴望用一种有序的方式来关注所有的景象和声音。

8.6 新生儿的运动行为和那些更大一点的婴儿的运动行为有什么区别? 反射和动作的发展

如果你曾观察过新生儿的动作,你也许会发现相比婴儿而言,他(她)的动作似乎相当不稳。

在出生后的前几天里,**新生儿**(neonates)(出生一个月以内的婴儿)的动作是由**反射**(reflexes)(对一定刺激的天生的、自主的、非习得的反应)主导的。这些动作确保了他们在新的世界里得以生存。吮吸、吞咽、咳嗽和眨眼是新生儿能马上表现出的一些重要的行为。新生儿会移动胳膊、腿或者身体其他的部位远离有害的刺激,还会试着移开遮住脸的毯子或衣服。当轻抚宝宝的脸颊时,你将会触发他的觅食反射,宝宝会张开嘴并且灵敏地开始寻找乳头。

> 观看一个关于新生儿反射的视频 www.mypsychlab.com

新生儿也有一些没有显著作用的反射,这些反射被看做是人类进化的残迹。随着脑的发育,最初的反射行为(由位于后脑中的大脑结构控制)通常由于前脑的自动控制而逐渐形成。这些反射在出生时呈现,在2到4个月时消失,这为研究者评估新生儿神经系统的发育状况开辟了一条道路。

到了一定的时候,大多数的反射会被更加从容、协调的动作行为所替代。大多数重要动作的产生(如图8.4所示)是由婴儿的**成熟**(maturation)(从幼稚向更高一级的转变)

> **新生儿**　出生一个月以内的婴儿。
> **反射**　对一定刺激的天生的、自主的、非习得的反应(比如:眨眼、吮吸和抓握)。
> **成熟**　由婴儿各自的基因所决定的生长发育中的生物模式,从幼稚向更高一级的转变。

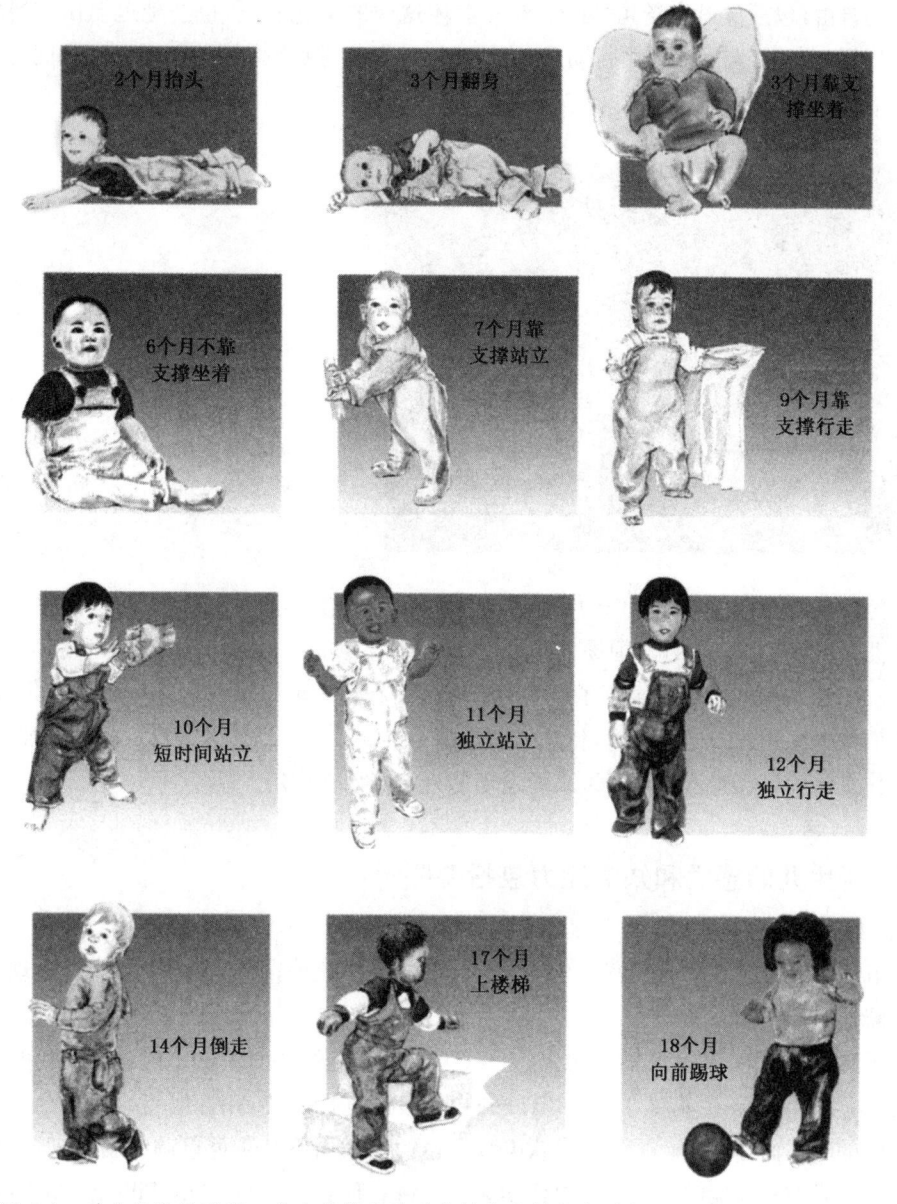

图 8.4 动作的发展过程 大多数婴儿的动作技能发展如序列所示,图中所示的年龄只是平均年龄,提前或延迟几个月都在正常范围内。数据来源:Frankenburg et al.(1992)。

而引发的。虽然婴儿产生相关动作的时间有早有晚,但是这些动作出现的时间顺序基本固定。身体发育和动作发展都是从头部开始向下至胸部直至腿部的。所以,婴儿在学会坐之前先学会抬头,在学会坐之后才学会走路。同时发育也遵从从内向外的顺序,即从胸部放射到肩部、到手臂、到手指。因此,婴儿在学会控制手臂后才学会控制手指。

但是,经验又是什么呢?它是怎样在动作发展上发挥作用的呢?一般在受到极不利环境的影响时,比如遭受严重的营养不良或者疾病时,动作发展的完成会延迟。限制婴儿的行动自由,包括像逼迫婴儿"融入"幼儿群体这样的文化实践,也会延迟动作发展的完成。然而,一旦宝宝可以自由行动了,他们很快就会获得和那些没有行动限制的同龄宝宝一样的动作技能的发展。

◀ 当被放在视崖装置上时,大多数年龄超过 6 个月的婴儿不会爬到深的一边,这表明他们能够知觉到深度。

经验也许会促进宝宝动作的发展。在一些非洲文化中,母亲会使用特殊的方法来训练婴儿,使他们比同龄的美国婴儿更早习得一些主要动作(Kilbride & Kilbride, 1975; Super, 1981)。但是,成熟限制了经验的作用。没有什么训练可以让一个月的婴儿行走;当他们接近平均的行走年龄时,特殊的训练也许会促进这一动作的习得。此外,加快婴儿的动作发展并不会对增强孩子未来的运动能力起到什么作用。

8.7 新生儿的感觉和知觉能力包括哪些?

感觉和知觉的发展

五种感官是否在没有发育完全时就能开始工作?此外,孩子在刚出生时就表现出对某些特定刺激的偏爱。

视觉。出生时,新生儿的视力大概是 0.03,并且直到 2 岁左右才能达到 1.0 的水平(Keech, 2002)。新生儿对 23 厘米以外的物体最能进行注视,并且他们的目光会随着缓慢移动的物体而移动。新生儿更喜欢五颜六色的刺激而不是灰色单调的刺激,但是他们直到 2 个月左右才能够像成年人那样学会区分每一种颜色(Franklin, Pilling, & Davies, 2005)。2 到 3 个月大时,大多数婴儿更喜欢人类的面孔,而不是视觉图像,不管是彩色的还是灰色的(Fantz, 1961;见图 8.5)。

深度知觉。吉布森和沃克(Gibson & Walk, 1960)设计了一个叫**视崖**(visual cliff)(上图所示)的装置,用于测量婴儿知觉深度的能力。当把 36 个 6 到 14 个月的宝宝放在平台上时,大多数孩子可以在妈妈的诱导下爬到浅的那一边,只有三个爬到深的那一边。吉布森和沃克总结出大多数宝宝在"开始会爬时就能辨别深度"(p.64)。坎波斯和其他的

视崖 用于测量婴儿深度知觉能力的一种装置。

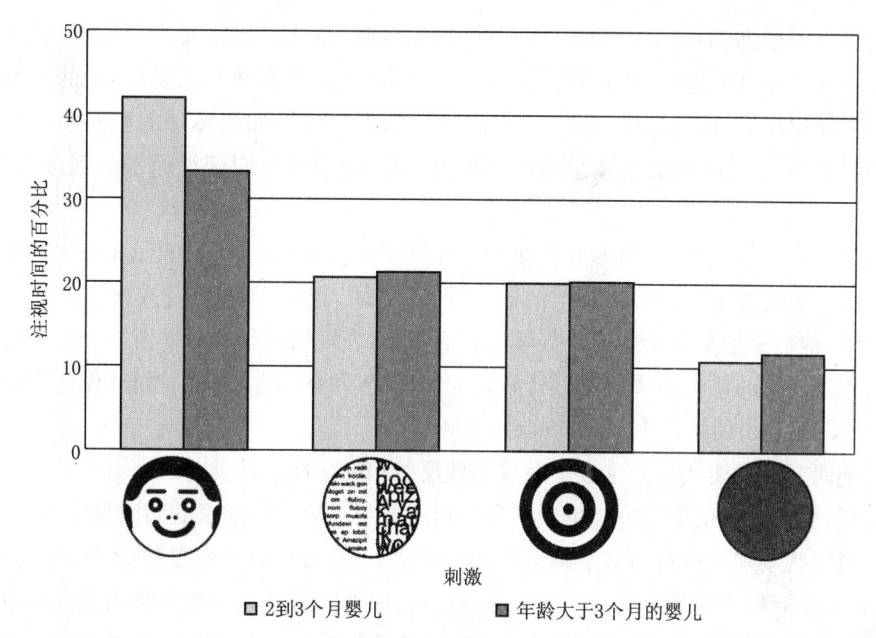

图8.5 范兹的研究结果 用一个叫观察箱的装置观察并记录婴儿的眼动,范兹(Fantz, 1961)发现他们更喜欢面孔,而不是黑白相间的抽象图案和彩色图像。

研究者(Campos et al., 1970)也发现6周大的婴儿在面对深的一边时心率有明显的变化,而面对浅的一边时心率则没有变化。心率的变化表现了他们的好奇心或恐惧感,也表明婴儿能够知觉深度。

📖 模拟视崖装置 www.mypsychlab.com

听觉和其他感觉。出生的时候,新生儿的听觉比视觉发育得好。婴儿会将头转向发出声音的方向,并且普遍对女性的声音表现出偏爱。新生儿更喜欢他们母亲的声音,而不是那些陌生女性的声音(DeCasper & Fifer, 1980; Kisilevsky et al., 2003),但是对父亲声音的偏爱超过对陌生男性声音的偏爱到后来才表现出来。

新生儿能够辨别出某些气味和味道并且对一些特定的气味和味道表现出一定的偏爱(Bartoshuk & Beauchamp, 1994; Leon, 1992)。他们对甜味表现出喜爱之情,并且能够区分咸味、苦味和酸味。新生儿对疼痛很敏感(Porter et al., 1988),对触摸特别有反应,对抚摸和爱抚也会作出积极的反应。

8.8 婴儿期存在着哪几种类型的学习?

学习

通过这一章前面内容的学习我们已经知道,胎儿还在子宫里时就已经开始学习了,所以,你不必对刚出生的婴儿就能进行几种类型的学习而感到吃惊。婴儿期的学习最直接的证据就是**习惯化**(habituation)。当接受新的刺激时,婴儿一般以无声的方式来回应,他们的心率变慢并且注视着这个新的刺激。但当他们对这个刺激熟悉之后,他们就不再对这一刺激作出反应,那就是说,他们习惯了这个刺激。之后,如果熟悉的刺激和一个新的刺激同时出现,婴儿往往会将注意力投向新的刺激,这表明他们记得原来的刺激,但是更喜欢新的刺激。

根据习惯化这一观点,斯温和其他研究人员(Swain et al.,1993)表示3天大的新生儿可以将前一天反复听到的言语在记忆里保留24小时。当同样的声音在接下来的一天再次出现时,他们会把头从熟悉的声音转向新的声音,表现出习惯化。2到3个月大的婴儿能够对他们过去的经历形成能够保持好几天的记忆,并且随着年龄的增长,保持的时间更长(Bhatt, Wilk, Hill, & Rovee-Collier, 2004)。

其他研究者在婴儿身上论证了经典条件反射和操作性条件反射(Lipsitt, 1990);在一岁的时候,婴儿在观察学习方面也表现出一定的能力。德国科学家的研究显示,这个年龄的婴儿通过观察别人的行为来了解一些因果关系。例如他们知道要拉把手才能打开抽屉,按开关才能打开或关上电灯。很显然,看电视或者跟着别人做都能学到这些东西。在一个经典的研究中,梅尔佐夫(Meltzoff, 1988)给婴儿播放一段成人以不寻常的方式玩玩具的视频。第二天当面对这个玩具时,宝宝会模仿他们在视频里看到的行为。

8.9 什么是气质? 托马斯、切斯和伯奇对气质是怎样分类的?

气质

你曾听到过新生儿的父母亲用诸如"害羞的""外向的"这类词语来形容他们的孩子吗?你也许会认为这些都是父母亲通过观察孩子的行为得到的。其实你错了,因为研究表明婴儿在气质方面的不同在刚出生的几天就已经确定了。事实上,目前的观点以及发展心理学的研究显示,每个宝宝天生具有自己独特的行为模式,或具有对环境的独特反应,这就是**气质**(temperament)。

273

气质方面的不同。关于气质方面的最重要研究之一开始于1956年。亚历山大·托马斯、史黛拉·切斯和赫伯特·伯奇(Thomas et al., 1970)研究了一组2到3个月大的婴儿并且一直追踪他们的发展直到青春期和成年期。他们发现儿童在出生后几个星期就表现出与他们父母的处事风格(p.104)截然不同的气质。通过这项研究,他们将气质分为三种类型:容易型、困难型、迟缓型(见图8.6)。

- 容易型儿童:占小组中的40%——一般有愉快的心情,适应性强,容易适应新的情境,很乐观,睡眠、饮食、排泄都很规律。
- 困难型儿童:占小组中的10%——一般情绪低落,容易对新的情况和陌生人作出消极的反应,他们情感反应强烈,新陈代谢很不规律。

习惯化 婴儿习惯一个刺激后,对这个刺激的反应或关注减少的现象。

气质 个体独有的行为模式或对环境独特的反应方式。

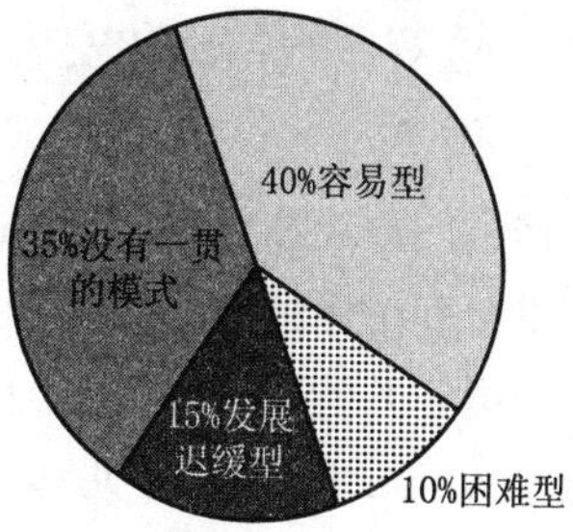

图 8.6 婴儿的气质 如图所示,托马斯、切斯和伯奇(1970)发现容易型气质的婴儿比其他两种类型更多。然而,宝宝气质没有一贯模式的比例和容易型的差不多。数据来源:Thomas & Chess(1970)。

40%容易型
35%没有一贯的模式
15%发展迟缓型
10%困难型

● 迟缓型儿童:占小组中的15%——倾向于回避事物,适应性差,常常带有负面情绪。剩下的35%缺乏一致性,故没有再进行分类。

目前,研究者认为婴儿同时拥有不同程度的多个维度的气质。个体可能会在各维度上都高于平均水平,也有可能在某些维度高,在另外一些维度较低,更有可能在各个维度上都低于平均水平。尽管现在对这些气质维度的定义还存在争议,但是,其中一些还是被大多数的发展心理学家所接受,如表8.2所示。

表 8.2 气质的维度

维 度	内 容
活动水平	肢体活动的次数和程度;动作的频率和强度
趋避或接近	接近或远离新面孔或新事物;时常伴随着积极情绪
压抑或害羞	面对新面孔、新情境或者存在太多刺激的情境时的恐惧和回避(比如生日派对)
负面情绪	常常愤怒、烦躁,大声说话或易怒
自我控制	集中或调整注意力的能力;坚持完成任务

观看一个关于气质的视频 www.mypsychlab.com

不同气质的成因和意义。 研究表明,气质在很大程度上受到遗传的影响(e.g., Caspi, 2000; Plomin, 2001; Saudino, 2005)。然而,环境因素,比如父母亲教育孩子的方式,也会影响孩子的气质(Richter et al., 2000)。例如母亲对孩子的反应与孩子的内向程度有关(Rubin et al., 2002)。当母亲批评孩子内向时,他们反而会更加内向。相反,如果对孩子的内向予以宽容,则孩子们会随着年龄的增长变得越来越开朗。

研究表明,孩子在各个气质维度上的表现能够预测其在儿童期或青春期可能出现的行为问题(Chess, 2005; Pierrehumbert et al., 2000)。如果孩子在年龄较小的时候表现得较冲动,他们在青春期就有可能会变得冲动、有攻击性,出现危险行为(Kagan & Herschkowitz, 2005)。孩子的气质会影响父母的教养方式,从而影响孩子将来的表现。例如,性情急躁的孩子,他们的父母比其他的父母更容易展示出不和谐的教养方式(Lengua & Kovacs, 2005)。最终,孩子天生的气质和家庭对其反应的相互作用塑造了孩子的个性。

8.10 哈罗、鲍尔比和安思沃斯做了怎样的研究来揭示婴儿对照顾者的依恋？
依恋

你可能已经注意到，当婴儿到了一定年龄，他们和父母分离的时候会哭闹抗议。强调个人主义和个体独立的文化背景可能会让成人认为这种表现显露出孩子不好的特质（比如在美国和其他西方国家）。但这种想法是错的。发展心理学中最重要的概念之一就是**依恋**（attachment）——婴儿和照顾者之间的早期亲密关系（Lamb & Lewis, 2005）。事实上，如果依恋关系发展不良对婴儿接下来的成长有严重影响。

幼猴的依恋。许多年来，大家都认为婴儿对照顾者产生依恋的主要原因是照顾者为婴儿提供了维系生命所需的食物。但是，心理学家亨利·哈罗在对恒河猴进行了一系列关于依恋的经典研究后发现，光向其提供食物不能让婴儿对主要照顾者产生依恋。为了系统地研究依恋的本质和母爱剥夺对幼猴的影响，哈罗制造了两个假的"母猴"，一个是用铁丝网做成的圆柱体加上一个木制的头部而成的物体，另一个是将铁丝网做成的圆柱体用绒布填充和包裹而成的物体，而且头部也更像一只猴子。喂食用的奶瓶可以装在任意一个"母猴"身上。

新生幼猴被放在独立的笼子里，它们走向两个"母猴"的距离是一样的，提供的食物是什么并不重要。"幼猴对绒布母猴产生强烈的依恋，对铁丝母猴则没有或很少有依恋"（Harlow & Harlow, 1962, p.141）。哈罗发现是接触安慰（即身体接触产生的慰藉），而不是食物让幼猴对母亲产生依恋。

如果幼猴和绒布母猴共处超过五个半月，它们对绒布母猴的依恋会变得很强，即使分离十八个月依恋也不会终止。它们对绒布母猴的依恋和正常猴子对真正母猴的依恋一模一样。但是和真正的母猴不一样的是，这些绒布母猴没有反应的能力，所以对绒布母猴产生依恋的幼猴在情绪发展上和正常的幼猴很不一样，它们不会和别的猴子互动，而且表现出不恰当的攻击行为。它们的性行为非常不正常，它们不会交配。即使在人工授精后成为母亲，它们也会表现得非常差劲，表现出各种不当行为，如完全不理幼猴和粗暴地虐待幼猴（Harlow et al., 1971）。唯一不受

▲哈罗发现幼猴对绒布母猴产生强烈的依恋，对铁丝母猴没什么依恋，即使它提供食物。

依恋　婴儿和照顾者之间的早期亲密关系。

影响的是学习能力的发展。因此,哈罗的结论是接触安慰已经足够产生出依恋,但是想要拥有正常的情绪发展还需要别的东西:积极的爱和情感反馈。

人类依恋的发展。 无数研究印证了哈罗的结论,父母的爱和情感反馈对婴儿依恋的发展都是不可缺少的(e.g., Posada et al., 2002)。主要照顾者搂抱、抚摸婴儿,和婴儿说话,对婴儿的需要作出反应。反过来,婴儿会跟随照顾者的声音去注视、聆听和移动。连哭闹对依恋的发展都是有帮助的:照顾者会让婴儿放松,当婴儿停止哭闹时也会有成就感。和哈罗研究的猴子一样,人类婴儿也会紧抓着他们的母亲,当长大一点能爬后,会爬向母亲,待在母亲身边。

婴儿对母亲的依恋会随着时间的流逝而发展,在6到8个月大时表现得尤为强烈(Bowlby, 1969)。根据发展心理学家鲍尔比的理论,依恋是在进化中形成的一种机制,用以使婴儿远离危险(Bretherton, 1992)。一旦依恋形成,婴儿就开始表现出**分离焦虑**(separation anxiety)——当父母离开的时候感到害怕和难过。分离焦虑开始于8到24个月,12个月至18个月大时达到顶峰(Fox & Bell, 1990)。之前婴儿被父母留给保姆时不会表现出难过,而现在他们在父母离开的时候会大声叫喊。

大概到六七个月大的时候,婴儿开始害怕陌生人,这称为**陌生人焦虑**(stranger anxiety)。这个现象在婴儿十二个半月前会表现得越来越强烈,在第二年开始减轻(Boyce & Shonkoff, 2009)。陌生人焦虑在一种情况下会表现得尤为强烈:环境陌生和父母不在身边时陌生人的突然靠近或触摸。

安思沃斯的依恋分类。 事实上,所有在家庭中抚养的婴儿在两岁时都会对熟悉的照顾者发展出依恋,但是依恋在本质上是有很大区别的。在一个母婴关系的经典研究中,玛丽·安思沃斯(1913—1999)在婴儿一岁之前在家中观察婴儿和母亲的互动,然后于婴儿一岁后在实验室中采用"陌生情境法"观察婴儿(Ainsworth, 1973, 1979)。根据婴儿和母亲短暂分离后对母亲的反应,安思沃斯和其他的研究者(1978; Main和Solomon, 1990)确定了依恋的四种类型:安全型、回避型、反抗型和紊乱型。表8.3描述了这些依恋类型。

表8.3 依恋的类型

类型	比例	表述
安全型	大约65%的婴儿	母亲离开时婴儿表现出沮丧,母亲回来时婴儿表现出开心;将母亲当作避风港。
回避型	大约20%的婴儿	母亲离开时不觉得沮丧,母亲回来时也不在意。

分离焦虑 父母离开时,婴幼儿表现出来的恐惧和焦虑,出现在8~24个月,12~18个月时到达顶峰。

陌生人焦虑 从6~7个月开始,婴儿对陌生人产生的恐惧。这个现象在十二个半月前会越来越强烈,然后开始减轻。

（续表）

类型	比例	表述
反抗型	接近10%的婴儿	母亲离开时可能会粘住母亲，母亲回来时婴儿会表现出愤怒，可能会推开母亲；母亲在场时不会主动探索外界环境；生气时很难平息。
紊乱型	大约5%的婴儿	母亲离开时表现沮丧，母亲回来时他可能表现出在开心、无视、愤怒之间的情绪转换；经常扭过头不看母亲或者面无表情看着母亲。

安全型依恋是各种文化背景中最常见的依恋类型。但是跨文化研究的结果显示以色列、日本和西德的不安全依恋概率更高（Collins & Gunnar，1990）。这说明安思沃斯的研究手段并不适用于所有文化背景。

模拟陌生情境下的依恋分类 www.mypsychlab.com

不同依恋的成因和意义。 有研究表明母亲的抑郁和不安全依恋有关（Hipwell et al.，2000）。婴儿的气质类型也和依恋类型有关（Szewczyk Sokolowski，Bost & Wainwright，2005）。容易型的婴儿比困难型和迟缓型的婴儿更容易发展出安全型依恋。

其他研究者对寄养家庭的依恋关系进行了研究，发现在这种情况下，影响依恋的主要因素是孩子被寄养时的年龄。一岁前被寄养的孩子容易发展出安全型的依恋，一岁后寄养的孩子容易发展出不安全的依恋（Stovall 和 Dozier，2000）。

不同依恋的差异会延续到成人阶段，还可以预测其行为（Tideman et al.，2002）。在儿童和青少年阶段，安全型依恋孩子的社交能力比非安全型依恋的孩子更强（Weinfield et al.，1997）。他们与朋友的互动更和谐、更自如（Park & Waters，1989）。依恋类型似乎对成年后的恋爱关系也有影响（Collins，1996）。另外，安全型的依恋关系似乎可以让孩子避免一些潜在负面因素的影响，比如贫困（Belsky & Fearon，2002）。

8.11 父亲如何影响孩子们的发展？
父子关系

父亲和孩子的互动对孩子有着深远持久的影响。从负面的角度说，如果父亲有反社会行为，比如欺诈和攻击行为，孩子也更可能会表现出这些行为（Jaffee et al.，2003）。但是一般情况下，父亲给孩子成长的影响都是正面的。举个例子，和父亲有正常互动的孩子智商比较高，而且处理社会情境的能力、处理沮丧情绪的能力都比较强。他们在处理问题时更有耐心，不容易冲动或出现暴力行为（Adler，1997；Bishop & Lane，2000；Robert & Moseley，1996）。积极的父子关系对孩子日后自己成为父母时的教育方式也有积极的影响（Shears et al.，2002）。换句话说，研究证实了一个常识：父亲会成为孩子自己日后为人父时的榜样。

因为父亲对孩子成长的作用一般是积极的,所以父亲的缺失会造成很多负面影响。例如缺少父亲的孩子在学校的表现会比较差、学习成绩差,并且发生旷课和退学的概率也更高。缺少父亲的孩子在解决问题时不够自信、缺乏自尊,会有抑郁、自杀倾向,并且会出现攻击行为、犯罪行为或药物滥用等行为问题(Bishop & Lane, 2000; Kenny & Schreiner, 2009)。而且没有父亲的女孩子容易发生早期性行为和青少年怀孕(Ellis et al., 2003)。

父亲是否缺位会影响孩子的成长,因为父亲和母亲以不同的方式和孩子互动。通常来说,母亲倾向于缓解孩子经受的过度刺激,而父亲更乐于让孩子直面刺激,给孩子提供广泛的刺激体验。父亲喜欢锻炼孩子,让他们经历正面的、负面的、令人高兴的、令人恐惧的事情,使他们学会管理自己的情绪(Lamb,引自 Roberts & Moseley, 1996, p.53)。而且,很多研究显示,和父亲相比,母亲和婴儿相处的时候更关注孩子的生理需求。而父亲则会花更多的时间和婴儿玩耍,鼓励孩子多活动,帮助孩子提高身体运动机能(e.g., Beets 和 Foley, 2008; Roopnarine, Fouts, Lamb, & Lewis-Elligan, 2005)。

理想状态下,孩子需要来自父母双方的双重影响。而且如果父母之间关系良好,父亲会花更多的时间和孩子接触(Matta & Knudson-Martin, 2006; Willoughby 和 Glidden, 1995)。然而,大约有 28% 的美国孩子不和亲生父亲生活在一起,这个比例在 1960 年是 17.5%(U.S.Census Bureau, 2005)。

▶父亲更喜欢和孩子玩耍,然而现在的父亲也分担了一部分照顾孩子的基本任务,比如帮妈妈一起喂奶、换尿布。

记一记——婴儿期

1. _____是影响动作发展的主要因素。
2. 在婴儿出生的时候,_____比视觉发展得更好。
3. 卡特两个月大,他的婴儿车内放置有五颜六色的球,几天后他对这些球失去了兴趣,这种现象被称为_____。
4. 总是心情很好,对新面孔和新环境有积极态度的婴儿属于哪种气质类型?
5. 安思沃斯发现大多数婴儿属于_____型依恋。
6. 父亲比起母亲为孩子提供了(更多/更少)的机会去学习管理自己的情绪。

答案:1.成熟 2.听觉 3.习惯化 4.容易型 5.安全 6.更多

皮亚杰的认知发展理论

你知道在以下场景中发生了什么吗?父母给三岁的孩子一块饼干。孩子咬了一口,饼干碎成几块,孩子开始哭闹,声称饼干"坏了"并要一块新的饼干。父母回应孩子说饼干无论碎没碎,还是同一块饼干,但是孩子还是不满意直到父母再给他一块新的饼干。为什么父母就是没办法说服一个三岁的小孩,破碎的饼干和完整的饼干是一样的呢?多亏了瑞士心理学家让·皮亚杰的研究,心理学家对孩子如何思考和解决问题有了深刻的认识。学习完这一章节之后,看看你是否能明白为什么父母的逻辑对这个3岁小孩不起作用。

8.12 皮亚杰是如何使用图式、同化、顺应的概念来解释认知发展的?

图式:认知发展的基础

根据皮亚杰的理论,人类主要通过一种他称为**组织**(organization)的心理过程来获取知识。通过组织,我们可以结合以往经验做出推论并将其纳入新的经验中去。这些推论产生了**图式**(schemes),图式就是人类已有的知识经验网络,可以被用于相似的情境中。举个例子,你一旦体验过一家快餐店的免下车购餐服务,你可以建立一个免下车购餐的图式,然后应用于任何其他的快餐店。每一次你在别的餐厅使用这个图式,虽然别的餐厅会和以前去过的餐厅有些不同,但是你采取的主要行动都是一样的。这样的好处是你不用每次去一个新的快餐店都从头学习该怎么做;建构的心理过程给你提供了一套知识经验网络,这就是图式。

> **建构** 皮亚杰术语,指结合以往经验做出推论并将其纳入新的经验中的心理过程。
>
> **图式** 基于先前经验的行动计划,能够被运用到相似的情境中。

皮亚杰认为认知发展的实质是图式的形成和变化。例如,一个会玩橡皮球的婴儿会建立一个能够用于任何球状物体的图式,这个图式让他认为所有球状物体都能反弹。于是当你给他一个李子,他关于球的图式引导他把李子扔向地面,并期望它能反弹起来。皮亚杰把新的事物、事件、经验和信息被纳入已有图式的这一过程叫作**同化**(assimilation)。

当然,李子是不会弹起来的。那这时关于球的图式会发生什么变化呢?当我们的行为结果和我们的经验冲突的时候,一个被皮亚杰称之为**平衡**(equilibration)的心理过程开始了。平衡是人类智力的一个特点,它让我们可以协调图式和现实环境的差异。所以当婴儿看到李子没有弹起来的时候,他关于球的图式就改变了(虽然他有可能再多试几次来加以确定)。图式的改变可以让个体更好地适应现实(皮亚杰所说的"更高级的平衡"),因为修正过的图式包括了有些球状物体不会弹起这样的新知识。据此,皮亚杰提出了**顺应**(accommodation)这一概念,即修改已有图式或建立新图式并将其纳入新物体、新事件、新经验、新信息中的心理过程。

但是顺应并不是这个过程的终点。孩子发现李子不会弹起之后,他会将他看到的每个球状物体都试验一下(重新回到同化),以学会区分哪些会弹哪些不会弹。这样做的目的是给图式增加一些规则,以便区分会弹的球体和不会弹的球体(顺应)。这些规则可能包括"如果能吃就不会弹"。一旦可用的规则建立起来之后,孩子关于球的图式就形成了(皮亚杰所说的平衡),然后他就不再对他看到的每个球状物进行试验了。儿童的认知发展就是这样通过反复的同化和顺应,直至达到平衡。图 8.7 展示了发现会弹的球(例如网球)和不会弹的球状物体(例如李子)之间的区别时,婴儿关于球状物体的图式如何变化。

(1)　　　　　　　　(2)

同化　新的事物、事件、经验和信息被纳入已有图式的心理过程。
平衡　改变图式使其更加符合现实环境的心理过程。
顺应　修改已有图式或建立新图式并将其纳入新物体、新事件、新经验、新信息中的心理过程。

(3)　　　　　　　　　　　(4)

(5)

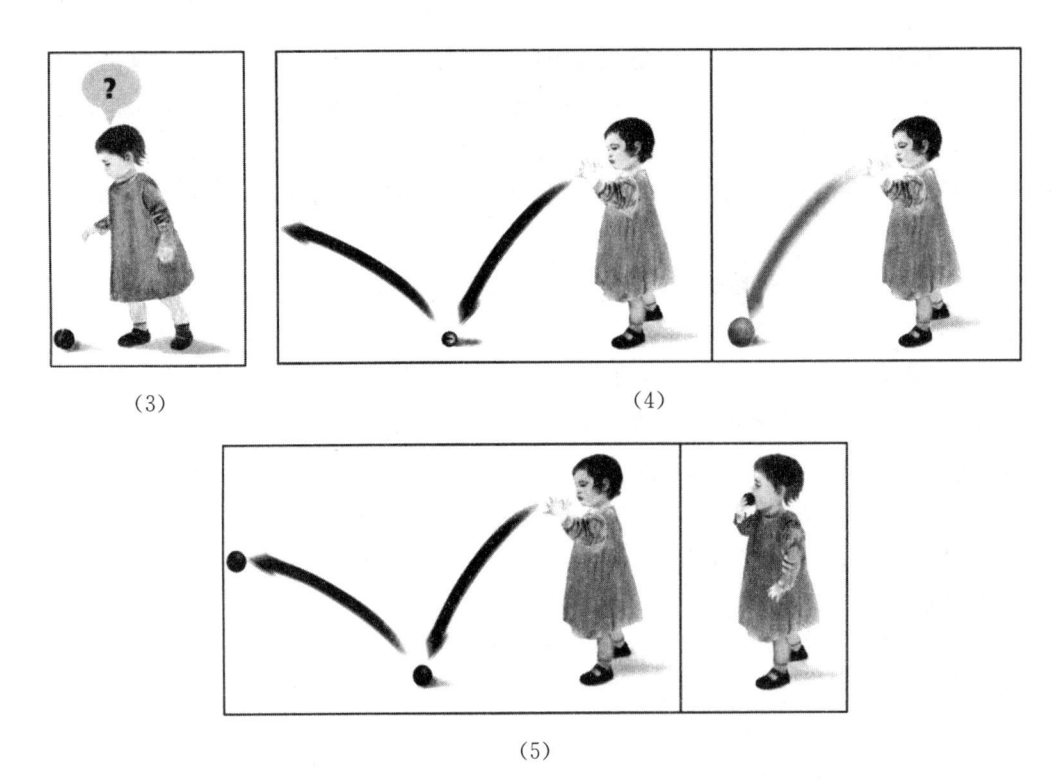

图 8.7　同化、顺应和平衡　(1)幼儿将球纳入自己关于球的图式中。(2)幼儿将李子纳入球的图式中。(3)当幼儿发现有的球状物体不能弹起,她就改变关于球的图式以适应这项发现。(4)幼儿会通过对其他球状物体的实验来平衡这个关于球的图式。(5)当幼儿的图式可以同化所有的球状物体,这时图式就达到了平衡。

8.13　皮亚杰提出的认知发展阶段理论中,每个阶段的发展任务是什么?
皮亚杰的认知发展阶段理论

皮亚杰的主要研究方法是在自然环境下观察孩子,对孩子行为建立假设,然后创建一些问题去验证假设。他和他的助手给每个孩子单独呈现问题,通过这些问题探究孩子是怎么思考这些问题的,以及能否正确解决这些问题。皮亚杰创建的问题被成千上万的发展心理学家在不同的文化背景下使用过。这些研究显示人类逻辑思维的发展顺序都是一样的。

皮亚杰认为认知发展的顺序是一系列固定的发展阶段,每一阶段都有一组更完善的图式出现(Piaget, 1963, 1964; Piaget & Inhelder, 1969)。最近几年,皮亚杰关于认知发展阶段的观点以及每一阶段与儿童年龄的关系受到其他许多发展心理学家观点的冲击。但是他发现的认知技能的发展顺序仍然是心理学上最经得起考验的研究成果之一。所以在我们探究关于阶段和年龄的争议之前,我们会用皮亚杰提出的概念来讨论认知技能的发展顺序。

感知运动阶段(0～2岁)。在感知运动阶段(sensorimotor stage),婴儿通过感觉和行

> **感知运动阶段**　皮亚杰提出的第一个认知发展阶段(0～2岁),这个时候婴儿对世界的探索完全来自自己的感觉和行动,客体恒常性和表象思维在这个阶段开始出现。

动(动作或身体移动)来探索世界。孩子学习如何在目标指向活动中作出反应并操作物件。这些操作一开始是由肢体来完成的,随后在感知运动阶段的后半部分演化成心理活动和表象思维(Beilin & Fireman, 1999)。

感知运动阶段最重要的成就是**客体恒常性**(object permanence)的出现,即明白物体(包括人)不在视线内的时候也是存在的。客体恒常性是逐渐发展的,当孩子看不到物体也能在心里形成物体的表征时,客体恒常性就形成了。这标志着感知运动阶段的结束。

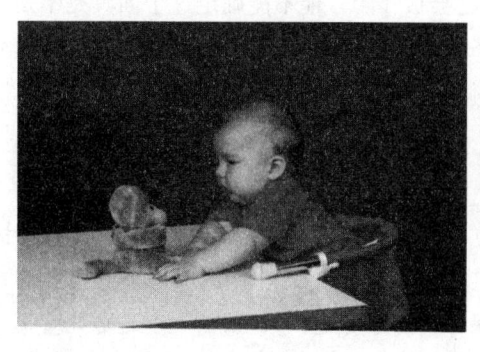

▲根据皮亚杰的说法,这个婴儿没有发展出客体恒常性,即看不到物体时,认为物体仍然存在。当屏障挡在面前的时候他就不再尝试寻找玩具了。

前运算阶段(2~6岁)。感知运动阶段结束时,孩子能够形成对物体的心理表征,这种能力让孩子可以建立符号功能的图式。即明白一样东西能够代表另一样东西。举个例子,球这个词可以代表所有圆的物体;一块吃了一半的面包可以代表一辆汽车,婴儿会推着它到处走、口中发出引擎声;一个玩偶可以想象成一个婴儿,需要抱着轻轻地摇和喂养。**前运算阶段**(preoperational stage)的发展主题就是完善符号表征所需的图式。

运用心理符号(主要是表象)的能力让孩子的思考能力相比感知运动阶段有了大幅提升。但是孩子的逻辑能力还是有很大的局限性,思维受知觉的限制。而且这个阶段的儿童有自我中心主义,他们认为世界就是自己看到的、想到的和感觉到的。另外他们还认为万物有灵,即认为非生物也是活的(例如"为什么月亮会跟着我?")。

这个阶段之所以称之为前运算阶段是因为孩子还不能逻辑性地进行心理操作。如果你身边有学龄前的孩子而且他父母也允许的话,你可以试试**试一试**中描述的实验。

皮亚杰认为幼儿逻辑思维的困难来自他们思考过程中的一个缺陷——**集中倾向**(centration),即只能注意到刺激的一个维度。举个例子,在**试一试**中,孩子只注意到杯子的高度而不能注意到杯子变得更细了。先前讨论中那个吃饼干的婴儿也只能注意到饼干

客体恒常性　看不到物体时,认识到物体仍然存在。
前运算阶段　皮亚杰提出的第二个认知发展阶段(2~6岁),这一阶段,符号表征所需的图式有了进一步的发展和完善。
集中倾向　前运算阶段的孩子只能注意到刺激的一个维度的现象。

目前的状态,不能意识到饼干仍有相同的质量和成分。

因为自我中心主义和集中倾向这两个特点,前运算阶段的孩子难以理解任何有规则的活动。两个小孩子下棋,可能就会胡乱拨弄棋盘上的棋子,并且几乎完全不理解怎样算是胜利。这一阶段的结束以游戏规则的突然出现为标志,最早可能在过家家的游戏中出现。一群孩子在过家家的时候可能制定出"最小的孩子必须扮演婴儿"等类似的规则。

孩子结束这一阶段的另一个表现是意识到服装和面具不会改变他本身的身份。一个三岁的孩子看到镜子中带着万圣节面具的自己会被吓到。他不能确定这个面具是不是把他暂时变成另一个人了。相反,五岁大的孩子觉得面具很好玩,因为他们知道外在的改变不会改变他们的本质。皮亚杰认为他们这时候在向更成熟的思维方式转变。

试一试——容量守恒

给一个学龄前儿童展示两个相同尺寸的杯子,然后在两个杯子里倒入等量的果汁。当儿童觉得两个杯子里的果汁一样多时,把其中一个杯子里的果汁倒入一个更高更细的杯子里,再把这个细长的杯子放在另一个有果汁的杯子旁边。最后,问一下这名儿童两个杯子里的果汁是否一样多。事实上,这个阶段的儿童会坚持认为那个细长的杯子里有更多的果汁,即使他们也很同意你没有添加果汁或倒掉一些果汁。

现在,对一个学龄儿童重复这个过程,他就会知道虽然细长杯子里的液体看起来比较多,但把同样的液体倒入不同的容器里不会改变它的量。

观看一个有关液体守恒的视频 www.mypsychlab.com

具体运算阶段(6～11、12岁)。 在第三阶段,也就是**具体运算阶段**(concrete operations stage),儿童会逐渐构造一些图式从而使他们的思维去中心性——就是说,要同时处理两个或多个维度的刺激。这些图式也会使他们明白**可逆性**(reversibility),即当一个物体只在外观上发生改变的时候,它可以被恢复原状。所以,这个阶段的儿童在做**试一试**里的实验时会同时考虑到两个容器里液体的高度和宽度,并且会想象把果汁倒回原先的杯子中。最后,儿童就会意识到这两个杯子里的果汁一样多。皮亚杰把这一现象称为**守恒**(conservation)——事物的知觉特征(数量、质量、面积、重量或体积)无论如何变化,它的量始终保持不变。在这一阶段,儿童开始学习具体运用有关数量的图式(见图8.8)。

> **具体运算阶段** 皮亚杰认知发展的第三阶段(6～11或12岁),这一阶段中,孩子理解了可逆性和守恒的概念,可同时处理两个或多个维度的刺激。
> **可逆性** 当一个物体只在外观上发生改变时,它可以被恢复原状。
> **守恒** 事物的知觉特征无论如何变化,它的量始终保持不变。

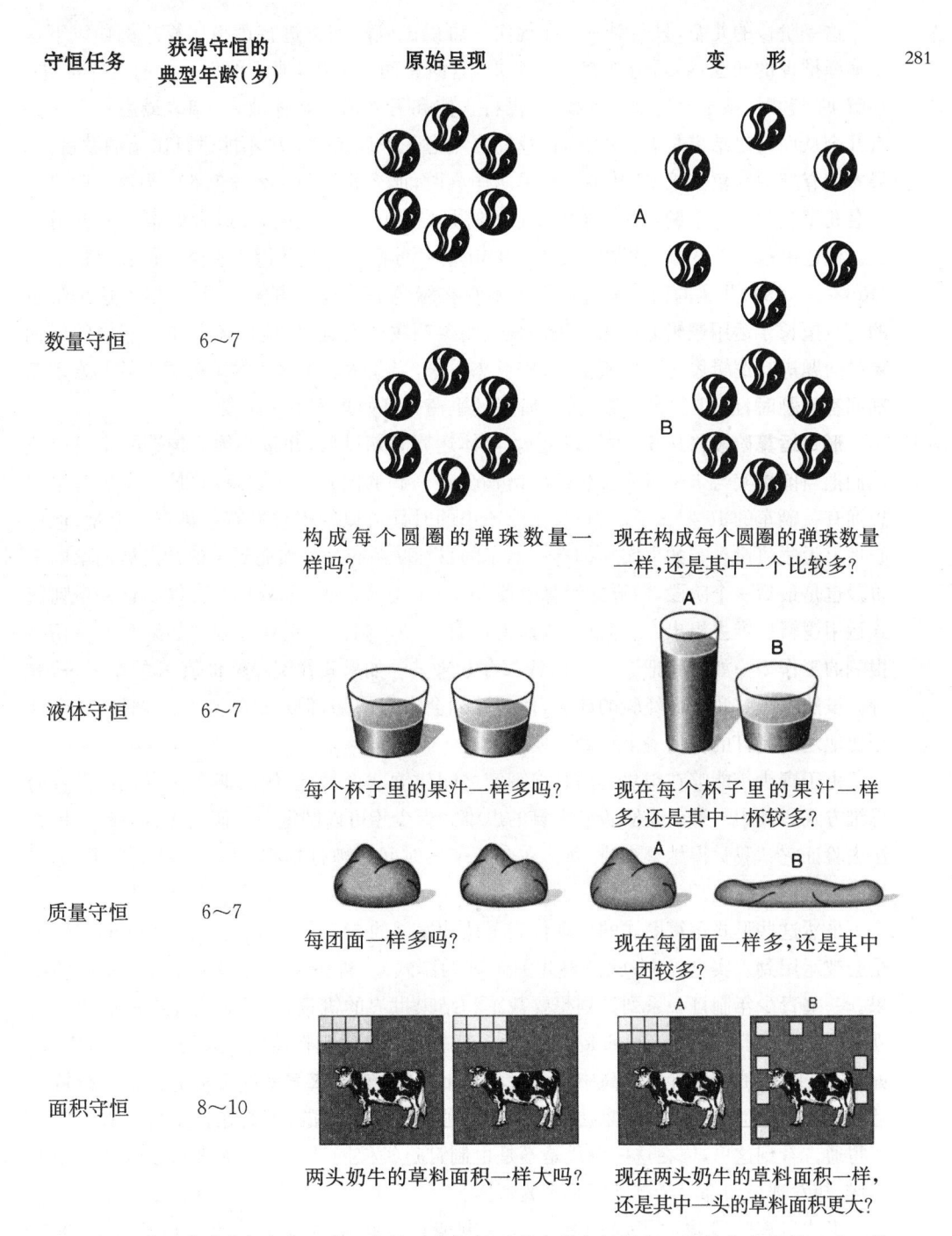

守恒任务	获得守恒的 典型年龄(岁)	原始呈现	变形
数量守恒	6~7	构成每个圆圈的弹珠数量一样吗?	现在构成每个圆圈的弹珠数量一样,还是其中一个比较多?
液体守恒	6~7	每个杯子里的果汁一样多吗?	现在每个杯子里的果汁一样多,还是其中一杯较多?
质量守恒	6~7	每团面一样多吗?	现在每团面一样多,还是其中一团较多?
面积守恒	8~10	两头奶牛的草料面积一样大吗?	现在两头奶牛的草料面积一样,还是其中一头的草料面积更大?

图 8.8 皮亚杰的守恒任务　皮亚杰的研究包括了很多种守恒任务。如果儿童能够正确回答问题,并且有具体运算过程,那么他就认为儿童在这些问题上已经具有了具体运算思维。比如,一个孩子说"构成圆圈的弹珠数量是一样的,因为当你移动它们时你并没有增加或拿走一些",那么这种回答就被视为具体运算。相反地,如果一个孩子说"构成圆圈的弹珠数量是一样的,但是我不知道为什么",那么这种回答就不能被视为具体运算。来源:Bee & Boyd, *The developing child*, 12e (2010)。

这一阶段的儿童,只会对一些在现实中可以试验的问题进行逻辑运算。例如以下这个演绎推理的问题:如果约翰有三个苹果,露西有两个苹果,那么他们一共有几个苹果?在解决问题时,孩子会先拿三个物体,再将它们和另外两个物体放在一起,最后数数一共有几个从而得出结果是五。现在,让我们再考虑一个现实生活中不能进行试验的题目:如果布朗有三只绿色的绵羊,其中一只羊叫作苏西,那么苏西是什么颜色的?当这一阶段的一名儿童被问及这个题目时,他可能会回答是白色的或灰色的,又或者他根本不知道答案。他也可能对羊的颜色提出一个具体的解释:"苏西是绿色的因为它整天待在草地上。"(Rosser,1994)儿童的困惑来自世界上不存在绿色的羊这一事实。因此,尽管这个阶段的儿童擅长于运用逻辑方法去解决以现实为参照物的问题,但他们还不能对假设的或抽象的问题进行逻辑思考。事实上,从皮亚杰看来,当儿童运用绿色的羊等虚幻的元素来正确回答问题时,他们已经完成了这一阶段的平衡并开始迈入下一阶段。

形式运算阶段(11、12岁及以上)。具体运算时期过后,儿童必须去构造一个可以让他们把当前事实与未来可能发生的事情整合在一起的图式。比如说:乔是一个没有车但想拥有一辆车的16岁孩子。当然,在他还小的时候可以幻想着拥有一辆车。但是,他在心理上无法将没有车的事实与拥有一辆车的目标联系起来。然而到了认知发展的第四个阶段也是最后一个阶段,即**形式运算阶段**(formal operations stage),乔可以结合一系列图式运用逻辑思维去提出许多假设,从而为拥有一辆车制订一系列计划:"如果我有一份 X 报酬的工作……如果我把 X 个月的钱都存起来……如果我找到一辆价值 X 的车……"等等。虽然由于财政方面经验的缺乏,他的计划会有点缺陷,但从逻辑意义上来说,这个计划比他之前制订的任何一个计划都要优秀。

由于青少年能够在想象的内容与现实之间建立联系,所以他们拥有一些儿童没有的思维方式。其中一种就是实验所需要的思维。青少年可以制定一个假设并且设计一种方法去验证它:"我觉得她喜欢我,我会在今天午饭时间和她打招呼,如果她对我笑了,那么她就是真的喜欢我。"

虽然这些形式运算图式的出现代表了认知发展的一大步,但是为了达到平衡,它们还是会被运用到现实世界中(就像婴儿关于球的图式)。青少年的这些尝试会有不同的结果。一些青少年制订一系列计划想要裁军和结束世界的饥荒,这就是皮亚杰所提出的**天真的理想主义**(Piaget & Inhelder,1969)。理想主义也体现在他们个人的一些计划中,比如,两个17岁的孩子计划着高中毕业后就马上结婚,然后依靠最低工资的工作来维持生活和上大学。他们的家长很难让他们相信这种想法是错误的,因为在孩子自己看来完全行得通。看到这里,你在这一阶段是不是也制订过类似的计划?当你尝试去付诸行动的时候,却发现一切都不是自己想象中的那样。

形式运算阶段建立了新图式的另一表现是青少年自我中心主义(Elkind,1967,1974)。那个年龄的你是否想象过自己盛装出席一个大型聚会时朋友都将目光聚集在你

> **形式运算阶段** 由皮亚杰提出的认知发展的第四个也是最后一个阶段(11~12岁及以上),这一阶段的孩子能够运用逻辑思维解决假设的或抽象的问题。

身上？事实上在人生的这个阶段，这种事是不会发生的。因为在一个聚会上，大部分的人都不会将太多的目光投向他人，他们会更加关注自己的外表和自己给别人留下的印象。这些假想观众（倾慕者或批评者）只存在想象中，"但是在青少年的心里，自己永远是舞台上的主角"（Buis & Thompson，1989，p.774）。

　　青少年会夸大自己的独特性，这被认为是个人神话主义。他们不会了解别人拥有和自己一样深刻的感受，也不会了解别人其实和自己一样去爱过。一些心理学家认为对个人独特性的强迫感受可能会使青少年盲目相信自己是坚不可摧的，并且相信自己能够免受那些降临在他人身上的灾难，比如说意外怀孕、车祸和药物过量。但是，研究表明个人神话主义也可能导致过度的风险评估（Quadrel et al.，1993）。对形式运算阶段的青少年来说，假设的事实，不管是好还是坏，都是做出行为选择的基础。

▶形式运算思维使青少年心里出现一个"假想观众"。你认为图中的女孩在考虑假想观众对自己外貌的反应时会有什么想法？

下面的**复习**对皮亚杰提出的认知发展阶段作了总结。

复习——皮亚杰的认知发展阶段

阶　　段	描　　述
感知运动 （0到2岁）	婴儿通过他们的感觉、行为和肢体动作来体验这个世界。在这个阶段的后期，婴儿会形成客体恒常性的概念，当物体消失时，可以在心理上将其呈现出来。

(续表)

阶　段	描　述
前运算 （2到6岁）	儿童可以通过文字和图像在心理上将物体和事件呈现出来，他们可以参加一些模拟性的游戏（扮演），用一个物体代表另一个物体。他们的思维受知觉支配，并且不能同时考虑一个物体的多个维度（集中倾向），他们的思维是以自我为中心的，也就是说他们不会考虑到其他人的感受。
具体运算 （6到11、12岁）	这个阶段的儿童能在具体情境中运用逻辑思维，他们习得了守恒和可逆性的概念，能够将一系列物体排序，并且能按照多个维度来将它们分类。
形式运算 （11、12岁以上）	这个阶段的青少年开始学习在抽象的情境中进行逻辑思考和系统地检验假设，并且他们对理念世界变得更感兴趣。并不是所有的人都可以完全拥有形式运算思维。

8.14 针对皮亚杰的研究成果，有哪些重要的评论？

对皮亚杰贡献的评价

虽然皮亚杰的天赋和他在心理发展研究上的不朽贡献得到了大多数人的认同，但是某些研究成果和结论还是充满争议的。

皮亚杰的研究方法。现代发展心理学家指出皮亚杰的研究依赖于观察法和需要进行口头报告的面谈技术。当今的技术则不需要被试进行口头报告，吮吸、表情、心率的改变、伸手和转头等都表明婴儿和年龄较小的儿童比皮亚杰所说的更有能力（Flavell，1992；Johnson，2000）。比如说，最近的研究表明，婴儿获得对隐藏物体的认识的时间比皮亚杰提出的时间要早一些（Hespos & Baillargeon，2006；Johnson et al.，2003；Mareschal，2000）。并且有证据表明，婴儿对客体恒常性的认识早在3个半月时就已经产生了（Baillargeon & DeVos，1991）。

对发展阶段的批判。只有少部分发展心理学家赞同皮亚杰的观点，认为认知发展具有阶段性。如果真是这样，那么儿童的认知功能在认知任务和认知的内容区域上都是相似的（Flavell，1992）。新皮亚杰学派认为在认知发展上有一些重要的普遍模式，但是儿童在某些任务上的表现比皮亚杰所说的更具有可变性（Case，1992）。可变性是由有专门知识的孩子在不同的内容领域通过大量的练习和经历得来的（Flavell，1992）。甚至运用形式运算推理的成年人，当他们遇到超出自己专业领域的任务时，还得退回到具体运算思维。

跨文化研究。 跨文化研究已经证实了认知发展的顺序,但这些研究也显示,不同文化背景的孩子有着不同的认知发展速度。根据皮亚杰的研究,孩子在5到7岁开始获得客体恒常性的概念,而澳大利亚的土著儿童直到10到13岁才显示出这种变化(Dasen,1994)。然而,处于具体运算阶段的土著儿童获得完成空间任务所需的能力要比获得完成量化任务(计数)所需的能力来得早。而西方的孩子恰恰相反。

形式运算思维。 另外一个具有争议性的地方是,研究表明形式运算思维并不具有普遍性。不仅很多人没有表现出形式运算思维,那些只在自己精通的领域运用形式运算思维的人亦是如此(Kuhn,2008)。而且在非西方文化中,一些针对成年人的研究也没发现任何关于形式运算思维的证据。因此,一些心理学家认为形式运算思维也许是正规教育和特殊学习经验的产物,而不是一个普遍的发展过程,就像皮亚杰推测的一样。

据弗拉维尔(Flavell,1996)说,"皮亚杰最伟大的贡献是开创了我们当前所知的认知发展这个研究领域"(p.200)。皮亚杰的一些理论至今仍被保留,因为它们对心理学和教育学的发展仍然起着很大的作用(Beilin & Fireman,1999)。

记一记——皮亚杰的认知发展理论

1. 以下哪一个陈述反映了皮亚杰认知发展阶段的思想?
   a. 所有的人都得经历这些阶段,但不一定要按照一样的顺序进行。
   b. 所有人都按照一样的顺序经历这些阶段。
   c. 这些发展阶段不具有普遍性,它们因不同的文化差异而有所不同。
   d. 非常聪明的孩子有时可以跳过某些阶段。

2. 八个月大的阿玛拉在卧室地板上发现一只死了的臭虫,捡起来并放在嘴里。这时她的心理过程被皮亚杰称为_____。

3. 四岁的玛德琳为了得到更多的泥土,把泥团滚成香肠形状,她的行为证明她还没有获得_____概念。

4. 不是所有的个体都能达到皮亚杰的_____阶段。

5. 把各阶段和有关概念进行配对。

   _____(1)抽象思维　　　　　　　a. 感知运动阶段
   _____(2)守恒、可逆性　　　　　 b. 前运算阶段
   _____(3)客体恒常性　　　　　　c. 具体运算阶段
   _____(4)自我中心主义、集中倾向　d. 形式运算阶段

   答案:1. b　2. 同化　3. 守恒　4. 形式运算　5.(1)d　(2)c　(3)a　(4)b

认知发展的其他途径

正如你所想的,发展心理学家们提出了其他一些与皮亚杰不同的方法来研究认知发

展。其中,两个重要的框架是维果茨基的社会文化理论和信息加工方法。

8.15 在维果茨基看来,私语和支架式教学对认知发展起到了什么作用?维果茨基的社会文化理论

当孩子玩拼图或者画画的时候,你是否注意到他们会自言自语?俄国心理学家维果茨基(1896—1934)认为儿童自发的语言行为对认知的发展有着极其重要的作用。维果茨基主张人类婴儿天生具有和别的动物一样的知觉、注意力和某些记忆力等基本技能(Vygotsky 1934/1986)。在生命的头两年,这些技能在与社会文化世界的互动中和孩子的直接经验中自然发展。在适当的时候,儿童心智能力得到发展,他们会通过种种方式去描绘物体、行为、想法、人和关系,但主要是通过语言(讲话)来描述。伴随这种新的用语言来描述想法、行为等事物的能力,儿童经常会被观察到有"自言自语"这种现象。维果茨基认为自己跟自己说话——私语——是认知发展的重要因素。通过私语,儿童可以分析一个问题的构成要素并且表述问题的解决步骤,从而帮助他们应对困难情境。随着孩子能力的增强,私语渐渐融入了喃喃低语中,最后变成简单的思维。

维果茨基发现在社会经验、语言与认知发展之间存在着十分紧密的联系。同时他也主张儿童的学习意愿归属于最近发展区(最近的意思是潜在的),维果茨基对这个区域的解释是:实际的发展水平与潜在的发展水平之间的差距。前者由儿童独立解决问题的能力而定,后者则是指在成人的指导下或是与能力较强的同伴合作时,儿童能够解决问题的能力。这种由家长或老师提供的帮助被比喻为支架,他们通过调整教学方式和指导程度来适应孩子的能力水平和表现,从而达到帮助他们的目的,这就是维果茨基所说的支架式教学。在支架式教学中,对孩子不熟悉的任务成人会首先给予直接的引导(Maccoby, 1992)。但随着儿童的能力不断增强,老师和父母会逐渐减少直接引导和主动教学,从而使儿童能独立地完成任务。

◀这位父亲正在使用维果茨基提出的支架式教学来教女儿骑自行车。学习过程的一开始,父母和老师会提供直接和持续的引导,但当孩子能更加熟练地完成任务时,就不继续进行主动教学。

8.16 信息加工的研究者对哪三种认知能力进行了深入研究？
信息加工方法

信息加工方法将人的心理看作一个能像电脑一样运行的系统（见第1、第6章）。持有这种观点的心理学家认为，认知的发展是一个逐渐获得特定信息加工能力的过程，而不是皮亚杰理论中所提到的一系列认知上的"跳跃"(Halford, 2002)。针对认知能力随年龄增长而发生的改变，研究者结合信息加工理论对其进行了深入的研究，比如对加工速度、记忆和元认知的研究。

加工速度。发展心理学家罗伯特·凯尔(Kail & Miller, 2006)发现儿童时期的信息加工速度相比婴儿期有了戏剧性的提高，这种速度的提高在很多任务中都表现得十分明显。包括对刺激快速作出反应等知觉—运动任务（比如：听见声音就按键）和心算等认知任务。加工速度的提高也伴随着记忆力的提高。因此，这方面的年龄差异可以解释为什么年龄较小的孩子在学习效率上要比年龄较大的孩子低。

记忆。短时记忆在婴儿出生后的一年中会得到戏剧性的发展。一个不到8个月大的婴儿目睹一个物体被藏了起来。如果他在此时被打扰或不能马上抓住物体，他就会忘记这个物体的位置。这一现象不仅与婴儿的视力有关，也与婴儿的短时记忆有关(Bell & Fox, 1992)。

越来越多的孩子开始使用你在第6章所学的记忆策略。你应该能回忆起来有一种很普遍的用于保留短时记忆信息的方法是复述，即在内心一遍又一遍地重复信息。当你默默地背诵一个新的电话号码直至能记住它时，你所用的方法就是复述。虽然，我们可以在学龄前儿童身上发现复述的迹象，但一般来说，他们还没真正学会怎样有效地利用这种策略来帮助他们记住信息(Bjorklund & Coyle, 1995)。当儿童到了6岁，复述就会在信息的储存过程中变得更有价值，而到了8岁，大多数的儿童会将其作为常规的记忆策略来使用(Lovett & Flavell, 1990)。

你应该也还记得在第6章所学的——对信息进行组织整理会使记忆更简单，就像你通过在心中列一个包括肉类、农生产、罐装食品等的杂货清单来记住一些事物的名称。9岁之前的孩子很少使用这种策略来记忆。再回忆一下，有一种叫精细复述的方法，主要通过联系新旧信息，使新信息更加便于记忆。我们在第6章所给的例子就是法语词汇 *escalier*（楼梯）和英语词汇 *escalator*（自动扶梯）之间的联系，它能帮助学生记住 *escaliers* 实际上可以用英语翻译成楼梯。精细复述是最晚发展的记忆策略，通常直到11岁之后才会出现(Schneider & Pressley, 1989)。

元认知。儿童的一个基本发展任务是了解到人们的所思所想有很大的不同(Miller, 2000)。所谓的认知成熟水平，就需要个体对自己的思想和思考过程有一定的认知，即对心理理论有一定的把握。概括来说，对自己或他人认知过程的思考就是元认知。当我们发现自己拥有与他人不同的信仰、知觉和欲望等心理状态时，我们使用的便是元认知(Johnson, 2000)。儿童很早（大约3岁）就认识到人们（包括他们自己）在思考、记忆、遗忘、伪装、憧憬、想象、猜测和做白日梦时有不同的心理状态。总而言之，他们可以将思考和其他心理状态区分开来。

一些研究显示,18个月大的婴儿能意识到成人在模仿他们的行为、姿势或者语言,而且会有意地观察并测试成人的模仿行为是否会继续下去(Aspendorf et al., 1996)。两岁半以上的孩子知道现实与假象之间的区别。并且,三岁的孩子基本上能知道思考是发生在人们脑袋里的活动,即使他们不能看见、听见或者触碰一些事物,他们也可以对其进行思考。

心理理论和元认知的发展与儿童的语言技能有关:他们的语言越是高级,他们思考自己和他人想法的能力就越强(Astington & Jenkins, 1999; Deak et al., 2003)。有资料显示父母亲关于他人想法的陈述对孩子心理理论的积累具有支持作用(Ruffman, et al., 2006)。除此之外,在与同龄人一起进行角色扮演时,儿童的心理理论也会不断丰富(Tan-Niam et al., 1998)。有关研究也显示患有社交困难疾病(失聪、自闭和精神病)的儿童在心理理论发展上完全落后于其他同龄人,这表明了社会交际对元认知的重要性。

记一记——认知发展的其他途径

1. 维果茨基认为儿童的_____是认知发展的重要因素。
2. _____是种帮助儿童完成他们不能独立完成的任务的方法。
3. 懂得思维如何运作的儿童已经掌握了_____。
4. 专注于加工速度、记忆和元认知如何随年龄发展以及变化的研究者用的是_____方法。

答案:1. 私语　2. 支架式学习　3. 心理理论　4. 信息加工

语言发展

想一下,一出生,婴儿只会用哭的方式来交流,到了17岁,一个普通高中毕业生便拥有了8万多的词汇量(Miller & Gildea, 1987)。从18个月到5岁期间,一个儿童可以学会14 000个单词,几乎是平均每天就能学习9个新单词(Rice, 1989)。但是,儿童做的不仅仅是简单地增加他们的词汇量。在这前五年的生活里,他们也学会了怎样将字词组合成句子和在恰当的社会情境中运用恰当的语言。

8.17 从牙牙学语到语法规则的习得,语言发展的顺序是怎样的?
语言发展的顺序

你曾尝试过学习另一种语言吗?是不是很困难?然而儿童不需要经过正规教育就能学习他们大部分的语言,这些都是通过自行找出语言中的语法规则而习得的。儿童在出生后前三年会按表8.4所列的顺序进行语言的学习。这个过程在较早的几个星期里以喔啊声开始,他们常发出"噢"和"啊"的声音。到了6个月左右,喔啊声逐渐发展为**牙牙学语**

牙牙学语　婴儿发出语言发音的基本单位(即音素)。

表 8.4　出生前三年的语言发展

年　龄	语　言　活　动
2~3 个月	一个人的时候会发出喔啊声;用笑或者喔啊声回应他人。
5 个月	在喔啊声中混入了元音和辅音。
6 个月	牙牙学语;能发出所有语言的音素。
8 个月	关注母语的音素、节奏和语调。
12 个月	理解了一些单词;在 12 到 24 个月里使用单个词语和单词句。
18~20 个月	混合使用双词句、单词以及单词句;有大概 50 个单词的词量;普遍有过度延伸的现象。
24 个月	学会了大约 270 个单词;按固定顺序习得后缀和功能词。
30 个月	使用电报式言语。
36 个月	开始习得语法规则;普遍出现语言泛化现象。

(babbling)。牙牙学语时婴儿发出的是音素,也就是任何语言发音的基本单位。到了大约 1 岁,儿童便开始控制他们的发音,使其更加符合他们所学的语言。所以,一个 1 岁的法国婴儿牙牙学语时的发音与 1 岁的中国婴儿的发音有所不同。事实上,这个年龄的婴儿已经不能区别两种语言之间和不同口音之间的细微差别(Werker & Desjardins, 1995)。这就是为什么日本人区分英语中的[r]和[l]的发音会有困难。

在出生后的第二年,婴儿开始使用单词来交流。他们会把一个单词当作一个句子来使用,这种方式被语言学家称作单词句。根据具体情境,一个婴儿说"饼干"的时候,他的意思可能是"我要饼干""这是个饼干"或者"饼干在哪里"。

一旦儿童学会了大约 50 个单词后,他们会停止使用单词句转而开始使用双词句。和单词句一样,双词句的意义也不得不通过儿童的发音、语调和语境等线索来理解。当他们说"吃饼干"时,可能代表着很多意思。

到了出生第二年年末,大多数儿童已经学会了将近 300 个单词(Brown, 1973)。然而,他们并不能正确使用这些词汇。比如儿童会用"小狗"来指代所有四条腿的动物,这表现出了他们对词汇的**过度延伸**(overextension)。他们也可能会表现出**扩展不足**(underextension)或者说不能正确地把一个词用在其他可用的场合。举个例子,他们会认为自家的小猎犬是小狗,但是隔壁的德国牧羊犬并不是。

儿童的语言能力在两到三岁期间会有很大的提高,这个时候他们开始使用三个单词组成的句子,这种言语模式被语言学家称作**电报式言语**(telegraphic speech)(Brown,

> **过度延伸**　对词语的运用超出了它的使用范围。
> **扩展不足**　限制了词语的使用范围,不能正确地把一个词语用在其他可用的场合。
> **电报式言语**　遵从固定的单词顺序,只由三个单词或者基本内容词构成的短句。

1973)。这些简短的句子遵从一种固定的单词顺序并且只包含一些基本内容词,省略了复数形式、所有格、连接词、冠词和介词。电报式言语反映了儿童对句法的理解,即应该按怎样的顺序将单词运用到句子中去。当第三个单词被加入一个句子中时,那常常是双词句中缺少的一个词(比如:妈妈吃饼干)。

◀当儿童将四肢动物均视为小狗或者小猫时,他们表现出了对词汇的过度延伸。

三岁之后,儿童会经历一个被语言学家称作语法爆炸的阶段,语法爆炸就是指他们在这个阶段以很快的速度习得了许多语法规则。大多数儿童在5岁左右便能进行流利的表达。但是他们依然会犯一些错误。其中一种错误就是**过度规则化**(overregularization),这种错误表现为:儿童常常在名词复数形式和动词过去式的运用中出现错误。比如:一个三岁的孩子可能会说"我弄坏了我的饼干"(I breaked my cookie.),而父母则会回答"你是说你弄坏了你的饼干。"(You mean you broke your cookie)。孩子们会对其进行过度矫正并说"I broked it"或者甚至是"I brokeded it"。有些时候,父母和老师会为语言的泛化现象而担心,但实际上,它代表了语言发展上的进步,因为他们预示着孩子习得了一些语法规则。通过观察和练习,儿童会认识到哪些词不适用这些规则。

8.18 学习理论和语法天生假说是如何解释语言的习得的?
关于语言发展的理论

语言到底是怎样发展的呢?从世界各地不同的文明中能发现相同的语言发展顺序,但是怎样才能最好地解释语言发展,不同的人有不同的观点。

学习理论。学习理论专家一直认为人类语言和其他行为一样,是通过强化和模仿习得的。斯金纳(1957)主张语言是通过强化形成的。他认为父母通过表扬、认可和注意来纠正不正确的语音,强化正确的语音。因此,儿童的言语在语法正确的言语引导下逐渐形成。其他一些人则认为儿童主要通过模仿来习得词汇和句子结构(Bandura,1977a)。

然而当学习理论被当作对语言发展的唯一解释时,问题出现了。电报式言语等言语

过度规则化 不能正确运用语法规则来表述不规则名词的复数形式和动词过去式的现象。

模式和过度规则化现象等系统性的错误无法用模仿来解释。儿童们并没有在日常生活中听到电报式言语，而且"I comed"和"he goed"等并不是父母常用的表达方式。除此之外，强化理论也遇到了难题，父母更加注重表扬孩子在发音内容上的正确而不是语法的正确（Brown et al.，1968）。而且，父母更加倾向于纠正孩子的发音错误而不是语法错误。

语法天生假说。 语法天生假说提出，语言学习过程是人类天生具有的特点，与这章前面所提到的动作发展顺序类似（Lenneberg，1967）。对持语法天生假说者来说，语言发展唯一需要的环境因素是语言的呈现。指导和强化都不是必需的。

语言学家乔姆斯基（1968）也赞同语法天生假说，他认为大脑内有一个语言获得装置（LAD），这可以使儿童将周围的言语声进行分类，并帮助他们发现语法规则。因此，一个听英语的儿童能很快分辨出形容词（例如 big）要放在名词（例如 house）前面。然而在西班牙语中则相反，一个学习西班牙语的儿童明白名词（例如 casa）要放在形容词（例如 grande）前面。

同时，乔姆斯基也认为语言获得装置决定了语言发展的顺序——在大约 6 个月时开始牙牙学语，1 岁左右开始使用单词句，出生 18 到 20 个月期间使用双词句。事实上，虽然说英语和西班牙语的儿童学习了关于形容词和名词使用顺序的不同规则，但他们能在相同的时间将习得的语法规则运用到自己的语言中去。因此，语言发展顺序的普遍性印证了语法天生假说。另外，相关研究证明一出生就接触手语的儿童或失聪儿童的手语发展顺序也遵从同样的发展时间表，这也进一步支持了语法天生假说（Meier，1991；Petitto & Marentette，1991）。

遗传与环境：一种互动论观点。 虽然不是所有的发展心理学都相信乔姆斯基的语言获得装置是对人类天生具有获得语言的能力的最好解释，但是如今已经不再有关于人类是否天生具有某些基因来引导语言发展的争论了。然而，关于是否是学习促进了语言的发展仍然存在着一点疑问（Macwhinney，2005）。一个人的第一种语言，毕竟是在一个社会环境中习得的，而这个社会环境一定会对其语言的发展产生一些影响。当然，遗传也在人类的能力发展中扮演了一个重要的角色。

父母亲调整自己的言语来适应婴儿的语言发展水平，这一举动促进了婴儿的语言学习。父母亲会经常使用**儿童指向言语（CDS）**或者**母亲用语**——用简短的词组和句子、简单的词汇来很大程度地简化语言。这种语言的发声很慢，音调较高，语调夸张，会有很多重复（Fernald，1993）。失聪的母亲同样以这种方式和她们的孩子交谈，她们比画得很慢，而且手臂和肩膀的移

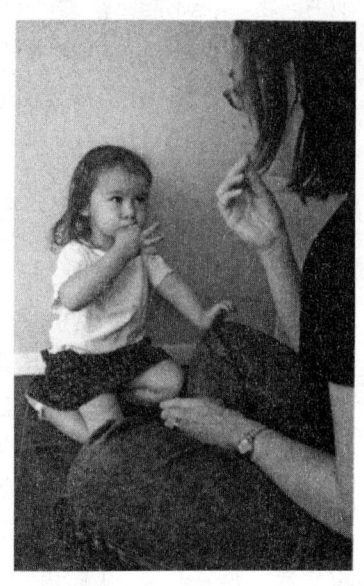

▲失聪的母亲会用手语和自己的孩子交谈，并且她们也是这样运用母亲用语的，她们会慢慢用手语示意并且会进行不断的重复。

动会更加夸张，重复会更加频繁(Masataka，1996)。但是CDS对语言发展是否有影响呢？研究表明，CDS会让婴儿的注意力更加集中到言语上，也会增加婴儿和照顾者之间言语交流的次数(Matychuk，2005)。而且CDS对幼儿理解谈话内容的情感内涵显得至关重要(Monnot，Foley，& Ross，2004)。同样，幼儿的抱怨也通过吸引照顾者的注意，增加了照顾者与幼儿之间的口语交流和情感交流，从而促进了语言的发展(Sokol et al.，2005)。此外，照顾者的手势帮助幼儿学会了"在……下面""在……上面"等概念(O'Neill et al.，2005)。因此，当代的互动论承认了某些天生的语言获得装置在语言发展过程中扮演的重要角色，并且也强调照顾者与儿童之间语言交流的内容及特点对语言发展起到了很大的作用(MacWhinney，2005)。

📖 观看关于儿童指向言语的视频 www.mypsychlab.com

8.19 语音意识是什么？它为什么重要？
学会阅读

口语的学习似乎大部分是一个自然的过程，但是学会理解书面语言的过程又是怎样的呢？你可能会认为，口语发展的很多方面对于学习阅读的过程至关重要。**语音意识**(phonological awareness)尤其重要，它是对单词发音的敏感性以及对这一单词由哪些字母组成的认识。大约四岁的时候，一些儿童能回答"如果 *bat* 去掉字母 *b* 会变成什么"等类似的问题，相比不能回答这类问题的儿童，他们的阅读速度会更加快(Boscardin，Muthen，Francis，& Baker，2008)。此外，有很好的语音意识技巧的儿童学习阅读更加容易，即使阅读指导用一种全新的语言来呈现(McBride-Chang & Treiman，2003；Mumtaz & Humphreys，2002；Quiroga et al.，2002)。缺乏语音意识技巧的失明儿童在学习布莱叶盲字时比同龄人往往要慢得多(Gillon & Young，2002)。

经过许多观察，儿童的语音意识技能似乎是通过文字游戏习得的。从讲英语的儿童当中可以发现，学习儿歌能促进语音意识技能的发展(Layton.，1996)。日本的家长通过接龙游戏来增强孩子们的语音意识，在这个游戏中，一个人先说出一个词，接下来的一个人必须说出一个用上个词的尾音开头的词(Serpell & Hatano，1997)。父母亲和孩子一起阅读或者是写一个故事都会有助于增强孩子的语音意识(Aram & Levitt，2002)。

儿童在上学之初得到的正规阅读指导能帮助他们提高语音意识技能(Shu et al.，2000)。一旦儿童掌握了基本的标志性语音的编码过程，他们会通过学习词根、后缀、前缀来成为更好的阅读者(Nagy，Berninger，& Abbott，2006)。老师们也会帮助儿童学习确定文章主题等技能，从而提高儿童的阅读理解能力(Pressley & Wharton-McDonald，1997)。另外，在语音意识发展的每个阶段，儿童自己阅读或者听家长、老师读好故事都有

语音意识 对单词发音的敏感性以及对这一单词由哪些字母组成的认识。

助于他们的能力进一步发展。

记一记——语言发展

1. 将发音与对应的语言概念匹配起来。
   _____ (1) "ba-ba-ba"　　　　　　　　　a. 电报式言语
   _____ (2) "he eated the cookies"　　　b. 单词句
   _____ (3) "mama see ball"　　　　　　c. 语言泛化现象
   _____ (4) "oo" "ah"　　　　　　　　　 d. 牙牙学语
   _____ (5) "kitty" meaning a lion　　　　e. 过度延伸
   _____ (6) "ball" meaning "look at the ball"　f. 喔啊声
2. 语法天生假说认为语言能力很大程度上是_____。
3. 当被要求说一个词与 cat（猫）押韵时，三岁的詹尼会说"hat"（帽子）。詹尼的回答表明她已经拥有了_____。

答案：1. (1) d　(2) c　(3) a　(4) f　(5) e　(6) b　2. 天生的　3. 语音意识

社会化发展

为了在社会中更加舒适且有效率地活动，儿童必须拥有社会认可和令人满意的行为模式。人类学习各种社会认可的行为、态度、价值观等周遭的社会文化元素，并逐渐适应于其中的过程称为**社会化**（socialization）。虽然父母在社会化过程中扮演了主要的角色，但是同伴、学校、媒体和宗教信仰都对其有重要的影响。

8.20　鲍姆林德提出了哪三种教养方式？其中哪种最有效？父母在社会化过程中扮演的角色

你读过威廉·戈尔丁写的《蝇王》吗？这个故事说明，没有成年人的影响，儿童会忽略自然界和社会中的一些重要事实，变得迷信，对他人充满敌意并具有攻击性。你同意这个观点吗？

大多数人，无论是外行还是心理学家，都认为父母在社会化过程中所起的作用主要是树立榜样、教育和制定规则。相关的调查结果支持了这个观点并且表明当父母是慈爱的、热情的、亲切的并且能给予儿童支持时，他们的作用更加明显（Rubin et al., 2005）。事实上，一项跟踪被试从 5 岁到 41 岁的纵向研究发现，"热情、亲切的父母的孩子更可能成为成功的社会人士，他们的孩子在 41 岁时比其他人拥有更加健康的心理状态，更能充分地

> **社会化**　人类学习各种社会认可的行为、态度、价值观等周遭的社会文化元素，并逐渐适应的过程。

应对问题,在工作、人际关系、生育等方面的社会心理上表现得更加成熟"(Franz et al., 1991. p.593)。当社会化过程中父母和孩子的角色颠倒时,家庭就会失去正常的功能,并且会变成儿童来管控父母(Maccoby, 1992)。

社会化必须能让儿童拥有管理他们自己行为的能力,这样的社会化才有效。达到这个目的的过程往往会因为父母强行控制他们孩子的行为而受到阻碍(Maccoby, 1992)。戴安娜·鲍姆林德(Baumrind, 1971, 1980, 1991)研究了一系列家长控制并且提出了三种教养方式:专制型教养方式、权威型教养方式、放纵型教养方式。她将这三种教养方式与中产阶级的白人儿童的不同行为模式联系起来考虑。

专制型父母。专制型父母(authoritarian parents)会随意制定规则,并想要孩子无条件服从,经常对行为不当的孩子进行体罚,并且重视服从权威。专制型父母并不会给每条规矩赋予合理的理由,而是把"因为我说要这样"作为孩子无条件服从的理由。使用这种教育方式的父母往往沉默寡言、反应迟钝,有种距离感。鲍姆林德(1967)发现受这些规矩约束的学龄前儿童往往也沉默寡言、焦虑不安、闷闷不乐。

这些父母没能给出每条规矩的合理理由,这会让孩子难以理解为什么要服从。虽然说"我说了就给我做"或者"做,否则你就会被惩罚"这些表述能让孩子服从父母,但是当父母不在身边时,他们便不会遵守规则。专制型的教育方式往往会使孩子智商较低和缺少生存技能,尤其是男孩(Maccoby & Martin, 1983)。然而研究表明,在某些环境中,这种教育方式对孩子的发展是有益的。举个例子来说,倘若专制型父母的孩子住在贫困的邻居旁边,他们会比其他同龄人(其父母是相对放纵的)表现出更多有利的发展成果(Steinberg, Blatt-Eisengart, & Cauffman, 2006)。

◀这位母亲展示的是权威型教养方式的哪一方面?

专制型父母 专制型父母会随意制定规则,想要孩子无条件服从,他们经常对孩子的错误行为进行体罚,并且重视服从权威。

权威型父母。 权威型父母(authoritative parents)会给孩子设立高但是切合实际、有理有据的标准,实施限制并且鼓励独立和进行开放式的交流。他们很乐意与孩子探讨规则和制定规则的理由。知道那些规则为什么是必需的,这会让孩子更容易将其内化并且遵守。就算他们的父母不在,他们依然会按规则行事。权威型的父母往往是热情的、敏感的、亲切的、善于给予鼓励和支持的,并且他们很尊重孩子以及孩子的意见。他们的孩子往往是成熟的、快乐的、独立的、自信的,并且拥有较强的自制力、社交能力和责任感。权威型的教育方式往往和较好的学业表现、较强的独立能力和较高的自尊有关,并能帮助孩子在童年中期以及青少年期内化更多的道德标准(Aunola et al.,2000;Lamborn et al.,1991;Steinberg et al.,1989)。

权威型教育方式的积极作用存在于美国的各个族群(Eisenberg et al.,2009;Steinberg, Blatt-Eisengart, & Cauffman, 2006;Steinberg & Dornbusch, 1991)。一个例外是专制型的教育方式与第一代亚洲移民的学术成就有更高的相关(Chao, 2001)。发展心理学家曹路德认为这个发现可以用亚洲的一种传统观念来解释,即让孩子服从是一种爱的表现。此外,严厉的教育方式会被亚洲家庭的温情所调和,因此孩子会认为父母希望他们无条件服从是因为爱他们(Chao, 2001)。

放纵型父母。 放纵型父母(permissive parents)很热情并且乐于助人,他们往往很少给孩子制定规则或是给予要求,并且很少强制孩子做什么。他们允许孩子自己做决定并且控制自己的行为。接受这种教养方式的孩子往往不成熟、任性而冲动,并且具有很强的依赖性。此外,他们的自制力以及独立生活能力也较弱(Steinberg, Blatt-Eisengart, & Cauffman, 2006)。

忽视型父母。 基于他们的研究,发展心理学家伊利诺·迈克比和约翰·马丁(Maccoby & Martin, 1983)提出了除以上三种以外的第四种教养方式,即忽视型教养方式。**忽视型父母**(neglecting parents)对孩子放任自流,他们不参与孩子的生活。被父母忽视的婴儿与其他婴儿相比更容易产生不安全依恋,并且在童年期和成年期都会遇到人际交往上的障碍。由于缺少父母的监控,这些孩子到了青春期容易出现不良行为,比如药物滥用、酒精成瘾、过早出现性行为等(Maccoby & Martin, 1983;Patterson et al.,1992;Pittman & Chase-Lansdale, 2001)。

接纳和控制。 除了提出忽视型教养方式,迈克比和马丁也如图8.9所示进一步发展了鲍姆林德的分类系统(Maccoby & Martin, 1983)。他们将家庭从两个维度进行分类:一是需要或控制的程度,二是接纳或拒绝的程度。在他们看来,这两个维度的交互作用造

权威型父母 权威型的父母会给孩子设立很高但切合实际、有理有据的标准,实施限制、鼓励独立和进行开放式的交流。

放纵型父母 放纵型父母往往很少给孩子制定规则或给予要求,很少强制孩子做什么。他们允许孩子自己做决定并且自我控制行为。

忽视型父母 忽视型父母对孩子放任自流,他们不参与孩子的生活。

成了四种教养方式的差异,从而导致了不同发展结果的出现。举个例子来说,女孩的父母接纳程度较低并且对其进行严格的控制,那么这名女孩相比其他女孩而言更容易出现抑郁的症状(Feng et al., 2009)。进一步来说,较高程度的接纳和较高程度的控制与权威型教养方式有关,并且能够拉近父母和孩子之间的关系,增加孩子对父母的崇拜(Sinha & Mishra, 2007)。

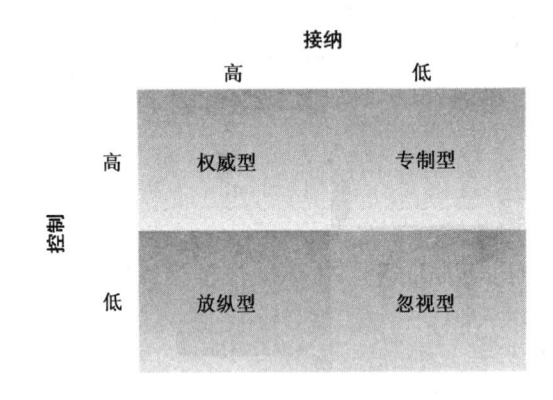

	接纳高	接纳低
控制高	权威型	专制型
控制低	放纵型	忽视型

图8.9 接纳、控制和教养方式
迈克比和马丁(1983)提出,教养方式是由接纳和控制两个维度的交互作用产生的。

8.21 同伴在人的社会化过程中有什么作用?
同伴关系

按照惯性思维,人们通常会觉得同伴的作用总是消极的,但是这种观点真的有根据吗?答案是否定的。人类天生对同伴感兴趣,婴儿在很小的时候就表现出对其他人的兴趣,当他们只有6个月大的时候,就会通过观察、伸手、触摸、微笑和发声来表现出对其他婴儿的兴趣(Vandell & Mueller, 1980)。友谊从3到4岁开始建立,并且变得越来越重要。这些关系在分享的基础上建立,当两名儿童在一起玩时,他们会把自己当做对方的朋友。到了童年中期(6~12岁),友谊开始以相互信任为基础(Dunn et al., 2002),同辈群体成员之间的关系是孩子快乐的核心所在。同辈群体通常由相同种族、相同年龄和拥有相同社会地位的孩子组成(Schofield & Francis, 1982)。到了学龄期,同辈群体由学业成就相似的孩子组成。

同辈群体通过树立行为、穿着和语言等方面的榜样来发挥它的社会功能(Rubin et al., 2005)。它能够强化适当的行为,也能对不当行为进行惩罚。同辈群体也为儿童提供了一个机会来评价自己的特质和能力,比如自己的聪明程度和在体育方面的表现。举个例子来说,在同辈群体中,儿童能学习怎样与同龄人相处,学会分享和合作,提高人际交往和正当防卫的能力。

外表的吸引力是被同伴接纳的主要因素,三到五岁的幼儿亦是如此,并且这对女孩来说更加重要(Krantz, 1987; Langlois, 1985)。把儿童缺乏吸引力归因于一些消极的特质是不合适的,运动能力和学业成就也影响儿童能否被接纳。敏感、快乐、有活力、有想法并且懂得合作的儿童通常都很受欢迎,他们掌握了一些社会技能,从而拥有更好的发展成果,能帮助同伴实现目标。但是一旦环境需要,他们也会变得独断和具有攻击性(Murphy

▶脱离同辈群体的孩子更容易孤独、郁闷和冷漠。

& Faulkner, 2006；Newcomb et al., 1993)。这些孩子通常接受着权威型的教养方式(Dekovic & Janssens, 1992)。

不易被同伴接纳预示着以后的一些心理问题(Rubin, Coplan, & Bowker, 2009)。一些被同伴忽视的儿童会表现得较为害羞和不合群，而一些被排斥的儿童则会出现攻击行为等不良行为，更容易和别人打架(Dodge, Cole, et al., 1990)。他们会变得孤独、闷闷不乐、冷漠，以至于没什么成就。到了童年中期则会产生不良行为，退学的概率也会很大(Asher & Paquette, 2003；Gazelle & Ladd, 2003；Kupersmidt & Coie, 1990；Parker & Asher, 1987)。

模拟测量幼儿在同辈群体中的受欢迎程度 www.mypsychlab.com

8.22 电视有哪些积极影响和消极影响？
电视是一种社交媒介

在你成长的过程中，电视对你来说有多重要？对于生活在工业化时代的儿童来说，电视对他们的成长有很大的影响。我们曾在第5章班杜拉的观察学习理论中探讨过电视中的暴力场景对儿童的影响。在这一章中，我们会将视角转向电视对儿童学习和发展的影响。

电视对儿童认知的影响。 当你还是小孩子的时候，你也许看过《芝麻街》这个节目。大量研究已经证明了它对认知发展的积极影响(Augustyn, 2003)。虽然这档节目的主要观众是三四岁的儿童，但是研究表明，类似的益智节目(如《爱探险的朵拉》《蓝色斑点狗》)对年龄更小的孩子的认知发展也有积极影响(Linebarger & Walker, 2005)。然而也有证据显示，三岁以下的儿童与更大一点的学龄前儿童相比，会把注意力集中到不同的节目要素上(Valkenberg & Vroone，2004)。所以，根据婴幼儿的视角或特点为他们量身定做的节目更有助于认知的发展。

在过去的几十年里，大量针对2岁以下观众的电视节目纷纷出现(如《小恐龙班尼》《小小芝麻》《小小爱因斯坦》)。在这里，我们先不说这些节目的受欢迎程度。美国儿科学会(AAP)一直建议2岁以下的儿童不要看任何电视(AAP，2002)。因为研究显示，过早看电视与注意缺陷多动障碍(ADHD)有关(Christakis, Zimmerman, DiGiuseppe, & McCarty，2004)。然而，这项研究是一个相关研究，它用某一年龄的行为测量结果(看电视的时间)来预测将来的行为(基于ADHD量表得分)，因此它的研究结果受相关研究常见特点的限制。所以在得出确切结论之前，仍然需要大量研究去证明电视对儿童注意过程的长远影响。

◀虽然美国儿科学会建议两岁以下的儿童不要看电视，但是一些针对婴幼儿的电视节目在近几年变得越来越受欢迎。

社会化和情绪发展。回顾第5章，有很多证据显示儿童会模仿电视中的攻击行为。但也有大量研究证明，培养亲社会行为的电视节目对儿童的社会化发展有积极的作用(Mares & Woodard，2005)。其中一档节目被发现能够减少犹太人儿童和巴勒斯坦儿童的种族刻板印象(Cole et al.，2003)。

然而，一些研究文献提示，电视对儿童的情绪发展会产生不良影响。研究显示，与"9·11"恐怖袭击事件没有直接联系的儿童在看了相关视频之后，会担心自己所在的城市也会发生这类事件(Lengua, Long, Smith, & Meltzoff，2005)。所以，一些专家认为，当儿童在电视里看到他们这个年龄还不能理解的类似事件时，他们会觉得这个世界是恐怖的和难以预料的。

并且一些发展心理学家发现,儿童的情绪会受到广告的控制。在一项研究中,研究者设计了一档虚拟电视购物节目让孩子观看,当他们向 12 个月大的孩子呈现与广告中一模一样的玩具时,孩子会表现出积极情绪(Mumme & Fernald, 2003)。一个事实恰当地说明了广告在带动儿童情绪方面的力量——本书作者之一的儿子为了说服父母为他买某种麦片,进行了如下抗议:"你看电视里的小孩吃得多开心,难道你不想让我开心吗?"这样的反应在儿童中广泛存在,心理学家和家长担心,电视广告会让孩子产生错误的世界观:快乐和物质满足是联系在一起的。

最后,一些研究也表明看电视与儿童的睡眠问题和体重超标有关(Hebebrand & Hinney, 2009)。结合一些关于电视给儿童心理发展带来的消极影响的研究,我们建议家长要严格监管孩子的观看习惯。如果有可能,他们应该尽力保证孩子观看对他们有益的节目,剔除那些不好的节目。

8.23 布朗芬布伦纳是如何解释文化在儿童发展中的作用的?
文化和儿童发展

在之前的学习中我们了解到,第一代亚洲移民因为深深植根于亚洲文化传统中的信念而选择专制型的教养方式。这是文化影响儿童发展的一个例子。那文化信仰等变量是如何影响儿童个体的呢?

已故心理学家尤里·布朗芬布伦纳(Urie Bronfenbrenner, 1917—2005)认为,儿童的成长环境是一个交互式系统,产生了**成长背景**(contexts of development)(Bronfenbrenner, 1979, 1989, 1993)。如图 8.10 所示,这一系统的核心被他称为"微型系统",它包含了儿童个人在面对情境时所获得的一些经历(比如家庭和家长以外的照顾者,见**应用**)。微型系统外面的一圈被称为"外系统",包含了儿童没有直接经历过的,但是能通过微型系统来影响儿童的情境(比如父母的工作)。最后,宏观系统包含了更广泛的文化影响。

宏观系统中的一些理念和风俗习惯会通过外系统和微型系统传播给儿童。布朗芬布伦纳对这一过程的解释可以用以下这个问题来加以理解:为什么一些文化要求儿童进入公立学校学习,而其他文化却没有?文化是怎样影响儿童个体的呢?产生这种文化差异的一个原因是,宏观系统中,有公立学校的社会坚信教育对所有人的价值。而在外系统中,这种信念被付诸实践,比如政府会为学校提供资金,并且会制定相应法律来要求父母送孩子入学。在没有这种信念或者有这种信念但没有资金来发展公共教育的社会中,学校是不存在的。

即使这样,微型系统才最后决定一种教育理念或教育实践能否惠及儿童本身。在没有公立学校的国家中,生活富裕的家长会将孩子送入私立学校进行学习,中产阶级的家长会努力省钱让孩子进入私立学校,而贫困家庭会尽自己所能在家中教育孩子。在有公立

> **成长背景** 分层次并且各因素间相互影响的儿童成长环境(家庭、邻里、文化等),由布朗芬布伦纳提出。

394 心理学的世界

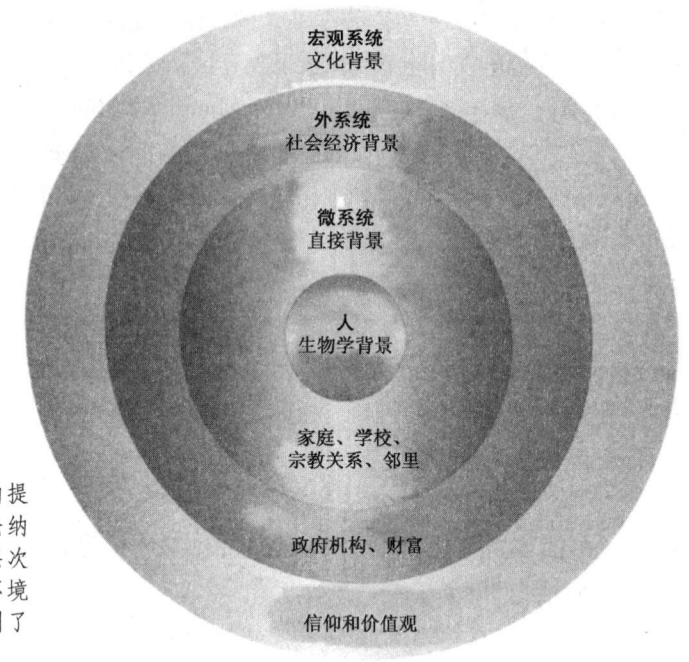

图 8.10 布朗芬布伦纳提出的成长背景 布朗芬布伦纳的理论指出,儿童在一个分层次并且各因素间相互影响的环境中成长,这对他们的成长起到了非常重要的作用。

宏观系统
文化背景

外系统
社会经济背景

微系统
直接背景

人
生物学背景

家庭、学校、宗教关系、邻里

政府机构、财富

信仰和价值观

学校系统的国家,一些家长不会选择将适龄的孩子送进学校,因为他们想要孩子在家照顾自己的弟弟妹妹或者干农活。或者他们出于一些观念上的原因将孩子留在家中。儿童的能力、态度和行为也决定了宏观系统和外系统对他的影响。一个有学习障碍的儿童对学校的反应和正常儿童对学校的反应是截然不同的。一个孩子喜不喜欢学校的环境,在学校中的表现是否得体都会影响教育在他成长过程中所起的作用。相反地,在没有公立学校的文化体系中,那些有求知欲,意志坚定的儿童会寻求各种方式来学习。因此,在考虑文化能否影响儿童个体和文化怎样影响儿童个体时,要把这个系统的每个层次都考虑进去。

很显然,布朗芬布伦纳提出的这一系统中每个层次的价值观和决定都会对儿童的成长起到深远而持久的作用。发展心理学家指出,学校教育与皮亚杰认知发展阶段中的进步和信息加工技能的掌握息息相关(Mishra, 1997)。进入学校的孩子与没有进入学校的孩子相比,在具体运算阶段发展得更快,并且他们能掌握更多的记忆策略。接受过正规教育的儿童或成年人也更可能获得形式运算思维。显然,当所有的成长背景朝着某一目标共同发挥作用时,会最大程度地惠及儿童。

应用——选择非亲看护安排

在布朗芬布伦纳的成长背景模型中,微型系统指与儿童有直接联系的环境,包括家庭、亲戚、托儿所和学校等。然而,这些微型系统不是单独发挥作用的。举个例子来说,一个重要的微型系统是你,也就是孩子的家长。另一个是你为孩子选择的其他看护安排。所以,即使孩子在接受其他人的看护时没有与你产生直接的联系,你也会通过选择看护安排时所使用的标准来影响他。因此你有可能已经知道了,家长面对的一个最棘手并且充满压力的任务就是为孩子选择其他看护安排。以下是一个系统的步骤,也许会帮助你减轻做这项决定时的压力。

第一步:确定你的培养目标。

儿童心理学家桑德拉·思卡尔(1997)把幼儿的托管看作是之前父母教育的一个延伸。所以在选择其他看护安排之前花大量时间来思考你的培养目标是非常值得的。你可以先思考一下你想为孩子提供怎样的家庭环境,然后再去选择合适的看护安排。

第二步:了解一些研究的限制。

针对幼儿托管的研究都是相关研究,也就是说不适宜去推断结果。举个例子来说,如果一项研究显示,与那些在家的孩子相比,白天在托儿所的孩子在词汇测试上拥有更高的分数。我们不能分辨是否是托管的场所造成了这种差异。另外也有种可能是,有工作的家长与没有工作的家长相比,他们参与了更多活动来促进孩子的语言发展,或者说他们有更多的钱来买一些书、录像带和益智玩具。

另外一点需要记住的是,研究是基于平均水平的。熟悉相关的研究能在很大程度上帮助你选择一个高质量的安排。一项研究表明,儿童的发展成果不管是好是坏,都与家长以外的看护有关。请你记住,这对你的孩子来说不一定非常重要。因此,下一步就显得格外重要。

第三步:了解孩子的气质和偏好。

研究显示,婴儿的气质与看护安排会相互影响(Crockenberg & Leerkes, 2005; Wachs, Gurkas, & Kontos, 2004)。举个例子来说,慢热型的儿童面对托儿所中数量众多的孩子时会不知所措(Watamura et al., 2003)。因此,了解你孩子的气质类型和他最适应的环境会有很大的帮助。

孩子的喜好也很重要。对一个挑剔的食者来说,能提供他喜欢的花生酱和香蕉三明治,这样的看护安排比提供他不喜欢的食物的看护安排更加实用。类似地,如果一个活跃的孩子在看护者认为他们需要消耗一些能量时随时可以到室外去,这会让他们非常高兴。

第四步:开始考虑。

先不说相关研究的一些限制,对孩子的看护对家庭和社会的重要性鼓励了心理学家通过一系列研究来明确高质量的非亲看护与低质量的非亲看护之间的区别(Feine, 2002 for a summary)。以下是大多数专家建议考虑的一些标准:

- 健康保障:注意洗手的流程(儿童和照顾者)、食品运输和肉类的营养品质。
- 照顾者与儿童的比例,照顾者的敏感性、稳定性和培训:照顾者需要看护的儿童数目最好少一些,他们要对儿童的行为作出灵敏的反应,不能经常流动,并且需要经过正规的培训。
- 群体规模:群体规模越小越好,尤其对婴儿来说。
- 适宜的学习环境:选择适合你孩子这个年龄群体的玩具、游戏、书本、活动和日常起居。

● **历史**:如果设施有执照,检查它是否曾经违反过国家或当地的法律法规,若没有执照,就向负责人或管理者索要相关证明。

第五步:评估你的选择。

在做出最后决定之前,你必须经过反复的评估。你要考虑到所有可能的情况并且密切关注人事变动。总而言之,一旦你对看护安排有任何不满意,都必须马上带回孩子。

记一记——社会化发展

1. 将每一种训练方法与相应的教养方式匹配起来。

_____(1) 期望无条件服从　　　　a. 放纵型教养方式

_____(2) 制定高标准并且给出理由　b. 权威型教养方式

_____(3) 几乎不设限制　　　　　　c. 专制型教养方式

_____(4) 很少参与孩子的生活　　　d. 忽视型教养方式

2. 在童年中期,友谊以_____为基础。

3. 以下哪个不是电视对儿童的影响?

a. 减轻焦虑

b. 教授认知技能

c. 儿童期肥胖

d. 一些暴力场面增加了儿童的攻击性行为

4. 以下事物属于布朗芬布伦纳提出的发展背景中的哪个系统?将它们匹配起来。

_____(1) 儿童的家长　　　　　　a. 宏观系统

_____(2) 关于惩罚的文化信仰　　b. 外系统

_____(3) 托儿所的经费　　　　　c. 微型系统

答案:1. (1) c　(2) b　(3) a　(4) d　2. 信任　3. a　4. (1) c　(2) a　(3) b

总结与回顾

发展心理学:基本原理和方法论 p.263

8.1 发展心理学家对哪三个问题进行频繁的争论? p.263

许多发展心理学上的问题植根于遗传和环境之争,其他一些问题则来自发展是阶段性的这一断言。而另外一个争论的焦点是某些特点和人格特质在人的生命全程中是否保持稳定。

8.2 发展心理学家用什么方法研究伴随年龄增长而发生的心理变化? p.264

为了研究伴随年龄增长而发生的心理变化,发展心理学家使用了纵向研究和横向研究的方法。在纵向研究中,研究者对同一组被试在不同年龄时进行反复测量,横向研究在同一时间对两个不同年龄组的被试进行比较。

胎儿发育 p.265

8.3 胎儿发育的三个阶段中每个阶段都发生了什么？p.265

第一阶段是增殖期，从受精到妊娠两周。这一阶段卵子释放，受精卵在子宫壁着床。第二阶段是胚胎期，妊娠3到8周。这一阶段主要的系统、器官和结构开始形成。第三阶段是胎儿期，妊娠9周直至出生。这一阶段胎儿快速地生长，身体的各个系统、结构和器官进一步发育。

8.4 近年来科学家们从胎儿行为中了解到了什么？p.266

胎儿能够听到并且记住他们曾反复听到过的声音。在胎儿发育的过程中，广泛地存在着个体差异和性别差异。

8.5 影响胎儿发育的一些负面因素是什么，什么时候影响最为明显？p.268

一些影响胎儿发育的较为普遍的负面因素包括处方药或非处方药、精神药物、环境毒素、孕妇营养不良和孕妇疾病。它们的影响大小取决于它们的强度和在怀孕期间出现的时间。在身体结构发育的关键期接触到这些负面因素时，危害是最大的。

婴儿期 p.269

8.6 新生儿的运动行为和那些更大一点的婴儿的运动行为有什么区别？p.269

新生儿的动作行为被称为反射。在逐渐成熟的过程当中，抓握、行走等控制动作的能力逐渐增强。经验能够延迟或加快动作的发展，但是动作发展的顺序始终是固定的。

8.7 新生儿的感觉和知觉能力包括哪些？p.271

新生儿的所有感官在出生时就开始发挥作用。并且婴儿已经能够表现出对某些气味、口味、声音和视觉图像的偏爱。

8.8 婴儿期存在着哪几种类型的学习？p.272

新生儿已经能够进行习惯化，并且他们能进行经典条件反射、操作性条件反射和观察学习。

8.9 什么是气质？托马斯、切斯和伯奇对气质是怎样分类的？p.272

气质是一个人独有的行为模式或对环境独特的反应方式。托马斯、切斯和伯奇将气质分为三种类型，即容易型、困难型、迟缓型。当代的研究表明气质的维度有活动水平、社交性、抑制性、负面情绪和自我控制。

8.10 哈罗、鲍尔比和安思沃斯做了怎样的研究来揭示婴儿对照顾者的依恋？p.274

哈罗发现幼猴产生依恋的基础是接触安慰，并且用假的母猴喂养的幼猴会表现出正常的学习能力，却没有正常的社会化行为、性行为和情感行为。鲍尔比提出，婴儿在6到8个月时已经表现出对母亲强烈的依恋。安思沃斯确定了4种婴儿的依恋模式：安全型、回避型、反抗型和混乱型。

8.11 父亲如何影响孩子们的发展？p.276

父亲与孩子的互动模式和妈妈与孩子的互动模式不同。所以，父亲和母亲会对儿童的发展产生截然不同的影响，并且儿童同时需要来自父母双方的影响。与父亲有正常互动的孩子在智商上的表现会更高，他们与缺少这种互动的孩子相比，在社会情境与面对挫折中的表现会更好。父亲的缺位会导致孩子缺乏自尊，会使孩子产生抑郁的情绪和自杀的想法,同时也会出现一系列的行为问题,女孩子也可能会未成年怀孕。

皮亚杰的认知发展理论 p.277

8.12 皮亚杰是如何使用图式、同化、顺应的概念来解释认知发展的？ p.277

皮亚杰提出人类会在自身经验的基础上建立图式或一般行动计划。图式通过同化和顺应来加以改善,从而能有效地使用。

8.13 皮亚杰提出的认知发展阶段理论中,每个阶段的发展任务是什么？ p.278

在感知运动阶段(0~2岁),婴儿通过感觉和动作来探索世界,且掌握了客体恒常性。到了前运算阶段(2~6岁),儿童能够心理表征物体或事件,但他们会表现出自我中心主义和思维的集中倾向。当在回答基于现实的问题时,具体运算阶段(6~11、12岁)的儿童能够运用逻辑运算来解答在现实中能被验证的问题。到了形式运算阶段(11、12岁及以上),青少年能运用逻辑思维来处理抽象的问题或假设的情境。

8.14 针对皮亚杰的研究成果,有哪些重要的评论？ p.283

皮亚杰或许低估了婴幼儿的认知能力。形式运算不一定会在所有个体身上或所有文化体系中出现。根据文化的不同,发展的速度也会有差异。

认知发展的其他途径 p.284

8.15 在维果茨基看来,私语和支架式教学对认知发展起到了什么作用？ p.285

私语或自己主导的对话能够帮助儿童明确问题的组成要素并且制定出解决问题的步骤。在支架式教学中,老师通过调整教学方式和指导程度来适应孩子的能力水平和表现,这能让儿童逐渐学会独立完成任务。

8.16 信息加工的研究者对哪三种认知能力进行了深入研究？ p.285

信息加工的研究者对加工速度、记忆和元认知进行了深入研究。

语言发展 p.287

8.17 从牙牙学语到语法规则的习得,语言发展的顺序是怎样的？ p.287

婴儿在6个月时开始发出喔啊声,在出生后的第二年开始使用单词句,18~20个月开始使用双词句,并且在2~3岁期间开始出现电报式言语,最后掌握语法规则。

8.18 学习理论和语法天生假说是如何解释语言的习得的？ p.288

学习理论认为语言通过模仿和强化习得。语法天生假说认为语言能力是天生的,因为世界上的大多数儿童都按照一个固定的年龄顺序阶段性的获得语言能力。

8.19 语音意识是什么？它为什么重要？ p.289

语音意识是对单词发音的敏感性以及对这一单词由哪些字母组成的认识。上学之前获得较好的语音意识技巧的儿童与那些能力水平较低的儿童相比,在上学后能更快地学会阅读。

社会化发展 p.290

8.20 鲍姆林德提出了哪三种教养方式？其中哪种最有效？ p.290

鲍姆林德提出的三种教养方式是:专制型、权威型和放纵型。迈克比和马丁增加了忽视型。研究指出,权威型教养方式是最有效的。接纳与控制这两个维度将这四种教养方式区分开来,并且会导致发展的差异。

8.21　同伴在人的社会化过程中有什么作用？p.292

同辈群体能够为孩子树立榜样，强化适当的行为，惩罚不良行为，并且能够为孩子们提供机会来评价自己的特质和能力，从而发挥它的社会功能。

8.22　电视有哪些积极影响和消极影响？p.293

电视能够增加儿童的亲社会行为，但是也可能导致儿童出现攻击性行为和肥胖，根据相关研究，电视也会导致儿童注意力分散。

8.23　布朗芬布伦纳是如何解释文化在儿童发展中的作用的？p.294

布朗芬布伦纳将孩子的成长环境看作是一个交互式的系统，提出了"成长背景"这个概念。在宏观系统中发现的文化影响，会通过外系统和微型系统传播到儿童的日常生活当中。儿童个人的特征也是微型系统的一部分，并且是文化影响程度不同的一个原因。

关键术语

顺应 p.277
依恋 p.274
权威型父母 p.291
集中倾向 p.279
守恒 p.280
关键期 p.268
发展心理学 p.263
平衡 p.277
胎儿 p.266
习惯化 p.272
成熟 p.270
新生儿 p.270
建构 p.277
过度规则化 p.288
语音意识 p.289
前运算阶段 p.279
可逆性 p.280
感知运动阶段 p.279
社会化 p.290
电报式言语 p.288
致畸剂 p.268
视崖 p.271

同化 p.277
专制型父母 p.291
牙牙学语 p.287
具体运算阶段 p.280
成长背景 p.294
横向研究 p.265
胚胎 p.266
胎儿醇中毒综合征 p.268
形式运算阶段 p.282
纵向研究 p.264
忽视型父母 p.292
客体恒常性 p.279
过度延伸 p.287
放纵型父母 p.291
胎儿发育 p.265
反射 p.270
图式 p.277
分离焦虑 p.274
陌生人焦虑 p.275
气质 p.272
扩展不足 p.287
受精卵 p.265

章末测验

选择题

1. 6 岁的杰里米掌握了下棋的规则,这种思维的改变是_____上的变化。
   a. 数量　　　　b. 阶段　　　　c. 集中倾向　　　　d. 性质

2. 一名研究者从 20 世纪 90 年代早期开始收集一组学龄前儿童的测试数据,当这些儿童已经 20 几岁时,她仍然在收集他们的测试数据。这名研究者使用的是_____研究。
   a. 纵向　　　　b. 调查　　　　c. 个案　　　　d. 横向

3. 苏珊已经怀孕 26 周,她未出生的孩子_____。
   a. 对外界刺激无反应　　　　b. 对明亮的光线有反应
   c. 对声音有反应　　　　d. 对声音无反应

4. 米莎是孕妇并且是个酗酒者,她的酒精摄入最有可能在_____影响她肚子里的孩子。
   a. 胚胎期　　　　b. 妊娠的第二个阶段
   c. 分娩时　　　　d. 妊娠的第三个阶段

5. 视崖实验表明,婴儿_____。
   a. 至少在 12 个月大时才有深度知觉　　　　b. 一出生就有深度知觉
   c. 在过早成熟时才有深度知觉　　　　d. 至少在 12 个月大时才有深度知觉

6. 在一项_____研究中,婴儿重复接受一个刺激,直到他们对此失去兴趣。这是_____的迹象。
   a. 量变发展;学习　　　　b. 习惯化;记忆
   c. 心算;数感　　　　d. 同化;具体运算思维

7. 蕾切尔 4 个月大,她养成了规律的饮食、睡眠和排泄习惯,哭闹时很容易平息。她属于_____气质。
   a. 迟缓型　　　　b. 容易型
   c. 不够稳定而不能进行分类　　　　d. 困难型

8. 伊丽莎白在安思沃斯的"陌生情境"中进行测试,当她的妈妈离开她时,她变得非常不安,妈妈回来时她会冲着妈妈微笑。根据安思沃斯的理论,这是一种_____。
   a. 反抗型依恋　　b. 安全型依恋　　c. 混乱型依恋　　d. 回避型依恋

9. 1 岁的托利第一次尝试去喝杯子里的水,她试图将液体从杯子里吸出来。这说明她正在将杯子_____到她的图式中。
   a. 同化　　　　b. 转移　　　　c. 调和　　　　d. 顺应

10. 乔温的爸爸妈妈为了哄他吃蔬菜,经常把蔬菜装到更大的盘子里然后对他说:"看,现在你不用吃那么多的蔬菜了。"然而,最近乔温开始明白不管是装在大盘子里还是小盘子里,蔬菜的数量是不变的。这说明了_____,他正处于_____阶段。

a. 集中倾向；前运算　　　　　　　　b. 自我中心主义；感知运动
c. 守恒；具体运算　　　　　　　　　d. 客体恒常性；感知运动

11. 针对皮亚杰理论的跨文化研究显示_____。
   a. 所有人的认知发展速度都是一样的
   b. 所有人的认知发展顺序都是一样的
   c. 所有人的认知发展速度和顺序都是一样的
   d. 认知发展的速度和顺序据文化的不同有很大的差异

12. 最初在一年级的时候，拉杰的老师会手把手地教他完成任务。然而随着拉杰的表现和理解能力的提高，他的老师逐渐减少了对他的帮助。根据维果茨基的理论，这种帮助被称为_____。
   a. 支架式教学　　b. 最近发展区　　c. 新近发展区　　d. 私语

13. 学龄前儿童解决皮亚杰的具体运算问题有困难，信息加工理论将这归因于_____。
   a. 缺少聚合运算能力　　　　　　　b. 缺少客体恒常性
   c. 最近发展区　　　　　　　　　　d. 短时记忆限制

14. 瑞纳打翻了她的果汁（juice），她大声喊"不！我的juju没有了"。此时瑞纳表现出了_____。
   a. 过度规则化　　b. 扩展不足　　c. 电报式言语　　d. 过度延伸

15. 全世界的儿童都经历了相同的言语发展阶段，并且都曾出现过度规则化、过度延伸和电报式言语等现象。这一事实为_____提供了证据。
   a. 语法天生假说　　　　　　　　　b. 皮亚杰的语言习得理论
   c. 语言习得的学习理论　　　　　　d. 语言习得的社会文化理论

16. 萨拉的爸爸拉着商店的门让同行的两个人通过，萨拉问为什么要这么做，爸爸告诉她这是好人应该做的事，他们帮助了其他人。萨拉在和她爸爸的互动中出现了_____过程。
   a. 社会化　　b. 泛化　　c. 过度规则化　　d. 积极教养

17. 雷蒙德的父母属于_____父母。他们的教养方式会使他缺乏自控能力，从而变得没有朋友。
   a. 忽视型　　b. 放纵型　　c. 专制型　　d. 权威型

简答题

18. 横向研究和纵向研究的优点和缺点分别是什么？
19. 皮亚杰、维果茨基和信息加工研究者提出的认知发展方式有什么区别和联系？
20. 从布朗芬布伦纳提出的每个系统（宏观系统、外系统、微型系统）中选择一个变量，并用它们来解释患有胎儿醇中毒综合征（生物学背景）的儿童的发展。

答案见第773页。

第 9 章

青少年期和成年期

毕生发展观

9.1 埃里克森的社会心理发展理论和其他的发展理论有何不同?

9.2 玛西亚如何扩展埃里克森关于青春期同一性危机的观点?

9.3 繁殖在成年人的生活中扮演了怎样的角色?

青少年期

9.4 青春期会发生哪些生理变化和心理变化?

9.5 青少年期会伴随哪些认知能力的发展?

9.6 科尔伯格提出的三种道德推理水平有什么不同?

9.7 权威型、专制型、放纵型的教养方式分别会产生什么结果?

9.8 青少年同辈群体发挥着什么有利的作用?

9.9 成人初显期在神经学和社会心理学上分别具有什么样的特征?

成年早期和成年中期

9.10 主因老化和次因老化有什么区别?

9.11 20 岁到 60 岁之间,认知功能发生了怎样的改变?

9.12 大学怎样影响成人发展?

9.13 当今年轻人的生活方式有怎样的趋势?

成年晚期

9.14 成年晚期会发生哪些生理变化?

9.15 心理能力在成年晚期会发生什么变化?

9.16 阿尔茨海默病患者的大脑中发生了怎样的病变?

9.17 关于老年人生活满意度的研究有什么发现?

9.18 不同文化背景的老年人在晚年的生活经历上有什么不同?

9.19 根据库伯勒·罗斯的理论,身患绝症的病人面临死亡时在心理上会经历哪几个阶段?

想一想

你认为你是一个有道德的人吗？大多数人会认为是这样的。但是有些时候，我们会面临一些不能简单地用是或否、对或错来回答的问题。此时我们就会陷入"困境"。困境就是每个选择都不理想或每个选择之间互相排斥的情境。通过要求人们思考各种各样的困境，心理学家了解到很多社会推理伴随年龄增长而发生的改变。例如，请思考以下困境及其后面的练习：

欧洲的一名妇女因患一种特殊的癌症而挣扎在死亡的边缘。医生说只有一种药能够救她。这种药由镭构成，是同镇的一名药剂师最近才发现的。这种药的制造成本很高，并且药剂师以成本10倍的价格来销售，他花了200美元来购买镭，用2000美元一小份的价格来销售这种药。这位妇女的丈夫海因茨挨家挨户地去借钱，但是只凑到了1000美元，才够一半的药费。他告诉这名药剂师，他的妻子快要死了，请求他便宜一点卖给他或者让他晚一点再付清药费。但是药剂师说："不。是我发现了这种药，我要靠它赚钱。"海因茨很失望，最后，他闯进了药剂师的药店，为他妻子偷走了那种药 (Colby et al., 1983, p.77)。

如果海因茨在闯进药店之前向你征求意见，以下这些因素对你来说有多重要？请依据你自己的价值观，将以下内容按重要程度进行排序。

_____ 如果海因茨偷了药，他会进监狱。

_____ 海因茨在结婚时曾向妻子发誓，两人之间要有爱与信任。

_____ 一般来说，人们要遵守法律并且尊重他人的权利。否则，社会就会混乱失控。

_____ 海因茨妻子生存的权利比药剂师从自己的发现中盈利的权利更重要。

在以上内容中你有没有发现一些普遍的主题和法则？第一项是关于海因茨和他偷药的影响的。第二项讲的是海因茨和他妻子的关系。第三项描述了海因茨的行为对整个社会的隐含意义。最后一项比较了个人的权利。正如你所能想到的，你安排的顺序蕴含了你对道德问题的看法。在之后的内容中，你将会学到研究者通过相似的步骤来了解人们在童年期、青春期、成年初期、成年中期和成年晚期时对道德问题的不同看法。

在历史上，心理学家将童年期和青春期视为生理发展、社会化发展和智力成熟的顶峰期。然后在成年期会用上几十年来获得行为和心理的稳定。最后，传统的理念认为，年龄的增长会将人们引入一个快速衰退的时代，走向死亡。现如今，心理学家对这三个阶段的观点仍然受到传统理念的影响，即改变伴随人们一生。

毕生发展观

你可能还记得第1章中提到过的心理学观点这一概念。让我们来复习一下。心理学观点就是一种用来解释人们行为和想法的普遍观点。在最近的几年里，随着我们对人生全程发展认识的深入,发展心理学家提出了**毕生发展观**(lifespan perspective),认为发展贯穿人的一生,即从子宫到坟墓(Baltes et al.,1980)。因此了解成年期的变化与了解童年期和青春期的变化一样重要。并且,基于人类学、社会学、经济学、政治学、生物学、心理学等各学科的研究能够帮助我们对人类的发展有更加深入的理解。一项影响毕生发展观的重要理论就是埃里克森的社会心理发展理论。

◂毕生发展观认为,生理、认知、社会化等方面的发展贯穿人的一生,即从胚胎到死亡。

9.1 埃里克森的社会心理发展理论和其他的发展理论有何不同?
埃里克森的社会心理发展理论

埃里克·埃里克森(Erik Erikson,1902—1994)提出了囊括人生全程发展的唯一主要的发展理论。根据他的理论,个体在生命全程中会经历8个**社会心理发展阶段**(psychosocial stages),每个阶段都会产生一个个体与社会环境之间的矛盾。并且为了个体的健康发展,这些矛盾必须得到圆满的解决。这些阶段根据解决矛盾的不同方法产生的对立结果来命名(Erikson,1980)。虽然某些矛盾没有得到很好的解决会阻碍后续的发展,但是在后来的发展阶段中可能会出现一些解决方法,从而弥补之前的损害。

探索埃里克森的社会心理发展阶段 www.mypsychlab.com

成年人的人格建立在成功解决早期矛盾的基础上。举个例子来说,埃里克森称,使婴

毕生发展观 认为发展贯穿人的一生的观点,需要借助跨学科的研究来进一步理解发展过程。

社会心理发展阶段 埃里克森认为个体在生命中会经历8个社会心理发展阶段,每个阶段都会产生一个个体与社会环境之间的矛盾。为了个体的健康发展,这些矛盾必须得到圆满的解决。

儿倾向于信任他人，而不是怀疑他人，那么婴儿在成年期的状况就更好。同样，如果个体在接下来的童年期中的三个阶段能够得到人身自由、自主权和一定的劳动，那么他拥有一个健康的成人人格的可能性就会大大提高。埃里克森也认为，青春期的个体必须对自己在这个社会中的位置有所了解，即对自我同一性的感觉，这样才能完成成年期的发展任务。

埃里克森理论中的成人阶段与年龄的关系并不像童年期和青春期与年龄的关系那样紧密。例如，对性行为的需求产生于关于性交往的某些共同的文化期望，对繁衍后代的需求产生于有关儿童抚养的文化期望。死亡的临近标志着成年人进入生命的最后阶段，他们会努力寻找一种感觉，这种感觉让他们觉得自己的生命是有意义的，埃里克森称之为自我整合。

正如你所能看到的，埃里克森理论的范围很广。所以，大多数的研究者只会选择其中的某一阶段和它能产生的积极结果或消极结果来研究。其中，两个已经被广泛研究并且与我们讨论的青春期和成年期存在某些关联的发展结果就是自我同一性和繁殖。

9.2 玛西亚如何扩展埃里克森关于青春期同一性危机的观点？
同一性危机

埃里克森认为自我同一性的发展过程是青少年心理发展过程的核心内容，这一观点是他对发展心理学领域最重要的贡献之一。他提出了**同一性危机**（identity crisis）这一概念，来解释青少年在建立自我同一性过程中所经历的情绪上的混乱和焦虑。换句话说，处于同一性危机中的青少年会设法回答"我是谁？"这一问题。正如我们从个人经历中所知道的，这不是一个简单的问题。

▶ 研究显示同一性危机会延伸到成人阶段。你认为大学会怎样影响自我同一性的发展呢？

同一性危机　青少年在建立自我同一性过程中所经历的情绪上的混乱和焦虑。

大多数关于自我同一性发展的研究采用了心理学家詹姆斯·玛西亚(James Marcia, 1966, 1980, 2007)提出的模型。玛西亚提出自我同一性的形成过程有两个关键部分：危机和承诺。玛西亚认为："危机"是一个事件或者逐渐出现的一种不安定的感觉，拥有这种感觉的个体希望对之前的信念进行重新考量，再做出相关的决定。重新考量的结果就是对一些特定角色或者信仰体系做出的承诺。一个高中生对她毕业后要做的事和要做的决定有危机感，这是玛西亚关于危机和承诺的观点的一个典型例子。

玛西亚认为危机和承诺是同时出现的。不同程度的危机和不同程度的承诺之间的分界点产生了四种同一性状态。以下是对这四种状态的简单概述：

● 同一性扩散：个体既没有处于危机中也没有作出承诺。
● 同一性早闭：个体通过接受文化或社会定义的选择来作出承诺，但是没有经历危机。
● 同一性延缓：青少年正处于危机中，但是还未作出承诺。
● 同一性达成：青少年已经经历了危机也作出了积极承诺，并且确立了思想和职业目标。

研究显示，玛西亚提出的四种状态对青少年自我同一性状况的分类非常有用。此外，大多数个体经历这四种状态的顺序是一样的：同一性扩散、同一性早闭、同一性延缓，最后是同一性达成(Al-Owidha, Green, & Kroger, 2009)。然而，大多数研究发现这个过程发生在埃里克森提出的社会心理发展阶段之后(Kroger, 2007)。根据埃里克森的理论，同一性与角色混乱相互对抗的阶段从青春期开始持续到18岁。相反，研究显示，同一性发展过程直到青少年后期才真正开始，并将持续发展到20多岁。这是有可能的，因为认知的发展在同一性形成过程中扮演了极其重要的角色(Klaczynski, Fauth, & Swanger, 1998)。换句话说，青少年只有在经历了皮亚杰提出的形式运算阶段(见第8章)之后，才能获得同一性发展所需的抽象思维。此外，玛西亚强调，对自我同一性的探索将偶尔在成人阶段中重新出现(Marcia, 2002)。所以，即使个体到达了同一性达成这一阶段，她有可能会在将来的某个时候重新考虑她的承诺。

9.3 繁殖在成年人的生活中扮演了怎样的角色?
繁殖

就像同一性危机的概念，埃里克森提出了繁殖感这一概念，即将一些东西传递给下一代的愿望，这是他理论中不朽的观点。根据他的观点，繁殖感产生于个体对死亡的感觉，在个体作出使亲密关系得以延续的承诺后出现。繁殖可以表示抚养孩子、指导同事、完成艺术作品、做志愿者工作，或者其他任何给人以改变世界、实现自我价值之感的工作。综上所述，繁殖是成年期的主题，它能让我们在几十年中集中思想，并且给我们行动的动力。

大量的研究为繁殖在成年期的重要性提供了理论支持。其中一项研究显示，繁殖感在成年中期增加(Zucker et al., 2002)，并且在成年晚期也不会减少。通过对一组平均年龄为66岁的被试和一组中年被试进行比较,研究者发现繁殖问题在困扰着中年群体的同时也时常困扰着老年群体。所以,相比成年早期的人,繁殖对于中年人来说更具独特的意义,这与埃里克森的说法恰恰一致,但是繁殖对于老年人来说也同样重要。

埃里克森预言,繁殖感的差异与行为的差异有关。比如,一项关于青少年家长的研究发现,那些拥有最敏锐的繁殖感的家长相比那些繁殖感较弱的家长更可能表现出权威型教养方式。这种繁殖感和权威型教养方式之间的关系在母亲身上要比在父亲身上表现得强烈(Pratt et al., 2001)。所以,埃里克森提出的中年时期的矛盾对女性来说更适用。

▶根据埃里克森的理论,中年时期的人们会产生繁殖感,即指导下一代的兴趣。

也有很多研究支持了埃里克森的观点,认为繁殖感与中年时期的心理健康状况有关。研究显示,繁殖感与对生活工作的满意度存在正相关,并且繁殖感能预测情绪的健康状况(Ackerman et al., 2000;An & Cooney, 2006)。另一项研究测量了要照料年迈父母的中年妇女的压力水平。研究显示,拥有最强烈繁殖感的妇女,她们的压力最小(Peterson, 2002)。

埃里克森的毕生发展观是影响20世纪心理发展理论的一个关键因素,它使发展心理学家将更多的视角转向了童年期和成年期的过渡时期——青春期。

以下的**复习**总结了埃里克森的社会心理发展阶段。

复习——埃里克森的社会心理发展阶段

阶 段	年 龄	特 点
信任和不信任的冲突	0~1岁	婴儿学习信任或不信任,这取决于日常得到的关爱和家长或照顾者给予的情感。
自主与羞怯和怀疑的冲突	1~3岁	幼儿学习如何表达他们的愿望和自主性,如何进行一些控制,如何做选择。如果这些没有得到满足,他们会感到羞怯和怀疑。
主动与内疚的冲突	3~6岁	儿童开始发起活动、计划或完成任务,并且享受动作或其他能力的发展。如果不被允许去创造,或者让他们感到自己是愚蠢的、是个麻烦,他们可能会产生内疚感。

(续表)

阶 段	年 龄	特 点
勤勉与自卑的冲突	6岁到青春期	儿童更明白勤奋的意义,对完成任务、制作东西和做事情感到自豪。如果没有得到鼓励甚至被老师或家长冷落,他们就可能产生自卑感。
自我同一性与角色混乱的冲突	青少年期	青少年必须完成儿童到成人的角色转换,建立自我同一性,发展自我意识和考虑未来的职业身份。否则,会造成角色混乱。
亲密感与孤独感的冲突	成年初期	青年人必须与他人建立亲密关系,即分享、关爱、对他人负责的能力,拒绝亲密关系只会带来孤独感。
繁殖感与停滞感的冲突	成年中期	中年人必须寻求造福下一代的方式。如果在这方面失败了,他们可能会变得自我沉醉,造成感情的缺失,并且会产生停滞感。
自我整合与绝望感的冲突	成年晚期	个体会对他们的一生进行回顾,如果能愉悦地接纳自己,就会产生成就感,达到自我整合。如果对自己不满意,就会陷于绝望。

记一记——毕生发展观

1. 根据埃里克森的理论,矛盾未得到很好的解决,这样会影响个体_____。
2. 将儿童的表现与相应的社会心理发展阶段匹配起来。
   _____(1) 需要生理、社会、情绪上一致的关爱　　a. 信任与不信任的冲突
   _____(2) 发起活动,爱问问题　　　　　　　　　　b. 自主与羞怯和怀疑的冲突
   _____(3) 争取获得独立意识　　　　　　　　　　　c. 主动与内疚的冲突
   _____(4) 承揽事情,制作东西　　　　　　　　　　d. 勤勉与自卑的冲突
3. 将以下关于青少年或成人行为的描述与相应的社会心理发展阶段匹配起来。
   _____(1) 寻找生活伴侣　　　　　　　　　　　　　a. 自我同一性与角色混乱的冲突
   _____(2) 寻求"我是谁"这个问题的答案　　　　　　b. 亲密感与孤独感的冲突
   _____(3) 考虑对下一代的影响　　　　　　　　　　c. 繁殖感与停滞感的冲突
   _____(4) 回顾一生的成就以获得自我满足感　　　　d. 自我整合与绝望感的冲突
4. 大部分针对埃里克森的理论的研究集中于他提出的_____和_____两个概念。

答案:1. 解决后面的阶段中产生的矛盾　2.(1) a　(2) c　(3) b　(4) d　3.(1) b　(2) a　(3) c　(4) d　4. 自我同一性　繁殖感

青少年期

说到刚进入青少年期的时候你会想到什么?你可能还记得你进入中学的第一天,

或者发现儿童商店里的衣服和裤子已经不再适合你,或者想到令你难忘的初恋。在某些文化传统中,年轻人需要参加一个正式的通过仪式,这标志着他们从儿童时期步入了成年期。然而在西方的工业化国家中,儿童期和成年期之间需要经历很长时间的过渡阶段,这一阶段以一些非正式的经历为标志,比如第一份工作,这将会使年轻人获得一些独立生活所必需的能力。这一过渡阶段被称为**青少年期**(adolescence),并且开始于青春期。

青少年期这一概念出现于1904年,心理学家斯坦利·霍尔第一次将这个名词引入他的书中。他用"冲击和压力"来描述青少年时期的特点,因为这一时期个体在生理上发生了巨大的变化。西格蒙德·弗洛伊德的女儿安娜·弗洛伊德(1958)认为暴风雨一般的青少年期是正常发展必须经历的一个阶段。虽然混乱和不安定的情况在青少年期比其他时期更易发生,但是霍尔和弗洛伊德却夸大了这一情况(Noller, 2005)。

少数人扩展了霍尔和弗洛伊德关于青少年期情绪的突变可能带来一些陈规陋习的学说。很多人将青少年期看做是情绪非常不稳定的一个时期,这一时期经常被偏离社会的同伴和危险行为所扰乱,比如酗酒和不采取安全措施的性行为等。然而,事实上大多数青少年拥有健康的心理状态,有着大多积极的发展经历,享受与家庭和朋友的良好关系(Offer, Kaiz, Ostrov, & Albert, 2002)。或许少有青少年有机会去做被认为应在这个年纪做的事,因为他们正在忙于学习成年期所需要的能力。

▶与人们想象的恰恰相反,对于大多数青少年来说,青少年期没有那么激烈或充满压力。

9.4 青春期会发生哪些生理变化和心理变化?

青春期

发现青少年期和成年期的分界点比界定青少年期的开始要困难得多。因为从儿童时

| **青少年期** 开始于青春期的发展阶段,指童年期的结束到成年期的开始之间的这一段时间。 |

期向青少年时期的转变过程中有一系列显著的心理变化,至少在对身体的感觉上会发生变化。**青春期**(puberty)囊括了以上所有的变化。所以,青春期不是一个独立的事件。确切地说,它是以快速的身体发育和心理变化为标志的一段时期,并且性成熟会在这一时期达到顶点。虽然女生步入青春期的平均年龄为10岁,男生为12岁,但是女生在7到14岁之间步入青春期,男生在9到14岁之间步入青春期都属正常(Adelman & Ellen,2002)。

青春期的生理变化。青春期伴随着大量激素的分泌而开始,从而导致了生理上的很多变化。举个例子来说,你还记得在少年时期,几天或者几个礼拜就得换一双新鞋吗?这样的经历很普遍,因为青春期最令人吃惊的变化就是生长速度的明显加快,这就是我们所熟知的青少年发育急速期。一般来说,女孩发育的急速期主要是10到13岁,而男生则比女生迟两年,从12岁到15岁(Tanner,1990)。因为身体不同部分的发育速度不同,青少年经常有瘦长且不优美的外形。女孩们在16岁到17岁之间达到她们身高的极限,男孩是18岁到20岁。

在青春期,性器官逐渐成熟,**第二性征**(secondary sex characteristics)开始出现,这些生理上的特点不直接涉及生殖,但是区分了成熟男性和成熟女性。在这一时期,女孩们的乳房会发育,臀部会变圆。男孩们的声音会变得低沉,并且会长出胡子和胸毛。男女共同的特点是会长出阴毛和腋毛。

男性进入青春期的主要标志是第一次射精,并且出现这一现象的平均年龄为13岁(Adelman & Ellen,2002)。对于女性来说,进入青春期的显著标志是月经初潮,通常出现在12到13岁,10到16岁之间出现都属正常(Tanner,1990)。初潮的年龄受遗传的影响,但是女孩的饮食和生活习惯也会对其产生影响。除了基因,女孩也需要有一定比率的脂肪来获得初潮。所以,经常吃高脂食物或者不爱运动的女孩与饮食合理、经常做减脂运动(如芭蕾、体操)的女孩相比,月经初潮的时间要来得早。并且生活在贫困国家,营养不良的女孩和需要从事体力劳动的女孩的初潮时间也会更晚。

进入青春期的时间。进入青春期的时间对心理发展和社会化发展有着非常重要的影响。较早成熟的男孩子,比同班同学长得更高更强壮,在体育方面会有优势,并且更能吸引女生的注意。他们拥有正面的身体意象,会感到自信、安全、独立、快乐,在学业上也会更加成功(Alsaker,1995;Blyth et al.,1981;Peterson,1987)。成熟较晚的男孩经常会表现出一些负面影响,例如不良的身体意象、不自信等。

然而,较早来临的青春期对男孩来说不一定都会产生积极的影响。比如,一些研究者发现,比同伴更早进入青春期的男孩更有可能出现攻击行为。这一趋势在不同的文化中已经被广泛地证实,从美国低收入家庭的黑人男孩到芬兰城郊的男孩身上都能够

青春期 以快速的身体发育和心理变化为标志的一段时期,性成熟在这一时期达到顶点。

第二性征 不直接涉及生殖,但是区分了成熟男性和成熟女性的一些生理特征。

发现这一趋势(Ge et al.,2002;Kaltiala-Heino et al.,2003)。另外,较早发育的男孩更有可能使用酒精或大麻等物质(Hayatbakhsh, Naiman, McGee, Bor, & O'Callaghan, 2009)。

对女孩来说,较早成熟带来的是自我意识的增长,对自己身体的不满,以及压力的增大(Ohring et al., 2002;Weichold, Buttig, & Silbereisen, 2008)。所以,较早发育的女孩与她们的同伴相比,更易产生厌食症或者其他的饮食紊乱(Kaltiala-Heino et al., 2001)。另外,她们可能会在情感或心理成熟之前,遇到来自其他男孩的性骚扰(Peterson, 1987)。除了过早的性经历和意外怀孕之外,较早成熟的女孩更有可能去接触酒精和毒品(Dick & Mustanski, 2006)。并且那些有相关经历的女孩在学术上的表现也要比同龄人差(Stattin & Magnusson, 1990)。

性行为。青春期当然也带来了性交的能力。在20世纪60年代以前,青少年强烈的性冲动被社会规则所限制。家长、宗教领袖、学校和媒体共同传递了一个信息:婚前性行为是错误的。然而从此以后,对于性的态度就开始转变了。现如今,正如图9.1所示,美国高中生在性生活方面非常活跃,大约有20%的人在他们毕业前已经有了四个或四个以上性伴侣(CDC, 2006d)。尽管如此,研究显示性知识的普及能够有效减少少女怀孕的比率,比如成年后才能有性行为等(Doniger et al., 2001)。

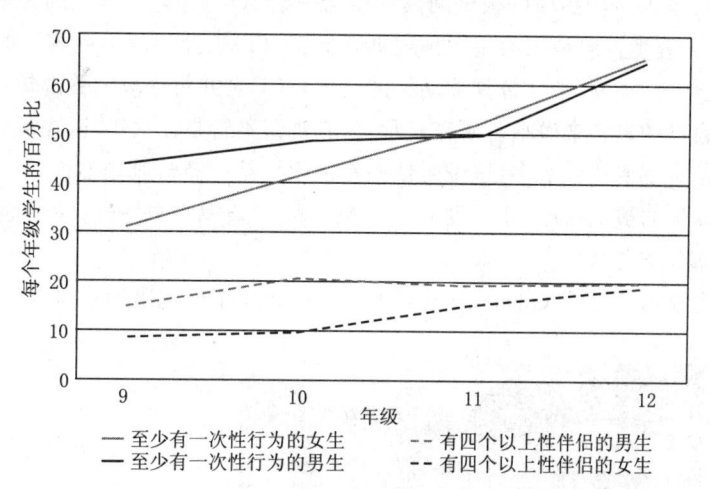

图9.1 高中生的性行为 这张图对2005年采访的超过15 000名高中生的性行为状况进行了统计。数据来源:CDC(2006d)。

青少年怀孕。在美国,大约有6%的少女在20岁之前怀孕(Martin et al., 2006)。在传统观念里,人们会把非常年轻的女孩怀孕看作是个悲剧,但是只有少于1%的怀孕的女孩年龄在15岁以下。并且,18到19岁之间怀孕的人数是年龄在15到17岁之间人数的3倍。

当怀孕这件事发生在一个中学生身上的时候,她完成高中学业的机会就会大大降低(Kirby, 2001)。所以,家长、老师和法律法规的制定者应该尽全力防止青少年怀孕。近期的数据显示,这些努力已经初见成效,在性生活上非常活跃的青少年比例已经开始下降,并且性生活中使用避孕工具的人数开始增加(Martin et al., 2006)。

然而,青少年怀孕不一定都会导致坏的结果。一些家长为少女妈妈提供经济上和情感上的支持,确保她们完成学业(Birch, 1998)。学校里照看小孩的设施和家长课程也能帮助怀孕的少女走入正轨。家庭和学校的支持对社会以及少女妈妈和她们的孩子都是有好处的。高中毕业的少女妈妈与她们辍学的伙伴相比,更不容易获得长期的公共援助,例如食物券和福利资助等(Morris et al., 2003)。

观看一个关于青少年怀孕的视频 www.mypsychlab.com

9.5 青少年期会伴随哪些认知能力的发展?
认知发展

在第8章,大家已经学习了皮亚杰提出的形式运算阶段,在这一阶段青少年获得了假设的能力。其他很多认知能力上的提高也在这一阶段出现。

心理学家安·布朗和珍妮·戴(Brown & Day, 1983)创立了关于说明文(你正在读的这种文章)加工的一个经典实验,这项实验很好地说明了这些变化。实验要求10岁、13岁、15岁和18岁四个年龄段的被试阅读并概括一篇500字的文章(大约为一般大学教科书的一页)。研究者预测被试会用四种规则来概括:(1)去掉琐碎的内容;(2)通过分类来组织信息(比如用"动物"来代替具体动物的名称);(3)合并每一段的关键句;(4)没有关键句的段落用自己的语言来概括。研究显示,所有被试不管是什么年龄,在他们的总结中所用的概括性信息都要比细节多,这说明他们都使用了第一条规则。然而,10到13岁的被试与15到18岁的被试相比,几乎没有用到剩下的三条规则。另外,18岁的被试基本上都用到了关键句的方法。

其他研究显示,元记忆(metamemory)的能力在青少年期也出现了显著的提高(Winsler

◀信息加工能力的提高使青少年与几年前相比更容易掌握说明文的逻辑和使用的语言。

元记忆 个体对自己记忆过程的认知和控制。

& Naglieri，2003）。元记忆就是个体对自己记忆过程的认知和控制。在一项经常被提到的早期实验中，主试设计了10岁和14岁两个年龄组，要求他们参与一个长达30分钟的活动，并且活动过程中会给他们一个时钟来把握时间（Ceci & Bronfenbrenner，1985）。研究显示，14岁的被试与10岁的被试相比，更容易在活动中途拿出时钟来确认他们持续的时间。正如你所能想到的，10岁的年龄组中，只有不到一半的被试能准时停止，而14岁的年龄组中有超过75%的人做到了。两组的差异最有可能在于青少年有更多有效的工作记忆。换句话说，14岁的被试能够同时把时间限制和活动记在脑子里。相反地，10岁被试的工作记忆不能同时满足他们控制时间和参与活动的需要。

其他类似的研究也显示，青少年相比儿童更能有效地组织信息。所以，青少年比儿童更能成为有效率的学习者。并且，信息加工能力在青少年晚期和成年期也会继续发展。所以你相比高中时期会拥有更强的能力去满足大学对智力上的需求。这不只是因为你拥有了更多的知识，你在掌握以前的知识的同时也用完全不同的方式在吸收新知识。

9.6 科尔伯格提出的三种道德推理水平有什么不同？
道德发展

青少年期相比儿童时期的优势除了认知能力的发展还有什么？道德的发展就是其中之一。那么青少年考虑道德问题的能力怎么样呢？劳伦斯·科尔伯格（1981，1984，1985）认为，道德推理和皮亚杰提出的认知发展有着密切的关系，并且会发生阶段性的改变。科尔伯格（1969）通过向来自美国和其他国家的男性被试呈现一系列道德困境（就像本章开头提到并要求你作出反应的有关海因茨的故事）来研究道德的发展。他发现道德推理可以被划分成三个水平，每个水平有两个阶段。

道德推理的水平。 科尔伯格提出道德推理的第一个水平是**前习俗水平**（preconventional level），这一水平的道德推理被别人的标准所支配，而不是被个体自己的是非判断所支配。对某一行为的判断基于它所产生的看得到的后果。在这一水平的第一阶段中，正确的事指的是任何不必接受惩罚的事。在第二阶段中，正确指的是接受奖励，对个人有利或者得到支持。"以牙还牙，以眼还眼"是这一阶段普遍的思想特征。

到了道德推理的第二个水平——**习俗水平**（conventional level），个体内化了其他人的判断标准并利用它来进行道德推理。到了第三阶段，又被称为寻求认可取向，好的行为是指能够愉悦或者帮助他人并受到他人称赞的行为（Kohlberg，1968，p.26）。到了第四个阶段，这个取向开始朝向权威、既定的规则和社会秩序的维持。良好的行为包括履行自己

前习俗水平 科尔伯格提出的道德推理的第一个水平。这一水平的道德推理被别人的标准所支配，而不是个体自己的是非判断。对某一行为的判断基于它所产生的看得到的后果。

习俗水平 科尔伯格提出的道德推理的第二个水平。在这一水平，个体内化了其他人的判断标准并利用它来进行道德推理。

的职责、尊重权威和维持社会本该有的秩序(p.26)。

科尔伯格认为，个体必须在经历皮亚杰提出的具体运算阶段之后，才能进行习俗水平的道德推理。因此，至少从理论上讲，习俗水平的道德推理应该出现在6—12岁。然而，科尔伯格的研究和其他人的研究显示，道德推理落后于认知发展。因此，大多数学龄儿童虽然能够熟练运用具体运算思维，但他们还不能对道德困境进行推理，正如图9.2所示。

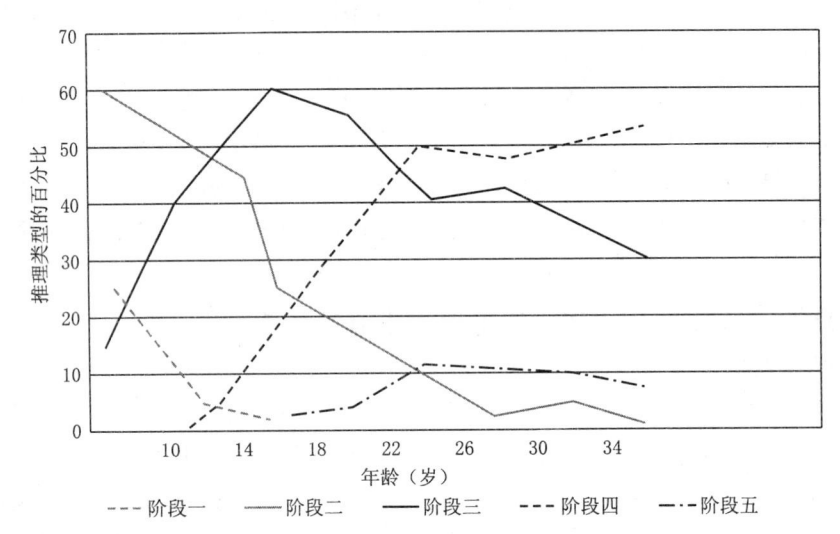

图9.2 童年期到成年早期的道德推理的发展 在20多年的时间里，心理学家安·科尔比和劳伦斯·科尔伯格研究了被试对海因茨的困境以及其他类似道德问题的反应的变化。正如你所看到的，前习俗水平的推理直到青少年期，一直占据着道德推理的主要地位。数据来源：Colby et al.(1983)，Figure 1，p.46.版权：The Society for Research in Child Development。

科尔伯格提出的道德推理的最高水平是**后习俗水平**（postconventional level），在这一水平，人们会权衡道德的选择，意识到有时法律会和基本人权冲突。在第五个阶段，人们认为法律是用来保护社会和个人的，如果它做不到，就应该被改变。在第六个阶段，伦理决策以普遍的伦理规范为基础。它强调尊重人类的生命，认为每个人都必须得到公正、平等的对待，每个人都有尊严。这一阶段的人们始终坚信要遵从自己的内心，即使它违反了法律。

根据科尔伯格的理论，后习俗水平的道德推理需要皮亚杰提出的形式运算阶段的思考能力。然而，形式运算思维并不能保证个体能够达到科尔伯格提出的后习俗水平。后习俗水平的道德推理与教育有着非常密切的关系，并且经常存在于中产阶级和受过大学教育的成年人中。

下一页的**复习**总结了科尔伯格提出的道德推理发展的六阶段。

> **后习俗水平** 科尔伯格提出的道德推理的最高水平。在这一水平，人们会权衡道德的选择，意识到有时法律会和基本人权冲突。

模拟科尔伯格提出的道德推理的发展阶段 www.mypsychlab.com

道德推理的发展。 科尔伯格声称人们一次只能经历一个道德推理阶段,并且有一个固定的顺序。正如你之前所学到的,道德发展和认知发展是相关的,但是达到一个较高的认知发展水平并不能保证个体能进行高级的道德推理。并且,科尔伯格意识到,对道德困境的讨论并不能改善道德行为。他最后认为,直接传授道德观和伦理观是必需的,并且这也符合他的理论(Higgins,1995;Power et al.,1989)。

科尔伯格所测量到的道德困境中的道德推理和日常的道德决策并不一致。这种不一致性导致科尔伯格的理论存在一些局限性。心理学家黛妮思·科伦比和凯斯·戴顿指出,在科尔伯格使用的假设情节中,人们会表现出更高的推理水平。而在现实的困境中,他们却没有如此高的推理水平(Krebs & Denton,2005)。科伦比和戴顿认为,对假设困境的反应与认知发展水平有关,而现实生活中的经历则需要以社会合作的文化标准为基础的道德推理。此外,科伦比和戴顿声称,在对我们自己的行为进行道德推理时,我们的判断常常被我们的自以为是所干扰。我们会认为自己的行为一定比别人的有道德。因此,他们在对科尔伯理论的修正中指出,日常生活中的道德推理不仅受到社会标准的影响,同时也受到个人兴趣和这些标准的整合的影响。

复习——科尔伯格提出的道德发展阶段

层次	阶段	描述
前习俗水平	第一阶段:惩罚和服从阶段	儿童或青少年认为,被惩罚的东西就是错误的。服从在这一阶段受到了很大的重视。青少年选择服从,因为大人有着绝对的权力。
	第二阶段:利己主义、工具性目的和交易阶段	儿童或青少年为了直接利益而遵守规则。他们认为好的东西就是能带来愉快的结果的东西。
习俗水平	第三阶段:相互性的人际期望、人际关系、人际协调阶段	道德的行为是指那些不辜负家庭和其他群体的期望的行为。做一个好人非常重要。
	第四阶段:社会制度和良心维系阶段	道德的行为被社会或一些社会团体所定义。一个人要履行个人承诺的义务,严格守法,特殊情况除外。
后习俗水平	第五阶段:社会契约和个人权利阶段	这一阶段行为的主要目的是为最多的人谋求最大的幸福。青年人或成年人意识到,大多数价值观都是相通的,虽然我们要依靠法律来维护社会秩序,但是法律是可以被改变的。即便如此,仍然有一些基本被公认的价值观,如人类生命和自由的重要性。
	第六阶段:普遍的伦理规范阶段	小部分的成年人在这一阶段会产生自己的一套伦理规范,并用它来判断事情的好坏。这些伦理规范是清晰的、综合的、经深思熟虑并且一贯遵循的价值体系和原则中的一部分。

来源:Kohlberg(1976);Lickona(1978)。

关于科尔伯格理论的研究。 回顾科尔伯格在27个国家所做的45项研究,斯纳瑞(Snarey,1985)从所有群体的研究中验证了阶段一至阶段四的普遍性,并且证明了这些阶段的顺序是固定的。虽然阶段五出现的概率极小,但仍然从来自城市和中产阶级的几乎所有被试中发现了这一阶段的存在。然而,这一阶段在所有来自部落或村落的被试中没有出现。这一结果在斯纳瑞(1995)10年前的研究中也被证实。

在对来自印度和美国的成年人和孩子进行有关道德推理的研究后,米勒和博斯弗(1992)发现了两国文化的巨大差异。后习俗水平的道德推理在印度很常见,这种推理强调对人与人之间的责任关系做进一步的法律规范。相反地,美国却强调个人权利高于对他人的责任。这一发现以及斯纳瑞对阶段五的研究显示,科尔伯格提出的后习俗水平的道德推理与文化的关系更大,而与前面推理水平的关系却没有那么紧密。并且最近一项涉及中国和加拿大的成年人的研究更加印证了这一点,研究显示,后习俗水平的道德推理在强调个人权利的社会中更加普遍,而在更加强调对他人负责的社会中却并非如此(Ge & Thomas,2008)。

吉利根对科尔伯格理论的完善。 科尔伯格指出,大部分男性到达阶段四的时候,多数女性还停留在阶段三。男性的道德推理水平真的要比女性的高吗?卡罗尔·吉利根(1982)断言,科尔伯格的理论存在性别偏见。吉利根强调,科尔伯格不仅未将女性纳入他最初的研究中,并且局限于对道德困境进行抽象的道德推理。此外,科尔伯格提出的第六阶段强调了正义和公平,却没有强调对他人的同情、悲悯、爱和关心。吉利根表示,女性与男性相比,更倾向于从悲悯、关爱和担忧的角度来看待道德问题。最近,也有更多的证据表明,女性在摆脱道德困境时倾向于强调关爱和悲悯,而男性则更加强调公正或给予与他人同样的关心(Garmon et al.,1996;Wark & Krebs,1996)。并且除科尔伯格以外的研究人员发现,女性在道德推理上的得分和男性的一样高(Walker,1989)。

9.7 权威型、专制型、放纵型的教养方式分别会产生什么结果?
亲子关系

第8章中曾经提到过,许多青少年用他们新获得的认知能力为未来制订理想的计划,这造成了许多青少年与父母之间的矛盾。例如,一个十四岁的孩子会拒绝做代数作业,因为他打算在未来成为一名运动员,所以认为现在没有必要学习代数。而家长则予以反对,他们认为不管孩子未来会不会成为运动员,眼下,代数知识是完成作业和高中毕业必备的,因此,必须要完成代数作业。在高中阶段,你或许会和父母发生一些争论,但研究显示,冲突并不是亲子关系的主旋律。事实上,孩子对父母的安全型依恋以及父母有效的教育实践不仅是婴儿或儿童成长的关键,也是青少年成长的关键(Feng et al.,2009;Sugimura et al.,2009)。

在第8章所讨论的三种教养方式(权威型、专制型、放纵型)中,权威型教养方式对于青少年来说最有效,而放纵型教养方式的效果最差(Baumrind,1991;Steinberg et al.,1994;Suldo et al.,2008)。一项针对2 300名青少年的经典研究显示,拥有放纵型父母的孩子与权威型或专制型父母的孩子相比，更有可能滥用酒精、毒品，出现品行问题，并且放弃学业(Lamborn et al., 1991)。而专制型教养方式则与青少年的心理困扰，独立生活能力缺乏和自信心缺乏等问题有关。其他研究表明，权威型教养方式与青少年的心理社会能力密切相关，所有人种和民族都是如此(Aunola et al., 2000; Steinberg et al., 1994; Xia et al., 2005)。

先不说关于权威型教养方式的一些共同的发现，一些研究表明，教养方式和发展结果之间的关系远比研究者早前认同的要复杂。举个例子来说，当父母在孩子的离经叛道面前表现得越来越专制时，孩子的不良行为就会减少(Galambos et al., 2003)。并且，父母坚决地对孩子的行为进行控制能够帮助孩子抵制那些行为不良的同伴所带来的负面影响。同时，针对曾有不良行为记录的青少年，父母能够通过监测他们的行为和管理他们与自己的关系来帮助孩子走入发展的正轨(Laird et al., 2003)。因此，好的教养方式并不意味着父母采取单一的教养方式，而是能够灵活运用适合自己孩子的教养方式。

▶大多数青少年能够与父母保持良好的关系，享受和父母一起做一些事。

9.8 青少年同辈群体发挥着什么有利的作用？
同辈群体

很明显，父母对于孩子的成长来说是非常重要的，但朋友也是情感支持和认可的重要来源。确实，与同伴的互动在青少年塑造自我同一性的过程中可能非常关键。青少年能够尝试扮演不同的角色，并且观察同伴对自己的行为和外貌的反应。你应该记得在第8章中曾经提到过，青少年会借助同伴间的互动来构造一个假想观众，从而能够在真正呈现给同伴之前将自己的角色预演一遍，并且想象同伴的反应。因此，同辈群体为青少年提供了一系列的标准来评价自己的特质，并且也能促进青少年社会技能的发展(Berndt, 1992)。例如，一个学术型的青少年能够被有着同样学术兴趣的同辈群体所吸引(Al-termatt & Pomerantz, 2003)。与学术上较为成功的同伴在一起有助于青少年获得更好的成绩。在这种情况下，来自同伴的影响就对来自父母的影响进行了补充。

■ 观看有关青少年同辈群体的视频 www.mypsychlab.com

不幸的是,青少年也会从同伴那里得到不良行为的强化。例如,好斗的青少年倾向于和同样好斗的同伴在一起(Espelage et al.,2003)。并且,和学术型青少年的同伴一样,好斗的青少年的同伴会强化他们的不良行为。此外,与吸烟、喝酒的同伴在一起会增加青少年出现这些行为的概率(Cleveland & Wiebe,2003;Haines,Poland,& Johnson,2009;Nasim et al.,2009)。在这些情况中,来自同伴的影响和来自父母的影响相对立。即便如此,根据早前的记录,当父母调整对孩子的行为及朋友关系的教育方式时,他们的影响能够抵制来自不良同伴的负面影响(Laird et al.,2003)。因此,当孩子进入青少年时期,来自同伴的影响使教养方式变得更加复杂。但是,来自同伴的影响通常不会比良好教育的影响更重要。

9.9 成人初显期在神经学和社会心理学上分别具有什么样的特征?

成人初显期

从生理上说,身体的成熟年龄是18岁。而法律上对成年期有着多种多样的定义:法定投票年龄、法定饮酒年龄等。但是在心理和社会上是怎样区分青少年和成年人的呢?在寻找这一问题答案的过程中,发展心理学家杰弗瑞·阿奈特表示,教育、社会和经济对现代文化的需求促使了一个新的发展时期的诞生,这一时期被他称为**成人初显期**(emerging adulthood)。成人初显期从青少年晚期开始一直延续到二十岁出头,指个体从尝试建立生活目标到担当成年人角色之前的这段时间(Arnett,2000,2007)。在你进行更深入的学习之前,请看一看**试一试**中的内容。

试一试——成人初显期

在一项研究中,杰弗瑞·阿奈特通过要求18到25岁的被试回答以下问题来研究成人初显期,请你估计一下选择每个选项的人数比例。

你认为你到成年期了吗?
_____ 到了
_____ 没到
_____ 有些方面到了,有些方面没到

答案:35%   5%   60%

阿奈特的研究和其他研究显示,至少在美国,年轻人在25岁之前不会认为自己已经完全成年(Galambos,Turner,& Tilton-Weaver,2005)。神经成像研究也证明,成人初

> **成人初显期** 从青少年晚期开始一直延续到二十岁出头,指个体从尝试建立生活目标到担当成年人角色之前的这段时间。

显期是人生中一个独特的阶段。这些研究也显示,大脑的一些部分为这一阶段的理性决策、冲动的控制和成熟的自我调节提供了生理基础(Crone et al., 2006; Gogtay et al., 2004)。因此,生命早期的这个阶段,个体不能对危险行为等重大事件做出合理的决策(例如无安全措施的性行为),尤其是在二十出头到二十五岁,大脑的某些部分还未完全发育成熟的时候。

成人初显期神经系统的改变和文化需求共同塑造了这一发展时期的心理社会功能。研究者格伦·罗伊斯曼和他的同事假设,成人初显期必须忙于五个领域的发展任务:学术、友谊、行为、工作和恋爱(Roisman et al., 2004)。罗伊斯曼的研究表明,前三个领域的能力在从青少年期向成年期转换的过程中极易发生转变。高中时获得的实用的学习技巧(学术),对大学学习同样有用。同样地,建立和维持友谊的能力在青少年期和成年期都是一样的。并且青少年期和成年期适应规则(行为)的过程具有很高的相似性。

相反地,罗伊斯曼认为,成人初显期会通过与青少年期不同的方式来触及工作和恋爱这两个领域。当然,很多青少年有工作,也有过恋爱经历。然而,一些与成人初显期有关的文化期望要求他们拥有自己的事业,从而完全实现经济上的独立。同样地,这一阶段的成人必须考虑一段长久的恋爱关系在自己生活中的位置并作出决定,同时也要拥有自己的爱情。正如罗伊斯曼在假设中所说的,相比学术、友谊和行为领域,初显期的成人在恋爱和工作这两个领域中会经历更多的适应困难(Korobov & Thorne, 2006)。

▲我们会经常听到一些关于青少年期的同伴影响的讨论,有的影响是有利的,有的影响是有害的。然而,一些研究方法论者反对使用"影响"这个词来描述这一发现,这是为什么?(提示:思考实验研究和相关研究的区别)

最后,心理学家推测,初显期成人想要摆脱家庭束缚的趋势在青少年后期开始显现,并且促使神经系统在这一时期发生了明显的改变(Roisman et al., 2004)。因此,为了完成罗伊斯曼提出的发展任务,注定要走过一条崎岖不平的道路。大多数家长和老师希望,这一阶段的每一次碰撞都能为孩子的成长打开机会的大门。

记一记——青少年期

1. 根据_____和_____的理论,青少年期是一段充满了动荡和压力的时期。
2. _____是不直接涉及生殖的生理特征。
3. 有意识地对记忆功能进行监控的能力叫作_____。这种能力在青少年期会发生显著的提高。
4. 将以下行为表现与相应的道德推理水平匹配起来。
   (1) _____为了避免惩罚或为了获得奖赏　　a. 习俗水平
   (2) _____保证人类权利得到保护　　　　b. 前习俗水平
   (3) _____遵守法律或者以获得赞赏为目的　c. 后习俗水平
5. 对于青少年来说,最有效的教养方式是_____,效果最差的教养方式是_____。
6. 同伴是少年获得_____的重要来源。
7. _____是青少年期到成年期之间探索生活目标的一段时期。

答案:1. 斯坦利·霍尔　安娜·弗洛伊德　2. 第二性征　3. 元记忆　4. (1) b (2) c (3) a　5. 权威型教养方式　放纵型教养方式　6. 情感支持　7. 成人初显期

成年早期和成年中期

你认为一个人会在什么时候进入成年期?18 岁是生理上和法律上的成年年龄。然而,从社会意义上说,一个成熟的成年人指能够脱离父母独立生活的人。但是,正如先前所说的那样,成年期间也会发生一些重要的变化。很明显,一个 25 岁的人在一些重要的方面与一个 45 岁的人不同。为了研究不同年龄的成年人的发展差异,心理学家把成年期分成了成年早期、成年中期和成年晚期三个阶段。在这一部分,我们将对成年早期和成年中期进行讨论,在下一部分,我们再对成年晚期进行讨论。一般来说,发展心理学家把 20 到 40 岁称为成年早期,40 到 65 岁称为成年中期。在这几年中,生理、认知和社会化方面都会发生一些改变。

9.10　主因老化和次因老化有什么区别?

生理变化

你或许不会感到惊讶,成人在 20 岁时达到身体的最佳状态。在接下来的十年间,体力、反应时间、生殖能力和手的灵巧度都会达到顶峰。在三十几岁时,身体状况会出现一个小小的分水岭,这对于大多数人来说很难察觉,除非是专业的运动员。人们在四十几岁和五十几岁时经常会抱怨体力和耐力的流失。

研究者将与老化有关的事件分成两类:主因老化和次因老化。主因老化是生理上不可避免的改变。例如，40岁出头到接近50岁之间的一个不可避免的变化就是**老花眼**（presbyopia）的出现。老花眼是指眼调节能力下降致使不能聚焦近距离物体的情况，并且在阅读时需要用到老花镜。次因老化则是不良生活习惯和不良生活方式的结果。例如，成年人体力的下降更有可能由缺乏锻炼导致，与自然衰老的关系不大。因此，随着年龄增长而产生的衰退是主因老化和次因老化共同作用的结果。此外，改变可控因素，比如节制饮食和锻炼等都可以减缓衰老的速度。（在第12章中你会学到更多相关的内容。）

中年妇女主因老化的一个重大事件是**绝经**（menopause），即月经的终止。这一现象通常发生在45岁至55岁之间，标志着生育能力的丧失。虽然发达国家女性的预期寿命在过去的20世纪中提高了30年，但是她们的生育能力的保持时间却没有增加。所以很显然，女性生育能力的保持时间不受控制寿命的一些因素的影响（Brody et al.，2000）。

绝经会伴随雌激素水平的骤降，最常见的症状是潮热，即突然产生的并且让人感觉不舒服的热。某些妇女也会有其他症状，比如焦虑、过敏和（或）情绪波动，大约12%的人会变得抑郁。然而，大多数妇女不会产生和停经有关的心理问题（Reed et al.，2009）。

📖 请观看一段关于绝经的视频 www.mypsychlab.com

虽然男人不会产生类似停经的生理现象，但他们在20岁至60岁之间会经历睾酮水平的逐渐下降。在中年后期，许多男性的精子产量会减少，性驱力会下降。但是和女性相反，男性在生命全程都有生育能力。然而，随着年龄的增加，他们精液中的DNA碎片会越来越多（Wyrobek，2006）。科学家尚不确定这种变化是否会导致男性不育或者不良妊娠结果。

9.11 20岁到60岁之间，认知功能发生了怎样的改变？

智力

你是否听过这种表达："你不能教老狗学新把戏。"研究显示，当提到学习逻辑推理等复杂认知技能时，这种观点是立不住脚的。成年人到了70岁或70岁以上仍然能够掌握一些认知技能。并且先不说年龄，那些选择了合适的信息加工策略的人与选择了不合适策略的人相比，更容易记住新的信息（Lange & Verhaegen，2009）。并且个体知识背景的差异也会导致各年龄段在记忆表现上的不同（Soederberg Miler，2009）。举个例子来说，一个喜欢棒球的人与不熟悉这项运动的人相比，更容易记住与棒球有关的事情。然而，毫

老花眼 常见于40岁出头到接近50岁的人群，指眼调节能力下降致使不能聚焦近距离的物体，阅读时需要用到老花镜。

绝经 即月经的终止。这一现象通常发生在45岁至55岁之间，标志着生育能力的丧失。

无疑问的是一些智力功能将会随着年龄增长而衰退(Salthouse,2009)。衰退在那些依赖工作记忆和加工速度的认知任务上会表现得特别明显,其中的任何一项能力都会随着年龄的增长而减弱(Kim, Bayles, & Beeson, 2008; Meijer et al., 2009)。

▲极具讽刺意义的是,婴儿潮时代出生、曾说过"永远也别相信30岁以上的人"的最后一代人现在已经进入了成年晚期。其中两位较为著名的人士有克林顿总统和美国国务卿希拉里·克林顿。这一代人有哪些特点能够改变心理学家对中年期和老年期智力变化的理解?

心理学家斯凯尔是成人认知领域研究的领导者之一,他指出,大部分能表明智力衰退与年龄有关的证据来自横向研究。回顾第8章,横向研究在同一时间对不同年龄组的被试进行比较。举个例子,一项针对记忆功能的研究可能会将二十几岁的年轻人和六十几岁的老年人进行比较。斯凯尔认为,横向研究揭示了群体在各方面的总体差异而不是真正的发展差异(比如在先前经验和教育程度上的差异)。因此,斯凯尔相信,纵向研究更有助于了解智力随年龄增长而发生的改变,因为它能在很长的一段时间内跟踪同一组被试的发展。

结合他对纵向研究重要性的认识,从20世纪50年代开始,斯凯尔已经对5 000名成年人的智力变化进行了研究(Schaie & Willis, 2005)。斯凯尔对累积了50年的大量数据展开综合分析后发现,这些被试的智力从成年初期到45岁左右出现了小幅提高(见图9.3)。大体上来讲,60岁之前没有出现下降的迹象。即使是从60岁到80岁,下降的幅度也较小。甚至到了81岁,一半的被试也没有在接下来的7年中显示出下降的迹象。这项研究也揭示出了一些性别差异:女性在语义测试和归纳推理上的表现更好,而男性在数字推理及空间定向上表现更佳。

而且,在一项关于智慧生产力的经典研究中,丹尼斯(Dennis,1968)观察了738名成就卓著的人物的生产力,他们当中有学者、科学家和艺术家。从几乎所有人身上可以发现,40岁至50岁是生产力最高的十年。历史学家、哲学家和文学家在他们40岁到七十几岁之间都能表现出较高的生产力。科学家在四十几岁至六十几岁之间的生产力较高。从事艺术工作的人比其他人更早到达生产力的顶峰,但是他们的生产力在七十几岁时却表现出了明显的下降。当然,研究者并没有采访过米开朗基罗、毕加索、奥基弗、艾林顿、

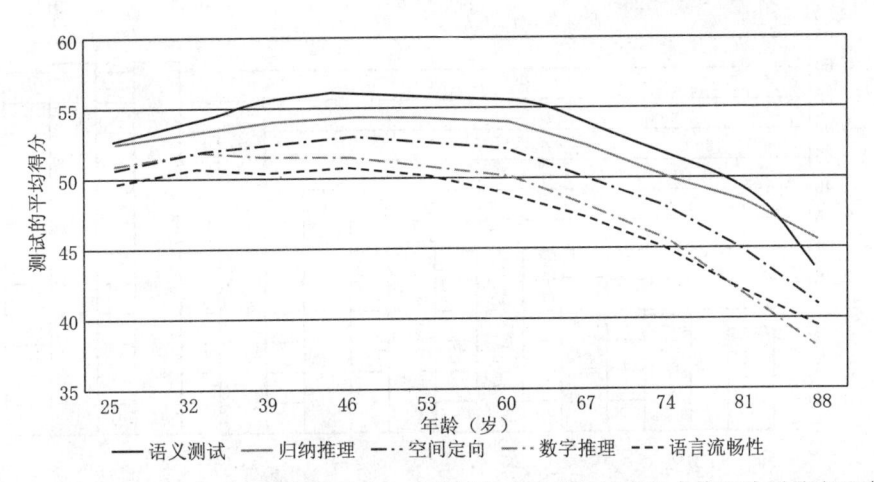

图 9.3 五项智力测试结果的年龄差异 这张图显示了关于五项智力的西雅图纵向研究中被试的平均得分。被试在 50 年中经历了 7 次测试,在成年初期至 45 岁左右表现出了智力上的提高。几乎没有被试在 60 岁之前表现出下降的迹象。甚至有一半的被试在八十几岁时仍能保持正常的认知能力。数据来源:Schaie(2005)。

欧文·柏林等在艺术上颇有说服力,并且到了八九十岁仍然有着巨大影响力的人物。

斯凯尔和丹尼斯的研究成果使许多关于成年人智力下降的假设受到了冲击。接下来几年的研究可能会使一些观点受到更大程度的挑战。比如针对 1946 年至 1964 年婴儿出生潮的研究。数量众多的婴儿在那几年出生,并且他们已经从成年中期进入了成年晚期。当前参加斯凯尔研究的工作者已经将斯凯尔最初使用的被试纳入研究中。通过对两代人的比较,研究者发现,婴儿潮时代的最后一代人在成年晚期的智力表现要比他们父母那代人好。当然,这一代人是否能在机体衰老的过程中继续保持相对于上一代人的认知优势?这个问题还有待于进一步的研究。然而斯凯尔预测他们能够继续保持,主要有两个原因(Schaie, 2008)。第一,婴儿潮时代的人们与他们的父母相比受到了更好的教育,他们当中 89% 的人高中毕业,30% 的人有大学学历,而他们父母这一代人的比例分别是 68% 和 15%。第二,婴儿潮时代的人们与他们的父母相比,进入老年期时的心理状态会更积极。因为他们当中的大部分人在 65 岁这一传统的退休年龄后仍然在工作岗位上(Harvard School of Public Health, 2004)。并且他们在需要获得新的工作技能或者培养新的兴趣爱好的时候,会随时做好重回大学的准备(Newsweek, 2006)。你将会在下一部分看到,大学环境会对人们的智力和社会化发展产生重要的影响,不管学生的年龄有多大。

9.12 大学怎样影响成人发展?

大学的影响

你是否思考过上大学真的值得那么费心吗?回答是肯定的,如果衡量标准是收入的话。从图 9.4 中可以了解到,上过一些大学总比没有上过要好。对于拥有大学本科学历的人来说会有明显的收入优势。因为与没有毕业的人相比,大学毕业生会有更多晋升的

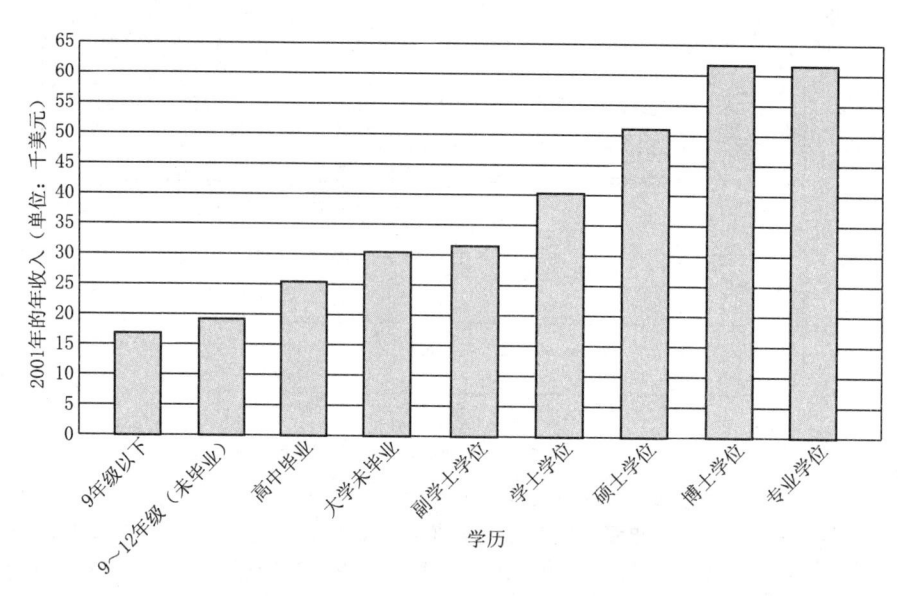

图 9.4 学历与收入　这些数据明确说明，在学校的时间越长，收入越高。数据来源：国家教育统计中心（2005）。

机会，并且不太可能经历长期的失业或者受到种族歧视和性别歧视。他们更会得到潜在雇用者的支持(Pascarella & Terenzi, 1991)。但是上大学的作用不只是增加收入而已。

上大学和发展。一个人上大学的时间越长，获得形式运算思维或者其他形式的抽象逻辑思维的可能性就会大大提高，即使他还没毕业(Anderson, 2003; Lehman & Nisbett, 1990; Pascarella, 1999)。上大学的年数也与人们能否有效解决日常生活中的问题有关，例如平衡家庭和工作时间。一项纵向研究显示，这些认知的发展发生在大学的第一年至最后几年之间。这些发现意味着两个拥有相同智力（经权威测量）的人，如果一个人早早离开学校，而另一个人坚持留在学校，那么这两个人的认知发展水平确实会有所区别。

大学对学生能力的发展也有好处。在大学期间，学生的学业目标和工作目标也常常会发生改变(Sax & Bryant, 2006)。举个例子，一个学生刚进入大学时的目标可能是成为生物老师，但是基于他在科学课上优秀的表现，他毕业时的目标是进入医科大学。另一个学生刚进入大学时的目标是成为一名医生，但是根据他在科学课和人文学科上的表现，他认为自己更加适合在某一人文学科领域（如历史、哲学）从事学术工作。

大学也会影响人的社会化发展。对于大部分学生而言，大学使他们第一次有机会去接触那些不同种族、不同国家的人。尤其对那些生活在学校里的学生来说，在此期间建立起来的交际圈，最终会代替父母，成为情感支持的重要来源。社交互动机会的增加或许能够解释大学与移情能力和道德推理之间的关系(Chickering & Reisser, 1993; Pascarella & Terenzi, 1991)。

性别、种族和大学学业的关系。在各个学历水平上，女性毕业的可能性比男性要大(NCES, 2007)。这是为什么呢？一个原因是女性用来学习的时间是男性的两倍，而男性会比女性多花50%以上的时间来参加聚会(Sax et al., 2002)。而且女生比男生更能运用有效的策略来学习(Braten & Olaussen, 1998; Pearsall et al., 1997)。另外,男生更可能会作弊和受到同伴的消极影响,从而在行为上做出错误的决定,如酗酒等(Keller et al., 2007; Senchak et al., 1998; Thorpe et al., 1999)。

种族也同样与毕业率有关,正如你在图9.5中所看到的。这些数据是指6年内完成学业的比例。经济压力常常迫使来自困难家庭的学生暂时离开学校或者减少他们每学期的学时。因此,这些学生往往不能像条件优越的亚洲人和白人学生一样在6年内完成学业(Seidman, 2005)。为了满足这些群体的需求,许多大学已经开展了各种项目帮助他们完成学业。

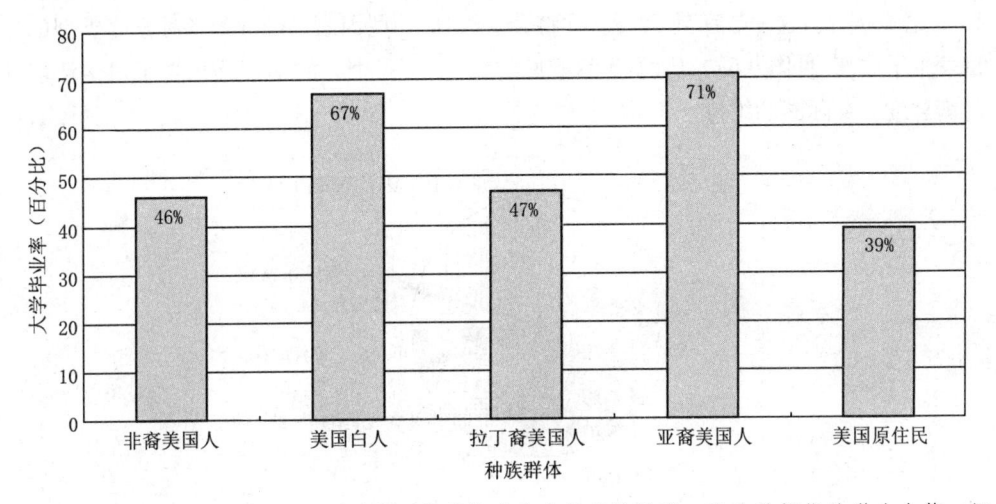

图9.5 美国的毕业率 不同种族群体的毕业率有很大的差别。这些数据指从学生上第一门课开始,6年内完成学业的比例。数据来源:NCES(2004); NEA(2004); Education Trust(2004)。

当然,仅仅是经济原因不能完全解释大学毕业率的差异。自己选择的大学是否适合自己也会影响毕业率(Seidman, 2005; Spurgeon, 2009)。针对传统黑人社会中的非裔美国人的研究让我们明白,归属感也会影响少数学生的学业。这个研究表明,传统黑人社会中的非裔美国人与在白人学校学习的同龄人相比,在认知能力和社会化上的发展更好(Flowers, 2002; Flowers & Pascarella, 1999)。另外,在传统的黑人学校学习能够帮助非裔学生增强种族认同感,这与学生能够在学校进行长久的学习有很大的关系(Rowley, 2000)。因此,这些学生与来自非裔较少的学校的同龄人相比,为毕业以及毕业后的工作做了更充分的准备。

观看关于成年初期高等教育的视频 www.mypsychlab.com

大约在30年前,美国当地的教育工作者发起了部落学院运动。他们力争像传统黑人大学为非裔学生提供学习环境一样,为美国当地的学生提供一个专属于他们的学习环境

(American Indian Higher Education Consortium，1999；Cole，2006)。然而，依据高等教育的标准，部落大学还很不成熟。许多欧洲大学已经存在了800多年甚至更久，一些美国的大学也已经存在了300多年。并且，最古老的传统黑人学校在19世纪前半期就已经存在了。因此，部落学院运动是否已经成功还有待验证。只能说它在证明归属感和责任感会影响美国当地学生的学业的过程中，迈出了巨大的一步。

9.13 当今年轻人的生活方式有怎样的趋势？
成年期的生活方式

调查表明，美国49.7%的家庭以已婚夫妇为首（U.S.Census Bureau，2006）。然而在19世纪60年代，这一数字是80%。你将会了解到，一些因素已经导致各种家庭类型的比例发生了改变（见图9.6）。然而，不管家庭类型怎样，一个人的幸福感来自于对生活境况的满意度和交际圈的维持。

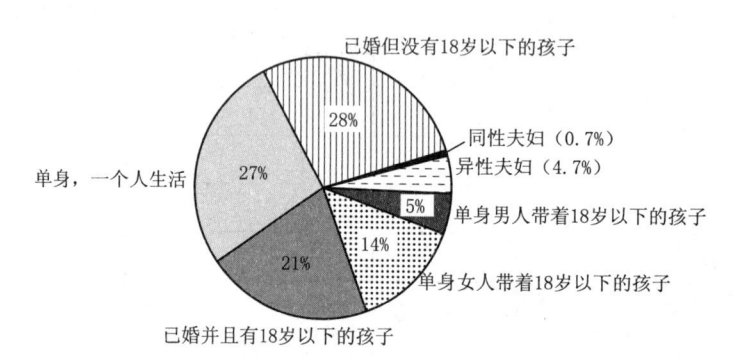

图9.6 美国的家庭结构 一项来自政府的研究显示，美国家庭一般可以分为两种，一种是以已婚夫妇为首的家庭，另一种是含有其他关系的居住方式。然而，对这一数据的更广泛的解释是在成年人中，以已婚夫妇为首的家庭比一个人居住的家庭更普遍（54%比46%）。进一步来说，很多一个人居住或单亲家庭的个人也曾经结过婚，并且他们以后也会再结婚。毫无疑问的是，他们的配偶也是一个人居住的。因此，寻找配偶也是美国成年人生活中的一个方面。数据来源：U.S.Census Bureau（2006）。

单身。以已婚夫妇为首的家庭比率下降的主要原因是现在独居的人数要比以前多很多，并且他们在成年期仍然会保持这样的状态。正如你在图9.6中所看到的，27%的美国成年人选择单独居住（U.S.Census Bureau，2006）。与此形成鲜明对比的是，在1960年只有13%的靠自己生活。

当今社会，许多单身家庭以年轻人为主，这样的家庭数量在不断增加，因为如今的年轻人更倾向于晚婚。然而，同样重要的是，以老年人为首的单身家庭的数量也在增加。随着老年人预期寿命的提高和健康状况的普遍改善，很可能会导致以离婚的、丧偶的或者从未结婚的老年人为首的单身家庭的比例提高。

一些研究者已经反复证明了单身的消极影响（Depaulo & Morris，2005）。认为单身的成年人经常会感到不愉快，并且会拼命地寻找生活伴侣。然而大多数单身的人对他们的现状感到满意并且没有想要改变的意愿(Davies,2003)。此外,一些传统的观点并没有指出,许多单身的人其实拥有亲密的伴侣,但是他们仍然喜欢一个人生活。

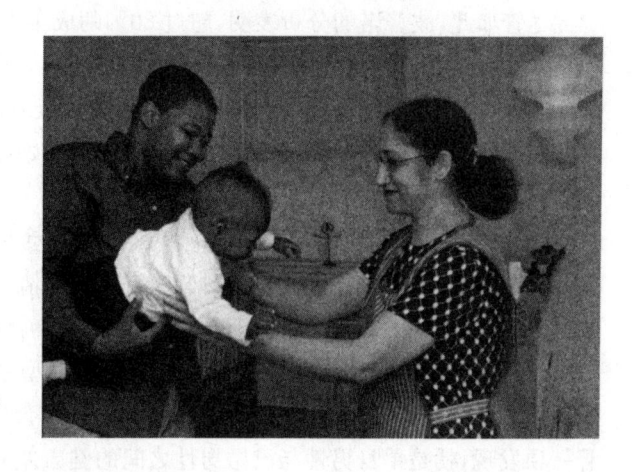

▶平衡家庭和事业是一种挑战,这对于职场母亲来说已经司空见惯。

同居男女。 一些单身的人选择与他们的伴侣同居。在美国。接近5%的家庭为同居的异性情侣,另外有1%的家庭为同居的同性情侣。

因为许多人认为同居意味着试婚,所以你可能会惊奇地发现,那些在婚前同居的伴侣的离婚率要高于婚前没有同居的(Heaton,2002)。研究发现,消极情绪和没有支持性的交流更有可能发生在同居者身上,而不是已婚的夫妻身上。结婚以后,那些曾经住在一起的夫妻会经常将这两种模式带到婚姻中来。这就是他们离婚率较高的原因(Cohan & Kleinbaum,2002)。

然而,这一发现可能会将人们带入一个误区,会使人们质疑这类夫妻对婚姻的决心。一项更加深入的研究显示,那些拥有同居关系的情侣会明确告知双方父母:这种同居关系是婚姻的序幕。这类情侣与婚前从未同居过的情侣在对关系的满意度和关系的稳定性上会有很大的差别(Kline at al.,2004;Teachman,2003)。

就像异性恋一样,男同性恋情侣和女同性恋情侣对性生活的满意度要比单身群体高(Home & Biss,2005;Kurdek,2009)。此外,同性情侣和异性情侣会为同样的事情而争吵,并且当同性情侣双方的父母都认可这种关系时,他们对关系的满意度会更高(Solomon,Rothblum,& Balsam,2004)。因此根据埃里克森的观点,一份亲密的伴侣关系是成年人生活中非常重要的一部分,不管双方的性取向如何。然而,有一个非常重要的因素将男同性恋情侣和异性恋以及女同性恋情侣区分开来:研究表明,忠诚度对于女同性恋情侣和异性恋情侣来说比对男同性恋情侣更重要(Garza-Mercer,Christenson,& Doss,2006)。第11章将对这一观点以及性取向的起源和本质做进一步的阐述。

婚姻。 对当今社会的单身一族来说,性交往不再仅仅以婚姻为目的。大卫·波普诺以及罗格斯大学国家婚姻项目的研究员通过大量的研究,提出了出现这一趋势的一些原因(Whitehead & Popenoe,2005)。一个原因是同居的流行。一半的成年人由于人们对单身父母的态度,不再相信婚姻是成为父母的先决条件。在过去的五十几年中,人们开始第一段婚姻的年龄大大提高。1960年,女性开始第一段婚姻的平均年龄是20岁,男性是23岁。而今天,这两个数字分别是26岁和27岁(Whitehead & Popenoe,2005)。

尽管如此,波普诺的分析表明,超过80%的成年人在他们的一生中至少会结一次婚。并且你有可能会怀疑婚姻能够为配偶带来的经济利益(Whitehead & Popenoe,2005)。此外有研究表明,婚姻与男女神经系统和心理健康有着密切的关系(比如能降低抑郁水平)。然而一些研究表明那些不愉快和充满压力的婚姻是由夫妻双方或者一方的健康状况导致的(Umberson et al.,2006)。

然而,有证据显示,有时夫妻间一些紧张的互动却有助于双方的健康。举个例子来说,配偶更倾向于要求伴侣做一些对健康有利的事情。在一项研究中,研究者发现如果夫妻双方,一方吸食大麻而另一方不吸,那么吸食大麻就成了这对夫妻发生争执的主要原因(Leonard & Hornish,2005)。这一长期争执的典型结果就是吸食大麻的一方为了保持婚姻的和谐而放弃大麻。而且,妻子往往比丈夫更会施压。这一性别的差异也许更能解释一项发现,就是单身男性与已婚男性之间的健康差异要比单身女性和已婚女性之间的健康差异明显。

因为同性婚姻是一个新兴的现象,所以现在还没有充分的研究来说明男同性恋和女同性恋的影响。一些心理学家假定婚姻可以提高男同性恋者对忠诚度的认识(Herek,2006)。然而,其他的一些心理学家认为异性婚姻中对忠诚度的认识来自女方或男方的影响,而不是婚姻本身(Rosik & Byrd,2007)。为了支持他们的假设,他们采用了我们前面讨论过的研究结果,即忠诚度对于女同性恋情侣和异性恋情侣来说比对男同性恋情侣更重要。因此,这些理论表明,婚姻不可能改变男同性恋的忠诚度模式。未来对于同性恋的研究可能会表明这些不同的观点中哪个更有说服力。

离婚。今天的离婚率远高于五十年前的离婚率。然而在近几年,这个趋势已经趋平,甚至有可能出现逆转。1960年,那些15岁及以上的已婚女性中,平均每1 000个就有9个离婚。到了1980年,那些15岁及以上的已婚女性的离婚率已经上涨到平均每1 000个就有23个离婚。不过最近的大多数统计数据表明,离婚率从1980年开始下降,15岁及以上的已婚女性的离婚率已经下降到了17‰。青少年之间的婚姻、新娘未婚先孕并且不受宗教限制的婚姻和那些父母离异的人的婚姻很可能会以失败告终(Popenoe & Whitehead,2000)。然而那些幸存的婚姻却不一定会幸福。很多夫妻相守在一起,更多的是因为其他方面的因素:比如宗教信仰,孩子和财产,或者害怕独自面对未来。

离婚常常会彻底地改变一个成人的生活轨迹,尤其对于女性而言。一来,离婚后,那些带着孩子的女性的生活水平会降低。其次,离婚后,不论男女都必须寻找新的交际圈和寻找新的地方生活。然而从积极的方面来看,研究表明,离婚妈妈的新的朋友圈有助于她们应对离婚带来的影响(Albeck & Kaydar,2002)。她们的交际圈要比已婚女性的交际圈大得多,并且和朋友之间的情感关系更紧密。

家长身份。一些研究已经表明,夫妻双方对婚姻的满意度会在第一个孩子出生后下降(Belsky et al.,1989;Cowan & Cowan,1992;Hackel & Ruble,1992)。这个问题的主

▶家长身份虽然会在婚姻中造成矛盾和冲突,但是对于大多数夫妻来说,这是令人满意的。

要起因是夫妻双方的分工,也就是:谁应该做什么。尽管男人们相比过去正在尽可能多地帮助孩子,但是照料孩子最终还是主要由女性来负责。如果一个女性并不持有传统的对于性别角色的观点,那么她会认为男性也应该担负起照顾孩子的责任。然而现实和理想的差距是她对婚姻产生不满的主要原因(Hackel & Ruble, 1992)。因此你也许不会对此感到惊讶,研究者发现分担责任能提高夫妻双方对婚姻的满意度(Erel & Burman, 1995)。责任分担也许对于父母双方都在外工作的家庭来说尤为重要(Tsang, Harvey, Duncan, & Sommer, 2003)。

中年神话。 对生命每个阶段的刻板印象广泛存在。举个例子,你应该听过中年危机这个术语,它用来描述人到中年回想逝去的年轻岁月时所产生的焦虑。然而,一些研究结果不认为中年人会经历这么一个危机。更多的时候,40到60岁的成年人与其他成年人相比,更可能经历心理学家大卫·阿尔梅达所说的"压力过载"(Clay, 2003)。这种情况一般出现在中年人必须在教导子女、照顾年迈父母、管理事业、处理亲密关系、计划退休之间做好平衡的时候。然而,出人意料的是,阿尔梅达发现成功应对这些挑战能够提高中年人的成就感(Serido, Almeida, & Wethington, 2004)。

另一个关于中年期的发现是父母会在已经长大的孩子离家时经历"空巢综合征"。与普遍的刻板印象相反,父母常常会感激孩子的离家为她们提供了一个重新审视自己身份的机会(Noriko, 2004)。此外,研究显示,"空巢"现象的存在和中年期心理障碍的出现几乎没有关系(Schmidt et al., 2004)。因此,"空巢综合征"的概念似乎没有多少现实基础。

职业。 工作和事业是成年人生活中的重要主题。正如以下**应用**中所讨论的一样,心理学家关于职业发展的研究主要集中在人格变量和发展阶段上。除了人格变量和发展阶段,我们如何看待自己的工作情况和我们的工作满意度不仅能够表明我们的工作有多开心和富有成效,还能表明我们对生活的其他方面有多积极。比如说,员工的工作满意度和他们对恋爱关系的满意度存在一定关联(Sonnentag, 2003)。因此,成人生活的两个重要主题相互交织在一起。一个人对其中一个越满意,他(她)会对另一个也更满意。

成年人生活的其他一些方面也与他们的事业有关。比如说,孩子的抚养问题通常占据着职业女性生活的中心。在20世纪60年代,仅有18%的母亲有工作。而如今,6岁以

◀ 当他们的孩子离开家去读大学或者工作时,大多数父母不会经历"空巢综合征"的伤心难过,而是能够成功适应生活。

下儿童的母亲中有 68% 的人在外工作,学龄儿童的母亲中有 80% 在外工作(U.S.Census Bureau, 2001)。进一步来说,事业是令人满意的生活的一部分,这一概念正同时被男性和女性所接受。然而,研究表明,由于女人考虑到家庭和工作之间的潜在冲突,所以她们并不像男人那样狂热地寻求晋升的机会(Sarrio et al, 2002; van Vianen & Fischer, 2002)。

应用——你在职业发展过程中的哪个位置?

你有没有想过什么类型的工作最适合你?如果是这样,通过回答以下两个职业发展模型中的问题,你可以帮助自己选择或适应一份工作,它们能为你提供一些职业选择中的指导。即便如此,你对自己工作的满意度最终取决于你如何使你的工作和你的生活合为一体。

霍兰德人格类型

约翰·霍兰德的研究对心理学家关于人格和职业的观点非常有影响力。霍兰德提出了六种基本的人格类型:现实型、研究型、艺术型、社会型、企业型、常规型。他的研究表明六种人格类型中每种都与一定的工作偏好有关。(这些类型和与它们相关的工作偏好在下表中进行了总结。)正如霍兰德的理论所预测的那样,依据人格匹配的工作也更能使他们自己满意。因此,人格评估可以帮助你并且使你自信地做出职业选择(Francis-Smyth & Smith, 1997)。

霍兰德人格类型和工作偏好

类　型	人格特质	工作偏好
现实型	有进取心和男子气概,身体强壮,表达能力和人际交往能力较弱	机械活动和工具的使用;经常会选择机修工,电工或测量员等工作
研究型	擅长思考(尤其是抽象思考);有条理,有计划;社交能力较弱	模糊不清的,有挑战性的任务;一般是科学家或工程师

(续表)

类型	人格特质	工作偏好
艺术型	不合群	自由的,高度个人性的活动;艺术家
社会型	外向,以人为本,友善,希望受到关注;不喜欢智力活动和高度有序的活动	经常能接触到人的服务性工作,比如护理人员和教育工作者
企业型	较强的语言表达能力和支配能力,热衷于组织和指导他人,有说服力,是个强大的领导者	经常选择销售工作
常规型	喜欢有组织的活动和扮演从属角色,喜欢明确的指导;做事细致又严格	可能会选择记账或档案管理等工作

来源:Holland(1973,1992)。

萨帕的职业发展阶段

心理学家唐纳德·萨帕提出职业发展开始于婴儿期(Super,1971,1986)。第一阶段是你了解你的能力和兴趣的成长阶段(从出生到14岁)。接下来是探索阶段,大约在15岁到24岁。据萨帕所说,这一阶段有很多尝试和犯错,所以工作经常发生变化。接下来是确立阶段(也叫稳定阶段),从25岁到45岁。这一阶段始于你对工作内容、组织文化和晋升制度的了解。有时,这一阶段需要额外的正规训练。确立目标也非常重要。你必须决定你想走多远并且如何到达那里。向有经验的同事请教也能帮助你在这一阶段取得成功。当一个人在工作上已经稳定下来后,她(他)就进入了维持阶段(从45岁到退休),目的是维护早些年所取得的成果。当然,在经济迅速变化的今天,人们往往需要经常变换自己的职业。因此,一个人可以在任何时间再次进入探索阶段。正如大多数阶段理论一样,与萨帕职业发展阶段有关的年龄节点没有发展顺序那么重要。

记一记——成年初期和成年晚期

1. 大多数人在_____岁时到达他们的生理巅峰。
2. 从20多岁到40多岁,智力往往有_____趋势。
3. 在念大学时,年轻人会组成_____以让它成为主要的社会支持的来源。
4. 大约_____的美国成年人至少有过一段婚姻。
5. 婚姻与_____及_____优势是密切相关的。
6. 自1980年以来,离婚率(上升了/下降了)。

答案:1.二十几 2.提高 3.交际圈 4.80% 5.收入 健康 6.下降了

成年晚期

你对老年期有什么认识和看法呢?以下**试一试**中的统计数据可能会使你感到惊讶。成年晚期最显著的特征是个体间的巨大差异。一些人在成年晚期会有很好的表现,但也有一些人经历着毁灭性的损失。

试一试——关于成年晚期的刻板印象

请估计以下幸福指标在65岁以上的美国人中存在的比例
1. 每两周至少和家人互动一次
2. 独自生活或和老伴一起生活
3. 收入高于贫困水平
4. 每两周至少外出吃一次饭
5. 可以自行进行日常活动
6. 定期参加宗教服务
7. 空闲时间有事做
8. 有长期陪护或住在敬老院里

答案：1. 92% 2. 90% 3. 90% 4. 60% 5. 50% 6. 50% 7. 26% 8. 4%

9.14 成年晚期会发生哪些生理变化？
成年晚期的生理变化

你知道哪个年龄段的群体在美国呈快速增长的趋势吗？你可能已经知道是老年群体。但你知道吗？这个群体中85岁以上的人数增长速度最快（U.S. Census Bureau, 2005）。这一现象就是社会科学家们所说的老龄化社会。这不仅仅意味着老年人越来越多，也意味着越来越多的老年人能以相对健康的状态享受生活（Federal Interagency Forum on Aging-Related Statistics [FIFARS]，2009）。事实上，大多数老年人都是活跃的、健康的，能自给自足（Schaie & Willis，1996）。即便如此，主因老化的影响在成年晚期会比在成年中期表现得更明显。

主因老化和次因老化的影响。 主因老化带来的一个影响是**总体慢化**（general slowing），在这一过程中，神经传导速度下降导致生理和心理功能放缓。总体慢化由大脑中神经元髓鞘的崩溃导致（Bucur et al.，2008），也受神经元死亡的影响，它也是一个脑部逐渐萎缩和皮层变薄的过程（Joynt，2000；Salat et al.，2004）。身体对大脑的供氧减少也可以帮助解释总体慢化（Mehagnoul-Schipper et al.，2002）。

神经科学家指出，这种正常的神经老化不一定会导致个体的心理表现发生质变（Joynt，2000）。事实上，这种老化在那些身体机能良好的老年人的大脑中也能发现。此外，大脑中还有大量的补偿机制。例如，神经元产生新突触的能力将会一直保持到死亡。并且大脑的冗余——创造更复杂的神经网络来满足生理机能和心理机能需要的这一趋势，也能帮助缓和主因老化带来的影响。

> **总体慢化**　神经传导速度下降导致生理和心理功能放缓。

▶任天堂游戏机已经在养老院中流行起来。而且这些游戏所需的身体运动能够帮助老人们保持健康。

相反地，主因老化毫无疑问会影响感觉功能（Park & Reuter-Lorenz, 2009）。视觉、听觉和其他的感觉都随着年龄增长而下降。然而大多数老年人能够找到方法来弥补感觉的变化。例如，老花镜和矫正手术可以防止远视加剧，从而减少对老年人日常活动的影响。同样地，也有很多方法能够弥补听觉的丧失。同理，老年人的行动问题也有很多方式来解决。例如，那种可以抓钢笔和铅笔的特殊手套可以使关节痛的老年人写字更舒服。同样，也有大量产品用来防止在浴室跌倒。

观看关于成年晚期生理变化的视频 www.mypsychlab.com

关于次因老化，研究表明，通过改变生活方式来保证身体健康开始得再晚都不算晚。在一项研究中，对进行身体锻炼的实验组和从事不需体力的活动（例如营养教育）的控制组进行比较，其研究结果也能证明以上观点。大多数类似的研究都表明，经常锻炼的老年人与其他老年人相比，在身体机能（肌力、血压、心率）测试中的得分更高（e.g., Blumenthal et al., 1991; Carmeli, Reznick, Coleman, & Carmeli, 2000; Tsang & Hui-Chan, 2003）。值得注意的是，短短2周的干预就足以产生这样的差别（Small, 2005）。这项发现也同样适用于认知功能。斯凯尔的纵向研究表明，心脑血管的健康状况是老年人智力最好的生理预报。当然，众所周知锻炼有益于心脑血管的健康（Schaie, 2005）。

性和老年人。你对人类在他们90多岁时仍能保持性活跃感到惊讶吗？老年人不比年轻人性活跃，但他们之间的差距并不大。根据一项针对3 000名美国老年人的性行为的仔细调查，医学研究员史黛丝·林道和他的同事发现，以在过去的十二个月内至少有一次性行为为标准，多数与伴侣生活在一起、年龄57岁到80岁的被试在性生活上仍旧活跃（Lindau et al., 2007）。在57岁到60岁这一年龄段的被试中，性行为的比率是73%，65岁到74岁这一年龄段为53%，75岁到85岁这一年龄段为26%。林道的团队确信，随着年龄的增长,健康状况的下降是导致性行为减少的一个重要因素;老年人的身体越健康,那么他越能保持性活跃。

明显地,林道的调查表明性行为是晚年生活中一个重要的部分。然而,从调查中也可以看出,性行为发生的频率随着年龄而下降,尤其是在70岁以后(Lindau et al., 2007)。对于男性和女性来说,伴随年龄增长而发生的激素分泌减少在一定程度上会降低性生活中的愉悦感。然而,研究显示,老年人会通过性体验来应对主因老化带来的影响。例如,年纪较大的女性与别的女性相比,更愿意与她们的伴侣一起看与性有关的电影(Purnine & Carey, 1998)。很显然,不论一个成年人的年龄有多大,性行为都在他的生活中占据着一个重要的地位。而且,进行性行为的原因不会因为年龄而改变。因此可以看出,老年人对爱、情感以及肉体接触的需求与年轻人一样多(Kamel, 2001)。

成功老化。 老年医学(关于老化的科学研究)中一个近期提出的概念就是成功老化。这一概念由老年学家约翰·罗夫和罗伯特·卡恩(Rowe & Kahn, 1998)提出,为研究者提供了一个综合的理论框架,从而建立关于衰老的假设。从本质上讲,罗夫和卡恩认为,成功老化是老年人个体三个方面的功能状态和特点,即身体健康、认知功能和社会参与。如果个体能够有效整合这三方面的功能水平,那么他就更有可能经历成功老化。换句话说,如果一位老妇人因为身体患病活动受限,她可以通过阅读或听音乐来应对这种认知功能上的限制。(观看我的心理实验室)

> 观看关于成功老化的视频 www.mypsychlab.com

9.15 心理能力在成年晚期会发生什么变化?
成年晚期的认识改变

到了成年晚期,智力下降并不是不可避免。身体上和心理上仍旧保持活跃的老年人更能保持他们的心理能力。他们在词汇测试、理解测验和一般信息测试中做得较好,并且解决实际问题的能力要比年轻人强。

研究人员经常对两种智力进行比较(Horn, 1982):**晶体智力**(crystallized intelligence)——口头表达能力以及知识积累——往往随着年龄增长而提高。**流体智力**(fluid intelligence)——抽象推理和心理的灵活性——在20岁出头时到达巅峰,随着年龄的增长缓慢下降。人们加工信息的速度也随着年龄的增长逐渐降低(Salthouse, 2009; Schaie, 2008)。这就部分解释了为什么老年人在有速度要求的心理任务上的表现较差。

> **晶体智力** 一种包括口头表达能力和知识积累的智力类型,往往随着年龄增长而提高。
>
> **流体智力** 一种包括抽象推理和心理灵活性的智力类型,在20岁出头时到达巅峰,并随着年龄的增长缓慢下降。

然而，当任务对速度没有要求时，老年人的表现与年轻人一样好。

几个因素与老年人良好的认知功能呈正相关：教育水平（Vander Elst et al., 2006）、复杂的工作环境、与聪明的配偶的长久婚姻，以及较高的收入（Schaie, 2005）。性别也是其中一个因素：女人不仅比男人存活的时间长，并且与男人相比，她们到了成年晚期会表现出较少的认知下降。一项来自岛村以及其他人的研究（1995）显示，到了成年晚期仍能拥有智力刺激和保持心理活跃的人，是不太可能经历心理衰退的。并且有证据显示，体育锻炼对中老年人的认知功能有积极的影响（Lindwall, Rennemark & Berggren, 2008; Taaffe et al., 2008）。

9.16 阿尔茨海默病患者的大脑中发生了怎样的病变？
阿尔茨海默病，最普遍的智力衰退

虽然大多数老年人完全拥有他们的智力，但是老年人比例的快速增长致使具有与年龄有关的严重认知障碍的人数也增加了。随着年龄的增长，出现痴呆的可能性会大大提高。正如你在第6章中所了解到的，**痴呆症**（dementias）是一组神经系统上的疾病，在记忆和思维上出现的问题会影响一个人的情绪、社交以及机体功能。痴呆症不是正常衰老的一部分，但是它的严重程度和发病率都会随着年龄的增长而提高（He et al., 2005; Head et al., 2005）。痴呆症是大脑的退化导致的，它可能是由动脉硬化（大脑里的动脉硬化）、慢性酒精中毒或者一系列中风等引起的。但是在由**阿尔茨海默病**（Alzheimer's disease）引起的痴呆中，有一半病患的病情是渐进且无法治愈的，他们的脑细胞发生了广泛的病变和损伤。

首先，阿尔茨海默病的患者在记忆能力和推理能力以及日常任务的执行效率上表现出一个逐渐降低的过程（Salmon & Bondi, 2009）。许多患者会找不到回家的路。阿尔茨海默病患者即使在得病前期也很难有时间记忆（时间顺序），尤其是在存在干扰物的时候（Putzke et al., 2000）。随着疾病的发展，阿尔茨海默病患者越来越无法照顾自己。甚至最终会失去运动能力、习惯以及简单的经典条件反射（Backman et al., 2000）。如果他们存活的时间够长，就会不再认识自己至亲的配偶或子女，也不会对他们的谈话做出反应。

一项研究显示，阿尔茨海默病患者海马（形成和保留记忆的大脑重要区域）中的神经元一般比健康的同龄人少68%（West, 1994）。阿尔茨海默病患者也显示出由其他病变引起的记忆障碍（Hamann et al., 2002; Kensinger et al., 2002）。对一些患者的尸检发现，他们的大脑皮层和海马中的神经元被扭曲的、黏稠的包块（神经纤维缠结）所堵塞，并且被高密度的蛋白质和其他物质（斑块）包围（de Leon et al., 1996; Peskind, 1996; Riley et al., 2002）。

痴呆症　由大脑退化导致的一组神经系统疾病，在记忆和思维上出现的问题会影响一个人的情绪、社交以及机体功能。

阿尔茨海默病　由广泛的脑细胞病变和损伤引起的痴呆，渐进且无法治愈的。

◀ 在日常生活中,需要不断提醒那些患有严重阿尔茨海默病的患者常用家居用品的名称和摆放位置。

在65岁之前就发病的10%的患者中,遗传是导致其早年发病的主要因素,并且最小的发病年龄可以追溯到四十几岁。遗传在晚发性阿尔茨海默病中也是一个重要的因素,通常会影响65岁以上的老人(Bergem et al, 1997)。阿尔茨海默病的基因已在23对人类染色体中的4对上发现(Selkoe, 1997)。

一项关于各种族群体中患有阿尔茨海默病的美国老年人的研究显示,该疾病对非裔美国人的影响要比对亚裔美国人、拉丁裔美国人和白人的影响小得多。与其他种族群体相比,非裔美国人更少有抑郁症、焦虑情绪以及睡眠问题(Chen et al., 2000)。

阿尔茨海默病的发病能被推迟吗?根据脑储备理论,较高的智商伴随终生的智力活动能使患病风险较大的人延迟发病或减轻症状(Fratiglioni & Wang, 2007)。大量的相关研究支持了脑储备理论(e.g., Potter, Helms, & Plassman, 2008; Starr & Lonie, 2008)。不幸的是,针对这一疾病的预防和治疗方法的研究却收效甚微。维生素、消炎药和女性的雌激素都被排除在治疗或预防措施之外。然而,科学家们提出,巴皮纽阻单抗

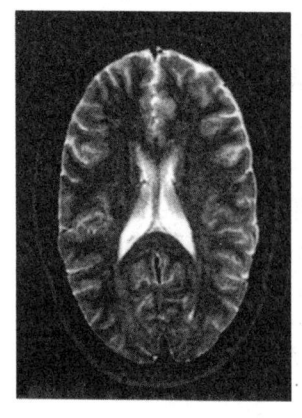

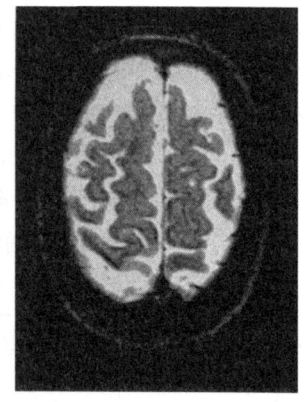

▲ 与正常人脑(左)相比,阿尔茨海默病患者的大脑(右)体积更小,并且有扭曲、黏稠的神经纤维缠结。

(bapineuzumab)作为一种新药,在阻止神经纤维缠结产生上前景较好(Jeffrey, 2009)。几年前曾用过类似的疫苗来进行人体试验,但由于疫苗会引起被试大脑肿胀而终止了研究。而如今,研究人员已经找到了解决肿胀问题的方法,不久将重新开始人类临床试验(Okura et al., 2006)。

9.17 关于老年人生活满意度的研究有什么发现?
成年晚期的社会化发展与适应性

老年人的生活满意度与良好的健康状况密切相关,同时它也是一种对自己生活的支配感(Berg et al., 2009)。对生活持乐观态度的老年人通常会有更高的生活满意度(Hagberg et al., 2002; Litwin, 2005; Mehlsen, 2005)。随着成人年龄的增长,乐观主义的产生率也随之提高,或许能够想起的消极经验越来越少是产生这一趋势的原因(Charles et al., 2003)。适当的收入,宗教性和社会性活动的参与,婚姻关系的满意度都与成年晚期较高水平的生活满意度有关(Berg et al., 2009; Litwin, 2006)。

与人们的刻板印象相反,老年人的经济状况存在广泛的差异。大约10.5%的65岁以上的美国人生活在贫困线以下,其中大部分是非裔美国人(24.4%)和拉丁裔美国人(23.5%)(He et al., 2005)。然而,正如你在图9.7中所看到的,单身的老年人比已婚的老年人更有贫困的可能,单身的非洲裔美国女性和拉丁美国女性的贫困水平最高。此外,老年人,尤其是有认知和生理损伤却只能靠微薄收入生活的人更容易受到经济剥削(Tueth, 2000)。但是,许多65岁以上的成年人都生活得很舒适。随着房贷付清并且没有小孩要抚养,65岁以上的人看待经济状况的态度会比年轻人更加乐观。

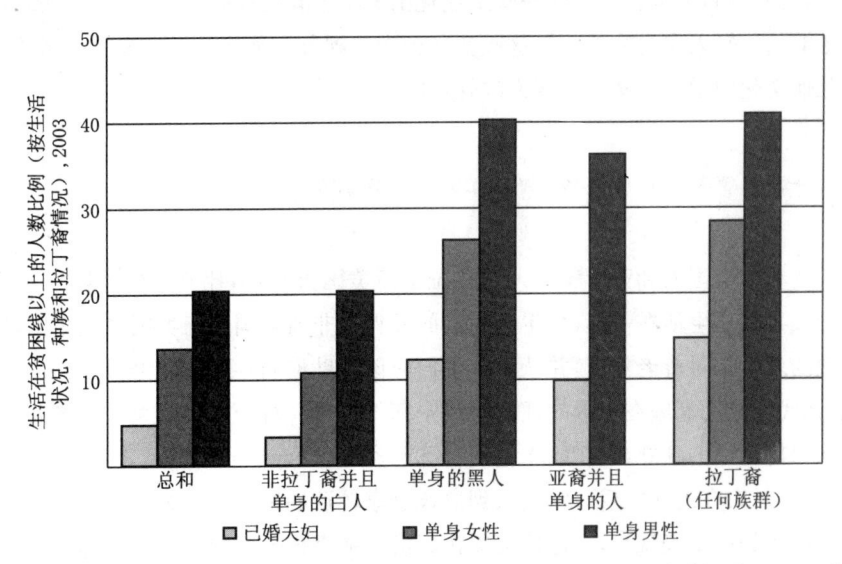

图9.7 以居住方式、种族和是否是拉丁裔来区分65岁及以上人群的贫困状况,2003[1] 美国的老年人在经济状况上存在着广泛的差异。但是最为贫困的来自单身女性。

[1]不包括与他人生活在一起的人。注意:这些数据来自民用的非官方数据。数据来源:He at al. (2005)。

年龄增长毫无疑问会带来许多损失。健康状况下降,朋友死亡,一些不想退休的老人因为公司政策或者健康原因不得不退休。当生活变得更加累赘而不能给人快乐时,老人们往往会变得抑郁,这一严重的问题困扰着15%的老年人,甚至会导致死亡。在美国,75岁以上男性的自杀率比其他年龄段的男性高得多(U.S.Census Bureau, 1997)。但是在老年人中,原发性抑郁的比例要比年轻人低(Benazzi, 2000)。

另一个影响生活满意度的因素是老年人关于职业生涯的决定。大多数美国老年人(大约74%)都退休了(FIFARS, 2009)。先不说一些传统的观念,他们当中的大多数人都很乐意离开工作,并且会很轻松地适应退休后的生活。一般情况下,大多数不愿意退休的是那些文化水平高、职位高、薪酬高,并且对工作有成就感的人。博斯和另外一些研究者(1991)发现,仅有30%的退休者会觉得退休对他们来说有压力,他们中的大多数人都可能遭遇健康问题和经济问题。

另一个可能影响老年人生活满意度的普遍因素是配偶的丧失。对于大多数人来说,丧失配偶是一生中最让人沮丧的事。睡眠模式的中断是这种丧失带来的生理影响之一(Steeves, 2002)。这些生理影响会给老年人造成伤害,导致疲倦和焦虑。此外,因为免疫功能受到抑制,这些老人会面临巨大的健康风险。尤其在失去配偶后的6个月中,他们的死亡率与没有失去配偶的同龄人相比要高得多(Martikainen & Valkonen, 1996)。

9.18 不同文化背景的老年人在晚年的生活经历上有什么不同?
赡养老人的文化差异

正如我们所知,美国和其他的一些工业化国家将会有很多的老年人需要人赡养,可是却没有足够的年轻人作为赡养人。这些变化会为美国各个种族的人带来什么影响?我们可以从其他文化中学到一些照顾老人的知识吗?

观看关于照顾老人的视频 www.mypsychlab.com

年长的非裔美国人和亚裔美国人以及拉丁裔美国人一样,比其他的美国人更有可能跟自己的成年孩子生活在一起,并得到他们的照料。非裔美国人与美国白人相比,更有可能以尊敬的态度来对待老年人,并认为孩子们应该帮助他们年迈的父母(Mui, 1992)。尽管如此,几代同堂的家庭在美国的任何种族中都不常见。对于美国的大多数老人来说,他们更喜欢保持自己的独立,住在属于他们自己的家里(Bengston, 1990; He et al., 2005)。然而,美国的老人在退休之后通常会搬到离孩子家较近的地方(He et al., 2005)。美国的老人喜欢独居的一个表现是,当他们必须在经济上依靠孩子们的接济时,他们的内心会非常痛苦(Nagumey, Reich, & Newsome, 2004)。

与美国的趋势相反,亚洲国家的老年人在他们独居的时候会感到悲伤,而不是在和子女一起生活的时候(Chou, Chi, & Chow, 2004; McDonald, 2004; Min, 2004)。他们的悲伤源于亚洲传统的孝道,也就是子女有赡养老人的责任。因为这个传统,许多亚洲国家有非常严格的退休制度。因此,多代同堂是日本、朝鲜和其他亚洲国家的经济需要,祖父母也在孙辈的日常生活中扮演着至关重要的角色。

然而,以孝道为基础的社会系统不会总按它应该遵循的规则运行。在中国,广泛存在的对老人的漠视和虐待使得政府不得不颁布相关的法律来对这些行为作出惩罚(Lijia,2000)。对于中国的老年人来说,退休后可以住进养老院,但是多数子女不愿意支付父母的开销。此外,随着中国经济的快速发展,许多年轻人和中年人都因为忙于工作而不能照顾生活不能自理的父母。并且随着经济的增长,中国社会充斥着利己主义。这一现象的结果就是子女把父母放在养老院。这在从前被认为是羞耻的事情,现在却成了中国富裕家庭的一个地位象征(Zhan, Feng, & Luo, 2008)。此外,中国的年轻人开始认为一切努力都是为了给自己在晚年时期创造良好的物质条件。因此,现代的年轻人比他们的长辈更加重视做好退休准备。为此,中国政府开发了一个新颖的项目,让年轻人作为志愿者去照顾老人,这期间获得的报酬可以使他们将来也得到同样的帮助(Peterson, 2006)。

▲年老的非裔美国人以及其他少数群体的老年人与年老的美国白人相比,更可能跟他们的亲人住在一起。然而,在美国所有的种族群体中,老年人更愿意独居。这种居住方式与其他文化中的居住方式形成了鲜明的对比。

9.19 根据库伯勒·罗斯的理论,身患绝症的病人面临死亡时在心理上会经历哪几个阶段?

死亡和临终

死亡可能在各个年龄阶段到来。但是对于大多数人来说,老年人的发展任务之一就是接受死亡的必然性,并且为它的到来做准备。研究表明,即将发生的死亡会导致一系列的心理反应,这些反应在各个年龄段濒临死亡的个体中广泛地存在。

库伯勒·罗斯在死亡和临终方面的研究。 作为科罗拉多大学的一名教授,库伯勒·罗斯(Elisabeth Kübler-Ross, 1926—2004)在给医学系一年级的学生上课时因为采访了一位年轻的绝症女患者,震惊了所有的学生(Blaylock,2005)。同学们专心地听着库伯勒·罗斯询问这名女性的感觉和应对绝症的方法,疾病已经严重影响到了这名女性的生活质量。库伯勒·罗斯这样做的目的是鼓励他的学生们在对待这类案例时,能看到超过病理学本身的东西并发现与命运进行顽强抗争的患者。他将采访200名垂死患者时的记录汇总到了《论死亡与临终》(*On Death and Dying*,1969)这本书中,将研究的目标扩展到其他领域。在这本书里,她提到了病人面临死亡时在心理上经历的五个阶段。

第一阶段,否认。大多数患者一开始对于绝症的反应是震惊和不相信(一定是医生搞错了)。第二个阶段,愤怒。以愤恨和嫉妒那些身体健康的年轻人为标志。第三阶段,交易。人们企图通过承诺"以后好好表现"来延迟死亡的降临。个体可能会向上帝乞求,指望通过哪怕特殊的生活方式来换得参加子女婚礼或目睹儿孙出世的机会。第四阶段,沮丧。这一阶段会带来一种强烈的失落感,并且表现为两种形式:对过去拥有的感到沮丧和对即将失去的感到沮丧。如果有足够的时间,病人会到达最后一个阶段,接受。在这个阶段,他们停止与死亡的斗争,选择接受它的到来,没有恐惧也没有绝望。库伯勒·罗斯称,相关的家庭成员也会与病人经历相似的阶段。**复习**部分对库伯勒·罗斯提出的五个阶段进行了总结。

一些批评家否定了库伯勒·罗斯提出的阶段的普遍性和它们固定的顺序(Butler & Lewis,1982;Kastenbaum,1992)。他们宣称不是所有绝症病人在临死前的反应都符合严格的阶段顺序。虽然如此,库伯勒·罗斯的研究成果表示,应该把共情和怜悯运用到对患者的治疗中去,这一观点引起了公众对健康护理的关注。这一研究成果的地位也因此不可撼动(Blaylock,2005)。

复习——库伯勒·罗斯提出的面临死亡的五个心理阶段

阶 段	描 述
否 认	人们对于绝症的第一反应是不相信
愤 怒	一旦诊断被接受为事实,个体会变得愤怒
交 易	通过思考交易的情境来抑制愤怒和压力(例如:如果我吃药的话,也许我会活得更久;如果我祈祷足够多,上帝也许会让我恢复健康)
沮 丧	尽管一些人按时吃药并且听从别的意见,但疾病还是会进一步恶化,此时失落感就会随之而来
接 受	为了即将到来的失去而伤心,从而选择接受

关于死亡的决定。 对于大多数人来说,死亡来得太快了,但对于其他人来说并不会觉得很快。比如有些身患绝症和顽固性疾病的人会希望痛苦快点结束。当今,安乐死(请求死亡)已成为一个社会运动的焦点(McInerney,2000)。俄勒冈州在1997年将安乐死合法化。那些要求安乐死的病人多数是因为身体机能失去控制,生活不能自理,不能参加愉

快的活动(Sullivan et al., 2000)。但是,当俄勒冈州的医师为这类患者提供致命毒物剂量的处方时,患者往往会犹豫,这说明求生欲是一种强大的动力,即使在想摆脱痛苦和苦难的人群中亦是如此(Quill, 2007)。

为了避免让其余的家庭成员担负巨额的医药费,许多人会立下遗嘱。在典型的遗愿中,弥留之际的患者不会要求医生采取冒险措施或使用呼吸机等来推迟自己的死亡。

当今社会,除了医院和养老院可供选择,临终关怀服务也越来越热门。临终关怀着力于满足面临死亡的人群的需要,与传统的医院服务不同。临终关怀需要遵循以下准则来满足病人的需要和偏好。这些准则包括:

● 一些与照顾病人有关的事情由病人及其家属决定。
● 病人的疼痛一定要被控制,这样病人剩余的时间将会更有价值。
● 在白天或者夜晚的任何时间,一旦有需要,专业人员必须马上赶到。
● 与典型的医院环境相比,临终关怀场所的气氛不仅不会那么压抑,并且能带给病人家的温暖。
● 家属可以和关怀团队一起来照顾病人。
● 家属可以在病人生前和死后得到咨询服务,从而帮助他们接受亲人的离世。

丧亲。我们中的许多人都已经经历过这个悲痛的过程——在一个至爱的人死亡后的丧亲之痛,并且这种痛苦有时会持续很久。与大家知道的相反,失去亲人的人,在开始时会伤心到极点,会不停地落泪并且无法控制。这种痛苦的持续时间会比其他痛苦持续的时间长得多(Bonanno et al., 1995)。在一个用来解释已婚群体如何应对丧亲之痛的模型中,悲痛的个人有时会积极面对,有时也会拒绝发泄悲痛的情感。包括悲痛阶段和释放阶段的双重过程应对有助于个体接受配偶的丧失(Hansson & Stroebe, 2007; Stroebe & Schut, 1999)。

观看关于死亡、悲痛和哀悼的视频 www.mypsychlab.com

研究者也研究了那些艾滋病人家属表现出来的丧亲之痛。福克曼和他的同事(Folkman and her colleagues, 1996)找到了照顾艾滋病患者的一对男同性恋者,并且在患者生前和死后对他们进行了多次的参访。通过采访他们得出结论:在同一情形中,同性恋者会经历与已婚的异性恋者基本相同的丧亲之痛。

死亡和临终不是简单的话题,但是对这一话题的讨论能够让我们明白,活着的每一天都像是一份珍贵的礼物,我们要珍惜。

记一记——成年晚期

1. 老年人与年轻人相比,以下哪项描述是正确的?
   a. 他们对生活的满意度更低
   b. 他们贫困的可能性较小

2. 阿尔茨海默病与神经元被_____堵塞和_____包围有关。
3. 年轻人在完成有_____要求的认知任务时的表现比老年人好。
4. 根据库伯勒·罗斯的理论，绝症患者在面临死亡时，心理上经历的第一个阶段是_____；最后一个阶段是_____。
5. 除了医院和养老院，为即将死亡的人群提供的另一项服务是_____。

答案：1. b 2. 神经纤维缠结　斑块 3. 速度 4. 否认　接受 5. 临终关怀

总结与回顾

毕生发展观 p.302

9.1 埃里克森的社会心理发展理论和其他的发展理论有何不同？p.303

大多数的发展理论都把焦点放在儿童身上。相反地，埃里克森认为，个体发展通过八个社会心理发展阶段贯穿人的一生。每个阶段都以个体与社会环境的冲突来定义。每个矛盾的解决都会使个体在后面的阶段中获得成功。

9.2 玛西亚如何扩展埃里克森关于青春期同一性危机的观点？p.303

玛西亚提出了四种同一性状态来对青少年的自我同一性进行分类。每一种状态都代表着一种危机和承诺的分界点。这四个阶段分别是同一性达成（高危机，高承诺），同一性延缓（高危机，低承诺），同一性早闭（低危机，高承诺），同一性扩散（低危机，低承诺）。

9.3 繁殖在成年人的生活中扮演了怎样的角色？p.304

根据埃里克森的理论，繁殖的需要促使成年人寻找繁衍后代的方法。完成繁殖目标的成年人在心理状态上比那些没有完成目标的成年人要健康。

青少年期 p.306

9.4 青春期会发生哪些生理变化和心理变化？p.307

青春期是以发育急速期、性器官的成熟和第二性征的出现为特点的。早熟会提高男孩的地位，因为他们在体育运动中具有生理优势并且能够吸引女孩。晚熟使得男孩在某些方面处于劣势，导致他们缺乏自信，并且这种不自信到了成年期仍然有可能存在。早熟的女孩通常具有很强的自我意识，并且对自己的身材不满意。一般来说，她们更容易接触酒精和毒品，并且有早期性经历和意外怀孕。

9.5 青少年期会伴随哪些认知能力的发展？p.308

在皮亚杰提出的形式运算阶段，青少年会获得假设思维。较强的信息加工能力使他们与少年时期相比，能够更好地组织文本和追踪自己的记忆过程。

9.6 科尔伯格提出的三种道德推理水平有什么不同？p.309

在前习俗水平，道德推理受到他人标准的掌控，并且我们会根据行为的表面效果来判断它的好坏。到了习俗水平，我们会将别人的标准内化并依此来判断事物的好坏。后习俗水平的道德推理包括对道德选择的权衡，并且会意识到法律有时会和人权冲突。

9.7 权威型、专制型、放纵型的教养方式分别会产生什么结果? p.312

在所有人种和种族群体中,权威型教养方式最有效,并且它与个体的社会心理能力有关。而专制型父母的孩子经常会感到痛苦和紧张,并且缺乏自信和独立生活的能力。放纵型教养方式的效果最差,它通常与青少年的毒品使用和行为问题有关。

9.8 青少年同辈群体发挥着什么有利的作用? p.313

青少年同辈群体(通常由兴趣相投的青少年组成)促进了青少年的社会能力的发展,并且提供青少年评价自己特质的机会。

9.9 成人初显期在神经学和社会心理学上分别具有什么样的特征? p.313

大脑中涉及决策和自我控制的部分在青少年晚期,二十岁出头时成熟。成人初显期的群体使用他们在早期获得的技巧来完成学术、行为和友谊等领域的发展任务。在工作和恋爱领域中需要用到新的技巧来完成发展任务。

成年初期和成年中期 p.315

9.10 主因老化和次因老化有什么区别? p.315

主因老化由生理变化引起,是不可避免的;次因老化则是由不良行为和生活方式引起的。中年期的生理变化主要表现为体力和耐力的下降,老花镜的使用,以及女性生育能力的丧失(停经)和男性睾酮的下降。

9.11 20岁到60岁之间,认知功能发生了怎样的改变? p.315

虽然年轻人在完成需要速度和机械记忆的任务时,表现要比老年人好,但是个体的智力在45岁之前都呈逐渐提高的趋势。60岁到80岁之间才呈下降的趋势。

9.12 大学怎样影响成人发展? p.317

上过大学的成年人与其他成年人相比,认知能力更强,收入更高。他们通常能展现出更高水平的道德推理和共情。大学能够帮助成年人完善自我认知,同时也会影响个体的社会化发展。

9.13 当今年轻人的生活方式有怎样的趋向? p.319

大约49%的美国人生活在以已婚夫妇为首的家庭中,这些家庭中可能会有18岁以下的孩子,也可能没有。情侣通常会在结婚和生孩子之前等待很久。在第一个孩子出生后,夫妻双方对婚姻的满意度通常会下降,许多有6岁以下孩子的已婚妇女在外都会有一份全职或兼职的工作。研究显示,大多数中年人在他们的孩子离开家之后会感到快乐,而不是沮丧。

成年晚期 p.324

9.14 成年晚期会发生哪些生理变化? p.324

成年晚期的生理变化包括行动变缓,心脏、肺、肾脏、肌肉机能的下降,慢性疾病的增加,如关节炎、心脏问题和高血压。

9.15 心理能力在成年晚期会发生什么变化? p.326

晶体智力在生命全程中始终呈提高的趋势;流体智力在20多岁时达到顶峰,然后随着年龄增长逐渐下降。虽然老年人完成认知任务的速度变慢,但是,如果他们能保持生理和心理上的活跃,那么只要健康允许,他们的心理能力可以维持得和年轻时一样。

9.16 阿尔茨海默病患者的大脑中发生了怎样的病变? p.326

阿尔茨海默病是一种以智力和人格的衰退为特征的难以治愈的痴呆症,是由脑细胞的普遍退化所导致的。

9.17 关于老年人生活满意度的研究有什么发现? p.328

老年人的生活满意度与健康的身体、对生活的掌控感、乐观主义、适当的收入、社会性和宗教性的活动以及对婚姻的满意度有关。

9.18 不同文化背景的老年人在晚年的生活经历有什么不同? p.328

在美国的老年人中,拉丁裔美国人、亚裔美国人、非裔美国人更有可能跟家人住在一起。然而,所有种族群体的老年人与其他国家的老年人相比,更愿意独自居住。

9.19 根据库伯勒·罗斯的理论,身患绝症的病人面临死亡时在心理上会经历哪几个阶段? p.330

库伯勒·罗斯认为,绝症患者面临死亡时在心理上会经历五个阶段:否认、愤怒、交易、沮丧和接受。

关键术语

青少年期 p.306
习俗水平 p.310
痴呆症 p.327
流体智力 p.326
同一性危机 p.303
绝经 p.315
后习俗水平 p.310
老花眼 p.315
青春期 p.307

阿尔茨海默病 p.327
晶体智力 p.326
成人初显期 p.313
总体慢化 p.325
毕生发展观 p.303
元记忆 p.309
前习俗水平 p.309
社会心理发展阶段 p.303
第二性征 p.307

章末测验

选择题

1. 根据埃里克森的理论,致力于关爱和照顾他人的年轻人_____。
   a. 在错过有价值的工作机会时更容易分心
   b. 与没有建立亲密关系的年轻人相比,更能为事业做好充分的准备
   c. 不过早建立亲密关系对他们来说会更好
   d. 在成年生活中更可能对自己与他人的关系感到失望或者在两段关系之间徘徊

不定

2. 朗尼决定读会计专业，因为作为注册会计师的爸爸希望他在通过CPA考试后从事与自己一样的职业。根据玛西亚的理论，朗尼很可能正在经历_____。

    a. 同一性早闭   b. 同一性缺失   c. 同一性混乱   d. 同一性延缓

3. 一位中年艺术家在博物馆中担当指导儿童群体的志愿者，根据埃里克森的理论，他产生了_____。

    a. 自主性   b. 繁殖感   c. 勤奋感   d. 自我整合

4. 以下人物中，哪一个会对自己的外貌最敏感？_____

    a. 成熟较早的艾瑞克   b. 成熟较早的萨拉

    c. 成熟较晚的伊芙琳   d. 成熟较晚的杰拉尔德

5. 14岁的儿童理解并记住说明文的能力要比10岁的儿童强，这是因为_____。

    a. 元记忆的能力随着青少年年龄的增长而发展

    b. 说明文对年纪较大的孩子来说更有趣

    c. 工作记忆能力在青少年后期减弱

    d. 从本质上来说，任何任务对儿童的吸引力要比对青少年的吸引力大

6. 当被问及为什么不能随意拿室友的零食或其他小物件时，18岁的大学新生西蒙回答："我们约束行为的目的是保护他人和自己的合法权利，而不是为了逃避惩罚，这样才能保证社会的稳定和有序。我不想别人拿我的东西，那我也不应该拿别人的东西。"他的回答表明，他正处于科尔伯格提出的_____。

    a. 非习俗水平   b. 习俗水平   c. 后习俗水平   d. 前习俗水平

7. 从中国移民到美国的一家人以所信仰的传统教养方式来抚养在美国出生的孩子。根据斯滕伯格的观点，他们最可能采用_____。

    a. 忽视型教养方式   b. 权威型教养方式

    c. 专制型教养方式   d. 放纵型教养方式

8. 15岁的露西在音乐上很有天赋，并且她还是学校乐队的成员。在以下选项中，她最可能和谁做朋友_____。

    a. 杰森，学校象棋社的社长，打算在大学修读数学专业

    b. 威廉，几乎花费他所有的课余时间和朋友一起做小汽车

    c. 萨曼莎，在学术上很有天赋并且完成了自己的第一本小说

    d. 苏珊，会玩很多乐器并且想组建自己的乐队

9. 根据罗伊斯曼的理论，成人初显期的群体在_____领域的经历和青少年期很相似。

    a. 恋爱   b. 家庭   c. 事业   d. 学术

10. 迈克发现他的头发在变少，并且出现了一些白头发，这说明他正经历着_____老化。

    a. 次因   b. 现实   c. 主因   d. 表面

11. 经过标准化测试,同一年级、同一学业成就水平的简和玛莎高中毕业了。简进入了大学学习,而玛莎直接参加了工作。她们的发展道路会有什么区别?_____

　　a. 在形式运算阶段,简会比玛莎更熟练

　　b. 因为玛莎参加工作比简早,所以她以后的收入会比简高

　　c. 简更有可能结婚生子

　　d. 在形式运算阶段,玛莎会比简更熟练

12. 卢瑟是一位作家,他以帮别人写广告词为生,他最后建立了一套写词的套路,从而达成了一个星期写两份的目标。根据丹尼斯的观点,卢瑟的年龄有可能是_____。

　　a. 青少年　　　　b. 二十几岁　　　c. 三十几岁　　　d. 四十几岁

13. 一对曾同居过的情侣在婚后离婚的可能性最小,因为_____。

　　a. 他们在同居前曾为婚姻努力过

　　b. 他们将同居视为试婚

　　c. 他们在之前已经和对方的父母生活在一起

　　d. 他们的父母在结婚前也有同居经历

14. 对于新买的微波炉,个体能马上知道每个按钮的功能,这种情况被称为_____。

　　a. 认知失调　　　b. 批判性思维　　c. 流体智力　　　d. 晶体智力

15. 有_____的老年人对他们生活的满意度更高。

　　a. 控制感　　　　b. 自我同一性　　c. 公平感　　　　d. 家庭意识

16. 以下哪种情况最有可能在崇尚孝道的文化体系中存在?_____。

　　a. 慷慨地缴纳养老金　　　　　　　b. 老年人更喜欢独居

　　c. 几代同堂的家庭比例较小　　　　d. 孩子和祖父母之间有日常交流

17. 拉里刚刚得知自己得了绝症,根据库伯勒·罗斯的观点,他的第一反应最可能是_____。

　　a. 愤怒　　　　　b. 乞求　　　　　c. 否认　　　　　d. 接受

简答题

18. 请从埃里克森提出的第二个阶段开始解释前期发展任务的完成是如何帮助个体满足后期发展的需要的。换句话说,信任怎样帮助幼儿建立自主性?自主性怎样帮助儿童获得首创精神?以此类推。

19. 科尔伯格提出的每个道德推理水平之间有什么联系和区别?

20. 总结他人对库伯勒·罗斯理论的评价。

答案见 AK-1

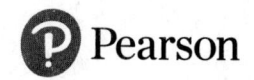

心理学核心课

心理学的世界 下
THE WORLD OF PSYCHOLOGY 7th Ed.

[美] 塞缪尔·E. 伍德 Samuel E. Wood
埃伦·格林·伍德 Ellen Green Wood
丹妮斯·博伊德 Denise Boyd 著

陈 莉 译

上海社会科学院出版社

第10章

情绪与动机

动机的基础

10.1 动机的三个要素怎样通过共同作用来影响行为?

10.2 原始动机与社会动机,内在动机与外在动机的区别是什么?

10.3 驱力降低理论与激活论怎样解释动机?

10.4 行为主义与社会认知理论如何解释工作与成就动机?

10.5 马斯洛的需要层次理论是什么?

两个原始驱力:渴和饥饿

10.6 什么情况下会出现两种类型的口渴?

10.7 内部与外部的饥饿信号如何影响进食行为?

10.8 哪些因素导致人体体重发生变化?

10.9 成功节食的原则有哪些?

10.10 神经性厌食症与神经性贪食症的症状有哪些?

理解情绪

10.11 情绪的三要素是什么?

10.12 根据情绪的各种理论,个体在体验一种情绪时,事件各部分发生的顺序是什么?

10.13 脑的什么结构负责加工害怕这种情绪?

情绪表达

10.14 基本的情绪有哪些?

10.15 婴幼儿面部情感表达的发展如何表明表情生物学基础的存在?

10.16 什么证据证明人类面目表情的表达在全世界是统一的?

10.17 各种文化间情感的表达规则不同在哪里?

10.18 为什么情绪被认为是交流的一种形式?

10.19 基于行为、生理、神经学测量所得出的关于欺骗的研究结果有哪些?

情绪体验

10.20 面部的情绪表达如何影响内部的情感状态?

10.21 男性和女性在情绪上的不同

表现在哪些方面？
10.22 情绪如何影响思维？
10.23 斯滕伯格的爱情三角理论如何解释不同类型的爱？

想一想

回顾第 4 章，你应该还记得，我们曾经问你是否觉得有可能控制自己的梦？那么，你的情绪呢？你认为人们从一种情绪转变为另一种情绪能有多大程度的变化？尝试用这个练习来证实。

将一支铅笔放在双唇之间，紧闭嘴巴，就像左图，停留 15 秒。将注意力放在你的感觉上。然后，用牙齿咬住铅笔，把牙齿展露出来，就像右图，同样停留 15 秒（改编自 Strack et al., 1988）。

当铅笔位于你的嘴唇或你的牙齿之间时，你觉得哪一种更舒适？研究显示当铅笔位于你的牙齿之间时你会觉得更舒服，因为在做这个动作的时候，可以刺激你平时用来表达开心的面部肌肉。学习这个章节后，你会了解到这个练习说明了脸部回馈假说。这个假说认为你能通过改变面部表情来控制内部情感。但是在我们讨论这个关于情绪的极具吸引力的话题之前，我们首先要学习动机——为什么我们会做我们正在做的事。

动机的基础

对任何现象进行科学研究的第一步是为其建立一个可行的定义。对于心理学家来说，**动机**（motivation）是一个广泛的概念，它围绕激发、引导和维持个体行为这三个过程。同样地，它包括了心理和行为领域上的许多方面。为了让同学们更加容易地学习动机，我们将会把这个话题分成几个组成部分。

10.1 动机的三个要素怎样通过共同作用来影响行为？
动机的组成部分

心理学家认为动机一般可以分为三个组成部分：激发、维持和强度。为了理解每一个部分，我们可以思考动机在考前学习中扮演的角色。在激发阶段，你的第一步行动是要求自己完成为考试而努力准备的目标。你找出了考试范围覆盖的内容，并且在课本、笔记和其他资料对应到了相应的内容，然后制订一份学习计划。而维持就是向一个目标奋斗时产生的正确的、持续性的努力。换句话说，这个部分要求你将计划付诸行动，并且无论面对诱惑还是障碍的阻挠，都能坚持下来。强度指的是为了完成目标而使用的集中起来的能量和注意力。当你在学习的时候，你是否陷入过对事件主题的狂热中或者是思考成功

动机（广义） 激发、引导和维持个体进行活动的过程。

和失败的不同可能性而引起的情绪波动之中？不管怎样，这都是动机组成部分中的强度在发挥作用。

除了把动机分成三个组成部分以外，研究者还可以通过为动机的概念设计一个精确的定义，一个比动机原本的范围狭窄一点的概念来进一步理解动机。**动机**（motives）是加强并引导行为朝向一定目标发展的需求和欲望。许多动机都可能迫使学生为了考试而学习。学生可能从取得一个好成绩中获得自尊，或者是在因失败的成绩而焦虑，产生逃避的欲望。这两种动机的任何一种都可能促使学生朝着先前提到的动机的三个组成部分的步骤行动。因此，两个人即使在截然不同动机的基础上，也能表现出完全相同的行为。

▲在一场扑克牌的游戏中，哪种动机驱力更强呢？是想出一个成功的策略而获得的满足感（内在动机）还是在你胜利的时候赢取的金钱（外在动机）？一如大多数的活动，扑克是一项迷人的爱好（或者是一种依赖你的技术水平的职业），包括了内在和外在的动机。

10.2 原始动机与社会动机，内在动机与外在动机的区别是什么？
动机的类型

正如我们先前注意到的，动机引导行为朝向某一目标行动。然而，显而易见，我们所执行的许多不同目标之间存在巨大的差异。因此，促使我们达到那些目标的动机有各种不同种类。

原始动机与社会动机。 大多数人都会赞同，有时候，生理上的需求要求我们付出全部的注意力。**原始动机**（primary drives）致使我们的行为满足这些需求。原始动机是不需要学习的，包括口渴、饥饿和性行为。在本章后面，你将会学习关于口渴和饥饿的更多的内

动机（狭义） 加强并引导行为朝向一定目标发展的需求和欲望。

原始动机 由生理需求产生的紧张或兴奋状态，不需要学习。

容。而我们把性动机放到第11章(人类的性)来讲。

与原始动机相反,**社会动机**(social motives)是从生活经验和与他人的互动交流中习得的。这组动机包括那些影响我们在工作环境和学校等社会背景中的行为的动机。其中一种社会动机称为**工作动机**(work motivation),它是唤醒、引导、衡量和维持工作者对工作的付出的条件和过程。还有一种社会动机称为**成就动机**(achievement motivation),它包括驱使人们追求学术方面成就的动机因素。

内在动机与外在动机。动机可能由自我内在原因产生,比如你是觉得这门科目内容十分有趣才坚持学习它的。他们追求这些行为活动,仅仅是因为他们觉得很享受,而不是为了任何外部奖励。这种类型的动机被称为**内在动机**(intrinsic motivation)。

另一些动机源于外部,例如一些外来的刺激或者诱因使你做出某些行为。当你想要获得一个良好的成绩,或者避免考出太差的成绩时,你就会去学习,这里成绩就担任了一种外在刺激的角色。当我们为得到一些外来的奖励或者避免一些讨厌的结果而这样做,我们就是在被**外在动机**(extrinsic motivation)驱使。

根据B.F.斯金纳的理论,强化刺激是增加某个行为频率的结果。一旦建立了某种行为和强化刺激之间的联系,那么这个强化刺激就会成为该行为的一种诱因。举个例子,对于一名饭店服务员来说,期望得到慷慨的小费是一种诱因,这促使他为顾客提供迅速并且有礼貌的服务。

在现实生活中,很多行为活动既包括内在动机也包含外在动机的驱使。你可能钟爱

表10.1 内在动机与外在动机

动 机	描 述	例 子
内在动机	出于享受和觉得值得的个人想法而参与某项行为活动。	某位人士为那些有能力的学生设立奖学金,向大学匿名捐助了一大笔金钱。 一个孩子因为阅读充满乐趣而在每个星期读完好几本书。
外在动机	参与某项行为活动是为了获得某些外来的奖励或者是为了避免一些讨厌的结果。	某位人士同意捐赠大学一大笔钱来进行建筑物的建造,只要它能以家族的名字命名。 一个孩子为了避免失去看电视的权利,每周坚持看两本书。

社会动机 需要通过经历或者与他人的互动交流而习得动机(比如交友或者成就需要)。
工作动机 唤醒、引导、衡量和维持工作者对工作的付出的条件和过程。
成就动机 驱使人们追求学术方面成就的因素。
内在动机 想要以某种方式表现的行为是出于个人享受和满足感。
外在动机 想要以某种方式表现的行为是为了获得某些外来的奖励或者是为了避免一些讨厌的结果。

你的工作,但是如果一个重要的外在动机——你的工资被削减了,那么你可能因此而辞职。虽然成绩是一个外在动机,但是一个优秀的成绩,尤其是在一项特别困难的任务或者测验中取得的成绩,往往能让人感受到圆满完成工作的自豪感(一种内在动机)。表10.1为内在动机与外在动机的表现举了几个例子。

以下**复习**总结了不同类型的动机。

复习——动机的类型

类　型	描　　　述	例　子
原始动机	天生的动机,能驱使我们为了完成一些生理上的需要而做出某些行为	口渴、饥饿、性
社会动机	通过经历和他人的互动交流习得的动机	成就动机、工作动机
内在动机	想要表现出某种行为是出于享受和满足感	为了乐趣玩某种游戏
外在动机	想要表现出某种行为是为了获得某些外部奖励或者是避免某些讨厌的结果	为了赢钱玩某种游戏

10.3 驱力降低理论与激活论怎样解释动机?
动机的生理学原理

你可能听过用本能这个词来解释蜘蛛为什么要织网或者鸟儿为什么要在冬天向南方迁徙。本能是每一个物种个体独特的固有行为模式,人们假设其由基因编程决定。因此,本能属于生理动机的一种。心理学家普遍同意没有真正能驱使人类行为的本能。但是,他们大多数赞同生物力构成了人类行为的基础。

有一种动机的生理学原理叫作**驱力降低理论**(drive-reduction theory),由克拉克·赫尔(Clark Hull,1943)推广的。根据赫尔的说法,所有的有机生命体都具有某些为了生存而必须满足的生理需要。某种需要产生了一种内在紧张的状态,这种需要被称为**驱力**(drive),并且驱使个人或者有机生命体去减少这种状态。比如,当你的食物被剥夺或者长时间没有饮水,你的生理需要就导致体内一种紧张的状态——这种情况下,饥饿和口渴就是一种驱力。你被驱使去寻找食物和水来减少这种驱力并且满足自我的生理需要。

驱力降低理论大多是从**内稳态**(homeostasis)(一种为了确保生存而维持内在状态平

> **驱力降低理论**　一种动机理论,认为生理需求导致内在的紧张或者唤醒的状态——称为驱力,有机生命体则要去减少这种状态。
>
> **驱力**　一种由潜在需要产生的内在的紧张或者唤醒状态,有机生命体倾向于减少它。
>
> **内稳态**　一种为了确保生存而维持内在状态平衡的身体的自然倾向。

▲人的多样化极大地表现在他们所能容忍的唤醒程度上。对于一些人来说,当在像这样的峭壁上攀爬时,他们经历的高水平唤醒令人享受。其他人更钟爱低唤醒活动。

衡的身体的自然趋势)这个生理概念中得出的。简而言之,为了生存,人体的体温、血糖水平、水平衡、血氧水平状态必须维持一种动态平衡。一旦这样的状态被打破,就会产生一种驱力来修复这种平衡,就像图10.1显示的那样。但是驱力降低理论不能完全解释广泛的人类动机。它不能解释为什么有些人(通常被心理学家称为寻求刺激者)热爱参与那些能够产生紧张状态的惊险活动,比如跳伞或者蹦极。

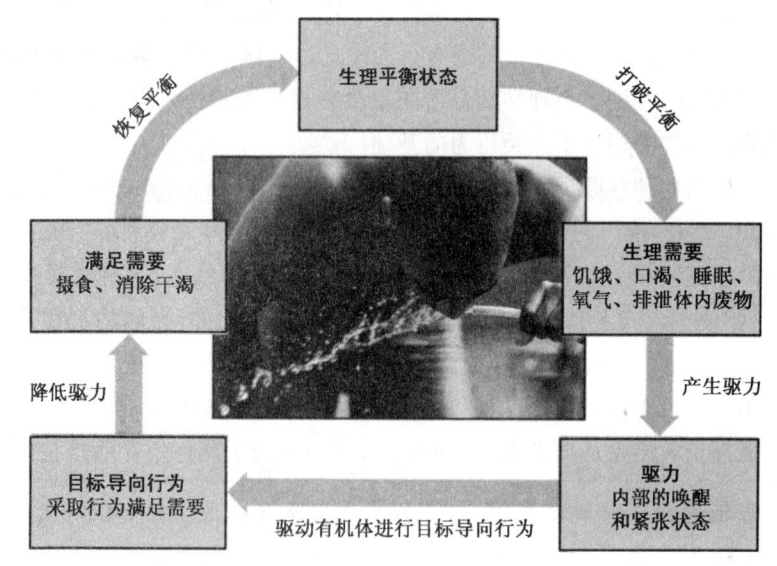

图10.1 驱力降低理论 驱力降低理论以生理学的一个概念内稳态(一种为了确保生存而维持身体内在状态平衡的自然趋势)为基础。当内部平衡被打破(比如口渴的生理需要),某种驱力(一种内在的唤醒或紧张状态)就会开始运作。然后,有机生命体就会被驱使采取行动满足需要,由此来减少驱力和恢复平衡。

驱力降低理论不能解释寻求感觉的现象,因为它假定人类总是倾向于减少紧张的状态。而其他的理论则恰恰相反,认为人们有时候被驱使去增加紧张的状态。这些理论运用**唤醒**(arousal)的概念来指代人的警觉状态和心理与生理活化的状态。唤醒水平可以分为无唤醒(当一个人陷入昏迷时)、中度唤醒(当进行普通的日常活动时)以及高度唤醒(当个体出于高度刺激兴奋状态时)三个水平。**唤醒理论**(arousal theory)认为人们被驱使维持一个最佳的唤醒水平。如果唤醒低于最佳水平,那么我们就会去做一些使自己兴奋的事;如果唤醒超过最佳水平,那么我们就会想办法减弱刺激强度。

当唤醒水平太低时,**刺激寻求动机**(stimulus motives)——比如说好奇心或者是探索、操纵对象以及游戏——使得人类和其他的动物去寻求刺激。想一想如果你坐在某个飞机场或者公交车站抑或是其他需要等待的地方,你能看见多少人在手机上或者掌上电脑上玩游戏?等待是无聊的;换句话说,它没有提供任何唤醒的来源。因此,人们转而进行电子游戏来提升唤醒的水平。

唤醒和行为表现之间通常具有密切的联系。根据**耶克斯—多德森定律**(Yerkes-Dodson law),当个人的唤醒水平最符合任务难度的要求时,行为表现也会达到最佳水平。对于简单任务,唤醒水平达到相对较高水平时,行为表现就能做到最好。我们貌似需要增加额外的唤醒水平来保证我们参与一些可能会变得无聊的任务。唤醒是中等水平时,中等难度的任务能完成得最好;唤醒水平更低,复杂困难的任务更适合(见图10.2)。但是当唤醒水平太高或者太低,任务完成表现就不能取得良好的效果。例如,你隔多久听说一次在关键时刻"出现失误的"与顶住压力"顺利完成"的运动员之间的比较呢?可能高压的情境使那些失误的运动员们的唤醒水平超过了合适点,但是它却对可靠的运动员造成了相反的影响。

唤醒水平和行为表现的关系大多要依据注意力这个概念来解释。在低唤醒水平下,思想是天马行空的,所以行为表现就不能达到那些需要专注的任务的要求,比如参加测试。相较之下,高唤醒水平通过占用工作记忆中所有的有效空间来干扰注意力。参加测试时的理想唤醒水平是那种能够保证不走神又不会较多干涉参加测试所需记忆的数量。批判者又认为唤醒水平仅仅是众多影响注意的变量之一(Hanoch & Vitouch, 2004; Landers, 2007)。此外,他们指出耶克斯—多德森定律主要依赖于动物研究(Hancock & Ganey, 2003)。出于这些原因,他们反对在不考虑其他影响人类注意力分配因素的前提

唤醒 人的警觉状态和心理与生理活化的状态。

唤醒理论 认为人们被驱使维持一个最佳的警觉状态和心理与生理活化状态的理论。

刺激寻求动机 当唤醒水平过低(比如好奇和探索),使得人类和其他的动物寻求刺激。

耶克斯—多德森定律 认为当个体的唤醒水平最符合任务难度的要求时,行为表现也会达到最佳水平;简单的任务需要高唤醒水平,中等难度的任务需要中等的唤醒水平,复杂的任务需要较低的唤醒水平。

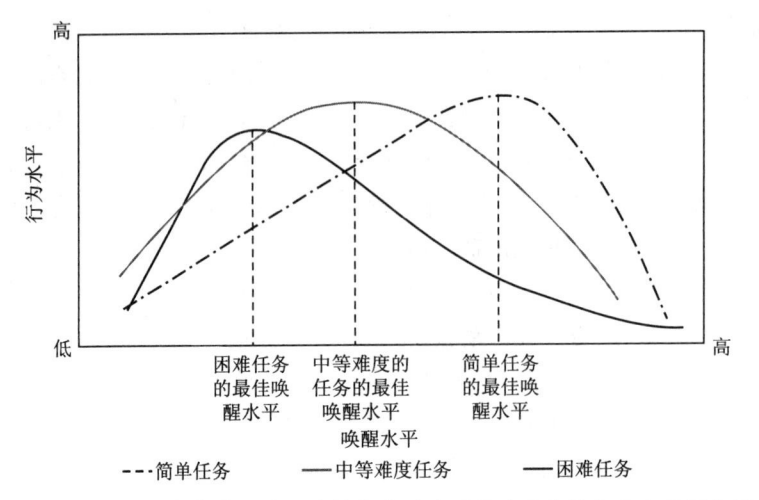

图 10.2 耶克斯—多德森定律 唤醒的最佳水平在不同难度的任务中有不同的要求。简单的任务需要高唤醒水平,中等难度的任务需要中等的唤醒水平,复杂的任务需要较低的唤醒水平。

下,将刺激寻求理论推广到类似测试这种人类的复杂行为中,而不考虑其他影响人类注意力分配的因素。

10.4 行为主义与社会认知理论如何解释工作与成就动机?

动机的行为主义和社会认知原理

到目前为止你所读到的一些生理学原理对在生理水平上理解动机有帮助,但是它们不能帮助我们回答一些更复杂的社会动机问题。为了更好地理解在工作和学习背景下的动机,我们必须考虑行为主义和社会认知理论的方法。你应该从第 5 章中了解到行为主义强调从结果中学习,而社会认知理论关注人们如何思考有关模型、行为结果以及其他对行为有影响的因素。

工作动机。是什么驱使工人们在工作中有良好或者不足的表现?那些在工业领域工作的心理学家被称为**工业/组织心理学家**(industrial/organizational[I/O] psychologists)(你能在附录 B 中有详细的了解)。尽管工业/组织心理学家对工作场所的很多方面都充满兴趣,比如组织设计、决策制定、个人选择、训练和评估以及工作压力。他们极其关注工作动机和工作表现。工业/组织心理学家指出了两种提高工人工作动机和工作表现的最有效率的方法,它们就是强化和设置目标。

运用强化的手段,工业/组织心理学家帮助设计了行为调节技术来提高行为表现水平和生产率。强化刺激包括奖金、表彰奖励、赞扬、休假、公布个人业绩、提供更好的办公室、令人钦佩的头衔以及升职。公司可能通过削减那些怠工职员的工资来制止怠工的现象。

> **工业/组织心理学家** 在工业领域工作的心理学家,尤其对工作动机和工作表现感兴趣。

运用**目标设置**(goal setting)的手段来提高行为表现水平包括建立一个困难的独特目标,相对于仅仅让员工们在漫无目的的情况下尽力表现,目标设置能让员工们有更高水平的表现(Latham & Pinder,2005)。一个组织如果想加强员工向目标奋斗的义务感可通过:(1)让他们参与目标设置;(2)让目标变得独特,有吸引力,困难但又是可以达到的;(3)对行为表现进行反馈;(4)为达到目标的员工提供奖励(Katzell & Thompson,1990)。

曾有几个社会认知理论被用于研究工作动机。根据其中一种理论——**期望理论**(expectancy theory)——的说法,参与一项指定活动的动机是由以下几点决定的:(1)期望,更多的努力能使行为表现提高的个人信仰;(2)手段,工作做好会被关注或者得到奖励的个人信念;(3)心理效价,一个人珍惜那些被授予的奖励的程度。数项研究显示,当员工坚信更多的努力会提高他们的行为表现,良好的行为表现会受到关注并且获得奖励,以及珍惜那些授予的奖励时,他们会更加努力工作。

员工认为工作各方面中最有价值的是感兴趣的工作、丰厚的工资、足够的资源和权利、团结友爱的同事。相反地,有些因素会破坏工作满意度。一方面,当工作量超过了员工认为能够承受的范围,将会招致他们的不满(Yousef,2002)。另一方面,当员工认为处理员工申诉或是不满不公平的系统程序,满意度也会下降(Kickul et al.,2002)。

成就动机。在早期的研究中,社会认知理论学家亨利·穆雷(Henry Murray,1938)编制了主题统觉测验(TAT),它包含了一系列模糊的照片。参与该测试的人需要根据每张图片的内容按一定的要求创作一个故事——去描述这张图片接下来会发生的情况,想象图片中的人或者人们正在想什么,他们可能是什么感受,这种情况下极有可能的结果是什么。这个理论认为测试结果揭示了测试者的需要以及这些需要的强度。其中一个被穆雷所认同的动机就是**成就需要**(need for achievement)(缩写为 **n Ach**),或者说是完成一些比较困难的事情和保持高标准表现的动机。对成就的需要而不是对成就感到满意,似乎可以培育。

研究者戴维·麦克利兰和约翰·阿特金森已经进行了许多关于 n Ach 的研究(McClelland,1958,1961,1985;McClelland et al.,1953)。拥有较高成就需要的人往往能够通过艰苦的工作、能力、决心和坚持不懈来挑战尚未达成的目标。那些简单到任何人都可以实现的目标没有提供挑战性,并且因为这样的成功没有价值而让人没有兴趣(McClelland,1985)。人们也几乎不可能去追求高目标和高风险,因为这提供了极少的成功机会并且被认为是浪费时间。那些具有高成就需要的目标是自主的并且和感知能力有关;因此,这些目标往往是现实的(Roberts,Treasure,& Conroy,2007)。

相反地,研究者声称,那些具有较低成就需要的人在涉及要测试自己的能力和技能时,

目标设置 运用目标设置的手段来提高行为表现水平,包括建立一个困难的独特目标,而非仅仅让员工们在漫无目的的情况下尽力表现。

期望理论 一种用工人们对自己在工作上努力的效益和价值看法来解释工作动机的方法。

成就需要 完成一些困难的事情并且有卓越表现的需要。

他们往往不乐意去冒险。他们更多的是因为对于失败的恐惧而不是对于成功的希望和期望而去行动。这就是为什么他们会设定任何人都可以实现的极低的目标或者是几乎不可能实现的极高的目标(Geen,1984)。毕竟,谁会去批评一个因为未实现几乎对于任何人都不可能的目标的人呢? 完成下面的试一试,它是一个被称为揭示高或低成就需要的游戏。

另一个社会认知理论也被称为**目标导向理论**(goal orientation theory),提供了一个关于成就动机的不同观点。根据这个观点,成就动机的不同取决于个体采用四种目标导向的哪一种(Wolters,2004)。以下是每一种导向可能会怎样影响一个大学生的方式。一个具有掌握/趋近导向的学生会通过学习和从事其他行为(例如上课)来增加他们的知识并去克服困难。那些具有掌握/回避导向的人将会表现出任何必然能避免失败的行为(附带说一句,是一个不同的结果而不是失败的成绩)。一个具有成绩/回避导向的学生会将自己的表现和其他学生进行比较,并且会出于至少要和他们的同伴相同的观点而积极工作。最后,那些具有成绩/趋近导向的人会因为渴望提高自身的自我价值感而去尝试一些超越自己同伴的表现。(表10.2总结了这四个目标导向。停下来去思考,哪一种目标导向可以最好地来描述你自己。)

表 10.2　目标导向

掌握/趋近:	通过工作来实现一些自我的内在价值(例如,知识)
掌握/回避:	通过工作避免产生威胁自我价值的结果(例如,无法学到新的东西)
成绩/回避:	为了避免产生超越他人表现的行为而限制自己的努力(例如,为了能和同伴融合而取得较为平庸的成绩)
成绩/趋近:	做足够多的工作来确保自己的表现能够比别人更加卓越(例如,在一个较为困难的课程中为获得一个A而努力,从而感觉到自己比其他人更加优秀或者当其他大多数学生失败的时候也会因为一个D而感到很满意)
注解:	掌握主要涉及对个人有意义的目标。成绩主要涉及社会比较所确定的目标。趋近的意思是这个目标帮助个人走向一些可取的东西。回避的意思是这个目标帮助个人远离一些不可取的东西。

试一试——你的成就需要是什么?

想象你自己参与了一个套环游戏。你有三个环可以套在六个钉桩中的任何一个。每次你想要套一个图钉都需要支付几便士。

拿着三个环你会去尝试套哪一个钉桩——最靠近你的钉桩1或者2,在中等距离的钉桩2或者3,或者是在尽头一排的钉桩5或者6?

　　目标导向理论　认为成就动机取决于个体采用四种目标取向中的哪一种(掌握/趋近,掌握/回避,成绩/趋近,成绩/回避)。

研究表明，比起采用了任一种成绩导向的同伴，采用任一种掌握导向的高中生和大学生更少拖延(Wolters，2003，2004)。然而，掌握导向并不完全意味着一个学生能够取得较好的成绩(Harackiewicz et al.，2002)。看起来似乎拥有成绩/趋近导向的人相比其他类型而言，更加紧密地与高分联系在一起(Church et al.，2001)。

10.5 马斯洛的需要层次理论是什么？
马斯洛需要层次理论

另一个关于动机的观点，是与亚伯拉罕·马斯洛提出的人本主义联系在一起的理论。它表明实现生理动机是社会动机的基础(Maslow，1970)。马斯洛提出，动机是人类寻求满足自我需求的过程。马斯洛强调，人类需求在自然界中也有分层，我们对于食物和住所的需要处于最底层，对于自我实现的需要则处于最高层。**自我实现**(self-actualization)是追求自我定义的个人成就和发展目标。因此，正如图10.3揭示的，在马斯洛的观点中，一个还没有实现较低层次需要的人几乎不可能达到自我实现。

图10.3 马斯洛需要层次理论 根据人本主义心理学家亚伯拉罕·马斯洛的说法，当较低的需求比如安全需求没有得到满足时，更高的动机，譬如尊重的需求将会被忽视。来源：Maslow(1987)。

📖 探索马斯洛需要层次理论 www.mypsychlab.com

马斯洛学说的其中一个含义就是出于对自身的考虑，我们必须通过更低层次的需求

自我实现 追求个人成就和成长自我定义的目标。

来体验追求个人成长所带来的满足感。然而,这个层次(理论)也说明了人类也把最低的未满足的需要作为动机。举个例子,如果一个在校学生未能实现马斯洛的尊重需要,这个学生可能有一个更低的需要未能完成。他或者她可能很饿(生理需求),在学校环境中感到有威胁(安全需求),或者是担心为同伴排斥(归属需求)。因此,马斯洛的学说帮助教育者明白给学生提供合理的营养,保证他们在学校的安全并且支持他们的社交发展,可能和掌握课程教材和教学策略同样重要。

除了马斯洛学说的现实意义,批评者经常指责自我实现是一个难以捉摸的概念。马斯洛也多少有一点同意这个观点,并且为了更好地说明这个现象,他研究了一些名人并坚信他们发挥了最大的才华和能力。他研究了一些历史人物,譬如亚伯拉罕·林肯和杰弗逊·托马斯,以及一些一生中作出巨大贡献的个人,包括阿尔伯特·爱因斯坦、爱莲娜·罗斯福和阿尔贝特·施韦泽。

马斯洛发现这些自我实现者会准确地感知现实——能够判断是否诚实并迅速发现虚假和欺骗。大多数人都相信他们有一个任务要去完成或者需要把他们的生命投入到一些更伟大的事情中。最后,那些自我实现者的特点就是经常出现高峰体验——关于宇宙的深层意义、顿悟以及和谐的体验。

344 复习——动机的方法

方　法	描　述	例　子
驱力降低理论	行为的产生是因为需要减少内部紧张或兴奋的状态	吃饭是为了减少饥饿感
激活论	行为的产生是为了保持最佳水平的唤醒	因为高兴而爬山;通过听古典音乐来放松
目标设定理论	行为的产生是因为建立了特殊、有困难的目标	通过邀请雇员参与建立出勤奖励标准来减少他们的缺席
期望理论	行为的产生是由于期望、手段和效价	雇员更加努力地工作是因为他们相信自己的努力都是有效的并且会被管理者察觉,而且雇员认为管理者的认可很有价值
成就需要 (n Ach)	行为的产生是由于需要完成一些比较困难的事并且有卓越表现	一个医学院毕业生选择一个需要6年住院实习时间的专业就是因为他想要挑战自己去尽可能达到最高最困难的目标
目标导向学说	行为取决于个人采用四种目标导向中的哪一种(详见表10.2)	当一个采用成绩/趋近的学生得知除他之外的所有学生得到了D或者F便会对自己在考试中得到了一个C而感到满意
马斯洛需要层次理论	在更高的需求激励行为之前必须满足更低层次的需求	当感到饥饿或者不安全的时候,学生无法专注于成绩

记一记——动机的基础

1. 当你为了获得奖励或者避免不愉快的结果而参加一个活动,你的动机是_____。
2. 驱力降低论主要集中在_____需求和产生的驱动力。
3. 根据激活论,人们在寻找_____的唤醒水平。
4. 那些拥有高成就需求的人制定的目标是_____困难的。
5. 工业/组织心理学家使用强化和目标设定来增加_____。
6. 在马斯洛的观点中,_____和_____需求在人们对于社会归属、尊重和自我实现的需求满足之前必须先被满足。

答案:1. 外在的 2. 生理 3. 最佳的 4. 中等 5. 物质刺激 6. 生理 安全

两个原始驱力:渴和饥饿

正如前面所提到的,原始驱力是不学而知的。就像马斯洛提出的,当原始驱力没有满足时(即当我们饥饿或者口渴的时候),我们通常会在其他类型的动机中分心。然而,缺少满足感就是影响口渴和饥饿的众多因素中的一个。换句话说,我们经常在并不口渴的情况下喝水,在我们并不饿的时候吃东西。

10.6 什么情况下会出现两种类型的口渴?

口渴

口渴是一种基本的生理驱动力,对于所有的动物来说都必须有源源不断的液体供应。因为身体本身就有75%的水,所以足够的液体是至关重要的。没有任何的液体摄入量,一个人只能存活大概4到5天的时间。

有两种类型的口渴。发生胞外渴(容积性渴)是由于液体从身体组织中流失。如果你剧烈运动或者把所有的事情都在炎热的天气中完成,你就会出汗并且流失体液。流血、呕吐、腹泻也会让你的体液流失。另外,酒精也会增加细胞外液的损失。这就是为什么人们前一天晚上大量饮酒后,第二天醒来会严重口渴。

胞内渴(渗透性渴)包含了从体细胞中流失水分的情况。当你吃了大量咸的食物时,血液中和细胞外组织的水钠平衡被打破,所以细胞释放一些它们自己的水分到周围组织中去重新建立起平衡。当身体的细胞脱水时,就产生了渴觉,所以你需要通过喝水来增加它们的水容积(Robertson, 1993)。这就解释了为什么这么多的酒吧会给顾客提供免费的有咸味的坚果、薯条和椒盐脆饼干——为了刺激他们的渴觉从而能购买更多的饮料。

10.7 内部与外部的饥饿信号如何影响进食行为?

内部或者外部饥饿的触发机制

你应该不会因为发现另一种主要的原始驱力"饥饿"比"渴觉"相对复杂而感到惊讶。

我们在转向心理和社会方面之前会先从生理学的角度来看饥饿和饮食。你的身体里发生什么才会让你感到饥饿，什么又会导致饱足——饱或者满足的感觉。

📖 观看关于食物和大脑的视频 www.mypsychlab.com

下丘脑。 研究者已经发现下丘脑的两个部位对调节饮食行为起着重要的作用，并且因此影响了饥饿的驱力(Steffens et al., 1988)。研究者很早就发现，**外侧下丘脑**(lateral hypothalamus, LH)是刺激饮食的饥饿中枢。刺激饥饿中枢让动物在即使很饱的情况下也能继续进食(Delgado & Anand, 1953)。当饥饿中枢被损坏时，动物起初会拒绝饮食(Anand & Brobeck, 1951)。

下丘脑腹内侧核(ventromedial hypothalamus, VMH)显然是抑制饮食的饱觉中枢(Hernandez & Hoebel, 1989)的。如果饱觉中枢被电刺激，动物就会停止进食(Duggan & Booth, 1986)。如果腹后外侧核被手术切除，动物很快就会吃到发胖(Hetherington & Ranson, 1940；Parkinson & Weingarten, 1990)。

更多的最新研究表明，把外侧下丘脑当成大脑的饥饿中枢，下丘脑腹内侧区当成饱觉中枢的说法无法解释组织中的神经元通过什么微途径来影响饮食和体重(King & Bostic, 2006；Pinel, 2007)。首先，动物最终会从外侧下丘脑的损害中重新恢复健康并且恢复饮食(Teitelbaum, 1957)。类似地，下丘脑腹内侧区的损害也不是永久的。一只下丘脑腹内侧区受到损害的老鼠最终也将停止暴食。另外，下丘脑腹内侧区的损伤使实验鼠更加不乐意去为了获得食物而工作(例如，通过一个杠杆获得食物)，并且它们会变得更加挑食。因此，总的说来，单独损害下丘脑腹内侧区很难导致肥胖。虽然下丘脑在饮食行为中确实起了作用，研究者至今还没有办法准确确定其自身神经元和其他来自身体饥饿管理系统的组成部分对其塑造所起的作用。

▲一只饱觉中枢受损的老鼠会比普通老鼠重六倍。在这种情况下，1 080 克的体重足以超过测量的范围。

其他内部饥饿和饱足信号。 其他导致感受到饥饿和饱足的身体结构和生理过程。举个例子，即使我们并没有真的感到饥饿，大脑的愉悦系统仍影响着饮食行为(Berthoud & Morrison, 2008)。尽管如此，身体有着许多抵消这种信息的方法。一种就是胃越满，甚至其中的物质是一些毫无营养的东西比如说水，我们也会有更少的饥饿感(你下一次想要

外侧下丘脑 下丘脑的一部分，刺激饮食的饥饿中枢。

下丘脑腹内侧核 下丘脑的一部分，抑制饮食的饱觉中枢。

▶即使我们不是真的饿了,单单是令人垂涎的食物的颜色也能激发我们吃的欲望。

控制食欲的时候需要牢记这个)。此外,在消化过程中肠胃会分泌一些物质,比如说激素胆囊收缩素(CCK),作为饱足信号(Veldhorst et al.,2008)。

血糖水平的变化和激素的调节也会导致饥饿感。血液中的血糖被肝脏中的营养探测器监测,并将此信息发送到大脑中(Friedman et al.,1986)。当大脑接受到血液中的血糖水平较低时的信息时便会刺激产生饥饿感。类似地,胰岛素,一种由胰腺分泌的激素,能将葡萄糖化学能转化成能量并被细胞有效利用。提高胰岛素的水平能够增加饥饿感,进而增加食物的摄入量和对甜食的渴望(Rodin et al.,1985)。事实上,长期分泌过多的胰岛素会增加饥饿感并且常常会导致肥胖。

外部信号。 感官线索例如食物的口感、气味和外观也会刺激食欲(Coelho et al.,2009)。对于多数人来说,手上单独拿着一个钟,提示用餐时间,足以促使其寻找食物。甚至和单独用餐相比,和他人一起用餐会刺激他们吃得更多(de Castro & de Castro,1989)。对于一些人来说,单纯地看或者想一些食物会提高他们的胰岛素水平,并且这样的人的体重更倾向于增加(Rodin,1985)。

表10.3总结了刺激和抑制饮食的因素。

表10.3 抑制和刺激饮食的生理和环境因素

	生 理	环 境
抑制饮食的因素	下丘脑腹内侧区的活动 血糖水平上升 胃扩张 胆囊收缩素(作为饱足信号的激素) 感官过饱	倒胃口的食物的气味、口感或者外观 习得的对某些味道的厌恶 习得的饮食习惯 想要瘦身 针对压力或者不愉快情绪状态的反应
刺激饮食的因素	外侧下丘脑的活动 血糖水平较低 增加胰岛素 胃收缩 空腹	吊胃口的气味、口感或者外观 对某些食物习得的偏爱 被一些正在吃东西的人包围 高糖高热量的食物 习得的饮食习惯 针对无聊、压力或者不愉快情绪状态的反应

10.8 哪些因素导致人体体重发生变化?
解释体重的不同

很明显,即使两个人在其他方面相同,比如身高和鞋码,体重也可以存在显著的个体差异。太胖或者太瘦都可能造成健康问题。在某些情况下,这种差异很大程度上是因为饥饱系统的不同而不仅仅是因为饮食和运动模式的不同。在考虑影响体重的不同因素之前,我们会考虑这些不同是怎样被测量的。

身体质量指数。 卫生保健专业人员通过一种名为**身体质量指数**(body mass index)或者**BMI**的标准来衡量体重和身高,并对个人的体重进行分类。身体质量指数小于18.5的被认为是偏轻的,但是当这个指数超过25的时候就被认定为偏胖。要计算你的身体质量指数,使用下面这个公式或者在 http://www.cdc.gov/Nccephp/Dnpa/Bmi/index.htm 上使用身体质量指数计算器。

$$[体重(英磅)/(身高(英寸)\times身高(英寸))]\times 703$$

近几年来,了解体重变化已经成为了一个重要的公众卫生问题,因为超重与健康问题往往有一定的关联,比如说心脏病和关节炎(National Center for Health Statistics[NCHS], 2004)。正如你在图10.4中看到的,超重(BMI介于25到29.9之间)和**肥胖**(obesity)(BMI高于30)的流行率都在近三十几年内急剧上升。超过三分之一的成年人肥胖,另外的三分之一超重(NCHS, 2008)。这里提供了几个导致正常的体重变化和肥胖的原因。

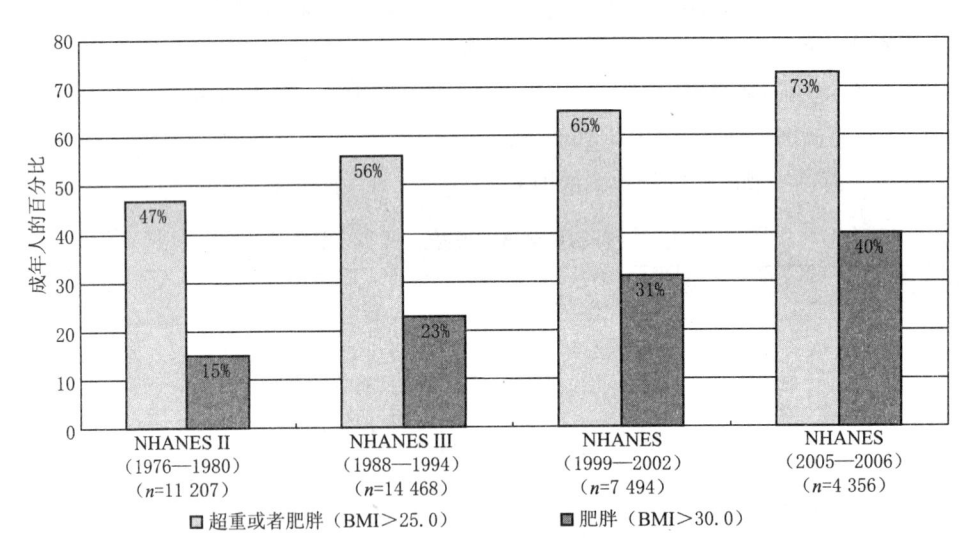

图10.4 超重和肥胖在20—74岁各年龄段的美国成年人中的流行状况 直接用2000年美国人口普查局的调查方法将被试分到20—39、40—59、60—74三个年龄段。数据来源:全国卫生统计中心(2008)。

身体质量指数 体重与身高之间相关关系的测量方法。

肥胖 BMI超过30。

遗传。纵观极瘦到极其肥胖的所有重量级别,一出生就被领养的孩子的身体尺寸更趋向于他们的亲生父母而不是养父母。一个围绕超过 10 万名被试的研究发现 74% 的同卵双胞胎具有相似的体重。然而只有 32% 的异卵双胞胎拥有相近的体重。研究者发表报告称遗传在体重中所起的作用比重估计在 0.5 到 0.9 之间 (Barsh et al., 2000)。

已经发现超过 40 个的基因和肥胖以及体重的调节有关 (Barsh et al., 2000)。而且,这些激素以复杂的方式相互作用 (Grigorenko, 2003)。所以基于遗传引起的肥胖并不仅仅只是从父母那里遗传到一到两个基因这么简单。目前为止,科学家们还不知道为什么一个拥有特定的与肥胖有关的基因档案的人就会变得比较胖而另一个人却没有。一旦对这些基因的作用有清楚的了解,可能就会有新的减肥药或者甚至产生高新技术治疗手段比如说基因治疗去抵抗肥胖。相比目前可用的办法,它们对于抵抗肥胖的作用更好。

激素。但是到底人们遗传的什么影响了身体重量?研究学家弗里德曼和其他研究学家证实瘦素激素可以影响下丘脑,并且可能是调节身体体重变化的一个因素 (Friedman, 1997, 2000; Geary, 2004; Kochavi, Davis, & Smith, 2001)。瘦素由身体的脂肪组织产生,它产生的量是体脂肪的一个直接测量指标:产生的瘦素越多,就有更高水平的身体脂肪。身体脂肪的减少会导致机体内瘦素水平的下降,而更低水平的瘦素会刺激食物的摄入。当瘦素的水平充分上升时,能量消耗超过食物摄入量,人们的体重就会减少。肥胖的老鼠被注射瘦素,在两周内它们的体重下降了 30% (Halaas et al., 1995)。在人类中,一个瘦素受体基因的突变会导致肥胖以及垂体异常 (Farooqi & O'Rahilly, 2005; Soenen et al., 2009)。人体瘦素水平的变化会影响免疫和生殖系统,以及涉及骨形成的过程。因此,瘦素似乎扮演了管理人体各生理组织的营养管理的角色 (Friendman, 2000)。

代谢率。身体燃烧卡路里提供能量的速度称为**代谢率** (metabolic rate),它可能也会受到遗传基因的影响。机体的活动仅仅用了你摄入能量的三分之一;另外三分之二被用来维持生存的过程。当你的能量摄入(你吃了多少)和能量消耗(你用了多少能量)不平衡的时候,你的体重就会改变。一般来说,如果你的卡路里吸收超过你每天的能量需要,你的体重就会增加。如果你每天的能量需要超过你的卡路里吸收,你的体重就会减少。

研究人员从热力学角度研究人体新陈代谢,了解到当能量摄入量超过能量消耗(身体热量和锻炼),只用超过一小部分并维持一段时间,就会导致肥胖 (Lowell & Spiegelman, 2000)。然而,个体对能量的燃烧效率是不同的。尽管两个人是同样的年龄、体重、构造和活动水平,一个人可能每天消耗更多的卡路里而不会增加体重。

脂肪细胞理论。脂肪细胞理论提出肥胖与体内大量的**脂肪细胞** (fat cells) 有关。研究者估计人体正常体重情况下有 250 亿到 350 亿的脂肪细胞,然而那些体重是正常体重两倍的人的脂肪细胞有 1 000 亿到 1 250 亿 (Brownell & Wadden, 1992)。脂肪细胞的数

代谢率 身体燃烧卡路里提供能量的速度。

脂肪细胞 储藏液化脂肪的细胞;数量取决于基因和饮食习惯,体重降低时,尺寸减小,数量没有减小。

量取决于基因和饮食习惯(Grinker, 1982)。这些细胞作为储藏液化脂肪的仓库。当一个人体重减轻,他/她的脂肪细胞并没有减少,而是液化脂肪减少,细胞仅仅收缩了。

研究者们曾经认为,一个人所有的脂肪细胞会在生命早期形成。这是一个不再被接受的观点。此外,哈佛大学医学部的研究人员已经发现调节新脂肪细胞在机体里生成的机制(Rosen et al., 2002)。他们的发现是不是意味着可以生产一种减肥药来抑制脂肪细胞的生成?可能是,但是哈佛大学研究的健康水平较差,并且不产脂肪细胞的基因工程鼠暗示着其他的情况。简单说,身体需要脂肪细胞储藏能量并且需要这些能量保持健康。研究人员也指出当我们干扰了脂肪,使其不在我们不想让它出现的地方生成,例如我们的臀部和大腿,会导致我们的身体将那些脂肪储藏在另一些部位。脂肪在这些部位囤积可能对我们造成更大更久远伤害,如我们的肝(Cromie, 2002)。

设定点理论。 设定点理论认为基因为个体预先确定了身体的重量(Levin, 2005)。**设定点**(set point)——当一个人不试着去增加或减少体重时人体所维持的一个正常的体重水平。体重——受身体中的脂肪细胞的数量和代谢率的影响,这两者均受基因的影响(Gurin, 1989)。人们若是有变瘦的遗传倾向,但是如果他们长时间吃得太多,也可能会超重,因为他们体内将产生越来越多的脂肪细胞。

根据设定点理论,一个内在的自我平衡系统负责维持设定点体重,就像一个恒温器使温度保持在一个设定好的温度附近。当身体的体重低于设定点,食欲增加,无论个体是瘦、超重、正常。当体重高于设定点,食欲下降以便恢复原来的体重。能量消耗的速率也会受到调节以维持设定点体重(Keesey & Powley, 1986)。当人们体重增加,代谢率增加(Dietz, 1989)。但是当人们限制卡路里来减肥,代谢率会更低,导致机体燃烧更少的卡路里,因此长期的减肥更加困难。增加体育活动——在减肥以及减肥之后锻炼——这是最好的降低体重设定点的方法以便身体储存更少的脂肪(Forey et al., 1996)。

研究人员认为脂肪细胞发送生物化学信号给下丘脑指示它们储存能量的多少(Hallschmid et al., 2004)。基因可能影响着下丘脑认为多少才算适合的储存能量。现在最重要的研究路径之一是确定这些生物化学信号并且通过影响它们以便降低肥胖个体的体重设定点。

10.9 成功节食的原则有哪些?

减肥的策略

你现在在用各种各样的节食方法减肥吗?若是这样,你有很多的同伴。一项全国研究发现超过70%的美国人,为了减肥已经在减肥中的前12个月,在某种程度上改变了他们的饮食(Jones, 2007)。然而,仅有11%的调查参与者知道相对于他们的身高应有的理想体重以及为了保持理想体重每天应该消耗的卡路里的量。也许,人们不难发现减肥很

设定点 当一个人不试着去增加或减少体重时,人体的体重就维持在一个正常的水平。

困难,而且当他们减肥成功时,很难保持体重。

任何有效的减肥方法必须帮助人们减少能量的摄入(吃得少),增加能量的消耗(更多锻炼),或者两者兼顾(Bray & Tartaglia, 2000; U.S. Department of Health and Human Services, 2005)。因此,成功节食的原则很简单。不需要你花费你努力挣来的钱在特别的食物、营养品、名人减肥或是流行减肥上。许多卫生健康机构已经在网上提供任何你需要知道的关于减肥的信息,明尼苏达州的罗切斯特梅约诊所是其中一家(Mayo Clinic, 2005)。表10.4总结了临床建议的关于达到和维持健康体重的策略。在其网站上,你可以输入自己的个人信息,然后你得到一个定制的减肥计划,包括健康食谱和菜单。

表10.4 来自梅约诊所的6个减肥策略

做出承诺:
减肥是一个需要努力的任务,它会让你有想退缩的念头。你需要下定决心坚持实现你的减肥目标。

得到精神支持:
分享你的目标给你知道会支持鼓励你的人。如果可能,参加一个非正式的减肥支持组织或者建议你想减肥的朋友和你成为"相互监督的搭档"。

设置现实的目标:
做一些检查明确你的身体类型,然后设定一个适合你的体重作为目标。一个符合现实的时间设计也是很重要的。要达到永久性的减肥,最好是设置一个长期的合理的饮食和你能坚持的锻炼计划,而不是短时间的。

享受更健康的事物:
永久性地改变你每天的饮食是确保当你回到原来的饮食模式时,体重不会出现反弹最好的方法。梅奥诊所也表明,极端的卡路里限制,女性每天摄入少于1 200卡路里,男性每天摄入少于1 400卡路里,对身体有害。

开始运动,保持运动:
无可置疑,增加锻炼对于减肥计划成功至关重要。找到些你喜欢的锻炼项目,或者在从事消耗卡路里的锻炼时做些让你享受的事(例如:听音乐)来激励你锻炼。

改变你的生活方式:
设计你的整个计划,饮食、锻炼和所有的想法,时刻记着你正在设计一个终生保持体重的策略。

观看关于城市扩张和减肥的视频 www.mypsychlab.com

不幸的是,梅约诊所这些减肥策略似乎并不适用于一些肥胖的人。因此,很多肥胖的人需要内科医生的帮助才能达到健康体重。首先,许多肥胖的人还有其他的健康问题,比如糖尿病,这些病与他们的肥胖有着复杂的关系。因此,他们采取的任何减肥的方法必须不能使其他情况恶化。肥胖儿童(美国有19%儿童肥胖)也需要医疗救助来减肥,因为卡路里的限制会阻碍他们的成长(NCHS, 2007; Overby, 2009)。此外,研究人员现在怀疑病毒、细菌或者两者共同作用都会导致肥胖者的体重调节功能紊乱。(Ley et al., 2005; van Ginneken, Sitnyakowsky, & Jeffrey, 2009)。未来的研究可能会显示治疗微生物感染可能是诱导肥胖人员体重下降的关键。

最后,由于未知的原因,一些肥胖患者无法扭转体重持续增加的这一趋势。对于这些个体,胃分流术,一种减少胃容量的程序,可能是唯一的选择。胃分流术的合适人选身体质量指数必须超过40。身体质量指数在35到39,如果他们有涉及体重的健康问题,例如糖尿病或者高血压,可以考虑手术。超过80%的病人接受胃分流术的结果是体重下降并且改善了与体重有关的健康问题(American Obesity Association, 2005)。然而,医师强调任何经历手术的人必须乐意致力于术后生活方式的改变,包括健康饮食和运动养生法。这些改变是必要的,因为即使减少胃容量,在术后减肥的一段时间后,手术者还是很可能重新回到肥胖的状态。此外,胃分流术是有风险的,例如术后可能会感染。一般来说,越是重的病人,手术后并发症的风险越大(Livingston et al., 2002)。

10.10 神经性厌食症与神经性贪食症的症状有哪些?

饮食障碍

饮食障碍构成一种在饮食和节食行为水平上远远超出平常水平的精神障碍,每天体验暴饮暴食或是节食。可悲的是,近些年来,这些疾病的发病率一直在增加(American Obesity Association, 2000)。

观看关于饮食障碍的视频 www.mypsychlab.com

神经性厌食症。 神经性厌食症(anorexia nervosa)特征是对肥胖有着无法抵抗的、非理性的恐惧,强迫自己节食到达自我饥饿状态,过度减少体重。一些神经性厌食症患者减少了他们原本体重的20%到25%。

神经性厌食症通常开始于青春期,大约90%的神经性厌食症患者是女性(Bekker & Spoor, 2008)。对于不同性别发病率的原因还不是很清楚。然而,一些研究人员相信,女性更可能通过吃或禁食作为他们应对压力的方法,这点有助于解释女性患神经性厌食症的原因(Bekker & Spoor, 2008)。此外,媒体对瘦是女性理想身材的观念的宣传,也可能促使神经性厌食症发展。

节食、强迫性节食和神经性厌食症之间有着重大的不同之处。其一,神经性厌食症患者对体型的感知是严重扭曲的。无论他们变得如何瘦弱,他们依然认为自己很胖。研究人员发现这些不现实的感知,可能是由于神经性厌食症患者有倾向扭曲的思想趋势以及很弱的决策能力(Tchanturia, Liao, et al., 2007; Tchanturia, Serpell, et al., 2001)。此外,研究发现在神经性厌食症患者中,有着非常高的心理疾病发生率(Dyl et al., 2006;

> **神经性厌食症** 神经性厌食症的特征是对肥胖有着无法抵抗的、非理性的恐惧,强迫自己节食到达自我饥饿状态,过度减少体重。

Milos et al., 2002)。这些发现表明,在某种程度上,神经性厌食症也许只是一些更大的问题的一个组成部分。

神经性厌食症个体常常不仅让他们自己挨饿,还通过残酷的锻炼尽量加速体重下降。而且,大多数的患者对食物和食物制作的过程都很着迷(Faunce, 2002)。许多患者很擅于假装自己在吃,但实际上他们并没有咽下食物。为做到这一点,许多神经性厌食症患者习惯将食物咀嚼然后吐出来,他们这一系列行为很迅速,其他人和他们一起进餐的时候都不会注意到(Kovacs et al., 2002)。

在年轻女性神经性厌食症患者中,体重连续显著的下降会导致闭经(停经)。一些患者也会患上低血压、心脏功能受损、脱水、电解质紊乱和不孕(American Psychiatric Association, 2006),也会减少大脑中的灰质(Castro-Fornieles et al., 2009)。此外,长期自我绝食会改变胃黏膜,即使在他们开始正常吃东西以后,也会导致神经性厌食症患者的胃会极难恢复正常的消化系统功能(Ogawa et al., 2004)。不幸的是,4%在青春期或者成年早期被诊断出有神经性厌食症的人在30年以内去世了(Papadopoulos, Ekbom, Brandt & Ekselius, 2009)。他们去世的平均年龄仅为34岁。几乎有三分之一死于自杀,大约20%去世的患者个体是由于器官疾病的影响。

很难找出这种疾病的原因。大多数神经性厌食症的患者有好的行为表现和成功的学业(Vitousek & Manke, 1994)。导致饮食障碍的心理因素包括过于关心外表,担心自己的吸引力,由于社会推崇瘦而感到的压力(Whisenhunt et al., 2000)。一些研究者认为年轻女性拒绝吃食物是试图控制生命的一部分,往往这些部分是她们在其他方面觉得难以控制的。

神经性厌食症很难治疗。大部分神经性厌食症患者在拒绝吃食物方面很坚定,而且坚持认为他们这样做没有什么错误。因此,主要的治疗方法,是让个体增加体重。患者可能被送进医院,控制其进食,并且在当其体重增加或者增加摄食量时给予奖励。治疗通常会包括一些心理治疗或者自助小组。一些研究显示抗抑郁的药物可能对神经性厌食症治疗有帮助(Barbarich, 2004)。其他研究认为富含蛋白质的营养品可以帮助神经性厌食症患者重新恢复他们正常的食欲(Latner & Wilson, 2004)。多维的治疗项目,包括结合药物、营养疗法、心理治疗,也许是最成功的疗法(Bean et al., 2004)。然而,不管使用什么治疗法,大部分神经性厌食症患者都会复发(Papadopous, Ekbom, Brandt, & Ekselius, 2009)。

神经性贪食症。 多达50%的神经性厌食症患者也有**神经性贪食症**(bulimia nervosa),这是一种慢性疾病,有反复、难以控制(经常偷偷地)的暴饮暴食行为的特点(American Psychiatric Association, 2000a)。非神经性厌食症患者也可能患上神经性贪食症。许多神经性贪食症患者来自那些家庭成员经常给予他人外表消极评论的家庭。

暴饮暴食发作有两个主要的特点:(1)在相同时间里,食物的消耗量比大多数人多很

神经性贪食症 一种慢性疾病,以反复、难以控制的暴饮暴食为特点。

多;(2)感到无法停止吃或者是无法控制食量。暴饮暴食——通常涉及富有糖类的食物,例如饼干、蛋糕和糖果——随后往往要清除摄入的食物。清除包括自行催吐或者使用大量泻药和利尿剂。神经性贪食症患者也许会过度节食或锻炼。运动员尤其易患这种疾病。但是许多神经性贪食症患者有着普通的身材,并且常会在暴饮暴食后通过"清除"来保持身材。

神经性贪食症会导致大量的生理问题。呕吐物的胃酸会侵蚀牙齿导致它们腐烂,身体脆弱的化学平衡被过度使用的泻药和利尿剂打破。神经性贪食症也会导致慢性咽喉炎和其他许多的症状,包括脱水、涎腺水肿、肾损害和脱发。这种疾病也伴随情绪的组成。神经性贪食症患者清楚意识到这样的饮食模式不正常,但又无法控制。暴饮暴食和清除的过程中充斥着沮丧、内疚和羞愧。

神经性贪食症一般发生在青少年晚期,每 25 个女性就会有一个女性受其影响(Kendler et al.,1991)。类似神经性厌食症患者,神经性贪食症患者有很大的可能患上强迫症并且表现出糟糕的决策(Liao et al.,2009)。而且,他们中大概三分之一的患者已经有了其他不同的自伤行为,例如故意割伤自己(Favaro et al.,2008)。另外,研究者正在寻找影响神经性贪食症的文化方面的因素。例如,西方对土耳其的态度与该国家传统价值观相冲突。据研究者称,这导致土耳其裔神经性贪食症病例增多(Elal et al.,2000)。显然,一些土耳其公民迫于西方媒体的压力而选择保持瘦弱的身材。

神经性贪食症像神经性厌食症一样难以治疗。治疗神经性贪食症在某些现实情况下很复杂,比如一个神经性贪食症患者可能也患有人格障碍,或者患者由于太害羞而不能与治疗师有效的互动(Goodwin & Fitzgibbon, 2002; Rosenvinge et al., 2000)。一些行为矫正方案有助于消除神经性贪食症行为(Traverso et al., 2000),行为认知治疗法被成功用于帮助改变神经性贪食症患者的饮食习惯和对身材体重的错误态度(Wilson & Sysko, 2006)。抗抑郁药已经被发现可以用于减少一些神经性贪食症患者暴饮暴食和清除食物的频率(Monteleone et al., 2005)。

◀玛丽·凯特奥尔森是许多患有神经性厌食症的年轻女性之一。神经性厌食症患者对自身体态认识存在障碍,导致她们即使有严重的偏瘦问题仍认为自己超重。

记一记——两个原始驱力:渴和饥饿

1. 以下哪项不是饥饿的信号_____。
a. 外侧下丘脑的活动
b. 血糖水平低
c. CCK 激素
d. 高水平的胰岛素
2. 你的_____率决定身体消耗卡路里以产生能量的速度。
3. 根据_____理论,身体会维持一个确定的体重。
4. 有效减肥的过程必须包括_____和减少卡路里的吸收。
5. 强制节食导致饥饿这是_____的典型症状。

答案:1. c　2. 代谢　3. 设定点　4. 锻炼　5. 神经性厌食症

理解情绪

当你感到生气时会怎么做?对大多数人来说,愤怒导致某种来源于愤怒的行动。所以,一个动机重要的组成部分是情绪——不仅仅是愤怒。想想各种由厌恶、悲伤、恐惧等情绪导致的行为。事实上,情绪一词的词根意思是"移至",表明了情绪和动机的密切关系。但是准确地说,什么是情感?

10.11 情绪的三要素是什么?
解释情绪的组成

情绪(emotion)是一个可辨认的感觉状态,感觉到它的时候我们就可以辨认出它。但是这种客观的感觉是如何工作的呢?心理学家已经研究出情绪由三部分组成:生理、认知、行为(Wilken et al., 2000)。生理成分伴随着情绪的生理唤醒(机体内部状态)。认知成分,我们感知或理解一个刺激或情况,明确我们感觉的情绪的方式。情绪的行为成分是其外部表现。

三个成分的出现是相互依赖的。例如,在某项研究中,更擅长根据心率变化(身体成分)确定情绪(认知成分)的参与者的情绪比对身体变化不敏感的参与者的情绪要强烈(Wilken et al., 2000)。因此,一个好的情绪的解释必须考虑到这些成分的依赖性。

> **情绪**　一个可辨认的感觉状态,涉及生理唤醒、对于情况的认知评价或者导致内部机体状态的刺激,以及表达这种状态的外显行为。

10.12 根据情绪的各种理论,个体在体验一种情绪时,事件各部分发生的顺序是什么?

情绪理论

一个由情绪组成的想法看起来是有意义的,但是确切来说,我们经历生理成分、认知成分和行为成分的顺序是什么?正如你所怀疑的,在情绪体验中这些成分的先后顺序是心理学家间长期争论的问题。

詹姆斯—兰格情绪理论。 美国心理学家威廉·詹姆斯(William James,1884)提出,情绪体验过程的顺序与主观体验告诉我们的顺序恰恰相反。詹姆斯认为只有在导致生理唤醒的那个事件和生理反应发生后,个体才能感受或者解释这个生理反应,从而产生情绪。换句话来说,说一些愚蠢的话使得你脸红,解释脸红的这种生理反应作为尴尬的情绪表现。詹姆斯(1890)还进一步说明"我们因为哭泣而感到抱歉,心跳猛烈而感到生气,因为颤抖而感到害怕"(p.1066)。

大概在詹姆斯提出理论的同一时间,丹麦生理心理学家卡尔·兰格独自提出了一个十分相似的理论。这两个理论已被合并为**詹姆斯—兰格情绪理论**(James-Lange theory of

图10.5 詹姆斯—兰格情绪理论 詹姆斯—兰格情绪理论与客观经验告诉我们的事实相反。如果一只狗在对你狂吠,据詹姆斯解释,狗在对你狂吠让你的心跳加速,之后你察觉到你心跳的加速,让你推断你肯定是害怕。

> **詹姆斯—兰格情绪理论** 该理论认为,情绪刺激引起身体的生理反应,而生理反应进一步导致情绪体验的产生(例如,感到害怕是由于战栗)。

emotion)(Lange & James,1922)。这个理论认为,自主神经系统产生了不同的生理唤醒模式,使得人们体验到不同的情感,而且生理唤醒在人们感受到情绪之前出现(见图10.5)。

但是,如果生理唤醒决定我们所感受到情绪,那么,每一种情绪相关的身体反应都应该是不同的。否则,你将不会知道你是伤心、尴尬、害怕还是高兴。

坎农—巴德学说。 沃尔特·坎农(Walter Cannon,1927)提出了丘脑说以批判詹姆斯—兰格理论。坎农是第一个研究急性应激反应(即遇到紧急情况时,是"战斗"还是"逃跑")的科学家,并且提出了"内环境稳定"的概念。坎农认为机体的生理变化,在各种情绪状态下,并无多大的差异,因此根据生理变化很难分辨各种不同的情绪。

心理学家菲利普·巴德(Philip Bard,1934)发展了坎农原先的理论。**坎农—巴德情绪理论**(Cannon-Bard theory of emotion)认为当我们感受到情绪时,发生了以下一系列过程:外界信息引起感觉器官的神经冲动,向上传递至大脑,大脑皮层产生了情感的主观体验,向下传递至交感神经系统,引起了机体的生理变化。换句话来说,你对于情绪的感觉(比如说害怕)和你的经验生理唤醒(强烈的心跳)发生在同一时刻,而不是哪一方导致了另一方。

沙赫特—辛格理论。 斯坦利·沙赫特认为早期的情绪理论忽视了一个关键要素——解释生理反应的主观认知。沙赫特和他的同事杰罗姆·辛格,提出了两因素情绪理论(Schachter & Singer,1962)。根据**沙赫特—辛格情绪理论**(Schachter-Singer theory of emotion),一个人要产生一种特定的情绪,两个因素是必须的:(1)这个人必须体验到生理唤醒;(2)这个人自己必须对生理唤醒有认知解释,那样才能把生理状态赋予"标签",从而决定产生怎样的情绪。因此,沙赫特做出推断,一种真正的情绪,需要个体被生理唤醒后,并找到能解释生理唤醒的原因时才能产生。如果人们已经进入了一系列的生理唤醒状态中,但是不能解释它的原因时,他将会按照在他所处的环境中易于获得的认识来称呼这个状态。

一些试图去重复沙赫特和辛格实验的研究者没有成功(Marshall & Zimbardo,1979)。不仅这样,后来的一些研究者质疑了"在不同情绪中生理唤醒不存在差异"这一说法,因为他们从基本的情绪中识别出了一些独特的生理唤醒状态(Ekman et al.,1983;Levenson,1992;Scherer & Wallbott,1994)。

拉扎勒斯的认知—评价理论。 理查德·拉扎勒斯(Richard Lazarus,1922—2002)提出的认知—评价理论,是情绪理论中最着重强调认知作用的理论(Ekman & Campos,2003)。根据**拉扎勒斯情绪理论**(Lazarus theory of emotion),认知评估是产生情绪反应的

坎农—巴德情绪理论 该理论认为,外界信息引起感觉器官的神经冲动被同时传输到大脑皮层和交感神经系统。大脑皮层提供了情感的主观体验,而交感神经系统引起了机体的生理变化,即生理唤醒。

沙赫特—辛格情绪理论 该理论认为,对于情绪的发生,有两个因素是必不可少的:(1)个体必须体验到高度生理唤醒,(2)个体必须对此生理状态的变化进行认知性的唤醒。

拉扎勒斯情绪理论 该理论认为,认知评价是情绪反应的第一步,在它的基础上,才会有其他与情绪相关的反应,包括生理唤醒。

第一步。情绪的其他方面,包括生理唤醒等,都依赖于认知评价。这个理论最大程度地与"情绪主观体验的事件顺序"相符——詹姆斯在很久前推翻的情绪事件的顺序。面对刺激或一个事件,人们最先要评估它。这个认知性的评估决定了人们是否会有情绪反应,什么类型的情绪反应。生理唤醒和其他所有的有关情绪的方面都跟随在认知评价之后。简短来说,拉扎勒斯主张,情绪是在人们有了对事件或环境的认知评价后才被激发的。当然,这种认知评价只能是积极或消极的,不能是中立的评价。

拉扎勒斯情绪理论的反对者们指出,一些情绪反应是很迅速的,直接就越过了认知评价的环节(Zajonc, 1980, 1984)。拉扎勒斯(1984, 1991a, 1991b)曾回应说,有一些脑部过程,是在意识没有参与的情况下发生的。在认知实现的过程中,一定有一些中间环节,它们是很短暂的,短暂到个体甚至都不知道做出了什么反应,也没能意识到感受到了什么情绪。更进一步,研究者发现再评价或改变某人关于某种情绪刺激的看法后,可以一定程度减少生理反应(Gross, 2002)。相比之下,抑制情绪的行为,即没有认知再评价的参与,是没什么用的。比如说,你知道你并不能得到你期盼的工作,最好的办法就是找出这个工作其实并不是那么完美的原因(重新评价),而不是试图通过思考一些别的事来消除你失望的情绪(企图压抑情绪)。

下面的**复习**部分总结了四种主要的情绪理论:詹姆斯—兰格情绪理论,坎农—巴德情绪理论,沙赫特—辛格情绪理论,拉扎勒斯情绪理论。

复习——情绪理论

情绪理论	观 点	示 例
詹姆斯— 兰格情绪理论	一个事件引发了生理唤醒。只有在你解释了身体的反应后你才能体验到这种情绪。	你深夜走在回家的路上并且听到了身后有脚步声。你的心跳加快并且身体开始颤抖。你把这些身体反应解释为恐惧。
坎农— 巴德情绪理论	一个事件同时导致了生理和情绪反应。并不是其中一方引起另一方。	你深夜走在回家的路上并且听到了身后有脚步声。你的心跳加快,开始颤抖,并同时感觉到恐惧。
沙赫特— 辛格情绪理论	一个事件导致了生理唤醒。你必须得找到解释生理状态改变的原因,从而来"称呼"你的情绪(即这个原因决定了你会产生怎样的情绪)。	你深夜走在回家的路上并且听到了身后有脚步声。你的心跳加快并且身体开始颤抖。你知道你深夜单独行走是很危险的,然后你感觉到了恐惧。
拉扎勒斯 情绪理论	一个事件发生了,当作出了认知评价后,情绪和生理唤醒才出现。	你深夜走在回家的路上并且听到了身后有脚步声。你认为那很可能是个行凶抢劫的人,所以你感觉到恐惧,你的心跳开始加快,并且你的身体开始颤抖。

10.13 脑的什么结构负责加工害怕这种情绪?
情绪与大脑

当我们产生情绪时我们的大脑里发生了什么?相比其他情绪,恐惧情绪大大促进了神经学家的研究(LeDoux,1996,2000)。大脑结构中的杏仁核与恐惧情绪密切相关(Debiec & LeDoux,2009,图10.6)。直接来自所有感觉器官的信息到达杏仁核后,迅速在杏仁核产生反应,并没有大脑中的主要思考区域——大脑皮层的参与。但在反射活动中,大脑皮层的参与程度就"追赶"上了杏仁核(LeDoux,2000)。一旦大脑皮层意识到了恐惧刺激,它就开始解释这个刺激的含义,计划做哪些行为来回应此刺激,比如说逃跑或在某些方面中和这个刺激。因此,甚至在大脑皮层还不知道发生了什么的时候,一种情绪就可以被激起了。

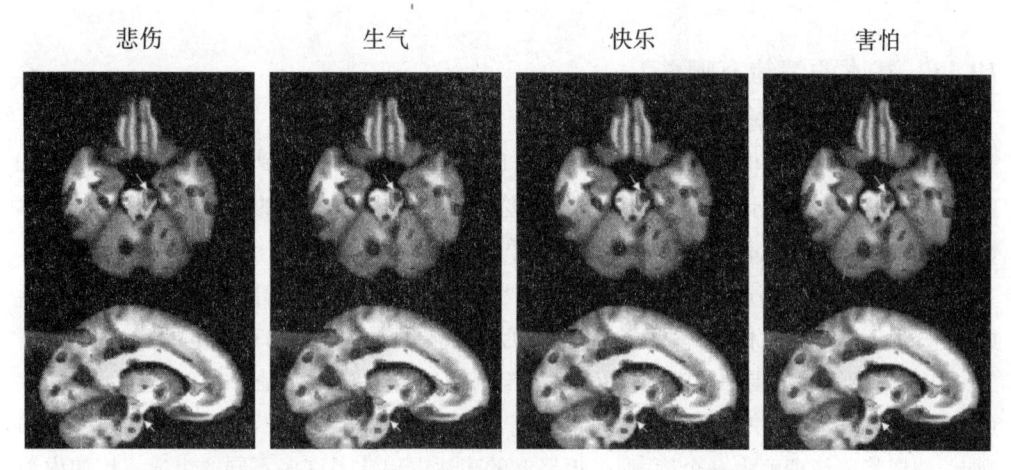

悲伤　　　　　生气　　　　　快乐　　　　　害怕

图10.6 情绪的神经影像　PET扫描清楚显示了大脑在不同情绪活动中被激活区域的影像。红色区域表示被激活的区域,紫色区域是未被激活的区域。来源:Damasio et al.(2000)。

当恐惧情绪刚出现的时候,大脑的处理加工过程大多是无意识的。当然,过后我们会意识到它。但是往往在我们意识到威胁出现之前,杏仁核已经被激活了(Damasio,1994,1999)。有趣的是,比起看到一些快乐面孔的照片,人们看到生气和恐惧面孔的照片时,杏仁核的兴奋程度更高。即人们看到生气、恐惧的面孔时,杏仁核被激活的程度更高(LeDoux,2000;Wright et al.,2006)。

记一记——情绪理解

1. 情绪是由_____、_____和_____组成的。

2. _____情绪理论坚持认为个体只有在生理唤醒并可以找到生理唤醒的理由时,情绪才能产生。

3. _____情绪理论认为你感到恐惧是因为你在颤抖。

4. _____情绪理论认为情绪的感受与情绪状态下的生理反应几乎发生在同一时间。

5. _____情绪理论认为,在对一个情绪刺激事件有了认知评价后,生理唤醒和情绪才产生。

6. 当恐惧袭来时,_____在_____之前被激活了。

答案:1. 生理唤醒　主观体验　外部表现　2. 沙赫特—辛格　3. 詹姆斯—兰格　4. 坎农—巴德　5. 拉扎勒斯　6. 杏仁核　大脑皮层

情绪表达

有人教会你怎样微笑和皱眉吗?当然没有。表情对人类来说就像呼吸一样来得自然。在所有不同的文化下,基本情绪的面部表情都十分相似。

10.14　基本的情绪有哪些?
情绪的范围

情绪有多少种?保罗·艾克曼(Paul Ekman,1993)和卡罗尔·伊扎德(Carroll Izard,1992)是两个在情绪方面领先的研究者,他们认为基本情绪的种类是有限的。**基本情绪**(basic emotions)不是通过学习而来,而是普遍、通用的;因为,这些基本情绪在所有文化下都存在,都是通过同样的面部表情表达出来,并随着儿童发育的生物时间表慢慢形成。恐惧、愤怒、厌恶、惊奇、高兴或欣喜、伤心或悲痛等通常被认为是基本情绪。

在研究情绪的范围中,艾克曼(1993)提出了情绪可以被看成是一些族组合。愤怒族可从恼怒到令人不愉快排列:生气,非常生气,到最后是暴怒。此外,根据艾克曼(1993)的观点,如果将情绪理解为一个族,那么愤怒族的表达中包含了许多不同的组成。比如说愤恨,是愤怒族的一个组成(愤怒族中含有不满感)(p.386)。其他的组成部分便是愤慨和盛怒,这些可以证明愤怒族主要是那些针对自己或别人的不正当行为。复仇心理属于愤怒族,指那些报复,对别人实施一些不公正的行为,或犯罪行为。最极端的时候,生气会表现出一种盲目的愤怒。生气时一个人会失去控制,可以对发怒的对象做出一些错误甚至残忍不讲理的暴行。就像可以有很多不相同的英语单词描述不同的任一种情绪,在人类表情中存在一些细微的区别,传达了表情成分的不同强度(Ekman,1993)。

10.15　婴幼儿面部情感表达的发展如何表明表情生物学基础的存在?
面部表情的发展

表情的发展是自然的,但是与表情发展相关联的模式是什么?新生儿甚至不微笑,可

基本情绪　情绪并不是通过学习而来的,而是普遍、通用的,各种情绪在不同文化中都通过相同的面部表情反映出来,情绪的形成取决于儿童发育的生物时间表;恐惧、生气、厌恶、惊奇、开心和悲伤通常被认为是基本情绪。

是1岁大时可以做出和更大孩子甚至成人几乎一样多的表情。就如爬行和走路这些动作技能,表达情绪的面部表情也随着生理成熟的时间表发展。新生儿甚至可以表达出一些情绪——尤其是伤心、高兴和对周围环境的兴趣。到3个月大的时候,婴儿可以表达快乐和悲伤(Lewis,1995),在3到4个月之间笑声会出现(Provine,1995)。在4个月到6个月间,愤怒和惊奇的情绪开始出现。大概到7个月的时候,婴儿有了恐惧的情绪。自我意识情绪直到最后才出现。在18个月到3周岁之间,儿童出现了第一次同情、嫉妒、尴尬,后来又出现了羞愧、内疚和骄傲(Lewis,1995)。

在不同个体、不同文化中,情绪发展是一致的,该一致性支持了情绪的外部表现是天生的这种观点。对那些一出生就失明且失聪的儿童的研究,成为另一个强有力表明面部表情是由先天生理决定的证据。这些儿童的微笑、皱眉、大笑、大哭,甚至愤怒、惊奇和噘嘴撒娇的表情和那些正常的孩子的表情完全一样(Eibl-Eibesfeldt,1973)。

10.16 什么证据证明人类面目表情的表达在全世界是统一的?
面部表情的普遍性

你认为同样的面部表情对于不同个体、不同文化都具有同样的含义吗?让你认识的人看看下面**试一试**中的表情照片,他们是否赞同那些表情的含义?

最先关于情绪和面部表情之间关系的研究来自查尔斯·达尔文(Charles Darwin,1872/1965)。他认为面部表情有助于生存,因为表情使人们能够交流内心状态,在人类还未能产生语言前,观察表情有助于人们对紧急情况做出反应。达尔文认为,大多数情绪、传达情绪的面部表情是基因遗传的,在全部人类的种族中是典型的。为了验证他的想法,他让来自全世界不同文化的传教士和普通人辨认一些基本情绪的面部表情。在实验数据的基础上,他总结出不同文化中面部表情是相似的。现在的研究表明达尔文是正确的。

其他的研究者也有证据证明文化多样性中表情的普遍性。谢里和沃尔伯特(Scherer & Wallbott,1994)发现来自五大洲、跨文化的37个不同国家的报告中,表情模式有着广泛的重叠。他们还有了重要发现,人们情绪的引发、调节的方式,在社交中如何共享,这些具有文化差异。最近的研究表明了亚洲人相比西方人来说,更注重从细节来观察对方的情绪(Ishii et al.,2003)。

此外,任何一种文化都出现了面部表达的"地方特点"(Marsh et al.,2003;Marsh,Elfenbein,& Ambady,2007)。这个特点是指,当大多数该文化中的人们做出独有的面部表情时,他们所使用的一类细微的肌肉活动的模式。换句话来说,如果需要做个高兴的表情,那么将会有"日式"、与"日式"有些不同的"美式"、还有与它们都不同的"德式"。事实上,即便当人们来自十分相似的文化背景,这些不同之处也能影响个体对情绪的感知。在一个经典的研究中,研究者发现了美国白人能够比欧洲白人更快地辨别来自其他美国白人的面部表情(Izard,1971)。

试一试——识别基本情绪

仔细看下面的六幅图片,每幅图画描绘的都是什么基本情绪呢?把分别代表六种基本情绪的字母与图片相匹配。

a. 高兴　　b. 悲伤　　c. 恐惧　　d. 愤怒　　e. 惊奇　　f. 厌恶

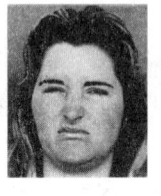

1. _____　2. _____　3. _____　4. _____　5. _____　6. _____

答案　1. d　2. c　3. f　4. e　5. a　6. b

模拟识别情绪的面部表情　www.mypsychlab.com

▲研究表明人们通过观察表情照片,可以很容易地区分出来自不同国籍的个体。可如果照片是没有感情色彩的,人们就不能够辨认来自不同国籍的个体。让被试观察来自相似文化背景的人的表情照片,这些发现也适用。比如说这两张图片一张是美国人,一张是澳大利亚人(Marsh, Elfenbein, & Ambady, 2007)。你能区分出来吗?左边的照片是澳大利亚人,右边的是美国人。

10.17 各种文化间情感的表达规则不同在哪里？
情绪表达的文化规则

在8岁生日时，你打开萨利阿姨的礼物，发现里面是一件你不想穿的丑毛衣时，你还记得你是怎么做的吗？你可能会说"呸"或者其他类似的话。但是，当18岁时再发生类似的事情时，你会怎么做呢？到那时，你已经学会了微笑并且假装你喜欢萨利阿姨的礼物。换句话来说，你已经学习到了一条**表达规则**（display rule），即一种文化规则，告诉你怎样表达你应该表达的情绪，并且告诉你何时何地表达这种情绪是适当的（Ekman, 1993; Ekman & Friesen, 1975; Scherer & Wallbott, 1994）。

一条社会的表达规则往往要求人们表现出某些并非他们真正感受到的情绪，或者掩饰他们的真实情绪。比如说，在葬礼上我们需要被看起来很伤心，比赛中失败时我们要掩饰我们的失望，菜肴味道很糟糕时我们要克制自己，不能做出厌恶的表情。在一项研究中，科尔（Cole, 1986）发现，一些三岁的小女孩收到并不吸引人的礼物，尽管这样，她们还是会微笑。她们早已经学会了一种表达规则，表现出了她们几乎不可能真正感觉到的情绪。戴维斯（Davis, 1995）发现在小学一、二、三年级的孩子中，女孩比男孩能更好地掩藏失望的情绪。不同的文化、街区，甚至家族中都可以有不同的表达规则。在日本文化的表达规则中，其他人在场的情况下，消极的情绪是需要被掩藏的。在多数西方社会中，女人应该经常微笑，不管她们是否觉得开心。在东非，传统马赛族人的年轻男子被要求是看起来严厉的，面部严酷无情的，有着"长期不会被打破的坚定目光"（Keating, 1994）。所以，有时人们表现出来的情绪其实不是他们的真实感受，而仅仅表明了他们遵从了表达规则。

人们不仅可以表达虚假的情绪，还可以隐藏真正的情绪（Russell, 1995）。细想一下奥运会的奖牌得主在等待他们的金牌、银牌和铜牌时的场景。虽然充满了喜悦，但奖牌出现在大家面前之前，运动员几乎没有笑容。当奖牌出现后，他们才配合当局，对观众做出回应（Fernández-Dols & Ruiz-Belda, 1995）。更进一步，研究者发现美国年轻人遵守来自同龄人的表达规则，不允许在公共场合表现自己的真实情绪。抑制情绪的表达，导致他们冷漠、心不在焉，甚至粗鲁地对待父母和其他成年人（Salisch, 2001）。心理学家认为遵守这些同龄人的表达规则也许是青年人出现与父母和老师的沟通障碍的主要原因。

大部分人都在很小的时候就学会了表达规则，并且大部分时间都遵守这些规则。你还不能完全意识到你学到的规则可以规定你何时、何地、怎么做、某种情绪应该被表达的时间有多长。接下来你将会学到更多关于如何解读情绪，探索非言语行为，觉察他人可能存在的动机。非言语行为将在第16章节中讲到，它包括面部表情、姿势、身体位置传达的含义。

表达规则 一种社会性的规则，规定一般应该在什么情况下表达什么样的情绪才是适当的。

10.18 为什么情绪被认为是交流的一种形式？
情绪，一种交流方式

通常，我们表达情绪是为了使别人采取你所期望的行动。如果你表达出你是悲伤或不幸的，那么在你身边的人往往就会同情并想帮助你。表情使得婴儿在能够说话之前，可以表达出他们的感受和需要。

在一个很早的研究中，凯瑟琳·布里奇斯（Katherine Bridges，1932）发现，加拿大婴儿的情绪表达的发展经过了几个月的时间。她认为最初表达的情绪就是悲伤。在生存规则中，表达悲伤的情绪可以让无助的新生儿得到他们照顾者的注意，从而婴儿的需要可以得到满足。更多的研究表明成人十分擅长解读婴儿的非言语信号；他们甚至可以通过简单地观察婴儿的表情和身体语言，便能正确地辨别出婴儿注视的是一个陌生的还是熟悉的物体（Camras et al.，2002）。

当你身边的人高兴时你也会感觉到更开心一点吗？也许你已经知道情绪是可以感染的。当母亲们通过表现快乐的情绪来逗她们孩子开心时，她们直觉地知道了这点（Kesting，1994）。研究者发现许多不同文化的母亲，特罗布里恩群岛的、雅诺马的、希腊的、德国的、日本的、美国的，都试图通过自己表达情绪来调节她们孩子的心情（Kanaya et al.，1989；Keller et al.，1988；Termine & Izard，1988）。

从进化的观点来看，生物快速可靠地理解各种情绪状态然后模仿，是具有生存的意义的。在许多物种中，如果一个群体中的某个成员感觉到捕食者的存在并表现出恐惧，其他的成员也会变得十分害怕，这可以让它们逃跑，从而活下来。对于人类也一样，迅速并准确地认出表达害怕和威胁的表情同样具有生存意义。一个研究表明，这样的认知能力非常准确且有效（fox et al.，2000；Horstmann，2003）。

人类在生命的第一年便开始接收其他人的情绪，并且用这些信息来指导自己的行为（Pollak et al.，2009）。婴儿会注意别人的表情，尤其是来自母亲的。当婴儿面对一个模糊不能分辨的情景时，他们通过观察母亲的表情来决定自己是靠近还是远离这个情景。这种现象被称为社会参照（Klinnert et al.，1983）。

当犯错或者传达的是虚假的情绪时，将会怎么样？研究人类为了传递基因会怎样表现的进化心理学家（第1章中提到）已经有证据表明，男人和女人在整个性交行为中，都会使用感情骗术（Buss，2003）。在一项包括来自大学的200个男性和女性的研究中，女性承认当她们说对男性没有兴趣或者没有和他们做爱的意图时，她们曾和男人调情、谈笑并且有过性行为的引导。男性承认他们在自己的情感承诺深度方面故意欺骗女性。在被问到是否曾为了性夸大他们对同伴的感情的深度时，与39%的男同学相比，有超过70%的女同学回答了是。令人惊愕的是，当问到她们是否认为一个男性会为了性而夸大他的感情，有97%的女同学回答了是（Buss，1994，1999）。

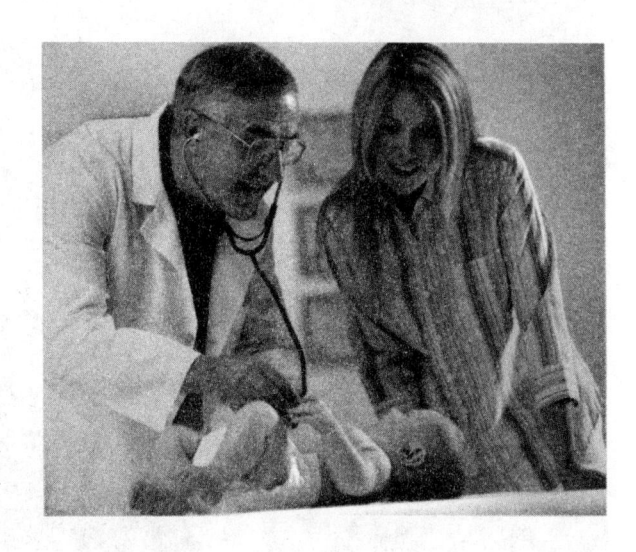

▶在不熟悉的情景中,婴儿用他们父母的表情来指引自己是害怕还是感觉到安全。你认为图中小婴儿接收到了怎样的情绪信息?

10.19 基于行为、生理、神经学测量所得出的关于欺骗的研究结果有哪些?检测谎言的艺术和科学

女性为了获得性偏爱而向男性撒谎的做法的真实评估结果,难道不能视为女性擅长检测出谎言的原因吗?碰巧,数以百计的研究表明男性和女性都不擅长识别谎言。

人类多导生理记录仪。大多数人用来评估真实性的策略不比简单地抛硬币有效:正面——你在撒谎;背面——你在说事实(Warren, Schertler, & Bull, 2009)。令人惊讶的是,对评估他人真实性的专业人员调查得出了复杂的结果。有些研究表明,在检测谎言方面有经验的人,例如执法人员,会比一般人在检测谎言方面做得更好(Ekman & O'Sullivan, 1991; Ekman, O'Sullivan, & Frank, 1999)。然而,也有其他的研究显示专业人员的表现与非专业人员一样糟糕(Akehurst, Bull, Vrij, & Kohnken, 2004; Leach et al., 2004)。

不去管这些让人沮丧的调查结果,人类不擅长检测谎言的命题也可能会有例外。其中一个例外就是,与观察演员奉命撒谎的录像带相比,专业的执法人员观察真正的刑事审讯录影带时,在检测谎言方面表现得更好(Mann, Vrij, & Bull, 2004)。因此,实验室研究并不能完整说明人类检测谎言的能力。更多的研究涉及现实生活中的谎言检测,而这又必须在我们做判断之前完成。

有些研究也表明一些很有天赋的人非常善于识别撒谎者。在这章前面你就能看到保罗·艾克曼——研究情绪的心理学家,指出,这类人比其他人更擅长察觉出持续时间不超过1/25秒的微小情绪和面部表情。他关于微表情检测的研究显示,善于察觉微表情的被试也善于察觉谎言,这一研究经常被他人引用(Ekman & O'Sullivan, 1997)。

我们没有能力识别谎言可能是由说谎者前后不一致的行为引起的。尽管许多人认为说谎会有许多常见的征兆,例如不安地看向别处。其实骗子之间真的有一些一致性。通常来说,说谎者在说话时比说真话者停顿更多或眨眼的次数更少。但是这些行为并不完

◀ 有 1/3 没说谎的人被多导生理记录仪错误指控,尽管多导生理记录仪的结果还没被法庭认可,但这技术在犯罪调查中仍发挥着重要作用。

全与谎言相关。因此,有一段时间科学家们考虑,或许能设计出一种能比人更好地辨别说谎者和说真话者的机器。

欺骗的生理测量方法。 多导生理记录仪(polygraph)是大多数人都很熟悉的一种检测谎言的仪器,它可以检测到心率、血压、呼吸速率和皮肤电反应的变化。使用多导生理记录仪的内在假设是:撒谎会导致生理机能发生变化,而这些变化能够被仪器准确测量并且记录下来(Rosenfeld, 1995)。然而,有些专家声称,由于多导生理记录仪而被错误指控为说谎的无辜者占比可能高达 2/3(Kleinmuntz & Szucko, 1984)。他们还指出有 1/4 的说谎者被这些仪器判断为并没有说谎。除此之外,经常撒谎的人可以在撒谎的同时不激发他们的生理唤醒水平,所以多导生理记录仪就不能够分辨出他们说的是真话还是假话。

声音压力分析仪工作原理也是类似的,即说谎会影响生理变量,反过来对声音各方面的影响也能可靠地被测量到。当前有各种各样类似的仪器可用。声音分析甚至被证明远不及多导生理记录仪准确(National Research Council, 2003)。

多导生理记录仪以不尽如人意的生理可靠性为基础,导致限制其使用的次数增加。然而,多导生理记录仪仍然是重要的调查工具。其效用来源于投资者的认识,即仪器无法直接指出具体的虚假陈述。相反,在值得进一步的审查或对被询问者进行一轮更详细的询问事件中,它们能给出提示。

📖 观看关于检测谎言的视频 www.mypsychlab.com

欺骗的神经测量方法。 欺骗的神经测量方法比欺骗的生理测量方法准确得多(Bhatt

多导生理记录仪 一种通过检测心率、血压、呼吸率和皮肤电反应变化来测谎的装置。

et al., 2009)。脑电描记法(EEG)和功能核磁共振(fMRI)都被用来测试大脑功能和欺骗之间相关联的假设。涉及脑电描记法测谎技术的研究被称为大脑指纹,它创造了近乎完美的谎言检测率(Farwell & Smith, 2001)。同样地,功能核磁共振成像扫描往往在检测欺诈行为上也极其可靠(Kozel et al., 2005)。

将来,会不会每一个警察局都有一个自己的神经影像实验室?这样的前景不太可能。不仅因为这些技术烦琐和昂贵,也由于研究人员尚不能充分了解其作为测谎器的效用。需要研究的一个可能性是,除了撒谎,是否有触发相同神经系统反应性模式的欺骗行为。

不过,脑电描记法已经被用于刑事司法情境(*The Economist*, 2004)。在一个案例中,测试有助于让有罪的人受到法律的制裁。在另一个案例中,一个无辜的人没有犯罪,而陪审团却判他有罪。因此,在将来,尽管还不普遍,神经测谎的使用可能会更频繁。

记一记——情感表达

1. 在儿童中,基本情绪的出现是他们_____发展的结果。
2. 每一种文化似乎都有其自己的微小的_____模式,用于展示特定的面部表情。
3. 因为文化的_____,人们有时会表达某些自己并没有察觉到的情绪。
4. 根据进化心理学,男性和女性都把_____用于交配行为中。
5. 多导生理记录仪测量_____。
6. 大脑指纹运用_____技术。

答案:1. 生物时间表 2. 肌肉运动 3. 展示规则 4. 情感欺骗 5. 生理反应
6. EEG

情绪体验

情绪表达是怎样与情绪体验联系在一起的?一些研究表明,单独的面部表情实际上可以产生感受。

10.20 面部的情绪表达如何影响内部的情感状态?
面部反馈假说

下面的应用概述了一些保持积极心态的提示。这些措施包括专注于积极的思维,也就是,认为快乐,就会快乐。除此之外,在这章的开头,你了解到微笑能让自己觉得更快乐。130多年前,达尔文曾写过:"即使是模拟的情感也往往会在我们心中引起。"(1872/1965, p.365)西尔万·汤姆金斯更进了一步。他声称面部表情本身,也就是,面部肌肉的运动产生表达,触发生理唤起以及与情感相关的有意识的感觉。这个概念,即通过某些面部表情的肌肉运动产生相应的情绪被称为**面部反馈假说**(facial-feedback hypothesis)(Izard,1971,1977,1990;Strack et al.,1988)。

在一个经典的研究中,艾克曼和他的同事(1983)选用了16名被试(12名专业的演员和4名科学家),记录了面部表情对情绪的生理指标的影响。这些被试被引导收缩面部特定的肌肉,因此他们能做出六种基本的表情——惊讶、厌恶、难过、生气、害怕和开心。然而,事实上他们从没被告知要微笑、皱眉或者摆出一张生气的脸。被试们被电子仪器监控,记录下他们的心率、皮肤电反应(为了检测流汗)、肌张力和手温这些生理变化。在被试做各种表情时进行测量。他们还被要求想象或者重温曾经有这六种情绪时的经历。

艾克曼报告说,无论参与者是体验一种情感体验或只是做了相应的面部表情,独特的生理反应模式会对应恐惧、悲伤、生气和厌恶等情绪出现。事实上,在一些案例中,当演员和科学家在做面部表情时,情绪的生理测量会比在他们想象某种情绪经历时好很多(Ekman et al.,1983)。研究者还发现生气和恐惧都会使心跳加快,但是恐惧时的手指会比生气时更冷。

如果表情可以激活情绪,强化或削弱一个面部表情是否也可以强化或削弱相应的感受呢?伊扎德(Izard,1990)认为学会自我调节情绪的表达能帮助我们控制情绪。你可能学着通过抑制、削弱或放大情绪来改变其强度。或者你也可以通过模拟另一种情绪的表达来改变情绪本身。伊扎德提出这种情绪管理的方法可能是心理治疗的一种有效辅助手段。如果这种情绪还没到不同寻常的激烈程度,通过模拟与它相反情绪的表达来管理或修饰情绪可以很有效。

我们是否会控制自己的情绪真的很重要吗?你可能听过宣泄情绪,一种宣泄的过程,对身体健康有益。实际上,相反的才是真的。发泄愤怒让人更加愤怒,甚至让他或她在表达愤怒时更具有攻击性(Bushman,2002)。更好的情绪控制与较低的毒品问题发生率有关(Simons & Carey,2002)。可以假定,我们越好地控制自己的情绪,就越少需要采取化学的手段去管理它们。

应用——追求幸福

幸福与生活满意度密切相关——觉得快乐的人往往也认为他们的生活令人满意。当然,每个人生活中的一些事实是不能改变的,其中有些也导致他们变得不幸福。然而,人们可以使用某些策略来进行更好的控制,关于他们在情感上对其生活状况作出回应的方式。

转移你乐观的视角。有一个普遍的积极的人生观是维持幸福感的重要因素。然而,你知道"透过玫瑰色的玻璃看外面的世界"是什么意思吗?这是来自法国的隐喻的表达,voire la vie en rose(看见生活在粉红色中),这意味着看到的东西比真实的更有利。心理

> **面部反馈假说** 该假说认为,特定面部表情的肌肉运动会让人产生相应的情绪(例如微笑让人觉得开心)。

学家丹尼尔·吉尔伯特曾研究过决策和快乐之间的关系(Gilbert，2006)。他指出当在我们认为会带来快乐的基础上做决定的时候，我们经常会感到失望。例如，一座新的房子会让我们开心的信念，促使我们省钱，花时间去找房子和经历压力很大的搬家体验。但是在短期内，我们会发现搬家并没有带给我们期望中的巨大喜悦。吉尔伯特说我们在关系中也是一样。在追求幸福的路上，我们约会、结婚、出轨、离婚，与疏远的亲戚和好，中断与讨厌的亲戚之间的联系，加入俱乐部去找新的朋友，等等。在一切都说过和做过后才发现我们回到了原来的情绪状态。

往好处想。吉尔伯特说，当我们学会感激我们所拥有的一切时，也许我们可以避免从希望到失望的循环。心理学家马丁·塞利格曼和他的同事使用了大量的练习来增加人们的幸福感，通过让他们专注于经历中的积极方面。其中的一个练习是"三件好事"。塞利格曼在他的研究中要求被试坚持写日记，记录每天发生的三件积极的事。仅在他们坚持写日记的一个星期后，便发现被试报告说自己觉得更快乐了。此外，在他们退出研究后，这些人仍然坚持这个练习，这练习也一直起着作用。

让自己忙起来。如果你投入了一个活动并且忘记你身处的环境，你会感到快乐。心理学家把这个状态称作"心流"。处在心流状态意味着全神贯注到忘记自我。无论是工作、玩耍，或简单地驾驶一辆车，参与一些需要特殊技能活动的人报告了更多积极的感觉。

你可能不能控制生活的每一方面，但是你能控制自己如何去面对它。

观看关于怎样变得快乐的视频 www.mypsychlab.com

10.21 男性和女性在情绪上的不同表现在哪些方面？
情感体验中的性别差异

男性和女性在情感体验方式上有显著的差异吗？女性往往比男性有更强烈的情感吗？根据进化心理学家的回答，两个问题的答案都是肯定的。强烈的情感经常可以在性行为中体验到。心理学家大卫·巴斯(David Buss，1992，2000b)也报告说，当他们的伴侣有侵略性性行为时，女性更有可能比男性感到愤怒。在另一方面，当他们的同伴克制性生活时，男性比女性更容易暴怒。男性和女性似乎通过不同的方式来管理愤怒的情绪。在一项研究中，研究人员故意说一些话来激怒被试(Knobloch-Westerwick & Alter，2006)，让其中一半的被试相信他们有机会报复主试。在他们等待下一个实验开始期间，研究者给被试提供在电脑上看新故事的机会。被试们不知道研究人员追踪了他们看的新故事的类型。在阅读快结束期间，研究人员发现，与那些积极的新故事相比，那些认为他们有机会报复主试的男性更可能读一些消极的新故事。与男性相比，有报复心理的女性会选择读一些更加积极的故事。研究人员假设，男性关注消极的故事是帮助他们维持愤怒的情绪，为报复做准备。女性通过阅读一些积极的故事，把阅读的这段时间当作驱散愤怒情绪的一个机会。

▶你是否认为情感表达中的性别差异会影响男性和女性争吵的方式？如果是这样的，那是怎样影响的？

10.22 情绪如何影响思维？
情绪和认知

你在第 6 章已经学过，一个人的情绪状态可以影响他记忆特殊事件的方式。例如，人们难过的时候会比快乐的时候回想起更多负面的事件。因此，情绪显然是人们思考过程中不可或缺的一部分(Izard，2009)。所以，当我们处在某种情绪状态或其他情绪状态时，我们思考未来而不是试图回忆过去，又会发生什么事？

这里有大量的证据表明情绪帮助我们进行风险评估以及养成适当的行为反应 (Lerner & Tiedens，2006；Schupp et al.，2003)。事实上，比起单独使用理性思考，情绪让我们能够更迅速地发现风险(Dijksterhuis & Aarts，2003)。假设你深夜在一辆巴士上看到一名乘客在有条不紊地磨刀，你会不会冷静分析他会用那把刀来攻击自己这种可能性？或许不可能。很有可能是，你的情绪会引导你更有效地避开危险的乘客或者尽可能快地下车。

情感和风险评估之间的联系已经被证明，尤其是在心理学家珍妮弗·勒纳和她的同事做的一系列的研究中。他们检测到人的情绪怎样回应"9·11"恐怖袭击，这也影响了他们对未来发生的类似事件的风险评估的能力(Lerner et al.，2003)。刚开始，勒纳和她的同伴检验袭击事件的情绪反应中，个体差异是否与感知风险的差异有关。他们的第一篇调查在袭击发生后的 9 到 23 天内就完成了。他们发现那些表现出愤怒的人比那些表现出害怕的人更加不相信在一年之内另一次重大袭击会发生。而他们的情绪反应是通过一个名为"报复的欲望"的量表测得的。他们还发现最初的情绪反应仍然预示了 6 到 8 个星期后风险评估中存在的差异。

接下来，研究者想求证实验诱导产生的情绪是否同样影响风险概率。为了检验这个问题，研究者随机安排被试暴露在有意引起特定情绪的刺激环境中。例如，在愤怒的情境中，被试首先被要求解释什么样的攻击会让他觉得特别生气；随后这些被试观看了一个视频,描述的是关于中东国家发生袭击的庆祝活动。在恐惧的情境下,被试首先被问道什么样的攻击让他最害怕;接下来,又让他们看了一个视频,这视频讲述的是邮政职员采取措施保护他们自己不感染上炭疽热。在回答完问题和看过视频之后,同一组的被试被要求预言接下来12个月内某段时间可能发生的事,他们说他们可能会受到恐怖组织的伤害或是其他的美国人会受到攻击。勒纳和她的同事发现对于事件发生的概率估计,无论是个人的还是大众的,恐惧组被试提出的概率要高于愤怒组。

什么会让一个愤怒的人变得比恐惧的人更乐观?可能在于被试的意见——发生恐怖袭击时可能采取的应对政策。无论是自然出现的还是实验诱导的愤怒,都与支持用具体的活动来反对潜在的恐怖分子有关,例如严格的政策要求立即驱逐那些非法入境的人。与愤怒相比,无论是自然产生的还是实验诱导的恐惧都与留心的方法有关,例如用通用的疫苗来对抗可能的生物武器。因此,愤怒者的乐观可能来源于自信,不管它是否合理,它采取的具体措施针对的是那些被视为有潜在威胁的人。

10.23 斯滕伯格的爱情三角理论如何解释不同类型的爱?

爱

你觉得什么情绪在我们的经历方面有最积极的影响?尽管人们经常相当轻率或是随便地用这个词("我爱冰淇淋""我爱跳舞"),大多数人会说在所有的情绪中爱是最增益人生的。人们经常能体会到爱,就像是对家长、孩子以及理想中的朋友、邻居和其他人的一种深切持久的感情。还有对国家的爱和对学习的热爱。但是浪漫的爱情是什么呢?它与其他类型的情感有差别吗?

📖 观看关于关系与爱的视频 www.mypsychlab.com

罗伯特·斯滕伯格(1986b,1987,2006)的智力三元理论第7章曾讨论过。他还提出了**爱情三角理论**(triangular theory of love),它是由亲密、激情还有承诺三部分组成。斯滕伯格解释:"亲密就像是在两人关系中促进亲密性、寄托感和连通性的情感。"(1987,p.339)激情指的是恋爱关系中那些"会产生浪漫,身体上的吸引和性的需要"的驱力(1968b,p.119)。承诺由两方面组成:短期和长期。短期方面就是要做出爱不爱一个人的决定;长期方面则是指作出维护这一爱情关系的承诺。

把斯滕伯格提出的这三种要素单一或混合组合之后,产生了七种不同类型的爱情(见图10.7)。

> **爱情三角理论** 斯滕伯格提出的理论,认为爱情包含亲密、激情和承诺三部分,单一或混合组合后产生了七种不同爱情类型。

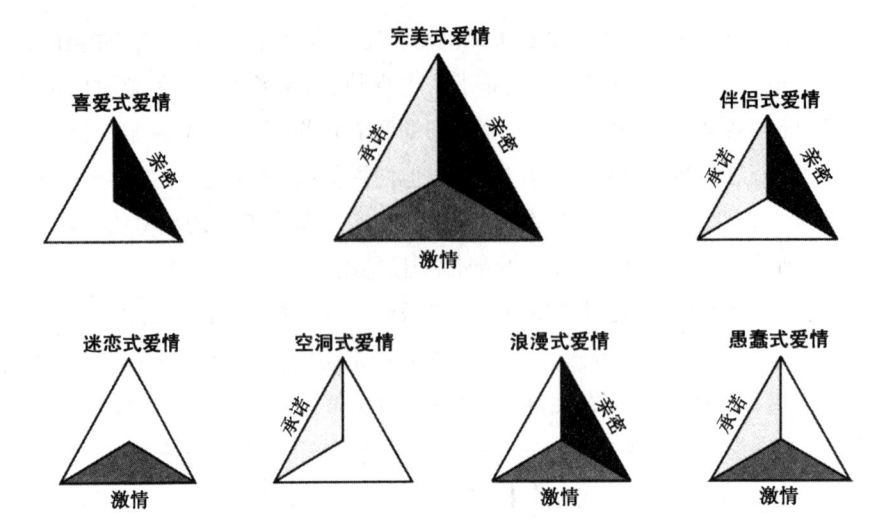

图 10.7 斯滕伯格的爱情三角理论 斯滕伯格认为爱是由亲密、激情和承诺三部分组成,还说明了这三种元素怎样单一混合组合产生七种不同的爱情类型。完美式爱情是最完整的爱情类型,三种成分它全包括。

1. 喜爱式爱情只包含亲密这一种元素。在这种情况下,喜爱并不适用于微不足道的意义。斯滕伯格认为这种亲密的喜欢代表真正的友谊,在这种友谊中,一个人感到对别人的寄托感,温暖、亲近但没有强烈的激情和长期的承诺关系。

2. 迷恋式爱情只包括激情,经常被当作是一见钟情的感觉。但是不包含亲密还有承诺两种元素,迷恋式的爱情可能会突然间消失。

3. 空洞式爱情只有承诺,缺乏亲密和激情。有时,强烈的爱情会恶化成空洞式的爱情,这时承诺还有,但是亲密和激情已经消失了。在包办婚姻普遍的文化里,两人之间关系通常都是由空洞式爱情开始的。

4. 浪漫式爱情是亲密和激情的组合。浪漫爱情是情绪化的,就像喜欢,并且还有肉体激情相佐。

5. 愚蠢式爱情有激情和承诺两种元素,但是没有亲密。这种类型爱的例子就是恋爱后闪电结婚——义务被激情推动而生,而不是受到亲密感的稳定影响。

6. 伴侣式爱情包括亲密和承诺。这类爱情经常会在激情退去但是深厚的感情还有承诺还在的婚姻中发现。

7. 完美式爱情是唯一一种包括亲密、激情和承诺三种元素的爱情。**完美式爱情**(consummate love)是最完整的一种爱,它是许多人努力追求的理想恋爱关系,但是显然很少有人获得它。斯滕伯格警告说维持一份完美的爱情比实现一份完美的爱情更难。他强调要将爱付诸行动。"无须解释,"他警告说,"即使是最伟大的爱情也会消失。"(1987,p.341)

完美式爱情 根据斯滕伯格的理论,这是最完整的爱情类型,包括亲密、激情和承诺三种成分。

▶根据斯滕伯格理论,浪漫式爱情包含情绪和物理两种成分。

记一记——情绪体验

1. 声称使人产生快乐、悲伤或愤怒的面部表情能在实际上引发生理学反应和情感相关联的感觉的观点是_____。

2. 女性和男性在体验和调节_____的感觉上是不同的。

3. 斯滕伯格的理论提出构成浪漫爱情的三个要素分别是_____、_____和_____。

4. 根据斯滕伯格的理论,形式最完整的爱是_____爱。

答案:1.脸部回馈假说 2.愤怒 3.亲密 激情 承诺 4.完美的

总结与回顾

动机的基础 p.337

10.1 动机的三个要素怎样通过共同作用来影响行为? p.337

激发是动机的一个成分,是一个人实现目标的第一步。持久性也是动机的一个成分,是指一个人甚至在遇到障碍后还能继续朝着目标前进。动机强度是指一个人用来实现目标所用的精力和注意力。

10.2 原始动机与社会动机,内在动机与外在动机的区别是什么? p.338

原始动机是不需要学习就可以得到的生理动机,如口渴和饥饿。社会动机是在与他人的交往和吸取他们的经验中学得的。在内在动机的驱动下,人们做某件事的原因是因为这件事令人满意或愉悦。而在外在动机的驱动下,人们做某件事的原因是为了获得奖励和避免不良的后果。

10.3 驱力降低理论与激活论怎样解释动机? p.339

驱力降低理论表明,生物需要创建一个不愉快的情绪状态,迫使有机体参与行为,从而降低唤醒水平。激活论表明,动机的目的是维持唤醒的最优水平。

10.4 行为主义与社会认知理论如何解释工作与成就动机? p.341

行为技术,如强化和目标设置被工业/组织心理学者用来提高工人的动机。期望理论是一个社会认知理论,着重于工人对工作绩效和努力价值的信仰。另外两个社会认知理论,需要成就理论和目标导向理论,有助于解释成就动机。

10.5 马斯洛的需要层次理论是什么? p.343

根据马斯洛的理论,在低层次需求得到满足之前,更高层次的需求不能得到解决。低层次需求包括生理需求(例如对食物的需求)和安全需求。一旦这些都满足了,行为可以出于更高层次的需求,如归属感、自尊和自我实现的需要。

两个原始驱力:渴和饥饿 p.345

10.6 什么情况下会出现两种类型的口渴? p.345

胞外渴是由身体组织失去体液引起。这可能是因为出汗、呕吐、出血、腹泻或过度摄入酒精。胞内渴是由体内细胞流失水分引起的。这可能是由于过量摄取了盐,扰乱了血液和组织的水钠平衡。

10.7 内部与外部的饥饿信号如何影响进食行为? p.345

当我们饿了的时候,外侧下丘脑发出信号;当我们吃饱的时候,腹内侧下丘脑则促使我们停止进食。其他内部饥饿信号是低血糖水平和高胰岛素水平。一些饱食信号是高血糖水平和在胃肠道消化期间血液中分泌的其他引起饱腹感的物质。外部饥饿的信号,比如味觉、嗅觉和食物的外观,与别人一起吃,以及吃饭的时刻都会导致人们吃下比他们实际需要更多的食物。

10.8 哪些因素导致人体体重发生变化? p.347

体重的变化受基因、激素、代谢率、活动水平、脂肪细胞的数量和饮食习惯的影响。脂肪细胞说声称,超重的人体内有更多的脂肪细胞。设定点理论提出,一个内部自我平衡的系统通过调节食欲和代谢率来保持体重。

10.9 成功节食的原则有哪些? p.349

一个有效的减肥策略必须包括减少卡路里的摄入和锻炼。一些肥胖的人不能减肥,他们必须接受胃分流术来达到一个健康的体重。这类成人和孩子的减肥计划必须接受卫生专业人员的仔细监督。

10.10 神经性厌食症与神经性贪食症的症状有哪些? p.350

神经性厌食症的症状是压倒性的,包括对肥胖的非理性的恐惧,强制节食的问题,饥饿状态下继续强制节食和过度减肥。暴食症的症状是重复、无法控制和阶段性的,随后患者通常会清除吃入的食物。

理解情绪 p.352

10.11 情绪的三要素是什么? p.352

这三个情绪的组成部分是伴随着情感的生理唤醒、在刺激和形势下的认知评价和表达情感的外在行为。

10.12　根据情绪的各种理论,个体在体验一种情绪时,事件各部分发生的顺序是什么? p.353

根据詹姆斯—兰格情绪理论,环境刺激产生了生理反应,然后意识到这种反应引起了情绪体验。坎农—巴德情绪理论认为同时传递到大脑皮层的信号引发的刺激引发了情绪。提供情绪的精神体验到交感神经系统,产生生理唤醒。沙赫特—辛格情绪理论认为对于情绪的发生,(1)必须有生理唤醒,(2)个体必须对生理状态的变化进行认知性的唤醒。根据拉扎勒斯情绪理论,一个能触发情绪反应的事件先引发了认知评价,然后紧接着才有了情绪和生理唤醒。

10.13　脑的什么结构负责加工害怕这种情绪? p.355
杏仁核处理恐惧的情绪,没有大脑皮层的初始参与。

情绪表达 p.356

10.14　基本的情绪有哪些? p.356
基本情绪(快乐、悲伤、厌恶等)是那些未受教育的、普遍的和根据人的生物时间表发展出现在他们儿童时期的情绪。

10.15　婴幼儿面部情感表达的发展如何表明表情生物学基础的存在? p.356
婴儿的不同情绪面部表情以一特定的顺序发展,而且似乎是成熟的结果而不是学习的结果。相同的序列甚至发生在出生后就失明和失聪后的孩子身上。

10.16　什么证据证明人类面目表情的表达在全世界是统一的? p.357
查尔斯·达尔文首先研究了普遍性的面部表情,因为他相信能够阅读其他的情绪对生存有帮助。他的研究表明,面部表情在文化方面是相似的。后来的研究不仅证实了达尔文的发现,还表明了引发和监管情绪的方法因文化而异,并表明他们如何共享社会。

10.17　各种文化间情感的表达规则不同在哪里? p.358
个人风俗文化决定各种情绪应在何时、何地、何种条件下表现。随着孩子逐渐成熟,他们逐渐学习这些规则,所以作为成年人他们将能够按照文化的规则抑制和展现情绪。违反文化表达规则会让一个人的行为被视为是粗鲁或具有攻击性。

10.18　为什么情绪被认为是交流的一种形式? p.359
相比仅使用语言,情感使人们在交流欲望、意图和需要上更有效,因此别人更有可能会回应。

10.19　基于行为、生理、神经学测量所得出的关于欺骗的研究结果有哪些? p.360
行为测量表明,人是糟糕的多导生理记录仪,他们在区分讲真话者和说谎者上很少有一致的行为。多导生理记录仪等生理测量可能是有效的调查。但是在查明虚假陈述上不足够可靠。EEG 和 fMRI 技术的神经测量比生理测量更准确,在未来也可能会更频繁使用。

情绪体验 p.361

10.20　面部的情绪表达如何影响内部的情感状态? p.362
面部反馈假说表明肌肉运动参与某些面部表情,触发相应的情绪(例如微笑触发快乐)。

10.21 男性和女性在情绪上的不同表现在哪些方面？p.363

情绪例如愤怒与男性和女性的不同经历有关。当他们的伴侣性欲强的时候，女性比男性更容易感到愤怒。而当他们的伴侣压抑住性欲的时候，男性比女性更容易感到愤怒。男性和女性似乎也以不同的方式调节愤怒。

10.22 情绪如何影响思维？p.363

情绪会影响记忆。情绪也影响注意力并且允许我们对有威胁的环境做出快速评估。恐惧增加了我们对风险的感知，愤怒则降低了我们对风险的感知。

10.23 斯滕伯格的爱情三角理论如何解释不同类型的爱？p.364

在爱情三角理论中，斯滕伯格提出能够各自进行多样组合的三个组成成分——亲密、激情和承诺——产生了七种不同类型的爱：喜爱式、迷恋式、空洞式、浪漫式、愚蠢式、伴侣式和完美式的爱情。

关键术语

成就动机 p.338
唤醒 p.338
基本情绪 p.356
神经性贪食症 p.351
完美式爱情 p.365
驱力 p.338
情绪 p.352
外部动机 p.338
脂肪细胞 p.348
目标设置 p.341
工业/组织心理学家 p.341
詹姆斯—兰格情绪理论 p.353
拉扎勒斯情绪理论 p.354
动机（广义）p.337
动机（狭义）p.337
肥胖 p.347
原始驱力 p.338
自我实现 p.343
社会动机 p.338
爱情三角理论 p.365
工作动机 p.338

神经性厌食症 p.350
激活论 p.338
身体质量指数（BMI）p.347
坎农—巴德情绪理论 p.354
表达规则 p.358
驱力降低理论 p.338
期望理论 p.341
面部反馈假说 p.362
目标导向理论 p.342
内稳态 p.338
原始动机 p.338
外侧下丘脑 p.345
代谢率 p.348
产生动机 p.337
成就需要 p.342
多导生理记录仪 p.360
沙赫特—辛格情绪理论 p.354
设定点 p.348
刺激寻求动机 p.339
下丘脑腹内侧核 p.345
耶克斯—多德森定律 p.340

章末测验

选择题

1. 露西想要遇见一个人,和他展开一段浪漫关系。于是她在大学期间加入了几个俱乐部,这样她就可以见到别人,特别是可以建立潜在的浪漫关系的人。她在动机的_____阶段。
   a. 激活　　　　　b. 动机　　　　　c. 持久性　　　　d. 强度

2. 努力学习来避免失败的学生的动机是_____。
   a. 外在动机　　　b. 内在动机　　　c. 本能动机　　　d. 驱力动机

3. 在几个小时没有喝任何东西的情况下,玛尔妮主动寻求饮料喝是为了恢复_____。
   a. 唤醒　　　　　b. 内在动力　　　c. 驱力水平　　　d. 内稳态

4. 当工人_____时他们的在职性能和生产率较高。
   a. 加入公会　　　b. 害怕被解雇　　c. 是女性　　　　d. 参与设定目标

5. 玛莎对成就有很低的需求。她可能会做什么?
   a. 玛莎将会做高风险的任务。
   b. 玛莎将会设定过高的目标。
   c. 玛莎将会设定有挑战性但是可以达到的目标。
   d. 玛莎将会激发对成功的期望。

6. 成绩/趋近目标导向将使学生_____。
   a. 学习和从事其他行为来增加他们的知识。
   b. 尝试超越他们的同龄人以提高自身的价值。
   c. 做任何行为需要避免失败。
   d. 努力使得他们的表现至少和同龄人的表现水平一致。

7. 马斯洛需要层次理论假定在一个人有动力去追求_____需要之前必须满足_____需要。
   a. 自我实现,尊重　b. 安全,生理　　　c. 生理,尊重　　　d. 尊重,安全

8. 梅根刚刚做完剧烈运动。她的口渴是由_____导致的。
   a. 胞间渴　　　　b. 脱水　　　　　c. 胞内渴　　　　d. 胞外渴

9. 在感恩节晚餐上迪克突然宣布:"我认为我的腹内侧下丘脑启动了。"迪克暗示着什么?
   a. 迪克饱了　　　b. 迪克患了感冒　c. 迪克饿了　　　d. 迪克需要去浴室

10. 莫林试着使自己的体重低于158磅,但是似乎就是无法做到。她节食和锻炼,体重波动着,但是总是大约在158磅左右。这个体重是莫林的_____。
    a. 遗传体重　　　b. 理想体重　　　c. 设定点　　　　d. 代谢率

11. 下列哪一个不是节食者和暴食症患者的主要区别?
    a. 节食者比暴食症患者更不可能得心理疾病。
    b. 节食者不太可能来自一个成员们对彼此的外貌作出消极评价的家庭。

c. 暴食症患者比节食者更可能对体型有着不切实际的看法。

d. 暴食症患者比节食者更不可能吃得多。

12. 根据_____理论,生理和情绪的认知成分是有关联的。

   a. 坎农—巴德情绪理论　　　　　　b. 詹姆斯—兰格情绪理论

   c. 拉扎勒斯情绪理论　　　　　　　d. 沙赫特—辛格情绪理论

13. "基本情绪"的意思是_____。

   a. 有一些情绪比另外的情绪更强烈。

   b. 每个人都学会表达一些情绪。

   c. 刚出生时婴儿甚至能表达所有的基本情绪。

   d. 一些情绪是不用学习的,不同文化之间有一些基本相同的面部表情。

14. 下列哪一个人调整自己的情感表达来符合现实规则?

   a. 一位大学教授微笑和耐心地听一个失败的学生列举作业没有完成的借口。

   b. 当最后的蜂鸣声响起,失败队伍的成员坐在板凳上生气了几分钟,然后前往更衣室。

   c. 当裁判打电话给主队时,粉丝们在棒球比赛上喝倒彩。

   d. 当鲍比的祖母给了他内衣而不是玩具作为生日礼物的时候,鲍比说它"讨人厌"。

15. 下面的哪一个是社会参照的例子?

   a. 一位母亲试图用唱歌来安抚婴儿。

   b. 一个婴儿观察母亲的情绪状态来看看如何在一个陌生的环境下做出反应。

   c. 当决定周末要做什么的时候,一个青少年会参考他的朋友们喜欢做的事。

   d. 一个女人和一个男人调情,说他让她想起了一个电影明星。

16. 下列关于测谎的哪一个说法是准确的?

   a. 女人比男人更善于发现谎言。

   b. 女人比男人更不善于发现谎言。

   c. 只有当谎言是关于主要问题如不忠的时候,女人才比男人更不善于发现谎言。

   d. 男人和女人都特别不善于发现谎言。

17. 斯滕伯格指的有承诺与激情但没有亲密的是_____。

   a. 空洞式的爱情　　b. 喜爱式的爱情　　c. 愚蠢式的爱情　　d. 伴侣式的爱情

简答题

18. 唤醒理论经常被用于说明冒险行为的不良后果,如实验药物。我们怎样才能使用这个理论来解释那能提供理想结果的冒险行为,比如自主创业?

19. 比较詹姆斯—兰格、坎农—巴德、沙赫特—辛格和拉扎勒斯的情绪理论。

20. 为如下的声明准备赞成和反对的论据:"在刑事诉讼中,在测量被告的真实性上,技术应该比其他种类的证据占更大的比重。"

答案见第773页。

第11章

人类的性和性别

性、性别和性别规则

11.1　生理的性在典型意义上和非典型意义上是如何发展的？

11.2　性与性别是什么关系？

11.3　早期理论如何解释性别角色的发展？

11.4　多维分析如何解释性别角色？

11.5　根据性别图式理论，性别角色是如何发展的？

11.6　进化论是如何阐述自然选择对于性别角色的贡献的？

性别差异

11.7　信息加工系统是如何创造性别刻板印象的？

11.8　哪些认知能力具有性别差异？

11.9　在社会行为和人格方面具有哪些性别差异？

性态度和性行为

11.10　不同性别、不同文化的性态度与性行为有什么不同？

11.11　根据马斯特斯和约翰逊的理论，什么是人类性反应周期？

性取向

11.12　一个男同性恋或女同性恋的性取向可能由哪些因素决定？

11.13　近几年对同性恋的看法有什么改变？

11.14　通过对几种不同夫妻类型的研究，理论家们是如何解释性忠诚的重要性的变化？

性功能障碍

11.15　两种性欲障碍的定义特征是什么？

11.16　性唤起障碍的定义特征是什么？

11.17　性高潮和性疼痛疾病对于男女性交体验有什么影响？

性传染病

11.18　主要由细菌引起的性传染病有哪些？如何治疗？

11.19　通过性接触传播的病毒性疾病是什么？

11.20　艾滋病能够通过哪些方式影响个体的身心健康？

想一想

当你发现你的恋人与别人调情的时候有何感受?你会生气吗?会妒忌吗?这些问题是由进化论心理学家提出的,他们研究那些帮助人类以个体和物种的姿态生存的行为。显然,繁殖对我们的生存尤为重要。

因此,进化论心理学家研究我们形成、维护和思考恋爱关系或是交配策略的方式,从中得出结论。为了从此类研究的问题中获得一些想法,让我们以回答下列问题的方式来想一想你个人对情侣关系的看法。

在下列每个情境中,选出最准确的答案。

a. 你处在一场严肃、忠诚的恋爱关系中时发现你的恋人与他人调情。这时你会感受到哪种程度的妒忌?

_____完全不妒忌　_____轻微的妒忌　_____中等的妒忌

_____非常妒忌　_____极度妒忌

b. 如果你和他人调情,你的恋人的妒忌会到哪种程度?

_____完全不妒忌　_____轻微的妒忌　_____中等的妒忌

_____非常妒忌　_____极度妒忌

指出下列情境中会让你更生气或更受伤的一种。

a. 你处在一场严肃、忠诚的恋爱关系中,并且发现你的恋人最近与另一个人陷入了感情纠葛。他们没有发生性关系,甚至没有接吻,但是你的恋人花费了大量时间陪伴那个人,看上去对对方充满依恋,并且频繁谈起那个人。

b. 你处在一场严肃、忠诚的恋爱关系中,并且发现你的恋人最近与另一个人发生了性关系,但是他们之间完全没有情感纠葛,互相之间也没有承诺。

哪种情况会让你心理上承受更多的痛苦?

a. 情感背叛　　　b. 性背叛

你是男性或女性?_____

(问这个问题的原因会在你对课文的继续阅读中逐渐揭晓)

戴维·巴斯是著名的进化论心理学家。他的研究报告显示,在许多文化中,男人和女人具有相同的嫉妒能力(Buss et al., 1990)。然而,使他们嫉妒的原因却存在差异。对于男人来说,性背叛比情感背叛来得严重得多;对于女人而言,情感背叛比性背叛更容易引起嫉妒的情绪,比如发现恋人仍然与前任有交流和来往并且与前任分享自信。同样十分有趣的是,这些结论以两种不同的证据为基础。第一条发现来自问卷,就像你刚才做过的那些一样(Buss et al., 1990; Buss et al., 1992)。另一条发现来自对男性和女性考虑不忠时的生理应激水平的研究(Buss et al., 1992)。男性在考虑性背叛的时候应激水平更高,然而女性却是在考虑情感背叛的时候应激水平更高。

在之后的章节里,我们将会探究如何解释进化论心理学家以及对于巴斯和其他研究者的调查发现所提出的批评。尽管我们还没有进行到那里,在这之前,我们将通过对于什么是性和性别的讨论开始对性与性别的探索。

性、性别和性别规则

你是否将名词性与性别交替使用过？大多数人都这么做过，但是这两个词的意思不同。一般来说，性是一个生物学术语。因此，为了区分，**生物性别**(biological sex)——作为男性或女性的生理状态——经常被心理学家以及其他研究人生阅历中关于这个方面的学者使用。相对地，**性别**(gender)更常用来指一个人与性相关的心理和社会变量。就像你想象的一样，关于这两者的相关程度存在着激烈的争论。

11.1 生理的性在典型意义上和非典型意义上是如何发展的？

生理性别

你在第2章节学到，女性的**性染色体**(sex chromosomes)是XX而男性的是XY，这决定了生物性别。这些染色体上的信息对生殖器的发育以及生理上性别的其他方面做出了贡献。有时候这个过程可能出现错误，比如一个孩子生来就性别难辨。在探索这些案例之前，我们将会简要描述大多数孩童体验到性别发展的里程碑事件。

生物性别的发展。在产前发育早期的几个星期，男性胎儿和女性胎儿的**生殖腺**(gonads)或者说是性腺是完全相同的（见图11.1）。在产前发育的第七周期间，研究者发现了一个只存在于Y染色体上的单基因(Capel, 2000)，命名为Y染色体性别决定基因 *Sry* 可以推动睾丸在男性胎儿时期的发育(Hanley et al., 2000)。如果Y染色体性别决定基因缺失或者不能发挥功能，卵巢将会在怀孕后大约12周开始发育(Wertz & Hermann, 2000)。但是故事并没有在这里结束。

雄激素(androgens)或者男性荷尔蒙的有无，决定胚胎发育出的是男性还是女性**生殖器**(genitals)，它也被称作**第一性征**(primary sex characteristics)。在男性胚胎中，原始睾丸分泌雄激素，引起男性生殖器，即阴茎、睾丸和阴囊的发育。如果雄激素缺失，那么女性生殖器，即卵巢、子宫和阴道就会发育(Breedlove, 1994)。如果雄激素缺失，一个男性基因(XY)也能够发育出女性生殖器；如果具有异常高水平的雄激素，一个女性基因(XX)也能够发育出男性生殖器。这些激素对于胎儿时期的大脑发育有很大影响，它们导致男女

生理性别 作为男性或女性的生理状态。

性别 以对作为男性或女性的行为的期望为基础，对于男性化或女性化的心理学和社会文化的定义。

性染色体 一对决定人生物性别的染色体（女性XX，男性XY）。

生殖腺 性腺体；女性的卵巢和男性的睾丸。

雄激素 男性荷尔蒙。

生殖器 男性或女性的内部和外部生殖器官。

第一性征 内部和外部生殖器官；生殖器。

精囊：
产生输送精子的液体（精液）的器官之一

输精管：
把精子从附睾输入精囊

前列腺：
产生精液的器官之一

附睾：
储存精子

睾丸：
男性生殖腺；产生精液

男性　　无差别　　女性

生殖腺：
性腺

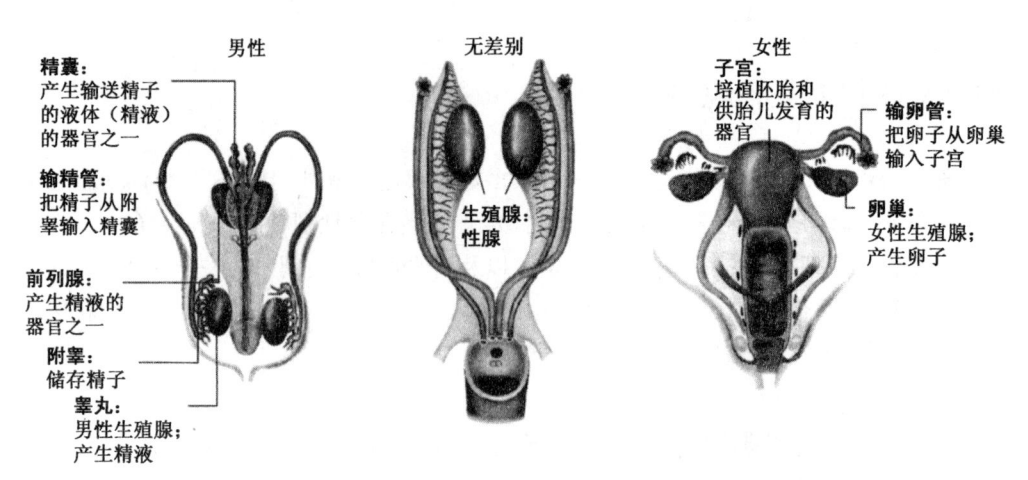

子宫：
培植胚胎和供胎儿发育的器官

输卵管：
把卵子从卵巢输入子宫

卵巢：
女性生殖腺；产生卵子

图 11.1　性发展　在前 6 周，性发展是无差别的；就是说，XX 和 XY 胚胎具有发育男性和女性生殖系统的所有必要机能。第 7 周，在 XY 胚胎内的 SRY 引起激素的改变，导致男性的生殖系统得到发育而女性的生殖系统发育被抑制。在 XX 胚胎中，由于缺失 SRY，女性生殖系统得到发育而男性生殖系统最终消失。来源：Welch(2007)。

的大脑以不同的方式开始发育(Lazar, 2000)。

探索女性生殖器 www.mypsychlab.com

373　　在青春期，下丘脑向脑垂体传递一种信号，逐步引起生殖器的成熟和**第二性征**（secondary sex characteristics）的出现。这些是与性成熟有关但不直接包括在生殖范围内的生理特征：两性的阴毛和腋毛，女性的乳房，以及面部和胸部的毛发和男性低沉的嗓音。

非典型发育。天生就具有两种性别的生殖器的孩子非常少。这些案例大多数都是由于产前发育的第 9 和第 13 个星期之间过度或不足的雄激素水平引起的(Styne & Glaser, 1998)。举个例子，一种叫作先天性肾上腺增生（CAH）的情况就是一种遗传性疾病，导致胎儿的肾上腺增生，产生过度的雄激素(Wilson, 2008)。一些具有 CAH 的女性胎儿就发育出了男性外观的生殖器。而大多数失调的男性会正常发育但是在青春期早期发育阶段，会比其他的男孩面临更大的风险。还有一种遗传性疾病叫作雄激素不敏感综合征（AIS），在男性胎儿中雄激素水平正常，但是发育的生殖器对雄激素不作出反应(Wilson, 2006)。结果这些 XY 胎儿具有了与生俱来的女性外观的生殖器。然而，重要的是要知道生殖器受到 CAH 或 AIS 影响的程度在个体之中存在着巨大差异。大多数案例是在出生或此后不久，医生注意到模糊的生殖器并且对胎儿的染色体结构和内部器官进行研究时被诊断出来的。

决定一个具有模糊生殖器的孩子的性别的时刻应该延后，这被称为**性别分配**（sex assignment）。在大多数情况下，这种不明确的解剖结构原来是由具有扭曲外观的正常生

第二性征　在青春期出现，与性成熟有关但不直接包括在生殖范围内的生理特征。

殖器组成(换言之,患有 CAH 的女性阴蒂增大,患有 AIS 的男性阴茎小于一般尺寸)。在这种情况下,这种扭曲的外在生殖器和内在的正常性器官是共存的(Wilson, 2006, 2008)。因此,性别分配的决定相当简单(Styne & Glaser, 1998)。医生们运用外科手术、激素手段,或者两者同时使用来达到孩童内在器官和外在形态更强的一致性。但是,一些患有 AIS 的男性的女性生殖器过于完整,以至于直到青春期都未被察觉。当最后诊断确定时,这些孩子早就体验了作为女孩的几年稀有生活。因此,在这些情况下定义性别分配是非常困难的。那些像父母一般对待孩子的医生必须考虑到很多因素,包括依据孩子自己的愿望来决定如何继续进行性别分配,即孩子们未来生活中将会保持的生活状态(Meyer-Bahlburg, 2008)。

在一些情况下,婴儿会以**双性人**(intersex)的状态出生。这些婴儿拥有两性生理上和解剖上的某些或所有特征。大多数双性人是由于染色体缺失形成的。罕见的是,由两个受精卵的融合造成这种情形,一个 XX 受精卵和一个 XY 受精卵(Dewald et al., 1980; Wright & Wales, 2004)。

10％的双性人是同时具有睾丸和卵巢这些内部组织的**真两性畸形**(true hermaphrodites)(Whitman-Elia & Queenan, 2005)。对雌雄同体的孩子性别分配的决定具有挑战性,并且需要对孩子的内在器官、性腺组织和染色体状态进行大量的测试。双性人方面的专家建议采用一个"等和看"的方法(Meyer-Bahlburg, 2008)。他们指出生殖器手术几乎没有医疗必要。因此,他们建议在不可逆手术和激素治疗之前,先给孩子一段时间表现自己的心理性别,并且发展必要的认知成熟度来参与性别分配。

11.2 性与性别是什么关系?
心理性别

对男性和女性在文化上的期待称为**性别角色**(gender roles)。性别角色包括心理和行为两个组成部分。男性在文化上的性别角色被称为男性性别角色,而女性的性别角色被称为女性性别角色。

从人文角度将男性和女性性别角色定义为个体自我意识的整合引起**性别认同**(gender identity)的发展,即感受到男性或女性的心理经验。大多数男孩都是伴随着一个男性角色认同成长的,这样能够帮助他们对自身所在文化认为男性应该接受的行为感到自在。同样地,大多数女孩子培养的女性性别角色认同和她们在这种文化中被要求的行为一致。我们将在之后讨论这种过程是怎么发生的。但是现在,当一个人的性别和他或

性别分配　决定一个生殖器模糊的孩子成为男性或女性。

双性人　一个人的内在器官与他或她的外在生殖器不同的情况。

真两性畸形　同时拥有睾丸和卵巢组织的个体。

性别角色　对每个性别的适宜行为的文化期待。

性别认同　成为男性或女性的感知;在 2 到 3 岁之间获得。

她的性别认同不符合时你认为会发生什么呢？换句话说，当男性的性别和女性性别认同或女性的性别和男性性别认同组合时会造成怎样的结果呢？

跨性别者（transgendered）具有和他或她的生理性别相反的性别认同。因此，这个人拥有强烈的变性的愿望。一些研究认为变性的个体可能会在子宫的非典型雄激素量中显现出来（Lippa，2005a）。但是大部分案例没有这样的历史。再者，大多数表达了变性愿望的孩子在青春期之后就不再有这样的想法（Wallien & Cohen-Kettenis，2008）。因此，变换性别的原因依然是个谜。

为了给他们的生活带来和谐，一些变换性别的人的穿衣风格和行为方式会更接近对立性别的特点。**变性人**（transsexuals）是指那些完全以对立性别的方式生活的人。一些变性人因为他们的性别和性别认同的冲突非常痛苦，最后接受了变性术——一个包括激素治疗、修整外形和心理咨询的过程——为了让两者达成一致。研究显示，经过变性手术之后，变性人大部分对结果感到满意，很少会后悔自己的决定。

变性的现象说明了生理上的性别和心理上的性别是不同的实体。再者，生理上的性别是绝对的；更确切地说，尽管存在某些罕见的两性状态，人不是男性就是女性。相比之下，心理上的性别似乎有不同程度的变化。正如记录的那样，大多数成长中的女孩子对自己文化中的性别角色认同感到舒适，但是在某种程度上她们并不完全符合那个性别角色。这对男孩子也是一样。因此，在心理学中最广为研究的问题之一就是关注孩子对文化性别角色的理解并整合为自己的意识的发展过程。

11.3 早期理论如何解释性别角色的发展？
性别角色发展的早期理论

你认为孩子是怎样意识到性别角色的？当我们看到性别角色发展的早期理论时，我们发现心理学的所有主要学派对此都有解释。

精神分析论。精神分析论认为性别角色发展是一个由孩子的情感驱使的庞大的无意识过程。根据弗洛伊德的说法，孩子们对于性别的想法是从一个有关他们对父母的感觉的冲突考虑中产生的。他们想要屈服于对立性别的父母然而又害怕相同性别父母的嫉妒。为了解决这个矛盾，他们与相同性别的父母连接，接受他或她与性别相关的想法和行为。与此同时，他们推迟对对立性别父母的爱，期望在未来的某一天会和与父或母相似的伴侣建立性关系。这个想法就是，他们模仿相同性别的父母越像，就越可能吸引类似对立性别父母那样的伴侣（甚至一首在20世纪早期流行的歌曲被命名为《我想要一个女孩，她就像嫁给老爸的那个女孩》）。

跨性别	生理性别和心理性别不一致的状况。
变性人	以对立性别度过余生的个体。
变性术	在以一种性别生活一段时间之后分配到相反性别。

▶当男孩和女孩学习参加那些认为具有典型男性或女性特色的活动时,性别社会化在生命的早期就已开始。

男性和女性的对立。 弗洛伊德提出了几个关于性的有趣的说法,但是很多研究人员认为对于性别角色的科学研究正式开始于刘易斯·特曼(斯坦福—比内智力量表作者)和他的同事凯瑟琳·考克斯英里(1936),他们认为男性化和女性化是一个单一维度的两个终点。为了更好地理解这个观点,可以想一想高度。矮的人群位于高度连续体的一端,高大的人群在另一端。因此,高和矮是对立面。这也是特曼和迈尔斯对于性别角色的看法。从他们的观点来看,一个人越女性化,那么她的男性化就更少,反之亦然。男性—女性这个词常常被用来指代他们的看法。

特曼和迈尔斯把态度兴趣调查分析(AIAS)发展用来测量男性—女性。使用这个测试的名字是为了防止参加测试的人猜测特曼和迈尔斯的测量意图。在心理学家间,这个测试通常适用于比如特曼—迈尔斯男女性别测试这样的名称。它包括许多种题目,每一个女性化的答案会被记录为−1,而每一个男性化的答案被记录为+1。这里有两份类似MF测试的问题。括号里的标记表示每个答案该如何被标记。

下列单词中,a 或 b,哪个是前面一个词最好的搭配?

球　　　a. 舞蹈(−1)　　　b. 游戏(+1)

你认为最具吸引力的职业是哪个?

护士(−1)　　　技工(+1)　　　老师(−1)　　　建筑师(+1)

个人的 MF 分数是由他或她在测试中大于 400 道题目的答案分数相加的总和来计算的。在这些问题中有一半的答案是负分,一半是正分,一个大多数选择是女性化的答案的人会得到一个负分,而一个大多数选择是男性化的答案的人会得到一个正分。(你可能已经注意到了这个分数系统的影响:女性化等于消极的,男性化等于积极的。)

现今的许多心理学家认识到了 MF 测试的缺陷,并且对其进行十分严格的批判,特别是在接近男性化或女性化浅显的方式上(Rosenzweig,1938)。然而,男性化和女性化是对立面的假设在研究者中被广泛接受(Bem,1974)。尽管这种观点在心理学家中已经不占优势,但是其中的几个个人测试在现今依然沿用,比如 MF 量表与特曼和迈尔斯创造的量表十分相似。

学习理论。 与弗洛伊德的观点和其他认同男性—女性有可测性观点的心理学家相比,学习理论认为性别角色无非是习得的行为。女孩习得女性化的行为,男孩习得男性化的行为是由于他们的父母和同龄人强化他们这样做。后来,持社会学习理论者比如沃尔特·米契尔也认为孩子们通过模型模仿来习得性别角色(Mischel,1996)。米契尔等人指出孩子通常会强化那些适宜他们的性别的模仿行为。当行为不适合时(一个男孩涂上口红,或者一个女孩假装剃她的脸),孩子们会被迅速告知,通常包括许多遣责,那个男孩或女孩就不会再那么做。但是,有一个微小的证据指出,父母强化符合性别角色的行为常常足够引起孩子在早期的年龄中就开始显现出性别类型(Fagot,1995)。发展心理学家发现在父亲缺失的单亲家庭中长大的男孩和在父亲健在的家庭中长大的男孩显现出相同水平的性别类型行为(Stevens et al.,2002)。因此,模仿和强化可能在性别角色发展中发挥了重要作用,但是他们对于这个现象并没有提供完整的解释。

观看关于早期性别类型的视频 www.mypsychlab.com

认知发展理论。 劳伦斯·科尔伯格,你曾在第 9 章中读到过他的道德发展理论,对弗洛伊德关于性别角色的观点和男性—女性测试的假设发出了巨大的挑战(Kohlberg,1966;Kohlberg & Ullian,1974)。他同样批评了强化和模仿决定孩子性别角色的观点。科尔伯格认为对性别的理解是性别角色发展的前提。而且据科尔伯格的观点,孩子们经过一系列阶段来获得性别概念。在 4 岁到 5 岁之间,孩子了解**性别稳定性**(gender stability)的概念,意识到一生中男孩是男孩,女孩是女孩。最后,在 6 岁到 8 岁之间,孩子习得**性别恒定性**(gender constancy),理解不管人们参加的活动或者穿着的衣服怎么改变,性别角色不会改变。此外,根据科尔伯格的说法,当孩子意识到他们的性别永恒不变时,他们就会被驱使去寻找相同的性别模型并且学习表现出适宜该性别的行为方式。

跨文化研究揭示了科尔伯格的性别同一性、性别稳定性和性别持续性阶段在不同的文化中,比如在萨摩亚群岛、肯尼亚、尼泊尔和伯利兹中,都以相同的顺序出现(Munroe et al.,1984)。同时,这一阶段发展过程和其他认知发展的进展相关(Trautner et al.,2003)。然而,科尔伯格的理论却不能解释在性别恒定性获得之前,为什么许多性别角色

性别稳定性 意识到性别具有恒久不变的特点;在 4 岁到 5 岁获得。
性别恒定性 理解行为和服饰不会影响性别稳定性;在 6 岁到 8 岁获得。

▶孩子经常强化模仿成人性别类型的行为。

适应行为和表现是在孩子 2 岁到 3 岁的时候被观察到的(Bussey & Bandura, 1999; Jacklin, 1989; Martin & Little, 1990)。

11.4 多维分析如何解释性别角色?

性别角色的多维分析

当几个心理学家,尤其是桑德拉·贝姆(Sandra Bem, 1974, 1977, 1985),提出性别角色包括男性和女性两个维度时,性别角色的研究因此出现了一次巨大飞跃。贝姆认为,在这两个维度内相关的平衡,决定了个体的性别角色。男性化和女性化是分开的两个维度的理念,和个体的性别角色是两者的组合的主张一起,称为性别角色的多维分析。

为了证实多维分析的效能,贝姆(1974)创造了著名的贝姆性别角色量表(BSRI)。在贝姆的初期研究中,发现参加 BSRI 测验的人用带有成见的男性化、女性化或者中性来描述自己。这些描述中的一部分在表 11.1 中呈现。就像你在图 11.2 中看到的那样,贝姆的分数系统把那些既不是男性也不是女性的性别角色划分为无差别的一类。那些男性维度比女性维度分数高的被分类为男性,反之那些相反的模式被归为女性的类别。在两个量表上分数都高的被试被认为是**双性**(androgynous)。

表 11.1　贝姆性别角色问卷的项目

男　　性	女　　性	中　　性
侵略好斗的,有进取心的	忠诚忠贞的	认真负责的
体格健壮,行动敏捷的	有同情心,表示怜悯的	有适应能力的
自力更生	顺从的	真诚的,纯粹的
乐于表明立场	有同情心的	诚实的
有说服力的	说话温和斯文,轻声细语	愿意帮忙的

资料来源:Bem(1974)。

		高	低
女性维度	高	双性	女性
	低	男性	无差别

男性维度

图11.2 贝姆性别角色问卷 这张图说明了男性和女性维度是如何相互作用产生四种类型的性别角色取向。

自从在19世纪70年代中期引进，BSRI就在全球的性别角色研究者中得到广泛应用。他们发现了贝姆性别角色类型和其他感兴趣的变量之间各种各样的联系。下面是近几年研究结果的一些例子。

● 德国研究者发现那些体验过性别角色冲突并且女性维度分数较高的男性小学老师比其他类型的男性老师更不满意他们的工作(Wolfram, Mohr, & Borchert, 2009)。

● 在美国，一项包括了12岁到75岁人群的具有代表性的研究发现，男性的雌雄同体性随着年龄增长而增长(Strough et al., 2007)。

● 法国一项研究显示雌雄同体男性在家庭任务上比其他类型的男性更容易去帮助他们的女性同伴，比如家务事和照顾孩子。

● 女性化的以色列男人和女人比其他三种类型的人群更可能会参与志愿慈善工作(Karniol, Grosz, & Schoor, 2003)。

● 英国研究者发现，与其他类型的人相比，男性化的男人和女人具有更高水平的男性荷尔蒙睾丸素(Deady, Smith, Sharp & Al-Dujaili, 2006)。

● 土耳其的一项研究认为男性化个体比其他群组的个体拿到过更多交通罚单(Ozkan & Lajunen, 2005)。

研究者也用BSRI来测试性别角色和变量的个体差异之间可能的联系，比如自尊、一般心理健康。贝姆(1974)猜测雌雄同体的个体与其他类型的个体相比能表现出卓越的调整能力。检验贝姆假设的研究显示男人和女人的男性特质与自尊、适应力、创造力和心理健康高度相关(Aube & Koestner, 1992; Hittner & Daniels, 2002; Moeller Leimuehler et al., 2002)。现今存在的拥有男性特质的雌雄同体的群体具有更高的适应性，并且比那些女性和无差别的群体拥有更高的自尊。

然而，贝姆的双性同体概念和BSRI受到了诸多方面的批评。举个例子，研究者珍妮斯·彭斯认为应该使用工具性和表现力这样的术语而不是男性化和女性化，这是因为为了延续文化概念，心理学家会沿用这些术语(Spence, Helmreich, & Stapp, 1974)。另外，在后来的研究中，包括贝姆她自己也建议使用BSRI和其他类似的测验测试人格而不是性别角色(Lippa, 2005a)。尽管如此，多维分析法使性别角色的研究彻底变革，在现今也尤为重要。

11.5 根据性别图式理论,性别角色是如何发展的?
性别图式理论

除了在性别角色的心理学讨论中提出雌雄同体的概念,桑德拉·贝姆在目前的性别发展理论发展中也起到了重要的作用。贝姆的方法叫作**性别图式理论**(gender schema theory),它指出信息加工系统的特性影响孩子如何获得和使用他们在文化上的性别基础期待(Bem, 1981; Martin & Halverson, 1981; Martin & Ruble, 2002)。下面是对应用性别图式观点考察性别发展过程的简短概括。

你在第6章中已经学习过,长时记忆借助图式的结构来组织记忆中的信息。贝姆和其他性别图式理论支持者主张,大约在2岁左右,孩子在开始把性别相关的信息组织成图式的同时,坚持为自己贴上男孩或女孩的标签。不久之后,信息加工系统的需要激发提炼这些图式,孩子开始对适合性别的玩具和服饰显示出极大的偏好,并且更乐于拥有相同性别的朋友(Powlishta, 1995)。当孩子在构建那些能帮助他们决定什么可以,什么不可以的性别图式规则时,他们倾向于考虑严格的性别适应行为。举个例子,一个4岁的孩子可能认为一个玩娃娃的男孩应该受到惩罚。一旦孩子完全理解在性别和从其他人中观察到的行为表现的一些联系,他们的想法会更灵活。因此,一个9岁的男孩知道大多数男孩子不玩娃娃;但是,他也知道越过这种边界的男孩没有打破任何道德准则,也认为这样的行为不应受到其他同龄人或成年人的惩罚。同时,年长的孩子知道一些性别相关的现象是固定的,比如女人生孩子。儿童的性别角色模式一旦得到完全的发展,就能够使他们区分随意和自然的性别相关预期的成分。

正如你所看到的,就像他们的前辈劳伦斯·科尔伯格,性别图式理论把性别角色发展的认知方面当作一般认知发展的一个子集(Martin & Ruble, 2002)。因此,他们建议在生命早期发展性别图式,因为性别生物学上的性是明显的,幼小的孩子们能够轻易掌握二选一的类别。暂时地,孩子在把心理和社会方面的性别只做简单的分类前提下进行操作。但是,就像第8章中学到的,如同克服逻辑思维弱点,孩子们最终克服了局限(Trautner et al., 2005)。因此,具有平等观念,对于男孩子和女孩子什么该做,什么不该做有固执的想法的父母可能不用担心孩子长大会变得心胸狭窄。父母应该继续对孩子的表现提出异议并且鼓励他或她提出更广泛的观点。随着时间流逝,孩子们会开始意识到,比起男性和女性的必要素质与文化信仰之间的关系,性别角色的很多方面与文化信仰有更多的联系。当然,你将会看到进化论者持有一个稍微不同的观点。

11.6 进化论是如何阐述自然选择对于性别角色的贡献的?
进化论

近几年,进化论在性别解释上获得了突出的地位。对该方法的支持来自研究,它显

性别图式理论 该理论认为,幼儿更倾向于和表现出与性别基础标准和模式化见解相关的行为。

示，在宽泛的不同文化中的男性和女性表现出类似的择偶模式。一句话说，男性倾向于偏爱年轻的、外表吸引人的配偶，而女性倾向于寻找那些拥有满足她们生理需要的技能的男性(Buss，1994)。

为了解释这些发现，进化论者提出自然选择把男性和女性的择偶策略塑造成是促进后代的生存。他们认为，在一个潜在的异性面前，男性把他们的吸引力作为健康的指标。同时，他们表现得自信，是因为他们知道女性在寻找一个能够保护和养育她们的配偶。相对地，女性寻找稳重的、忠诚的配偶作为一个良好的家庭生计维持者。同时，她们知道男性寻找的是具有吸引力的配偶，因此她们关注自己的属性而不是发展自给自足的技能。

探索择偶策略 www.mypsychlab.com

进化论方法的实例。 你可能认为进化论的解释对生活在洞穴的早期人类有意义，但是对于现今社会呢？进化论者认为相同的因素也在现今人类中发挥作用。他们假设男性被驱使进入薪水更高的领域是因为这能帮助他们拥有权力，能帮助他们吸引一个年轻的、能生育的女性。进化论者认为，在他们的领域中，女性的职业生涯选择比男性更少受经济的影响，因为她们知道能帮助她们吸引一个稳定的、忠诚的并且经济上取得成功的配偶是她们的吸引力，而不是她们拥有的权力。

此外，一些进化论者也认为蹒跚学步的小孩和儿童基于性别的玩乐偏好来自一个已有的生物准备，这个准备由自然选择形成，用以承担成年后的伴侣角色(Alexander，2003)。因此，男孩子参与模拟战斗是因为，在未来，他们必须对理想的女性证明他们是有能力照顾她的。女孩们玩洋娃娃和化妆是因为，在未来，她们必须最大限度地使用她们的外表来吸引配偶并且使用她们的养育能力来抚养孩子。

研究支持进化论者关于生育和育儿影响男性和女性的关系的争论。举个例子，一个解剖学变量——腰臀比(WHR)，对男性和女性的吸引力以及同伴的理想看法具有强烈影响。腰臀比是由通过腰部的尺寸除以臀部的尺寸得来的。因此，如果腰部比臀部尺寸小，那么比率小于1；如果它们是一样的，那么比率就刚好是1；如果腰部比臀部的尺寸大，那么比率大于1。研究者确认这种现象在很多不同文化和不同年龄的研究被试中都存在。为了深入了解研究者用来研究腰臀比的程序，请做以下的**试一试**。

在广泛的不同文化中，在从十几岁到八十几岁年龄等级不同的研究被试中，被试倾向于把腰臀比比率在0.7—0.8之间的女性和腰臀比比率为0.9—1之间的男性作为最具有吸引力和性感的配偶(Dixson, Dixson, Morgan, & Anderson, 2007；George, Swami, Cornelissen, & Tovee, 2008；Marlowe, Apicella, & Reed, 2005；Singh, 1993；Swami, Einon, & Furnham, 2007)。再者，与进化理论的预测相一致，腰臀比与被试确认的"理想"越接近，被试就越可能把他或她积极地归为年轻、有繁殖力和健康的一类(Singh & Singh, 2006)。尽管如此，当研究者们让女性在腰臀比、收入和情感承诺能力三个不同的方面来评估对男性的期望时，女性的选择倾向于以收入和承诺为基础而不是腰臀比

(Pawlowski & Jasienska, 2008; Singh, 1995)。男性对一个可能是短期而不是长期配偶的兴趣，几乎和腰臀比一样重要。当然，进化论也会证明这些发现。

试一试——腰臀比值

下面这些身材中哪一个可能被一个正在寻找长期伴侣的异性恋取向的男性看中？

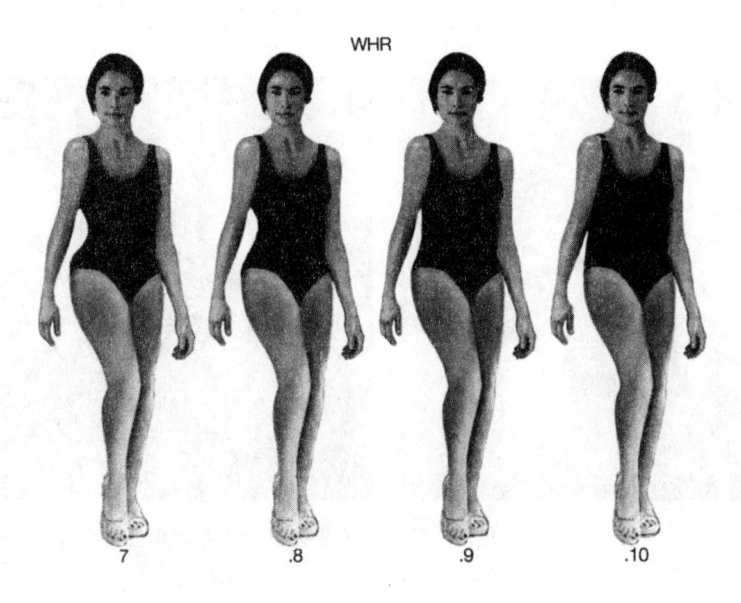

来源：Singh(1993)。

答案：如果你和大多数人相似，你会觉得第一张图片最具吸引力。

这章开头学到的在妒忌方面的性别差异研究也支持进化论的观点。在一个经典的研究中，进化心理学家戴维·巴斯发现在37个国家中，男性更多地关心性忠诚，而女性则更多地关心情感不忠(Buss et al., 1990)。进化心理学家认为男性强调性忠诚是因为他们想要确认他们的伴侣生育的每一个孩子都是自己生理上的后代。相比之下，进化论者认为情感不忠在女性之中会引发妒忌，这是因为女性想要一个能完全承诺一起在心理和社会上照顾孩子的男人。深入了解这些观点，男性害怕对不是他们亲生的孩子们负责，而女性害怕被抛弃留下来自己一个人照顾孩子。因此，根据进化论的方法，这些恐惧可以解释随着时间的发展如何开始和维持关系的性别差异。

反对进化论方法的实例。 研究者们从社会文化视角，研究女性的择偶偏好是否是完全生物性，并讨论性别差异。举个例子，研究者温迪·伍德和爱丽丝·伊格蕾引用的研究表明，当男性和女性的经济和社会状况更加平等时，择偶偏好的性别差异明显更小，正如在21世纪发达国家展现的状况(Wood & Eagly, 2007)。换句话说，若女性在经济上依靠男性，那么就适用进化心理学家描述的择偶"准则"；然而，当女性获得独立，择偶偏好的性别差异就会减小。在平等的状况下，配偶的外表吸引力可能对于女性和男性来说一样重要。而且一个女人的收入可能比男性的收入价值更高。

研究支持社会文化的观点。 研究显示在对于性别角色持有平等态度的社会角色中,婚姻状况与收入具有相关关系。纵向的前瞻性研究显示,女性的经济状况越好,她结婚的可能性越大(Ono, 2003)。再者,研究显示,近几年,男性对于潜在伴侣的盈利能力的兴趣也在上升(Buss, Shackelford, Kirkpatrick, & Larsen, 2001)。因此,现今的男性在寻找配偶的时候可能需要考虑美丽和潜在生育能力之外的更多方面。

▲这些夫妻中,哪一对支持了进化论?哪一对又是典型的社会文化理论代表?

复习——性别角色发展理论

理　　论	解释性别角色发展提出的因素
精神分析论	试图与异性父母结合带来的情感冲突
男性—女性方法	男性和女性是相同的可测性状的两端
学习理论	角色模型模拟和强化鼓励孩子接受传统的性别角色
认知发展理论	性别概念通过一系列的阶段发展
多维方法	男性和女性是独立的变量;两者之间的平衡决定性别角色
性别图式理论	信息加工系统确定性别的概念如何发展
进化论	男性和女性的角色受到自然选择的影响

最后,一些心理学家批评进化理论夸大了男性和女性之间差异的发展趋势(Barnett & Hyde, 2001)。他们认为所谓的男性和女性的特点与行为发生的环境相关,而不是与自然选择形成的内在特质有关联。举个例子,男性和女性都刻板地认为安慰悲痛的同事是"女性"的教养行为。同样地,纠正电子账单上的错误也被刻板地认为是"男性"的自信。这些理论者认为我们不应该形成任何特征都专属一类性别群体这种错误的想法。这些评论家说,这是从进化论强调性别角色和性别差异作为自然力的产物中推断出的错误结论。

对于性别角色发展的不同理论解释在**复习**里有总结。

记一记——性、性别和性别角色

1. 男性的性染色体是_____,女性的性染色体是_____。
2. 如果缺少_____,无论性染色体是男性的或是女性的,女性基因得到发展。
3. _____的个体具有两性生殖组织。
4. 成为一个男性或女性的心理意义叫作_____。
5. 一个变性的人能觉察到_____和_____的不匹配。
6. 将每一个理论视角和它对性别角色发展的解释匹配起来。

　　_____(1) 性别图式理论　　　　a. 角色模型和强化
　　_____(2) 性别角色的多维分析　　b. 性别概念理解的阶段
　　_____(3) 社会学习理论　　　　c. 自然选择形成性别角色
　　_____(4) 精神分析理论　　　　d. 无意识的情感冲突
　　_____(5) 认知发展理论　　　　e. 信息处理
　　_____(6) 进化论　　　　　　　f. 男性和女性是独立的

答案:1. XY　XX　2. 雄激素类　3. 雌雄同体　4. 性别同一性　5. 性　性别同一性　6.(1) e　(2) f　(3) a　(4) d　(5) b　(6) c

性别差异

假如你要参加一次辩论,辩论正反方主题为:(1)男性和女性之间没有任何差别;(2)男性和女性之间没有任何相似。你希望加入哪一边？当然,关于性别差异的真理在这两个极端之间。然而,表11.2展示了研究者发现的在男性和女性之间的零或趋于零的差异变量可能会让你惊讶。在我们探讨性别差异之前,我们需要探究把这些性别差异的信息转化为性别刻板印象的认知过程。

表 11.2　性别差异的元分析

性别差异中零或者趋于零的变量	
数学概念	自我表露
数学问题的解决	易冲动
阅读理解	友好
词汇	生活满意度
语文推理	快乐
抽象推理	自尊

(续表)

中度到大的差异中偏向男性擅长的变量	
机械推理	计算自我效能感
心理旋转	过分自信
科学成就	有旁观者时提供帮助
侵入性打断	人身攻击
对学术欺诈的容忍	言语攻击
中度到大的差异中偏向女性擅长的变量	
拼写	微笑
知觉速度	间接攻击
语言能力	信任
语言创造	适应性

来源：Hyde(2005)。

11.7 信息加工系统是如何创造性别刻板印象的？

关于性别差异的思考

你曾经听到过多少次某人说"女人会这样做,但是男人会那样做"？除非这些表现能够反映男性和女性之间的明显的生理差异(举个例子,只有女人能够生孩子),并且在全体或大部分成员假设一致的情况下,它们才可能是**刻板印象**(stereotypes)的产物。刻板印象是人信息加工系统对模式依赖的结果。模式是以平均水平为基础。例如,我们的生日聚会模式包括蛋糕、冰淇淋、礼物等,因为如果概括所有参加过的生日聚会,"平均"聚会就包括这些项目。

由于图形化信息的趋势,当我们听说男性和女性之间的平均差异,我们的信息加工系统将会把这些信息翻译成一种两分的表述比如"男人会这样做,但是女人会那样做"。此外,一旦我们构建了一个刻板印象,我们将会更关注于去证实这些信息而不是去挑战它(Maas et al., 2005; Sherman et al., 2009)。因为这些原因,那些想要避免刻板考虑性别问题的人必须让自己的认知保持警惕。可以说是为了避免创造和应用这些模式(Barbera, 2003; Oakill, Garnham, & Reynolds, 2005)。

另一个信息加工系统的特点,注重效率,也对刻板印象做出了贡献。就像图11.3说明的,成年男性和成年女性的平均身高之间有巨大的差别,并且这些变量与性别上的分配并不匹配。这对其他许多物理变量来说也是正确的,比如手臂力量(Hyde, 2005)。由于对效率的兴趣,我们的信息加工系统有时候可能把那些我们知道男性和女性之间的生理

刻板印象 假设某群体的所有成员都是一样的。

差异概括成其他领域的性别差异。在没有意识到这一点时,当我们听到新的研究认为男性的数学能力测试分数比女性高的时候,我们假设数学能力的分布看起来和身高的分布一样。这导致出现"大多数男性在数学方面比女性好"的分类推理。为什么我们做出了这样的分类推理呢?因为这个观点的确描述了男性和女性之间的一些生理差异,我们错误地把它推广到数学能力的结论上。但是,你在图11.3看到的第二组分布是数学能力性别差异的十几个研究分析得出的结果,平均性别差异事实上非常微小(Hyde, Fennema, & Lamon, 1990)。

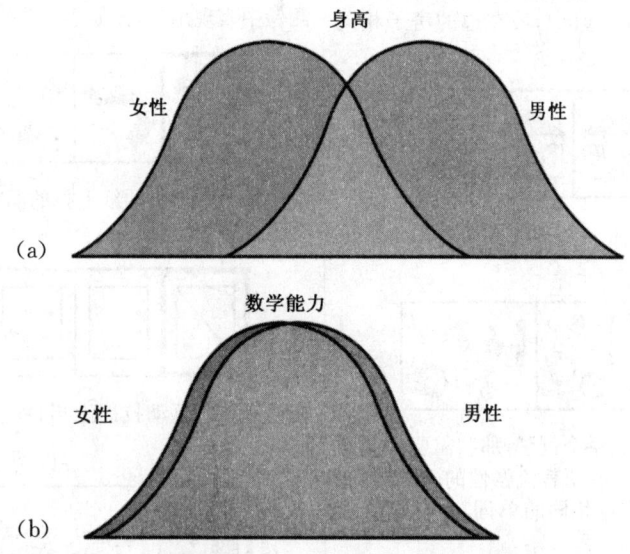

图 11.3 身高和数学能力上的性别差异 (a)图上的分布显示,男性和女性的身高分布并没有太多重合的部分。(b)图上则显示男性和女性的数学能力分布有一大部分是重叠的。但是我们相对身高来说在数学能力方面更可能产生刻板印象的观念。来源:Hyde, Fennema & Lamon(1990)。

文化价值和信仰也会导致刻板印象。举个例子,在科技日益发展的当今社会,数学能力是一个很有价值的商品。就这点而论,它与科学技术的强势文化息息相关。因此,所有男性比女性的数学能力好这样明确的推理,恰好地把男性的文化观念定义为强大而女性定义为弱小(Glick et al., 2004)。

观看关于性别歧视的视频 www.mypsychlab.com

最后,能够避免你所学的性别差异中形成性别刻板印象的最好办法,就是去理解它,无论问题中的变量是什么(也就是认知能力、个人品质和其他),每一个性别的个体差异总是比男性和女性之间的任何差异都要明显。理解在某个年龄阶段的性别差异并不一定意味着这些差异会延续终身也很重要(Hyde, 2005)。因此,在你阅读性别差异的讨论时,保持你的反刻板印象警惕。

11.8 哪些认知能力具有性别差异?
认知能力

一些证据显示男性和女性具有不同的智力水平。图 11.4 显示每个性别在各种类型的问题上各有所长。在男性中,这些能力会有比女性更多的变量(换句话说,测试分数的范围通常是男性更大)。

(a) 女性在知觉速度的测试上比男性表现更好,这类测试要求受试者迅速匹配完全相同的项目——举个例子,选出与最左边的房子相同的一个。

另外,女性擅长记住一个对象或者一系列对象是否被替换。

在一些流畅性测试(举个例子,那些需要列出同样颜色的项目)和一些语言流畅性的测试(参加者必须列出开头字母相同的单词)女性比男性做得更好。

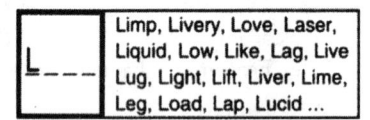

女性在精密手动任务上做得更好——包括精细运动协调——比如把钉子钉在孔板上。

女性在数学计算上比男性表现更好。

(b) 在精确空间任务中男性比女性表现得更好。他们在包括心理旋转或者形成某种样式的测验中表现出色,比如心理旋转。

或判断一张对折的纸上打的洞在纸张摊开之后会落在哪个位置。

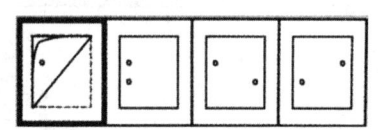

在目标导向运动技能上男性也比女性更准确,比如定点投靶。

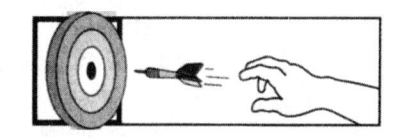

他们在脱域测试中做得更好,他们必须在一个复杂的图形中找到一个简单图形,比如找出隐藏有左边这个图形的图案。

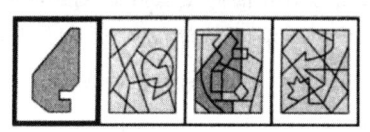

男性在数学推理上比女性做得更好。

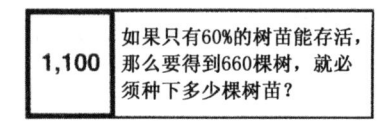

(a)　　　　　　　　　　　　　　(b)

图 11.4　男性和女性擅长的问题解决任务　(a)女性通常比男性做得更好的一系列问题解决任务。(b)男性做得更好的问题解决任务。来源:Kimura(1992)。

语言能力上的性别差异。你可能听说过女性在语言能力上比男性更具优势。关于词汇量的大小,女性具有微小的优势,这在她们幼年开始会说话的时候就展现出来(Hyde, 2005; Wallentin, 2009)。女生在学校的阅读成绩测试也比男生优秀(Freeman, 2004; Hedges & Nowell, 1995)。拼写和写作业是女孩子的强项。然而,在大学入学测试中,比如学术能力测试,男性在语言任务上比女性的得分高大概十个得分点(College Board, 1998)。

数学和空间能力。如前面所提到的,男性比起女性在数学方面显示出稍高的水平(Hyde, 2005)。同样地,一些研究发现,男性在数学测验上获得的分数稍高,但是这些差异非常微小(Freeman, 2004; Liu & Wilson, 2009)。尽管如此,女孩子还是比男孩子的数学成绩更好(Duckworth & Seligman, 2006; Kenney-Benson et al., 2006)。

美国国家实验程序认为男性优势的刻板印象可能只存在于高水平的能力上。举个例子,高校参加数学和物理跳级考试的男生比女生人数更多(Freeman, 2004)。再者,男生在这些考试中比女生得分更高。同样地,尽管女高中生成绩几年都有增长,男生在学术能力测试的数学部分仍然比她们高出大概30分(College Board, 1998)。

在大学数学课上,平均来说,女生比男生的成绩更好。但是,当研究者观察这些把数学课作为数学基础或者科学基础来主修的学生时(举个例子,工程师、计算机),这种模式是相反的。在这些项目上男生比女生的成绩更好(College Board, 1998)。

在空间任务上表现的性别差异被假设为可能与数学表现上的性别差异相关。男性擅长空间任务,比如心理旋转,广泛存在于各种性别差异研究(Hyde, 2005)。然而,这些差异在成年后才会显现出来,因此并不能解释任何在早期显露出来的男性优势。

解释认知差异。很多因素被用来解释认知能力方面的性别差异。当你阅读到这些因素时,记住没有一个独立的因素能够完全解释认知能力方面的性别差异。你将会阅读到,一个包括了所有因素的模型提供了对这种差异最全面的解释(Halpern et al., 2007)。

最近提出了基于大脑结构和功能的性别差异的解释。举个例子,一些研究者认为男性生命早期的优势在青春期间性别差异增大,是因为男性的大脑发育比女性慢(Ellison & Nelson, 2009)。再者,研究者发现女性的大脑功能在进行语言任务时最为活跃,而男性则是在进行空间任务时最为活跃(Neubauer et al., 2005)。关于这项发现的一个假设是男性和女性大脑的发育时期接触雄激素的性别差异。一些包括儿童的研究显示了雄激素水平和认知任务的表现之间的联系(Azurmendi et al., 2005)。但是这些研究经常显示,雄激素水平预测每个性别的独立差异比预测男性和女性之间的差异更显著(Fink et al., 2006)。结果,在我们确认它们是否正确之前,这些假设还需要更多的测试验证。

相反地,很显然男孩和女孩的社会化方式是导致性别认知差异的一个原因。举个例子,就像刻板印象可以作出预测,父母会更期待他们的儿子在数学方面比女儿做得更好(Tiedemann, 2000)。心理学家杰奎琳·埃克尔斯的纵向研究显示,父母对他们6岁孩子能力的想法预示着他们的孩子在17岁时对自身能力的想法(Fredricks & Eccles, 2002)。再者,父母在教育数学优秀的女孩认为自己是努力者,以及教育擅长数学的男生将自己视为天才上都有影响(Ratty et al.，2002)。

这些社会化的差异在涉及数学成绩时可能对女孩更有利。研究者发现女孩在这些课程中会采取更加努力的学习态度,因此她们开展了比男孩更有效的学习策略(Kenney-Benson et al.，2006)。研究也显示,在平均水平上,女孩比男孩自律,研究者认为这个差异可以解释在所有课程中女孩的成绩都比男孩好的普遍现象(Duckworth & Seligman，2006；Else-Quest et al.，2006)。

观看关于在危机下的男孩的视频 www.mypsychlab.com

儿童活动的选择也可能是导致性别差异的一个原因。在一项研究中,研究者询问了五年级学生有关参加校外数学活动,比如玩以数学为基础的电脑游戏的频率(Simpkins，Davis Kean，& Eccles，2006)。他们发现比起女孩,男孩更可能进行这些活动。再者,参与校外数学活动可以预测男孩和女孩共同的高校成就测试成绩。研究者们把他们的发现理解为在平均水平上,男孩对数学更感兴趣,而这个兴趣是几个影响男女生成就的因素之一。

有趣的是,其他研究者们在阅读成就上发现了相似但表现相反的性别差异。就是说,初中时期的女生比男生对阅读更感兴趣,并且这项兴趣可以预测两种性别的成就(Pecjak & Peklaj，2006)。当然,我们仍然遗留了为什么男孩和女孩拥有不同的兴趣的问题,但是这项研究显示动机因素在成就的性别差异上发挥了一些作用。

相似地,研究者们发现电子游戏的经验能够提高男性和女性的空间任务成绩(Terlecki & Newcombe，2005)。但是男性比女性会花费更多时间玩这些游戏。新兴领域的传媒心理学研究提供了一些线索。

在广告中设计非语言线索来催促顾客对广告产品做出适合我/不适合我的快速决策(Chandler，2002)。就这点而论,广告利用明显的策略比如性别、人种和年龄。关于性别、黑暗或原色、奇怪的拍摄角度、硬盘驱动电吉他、低沉的声音和快速移动、锐聚焦的图片告诉观众这项产品是为男性设计的(Griffiths & Chandler，1998)。相对地,柔和的颜色、传统的角度、朗朗上口的歌曲、高昂的声音和慢速移动、模糊的图像则用来捕获女性的注意。

当孩子成长到六七岁时,在这些信息的基础上,大多数人都能相当熟练地通过性别对广告进行分类(Pike & Jennings，2005)。再者,比起为对方性别设计的产品,他们对与自我性别一致的产品更感兴趣。这些非语言线索是如此强烈,以至于一个男孩会认为一个用"男性"非语言线索做广告的玩具是为男孩设计的,即使是看到正在广告上使用玩具的是一名女孩也这么认为。

因此,电子游戏和游戏本身的广告方式可能会向女孩传递一个"这不是为你设计的"非语言信息。并且,一些研究显示女孩平均上来说比男孩对信息更敏感(Usher & Pajares，2006)。因此,认同这些非语言信息暗示的、基于性别的期望的女孩可能会错过提高她们空间能力的机会。尽管如此,好消息是对于那些告诉他们"你能做到的"的有说服力的信息,女孩比男孩更负责任。这样的研究表明父母和老师应该鼓励女孩更多参与提高空间能力的活动(当我们在第16章讨论说服时,你将会阅读到更多的关于非言语信息的内容:社会心理学)。

▶研究显示女孩子会被"你能做到的"的语言信息影响,她们可能会发现这张海报描绘了第二次世界大战的图标"铆工露斯"是振奋人心的。露斯的画像被美国政府用来在战争期间招募女性在人手不足的工厂工作。在响应号召的三百万女性中,大多数已经被低薪工作雇用,同时抓住这个技术工厂提供的机会来提高生活水平。当男人们从战场上回到家的时候,许多"露斯"也同时失去了工作,因为国家不再需要许多产业工人和时代的性别刻板印象的原因。

11.9 在社会行为和人格方面具有哪些性别差异?
社会行为与人格的性别差异

男孩和女孩喜欢不同种类的玩具,对此你一定不会感到惊讶。但是,你一定会对这些差异的产生之早感到惊讶。在一个研究中,研究者们向3到8个月大的婴儿展示了玩具卡车和娃娃的图片并且测量了宝宝们关注每种类型玩具的时间(Alexander, Wilcox, & Woods, 2009)。男婴关注卡车的时间更长,女婴则把兴趣放在娃娃上。因为这些结果是在幼小的婴儿中发现的,研究者因而认为这是由于天生的知觉偏好差异产生的。

相似地,你可能早就熟悉社会行为中的一项重要的性别差异:大多数研究者们都同意男性有较强的物理性攻击是最一致和显著的性别差异之一(Hyde, 2005)。然而,女性的攻击性用不同的方式表现出来:女孩和女人比起她们的男性同伴更可能选择使用间接攻击的形式,比如流言蜚语、散布谣言和排斥、忽视或者避开攻击目标(Bjorkqvist et al., 1992)。因此,男性具有攻击性而女性不具备攻击性的说法是错误的。

女性在交际领域也展现出优势。研究者们发现与男性相比,女性表现得更开放,信任他人和赞同他人。女性在包括面孔识别的任务中也一贯比男性表现更好(La France et al., 2003;Lewin & Herlitz, 2002)。

社会和人格差异的解释。 早期提出的激素假说被用来解释除认知差异之外的社会和人格性别差异。在一个不寻常的前瞻性研究中,研究者们测量了围绕在男性和女性胎儿周围的羊水中的雄激素水平(Knickmeyer et al., 2006)。四年后,这些孩子被给予社会推理测试。研究者们发现产前雄激素可以预测孩子对有意和无意行为的理解。有趣的是,雄激素水平在不同性别个体和男孩中都预测了这个变量。这是一个逆向的关系,因此低水平的雄激素与在要求儿童识别故意行为的任务中表现得更好相关。再者,像先前我们引用的研究,认为激素水平可能是性别个体差异的重要预测因素。

社会因素在社会行为和人格领域也是性别差异的重要贡献者。例如,之前你阅读了在空间认知方面电子游戏对性别差异的影响。你可能回想起第5章的内容,当这些游戏具有暴力内容时会增加男性的攻击行为。因此,玩这些游戏的男孩可能在风险增加的社会舞台认知领域得到收获。

再者,刻板印象可能导致父母期待女孩子比男孩子行为更得体并且容易与人相处。这些期待可能解释为什么研究者们发现父母对男孩和女孩的攻击行为更倾向于惩罚女孩子的现象(Martin & Ross, 2005)。相似地,研究显示比起监测他们十几岁的儿子的活动,父母更容易选择监测女儿的活动(Richards et al., 2004)。这些发现促使一些研究人员认为提高父母的监控可以减少危险行为的概率,比如男性和女性青少年的药物滥用。然而,心理学家指出关于男性行为性质的假设造成了研究者们特别注重与男孩这些行为相关的教养因素,并且在没有确切的研究的情况下,把他们发现的情况简单地概括到女孩上面(Granic & Patterson, 2006)。因此,正如你所看到的,研究者们自己也会被刻板印象影响。

▲男孩展现出更高水平的身体攻击,但是女孩倾向于使用间接攻击的方式,比如说闲话和拒绝别人。

记一记——性别差异

1. 信息加工系统运用＿＿＿＿＿＿作为图式的基础。
2. 一般来说,对每项认知能力,男性或女性倾向于在哪项能力测试中获得更高的分数?将它们进行匹配。

_____ (1) 写作　　　　　a. 男性
_____ (2) 科学　　　　　b. 女性
_____ (3) 空间能力
_____ (4) 阅读理解
_____ (5) 数学

3. 大脑暴露在_____中的不同水平被视为认知能力的性别差异的一种解释。
4. 身体攻击在_____中更常见。
5. 父母对攻击行为更可能惩罚(女儿/儿子)。

答案：1. 平均水平　2.(1) b　(2) a　(3) a　(4) b　(5) a　3. 雄激素　4. 男性
　　　5. 女儿

性态度和性行为

自从印第安纳大学教授阿尔弗莱德·金赛出版的两卷细致探讨了成千上万的男人和女人的性态度和性行为的研究震惊世界以来，已经过去了近六十年。金赛的《人类男性的性行为》(1948)和《人类女性的性行为》(1953)粉碎了很多广泛持有的观念。举例来说，他揭露了男性和女性能够产生同等的性兴奋和性高潮。尽管他的研究在理论和方法两个层面上受到了许多其他研究者的质疑，但是大多数都承认由于金赛具有里程碑意义的研究成果使得现在性爱的主题被更开放地讨论。

11.10 不同性别、不同文化的性态度与性行为有什么不同？
性态度和性行为的影响因素

你是否认为男人和女人对于性爱有不同的想法？研究者们是这么认为的。研究显示性观念和性行为在不同文化中也有所不同。

性别差异。 研究显示，平均来说男人比女人对性爱更感兴趣并且考虑性爱的频率也比女性高(Peplau, 2003)。男人也比女人更强调身体方面的性交流，并且对随意的性行为持有更加宽容的态度(Baldwin & Baldwin, 1997；Dantzker & Eisenman, 2003)。一个由黄金时间实况电视节目赞助的对1 500名以上的青年人、中年人和老年人的全面调查发现相似的差异模式(Langer, Arnett, & Sussman, 2004)。

📖 观看关于美国性生活的视频 www.mypsychlab.com

黄金时间实况调查也发现了影响成年人对性生活满意度的几个因素。这些因素包括性高潮的频率、性冒险和与发生性关系对象的关系的一般满意度。可能是由于关系和性满意度的联系，拥有承诺对象的成年人比那些单身者对性生活报告了更高的满意度。

表 11.3 展现了男性和女性在性爱的重要性和享受性上的不同观点。尽管如此,自从 20 世纪中期以来性别差距已大大缩小。心理学家布鲁克·威尔斯和珍·温格分析了从 1958 年到 1987 年之间的态度调查结果(Wells & Twenge, 2005)。他们发现年轻女性(12 岁到 27 岁)对婚前性行为的支持率急剧上升,从他们早年研究的 30% 上升到 1987 年的 91%。性行为也同样发生了改变。温格的分析显示,在 20 世纪 50 年代大约有 13% 的青少年女孩承认自己是性活跃的。这个比例在 90 年代增加到了 47%。因此,尽管近来的调查显示在性态度和性行为上仍然存在性别差异,历史的角度帮助我们发现,随着时间的流逝,性别差距会大大缩小。然而,对这项研究的评论认为,改变的是人们谈论他们的性经验的意愿而不是他们真实的性态度和性行为(Dobson & Baird, 2006)。

表 11.3 黄金时间实况发现节选

	男 性	女 性
每天至少考虑一次性爱	70%	33%
每天考虑多次性爱	43%	13%
十分享受性爱	83%	59%
在第一次约会时发生过性爱	47%	17%
可以只为生理需求而发生性爱	35%	18%
赞成婚前性行为	68%	54%
把在线性爱聊天等同于性不忠	54%	72%
把在线性爱材料研究等同于性不忠	25%	42%
在做爱的时候喜欢有光线	27%	51%
曾经不忠	21%	11%
总能获得高潮	74%	30%
终身性伴侣的平均数量	8	3

为什么会存在这样的性别差异?**亲代投资理论**(parental investment theory),一种进化理论,将男人或女人解释为贡献大量的时间和精力在为人父母上的机能(Buss, 1999, 2000b)。为了成为父母,男人只需要一个短期的生物投资。因此,男人对于一个潜在伴侣的主要标准是可用性。任何可用的伴侣都是可以接受的,并且这项关系不需要持续到交配行为以外的方面。相反,女人必须投资九个月来怀孕,数年抚养孩子。因此,她们对于伴侣更加精挑细选。她们更偏爱那些能够对帮助她们抚养后代作出长期承诺的男性伴

> **亲代投资理论** 该理论认为,男人或女人必须致力于为人父母而付出时间和精力,这种机能可以用来解释两性在性态度和性行为上的差异。

侣。因此，亲代投资理论认为，女人对关系的其他方面（举个例子，情感承诺）比对性爱更感兴趣，并且拥有的伴侣数量比男人更少（Buss，1999）。你在章节前面阅读到的关于妒忌的性别差异调查倾向于支持亲代投资理论。

交配策略的性别差异理论讨论非常有趣。但是在实践层面，你可能会好奇找到一个潜在伴侣的最好方法是什么？这个问题总是被那些积极参与约会的人关注。在现今世界，随着网络约会的普及，它拥有了许多新的分支，就像下面的**应用**讨论的那样。

应用——网络约会的规则

研究者们发现美国三分之二的成年人把网上约会当作遇到潜在伴侣的主流手段之一（Madden & Lenhart，2006）。一位在线约会的老手，苏珊娜·施洛斯伯格，《单个表格的诅咒：没有性爱的1001个夜晚的真实故事》（2004）的作者，自称是网络约会世界领先的专家，通过网上会议发起了和男性50次以上的约会。值得注目的是，施洛斯伯格在网络上遇到了她的丈夫。现在正式退出单身生活，施洛斯伯格希望她开发的网上约会策略能够给予其他人帮助。在她的网站 http://www.suzanneschlosberg.com（Schlosberg，2006）上，可以获得对男性和女性网上约会规则的见解。施洛斯伯格主张男人和女人需要不同的规则，因为他们倾向于犯不同的约会错误。但是她指出两种规则都为男性和女性作出了启示。同样地，施洛斯伯格的规则中的许多原则同性恋和异性恋都可以采用。这里是一些节选。考虑到文化习俗，女士优先。

女士网上约会的八项简单规则：
1 寻找潜在的匹配对象而不是等待他们发邮件给你。
2 永远不要对任何事说谎。
3 在约会或者淘汰掉这人之前不要有五次以上的邮件来往。
4 在见面之前不要通电话。
5 第一次见面要喝咖啡，不要共进晚餐。
6 早点到达买好自己的饮料，拿一张报纸（在约会稍迟的时候保持忙碌），并且保有逃出的底线。
7 每个星期改变你的搜索条件。
8 降低你的期望。

男性网上约会的九项简单规则：
1 不要发送普通的邮件。
2 不要自夸。
3 在自己的介绍中揭示一些关于自己的趣事。
4 不要说你正在寻找一个"爱笑"或"喜欢玩乐"的女人。
5 不要明确指出你正在寻找的女人的发色、体重限制或者乳房大小。
6 在约会之前做好功课。
7 要提问题。

8 当你正在网上约会的时候不要谈论你的其他网上约会的经历。

9 你不打算打电话的话不要承诺"我会打电话给你"。

根据苏珊娜·施洛斯伯格建议的策略,你可能发现自己与网上约会对象发展长期伴侣关系的机会会增加20%左右(Gavin Scott,& Duffield,2006)。即使不与你的恋人分手,你也可以交到一些新朋友并且在这个过程中获得一些自我择偶偏好的领悟。

观看关于网上约会的视频 www.mypsychlab.com

文化差异。谈论性爱的意愿帮助研究者们了解更多在不同文化和不同性别中发生的关于性态度和性行为的变化。表11.4展示了杜蕾斯全球性爱调查的一些节选(2005)。这项调查包括了41个国家16岁以上的男性和女性。你可以看到,年性交频率大范围变动,从日本的45次的低频到希腊的138次的高频。个人的性生活满意度也广泛变化。调查发现30岁到44岁范围的成年人最为性活跃,可能是因为比起其他年龄组,他们拥有一个同居或婚姻伴侣。

表11.4 杜蕾斯全球性爱调查发现节选

国　家	过去一年性交的频率	性生活满意度的百分比	国　家	过去一年性交的频率	性生活满意度的百分比
希　腊	138	43%	意大利	106	36%
美　国	113	52%	以色列	100	36%
智　利	112	50%	中　国	96	22%
南　非	109	46%	瑞　典	92	45%
加拿大	108	46%	日　本	45	24%

来源:2005年杜蕾斯全球性爱调查 http://www.durex.com/cm/gss2005results.asp。

相对高的性行为报告率的可能原因非常简单:人们享受性爱,并且性态度发生了改变,因此他们觉得这样做是自由的。但是怎样解释日本的性活动率低?日本官员担心他们国家降低的出生率和老年人数量增多,原因在于长期的工作时间,养育孩子的高支出,以及越来越多的女性选择专注于自己的职业生涯而不是成为妈妈(Reuters,2006)。当然,这些趋势在整个工业化世界都有发现,因此它们不能解释为什么日本的性活动率比其他国家低。

性冲动的民族差异也不能解释这项不同。杜蕾斯调查发现中国和日本的成年人有比西方人接受"我性冲动不高"的说法两倍的可能性。但是中国的成年人做爱的频率是日本人的两倍。因此,日本的低性活动率还没有发现合理的解释。

性态度和性行为的民族差异会超越交往频率的变化。在某些社会,阴蒂切开术或女性生殖器切割是一种文化传统(World Health Organization[WHO],2008)。在这一过程中,由医生通过手术改变女孩的生殖器组织。这样做将会帮助确保她在结婚之前仍然是一个处女的观念是这种惯例的基础。但是,接受这个过程的女孩可能会形成伤痕,影响排尿,并且在性交时感到疼痛。这些疤痕也可能干扰到分娩。

由于女性生殖器切割在健康方面的影响,世界卫生组织在这种惯例现象普遍的地区教育人们其不利的影响(World Health Organization,2008)。这些地区包括非洲的不同地区、亚洲中东和南部地区。人权组织认为在这些地区的当务之急是通过国家消灭这种做法。许多西方政府通过给予这些通过自身努力独立的国家一些财政援助来消灭女性生殖器切割的法律。直到今天,许多把女性生殖器切割当作传统惯例的地区政府已经禁止了这些行为。然而,这是个难以消除的传统,因为许多人如此强烈相信这个过程的优点以至于无视法律。

排卵和性兴趣。最后,就像进化论预测的那样,一些研究认为女人在排卵期间,即当她们最有可能怀孕时性欲最为旺盛(e.g., Pillsworth, Haselton & Buss, 2004)。排卵状态也预示着女人对作为性伴侣的男性的吸引力等级(也就是,非长期伴侣)。当女人在排卵时,她们喜爱具有"阳刚"特征的男人,比如突出的性感下颚线,而不是缺乏这些特征的男人(Gangestad, Thornhill, & Garver-Apgar, 2005)。类似地,研究表明男性睾丸激素水平升高与女性在排卵期间阴道分泌物中发现的信息素(气味产生激素)相关(Gangestad, Thornhill, & Garver-Apgar, 2005)。因此,在处于排卵期的女性伴侣面前,男性可能被最快唤起性欲。

11.11 根据马斯特斯和约翰逊的理论,什么是人类性反应周期?
性欲望和性唤起

对大多数人来说,亲密关系并不限于生理领域,但是性爱的生理方面是快乐的关键。1954年,威廉·马斯特斯医生和维吉尼亚·约翰逊医生对人类**性交**(coitus)的性反应和性高潮进行了第一次的实验室调查(阴茎阴道性交)。他们监视志愿者,给他们接上电子传感器。马斯特斯和约翰逊(Masters & Johnson, 1996)总结,男性和女性都体验到了四阶段的**性反应周期**(sexual response cycle)(见图11.5)。

兴奋期。兴奋期(excitement phase)是性反应周期的起始阶段。视觉线索,比如看对方脱衣服更容易引起男性的兴奋阶段。温柔的爱抚加上爱的言语表达比起视觉刺激更容易唤起女性的兴奋。而且男性几乎可以立即兴奋起来,但是女性的兴奋是一个逐步建立的过程。随着额外的血液泵入生殖器,男性的阴茎勃起,而女性感觉到阴蒂肿胀。随着阴道内部三分之二的扩张和阴唇扩大,阴道润滑产生。尤其是女性,乳头变硬并立起。

高原期。在兴奋期之后,当兴奋平稳进行时个体进入**高原期**(plateau phase)。血压

性交 此处指阴茎阴道性交。

性反应周期 根据马斯特斯和约翰逊的观点,男性和女性性反应的典型部分由四个阶段组成:兴奋期、高原期、高潮和消退期。

兴奋期 性反应周期的第一阶段,具有男性勃起和女性阴蒂肿胀、阴道润滑的特征。

高原期 性反应周期的第二阶段,在准备性高潮时肌张力和流入生殖器的血液增多。

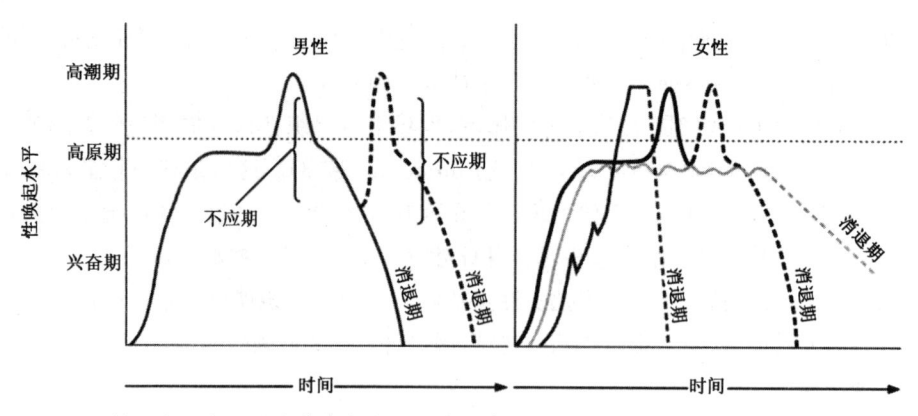

图 11.5 性反应周期 马斯特斯和约翰逊发现发生男性和女性可预期的性反应周期。

和肌肉张力增加更多,并且呼吸变得沉重和急促。男人的睾丸肿胀,并且从龟头滴下包含精子细胞的液体。因为血液增加而膨胀的女性阴道外部进一步扩大为性高潮做准备。阴蒂缩回,被皮肤覆盖,并且胸部变得充盈。

性高潮。 性高潮(orgasm),最短的一个阶段,是性快感的顶点,由累积的性张力突然放电造成。在性高潮时不随意肌收缩可能引起全身和生殖器收缩节奏。高潮期对于男性来说是两个阶段的经验。在第一阶段,他意识到射精将近并且无法阻止;第二阶段包括射精本身,即精液从阴茎有力的释放。女性的高潮期体验以与男性大概相同的方式建立。以强大的有节奏的收缩为标志,女性的性高潮通常比男性持续更长。

消退期。 高潮期被**消退期**(resolution phase)取代,身体返回到其性未唤起状态的消退阶段。男性在消退期体验到一个不应期,在此期间他们不能有另一个高潮。这个不应期持续的时间可能从只有几分钟到长达几个小时。女性不存在不应期,但是如果再次刺激可能能够立刻体验到另一次高潮。

激素。 性反应周期受激素的强烈影响。性腺体制造的激素——卵巢的雌激素和孕激素,以及在睾丸的雄激素。两性的肾上腺也都会产生少量激素。**雌激素**(estrogen)促进女性第二性征的发育以及控制月经周期;**黄体酮**(progesterone)帮助月经周期的调节以及子宫内膜为卵巢怀孕做好准备。女性比男性有更多的雌激素和黄体酮,因此这些都被知晓为女性性激素。男性拥有大量更多的雄激素,也就是男性性激素。

睾酮(testosterone),最重要的雄激素,影响男性性征和性冲动的发育和平衡。男性

> **高潮** 性反应周期的第三阶段,以累积的性张力和不自觉的肌肉收缩突然放电为标志。
>
> **消退期** 性反应周期的最后阶段,在此期间身体恢复到未唤起的状态。
>
> **雌激素** 促进女性第二性征发育和控制月经周期的女性荷尔蒙。
>
> **黄体酮** 在月经周期的调节和为怀孕准备子宫内膜中发挥重要作用。
>
> **睾酮** 最重要的雄激素,影响男性第二性征与性冲动的发育和平衡,在女性身内含有少量以平衡性兴趣和响应性。

必须拥有足够水平的睾酮来平衡性兴趣和勃起。女性也需要少量的雄激素在血压中来平衡性兴趣和性响应(Anderson & Cyranowski，1995)。有时对缺乏性兴趣和活动的男性和女性使用睾酮贴片和软膏会有作用(Meyer，1997)。

心理因素。 心理因素在性唤起中起到了重要的作用。性行为的自然心理一部分源于人们从文化中学习到的偏好和实践。性行为的文化规范差别很大，包括了从萌生性行为的年龄是否合适到伴侣、状态、设置、位置和特殊性行为是否被接受。再者，男性和女性能够被感知的性吸引力在不同文化中可能差异巨大。

幻想和外部刺激。 性幻想也能影响性唤起。男性的幻想一般包括特定的视觉表象，然而女性的幻想拥有更多情感和浪漫的内容。尽管有95％的男性和女性承认有过性幻想，但是有25％对此感到强烈的罪恶感(Leitenverg & Henning，1995)。然而，研究似乎表明性幻想的高发生率与一个更加令人满意的性生活和更少的性问题之间存在关联。

外部刺激，比如杂志或电影上的图片，也能影响性唤起。男性更容易寻找这样的刺激来源。一些研究揭露人们在接触到色情材料之后可能会减少对伴侣和恋情的珍惜。人们也可能在与演员们的表演比较之后对自己的性爱表现感到失望。

▲心理因素在性吸引力和性唤起中发挥了重要作用。这些因素包括我们在各自文化观念中学到的偏好和态度。

当然，性爱除了生理反应以外还有很多。根据马斯特斯和约翰逊的观点，"一对夫妻完整的承诺包括性方面，在这个承诺中，所有的责任感与彼此爱的情感相联系(1975，p.268)"。研究支持这一论断：男性和女性在积极和满意的感情关系中会体验到更高的性满意度(Greeff & Malherbe，2001；Waite & Joyner，2001)。

记一记——性态度和性行为

1. _____比_____对婚前性行为倾向于持更宽容的态度。
2. 在一些传统文化中_____的观念能够确定一个女孩仍然是一个处女。
3. 人类的性反应周期由_____个阶段组成。
4. 除了性反应周期之外，在男性和女性中最重要的激素是_____。

答案：1. 男性，女性　2. 女性生殖器切割　3. 四　4. 睾酮

性取向

到目前为止,我们已经讨论了人类性反应和性唤起的很多方面,但是我们还没有考虑**性取向**(sexual orientation)——一个人的性吸引力、情欲和性活动的方向。在异性恋中,人类的性反应是面向异性的;在同性恋中,是面向同性的;而在双性恋中,是面向两种性别的。

所有社会的历史记录对同性恋均有报道(Carrier,1980;Ford & Beach,1951)。金赛和他的同事(1948,1953)估计他们有4%的男性受访者在生活中有过完全的同性恋关系,而他们的女性受访者中大约有2%到3%有过主要或完全的同性恋关系。ABC黄金时间直播调查(Langer,Arnedt & Sussman,2004)的发现与金赛的数据一致。大约5%的受访者表明他们是同性恋。然而,这项调查没有提供任何关于这5%之中男同性恋和女同性恋的分别占比或者受访者积极陷入同性恋情程度的细节。

那些关于同性恋最全面的调查实践数据中,劳曼等(Laumann et al.,1994)报道承认自己是同性恋或者双性恋的人的百分比在男性中是2.8%,在女性中是1.4%。但是有5.3%的男性和3.5%的女性自从青春期以来与同性曾经至少发生过一次性经验。这些调查中甚至有10%的男性和9%的女性说他们曾经感受到过对同性的性欲。

但是,其他调查认为可能仍然缺乏一个完整准确衡量同性恋占比的方法。首先,真正的完全同性恋取向是罕见的。举个例子,塞尔和他的同事(Sell et al.,1995)再次分析了1988年哈里斯民意调查的结果来概括同性吸引力和行为。他们发现6%的男性和3%到4%的女性受访者确定自己在吸引力和行为上主要是同性恋。然而,只有1%投票的受访者声称在之前的五年与任何异性都没有过性接触。

11.12 一个男同性恋或女同性恋的性取向可能由哪些因素决定?
性取向的定义

心理学家们持续争论性取向是由生物学上决定的还是需要后天经验的学习形成。尽管弗洛伊德认为同性恋是早期童年经历的结果(Mitchell,2002),但是很多心理学家认为性取向更多的是由生物因素决定的(Bailey & Pillard,1994;Isay,1989;LeVay,1993)。还有一些人倾向于相互作用理论,认为遗传和环境都发挥了作用(Breedlove,1994;Byne,1994;Patterson,1995)。

激素。激素发挥作用了吗?一些研究者们认为在产前发育或者发育的任何时期暴露于雄激素中,可能会影响性取向(Collaer & Hines,1995;McFadden,2002)。一些研究揭

> **性取向** 一个人的性吸引力、情欲和性活动的方向,朝向对立性别的成员(异性恋)、朝向自己的性别(同性恋)、朝向两种性别(双性恋)。

示在出生前接触合成雌激素的女性中同性恋的发生率增加（Meyer-Bahlburg et al.，1995）。同样地，患有先天性肾上腺皮层增生症的女性表现为女同性恋的比率更高，尽管这些女性大多数是异性恋（Meyer-Bahlburg, Dolezal, Baker, & New, 2008）。

大脑结构。神经系统科学家西蒙·莱韦（Simon LeVay, 1991）称下丘脑中调节性行为的区域面积，男异性恋是男同性恋的两倍。这部分下丘脑比一粒沙子还小，女异性恋的相应区域和男同性恋一样大。莱韦承认他的研究没有直接的证据可以证明被发现的大脑差异导致同性恋（LeVay & Hamer, 1994），并且立即有评论家指出他的研究中所有的男同性恋样本全部死于艾滋病。艾滋病与特定大脑区域的异常有关是广为人知的。因此，一些研究者们提出疑问，莱韦发现的大脑差异是否可能是艾滋病的原因而不是与性取向相关（Byne, 1993）。其他人认为大脑差异既不是与大脑决定性取向相关的未知变量的原因，也不是未知变量的结果。

▶1997年，艾伦·德杰尼勒斯在《艾伦秀》中揭露自己是一名女同性恋时受到了人们的争议。现在她是一位获奖脱口秀的主持人，并且是与在哈里斯民意调查美国最受喜爱电视人物列表中的超级巨星奥普拉·温弗瑞合作的两名女性之一（Harris Poll, 2009）。

遗传影响。在关于性取向遗传的早期研究中，贝利和皮亚尔（Bailey & Pillard, 1991）研究了双胞胎兄弟的男同性恋。他们发现52%的男同性恋同卵双胞胎和22%的男同性恋异卵双胞胎都有一个也是同性恋的双胞胎兄弟。但是在被收养的同性恋双胞胎兄弟中，只有11%表现出同性性取向。在一个相似的研究中，怀特姆和其他人（Whitam et al., 1993）在男同性恋研究中发现，有66%的同卵双胞胎和30%的异卵双胞胎男性的兄弟也是同性恋。这样的研究揭示了稳固的遗传对性取向的影响，但是也同样佐证了非遗传因素的影响。

贝利和巴尼什（Bailey & Benishay，1993）发现，与2.3%的女异性恋被试相比，12.1%的女同性恋被试有一个同为同性恋的姐妹。贝利和其他人（1993）报道了一项关于女同性恋的研究，她们中48%的同卵双胞胎、16%的异卵双胞胎、14%的普通姐妹和6%的被收养的姐妹也是同性恋。贝利和皮亚尔（1994）指出根据他们的统计分析，性取向的遗传性大约是50%。

哈默尔和其他人（Hamer et al.，1993）发现男同性恋被试的兄弟有13.5%的可能性成为同性恋。此外，相比父方的男性亲属，母方的男性亲属是同性恋的概率更高。这导致研究者们猜测影响性取向的基因可能位于X染色体上，来自母亲的性染色体。在研究40对男同性恋兄弟的X性染色体DNA之后，研究者们发现其中33对在X染色体的末端拥有匹配的遗传信息。但是，在这个末端的上百个基因中并没有挑选出一个特殊的基因，并且这个基因是如何影响性取向仍然不为人知（LeVay & Hamer，1994；Rahman & Wilson，2003）。一些研究者们质疑哈默尔发现的正确性，并且有一位同僚控告哈默尔排除了那些反驳他的兄弟性取向研究（Horgan，1995）。

遗传基因和生活环境的交互作用。检测产前暴露于雄激素和性取向关系的研究为同性恋遗传决定因素的讨论增加了一个新的转折。这里有一个特别有趣的，包括一个或两个都是女同性恋的同卵双胞胎的研究（Hall & Love，2003）。研究者们发现当两个双胞胎都是女同性恋时，她们食指和无名指的比例（一个产前雄激素曝光的指示标志）与女性典型的比例相比更接近于男性典型的比例。但是在一个是女同性恋而另一个不是的双胞胎中，只能在女同性恋身上发现男性典型的手指比例。

这项研究表明产前基因表达环境的可能影响。可能是产前雄激素对基因的"开"或"关"导致了这些双胞胎的性取向。但是为什么这些激素只对双胞胎胎儿中的一个的基因造成影响但是不作用于另一个？研究者们还没有找到这个问题的答案，并且在做这个研究前他们还需要许多其他研究。然而，关于遗传和环境因素复杂的相互作用问题是当前行为遗传学研究的前沿，包括了有关性取向和已知遗传因素其他变量的研究。

男同性恋和女同性恋的童年经历。有什么证据可以证明同性恋与一些童年成长经历有关？在这个问题的经典研究中，贝尔、温伯格和哈默史密斯（Bell, Weinberg & Hammersmith，1981）对979位同性恋被试（293位女性和686位男性）和477位异性恋控制组进行了大范围的面对面访谈。这些研究者们没有单一的家庭生活条件或者童年经历以及本身表现为造成同性恋或异性恋的因素。但是，他们采访的同性恋者认为他们童年时期感觉与他人不同。

运用元分析法，贝利和朱克（Bailey & Zucker，1995）发现，对男性和女性来说，在童年早期展现的跨性别行为可能是对同性恋的一种预测。在一项研究中，贝利和其他成员（1995）从男同性恋和他们的母亲的回忆中，发现了性取向和童年的性别区分行为之间紧密的联系。但是，一些男同性恋表现出男性类型的行为，而一些异性恋男性却是"女性"的男孩。在另一项研究中，菲利普斯和奥弗（Phillips & Over，1995）发现女同性恋更可能回忆起曾经想象过自己是男性，偏爱男孩子的游戏，她们被称为"假小子"。但是一些异性恋

▶整个世界中，对同性恋的社会态度差异很大，在沙特阿拉伯、伊朗、苏丹和毛里塔尼亚，同性恋可能被判死刑，在美国，几个州的法庭裁决和立法通过了同性恋结婚的方法，就和大多数欧洲国家一样。

的女性回忆的童年经历与这些女性同性恋者的主要内容相似，而且一部分女性同性恋回忆的经历要更接近于异性恋女性的主要内容。

显然，没有确切预测同性恋的方法。因此，研究者们继续对性取向的起源保持否定意见。心理学家夏洛特·帕特森(Patterson，1995)认为把性取向和人类发展之间的关系作为遗传和环境复杂的相互作用来研究更有利。

11.13　近几年对同性恋的看法有什么改变？
对待男女同性恋的社会态度

直到1973年，美国精神病协会都认为同性恋是一种疾病，但是现在，除非当事人认为它是一个问题才被视为疾病。由于这样的改变，更多的男女同性恋"出柜"，更喜欢去了解和表达他们的性取向。这些个体和异性恋一样有健康的心理(Strickland，1995)。

恐同症(homophobia)是对同性恋者强烈的非理性的敌意或恐惧，会导致对男女同性恋的歧视甚至对他们施行激烈的暴力行为。幸运的是，尽管美国对同性恋的负面态度依然是普遍的，但是大多数人对同性恋的看法止步于不成熟的恐同症(Herek，2002)。人们一般更可能会表达这样的看法，举个例子，在一个调查中，54%的女性认为同性恋在道德上是可以接受的，但是只有45%的男性赞同同性关系(Pew Research Center，2006)。

重要的是，尽管如此，大多数人还是反对歧视性取向。(再者，这样的歧视是违法的。)调查显示四分之三以上的美国人认为不能雇用同性恋为公立学校的老师(Herek，2002)。类似地，有压倒性数量的坚定支持同性恋权利的美国人直言不讳并且尝试影响公共政策。因此，反对同性恋仿佛关注行为本身而不是那些表现出这种行为的人。

恐同症　对同性恋者强烈的、非理性的敌意或恐惧。

11.14 通过对几种不同夫妻类型的研究，理论家们是如何解释性忠诚的重要性的变化？

男女同性恋的恋爱关系

社会的变化使得研究者们能够更多地了解同性关系。就像我们在第9章探讨的那样，同性恋和异性恋的恋爱关系有很多相似的地方，但是不同类型的情侣对性忠诚的强调有所不同。总的来说，对于女同性恋和异性恋情侣来说，性忠贞相对男同性恋情侣更重要（Garza-Mercer, Christenson, & Doss, 2006）。是什么造成了这样的差别？

一些进化心理学家认为男同性恋对恋爱关系的开放是一种适应性行为，无论是异性恋还是同性恋，男性都比女性更渴望性爱（Buss, 1998）。就是说，如果一个男同性恋在一段承诺的恋爱关系中对性频率不满意，他可能会自由地寻找不威胁这段关系存在的其他地方去做爱。相对地，由于女性对于忠诚的期望，一个异性恋的男性通常没有这项权利。可预测的是，调查显示异性恋的男性比其他组合的成年人更不满意他们恋爱关系中的性频率，并且异性恋情侣比起男女同性恋在性频率上有更多的冲突。

与这些发现相一致的是，研究显示女同性恋情侣相对异性恋和男同性恋情侣更倾向于重视一夫一妻（Garza-Mercer, Christensen, & Doss, 2006）。和异性恋爱关系中的女性一样，她们就像与恋人性接触一样高度重视情感亲密。再者，女同性恋面对恋人的不忠会感受到比任何其他组合更多的痛苦。

就像我们告诫你关于性别差异时一样，总体避免形成异性恋和同性恋恋爱关系的刻板印象是非常重要的。无论是什么性取向的个体，与情侣的恋爱价值观和行为期待都差异巨大。也存在你期望中并不担心性忠诚的男女同性恋情侣，就像有许多男同性恋情侣对他们的恋人保持性忠诚。研究情侣类型差异十分有趣，而且可能会带来性别差异和性取向的重要发现，但是这样的研究发现不能成为刻板印象。

记住——性取向

1. 性_____是人们性偏好的方向。
2. 统计发现同性恋在_____中是在_____中的两倍。
3. 指出下面的这些描述是否是在关于同性恋成因的研究中提出的。
   _____（1）同性恋和异性恋的成年人拥有不同水平的性激素。
   _____（2）男女同性恋比异性恋更容易回想起跨性别的童年经历。
   _____（3）遗传在性取向中可能发挥了作用。
   _____（4）同性恋和异性恋的个体差异在青春期之前没有证据可以证明。
   _____（5）在产前发育时暴露于雄激素可能会影响个体的性取向。
       a. 研究提出   b. 研究没有提出
   答案：1. 取向 2. 男性 女性 3.（1）b （2）a （3）a （4）b （5）a

性功能障碍

你是否曾看见过那些能够增强性能力的药物或中草药广告？这种广告的流行告诉你提高个人性经验质量的欲望是普遍的。进一步说，相当数量的女性和男性都存在着严重的性功能障碍，这会消除或至少减少性爱的乐趣。**性功能障碍**（sexual dysfunction）是一种造成显著痛苦和人际交往困难的持续性或复发性问题，可能会涉及以下任何方面或组合：性欲、性唤起或者性爱或高潮的快感。

11.15 两种性欲障碍的定义特征是什么？

性欲障碍

性欲障碍包括缺乏性欲和（或）厌恶与生殖器的性接触。那些咨询性心理医生的人最常见的抱怨是性活动中的性欲或兴趣低或无。这种情况被称为**性欲低下障碍**（hypoactive sexual desire disorder）（Beck，1995）。这样的人可能不会接受与伴侣的性进展，或者尽管缺乏欲望也参与性活动。损失的欲望或缺乏兴趣可能来源于抑郁、情感压力、婚姻不满或者反复尝试性交的失败。在中年和老年的男性中，性兴趣下降可能与发生老化而使睾酮水平下降有关（Brody，1995）。

一个更严重的问题是**性厌恶症**（sexual aversion disorder），厌恶和避免与性伴侣的生殖器接触（American Psychiatric Association，2000）。这种症状的人在面对性状态时，体验到从焦虑或恐惧到厌恶的感情。在一些情况下，性厌恶源于性创伤如强奸或乱伦。

11.16 性唤起障碍的定义特征是什么？

性唤起障碍

一些个体具有正常的性兴趣但是却不能被唤起。患有**女性性唤起障碍**（female sexual arousal disorder）的女性在受到性刺激时不能感受到性唤起（American Psychiatric Association，2000）。这个问题可能源于童年的强奸创伤或性侵犯、对性伴侣的不满，或者是由于雌激素减少而导致阴道干涩。

> **性功能障碍** 一种造成显著痛苦和人际交往困难的持续性或复发性问题，可能会涉及以下任何方面或组合：性欲、性唤起或者是性爱或高潮的快感。
>
> **性欲低下障碍** 以性活动中的性欲或兴趣低或无为标志的性功能障碍。
>
> **性厌恶症** 以厌恶和主动避免与性伴侣的生殖器接触为特征的性功能障碍。
>
> **女性性唤起障碍** 女性对于性刺激不能感受到性唤起，或者不能实现或维持适当润滑的性功能障碍。

勃起功能障碍(erectile dysfunction)是一种常见的男性性功能障碍,它指反复出现不能保持性交所需要的坚挺的勃起。这种疾病也叫作阳痿,有不同的形式:完全不能保持勃起状态、可以勃起一次但是又会消退或者是局部勃起但是不适合性交。一部分男性在某些情况下可以完全勃起而其他情况不行(只和一个性伴侣做爱而不是其他的,或者在手淫中而不是在做爱时)。勃起功能障碍这一术语并不适用于男性有时由于恐惧、焦虑、身体疲劳、生病或者摄入过多酒精时造成的失败。

勃起功能障碍的患病率非常难以确定。对这种症状的统计通常来自保存在诊所和医生办公室的医疗记录。但是,因为勃起功能障碍不是威胁生命的病症,很多人不会为这个病症咨询医生寻求帮助,这可能由于尴尬或者觉得治疗并不会发挥作用。

观看关于性和性功能障碍的视频 www.mypsychlab.com

最近的研究显示药物西地那非(Viagra)在几个方面对患者的勃起功能障碍有帮助。首先,这种药物能够很有效地帮助该病症的男人达到和维持勃起(Rosen,1996)。其次,围绕西地那非可用性的宣传使得为勃起功能障碍寻找治疗方法的人增多(Kaye & Jick,2003)。结果,勃起功能障碍对许多男人生活的影响大大减少,而且研究者们对实际上勃起功能障碍的普遍性有了更乐观的看法。在介绍西地那非之后实施的研究表明,美国有三分之一的男性遭受到不同程度的勃起功能障碍(Laumann, Paik & Rosen, 1999)。

西地那非的可用性在不同程度上改善了男性的生活。举个例子,英国研究者通过诊所数据发现勃起功能障碍的患者增多使得英国男性一些类型的心脏病发病率下降(Kaye & Jick,2003)。这是因为心脏问题是引起勃起功能障碍的生理原因之一,也是医生在诊断为勃起功能障碍的男性身上经常发现的问题。此外,勃起功能障碍是抗抑郁药物的副作用之一。因此,患有抑郁症的男性常常拒绝服药。自从出现了西地那非,医生已经知道药物能够缓和抗抑郁药物的副作用,因此使得很多患有抑郁症的男性在没有勃起功能障碍的威胁下减轻抑郁的症状(Nurnberg et al., 1999)。

抗抑郁药物也可以在女性身上引起性唤起问题。西地那非帮助一些患有抑郁症的女性克服副作用(Nurnberg et al., 1999)。这些发现引导科学家们检测该药物对由于其他原因患有性功能障碍的女性可能的益处。然而,这些研究的结果却令人失望(Harris,2004)。因此,对女性性唤起疾病有效的治疗方法还有待寻找。

11.17 性高潮和性疼痛疾病对于男女性交体验有什么影响?
性高潮障碍和性交疼痛

在女性中最常见的性功能障碍是**女性性高潮障碍**(female orgasmic disorder),尽管有

勃起功能障碍 男性反复经历不能保持性交所需要的坚挺勃起的性功能障碍;也被称为阳痿。

女性性高潮障碍 女性尽管有足够的性刺激但是却持续无法达到性高潮或延迟达到高潮的性功能障碍。

足够的性刺激但是却持续无法达到性高潮或延迟达到高潮。一些患有这项疾病的女性从来没有到达过性高潮；其他的是以前能达到性高潮但是后来再也不能高潮。一些女性只有在某些情况或某些类型的性行为中才能获得高潮，然而其他只能偶尔达到高潮。最近的双生子研究表明这样的变异可能具有遗传基础(Dawood et al.，2005)。患有这项疾病的女性可能对性爱不感兴趣，或者尽管缺乏高潮，她们仍然觉得性爱令人兴奋、满意、享受。

在**男性性高潮障碍**(male orgasmic disorder)中，具有没有射精或者只有在极长时期的艰苦努力下才能射精的症状。有时，在男性最终达到性高潮或者放弃之前，双方可能已经疲惫得快要崩溃。延迟或没有射精通常在性交时发生，而不是在手或口腔刺激时或是自慰时发生。可能的原因包括酗酒或使用药物(非法或处方)，压力或创伤的生活状况，以及害怕对方不孕(Kaplan，1974)。

男性中最常见的性功能障碍是**早泄**(premature ejaculation)，进入之前、之中或之后的短时间内，男性的期望之前，在微小刺激下发生性高潮和射精的一种慢性或复发性高潮障碍(American Psychiatric Association，2000)。这种症状可能起源于称为快速射精的早期性经验，比如快速自慰。但是，生理因素可能更重要。一些研究表明选择性血清素再摄取抑制剂(增加神经递质血清素的作用)在这个问题上可以有效地帮助到男性(Arafa & Shamloul，2007)。

性交疼痛疾病在女性中常见但是在男性中却很罕见(Rosen & Leiblum，1995)。**性交疼痛**(dyspareunia)，与性交相关的生殖器疼痛，在女性中更为常见。尽管阴道感染、性传染病和各种心理因素可能包括在性交困难的原因内，但是不充分的润滑是主要原因。

阴道痉挛(vaginismus)是一种由于不经意的肌肉收缩使得阴道收紧甚至关闭，从而导致性交疼痛或者无法性交的性交疼痛疾病。这个问题可能来自一个认为性爱看起来罪恶和肮脏的严格的宗教教育。它也可能来自过去曾经极度痛苦的性交或与一个害怕的男人做爱，强奸或者与性交相关的创伤经验(Kaplan，1974)。

记一记——性功能障碍

1. 把每个性疾病与正确的描述匹配起来。
   _____(1) 勃起功能障碍　　　　a. 不能达到高潮
   _____(2) 阴道痉挛　　　　　　b. 不能控制射精

> **男性性高潮障碍**　男性没有射精或者在极长时间的艰苦努力下才能射精的性功能障碍。
>
> **早泄**　进入之前、之中或之后的短时间内但是在男性的期望之前，在微小刺激下发生性高潮和射精的一种慢性或复发性高潮障碍；男性中最常见的性功能障碍。
>
> **性交困难**　以与性交相关的生殖器疼痛为标志的性交疼痛疾病；在女性中更为常见。
>
> **阴道痉挛**　由于不经意的肌肉收缩使得阴道收紧甚至关闭，从而导致性交疼痛或者无法性交的性交疼痛疾病。

　　　　　　　　（3）早泄　　　　　　　c. 缺乏性兴趣
　　　　　　　　（4）女性性高潮障碍　　d. 不能勃起或维持勃起
　　　　　　　　（5）女性性唤起障碍　　e. 阴道无意识关闭
　　　　　　　　（6）性欲低下障碍　　　f. 不能感受到性兴奋并且不能润滑充分
　　答案：(1) d　(2) e　(3) b　(4) a　(5) f　(6) c

性传染病

　　在美国最常见的传染病是什么？你可能会惊讶地发现它不是普遍的感冒和流感。而是叫作衣原体病的性传染病(Boyles，2007)。

　　性传染病(sexually transmitted diseases，STDs)主要通过亲密性接触传播。每年大约有1 900万美国人感染性传染病。其中一半包括15岁到24岁的年轻人(Cates et al.，2004)。在美国内陆城市的少数人也经历了性传染病的流行。在世界范围内，每年有3亿以上的人感染可治愈的性传染病(WHO，2001)。每年有数百万人被诊断患有不可治愈的性病——包括5百万患有艾滋病的患者(NIH，2003)。

　　观看关于性关系风险的视频 www.mypsychlab.com

　　许多性传染病的发病率在20世纪70年代早期大幅度增加。这种现象有部分可以由更宽容对待性爱的态度和年轻人参与性活动频率增加来解释(Turner et al.，1995)。另一个原因是无障碍避孕法的大量使用，比如口服避孕药。障碍避孕法，比如避孕套和阴道杀精剂，提供了预防性传染病的保护。一些更严重的性传染病是细菌感染，比如衣原体病、淋病和梅毒，是可以治愈的；而病毒性感染比如生殖器尖锐湿疣，生殖器疱疹以及艾滋病是不可治愈的。但是，所有的性传染病都是可以预防的，而你知道如何预防它们吗？带着这个问题在**试一试**中找到答案。

试一试——梅奥诊所性病测试：你不知道的东西会伤害你

　　分辨这些问题的对错。（注：这些问题的答案的完整解释可以在 http://mayolinic.com 上找到）

　　1. 美国性传染病的传染率上升了。
　　2. 避孕套——只要它们仍然未开封——即使偶尔在钱包里放几个月也依然有效。
　　3. 动物皮肤(羔羊皮)避孕套能够避孕，但是不能够预防性病，比如艾滋病。
　　4. 你应该用凡士林或婴儿油润滑避孕套来减少它们撕裂的风险。

　　性传染病　主要通过亲密的性接触传播的传染病。

5. 当避孕套失效时,通常是因为不正确的使用方法。
6. 如果你有生殖器疱疹的病史,即使你没有这种疾病的症状也会传染给你的伴侣。
7. 进行规律的巴氏早期癌变探查试验可以预防宫颈癌。
8. 你不会因为口交感染性传染病。
9. 服用避孕药可以排除对避孕套的需要。
10. 性传染病不会威胁生命。

答案:1.对;2.错;3.对;4.错;5.对;6.对;7.错;8.错;9.错;10.错

11.18 主要由细菌引起的性传染病有哪些? 如何治疗?
细菌性性传染病

能够引起性传染病的细菌类型有很多。幸运的是在大多数情况下,细菌性性传染病,包括衣原体病、淋病和梅毒,能够用抗生素治愈。

衣原体病(chlamydia)具有高度传染性,在年轻人中的感染率特别高。举个例子,一项涉及少年感化院青少年的研究发现他们之中有多达15.6%的人被测试出衣原体阳性(Kahn et al., 2005)。而在2007年,在计划生育诊所访问的15岁到24岁女性中大约有3%被发现患有这项疾病(CDC, 2009a)。

携带衣原体的男性会出现提醒他们需要治疗的症状,但是他们不会因为这种感染遭受不利生殖的后果。另一方面,当衣原体病开始在生殖道浅部发作时,女性通常都只有轻微的症状或者没有症状。因此,感染通常得不到及时的治疗并且扩散到上生殖系统,**导致盆腔炎**(pelvic inflammatory disease, PID)。盆腔炎通常会在输卵管产生疤痕组织,使得受精卵植入子宫外,导致不孕或宫外孕(Temmerman, 1994; Westrom, 1994)。

2007年在美国,疾病防治中心报道了355 991例**淋病**(gonorrhea);这个数字表示在每10万个美国人中有118.9例淋病病例。比率相对2000年每10万中133例有所下降(CDC, 2009a)。在感染淋病最早的两个星期之内,男性的阴茎会流出脓样液体并且经历排尿疼痛(Bennett, Domachowske, & Grella, 2007)。大多数寻找治疗的人都已经被治愈。如果没有症状出现或者在2到3个星期之内没有寻求治疗,感染可能会扩散到内部生殖器官,并且最终导致不孕。对女性来说坏消息是50%到80%的感染淋病的女性没有早期症状。感染从子宫颈向其他内部生殖器官扩散,引起炎症和瘢痕。淋病可以用抗生素治愈,但是公共卫生官员担心越来越多的造成这种疾病的细菌会产生耐药性(Boyless, 2007)。

> **衣原体病** 在两性中发现的具有高度感染性的性传染病,会导致女性不孕。
>
> **盆腔炎** 女性骨盆器官中的传染病,能够由未经处理的衣原体病和淋病引起,并且导致疼痛、瘢痕组织甚至不孕或宫外孕。
>
> **淋病** 一种细菌性性传染病,导致阴茎流出脓状液体和排尿疼痛;如果不接受治疗,女性可能患上盆腔炎并且可能不孕。

美国2007年报道了11 000例以上的**梅毒**(syphilis)病例(CDC,2009a)。不幸的是,这一致命的疾病的患病率在超过50年的下降之后于2000年开始上升。公共卫生官员认为,发病率的增长主要局限于城市地区以及男同性恋中快速增加的梅毒发病率(CDC,2009a)。在性传染病诊所,男性同性恋病患的梅毒发病率明显从1994年的4%翻番到2004年的10%。在全世界范围内,卖淫是造成梅毒发病率增长的主要原因。在中国,举个例子,大约有15%的女性性工作者感染梅毒(Ruan,2006)。由于在特定群体内梅毒的流行,公共卫生官员认为面向特定群体行为和需要的预防项目是最有效的。

如果不予治疗,梅毒会在可预测的阶段内发展。在最初的阶段,没有痛感的溃疡或下疳出现在引起梅毒的微生物螺旋菌进入体内时。这个溃疡可能不会被发现,但是就算没有治疗,它也会痊愈。在第二阶段,身体上出现了没有痛感的皮疹,通常伴随发热、咽喉痛、食欲不振、疲劳以及头痛。不予治疗这些症状也会消失。然后,螺旋菌进入身体的各组织和器官,它们可能潜伏几年或者一生的时间。大约30%到50%感染梅毒的人进入到了最后可怕的第三阶段,在这一阶段中,可能会患上失明、瘫痪、心力衰竭、精神疾病以及死亡。

在任何阶段感染上梅毒的孕妇都可能会传染给胎儿。但是可以在它发病的第三阶段以外的任何时间内,用强剂量的青霉素终止梅毒(CDC,2009a)。

11.19 通过性接触传播的病毒性疾病是什么?
病毒性性传染病

不同于细菌性传染病,病毒性传染病——生殖器尖锐湿疣、生殖器疱疹以及艾滋病——是不可治愈的。而且它们会导致更加严重的疾病,包括癌症。举个例子,**生殖器尖锐湿疣**(genital warts)是由**人乳头状瘤病毒**(human papillomavirus,HPV)引起的。即使是在疣被移除或者自动消失之后,病毒仍然会潜伏在体内好几年并且可能最终导致生殖器癌变,特别是宫颈癌(Koutsky et al.,1992;Tinkle,1990)。美国的患病率研究显示25%的20岁到29岁的女性和10%的30岁以上的女性被人乳头状瘤病毒感染(Stone et al.,2002)。

在2006年,美国食品药物管理局通过了一种官方认为将会保护女性对抗四种类型的人乳头状瘤病毒的疫苗(CDC,2006a)。然而,这种疫苗只有9岁到26岁之间的女性才能许可使用,而且研究者们还不知道疫苗的保护作用能持续多长时间。此外,官员们指出存在不需要疫苗进行保护的对抗人乳头状瘤病毒的其他形式。因为这些理由,公共卫生官员声明注射了疫苗的女性要继续关注安全的性实践和常规医学检查。

根据疾病防治中心(CDC,2009b)的资料,美国21%的成年人或者说是大约4 500万

梅毒 一种存在三个可预测阶段的细菌性性传染病;如果不接受治疗,最终能致命。

生殖器尖锐湿疣 由人乳头状瘤病毒(HPV)引起的生长在生殖器上的疣。

人乳头状瘤病毒 引起生殖器尖锐湿疣的病毒;也被认为是宫颈癌的致病因之一。

人感染了引起大多数**生殖器疱疹**(genital herpes)的病毒(CDC，2009b)。第二型病毒——单纯性疱疹——导致80%到90%的生殖器疱疹病例并且通过与感染的生殖器直接接触传播。但是，第一型病毒——通常引起嘴唇上的冷疮和热水疱——也能引起生殖器疱疹并且可以通过口交或性交传播。

在生殖器疱疹中，疼痛的脓样水疱从生殖器（或者是男同性恋者肛门周围）上开始出现，然后爆发并溃疡。这时候的人是最具感染性的。在水疱治愈后，病毒会通过神经纤维传播到脊髓基础区域，在那里它仍然处于休眠状态，但可以在任何时间重新爆发。第一个疱疹发作期通常是最严重的(Salvaggio et al.，2009)；反复发作通常相对温和短暂的。尽管生殖器疱疹在爆发期间是最具传染性的，但是即使通过一个没有症状的感染者它也能传播(Salvaggio et al.，2009)。

11.20　艾滋病能够通过哪些方式影响个体的身心健康?
　　　　获得性免疫缺陷综合征（艾滋病）

没有一种性感染病比**获得性免疫缺陷综合征(艾滋病)**(acquired immune deficiency syndrome，AIDS)更具毁灭性的后果。《新英格兰医学杂志》出版了一个交互式的时间表，记录了从这项可怕的疾病在1981年被发现到2006年25周年纪念日的历史(Sepkowitz，2006)。就像你在节选自该时间表的图11.6中看到的，这几年全世界范围内的艾滋病患者急剧增加，因此研究者们努力寻找治愈这种病的方法以及更有效阻止它蔓延的办法。到今天为止，已经有2 500万人死于艾滋病(Merson，2006)。此外，4千万以上的人确诊感染了艾滋病病毒。这些人中的三分之二生活在非洲撒哈拉以南(Merson，2006)。在美国有1百万以上的艾滋病患者，他们中的80%是男性(Sepkowiz，2006)。你对艾滋病了解多少？通过完成下面的**试一试**来找出答案。

试一试——关于艾滋病的知识

1. 艾滋病是一种单一的疾病。（对/错）
2. 艾滋病症状在不同国家之间甚至在不同的风险人群之间千差万别。（对/错）
3. 做爱不使用避孕套的人，共用针头吸毒者以及艾滋病感染母亲产下的胎儿是艾滋病的高危人群。（对/错）
4. 艾滋病是传染性最高的疾病之一。（对/错）
5. 避免感染艾滋病的方法之一是使用油基润滑剂和避孕套。（对/错）

> **生殖器疱疹**　由单纯疱疹病毒引起的性传染病，致使生殖器上出现疼痛的水疱；目前不可治愈，感染经常复发而且在爆发高峰期具有高度传染性。
>
> **获得性免疫缺陷综合征(艾滋病)**　一种毁灭性的、无法治愈的疾病，由HIV病毒感染引起，会逐步削弱人体免疫系统，使人容易因机会感染而死亡。

534　心理学的世界

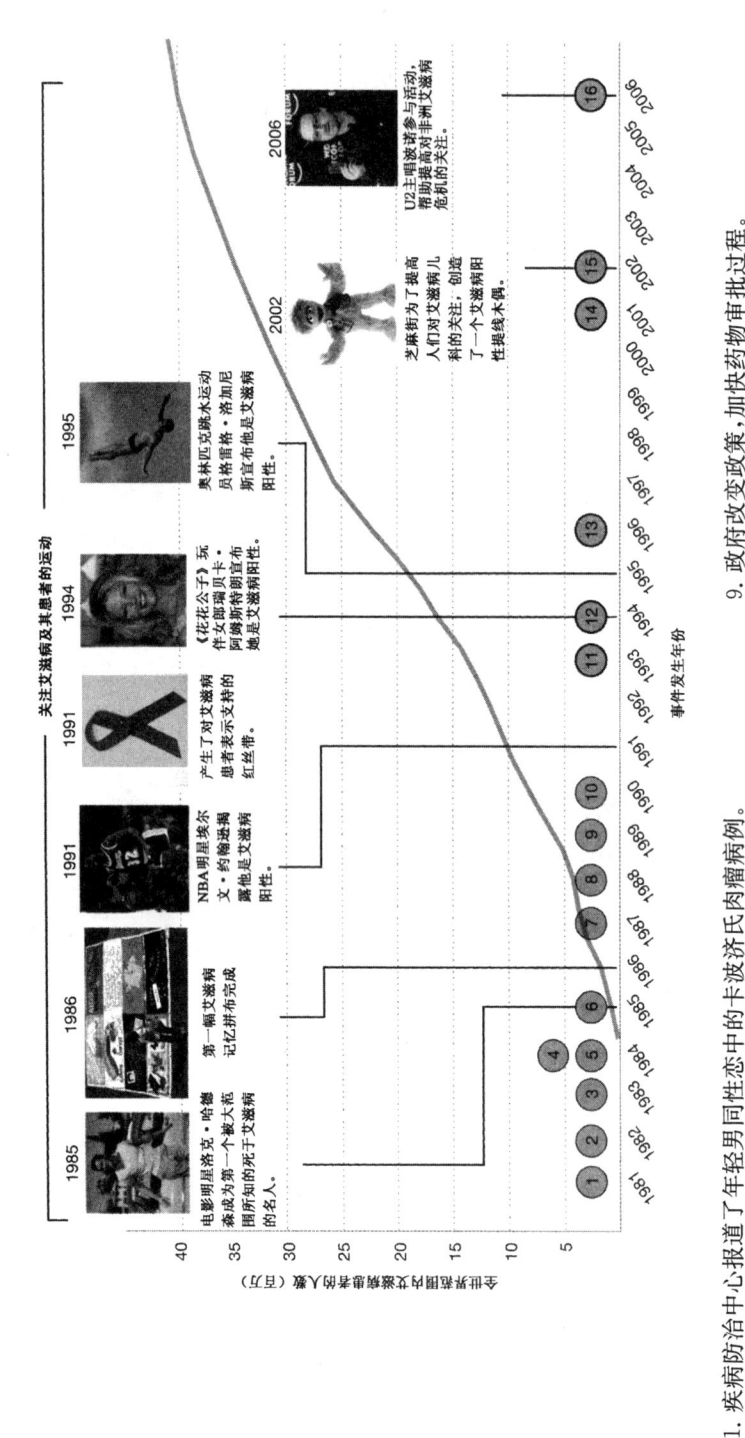

402

关注艾滋病及其患者的运动

1. 疾病防治中心报道了年轻男同性恋中的卡波济氏肉瘤病例。
2. 疾病防治中心把艾滋病命名和定义为获得性免疫缺陷风险向公众发出警告。
3. 官员们对相关血相关艾滋病是由人类免疫缺陷病毒引起的。
4. 研究者们确定艾滋病是由人类免疫缺陷病毒引起的。
5. 官员们对于静脉注射吸毒人群的感染风险作出问题报告。
6. 血液银行开始筛查所储血液的艾滋病毒情况。
7. 食品及药物管理局批准对艾滋病试验药物。
8. 美国疾病控制与预防中心向美国的每一个家庭发送了关于艾滋病的小册子。
9. 政府改变政策，加快药物审批过程。
10. 食品及药物管理局批准对女性感染艾滋病的儿童使用的艾滋病防护药。
11. 政府推出对女性艾滋病的大规模研究。
12. 食品及药物管理局批准供孕妇使用的艾滋病防护药。
13. 从1982年以来美国的艾滋病病例数首次下降。
14. 艾滋病的低成本防治药变得可用。
15. 食品及药物管理局批准艾滋病的第一个检测试验。
16. 食品及药物管理局批准艾滋病三合一药品治疗。

图11.6　艾滋病首个25年时间表

答案：

1. 错。艾滋病不是单一的疾病。恰恰相反,艾滋病患者免疫系统严重受损,对于一系列的感染和疾病高度敏感。

2. 对。在美国和欧洲,艾滋病患者可能患上卡波济氏肉瘤（一种罕见的皮肤癌）、肺炎和肺结核。在非洲,艾滋病患者通常会因发热、痢疾和肺结核的症状而日渐衰弱。

3. 对。这些是高危人群。筛查献血者和供血检测大大减少了通过血液传播感染艾滋病的风险。现今,因为艾滋病在异性恋中的传播,尤其是在非洲,女性成为世界范围内增长最快的感染人群。

4. 错。艾滋病不是传染性最高的疾病。你不会因为与艾滋病患者接吻、握手或是使用他们的东西而感染艾滋病。

5. 错。不要使用油基润滑剂,它会溶解避孕套。乳胶避孕套和有效的杀精剂配合使用更加安全。了解任何潜在伴侣的性爱史,包括艾滋病毒测试结果。不要与娼妓做爱。

观看关于艾滋病知识的视频 www.mypsychlab.com

艾滋病是由**人类免疫缺陷病毒**（human immunodeficiency virus,HIV）引起的,经常被称为艾滋病病毒。当一个人第一次受到感染,艾滋病病毒进入血液。初发感染通常没有任何症状,并且免疫系统开始生产HIV抗体。艾滋病血液测试中检测到的就是这种抗体。然后个体发展到无症状携带者的阶段,在这个阶段他们没有经历任何症状,因此也不知道是否感染了他人。

艾滋病病毒攻击免疫系统直到它本质上起不了作用。当免疫系统被严重破坏以至于受害者患上罕见的癌症或肺炎或其他机会性感染时,才能诊断出艾滋病。这种感染在人们拥有正常的免疫应答时通常不严重,但是在严重受损的免疫系统当中,它们可能会非常严重甚至威胁到生命。在这一点上,患者通常会经历逐渐消瘦、衰弱、发热、淋巴结肿大和痢疾；25％染上在皮肤上产生紫红色斑点的罕见癌症。其他感染者则发展为免疫系统进一步衰弱。

在发展成为一个成熟的艾滋病病例之前,一些人会表现出与免疫系统功能相关的轻微症状,比如不能解释的发热、长期腹泻和消瘦。从感染艾滋病毒演变到晚期艾滋病平均需要大约10年的时间。但是在图11.6中显示的三种个体违抗了这种可能性。伟大的篮球手埃尔文·约翰逊,《花花公子》玩伴女郎瑞贝卡·阿姆斯特朗和奥运会跳水运动员格雷格·洛加尼斯就是携带艾滋病毒活了10年以上而没有患上艾滋病数千人中的三个人。当他们被诊断出携带艾滋病病毒时,生活方式都发生了变化。这些变化无疑为他们的健康做出了贡献。同样地,他们可能利用很多药物研究者们开发的药物治疗来帮助艾滋病病毒阳性患者防治晚期艾滋病。

人类免疫缺陷病毒 导致艾滋病的病毒。

对艾滋病病毒的有效治疗方法的长期研究获得了两次胜利。第一次，抗逆转录病毒药物可以防止艾滋病病毒从孕妇向胎儿的传播的发现，已经挽救了成千上万人的性命。在20世纪90年代，每年有近2 000个胎儿被诊断出染有艾滋病病毒（Rathbun et al.，2009）。由于产前艾滋病病毒筛查的广泛应用以及这些预防药物的可用性，在2007年美国只有64个胎儿被诊断出染有艾滋病病毒（CDC，2009c）。

第二次，抗逆转录病毒药物的出现有可能在艾滋病病毒破坏患者的免疫系统的过程中，通过干扰艾滋病病毒入侵健康细胞的能力，阻止数以百万计的人死于艾滋病（United Nations，2008）。现今，在由世界银行、工业化世界政府、企业、慈善机构和明星代言人如u2乐队主唱波诺的共同帮助下，联合国正在努力为艾滋病感染率特别高的发展中地区提供制造抗逆转录病毒药物所需的资金，比如非洲撒哈拉以南地区（Globel Fund to Fight AIDS, Tuberculosis, and Malaria，2006；Merson，2006）。初步结果表明，这些努力相当有效。发展中地区的艾滋病病患人数趋于稳定，甚至可能下降（United Nation，2008）。这些项目也在世界范围内减少了艾滋病母婴传播和艾滋病病毒相关婴儿死亡的概率（Violari et al.，2008）。

艾滋病的传播。研究者们认为艾滋病病毒主要通过性接触或静脉吸毒人群分享受污染的针头和针管时，血液、精液或阴道分泌物的交换传播。在美国，大约有11%的艾滋病患者是静脉吸毒人群，但是男同性恋是艾滋病病毒携带者和艾滋病患者的最大人群（CDC，2009c）。肛交比阴道性交更加危险，因为直肠组织在插入时经常分泌液体，允许艾滋病病毒进入血液。然而，认为艾滋病只限于男同性恋的观点是错误的；大约有30%的艾滋病患者是女性。图11.7说明2007年美国艾滋病四种不同传播方式的感染率：(1)男性和男性性交；(2)男性和女性性交；(3)静脉注射吸毒；(4)男性和男性性交以及静脉注射吸毒（CDC，2009c）。你可能会惊讶地发现，那一年几乎三分之一的新艾滋病案例是异性性接触的结果。

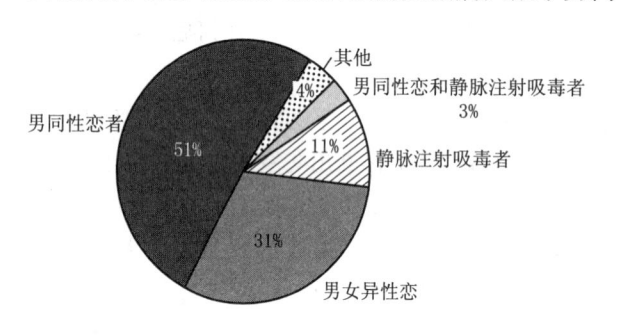

图11.7 美国的艾滋病是如何传播的　来源：CDC(2009)。

最近研究者们发现包皮环切手术大幅度降低了HIV病毒传播的风险（Siegfried et al.，2009）。作为回应，来自拥有大量艾滋病病毒阳性的男性人口的发展中地区，如乌干达的公共卫生官员开始教育这些民众减少感染的其他方法（Cassell, Halperin, Shelton & Stanton，2006）。其他性传染病的筛查和治疗对于预防艾滋病也至关重要（CDC，2004）。研究显示，一个艾滋病患者感染了另一种性传播疾病，会导致他或她的体液中的病毒具有更高水平的传染性。因此任何与这样的人做爱的人，都会面临大大增加感染艾滋病的风险。

艾滋病病毒感染和艾滋病造成的心理影响。疲于应付这个可怕的疾病的人群受到的心理影响是什么？对被查出艾滋病病毒阳性的消息的常见反应是震惊、困惑、混乱或者怀疑(Bargiel-Matasiewicz et al.，2005)。另一个常见的反应是对过去或者现任性伴侣、家庭成员、健康护理专家或者社会大众的愤怒。通常一个人的反应包括内疚，一种作为同性恋或者滥用药物的惩罚的感觉。其他人则展现出否认，忽视医嘱并且继续像生活中什么都没有改变一样活动。然后，当然，有些人存在对死亡、精神和身体的恶化、朋友家人和同事的排斥、性排斥和放弃的害怕。经历了从震惊到愤怒到内疚到担心的情感波动可能导致严重的临床抑郁和冷漠(Tate et al.，2003)。一旦开始冷漠，艾滋病患者可能会变得不那么容易遵守治疗(Dilorio et al.，2009)。

一旦染上艾滋病，一系列事件就会开始摧毁患者40%的大脑(Thompson et al.，2005)。当艾滋病占领患者的免疫系统，艾滋病病人的大脑皮层逐渐变薄。运动和语言障碍往往来自参与这些功能的皮层缓慢恶化。皮层萎缩导致一些患者患上艾滋病痴呆，一种与阿尔茨海默病相似的疾病。研究者们指出某些艾滋病病毒阳性但是并没有患上成熟艾滋病的人也会在一定程度上表现出皮层萎缩。因此，目前正在进行应对病毒影响最佳方式的研究。

为了在心理上作出应对，艾滋病患者和艾滋病病毒感染者，以及他们的爱人，需要接受关于这项疾病的教育和信息。他们可以通过心理疗法、自助团体和药物治疗如抗抑郁和抗焦虑药物得到帮助。在心理治疗时一个大多数病人都担心的问题是是否要告诉其他人以及告诉他们什么，怎么告诉他们。病人们可能感受到信赖别人的紧迫需要，并且隐瞒自己的情况。

记一记——性传染病

1. 如果不予治疗，_____，一种细菌感染的性传染病，可能会致命。
2. 生殖器_____引起的疼痛的生殖器水疱通常复发，在病情爆发时具有高度传染性，并且不可治愈。
3. 最可能在女性中引起不孕的两种性传染病是_____和_____。
4. 艾滋病病毒最终引起_____系统崩溃。
5. 美国艾滋病病毒感染的高危人群是_____。

答案：1. 梅毒　2. 疱疹　3. 衣原体　淋病　4. 免疫　5. 男同性恋

总结与回顾

性、性别和性别规则 p.372

11.1　生理的性在典型意义上和非典型意义上是如何发展的？p.372

胎儿的主要性特征与女性相似，直到男性荷尔蒙释放到Y染色体的SRY基因上发挥作用。青春期的荷尔蒙引起第一性征的成熟和第二性征的出现。在一些罕见的例子中，产前发育时的激素平衡被扰乱，孩子出生时便发生生殖器模糊。雌雄同体是那些生来就具有两种性别特征的人。性别援助是决定生殖器模糊的孩子应该被抚养成为男性或是女性的过程。

11.2 性与别是什么关系？p.374

尽管心理性别在不同程度上有所差异，生物学上的性别是绝对的。在变性的个体中，生物学上的性别和心理上的性别并不一致。

11.3 早期理论如何解释性别角色的发展？p.374

弗洛伊德关注孩子与同性父母的交往。特曼和迈尔斯认为男性和女性是相对的并且发明了一种测验来测量性别角色。学习理论解释性别角色是强化和模式化的结果。认知发展理论强调性别同一性、稳定性和恒常性三个阶段。

11.4 多维分析如何解释性别角色？p.376

贝姆认为个体性别角色受到男性和女性独立维度之间的平衡的影响。她提出雌雄同体者两个维度的指数都很高，并认为这种情况与心理健康和调整有关。她设计了一种测量男性和女性的实验并且把参试者分成了四类：男性、女性、雌雄同体和性别不明。

11.5 根据性别图式理论，性别角色是如何发展的？p.377

性别图式理论运用信息加工理论的原则来解释性别角色发展，主张是男孩或女孩的自我标签开启了性别图式发展。当正在创造性别图式时，孩子会严格考虑性别角色，但是一旦他们对于性别角色有了更好的理解，思考也会变得更加灵活。

11.6 进化论是如何阐述自然选择对于性别角色的贡献的？p.378

进化心理学家提出自然选择塑造了性别相关的信念和行为，以增加拥有健康的后代和能够养育孩子的稳定的家庭的机会。

性别差异 p.381

11.7 信息加工系统是如何创造性别刻板印象的？p.381

信息加工系统倾向于基于平均值排列类别。当遇到一个平均性别差异的新消息时，系统可能会把平均归类为独特的类别，比如所有的男性在数学方面比所有女性做得好。系统更关注那些符合类别的信息而不是脱离类别的信息。

11.8 哪些认知能力具有性别差异？p.383

在阅读方面女性比男性表现优秀。男性似乎在数学和一些空间任务上做得更好。

11.9 在社会行为和人格方面具有哪些性别差异？p.386

在行为上最一致和最重要的性别差异是男性比女性更倾向于身体攻击。女性更可能使用间接攻击。

性态度和性行为 p.387

11.10 不同性别、不同文化的性态度与性行为有什么不同？p.388

男性比女性更可能在纯粹的生理条件下考虑性爱并且对性爱持有更宽容的态度。性活动频率在不同文化中有所不同。在排卵期女性拥有最强烈的性欲望并且会被"阳刚"的男性吸引，而男性可能会被排卵期的女性最快速地唤起性欲。

11.11 根据马斯特斯和约翰逊的理论，什么是人类性反应周期？p.391

性反应周期由四个阶段组成：兴奋期、高原期、高潮期和消退期。男性和女性的反应周期都会受激素影响。

性取向 p.393

11.12 一个男同性恋或女同性恋的性取向可能由哪些因素决定？ p.393

导致男女同性恋性取向可能的生物学因素是：(1)雄激素；(2)男同性恋在下丘脑部分区域的结构差异；(3)遗传因素。

11.13 近几年对同性恋的看法有什么改变？ p.395

在1973年之前，同性恋被心理健康专家认为是一种疾病。现今大多数人反对歧视同性恋。

11.14 通过对几种不同夫妻类型的研究，理论家们是如何解释性忠诚的重要性的变化？ p.396

进化论心理学家指出相对于异性恋和女同性恋来说，男性同性恋对性不忠更宽容，因为总的来说，男性比女性渴望更高频率的性爱。开放的情侣关系使男同性恋能够在不威胁到他们长期的恋爱关系下满足对性频率的渴望。相对地，女性对情感和与伴侣性行为的偏爱形成了共同的性频率和异性恋中性忠诚的重要性，这也是女同性恋的一个重要特征。

性功能障碍 p.397

11.15 两种性欲障碍的定义特征是什么？ p.397

性欲低下障碍是在性爱中以少或无性欲或兴趣为特征的性功能障碍。性厌恶被定义为厌恶与性伴侣进行生殖器接触。

11.16 性唤起障碍的定义特征是什么？ p.397

患有性唤起障碍的女性可能在性刺激下不能性唤起或不能得到润滑。男性勃起功能障碍或阳痿，包括反复地不能形成或维持足够性交的坚挺的勃起。

11.17 性高潮和性疼痛疾病对于男女性交体验有什么影响？ p.398

女性性高潮障碍是指女性在有性刺激时不能持久达到高潮或者延迟高潮。在男性高潮障碍中，会没有射精，或者在长时间的艰苦努力下才能射精。而早泄指男性会因为微小的刺激，在他希望之前射精。女性比男性更可能遭受性交疼痛。

性传染病 p.399

11.18 主要由细菌引起的性传染病有哪些？如何治疗？ p.400

主要由细菌引起的性传染病是衣原体病、淋病和梅毒。全部都能被抗生素治愈。但是衣原体病、淋病对女性具有特别的威胁，因为和男性不同，感染这些的女性通常基本没有症状或者只有轻微的症状，因而不能得到及时诊断和治疗。

11.19 通过性接触传播的病毒性疾病是什么？ p.400

病毒性性传染病包括生殖器尖锐湿疣、生殖器疱疹和艾滋病。病毒性传染病目前都不可治愈。

11.20 艾滋病能够通过哪些方式影响个体的身心健康？ p.401

艾滋病病毒逐渐使免疫系统失去功能。当一个人屈从于各种机会性感染时可能会被诊断出艾滋病。艾滋病患者必须采取措施预防感染其他人。一些患有艾滋病的个体因为大脑皮层变薄而导致认知能力减退。心理疗法、自助组织和药物治疗对这些积极应对艾滋病的患者有帮助。

关键术语

获得性免疫缺陷综合征(AIDS) p.401
雌雄同体 p.377
衣原体病 p.400
性交困难 p.398
雌激素 p.392
女性高潮障碍 p.397
性别 p.397
性别一致性 p.374
性别图式理论 p.377
生殖器疱疹 p.401
生殖器 p.372
淋病 p.400
人类免疫缺陷病毒(HIV) p.403
性欲低下障碍 p.397
男性高潮障碍 p.398
亲代投资理论 p.388
高原期 p.391
第一性征 p.372
消退期 p.392
性别援助 p.373
变性术 p.374
性功能障碍 p.397
性反应周期 p.391
刻板印象 p.381
睾酮 p.392
跨性别 p.374
阴道痉挛 p.398

雄激素 p.372
生物学上的性 p.372
性交 p.391
勃起功能障碍 p.397
兴奋期 p.391
女性性唤起障碍 p.397
性别恒定性 p.376
性别角色 p.374
性别稳定性 p.376
生殖器尖锐湿疣 p.400
生殖腺 p.372
恐同症 p.395
人乳头状瘤病毒(HPV) p.400
双性人 p.373
性高潮 p.391
盆腔炎(PID) p.400
早泄 p.398
黄体酮 p.392
第二性征 p.373
性染色体 p.372
性厌恶 p.397
性取向 p.393
性传染病(STDs) p.399
梅毒 p.400
真两性畸形 p.373
变性人 p.374

章末测验

选择题

1. 希拉认为自己独立果断,这在她的文化中是与男性相关的两个特点。根据课文的内容,希拉觉得_____与她生物学上的性别不一致。

　　a. 文化刻板印象　　b. 性别偏好　　c. 性别一致性　　d. 性别类型

2. 如果_____,一个基因上的女性能发育出男性生殖器。

　　a. 下丘脑未能给脑垂体发送开始发育性别特征的信号。

　　b. 胚胎阶段存在过多的雄激素。

　　c. 胚胎阶段存在过多的雌激素。

　　d. 胚胎阶段的雄激素不足。

3. 下列选项中哪一项最好地描述了特曼和迈尔斯对于性别角色的观点?

　　a. 男性指数高的人女性指数低,反之亦然。

　　b. 男性—女性维度可以用心理测验来测量。

　　c. 男性和女性是一个维度的两个极端。

　　d. 以上都是。

4. 博比,一个二年级学生,在他的房间里到处都是勒布朗·詹姆斯的照片。他告诉他的父母和朋友自己长大以后要成为勒布朗那样的人。博比可能处在科尔伯格的哪个阶段?

　　a. 性别一致性　　b. 性别恒定性　　c. 性别稳定性　　d. 性别发展性

5. 下列哪一项不是桑德拉贝姆的性别角色多维分析法的一部分?

　　a. 性别角色包括女性维度。

　　b. 性别角色是男性和女性的维度。

　　c. 性别角色包括男性维度。

　　d. 双性人是男性和女性维度的结合。

6. 下列哪一项描述了性别角色发展的性别图式理论?

　　a. 父母之间的无意识冲突会影响性别角色的发展。

　　b. 性别角色是通过观察和模仿榜样发展起来的。

　　c. 性别角色是自然选择决定的。

　　d. 信息加工系统影响儿童如何发展性别角色概念。

7. 根据进化心理学家的观点,男性被驱使成为高收入群体是为了_____。

　　a. 吸引年轻能生育的女性　　　b. 最好地利用他们的教育

　　c. 最大程度地挑战他们的认知能力　　d. 利用他们的群体获得声望

8. 研究表明男性和女性在认知能力上最大的差异在于_____水平的显著变化。

　　a. 空间能力　　b. 词汇　　c. 拼写　　d. 计算能力

9. 为什么说男性具有攻击性而女性不具有攻击性是错误的?

　　a. 因为在学校,女生和男生有一样多的打斗。

　　b. 因为女生也擅长运动。

　　c. 因为女性的攻击性通常不会用物理的方法表现出来。

　　d. 因为很多男性不具攻击性。

10. 马斯特斯和约翰逊怎样进行他们在人类性爱上的实验?

　　a. 他们记录下志愿者就像正在进行性交一样的幻想。

b. 他们在志愿者进行性交时用电子传感设备监控志愿者。

c. 他们进行了大范围的具有代表性人群的面对面调查。

d. 他们在夫妻性交之后对其进行采访。

11. 下列哪一项是研究者们对如何解释同性恋发生的假设之一？

a. 同性恋是遗传的。

b. 同性恋是由青春期性器官的功能障碍引起的。

c. 同性恋是早期童年被同性恋诱惑的结果。

d. 同性恋是效仿同性恋榜样的结果。

12. 露易丝,20岁,曾经在很小的时候被同性对象吸引。她很满意自己的性取向并且不认为存在任何问题,因为对于她来说,这已经是生活的一种既定方式。根据美国精神病协会的看法,露易丝_____。

a. 没有问题

b. 因为在早期童年就感到同性恋倾向,所以是有精神疾病的

c. 患有可识别和可治疗的疾病

d. 在中年的时候可能可以停止被女性吸引

13. 研究表明,所有类型的情侣中,_____倾向于极度珍惜一夫一妻制。

a. 异性恋情侣　　　　　　　b. 女同性恋情侣

c. 未婚情侣　　　　　　　　d. 男同性恋情侣

14. 由于雌激素减少造成阴道干涩会导致一个女人不能性兴奋。这属于_____。

a. 高潮障碍　　b. 性唤起障碍　　c. 阴道痉挛　　d. 性厌恶

15. 下列性功能障碍中哪一项在男性中最为常见？

a. 高潮机能不全　　　　　　b. 性厌恶

c. 性交困难　　　　　　　　d. 勃起功能障碍

16. 哪一项潜在致命的性传染病如果能在感染早期被发现可以被治愈？

a. 衣原体病　　b. 艾滋病　　c. 淋病　　d. 梅毒

17. 在2007年几乎有三分之一的新艾滋病病例是由_____造成的。

a. 异性恋性接触　　　　　　b. 输血

c. 未受割礼的男性　　　　　d. 静脉注射毒品的使用

简答题

18. 比较和对比性别角色发展的不同理论。

19. 解释本章节中你曾经阅读到的关于性态度和性行为的调查中存在的问题。（如果必要的话回顾第1章中关于调查研究的讨论。）

20. 细菌性性传染病和病毒性性传染病的区别是什么？为什么性活跃的青少年和成年人需要知道这些区别？

答案见第773页。

第12章

压力与健康

压力的来源

- 12.1 社会再适应量表揭示了什么？
- 12.2 根据拉扎勒斯的理论，日常琐事和进步在日常生活的压力中扮演了怎样的角色？
- 12.3 与选择相关的冲突和控制力缺乏如何导致压力产生？
- 12.4 当人们的工作效率较高并对工作感到满意时，哪九种指标在他们的舒适区之内？
- 12.5 人类面对灾难性事件时会出现哪些典型的反应？
- 12.6 历史上的种族歧视对非裔美国人有什么影响？
- 12.7 社会经济地位与健康有怎样的关系？

应对压力

- 12.8 什么是一般适应综合征？
- 12.9 当人们面对潜在的压力事件时，初步评估和二次评估扮演着怎样的角色？
- 12.10 以问题为焦点的应对和以情绪为焦点的应对有什么区别？

健康和疾病

- 12.11 生物医学模型与生物心理社会模型在健康与疾病领域的研究方法有何不同？
- 12.12 A、B、D三种类型的行为模式指的是什么？
- 12.13 心理因素对癌症患者的生活质量有何影响？
- 12.14 压力如何影响免疫系统？
- 12.15 与健康和抵抗压力有关的四个个人因素是什么？
- 12.16 女性和男性对健康的看法有何不同？
- 12.17 种族模式如何影响群体间的健康差异？

生活习惯和健康

- 12.18 为什么抽烟是最危害健康的方式？
- 12.19 酗酒对健康有何危害？
- 12.20 饮食如何影响健康？
- 12.21 日常的有氧运动有何益处？
- 12.22 替代疗法有何优点与缺点？

想一想

什么样的事情会让你感到无比紧张？如果你像其他同学一样，那么没有足够的时间一定会让你很苦恼。事实上，生活事件量表（测试人们的压力水平）就包括了这一事件，即有太多的事要做却没有足够的时间(Kanner et al., 1981)。量表上的问题是从1981年的问卷调查中得到的，研究者们向学生呈现一系列潜在的可能导致压力产生的事件，并让他们选择最近哪些事件使他们感到压力。而你的生活又有多少压力的来源呢？

压力来源	压力百分比	是否是你的压力来源？
对未来的不安	77	
睡眠不足	73	
浪费时间	71	
毫无顾忌的吸烟者	70	
有太多的事情需要处理	69	
放错了或者丢了东西	67	
来不及做需要做的事	66	
想要达到一个较高的标准	64	
孤单	61	

思考一下表格中可能会使你现在感到压力的压力来源。这一章会介绍应对压力的策略，以及一些理论基础和研究，这些内容可以帮助你更好地了解压力源，我们对压力的反应和压力是如何影响我们的健康的。首先要解决的问题是，当我们说我很"压抑"时到底是什么意思？

压力的来源

大多数心理学家将**压力**(stress)定义为能够对个体产生威胁或挑战，并且必须伴随产生一些适应以及调节的行为模式的生理及心理的反应状态。压力与**战或逃反应**(fight-or-flight response)有关，战或逃反应就是交感神经系统在人们遇到威胁时促进激素分泌，从而使躯体准备与威胁对抗或逃脱的反应。很多人也会经常体验到其他的**压力源**(stres-

> **压力** 能够对个体产生威胁或挑战，并且必须伴随产生一些适应以及调节的行为模式的生理及心理的反应状态。
>
> **战或逃反应** 交感神经系统在人们遇到威胁时促进激素的分泌，从而使躯体准备与威胁对抗或逃脱的反应，是对压力的一种反应。
>
> **压力源** 能够产生身体上和情绪上的压力的刺激或事件。

sors），这是一种能够产生身体上和情绪上的压力的刺激或事件。

12.1 社会再适应量表揭示了什么？
生活事件：大和小

霍姆斯和瑞赫（Holmes & Rahe，1967）建立了**社会再适应量表**（Social Readjustment Rating Scale，SRRS），通过将不同的生活事件的压力水平从大到小按等级划分，并且给每件事都设定一个分值来测量压力。不管生活中的事件是消极的还是积极的，都会给生活带来较大的改变，并要求个体为适应这些事而做出调整。量表上列举了43个事件，从丧偶（设定压力值为100分）到程度较轻的违章（比如说交通罚单为11分）。请通过与下一页**试一试**中的表格比较，得出你的生活压力指数。

霍姆斯和瑞赫认为，生活压力水平与主要的健康问题之间是有联系的。研究人员发现，社会再适应量表得分超过300分的人在未来的2年时间之内出现严重健康问题的风险高达80%，150—300分之间的人有50%的概率出现严重健康问题（Rahe et al.，1964）。近期许多研究也证实了霍姆斯和瑞赫提出的各项生活事件的权重仍然适用于北美的成年人，同时发现社会再适应量表的分值与大量的健康指标相关联（De Coteau，Hope，& Anderson，2003；Dohrenwend，2006；Thorsteinsson & Brown，2009）。

▶即使是令人高兴的生活事件，如结婚，也会导致压力的产生。

但是，一些研究人员却对此产生怀疑，在社会再适应量表中得到高分是否真的一定预示着未来的健康问题呢（Krantz et al.，1985；McCrae，1984）？社会再适应量表的一个主要的缺点是它对每一项生活中的变化划定了分值，却没有解释个体如何应对这些巨大的压力。一项研究发现，社会再适应量表的分值确实能够准确预测一些多重硬化症患者的疾病等级（Mohr et al.，2002），但是那些采用更加有效的应对策略的病人比经历过类似压

社会再适应量表 由霍姆斯和瑞赫建立的一个测试压力的量表，量表上列举了43个事件，并将不同生活事件的压力水平从大到小按等级划分。

力源却无法解决的病患表现出更低的疾病等级。(之后我们将讨论应对的策略)

另外一些研究者认为,社会再适应量表忽视了生活事件所带来的潜在压力发生的背景。例如,量表只将20分分配给"居住地变化",但如果其中涉及地域文化差异的因素又该如何解决呢?你可能会想象到在一个全新的文化背景里,重新适应生活会让人感到巨大的压力,研究人员将这种现象称为文化适应应激(Berry, Kim, Minde, & Mok, 1987)。一些理论家认为,整合取向的移民绝对有能力应对异地文化适应所带来的压力,并相信他们在与家乡文化保持联系的同时也能够适应新的文化社会结构(Berry, 2003; Schwartz & Zamboanga, 2008)。研究显示,拥有整合取向的移民与用不同方式思考移民经历的移民相比,对生活的满意度更高(Peeters & Oerlemans, 2009)。因此,文化心理学家建议学校和其他协会鼓励移民维持与自己原始文化的关系,以此获得适应新环境的技能。

12.2 根据拉扎勒斯的理论,日常琐事和进步在日常生活的压力中扮演了怎样的角色?

日常琐事和进步

将主要的生活事件和那些每日都会有所升级的小问题和挫折相比较,你认为哪一个更容易让人产生压力呢?理查德·拉扎勒斯相信小的压力源,也就是他说的**日常琐事**(hassles),比主要的日常生活事件给人们造成的压力更大(Lazarus & Delongis, 1983)。日常琐事包括使人恼怒、受挫的经历,比如说排长队、被堵在路上了、等待一个申请或者是由于公共设施阻碍了维修人员来你家,等等。人际关系是另外一件频繁发生的日常琐事,当别人无法理解你或者你的同事、顾客非常难相处时,都会造成你的烦恼。同样地,都市交通噪声和人口问题,这些环境条件也都属于日常琐事的范畴(Moser & Robin, 2006)。

为了证实拉扎勒斯研究压力的方法的实用性,堪那和其他研究者(Kanner et al., 1981)发明了生活事件量表来评估不同种类的生活事件。和霍姆斯、瑞赫发明的量表不同,生活事件量表考虑到了不同项目能否成为个体的压力源,并且考虑到了不同项目产生的压力存在个体差异。个体完成量表说明了这些项目已经导致了麻烦,事件的严重程度分为三个评分等级。

试一试——生活压力分值测评

为了评估你生活变化的水平,请将你过去一年时间里发生的事情与表中对照,并把所有的分数相加,得出生活压力分数。

> **日常琐事** 较小的压力源,包括了日常产生的刺激性需求,可能比重大的生活变化更能导致压力。

等 级	日 常 琐 事	生活改变单位价值	你的分数
1	丧偶	100	
2	离婚	73	
3	分居	65	
4	刑期	63	
5	至亲去世	63	
6	受伤或生病	53	
7	结婚	50	
8	被解雇	47	
9	夫妻关系和谐	45	
10	退休	45	
11	亲人身体状况改变	44	
12	怀孕	40	
13	性无能	39	
14	有新的家庭成员加入	39	
15	事业再适应	39	
16	经济状况的改变	38	
17	好朋友去世	37	
18	换了新工作	36	
19	和配偶的争吵次数增多	35	
20	贷款	31	
21	丧失抵押物赎回权或无法贷款	30	
22	工作职责的变化	29	
23	儿女离家出走	29	
24	与亲家之间的矛盾	29	
25	杰出的个人成就	28	
26	配偶开始工作或者停职	26	
27	开始上学或毕业	26	
28	生活条件的改变	25	
29	个人习惯的改正	24	
30	与上级之间的矛盾	23	
31	工作时间或环境的变化	20	
32	住处的变化	20	
33	转学	20	

(续表)

等级	日常琐事	生活改变单位价值	你的分数
34	消遣娱乐的改变	19	_____
35	宗教活动的改变	19	_____
36	社会活动的改变	18	_____
37	贷款购买次要物品（如，车、电视等）	17	_____
38	睡眠习惯的改变	16	_____
39	家庭聚会次数的改变	15	_____
40	饮食习惯的改变	15	_____
41	假期	13	_____
42	圣诞节	12	_____
43	未成年违法	11	_____
		生活压力分数	

来源：Holmes 和 Masuda(1974)。

戴隆基斯和其他研究者在将近6个月的时间里对75对美国夫妇进行了研究，发现日常的压力（根据日常生活事件量表测出）与他们目前以及未来的健康问题，例如流感、喉咙痛、头痛和背痛有着重要的联系(P.486)。研究同时指出，伴随着压力的生活琐事，例如社会再适应量表中所列的事件要比主要事件本身更能预测一个人的心理忧虑水平(Pillow et al.，1996)。

拉扎勒斯认为**振奋**(uplifts)指积极的生活经历，能够中和许多生活琐事带来的影响。拉扎勒斯和他的同事同时也建立了一个进步量表，通过同时使用生活事件量表，人们能够对他们的进步做一个评估。对中年人来说，进步通常与健康和家庭有关(Pinquart & Sorensen, 2004)。而对于大学生来说，进步通常表现为一种享乐的形式(Kanner et al, 1981)。

12.3 与选择相关的冲突和控制力缺乏如何导致压力产生？
冲突与控制力

在我们现在所生活的时代的好处之一是我们有许多种选择。但是，选择是一件很有压力的事，如果必须在一件事与另一件事之间徘徊，或是在几个事物之间做选择，那么就会产生**冲突**(conflict)，就是知道选择一个就必须放弃另一个时所产生的压力。

当你决定看哪一部电影或是选择去哪一家餐厅吃饭时你是否体验到了焦虑？在两个

振奋 生活中的积极经历，能够中和许多生活琐事带来的影响。

冲突 知道选择一个就必须放弃另一个时所产生的压力。

都合意的事物之间做选择经常会产生一种**双趋冲突**(approach-approach conflict)。一些双趋冲突较小,如决定看哪一部电影等类似的事情;而另一些则会产生重大的后果,例如在一份有希望的工作和中断这份工作去抚养孩子之间做选择时所产生的冲突。**双避冲突**(avoidance-avoidance conflict)是指一个人必须在两个都不合意的事物中做选择时产生的冲突。例如你不想为考试而复习,但同时你又不想考试不及格,这时,你就产生了双避冲突。**趋避冲突**(approach-avoidance conflict)包含一种同时想要又想回避的选择。例如,你希望有一个完美的假期但却要因此而不得不用完所有的积蓄。

当觉察到自己处于无可选择的情境中时是非常有压力的。如果你的教授走进你的教室时说"今天我们来进行一个流行音乐竞答",你会有什么反应?你的心跳可能开始加速,同时还会出现一些迹象表明你已经启动了战或逃反应。如果你曾经有过这样类似的经历,那么你就会发现有些人已经经历过或者知道一个将要面临的压力源,并且有机会对此做出准备,这些人势必比那些不得不处理意外发生的压力源的人体验到更小的压力,你对这个现象应该不会感到惊讶。

我们的生理健康和心理健康极大程度上受对生活的控制感的影响(Rodin & Salovey, 1989)。在一项经典的研究中,兰格和罗丹(Langer & Rodin, 1976)研究了定居在疗养院里的人受控制力的影响。他们为其中一组定居者提供了一些控制生活的指导,例如定居者对他们房间布置的选择,对观看电影时间的选择,等等。结果发现,这些人的健康都得到了提升,而且死亡率也比没有给出指导的定居者要低一些。在这18个月的实验时间里,与被给予了指导的定居者15%的死亡率相比,没有给予指导的定居者死亡率达30%。

研究同时也表明,儿童和成人在面对意外发生的消极生活事件(比如说至亲的忽然离世)时会比面对可控压力源(比如考试成绩较差)时体验到更大的压力(Hasan & Power, 2004)。也就是说,我们对不可预知的压力源的期望可能会影响我们应对压力源的方式。有关感觉与实际控制的研究支持这种假设。在其中的一项研究中,主试让被试处在一个能引起人心烦的噪声中(例如,一个随机发声的蜂鸣器),但他们拥有控制噪声强度的机会(Bollini et al., 2004)。可即便所有的被试都有相等机会对压力源进行一定程度的控制,但是仅仅只有坚信自己能将压力的影响最小化的被试采取了行动。他们相比其他的被试压力更小,释放的肾上腺皮质激素水平更低。所以,在对压力源的预估和自身反应中,控制感至少和实际控制一样重要。

12.4 当人们的工作效率较高并对工作感到满意时,哪九种指标在他们的舒适区之内?

工作场所中的压力

工作场所可能是最棘手最令人烦恼的压力来源。上班族常常会面临工作带来的压

双趋冲突 在两个都合意的事物之间做选择时产生的冲突。
双避冲突 在两个都不合意的事物中做选择时而产生的冲突。
趋避冲突 做既想要又想回避的选择时所产生的冲突。

力,但压力的大小和来源取决于他们的工作种类和组织类型。阿尔布雷克特(Albrecht,1979)认为,如果人们为了提高自己的工作效率和工作满意度,那么下列 9 个变量必须在舒适区之内(见图 12.1 和**试一试**):

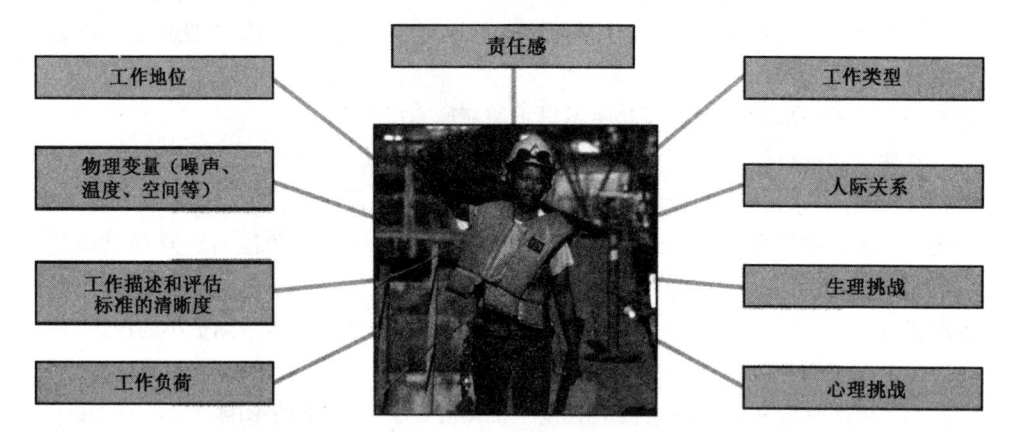

图 12.1 工作压力的指标 从一个人的工作效率和工作满意度来看,这 9 种指标应该在一个人的舒适区之内。来源:Albrecht(1979)。

- 工作负荷。一个人超负荷或者低负荷工作都会使他感到紧张,泄气,一无所获。
- 工作描述和评估标准的清晰度。这方面的焦虑来自对工作职责的困惑以及绩效评估标准和工作说明对首创精神的限制。
- 物理变量。温度、噪声、湿度、污染、工作空间的大小以及身体位置(站着或是坐着)等要求工作职责在一个人的舒适区之内。
- 工作地位。收入低、工作地位低的人可能会感到心理上的不舒适;拥有名人地位的人则经常不能应对因名誉所带来的压力。
- 责任感。有些人之所以富有强烈的责任感,是因为这些人认为他们对其他人的生理或心理健康是有责任的,但是他们的控制程度是有限的(如空中交通管理者、急诊室里的护士和医生);而责任感缺失的人是因为他们觉得他们的工作是毫无意义的。
- 工作类型。为了表现得更好,人们需要适当的工作种类和刺激。
- 人际关系。一些工作者在工作中几乎没有与别人的接触交流(森林消防);而另一些工作者则在工作中时刻保持着与他人的沟通交流(福利局和就业中心的职员)。人们对人际互动的喜爱甚至容忍是不同的。
- 生理挑战。有的工作在生理上要求十分严格,但有的工作则毫无要求,比如建筑工作、专业运动员这些职业对生理要求较高,消防、警察这类工作会对人们的生理造成巨大的威胁。
- 心理挑战。如果工作带来的压力超出了人们所能承受的范围,或是对他们的心理挑战要求过少,都会使人们感到不愉快。

▶空中交通管理者拥有一份压力较大的工作,他们的在职压力会增加冠心病和中风的风险。

试一试——生活压力的来源

现在或者过去你在工作中所感觉到的压力从何而来?请对以下几个维度进行评估,从太小、适中、太大三个选项中选择一项,从而对你的工作进行评估。

工作维度	太 小	适 中	太 大
工作负荷	_____	_____	_____
决策范围	_____	_____	_____
工作描述的清晰度	_____	_____	_____
任务的多样性	_____	_____	_____
心理上的挑战	_____	_____	_____
生理要求	_____	_____	_____
人际关系	_____	_____	_____
工作地位	_____	_____	_____
工作保障性	_____	_____	_____

工作场所中的压力因为特殊的性压力源会给女性带来很大的问题,这些压力源包括工作中的性别歧视、性骚扰以及在生活和工作中难以将角色结合起来,它们会给女性工作者的身体健康和幸福感方面带来消极的影响(Buchanan & Fitzgerald, 2008)。

工作压力会产生许多种不同的结果,其中最常见的是工作效率降低。同时,它还会导致工作者旷工、迟到、意外事故、物质滥用和精神低迷。长期的压力还会引发相关的**工作倦怠**(burnout)(Freudenberger & Richelson, 1981)。工作倦怠的人会缺乏力量,觉得情绪耗尽,并认为自己无法改变现在这个糟糕的状态。这些人觉得自己的工作得不到他人的欣赏,比如一项调查表明,英国接近一半的社会工作者都会遭遇工作倦怠,而对这种症状的最好预兆就是有一种未被欣赏的感觉(Evans et al., 2006)。

工作倦怠　缺乏能量、热情,悲观厌世,常会导致慢性压力。

📺 观看关于战胜压力的视频 www.mypsychlab.com

12.5 人类面对灾难性事件时会出现哪些典型的反应？
灾难性事件

2001年的"9·11"恐怖袭击事件，2004年严重的印尼海啸，2005年美国墨西哥海湾的卡特里娜飓风，这些都是灾难性事件，他们对直接经历的当事人和通过新闻媒体了解到事件的人来说都造成了很大压力。绝大多数的人能够解决这些与灾难有关的压力，但对于一些人来说，这些事件会导致他们产生**创伤后应激障碍**（posttraumatic stress disorder，PTSD），指对灾难事故或是长期压力的延续和严重的应激反应。前者比如空难或地震的事故，后者如忙于战争的军人或者住在一个经常发生暴力事件的地方（Kilpatrick et al., 2003）。一些研究认为，人们在经历灾难性事件后，由于各自的基因不同，个体患上创伤后应激障碍的风险各不相同（Voisey et al., 2009）。

📺 观看关于"9·11"事件创伤后应激障碍的视频 www.mypsychlab.com

患有创伤后应激障碍的人会出现闪回、梦魇或侵入性记忆的现象，使他们感觉到似乎又一次真实地经历了这件痛苦难忘的事。这些人变得越来越焦虑，很容易受到惊吓，特别是任何能让他们回想起痛苦经历的事和物（American Psychiatric Association, 2000b）。许多经历了战争或灾难事故的幸存者都会有幸存者内疚感（survivor guilt），这是因为他们自己生还而其他人却遇难了所产生的；有些人甚至会觉得如果当时自己做得多一点也许他就能救别人来了，因而把错误归结到自己的身上（Southwick et el., 2006）。在一项关于出现创伤后应激障碍的女性的研究中发现，这些女性会比没有出现PTSD的女性更容易患上抑郁症或是酗酒（Hedtke et al., 2008）。PTSD患者同时也会遭遇到认知困难的问题，比如注意力缺陷（Vasterling et al., 2002）。

更加个人化或者自然的痛苦事件都是造成PTSD的导火线。儿时曾患有癌症的康复者以及他们的父母有时也会出现这个障碍（Bruce, 2006），另外，遭遇性暴力和儿童暴力的人出现PTSD的风险也很高（Filipas & Ullman, 2006；Hedtke et al., 2008）。

12.6 历史上的种族歧视对非裔美国人有什么影响？
种族歧视和压力

主流文化中的少数群体长期经受压力来源（Ong, Fuller-Rowell, & Burrow, 2009）。在一个研究中，美国白人和美国黑人应对压力的方式揭露了一个人所表现的种族压力可能仅仅是因为这个人在多种族的环境中，他是少数或者特殊群体中的成员，比如说在教

创伤后应激障碍　对灾难性事件和慢性严重压力的一种持续、强烈的应激反应。

室、工作地点或者是社会环境(Plummer & Slane, 1996)。即使是在缺乏种族主义态度、辨别力或是其他明显的种族歧视迹象的情况下，伴随其中的压力所产生的情感是非常强烈的。

一些理论家认为，有一种叫作历史种族歧视的症状也是压力的来源，这种症状是由于团体中的一些人受到了历史因素的压抑而产生的(Troxel et al., 2003)。对历史种族歧视感兴趣的研究者将他们的焦点主要放在了美国黑人的身上。这些研究者中的很多人认为，美国黑人常受到压力影响，他们因此而出现高血压和其他长期性服药状况的发生率较高，这主要归因于历史种族歧视(Williams & Mohammed, 2009)。调查已经显示，美国黑人会比其他少数族裔产生更多的种族相关压力(Utsey et al., 2002)。这些对种族歧视表现出较高水平焦虑的美国黑人会通过心血管反应来缓解压力，比如说面对突如其来的噪声(Bowen-Reid & Harrell, 2002)。因此，历史种族歧视与高血压有关联。

种族歧视的经历与免疫系统的功能也相互作用。在最近的一个研究中，研究者让美国黑人写下关于他们个人之前所经历的种族歧视的主要记忆，并接受流感疫苗的接种(Stetler, Chen, & Miller, 2006)。控制组的被试写了一个中性的话题。实验证明，接种之前的血液样本与接种后1到3个月之后的是不同的。疫苗在那些写了种族主义的人的体内有效时间较短。

这种与历史种族主义有关的危险在一些非裔美国人身上因为保护性因素而得到弥补。特别是一种强烈的种族身份感的出现，中和了种族压力的影响力(Brondolo et al., 2009)。但是一些研究表明，人的个性，比如说敌意可能会增加种族压力的影响(Fang & Myers, 2001; Raeikkoenen et al., 2003)。因此历史种族主义和心脑血管健康之间的关系是相当复杂的，而且对于不同的人也是各不相同的。另外，一些研究者认为在下结论时，需要更加彻底地在长期受压制的群体当中研究这种联系，就比如说这些本土美国人(Belcourt-Dittloff & Stewart, 2000)。

▶强烈的种族认同感使得亚裔美国人更容易应对种族歧视所带来的压力。

12.7 社会经济地位与健康有怎样的关系?
社会经济地位和压力

社会经济地位(socioeconomic status)常用于指收入水平的差异,它不仅仅包含经济收入来源,工作和教育作为社会地位中更加主观的变量,也都是社会经济地位的重要组成成分。这些变量相互作用影响了一个人的职位分配,同时这些相互影响的因素在不同的环境中也有所不同。例如在一些社区中,警察虽然比这里的居民有更高的知识背景以及更高的收入,但他们仍处于较低的位置。而在其他的一些社区中就相反了,警察没有受过多少教育,也没有很高的收入,但他们却有很高的地位。因此,社会经济地位是一个相当复杂的变量。

即使社会经济地位很复杂,但是大量关于健康和其他一些兴趣种类的研究都依赖于收入和教育水平这类数据,从而将人们划分为不同等级的社会经济地位。你可以想象一下当这种技术被采用时,社会经济地位低的人就会常常出现与压力相关的健康问题,例如感冒或者流感。另外,这些人典型的健康威胁因素就是高血压(Lehman et al.,2009)。然而在客观地位和自我主观地位的研究中,研究者有时会发现主观地位事实上可以比收入和教育这些客观的测量更好地预测一个人的健康状况(Singh-Manoux, Marmot, & Adler, 2005)。

为了理解客观和主观地位之间的区别,想象一下一个老年女性,她在16岁的时候辍学结婚,而她唯一的收入就是微薄的社会保障金。根据客观标准,她处于较低的社会经济地位。但如果假设她以社区里的顶梁柱的名义而出名,并且拥有自己的房子还在里面生活了50多年。再设想她在周末学校教书,在她的社区里,邻居一遇到什么困难首先都会去向她求助。很明显,在她住的这个社区环境里,这位老人的社会地位是比较高的。她作为一位心理适应力良好的人,在社区中找到了自己的定位,同时她也知道她在更大的社会中的地位是比自己所喜爱的社区中的地位要低很多。她的社区基本地位和对它的现实感知可能会成为保护性因素,可以用来应对与在大社会环境中的较低社会经济地位有关的危险因素。

更加仔细地对与社会地位有关的变量进行观察,会发现其他因素可以帮助我们解释社会地位和健康之间的联系。例如,我们常发现,与那些社会地位高的人相比,社会地位低的人体内会分泌出更高水平的压力激素(Cohen, Doyle, & Baum, 2006)。再看看这两者之间的关系,研究者已经将几种行为和这些人的社会因素进行区分,它可以帮助解释地位与压力激素之间的关系。这些因素包括与处于较高地位的人相比的高吸烟率,有限的社会关系以及不规律的饮食模式。虽然我们常在这些人群身上发现这些问题,但是这不是说这些因素可以应用到所有低收入者的身上。这个问题影响了低收入群体的健康变量平均数,因此它增加了社会地位与这些变量之间的相关性。

最后,失业也是社会经济地位引起压力和健康问题的因素之一。当人们将注意力从

社会经济地位 一个关于收入、职业、教育背景的综合性概念,与个体相关的社会地位有关。

工作中转移出来时,他在接下来的几个月里患上与压力相关的疾病的概率就会大大提升(Janicki-Deverts, Cohen, Matthews, & Cullen, 2008)。顺便说一句,这些影响力在任何社会经济地位的人身上都能发现。这个一致性是经济负担造成的结果,不管你之前赚了多少钱,都会对你的生活产生巨大的压力,比如说低收入、对未来迷失了方向、失业等。但是失业压力产生的主要原因是它削弱了人们对发生在自己身上的问题的控制力。这也就是在这个章节一开始说的知觉控制是应激的最好预测量。

记一记——压力的来源

1. 根据霍姆斯和瑞赫的观点,如果在短时间内遭遇到很多有压力的_____,那么健康就会受到不利的影响。

2. 根据拉扎勒斯的观点,_____比主要的生活事件给人带来更大的压力。

3. 富裕程度并不能决定一个人是否要和别人出去玩还是待在家里为明天的考试做准备。这就是_____冲突的一个例子。

4. 对环境的_____可以减轻压力给人带来的影响。

5. 阿尔布雷赫特提出的与工作压力有关的指标有_____、_____、_____、_____、_____、_____、_____、_____和_____。

6. _____是持续时间久,会造成巨大压力的对所经历的灾难的一种反应。

7. 一些研究者在美国黑人身上发现了_____和高血压有关。

8. 社会经济地位包括_____、_____和_____。

答案:1. 生活事件 2. 生活琐事 3. 趋避 4. 控制 5. 工作负荷 工作地位 物理变量 生理挑战 心理挑战 工作描述和评估标准的清晰度 责任感 工作类型 人际关系 6. 创伤后应激障碍 7. 历史上的种族歧视 8. 收入 职业 教育

应对压力

你对压力作何反应?心理学家对人们在压力体验下的反应有不同的观点。各种途径可以帮助我们深入了解巨大压力下自己的反应。

12.8 什么是一般适应综合征?

塞里和一般适应综合征

汉斯·塞里(1907—1982)最注重影响健康的压力感受,他开创了应激研究的领域。塞里关于应激的核心观点就是**一般适应综合征**(general adaptation syndrome,GAS)(机

> **一般适应综合征** 机体对压力做出的可预测的反应或结果,包括警戒阶段、抵抗阶段和衰竭阶段。

体对压力做出的可预测的反应或结果)。它包括三个阶段：警戒阶段，抵抗阶段和衰竭阶段(Selye, 1956)。(见图12.2)

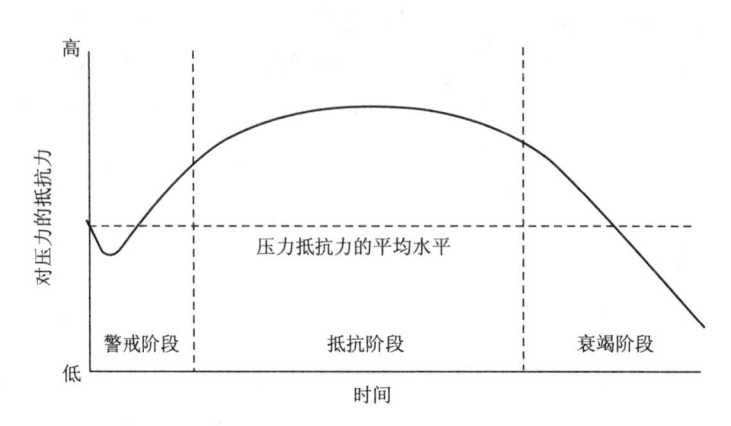

图12.2 一般适应综合征 一般适应综合征的三个阶段分别为：(1)警戒阶段，此时会出现情绪的唤起，防御的本能会使机体做出战或逃反应；(2)抵抗阶段，会出现强烈的生理反应来抵抗和适应压力；(3)衰竭阶段，通常在机体抵抗压力失败后出现。来源：Selye(1956)。

身体对压力源反应的第一阶段是**警戒阶段**(alarm stage)，大脑将危险信号传递到下丘脑，下丘脑转而刺激垂体开始分泌肾上腺素。肾上腺素随之示意肾上腺皮质释放糖皮

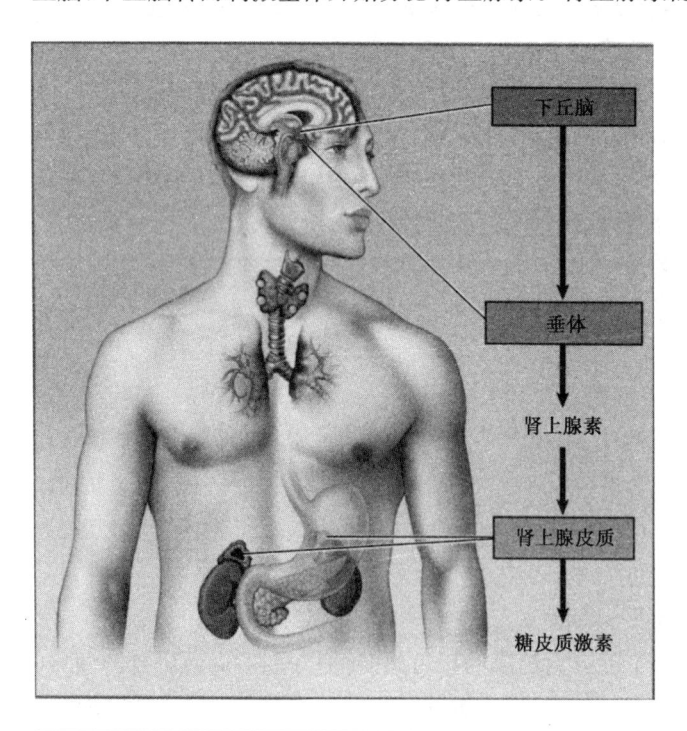

图12.3 警戒阶段 在警戒阶段，下丘脑、垂体、肾上腺会促使糖皮质激素的释放。这些激素使机体准备好抵抗或逃离压力。

警戒阶段 一般适应综合征的第一个阶段，个体能够体验到迸发的能量帮助自己应对压力。

质激素,导致心率加快,高血压和血糖水平升高,从而提供迸发的能量帮助人们应对压力(见图12.3；Pennisi,1997)。接下来机体进入**抵抗阶段**(resistance stage),通过肾上腺皮质持续释放糖皮质激素来帮助机体抵抗压力源。抵抗阶段的持续时间决定于压力的强度和机体的适应阈。如果机体最终抵抗失败,就进入**衰竭阶段**(exhaustion stage),这一阶段表明储存的大量精力耗竭。有一个例子能够帮助你想象一般适应综合征是如何发展的。设想你自己很早到教室然后适时地坐在一个安静的角落学习时,忽然你感觉一些东西爬过你的双脚。你低头看到一只大老鼠在教室的地面上飞快地窜过。受到了惊吓(警戒),你抓起你的书尽可能快地跑出门去(抵抗),当你到达走廊,你停下靠在墙上时心跳变得很猛烈,呼吸变得很微弱,你认为你都移动不了了(衰竭)。幸运的是你能站在那里调整呼吸,你的身体慢慢转为平静,能让你理性地思考接下来该怎么做。

📖 探索塞里的一般适应综合征 www.mypsychlab.com

塞里发现导致应激伤害最大的原因是,持续地分泌糖皮质激素会导致永久性的压迫感增长,抑制免疫系统,弱化肌肉组织甚至损坏海马体(Stein-Behrens et al.,1994),感谢塞里,强烈并且持续的压力与某些疾病的关系被医学专家广泛地认可。

12.9 当人们面对潜在的压力事件时,初步评估和二次评估扮演着怎样的角色?

拉扎勒斯关于压力的认知学说

是压力源自身使我们苦恼还是我们对其思考的方式呢？最近理查德·拉扎勒斯(1922—2002)指出,使我们产生压力的不是压力源本身而是我们自己的感知力。依照拉扎勒斯的说法,当人们面对潜在的应激事件,他们的认知过程包括初步评估和二次评估。(1996；Lazarus & Folkman,1984)。**初步评估**(primary appraisal)是对特定情境的意义的评估——无论它对一个人的影响是积极的、不相干的,还是消极的。初步评估具有诊断意义和情境重要性——无论它是否对于一个人健康的影响是积极的、不相干的,还是消极的。对压力事件的评估有三个指标:(1)伤害或损失,即伤害已经发生了；(2)威胁,或是潜在的伤害或损失；或者(3)挑战,即机会的增加。关于威胁、伤害、损失的评估能够发生在与你有关的任何重要事件上——友谊、你身体的一部分、你的财产、你的资金、你的自尊。

> **抵抗阶段** 一般适应综合征的第二个阶段,会出现强烈的生理反应来抵抗和适应压力。
>
> **衰竭阶段** 一般适应综合征的第三个阶段,通常在机体抵抗压力失败后出现。
>
> **初步评估** 对潜在的压力事件进行认知上的评估,从而决定其影响是积极还是消极,或是无关紧要。

当人们对威胁、伤害、损失做评估时，会亲身体验到负面情绪，比如焦虑、害怕、愤怒和不满（Folkman，1984）。一项评估看上去就如一个挑战，另一方面来说，评估也经常伴随着积极情绪，比如兴奋、抱有希望的和热心的。

经过**二次评估**（secondary appraisal），如果人们判定这类情况在他们的控制之中，他们会对可提供的资源进行评估——生理的（健康、能量、体力），社会的（人际关系），心理的（技能、信心、自尊），物质的（钱、工具、设备）和时间。然后他们决定如何去应付紧张性刺激。他们感受到的压力水平很大程度上决定了现有资源是否有效。图 12.4 总结了拉扎勒斯和福克曼的压力的心理模型。心理的研究支持了他们的断言，针对压力的心理、情绪和行为反应部分决定于对压力源是否充满挑战和威胁的评估。

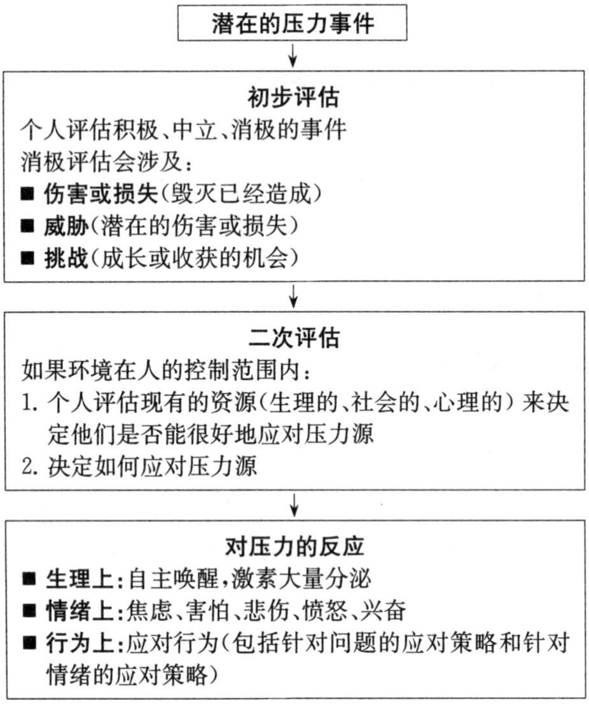

```
潜在的压力事件
      ↓
初步评估
个人评估积极、中立、消极的事件
消极评估会涉及：
■ 伤害或损失（毁灭已经造成）
■ 威胁（潜在的伤害或损失）
■ 挑战（成长或收获的机会）
      ↓
二次评估
如果环境在人的控制范围内：
1. 个人评估现有的资源（生理的、社会的、心理的）来决
   定他们是否能很好地应对压力源
2. 决定如何应对压力源
      ↓
对压力的反应
■ 生理上：自主唤醒，激素大量分泌
■ 情绪上：焦虑、害怕、悲伤、愤怒、兴奋
■ 行为上：应对行为（包括针对问题的应对策略和针对
   情绪的应对策略）
```

图 12.4　拉扎勒斯和福克曼的压力的心理模型　拉扎勒斯和福克曼强调个体对压力源的感知和评估的重要性。对压力的反应取决于初步评估和二次评估的结果，比如现有的资源是否有效等。来源：Folkman（1984）。

12.10　以问题为焦点的应对和以情绪为焦点的应对有什么区别？

应对策略

如果你像很多人一样，那么你经历的压力已经为你积累了一些应对策略。**应对**

> **二次评估**　对自身现有资源和如何应对压力源的评估。
> **应对**　通过行动和思考去面对繁重或无法抵抗的事情的努力。

(coping)是指一个人通过行动和思考去面对繁重或无法抵抗的事情的努力。**以问题为焦点的应对**(problem-focused coping)，包括减少、缓和或排除压力源本身。如果你以往的成绩不好并且视此为一个威胁，你可能会努力学习，说服你的导师，组织一群班上的同学一起学习，找家教或逃课。

以情绪为焦点的应对(emotion-focused coping)包括为了减少情绪的影响而重新评估一个压力源。如果你丢失了你的工作，你可能判断这不是一个重大的悲剧或者视其为一个挑战，一个寻找更好、有更高薪水的工作的机会。不管你可能听到什么，忽视压力源——一种以情绪为焦点的应对——可以成为一种有效途径应对压力。研究院调查了116个经历过心脏病发作的人(Ginzburg et al.，2002)。所有的被试报告担心遭受另一次伤害。然而，那些试着去忽视他们担忧的被试则不太可能呈现与焦虑相关的症状，比如梦魇和闪回。别的以情绪为焦点的应对，比如把你的担忧记在日记上，跟踪它们随时间的变化，可能愈有效(Alford，Malouff，& Osland，2005)。

以问题为焦点的应对和以情绪为焦点的应对的结合可能是最好的压力管理策略(Folkman & Lazarus，1980)。举个例子，当一个心脏病人认真地采用推荐的生活方式(以问题为焦点的应对)，比如增强锻炼时，他可能会忽视自己的焦虑(以情绪为焦点的应对)。

一些应激情况能够提前预先考虑到，这允许人们使用叫作**前摄应对**(proactive coping)的策略，包括在一个潜在的压力事件发生前采取行动或努力防止它的发生或削弱其影响(Greenglass & Fiksenbaum，2009)。采取前摄应对策略的人会对即将到来的压力

▶为了考试而复习是一种前摄应对。

以问题为焦点的应对 减少、缓和或排除压力源本身的一种直接应对。
以情绪为焦点的应对 为了减少情绪的影响而重新评估一个压力源的应对。
前摄应对 为了避免潜在压力情境的产生或削弱其影响，个体所采取的积极行动。

事件和情境做好准备。举个例子，与上大学有关的一个压力源是学期初学校书店十分繁忙。为了进行前摄应对，也就是避免带着一摞书排队等待，你可以先在网上订购一些你想要的书或在学期一开始就早早儿去书店。父母也会进行前摄应对，为了避免孩子在亲戚家或医生办公室肚子饿或者疲惫，他们会随身携带孩子的零食和玩具。

以下的**复习**总结了人对压力的反应。

复习——压力反应的理论

理　　论	概　　述
塞里的一般适应综合征(GAS)	三个阶段：警戒、抵抗、衰竭
拉扎勒斯的认知理论	初步评估(对压力源的评估)；二次评估(对现有资源和选择的评估)
应对策略	以问题为焦点的应对，直接针对压力源；以情绪为焦点的应对，针对个体面对压力源所产生的情绪；前摄应对，对潜在的压力情境所采取的积极行动

记一记——应对压力

1. 塞里关注压力的_____方面，而拉扎勒斯关注它的_____方面。
2. 请将GAS的各个阶段与它们对应的描述相匹配。

　　_____(1) 警戒阶段　　a. 耗尽所有的深度能量
　　_____(2) 抵抗阶段　　b. 通过加强生理上的努力适应压力源
　　_____(3) 衰竭阶段　　c. 情绪的唤醒和为战或逃反应做准备

3. 在_____评估中，一个人会对他或她自己处理资源和思考如何处理应激源进行评估。
4. _____涉及一个人如何通过调整自己的情绪来应对压力源，然而_____是关于如何修改或消除一个特殊的压力源。

　　答案：1. 生理，心理　2. (1) c　(2) b　(3) a　3. 二次　4. 以情绪为焦点的应对，以问题为焦点的应对

健康和疾病

你是否听说过身心健康这个词，又是否想知道这个词的具体含义？专家和外行人在用这个词时都认为它与一种新的思考健康的方式有关。这种方式强调生活方式、预防措施和维持健康的需求，而不是在当疾病来临时才开始考虑健康问题。健康心理学家通过研究压力对免疫系统的影响，发现了压力是如何影响人们的健康的。同时，他们也在验证个体和人口因素与疾病和健康的关系。

📖 模拟你的压力大吗？www.mypsychlab.com

12.11 生物医学模型与生物心理社会模型在健康与疾病领域的研究方法有何不同？

健康和疾病的两种理论

几十年来，医学上最主要的观点是**生物医学模型**（biomedical model），它根据生物因素来解释疾病的发生。而现今，医生和心理学家都认为**生物心理社会模型**（biopsychosocial model）为健康和疾病提供了一个更加完整的解释（见图12.5）（Engel，1977，1980；Schwartz，1982）。这个模型联合生物、心理、社会三个因素来考虑健康与疾病。此外，它还可

提高健康和福祉的力量

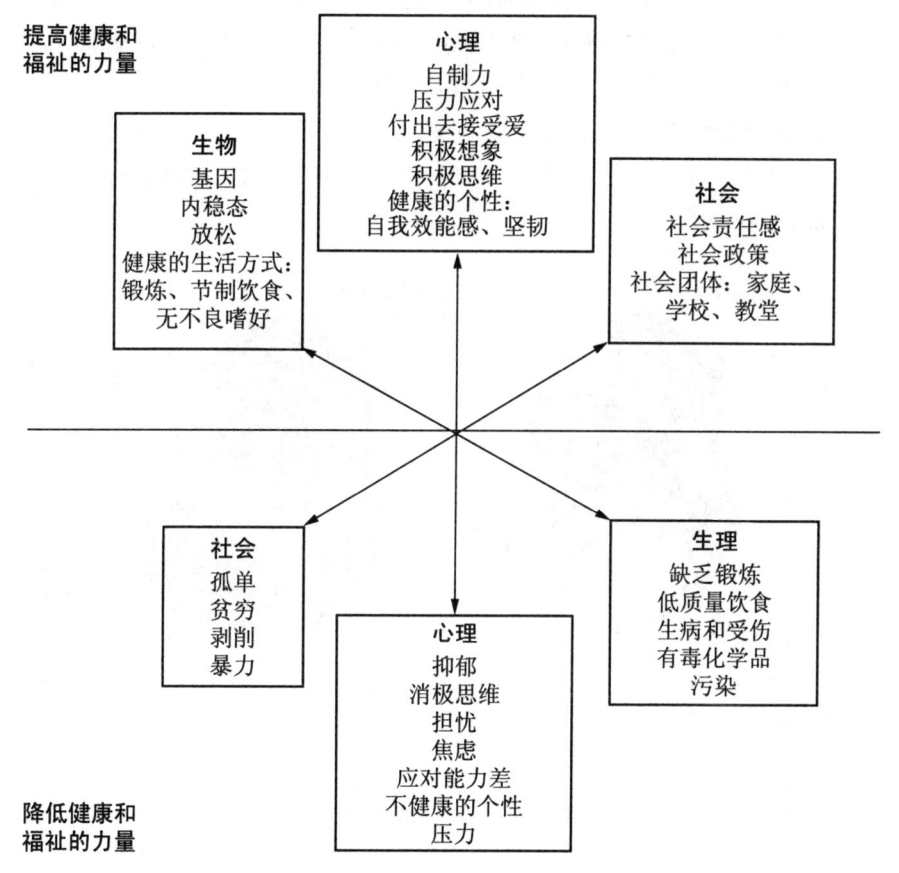

- 生物：基因、内稳态、放松、健康的生活方式：锻炼、节制饮食、无不良嗜好
- 心理：自制力、压力应对、付出去接受爱、积极想象、积极思维、健康的个性：自我效能感、坚韧
- 社会：社会责任感、社会政策、社会团体：家庭、学校、教堂

降低健康和福祉的力量

- 社会：孤单、贫穷、剥削、暴力
- 心理：抑郁、消极思维、担忧、焦虑、应对能力差、不健康的个性、压力
- 生理：缺乏锻炼、低质量饮食、生病和受伤、有毒化学品、污染

图12.5 健康和疾病的生物心理社会模型 生物心理社会模型认为健康和疾病由生物因素、心理因素和社会因素共同决定。大多数心理学家认可这种观点。来源：Green & Shellenberger（1990）。

生物医学模型 仅用生物因素来解释疾病的发生。

生物心理社会模型 认为健康和疾病由生物因素、心理因素和社会因素共同决定。

以让人们更好地提高健康和幸福感。但是,一些生物心理社会模型理论的支持者指出,医学专业已经减慢了对这个理论价值的认识的脚步,并且它将继续教育医生们将所有的焦点都聚集在疾病和健康的生理方面(Scherger,2005)。

生物心理社会模型越来越广泛地被接受促使了一个新领域的产生——**健康心理学**(health psychology),它利用心理学理论和研究来提升个人和群体的健康状况。健康心理学在现代生活中尤其重要,因为许多种普遍存在的疾病,包括心脏病和癌症,都是与不健康的生活方式和压力有关的(Taylor,2008)。

12.12 A、B、D三种类型的行为模式指的是什么?

冠心病

为了支持身体各个器官的功能运转,心肌需要血液提供源源不断的氧气和养料。冠心病是由于给心肌提供血液的冠状动脉变得狭窄或是壁内有堵塞物而形成的,这种症状叫作动脉粥样硬化(详见图12.6)。一种叫作斑块的物质导致了堵塞物的形成,并且它被认为与血流中的胆固醇相关。虽然冠心病在美国仍然是导致死亡的第一大原因,大概占死亡人数的四分之一,但是在过去的35年时间里这种疾病的死亡率已经下降了50%(Heron et al.,2009)。

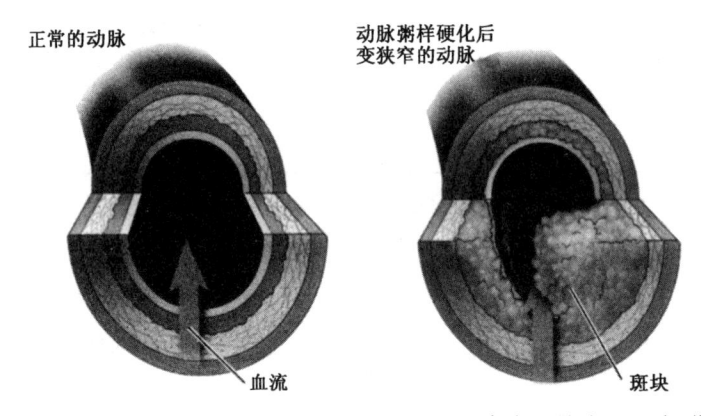

图12.6 动脉粥样硬化 动脉粥样硬化形成是由于血流中有大量的胆固醇,使动脉里积蓄了斑块。来源:Lilienfeld(2009)。

观看关于美国的心脏病的视频 www.mypsychlab.com

在当今社会,作为一个健康问题,冠心病与人们的生活方式息息相关,因此,它也成为了健康心理学的一个重要的研究领域。静坐生活方式是导致冠心病患者死亡的首要可变危险因素,静坐生活方式包括了那些需要整天坐着,每周少于三次20分钟锻炼的工作

健康心理学 认为健康、疾病和康复与心理因素有关的一个心理学分支。

(Gallo et al.，2003)。其他的可变危险因素还有高水平的血清胆固醇、吸烟和过度肥胖。

家族史虽然不是可变危险因素，但是它是一个相当重要的危险因素。家族史和冠心病之间的联系是遗传和行为学的。例如一个人的父母有高血压，但是他自身没有发展出抵御的功能，那么他就会遗传和他们的父母相同的情绪反应并且不具备良好的应对策略(Frazer et al.，2002)。

压力水平过高以及工作负担过重都会提高冠心病和中风的患病风险(Brydon，Magid，& Steptoe，2006)。显然，压力的影响就好像通过静脉注射一样进入血液。马尔科和其他学者(Malkoff et al.，1993)的研究表明，一组实验被试在经历了实验引导的压力后，他们的血小板(一种特殊的凝血细胞)会大量释放一种物质，加快血栓在血管中的形成，可能还会导致心脏病发作和中风。但在未受到压力影响的控制组中，被试的血小板没有发现任何变化。

性格类型也与个人心脏疾病患病率有关。在大量的实验研究之后，心脏病学家迈耶·弗里德曼和拉伊·罗森曼(Friedman & Rosenman，1974)得出了两种类型的人格：A型，与极高的冠心病患病率有关，而B型在人群中比较普遍，也不太容易患心脏病。**A型行为模式**(Type A behavior pattern)的人有很强的时间紧迫感，没有耐心，有过分的竞争欲，并且是敌对的、易怒的。**B型行为模式**(Type B behavior pattern)的人心情则比较轻松，很容易相处，并且不会显得急迫。他们会很有耐心，对别人没有敌意，轻松而无罪恶感。他们会玩得很开心、闲暇自在，而不会显得比别人有优越感。因此，B类型的人会比A型人更加聪明，有雄心，同时也更容易成功。

研究人员指出，A型人格的人的致命点不是对时间感到紧迫而是易怒和敌对情绪，它会为好斗的反应情绪提供原动力(Smith & Ruiz，2002)。这种联系已经在不同性别的跨文化研究中被广泛发现(Mohan，2006；Olson et al.，2005)。

然而，据研究显示，生气和敌对情绪可能是大量复杂变量的一部分，这些变量包括其他形式的情绪困扰(Kubzansky et al.，2006；Olson et al.，2005)。当生气和敌对状态被设定为单变量时，它们都被证明是罹患冠心病的前兆。但是其他的困扰变量，比如说焦虑和讥笑，据统计分析表明，消极情绪对心脏病的预测整体强于其他任何单独变量。

消极情绪能够比其他任何单独的变量更好地完整预测冠心病的发现使一些研究者提出了另一种新的类别——**D型行为模式**(Type D behavior pattern)("D"指忧虑；Denollet，1997)。这种类型的人表现出一种长期性的情绪困扰并且会趋向抑制消极情绪。在一个

A型行为模式 一种具有很强的时间紧迫感，没有耐心，有过分的竞争欲，敌对、易怒的行为方式；是导致冠心病的风险因素。

B型行为模式 一种具有比较轻松的心情，很容易相处，不会显得急迫的行为方式。与A型人相比，他们会很有耐心，对别人没有敌意。

D型行为模式 这种类型的人表现出一种长期性的情绪困扰，会趋向抑制消极情绪的表达。

研究中,研究人员发现参与心力衰竭康复治疗的男性患者,其中的D型行为模式的人比其他病人的死亡率高四倍(Sher,2004)。研究员猜测D型行为模式的人会有较高的死亡率(Molloy et al.,2008；Pedersen & Denollet,2003)。但是在心理学与D型人格的联系被充分理解之前还需要更多的研究来证明。

总之,性格和冠心病之间的心理学联系与健康行为和社会支持之间的关系结果是同等重要的。比如说,具有D型行为模式的人常常对生活持消极态度,并且他们重新接受烟草的可能性会更高,即使在完成戒烟之后(Hooten et al.,2005)。甚至,还有人发现拥有D型人格的冠心病患者会削弱这种模式的支持能力(Pedersen,van Domburg,& Theuns,2004)。就如你所知道的,心脏病在人的性格上所产生的衍生物是复杂多样的。

12.13 心理因素对癌症患者的生活质量有何影响？

癌症

在美国,癌症是造成死亡的第二大原因,占死亡人数的五分之一(Heron,et al.,2009)。癌症的患病率在1990年以后已经有了略微的下降。在1990年,4.8%的人被初诊为各种不同的癌症。2002年,初诊率仅仅只有4.3%(NCHS,2005)。公共健康研究者将这个降低的比率归因为吸烟人数的下降。

癌症,是疾病的综合征而不是一个单纯的病,它会侵入任何一个正常生存的机体细胞——人类,其他的动物,甚至一些植物中。幸运的是全身各个部位分裂的正常细胞在停止分裂时会形成固定的结构。与之不同的是,癌细胞会不断的分裂。除非这些癌细胞能够及时被找到并毁灭,否则它们就会继续生长、扩散,最后导致机体死亡。健康心理学家

◀这些癌症患者正在接受艺术治疗,能够帮助他们减小因严重疾病而产生的压力。

指出，不健康的饮食、吸烟、酗酒、滥交或者过早的性行为（特别是女性）都会增加癌症患病风险。

在美国，每年有五百万人被诊断为癌症患者，而调整预防潜在的疾病威胁和与之相关的慢性压力源对他们来说是一个非常艰巨的任务。因此，研究人员宣称癌症患者需要更多的药物治疗。他们所说的治疗需要包括心理和行为因素，以达到改善患者生活质量的目的。虽然这种介入治疗对疾病本身的治疗是否有效还未得到证实，但它已被证明能够使患者保持积极的情绪状态并且对疼痛的减轻也十分有效（Goodwin et al., 2001）。研究同时显示，在被诊断为癌症之后，心理治疗帮助女患者在面对由于癌症治疗带来的生理变化的态度见效明显（Vos et al., 2006）。

12.14 压力如何影响免疫系统？
免疫系统和压力

与高度分化的细胞群和器官相比，免疫系统能够识别、寻找、消灭细菌、病毒、真菌、寄生虫和其他可能进入人体的外来物。免疫系统的重要组成成分是白细胞，称为**淋巴细胞**（lymphocytes），它包括了B细胞和T细胞。它们之所以被这样命名是因为B细胞它产生于骨髓中，而T细胞在胸腺中生成。所有进入人体的外来物，比如说细菌、病毒等都统称为抗原。B细胞所产生的蛋白质叫作抗体，能够快速有效地消灭血液和组织液中的抗原（Paul, 1993）。T细胞对准确地消灭已经侵入细胞内的有害物质十分重要。图12.7展示了T细胞和B细胞攻击微生物的过程。

当个体自身免疫系统出现障碍时，免疫系统会发动并且攻击自身健康的细胞或者特异性器官，比如说患上了青少年糖尿病、多发性硬化、类风湿性关节炎和红斑狼疮等。而且免疫系统本身也可能成为致病微生物的攻击目标。在第11章中，我们已经学习了获得性免疫缺陷综合征（ADIS），它是由人类免疫缺陷病毒（HIV）引起的。这种病毒会侵入

T细胞和白细胞

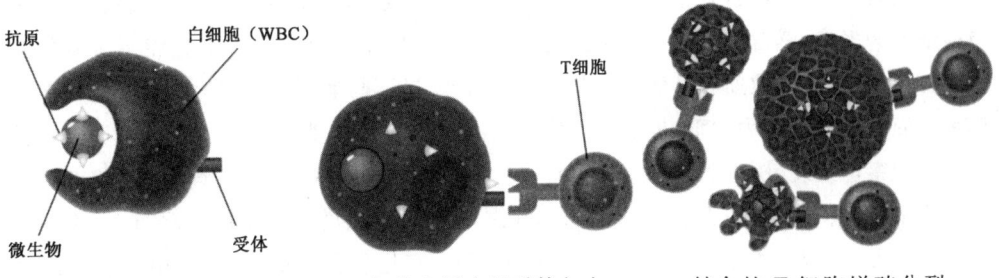

白细胞吞噬微生物并在细胞膜上表现它们的蛋白质

T细胞上适应的受体与白细胞结合

结合的T细胞增殖分裂并且生长成一个结构能够杀死被微生物感染的细胞

> **淋巴细胞** 血液中的白细胞，包括B细胞和T细胞，是免疫系统的重要组成部分。

B细胞和抗体

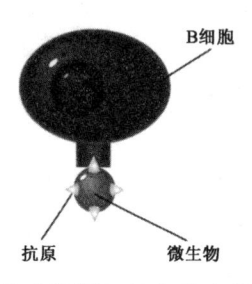

外来抗原与 B 细胞上的受体结合

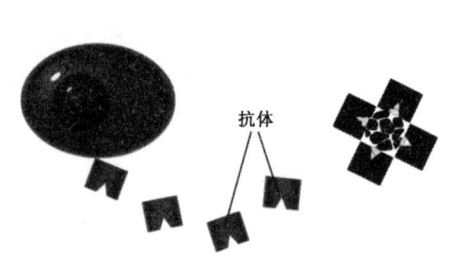

B 细胞开始复制并变成一种结构释放抗体。

抗体与抗原结合,杀死或停止微生物的活动。

图 12.7　免疫应答　免疫系统对潜在的感染源有两种方式的应答。首先,T 细胞攻击已经受到微生物感染的白细胞。然后,B 细胞与抗原结合并释放抗体攻击微生物。来源:Pinel(2007)。

T 细胞,逐渐并持续地削弱免疫系统的功能直到功能彻底丧失。**心理神经免疫学**(psychoneuroimmunology)是指心理学家、生物学家和医学研究者一起将他们各自的专业结合起来研究心理因素(如情绪、思想、行为)对免疫系统影响的一门学科(Cohen,1996)。研究者现在发现,免疫系统并不意味着是用来消除外来入侵物的。而是一个极其复杂的,将防御系统与大脑相互联系从而保持身体健康的系统(Ader,2000)。

心理因素、情绪和压力都与免疫系统功能有关(Robles,Glaser,& Kiecolt-Glaser,2005)。免疫系统将信息与大脑交换,进入大脑的信息就会明显地增强或抑制免疫系统的功能。在一个研究中,研究人员给志愿者滴含有感冒病毒的滴鼻剂。在接下来的几天里,参与研究实验的 151 个女被试和 125 个男被试中的部分人身上的病毒性感染症状迅速增加,但在另一些人身上则较少表现,甚至根本没有。常与他人(包括配偶、孩子、父母、同事、朋友、志愿者以及宗教团队)互动交往,社会生活丰富的实验被试看起来具有更强的抵御病毒性感染的能力。这种保护模式普遍存在于各年龄段、种族、性别、教育水平和一年四季(Ader,2000;Cohen et al.,1997)。

在压力很大的时候,人感染的传染性疾病的症状也会增加,包括口腔和生殖器皮疹、单核细胞增多症、感冒和流感。这是因为压力会导致免疫系统中的 B 细胞和 T 细胞数量减少,凯寇尔特·格拉斯和其他的一些研究者(1996)发现,老年人会因为担心配偶得老年痴呆症而长期处于压力之下,他们对流感疫苗的免疫应答功能也因此减弱。医生经过长时间的观察也发现,压力和焦虑会加重自身免疫疾病的病情(Chrousos & Kino,2007)。

学术压力、不和谐的夫妻情感问题和睡眠剥夺都与免疫应答功能下降有关(Kiecolt-Glaser et al.,1987;Maier & Laundenslager,1985)。有几个研究者实验后得出结论说,严重的失能性抑郁症也和免疫系统功能有关(Herbert & Cohen,1993;Robles et al.,2006)。在

心理神经免疫学　心理学家、生物学家和医学研究者一起将他们各自的专业结合起来研究心理因素(如情绪、思想、行为)对免疫系统影响的一门学科。

配偶去世的几个星期之后，剩下的那个人的免疫系统功能会非常低弱并且会有一个很高的死亡率。在接下来的至少两年的时间里，面对着严重的丧亲之痛，他的免疫系统会有一定程度的减弱，同时会带来一系列的生理上和心理上的小痛小病(Prigerson et al., 1997)。

▶你有没有发现，在期中和期末的时候特别容易患上感冒？如果是这样，那这就符合了压力与这些小痛小病的增加有关的观点。

12.15 与健康和抵抗压力有关的四个个人因素是什么？
个人因素会降低压力和疾病的影响

乐观主义。 在应对压力时保持十分乐观的态度并能有效地处理它，这样的人生病的概率就会比较低(Seligman, 1990)。一个典型的乐观主义者通常期望有一个好的收入。这种积极的期望使他们比那些满足于一份少得可怜的收入的悲观主义者的抗压性更强。通过研究乐观主义者和悲观主义者应对相似的压力源时做出的反应，发现乐观主义者会分泌出更少的应激激素，研究人员猜测这可以解释乐观的心态与抗压力之间的联系(Lai et al., 2005)。乐观对于患有慢性疾病的病人（比如说多发性硬化症的患者）在预防压力所诱发的病症时十分重要(Mitsonis et al., 2009)。

📖 观看关于身心健康的视频 www.mypsychlab.com

积极心理学强调乐观是活动的核心。马丁·塞里格曼认为，心理学家应该更多地把焦点放在通过研究结果来改善人们的生活质量，而不是在治疗精神障碍上(Seligman & Csikszentmihalyi, 2000)。塞里格曼的研究结果指出，我们应该变得更加乐观从而增强抵抗压力的能力。他说有几个心理练习在经过研究后证明确实可以起到这样的作用(Seligman, Steen, Park, & Peterson, 2005)。塞里格曼有一个被称为"三件好事"的"高兴"训练，这个训练要求我们写下每天都会发生的三件积极的事。在另一个研究中，塞里格曼和他的同事发现，对被试进行持续六个星期的这种类型的训练，对被试的乐观水平的影响在一年后仍然非常明显(Seligman, Rashid, & Parks, 2006)。

韧性。 通过研究承受巨大压力的男性经理,心理学家苏珊娜·科巴萨(1979;Kobasa et al., 1982)发现,与那些发病率高的人相比,保持健康身体状况的人具备三种突出的心理特征。她认为组成**韧性**(hardiness)的这三种特性分别是承担义务、控制、挑战。勇敢的人对他的工作和个人生活都有一种强烈的责任感。他们不把自己看作是生活的受害者,而是认为自己是控制事情结果的主宰者。这种人能够自己解决问题,并勇敢地迎接生活中来自四面八方的挑战,他们把它们看作是成长和成熟的机遇而不是威胁。一些研究者发现韧性的维度与丧失自理能力的老年人和家长的幸福感有关(Ben-Zur, Duvdevany, & Lury, 2005;Smith, Young, & Lee, 2004)。

宗教参与。 另一种与抗压力和抗疾病能力形成有关的个人因素是宗教信仰(Koenig & Vaillant, 2009)。一个纵向研究(持续了 28 年)揭示了频繁地参与宗教服务与健康习惯的养成有关(Strawbridge et al., 1997)。表明宗教参与对身体健康状况和癌症、心脏病、中风的低发病率有积极的影响(McCullough et al., 2000)。同时,在考虑导致死亡的原因的时候,宗教参与被认为是长寿的最可靠的预测。与低死亡率紧密相关的特殊的宗教参与方式包括参加礼拜、参加正统宗教、对自我的安慰,以及从宗教中得到的力量(McCullough et al., 2000)。这个研究和另一些研究都发现了宗教参与和使得女性变得强壮且死亡率降低有关(Hummer et al., 1999;Strawbridge et al., 1997)。

可为什么宗教参与会与健康有关联呢?目前研究者正在对大量的假设进行验证(Powell et al., 2003)。有一个假说认为经常参加礼拜的人比不参加礼拜的人相应地表现出更加积极的情绪。还有一个假说认为宗教参与给信教者提供了更强的社会支持形式。从本质上来说,这种假设宣称当与你分享世界观的人给你提供社会支持时,它的意义和影响会更大。还有研究者假设宗教练习,特别是冥想和祷告,它们可能对相关的健康生理变量有积极的影响,比如血压(Seeman et al., 2003)。研究者也曾提到过宗教活动与相关的健康行为之间的关联不可忽视,例如吸烟(Koenig & Vaillant, 2009)。换而言之,宗教信仰与健康之间的关系至少有一部分是来源于一些人对宗教的敬仰而停止了威胁健康的行为。

社会支持。 另一种有益于身体健康的因素是**社会支持**(social support)(Cohen, Yoon, & Johnstone, 2009)。社会支持就是指当人在需要帮助的时候,伴侣、其他的家庭成员、朋友、邻居、同事、志愿队或其他人所提供的支持。这些支持包括真实的援助、信息、建议以及情绪支持。其实这可以看作是我们将此作为一种相似的义务,让别人感受到自己被爱、被重视、被关心。

社会支持对人的免疫系统和心血管系统、内分泌系统都有积极的影响(Bouhuys et

韧性 承担义务、控制、挑战三个要素的集合,拥有韧性的人更能应对较高的压力水平和保持身心健康。

社会支持 家庭成员、朋友等及时应所需提供实际和/或情绪支持;感到为那些被认为负有类似支持义务的人所爱、所重视、所关心。

al., 2004；HoltLunstad et al., 2003）。社会支持可能会有助于鼓励人们做出更多的提升健康状况的行为,减少压力对人的影响,因此大家就不会通过采用不健康的例如吸烟喝酒的应对方式来进行减压。甚至社会支持已经表现出能够帮助患有例如肾病的慢性病患者减轻抑郁症症状并增强自尊感的作用（Symister & Frtend, 2003）。获得社会支持的患者会更快痊愈,连患有特殊疾病的病人的死亡率都会更低。也许,社会支持还会增加心脏病发作后的生存率,因为它能够缓和压力对心血管功能带来的影响（Steptoe, 2000）。

近几年,社会支持研究者已经开始研究如何感知支持和接受支持。感知支持就是一个在需要的时候对帮助需求的信任程度,而接受支持就是指一个人从他人身上获取到的真实帮助。有趣的是,很多人发现感知支持比接受支持更重要（Reinhardt et al., 2006）。其他的一些研究显示,高水平的感知社会支持与轻度抑郁有关（Sheet & Mohr, 2009）。这种感知支持更可能是个体的性格所决定的,而不是家庭和朋友提供的帮助的真实价值。实验者在一个纵向研究中发现,具有良好社交能力和外向的大学生被试在成年时期会表现出更高水平的感知社会支持（Von Dras & Siegler, 1997）。这个结果强调了心理因素对健康的重要性。

▶稳固的社会支持网络能够帮助个体很快从疾病中恢复健康。

12.16 女性和男性对健康的看法有何不同？
性别与健康

许多以往由美国政府发起的医学研究拒绝女性被试而支持男性被试参与（Matthews et al., 1997）。某些地方对于女性的卫生保健研究不足特别明显,在研究死亡风险如开胸手术（Vaccarino et al., 2002）时发现,女性比男性更可能死于外科手术。至今,研究显示,外科手术存活率的性别差异随着年龄增长而减小,但是研究依旧在调查为何女性的术后死亡率高于男性（Puskas et al., 2008）。

一般来说,无论怎样,从多方面的因素来看,男性比女性有更高的死亡率,虽然女性健康状况相对较差。这看似对立的结果困惑了调查者数十年（Rieker & Bird, 2005）。女性比男性更可能会去求医这一发现能够解释一些差异（Addis & Mahalik，2003）。不管怎样，就医的差别不能完全解释这一性别差异。

最近几年，研究者已经开始调查一系列潜在的不治之症是如何通过性别变化的（Case & Paxson，2004）。举个例子，肺病是吸烟引起的，女性和男性同样地苦恼。然而，因未知的原因，患病男性会病得更重，就像性别不同和入院治疗的频率不同，男性比女性更可能因此死亡。研究者关注生理的性别差异如激素水平等，来寻找这些范例的解释。一些研究者也指出，性别差异的互相影响，在生理、心理和社会领域都需经过检验（Rieker & Bird，2005）。

12.17 种族模式如何影响群体间的健康差异？
种族和健康

性别和种族的分类都与不同的健康结果有关。你只要记住我们反复提到的，组内会比组间具有更大的可变性。这里有一些在这个领域的研究发现的精粹。

群体健康的差异。 美国黑人比美国白人更容易患上许多慢性疾病，例如糖尿病、关节炎、高血压的患病率会比较高（CDC，2009），美国黑人死于心脏病的概率比白人高40%，而死于癌症的患者又比他们多30%。甚至是年龄相同的两者患上同样的疾病时，美国黑人的死亡率会更高（CDC，2003a）。并且在美国黑人中，艾滋病的患病率是白人的三倍之多。

据数据显示，西班牙裔人在美国占了结核病例的20%以上（DCD，2003a）。与非西班牙裔美国白人相比，高血压和糖尿病在他们当中也普遍存在，而心脏病问题则较少出现（CDC，2009d）。令人惊讶的是，美国土著居民的糖尿病患病率明显高于其他任一群体（CDC，2009d），而且婴儿的死亡率比美国白人高两倍（CDC，2009d）。公共健康官员将这个差异归因为美国土著居民吸烟人数的比率过高。因此，这些印第安人不仅比别的群体中的人更容易患上癌症，而且有10%的人都患有慢性肺病。

相对来说，亚裔美国人的身体状况就比较好。但在小群体中却存在广泛的不一致性。例如，越南女性患上子宫颈癌的概率比美国女性高5倍（CDC，2009d）。相对地，全球亚裔男性的年龄调整死亡率比美国的男性低40%，但他们因吸烟导致的死亡率要比美国男性高出8%。

群体差异的解释。 那么上述所说的群体之间的差异该如何解释？其中一种与健康相关的种族差异是贫困的影响（Frank，Gold & Fiscella，2003）。大约有四分之一的美国黑人及印第安人和西班牙裔美国人还生活在贫困之中（U.S，Census，2004b）。因此我们可以推论与贫困有关的变量可以解释种族在健康上的差异，例如营养状况、获得健康保障以及教育问题等问题。

然而，一些能够让我们更加深入了解种族、收入、健康之间关系的研究却有着恰恰相反的结果。例如在一项研究中，研究者发现来自中等黑人家庭的孩子和白人家庭的孩子总体健康水平是相似的，但同时也会发现美国黑人的孩子患哮喘的概率更高（Weitzman，

Byrd,& Auinger,1999)。一项大型的健康趋势研究显示,贫穷的美国黑人与美国白人在老年时期与健康相关的活动受限概率相同(NCHS,2005)。但生活贫苦的西班牙裔美国人受到这种限制的概率则几乎少于50%。

另一个很有趣的现象是当研究者仔细检验收入与健康之间的关系时发现,两者之间的关系在不同群体中是不同的。这些例子可以在研究来自不同种族、不同收入水平、过度肥胖的男性和女性的实验中发现(Chang,2005)。在美国男性中,收入较好的人更容易肥胖。在女性中,这种模式又有所不同。相同之处在于美国白人男性和女性一样,收入越高越不容易肥胖。而美国黑人女性则表现出不同的现象,她们有中等收入,比高等收入或低等收入的人的肥胖指数上升得更快。在墨西哥裔美国女性当中,收入与肥胖毫无关系。

根据这些研究发现,影响群体差异的社会因素还不足以解释群体健康状况差异,那么还有哪些变量能导致这些差异?生物伦理学教授皮拉尔·奥索里奥和社会学家特洛伊·达斯特(Ossorio & Duster,2005)认为种族模式的现象是以这种差异为基础的。种族模式是群体中的个体通过共享的行为模式来维持他们的同一性趋势。群体还会分享生活环境中的某些方面,这些方面可能与身体健康有关(例如,生活在美国西北部的亚热带和沙漠地区的不同西班牙裔美国人集群)。由于这些模式,不同群体的危险和保护因素的比例是不同的。

这里有一个例子是研究种族模式是如何作用于健康风险的。在美国,亚裔美国人、太平洋岛民,以及太平洋沿岸地区的印第安人会比其他群体吃掉更多的鱼。这种模式是源于这些群体历代流传的饮食习惯。然而,如今海洋的严重污染使得鱼体内汞的含量达到了很高的水平。结果导致了那些吃大量鱼的人面临着汞中毒的危险。而且如果用鱼的销量来区分一个特别的种族群体,那么也就可以用含汞量来区分出这个群体来。而这恰恰是研究者在亚裔美国人、太平洋岛民,以及太平洋沿岸地区的印第安人中所发现的。也就是说这几个群体中的人与其他群体中的人相比,体内汞的平均含量会更高(Hightower,O'Hare,& Hernandez,2006)。当然,这个发现并不意味着这些群体中的所有人都会吃鱼或者体内含汞量都很高。而是与其他群体相比,这些模式在这几个群体中的存在较为普遍。

为了更加完整地了解群体差异,研究者还必须研究每一种不同差异带来的结果,并考虑哪些种族模式能对此作出更好的解释。因此,我们可能需要经历一段时间才能全面地理解种族群体健康差异。

研究种族群体健康差异和造成他们不同行为的行为模式对社会政策的发展和提高行为学家对人类体验的理解是非常重要的。但是必须记住的是,吸烟、喝酒、锻炼、饮食这些与健康状况相关的生活方式给所有群体带来的影响是相同的。因此,一定要采取措施确保全部群体中的人都意识到这一点,这样就很可能使健康的所有方面都得到改善(Beets & Pitetti,2004;CDC,2009d)。

记一记——健康和疾病

1. 生物医学模式的焦点在_____；生物心理社会模式也强调_____。
2. 研究证明A型行为模式最不利的成分是_____和_____。
3. _____和_____因素会影响癌症患者的生活质量。
4. 免疫应答功能低下与_____有关。
5. 韧性包括_____、_____和_____。
6. 一般来说，女人比男人更（健康/不健康），男人更（多/少）死于疾病。
7. 有一种现象被称为_____，它被用于解释群体之间的健康差异。

答案：1.疾病　健康　2.生气　敌对情绪　3.心理　行为　4.压力　5.承担义务　控制　挑战　6.不健康　少　7.种族模式

生活习惯和健康

由于电脑和互联网的普及，生活在工业化国家的人与生活在发展中国家最偏远地区的人在一些重要方面产生了共同点（见**应用**；Borzekowski, Fobil, & Asante, 2006; Fogel et al., 2002）。如果你曾在网上搜索过一些健康信息，你就会知道输入任何一个与健康相关的搜索词都会跳出很多网站提示你，可能有些信息你都已经知道了；对于绝大多数的人来说，健康最大的天敌就是我们的习惯——缺乏锻炼、睡眠时间过少、嗜酒或者药物滥用、不健康的饮食和暴饮暴食。摆在我们面前的问题是，怎样才能使这些人改变不健康的生活方式。也许，虚荣心就是问题的关键。研究者发现，比起仅仅接受别人提出健康行为的意见，如果人们相信改变行为就能使他们变得更好看或者看起来年轻一点，那么就会更容易适应健康的行为（Mahler et al., 2003）。而其中对健康威胁最大的行为就是吸烟。

12.18　为什么抽烟是最危害健康的方式？
吸烟与健康

在美国，吸烟一直都是造成可预防疾病和死亡的首要原因（U.S. Department of Health and Human Services, 2000）。这一信息已经在美国人心中根深蒂固，因为美国成人的吸烟率已经呈现下降趋势，据调查已低于25%（National Center for Health Statistics, 2005）。吸烟这种行为也越来越不被大众所接受（Chassin et al., 2003）。但是，根据性别和种族群体的研究，他们的吸烟习惯有了普遍的改变。吸烟率最高的是美洲原住民，男性为33%、女性为31%；而最低的是亚裔美国人，男性为17%、女性为6%（NCHS, 2005）。

观看关于吸烟危害的视频 www.mypsychlab.com

虽然吸烟的现象不如以前那样普遍,但是每年仍有一百万多的美国青年成为吸烟者,而死于可卡因的成年人数量超过40万(Heron et al., 2009)。吸烟会增加患心脏病、肺病以及一些由吸烟造成的癌症和肺气肿的风险。现在,大家也都知道吸烟会抑制肺部T细胞的活动,因而吸烟者抵御呼吸道感染和肿瘤的能力比较弱(McCue et al., 2000)。

应用——解释网上的健康信息

网上的健康信息有多可信?由美国医学协会发起的一项有关健康网站的调查显示,不同网站的信息之间存在差异(Eysenbach et al., 2002)。西班牙医学协会发起的一项关于应对儿童发烧的网上意见研究显示,大多数网站包含了错误信息。4年后的一项追踪研究显示,它们中的一半网站已经下线了,其余的网站在信息的质量上鲜有提高。

排除这些缺点,生理学协会认为网络的意义是帮助病人了解并且掌握他们的健康状况。因为很多美国的老年人通过网络了解他们的疾病,美国退休人员协会(2002)罗列了网上搜索健康信息的注意点和建议:

● 记住网上的信息不受相关法律约束。它不像科学杂志上的文章,由专家撰写,网上的文章任何人都能写,并且没有经过审阅。缺乏专业知识,不能确定这些信息是否有价值。

● 考虑信息的来源。一般来说,由医学院校、政府部门、公共卫生组织发布的网上信息是可信的。否则,这些与健康有关的信息值得怀疑。

● 留有余地。向你的健康管理者咨询网上的信息,或者从不同的来源收集信息。

● 检查参考资料。提供资料来源的网站通常比不提供的网站更可靠。

● 信息是否过时?与健康有关的信息变化很快,你要确定你所阅读的是最新信息。

● 好的一定是对的吗?在生活中的任何方面,有些东西是好的并且是正确的。你需要找到相关的实验,得到安慰剂控制组研究结果的支持。

有了这些指导,相信你一定会更好地选择网上信息。

其他吸烟的不良后果包括频发的慢性支气管炎和其他呼吸问题;烟头造成火灾导致死亡和受伤;吸烟妈妈生出的孩子会有偏瘦和智力发育迟缓的问题。另外,在怀孕期间吸烟的妈妈在生完孩子后会更容易出现焦虑、抑郁的现象,孩子比其他人的吸烟率高出4倍(Cornelius et al., 2000)。而且几百万的不吸烟人士会因为吸入有烟的空气,也等于因被动吸烟而患病。研究表明,经常暴露在二手烟中的不吸烟人士与其他人相比会高出30%的风险患上心脏病(National Center for Chronic Disseaase Prevention and Health Promotion, 2006)。

戒烟的方法有许多,但是总的来说这些方法成功率,或者说一般的停止吸烟的方

◀ 戒烟的方法有很多，选择压力水平较低的时候戒烟会有更好的效果。

式，有些令人误解。除了戒烟的欲望和人们选择的戒烟方式外有许多变量影响着戒烟成功率。因此，如果一项研究指出有20％的吸烟者采用尼古丁替代法，例如通过嚼口香糖的方法成功地戒烟，原因除了纯粹的物理方面的尼古丁上瘾之外，还有别的(Rose, 2006)。

吸烟者的生活环境可能会影响他们试图戒烟的结果。在一个涉及超过600名大学生的研究中，研究者发现感觉生活压力不大的吸烟者比感觉压力较大的被试戒烟成功率高(Norman et al., 2006)。在长达18个月的研究中被试总体成功率只有18％，但是，低压力感觉群体的成功率达52％。与之相比，感觉生活在高压下的被试只有13％在18个月内戒烟。对于想要戒烟的人来说这些发现的含义是一个耳熟能详的建议——选择一个戒烟日期是一个好主意。计划戒烟时间与减压时间一致，比如在期末考试之后马上开始，可能会比在高压力下试图戒烟效果要好。

12.19 酗酒对健康有何危害？
酒精滥用

你经常喝酒吗？许多美国人这么做。回想第4章，药物滥用定义为物质的持续使用与个人在家庭、学校、工作或者其他场合扮演的主要生活角色冲突乃至陷入法律困境或者心理学上的问题(American Psychiatric Association, 2000b)。酒精滥用也许是发生最频繁的物质滥用，而酗酒所付出的健康代价令人惊愕——出现死亡、医疗账单、失去工作和家庭问题。

沉迷于过量的酒精会损害身体里的每一个器官，尤其损害肝脏，酗酒是肝硬化的主要原因，位列美国死亡原因调查表的前15项(CDC, 2002)。其他死亡原因在酗酒者身上比在非酗酒者身上更为普遍。一项挪威纵向研究通过调查40 000名男性被试发现，60岁的酗酒者死亡率远高于非酗酒者(Rossow & Amundesen, 1997)。酗酒者在车祸和心脏疾病中的死亡率几乎是非酗酒者的三倍，在癌症上的死亡率是非酗酒者的两倍。

研究者通过MRI扫描发现了酗酒者的脑损伤(Daurignac et al., 2005)。CT扫描也

▶在凯斯西储大学,有物质滥用问题的学生有特殊的生活安排。在"康复屋"中,学生必须通过向大学咨询师咨询来制订自己的康复计划,包括加入戒酒会等。官方认为,这一项目防止了有物质滥用的学生在制订计划后放弃。

说明酗酒者的大脑大幅度萎缩,甚至在年轻人和表现出正常认知功能的人身上都有体现(Lishman, 1990)。此外,大量饮酒会导致认知损害并且这种损害会延续至停止饮酒之后的几个月(Sullivan et al., 2002)。在最近的研究中唯一的好消息是部分酒精对于大脑的影响可以通过持续性戒酒逆转。

酒精易被忽视的一个影响是当它与别的物质混用时,会干扰或加强别的物质的影响。举个例子,酒精和流行止痛药扑热息痛(Tylenol)两者如果过量,就会对生活产生潜在的危害。二者混合使用就会大大增加对生命的危害。所以专家建议服用扑热息痛时,饮酒者要停止饮酒,反之亦然(National Institute on Abuse and Alcoholism [NIAAA], 2004)。类似地,抗组织胺药不应该在大量饮酒时服用,因为酒精放大了这些药物的致睡作用。

自从20世纪50年代末,美国药物协会已经坚持认为酒精中毒是一种病,曾经一个酗酒者总是一个酒精中毒者。由此来看,少量的饮酒也会致使饮酒者增加对酒的渴望,从而使嗜酒者失去了对饮酒的控制力(Jellinek, 1960)。因此,完全戒酒看上去像是唯一可接受的和起作用的治疗方式。嗜酒者互诚协会(AA)也都赞同疾病观点和完全戒酒的治疗方法。有些药物可能使戒酒稍微容易点。调查者报告说药物阿坎酸能帮助病人防止酗酒再发(Mason et al., 2006)。

就像第4章中所说的,一些研究者认为遗传对酗酒有影响,并且支持了这一疾病模型。举个例子,已故的神经科学家亨利(1935—2006)和他的同事积累的大量证据表明,那些酗酒者的大脑和不酗酒者的大脑相比,对视觉刺激和听觉刺激的反应是不同的(Hade et al., 2000, 2001; Prabhu et al., 2001)。进一步地,很多酗酒者的亲戚,甚至从未在生活中购买过酒的小孩和大人,也会显示出相同的反应模式(Rangaswamy et al., 2007)。那些表现出这些模式的酗酒者的亲戚很可能成为酗酒者,或者对其他物质成瘾(Anokhin et al., 2000; Bierut et al., 1998)。结果,亨利认为在他的研究中所使用的脑成像技术可能有一天会被应用于决定酗酒者的亲戚的遗传倾向(Porjesz et al., 1998)。

观看关于酗酒的视频 www.mypsychlab.com

12.20 饮食如何影响健康？
日常饮食

在第 10 章，你已得知肥胖与饿了就想吃有关，体质指数超过 30 视为肥胖。肥胖增加了一个人得慢性疾病的可能（CDC，2006c）。这些状况包括高血压、Ⅱ型糖尿病、胆囊疾病、关节炎和呼吸系统疾病。除此之外，那些肥胖的人更可能得冠心病是因低密度脂蛋白胆固醇的水平升高（不好的胆固醇与心脏的疾病有关）。

健康问题也可能促使人们在某些营养元素上出现摄入不足（CDC，2006c）。举个例子，日常饮食缺少铁的话会导致贫血，持续损害身体输送氧至人体器官的能力。同样地，日常饮食缺乏足够的钙可能引起骨质疏松。那些饮食中缺乏叶酸的孕妇更容易分娩出脊柱缺陷的婴儿。

经常吃快餐的人可能患上肥胖症和特殊的营养缺乏症。因此，营养专家建议少吃或不吃这样的食物。为帮助消费者达到最终的预期目的，专家也提出了几个对策来提升整体的饮食质量。一个简单的方法是叫作"一天 5 个"的计划，在这计划里人们被建议试着每天去吃至少五份水果和蔬菜的食物量。另一个包括阅读加工食品的标签和避开那些含有高饱和脂肪、高反式脂肪酸、高钠和高水平的低密度脂蛋白胆固醇有关的食物。标签也能促使人们摄入不饱和脂肪酸，这是一种可能提高高密度脂蛋白水平的脂肪类型（好的胆固醇）。

在美国，人们更想弄清楚所吃食物的详细信息。健康与公共事业部门每五年基于最近的营养调查出版膳食指南。以下是现行版，点击 http://www.healthierus.gov/dietaryguidelines/。无论如何，饮食建议同时也伴有锻炼身体的建议，因为在保持健康方面两者密切相关。

观看视频"你吃的东西决定了你的样子" www.mypsychlab.com

12.21 日常的有氧运动有何益处？
锻炼

你做多少锻炼？许多研究显示，常规锻炼能够补充许多物质构成身心健康。然而，很多人依旧对锻炼表达出不情愿。有些人坦白地讲不愿积极运动；其他人将原因归咎于参加一个健康俱乐部的费用或是不可预知的天气（Salmon et al.，2003）。这样的个体错过了增强他们健康的最简单和最有效的方式。

有氧运动（aerobic exercise）（例如跑步、游泳、散步、骑自行车、划船和跳绳）是一种持

有氧运动 一种持续利用大量肌肉组织，重复活动并且增加氧消耗和加快呼吸心跳的运动。

续利用大量肌肉组织,重复活动并且增加氧的消耗和加快呼吸心跳的运动。为了提高心脑血管活动和耐力,以及减少心脏病的风险,个体应当有规律地执行有氧运动——每周五次,每次20~30分钟(CDC, 2006)。每周参与超过3个小时的个体在减肥和保持身材上,比起那些锻炼得较少的人来说会更加成功(Votruba et al., 2000)。

锻炼在机体衰老上也能够呈现出延缓的功效。增强训练,例如,已经被发现能减少肌肉减少症——一种与年龄相关的肌肉的衰减(CDC, 2006)。这样的训练能够防止骨质流失或是骨质疏松症等。另外,体育锻炼对年长者的平衡、协调和活力也有帮助。

12.22 替代疗法有何优点与缺点?
替代疗法

你认为维他命和草药哪一个能对你的健康产生积极影响?根据调查,美国人每年在非正统疗法上花费上亿美元——草药、按摩、自助团体、粗维生素、民间疗法、顺势疗法,来应对多种疾病。在一个调查中,国家科学基金会(NSF, 2002)发现,88%的美国人认为在预防和治愈那些还没有被专业的药物所识别的疾病上有有效的方式。因此,其中40%的成人和儿童在美国,每天至少服用一片维他命来达到预防和治疗某种疾病的目的(National Health and Nutrition Examination Survey[NHANES], 2002)。另外,38%的成人和12%的儿童采用一些非药物疗法去治疗最近患上的疾病(Barnes, Bloom, & Nahin, 2008)。图12.8展示了最普遍的治疗方法。这个图中的"其他"类别疗法包括针刺疗法、生物反馈、意象导引、渐进放松、催眠、普拉提、传统医治者以及许多其他的可供选择的治疗方法。

图12.8 替代疗法 在美国,38%的成人和12%的儿童采用一种或多种替代疗法去治疗或预防疾病。这个图中的"其他"类别疗法包括例如,针刺疗法、生物反馈、意象导引、渐进放松、催眠、普拉提、传统医疗者以及许多其他的可供选择的治疗方法。来源:Barbes et al.(2008)。

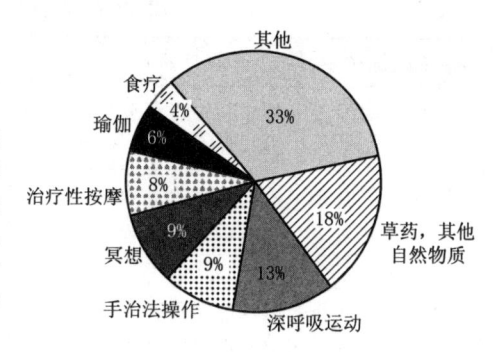

国家科学基金会(2002)定义**替代疗法**(alternative medicine)为任何疗法或还没有被科学论证有效的治疗。甚至是一个简单的实践例如使用维他命,有时也属于这个类别。举个例子,坏血病(表现为血流不止和易出血,已经被科学论证是由于维他命C的缺乏所造成的)。因此,服用维他命C去预防和治疗坏血病不属于替代疗法。然而,如果你服用维他命C去预防普通感冒,那么你正在使用替代疗法,因为维他命C还没有被科学地证实能预防感冒。

替代疗法 没有被科学论证有效的任何疗法或治疗。

如果替代疗法缺乏科学的支持,为什么那么多人还是相信?其中一个可能就是,服用维他命比转变生活方式更加简单。但是这也是一个事实,那些自己进行的关于替代疗法的研究可能是他们的医生都没有意识到的碰巧有效的疗法。然而,大部分使用替代疗法的病人并没有告诉他们的医生这些情况。健康专家表示,这一隐秘的趋势是替代疗法主要的风险因素(Yale-New Haven Hospital, 2003)。他们指出许多疗法,尤其是那些牵涉食品供应的疗法,会对医生的治疗产生药理学干扰。因此,采用替代疗法的个体应当告知他们的医生。尽管医生们可能会对这种替代疗法的疗效产生怀疑,但是他们需要病人的信息来有效地实践传统的药物。此外,信任某种替代疗法可能会造成个体耽搁必要的传统药物治疗。

尽管一些替代疗法可能会在预防和治疗疾病上有帮助,但是大部分的健康专家认为改变生活方式会比任何替代疗法带来更大的健康益处。不幸的是,很多人抗拒生活方式的改变,因为他们认为持续了太久而没有效果,或者是,太困难以至于不能完成。一个烟民可能会想,"我已经抽了这么多年了,现在戒烟会没多大起色"。一个过胖的人可能会对达到理想身材需要减掉的体重数量感到绝望。表12.1显示了改变生活方式的益处。其中一些很容易就能做到,并且有非常好的效果。并且请记住,为了健康你不必做到表中所列的所有改变。你可以从一项开始做起。这样,即使你没有做其他改变,你也能比其他人更健康。

探索你自己的健康状况 www.mypsychlab.com

表 12.1 改变生活方式的益处

生活方式的改变	益　　处
如果过重,减掉仅仅10磅	甘油三酸酯水平降低34%;总卡路里减少16%;HDL增加18%("好"卡路里);血压显著下降;糖尿病、睡眠呼吸暂停和骨关节炎的风险下降(Still, 2011)
每日饮食中增加20~30 g 纤维	提升肠道功能;减少结肠癌和其他消化系统疾病的风险;减少胆固醇;降低血压;增进胰岛素对糖尿病和非糖尿病的作用(HCF Nutrition Foundation, 2003)
每天参与缓和的身体活动(例如,上下楼梯15分钟;花30分钟洗车)	减低焦虑感和悲伤感;增加骨密度;降低糖尿病、心脏病和高血压的风险,以及其他减少寿命的疾病的风险(CDC, 1999)
抽烟多年之后在任何岁数停止抽烟	直接的:改善循环;减少血液一氧化碳水平;稳定脉搏和血压;提升嗅、味觉;提高肺功能和耐力;降低诸如肺炎和支气管炎等肺部感染的风险。长期:降低肺癌(每年伴随节制实质性地衰减)的风险;降低其他与抽烟相关的疾病风险,例如肺气肿和心脏病;减少癌症复发的风险
每5年进行一次全面的身体检查	女性:(21)衣原体,性活跃时的宫颈癌筛残物;(35)胆固醇检测;(50)乳房X光,结肠直肠检查;(65)视听觉测试 男性:(30)EKG,胆固醇检测;(40)为前列腺癌所做的PSA测试;(50)结肠直肠检查;(65)视听觉测试

记一记——生活习惯和健康

1. 对美国人的健康和寿命造成最大威胁的是_____。
2. _____是可预防的却能导致疾病和死亡的原因。
3. 过量摄入_____会对视力甚至身体器官造成影响。
4. 如果一个人的饮食中快餐占了绝大部分则容易引发_____和_____。
5. 心血管的健康和持久性可通过_____来得到改善。
6. _____是比吃药更有效的增强体格的方法。

答案：1. 不健康的生活方式 2. 吸烟 3. 酒精 4. 过度肥胖，营养不良 5. 有氧运动 6. 改变生活方式

总结与回顾

压力的来源 p.410

12.1 社会再适应量表揭示了什么？p.410

SRRS根据积极或消极的生活事件来评估压力对改变和适应的重要性。霍姆斯和瑞赫发现了生活压力的等级程度与主要健康问题之间的关系。

12.2 根据拉扎勒斯的理论，日常琐事和进步在日常生活的压力中扮演了怎样的角色？p.411

根据拉扎勒斯的观点，日常琐事比主要生活改变对人们产生更大的压力。生活中的积极事件或者进步能够中和许多日常琐事带来的影响。

12.3 与选择相关的冲突和控制力缺乏如何导致压力产生？p.413

在双趋冲突中一个人必须在几件同样想要的事件中做选择。双避矛盾是在两件都不想做的事之间做选择。在趋避冲突中，一个人同时想要却又排斥一个选择。不想要的或不可预测的压力源与那些可预测和可控制的应激源相比会对人造成更大的影响。

12.4 当人们的工作效率较高并对工作感到满意时，哪九种指标在他们的舒适区之内？p.414

在上班族舒适区之内的九个因素是工作地位、责任感（责任制）、工作类型、物理变量（噪声、温度、空间等）、人际关系、工作描述和评估标准的清晰度、生理挑战、工作负荷、心理挑战。

12.5 人类面对灾难性事件时会出现哪些典型的反应？p.415

许多人能够很好地处理灾难事件，然而一些人却会发展成创伤后应激障碍（PTSD），这是一个持久的、严重的压力反应，经常会出现闪回、梦魇、无法回忆起创伤事件等情况。

12.6 历史上的种族歧视对非裔美国人有什么影响？p.416

一些研究者相信非裔美国人与其他群体相比更有可能患上高血压，这是因为他们历

史上遭受到的种族歧视。更关注种族的非裔美国人会表现出更大的心脑血管反应来应对压力。

12.7　社会经济地位与健康有怎样的关系？p.417

处于低经济地位的人比地位高的人遭受更多与压力相关的健康问题。主观地位比客观地位更能预测人们的收入。失业是与健康相关的另一个地位因素。

应对压力 p.418

12.8　什么是一般适应综合征？p.418

塞里提出的一般适应综合征(GAS)是个体应对压力的顺序。它包括了警戒阶段、抵抗阶段和衰竭阶段。

12.9　当人们面对潜在的压力事件时，初步评估和二次评估扮演着怎样的角色？p.419

拉扎勒斯认为当一个人面临潜在的压力事件时，他会进行认知评价过程的一个初步评估，评估外部情境与自身的关联（可能是积极的、不相关的或消极的），和二次评估，评估已有的资源和决定如何应对压力。

12.10　以问题为焦点的应对和以情绪为焦点的应对有什么区别？p.420

以问题为焦点的应对旨在减少、修改或消除压力源的直接反应；以情绪为焦点的应对涉及重新评价压力源以减少其对情绪的影响。

健康和疾病 p.422

12.11　生物医学模型与生物心理社会模型在健康与疾病领域的研究方法有何不同？p.422

生物医学模型着重于疾病，而非在健康上，并且基于生物因素来解释疾病。专注于健康和疾病的生物心理社会模型，认为健康状况是由生物心理和社会因素共同决定的。

12.12　A、B、D三种类型的行为模式指的是什么？p.423

A型行为模式的特点是时间紧迫感强、急躁、具有过度竞争欲、敌意和容易引发的愤怒感，常常被作为冠心病的危险因素。B型行为模式的特点是以轻松、随和的方式去分享生活，没有时间紧迫感、不耐烦和A型模式的敌意。有D型行为模式的人通常压抑自己，压力水平较高。

12.13　心理因素对癌症患者的生活质量有何影响？p.424

治疗可以帮助病人保持积极的情绪状态并且更有效地应对他们体验到的病痛。

12.14　压力如何影响免疫系统？p.424

压力会降低免疫力，并且增加许多传染性疾病的症状。

12.15　与健康和抵抗压力有关的四个个人因素是什么？p.426

与健康和抗压有关的个人因素是乐观、韧性、宗教参与和社会支持。

12.16　女性和男性对健康的看法有何不同？p.428

女性比男性更容易死于心脏手术。不过，一般来说，男性比女性更可能死于大多数疾病,但女人一般不太健康。当男性和女性患有同样的疾病,男性往往更为严重。研究人员猜测这些模式可能是由不同性别的独特生理机能导致的。

12.17　种族模式如何影响群体间的健康差异？p.428

种族模式的产生通过其危险因素和保护因素的组间差异影响种族和健康之间的相关性。

生活习惯和健康 p.430

12.18　为什么抽烟是最危害健康的方式？p.430

吸烟被认为是最危险的与健康相关的行为,因为它每年直接导致40万人死亡,包括心脏病、肺癌、呼吸疾病造成的死亡。

12.19　酗酒对健康有何危害？p.432

酒精滥用对体内的每一个器官都有无形的害处,受害器官包括肝、心脏、大脑。喝酒的人死于机动车事故的死亡率是不喝酒的人的三倍。

12.20　饮食如何影响健康？p.433

过度肥胖与许多慢性疾病有关。营养物质的缺乏也会导致健康问题。快餐消费者面临更高的肥胖和营养不良的风险。最近的研究对帮助人们改善饮食质量有着很好的指导意义。

12.21　日常的有氧运动有何益处？p.434

有规律的有氧运动可以减少患心血管疾病的风险,强壮肌肉,增加骨密度,帮助个体达到满意的体重。

12.22　替代疗法有何优点与缺点？p.434

替代疗法,或者采用那些未被证明有效的治疗,会有益于那些找到有效的非正统疗法的个体。然而,许多病人增加了他们的健康风险,因为没有将他们采用替代疗法的事告诉医生。有些人耽误了必要的治疗,因为他们相信替代疗法会更有效。

关键术语

有氧运动 p.434

警戒阶段 p.418

替代疗法 p.434

双趋冲突 p.413

双避冲突 p.413

趋避冲突 p.413

生物医学模型 p.422

生物心理社会模型 p.422

日常琐事 p.411

工作倦怠 p.415

冲突 p.413

应对 p.420

以情绪为焦点的应对 p.420

衰竭阶段 p.419

战或逃反应 p.411

一般适应综合征(GAS)p.418

韧性 p.426

健康心理学 p.422

淋巴细胞 p.424
创伤后应激障碍(PTSD) p.415
初步评估 p.419
前摄应对 p.421
以问题为焦点的应对 p.420
心理神经免疫学 p.425
抵抗阶段 p.419
二次评估 p.420
振奋 p.413

社会再适应量表(SRRS) p.411
社会支持 p.427
社会经济地位 p.417
压力 p.410
压力源 p.411
A型行为模式 p.426
B型行为模式 p.426
D型行为模式 p.426

章末测验

选择题

1. 朱丽的父母在过去的2个月里双双去世。最近,她找到了一份新的工作并搬到了另一座城市。可就在她开始工作时,未婚夫和她分手了。因为这个新城市的消费比她预期的要高得多,不论她如何努力赚钱仍然不能使自己的收支平衡。根据霍姆斯和瑞赫的研究。

　　a. 朱丽在接下去的2年时间里有20%可能性患上重大疾病。
　　b. 朱丽在接下去的2年时间里有50%可能性患上重大疾病。
　　c. 朱丽在接下去的2年时间里有80%可能性患上重大疾病。
　　d. 朱丽在接下去的2年时间里有10%可能性患上重大疾病。

2. 唐娜的职业是行政助理,因此必须处理副总裁的每一个工作安排,她主要负责完成上级分配下来的辅助工作以使上级能将精力花在重要工作和关键问题上。根据拉扎勒斯的学说,唐娜所面临的是_____。

　　a. 惊慌　　　　b. 心理困扰　　　c. 日常琐事　　　d. 压力源

3. 拉尔斯为了攒钱买一辆新车,2年来一直做着双份的工作,在他做这个决定的时候,他认为为了得到一辆车子就算牺牲几个月也是值得的。这个决定是_____冲突的最好例证。

　　a. 趋避　　　　b. 双避　　　　c. 双趋　　　　d. 双趋避

4. 罗恩是"9·11"事件的幸存者,但他是他办公室里唯一存活下来的人,其他人全部遇难了,他可能会经历 _____。

　　a. 双避冲突　　b. 幸存者罪恶感　c. 趋避冲突　　d. 职业倦怠

5. 刘易斯在高速上开车,却突然在后视镜里看到有红灯在闪烁,同时还听到了警笛声。根据塞里的一般适应综合征,刘易斯可能会进入到哪个阶段?

　　a. 衰竭阶段　　b. 警戒阶段　　c. 唤醒阶段　　d. 抵抗阶段

6. 在离上班的地方只有15分钟的路程时,罗斯的车发出辘辘的声音并突然倾斜。他立刻将车停靠在路边熄火。虽然遇到了困难,但是他决定打电话给他老板,然后走到附近的服务站寻求帮助。罗斯的这种反应是_____的一个例子。

    a. 警戒阶段   b. 初步评估   c. 二次评估   d. 抵抗阶段

7. 塔梅卡最近在为她下学期期末的大学毕业而担忧,因为她不得不退选一门学位要求的课程。一开始,塔梅卡为此而感到十分紧张,但是当她得知一位同学的母亲今日因癌症去世的消息之后,塔梅卡觉得自己的情况与之相比算不了什么。于是她决定尽可能地调整好自己的状态为她的同学提供一个坚强的支持。塔梅卡表现出_____。

    a. 前摄应对   b. 以认知为焦点的应对

    c. 以问题为焦点的应对   d. 以情绪为焦点的应对

8. 贾恩是一名主要医疗中心的医生,虽然她不是心理医生,但是她在给病人做评估和开展治疗计划时,都会考虑他们的心理健康、社会情况以及他们最近的身体状况和病症。贾恩是_____医学模型的追随者。

    a. 生物心理社会   b. 生理医学

    c. 生理学   d. 社会学

9. 如果一个人想通过改变他(她)的生活方式来降低心脏病的患病风险,最适合的方法是_____。

    a. 减少热量摄入   b. 减少可卡因和其他刺激的消费

    c. 每周锻炼3次,每次时间持续20分钟   d. 放轻松和更多的休息

10. 下列哪一项不是癌症的可预防因素?

    a. 不健康的饮食   b. 遗传   c. 吸烟   d. 嗜酒成瘾

11. 心理神经免疫学是关于_____的研究。

    a. 影响身体健康的疾病   b. 影响心理功能的神经

    c. 社会支持和压力   d. 心理因素对免疫系统的影响

12. 乔治总是在路上不停地急促地朝别人按喇叭,还会对着别的司机大骂。他的同事都避免激怒他,因为一旦把他惹火了,大家就都必须忍受他敌对的谴责。乔治的这种行为符合_____。

    a. A型人格   b. B型人格   c. C型人格   d. D型人格

13. 下列哪一种陈述是对性别与健康的正确看法?

    a. 吸烟造成的肺病对男性的影响比女性更大

    b. 女性比男性更不愿去医院

    c. 女性在做过心内直视手术之后的死亡率比男性高

    d. 一般来说,各种原因造成的死亡,女性的死亡率比男性的高

14. 美国白人男性的低收入与过度肥胖有关,但是墨西哥裔美国男性的高收入与肥胖有关,这说明_____。

    a. 穷人与那些高收入的人相比,更不会肥胖

b. 与贫困相关的变量可以解释种族健康差异

c. 贫穷与过度肥胖之间有直接的联系

d. 群体在社会经济因素上的差异不能完全解释健康上的不同之处

15. 下列哪一种药物可用于预防戒酒后重新复发？

 a. 苯酚苯甲酸   b. 尼古丁   c. 阿坎酸   d. 多巴胺

16. 下列哪一项不是文中提及的有氧运动的一种类型？

 a. 散步   b. 举重   c. 划船   d. 跑步

17. 下列哪一项不被认为是替代疗法？

 a. 加入一个自助团队来减肥   b. 吃维生素 C 来预防坏血病

 c. 戴磁性手链来治疗关节炎   d. 每天冥想三次来减少压力

简答题

18. 叙述用社会再适应量表测量压力的优缺点。

19. 学生可能采用哪一种以问题为焦点的应对和以情绪为焦点的应对来处理上一节完全不同的课带来的压力？

20. 研究者如何解释种族群体之间的健康差异？

答案见第 773 页。

第13章

人格理论和人格评估

精神分析理论

13.1 意识状态存在哪三个层次？

13.2 本我、自我、超我的重要性分别体现在哪里？

13.3 性心理发展存在哪些不同阶段？为何弗洛伊德认为它们对人格的发展有着重要影响？

13.4 现代心理学家如何评价弗洛伊德的观点？

13.5 新弗洛伊德理论与弗洛伊德理论有何区别？

人本主义理论

13.6 人本主义理论家对人格研究的贡献有哪些？

13.7 心理学家从自尊中学到了什么？

特质理论

13.8 早期特质理论学家提出的观点有哪些？

13.9 五因素理论者认为人格最重要的维度是什么？

13.10 研究者如何描述五因素的来源和稳定性？

13.11 不同文化中的人格缘何不同？

社会认知理论

13.12 情境论与特质论争论的是什么？

13.13 班杜拉的交互决定论如何解释人格？

13.14 自我效能和控制点对人格的作用是什么？

人格评估

13.15 心理学家如何使用观察、访谈和评定量表？

13.16 什么是量表？MMPI-2 和 CPI 量表的设计是为了揭示什么？

13.17 投射测验如何洞悉人格？最常用的投射测验有哪些？

想一想

是谁或什么在主导你的人生？众所周知，我们无法完全掌控命运，但你认为是你的什么能力至少影响了发生在你身上的事？通过回答下列描述，仔细想想你关于命运掌控的观点。对于每一项描述，表明你的"同意"或"反对"。

1. 遗传决定一个人的大部分个性。
2. 成功与机遇有很大关联。
3. 无论你计划做什么，总有事情会干扰计划的实施。
4. 是否处于一个适宜的地点和时机在很大程度上将决定你能否取得你所想要的。
5. 智力是与生俱来的，而且不能被改善。
6. 如果我成功完成一项工作，一定是因为它很简单。
7. 你不能改变你的命运。
8. 一个人的社会经济背景基本上决定了他的学业成就。
9. 人是孤独的，因为他们没有机会去认识新朋友。
10. 为自己设定目标是没用的，因为没有人知道未来会发生什么来干扰它的实现。

"同意"计1分，"不同意"计0分。你的得分接近0分还是10分？分数在0～4分表明你相信你能在一定程度上控制发生在你身上的事，分数在7～10分的情况则恰恰相反。通过第12章的学习，相信在一定程度上能帮助你有效处理压力源。自我控制是人格的重要特征之一。

在这一章，我们将探索那些解释**人格**（personality）的理论。人格被定义为区分人与人之间的不同行为、思想、感觉的各项特征模式的有机整体。正如你所见，这些理论非常不同，你可能想知道哪种理论能最好地解释人格中令人难以捉摸的部分。你应该发现，最好是将各种理论作为理解人格的不同视角的来源，而不是一定要判断该理论正确与否。首先介绍的是弗洛伊德的精神分析人格理论，该理论认为人格是心理学领域的核心问题。

精神分析理论

当听到术语**精神分析**（psychoanalysis）时，你脑海中也许会浮现这样一幅画面——一位精神科医生正坐在沙发上为一位忧虑的病人提供帮助。然而，这个术语不仅涉及弗洛伊德提出的精神障碍疗法，还包括由他提出的、影响深远的人格理论。精神分析理论的中心观点是潜意识力量塑造人类的思想和行为。

> **人格** 个体在行为、思想、感觉上的特征模式。
> **精神分析** 弗洛伊德提出的关于人格的理论和精神障碍疗法的术语。

13.1 意识状态存在哪三个层次？
意识、前意识、潜意识

弗洛伊德认为意识存在三个层次：意识、前意识、潜意识。**意识**(conscious)由我们随时可以感知到的思想、情感、感觉和记忆组成。**前意识**(preconscious)类似于长时记忆，它包括所有暂不处于意识领域但容易进入其中的个体记忆、情感、经历和认知。

在意识的三个水平中，最重要的是**潜意识**(unconscious)。弗洛伊德认为，潜意识是影响人类行为的主要动力。潜意识储存了因引发不快或过度焦虑而被挤出意识域的记忆（被迫与意识分离）。潜意识也包括所有不为意识所接纳的本能（性与攻击性冲动）、欲望和愿望。弗洛伊德从这些冲动和被抑制的记忆中探寻患者的精神障碍根源。

13.2 本我、自我、超我的重要性分别体现在哪里？
本我、自我和超我

弗洛伊德将人格结构分为三个部分。图 13.1 显示了这三个层次及其与意识、前意识、潜意识存在着怎样的联系。这些层次并非客观存在，它们只是一种概念或看待人格的方式。

图 13.1 弗洛伊德理论的人格概念
根据弗洛伊德理论，可以将人格视为一座巨大的冰山，由三个层次组成：本我、自我和超我。完全无意识的本我完全被淹没，在水下浮动。自我大部分是可意识和可见的，小部分处于潜意识。超我也同时处于意识和潜意识层面运作。

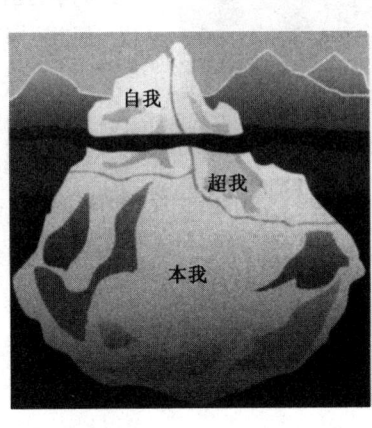

📖 探索本我、自我、超我 www.mypsychlab.com

本我(id)是人格中唯一在个体出生时即出现的部分。本我由遗传而来，它是原始的、

意识 一个人随时可以感知到的思想、情感、感觉和记忆。

前意识 暂不处于意识领域但容易进入其中的个体记忆、情感、经历和认知。

潜意识 弗洛伊德认为，潜意识是影响人类行为的主要动力，包含被抑制的记忆和不为意识所接纳的本能冲动、欲望和愿望。

本我 人格的无意识部分，包括生的本能和死的本能，遵循愉快原则的运作，是力比多的来源。

难以知觉、完全无意识的。本我包括(1)生的本能,即性本能和生理需求,如饥饿和渴;也包括(2)死亡本能,即攻击性和毁灭性的冲动(Freud, 1933/1965)。本我遵循快乐原则,试图寻找愉快、避免伤痛、获得对其愿望的直接满足。本我是力比多的来源,为整个人格提供精神能量;然而,本我只能产生希望、想象、幻想和需求而不负责它们的实现。

自我(ego)是人格的合理、理性和现实部分。自我由本我发展而来,并从本我中获得能量。自我的功能之一是满足本我的欲望。然而,多半处于意识层次的自我遵循现实原则。在现实世界的约束下,自我会选择恰当的时机、地点和对象以满足本我的愿望。可以采用一定的技巧对本我愿望进行实现,比例引导或做出妥协——例如满足于麦当劳的汉堡而不是牛排或龙虾。

当儿童处于五六岁时,人格的道德成分——**超我**(superego)形成。超我由两部分组成:(1)道德心,包括所有令儿童受到惩罚的以及使他们产生罪恶感的行为;(2)自我理想,包含儿童被赞扬和奖励的以及使他们感到自豪和满足的行为。最初,超我只反映了家长对儿童好与对的行为的期望,而随着时间的推移,它吸收了来自社会的教义。为了追求道德完美,超我设定了准则以界定和限制自我的灵活性。与任何包括父母在内的外界权威相比,超我在个体行为、思想、情感、愿望等方面会做出更严格的评判。

当本我、自我和超我处于协调状态时,人格表现出一种健康的状态。但本我的快乐需求经常与超我的道德完美需求产生直接的冲突。自我时常需要采取措施抵抗由本我的过度需求和超我的严格评判的冲突带来的焦虑。如果不能直接解决问题,自我将采取一种**防御机制**(defense mechanism),即一种对抗焦虑并维持自尊的技能。所有人在一定程度上都会使用防御机制,但研究支持弗洛伊德关于过度使用防御机制对精神健康会产生不利影响的观点。弗洛伊德对几种不同的防御机制进行了分类。表13.1列出了它们的定义和例子。

▲弗洛伊德(1856—1939)和他的女儿安娜。

你可能从个人经验中了解到,**压抑**(repression)是人们使用最频繁的防御机制。它涉及将痛苦或令人恐惧的记忆、思想或感觉从意识移除并压制在无意识中。它也可以阻止无意识的性和攻击冲动进入意识。不少研究表明人们确实会设法抑制不愉快的思想

自我 在弗洛伊德的理论中,自我是人格的合理、理性和现实部分,遵循现实原则。

超我 人格的道德层次,包括道德心和自我理想。

防御机制 自我对抗焦虑和维持自尊的方式。

压抑 一种防御机制,将痛苦的或有危险的记忆、思想或知觉从意识排除并压制在无意识中,也阻止无意识的性和攻击冲动进入意识。

表 13.1 弗洛伊德理论的防御机制

防御机制	描 述	举 例
压 抑	不自觉地从意识中移除不愉快的记忆、思想和知觉,或是令人不安的性和攻击冲动	吉尔忘记了儿童时期的创伤事故。
投 射	一个人将不合其意的自身特征、思想、行为或冲动归因于他人	一个极其孤独的离婚女人指责所有男人的脑子里只想一件事。
否 认	有意识地拒绝承认危险的存在或遇到威胁的情况	艾米忽视了龙卷风警报以致身受重伤。
合理化	为某一行为或事件提供符合逻辑、理性的或社会认可的理由而不是其真实原因	弗雷德告诉他的朋友他没有得到工作是因为他缺乏社会关系。
退 行	采用早期生活阶段的某种行为方式以减少焦虑	苏珊每当被批评时都会哭。
反向作用	为了抑制令人困扰的、无意识的冲动和意愿而采取与之相反且夸张的感情或行为	鲍勃曾是色情文学的购买者,然而现在他是一名孜孜不倦的与之抗争的斗士。
置 换	将性或攻击冲动从原始目标转移到危险性较小的另一目标	被父亲打了之后,比尔打了他的弟弟。
升 华	将性欲望和攻击性能量以进行社会可接受甚至钦佩的追求或成就形式释放	蒂姆感到敌意和挫败时常去体育馆锻炼身体。

(Kohler et al.,2002)。弗洛伊德认为被压抑的思想潜伏于无意识中,并且能在成人时期造成个体的精神障碍。他认为治愈这类障碍的方法是将被抑制的因素带回意识,这种方式是以他精神分析理论中的精神障碍疗法为基础的。

13.3 性心理发展存在哪些不同阶段? 为何弗洛伊德认为它们对人格的发展有着重要影响?

性心理发展阶段

弗洛伊德认为,性本能是影响人格的最重要因素。性本能在个人出生即出现并经历一系列**性心理阶段**(psychosexual stages)的发展。身体在每一个阶段都有一个对性快感非常敏感的区域(性敏感带),这也是冲突的来源地(Freud,1905/1953b,1920/1936b)。如果冲突不能很好解决,儿童将可能产生**固着**(fixation)。这就意味着一部分的力比多(心理能量)仍然消耗在某一阶段,而面对未来阶段挑战的能量就会减少。如果沉溺于某一阶段将可能导致个体在心理上不愿进入性心理发展的下一阶段,然而过少的满足可能

> **性心理阶段** 一系列性本能发展阶段;性敏感带的不同界定了不同的性心理阶段,也是冲突来源。
>
> **固着** 个体在性心理发展的某个阶段得到过分或过少的满足将可能导致固着。

会使人试图弥补未满足的需求。弗洛伊德认为，某些人格特征的形成源于某一性心理发展阶段的困境。

口唇期（出生至一岁）。 在口唇期，嘴是婴儿快感的主要来源，弗洛伊德视之为婴儿性欲符号。该阶段的矛盾主要集中于断奶，过多或过少的满足可能导致口唇固着——过度沉迷于口唇活动，例如贪吃、酗酒、吸烟、嚼口香糖、咬指甲，甚至亲吻（根据弗洛伊德理论，他每天抽20根雪茄的习惯可能是由于口唇固着）。弗洛伊德指出口唇期的固着会造成特定的人格特征：过度依赖、乐观、轻信（易于相信任何事情）或极度悲观、讽刺、敌意和侵略。

肛门期（一至三岁）。 弗洛伊德认为在肛门期，幼儿获得愉快感来源于排泄或忍住排泄的活动。然而随着厕所训练的开始，冲突也随之产生。因为这是家长最早的让幼儿放弃或延迟满足的尝试。当家长采取严格措施时，儿童将可能随时随地排泄以进行公然反抗。这可能会导致形成肛门排泄型人格——粗心、不负责任、叛逆、易生敌意和消极情绪。也有部分儿童会公然反抗他们的父母，通过不排泄来获得父母关注。他们会形成肛门滞留型人格——谨小慎微、吝啬、固执、过于追求整洁有序和精确（Freud，1933/1965）。

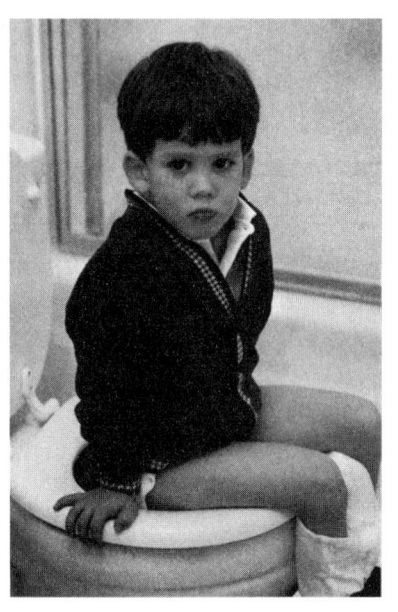

性器期（三至五或六岁）。 在性器期，儿童开始知道他们能从触碰生殖器中获得快感，手淫现象很普遍。他们开始意识到男性和女性在解剖学上的不同。弗洛伊德理论中最具争论的是性器期的中心主题，**俄狄浦斯情结**（Oedipus complex）（以索福克勒斯的希腊戏剧《俄狄浦斯王》中的主角命名）。弗洛伊德指出，在性器期，男孩对其母亲形成潜意识的性欲，对父亲产生敌意冲动并将其视为竞争对手(1925/1963a, p.61)。男孩通常通过认同他的父亲和抑制对母亲的性欲来克服俄狄浦斯情结。在认同的前提下，儿童模仿他父亲的行为、特殊习惯和超我准则；儿童的超我人格就这样得到了发展（Freud，1930/1962）。

弗洛伊德提出的女孩在性器期的性心理发展过程同样极具争议。弗洛伊德认为，当女孩发现她们没有阴茎时，会产生"阴茎嫉妒"，于是她们开始关注父亲，因为他有女孩们所希望的器官（Freud，1933/1965）。她们对父亲产生性欲并对母亲产生嫉妒和反抗。最终，女孩也因为敌意而产生焦虑，她们通过抑制对父亲的性欲并认同母亲以形成超我（Freud，1930/1962）。

根据弗洛伊德理论，对男孩和女孩来说，冲突如无法解决会产生严重后果：极大的罪

▲ 弗洛伊德认为严厉的家长压力会造成肛门期固着，儿童会形成肛门滞留型人格，其特征为极度固执、刻板和洁癖。

俄狄浦斯情结 发生于性器期，男性儿童对其母亲形成潜意识的性欲而对父亲产生敌意的一种矛盾。

恶感和焦虑可能会被带入成人时期,并造成性问题,例如与异性交往困难或同性恋。

潜伏期(五或六岁至青春期)。在性欲旺盛的性器期后,出现一个相对稳定的潜伏期。性本能被抑制并在学校课业、活动、爱好和运动中升华。这一时期,儿童倾向与同性朋友和玩伴相处。

生殖期(青春期以后)。在生殖期,性能量的关注逐渐转向异性,并以异性关系的建立和成人性欲的满足而告终。弗洛伊德相信,未固着于早期性生理阶段而走到生殖期阶段的人,他们能达到心理健康状态并拥有同等的爱和工作的能力。

📖 探索弗洛伊德的人格发展性心理阶段 www.mypsychlab.com

复习——弗洛伊德性心理发展阶段

阶　段		身体部位	冲突/经历	与阶段问题有关的成人特质
口唇期		嘴巴	断奶,通过吮吸、吃东西和咬寻求口头的满足	乐观、易上当、依赖,或悲观、积极、敌意、讽刺、攻击性
肛门期		肛门	如厕训练,通过排泄获得满足	过分讲究清洁,整齐、吝啬、混乱、攻击性
性器期		生殖器	恋母情结,对性的好奇,手淫	轻浮、虚荣、滥交、骄傲、节欲
潜伏期		无	性的稳定时期,对学校、爱好、同性朋友的兴趣	
生殖期		生殖器	对性的兴趣的苏醒,建立成熟的两性关系	

13.4 现代心理学家如何评价弗洛伊德的观点？
评价弗洛伊德的贡献

你最近一次提出基于"性的满足对心理健康至关重要"假设的声明，是什么时候？或者认为个体会被他或她无意识冲动所驱动，是什么时候？也许你已经认识到个体现在的问题是由长期遗忘的儿童时期的创伤或情绪影响所造成的。如果你符合以上陈述之一，那么你就是弗洛伊德精神分析理论对西方文化长期影响下的一个鲜活例子。事实上，你可以从电视或广播的脱口秀节目中、流行杂志里找到很多有着类似观点的例子。

正如你所料，弗洛伊德理论对社会是利还是弊，对此心理学家和人类现象评论家们的意见并不一致。举一个极端例子，精神病学家 E.福勒托里指出，精神分析理论对西方文明的灌输导致了对性快感的过分强调（Torrey，1992）。托里同时提出，基于精神分析理论的育儿建议，如本杰明·斯伯克博士所指出的，会令家长产生不必要的焦虑，担心他们的育儿策略会对孩子造成心理伤害。另外评论家托里指责道，弗洛伊德理论导致在罪案庭审中，连环凶杀案的被告一方"怪我父母去吧"这类陈述的激增。（托里也对行为主义者持同等批判态度）。

与上文相反的是，弗洛伊德的支持者指出，弗洛伊德理论的普及使人们更加意识到性在他们生活中的重要性，也意识到儿童早期阶段的经历对其今后发展的重要性。支持者同时指出评论家在大众传媒和学术圈中曲解了弗洛伊德理论（Knafo，2009），他们认为弗洛伊德理论在任何一个有关人类行为的学科中起着开创性的作用，包括心理学、社会学、人类学、精神病学、神经系统科学和社会工作等。

那么弗洛伊德理论的科学地位如何？一些人指出弗洛伊德关于防御机制的研究为许多理论提供了启示，如我们在第12章中所学的拉扎勒斯理论，该理论认为认知评价是情绪体验的基础（Knafo，2009）。此外，精神分析理论，如弗洛伊德关于家庭动力学的分析，在解释心理功能中仍起着重要作用（Clarke et al.，2009）。同时，现代精神动力学疗法也是从弗洛伊德所提倡的心理技巧中直接衍生出来的（Borden，2009）。

然而在之前的第4章中，梦的神经病学研究法已经超过了弗洛伊德关于梦境符号的见解。同样通过第6章的学习我们也知道，人们通常不会像弗洛伊德所认为的那样抑制自己的创伤记忆。这些对精神分析理论的挑战的大量涌现，是因为精神分析学家无法采用临床案例分析研究以外的方法来充分检验精神分析理论因果假设的正确性（Grunbaum，2006）。另外在20世纪早期，许多治疗师对弗洛伊德理论是全盘接受的，而这一现象与弗洛伊德将精神分析理论作为亟待检验的科学理论的初衷是相违背的。

人们对弗洛伊德的理论进行了一些可行的检验，其结果并不一致。例如，弗洛伊德认为宣泄作为一种舒缓郁积情绪的方法，对个体心理健康是有益的。这一观点却和实验研究的结果相反。研究发现，消极情绪如怒意的表达事实上会强化这些负面情绪（Farber，Khurgin-Bott，& Feldman，2009）。相反，弗洛伊德主张的，童年时期的创伤会导致成年精神障碍的产生，这一观点得到了一定的认可。研究表明，超过70%在幼年遭受过性侵害的女性在成年后被诊断患有精神障碍（Katerndahl，Burge，& Kellogg，2005）。但同时研究表明，受害者的个体差异比受性侵的经历更能说明成年期的心理发展状况（Eisold，

2005)。因此与精神分析理论预测相比,许多性侵受害者表现出了更强的恢复力——克服早期创伤经历的能力。

最后,评论者指出弗洛伊德的多数理论并没有经过科学验证(Grunbaum,2006)。很多时候,任何的行为表现甚至是未表现的行为都被人们用来解释和支持弗洛伊德理论。举例来说,我们如何验证"小男孩在性器期爱恋母亲及尝试摆脱父亲"这样的观点?我们又如何验证"人格某一成分完全由追求快感所驱动"这一观点?正是因为难以对这些问题找到科学答案,在现代心理学家中很少有严格意义上的弗洛伊德派学者。

13.5 新弗洛伊德理论与弗洛伊德理论有何区别?
新弗洛伊德理论

是否有可能建立一个基于弗洛伊德方法的优点且能避免其缺点的人格理论?少数人格理论家,即新弗洛伊德学者,已经着手尝试。他们中多数在学术生涯之初追随弗洛伊德,后又对精神分析理论的基础原理进行了修正。

卡尔·荣格。 作为新弗洛伊德学的主要代表人物之一,荣格(Carl Jung,1875—1961)并不认为性本能是人格的主要因素,也不认为人格基本成型于儿童早期。在荣格看来(1933),中年期是影响人格发展更重要的时期。荣格将人格设想为三个部分:自我、个体潜意识、集体潜意识,如图 13.2 所示。他将自我视为人格的意识部分,该部分负责日常活动的进行。同弗洛伊德一样,他认为自我对于潜意识是第二重要的。

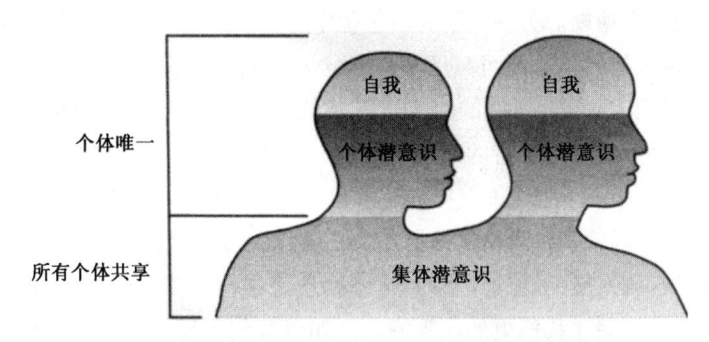

结　　构	特　　征
自　　我	人格的意识成分,执行日常活动。
个体潜意识	该部分包括所有进入意识层面的个体记忆、思想和感觉,也包括所有被抑制的记忆、欲望和冲动。与弗洛伊德的前意识和潜意识结合相似。
集体潜意识	潜意识中最难被意识触及的层面,所有人类共享;包括人类进化历程中的普遍经验,包括原型。

图 13.2 荣格的人格构想　同弗洛伊德一样,荣格将人格视为三个部分。自我和个体潜意识对于每个个体来说都是唯一的。集体潜意识解释了不同文化间神话和信仰的相似性。

个体潜意识(personal unconscious)是个体经验发展的结果,因此它对每个人来说都是唯一的。它包含了所有能够进入意识层面的经验、思想、知觉,也包括被抑制的记忆、欲望和冲动。意识最难达到的层面——**集体潜意识**(collective unconscious),包括了人类进化全过程的普遍经验。这也是荣格对人类在不同时空的文化在塑造神话、梦、符号、宗教信仰中体现的一定相似性的解释。此外,集体潜意识还包括**原型**(archetypes),原型是特定经验或人物原始的象征性表达。对于每一种原型,人们都有一种本能性的倾向,以一种特殊的方式去感受、思考或体验它。荣格提出,在反映了人类共享经验的遗传性原型影响下,人们会有信仰上帝、魔鬼、邪灵和英雄的趋向。如今心理学家认为,荣格的原型观念对宗教和精神的科学研究起到理论和历史先导的重要作用(Nelson, 2009)。

荣格也主张我们每个人的个体潜意识中都有异性特点,尽管其处于未充分发展状态。荣格将男性心灵的女性成分称为阿尼玛,女性心灵中的男性成分称为阿尼姆斯(Jung, 1961, p.186)。荣格认为,为了人格的健康发展,男性和女性的成分必须得到承认并融为一体。

当对立的内部力量得到整合和平衡时,个体才会达成自我并实现人格的完全发展。自我包含了意识和潜意识、人格面具、阴影、男子气质和女性气质、内外向性(由荣格创造的术语)。外向性指个体倾向于活泼、平易近人和随和;内向性指个体倾向于关注内心、善于沉思、不善社交。荣格认为内在的对立力量在中年期开始进行整合和平衡。有时,这种改变伴随着中年危机,荣格自己就亲身经历过这种危机。因为他对中年时期人格发展的强调,所以人们认为荣格是成人发展心理学理论的创始人(Moragilia, 1994)。

阿尔弗雷德·阿德勒。 另一位新弗洛伊德学者,阿尔弗雷德·阿德勒(Alfred Adler, 1870—1937)强调人格的整体性而不是将其划分为本我、自我、超我三个对立成分。阿德勒(1927, 1956)主张,童年期所获的克服自卑感的动力能激发我们大部分的行为。他认为人们在幼儿时会形成一种独特的"生活方式"——从儿童到之后的成年期,人们将通过努力以追求卓越。有时,强烈的自卑感会阻碍个人发展,阿德勒称之为自卑情结(Dreikues, 1953)。阿德勒将自卑情结描述为,个体在看到某个人或所有人在某方面优于他时产生的要求自我发展的观念。所以,阿德勒理论强调追求卓越的过程,该过程中,我们试图赶上或超过那些比我们更加优秀的人。如果我们不能完成这个目标,我们会用另外的方式来突出自己。阿德勒同时也提出了出生次序假设。该假设认为,于中间次序出生的儿童比年长的和年幼的儿童更容易被自卑感驱动,也更易倾向于追求卓越(Carlson, Watts, Maniacci, 2006)。

个体潜意识 荣格理论术语,潜意识层面包括所有意识能触及的思想、知觉和经验,也包括被压抑的记忆、欲望和冲动。

集体潜意识 荣格理论术语,最难到达的潜意识层面,包括人类进化全过程的普遍经验。

原型 存在于集体潜意识中,个体对人类普遍情境特定的遗传性反应倾向。

凯伦·霍妮。 新弗洛伊德理论者凯伦·霍妮(Karen Horney, 1885—1952)的工作致力于两方面:神经质人格(Horney, 1937, 1945, 1950)和女性心理学(Horney, 1967)。霍妮不接受弗洛伊德将人格分为自我、本我、超我三个层次的理论,她反对弗洛伊德提出的性心理阶段、俄狄浦斯情结和阴茎嫉妒。另外霍妮认为,弗洛伊德过分强调性本能而忽视了文化和环境对人格的影响。她虽然强调儿童早期经验的重要性,但也认为人格在整个人生阶段都可以继续发展和改变。

弗洛伊德提出,女性想要孩子和男人的需求无非是对阴茎嫉妒的心态转换,对此霍妮强烈反对。霍妮(1945)认为,女性的精神障碍源于其无法达到理想化自我。为了心理健康,她指出女性和男性必须学会消除他们完美需求中的不合理信念。她对现代认知行为疗法的影响可以在第15章中学习到。

记一记——精神分析理论

1. _____既是人格理论也是精神障碍疗法。
2. 弗洛伊德认为_____是人类行为的原始驱动力。
3. 根据弗洛伊德理论,人格结构中的_____部分促使你想要吃、喝和感到愉快。
4. 你在漆黑的电影院中捡到了一块金表,你的_____促使你将它交到失物招领处。
5. 弗洛伊德认为,人格结构中的_____部分决定如何满足生理需要。
6. 将各性心理阶段与其相关的矛盾和主题进行连线。

    _____(1) 口唇期　　　　　a. 俄狄浦斯情结
    _____(2) 肛门期　　　　　b. 成人性欲的满足
    _____(3) 性器期　　　　　c. 断奶
    _____(4) 潜伏期　　　　　d. 如厕训练
    _____(5) 生殖期　　　　　e. 偏好同性朋友和玩伴

7. 荣格理论中,储存人类经验的遗传而来的人格部分是_____潜意识。
8. _____认为个体的基本动力是克服和抵消自卑感。
9. _____认为弗洛伊德关于阴茎嫉妒的理论是错的。

答案:1. 精神分析　2. 潜意识　3. 本我　4. 超我　5. 自我　6. (1) c　(2) d　(3) a　(4) e　(5) b　7. 集体　8. 卡尔·荣格　9. 凯伦·霍妮

人本主义理论

人本主义心理学认为人们有充分发展和实现自我潜能的先天倾向。由此可见,人本主义人格理论比弗洛伊德理论更乐观。然而,同弗洛伊德理论一样,这些观点被认为难以进行科学检验。

13.6 人本主义理论家对人格研究的贡献有哪些?

两种人本主义理论

人本主义心理学家亚伯拉罕·马斯洛(Abraham Maslow, 1908—1970)提出,动机因素是人格的根源。你可能还记得,在第10章中,马斯洛提出了需要层次理论,从最基础的生理需要到安全需要、归属与爱的需要、尊重需要,以及最高需要——自我实现(参见图10.3)。**自我实现**(self-actualization)指最大程度地发挥个人潜能。一个健康的人可以不断努力以成为他或她能成为的人。

在研究中,马斯洛发现自我实现者能准确洞察现实——他们能够诚实地判断和辨别出虚伪和欺骗的人。他们中大部分人认为,他们身上背负着追求卓越的毕生任务或精神需要。自我实现者不会依附于权贵或他人,而是依靠自身内部动力,独立自主。最后,自我实现者的特点是经常产生高峰体验——即深刻的、洞悉性的、自身与宇宙相和谐的体验。现代研究者修改了马斯洛关于自我实现的定义,将有效的人际关系、宗教改革、精神力量和高峰体验加入到自我实现的定义中去(Dy-Liacco et al., 2009; Hanley, Abell, 2002)。

根据另一位人本主义心理学家卡尔·罗杰斯(Carl Rogers, 1902—1987)的观点,父母为孩子会建立**价值条件**(conditions of worth),或是一些能获得他们积极关注的条件。价值条件迫使我们根据他人的而不是我们自身的价值观生活和行事。为了努力获得积极关注,我们约束自身的某些行为、否定或曲解某些观点、抹去部分经验来否定真实自我。如此一来,我们将经历压力和焦虑,我们整个自我结构也会遭受威胁。

罗杰斯提出,心理疗法的主要目标是使人们开放经验,根据自己的价值观而活,而不是为了获得他人积极关注按照他人的价值观生活。他将此疗法称为来访者中心疗法,而不倾向于使用病人这个术语(罗杰斯的疗法会在第15章更深入地讨论)。罗杰斯认为治疗师必须给来访者以**无条件积极关注**(unconditional positive regard)——即毫无保留的关怀和不带任何偏见的接纳——无论来访者说什么、做什么、做过什么或想要做什么。无条件积极关注可以减少威胁、消除价值条件、使人做回真实的自我。如果成功了,该疗法将有助于来访者成为罗杰斯所谓的功能完全者,即一个人的功能处于最佳水平,能完全和自主地根据自身价值观生活。

13.7 心理学家从自尊中学到了什么?

自尊

你应该听过自尊对个人心理健康重要性的讨论。尽管人本主义学者因为研究方法不科学和看见、听见、发现人类灵魂中没有恶魔的说法而被批评,但是他们提倡积极人性的

自我实现 最大程度地发挥个人潜能。
价值条件 能获得他人积极关注的条件。
无条件积极关注 毫不保留地关怀和不带任何偏见地接纳他人。

研究,包括利他主义、合作、爱、悦纳他人,尤其是自尊。完成下面的**试一试**以评估你目前的自尊水平。

试一试——测一下你的自尊

1. 对于下列每一项陈述,选择最符合你感受的选项。
   a. 强烈同意 b. 同意 c. 中立 d. 不同意 e. 强烈不同意

   _____1. 在大部分社交场合中我都感到自信。
   _____2. 我相信人生中有值得自己付出的东西。
   _____3. 我感到其他人对我的观点的尊重。
   _____4. 我比我认识的大部分人都不差。
   _____5. 总的来说,我感到其他人都喜欢我。
   _____6. 我值得得到他人的爱和尊重。

   请按下列方式计分:a=4,b=3,c=2,d=1,e=0。总分在 20—24 分显示你有极好的自尊;15—19 分意味着你有好的自尊;10—14 分则一般,10 分以下说明你的自尊水平有待提高。

自尊如何发展? 自尊变化的源头之一是事实与愿望特质的比较。举个例子来说,一个渴望成为杰出音乐家的音盲可能会处于低自尊状态。然而,我们大部分人并没有形成以自身能力为基础的总体自我价值观。相反地,我们依据自身的优缺点来审视自己。当我们的长处正好体现在我们认为有价值和重要的领域中,我们就有高自尊。相反地,在我们认为没有价值的领域中,即使我们获得了杰出成就,我们也不会产生高自尊。所以一个优秀的水管工,如果他认为修水管是不重要的,那么他的自尊会比较低。同时,如果一个人不得不付钱给水管工来修漏水口,他会觉得自身能力很差从而对水管工的技能肃然起敬。

发展心理学家发现,自尊从儿童期到后来的成人阶段都是非常稳定的(Robins Trzesniewski,2005)。所以,儿童时期的自我价值观念会影响我们一生。儿童和青少年对其在各种领域能力的看法——包括学术、运动、美术——会随着小学和初中阶段的发展而不断稳固(Harter,2006)。在 7 岁之前,大部分儿童也有了总体的自尊感。这些自我评价来源于实际经历和他人提供的信息。所以,为了发展高自尊,儿童需要在他们认为重要的领域中体验成功,也需要被家长、老师和同辈鼓励。

记一记——人本主义理论

1. _____提出人类有自我实现的本性。
2. _____认为,个体需要无条件性的积极关注以成为功能完善者。
3. 自尊来源于_____和_____特质的比较。

答案:1. 亚伯拉罕·马斯洛 2. 卡尔·罗杰斯 3. 事实,愿望

特质理论

如果你用五个或更少的词描述你自己,你会怎么做?可能会是爱玩、害羞、大方、好奇、聪明、富有同情心和其他进入脑海的形容词。这些描述词代表了心理学术语特质的本质。**特质**(traits)是人的品质或特征,它保证了我们应对不同的形势需要和处理意外情况(De Raad & Kokkonen, 2000)。特质理论从人们应对不同情况所具有的稳定个性特征方面出发,来解释人格和个体差异。

13.8 早期特质理论学家提出的观点有哪些?
早期特质理论

早期特质理论主要关注于寻找有用的方法,对那些用于描述自己和他人人格的形容词进行分类。随着电脑技术的发展,特质理论学家开始用复杂的统计方法来对这些描绘词进行分组。在20世纪60年代末,特质理论学家认为有必要将庞大的人格描述符号进行分组组成词类群。

奥尔波特的首要特质和中心特质。 早期特质理论学者之一,高尔顿·奥尔波特(Gordon Allport, 1897—1967)指出一个人会遗传一组独特的原始特质材料,而该材料会被未来经验塑造成型(Allport & Odbert, 1936)。首要特质是一个人最典型、最具概括性的特质,我们可以从一个人几乎所有的行为中看出这种特质。例如,那些经常妙语连珠且回应诙谐的人常被形容为有趣的人。关于人类的神话传说通常基于人们对最主要的首要特质描述的假想。如亚伯拉罕·林肯常常被称为"诚实的艾贝",因为几个为人熟知、突出他诚实特质的故事。然而事实上,几乎没有人有真正的首要特质。取而代之地,我们大部分人可以用中心特质来描述,中心特质是由一系列特质而不是单一的首要特质来揭示我们的大部分行为。如果你要写一封你朋友的介绍信,你的总结会包含这些特质。也就是说,你不会只说你的朋友诚实或努力工作或可信赖。你会说她是诚实又努力工作且可信赖。

试一试——奥尔波特特质理论

清单中哪一个形容词最符合你?哪一个最符合你的母亲或父亲?

奥尔波特认为的可以描述你或他们的中心特质。

果断的	外向活泼的	慷慨大方的	勤勉的
有趣的	羞怯的	草率粗心的	虚伪的
聪明的	虔诚的	懒散的	合作的
无序的	自大傲慢的	反抗叛逆的	鲁莽的

特质 个体的品质或特征,在不同情况下都具有稳定性,被用来描述或解释人格。

（续表）

害羞的	忠心的	镇定的	阴郁的
害怕的	求胜心切的	脾气好的	诚实的
妒忌的	不拘泥的	紧张的	快乐的
有控制欲的	友好的	严肃的	自私的
负责任的	强迫性的	谦逊的	有条理的
死板的	动作迅速的	懒惰的	安静的

卡特尔的表面特质和根源特质。雷蒙德·卡特尔（Raymond Cattell，1950）认为能直接观察到的特质是表面特质。通过采用观察法和问卷法，卡特尔对数千人进行了研究，发现表面特质群会不断出现。他认为这些是更深入的、更普遍的、潜在的人格因素，即其所谓的根源特质外露的证据。例如，健谈表面特质是外向根源特质的表现。也就是说，你可以直接观察到他人的健谈，但却不能透视其外向性的内在心理特质。同时，健谈也不是外向

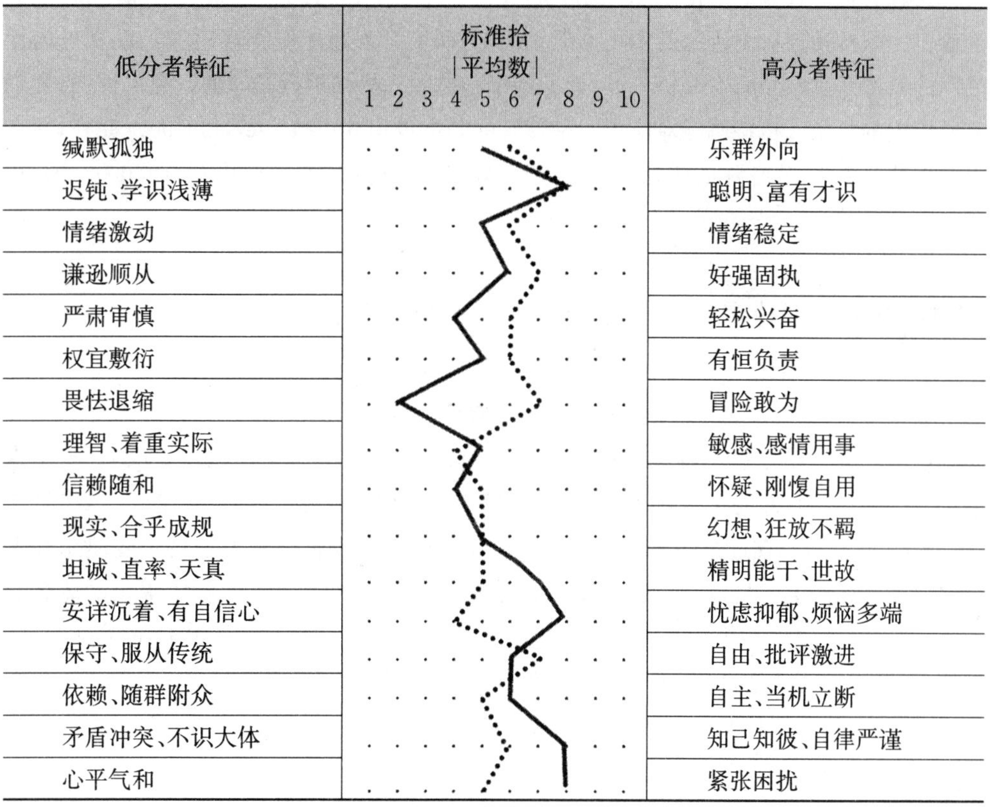

低分者特征	标准拾|平均数| 1 2 3 4 5 6 7 8 9 10	高分者特征
缄默孤独		乐群外向
迟钝、学识浅薄		聪明、富有才识
情绪激动		情绪稳定
谦逊顺从		好强固执
严肃审慎		轻松兴奋
权宜敷衍		有恒负责
畏怯退缩		冒险敢为
理智、着重实际		敏感、感情用事
信赖随和		怀疑、刚愎自用
现实、合乎成规		幻想、狂放不羁
坦诚、直率、天真		精明能干、世故
安详沉着、有自信心		忧虑抑郁、烦恼多端
保守、服从传统		自由、批评激进
依赖、随群附众		自主、当机立断
矛盾冲突、不识大体		知己知彼、自律严谨
心平气和		紧张困扰

图 13.3　16PF 剖析图　实线代表了名为艾瑞克的 16PF 剖析图（Cattell & Schuerger，2003）。虚线表示商业行政主管们的平均 16PF 剖析图。你认为艾瑞克和商业行政主管的剖析图匹配程度怎样？来源：Cattell & Schuerger（2003）。

唯一的行为表现。外向的人也更喜欢参加聚会，喜欢一些与人打交道的职业如销售，也比内向的人更容易结交朋友。

卡特尔认为人格测试应该测量根源特质。因此，他搜集了大量数据，并总结出正常人群的23种根源特质。卡特尔细致研究了其中的16种特质。他的十六人格特征问卷，通常被称为16PF，产生了一幅人格剖析图（Cattell et al.，1977）。该测验在调查研究和职业咨询、学校和招聘机构的人格评估中被广泛应用。16PF的结果通常如图13.3所示。

艾森克三因素模型。 早期特质理论揭开了一场至今在人格研究中仍十分重要的运动的序幕。其中卡特尔的人格因素理论尤其具有影响力。基于卡特尔的人格因素理论，英国心理学家汉斯·艾森克（Hans Eysenck，1916—1997）提出一个三维度的人格因素模型，该模型通常被称为PEN模型。第一个维度，即精神质，表示个体与现实联系的一段连续集。从那些生活于幻想和错觉的人，到那些过于现实而缺乏创造力的人。第二个维度，外-内倾性，排列外向的个体和内向的个体。第三维度，神经质，描述情绪稳定度，一端是情绪高度稳定的人，另一端是易焦、易躁的人。

艾森克指出，PEN模型的三个维度是基于神经病学提出的。由此，研究者们将他的理论作为人格精神机制研究的实用框架。例如，研究者发现了脑部多巴胺活动和外向性之间的紧密联系（Munafo et al.，2008）。基于脑电图扫描结果（EEG）的研究也证明，艾森克所提出的每个人格特质都对应了一种特殊的脑电波模式（Knyazev，2009）。此外，艾森克开发的一系列人格测试仍被广泛应用于现代科研和医务工作中（Littlefield，Sher，Wood，2009）。

13.9 五因素理论者认为人格最重要的维度是什么？
五因素理论

如今最流行的人格特质理论是人格**五因素模型**（fire-factor model），该模型假设从五个维度来解释人格。每一维度由一项人格特质群组成（McCrae，Costa，2008）。与艾森克的三因素模型相对立的人格特质五因素模型，其提出可追溯到20世纪60年代早期（Norman，1963）。在过去的20年里，该人格特质模型紧紧伴随着罗伯特·麦凯乐和保罗·科斯塔的研究。另一个重要的五因素模型，心理学家刘易·斯哥德堡提出的著名的大五人格特质模型，与麦凯乐和科斯塔相比在测量特质的方法上存在不同（Goldberg，1993）。令人惊讶的是，基于两种五因素模型的研究支持关于人格可以被五个因素描述的假设，同时也认为两种模型可以预知学术或职业成果（Robertse et al.，2007）。这五大因素可以简记为"OCEAN"，即它们的首字母缩略语。

> **五因素模型** 一种特质理论，该理论从五个维度解释人格，每一维度由一项人格特质群组成。

探索五因素模型 www.mypsychlab.com

开放性。 你乐于尝试新事物或思考新主意吗？如果是，那么你可能在开放性测试中会得到一个高分。该维度将乐于寻求新奇经验的、充满想象力和求知欲、有广泛思维的个体与兴趣面狭窄的个体作比较。

开放性是学习的关键因素。研究显示一个人的开放性程度越高，他或她所拥有的知识将越全面(Furnham et al., 2008)。开放性也可能是影响个体适应新环境的一项重要因素。在一项长达四年的研究中，研究者发现在这一维度上得到高分的大学新生比低分者更易适应大学生活(Harms, Roberts, Winter, 2006)。很明显，开放性高分者相比低分者能更好地使他们的人格特质适应大学环境的需要。

尽责性。 在收纳衣物前你是否会叠好它们？在尽责性这个维度中，高分者往往比低分者更注重这些细节。他们常被旁人视为可信赖的人。相反的是，那些低分者虽然被视为懒惰和不可依靠的人，但却比高分者更倾向于顺其自然。因此在有些情况下，如在一个沙滩休闲日，一个低尽责性的人比那些乐于用15分钟保持毯子干净、搽防晒霜的高尽责性者更懂得享受生活。

研究显示，尽责性的组成包括顺序、自我控制和勤勉(Jackson et al., 2009)。由此可见，尽责性与健康水平相关联就不足为奇了。如一项纵向研究所显示的，相较尽责性低分者，拥有高分的小学生更不易在中学阶段成为一个吸烟者，也更不易在中年期患上肥胖症(Hampson et al., 2006)。此外，尽责性与个体维持健康保护因素有着长期的联系，比如在中年期避免肥胖。

尽责性也可以预测个体的学术和工作表现。一项对中学生的纵向研究显示，那些尽责性高分者倾向于在中学时成为最优秀的学生(Shiner, 2000)。此外，在一项对本科生和研究生的纵向研究中，学生第一年的尽责性测试预测了他们在学业结束时的排名(Chamorro-Premuzic, Furnham, 2003; Lievens et al., 2003)。最后一点是，无论是何种工作，尽责性水平与工作表现都存在着相互联系(Barrick, Mount, Judge, 2001)。

外倾性。 如果有一个空闲的晚上，你会倾向于参加一场聚会还是呆在家里看书或是去看一场电影？外倾性得分高的人更倾向于呆在人群中，而那些被认为"活在聚会里"的人很可能就是外向的。处于该维度另一端的内向的人，他们在独自呆着时最舒适。

外向者比内向的人更容易找到工作(Tay, Ang, Dyne, 2006)。研究者发现，外向者在面试后比内向者更易得到工作机会。然而，外向者比内向者更有可能做出一些危险行为，如进行不安全的性行为(Miller et al., 2004)。

宜人性。 人们会用"平易近人"形容你吗？高宜人性者经常被这样形容。该维度包括了从同情到敌视他人的特质集合。宜人性低分者往往不会被视为随和，相反地，这些人通常被认为是不友好、好辩、冷酷甚至怀有报复心理的。

与尽责性一样，宜人性也能预测个体的工作表现(Witt et al., 2002)。如你所料，个体在团队中的工作表现也与之相关(Stewart, Fulmer, & Barrick, 2005)。高分者比低分者更易在受同伴注意的影响下做出一些危险的行为决定,如酗酒(van Schoor, Bott, & Engels, 2008)。

神经质。 如果你看到一个8盎司的水杯只装了4盎司的水,你是觉得"可惜了!只有半杯水了",还是觉得"不错!还有半杯水"?选择前者的人在生活中有着高度的神经质,他们易于悲观并总是看到事情的消极方面。同时,他们对日常困扰的过度反应造成了他们的情绪不定。举例来说,当高神经质者站在校园书店随着队伍缓缓移动时,他们容易表露出挫折感。当这种神经质行为在电视中出现时(George Costanza on Seinfeld, Larry David on Curb Your Enthusiasm),会被观众认为是幽默行为,其他演员也会对此表现同情。然而在现实生活中,那些高度神经质者在保持社会关系中往往存在困难,也比其他人有着更易罹患各种精神障碍的危险(Hur, 2009; Kurdek, 2009)。

可想而知,高度神经质者与同事的合作度会比较低(Stewart, Fulmer, Barrick, 2005)。有证据显示,高神经质也会阻碍个人学习(Neupert, Mroczek, Spiro, 2008),由神经过敏症引发的不安的想法易使个体在学习中分心,从而干扰信息从短时记忆到长时记忆的传递。

13.10 研究者如何描述五因素的来源和稳定性?
五因素的来源和稳定性

你如何看待五因素对你人格的描述?无论结果如何,你应该想知道你的人格特质是如何形成的,以及以后是否有机会改变这些人格特质。这些问题早已在五因素的相关研究中进行过探讨。

遗传和环境。 在第7章中我们已经学到了最著名的心理学研究之一——明尼苏达双胞胎研究。这项研究显示,同卵双胞胎的智商测验成绩有着极高的相关性(Bouchard, 1997)。从相同被试上得到的数据中,特勒根和其他研究者(Tellegen et al., 1988)发现同卵双胞胎的一些人格特质也存在着相似性,无论他们是共同长大或是被分开抚养的。其他双胞胎研究也表明,遗传对个体间的五因素特质差异有着本质贡献,正如图13.4所示(Bouchard, 1994; Caspi, 2000; Johnson et al., 2004; Loehlin, 1992; Lonsdorf et al., 2009)。

然而要注意的是,如同所有的遗传研究,以上的相关性研究结果并不准确。另外,这些相关性在不同的人格特质上存在着很大差异。因此,遗传和环境很有可能共同影响了五大人格因素。例如,一个高尽责性的学生会通过取得好成绩的形式来稳固他的尽责性,反之一个低尽责性的学生会因成绩差而受到惩罚。这些经历可能会增强高尽责性者的尽责性,并促使低尽责性者寻找弥补尽责性的途径。

一生的五大因素。 从双胞胎实验研究结果来看,如果遗传在很大程度上影响了人格,那么我们会理所当然地认为五因素在人的一生中将保持稳定。一些纵向研究显示,同一被试在儿童期的人格测量结果与其成人期人格测量结果显著相关,与五因素在儿童阶段

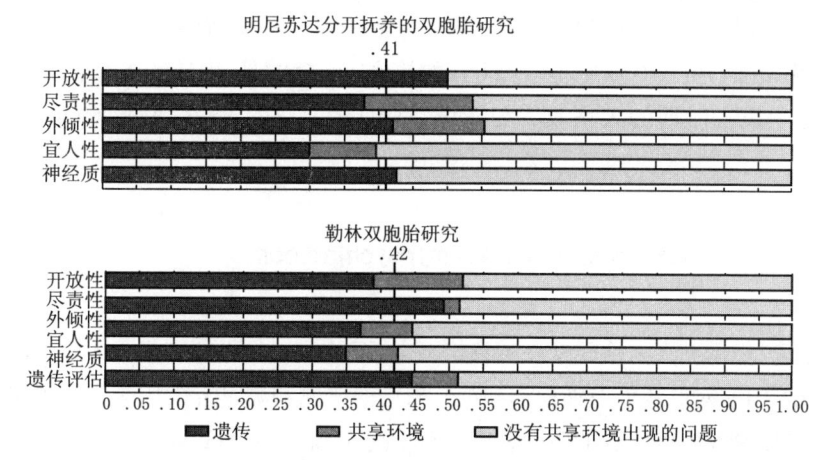

图13.4 遗传和环境对大五人格维度的预估影响 明尼苏达分开抚养双胞胎研究显示,遗传对大五人格因素影响的比例平均估值在0.41即41%左右;而在勒林双胞胎研究中,遗传的影响比例估值在0.42(42%)左右。两个研究中,共处环境的影响比例估值都只占0.07(7%)左右。剩余的百分比代表未知的非共处环境影响和实验误差。来源:Bouchard(1994)。

就已早早确定这一主题相一致,也正如遗传解释所预测的(Caspi,2000;McCrae,Costa,1990)。另外也有证据表明,人们对五因素测评的反应在整个成年期呈现了高度一致性(Roberts,DelVecchio,2000)。然而,与上文两项双胞胎的相关性研究一样,这些对被试的纵向研究结果同样很不准确。这些结果与人格特质的总体稳定性存在显著性偏差。

细致的分析显示,五因素在成年期确实存在一些与年龄相关的微妙变化,不同的人格因素具有的变化模式也有着明显差异(Terracciano et al.,2005)。跟随被试进入到老年期

▶外倾性格促使其从童星转变为成年明星的名人,如碧昂斯,例证了这项研究结果,即大多数个体的五大人格特质在一生中是稳定的。

的研究显示,开放性、外倾性和神经质会随着年龄增大而减弱;宜人性和尽责性则会随着年龄增长而增强,并在70岁左右呈现下降的趋势。有趣的是,生活经历的增加(如抚养孩子)也会影响成人时期的人格改变(Jokela, Kivimaki, Elovainio, Kelyikangas-Jarvinen, 2009)。

> 观看关于站在你的角度的视频 www.mypsychlab.com

一些研究显示五大人格因素一生稳定不变,而另外一些研究则显示人格特质有着与年龄相关的变化,对此我们应如何调和呢?未来的研究和测量五大因素方法的进步将可能帮助心理学家找到该问题的明确答案。至于现在,最可行的解释似乎是五大人格因素在大多数人中呈现大致稳定的态势并有着一定的可塑性。

13.11 不同文化中的人格缘何不同?

文化和人格特质

五因素模型的大部分支持者认为人格因素具有普遍性,但研究支持这一观点吗?五因素普遍性的证据来自心理学家在加拿大、芬兰、波兰、德国、俄罗斯、中国香港、克罗地亚、意大利、韩国、中国内地、墨西哥、苏格兰、印度和新西兰所进行的五因素测量相关研究(Gow et al., 2005; Guenole, Chernyshenko, 2005; McCrea et al., 2000; Paunonen et al., 1996; Rodriguez, Church, 2003; Sahoo, Sahoo, Harichandan, 2005; Zhang, 2002)。另外,在经历过因为工作需要从一种文化迁移到另一种文化的群体中,五因素模型决定了个体间文化调整的差异性(Shaffer etak., 2006)。在美国进行的类似的跨种族五因素研究也显示,人格特质可以预测健康水平和学业表现等(Worrell, Cross, 2004)。

然而,研究也显示,文化以五因素模型不能解释的方式影响着人格。霍夫斯泰德(Hofstede, 1980, 1983)进行了一项经典的研究,他对全世界53个国家和地区的、超过10万名IBM员工进行了工作相关价值观的问卷测量,并对反馈结果做出了分析。霍夫斯泰德得出了四个关于文化和人格的独立维度。其中,**个人主义/集体主义维度**(individualism/collectivism dimension)尤其令人感兴趣。个人主义文化更强调个人而非集体成就;在这种文化中,高成就者乐于追逐荣誉和声望。另一方面,集体主义文化中的人更倾向于互相帮助,并为集体的其他成员限制自己和自身利益。举例来说,亚洲人的集体主义意识很强,并且这种集体主义与东方文化的主要源头儒家思想相兼容。事实上根据儒家思想,个体在相关性中确定自己的身份,即将自己作为更大群体的一部分。此外,这种与集体的相关性是决定亚洲人幸福感的一个重要因素(Kitayama, Markus, 2000)。

在IBM研究中,霍夫斯泰德对53个涉及的国家和地区在每个维度上进行了排序。

个人主义/集体主义维度 主要测量某一文化是强调个人成就还是社会关系。

在个人主义/集体主义维度上,美国在53个国家和地区中被视为个人主义度最高的国家,紧随其后的是澳大利亚、英国、加拿大和荷兰;在这个排序另一端的国家则为样本中集体主义度最高的几个国家,依次为危地马拉、厄瓜多尔、巴拿马、委内瑞拉和古巴,它们都是拉丁美洲国家。

需要指出的是,心理学家建议不要过分强调人格的文化差异。例如,康斯坦丁和他的同事指出,不管处于哪种文化环境,人们的目标都是提高自尊(Gaertner, Sedikides, Chang, 2008; Sedikides et al., 2003)。也就是说,即便在集体主义文化中,个体也是由利己主义因素——自尊需求所驱动而谋求融入文化的。因此,至少在一定程度上,人们普遍有着成为个人主义者的倾向。此外,尽管处于不同文化的人们不同程度地表现出对个人主义哲学的信奉,但对自主——一种要掌控自身命运的觉悟——的信奉在所有文化中都带来了人们的幸福感(Ryan et al., 2003)。

▲对于这些本土的阿拉斯加人来说,参与传统的毛毯投掷仪式体现了他们"团结与合作"的文化价值观。

记一记——特质理论

1. 根据高尔顿·奥尔波特理论,_____特质是一个人最典型的特质。
2. 根据_____,个体差异可以用根源特质来解释。
3. _____指出,从精神质、外倾性、神经质三个维度对人格进行评定,心理学家将对人格得到最佳的理解。
4. 特质理论学家逐渐达成一致,认为人格有_____个主要维度。
5. 处于集体主义文化中的个体比在个人主义文化中的个体更倾向_____。

答案:1. 首要 2. 雷蒙德·卡特尔 3. 汉斯·艾森克 4. 五 5. 互相依赖

社会认知理论

未来的研究也许将证实人格五因素是继承而来的、一生稳定和普遍的。然而,这仍不能为心理学家提供一个对于人格理念中个体差异的完整解释。例如,为什么连最外向的人有时也会变得沉默?那些无组织也就是低尽责性的人又是如何成功完成像大学研究论文这样的要求细致的任务呢？有关学习影响人格的研究已为心理学家提供了一些如何解答这些问题的线索。最重要的是，他们的假设来源于**社会认知理论**（social-cognitive theory），该理论认为，人格是在社交过程中习得行为的集合。

13.12 情境论与特质论争论的是什么？
情境论与特质论之争

过去三十年以来，瓦特·米歇尔（Walter Mischel，1973）是最有力的特质理论批评者之一。米歇尔发起了情境—特质争论，这一争论的核心问题——人格特质还是情境决定了个体的行为（Rowe，1987）。例如，你也许不会从一家商店偷钱，但是如果你看到一个陌生人不经意间掉下了5美元呢？米歇尔和他的支持者认为两种情境的不同特征在指示你的行为而不是像诚实这类特质。从商店中偷盗可能需要你设计和执行一个复杂的计划，而且一旦被抓就会受到严厉处罚，所以你选择诚实。而捡起5美元是很容易的，一旦被发现也只会感到尴尬，因此你也许会这样做。米歇尔（1973，1977）后来修正了他最初的立场并认为行为会受个人特质和情境的共同影响。米歇尔视特质为条件性概率，即特定行为将随着情境特征的不同而有所不同（Wright，Mischel，1987）。

情境—特质争论的特质一方指出，即我们之前所学到的纵向研究所显示的，人格五因素在个人一生中是相对稳定的。与神经质随着年龄增长而降低的一般模式不同，情境论指导下的研究显示，失去社会支持源的女性的神经质随着年龄增长反而增加（Maiden et al.，2003）。经过三十年的研究，争论的部分参与者认为两种理论都是正确的，即承认了特质和情境都会影响人格（Fleeson，2004）。因此，个体差异的综合理论应涵盖两者。

13.13 班杜拉的交互决定论如何解释人格？
交互决定论

在第5章中我们曾学习了观察学习研究，其研究者，社会认知理论学家阿尔伯特·班杜拉（Bandura，1977a，1986）提出了一种包括特质和情境的人格综合理论。同时，班杜拉模型也将认知变量融入其中。该模型包括众多变量，且对这些变量如何相互作用提供了一套系统的解释，研究者进行了大量有关该模型的研究，有助于心理学家更好了解人格的一致性和不一致性。

班杜拉提出内在因素、环境和行为之间交互作用以影响人格，他称之为**交互决定论**（reciprocal determinism）。这个术语传达了班杜拉的观点，即三个变量的相互作用决定了各变量的变化。内在变量，通常称为个人变量，包括特质（如人格五因素）、信息加工过程变量（如短时记忆策略）、智力的个体差异、认知阶段、社会发展、周围环境如何响应行为的

社会认知理论 该理论认为，人格是在社交过程中所习得行为的集合。
交互决定论 班杜拉关于行为、认知因素和环境交互影响决定人格的观点。

期望和生理特征(如神经质功能)。环境变量包括信息的社会来源、由我们行为所引发的不同结果和具体情境的特征。这里有一个例子也许可以由交互决定论来解释,关于一个低尽责性的学生是如何变得非常尽责并及时完成了研究论文(总结为图 13.5)。

图 13.5　班杜拉交互决定论
班杜拉提出人格的社会认知观点。他指出影响人格的三个因素:外在环境、个体行为和认知因素,如信仰、期望和个人性情三者之间存在相互的影响,且在人格的决定中起相互作用。

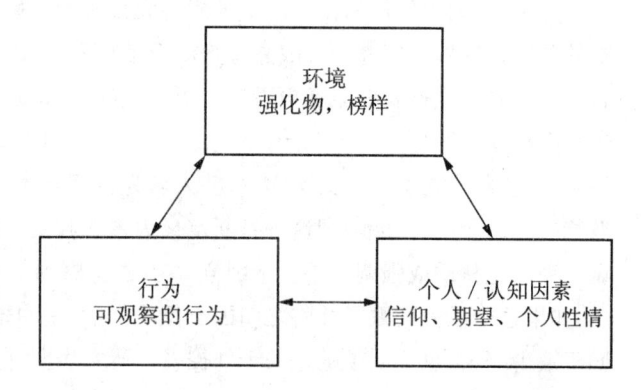

首先,当一个学生正在思考如何完成研究论文时,除了低责任感之外的个人变量都将发挥作用,包括该学生对过去的研究论文经历的记忆变量。之前,她也许因尽责性缺失而错过了截止日期,造成了她在这项作业中有所失分。因此,学生会形成这样的预期——错过截止日期可能会导致低分。在这样的预期警示下,学生将有意地作出努力以按时完成论文。

第二,一系列的环境因素会影响学生对论文的按时完成。例如,与论文只占成绩10%相比,若论文占成绩的50%,该学生会更有可能坚持执行自己的完成计划。类似的是,指令的不清晰也会使学生对导师的期望产生焦虑。

第三,学生的行为也会影响研究论文经历的结果。一方面,她通过迟交论文以应对教授的不清晰指导和由此产生的焦虑。另一方面,她也可能会向教授询求清晰的指导。最有可能的是,如果她作出延迟的回应行为,那她的低尽责性特质会像过去一样再次表现出来。但如果选择询问将有助于她打破这个模式。由此一来,她的焦虑将会减少,并对自己克服不良人格特质的能力增加自信。

在这个例子中,交互决定论很好地解释了个人、环境和行为变量的相互作用。一个变量会受到其他两个变量的影响。班杜拉认为,决定行为的不只是如人格五因素的个人变量,也不只是如结果的环境变量。相反的是,行为往往受其他两个变量的共同影响,同时,行为也会影响个人和环境变量。因此,三个变量是人格动态系统不可分割的组成部分,这个系统可以使个体适应不同的情景需要。

13.14　自我效能和控制点对人格的作用是什么?
自我效能和控制点

班杜拉也指出,**自我效能**(self-efficacy)是个人变量域的重要变量。自我效能是个体

> **自我效能**　个体对自己是否能够成功地进行某一成就行为的主观判断。

对自己是否能够成功地完成某一成就行为的主观判断。跨文化研究者在25个国家进行了自我效能测试,结果显示,这25个国家的人都存在显著的自我效能个体差异(Scholz et al., 2002)。根据班杜拉理论,高自我效能者能自信地适应新情境,他们设立高目标并为之努力奋斗,因为他们相信自己很可能将大有所为。另一方面,低自我效能者往往会有失败的预期;结果,他们逃避挑战并总是放弃他们认为困难的任务。班杜拉的研究显示,高自我效能者比低自我效能者更不易经历沮丧(Bandura, 1997b)。

朱利安·罗特(Julian Rotter)提出了一个相似的认知因素,**控制点**(locus of control, LOC)。正如你在本章开头所学,一些人认为自己基本上可以控制他们的行为及其后果。罗特(1966, 1971, 1990)把这种判断定义为内在控制点。内在控制点指个人在情境中,强调一种稳定特质或强调一项变量因素。在之前提到的一个学生要按时完成论文的例证中,如果这个学生失败了并将之归因于低尽责性,说明她是一个外控者。而如果她将失败归于缺少努力,也说明了她是一个外控者。研究表明,归因于可控的外在变量(如努力)比归因于不可控的内部变量(如人格特质),更能提高个体达成目标和幸福生活的可能性(Denny & Steiner, 2009; Roesch & Weiner, 2001)。

认为命运、运气或机会掌控一切,并认为做什么都无济于事,因为"该发生的总会发生"的人表现为外在控制点。罗特认为,外控者不太可能因为强化而去改变行为,因为他们没有看到强化物与他们行为之间的联系。所以,外控者学生倾向于拖延,与内控者相比,他们获得学业成功的可能性更小。另外,外控者的生活满意度也较低(Denny & Steiner, 2009)。

研究指出,自我效能和控制点是我们人格中可习得的方面。一些研究显示,为中学生提供特异性任务训练(如教他们解决数学问题的策略)可以提高其完成该类任务的自我效能感(Poynton et al., 2006)。控制点也可通过训练进行改变。在一项中国的研究中,研究者教导中学生将自己学业成绩更多地归因于自身的努力,而非自身的能力或外在变量(Guangyaun, 2005)。这些被试在13年后参与了重新的测定,研究者发现训练的积极效果依然明显。与控制对照组相比,那些接受控制点训练的人能更好地依据自身能力设定目标并坚持追逐目标。

▲高自我效能者追求具有挑战性的目标并不断努力直到达成目标。

控制点 罗特的一个认知因素概念,解释人们如何对生活中发生的事情进行归因——认为自己可以控制自身行为及其结果(内控)或是命运、运气或机会掌控人生(外控)。

📖 观看关于控制点的视频 www.mypsychlab.com

研究显示,自我效能和控制点有助于解释人格五因素理论所无法解释的重要结果。例如,人格因素与自我效能共同影响了求职者在一系列面试后所得到工作机会的数量(Tay, Ang, Dyne, 2006)。同样,人格五因素和控制点在不同方面影响着学术成就(Hattrup, O'Connell, Labrador, 2005)。也就是说,一个高尽责性的人,如果她同时也是一位内控者,她获得高成就的希望很高。

如你所见,与任何的单一变量相比,一个包括人格五因素、自我效能和控制点的人格模型有助于我们更全面地解释个体的性格差异。此外,班杜拉的交互理论有效地解释了这些变量和其他因素如何相互作用,从而产生具有人格功能的行为和心理过程。因此,就像我们在这章开头提到的,理解人格的最佳策略是形成一个涵盖所有理论优点的新视角。

这一章所有出现的理论我们都会在复习部分进行总结。

📖 探索人格的心理动力学、行为、特质和类型、人本主义和认知取向 www.mypsychlab.com

复习——人格理论

精神分析理论	主 要 观 点
弗洛伊德性心理理论	潜意识塑造人格;人格的三个组成成分是自我、本我、超我;防御机制保护自尊;每一个性心理发展阶段都有一个性敏感带
新弗洛伊德理论	荣格区分了个体潜意识和集体潜意识;阿德勒强调自卑情结和追求优越;霍妮关注于神经质人格和女性心理
人本主义理论	
马斯洛和罗杰斯理论	马斯洛强调自我实现;罗杰斯相信无条件性积极关注有助于个体发挥潜力
自尊	人本主义理论进行了有关自尊的研究,认为自尊在人的一生中是稳固的;自尊分为总体自尊和特殊领域自尊
特质理论	
早期理论	奥尔波特提出首要特质和中心特质;卡特尔开发了16PF人格测验以测量根源特质;艾森克三因素模型包括精神质、外倾性和神经质
五因素模型	五因素模型(大五人格)包括开放性、尽责性、外倾性、宜人性和神经质(OCEAN);特质受遗传和环境的影响;它们在一生中通常维持稳定并能预测重要结果

(续表)

精神分析理论	主 要 观 点
社会认知理论	
情境—特质争论	特质理论学家强调特质比环境更影响行为;社会认知学家强调环境比特质更起作用
交互决定论	班杜拉提出,个人/认知因素(特质、思考)、环境(如强化)和行为相互影响以塑造人格
自我效能/控制点	两个影响人格的认知特征是自我效能(班杜拉)和控制点(罗特)

记忆——社会认知理论

1. 与情境—特质争论关系非常密切的心理学家是_____。
2. 在班杜拉的交互决定论中,人格由三种变量决定:_____、_____和_____。
3. 一个相信自己能成功完成任务的人有着高_____。
4. 认为运气决定一切的人有_____控制点,而那些认为自身努力比运气更重要的人有_____控制点。

答案:1. 瓦特·米歇尔 2. 个人 行为 环境 3. 自我效能 4. 外在,内在

人格评估

你接受过人格测试么?你也许在工作的申请和筛选过程中进行过人格测试。如附录B所示,人格测评通常在工商业中作为人事录用决策的辅助手段。临床心理医生、精神科医生和心理咨询师在诊断、评估疗效过程中会使用各种方法对病人进行人格测量。

13.15 心理学家如何使用观察、访谈和评定量表?
观察、访谈和评定量表

心理学家会在各种情境下采用观察法进行人格测量——医院、诊所、学校和工作场所。特别是行为主义心理学家更加倾向使用观察法。通过使用行为评估观察法,心理学家可以计算和记录某一特定行为的频率。这种方法在精神病院中被经常应用于病人的行为矫正计划,心理学家会对病人的攻击性动作或其他不受欢迎的、异常行为的减少过程进行制表观测。然而,行为评估非常费时且行为有可能被误解。最严重的问题是观察者的存在可能会改变被观察的行为。

临床心理学家和精神病医生使用访谈法来帮助诊断和治疗病人。导师通过访谈来筛选大学申请人或其他特殊项目的申请人。用人单位雇主通过访谈来评估工作岗位申请人和要升职的员工。你可能知道,访谈是求职过程必不可少的一步,下面的**应用**部分包括了

很多如何在访谈过程中展现你长处的窍门。访谈者不仅会考虑被访者对问题的回答，也考虑其说话的语调、语音、行为、手势和总体表现。访谈者经常使用结构式访谈，这类访谈一般会提前准备好访谈的问题甚至询问时的礼术。访谈者尽量不脱离结构以保证不同被试间的结果具有可靠的比较性。

主试者有时会使用评定量表来记录访谈或观察得出的数据。这类量表很有用，它们提供了一个标准化格式，包括一系列的特质或行为评估项。评定量表有助于评定者将注意力集中到所有应考虑的相关特质上，以避免忽视或过分看重这些特质。这些量表的主要缺陷是测量往往具有主观性，由此带来诸如光环效应的问题——评定者选择一个或几个自己喜欢或不喜欢的特质对个体进行整体评估的倾向。一些特质或属性并没有在评定量表中出现，如外表吸引力或与评定者的相似性，常会严重影响评定者对个体的看法。为了消除这些限制，有必要由一个以上的访谈者对个体进行评估。

13.16　什么是量表？ MMPI-2 和 CPI 量表的设计是为了揭示什么？
人格量表

量表与观察法、访谈法和评定量表法一样有用，同时其客观性更强。**量表**（inventory）是一项纸笔测验，包括一系列有关个体思想、感觉、行为的问题，该方法测量人格的不同维度并根据标准程序来计分。崇尚特质研究的心理学家偏爱量表，因为这种方法可以展现个体人格的不同维度并勾勒出一幅人格剖面图。

明尼苏达多相人格测验。最为广泛使用的人格测验是**明尼苏达多相人格测验**（Minnesota Multiphasic Personality Inventory，MMPI）或它的修订版 MMPI-2。MMPI 是诊断精神问题和障碍方面最具权威的人格测试（Butcher, Rouse, 1996）。MMPI 有超过 115 种翻译版本，且在超过 65 个国家中得到使用（Butcher, Graham, 1989）。

MMPI 由研究者 J. 查恩利·麦金来和斯塔克·哈撒韦在 20 世纪 30 年代末到 40 年代初制定，MMPI 最初是为了将各种精神障碍的倾向进行分类。在明尼苏达大学附属医院进行的研究中，被试分为两组，其中一组为无精神障碍的正常人对照组。研究人员向几类诊断患有不同具体精神障碍的病人询问了有关态度、感觉、特殊症状的 1 000 多个问题，并与对照组的调查结果进行比对分析。最后他们保留了 550 个可以用来区分精神障碍实验组和正常对照组的问题项。

由于原有的 MMPI 已过时，MMPI-2（明尼苏达多相人格调查表［第二版］）于 1989 年出版（Butcher et al., 1989）。在保留了大部分原有的测试项目的基础上，MMPI-2 增加了

量表　一种纸笔测验，设计者在量表中提供了一系列有关个体思想、感觉、行为的问题，要求受测者做出是否符合于自己情况的回答，该方法可以测量人格的许多维度并且可以根据标准程序来计算分数。

明尼苏达多相人格测验　研究最为广泛和最常用的人格测验，主要用来筛查和诊断精神问题和障碍，修订版为 MMPI-2。

一些新的问题项以更充分地涵盖如酗酒、毒瘾、自杀倾向、进食障碍和 A 型行为模式等领域。MMPI 对非裔美国人、女性和青少年来说并不可靠(Levitt，Duckworth)。对此，研究者建立了新的常模以反映全国人口普查数据，实现地理、种族和文化更好的平衡(Ben-Porath, Butcher, 1989)。然而，非洲裔美国人仍在大部分的 MMPI-2 量表中容易得到更高的分数(Monnot, Quirk, Hoerger, Brewer, 2009)。因此，研究者警告临床医生在对非裔美国病人的评估中不要过度依赖 MMPI。

应用——如何给人留下好印象

你是否曾将工作面试视为一种人格测量？你应该这样做，因为它恰好就是。面试者不会像心理学家那样测量你的人格。相反地，他们需要对你是否符合公司需要和你是否能融入工作团队作出评估。在这里我们将为你介绍一些成功面试的小窍门。

印象管理

将面试视为一次给未来老板留下深刻印象的机会。需要注意的是，你应避免夸大你的资历和经验。有经验的面试者能熟练地区分出你的夸大部分并把你晾到一边(Paulhus et al., 2009)。

充实自己

对于欲从事的工商行业和想进入的公司，你需要尽可能地多学习相关的知识和技能。在谋求一份职位时，你需要学习这份工作的准入条件和一些让面试者更偏爱你的加分项，想一个好办法让你的条件与之匹配。

准备一份令人印象深刻的履历

即使你正在申请的工作并不需要履历，准备一份去参加面试也是一个不错的主意——别忘了多带几份复印件。面试者可以通过履历快速了解求职者的个人信息，他需要根据简历上所提的全部工作经历进行相关问题的提问。大多数高校都有职业规划中心，它可以为学生提供履历的准备建议和相关服务。

练习

和朋友练习回答面试问题。很多高校的职业规划中心都有面试中经常出现的问题的清单，你自己也应该准备一份你认为在面试时可能会被问的问题列表。你应该尽量避免说你的缺点，也要记住持续的眼神交流可以向面试者展示你的自信。

穿着职业化

当你正在面试求职时，你的服装、身上可见的装饰(文身、珠宝等)、你的整洁程度甚至是你身上散发的气味都可能成为交流的一部分。你的外在理应向面试者说明你所要工作的环境。请记住，你的外在也会影响你的自信心。研究者发现求职者穿着越正式，在面试时对自己的评价也会越积极(Hannover, Kuehnen, 2002)。

守时

你在苦等他人时是否会感到失意？面试者和你一样对迟到行为反感。所以，最好早点到达。如果你实在不能按时到，请打电话并重新约期。

与面试者恰当问候

问候在面试过程中也起重要作用。在美国,你最好直视面试者的眼睛、坚定地握手、准确念出他或她的名字,注意姿态的优雅。

后续跟进

面试后,最好写一封感谢信。如果你见了不止一位面试者,给他们每个人都写一封感谢信。信中最好提及你认为的面试中有趣的方面。这会向他们表明——你完全参与到了谈话中、你专心地在听、你对面试者所拥有的关于这个职位和公司方面的知识很感兴趣。感谢信也应表达你对面试者愿意抽出时间表示感谢,同时你要表达对该职位的兴趣。

观看关于面试准备的视频 www.mypsychlab.com

表 13.2 显示了 MMPI-2 的十种临床量表。下面是部分测试项目的例子,你需要回答"是"、"不是"或"不确定"。

表 13.2　MMPI-2 的临床量表

量表名称	解　释
疑病量表(HS)	高分者表现为对自己的身体健康的过度关心
抑郁量表(D)	高分者经常沮丧、意志消沉、痛苦
癔症量表(Hy)	高分者经常抱怨无明显器质性原因的身体症状
社会病态量表(Pd)	高分者表现出对社会和道德规范的漠视
男子气—女子气量表(Mf)	男性高分者女性化程度高,显示出女性型的态度和价值观;女性高分者则相反
偏执狂量表(Pa)	高分者过度疑心,幻想自己被迫害
精神分裂症量表(Sc)	高分者往往性格孤僻、容易出现妄想和幻想
轻躁狂量表(Ma)	高分者通常情绪易激动、易兴奋、精力旺盛和易冲动
社会内向量表(S)	高分者倾向于谦虚的、谦让的和害羞的

我希望我能不被有关性的想法困扰。
无聊时,我喜欢找刺激。
走路时,我总是小心地越过人行道上的裂缝。
如果不是别人使坏,我早发达了。

在任意一个量表中取得高分并不一定意味着一个人有问题或存在精神病症状。心理学家分析了个体的MMPI剖析图——所有量表的分数分布模式——然后将其与精神障碍者的剖析图及无精神障碍者的剖析图作比较。

但是如果有人为了表现出心理健康而撒谎呢？嵌入测试中的测谎题会对这些问题的真实性进行检查，如：

> 有时，我会将本应今天完成的事推到明天去做。
> 我有时会传播流言。
> 有时候，我会因一个黄段子发笑。

大部分人对这些项目会回答"是的"——当然，除非他们在说谎。另一份量表用来鉴别诈病者，以防有人将精神病作为借口以逃脱罪责。研究指出，MMPI-2的效度量表能有效甄别测试者是否在伪造精神障碍或身体障碍，或为了让自己表现得心理健康而说谎（Bagby et al.，1994；Bianchini et al.，2008；Butcher et al.，1995）。测试者即使得到了各种与精神障碍相关的具体信息，也不能产生与那些的确有精神障碍的人相似的剖析图（Wetter et al.，1993）。

MMPI-2是可靠的，便于实施和评分，且费用低廉。它在异常行为的筛查、诊断和临床描述方面是非常有用的，但是它不能很好地区分正常人的人格差异。有一份特殊的测验，明尼苏达多相人格测验（青少年版）（MMPI-A）在1992年制定。MMPI-A包括一些尤其与青少年相关的项目，比如与进食障碍、药物滥用、学校和家庭相关的问题。MMPI-2已经被比利时、智利、中国内地、法国、中国香港、以色列、意大利、日本、挪威、俄罗斯、西班牙、泰国等国家和地区翻译与应用（Butcher，1992）。卢西奥和其他人（Lucio et al.，1994）对2100多名墨西哥大学生进行了MMPI-2（西班牙语版）测试。他们发现这些学生的剖析图与美国大学生剖析图存在"显著的相似性"。

加利福尼亚人格量表。 MMPI-2的主要缺点在于它的研究是为了评估异常个体。相反地，**加利福尼亚人格量表**（California Personality Inventory，CPI）是一项高度注重人格本身的测验，尤其适用于年龄在13岁及以上的正常人。与MMPI相似的是，CPI也有许多相同的测验问题，但它并不包括任何评估精神疾病的问题（Gough，1987）。CPI能有效预测行为，且与其他人格测量相关——如大五人格因素测量（Soto，John，2009）。CPI在预测个体在高中及以后的学业成就、领导和执行能力、军事人员和学生老师的工作绩效方面特别有用（Boer，Starkey，Hodgetts，2008）。

迈尔斯-布里格斯类型指标。 **迈尔斯-布里格斯类型指标**（Myers-Briggs Type Indicator，MBTI）是另一种人格量表，主要用于测量正常个体的性格差异。该测试基于荣格的人格理论。MBTI在四个独立两极维度中进行评分：

> **加利福尼亚人格量表** 高度注重人格本身的测验，适用于13岁及以上的正常人。
> **迈尔斯-布里格斯类型指标** 测量正常个体差异的人格量表；基于荣格的人格理论。

外向（E）←——→内向（I）
感觉（S）←——→直觉（N）
思维（T）←——→情感（F）
判断（J）←——→知觉（P）

四个维度如同四把标尺，每个人的得分都会落在标尺的某个点上。并且这些独立的记分点通常可以根据一套人格类型系统进行总结。八个极点的不同组合可形成下表的16种性格类型。例如，一个记分点偏向于外向、直觉、情感和知觉的人最后可以用四个字母缩写为 ENFP 人格类型，该人格在下面被描述：

> 更乐意与外面世界的人和事接触，而不是沉溺于内部思想世界（E）；不墨守成规，乐于发现新的可能（N）；从自我价值观和感觉角度做出决定和解决问题而不是依赖逻辑思考和分析（F）；倾向于顺其自然地生活而不是按部就班（P）。（Gregory，1996）

MBTI 在商业和教育机构中非常流行。但批评者指出，MBTI 缺失严谨性，其量表的有效控制也欠缺考虑（Pittenger，2005）。批评者也指出，该量表的解释者常常由没有受过培训的检测者进行，从而产生过于简单化的解释（Gregory，1996）。然而多达 500 项的研究显示，可以全面解释 MBTI 的复杂方式是存在的（Allen，1997）。许多这类研究显示了，MBTI 人格类型与职业选择和工作满意度相关（Rajagopal，2008）。例如，选择不同专业的医生（儿科、外科等）往往拥有不同的 MBTI 类型（Stilwell et al.，2000）。因此，MBTI 在职业顾问中仍然广受欢迎。

13.17 投射测验如何洞悉人格？最常用的投射测验有哪些？

投射测验

对访谈和问卷的回答都是在意识层面上的回答，因此它们对于希望探查无意识内容的治疗师是没有什么帮助的。这些治疗师可以选择一种完全不同的技术，即**投射测验**（projective test）。投射测验是一种人格测验，测验材料包括墨迹、模棱两可的人物情境或不完整的句子，答案没有明显的正确与错误之分。人们通过将他们内在的想法、感觉、害怕或矛盾投射到实验材料上来进行测验的回答。

罗夏墨迹测验。 1921 年，瑞士心理学家赫尔曼·罗夏（Hermann Rorschach）开发了**罗夏墨迹测验**（Rorschach Inkblot Method），成为迄今最古老和最受欢迎的投射测验之

投射测验 一种人格测验，测验材料包括墨水斑点、模棱两可的人物情境或不完整的句子，人们会将自己内在的想法、感觉、害怕或矛盾投射到实验材料上。

罗夏墨迹测验 一种投射测验，由十张墨迹图片，要求被试描述图片；该测验可以用于测量人格、鉴别诊断、计划和评估治疗、预测行为。

一。它包含了十张墨迹图片，要求被试去描述它们（参见图13.6）。为了完善他的测验，罗夏将墨水点在纸上然后将纸对折形成图片。早期心理学家使用墨迹的标准化系列来研究想象力和其他变量，而罗夏最先使用墨迹来研究人格。他将数千幅墨迹图片在几组不同人群上进行试验，发现有十张墨迹图片可以用来区别不同的确诊有精神障碍的人群，如躁郁症患者、偏执型精神分裂症患者等。这十张墨迹图片——五张黑白，五张彩色——都已标准化且被广泛使用。

图13.6 一张类似罗夏墨迹测验所用的图片

罗夏墨迹测验可用于描述人格、做出鉴别诊断、计划和评估治疗以及预测行为 (Ganellen, 1996; Weiner, 1997)。它是研究和临床评估中普及度仅次于MMPI的人格测验 (Butcher, Rouse, 1996)。主试向被试提供十份墨迹图片并且要求被试说出他对每个墨迹像什么或类似什么的所有想法。主试写下被试的回应并将图片再现，确认被试自由反应阶段所隐藏的想法。在计分方面，主试会考虑被试是用整个墨迹图片还是其中一部分进行描述。墨迹的形状、颜色或其他能引起回答的事物等都在主试的提问范畴之中。主试也会考虑被试是否看到了移动、完整的人体或人体的一部分，完整的动物或动物的一部分，或其他物体。

模拟罗夏墨迹测验 www.mypsychlab.com

直到20世纪90年代，罗夏墨迹测验的主要问题在于，其测验结果太依赖实验者的解释与判断。为了回应这类批评，艾克斯纳(Exner, 1993)开发了综合系统，一种使罗夏墨迹测验记分更为可靠的程序，艾克斯纳在2002年对它进行了修正更新(Exner, 2003)。它提供了常模数据以便被试的回答可以与已知的人格特征相比较。使用这个系统的一些研究者发现，不同解释者解释被试同一反应存在高度的一致性（解释间一致性）(McDowell, Acklin, 1996; Mayer et al., 2002)。另外一些人认为，有必要再做一些相关研究来确定综合系统的评分结果的有效性和可靠性(Wood et al., 1996)。然而大量的元分析指出，罗夏墨迹测验具有"心理测量的可靠性和实用性"(Weiner, 1997)。

主题统觉测验。另一个投射测验是亨利·默里和他的同事在1935年开发的**主题统觉测试**(Thematic Apperception Test, TAT)(Morgan, Murray, 1935; Murray, 1938)。你可能还记得第10章中，研究者使用TAT来研究成就需要，它也可以有效地测量人格的其他方面。TAT的实验材料包括一张空白卡片和19张显示不同场景下模糊的黑白人物形态画的卡片。当你在进行主题统觉测验时，你会被告知以下内容：

这是一个考查你的创造性想象力的测试。我将向你展示一幅图，我希望你能编织一个情节或故事，因为它可能是一张插画。图片中的人物关系是怎样的？他们发

生了什么事？最后的结果是什么？（Morgan，Murry，1962，p.532）

你所写的故事与你的人格或心理问题或动机有什么关系？默里(1965)强调"一个要素或主题在这一系列卡片故事中重现三次或三次以上"的重要性(p.432)。例如，如果一个人多次使用有关疾病、性、对失败的恐惧、攻击、力量、个人内在矛盾作为故事主题，这些重复出现的主题被认为可以揭露人生的问题。默里(1965)也提出，TAT的长处是"它能揭露病人不愿意说或因为未察觉到而无法说的事"。

TAT费时且不易执行和评分。尽管在研究中被广泛应用，它同其他投射技术一样有着相同的弱点：(1)它过度依赖于主试的解释技巧；(2)它可能过分反映个人暂时的动机或情感状态而不能更多体现人格的稳定方面。

以下的**复习**总结了人格测量的不同方法。

复习——三种人格测量的方法

方　　法	例　　子	描　　述
观察和评定	观察 访谈 评定量表	在特定环境下对外在表现(行为)进行观察，基于观察的基础上对人格进行评估。 在访谈中，对问题的回答可以反映人格特征。 评定量表在特质、行为或访谈结果的基础上对被试进行计分或评定。 测量是主观的，其准确性大部分依赖于评估者的能力和经验。
量　　表	明尼苏达多相人格测验(第二版)(MMPI-2) 加利福尼亚人格量表(CPI) 迈尔斯-布里格斯类型指标(MBTI)	被试在纸笔测验中透露其信仰、情感、行为及(或)观点。 计分程序标准化，且被试的结果与常模相比较。
投射测验	罗夏墨迹测验 主题统觉测验(TAT)	被试对模糊的测试材料作答，通过被试对墨迹图片的述说和他们关于图片景象反映的可能冲突的描写大概地揭露了他们的人格元素。

记忆——人格测量

1. 在_____中，心理学家按照一套标准化的问题来测量个体人格。
2. 将以下各人格测验及其对应描述进行匹配。

_____(1) MMPI-2　　　　　a. 用于诊断精神病理学的量表

_____(2) 罗夏墨迹测验　　b. 评价正常人格的量表

_____(3) TAT　　　　　　c. 使用墨迹的投射测验

_____(4) CPI　　　　　　d. 使用模糊的人物情境画的投射测验

_____(5) MBTI　　　　　e. 将被试人格分为16种类型的量表

3. 乔治对他的父亲有无意识的愤恨,哪种类型的人格测验可能最容易察觉到它?

答案:1. 结构式访谈　2.(1) a　(2) c　(3) d　(4) b　(5) e　3. 投射试验

总结与回顾

精神分析理论 p.441

13.1　意识状态存在哪三个层次? p.441

意识的三层次是意识、前意识、潜意识。意识包括所有我们随时在思考的事情。前意识包括所有并不处于但容易进入意识域的想法和情感。潜意识包括那些被压抑而难以唤醒的思想和情感。

13.2　本我、自我、超我的重要性分别体现在哪里? p.442

本我是人格中原始的、潜意识部分,包括生的本能和死的本能,遵循快乐原则。自我是人格中理性和主要的现实部分,遵循现实原则。超我是人格的道德成分,包括良心和自我理想。防御机制是自我用来对付焦虑并维持自尊的方式。

13.3　性心理发展存在哪些不同阶段?为何弗洛伊德认为它们对人格的发展有着重要影响? p.443

弗洛伊德认为,性本能随着个体出生即出现,并经过一系列性心理阶段的发展,为所有情感和行为提供驱动力。这些发展阶段包括口唇期、肛门期、性器期、潜伏期和生殖期。弗洛伊德理论最具争议的特征是俄狄浦斯情结,发生于性器期,儿童对异性父母怀有性欲而对同性父母产生敌意。

13.4　现代心理学家如何评价弗洛伊德的观点? p.445

弗洛伊德因提出了潜意识、早期儿童经验的重要性、防御机制的作用而受到好评。然而,这些理论因为不易进行科学测验而遭受批评。

13.5　新弗洛伊德理论与弗洛伊德理论有何区别? p.446

荣格将人格分为三部分:自我、个体潜意识和集体潜意识。阿德勒提出,人格的主导力量实质上不是性,而是克服和补偿虚弱和自卑感,争取优越或满足感的动力。霍妮对弗洛伊德的女性观点提出了异议,并在心理学界提出了女性维度。

人本主义理论 p.449

13.6　人本主义理论家对人格研究的贡献有哪些? p.449

根据马斯洛理论,人格发展的目标是达到大部分行为受自我实现驱动的水平,自我实现即最大程度地发挥个人潜能的驱动力。罗杰斯提出,个体往往不能成为功能完善者,因为在儿童时期,他们没有得到来自父母的无条件积极关注。而为了获得积极关注,他们必须迎合他们家长的价值观。

13.7　心理学家从自尊中学到了什么? p.449

自尊受到个体对现实自我与理想自我的比较的影响。大部分人的自尊基于他们眼中所有自身的优缺点,而不是一个单独的理想成就或特质。在 7 岁之前,大部分儿童形成了整体的自尊感,并在之后的几年中逐渐形成对他们自身在一些特殊领域上的能力的信赖。

特质理论 p.450

13.8 早期特质理论学家提出的观点有哪些? p.451

奥尔波特定义了首要特质,他认为首要特质是个人品质中最具概括性的特质,从首要特质我们可以确定他或她的身份。中心特质是你写介绍信时可能提及的特质类型。卡特尔用表面特质来解释人格的可见品质。每个人拥有的表面特质下的根源特质不尽相同。艾森克认为,人格最重要的三个维度是精神质、外倾性和神经质。

13.9 五因素理论者认为人格最重要的维度是什么? p.453

根据人格五因素模型理论,人格受到五个维度的影响。大五人格是神经质、外倾性、尽责性、宜人性和开放性。

13.10 研究者如何描述五因素的来源和稳定性? p.454

双胞胎和抚养研究显示遗传在绝大程度上影响了人格。然而,一些特质也会随着时间发生改变。

13.11 不同文化中的人格缘何不同? p.456

个人主义和集体主义文化维度与人格相关。个人主义文化鼓励人们将自己与他人分开看待并尊重独立和自信。集体主义文化强调人们之间的社会连通性,鼓励个体从社会关系角度界定自己。

社会认知理论 p.457

13.12 情境论与特质论争论的是什么? p.457

这一争论关注哪种情境会影响人格特质的表现。

13.13 班杜拉的交互决定论如何解释人格? p.457

外部环境、行为和认知因素是交互决定论的三个组成部分,三者之间相互影响。

13.14 自我效能和控制点对人格的作用是什么? p.458

自我效能给个体实现目标所需的自信。内控点也能帮助个体获得自信。外控点可能导致拖沓行为。

人格评估 p.460

13.15 心理学家如何使用观察、访谈和评定量表? p.461

在观察中,心理学家计算某些可能显示个人品质的特定行为的频率。他们使用结构化访谈以便于在类似情境下对不同被试的回应进行比较。评定量表用以量化发生于观察和访谈时的行为。

13.16 什么是量表? MMPI-2 和 CPI 量表的设计是为了揭示什么? p.461

量表是一种纸笔测验,设计者在量表中提供了一系列有关个体思想、感觉、行为的问题,要求受测者做出是否符合于自己情况的回答,该方法可以测量人格的多个维度并根据标准程序来计算分数。MMPI-2 用来筛查和诊断精神问题,CPI 用来测量正常人格。

13.17 投射测验如何洞悉人格？最常用的投射测验有哪些？p.464

在投射测验中，被试在对模糊人物墨迹图片或绘画作出回应中将其内在想法、感觉、害怕或矛盾投射到实验材料上。例如罗夏墨迹测验和主题统觉测验。

关键术语

原型 p.447
个体潜意识 p.447
加利福尼亚人格量表(CPI) p.463
人格 p.441
前意识 p.441
集体潜意识 p.447
投射测验 p.464
明尼苏达多相人格测验 p.461
超我 p.442
交互决定论 p.458
防御机制 p.442
压抑 p.443
无条件积极关注 p.449
固着 p.443
罗夏墨迹测验 p.464

本我 p.442
自我实现 p.449
个人主义/集体主义维度 p.456
自我效能 p.458
社会认知理论 p.457
量表 p.461
价值条件 p.449
精神分析 p.441
意识 p.441
主题统觉测验(TAT) p.465
迈尔斯-布里格斯类型指标(MBTI) p.464
特质 p.450
五因素模型 p.453
俄狄浦斯情结 p.444
潜意识 p.442

章末测验

选择题

1. 与弗洛伊德的前意识相似的是_____。
   a. 精神分裂症   b. 短时记忆
   c. 长时记忆   d. 情绪意识

2. 尽管现在是凌晨2点，布兰特，一个月大的婴儿，还在为牛奶哭闹不止。弗洛伊德认为该行为与他的人格哪一部分相关？
   a. 本我   b. 自我   c. 超我   d. 自我理想

3. 五岁的里恩经常讲长大后要和妈妈结婚，并且他时常怨恨父亲。弗洛伊德理论认为这是里恩_____的典型行为。
   a. 防御机制   b. 力比多
   c. 俄狄浦斯情结   d. 固着

4. 当评估弗洛伊德理论的准确性时,下列哪一项是正确的?
   a. 研究显示弗洛伊德关于梦的象征的观点是高度准确的。
   b. 研究不支持弗洛伊德关于宣泄有助于解决矛盾并消除消极情感的理论。
   c. 研究发现弗洛伊德的防御机制理论对当今社会没有任何价值。
   d. 研究发现弗洛伊德关于儿童期创伤会导致成人精神障碍的观点是错误的。

5. 新弗洛伊德理论学家卡尔·荣格同意弗洛伊德的_____。
   a. 性本能是人格的主要因素
   b. 自我是人格的意识部分
   c. 中年是人格发展的重要时期
   d. 人可以是内向的或外向的

6. _____,是高自我效能个体的好例子。
   a. 伊娃失去工作后,病得很严重并过于担心找不到工作
   b. 安吉拉想要成为一名幼儿园老师,因为她认为儿童不会挑战她的权威
   c. 阿马萨正在申请美国国家科学基金,因为她相信她的研究值得这笔投资
   d. 安娜拒绝学习滑雪橇,因为她认为自己不会擅长

7. 科里感到失望,因为他没有通过心理学考试。然而,他决定为了下次考试更努力地学习。这是一个典型的_____。
   a. 内在控制点
   b. 外在控制点
   c. 交互决定论
   d. 交互抑制

8. 结束了纽约马拉松后,凯茜宣称这是她42年中最满足的一次经历。这是_____的标志。
   a. 决定性时刻
   b. 高峰体验
   c. 价值条件
   d. 自我实现的时刻

9. 像迈克·乔丹和比尔·盖茨这样的人,无论他们参加什么样的活动,对卓越的追求会驱动他们的行为。高尔顿·奥尔波特可能称之为_____特质。
   a. 根源特质
   b. 基本特质
   c. 表面特质
   d. 中心特质

10. 根据研究,五大基本人格因素中哪一维度的高分大学新生比该维度的低分同辈更容易适应大学生活?
    a. 控制点   b. 内倾性   c. 外倾性   d. 开放性

11. 班杜拉关于认知因素、个人行为和外部环境相互影响的观点被称为_____。
    a. 控制点
    b. 交互决定论
    c. 自我效能
    d. 无条件积极关注

12. 情境—特质争论中情境一方的支持者指出_____。
    a. 情境和特质都会影响人格
    b. 人格五因素在一生中保持相对的稳定性
    c. 重要因素(如社会支持)的缺失会影响人格
    d. 遗传强烈影响人格

13. 五因素理论家指出_____。

a. 人格特质在不同文化中存在着普遍的差异

b. 人格五因素是普遍的

c. 人格五因素只存在于欧洲和北美

d. 个体会修正其人格以适应他们所处的文化

14. 蒂姆和海蒂在申请同一所贵族学校。在顺利通过遴选阶段,压力减轻后,他们通过比较各自的面试经历惊讶地发现,他们被提问的问题是一样的。这所学校的遴选委员会明显采用了_____技术以筛查申请者。

a. 开放问题　　　b. 结构式访谈　　　c. 行为测量　　　d. 评定量表

15. 下面哪一项是行为测量的不足?

a. 它不能被用于医院里的人。

b. 观察者不会影响被观察者的行为。

c. 它耗费时间。

d. 当多名观察者评定行为时,其结果混乱不清。

16. 下面哪一个可以用MMPI-2测量?

a. 个人的感觉或直觉水平。

b. 受测者是否在"假装"患有精神障碍。

c. 人对模糊刺激(如墨迹)的印象。

d. 社会知觉技巧。

17. 下面哪一个不是主题统觉测验在作为一项诊断工具时的弱点?

a. 它被广泛应用于研究。

b. 它仅仅反映的是个体短时的动机状态,而不是永久的特质。

c. 对一个人的结果进行分析,不同的解释者会产生不同的剖面图。

d. 操作和解释都很耗时。

简答题

18. 比较和对比弗洛伊德理论和新弗洛伊德理论的异同点。

19. 对支持和反对"人格特质是继承而来"假说的证据进行讨论。

20. 分析加利福尼亚人格量表(CPI)、迈尔斯-布里格斯类型指标(MBTI)与明尼苏达多相人格测验(MMPI)的不同。

答案见第773页。

第14章

精神障碍

精神障碍的定义

14.1　行为异常的标准是什么？

14.2　临床医生如何使用《精神障碍诊断与统计手册》？

14.3　哪些理论观点能够解释精神障碍的成因？

14.4　精神障碍的流行情况如何？

焦虑症

14.5　惊恐发作、广场恐惧症、恐慌症有什么特点？

14.6　广泛性焦虑症、社交恐惧症和特定恐惧症的症状有哪些不同之处？

14.7　哪些思维模式和行为模式与强迫症有关？

心境障碍

14.8　重度抑郁症有哪些症状？

14.9　文化、性别和抑郁症三者之间有什么联系？

14.10　双相障碍患者有哪些极端情绪体验？

14.11　已知的心境障碍成因有哪些？

14.12　有哪些危险因素会导致自杀？

精神分裂症

14.13　年龄和性别与精神分裂症有怎样的关系？

14.14　精神分裂症主要的阳性症状有哪些？

14.15　精神分裂症患者的哪些正常机能会减退或消失？

14.16　精神分裂症有哪四种类型？

14.17　哪些因素增加了罹患精神分裂症的风险？

躯体形式障碍及解离症

14.18　躯体形式障碍有哪两种，它们有哪些共同的症状？

14.19　不同的解离症是怎样影响行为的？

人格障碍

14.20　所有人格障碍的共同特点是什么？

14.21　在A、B、C群中，哪些行为和人格障碍有关？

儿童时期的精神障碍

14.22　广泛性发育障碍对儿童的成长有什么影响？

14.23　注意缺陷多动障碍有什么特点？

想一想

你为将来可能发生的事情担心过吗？谁没有过呢？为即将到来的事而担忧，这种状态被心理学家称为焦虑，这种体验在所有人群中广泛存在。但是有时候焦虑会变得太频繁或者太强烈，以至于妨碍甚至掌控了一个人的生活。如果你想知道你自己或者和你亲近的一些人是否已经达到这种程度，考虑以下这些描述或许能够帮助你来判断。请阅读以下每一条内容，并且在符合你自己或者和你亲近的人的内容前面打钩。

_____1. 你经常为一些事情而担心，即使根本没有麻烦的迹象。你会经常感到疼痛，但不是由身体疾病产生的。你很容易疲倦，并且有睡眠问题。你的身体总是处于紧张状态。

_____2. 在某些情况下，出于忧虑，你的心脏会猛烈跳动，你感到晕眩，不能呼吸，感觉自己快要死了。为了避免这种情况，唯一的方法就是足不出户。

_____3. 每天，你都在担心你会做出一些尴尬的事情。因为担心遇到一些新朋友，你不再参加聚会。当其他人看着你时，你会突然出汗并且不由自主地颤抖。因为担心在员工会议中被要求发言，所以你选择在家工作。

_____4. 因为太害怕病菌，所以你一次又一次地洗手直到双手红肿疼痛。在未反复确定门窗已完全锁好之前你是不会离开家门的。你害怕自己会伤害到一些你在乎的人。你完全不能将这些想法从你的脑海中驱赶出去。

在本章的后面，你会学习到符合这些内容的情况。第一条代表广泛性焦虑症，第二条描述了恐慌症，第三条为社交恐惧症，第四条和强迫症有关。在近几年来，心理学家已经对精神障碍有了大量的了解，包括精神障碍的成因和怎样帮助那些患有精神障碍的人群。本章集中介绍了这些发现。但在开始这一章的学习之前，我们先提出一个有目共睹的问题：什么是异常？

精神障碍的定义

你认识这样一个人吗？他坚信这个世界依靠亿万富翁所组成的一个高度机密的社会来运转。或许你有一个朋友，他对于调味品如何添加进汉堡表现出狂热之情。（芥末酱是浇在顶部或者底部？）诚然，相信全球阴谋是一个不寻常的信念，而坚持认为芥末酱该放在汉堡的顶部是公然侮辱人类尊严的想法更为罕见。与他人有着不同的信仰和行为甚至与他人完全不同，这些都不是精神障碍。心理学家将**精神障碍**（psychological disorder）定义为造成情绪困扰和(或)实质性功能损害的心理过程和(或)行为模式。那么怎样才能把一个单纯拥有不寻常的信仰或者行为的人和另一个有真正精神障碍的人区分开来呢？

> **精神障碍** 造成情绪困扰和(或)实质性功能损害的心理过程和(或)行为模式。

14.1 行为异常的标准是什么？
什么是异常

认识精神障碍的第一步就是了解普通的行为和暗示精神障碍的行为之间的区别。心理学家认为人类的行为是从适应到不适应的连续体。适应性行为帮助我们调整需求从而发现自我。举个例子，为了心理学考试而学习是一种适应性行为。适应不良则表现得相反，就是说，它们干扰了有效运作。因此，当它干扰了诸如学习这一类的适应性行为时，那么相信外星人掌控世界或许就是一种适应不良。

精神障碍普遍会产生适应不良行为。然而，适应不良行为并不总是精神障碍的一种信号。为了解释这种行为的意义，心理健康专家必须对人的所有行为进行综合评估，并且分析这背后可能的原因。以下几个问题对这些评估是至关重要的：

● 在各自的文化体系中，这种行为是否会显得非常奇怪？某种行为在一种文化体系中正常与否和它在另一种文化体系中正常与否不一定有关。在一些文化中，女人在公共场所裸露胸部很正常，但是在工业文明中，女性经理以那种方式去工作是不正常的。

● 这些行为是否会导致个人痛苦？当人们经历了极大的情绪困扰却没有任何与之相应的生活经验时，他们可能就有心理或精神障碍。一些人或许会悲伤和绝望；一些人会感到焦虑；其他人也许会因为妄想和幻觉而激动或兴奋，一些人会受惊甚至极度恐慌。

● 个体的行为会出现怎样的适应不良？一些专家相信，用来区分正常行为和异常行为的最好方法就是考虑这一行为会对机能产生怎样的有利影响和损伤。饭前洗手是恰当的，但是在不能洗手的情况下就不乐意吃饭，就表现出了轻微的适应不良，这取决于它

▲每种文化对异常行为都有其独特的定义。举个例子，无家可归在一些文化中被认为是异常的，但是在其他文化中却完全正常。因此，缺乏一个永久居住的地方就其本身来说并不一定代表精神障碍。事实上，在工业文明中，无家可归这一现象极少，这使得无家可归可能在这些文化中被认为是精神障碍的一个指标。相反地，在一些文化中，漂泊不定的生活是一种惯常的生活方式，所以缺乏一个能永久居住的地方并不是精神障碍的一个指标。

是否真正干扰了你对食物的需求或者生活中其他重要的方面。相反地,一天洗100次手并且因此错过吃饭、学习和工作,那就不仅仅是适应不良了,它还会妨碍你掌握其他一些适应性行为。

● 这类人对自己或他人是否有危险?另一个考虑就是这类人是否会对他们自己或他人造成威胁。我们认为,被送进精神病院的人一定患有精神疾病并且会对他人造成伤害。

● 这类人需要对自己的行为承担法律责任吗?精神错乱经常被用来描述那些行为异常的人,但心理健康专家并不使用这一术语。这是一个在法庭上使用的术语,它用来描述那些不需要对自己的行为承担法律责任的人。在这种情况下,法医心理学家有时候会被传唤。然而,精神错乱辩护是很难成功的。

14.2 临床医生如何使用《精神障碍诊断与统计手册》?
精神障碍的分类

1952年,美国精神病学协会出版了一本手册,为精神障碍的描述和分类提供了一个诊断系统。多年来,手册经历了多次的修改,最新的版本为《精神障碍诊断与统计手册》第四版修订版,也就是广泛被人们所知的 DSM-Ⅳ-TR,在2000年出版。第五个版本计划于2011年出版*。

DSM-Ⅳ-TR 包含了对300种特定精神障碍的描述,并且列出了一些必须遵循的标准,以做出精确诊断。而且,该手册也对精神障碍进行了分类(详见表14.1),这本手册被研究人员、治疗师、精神卫生工作者和绝大多数的保险公司所使用。这些通用的标准使得专业人员可以在诊断、治疗、研究和探讨各种形式的精神障碍时有统一的语言(Clark et al., 1995)。而且《精神障碍诊断与统计手册》给临床医生提供了一个多维度的诊断系统。这个系统被称为多轴诊断系统,表14.2中有详细描述。对任何一种障碍的完整描述都包含了五个维度的信息。

表 14.1 《精神障碍诊断与统计手册》中关于精神障碍的主要分类

障碍	症状	举例
精神分裂症和其他精神疾病	障碍以精神病症状的出现为特征,包括了幻觉,妄想,言语紊乱,古怪的行为以及和现实失去联系	精神分裂症,偏执型精神分裂症,错乱型精神分裂症,紧张型妄想症,嫉妒型
心境障碍	症状表现为极端或者是长期抑郁或躁狂症,抑或是两者都有	重度抑郁症 躁郁症

DSM-Ⅳ-TR 《精神障碍诊断与统计手册》第四版修订版是美国精神病学协会出版的一本手册,介绍了分类和诊断精神障碍的依据。

---

* 编者注:最新版本为2013年更新的 DSM-V,感兴趣的读者可自行查阅资料进一步了解。

(续表)

障碍	症状	举例
焦虑症	焦虑和回避行为	恐慌症 社交恐惧症 强迫症 创伤后应激障碍
躯体形式障碍	身体症状的出现源于心理而不是因为身体状况	疑病 转换障碍
解离症	通过遗忘重要的个人信息或身份,或者通过区分创伤或冲突表现出分裂型人格来缓解压力或者矛盾	解离性失忆症 解离性迷游症 人格分裂症
人格障碍	早期长时间、死板的不良行为模式所导致,并且在社会功能和职业功能中为个体带来了痛苦	反社会型人格障碍 表演型人格障碍 自恋型人格障碍 边缘型人格障碍
物质相关性障碍	物质的滥用、依赖或者中毒导致行为的不良变化	酗酒 可卡因成瘾 大麻类依赖
病症通常在婴儿期、儿童期或者青春期被诊断出来	智力延迟,学习障碍,沟通障碍,广泛性发育障碍,注意缺陷多动障碍和行为障碍,抽动障碍和排泄障碍症	行为障碍 自闭症 图列特氏综合征 口吃
进食障碍	饮食行为的失调	神经性厌食症 神经性贪食症

来源: DSM-Ⅳ-TR(美国精神病学协会,2000b)。

表 14.2 多轴诊断系统

轴	描述	解释
Ⅰ	临床疾病	精神障碍或者一个人向临床医生求助的主要原因被记录在轴一中。出于需要,临床医生可以输入尽可能多的诊断或问题,但是会指出一个具有重要代表性的问题
Ⅱ	人格障碍 智力延迟	轴二只包含了两种类型的障碍,人格障碍和智力延迟。这两个类别的障碍是独立的,因为它们的存在,通常需要特殊的策略来治疗轴一的障碍
Ⅲ	一般医疗条件	任何一种相关的医疗卫生条件都被归类到轴三中。临床医生也会记下任何一个建议,使个体能够认清寻求自己心理问题成因的需要
Ⅳ	社会心理环境问题	勉强的恋爱关系、失业、缺少社会支持等可能和治疗有关的生活事件被归类到轴四中
Ⅴ	整体功能评定量表	轴五通常包含了一个从 0 分到 100 分的全局函数,它描述了个人心理问题对生活的影响程度

来源: DSM-Ⅳ-TR(美国精神病学协会,2000b)。

> 探索精神障碍的诊断和统计维度 www.mypsychlab.com

14.3 哪些理论观点能够解释精神障碍的成因？
解释精神障碍

精神障碍的成因是什么，该怎样治疗？持不同观点的学者都提出过这个问题，下面的**复习**对其做出总结。每一个观点都有各自的解释、分析和治疗方法。

生物学观点认为异常行为来自生理原因，比如说基因遗传、生化异常或不平衡、大脑结构异常或者是感染。因此，该理论拥护者支持生物疗法，例如药物治疗。

生物心理社会学观点认同生理（生物）原因确实是主要的，但是也同样认识到心理和社会因素在研究、识别和治疗精神障碍中的影响。因此，生物心理社会学家通常支持既包含药物治疗又包括心理疗法的治疗策略。

由弗洛伊德最早提出的心理动力学观点认为，精神障碍起源于早期的童年经历和未解决的潜意识中的性本能或攻击本能的冲突。心理动力学观点提出的精神障碍成因也指明了精神分析法最早是弗洛伊德用来解决潜意识冲突的治疗方法。

从学习观点来看，精神障碍和其他行为一样都是通过学习习得并且维持的。根据这一观点，具有异常行为的人要么就是错误学习的受害者，要么就是未能学会正确的思维模式或行为模式。行为治疗师通过经典条件反射和操作性条件反射的原理来消除痛苦的行为并代之以新的更加合适的行为。

认知观点认为错误的思想和失真的感觉可能会引起某些类型的精神障碍。基于该观点的治疗方法旨在改变思考方式，从而有可能改变行为。而且，认知观点还提供了一些可能预防精神障碍的建议。比如说，走向健康思想的重要一步就是要认识和避免五大认知缺陷：1.为自己制定不切实际的标准；2.关于"要是……怎么办"的消极想法（要是我丢了工作怎么办）；3.把一件负性事件例如糟糕的成绩看成一个大灾难（我永远不会通过这门课程）；4.把任何一件不完美的事看作是失败；5.对自己和他人苛求完美。如果你的快乐建立在这其中的任何一种情况上，就有可能导致最后的失望甚至绝望。

复习——关于精神障碍的不同观点

观点	精神障碍的成因	治疗方法
生物学观点	精神障碍是底层生理障碍的一种症状，它的成因为大脑结构异常、生化异常、基因遗传或者是感染。	像其他物理障碍一样进行诊断和治疗
生物心理社会学观点	精神障碍是生物、心理和社会的综合影响导致的。	采用折中处理的办法，通过药物疗法和心理疗法共同治疗
心理动力学观点	精神障碍起源于早期的童年经历和未被解决的潜意识中的性或攻击性冲突	通过干扰抑制材料对意识进行作用，并且通过潜意识冲突来接受治疗工作

(续表)

观　点	精神障碍的成因	治疗方法
学习观点	异常的思想、感觉和行为是像其他任何一种行为一样习得和维持的，没能学习到正确的行为。	通过经典条件反射和操作性条件反射原理强化正常行为，并且增加适应性行为
认知观点	错误的思想和失真的感觉会导致精神障碍。	改变错误、不合理和(或)消极的思想

14.4　精神障碍的流行情况如何？

精神障碍的患病率

精神障碍比很多身体疾病更加普遍，你会对此感到惊讶吗？举个例子，每年在美国有少于1%的成年人，也就是大约130万人被诊断为癌症(American Cancer Society，2002)。相反，有26%的人被诊断患有某种精神障碍(Kessler et al.，2005a)。

另一种思考某种精神障碍发生率的方法就是检测一个人在他的一生中被诊断为精神障碍的可能性是多少。在美国，癌症的终身患病率是30%，换句话说，30%的美国人在他们的一生中有可能被诊断出患有癌症(National Center for Health Statistics [NCHS]，2000)。而精神障碍则更加普遍，终身患病率几乎达到50%(Kessler et al.，2005b)。一些新的精神障碍的终身患病率在图14.1中已经提到。可以清楚地看到，精神障碍已经成为个人痛苦和社会能力缺失的一个重要来源。在此，我们首先会学习最常见的一类精神障碍，也是你自己可能正在经历的一种障碍，焦虑症。

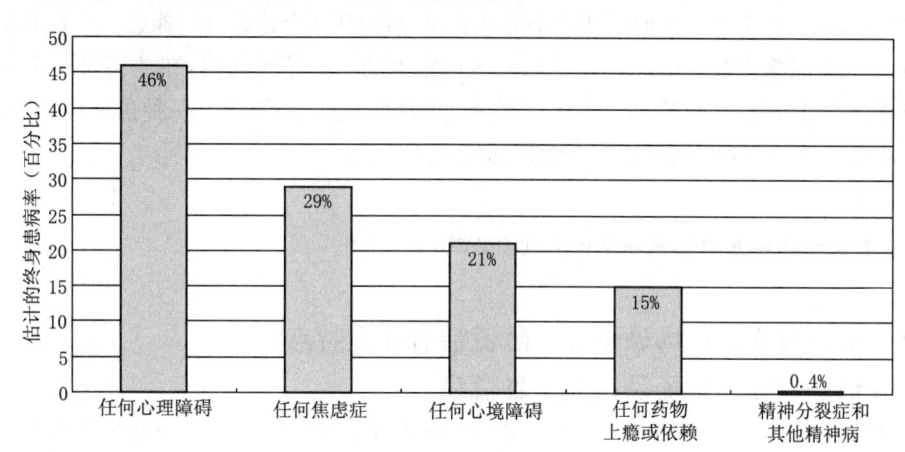

图 14.1　精神障碍的终身患病率　根据美国国家共病调查，美国人在其一生中患精神障碍的概率如图所示。来源：Bhugra(2005) and Kessler et al.(2005a)。

记一记——定义精神障碍

1. 当一个人的行为在_____中被认为是奇怪的时，就可以将其定义为异常。
2. _____列出了心理疾病诊断标准。

3. 大约有_____的美国人在他们一生中的某个阶段可能会患上精神障碍。
4. 将下列理论观点和异常行为的成因进行配对。
   _____(1) 心理动力学观点   a. 错误的学习
   _____(2) 生物学观点   b. 潜意识,未解决的冲突
   _____(3) 学习观点   c. 基因遗传或者大脑的生化异常或结构异常
   _____(4) 生物心理社会学观点   d. 错误的思想
   _____(5) 认知观点   e. 生物、心理和社会的综合影响

答案:1. 文化 2.《精神障碍诊断与统计手册》 3. 50% 4. (1) b (2) c (3) a (4) e (5) d

焦虑症

你认识芭芭拉·史翠珊吗?她是美国音乐史上最著名和最成功的歌唱家之一,由于严重的怯场,她已经离开舞台27年了。史翠珊的问题源于一场1967年的演唱会,她在这场演唱会上忘记了歌词。从那之后,她十分担心这种情况会再次发生,所以她只能在条件受到严格控制的录音棚里演唱。直到1994年,她终于敢于面对自己的恐惧并且能够在现场观众面前演唱。那以后她表演了很多次,虽然她仍会紧张。她的情况说明,对于未来可能发生的事情的夸大恐惧对我们当中最有才华或成就的人也会造成有害的影响。

当对未来可能发生的事情的思考(一种被心理学家称为焦虑的心理状态)变得十分强烈和频繁,以至于干扰了人们的社会功能或者职业功能时,个体就有可能患上严重的精神障碍。事实上,**焦虑症**(anxiety disorders)是最常见的一类精神障碍,在美国每年都有超过四百万的患者就医(NCHS, 2002b)。在第12章中,你已经学过了一种焦虑症,就是创伤后应激障碍(PTSD),你很快就会学到其他的焦虑症。

观看关于临床焦虑的视频 www.mypsychlab.com

14.5 惊恐发作、广场恐惧症、恐慌症有什么特点?
惊恐发作、广场恐惧症、恐慌症

感到焦虑是一种极为常见的经历。然而,毫无缘由且看起来不合理的焦虑感并不是精神障碍(American Psychiatric Association, 2000b),而可能是焦虑症的症状(Morrison, 2001)。

惊恐发作。你曾经有过**惊恐发作**(panic attack)吗?这是一种突然的恐惧感,你的心

> **焦虑症** 一种精神障碍,表现为对未来可能发生的事情产生频繁的恐惧。
> **惊恐发作** 突然发作的、强烈的焦虑、害怕或者恐惧感。

脏剧烈跳动，你的身体颤抖并且你会有快要窒息的感觉。如果是这样的话，你可能会认为自己快死了或者快发疯了。虽然惊恐发作让人感到畏惧，但是要认识到，这是一种很普遍的情况并且不一定会构成精神障碍。

要判断一个人的惊恐发作是否是一个深层问题的症状，临床医生通常会首先检查这个人是否有暗示发作（Morrison，2001）。由已知线索而产生的惊慌感，比如说一个人感受到可能在交叉路口开车的时候遭遇一场交通事故，这通常被认为是学习的结果而不是精神障碍的标志。相反地，非暗示性发作更可能是精神障碍的症状。

广场恐惧症。 最有可能驱使人们寻求专业人士帮助的一种恐惧症就是**广场恐惧症**（agoraphobia）。一个患有广场恐惧症的人有一种强烈的恐惧感，这是在不可能逃离或者经历了过度的焦虑或惊恐发作但是无法得到帮助的情况下产生的。在一些情况下，这个人在一生中都计划着避开一些令人害怕的情境，比如说拥挤的街道、繁忙的商场、餐厅或者是公共交通。一个患有广场恐惧症的人不会离开家门，除非他们有朋友和家人的陪伴，在一些比较严重的情况下，这也行不通。

虽然广场恐惧症不一定伴随着惊恐发作，但是在成年早期发病时通常伴随着反复的惊恐发作（American Psychiatric Association，2000b）。先前发作所产生的强烈恐惧感会让患者避开之前发作的地方或者情境。因此，虽然广场恐惧症本身并不是一种精神障碍，但是当它开始干扰人的日常生活时，临床医生时常发现它是患者正在经历的焦虑症的初期症状之一。

观看关于广场恐惧症的视频 www.mypsychlab.com

恐慌症。 一个反复发生惊恐发作的人可能会被诊断为**恐慌症**（panic disorder）。患有恐慌症的人需要应对反复发作带来的伤害和焦虑。先前已经提到过，焦虑可能会发展为广场恐惧症。当一个患有恐慌症的人发展到广场恐惧症时就会使临床医生的治疗难度加大，因为面对可能引起惊恐发作的情境是学会面对这种持久障碍的一部分。显然，临床医生在面对患有广场恐惧症的人时治疗难度会加大。正因为这个原因，既有恐慌症又有广场恐惧症是精神障碍中最严重的。

观看关于恐慌症的视频 www.mypsychlab.com

恐慌症也会产生重大的社会和健康后果（Sherbourne et al.，1996）。患有恐慌症的人会十分频繁地去医生办公室和急诊抢救室（Plewa，2009）。然而，大多数患有这种障碍的

广场恐惧症 在不可能逃离或者经历了过度的焦虑或惊恐发作却无法得到帮助的情况下产生的强烈恐惧感。

恐慌症 个体所经历的反复产生不可预知的强烈的焦虑、害怕和恐惧之感。

人需要结合药物疗法和心理疗法来进行治疗(Biondi & Picardi, 2003)。

解释恐慌症。 了解以惊恐发作和广场恐惧症为基础的过程是了解恐慌症的关键。我们之前已经学习过由已知线索产生的惊慌感通常是因为学习,比如说经典条件反射。一次令人恐惧的经历往往会和碰巧出现在同一时间的中性刺激联系到一起。我们前面已经提到过一个例子,患者担心在十字路口出现车祸。十字路口是一个中性刺激,但是当它和车祸联系在一起时就是惊恐发作的一个诱因。

解释非暗示性发作的惊慌感更加具有挑战性。研究表明这是由自主神经系统中战或逃系统的一些机能障碍所造成的,这使得大脑将生理功能的正常变化误解为危险的信号(National Alliance for Mental Illness [NAMI], 2003)。举个例子,正常情况下,个体在喝了含咖啡因的饮料后心率会加快。出于一些未知的原因,一些患有惊恐发作的人的这一变化会被大脑误认为是危险信号,继而通过交感神经系统使躯体的自主系统处于警觉状态。紧接着,个体更高的认知功能开始行动——"我心脏病发作了!我就快要死了!"因此放大了危险的感觉。这些认知解释了通过中断副交感神经系统的工作,来抵消交感神经系统对生理机能的影响,从而延长发作时间的这一原理。因此,临床医生在治疗惊恐发作时经常引导患者控制与发作有关的对一些感觉的认知(Teachman et al., 2008)。

不合理的想法也会导致广场恐惧症,但是强化过程可能更加重要。在第5章中我们学到过对行为的负强化可以使我们避免一些不愉快的事情。因此每当广场恐惧症患者展现出了防止惊恐发作的行为时,这个行为就被强化了。随着时间的推移,这些行为的频率会增加,患者就会排斥工作、上学、购物、开车、坐公交车等,绝对必要的情况下才会走出家门。

为了消除回避行为/负强化循环,绝大多数的治疗师鼓励广场恐惧症患者面对可能发生惊恐发作的情境。如果他们这么做并且发生惊恐发作的话,他们会明白到最后焦虑会自己平息。澳大利亚治疗师克莱尔·蓝普洛夫和他的同事把这种策略称为恐慌冲浪,因为患者被鼓励冲破好比是巨浪一样的焦虑感,直到焦虑感减少,能够参与正常的活动(Lamplugh et al., 2008)。当广场恐惧症患者采用恐慌冲浪策略时,缓解焦虑后的轻松感成为了一个强化刺激,使患者能够面对引起焦虑的情境,而不是去避开它。

14.6 广泛性焦虑症、社交恐惧症和特定恐惧症的症状有哪些不同之处?
广泛性焦虑症和恐惧症

在这部分的开头,我们已经介绍过芭芭拉·史翠珊与怯场战斗了27年。她和成千上万的人一样,努力克服了三种最常见的焦虑症中的一种。这三种焦虑症分别为广泛性焦虑症、社交恐惧症和特定恐惧症。

广泛性焦虑症。 广泛性焦虑症(generalized anxiety disorder, GAD)是对那些受慢性的、过度的担心困扰长达6个月及以上的人群的诊断。这些人会做出最坏的打算;他们

广泛性焦虑症 焦虑症的一种,表现为个体受慢性的、过度的担心困扰长达6个月及以上。

的担心毫无事实依据且十分夸张,因此很难进行控制。他们过度担心自己的经济状况、自己及家人的健康状况、自己的工作表现或者自己的社交能力。他们的过度焦虑可能会导致精神紧张、疲劳、易怒、精神难以集中并且难以入睡。其他症状可能包括颤抖、心悸、流汗、头晕、恶心、腹泻或者尿频等。女性的患病率是男性的两倍,这将会导致极大的损伤和危害(Brawman-Mintzer & Lydiard, 1996, 1997; Kranzler, 1996)。焦虑症的广义遗传率大约为 30%(Kendler et al., 1992)。虽然这种障碍很棘手,但是恐慌症比这严重得多。

社交恐惧症。你有特别害怕的场所或者物品吗?你可能害怕蛇、昆虫、恐高或者害怕一些密闭空间比如说电梯。如果是这样的话,你就患有**恐惧症**(phobia),这是对于一些特定物体、场所或者活动的持久且不合理的担心,而实际上并不会造成什么威胁(或者是被夸大了的危险)。绝大多数人认识到他们的恐惧是不合理的,但是他们觉得有必要避开一些令他们感到害怕的场所或者物体。

应用——克服演讲的恐惧

在许多人面前演讲时你会突然出冷汗并且开始颤抖吗?如果是这样的话,请不要感到难过,和你有一样情况的还有很多人:根据对美国成年人的调查,对公开演讲的恐惧在众多恐惧中排在第一位,比起飞行、疾病甚至死亡,更多的人害怕演讲(CBS News, July 31, 2002)。

什么原因导致了这种现象?

对公共演讲的恐惧是表演焦虑的一种形式,是社交恐惧症的一种常见类型。很多对公开演讲的恐惧来自对尴尬局面的恐惧或者是对他人对自己消极判断的恐惧。为了应对这种恐惧,一些人会尽量避开一些需要在大众面前发言的场所。一个更加实用的方法就是找到一些可能导致公开演讲恐惧的不正确信念,并且通过一些特定的方法来克服它。以下是一些和公开演讲恐惧有关的不正确信念(Orman, 1996):

- 为了成功,一个演讲者必须表现完美(不正确;没有一个听众期待完美。)
- 一个好的演讲者会尽可能多地展示出关于这个主题的事实和细节(不正确;你需要的就是两个或者三个主要观点。)
- 如果一些听众没有注意听讲,演讲者需要做一些事情来吸引观众(不正确;你不可能取悦任何一个人,并且这种尝试很浪费时间。)

你可以做什么?

你可以使用一些方法来克服对公开演讲的恐惧,并且调整好你向观众展示自己的方式;另一些方法则关注你内心的发展。国际演讲会的专家们提供了很多建议(2003),这是一个致力于帮助人们提高公开演讲能力的组织:

> **恐惧症** 对于一些特定物体、场所或者活动的持久且不合理的担心,而实际上并不会构成什么威胁。

- 熟悉演讲材料。大声练习,如果有需要的话,修改你的演讲稿。
- 在脑海中想象你的演讲。想象自己自信、清晰地发表演讲。
- 放轻松。通过深呼吸和放松练习来缓解你的紧张。
- 熟悉演讲的场所。早一点到达并通过麦克风或者其他计划使用的设备来进行练习。
- 和观众交流。当观众到达的时候问候他们;演讲的时候必须面对观众,即使是你的一群朋友。
- 通过你的姿态展示你的自信。不管是站着还是坐着都要表现出你的自信、微笑和观众进行眼神交流。
- 关注你要传达的信息而不是你自己。不要把注意力集中在你的焦虑不安上,而应该集中在演讲的目的上,也就是你要向听众传递的信息。
- 记住听众并不会期望你做得完美。不要为任何演讲中你自己认为出现的问题进行道歉,做你自己。

如果掌握了这几个简单的技巧,你就可以克服紧张并且在谈论任何主题时都淡定自如——即使是一时冲动。

一个患有**社交恐惧症**(social phobia)的人会担心因为颤抖、脸红、出汗或者其他方式使自己变得笨拙、愚蠢或没有能力,所以他们会避免任何一个可能会在人前尴尬或者受到羞辱的社交场所或者表演。社交恐惧症可能是表演焦虑的一种特殊形式。大约有三分之一的社交恐惧症患者仅仅会对公开演讲产生恐惧(Kessler et al.,1998)。并且一项针对449个尚未被诊断为社交恐惧症的个体的调查显示,他们中有三分之一的人一旦需要在大批观众面前演讲,就会变得极度焦虑(Stein et al.,1996)。如果你是他们当中的一员,你可以看看上面的**应用**,其中提到的方法可以帮助你克服恐惧。

虽然社交恐惧症比广场恐惧症要轻微得多,但是它也可成为一个致残性疾病(Yates,2008)。在社交恐惧症的极端表现形式里,它会严重影响人们在工作中的表现,阻碍了他们事业的前进和对学业的追求,以及限制他们的社会生活(Bruch et al.,2003;Greist,1992;Stein & Kean,2000;Yates,2008)。那些社交恐惧症患者经常会通过酒精和镇静剂来减轻他们在社交场所的焦虑感。例如棒球传奇米奇·曼托在公共场所出现时会用酒精使自己平静下来(Jefferson,1996)。

特定恐惧症。特定恐惧症(specific phobia)是对特定物体或者场所的一种明显的恐惧。这种恐惧症是除了广场恐惧症和社交恐惧症之外的所有恐惧症的一个通用标签。当

> **社交恐惧症** 一种不合理的恐惧,患者会避免任何社交场所或者表演,因为他们担心自己在他人面前表现得笨拙、愚蠢或者没有能力而使自己尴尬或者受到羞辱。
>
> **特定恐惧症** 一种对特定物体或者场所的明显恐惧,是除了广场恐惧症和社交恐惧症之外的所有恐惧症的一个通用标签。

面对一些令他们感到害怕的物体或者情境时,特定恐惧症患者会产生强烈的焦虑感,甚至达到颤抖或者尖叫的程度。他们会竭尽全力去避免令人害怕的物体或者场所。根据发生的频率可以将特定恐惧症分为:1.情境恐惧症(害怕电梯、飞机、封闭的地方、高空、隧道或者桥梁);2.害怕自然环境(害怕风暴或者水);3.动物恐惧症(害怕狗、蛇、昆虫或者老鼠);4.血液—注射—损伤型恐惧症(害怕看到血、损伤或者注射)(Preda & Albucher, 2008)。两种类型的情境恐惧症:幽闭恐惧症(对密闭空间感到恐惧)和恐高症(对高度感到恐惧)是治疗师最常遇到的特定恐惧症(看试一试)。

试一试——恐惧症的名字

你可能知道希腊语中 *phobia* 指的就是"害怕",所以这是一个利用希腊语和拉丁语描述的恐惧对象加上后缀-phobia 来创造的一个复合名词。举个例子,广场恐惧症(agoraphobia)的字面意思是对市场的恐惧(该词的前缀 *agora* 的意思就是市场),它的意思已经在反复使用中变成了对开阔空间和自家以外地方的恐惧。同样,幽闭恐惧症(claustrophobia)的前缀为拉丁文 *claustrum*,它的意思为"监狱",以恐惧症为后缀就成了对密闭空间的恐惧。思考以下的恐惧症并且尝试将它们与相应的解释进行匹配。

　　　　(1) ablutobphobia　　　　a. 对红色感到恐惧
　　　　(2) glossophobia　　　　b. 害怕公众演讲
　　　　(3) gynephobia　　　　　c. 害怕清洗或沐浴
　　　　(4) lactophobia　　　　　d. 害怕陌生人
　　　　(5) haptephobia　　　　 e. 害怕女性
　　　　(6) hemophobia　　　　 f. 害怕出血
　　　　(7) xenophobia　　　　 g. 害怕被触摸
　　　　(8) erythrophobia　　　　h. 害怕牛奶

答案:(1) c　(2) b　(3) e　(4) h　(5) g　(6) f　(7) b　(8) a

解释广泛性焦虑症和恐惧症。 心理学家蒂莫西·布朗在2007年就已经指出广泛性焦虑症和社交恐惧症均为大五人格特质中神经质的表现。在第13章中我们已经学过高神经质的人对生活有着消极的看法并且倾向于拥有不稳定的情绪。也就是说他们和其他人使用同样的方式来应对压力,但是他们的反应会更加强烈和极端。例如,每个人在考试即将来临的时候都会感到焦虑。但是那些高神经质的人会过于担心考试以至于他们无法入睡或者进食,并且他们会与周围的人频繁地讨论自己在考试过程中承受的压力。布朗的研究表明,这些反应可以发展成为广泛性焦虑症或者是社交恐惧症(也有可能产生抑郁症,我们会在以后的章节中学到)。而且,那些高神经质的患者与那些低神经质的患者相比,在治疗中得到的益处更少。

神经质也是导致特定恐惧症的一个危险因素(Bienvenu et al., 2007)。然而经典条件反射,就是之前提到过的中性刺激和引发恐惧的情境或物体之间的关联也同样重要。举一个简单的例子来说,一只狗对三岁的鲍比凶狠地狂叫(引发恐惧的情境);结合这次经历,鲍比联想到所有的狗(中性刺激);结果就是当他看到任何一只狗的时候都会大哭并且跑开。因此,学习的原理通常被用来治疗特定恐惧症。治疗师可能会用一些经典条件反射的原理来引导那些患有恐惧症的人将一些愉快的情绪和一些令人害怕的事物或者场所联系在一起。举个例子,当那些害怕狗的孩子呆在有狗的房间里时会被给予冰淇淋。行为矫正,即强制患者接受使自己感到恐惧的刺激可能也会有帮助。让患者观察一些没有表现出对类似物体或者情况感到恐惧的模型,也是一种有效的治疗技术。

14.7 哪些思维模式和行为模式与强迫症有关?

强迫症

如果在每次离开家的时候都担心门没有上锁并且需要一次又一次地回去检查,那么你的生活会变成什么样?**强迫症**(obsessive-compulsive disorder, OCD)是焦虑症的一种,是指一个人反复产生强迫观念或强迫行为,或者两者兼有。

强迫观念和强迫行为。强迫观念(obsession)是指持续的无意识想法、想象或冲动入侵意识和产生极大的痛苦。一个有强迫观念的人可能会担心细菌污染或者他们是否已经完成某一特定行为,比如说关掉炉子或者锁好门(Greenberg, 2009)。其他强迫观念集中在攻击性、宗教和性。一位牧师表示他产生过在教堂过道裸奔并且辱骂他的会众这样的强迫观念。

一个具有**强迫行为**(compulsion)的人会感到有一种持续的、不合理的、无法控制的动力来迫使自己重复某种行为或者惯例。虽然他们知道这样的行为毫无意义,但是在一种无法忍受的焦虑形成之前无法抗拒这些行为——只有向强迫行为屈服才能得到缓解。很多人已经出现一些强迫行为,比如说跨过人行道的裂缝,对楼梯进行计数等时不时执行的一些小惯例。当人们无法抗拒这些行为,为了这些行为严重地浪费了时间,并且干扰了人们正常的活动以及人际关系时,这些行为就变成了心理问题。

观看关于强迫症的视频 www.mypsychlab.com

有强迫行为的强迫症患者经常会表现出清洁和洗涤行为、计数、检查、触摸物体、囤积

强迫症 焦虑症的一种,指一个人反复产生强迫观念或强迫行为,或者两者兼有。

强迫观念 持续的无意识的想法、想象或冲动,并且会导致入侵意识和产生极大的痛苦。

强迫行为 依靠一种持续的、不合理的、无法控制的动力来重复某种行为或者惯例。

和过度整理等行为。这些清洁和洗涤行为导致75%的强迫症患者接受治疗(Ball et al.，1996)。有时候,强迫行为或者意识似乎反映出迷信的思维,患者必须要忠实执行来避免一些危险。那些强迫症患者并不享受无止境的计数、检查或者清洁。他们认识到自己的行为并不正常,但是他们往往不能自助,我们会在下面的例子中有所展示:

> 迈克,一名32岁的患者,表现出检查行为是因为害怕对他人造成伤害。当开车的时候,他需要经常停车并回去检查,确保自己没有撞到别人,尤其是小孩子。在冲洗厕所之前,他要确保没有一只活着的昆虫掉进厕所,因为他不想为杀死一样生物而负责。在家里他需要反复检查家里的门、炉子、灯和窗户是否关好。每天,迈克都会花上大约4个小时的时间来做这些事情和其他的检查(Kozak et al.，1988，p.88)。

迈克的强迫检查行为太过极端,但是在美国估计有2%到3%的人会在某个阶段患上强迫症,这一比例与加拿大、波多黎各、德国、韩国、新西兰的比例相似(Weissman et al.，1994)。

解释强迫症。 强迫症患者似乎比没有该障碍的人更容易对事物产生厌恶感(Deacon & Olatunji，2007)。比如,没有人愿意处理垃圾,但并不是每个人都像强迫症患者一样会被垃圾的恶心感觉压垮。一些研究人员认为对恶心感觉的敏感可能是神经质的症状(Muris, van der Heiden，& Rassin，2008)。事实上研究表明,神经质是强迫症的一个重要的危险因素(Brown，2007)。

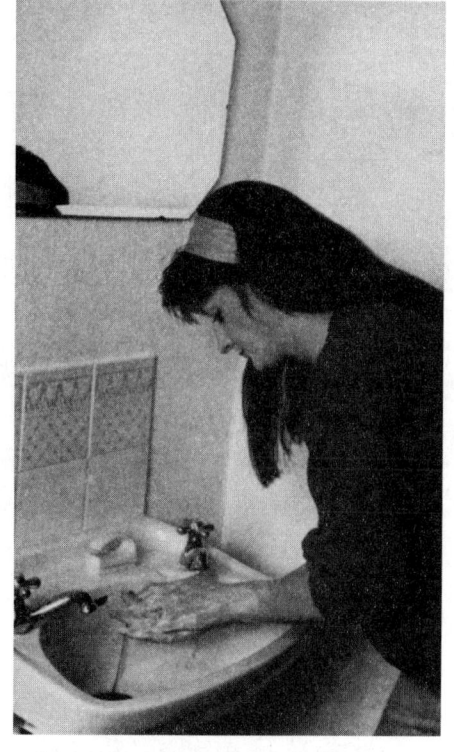

并且,研究还表明早期的自身免疫系统疾病、早期的链球菌感染和由于感染而导致的大脑病变会增加个体患上强迫症的风险(Giedd et al.，2000；Hamilton & Swedo，2001)。一些关于双胞胎和家庭的研究表明,基因和强迫症的产生也有关系(Kirvan et al.，2006；Nestadt et al.，2000；Hur，2009)。有一种假设是基因影响血清素功能,从而导致一些人患上强迫症,很多患者通过抗抑郁药提高大脑中的血清素水平,从而得到了帮助(Ravindran et al.，2009)。

▲像这个女人一样,很多强迫症患者为了避免细菌和灰尘感染而遭受了极大的痛苦。

以下的**复习**对焦虑症进行了总结。

复习——焦虑症的种类

障碍	描述
创伤后应激障碍	对灾难性事件或严重的慢性压力持久、严重的压力反应
恐慌症	经常性的、不可预知的强烈恐惧(惊恐发作);一些具有该障碍的患者可能会发展成为广场恐惧症
广泛性焦虑症	长达6个月及以上的长期的、过度的担心
社交恐惧症	产生不合理的恐惧并且避免可能会产生尴尬、受辱或者知觉无能的场所
特定恐惧症	对于特定物体或者场所的不合理恐惧
强迫症	反复的强迫观念(导致痛苦的思想)和强迫行为(通过行为减轻由强迫观念导致的困扰)

记一记——焦虑症

1. 广场恐惧症可能伴随或者不伴随_____的发生。
2. 将每一种行为和最可能产生的障碍进行匹配。
   _____(1) 丽芭担心自己的手会颤抖,因此她拒绝在他人面前吃东西。
   _____(2) 约翰过分担心自己的健康和工作,虽然并没有具体的理由让他产生这种感觉。
   _____(3) 当一只狗靠近时,杰森就会变得歇斯底里。
   _____(4) 当有人靠近林的时候,她就会突然产生无能为力的焦虑。
   _____(5) 上床睡觉之前,马克斯会反复检查门、窗户和器具。

   a. 恐慌症   b. 特定恐惧症
   c. 广泛性焦虑症   d. 社交恐惧症
   e. 强迫症

3. 一些治疗师通过_____来帮助恐惧症患者将愉悦的刺激和令人害怕的事物联系在一起。
4. 生物因素比如说自身免疫系统疾病和_____的产生有关。

答案:1. 惊恐发作 2.(1)d (2)c (3)b (4)a (5)e 3. 经典条件反射 4. 强迫症

心境障碍

凯·雷德菲尔德·贾米森刚刚开始一项有前途的事业,她成为了精神病学专家。此时她的一个朋友发现她的行为越来越怪异(Jamison,1995)。她的婚姻失败了,经济状况十分糟糕,并且贾米森经常幻想自己在外太空遨游。贾米森也知道她的行为已经不受控制,并且担心这可能会使自己失去工作。在她朋友的催促下,她咨询了一个精神病学家并且开始服用治疗双相障碍的药物,你在这一部分会学到这是心境障碍的一种。吃了这些药后,贾米森的情绪开始变得稳定,但是和很多患有这种障碍的人一样,当开始试着停药以后,她也经历了一个很艰难的时期。每当她处于心理低潮期和心理高潮期之间的循环往复时,自杀的可能性最低。最后,她认识到自己的生活需要依赖药物,现在她不仅能够保持心理上的稳定,而且成为了世界上治疗这一障碍的权威专家,她从青年时期就已经开始和这种障碍作斗争了。

双相障碍只是心境障碍的一种,该障碍的特征是极端的和不必要的情感和情绪障碍。和焦虑症一样,心境障碍也是极为普遍的。我们首先会介绍一种最普遍的**心境障碍**(mood disorders),重度抑郁症。

14.8 重度抑郁症有哪些症状?

重度抑郁症

重度抑郁症(major depressive disorder)患者会感到巨大的悲伤、失望和绝望,并且常常会丧失体验愉快的能力。他们可能在食欲、体重或者睡眠模式等方面遇到困难,并且会缺乏精力,不能集中精神思考。重度抑郁症的主要症状是精神运动性障碍(Bhalla, Moraille-Bhalla, & Aronson, 2009)。举个例子来说,身体移动、反应时间和讲话太过缓慢会使一些抑郁症患者做任何事情都像是慢动作。其他患者则表现出另外一个极端,他们会不断移动、坐立不安、搓着双手还有踱步。抑郁症会变得非常严重,以至于患者会产生幻想和错觉,这也是精神病性抑郁的症状。个体在一段时间内陷入的抑郁越严重,他就越远离社交活动(Judd et al., 2000)。

观看关于重度抑郁症的视频 www.mypsychlab.com

大约有20%的女性和12%的男性患有抑郁症(Bhalla, Moraille-Bhalla, & Aronson, 2009)。根据美国精神病学协会(2000b)数据,最初被诊断为重度抑郁症的患者中,一年后有40%的人没有出现症状;40%的人仍然有这种障碍;并且有20%的人有抑郁情绪,但不足以被诊断为重度抑郁症。一年之后,只有不足一半的因重度抑郁症而入院就医的患者彻底康复(Keitner et al., 1992)。对于很多人来说,康复是通过抗抑郁药物的辅助实现的。但是一些研究发现,心理疗法也同样有效(Hollon et al., 2002)。一些人重度抑郁只发作一次,但是有50%到60%的概率会复发(Bhalla, Moraille-Bhalla, & Aronson, 2009)。

> **心境障碍** 极端和不必要的情感和情绪障碍。
> **重度抑郁症** 心境障碍的一种,表现为巨大的悲伤、失望和绝望。

14.9 文化、性别和抑郁症三者之间有什么联系？
文化、性别和抑郁症

怎样才能对抑郁症及其他精神障碍进行跨文化研究？因为在定义异常时必须同时考虑文化背景。事实上，通过调查或者仪器来评估精神障碍是极其困难的，因为在不同的文化背景下很难使之有效(Girolamo & Bassi, 2003)。然而一些研究者已经成功地整理出一份有限但是翔实的数据资料，这份数据关于跨文化的抑郁症差异(Girolamo & Bassi, 2003)。一项包含了十个国家和地区的被试的大型研究表明，患上抑郁症的终身危险性在世界范围内有很大的不同(详见图14.2)，亚洲国家和地区(韩国和中国台湾)的患病率要低得多(Weissman et al., 1996)。研究者认为，这些差异是因为不同文化中理想情绪状态的差异所导致的(Tsai, Knutson, & Fung, 2006)。亚非国家的抑郁症患者被人们应该怎样思考的文化理念所影响。

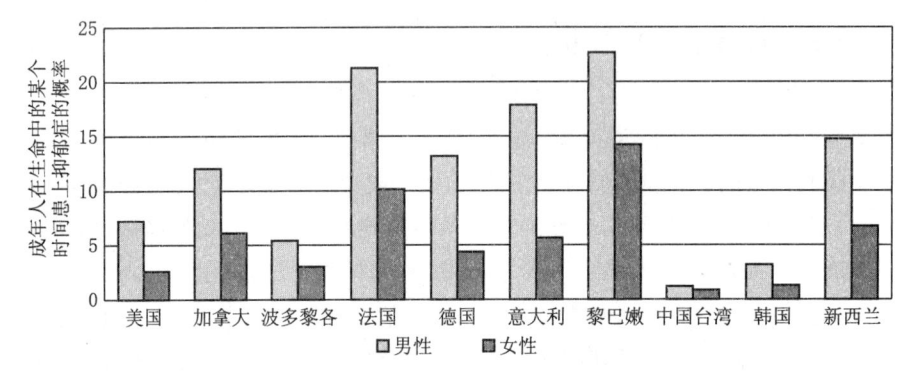

图14.2 十个国家和地区的抑郁症终身危险性 十个国家和地区中的3.8万名男性和女性的终身患病率表明，世界范围内女性比男性更有可能患上抑郁症。数据来源：Weissman et al.(1996)。

在绝大多数的国家中，女性患抑郁症的概率是男性的两倍(Bhalla, Moraille-Bhalla, & Aronson, 2009)。女性不仅仅比男性更容易患抑郁症，她们也更加容易被消极的结果影响。一些专家认为女性更高比率的抑郁症很大程度上是因为社会和文化因素的影响。

◀一旦相互冲突的需求使她们不能实现自己的理想，有成为"超级妈妈"的强烈欲望的女性更容易患上抑郁症。

在完成她的许多角色——母亲、妻子、爱人、朋友、女儿、邻居时,女性更有可能把别人的需要放在第一位(Schmitt, Fuchs, & Kirch, 2008)。

女性的悲伤感通常和婴儿的出生有关,生育后的雌激素水平会迅速下降,新妈妈会缺乏社会支持或者感觉缺少社会支持(Nonacs, 2007)。高达85%的女性在生产后经历了产后忧郁。但是这种感觉很轻微并且通常不会超过两周。然而,大约10%的新妈妈的悲伤感尤为强烈,持续时间超过两周,并被诊断为产后抑郁症。那些在早期经历过抑郁症的女性患上产后抑郁症的概率最高。因此心理健康专家强调产前筛查,生育后的早期干预和心理治疗,在必要时使用抗抑郁药物等方法也是很重要的(Nonacs, 2007)。

14.10 双相障碍患者有哪些极端情绪体验?

双相障碍

在较早之前我们已经读到过精神病学专家凯·雷德菲尔德·贾米森在克服双相障碍之后获得了稳定、成功的生活。而其他患者就没有那么幸运了。举个例子,你们可能听过一件怪事,那就是在19世纪,画家梵高切下了自己的一只耳朵。在对他的艺术作品和个人写作进行分析之后,心理健康专家认定梵高患有**双相障碍**(bipolar disorder)(Blumer, 2002)。双相障碍患者会表现出两种截然不同的情绪——极端的躁狂发作(躁狂)和重度抑郁的低落,而患者处于两者之间时通常表现正常。

梵高割耳朵的事件发生在和另一个名叫保罗·高更的艺术家的激烈争论之后,他极有可能处在**躁狂发作**(manic episode)。这样的发作以过度兴奋、自尊膨胀、盲目乐观和多动为显著标志。处于躁狂发作时期的患者会短暂地脱离现实。他们会浪费很多钱在快速致富的计划上。如果家人或者朋友阻止他们,他们可能会变得烦躁、敌对、暴怒甚至充满危险性;他们还可能像梵高一样自残。在躁狂发作的时候他们必须尽快就医,这样才能保证自己和他人不会因为他们糟糕的判断力遭受严重的后果。

探索双相障碍 www.mypsychlab.com

双相障碍不像重度抑郁症那么普遍,每年大约有1.0%到1.6%的美国人遭受双相障碍的困扰。并且男性与女性的终身患病率大致相同(Soreff & McInnes, 2008)。双相障碍更容易产生于青少年后期和成年早期。大约90%的患者有复发现象,并且50%左右的患者在前一次发作康复后的一年之内会再次发作。一个好消息就是有70%到80%的患者能够

> **双相障碍** 心境障碍的一种,表现为躁狂发作和抑郁交替出现,患者处于两者之间时通常表现正常。
>
> **躁狂发作** 以过度兴奋、自尊膨胀、盲目乐观和多动为显著标志的一段时期,一旦患者的活动受到阻碍,他们就会产生敌意并且夸大妄想。

恢复到情绪稳定的状态(American Psychiatric Association,2000b),即使很多人在发作之后仍然有计划困难等轻度的认知障碍(Chowdhury et al.,2003)。也有许多例子表明那些双相障碍患者可以通过锂盐和双丙戊酸钠等药物来控制自己的症状,并且从此过上正常的生活。不仅如此,心理疗法可以通过抑制潜在的精神疾病来帮助患者面对生活的压力。

14.11 已知的心境障碍成因有哪些?
解释心境障碍

有很多因素导致了心境障碍的产生。其中生物因素是最主要的。然而,个体的生活环境也同样重要。

心境障碍的神经机制。PET扫描显示了心境障碍患者大脑活动的异常模式(Drevets,Price,& Furey,2008)。德瑞维特和其他人(Drevets et al.,1997)定位了一个大脑区域,它可能会引发抑郁症的抑郁和双相障碍的躁狂。它很小并且是前额叶皮层底部顶针大小的脑组织(在鼻梁后面2到3英寸)。和正常人相比,那些抑郁症患者该区域的面积大概减少了40%到50%。早期的研究证明,大脑的这一区域在控制情绪方面起到了关键作用。而且,神经质的人格特质与抑郁和大脑中异常的血清素水平有关(Fanous et al.,2002;Lesch,2003)。研究表明,异常的血清素水平和抑郁症以及自杀意念紧密相关(Dayan & Huys,2008)。因此,处于大五人格神经质维度末端的个体更有可能患上抑郁症和产生自杀意念。

研究者也发现心境障碍患者的多巴胺、γ-氨基丁酸和去甲肾上腺素的生产、运输和再摄取也和正常人不同(Kaladindi & McGuffin,2003)。神经递质异常可能导致基因突变,因此也可以用来解释心境障碍极高的遗传率。

遗传。根据对1 721对同卵和异卵女性双胞胎的研究,肯德勒、尼尔、凯斯勒和其他人在1993年发现遗传因素导致的重度抑郁症占70%而环境因素导致的则占30%。证据能够有力地证明基因对双相障碍有很大的影响。在一项针对双胞胎的研究中,研究者发现50%被诊断为双相障碍的同卵双胞胎也会被诊断为心境障碍,而异卵双胞胎的这一比例仅为7%(Kaladindi & McGuffin,2003)。越来越多的证据表明,双相障碍的遗传基础和神经基础与精神分裂症更加类似,精神分裂症是一种会导致患者脱离现实的严重的精神障碍(Molnar et al.,2003)。这些发现可以解释为什么有患有双相障碍的血缘亲戚的人患上其他精神障碍的危险性更高,而有患重度抑郁症的血缘亲戚的人仅仅是患上这种障碍的风险会提高。

压力源。生活压力也和抑郁症有关。抑郁症绝大多数的第一次发作都是在遭遇了重大的生活压力打击之后(Tennant,2002)。一项针对哈佛大学毕业生长达40多年的纵向研究发现,消极的生活事件和家庭历史对心境障碍的产生有着重大的作用(Cui & Vaillant,1996)。这对女性来讲尤为正确,她们在抑郁症发病之前更容易经历严重的消极生活事件(Welsh,2009)。那些有生理趋向的个体,经常是在没有明显的生活压力的情况下发病的(Brown et al.,1994)。

14.12 有哪些危险因素会导致自杀？
种族、性别、年龄和自杀行为

一些抑郁症患者会产生抑郁症的极端行为——自杀。在所有年龄段的人群中，心境障碍、精神分裂症和药物滥用是导致自杀的主要因素（Moscicki，1995；Pinikahana et al.，2003；Shaffer et al.，1996）。当人们承受特别令人不安的生活压力比如说配偶的死亡时，也会导致自杀率上升（Ajdacic-Gross et al.，2008）。有证据表明自杀行为会传给下一代（Brent et al.，1996，2002）。甚至在患有严重情绪障碍的人群中，例如双相障碍，那些有自杀家族史的人比没有这种家族史的人更加容易自杀（Tsai et al.，2002）。

▶有证据表明自杀行为会传给下一代。莱斯·富兰克林建立了沙加·富兰克林青少年基金会，一个自杀干预组织，以纪念他那自杀的儿子沙加。十年以后，富兰克林的另一个儿子加蒙也自杀了。

据报告，在美国每年有超过3.2万个自杀案例（Bergen et al.，2008）。图14.3展示了美国不同种族、性别和年龄的自杀率差异（NCHS，2001a，2002a）。正如你所看到的，美国白人比非裔美国人更容易自杀；印第安人的自杀率和美国白人差不多；拉丁裔美国人和非裔美国人的自杀率相似（NCHS，2001b）。在美国所有的人种中，亚裔美国人的自杀率最低（NCHS，2002a）。

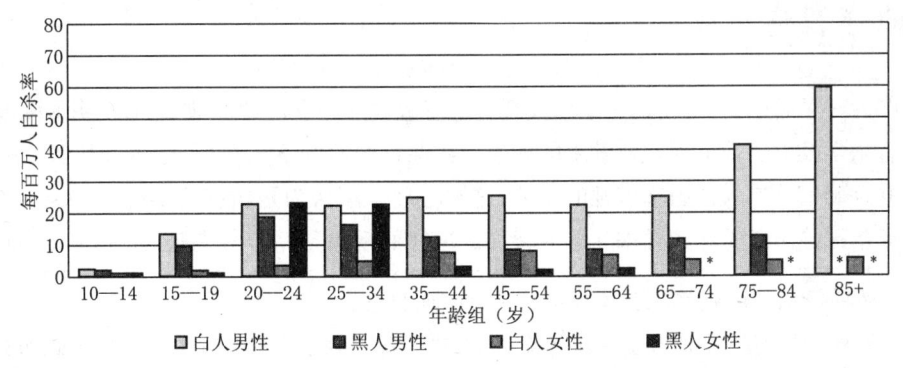

图14.3 不同种族、性别、年龄的自杀率差异 一般来说，男性比女性更容易自杀，并且美国白人比非裔美国人更容易自杀。星号表示自杀率太低而得不出可靠的统计。来源：NCHS（2001a，2002a）。

你也会在图14.3中发现,美国白人和非裔美国人中女性的自杀率比男性低。然而研究表明,女性企图自杀的比例是男性的四倍(Anderson,2002)。男女自杀率的不同取决于他们使用的方法。急诊室记录表明,男性自杀未遂者或者自杀死亡者使用器械的比例是女性的十倍,然而中毒以及药物过量的比例在女性中更高(National Institute of Mental Health [NIMH],2009)。因此,男性自杀成功的比例更高。

虽然青少年和年轻人的自杀率在过去的几十年里有所提高,但是年纪较大的美国人与年轻人相比,自杀的风险更高。85岁及以上的男性有最高的自杀率,在这一年龄组中,每10万人中就有超过46个人自杀,大约是其他国家平均自杀率(每10万人有12.7个人自杀)的四倍(Bergen et al.,2008)。糟糕的健康状况、严重的疾病、孤独(通常是因为配偶的死亡)以及社会和经济地位下降通常会使很多美国老年人,尤其是75岁及以上的人选择自杀。

大约有90%的自杀者都会留下蛛丝马迹(NIMH,2009)。他们可能会说:"你不会再看到我了。"可能会提供行为线索,比如说拿出他们最有价值的财产;可能会离开家人、朋友、同事、冒不必要的风险,改变个性,举止和神情看起来都会显得很忧郁,会对最爱的活动失去兴趣。这些警报信号都要严肃对待。如果你怀疑自己正面对一个想要自杀的人,最好的办法就是鼓励他寻求专业帮助。全国各地都有二十四小时自杀热线。一个电话可能就挽救了一条生命。

记一记——心境障碍

1. 贾马尔有一段时间很压抑以至于尝试自杀,在其他的一些时间里,他精力充沛并且精神愉快。他可能被诊断为_____。
2. 一些抑郁发作跟随着巨大的_____出现。
3. 美国的族裔中,_____的自杀率最低。

答案:1. 双相障碍 2. 生活压力 3. 亚裔美国人

精神分裂症

作为一名高中生,特雷西·摩尔发现自己有着非凡的歌声,所以她进入了明尼阿波利斯的音乐学校以实现成为职业歌手的理想。在课程开始的不久之后,摩尔开始听到一些声音并且确信外星人试图掌控她的身体,这被心理学家认为是**精神错乱**(psychosis)的症状。摩尔被强制退学并且寻求父母的帮助。这样的现象是**精神分裂症**(schizophrenia)的

> **精神错乱** 以脱离现实为特征的一种心理状态。
>
> **精神分裂症** 一种严重的精神障碍,表现为脱离现实,产生幻觉、错觉,不适当情感或者情感贫乏,有思考障碍,不合群或者其他怪异行为。

最初症状,它是一种严重的精神障碍,会导致个体脱离现实。和大部分有这种障碍的人一样,抗精神病药物减轻了摩尔的症状(关于这些药物的更多情况在第15章中会提到)。因此,摩尔才能够在2003年的《美国偶像》中试唱,在该节目的明星评委面前,她完全把这次节目变成了自己的独唱会。兰迪·杰克逊和西蒙·考威尔赞扬了她的嗓音和勇气。如今,摩尔继续着她的歌唱事业,同时,她也付出了大量时间来提高公众对于精神分裂症的认识,并且向公众展示了精神分裂症患者强大的恢复能力。

14.13 年龄和性别与精神分裂症有怎样的关系?
年龄、性别、精神分裂症

和特雷西·摩尔的情况一样,首次发现精神分裂症的时间通常是青少年晚期。因此,绝大多数研究者认为,大脑在青少年晚期的正常发展过程为这种疾病的产生奠定了基础(Shim et al., 2008)。回忆我们在第2章中提到的大脑前额叶,这是负责逻辑和规划的脑区,是这一时期神经系统发展的重点区域。像正常的神经系统变化一样,当患者处于精神分裂症初期时,症状会逐渐加重。举个例子来说,特雷西·摩尔表示,在她被诊断出患有这种障碍之后才意识到十几岁时强烈的情绪波动和奇怪的想法都是急性精神分裂症的症状。

📖 模拟精神分裂症的种类和症状 www.mypsychlab.com

一些研究者认为,抗精神病药物能够防止表现出早期精神分裂症症状的青少年病情进一步恶化(Walker et al., 2004)。然而这个假设颇具争议。首先,目前还无法获知这些药是否真的能预防这一疾病,第二,很多抗精神病药物都有副作用。并且只有35%的表现出这种症状的青少年会发展成为典型的精神分裂症患者(Cannon et al., 2008)。事实上,表现出这种症状的女性青少年更容易患上心境障碍而不是精神分裂症(Amminger et al., 2006)。因此对于如何在精神分裂症早期开展治疗,专家们还未达成共识。

针对精神分裂症患者的研究显示,精神分裂症的发病情况存在着性别差异。举个例子来说,男性的患病时间要比女性早(Takahashi et al., 2000)。这一差异的一个原因就是,男性更容易使用易导致精神分裂症的物质,如冰毒等,在人生的早期,男性在生理上似乎比女性更容易受到这些物质的影响(Yen & Su, 2006)。此外,之后你将会学到遗传也会导致精神分裂症。然而一些研究表明,男性与女性的致病基因不同(Sazci et al., 2005)。因此,致病基因在男性身上会产生更严重的症状。

一些研究表明,用于治疗精神分裂症的抗精神病药物对男性患者的效果要比女性患者来得差(Takahashi et al., 2000)。但是另一项研究表明,在治疗方法上也存在着性别差异。在一项涉及抗精神病药物氨磺必利的研究中,研究人员发现虽然女性在用药后血液成分的变化要比男性大,但是他们的行为却没有明显的差异(Muller et al., 2006)。

14.14 精神分裂症主要的阳性症状有哪些？

精神分裂症的阳性症状

精神分裂症的阳性症状指的是该疾病患者表现出的异常行为。一个最明显的阳性症状是产生**幻觉**(hallucinations)或者假想的感觉。精神分裂症患者在没有任何刺激的环境下也可能会看到、听到、感觉到、品尝到或嗅到一些奇怪的东西。但是幻听和幻觉最常见。这些声音通常包含了对患者的指责和诅咒，以及对他们行为的连续的评论。幻视不像幻听那么常见，患者会看见朋友、亲戚、上帝、耶稣或魔鬼等鲜明的形象。精神分裂症患者也可能会产生非常可怕和痛苦的肉体上的感觉，这使他们感觉自己被殴打、被烧伤或被性侵。

产生**妄想**(delusions)，或是不符合当地文化传统的错误信仰，是精神分裂症的另一种阳性症状。有**夸大妄想**(delusions of grandeur)的人可能会认为自己是一个名人(例如总统或摩西)或是拥有一些伟大的知识、能力或权威的重要人物。那些有**被害妄想症**(delusions of persecution)的患者会认为一些人或者一些组织试图以骚扰、欺骗、暗中监视、勾结、杀害等各种方式来伤害他们。

另一个阳性症状就是思维散漫或者思维脱轨，精神分裂症患者不会连贯地思考，只有模糊的连接，在谈话或写作中容易从一个话题转到另一个。另一种阳性症状是严重紊乱行为，这些行为可以包括天真烂漫的愚蠢行为、不恰当的性行为(如在公共场合手淫)、不修边幅和奇装异服等。还包括不可预知的行为，比如大喊大叫、骂骂咧咧，和不寻常的或不恰当的运动行为，也包括奇怪的手势、脸部表情或姿势等。精神分裂症患者也可能表现出不恰当情感，也就是说，他们的面部表情、语气和手势或许不能反映出当时环境下应该有的情绪。患者可能会流着泪看喜剧，或是笑着看新闻故事中车祸现场的尸体。

14.15 精神分裂症患者的哪些正常机能会减退或消失？

精神分裂症的阴性症状

精神分裂症的一个阴性症状就是患者思想和行为正常功能的缺失或损伤。阴性症状包括社会退缩、冷漠、失去动力、缺少目标导向活动、言语限制、动作迟缓、糟糕的卫生状况和仪表、缺乏解决问题的能力、扭曲的时间观等(Davalos et al., 2002；Hatashita-wang et al., 2002；Skrabalo, 2000)。一些精神分裂症患者几乎没有情绪反应，尽管他们经常报告

> **幻觉** 假想的感觉。
> **妄想** 不符合当地文化传统的错误信仰。
> **夸大妄想** 一种错误的观念，认为自己是一个名人，或是拥有一些伟大的知识、能力或权威的重要人物。
> **被害妄想** 一种错误的观念，认为一些人或者一些组织试图以各种方式来伤害自己。

感觉到了情绪。他们用单调的语调说话,会有模糊的和缺乏情感的面部表情,相比正常人而言,他们的动作和行为更像机器人。

不是所有精神分裂症患者都会出现阴性症状,这些人的病情通常不会很理想(Fenton & McGlashan, 1994)。阴性症状预示着整体社会性和职业功能的受损。精神分裂症患者试图远离与社会的正常连结并且沉浸在自己的世界里。他们的人际交往存在问题,由于功能受损,他们无法正常工作和照顾自己。

14.16 精神分裂症有哪四种类型?
精神分裂症的类型

虽然精神分裂症患者有很多共同的症状,但是某些特征区分了不同类型的精神分裂症。举个例子来说,**偏执型精神分裂症**(paranoid schizophrenia)患者通常有夸大妄想或者被害妄想。他们确信自己有另外一个身份——总统、圣母玛利亚、上帝或者是有伟大的能力或者才能的人。他们感觉自己正掌管着一家医院或者正在为政府执行一个秘密的计划。他们经常有夸大的愤怒和疑虑。一旦他们产生了被害妄想并且感觉到自己被骚扰和威胁,他们就会使用暴力来保护自己免受幻想中的伤害。通常,偏执型精神分裂症患者的行为不会像紧张型精神分裂症和错乱型精神分裂症患者的行为那样令人不安,并且更有机会痊愈。

错乱型精神分裂症(disorganized schizophrenia)是最严重的一种类型。和其他类型相比,它产生的时间更早。并且它的特点是严重的社交退缩、妄想、荒谬、不恰当的笑声、做鬼脸、怪诞的举止和其他怪异的行为。错乱型精神分裂症患者会表现出单一的或者不恰当的情感,并且经常语无伦次。他们经常会展示淫秽行为,例如公开手淫,并且可能吞下各种东西。错乱型精神分裂症会导致最严重的人格分裂,并且很难痊愈(Fenton & McGlashan, 1991)。

紧张型精神分裂症(catatonic schizophrenia)患者

▲一个患有紧张型精神分裂症的患者会像雕塑一样在一个不寻常的位置保持静止,并且持续几个小时。

偏执型精神分裂症 精神分裂症的一种,表现为夸大妄想或者被害妄想。

错乱型精神分裂症 最严重的一种精神分裂症,表现为严重的社会退缩、妄想、荒谬、不恰当的笑声、做鬼脸、怪诞的举止和其他怪异的行为。

紧张型精神分裂症 是精神分裂症的一种,特征是表现出完全的静止、昏迷或是过度的兴奋和激动。这种类型的精神分裂症患者可能会在一个奇怪的姿势或者位置上保持静止并且持续很长一段时间。

可能会表现出完全的静止、昏迷或是过度的兴奋和激动。他们通常会在两者之间迅速转换。并且会在一个奇怪的姿势或者位置上保持静止,并且在几个小时内不移动一步。**未分型精神分裂症**(undifferentiated schizophrenia)是通用术语,在不能明确地将某些症状归到某类精神分裂症名下时使用。

下面的**复习**对四种类型的精神分裂症进行了总结。

复习——精神分裂症的类型

种类	描述
偏执型	夸大妄想或者被害妄想
错乱型	严重的社交退缩、妄想和幻想、荒谬、不恰当的笑声、做鬼脸、怪诞的举止等怪异的行为
紧张型	完全的静止、昏迷或是过度的兴奋和激动;紧张型精神分裂症患者可能会在一个不寻常的位置保持静止并且持续很长一段时间
未分型	囊括了一些无法归到任何一类精神分裂症名下的症状

14.17 哪些因素增加了罹患精神分裂症的风险?
解释精神分裂症

尽管对精神分裂症的研究超过一百年的历史,但是它的成因仍然是一个谜。根据精神分裂症专家伊莱恩·沃克和她的同事(Walker et al., 2004)的观点,关于精神分裂症的成因,一个基于近期研究的假设是精神分裂症不是由单一因素导致的。因此在过去的几十年时间里,研究者将精力集中在精神分裂症的一个模型上,这一模型包括了生物因素和经验因素。这个模型假设这些危险因素通过复杂的方式相互影响,一个人可能受所有的相关危险因素影响,但却不会患上这种疾病。图 14.4 中展示了这一模型,正如你所看到的,这其中包含了几种成分。沃克和她的同事将这些成分总结如下:

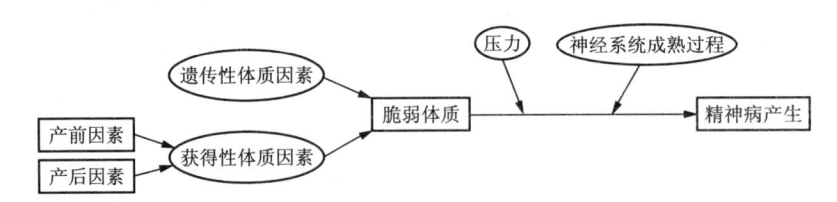

图 14.4 **风险因素如何导致精神分裂症** 这张图表明了当今的研究者对精神分裂症风险因素的观点。其中的重点就是脆弱体质。产前因素和产后因素主要包括遗传和环境因素,这些因素导致某些个体一出生就对压力有着较大的敏感性。压力和神经系统成熟过程会与脆弱体质产生交互作用,从而使个体产生精神分裂症的症状。来源:Walker et al. (2004)。

> **未分型精神分裂症** 通用术语,在不能明确地将某些症状归到某类精神分裂症名下时使用。

脆弱体质。 脆弱体质强调个体患精神分裂症的风险应归因于其本身。性别就是其中一个因素；也就是说男性比女性更加容易患上精神分裂症。并且科学家已经了解到遗传也在一定程度上和精神分裂症有关(Cannon et al., 1998; Gottesman, 1991; Kendler & Diehl, 1993; Owen & O'Donovan, 2003)。图14.5表明，与精神分裂症患者关系的紧密程度也和精神分裂症的患病率有关。然而科学家们尚未真正了解个体如何继承脆弱体质。或许是精神分裂症的致病基因影响了胎儿的大脑结构发育。另一方面，它们可能会塑造大脑今后的发育过程或者影响一生中神经递质的活动，例如大脑中的多巴胺等。基因对抗精神病药物治疗精神分裂症的效果有着很大的影响(Yasui-Furukori et al., 2006)。

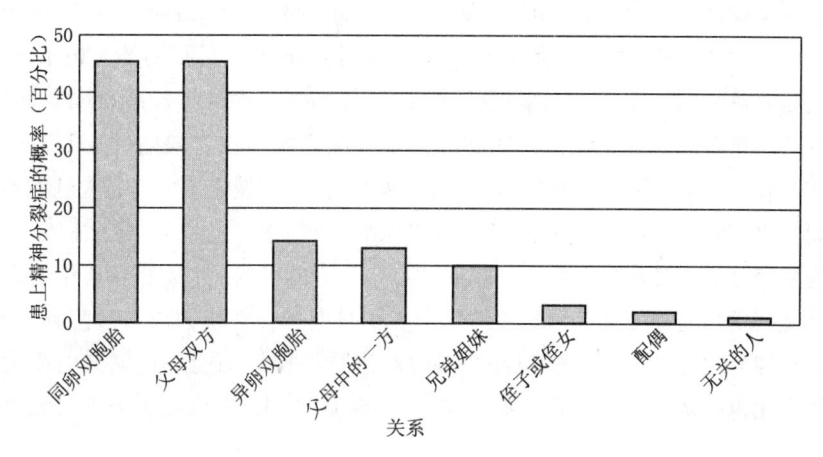

图14.5 遗传相似性和患上精神分裂症的可能性 研究表明，遗传因素和精神分裂症有关。同卵双胞胎有相同的基因，如果双胞胎中的其中一个患上精神分裂症，那么另一个患病的概率为46%。而在异卵双胞胎中，这一概率只有14%。父母中的其中一个患有精神分裂症，那么他们的孩子患病的概率为13%，但是如果父母都患有这种疾病，那么他们孩子患病的概率为46%。来源：Nicol & Gottesman(1983)。

研究者也检测了微生物对脆弱体质的影响。举个例子来说，流感病毒和精神分裂症存在着一定的关系(Perron et al., 2008)。近期的研究发现，流感病毒激活了潜伏在人体中的一组名叫HERV-W的病毒。HERV-W病毒触发了大脑中的炎症过程并导致精神分裂症。

一系列的调查也表明，巨细胞病毒也会增加人们患上精神分裂症的风险，它是疱疹病毒的一种。巨细胞病毒同时也会增加患上弓形虫病的风险，这是猫粪便中的寄生虫导致的一种疾病(Yolken & Torrey, 2008)。

一些关于脆弱体质的因素被认为是产前或者产后经历的结果。举个例子来说，这些经历包括胎儿受到了孕产妇应激激素的影响，或者受到了母亲摄取酒精或者药物的影响，还包括胎儿感染了通过胎盘的细菌和病毒等。产后因素包括产伤和在生产过程中或出生后发生的威胁胎儿健康的事件。

压力。 沃克和她的同事指出，现在还没有证据表明精神分裂症患者比其他没有这种疾病的人有更多的压力。相反地，研究人员认为是体质因素导致了某些个体在压力面前表现得更为脆弱(Walker, Mittal, & Tessner, 2008)。因此,压力在精神分裂症的产生中起到了一定的作用,但只有在拥有脆弱体质的个体身上才会表现出来。

并且,绝大多数研究者认为生理和压力有关,而不是心理和压力有关,他们还解释了一个共同发现,即精神分裂症会在人们压力剧增的时期出现。因此,精神分裂症的发展反映了一些更重要的东西,而不仅仅是因为无法很好地应对压力。研究者假设精神分裂症患者的脆弱体质包括了应对压力时对生化细胞变化的神经敏感性。简单来说,应激激素就好像是一个启动开关,在易患精神分裂症人群的大脑中会随时启动,但是在其他人的大脑中则不会启动。

神经系统成熟过程。沃克指出,大量研究表明精神分裂症患者的大脑结构和功能与那些没有该疾病的人有所差异。举个例子来说,和其他没有这种疾病的人相比,精神分裂症患者大脑前额叶的神经活动水平更低(Glantz & Lewis, 2000;Kim et al., 2000)。很多精神分裂症患者的大脑皮层神经回路和大脑边缘系统存在着缺陷(MacDonald et al., 2003;Rasetti et al., 2009)。并且根据平均值来看,精神分裂症患者建立大脑左右半球连结的时间要比正常水平长(Florio et al., 2002)。

因为精神分裂症最常见于青少年晚期和二十几岁的时候,所以图 14.4 中的理论模型假设了神经病学与精神分裂症的相关性与青少年时期神经系统的成熟过程存在着联系。一旦产生精神分裂症,作为疾病本身的一部分,进行性神经功能恶化也会引起大脑的变化。这些变化包括灰质的减少和大脑整体缩小(详见图 14.6),以及大脑皮层和海马体的退化。

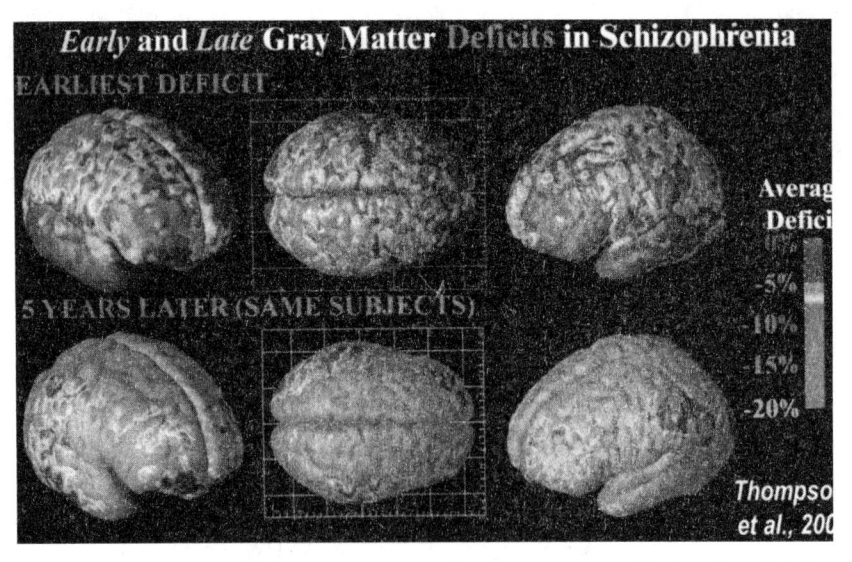

图 14.6 成年精神分裂症患者大脑灰质的破坏情况 本图描述了精神分裂症对患者大脑灰质的毁灭性影响。第一行图像是 15 个年龄在 12 岁到 15 岁之间刚被诊断为精神分裂症的青少年的大脑灰质平均退化状况。第二行显示出得病五年之后灰质的退化情况。你可以观看一段关于 5 年内疾病对大脑影响的延时动态视频。并且你也能够看到一些关于其他精神障碍的图片和视频。http://www.loni.ucla.edu/~thompson/projects.html. 来源:Thompson et al., (2001)。

根据沃克(2004)关于精神分裂症患者死后的大脑研究发现,这种疾病和神经元本身的损伤有关。绝大多数的损伤发生在构成大脑神经系统的神经元部分,这个部分已在第2章有过学习。一些研究者指出,这些损伤导致大脑主管情感和智力的两个部分的沟通障碍。其他人声称,神经元的损伤并没有影响到大脑中各个功能子系统的整体协调性。

考虑神经递质的本身,沃克提出,许多研究表明多巴胺在精神分裂症中起到了重要的作用,这主要是因为作用于多巴胺的药物通常对治疗精神疾病也有帮助(Muller et al., 2006)。然而大脑神经递质系统的性质未必就能通过单一神经递质的不足、过剩或者失灵这一理论来解释复杂的精神分裂症。根据沃克的观点,这更有可能是其他神经递质,特别是谷氨酸和 γ-氨基丁酸共同参与了神经系统成熟过程。

记一记——精神分裂症

1. 在_____时期大脑发育过程中的变化可能导致精神分裂症。
2. 将每一种精神分裂症的症状和相应的例子进行配对。
   _____(1) 夸大妄想　　　　　a. 比尔相信自己是摩西。
   _____(2) 幻觉　　　　　　　b. 克里斯汀娜认为她的家人在她的食物里下药。
   _____(3) 不适当的情感　　　c. 萨尔听到有声音在诅咒他。
   _____(4) 被害妄想　　　　　d. 奥菲莉娅听到悲剧时会笑但是听到笑话时会哭。
3. 将每一种精神分裂症的亚型和相应的例子进行匹配。
   _____(1) 偏执型精神分裂症　　a. 凯蒂会在同一个奇怪的位置站几个小时。
   _____(2) 错乱型精神分裂症　　b. 瓦努阿图坚信外星人会设法绑架他。
   _____(3) 紧张型精神分裂症　　c. 伊森经常做鬼脸,时常大笑,并且会公开手淫。
   _____(4) 未分型精神分裂症　　d. 潘有精神分裂症的症状但是却不符合任何一种类型。
4. 研究者认为精神分裂症不是由单一的因素导致的。(正确/错误)

答案:1. 青少年晚期　2.(1)a　(2)c　(3)d　(4)b　3.(1)b　(2)c　(3)a　(4)d　4. 正确

躯体形式障碍及解离症

2005年8月,一个不知道自己是谁也不知道如何来到这一城市的无家可归的男人向芝加哥警方寻求帮助,希望他们帮自己确定身份。他坚称自己的名字为杰·塔尔,但是除此之外他对自己一无所知。警察帮助这个绝望的男人把指纹递交给美国联邦调查局,但是这些努力毫无效果。几个月之后,在2006年的2月份,一个和塔尔居住在同一收容所的居民在电视节目《美国头号通缉犯》中认出了他。报道指出,照片中的男人叫雷·鲍尔,是纽约的一名律师,于2005年8月1日失踪。显然,鲍尔有一种名为分离性神游的失忆症,你将会在这一部分学到这种障碍。

14.18 躯体形式障碍有哪两种,它们有哪些共同的症状?

躯体形式障碍

你听说过心身疾病这个词吗?外行通常用这个词来指心理因素导致的生理症状。而DSM用躯体形式障碍这个术语来指代这种情况。**躯体形式障碍**(somatoform disorders)包括心理因素导致的身体症状,而不包括已知疾病导致的身体症状。虽然患者的症状是心理因素导致的,但他们还是坚信这些症状来自身体疾病。躯体形式障碍患者不会通过有意识地装病来避免工作或者其他活动。

疑病和转换障碍。疑病(hypochondriasis)患者会过分关注自己的健康,并且担心他们的躯体症状是一些严重疾病的信号。疑病患者"发现一颗痣的时候会认为它是皮肤癌的信号,或者当读到莱姆病的时候,他会认为这一疾病是他感到累的原因"(Barsky, 1993, p.8)。即使这些症状和身体疾病并没有关系,医学检查也发现不了任何问题,疑病患者还是会坚信自己患上了某种疾病。他们可能会换好几个医生看病,以确认自己的担忧。不幸的是,疑病并不容易治疗,并且康复率也很低。

一个被诊断为**转换障碍**(conversion disorder)的人会感受到运动和身体部分感觉功能的丧失,这不是生理原因导致的,而是和一些心理问题有关。患者可能会失明、耳聋、不能讲话或者身体的某些部位出现瘫痪。很多经弗洛伊德治疗的人患上了转换障碍,因为他认为,无意识的生理障碍可以帮助解决无意识的两性冲突或者攻击性冲突。

解释躯体形式障碍。研究表明疑病是由神经功能缺陷引起的,这种缺陷同样导致了强迫症和抑郁症(Xiong et al., 2007)。专家指出,通常很难将疑病和广泛性焦虑症等病症区分开来。并且,对强迫症和抑郁症有效的药物对疑病症也同样有效,支持该假设的另一个发现就是这些障碍有着共同的起源。

同样地,转换障碍和焦虑症在某种程度上有着重叠的部分(Xiong et al., 2007)。心理学家认为,转换障碍可以作为无意识的防御来抵抗任何无法容忍却又无法逃避的焦虑情境。举个例子来说,一个极度害怕上战场的士兵可能会产生瘫痪或者其他一些躯体症状来摆脱焦虑状况。做出这个假设的一个原因就是那些患有转换障碍的人能够冷静地对待自己的症状,这被称为"泰然漠视"。而且,很多人似乎很享受被关注、被同情和因此给他们带来的一切。

躯体形式障碍 身体症状的出现是由于心理因素,而不是任何已知疾病导致的。

疑病 躯体形式障碍的一种,人们会过分专注于自己的身体健康,并担心他们的躯体症状是一些严重疾病的信号,尽管医生已经保证他们没有任何疾病。

转换障碍 躯体形式障碍的一种,一个人感受到运动和身体部分感觉功能的丧失;这种丧失没有生理原因,而是和一些心理问题有关。

14.19 不同的解离症是怎样影响行为的？
解离症

想象一下当你不能辨认出自己的脚时会有多么不安。神经病学家奥利弗·萨克斯(Sacks, 1984)在自己的书《单腿站立》中描述了一个不能感受甚至辨认出自己的腿的解离症患者。这个男人坚信自己的腿并未与身体相连，并且试图把这条腿从床上扔出去，结果是无数次摔落。这个不幸的男人正在经历身体和心理的深层分离。心理健康专家把这个过程称为**解离**(dissociation)——一个人无法通过整合自我的所有组件来形成一个完整的连贯的人格。在这个例子中，这个男人的解离是潜在的生理疾病导致的。在其他很多例子中，解离是心理原因造成的而不是生理原因导致的。

解离性失忆症。作为对无法承受的压力的回应，有些人患上了**解离症**(dissociative disorders)，患者丧失了有意识整合他们自己个性的能力，他们的意识从他们的同一性和(或)关于个人重要事件的记忆中分离出来。举个例子来说，**解离性失忆症**(dissociative amnesia)指的是部分丧失或完全丧失回忆个人信息或者确定过去经验的能力，而这些并不能归因于普通健忘或者药物的使用，通常是因为创伤经验所导致的一种心理上的打击，换句话说，就是令人难以忍受的焦虑情境导致人们通过"忘记"来逃离。

几个先前被认为在"9·11"事件中已经死亡的人，数月后被发现正在精神病院进行治疗，他们都患上了解离性失忆症(*Daily Hampshire Gazette*, 2002)。他们在出事当天就被送到了医院，但是无法确认身份，并且他们不记得自己的名字和其他个人信息。在某些情况下，确认身份之前就应该进行 DNA 测试。事实是，他们中的很多人都是患有精神分裂症的无家可归人员，他们住在临近世贸中心的街上或者地铁站里，这就使得确认他们身份的任务变得更加困难。这样的例子阐明了解离性失忆症的一个谜题：患有这种障碍的人忘记了个人信息的条目，比如说他们的名字、年龄、地址，而且可能无法认出他们的父母、其他的亲戚还有朋友，但是他们不会忘记怎样进行日常工作，怎样去阅读和书写或者是解决问题，并且他们的人格结构仍然保持完整。

解离性迷游症。比解离性失忆症更令人费解的就是**解离性迷游症**(dissociative fugue)。在神游状态，像杰·塔尔这样的人(我们已经在这一部分的开头介绍了这个故事)不仅会忘记自己的身份，还会离开家。一些人会有一个新的身份，这个身份通常比原来的更加开朗和狂放不羁。神游状态可能会持续几个小时、几天甚至几个月。这种神游通常是应对一些严重心理压力时的反应，比如说自然灾害、一次严重的家庭争吵、遭到拒

解离症 在难以承受的压力之下产生的一种精神障碍，患者的意识从他们的同一性和(或)关于个人重要事件的记忆中分离出来。

解离性失忆症 解离症的一种，指部分丧失或完全丧失回忆个人信息或者确定过去经验的能力。

解离性迷游症 解离性障碍的一种，指一个人完全忘记了自己的身份，会离开家，并且为自己设定一个新的身份。

绝或者是战时军事服务。但是对大多数人来说，很幸运的是，解离性迷游症的康复速度非常快，尽管他们可能忘记了最初导致神游状态的压力。当患者从神游状态中恢复过来时，他们通常对那一个时期发生的事没有印象。

分离性身份识别障碍。 分离性身份识别障碍（dissociative identity disorder，DID）指，两个及以上显著且独特的人格会出现在同一个身体中，并且一个人格对另外人格的信息存在记忆截断现象。50%的案例存在多于十种的不同人格。从一种人格转换到另一种人格的速度很快，并且通常在处于压力的情况下发生。控制身体的时间最多的人格称主人格（Kluft，1984）。多重人格或者分离人格，可能在智力、谈吐、口音、词汇、手势、身体语言、发型、穿着品味、举止、笔迹甚至性取向等方面存在巨大差别。在80%的分离性身份识别障碍的案例中，主人格并不知道分裂出的人格的存在，但是分裂出的人格对彼此有着不同程度的认识（Putnam，1989）。主人格和分裂出的人格在特定的时间段或者发生重大生活事件时会出现记忆缺失。一种常见的反应就是"丢失的时间"——某种人格因为未控制身体而没有记忆。

分离性身份识别障碍通常在儿童早期发生，但是在青春期之前却很少能够确诊（Vincent & Pickering，1988）。大约90%的治疗案例是女性（Ross et al.，1989），并且超过95%的人之前都受到过身体伤害和（或）性虐待（Coons，1994；Putnam，1992）。分裂出独立的人格显然是对无法忍受的虐待的一种应对。研究者已经找到一些证据来证明很多DID患者都受到过严重的创伤或者虐待（Gleaves，1996）。分离性身份识别障碍一般通过心理疗法可以治愈，并且一些证据表明DID的愈后情况非常好（Pais，2009）。

一些罪犯尝试用分离性身份识别障碍来做挡箭牌（我的另一个人格做的）。这样的例子证明，这类疾病的症状是可以被模仿的，而且有些非常聪明的人甚至能骗过训练有素的心理健康专家，至少能暂时骗过。一般来说，在几乎所有的情况下，伪装者都是通过有经验的专业人员的协作来通过鉴定的。然而，这些例子还是在公众和一些心理健康专业人士中引起了怀疑，那些不涉及犯罪的案例怎么办？不过，大多数专业人士和《精神障碍诊断与统计手册》都认可，真正的分离性身份识别障碍案例还是存在的。

解释解离症。 创伤是患上解离症的一个重要因素。专家认为，分离的状态和你在第4章中学习到的意识状态的改变类似，都是由于药物的使用、催眠和冥想等而出现的（Sharon & Sharon，2007）。出现分离状态的目的是防止个体产生一些与创伤有关的焦虑。因此，解离症有时发生在遭受性侵害和其他创伤经历之后。然而，创伤和解离症之间的联系只能支持以下观点，即这些病征应该被认为是创伤后应激障碍的表现而不是基于其本身的诊断为某种障碍（Rocha-Rego et al.，2009）。

就像你之前所了解的一样，分离性身份识别障碍存在争议。关于它的原因的假说也存在着激烈的争论（Ross，2009）。在20世纪80年代至90年代，一些研究证明，几乎所有

分离性身份识别障碍 解离性障碍的一种，两个及以上显著且独特的人格会出现在同一个身体中，并且一个人格对另外人格的信息存在记忆截断现象。

具有多重人格的人都曾在儿童时期受到过虐待(Coons，1994；Putnam，1992)。同时，其他研究人员对这一发现提出了反对意见，因为这一发现是从与有幻觉的委托人的暗示性互动中得出的结果,这些委托人都声称有多重人格,并且过于狂热的治疗师提出的问题都旨在证明多重人格是由虐待造成的(Lilienfeld et al.，1999)。这一争议一直持续到今天，但是大多数专家承认,受过虐待的经历绝不是产生多重人格的唯一原因(Brenner，2009)。也就是说，甚至在大多数情况下，受过虐待并不一定都会导致分离性身份识别障碍。同样地,许多案例显示,没有受虐经历的人也会患上这一疾病。

以下的**复习**对躯体形式障碍和解离症的类型进行了总结。

复习——躯体形式障碍和解离症的类型

障 碍	描 述
躯体形式障碍	
疑 病	过分关注健康和假定有严重疾病的迹象
转换障碍	在没有身体伤害的情况下运动和感觉功能的丧失
解离症	
解离性失忆症	全部或部分个人记忆的缺失
解离性迷游症	丧失全部的个人记忆以及离家远行和假定一个新的身份
分离性身份识别障碍	两个或两个以上的鲜明人格出现在同一个人身上，并且一个人格对另外人格的信息存在记忆截断现象

记一记——躯体形式障碍和解离症

1. 将每一种精神障碍和相应的例子进行匹配。
　　_____(1) 分离性身份识别障碍
　　_____(2) 解离性迷游症
　　_____(3) 解离性失忆症
　　_____(4) 疑病
　　_____(5) 转换障碍

a. 泰雅坚信自己有严重的疾病，尽管医生检查不出任何问题

b. 大卫在远离自己家乡的地方被找到，但是他有另外的名字并且对自己的过去没有记忆

c. 特丽萨突然失明，但是医生无法通过生理原因来解释这个问题

d. 曼纽尔已经忘记那天和家人游玩时,他哥哥落水时的情况

e. 纳迪亚对她人生的一大段时间都没有记忆，她已经忘记曾买过房间里的一些衣服

2. _____障碍会出现身体症状，它是由心理原因导致的。

答案:1.(1) e　(2) b　(3) d　(4) a　(5) c　2.躯体形式

人格障碍

心理学家玛莎·史都(Stout, 2005)指出,世界上的很多人缺乏良知,但是已经学会了他们的社会文化成员所期望的外在行为。这样的人仅仅会被以自我为中心的目标所激发,并且他们会通过利用别人善良的天性来获得自己想要的东西。史都以"医生"多琳·菲尔德(一个虚构的名字)为例来支持她的说法。在十四年的时间里,"医生"菲尔德冒充有执照的心理学家并且在大型精神病医院工作。事实上,这个女人既没有专业的执照,也没有博士学位。她通过两个本科心理学教授的介绍而获得了这个职位。两个人都为她提供了证明材料,并且菲尔德许诺以和他们保持性关系作为回报。一旦她获得了在医院工作的机会,她就和职员发展亲密关系,以便让他们帮忙记录其他治疗专家的做法。她通过使用这些信息来破坏他们的工作,从而使自己的工作看起来更好。出于相同的原因,她竟然破坏其他治疗师和病人的治疗关系。当她没有执照的事情被医院的管理人员发现时,菲尔德很快就消失了,因为她担心公开她的欺骗行为会让前任病人和现任病人提起诉讼。显然,多琳·菲尔德有着反社会型人格障碍,我们会在这一部分学到这种障碍。

14.20 所有人格障碍的共同特点是什么?
人格障碍的特点

人格障碍(personality disorder)是儿童早期或青少年期发展起来的长期而僵化的适应不良。这种障碍是精神障碍中最普遍的;《精神障碍诊断与统计手册》指出,10%到15%的北美人有一种甚至更多的人格障碍。其他障碍的患者,尤其是心境障碍患者,也通常被诊断为人格障碍(Kopp et al., 2009; Valtonen et al., 2009)。很多情况下,人格障碍的原因已经被确认。

人格障碍患者很难相处。因此,他们中大多数人的工作和社会经历都不稳定。一些人知道他们的行为会出现问题,可他们没有办法改变。但是更为普遍的是,他们把出现的问题都归咎于他人或环境。因为还没有证据能够表明药物对人格障碍的治疗有效,因此可供选择的治疗方法非常少。毕竟,想要寻找治疗方法和从治疗中获得益处,患者必须清楚自己存在的问题并且积极配合治疗师。很多人格障碍患者在法律权威或者家庭成员的强制要求下才会寻求治疗。一旦开始进行治疗,自我反省是必不可少的。

尽管人格障碍的患病形势十分严峻,但是研究指出,它的指标会随着时间而改变。一项针对青少年时期就被诊断为人格障碍的被试的纵向研究显示,这些诊断起码在十年内会保持稳定(Durbin & Klein, 2006)。然而,许多被试在十年以后不再符合诊断标准。当然,这些人可能在一开始就被误诊了。然而这项研究也发现了这一障碍某些指标的下降,

---

人格障碍 儿童早期或青少年期发展起来的长期而僵化的适应不良。

比如说人格障碍患者神经质的出现率。这些倾向支持了这个观点,即在一些人群中,心理和行为因素只在一定程度上与人格障碍有关,并且可能会随着时间的推移变得越来越不重要。

14.21 在 A、B、C 群中,哪些行为和人格障碍有关?
人格障碍的类型

人格障碍有几种不同的类型,并且用来区分它们的标准有重叠的部分。因此《精神障碍诊断与统计手册》将人格障碍分为几个群。每一个群里的人格障碍都有共同点。

A 群。所有在 A 群中的人格障碍都以异常行为为特征。偏执型人格障碍表现为极端多疑,而分裂样人格障碍患者将自己和他人隔离起来,并且很难与他人形成情感纽带。分裂型人格障碍患者经常被误诊为精神分裂症,因为他们不寻常的表现、不寻常的思维模式以及社交能力的缺乏也都是精神分裂症的症状。

B 群。B 群障碍的特点是不稳定的、过分戏剧化的行为,比如说患者被店员侮辱或者轻视的时候就会在店里大声抱怨。这些障碍和自杀率的上升有关(Lambert, 2003)。对成为焦点的强烈渴望,这也是自恋型人格障碍和表演型人格障碍共有的特征,是由于缺少他人的关心而导致的。

B 群中更为严重的一种障碍就是边缘型人格障碍。该障碍患者的心理状态存在着高度的不稳定。害怕被抛弃是他们社会关系的主题。因此,他们倾向于和使自己感觉愉悦的人打交道。然而一旦关系结束,边缘型人格障碍患者就会把曾经的爱人或者朋友当成死敌。但是在大多数情况下,这种障碍的患者会直接把消极情感作用在自己身上。他们会用奇怪的方式自残,比如说拔自己的头发或者在自己的前臂留下微小的切口。

观看关于边缘型人格障碍的视频 www.mypsychlab.com

另一种 B 群中的人格障碍就是反社会型人格障碍,患者经常侵犯他人的权利并且对自己的行为几乎没有悔恨之心。这种行为模式通常在童年期或青少年期发生。患有这种障碍的儿童或者青少年会撒谎、偷东西、破坏财物、逃学旷课并且可能对其他人或者动物进行身体虐待(Arehart-Treichel, 2002)。他们中的很多人酗酒并且乱性。当儿童或者青少年被最终诊断为患有这种障碍时,这也就是我们所知道的品行障碍。

在成年期,反社会型人格障碍患者中的很多人都不能持续工作,充当负责任的父母,具有财政承担信用或者遵守法律。然而像多琳·菲尔德之类的人,你在这个部分的开头已经读到了这个故事,只代表了反社会型人格障碍患者中的一部分。正如先前所提到的,为了要从他人那里获得自己想要的东西,他们会遵循一切社会惯例。他们可以说是会"按章办事"。因此,反社会型人格障碍的诊断同样适用于那些公然咄咄逼人、漠然、缺乏良心以及那些会巧妙掩饰自己个性特征的人。

C群。最后,C群中的人格障碍和胆怯或者焦虑性行为有关。被诊断为强迫型人格障碍的患者害怕达不到完美的程度。绝大多数患者的人际关系都不甚理想,因为他们倾向于让他人和自己拥有同样不切实际的标准。秩序对他们来说很重要,但是他们没有经历过类似能支配强迫症患者生活的非理性的痴迷和胁迫。

C群中的其他两种障碍分别为回避型人格障碍和依赖型人格障碍,它们代表了应对社会关系的两种完全相反的方法。回避型人格障碍患者回避社会关系,因为他们对批评和拒绝过于敏感。相反地,依赖性人格障碍患者过分地依赖别人。这样的人在没能获得他人的帮助或者认同之前不能作出决定,比如说晚上吃什么。正因为他们如此依赖别人,所以他们害怕被抛弃,并且在社会关系中更倾向于"依附"。

因为人格障碍的特征和正常的人格变化十分相似,所以请回想在本章开头讨论的异常的标准。举个例子,如果你的一个朋友怀疑邻居给他的猫下毒,但是你认为这是一个不合理的怀疑,请不要马上得出你的朋友患有偏执型人格障碍这一结论。这种怀疑的倾向极有可能仅仅是你朋友的人格特质。

解释人格障碍。人们对人格障碍的成因了解甚少(Bienenfeld,2008)。研究者和临床医生假设这些障碍是环境因素导致的,比如父母的教养方式和内在因素,如遗传、气质和个体的大脑发育模式等。最深入的研究是针对边缘型人格障碍和反社会型人格障碍的研究。

边缘型人格障碍患者中,有很大一部分人在童年时受到过虐待或者亲密关系遭到破坏(Allen,2008)。而且很多患有这种障碍的人也患有心境障碍。因此,自杀意念和行为是治疗过程中需要关注的一个主要问题(Joiner et al.,2009)。然而,研究者指出抗抑郁药物和心理疗法的结合对治疗这种障碍十分有效。

脑成像研究指出,反社会型人格障碍患者不能理解有情感意义的文字和图像(Hare,1995)。根据脑电图记录,不管是面对中性刺激(比如说椅子、桌子和石头等词汇)还是感情色彩刺激(癌症、强奸和谋杀等词汇),患者的大脑唤醒水平都相同。这些研究表明,绝大多数患者都缺乏正常的移情反应所需的神经生理学基础(Habel et al.,2002)。

下面的**复习**对不同类型的人格障碍进行了总结。

记一记——人格障碍

1. 将人格障碍的每一个集群和它的主要特征进行配对。

　　_____(1) A群　　　　　　　　a. 异常行为

　　_____(2) B群　　　　　　　　b. 焦虑、令人害怕的行为

　　_____(3) C群　　　　　　　　c. 过于戏剧性的行为

2. 将下面的每一种人格障碍归入A群、B群和C群。

　　_____(1) 自恋型人格障碍

　　_____(2) 强迫型人格障碍

　　_____(3) 表演型人格障碍

_____(4) 类似分裂型人格障碍
_____(5) 分裂型人格障碍
_____(6) 偏执型人格障碍
_____(7) 反社会型人格障碍
_____(8) 依赖型人格障碍
_____(9) 回避型人格障碍
_____(10) 边缘型人格障碍

答案:1.(1) a (2) c (3) b 2.(1) B (2) C (3) B (4) A (5) A (6) A (7) B (8) C (9) C (10) B

复习——人格障碍的种类

人格障碍	症　　状
A群:异常行为	
偏执型	高度怀疑、不信任、警惕、高度敏感、容易轻视、缺乏情感;怀有怨恨
分裂型	将自己和他人隔离开;很难与他人建立情感联系;行为可能类似于自闭症儿童
分裂样	个人穿着方式十分不寻常;缺乏社会技能;有类似精神分裂症妄想的一些不寻常想法
B群:不稳定的,过度戏剧化的行为	
自恋型	个人对自我的重要性和权利有夸大的感觉;以自我为中心、自大、要求严格、剥削、嫉妒;渴望崇拜和关注;缺乏同情心
表演型	个人寻求关注和认同;过分戏剧化,以自我为中心、肤浅、要求高、好指使人、容易厌倦
边缘型	患者的情绪、行为、自我定位和社会关系不稳定;对被抛弃有着极度恐惧;表现出冲动和鲁莽的行为和不适当的愤怒;有自杀姿态并且表现出自残的行为
反社会型	患者漠视他人的权利和感受;喜欢指使别人、易冲动、自私,具有攻击性、不负责任、鲁莽并且喜欢触犯规则、撒谎、欺骗、为个人利益而剥削他人、没有懊悔之心;无法持续工作
C群:焦虑的和令人害怕的行为	
强迫型	患者将注意力集中在用正确的方式处理事情并且最好做到完美;人际关系不理想
回避型	患者害怕批评和拒绝;为了避免他人对自己的判断而避免社交场所
依赖型	患者过分依赖他人的建议和认同;依附爱人和朋友,害怕被抛弃

儿童时期的精神障碍

除了人格障碍之外,我们在这章中学到的所有精神障碍在儿童和成年人身上都会发生。焦虑症和心境障碍的诊断标准,举个例子,无论涉及儿童还是成年人都是相同的。儿童也可能患精神分裂症、躯体形式障碍和解离症,虽然成年人更容易产生这些精神障碍,但是也有几种潜在的终身障碍可能在儿童时期第一次出现。

在这个部分,你会学到两种这类障碍,即广泛性发育障碍(PDD)和注意缺陷多动障碍(ADHD),两者都因为某些至今还未知的原因而在过去的二十几年时间里显示出了患病率提高的趋势(Newschaffer, Falb, & Gurney, 2005)。对这些障碍的另一个了解甚少的方面就是男性的患病率是女性的四到五倍这一发现(American Psychiatric Association, 2000b)。目前,对这一性别差异的最合理解释就是:对精神分裂症来说,男性拥有一些基因和(或)获得性脆弱体质这一产前因素,这些特点也将他们和女性区分开来。这个假设也能被研究所证明。研究显示,男性的亲生母亲如果吸烟或者怀孕期间的应激激素水平较高,那么他们比同一情况下的女性更容易患病(Rodriguez & Bohlin, 2005)。然而,男性和女性在这些障碍的表现方式上有所不同,这也导致了女性更容易被误诊(Posserud, Lundervold, & Gillberg, 2006; Waschbusch & King, 2006)。尽管在患病率上存在性别差异,这些精神障碍都在用同一种方式干扰男性和女性的发展。

◂密集的教育项目帮助自闭症儿童提高语言和社交能力。

14.22 广泛性发育障碍对儿童的成长有什么影响?

广泛性发育障碍

你可能对迈阿密海豚队的四分卫丹·马里奥杰出的足球生涯很了解,但是你知道他的一个儿子在两岁的时候被诊断为自闭症吗?自闭症是**广泛性发育障碍**(pervasive

> **广泛性发育障碍** 一组导致儿童在人际关系上存在严重困扰的精神障碍。

development al disorders, PDDs)的一种,它有时候也被称为自闭症谱系障碍。所有广泛性发育障碍的特点就是无法建立和维持人际关系。

广泛性发育障碍患者存在的社交困难通常来自他们糟糕的沟通能力,他们不能理解互惠或者"接受和给予"的社会关系概念。很多患儿也存在异常的重复行为,比如拍手等。一些人会对事物产生依恋并且在分离时变得极度焦虑和易怒。其他人则会表现出一些自残行为,比如撞头等。在美国,所有儿童中只有少于1%的人患有这种广泛性发育障碍(Lauritsen, Pedersen, & Mortensen, 2004)。两种最常见的广泛性发育障碍就是自闭症和阿斯伯格症。

自闭症。在**自闭症**(autistic disorder)患儿中,显著的症状表现为有限的或者不具有语言能力,无法加入互惠的人际关系和有限的兴趣范围(American Psychiatric Association, 2000b)。他们中的很多人还存在智力障碍,很容易分心,对外界刺激的反应速度缓慢,并且会异常冲动(Calhoun & Dickerson Mayes, 2005)。一些儿童表现出分心和易冲动的症状,这时就需要用兴奋剂药物治疗,而这通常是给多动症儿童开的药方(Posey et al., 2004)。

有自闭症孩子的父母表示,在孩子出生后的前几个月就发现了他们的特殊性。最打击这些父母的就是这些孩子缺乏对人的兴趣。然而在绝大多数的案例中,这种障碍没有办法明确诊断,只有当孩子无法掌握正常的语言能力时才变得明显,这表明了他们正处在非典型的发展路径上。这通常在1~2岁发生。

有些自闭症儿童能够进行一定程度上的正常语言交流,并且他们的认知障碍极小,这些儿童通常被称为高功能儿童。然而这些儿童的沟通能力非常糟糕,因为他们的社会认知能力有限。举个例子,绝大多数的人不能从他人的角度看问题(Hughes, 2008)。因此,他们不能理解自己的陈述如何被听众感知,无法进行正常的谈话。除此之外,他们演讲的音高和语调通常都不正常,一些像机器人语言一样的完全重复的短语总是会不合时宜地出现。

阿斯伯格症。在美国,1 000个儿童中就有两个被诊断为**阿斯伯格症**(Asperger's disorder)(Raja, 2006)。阿斯伯格症是广泛性发育障碍中的一种,通常被认为是自闭症的一种温和的形式。事实上,它和自闭症的诊断标准高度相似(American Psychiatric Association, 2000b)。然而,患有阿斯伯格症的儿童具有与年龄相符的语言和认知技能,并且在智商测试中通常能够取得较好的成绩。除了他们正常的语言技能,阿斯伯格症患者无法拥有正常的人际关系,因为他们和自闭症儿童一样存在高功能状态,他们通常也不能理解他人的思维、想法和动机(一个心理理论)。

自闭症 儿童与同龄人相比语言能力十分有限,无法加入互惠的人际关系并且具有十分有限的兴趣范围等一系列症状。

阿斯伯格症 和自闭症儿童的特征相同,但是患儿拥有语言和认知技能。

因为他们正常的语言和认知技能,阿斯伯格症的患儿不会被同伴排挤,直到他们到了参与合作性游戏的年纪,大概是在2~3岁时。然而这个年龄的患儿与正常儿童之间有很大的差别,所以阿斯伯格症患者通常被认为是"成熟较晚的人"或者"正在经历某一个阶段"。一些人会被误诊为注意缺陷多动障碍(Pozzi,2003)。但是在进入学校之后,很多人表现出了异常的行为,并且绝大多数的人会被认为有广泛性发育障碍。举个例子,他们可能把注意力放在一些对自己没有意义的事情上,比如说航空公司的航班计划。他们可能也会产生一些强迫性行为,比如说一遍又一遍地数方格桌布上正方形的数量。到了学龄期,他们也不能和同龄人建立友谊。

观看关于阿斯伯格症的视频 www.mypsychlab.com

解释广泛性发育障碍。广泛性发育障碍曾经被认为是糟糕的教养方式所导致的。但是现在已经有证据能够表明这些障碍有着一定的神经基础(Kagan & Herschkowitz, 2005),单一的大脑异常或大脑功能紊乱不会导致广泛性发育障碍。甚至在这类患者中,研究者也没有发现单一的、具有决定性的神经标记。在极少数情况下,导致神经系统发育异常的某些遗传缺陷也会使儿童患上广泛性发育障碍。例如你在第2章中学到过的X染色体易损综合征也会导致自闭症的产生。然而在大多数情况下,广泛性发育障碍的成因仍然是一个谜(Kagan & Herschkowitz, 2005)。

无论广泛性发育障碍的神经机制是什么,针对双胞胎的研究发现这一疾病具有遗传性。当同卵双胞胎其中的一个被诊断为广泛性发育障碍,另一个被诊断为这种疾病的可能性是70%到90%(Zoghbi, 2003)。很多不同的因素和遗传易感性的交互作用导致了这些疾病的出现(Hughes, 2008)。当母亲患抑郁症的时候,她的孩子患上广泛性发育障碍的风险就会大大提高(Pozzi, 2003)。有关免疫接种可能导致广泛性发育障碍的报道已经被证明没有科学依据。

广泛性发育障碍的治疗。自闭症没有治愈的可能性。连丹·马里奥都不能说他的儿子已经痊愈了,即使这个年轻的男性在学术上非常成功。但是他的例子说明,这种疾病能在一定程度上得到控制。这种治疗手段在孩子三岁生日前实行最有效,包括集中的语言能力训练和社交能力训练,以及自残行为的修正,等等(Cohen, Amerine-Dickens, & Smith, 2006; Konstantareas, 2006; Luiselli & Hurley, 2005)。但是患儿对这些治疗的反应千差万别。专家指出,成功的关键就是治疗方式需要和每一个儿童独特的需求相适应(Autism Society of America, 2006)。

患儿的语言能力是他(她)成年期预后最好的指示(American Psychiatric Association, 2000b)。儿童的语言和认知能力也是疗效的一个良好预测。因此,阿斯伯格症患者很有可能在成年时获得独立能力。因为他们的语言和认知技能,他们中的很多人还能够拥有高水平的学术成就。

14.23 注意缺陷多动障碍有什么特点？
注意缺陷多动障碍

如果你了解流行歌手丹尼尔·贝丁菲尔德在1980年早期也就是他还是学龄前儿童时的状况，你一定难以想到他会有一个如此光明的未来。在他四岁的时候，贝丁菲尔德被**诊断为注意缺陷多动障碍**（attention deficit hyperactivity disorder，ADHD）。多年以来，他把自己的精力投入到音乐中，他自己编曲并且录制的一首《爱情体验》成为了2001年的世界流行金曲，而这也成为他的成名曲。

ADHD的患病率和特点。专家指出，世界范围内大约有3％到7％的儿童患有注意缺陷多动障碍（NIMH，2001）。一些研究指出，美国的患病率高达7％（Bloom & Cohen，2007）。很多患儿也存在学习障碍（Brook & Boaz，2005）。一些人会表现出攻击性行为，并且可能被诊断为品行障碍以及儿童的反社会型人格障碍，这在前面的部分已经提到过。

ADHD的特点就是活动过度以及存在注意问题。然而针对注意力的实验室研究发现，ADHD儿童在很多注意任务中的表现和其他儿童没有明显的差别（Lawrence et al.，2004）。但是当需要把注意力集中在枯燥且重复性高的现实任务上时，ADHD儿童的表现与其他同龄人的表现就会有显著的差别。相比其他同龄人，ADHD儿童更加难以克制冲动。因此，ADHD儿童在家里可能表现得很好，因为他们有足够的自由从一个感兴趣的活动换到另一个活动上。相反地，当这些儿童进入学校后，他们的散漫、冲动以及活动过度就会凸显。因此，这一疾病最有可能在入学早期被诊断出来。

解释ADHD。研究指出，ADHD是神经障碍中的一种（Kagan & Herschkowitz，2005）。根据对双胞胎和家庭的研究发现，这一障碍受到遗传因素的影响（Polderman et al.，2009；Thapar，O'Donovan，& Oven，2005）。产前环境也在这种障碍的产生中起到了一定作用，第8章中曾提到过，如果母亲在怀孕期间抽烟或者使用药物，那么出生后的婴儿和其他婴儿相比，患上这种疾病的可能性更高。

然而研究也明确指出，发展成ADHD的倾向最好被看作是风险因素的一种，它可能被其他风险因素放大或者被保护性因素抵消（Martel et al.，2009）。举个例子，儿童的气质对于ADHD来说可以是风险因素，也可以是保护性因素。无法有效控制的棘手气质的儿童与其他懒散的儿童相比，更容易被诊断为ADHD（Wiersema & Roeyers，2009）。当过分活跃的儿童进入学校时，被诊断为ADHD的风险就会提高（Chang & Burns，2005）。而且，像丹尼尔·贝丁菲尔德一样，很多被诊断为ADHD的天才儿童参与他们擅长的校外活动可以帮助他们弥补学业成就上的不足。

我们在第4章中已经提到过，哌甲酯等安非他命药物能够成功治疗ADHD。事实上在美国，有超过半数的学龄儿童被诊断为ADHD，大概有超过二百万的儿童需要使用这些药物（Bloom & Cohen，2007）。安慰剂对照实验明确表明，这些药物对70％到90％的患儿都有积极的疗效（Ridderinkhof et al.，2005）。

> **注意缺陷多动障碍** 以儿童注意力无法集中并且身体过度活跃为特征的一种障碍。

父母的训练也是治疗方法之一。这个方法基于很多患儿的父母采用专制型教养方式这一发现。他们主要通过威胁、强制以及体罚来管理孩子的行为(Carr, 2009)。治疗过程中,研究者会教导父母使用一些更加有效的策略。然而,这项研究的结果前后矛盾(McKee et al., 2004)。在很多案例中,教养方式的改变并不能纠正患儿的行为。为了支持这一观点,即药物是最好的治疗手段,往往会借用关于父母训练的研究。然而和注意缺陷多动障碍相比,父母的训练干预往往能成功地纠正患有其他精神障碍的儿童的行为(Farley et al., 2005)。

使用药物来治疗注意缺陷多动障碍的成年人人数也在增长。调查发现,美国大约有4.4%的成年人患有这种疾病(Kessler et al., 2006)。然而,研究结果指出,药物治疗成年人注意缺陷多动障碍的效果有待进一步确认。也有研究指出,对儿童有效的治疗 ADHD 的药物对成年人也同样有效(Adler et al., 2009)。但是相反地,其他患有 ADHD 的成年人对治疗 ADHD 的药物和安慰剂会做出同样的积极反应(Carpentier et al., 2005)。因此,药物是否是治疗成人 ADHD 的最好方式还有待进一步的研究来确定。

记一记——儿童时期的精神障碍

1. _____患者拥有有限的语言能力。
2. 在阿斯伯格症患者中发现的保护性因素包括_____和_____。
3. 注意缺陷多动障碍的标志是_____和_____。

答案:1. 自闭症 2. 正常的语言能力;正常的认知能力 3. 过度活跃;注意问题

总结与回顾

精神障碍的定义 p.472

14.1 行为异常的标准是什么? p.472

当某些行为在自己的文化体系中被认为是不正常的时候,这些行为就可能被看作是异常行为。会导致个人痛苦或功能受损的行为,或者导致个人或他人处于危险之中的行为都被看作是异常行为。

14.2 临床医生如何使用《精神障碍诊断与统计手册》? p.474

《精神障碍诊断与统计手册》包含了大约 300 种精神障碍的诊断标准,临床医生通过多轴系统来描述个案。

14.3 哪些理论观点能够解释精神障碍的成因? p.475

解释精神障碍成因的五种理论观点分别为生物学观点、生理心理社会学观点、心理动力学观点、学习观点和认知观点。

14.4 精神障碍的流行情况如何? p.476

精神障碍比很多躯体障碍更加普遍。每年大约有 26% 的美国人被诊断为患有精神障碍。在美国,精神障碍的终身患病率大约为50%。

焦虑症 p.477

14.5 惊恐发作、广场恐惧症、恐慌症有什么特点? p.478

惊恐发作的人会把身体的正常变化看作是对生命的威胁。惊恐发作的表现包括极度恐惧,剧烈的心脏跳动和其他生理痛苦的迹象。反复的惊恐发作可能导致广场恐惧症,即对难以逃离的地方的恐惧。恐慌症是当频繁的惊恐发作干扰了个人的社交、职业和(或)学术功能时产生的。

14.6 广泛性焦虑症、社交恐惧症和特定恐惧症的症状有哪些不同之处? p.479

广泛性焦虑症指长期过度的担心。社交恐惧症是因为担心尴尬而产生的,而特定恐惧症是对某些物体或者场所的不合理的恐惧。

14.7 哪些思维模式和行为模式与强迫症有关? p.482

强迫症的特征就是经常产生的强迫性观念(持续的、无意识的思维、想法或者冲动而导致极大的痛苦)或者强迫行为(因持续的、不合理的欲望重复表现一个行为或者仪式)。

心境障碍 p.483

14.8 重度抑郁症有哪些症状? p.484

重度抑郁症的特征就是一种极大的悲伤、绝望和无助的感觉,以及丧失感受快乐的能力。其他症状包括精神运动性障碍,可能还有精神病性抑郁症。

14.9 文化、性别和抑郁症三者之间有什么联系? p.484

抑郁症的终身患病率在不同的文化中有很大的差异。然而在世界范围内,女性比男性更容易患抑郁症。

14.10 双相障碍患者有哪些极端情绪体验? p.485

双相障碍是心境障碍的一种,患者的躁狂发作(在一段时间里盲目乐观、自尊心膨胀、过度兴奋和过度活跃)和重度抑郁交替出现。

14.11 已知的心境障碍成因有哪些? p.486

一些心境障碍的假设成因是(1)遗传易感性,(2)大脑血清素水平的干扰,(3)神经递质中多巴胺,γ-氨基丁酸和去甲肾上腺素的异常模式,(4)神经质的人格特质,(5)巨大的生活压力。

14.12 有哪些危险因素会导致自杀? p.486

抑郁症、心境障碍、精神分裂症和药物滥用是导致自杀的主要危险因素。其他危险因素包括特别令人不安的生活压力和易于出现自杀行为的基因。老年人和白人女性相比于其他年龄段的人群或者其他种族更容易出现自杀行为,这可能是因为糟糕的身体状况或者孤独导致的。研究表明,女性更容易企图自杀,但是男性更容易自杀成功。

精神分裂症 p.488

14.13 年龄和性别与精神分裂症有怎样的关系? p.488

精神分裂症更容易在青少年晚期或者二十几岁的时候被诊断出来。男性比女性更容易患这种疾病,并且恶化程度更大。

14.14 精神分裂症主要的阳性症状有哪些？p.489

精神分裂症的阳性症状就是异常的行为和特征，包括产生幻觉、妄想、思维脱轨、严重紊乱的行为和不适当的情感。

14.15 精神分裂症患者的哪些正常机能会减退或消失？p.489

精神分裂症的阴性症状就是患者思想和行为正常功能的缺失或损伤。包括社会退缩、冷漠、失去动力、缺少目标导向活动、言语限制、动作迟缓、糟糕的卫生状况和仪表、缺乏解决问题的能力、扭曲的时间观等。

14.16 精神分裂症有哪四种类型？p.490

精神分裂症的四种类型分别为偏执型精神分裂症、错乱性精神分裂症、紧张型精神分裂症和未分型精神分裂症。

14.17 哪些因素增加了罹患精神分裂症的风险？p.490

一些导致精神分裂症的危险因素包括遗传易感性、巨大的压力和神经系统的异常。

躯体形式障碍及解离症 p.493

14.18 躯体形式障碍有哪两种，它们有哪些共同的症状？p.494

躯体形式障碍包括不是由任何已知疾病所导致的身体症状。疑病患者长期认为自己的身体症状是一些严重疾病的征兆，转换障碍患者会感受到运动和身体部分感觉功能的丧失，这不是生理原因导致的，而是与一些心理问题有关。

14.19 不同的解离症是怎样影响行为的？p.494

解离性失忆症患者部分丧失或完全丧失对重要事件的记忆和（或）对自己身份的记忆。解离性迷游症患者会完全忘记自己的身份，远离家门，并且可能会在其他地方重新设定一个身份。分离性身份识别障碍患者有两个或者更多的人格，不同的人格存在于同一个体中，一个人格对另外人格的信息存在记忆截断现象。

人格障碍 p.497

14.20 所有人格障碍的共同特点是什么？p.497

人格障碍患者存在着长期僵化的适应不良，这导致了他们在人际关系和工作中的各种问题。

14.21 在 A、B、C 群中，哪些行为和人格障碍有关？p.498

A 群的特点是异常行为；B 群的特点包括不稳定的、过分戏剧化的行为；C 群的特点为与恐惧和焦虑行为有关的障碍。

儿童时期的精神障碍 p.500

14.22 广泛性发育障碍对儿童的成长有什么影响？p.501

广泛性发育障碍干扰了儿童沟通能力的发展，并且导致儿童无法维持正常的人际关系。被诊断为阿斯伯格症的儿童比那些自闭症患者有着更好的预后，因为他们有基本正常的认知和语言能力。

14.23 注意缺陷多动障碍有什么特点？p.503

注意缺陷多动障碍包括过度活跃和注意问题。它最有可能在儿童进入学校之后得到确诊。对治疗注意缺陷多动障碍有效的药物以及无效的行为干预表明，这一疾病有着一定的生理基础。

关键术语

广场恐惧症 p.478
焦虑症 p.477
阿斯伯格症 p.502
注意缺陷多动障碍（ADHD）p.503
自闭症 p.501
双相障碍 p.485
紧张型精神分裂症 p.491
强迫症 p.482
转换障碍 p.494
妄想 p.489
夸大妄想 p.489
被害妄想 p.489
强迫观念 p.482
惊恐发作 p.478
偏执型精神分裂症 p.491
广泛性发育障碍（PDDs）p.501
精神障碍 p.472
精神分裂症 p.488
躯体形式障碍 p.494
未分型精神分裂症 p.491

错乱型精神分裂症 p.491
解离症 p.495
解离性失忆症 p.495
解离性迷游症 p.495
分离性身份识别障碍（DID）p.495
《精神障碍诊断与统计手册》p.474
广泛性焦虑症（GAD）p.479
幻觉 p.489
疑病 p.494
重度抑郁症 p.484
躁狂发作 p.485
心境障碍 p.484
强迫性精神障碍（OCD）p.482
恐慌症 p.478
人格障碍 p.497
恐惧症 p.479
精神病 p.488
社交恐惧症 p.480
特定恐惧症 p.480

章末测验

选择题

1. 泰德坚信绝大多数的异常行为是父母的教养方式所导致的，他对于异常行为持_____观点。

   a. 人本主义观点　　　　　　　　b. 生物学观点
   c. 认知观点　　　　　　　　　　d. 学习观点

2. 摩西才知道已经去世的爷爷患有精神分裂症。要想了解到关于这种疾病的更多知识，需要阅读以下哪本书？

a.《广泛性发育障碍和精神分裂症指南》
b.《精神障碍统计和诊断手册》
c.《多轴系统手册》
d.《变态心理学手册》

3. 下列关于癌症和精神障碍的观点哪种是正确的?
a. 和精神障碍相比,一生中更容易患上癌症。
b. 如果你被诊断为癌症,那么你也有可能被诊断为精神障碍。
c. 在接下来的一年中你被诊断为癌症和精神障碍的可能性相同。
d. 在你的一生中,你更有可能患上精神障碍而不是癌症。

4. 辛迪会时常产生一些症状,她会感到心跳加速,不能呼吸,她觉得自己可能快要死了。她最有可能患上了下列哪种疾病?
a. 双相障碍　　　b. 广泛性焦虑症　　　c. 精神分裂症　　　d. 恐慌症

5. 下列哪一种行为属于特定恐惧症?
a. 布拉德无法从大学毕业,因为他害怕必须发言的课。
b. 梅兰妮只有在姐姐的陪伴下才愿意走出家门。
c. 埃利时常担心他家所有的门是否上锁。
d. 塞尔玛十分害怕蜘蛛,所以她拒绝在公园里野炊。

6. 强迫性精神障碍患者存在强迫行为,这是为了_____。
a. 避免惊恐发作　　　　　　　b. 克服广场恐惧症
c. 减轻和恐惧的想法有关的焦虑　d. 为了避免自己产生更严重的疾病

7. 下列的哪一项描述了伴随夸大妄想而产生的极端兴奋状态?
a. 游离状态　　　　　　　　b. 躁狂发作
c. 心境恶劣的事件　　　　　　d. 过度自我膨胀

8. 以下哪种人最有可能患上精神分裂症?
a. 弗雷德,一位即将退休的白人男性。
b. 露辛达,一名即将毕业的拉丁裔女性。
c. 狄文德,刚过四十岁生日的非洲裔美国人。
d. 梅,一位八十岁的白人女性。

9. 布鲁斯在医院接受治疗,因为他企图烧掉邻居的房子,并且告诉警察他的邻居在他的食物里下毒。布鲁斯的这种症状属于哪种精神分裂症?
a. 未分型　　　b. 错乱型　　　c. 紧张型　　　d. 偏执型

10. 佩兰被诊断为精神分裂症。除了大笑不止,他还有可能会出现哪种症状?
a. 错乱行为　　　b. 被害妄想　　　c. 夸大妄想　　　d. 情感贫乏

11. 下列哪一种是精神分裂症的阴性症状?
a. 约翰的脸部表情几乎被"冻住"了,极少发生变化
b. 瑞拉有时候会在医院的其他病人面前暴露自己

c. 米歇尔认为外星人在密谋绑架她

d. 露娜坚信自己是圣母玛利亚

12. 和其他没有精神分裂症的人相比,精神分裂症患者_____。

 a. 经受更大压力   b. 更有可能患焦虑症

 c. 更容易受到压力   d. 经受更小压力

13. 雪莉,一个非常健康的年轻女性,发现她的头被撞了一个包。雪莉马上以为自己得了脑瘤,并且忘记了几天前在游泳的时候头碰到了泳池的一角。雪莉可能患有_____。

 a. 边缘型人格障碍   b. 分离性身份识别障碍

 c. 广泛性焦虑症   d. 疑病

14. 布奇是飞机失事后少数的幸存者之一。当他在医院里醒来时,忘记了自己的名字、自己从哪里来以及自己为什么在医院。布奇极有可能患了下列哪种疾病?

 a. 转换障碍   b. 疑病

 c. 分离性身份识别障碍   d. 解离性失忆症

15. 因为约翰的火爆脾气,他无法维持工作或者人际关系超过几个星期。但是他经常把自己的问题归因于他人的错误,并且拒绝听取家庭成员的意见,他们想要让约翰相信他的脾气才是问题的根源。约翰可能患有哪种疾病?

 a. 广泛性焦虑症   b. 精神分裂症   c. 人格障碍   d. 心境障碍

16. 七岁的托米是自闭症患者。下面的哪一种说法不具有典型性?

 a. 他的症状第一次出现在八个月大的时候。

 b. 他的语言能力存在问题。

 c. 除了和他的毛绒玩具玩之外,他对其他任何游戏都没有兴趣。

 d. 他有很多朋友。

17. 特妮刚刚被诊断为注意缺陷多动障碍。她最有可能具有下列哪种症状?

 a. 沟通障碍   b. 在克制冲动方面存在问题

 c. 体力活动减少   d. 嗜睡

简答题

18. 界定异常行为的标准有哪些?

19. 对比关于精神障碍的不同观点。

20. 讨论自闭症和阿斯伯格症的异同点。

答案见第 773 页。

第15章

治疗方法

领悟疗法

15.1 精神分析法的基本技术,以及如何用于帮助病人?

15.2 人际关系疗法关注抑郁的哪些问题?

15.3 在以人为中心疗法中,治疗师扮演的角色与目标是什么?

15.4 格式塔疗法主要强调什么?

关系疗法

15.5 如何区分传统行为婚姻疗法与综合行为婚姻疗法?

15.6 家庭治疗的目标是什么?

15.7 团体治疗的优点有哪些?

行为疗法

15.8 行为治疗师如何改变来访者的问题行为?

15.9 行为疗法怎样建立在经典条件和观察学习理论上?

认知疗法

15.10 理性情绪行为疗法的目标是什么?

15.11 贝克的认知疗法如何帮助人们克服抑郁和惊恐障碍?

生物医学疗法

15.12 用药物治疗精神疾病的优点和缺点有哪些?

15.13 精神类药物会给儿童和青少年带来哪些问题?

15.14 电休克疗法被用来做什么?

15.15 什么是精神外科,它被用在哪些地方?

15.16 治疗精神障碍是否有最有效的疗法?如果有,那是什么?

治疗方法之间的关系

15.17 不同治疗方法之间有什么区别,所有的治疗方法中都有什么样的伦理标准?

15.18 性别和文化敏感疗法具有什么样的特点?

想一想

你是否认为你必须取得好成绩才能成为一个"优秀的人"？或许你这样认为，不管你做什么，你注定成绩普通甚至会失败。总之，对成功或失败不切实际的期待也许会导致你产生一些不愉快的感觉甚至让你陷入了抑郁。一个简短的练习可以帮助确定你的想法对你的心理健康的作用程度。首先，找出一个对你个人行为或未来不符合实际的期望。也许你认为在你没找到"真命天子"、"真命天女"前你不会开心的。或者你对你的身体并不满意。一旦你找出了期望，阅读并回答下面的问题：

- 这些信念是从哪里来的？你能找到它开始出现在你生命中的时间吗？
- 为什么你认为这些信念是对的？有什么证据可以证明你的信念？
- 你能找到一些证据证明这些信念是错的吗？什么证据与你的信念不相符？你知道有谁和你一样坚持这个信念吗？
- 坚持这些信念如何影响你的生活？同时考虑下积极的方面和消极的方面。
- 如果你停止坚持这个信念你的生活将有何不同？你又会有什么不同？

你刚刚完成了一项作业，**认知治疗师**通过它帮助你增强内在的领悟，并且让你更好控制改变那些引发情感和行为的想法。但是在我们给你详细介绍认知疗法之前，我们将向你介绍一些其他的心理疗法。自从100多年前，弗洛伊德和他的同事开始使用心理治疗，心理治疗实践有了巨大的成长和改变。相较于弗洛伊德时期，基于药物治疗和其他物理法的治疗方法在今天变得更加重要。

领悟疗法

你能回忆起来你在第5章学习过的被称为顿悟的内容吗？这些学习为许多**心理疗法**（psychotherapy）提供了基础，即运用心理学而不是生物方法去治疗情感和行为障碍的方法。这些方法足够共同指代**领悟疗法**，因为它们假定心理健康取决于自我认知——认知个人的思想、情感、动机、行为和应对机制。

15.1 精神分析法的基本技术，以及如何用于帮助病人？

心理动力疗法

心理动力疗法（psychodynamic therapies）试图挖掘能用来解释患者现在的困难的童

> **心理疗法** 运用心理学方法而不是生物学方法针对情绪和行为障碍进行治疗的方法。
>
> **领悟疗法** 一种认为心理健康取决于自我认知的心理治疗方法。
>
> **心理动力疗法** 一种试图揭开可以解释病人现在困难的童年经历的心理疗法。

年经历。该技术与最早的治疗方法——即弗洛伊德的**精神分析**(psychoanalysis)相关,它仍然被今天的心理动力疗法所采用(Epstein et al., 2001)。其中一种治疗技术叫作**自由联想**(free association),病人被要求展示各种想法、感觉或者是出现在脑海中的一些画面,不管它看起来是多么琐碎、尴尬或者糟糕。然后精神分析师把这些自由流动的联想拼凑起来,解释它们的含义,并帮助病人增强对自己思想和困扰他们的行为的领悟。但是一些病人在进行自由联想时,避免揭露某种痛苦或尴尬的想法,这种现象被弗洛伊德称为阻抗。阻抗也许就是通过自由联想时讲话吞吞吐吐、"忘记"了和精神分析师的预约、迟到这些形式表现出来。

析梦是被精神分析师运用的另一种技术。弗洛伊德相信在意识世界里被压抑的情感,可以在梦里由一些象征性的事物表现出来。他坚持认为病人的行为都有一个象征性的品质。在精神分析中的一些情况下,弗洛伊德指出,病人对精神分析师的情感反应通常反映他在另一些重要关系中的情感——通常是对父母的情感。病人的这种反应叫作**移情**(transference)。弗洛伊德相信鼓励病人移情是心理治疗中一个必要的部分。他认为当精神分析师作为父母的替代时,移情可以让病人再次经历过去产生困扰的经验,从而解决任何隐藏的冲突。

客体关系心理治疗师的看法与经典精神分析有点不同。从他们的观点来看,人格的主要目标就是在自我(主体)和环境中的其他人(个人寻求关系的对象)间建造一种功能性联结。客体关系心理治疗师使用的技术是建立在早期关系的情感特征是未来关系的基础这个观点上。因此,如果我们早期的关系牵涉到消极接受别人的虐待行为,到我们成年后我们也将会跟随这种关系模式。当面对被卷入潜在的毁坏性关系中的来访者,一个客体关系心理治疗师将帮助来访者改变不良的行为模式,当人们用这种源于早期关系的行为模式应对当前关系时,冲突会增加(Martinez, 2006)。

今天的许多治疗师也练习简单的精神动力疗法,精神动力疗法要求治疗师和病人探索问题的开端而不是等它们出现在治疗的过程中。相比传统的精神分析,治疗师假定一个更活跃的角色,对当前的情况投入更多的重视。短程精神动力疗法可以每周只要求一或两次来访,进行12到20周。在综合分析11个严格控制的研究后,研究者(Crits-Christoph, 1992)发现短程心理动力疗法和其他精神疗法一样有效。更多的最近研究也都表明,短程心理动力疗法与其他形式的心理疗法相比具有成效(Crits-Christoph et al.,

---

精神分析 最早的精神动力疗法,由弗洛伊德建立并采用自由联想、梦的解析和移情。

自由联想 通过让病人展现出现在脑海中的随意的想法、感觉或图像,从而来探索无意识的一种精神分析技术。

移情 发生在精神分析中的一种情感反应,在移情中来访者会把其他重要关系中的感觉和态度对分析者呈现出来。

2008)。在病人没有多种精神障碍,具有缺乏重要社会关系的问题,并相信这种疗法有用时,短程心理治疗表现得最有效(Crits-Christoph et al., 2004)。

▲弗洛伊德分析时病人使用的长沙发;卡尔·罗杰斯(右上)在治疗小组中进行讨论。

15.2 人际关系疗法关注抑郁的哪些问题?

人际关系疗法

人际关系疗法(interpersonal therapy, IPT)是一种短程的心理动力疗法,被证明对抑郁症和双相障碍非常有效(Blatte et al., 2009;Swartz et al., 2009)。它可以分为个体来访者或团体治疗(Mufson et al., 2004)。IPT 的目的就是为了理解并发现四类通常与抑郁有关的人际关系问题:

1. 对挚爱的去世有不寻常或严重的反应。治疗师和病人讨论病人和死者的关系,也许还有与死亡这件事有关的情感(比如说内疚)。

2. 人际关系的角色争端。治疗师帮助病人理解别人的观点并探索可以促成改变的选择。

3. 在适应角色的转变中有困难,比如离婚、事业的转变、退休。治疗师应帮助来访者将变化视为可掌控和成长的机遇,而非威胁。

4. 人际交往技巧的欠缺。通过角色扮演和对病人沟通方式的分析,治疗师尝试帮助病人发展那些必要的、用来开始和维持关系的人际交往的技巧。

人际关系疗法相对比较简短,包括 12 到 16 周的治疗期。一个由国际心理健康研究所主持的大型研究表明 IPT 甚至对严重抑郁症十分有效,并且具有低退出率(Elkin et al., 1989, 1995)。研究也表明,抑郁症病人被治愈后,继续进行每月的 IPT 治疗可以保持长期无复发(Frank et al., 1991)。

> **人际关系疗法** 一种以帮助人们更好理解抑郁,找出其人际关系有关的问题为目的而建立的短程心理动力疗法。

15.3 在以人为中心疗法中，治疗师扮演的角色与目标是什么？
人本主义疗法

人本主义疗法（humanistic therapies）假定人们有能力和自由去选择合理的生活并做出合理决定。**以人为中心疗法**（person-centered therapy）（有些时候也叫来访者中心疗法），是由卡尔·罗杰斯建立的(1951)，使用最多的人本主义疗法之一。人们本性就是好的，如果可以被允许自然发展的话，他们将会向自我实现的目标成长（自我实现就是指实现人们内在的潜力）。人本主义的观点认为，精神障碍的出现是个体自我实现的自然趋势受到人或其他事物阻碍的结果。在20世纪40年代和50年代，以人为中心的疗法受到了心理学家的热烈追捧。

以人为中心的治疗师试图去创造一种接纳的气氛，无条件地用积极的眼光看待来访者。治疗师也强调来访者关心的东西和情感。当来访者说话时，治疗师通过复述或反映他或她的思想情感来进行回应。使用这些技术，治疗师允许治疗的方向由来访者控制。罗杰斯以拒绝任何形式赋予治疗师专家的角色，拒绝来访者期望的治疗师能开出一些"方子"来"治疗"他们的问题的心理疗法。因此，以人为中心疗法也叫作**非指导疗法**（nondirective therapy）。

15.4 格式塔疗法主要强调什么？
格式塔心理疗法

格式塔疗法（gestalt therapy）由皮尔斯建立（Perls, 1969），强调病人全部经验的重要性，在此刻他们的感觉、想法和行为都是由病人全部的经验控制的。格式塔疗法的目标是帮助来访者达到一个更完整的自我并且变得更加真实和自我接纳。进一步，病人开始承担对自己行为的责任而不是责怪社会、过去的经验、父母或者其他人。

格式塔疗法是一种**指示疗法**（directive therapy），治疗过程中治疗师决定治疗进程并

人本主义疗法　一种假定人们有能力和自由去选择合理的生活并做出合理决定的心理疗法。

以人为中心疗法　一种由卡尔·罗杰斯建立的无方向性的、人本主义的治疗法，治疗者创造一个接纳的气氛并表现出共情，让来访者解放自己并释放他们的自然趋向从而自我实现。

非指导疗法　任何允许治疗进程的方向由来访者控制的疗法；以人为中心疗法就是一个例子。

格式塔疗法　一种起源于皮尔斯的心理疗法，强调病人全部经验的重要性，在此刻他们的感觉、想法和行为都是由病人全部的经验控制的。

指示疗法　任何由治疗师决定治疗进程并且对来访者提供答案和建议的疗法；一个例子就是格式塔疗法。

且对来访者提供答案和建议。著名的短语"与你的感觉接触"就是格式塔疗法的主要的目标。皮尔斯认为那些需要治疗的人携带大量未完成的情节,也许就形成了愤怒的倾向或和父母、兄弟姐妹、爱人、雇主或者其他人的矛盾。如果没有解决,这些矛盾会被推及到我们目前的关系中。处理未完成情节的另一种方法就是空椅子技术(Pavio & Greenberg, 1995)。来访者面对一个空椅子坐下并且想象,比如说,自己的妻子、丈夫或者母亲坐在那。进一步,来访者面对椅子告诉它、他或她自己对那个人的真实感受。然后,来访者移到空椅子上,扮演想象的那个人并对自己所说的话作出回应。

记一记——领悟疗法

1. 在精神分析中,那种需要病人揭露每一种想法或出现在脑海中的画面的技术叫作_____;病人试图去回避揭露某些想法的行为叫作_____。
2. 试图揭露童年经验来解释病人目前的问题是_____疗法的目标。
3. 最不可能从人际关系疗法中受益的是_____抑郁症患者。
   a. 不能够接受挚爱之人的死讯的
   b. 自从退休以后患上抑郁症的
   c. 被某个长辈性虐待过的
   d. 因为难交到朋友而感觉隔离和孤独的
4. _____疗法是卡尔·罗杰斯建立的无指导的心理疗法。
5. _____疗法强调病人全部经验的重要性,此刻他们的想法、感受和行为。

答案:1. 自由联想,阻抗 2. 心理动力 3. c 4. 以人为中心 5. 格式塔

关系疗法

领悟疗法关注点在自我,这对心理问题来说不一定是最合适的解决方法。**关系疗法**(relationship therapies)关注个体在其人际关系环境中的内心斗争。一些有意创造的和与别人建立的新关系可以对患者在如何应对问题给予支持。

15.5 如何区分传统行为婚姻疗法与综合行为婚姻疗法?

婚姻疗法

一些治疗师对夫妻进行治疗来解决他们的问题。配偶治疗可在一段关系的任何阶段进行。比如说,婚前的治疗可以帮助未来的夫妻为他们生活在一起做准备,并且婚前治疗已经被证明和婚姻满意度有关系。

> **关系疗法** 治疗师试图改善病人的人际关系或创造新的关系来支持病人改善心理问题。

有许多婚前疗法和其他形式的婚姻治疗方法,但是两种模型在最近几年开始变得很突出,因为有实验研究证实了它们的有效性(Cristensen, Wheeler, & Jacobson, 2008; Snyder, Castellani, & Whisman, 2006)。两种中比较早出现的,是**传统行为婚姻疗法**(traditional behavioral couple therapy, TBCT),主要是辨认和修正那些导致夫妻间矛盾的行为(Jacobson & Margolin, 1979)。比如说,假设一个妻子抱怨她的丈夫不是一个好的倾听者。丈夫回应辩解说,之所以这样是不想理会妻子含糊空洞的交流。后来他发现,无论他什么时候想沟通,他的妻子已经变得对此抵触。TBCT治疗师会找出夫妻间的相互作用,评估这些抱怨的精确性并辨别每个人沟通的力度。接下来,治疗师就针对个体来修正那些造成沟通障碍的夫妻间行为。同时,治疗师将寻找并增强那些某一配偶表现出的对双方交流进程有帮助的行为。

TBCT的变式之一,**综合行为婚姻疗法**(integrated behavioral couple therapy, IBCT)既研究感情又研究行为(Jacobson & Christensen, 1996)。IBCT的中心假设是认为夫妻的问题产生来源于可改变的行为,以及双方各自极少改变的人格特质。你在第13章中学习的五种人格因素就是这些个人特点的例子(开放性、尽责性、外倾性、宜人性、神经质)。因此,当夫妻抱怨他们伴侣的行为反映了这些人格特点时,IBCT治疗师努力去帮助他们接受和适应各自的人格特点而不是试图去改变它。

另外为了帮助夫妻达到更高的关系满意度,婚姻疗法被发现在精神障碍治疗上有效。比如说,性生活失调,有些时候用婚姻疗法是最有效的(Gehring, 2003)。在治疗心境,焦虑、药物性精神障碍时同样也有用(Snyder, Castellani, & Whisman, 2006; Walitzer & Demen, 2004)。

15.6 家庭治疗的目标是什么?

家庭治疗

在**家庭治疗**(family therapy)中,父母和儿童作为一个团队加入治疗。治疗师会关注家庭单位的动态——家庭成员怎样交流,怎样对待彼此,怎样看待彼此。治疗师的目标就是帮助家庭成员在通过改变在某一点上达成一致,这种改变将可以帮助治愈家庭单位的伤痕,改善交流模式,并且在团队中创造更多的理解与和谐(Hawley & Weixz, 2003)。

当药物伴随治疗时,家庭治疗可以对治疗精神分裂症有帮助并且防止复发(Heru, 2006)。精神分裂症患者在家庭成员表达含有批评、敌意或过分卷入情绪的情感、态度和行为时,更容易复发(de Haan, Linszen, & Gorsira, 1997)。这种模式被标记为高情感表

> **传统行为婚姻疗法** 一种重在改变行为的婚姻疗法。
> **综合行为婚姻疗法** 同时强调行为改变和相互接纳的婚姻疗法。
> **家庭治疗** 家庭治疗对象包括整个家庭,目标是帮助家庭成员达到一致,通过改变来帮助消除分歧,改善交流问题,并在团体中创造更多的理解与和谐。

达(Falloon, 1988; Jenkins & Karno, 1992)。家庭治疗可以帮助其他家庭成员改变他们对病人的行为。

家庭治疗在对待有问题行为的青少年时似乎是最被大家赞同的办法。其变式之一，**功能性家庭疗法（FFT）**，在防止和减少青少年犯罪上有效(Sexton & Alexander, 2000; Zazzali et al., 2008)。FFT通过三个阶段来实施，这三个阶段从几个星期到几个月不等，主要取决于青少年问题的严重性和家庭对于治疗的回应。

在FFT的第一阶段，治疗师主要是针对家庭并且鼓励他们去改变。这样做需要在父母和治疗师、青少年和治疗师之间建立信任关系。这也包括需要让所有家庭成员相信他们的情况将会得到改善。在第二个阶段，治疗师是针对家庭成员中的个人来帮助他们改变导致问题的行为。比如说，在这个阶段，治疗师帮助父母学会一致地来实施家庭规则，并且通过设置违反后果来遵守规则。在最后的阶段，治疗师帮助有问题的家庭和不良行为家庭成员自己来辨认可以帮助他们保持行为改变的环境变量。比如说，父母也许会被治疗师鼓励花更多的时间在家庭活动上，这样青少年可以花较少的时间和那些行为不良的同龄人相处。

另外一种相似的方法，多维家庭疗法（MDFT），已经被证实在青少年滥用药品问题上的治疗有效(Liddle, 2002)。MDFT的一个疗程通常持续大概六个月。在单独辅导中，MDFT医师帮助青少年学习做出决定的技巧和建立自我认定感。这些辅导的另一个目标是帮助青少年通过探索青春期的教育和事业目标来建立对现在与未来的相关性的认识。在治疗师对他们的辅导中，鼓励父母不要像以前那样，认为他们是滥用药物者，而是去欣赏他们的潜力从而积极地影响孩子的生活。父母还要学会辨认、改变自己那些导致孩子问题的行为。家庭辅导主要致力于建立有效的交流技巧。

15.7 团体治疗的优点有哪些？

团体治疗

团体治疗(group therapy)是几个来访者（通常是7到10个）面对一或两个治疗师来解决个人问题。不仅没有个人治疗费用高，团体治疗还给予了个体归属感和表达情感的机会，并从其他成员中得到反馈，然后给予或得到帮助和情感支持。学习和别人分享自己的问题可以帮助人们减少孤独感和羞愧感。许多研究比较了参加了团体治疗的囚徒和没参加的，对这些研究的分析发现团体治疗在许多问题上都有帮助，包括焦虑、抑郁和低自尊(Morgan & Flora, 2002)。

有一种不同的团体治疗是自我帮助团体。大概1 200万美国人加入了约50万个自我帮助团体，大多数团体的关注点集中在某一具体问题比如说药物滥用或抑郁症。自我

> **团体治疗** 一种以几个来访者（通常是7到10个）面对一或两个治疗师来解决个人问题的疗法。

帮助团体通常不是由治疗师来引导的。他们是简单地由拥有共同问题的人们互相给予接受和支持从而组成的团体。

"酒精匿名者"是最久和最有名的自我帮助团体之一,声称在全世界有150万成员。酒精匿名者之后的其他自我帮助团体模式多为帮助个体克服一些其他的成瘾行为,从贪食(匿名贪食者)到赌博(匿名赌博者)。一项研究表明有焦虑问题的人参加攻击焦虑这一运用多媒体项目的团体可以受到帮助。在参加研究的176个个体中,62人报道说有了重大的改善,另外的40人报告说有了一些改善(Finch et al., 2000)。

◀团体治疗给了个体归属感,并让他们有机会付出并得到情感支持。

记一记——关系疗法

1. _____行为婚姻疗法集中关注行为的改变,而_____行为婚姻疗法强调相互接纳。

2. 在家庭治疗中,治疗师关注家庭单位的_____。

3. 把每一个描述和对应的疗法类型配对。

　　_____(1) 由专业治疗师引导　　　　a. 团体治疗
　　_____(2) 在支持酗酒者戒除酒瘾上有效　b. 自我帮助
　　_____(3) 能给予成员归属感　　　　c. 团体治疗和自我帮助团体
　　_____(4) 比个体治疗便宜但同样可以和
　　　　　　 专业的治疗师接触

答案:1. 传统　综合　2. 动态　3. (1) a　(2) b　(3) c　(4) a

行为疗法

有些时候个体会向心理健康专家寻求帮助因为他们想从令人烦恼的习惯中解脱,比如说拖延和抽烟。在这些情况下,心理治疗师可以使用行为学的方法。

行为疗法(behavior therapy)是一种坚持以习得的观点来看精神障碍的治疗方法,即认为不正常的行为是学习来的。行为治疗师把行为本身看成病而不是把不适应行为看成一些潜在精神障碍的症状。如果一个人因为害怕飞行来找治疗师,那么害怕飞行可以被视为是一个问题。行为治疗师运用学习的原理来帮助来访者消除不适当或不良的行为,并用更加适当的行为反应来替换它们——一种被称为**行为矫正**(behavior modification)的方法。目标是改变问题行为,不是改变个体人格结构或者来寻找问题行为的源头。

15.8 行为治疗师如何改变来访者的问题行为?
建立在操作条件作用基础上的行为矫正技术

建立在操作条件作用基础上的行为矫正技术试图控制行为的后果。在第5章里,你学习了强化物是使得行为增加的关键物,并且通过控制它们可以减少行为的产生,这个过程叫作消退。因此行为治疗师试图通过结束和控制那些维持不良行为的强化物来消除不良行为(Lerman & Iwata, 1996)。行为治疗师同样也设法强化良好的行为,使良好行为出现的频率增加。一些机构的建立比如说医院、监狱和学校班级也适合使用行为矫正技术,因为它们提供了一个被限制的环境,在这个环境中行为的反应结构可以被严格的控制。

一些机构运用**代币法**(token economy),即用一些代表物比如说扑克筹码、游戏币、金色的星星或者其他相似的东西来奖励良好的行为。这些代表物过后可以交换一些想要的物品(糖果、口香糖、香烟)和/或优先权(周末通行权、空闲的时间、参加渴望的活动的权利)。一些时候个体会因为不良行为而受到惩罚,被罚一定数量的代表物。精神医院几十年来运用代币法已经成功地帮助了一些长期精神分裂症的患者建立了健康的习惯(Kopelowicz, Liberman, & Zarate, 2007)。比如说,精神分裂症的患者中有很大比例的吸烟者。在这个团体中偶然性的代币强化被发现和尼古丁贴片在减少抽烟行为方面同样有效(Tidey et al., 2002)。换句话说,抽烟者得到的代币奖励和他们抽烟行为相联系(视具体行为而定)。那些建立了行为目标的抽烟者,比如说限制自己每天只抽一支香烟或者整天不抽烟全都受到了强化物的鼓励,但是那些失败的人们没有得到强化。有些时候,改变这样的行为可以使得精神分裂者的家庭成员接受他们,并更容易来照顾他们。建立在操作条件反射基础上的技术同样也被用来减少儿童和成人自闭症患者自残的频率(Schunk, 2008)。这些技术提供特殊教育者和父母来教会智力延迟的儿童自我照顾的技巧,可以增

> **行为疗法** 认为异常行为是习得的,遵循操作性条件反射和经典条件反射。通过观察学习来消除不合理、不适当的行为并以更合适的行为反应来代替它们。
>
> **行为矫正** 一种运用学习原则来消除不合适或不适应的行为并用合适反应来代替的疗法。
>
> **代币法** 一种通过用表征性奖励即可以在后来兑换想要的物品或优先权来规范行为的技术。

强合意行为的频率并减少不合适行为的频率。

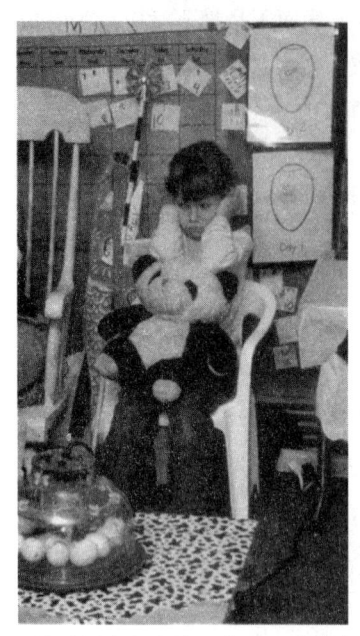

另外一种用来消除不良行为的有效的方法尤其针对儿童和青少年,称为**计时隔离**(time-out)(Kazdin & Benjet, 2003)。儿童提前被告知如果他们再有某种不适合的行为时,他们将会被送到另一个情境中然后将在那度过一段时间(通常不会超出15分钟),这个情境中没有强化物(没有电视、书、玩具、朋友等)。理论上,如果没有得到注意或其他的强化,这些不良的行为将会停止。

行为矫正技术同样也可以被用在想要打破坏习惯的人们身上。比如说抽烟和贪食,或者那些想要建立好习惯比如说定期运动的人们。如果你想要改变你的某种行为,设置一个对理想行为的奖励机制,并且记住行为塑造的原则。奖励逐渐朝着你最终目标的方向来改变。如果你试图建立更好的饮食习惯,不要试图马上改变一个终身坏习惯。以一小步开始,比如说用冰酸奶来替代冰淇淋。建立现实的,那些你可能去达到的每周目标。

▲计时隔离很有效因为它可以防止一个孩子接触不良行为的强化物。

15.9 行为疗法怎样建立在经典条件和观察学习理论上? 建立在其他学习理论上的行为疗法

建立在经典条件反射上的行为疗法可以用来使人们摆脱恐惧和其他不合适的行为。你应该记得第5章中经典条件反射是这样发生的,当一个中性的刺激伴随一个非条件刺激时,中性刺激变得可以引发和非条件刺激相同的反应。比如说,在华生的小艾尔伯特实验中,就是你在第5章中学习过的,一个小婴儿在面对华生把白鼠和一个巨大的噪声一同呈现后,小婴儿变得害怕白鼠。那些建立在经典条件反射基础上的疗法假定病人的恐惧都是在相似的情形下习得的,并寻找办法来解除,或者消除建立在恐惧刺激(比如说苍蝇、蛇、封闭空间、公开演讲等)和引起的反应之间的联系。就这样来说,每一种理论都采用了不同的方式来使得病人暴露在害怕的某种物体或情境或引发不良行为的触发物前。最近的研究也认为通过运用虚拟现实来呈现这些刺激可以在对这些理论生效的标准方法上有所帮助(Parsons & Rizzo, 2008)。这种类型的治疗法包括系统脱敏、倾注、暴露和反应阻止法、厌恶疗法。当治疗师采用参与者示范来帮助病人处理恐惧情绪时也要用到观察学习的原则。你应该能回忆第5章中,人们通过观察别人来学习行为,他们会以为如果他们表现出了和别人同样的行为,别人的经历产生的后果将会同样发生。

> **计时隔离** 一种用来消除厌恶行为的行为规范技术,尤其是针对儿童和青少年,通过一段时间撤除所有的强化物来实现。

第15章 治疗方法 681

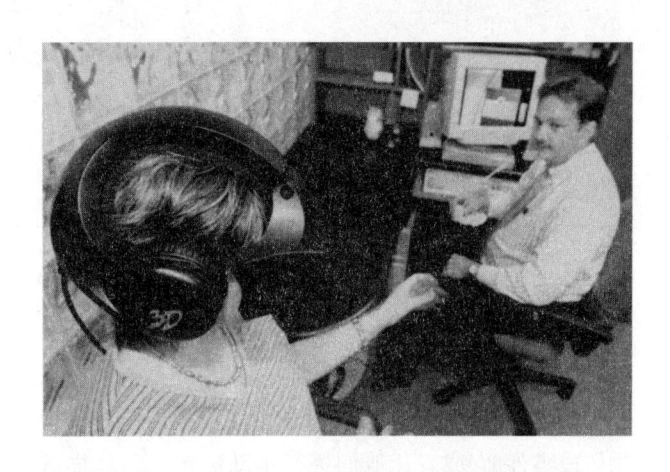

▶治疗师采用虚拟现实技术帮助来访者面对恐惧症,如恐惧飞行。

系统脱敏。 精神医生,约瑟夫·沃尔普(Wolpe,1958,1973),是应用经典条件反射技术进行治疗的先驱者之一,他发现如果可以让人们放松并且在他们想象那个害怕的物体、人、地点或情境时依旧保持放松,那么人们就可以克服他们的恐惧。沃尔普的治疗,被称为**系统脱敏**(systematic desensitization),先使病人得到深度的肌肉放松,然后面对一个恐惧层次结构——一系列渐进产生焦虑的情境,或者是真实的,或者是在他们的想象中,直到他们可以在最可怕的情境出现时还能保持放松。这项技术可以被用来治疗对任何事物的恐惧,从对动物的恐惧到幽闭恐怖症、社交恐惧症和其他情况的恐惧症。事实上,你可以在自己身上使用它,在下面**试一试**中有对其的有关说明。

试一试——一个可能的恐惧层次

运用你学习到的有关系统脱敏的知识来创造一个帮助某人克服考试恐惧的循序渐进的方法。这个人的恐惧层次可以从阅读包含考试何时进行的教学纲要开始,顶端以考试进行结束。根据一个可能的恐惧层次,到最后一步,把前面的每一步都填上。下面是可能的一组步骤。

答案:(1)通过阅读指定的教

参加考试
6.
5.
4.
3.
2.
1.
阅读考试将在某天进行的教学大纲

系统脱敏 一种建立在经典条件反射上的行为疗法,先使病人得到深度的肌肉放松,然后让他们面对一个恐惧层次结构——一系列渐进的产生焦虑的情境,或者是真实的,或者是在他们的想象中,直到他们可以在最可怕的情境出现时还能保持放松。通过上述的方法来治疗恐惧。

材或者完成任何家庭作业来对每个课程做准备。(2)参加每一堂课并在考试将涉及的教材上做笔记。(3)在每一课过后都复习新笔记。(4)在考试前一周复习所有课程教材上的笔记。(5)在考试前一天根据记忆来背诵主要内容。(6)考试的时候早点到,并且在考试前晚睡个好觉。

许多实验、证据和案例报告证实了系统脱敏在相对短的时间内消除恐惧症方面十分有效(Kolivas, Riordan, & Gross, 2008; Zinbarg & Griffith, 2008)。系统脱敏也被证明对特殊问题比如说考试焦虑、怯场、与性功能障碍有关的焦虑有效。

倾注。 倾注(flooding),一种用来治疗恐惧症的行为疗法,包括使病人暴露在害怕的物体或事件前(或者让他们进行生动的想象),这样进行一段时间直到他们的焦虑减少。个体是被立刻暴露在害怕的事物面前,并不是像系统脱敏一样渐进的。比如说,某人怕高,那要爬上高层建筑的屋顶并一直待在那里直至恐惧感消失。

倾注的治疗过程通常要持续三十分钟到两个小时,并且在病人恐惧感没有比疗程初期明显减少之前不能终止。如果恐惧反应还没被消灭或没减少到一个可以接受的水平,额外的疗程是需要的。对一个病人来说,很少需要六次以上的治疗(Marshall & Segal, 1988)。在现实倾注中,真实生活经验比简单想象害怕的物体起作用更快更有效(Chambless & Goldstein, 1979; Marks, 1972)。因此,相比仅仅想象飞行,一个害怕飞行的人进行一项真实飞行训练能获得更多的好处。

暴露和反应阻止法。 暴露和反应阻止法(exposure and response prevention)在治疗强迫症方面是十分有效的(Baer, 1996; Foa, 1995; Rheaume & Ladouceur, 2000)。这项技术的第一部分是呈现——把病人暴露在他们一直避免的物体或情境下,他们回避这些是因为这些可能触发他们的强迫观念和强迫性习惯。第二部分就是反应阻止,使得病人在逐渐增长的一段时间里抵抗尽量不表现出强迫性行为。

最初,治疗师辨认出那些可以触发强迫行为的想法、物体、情境。比如说,触碰门把手,一片没洗的水果或垃圾桶会使得害怕脏的患者去旁边的卫生间洗手。患者会被逐渐暴露在越来越让他们厌恶和焦虑的刺激面前。他们必须同意在每次暴露后的一段指定时间内,不表现出以前的行为(洗手、洗澡或类似)。一个典型的治疗过程——大概在三周至七周的时间内进行10次——大约60%~70%的病人能有较大改善(Jenike, 1990)。对病人使用暴露和反应阻止法与只使用药物的疗法相比,使用暴露和反应阻止法的复发概率

倾注 一种建立在经典条件反射理论基础上的疗法。通过让病人暴露在害怕的物体或事件前(或者让他们进行生动的想象),这样进行一段时间直到他们的焦虑减少。

暴露和反应阻止法 一种行为疗法,把有强迫症的病人暴露在引发强迫观念和强迫仪式的刺激下,使得病人在逐渐增长的一段时间里尽量不表现出强迫性行为。

更小(Greist，1992)。暴露和反应阻止法同样也被证明在治疗创伤后应激障碍上有效(Cloitre et al.，2002)。

厌恶疗法。厌恶疗法(aversion therapy)通过把不良行为和疼痛，引起疾病或其他让人厌恶的刺激匹配在一起，从而制止病人伤害性或社会性不良行为。电击、催吐剂(可以导致恶心呕吐)或者其他不愉快的刺激一次又一次伴随着患者的不良行为出现，直到最终在两者间建立了一个消极的联系使患者开始回避这种不良行为。治疗一直继续直到不良行为失去吸引力并和疼痛或不舒服联系在一起。

酗酒者有时会服用一些产生恶心的物质比如安塔布司，可以猛烈地和酒精反应使得人反胃呕吐一直到胃空(Grossman & Ruiz，2004)。但是对大多数问题来说，厌恶疗法并不一定要这样强烈地对身体产生不利影响。一个针对长期咬指甲的对照治疗揭示，温和的厌恶疗法——在指甲上涂一些尝起来苦的物质——也能产生很大的改善效果(Allen，1996)。

参与者示范。来源于阿尔伯特·班杜拉对观察学习研究的疗法，建立在相信人们可以克服恐惧并通过榜样获得技能的基础上。基于观察学习理论最有效的一种疗法叫作**参与者示范**(participant modeling)(Bandura，1977a；Bandura et al.，1975，1977)。在这个治疗中，不但需要榜样在每一个级别的步骤中展现合适的反应，而且病人要试图去循序渐进地模仿榜样，同时治疗师需要给予鼓励和支持。许多特定的恐惧症仅仅通过3到4小时的参与者示范便可以消失。比如说，参与者示范可以帮助病人克服对狗的恐惧。治疗初先让病人观看别人抚摸并与一只小狗玩耍。当病人变得更舒服了些，鼓励他或她加入。或者，病人会看到一个人和狗玩耍的录像，然后病人会被鼓励着去和一只真实的狗玩耍。

记一记——行为疗法

1. 建立在_____条件反射基础上的行为疗法通过强化合理行为和消除不合理的行为的强化物来改变行为。

2. 建立在_____条件反射基础上的行为疗法用来使病人摆脱恐惧和不良行为习惯。

3. 暴露和反应阻止法是用来治疗人们的_____。

4. 把每种疗法和对应的描述配对。
   _____(1) 倾注　　　　　a. 在逐渐暴露在害怕的物体期间练习深度肌肉放松
   _____(2) 厌恶疗法　　　b. 在导致疼痛或致病的刺激和不良行为之间建立联系

厌恶疗法　一种行为疗法，令人厌恶的刺激伴随有具有伤害性的或社会性不良的行为出现，直到这个行为变得和疼痛或不舒服的感觉联系在一起。

参与者示范　一种行为疗法，逐步呈现给病人一个对害怕事物作出合理行为反应的榜样，在治疗师的鼓励和支持下让病人一步一步地去模仿。

（3）系统脱敏　　　c. 直接暴露在害怕的物体前直到恐惧反应减少或消失
　　　　　　　（4）参与者示范　　d. 模仿那个在害怕的情境下做出合理反应的榜样

答案：1. 操作性　2. 经典　3. 强迫症　4.（1）c　（2）b　（3）a　（4）d

认知疗法

　　还记得在前面的单元里，行为主义经常被批评忽视诸如思考和情感这样的内在变量。就像你所预想的那样，行为疗法也经常因为同样的原因被批评。认知心理学家认为离开产生行为的思想是不能改变行为的。因此，他们创立了建立在认知基础上的治疗方法。

　　认知疗法（cognitive therapies），建立在认知观点上，认为不良行为是由不合理的想法、信念和观点导致的，所以治疗师要来改变这些想法。认知疗法通常指认知行为疗法，因为他们把行为主义的方法和认知心理学提供的洞察行为内在联合在了一起（Carson et al.，2000）。就是说，认知治疗师试图改变病人思考的方式（认知），根据评估病人行为的改变来评价他们干预的有效性（行为方式）。认知行为疗法在治疗包括焦虑、疑病症（Martinez & Belloch, 2004）、精神药物依赖（Babor, 2004）、心境障碍（Totterdell & Kellett, 2008）和病理性赌博（Petry, 2002）在内的很多问题上被证明是有效的（McCabe & Gifford, 2009；Wilbram, Kellett, & Beail, 2008）。

15.10　理性情绪行为疗法的目标是什么？

理性情绪行为疗法

　　后来的临床心理学家阿尔伯特·埃利斯（Ellis, 1913—2007）在 20 世纪 50 年代建立了**理性情绪行为疗法**（rational emotive behavior therapy）（Ellis, 1961, 1977, 1993）。埃利斯声称建立了一种技术，可以使得自己能控制并减轻焦虑（Ellis, 2004a）。这种疗法建立在埃利斯的 ABC 理论上。A 指诱发性事件，B 指个人关于事件的信念，C 指紧随的情绪结果。埃利斯称不是事件本身导致情绪后果，而是个人关于事件的信念。换句话说，A 不是导致 C 的，B 导致了 C。如果信念不合理，后来的情绪结果就会变得很痛苦，正如图 15.1 所示。

哈利的观点：萨莉的拒绝导致他失落。A 导致 C。

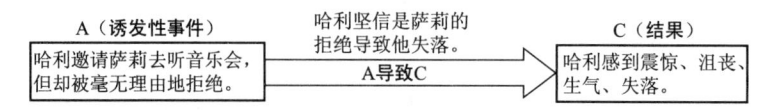

A（诱发性事件）		C（结果）
哈利邀请萨莉去听音乐会，但却被毫无理由地拒绝。	哈利坚信是萨莉的拒绝导致他失落。 A 导致 C	哈利感到震惊、沮丧、生气、失落。

> **认知疗法**　治疗师认为不良行为是由不合理的想法、信念和观点导致的。
> **理性情绪行为疗法**　一种心理疗法，由阿尔伯特·埃利斯建立，用来改变病人对自己和他人不合理的信念。

埃利斯的观点：哈利对该事件的信念导致他失落。B 导致 C。

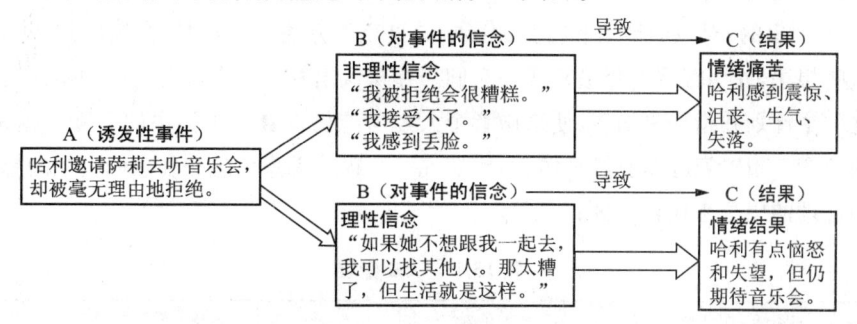

```
                            B（对事件的信念）    导致    C（结果）
                            非理性信念                  情绪痛苦
                            "我被拒绝会很糟糕。"         哈利感到震惊、
                            "我接受不了。"              沮丧、生气、
                            "我感到丢脸。"              失落。
A（诱发性事件）
哈利邀请萨莉去听音乐会，
却被毫无理由地拒绝。
                            B（对事件的信念）    导致    C（结果）
                            理性信念                    情绪结果
                            "如果她不想跟我一起去，      哈利有点恼怒
                            我可以找其他人。那太糟       和失望，但仍
                            了，但生活就是这样。"       期待音乐会。
```

图 15.1　关于理性情绪行为疗法的 ABC 理论　理性情绪行为疗法教会了病人并不是引发的事件（A）导致了情绪失落的后果（C），而是病人关于事件的信念（B）导致的。根据阿尔伯特·埃利斯的观点，不合理的信念导致了情绪上的痛苦。理性情绪行为治疗师帮助病人辨别他们不合理的信念并用合理的信念来取代。

理性情绪行为疗法是由阿尔伯特·埃利斯建立的一种心理疗法，用来改变病人对自己和他人的不合理信念。许多用这个方法治疗的病人每周见一次治疗师，这样进行 5 到 50 次。在埃利斯的观点中，温暖、支持、帮助病人感觉舒服却不针对那些引发问题的不合理想法的疗法并不能给病人帮助（Ellis，2004b）。相反，他认为当病人开始用合理的想法来代替不合理的时，他们的情感反应会变得更加合适，少一点痛苦，更可能产生一些建设性的行为。比如说，一个病人会告诉治疗师因为管理者的不合理要求导致他感到焦虑和沮丧。运用埃利斯的模型，治疗师应帮助病人区分管理者的要求和病人对他们的情感反应。目标是帮助病人明白他对管理者要求的反应是他焦虑和沮丧情绪的起源，并不是要求本身。最终，治疗师将引导病人认识到，虽然他不能控制管理者的要求，但是他能够控制自己对这些要求的情绪反应。一旦病人改变了对问题的想法，治疗师就帮助他学习一些行为的策略，比如说放松技术，可以帮助他控制他的情绪反应。

一项对 28 个研究的总结分析表明，接受理性情绪行为疗法的个体比那些不接受治疗或使用安慰剂的个体表现更好，而和那些接受系统脱敏治疗的个体表现差不多（Engels et al.，1993）。在本章开头的练习活动就是治疗师运用的埃利斯策略的变体。完成它可以给你一些对这些策略有效性的启示，这些策略可以帮助病人辨别那些破坏他们幸福感的思考模式。

15.11　贝克的认知疗法如何帮助人们克服抑郁和惊恐障碍？
贝克的认知疗法

精神医师贝克（Beck，1976）称有抑郁和焦虑的人所承受的许多痛苦可以追究到很多无意识的想法——不合理却确实存在并统领个人的生活（"要变得开心，我必须被每个人喜欢""如果人们不同意我的想法，就代表他们不喜欢我"）。贝克（1991）相信抑郁的人坚持以"一个消极的观点来看到现在、过去、未来的经历"（p.369）。这些个体仅仅注意到了消极、不愉快的事物并得出令人沮丧的结论。

贝克的认知疗法（Beck's cognitive therapy）的目标是帮助来访者克服认知错误（比如说表 15.1 列出的）对他们情绪和行为的影响。贝克的方法的目标是，当这些想法产生时，处理这些想法，并用客观的想法来代替它们。在辨认出并质疑来访者的认知错误后，治疗师建立一个计划并指导来访者，使来访者个人经历能提供真实生活中的实际证据来反驳错误的信念。布置家庭作业给来访者，比如说一直跟踪无意识想法和它们引起的感觉，然后使用合理的想法来代替（见图 15.2）。

表 15.1　认知错误

错　误	定　义	例　子
全或无思维	来访者只看到两种选择。	"如果我不能进哈佛大学，我就不去上大学了。"
灾难化（预言）	来访者预言消极的未来。	"如果我不在毕业前找到伴侣，我将会孤独地度过余生。"
低估积极的方面	来访者把积极的结果归因为外界不能控制的因素。	"我通过考试是因为我很幸运。"
任意推断	来访者相信他感觉到的是真实存在的东西，尽管有证据证明不是真的。	"尽管他没打电话给我，但我的心告诉我我们是在一起的。"
贴标签	来访者把自己和别人附上标签，并拒绝那些与标签矛盾的证据。	"她很傲慢，不愿意和我这样一个失败者一起出去。"
夸大或缩小	来访者夸大消极面或缩小积极面。	"自从我今天错过了课，我不可能在测验里得 A 了，教授不会让我通过，因为她看到我是多么不负责任。"
心理过滤	来访者专注在一个小的细节而不是整体情况上。	"我不能参加面谈因为我没有找到和我黑套装搭配的鞋子。"
读心术	来访者认为他或她能知道别人的想法。	"如果我说'任何时间都可以联系我'，他会认为我十分需要他的联系。"
过度概括	来访者仅仅基于一个情境或事件对自己做出一个普遍的推断。	"我曾在面试里表现不好，我认为我不是个善于交际的人。"
个人化	来访者认为通过别人的行为可看出自己被挑剔了。	教授好像急急忙忙要离开教室，她一定认为我的问题非常愚蠢。
对"应该"和"必须"的不合理申明使用	来访者对自己和他人应该怎样行动有死板的信念。	一个好女孩应该给她妈妈每天打电话并报告 24 小时内她做的每一件事。
视角狭窄	来访者仅仅看到情况的消极面。	这是我有过的最糟糕的学期，我都不知道我要怎么挺过去，我或许会毁了我的平均绩点。

资源：Beck(1995)。

> **贝克的认知疗法**　一种由亚伦·贝克建立的疗法，帮助病人停止他们消极的想法，并用客观的想法去替代。

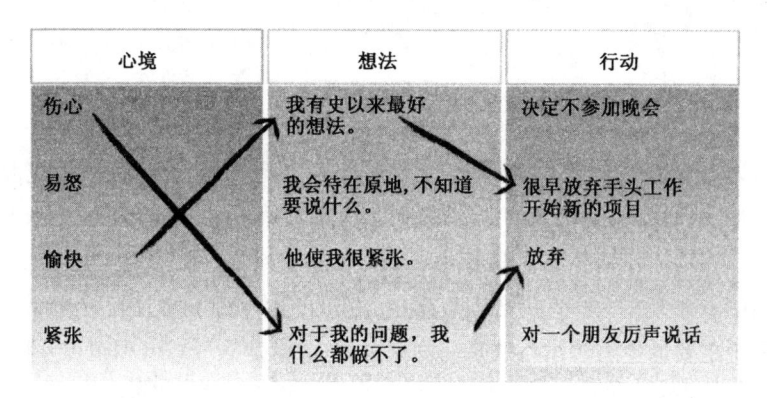

心境	想法	行动
伤心	我有史以来最好的想法。	决定不参加晚会
易怒	我会待在原地,不知道要说什么。	很早放弃手头工作开始新的项目
愉快	他使我很紧张。	放弃
紧张	对于我的问题,我什么都做不了。	对一个朋友厉声说话

图15.2 认知疗法家庭作业 认知行为疗法的治疗师通常会布置一些像这样的家庭练习来帮助患双相障碍的患者增强对行为的控制。治疗师指导病人将每一种心境和想法、抑郁和躁狂期间采取的行为连线。来源:Basco(2006)。

认知疗法疗程很短,通常仅仅持续10到20次治疗(Beck,1976)。这个疗法已经被广泛地研究并且被报告在治疗个体轻度到中度的抑郁上十分有效(Whisman,2008)。有一些证据证明,接受认知疗法的抑郁症患者比那些接受抗抑郁药物的患者更不可能复发(Hollan,Stewart,& Strunk,2006)。

认知疗法在对待惊恐障碍方面是有效的。通过教会病人改变其灾难性解释事物这一症状,认知疗法帮助阻止这些症状发展到恐慌。研究已经显示,在认知治疗后的三个月,大概90%的惊恐障碍患者没有了恐慌行为(Robins & Hayes,1993)。使用认知疗法的患者不仅拥有低退出率和低复发率,而且病人甚至在治疗完全结束了后也还在进步(Ost & Westling,1995)。

认知疗法也被证明对广泛性焦虑症(Beck,1993;Wetherell et al.,2003)、OCD(Abramowitz,1997)、可卡因上瘾(Carroll et al.,1994)、失眠症(Quesnel et al.,2003)和贪食症(Agras et al.,2000)非常有效。一些研究甚至表明,认知疗法对精神分裂症的阳性和阴性症状时也有效(Bach & Hayes,2002;Lecomte & Lecomte,2002;Sensky et al.,2000)。

观看关于认知行为疗法的视频 www.mypsychlab.com

记一记——认知治疗法

1. 认知治疗师相信,在大多数情况下,不良行为是由于_____的信念和想法导致的。
2. _____治疗师反对患者不合理信念。
3. 贝克的认知疗法的目标是帮助病人把_____替换成更_____的想法。

答案: 1.不合理 2.理性情绪行为 3.认知错误 客观

生物医学疗法

你知道谁在服用或曾服用内科医生或精神医师的药方，以此作为一种克服精神问题的方法吗？如果你知道，说明你的运气很好，因为现在全世界几百万人因为这些原因在服用许多药物。药物治疗是**生物医学疗法**（biomedical therapy）的奠基石。不出所料，赞同生物学观点的专业人员——认为心理疾病是潜在的身体问题的观点——通常赞同生物医学疗法。三个主要的生物医学疗法是药物疗法、电惊厥疗法（ECT）和精神外科。

15.12 用药物治疗精神疾病的优点和缺点有哪些？
药物疗法

生物医学治疗最频繁的运用就是药物治疗，这是一种减少患精神障碍的病人住院率的新方法。通常来说，申请进入精神病院要求一个人被正式地诊断为精神障碍并至少符合下面准则中的一条（国际心理健康协会[NMHA]，2005）：

- 自愿接受住院治疗，并且由心理健康教授认可该治疗正当。
- 威胁要或试图自杀
- 威胁要或试图伤害别人
- 不能够照顾自己

药物治疗方面的突破和联邦政府对减少非自愿住院的精神病患者的努力，使得1955年美国精神病院的病人人数达到56万人；在药物引进后，1990年降到了10万人（见图15.3）；这个数字在20世纪90年代继续下降。此外，需要住院的病人在医院里的平均天数现在通常只有几天。

观看关于美国精神学会历史的视频 www.mypsychlab.com

抗精神类药物。 公认的**抗精神类药物**（antipsychotic drugs）类似神经抑制剂，主要是精神分裂症的指定药物。你也许曾经听说这些药物的商业名字——氯丙嗪、三氟拉嗪、康帕嗪和硫醚嗪。其药效是控制幻觉、错觉、错乱的言语和错乱的行为（Andreasen et al.，1995）。神经抑制剂主要通过抑制神经递质多巴胺来发挥作用。大约50%的病人对标准的抗精神类药反应良好（Bobes et al.，2003；Kane，1996）。长期使用典型抗精神类药会

生物医学疗法 治疗法的一种（包括药物疗法、电惊厥疗法和精神外科），认为精神障碍都是潜在身体问题的症状。

抗精神类药物 通过抑制多巴胺来控制那些严重的精神病症状，比如幻觉、错觉、错乱的言语和行为。这些药物同样也叫作神经抑制剂。

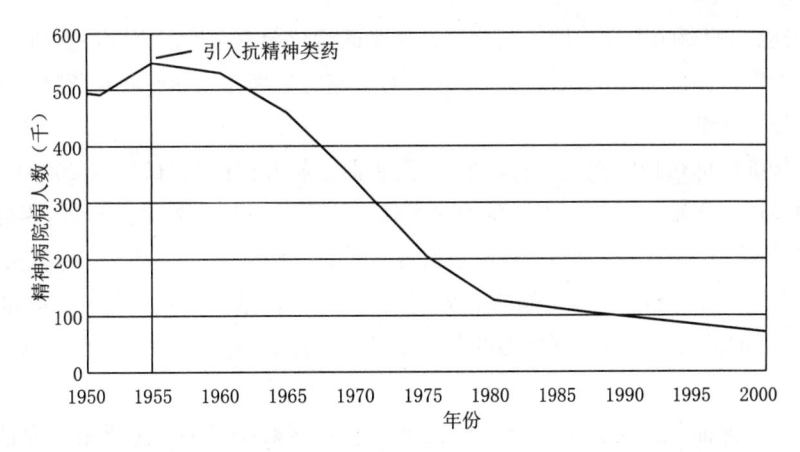

图 15.3 国家和州立精神病院中病人数量的下降(1950—2000) 国家和州立精神病人的数量在 1955 年达到约 56 万人的最高峰;同一年,抗精神类药引进了。这些药物的作用加上联邦政府对减少非自愿住院的精神病患者的努力,使得人数快速减少,到 2000 年时,病人的数量少于 10 万人。来源:Mandersheid & Henderson(2001)。

有产生严重副作用的风险,如迟发性运动障碍——几乎不间断的脸部和舌头的抽搐急动,手和身体的蠕动(Glazer et al.,1993)。

更新的抗精神类药叫非典型抗精神类药(氯氮平、利培酮、奥氮平),不仅可以治疗精神分裂症出现的阳性症状,而且还可以治疗阴性症状,从而来改善病人的生活质量(Lauriello et al.,2005;Worrel et al.,2000)。非典型神经抑制剂作用于多巴胺和血清素的受体(Kawanishi et al.,2000),副作用比标准的抗精神类药更少,并且服用这些药物的病人更不可能发展为迟发性运动障碍(Soares-Weiser & Fernandez,2007)。这些药物也许对防止自杀更为有效(Meltzer et al.,2003)。然而,如果没有细心的监控,非典型抗精神类药物也可导致很严重的副作用比如免疫力降低和体重增加(Kelly et al.,2009;Weinbrenner et al.,2009)。因此,服用药物病人体内不同肝酶的水平和其他情况需要被定期监控(Erdogan et al.,2004)。

抗抑郁药物。 抗抑郁药物(antidepressant drugs)是严重抑郁病人的情绪调节阀(Boren, Leventhal, & Pigott, 2009),并且在治疗特定焦虑障碍方面很有帮助。服用抗抑郁药物的大约 65% 到 75% 的病人都有明显的改善,他们中的大约 40% 到 50% 的人基本完全康复(Frazer,1997)。记录这些事实很重要,虽然大多数抗抑郁药物的研究都涉及严重抑郁的病人——那些在治疗后最可能表现出重大改变的病人(Zimmerman et al.,2002)。因此,这些研究都不能应用于那些轻微抑郁的病人身上。此外,研究表明,患者对药物的反应和对安慰剂的反应同样频繁(Greenberg & Goldman,2009)。事实上,对那些接受安慰剂的病人的 EEG 研究表明确实产生了神经学的改变,虽然与那些服用真正药物的病人不同,这些神经病学的改变与心情的好转有关系(Leuchter et al.,2002)。回顾第 1

抗抑郁药物 严重抑郁患者的情绪调节剂,也作为一些焦虑症的处方药。

章可知,安慰剂的影响可以归因于相信自己接受的治疗会有帮助。因此许多研究者认为,抑郁症患者对抗抑郁药物的积极反应是药物对大脑的生理作用和患者对药物治疗效果的信心综合作用的结果。

第一代抗抑郁药物叫作三环抗抑郁药(阿密曲替林和丙咪嗪)(Nutt,2000)。三环抗抑郁药物通过阻碍轴突末梢对去甲肾上腺素和血清素的过度吸收来抗抑郁,因此增强了突触中神经递质的活跃性。但是三环抗抑郁药也可产生不愉快的副作用,包括头晕眼花、神经质、疲乏、口干、健忘和体重增加(Frazer,1997)。逐渐上升的体重(平均超出了20磅)是病人停止服用三环抗抑郁药物的主要原因,尽管这些药物可以减轻使人痛苦的心理症状。

第二代抗抑郁药物叫作选择性血清素再吸收抑制剂(SSRIs),主要阻碍血清素神经递质的再吸收,增加它在突触中的可用性(Dayan & Huys,2008)。SSRIs(氟西汀,氯丙咪嗪)副作用较小(Nelson,1997)并且当过量用药时,比三环抗抑郁药安全(Thase & Kupfer,1996)。SSRIs被发现有望治疗多种障碍。目前,美国食品药品管理局(FDA)列出了抑郁、强迫症、暴食症和惊恐障碍符合使用大多数SSRIs药物的条件(FDA,2006)。

然而,SSRIs可导致性功能障碍,虽然在停用药物以后性功能会恢复正常。报告指出,SSRIs药物,尤其是氟西汀(Prozac),增加了那些还未被证实的自杀风险(Ham,2003;Warshaw & Keller,1996)。然而,研究表明新的抗抑郁药物组,去甲肾上腺素再吸收抑制剂(SNRIs),比SSRIs药物更有效并副作用更小(Ravindran & Ravindran,2009)。另外一种治疗抑郁的方法是使用单胺氧化酶(MAO)抑制剂(曾以司来吉兰透皮贴剂、异卡波肼、苯乙肼和反苯环丙胺的名字出售)。通过阻碍在突触中分解去甲肾上腺素和血清素的酶的活性,MAO抑制剂增加了这些神经递质的有效性。MAO抑制剂通常开给那些服用别的抗抑郁药物不起作用的抑郁症患者(Tobin,2007),在应对社交恐惧上是十分有效的(Marshall et al.,1994)。然而,MAO抑制剂和三环抗抑郁药一样有许多不良副作用,服用MAO抑制剂的病人应该避免食用某些食物或者染上中风。

锂和抗惊厥药物。 锂(Lithium),一种天然的元素,被认为对40%到50%的双相障碍患者来说是很好的药物(Thase & Kupfer,1996)。据说在5到10天内可以使躁狂状态稳定下来。这是一个令人惊讶的成果,因为如果不治疗的话,平均整个事件要持续大概3到4个月。适当地维持剂量可以减少躁狂和抑郁的发作时间。为期30年的研究报告表明锂在临床上治疗抑郁和双相障碍的效果并不相当(Ross et al.,2000)。但是那些服用一定维持剂量的患者中的40%到60%将会经历复发(Thase & Kupfer,1996)。同样,为防止锂中毒和对神经系统的永久毁坏,每2到6个月对患者体内的锂水平进行监控是十分必要的(Schou,1997)。

最近的研究表明抗惊厥药物,比如说德巴金片(双丙戊酸钠)和氨甲酰苯䓬(卡马西

锂 一种用来治疗双相障碍的药物,适当地维持剂量可以减少躁狂和抑郁的发作时间。

平），也许对治疗双相障碍和锂一样有效,而且副作用更小(Ceron-Litvok et al.,2009; Kowatch et al.,2000)。此外,许多双相障碍,尤其是那些具有精神病症状的躁狂状态者,同时服用抗精神病药和抗惊厥药物可以取得好效果(Bowden et al.,2000;Sachs et al.,2002)。更进一步,越来越多的研究表明长期使用精神抑制剂可以防止癫狂的复发(Vieta,2003)。

抗焦虑药物。弱安定剂的一类叫作苯二氮,包括著名的安定、利眠宁和新的高效能阿普唑仓。在治疗焦虑上,苯二氮比起其他级别的精神药物用得更多(Cloos & Ferreira,2009),被发现在治疗惊恐障碍和普遍焦虑障碍上非常有效(Davidson,1997;Noyes et al.,1996)(Lydiard et al.,1996)。

阿普唑仓是出售最多的精神药物(Famighetti,1997),在缓解焦虑和抑郁上十分有效。当被用来治疗惊恐障碍时(Noyes et al.,1996),阿普唑仓比抗抑郁药物作用更快并且副作用更小(Ballenger et al.,1993;Jonas & Cohon,1993)。然而,如果病人中断了治疗,很可能复发(Rickels et al.,1993)。阿普唑仓有不好的一面。许多病人发现自己一旦不再经历惊恐发作,自己却不能中断药物,因为他们经历了中度到强烈的脱瘾症状,包括强烈的焦虑(Otto et al.,1993)。安定在治疗惊恐障碍方面似乎和阿普唑仓一样有效,并且脱敏更容易一些。虽然脱敏是伴随苯二氮的一个问题,但对这些药物滥用和增加的趋势是相当低的(Romach et al.,1995)。

探索通常被用来治疗精神障碍的药物 www.mypsychlab.com

复习中总结了在这个部分你学到的不同药物。

复习——用来治疗精神障碍的药物

药物类型	商业用名	治疗的症状
神经抑制剂	康帕嗪、硫醚嗪、三氟拉嗪、氯丙嗪	幻觉、错觉
非典型神经抑制剂	氯氮平、奥氮平、利培酮	幻觉、错觉、消极的精神病症状
三环抗抑郁剂	盐酸阿密替林、盐酸丙咪嗪	抑郁的心境/焦虑
选择性血清素再吸收抑制剂	西普兰、帕罗西汀、百忧解、舍曲林	抑郁的心境/焦虑
去甲肾上腺素再吸收抑制剂	郁复伸、去甲文拉法辛、瑞美隆	抑郁的心境/焦虑
单胺氧化酶	司来吉兰透皮贴剂、苯乙肼、反苯环丙胺、异卡波肼	抑郁的心境/焦虑
锂	Eskalith,Lithobid	癫狂
抗惊厥药	双丙戊酸钠、丙戊酸钠注射剂、2-丙基戊酸钠、卡马西平	癫狂
苯二氮	利眠宁、安定、阿普唑仓	焦虑

药物治疗的副作用。 先不说药物不愉快或者危险的副作用,记住药物并不能治愈精神障碍是很重要的,所以在病情更严重时,当病人停止用药,病人通常会经历病情复发(Hollan, Stewart, & Strunk, 2006)。更进一步,一些研究表明由于抗精神类药和其他精神类药物的使用,非自愿住院的病人减少,使得那些患慢性精神疾病比如说无家可归的精神分裂症病人数量增加(Carson et al., 2000)。不幸的是,因为病人曾对抗精神类药物有了好的反应,在从精神病院出院后,许多患有精神分裂症的病人不能得到足够的后续治疗。结果是,一些人停止服用抗精神类药物,再次复发出现精神异常状态,并且不能帮助他们自己。

15.13 精神类药物会给儿童和青少年带来哪些问题?
针对儿童和青少年的精神类药物

在第 14 章,你学习了兴奋剂在那些被诊断为注意缺陷多动障碍(ADHD)的儿童中的运用。这些不是对儿童运用的唯一精神类药物。事实上,调查表明,比起同样患 ADHD 的孩子服用药物来治疗,父母更加希望运用这类药物帮助那些抑郁或焦虑的孩子(McLeod et al., 2004)。此外,服用精神类药物的儿童数量在过去的几年里发生了戏剧性的增加(McIntyre & Jerrell, 2009)。一些评估表明5%到6%的美国儿童服用这些药物(Zito et al., 2003)。这简单总结了心理健康专业人员对儿科患者使用这类药物的大致情况。

典型和非典型神经抑制剂在治疗儿童和青少年的精神病症状方面是有效的(Aman et al., 2009)。对这些药物在自闭症儿童身上可能的运用目前也在研究中(King & Bostic, 2006)。然而,一些专家注意到这些药物对儿童和青少年的安全性还没被直接探讨过(Correll et al., 2006)。相反,这些药物运用于儿科,是建立在假设对成人研究中发现的风险也适用于儿童的基础上的。因此,虽然这些药物对有精神分裂症的儿童有巨大的帮助,但儿童对这些药物的反应必须得到比成人更高频率的监控。

相似地,儿童和青少年通常对抗抑郁药物的反应和成人一样。然而,类似于抗精神类药物,临床医生必须密切地追踪儿童对这些药物的反应。抗抑郁治疗和自杀意图、儿童和青少年的非致命自杀行为的联系使得美国和其他国家的官员要求 18 岁以下的病人必须在治疗的第一个星期被细心监控(U.S.Food and Drug Administration[FDA], 2004)。因此,抗抑郁药物在儿童之间的运用一直存在争议。

对儿童双相障碍的诊断和伴随它的药物治疗富有争议(Carlson, 2009)。目前,一些临床医生相信双相障碍是对那些突然出现一阵冲动、爆发和非直接目标好斗行为与抑郁心境交替的儿童最合适的诊断(Barzman et al., 2005)。相应地,这些专业人员要求这些孩子应该使用那些治疗成人双相障碍的药物来治疗。研究表明这些药物对儿童和青少年是有效的(Findling et al., 2006;Patel et al., 2006)。

然而,一些专家认为真正的躁狂,*DSM*-Ⅳ-TR 对双相障碍的一项诊断标准,如果在儿童中是存在的话,也是极少见的(Harris, 2005)。因此,这些专家对通过扩大躁狂的定义来"安置"好斗的儿童表现出很少的热情,他们反对一些药物在儿童中的常规运用,比如锂和双丙戊酸钠。他们全都赞同,使用那些来源于成人的研究来治疗儿童是有风险的。

他们提倡开展更多的研究来检验关于诊断和针对儿童躁狂的治疗。

研究和临床经验对镇静剂在儿童间的运用提供了更多的指导。总的来说,这些药物仅仅在非常情况下用于儿童。比如,有时外科对儿童优先使用这些药物是为了让他们更容易地忍受外科手术前的过程。然而,甚至在这些情况下,内科医生仍尝试避免对儿童使用抗焦虑药物,因为有产生相反效果的潜在可能。就是说,一些儿童对这些药物反应是变得激动亢进而不是冷静下来(Breggin & Cohen,2000)。此外,至少一个研究曾发现针对外科手术前的孩子,使用手提式录像游戏使孩子冷静下来比使用抗焦虑药物的效果好(Johnson,2004)。

15.14 电休克疗法被用来做什么?
电休克疗法

抗抑郁药物起效相对较慢。一个患严重抑郁症的病人需要至少 2 到 6 周的时间来缓解病情,50%的病人一点反应都没有。这个情境对自杀的病人来说风险太大(Keitner & Boschini,2009)。**电休克疗法**(electroconvulsive therapy,ECT)有时用于这些病人的治疗。ECT 有一个不好的名声,因为它在 20 世纪 40 年代和 50 年代曾被滥用和过度使用。尽管如此,当被合理地运用时,ECT 对治疗抑郁有十分好的效果(Scott & Fraser,2008)。

很多年来,ECT 采用一股电流穿过大脑两半球的方法,这个程序称为双侧 ECT。今天,电流只加在大脑右半球,这个程序称为单侧 ECT。研究表明,单侧 ECT 和更强烈的双边形式同样有效,并且对认知能力的影响更温和(Sackeim et al.,2000)。同样,在今天要给接受 ECT 的病人使用麻醉剂、控制的氧化剂和肌肉松弛剂。

专家认为 ECT 改变了大脑生物化学的平衡,导致抑郁加重。一些精神医生和神经学者呼吁反对 ECT 的使用,声称它导致了普遍的大脑损伤和记忆丧失。但 ECT 的提倡者却认为大脑损伤的结果是建立在动物研究中的,研究中的 ECT 剂量比在人类的病人身上使用的剂量高出很多。在比较一系列治疗之前和之后的 MRI 和 CT 扫描的研究中,显示 ECT 未造成结构上的脑部损坏(Reisner,2003)。

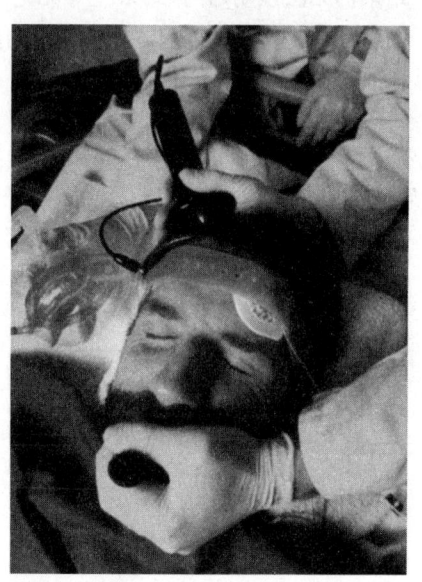

▲在电休克疗法中,一股温和的电流穿过大脑右半球 1 到 2 秒,导致一次短时的发作。

> **电休克疗法** 一种生物医学疗法,电流穿过两大脑半球,通常用来治疗那些想要自杀、患有严重抑郁症的患者。

20世纪末,被称为快速经颅磁刺激(rTMS)的新的脑刺激疗法诞生了。该疗法没有任何扩散性的危害。施用于未麻醉的患者,不会引起癫痫发作,没有记忆丧失,没有已知的副作用。它的治疗价值和ECT很相似,并且更被大众所接受(Higgins & George,2009)。

15.15 什么是精神外科,它被用在哪些地方?
精神外科

比ECT更激进的是**精神外科**(psychosurgery)——脑外科被用来缓解严重的精神障碍,比如严重的抑郁、严重的焦虑和强迫症,或减轻患者难以忍受的慢性疼痛。最先针对人类病人的实验性脑外科手术是前脑叶白质切除术,被葡萄牙外科医生埃加斯·莫尼斯在1935年首次用来治疗严重的恐惧症、焦虑和强迫症。外科医生使用前脑叶白质来切断大脑额叶和大脑深处与情感有关的部分的联系。但是没有脑组织被移除。最初,这个过程被认为是极大的贡献,莫尼斯在1949年获得了诺贝尔医学奖。然而最后,这个治疗方法很明显使病情剧烈恶化。

现在的神经外科过程导致的智力损害比传统外科更少,外科医生通过电极传递电流,损害小了很多,涉及更小范围的脑组织区域。在一个称为扣带回切除术的手术过程中,电极被用来损坏扣带回,即损坏一个连接皮质和脑部情感中心的小神经束。几个程序,包括扣带回切除术,对一些极端的强迫障碍十分有帮助(Lopes et al.,2004)。但是精神外科结果仍无法预期,并且结果——无论积极或消极的—是不可逆的。因为这些原因,该疗法被认为是实验性的并且在最后才采用,如图15.4建议(Glannon,2006;Feusner & Bystritsky,2005)。

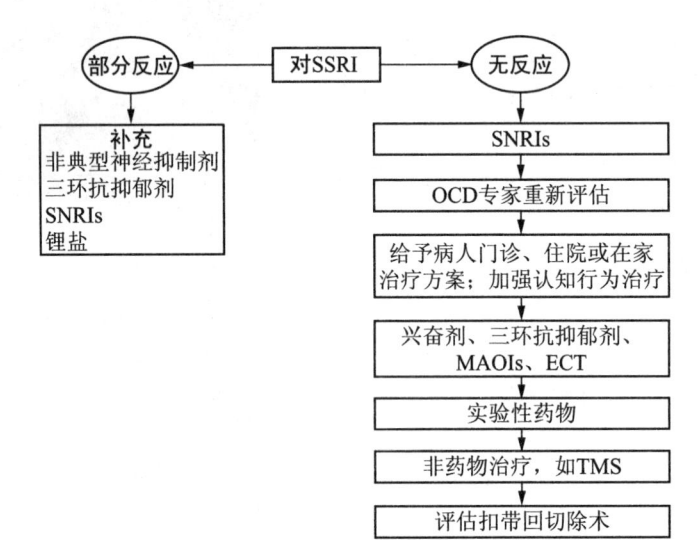

图15.4 使用扣带回切除术来治疗强迫症 医生一般不考虑对强迫症患者实施扣带回切除术,除非其他所有的治疗都失败了。

精神外科 脑外科术被用来缓解严重精神障碍或难以忍受的慢性疼痛。

记一记——生物医学疗法

1. 在大多数情况下,生物学疗法的提倡者假设精神障碍由_____导致。
2. 把每一种障碍和最多使用的药物类型相匹配。
   _____(1) 惊恐障碍　　　　　a. 锂
   _____(2) 精神分裂症　　　　b. 安定药
   _____(3) 双相障碍　　　　　c. 抗抑郁药物
   _____(4) 主要抑郁症
   _____(5) 强迫症
3. 缓解精神分裂症症状的药物治疗是被认为通过阻断_____的活性来作用的。
4. ECT 通常被用来治疗的障碍是_____。
5. 精神外科在治疗极端的_____的情况下是有用的。

答案:1. 身体的　2.(1) c　(2) b　(3) a　(4) c　(5) c　3. 多巴胺　4. 严重抑郁
　　　5. 强迫症

15.16 治疗精神障碍是否有最有效的疗法？ 如果有，那是什么？对这些治疗方法的评价

如果你读完了下面复习部分对多种治疗方法的总结,你将注意到它们有一些相似之处。比如说,几个疗法,关注帮助病人反映出他们自己的想法或情感。对疗法代表的不同观点的分析表明,不管治疗师采取什么观点,总有一个他们运用的核心治疗技术,但是这些分析同样也表明每个疗法有它的核心内容和区别于其他疗法的地方(Crits-Christoph et al., 2008; deGroot, Verheul, & Trijsburg, 2008)。

探索精神分析、人本主义、行为和认知疗法的关键部分 www.mypsychlab.com

但是不同的疗法会在有效性上有多大差别？在一个对疗法有效性的经典研究中,史密斯和他的同事(Smith et al., 1980)分析了 475 项研究的结果,包含了 25 000 名患者。他们的发现揭示,心理疗法比无治疗效果好,但没有哪种心理疗法疗效强于其他所有疗法。汉斯·艾森克随后对相同数据进行了再分析,然而,结果显示出了一个行为疗法相比其他疗法被忽视的优点。一项由霍兰和其他人主持的研究发现,认知和人际关系疗法针对患抑郁症的病人比心理动力疗法的优点更多。此外,社会经济地位和其他个人变量与病人的问题相互作用,这些相互作用影响治疗的结果(Falconnier, 2009)。那就是说,一项曾被证明对那些有充足财产的人们有效的疗法也许对那些在经济方面挣扎的人们没有效果。因此,任何一种治疗技术有效性最重要的决定因素是它要和病人的问题和生活环

境的匹配程度(Crits-Christoph et al.，2008)。

模拟无效的疗法 www.mypsychlab.com

但是病人自己是怎样评价这些疗法的呢？为了回答这个问题,消费者报告(1995)主导了关于病人对心理疗法的最大的调查。马丁·塞里格曼(1995,1996),这项研究的顾问,总结了下面的发现：

- 总的来说,病人相信他们大体可以从心理疗法中获得受益。
- 病人似乎对他们的疗法同样满意,不管主治是心理师、精神医师或社会工作者。
- 那些进行6个月以上治疗的病人比其他的病人表现更好,通常,病人进行治疗的时间越长,他们改善越多。
- 服用百忧解和阿普唑仑的病人相信这些药可以帮助自己,但总的来说,单独的心理疗法好像和心理疗法加药物的作用相同。

复习——治疗法摘要与比较

疗法的类型	认识到的造成患病的原因	疗法的目标	运用的方法	主要的疾病或针对的症状
精神分析疗法	无意识和挑衅引起冲突的欲望;病态依恋;薄弱的自我	帮助病人把困扰的、抑制的资料带到意识层面来对抗无意识的冲突;加强自我的功能	精神分析师分析并解释梦、自由联想、阻抗和移情	通常不高兴的感觉,来自童年没解决的问题
人际关系疗法	不能处理关系或生活转变,也包括可能的生物学原因	适应丧失亲友,克服人际关系角色争论,提高人际关系技能,适应角色转变比如离婚、工作改变和退休	治疗师帮助病人(1)释放过去,(2)明白他人的观点和探索改变的选择权,(3)把改变视为一个机遇而不是威胁,和/或(4)改善人际交往技能,运用如角色扮演的技术	抑郁症
以人为中心疗法	阻断了自我实现的正常趋势;在真实和要求的自我之间不一致;对他人积极关注的过分依赖	增加自我的接纳和自我理解,帮助病人变得内心更有主见,增强本我和超我的和谐,促进个人成长	治疗师表现出共鸣移情,无条件的积极关注,真挚地对患者的表达做出反应然后回馈给病人	普通的不高兴的感觉;人际关系问题
格式塔疗法	问题是由责怪社会、过去的经验、父母或其他人造成的	帮助病人达到更整合的自我并能自我接纳	治疗师在治疗过程中扮演活跃的角色并运用如"移情躺椅"和角色扮演技术	抑郁症

(续表)

疗法的类型	认识到的造成患病的原因	疗法的目标	运用的方法	主要的疾病或针对的症状
家庭和婚姻疗法	问题是由错误的沟通模式，不合理的角色期望，药物或滥用酒精等造成的	使成员相互理解，关系和谐；改善交流模式；治愈家庭单元的创伤	治疗师与患者个人或许多家庭成员同时见面，探索如沟通模式、力量斗争、不合理要求和期待这类的问题	家庭问题比如婚姻和关系问题，被困扰或令人困扰的青少年，侮辱的关系，药物或酒精问题，有患精神分裂症的家庭患者
团体疗法	无	给予来访者归属感和表达感受的机会，提供给出和接受他人回馈的机会	7到10个病人定期与1个或更多治疗师见面来解决个人问题	焦虑、抑郁、低自尊
行为疗法	学习了不良行为或者在学习良好行为中失败了	消除不良行为并用更加合适的行为来代替，帮助病人得到需要的社交技能	治疗师运用建立在经典和操作性条件反射上的模型的方法，包括系统脱敏、倾注、暴露和反应阻止和厌恶治疗法	恐惧、恐惧症、惊恐障碍、强迫性障碍、坏习惯
认知疗法	关于自己和他人的不合理和消极的假设和想法	改变错误、不合理和/或消极的想法	治疗师帮助病人辨别不合理和消极的想法并用合理的想法来替代	抑郁、焦虑、惊恐障碍、普通的不开心感
生物医学疗法	因为大脑结构性或生物性异常导致的根本身体障碍；遗传原因	消除或控制导致异常行为的生物学原因；恢复神经递质的平衡	内科医生开药物如抗精神类药物、抗抑郁药、锂或镇静剂；使用ECT或精神外科手段	精神分裂症、抑郁、双相障碍、焦虑障碍

记一记——对这些治疗方法的评价

1. 把每一项疾病或问题和最适用的治疗法匹配。

　　_____ (1) 衰弱的恐惧　　　　　　　　　a. 行为疗法
　　_____ (2) 精神分裂症　　　　　　　　　b. 领悟疗法
　　_____ (3) 普通的不开心，人际关系问题　　c. 药物疗法
　　_____ (4) 严重抑郁

答案：1. (1) a　(2) c　(3) b　(4) c

治疗方法之间的关系

如果你决定和一个浪漫伴侣进入一段长期的关系，你会打开你的电话通讯录并随机选择一个名字吗？当然不会。无法否认，和治疗师建立一段治疗关系的确不如选择一个生活伴侣那样意义重大。但是，在这两种情况中，在你做决定之前让自己掌握一些有关的

信息是明智的。与许多专业的提供治疗服务的专家熟悉是达到目标的重要步骤。

15.17 不同治疗方法之间有什么区别，所有的治疗方法中都有什么样的伦理标准？

选择治疗师

也许你是几千个决定去网络寻求治疗的人之一。如果是这样，你将发现在下面的**应用**中的提示很有用。不管这些治疗是通过什么方式进行的——电话连线，或者面对面选择一个适合你的问题的治疗师对于治疗的效果有决定性作用。表15.2列出了许多种精神健康从业者。在这些从业者中困扰了许多人的一个重要的不同是，一位**心理学家**（psychologist）拥有心理学的博士学位，然而一位**精神医师**（psychiatrist）是一位医学的博士，从历史上来看，药物疗法仅仅为精神医师所使用。然而目前，在美国，允许接受过心理药物学方面训练的心理学家开药呈现增长趋势。仅仅美军和两个州，新墨西哥州和路易斯安那州，目前已经对心理学家批准了处方的特权。

探索心理疗法、从业者和他们的活动 www.mypsychlab.com

不管训练或理论上的方向，所有治疗师都被伦理标准所限制，这些伦理标准由专业组织确定，许多事例被编入了州法律。每一名从业者（如心理学家、社会工作者）有他自己的伦理标准，但是对他们所有人，某些要求是共同的，并被美国心理学协会的伦理法典作为范例（2002）。一个重要的标准就是知情权的要求。治疗师必须在任何介入治疗前优先告知病人治疗费用和预期的时间。此外，病人必须得知对于隐私的合法限度。比如说，如果一个病人解释了他或她曾有犯罪行为，在大多数情况下治疗师有义务向合适的当局报告这个供认。另外，一些保险公司要求治疗师记录可以用作检阅，不考虑病人的隐私。

532 应用——网上治疗适合你吗？

如果你曾尝试克服滥用药物的问题或者需要度过丧失亲友的一段伤痛时间，你会去网上寻找支持团体吗？一些研究表明通过网络实现的治疗可以更加有效（Kenwright & Marks, 2004）。但是人们不能等到科学实验来证明这些新型治疗方法的有效性。许许多多的人已经准备转向网上治疗，和一个受过专业训练的治疗师进行在线的交流（Alleman, 2002; Taylor & Luce, 2003）。这种新式的治疗法典型地包括了几小时或几天的电子邮件交流，也包括了视频面谈和电话咨询（Day & Schneider, 2002）。此外，治疗师开始实验与流行的网络环境相似的虚拟环境 *Second Life*。在这些视觉环境里，治疗师

> **心理学家** 一个拥有心理学博士学位的心理健康专业人员。
> **精神医师** 一个拥有医学类博士学位的精神健康专业人员。

和病人操纵形象化符号（网络形象身份）来建立交流，创造一些情境，使得病人可以在其中练习他们在其他面对面或网上治疗学习到的应对技能（Cho et al., 2008; Gaggioli & Riva, 2007）。

网上治疗的优点

网上治疗比起面对面情境来说，病人更少被抑制。并且比起传统的治疗法要便宜一些（Roan, 2000）。其他的优点就是治疗师和病人不一定必须要在同一时间同一地点出现。患者可以在想要的时候随时写信给治疗师并且可以保存"咨询"记录（电子邮件）来为以后提供参考（Ainsworth, 2000; Stubbs, 2000）。一个治疗师也可以保留和病人交流的精确的记录并且在不方便打电话时回答患者的问题。因此使得他或她的治疗练习更加有效（Andrews & Erskine, 2003）。研究者们已发现网上治疗对于有下面一些特点的人，可以是一个特别有帮助的心理疗法选择（Ainsworth, 2000; Postel et al., 2005; Walker, 2000）：

- 他们经常离家或者有很满的计划安排
- 他们不能支付传统治疗法的费用
- 他们住在乡下没有条件去寻求心理健康关系
- 他们残疾
- 他们胆小或与治疗师见面时会尴尬
- 他们通过书面交流能更好地表达自己的想法和情感

网上治疗的缺点

因为网络交流是匿名的，所以骗子很容易假装成治疗师。目前，并没有系统制度来规范和准许网上治疗。此外，网上治疗造成一些潜在的道德问题，比如说泄露隐私的可能性。但是像所有有声誉的治疗师一样，最好的网上治疗师可以为了保护病人的隐私和秘密做任何自己可以做的事——除非必要时要保护他们或防止别人受到直接的伤害（Ainsworth, 2000）。也许网上治疗最严重的欠缺是治疗师不能看到病人的事实，因此不能使用视觉和听觉线索来决定什么时候人们开始变得焦虑和沮丧。这降低了治疗的有效性（Roan, 2000; Walker, 2000）。

网上治疗的另一大限制是不适合用来诊断和治疗严重的精神障碍，比如说精神分裂症或双相障碍（Manhal-Baugus, 2001）。另外，网上治疗不适合那些处于严重危机的人们。有其他更好的方法来得到快速的帮助，比如自杀危机电话热线。

选择网上治疗

当选择网上治疗时，确保要做到下面的几点（Ainsworth, 2000）：

- 确保治疗师持有的证件得到第三方认证
- 得到真实的联系信息
- 确保你收到的是回复你信息的私函
- 提前弄清楚治疗师是怎么收费的

如果你决定联系接受网上治疗，要记住下面的话：虽然网上治疗开始可以是一个好的方法，如果你有持续的问题，从长远看，获得传统的心理治疗才是理智的（Roan, 2000）。

表 15.2　心理健康专业人员

专业者的类型	受到的培养训练	提供的服务
精神医师	医学学位(医学博士或眼视光学博士学位)精神病学方面	心理疗法；药物治疗；严重心理障碍的住院治疗
精神分析学家	医学博士、哲学博士或者心理学博士；受过精神分析的额外培训	精神动力疗法
临床心理学家	哲学博士或者心理学博士；或者临床心理学的短期实习医师	精神障碍的诊断和治疗；在额外培训后可以开一些处方药；心理测验
咨询心理学家	哲学博士或教育学博士；咨询心理学的短期实习医师	对普通生活问题的评估和治疗（比如离婚）；心理测验
学校心理学家	哲学博士或教育学博士，教育专业人士或者硕士学位；学校的短期实习医师；教育专业人士或硕士学校心理学家必须在学校中实习或者在博士级别的心理学家的监督下工作	评估和治疗校园中针对儿童和青少年的问题；心理测验
临床或精神病学的社会工作者(MSW)	硕士学位；精神社会工作的短期实习医师	诊断并治疗精神障碍，鉴定社会服务的支持
持证的专业咨询顾问(LPC)	硕士学位；咨询的短期实习医师	评估并治疗普通生活问题；一些心理测验
持证的婚姻和家庭治疗师	硕士学位；在夫妻治疗和家庭治疗的短期实习医师	评估和治疗人际关系问题
持证的药物依赖咨询顾问	需要的教育水平要求各不相同；经常自己曾是成瘾者	对药物滥用问题的治疗和教育

15.18　性别和文化敏感疗法具有什么样的特点？

文化敏感和性别敏感疗法

想一想文化和性别在我们的社会关系中扮演的角色。你认为这些变量能影响治疗师和病人的关系吗？

多数心理治疗师已越来越多意识到在诊断和治疗精神障碍时需要考虑文化变量（Field，2009）。事实上，美国心理学协会（APA）最近公布了帮助心理学家对文化问题变得更加敏感的指导方针（APA，2003b）。同样，许多心理学家已对在心理治疗时需要注意性别差异表示关注（Addis & Mahalik，2003）。

文化敏感疗法。根据克莱曼和科恩（Kleinman & Cohen，1997）的研究，人们在经历精神障碍所处的文化环境也许会对症状、结果和对治疗的反应产生巨大影响。治疗师和病人的文化差异也可破坏治疗联盟——治疗师和病人之间的联系，被称为心理疗法有效性的一个决定因素(Blatt et al., 1996)。因此,许多专家提倡一种叫作**文化敏感疗法**(culturally sensitive therapy)的新方法,在该疗法中,病人的文化背景指导着治疗干预方法的选择(Kumpfer et al., 2002)。

　　文化敏感治疗师认识到治疗师和病人的语言不同可能造成问题(Santiago-Rivera & Altarriba, 2002)。比如说,一个可以讲西班牙语和英语但西班牙语更流利的病人在用英语面谈时,也许会表现出对问题的犹豫、回溯和延迟反应。这样的结果是,治疗师错误地推断了病人表现出经常出现在精神分裂症患者身上的思考障碍(Martinez, 1986)。这种语言差别也许会影响临床医生对病人的标准测验的结果。在一个频繁被引用的研究中,研究者发现当一群波多黎各病人用英语进行主题统觉测验时(TAT),他们的停顿和他们的单词选择被错误地解释为心理问题的标志(Suarez, 1983)。因此,文化敏感治疗师变得对病人的语言通常流利程度很熟悉,在这种情况下来优先对面谈进行评估并来对他们进行测验。

　　当面对美国的新近移民者,文化敏感心理学家把移民经历带来的影响算在了病人思想和情感的影响中(Lijtmaer, 2001; Sluzki, 2004; Smolar, 1999; Ying, 2009)。一些曾研究新近亚洲移民者对心理治疗反应的研究者要求,在开始诊断和治疗前,治疗师要鼓励移民的病人来谈离开自己本国文化的经历带来的伤心的感觉,也包括他们对适应新社会的生活的焦虑。运用这些策略,治疗师也许能够区分来自移民经验的抑郁焦虑和真正的精神病理学症状。

　　一些文化敏感疗法的提倡者指出有时文化的治疗可以被用作治疗干预的模型。比如,传统的美国本土疗愈圈被许多服务美国本土人的心理健康医师使用(Garrett et al., 2001)。疗愈圈的成员被委托来促进他人身体、心理、情感和精神上的健康。疗愈圈的参与者典型地参与进了成员主导的活动,比如说讨论、冥想和祷告。然而,一些更具结构性的疗愈圈包括一位公认的美国本土医师,他把团体带入传统的治疗仪式。

　　文化敏感治疗师也试图解决可影响治疗结果的团体差异(Marlatt, 2005)。比如说,许多研究发现了患精神分裂者的非裔美国人和有相同诊断的美国白人来比较,他们更不可能听从他们医生或治疗师的关于服用药物的说明(Farabee, Shen, & Sanchez, 2004)。一种对这个问题的文化敏感方法也许建立在治疗师对亲密关系网络和交流关系在非裔美国人中重要性的理解。治疗师也许会通过使病人加入一个有其他患有同样疾病并使用同样药物的非裔美国人的支持群体来增加非裔美国病人的顺从性(Muller, 2002)。此外,研究者和有经验的治疗师建议在开始治疗前,非非裔治疗师和非裔病人开放地来讨论他们在种族观点上的差异(Bean et al., 2002)。

　　性别敏感疗法。许多心理治疗师注意到了**性别敏感疗法**(gender-sensitive therapy)的需要,一种把性别的影响算入治疗师和病人的行为中的疗法(Gehart & Lyle, 2001)。

文化敏感疗法　一种由病人文化背景指导治疗干预选择的治疗方法。
性别敏感疗法　一种把性别影响考虑在治疗师和病人行为内的治疗方法。

为了实施性别敏感疗法,治疗师必须检查他们自己基于性别的偏见。他们也许假设男人更善于分析而女人更感性,这些老套的信念也许基于治疗师的社会背景或在性别差异中的研究发现。

性别敏感疗法的提倡者指出,真正的两性差异的知识对进行性别敏感治疗很重要。例如,因为男人的社会化性别角色,对他们的干预重点放在情感的表达上时,就没有在女性中使用有效(Gillon, 2008)。此外,男性也许把寻找治疗视作一个软弱或威胁到他们男子气概的信号(Addis & Mahalik, 2003)。结果是,研究者建议治疗师试图避免使男性病人产生防御(Greer, 2005)。然而,治疗师必须防止运用研究发现作为固定模式来对待男性或女性病人。他们必须记住同性别也有比不同性别更多的变量,每个男人或女人必须被视作一个个体。

那些被真诚渴望激励,而对性别问题变得更敏感的治疗师也许会在他们身上有更多的侧重并且误解病人的问题(Addis & Mahalik, 2003)。比如,在一项研究中,研究者发现,那些工作在非传统领域的人——女性工程师和男性护士,有更多的心理问题(Rubinstein, 2001)。结果是,治疗师可以假设这些病人的问题从性别角色斗争升级,然后,在现实中,他们的问题有完全不同的起源。

记一记——治疗方法之间的关系

1. 在心理学家和精神医师之间的主要不同是后者要有一个_____学位。
2. _____变量可以影响心理学家使用的标准测验的结果。
3. 文化敏感疗法包括了下面的所有项除了:
   a. 把文化和治疗干预结合
   b. 评估病人的语言技能
   c. 避免和病人讨论种族和文化
   d. 对于在一个新文化中生活关联的情感敏感度
4. 性别敏感疗法要求治疗师检验自己的_____。

答案:1. 医学 2. 文化 3. c 4. 性别偏见

总结与回顾

领悟疗法 p.510

15.1 精神分析法的基本技术,以及如何用于帮助病人? p.510

与精神分析法相关联的技术是自由联想、释梦、客体关系和移情。它们被用作发现被压抑的记忆、冲动和可能导致病人问题的冲突。

15.2 人际关系疗法关注抑郁的哪些问题? p.512

人际关系疗法(IPT)是设计来帮助那些对挚爱的去世有不寻常或严重反应的抑郁

者,解决人际关系的角色争端,适应角色转变中的困难,弥补人际交往技巧欠缺等问题。

15.3 在以人为中心疗法中,治疗师扮演的角色与目标是什么? p.512

来访者中心疗法是一种非指导疗法,治疗师提供同情和无条件关注的氛围。目的是允许病人来决定心理治疗的方向并最终达到自我实现。

15.4 格式塔疗法主要强调什么? p.512

格式塔疗法强调病人的全部经验的重要性,此刻,他们的感情、想法和行为并且要为他们行为负起个人的责任。

关系疗法 p.513

15.5 如何区分传统行为婚姻疗法与综合行为婚姻疗法? p.513

传统行为婚姻疗法(TBCT)主要改变那些导致夫妻间矛盾的行为并且增加那些能帮助解决矛盾的行为。综合行为婚姻疗法(IBCT)也是这样的,但它强调夫妻双方接受彼此在那些不易改变的问题上的不同。

15.6 家庭治疗的目标是什么? p.514

家庭治疗的目标包括帮助家庭成员改善交流模式和创造人际关系中更多的理解和和谐。

15.7 团体治疗的优点有哪些? p.515

团体治疗比个体治疗便宜,并且给人们表达自己感觉,从别的团体成员得到反馈,给予和得到帮助和感情支持的机会。

行为疗法 p.515

15.8 行为治疗师如何改变来访者的问题行为? p.516

行为治疗师使用操作条件反射技术比如运用强化物来塑造或增加良好行为的频率(象征性奖励),抑制性的强化物可以消除不良行为(计时隔离)。

15.9 行为疗法怎样建立在经典条件和观察学习理论上? p.516

基于经典条件反射的行为疗法有系统脱敏、倾注、暴露和反应阻止法、厌恶疗法。在参与者示范中,一个对恐怖刺激合适的反应被逐步呈现,病人在治疗师的鼓励和支持下被要求一步一步地去模仿。

认知疗法 p.519

15.10 理性情绪行为疗法的目标是什么? p.519

理性情绪行为疗法是一种以挑战和改变病人的不合理信念为目标的心理疗法,这些不合理的信念被认为是个人痛苦的原因。

15.11 贝克的认知疗法如何帮助人们克服抑郁和惊恐障碍? p.521

贝克的认知疗法帮助人们克服抑郁和惊恐障碍是通过指出导致苦恼的不合理信念,帮助学习其他的、更加现实的方法来看待自己和自己的经历来实现的。

生物医学疗法 p.522

15.12 用药物治疗精神疾病的优点和缺点有哪些? p.523

药物疗法的使用减少了住院的精神病人。神经抑制剂主要通过抑制神经递质多巴胺来控制精神分裂症的主要症状。抗抑郁药物能帮助治疗那些严重抑郁的人和某些焦虑障碍。锂和抗惊厥药物可以控制躁狂发作的症状并可以在双相障碍中平衡心情的摆动。抗焦虑药物被主要用来治疗焦虑。使用药物会出现的问题是不良或危险的药物副作用,并且如果药物不继续服用,复发很可能发生。同样,住院病人离开医院也导致了无家可归的精神障碍病人的数量上升。

15.13 精神类药物会给儿童和青少年带来哪些问题?p.526

多数精神类药物被证明在治疗青少年和儿童精神障碍时和它们用在成人身上时一样有效。然而,在大多数情况下,这些药物的安全性并未在那些包括18岁以下被试的研究中得到检测。结果是,临床医师在儿童使用这些药物时,必须比在成人使用时对它的副作用监测得更准确。

15.14 电休克疗法被用来做什么?p.527

单侧ECT被用来治疗患严重抑郁的病人,尤其是那些处于紧急的自杀危险中的人。

15.15 什么是精神外科,它被用在哪些地方?p.527

精神外科是脑外科术,被用来缓解一些严重、持续、使人衰弱的精神障碍或难以忍受的慢性疼痛。作为一种有很多争议的技术,精神外科被认为是实验性的并且要最后才采用。

15.16 治疗精神障碍是否有最有效的疗法?如果有,那是什么?p.529

虽然没有一种治疗方法被广泛地证明比其他的都好,但一些特定的疗法被证明在治疗特定的障碍时最有效。比如说,认知和人际关系疗法对治疗患抑郁症的病人最合适。

治疗方法之间的关系 p.531

15.17 不同治疗方法之间有什么区别,所有的治疗方法中都有什么样的伦理标准? p.531

根据受到的培训和使用的技术分类治疗师。精神医师拥有医学学位,然而心理学家拥有心理学博士学位。不论受到怎样的培训,所有心理治疗师都必须遵守道德标准,关于知情同意、保密、治疗关系的性质、治疗的终止。

15.18 性别和文化敏感疗法具有什么样的特点?p.533

这些治疗方法帮助心理健康专家更加注重文化变量和性别变量,这些变量不仅能影响病人对治疗的反应和治疗师,而且能影响治疗师对病人的反应。病人的文化背景和习惯也许能在引导治疗干预的选择时有用。

关键术语

抗抑郁药物 p.524　　　　　　　抗精神类药 p.523
厌恶疗法 p.518　　　　　　　　贝克的认知疗法 p.521
行为矫正 p.516　　　　　　　　行为疗法 p.515

生物医学疗法 p.522
文化敏感疗法 p.533
电休克疗法（ECT）p.527
家庭疗法 p.514
自由联想 p.511
格式塔疗法 p.512
人本主义疗法 p.512
综合行为婚姻疗法（IBCT）p.514
锂 p.524
参与者示范 p.519
精神医师 p.531
心理动力疗法 p.511
精神外科 p.527
理性情绪行为疗法 p.519
系统脱敏 p.517
代币法 p.516
移情 p.511

认知疗法 p.519
指示疗法 p.512
暴露和反应阻止法 p.518
倾注 p.518
性别敏感疗法 p.534
团体疗法 p.515
领悟疗法 p.510
人际关系疗法（IPT）p.512
非指导疗法 p.512
以人为中心疗法 p.512
精神分析 p.511
心理学家 p.531
心理疗法 p.510
关系疗法 p.513
计时隔离 p.516
传统行为婚姻疗法（TBCT）p.513

章末测验

选择题

1. 吉姆正在回想他童年发生的事件并且描述给治疗师听，治疗师似乎正在运用_____技术。
   a. 自我实现　　　b. 阻抗　　　c. 自由联想　　　d. 移情

2. 下面哪一项是人际关系疗法可以起作用的关于抑郁四种类型问题的一个？
   a. 化学的不平衡　　　　　　b. 人际关系技巧的不足
   c. 吸烟的停止　　　　　　　d. 不合理的想法

3. 劳琳是一位人本主义治疗师。这些对精神障碍的解释哪个最可能为她认可？
   a. 人对于自我实现的自然趋势被阻断　　b. 人面对着不合理的角色期待
   c. 人有个虚弱的自我　　　　　　　　　d. 人在学习良好行为时失败了

4. 阿德里安娜坐着并面对一个空椅子。对这个椅子，她想象，坐着她的哥哥，她在告诉他对他的感觉。在这之后，阿德里安娜将换到这个椅子上并且想象她的哥哥正在和她讲话。阿德里安娜接受的是一种什么类型的治疗？
   a. 格式塔疗法　　　　　　b. 以人为中心疗法
   c. 精神分析法　　　　　　d. 人际关系疗法

5. 下面关于综合行为婚姻疗法（IBCT）的说法哪项是正确的？

　　a. IBCT 主要关注改变不合理的信念。

　　b. IBCT 是非指导性的。

　　c. IBCT 作用在人际关系接纳和行为上。

　　d. IBCT 是一种以人为中心疗法。

6. 下面哪项是家庭治疗师最可能关注的？

　　a. 尝试去发现可以解释病人当前困难的童年经验。

　　b. 帮助家庭成员识别那些有助家庭单位的改变。

　　c. 为家庭成员推荐精神类药物。

　　d. 帮助家庭成员解决个人问题，比如抽烟和控制冲动。

7. 自我帮助团体和团体治疗的区别是什么？

　　a. 自我帮助团体是非指导性的，而团体治疗是指导性的。

　　b. 自我帮助团体不由专业治疗师引导，然而团体治疗由受过专业培训的治疗师引导。

　　c. 自我帮助团体比团体治疗关注更多不同的问题。

　　d. 自我帮助团体比团体治疗更贵。

8. 丹请一位行为治疗师来帮助他控制他的体重。治疗师也许将对帮助丹_____最有兴趣？

　　a. 改变导致他饮食行为的强化物模式　　b. 与食物产生情感联系

　　c. 回想那些影响饮食的童年经验　　d. 克服那些有时伴随超重的抵制感

9. 当沃尔特四岁的时候，他的父亲把他扔进了一个深游泳池中，因为他相信这样做可以促使沃尔特学会游泳。相反，沃尔特没有学会游泳，他对水形成了强烈的恐惧。既然他长大成人了，他想要克服他的恐惧从而来和他的孩子享受在水中活动。下面哪种疗法对减少沃尔特的恐惧症最有效果？

　　a. 厌恶疗法　　b. 倾注　　c. 系统脱敏　　d. 刺激饱和

10. 一位认知治疗师和一位行为治疗师在进行谈话。认知治疗师将更有可能说什么来批评行为治疗师？

　　a. "你忽视了比如说思考这种内在变量的重要性。"

　　b. "你无法帮助那些很想表达情感的精神病患者的家属。"

　　c. "你没有提供病人无条件的积极关注。"

　　d. "你忽视了早期童年创伤的重要性。"

11. 认知疗法能帮助下面的哪种精神障碍？

　　a. 精神分裂症　　b. 暴食症　　c. 抑郁　　d. 以上皆是

12. 治疗精神分裂症的消极症状的方法是使用作用于神经递质_____。

　　a. 多巴胺和血清素　　b. r-氨基丁酸和谷氨酸盐

　　c. 乙酰胆碱和去甲肾上腺素　　d. 甘氨酸和强啡肽

13. 儿童双相障碍诊断的提倡者认为,在儿童中,发脾气被证明是_____症状。

a. 狂躁　　　　　b. 妄想的想法　　　c. 抑郁　　　　　d. 焦虑

14. ECT 的支持者主张 ECT 在治疗许多对其他治疗无反应的_____案例上有效。

a. 精神分裂症　　b. 抑郁　　　　　　c. 狂躁　　　　　d. 人格障碍

15. 现代的精神外科技术主要针对_____。

a. 大脑的前额叶　b. 海马　　　　　　c. 杏仁核　　　　d. 扣带回

16. 心理学家_____。

a. 必须有医学学位

b. 必须在精神药物学领域受过培训,他们可以使用药物

c. 必须是人本主义的

d. 必须有心理学的博士学位

17. 在努力增加他们文化敏感度的努力中,服务非裔美国人的治疗师已经采纳了_____的使用。

a. 血缘关系网络　　　　　　　　　　b. 穿衣的历史模式

c. 传统本土美国人的穿着　　　　　　d. 疗愈圈

简答题

18. 精神分析、以人为中心、行为和认知疗法的主要思想是什么?

19. 当你的一个同学说"抗精神类药物无效且有害。我找不到任何服用这些药物的理由。"时,你怎么对他解释抗精神类药物的优点和风险。

20. 如果你需要专业的帮助来停止抽烟,你需要寻找哪种类型的治疗师,为什么?

答案见第 773 页。

第16章

社会心理学

社会知觉
    16.1 为什么第一印象如此重要？
    16.2 情境归因和气质归因之间的区别是什么？

吸引力
    16.3 什么因素有助于吸引力？
    16.4 外表吸引力有多重要？
    16.5 心理学家如何解释浪漫和相配？

顺从、服从和屈从
    16.6 阿希在他著名的从众实验中发现了什么？
    16.7 在不同的情况中，研究者对米尔格拉姆的经典服从实验有什么发现？
    16.8 用于获得屈从的三大技巧是什么？

群体影响
    16.9 社会助长如何影响表现？
    16.10 社会懈怠是什么，什么因素能减轻社会懈怠？
    16.11 社会角色如何影响个人表现？

态度和态度改变
    16.12 态度的三大成分是什么？
    16.13 什么是认知失调和如何减轻认知失调？
    16.14 说服的元素是什么？

亲社会行为
    16.15 什么促使人去帮助另一个人？
    16.16 什么是旁观者效应以及它为何产生？

攻击性
    16.17 哪些生理因素被认为与攻击性有关？
    16.18 其他哪些因素促成了攻击性？
    16.19 根据社会学习理论，什么导致了攻击性？
    16.20 促成性侵犯的是哪些因素？

偏见和歧视
    16.21 什么因素导致偏见和歧视的产生？
    16.22 什么证据表明偏见和歧视在减少？

想一想

想象你和图片中的男人刚发生了车祸。他从背后撞了你的车,毫无疑问从法律上而言错误在于他。然而,你并不确切地知道是什么原因促使他撞上了你的车。严格地依据这张照片,估计以下每个因素促成这个事故的可能性。

这个男人的外表影响你的反应了吗?我们都容易被对他人的第一印象影响。在面对面的交流中,我们想到的第一件事就是这个人是什么样子的。因此,我们经常用一个人的外表来形成特点假设,例如他们的个性和道德观。

影响因素	可能性
	不大可能　　　　　很有可能
1. 他喝醉了。	1　2　3　4　5　6　7　9　10
2. 他的太阳眼镜被蒙上了一层雾。	1　2　3　4　5　6　7　9　10
3. 他正在打电话。	1　2　3　4　5　6　7　9　10
4. 他是一个愤怒的把自己的怒气发泄在别的司机上的人。	1　2　3　4　5　6　7　9　10
5. 他由于其他司机的古怪行为而分心。	1　2　3　4　5　6　7　9　10
6. 他是一个很少关心其他人权利的不负责任的人。	1　2　3　4　5　6　7　9　10

表中的描述可能已经影响了你的反应。注意到1、4、6是关于这个男人特征的项目,而2、3、5涉及的却是情况。如果你倾向于看到车祸的发生是由于男人的特征而不是那些情况,那么你可能犯了一个常见的思考错误,就是造成我们看到别人犯错误时会当作人格功能,而我们自己犯错是由于情况因素,而这种错误我们自己无法控制。

第一印象和我们思考自己和别人的行为的方式是**社会心理学**(social psychology)感兴趣的两大主题,试图解释实际的、想象的或者隐含的别人的存在如何影响我们的思想、感受和行为的一个分支。社会心理学感兴趣的主题范围相当广泛。需要注意,社会心理学家关注的不同问题可能会帮助你更好地理解该领域(Society for Personality and Social Psychology, 2006)。首先,例如所有的心理学家和社会心理学家对于个人变量如何有助于他们对社会影响作出反应上很感兴趣。例如,对于群体效应,内向的人和外向的人可能反应不同。第二,社会心理学家对于群体变量很感兴趣。例如,社会心理学家会调查碰巧跟你一样在等公交车的人和与你有更多接触的"社会群体"中的人对你行为的不同影响。

> **社会心理学**　试图解释实际的、想象的或者隐含的别人的存在如何影响我们的思想、感受和行为的一个心理学分支。

第三,社会心理学家想要知道个人变量和群体变量之间的交互作用如何塑造他们的行为。例如,假设你正在一个公交车站并注意到人行道上有一个钱包。大量的交互可以增加或者降低你捡到钱包的机会:你自己的个性和价值观,有许多人在的公交车站,别人关于这个钱包的评价,这个钱包自身的自然条件,你和钱包的距离,等等。正如你所看到的,社会心理学是一个有意思的主题。它也涉及我们日常生活许多很重要的方面。我们首先考虑我们怎么考虑和怎样被他人考虑。

社会知觉

我们用来评估和判断别人的策略是什么?我们理解他人的能力很重要,因为我们生活在社会环境里。我们用来获得关于他人至关重要的社会信息的过程被称为社会知觉(Allison et al., 2000)。

16.1 为什么第一印象如此重要?

印象形成

正如我们在本章开始所注意到的,当我们第一次看到别人时,我们立刻形成关于他们的第一印象,当然,他们也忙于形成关于我们的印象。自然地,我们最先关注明显的特质——性别、种族、年龄、穿着、外表迷人或者没有吸引力(Shaw & Steers, 2001)。结合言语和非言语行为,这些特质在建立第一印象中起了作用。研究表明一个坚定有力的握手能形成一个强大的第一印象(Chaplin et al., 2000)。这传递出这个人是积极的、自信的和外向的,而不是害羞或者意志薄弱的。语气也起了作用。当我们开心时形成关于他人的印象比不开心时形成的通常更为积极。

大量研究表明,关于他人的总体印象或评价更多的是被接收到的对他的第一印象所影响,而不是后来接收到的信息(Luchins, 1957)。比如,心理学家斯蒂芬妮·布赫和她的同事发现,在学期期末时学生对老师评估的分数与学期开始的两周学生给他们打的分数没有什么不同(Buchert, Laws, Apperson & Bregman, 2008)。这个现象被称为**首因效应**(primacy effect)。这似乎提醒我们注意初识信息要小心,并且一旦印象形成,它为解释后面的信息提供了框架(Gawronski et al., 2002)。任何与第一印象相一致的信息更容易被接受,因此要加强印象。与先前收到的信息不匹配的更容易被无视。记住,任何时候你列出你的个人特点或者品质时,总要最先列出你最积极的品质。最优先的品质值得你全力以赴。

> **首因效应** 关于他人的一个总体印象或评价更多受到对此人的第一印象而不是后来接收到的信息所影响。

16.2 情境归因和气质归因之间的区别是什么?
特质

人们为什么做他们所做的事情？为了回答这个问题，我们进行**归因**（attributions）——那就是，我们提出的原因来解释他人或者自己的行为。其中一种归因称之为**情境归因**（situational attribution）（一种外部归因），我们把一个人的行为归于某些外部的原因或在情境中的起作用的因素。在考试失败后，你可能会说，"这场考试不公平"或者"教授没有给予我们充分的时间"。或许你可能会做一个**气质归因**（dispositional attribution）（一种内部归因），并且把行为归于某些内部因素，比如一个人的特质、动机或态度。举例说，你可能把一个低分归因于缺乏能力或者糟糕的记忆力。某种程度上来说，归因会被通过我们观察与他人交互而发展起来的非正式心理学理论所影响（Plaks, Grant & Dweck, 2005）。有个理论，儿童的行为主要是父母训练的职责。然而，这里也有其他的一些因素会影响我们是作出情境归因还是气质归因。

我们倾向于用情境归因来解释我们的失败，因为我们意识到在情境中的因素正如我们所想的影响了我们（Jones, 1976, 1990; Jones & Nisbett, 1971）。在我们解释别人的失败时，我们更多关注是个人的特质而不是在情境中起作用的因素（van Boven et al., 2003）。把我们自己的缺点主要地归因于外部或者情境因素和把别人的缺点主要地归因于内部或者气质因素的这种倾向被认为是**行动者—观察者效应**（actor-observer effect）。举个例子，你可能解释你之所以发生车祸是因为另一个司机的失误（情境归因）。相反地，你可能会说另一个人发生一场相似的车祸是他自己糟糕的开车技术导致的结果（气质归因）。

把别人的行为归因于气质因素的倾向有时候被称为**基本归因误差**（fundamental attribution error）。这种错误在许多日常情景中都会发挥作用。举个例子，在我们购物排队时，看到一个商店店员和一个排在我们前面的、可能会造成我们自己期待的交易也不能满意的顾客发生了不令人满意的交易（Cowley, 2005）。为什么呢？因为基本归因误差引导我们推断这个店员的无能是这个问题的根源。

同样地，关于我们自己行为的归因会经常被**自利性偏差**（self-serving bias）所影响。当我们把自己的成功归于气质原因和把我们的失败归于情境原因，我们就使用了自利性偏差（Malle, 2006）。例如，如果你应聘一份工作并且得到了它，你会告诉自己这是因为你有合适的条件；如果别人得到了这份工作，也许是因为他或者她认识内部的人。自利性

气质归因 把行为归于某些内部因素，比如一个人的特质、动机或态度，是一种内部归因。

行动者—观察者效应 把自己的缺点主要归因于外部或者情境因素，把别人的缺点主要归因于内部或者气质因素的倾向。

基本归因误差 把别人的行为归因于气质因素的倾向。

自利性偏差 把自己的成功归于气质原因和把失败归于情境原因的倾向。

偏差让我们把成功归功于自己而把失败转移于形势。举个例子,研究调查职业运动员的归因已经表明他们把成功归因于内部特质,例如能力和努力,把失败归于情境因素,例如糟糕的裁判和类似的东西(Roesch & Amirkhan, 1997)。有趣的是,经理更喜欢在面试中做出气质归因的求职者,特别是归因于努力而不是本能(Pansu & Gilibert, 2002)。

显然,文化也有助于归因偏差。在一系列研究中,研究者对于可取的和不受欢迎的行为比较了韩国人和美国人的情境和气质归因(Choi et al., 2003)。他们发现一般来说韩国人比美国人更倾向做出情境归因,无论哪种行为参与者被要求做出解释。根据研究者,这种差异的原因在于以前韩国人比美国人更加重视归因。

记一记——社会知觉

1. 由于_____,人们更加重视他们起初接收到的信息而不是后来的信息。
2. 人们倾向于做出_____归因来解释他们的行为和_____归因来解释他人的行为。这种倾向被称为_____。
3. 把一个人的高分归因于她的智力被称为_____归因。

答案:1. 首因效应 2. 情境 气质 行动者—观察者效应 3. 气质

吸引力

想一想你的朋友。是什么令你喜欢甚至爱上一个人而消极地忽略或者反抗其他人?

16.3 什么因素有助于吸引力?

吸引力影响因素

一些因素影响吸引力。一个是**邻近**(proximity),或者物理或地理上的邻近。显然地,与在附近的人交朋友更为方便。邻近问题的一个原因就是**曝光效应**(mere-exposure effect),由于反复地接触而更积极地倾向刺激。人、食物、歌曲和服装款式越容易接受,我们接触它们更多。广告客户依靠反复暴露的积极效应提高人们对产品的喜爱程度和营造政治候选人的有利意见。

我们自己的情绪和情感,无论是积极的还是消极的,都能影响我们多大程度地吸引到我们遇见的人。我们可能很容易地对他人产生积极或消极的感受,因为当好事情或者坏事情碰巧发生在我们身上时,他们在我们身边。进一步地说,我们倾向于喜欢那些喜欢我们的人——或者我们相信会喜欢我们的人——这种现象称为互惠或相互喜欢。

在小学开始并持续一生,人们更喜欢交相同年龄、性别、种族和社会经济程度的朋友。

邻近　物理或地理的邻近;吸引力的主要原因。

曝光效应　由于反复地接触而更积极地倾向刺激。

我们倾向选择对我们而言在很重要的事情上有相同观点的朋友和爱人。对于业余活动，相似的兴趣和态度使它更有可能令共同度过的时光有价值。

16.4 外表吸引力有多重要？
外表吸引力

可能再没有其他因素比外表迷人更能影响吸引力了。所有年龄段的人都有一种强烈喜欢外表迷人的人的倾向（Langloiws et al., 2000），甚至六个月的婴幼儿，当有机会选择看一张迷人的或者不引人注意的女人、男人或者婴儿的照片，他们会花更多的时间看迷人的脸庞（Ramsey et al., 2004）。人们如何表现，特别是一个简单微笑的动作，会影响我们感知他们的吸引力（Reis et al., 1990）。但是外貌也有关系。

对称的脸和身体看起来更迷人和有性吸引力（Green, MacDorman, Ho, & Vasudevan, 2008）。回顾11个关于吸引力的跨文化研究的元分析中，朗格卢瓦等人（Langlois et al., 2000）发现在许多文化中，女人和男人对于具有外表吸引力的异性有着相似的观点。当亚洲的、西班牙裔的美国人和美籍白人的男性学生评价亚洲的、西班牙裔的美国人和美籍白人的女性照片时，坎宁安等人（Cunningham et al., 1995）报告团体间存在意味着高相关（0.93）的吸引力等级。当美国黑人和美国白人的男性评价美国黑人女性的照片时，他们在面容上的一致意见程度仍非常高——0.94的相关关系。进化心理学家提出跨文化相似性是自然选择所塑造的趋势的结果，为了寻找潜在伴侣的健康指标（Fink & Penton-Voak, 2002）。

📖 观看关于美丽秘密的视频 www.mypsychlab.com

为什么外表吸引力这么重要？当人们有一个我们很欣赏或者很不喜欢的特点，我们通常假定他们也有另一些积极的或者消极的特点——这种现象被称为**晕轮效应**（halo effect）（Nisbett & Wilson, 1977）。狄翁等人（Dion et al., 1972）发现人们通常把额外的有利品质归于那些有魅力的人。有魅力的人比那些没有吸引力的人看起来是更令人兴奋、风度翩翩、有趣和有社会理想。因此，面试官更喜欢推荐那些极具吸引力的人（Dipboye et al., 1975）。同样，当被要求根据照片评价女性她们事业成功的可能性时，研究参与者给予更高的评级给那些瘦弱的人而不是那些超重或肥胖的人（Wade & DiMaria, 2003）。

16.5 心理学家如何解释浪漫和相配？
浪漫和相配

你可能听过异性相吸，但它是否正确？**相配假说**（matching hypothesis）表明我们倾向

晕轮效应 通常把额外的有利品质归于那些有魅力的人的倾向。
相配假说 人们倾向于选择一个与他们外貌和其他条件相似的爱人或配偶。

于最终会与同自己外貌和其他条件相近的人结成伴侣(Montoya, 2008)。这表明我们会评估自己的社会资产并现实地期望吸引那些与我们有相似资产的人。害怕被拒绝会阻止许多人追求比他们更有吸引力的人。然而,一旦关系形成,男性和女性都会发展能力来鉴别出可供选择的伴侣的吸引力(Maner, Gailliot & Miller, 2009)。因此,为了维持浪漫的关系,继续关注伴侣的吸引力仍很重要,但是忽略其他可能的伴侣的吸引力也可能对关系的稳定性和持久度同样重要。

试一试——选择一个生活伴侣

在生活伴侣的选择中,对你而言什么品质最重要,什么品质最不重要的?排列这18项你可能的生活伴侣的品质,从最重要的(1)到最不重要的(18)。

_____雄心和勤奋
_____贞洁(之前没有过性交)
_____拥有家庭和孩子的渴望
_____教育程度和智力
_____稳定的情绪和成熟
_____良好的社会地位或等级
_____良好的厨艺和家政技能
_____相似的政治背景
_____相似的宗教背景
_____健康
_____好看的外表
_____相似的教育程度
_____讨人喜欢的性格
_____文雅/整洁
_____善于交际
_____良好的经济前景

但我们是在虚拟地克隆一个自己最理想的生活伴侣吗?未必。罗伯特·温奇(Winch, 1958)提出男性和女性趋向选择有与自己互补的需求和个性的人,而不是与自己相似的人。温奇看到互补需求不一定是相反的,而是可以提供伴侣所缺乏的需求。一个健谈的人可能会寻求一个更喜欢倾听的安静的伴侣。这里有一些证据佐证该观点(Dryer & Horowitz, 1997)。如果你要选择一个生活伴侣,什么品质吸引了你?完成上面的**试一试**来评估你自己偏好。

和来自世界上33个国家和5个岛屿的男性与女性比较你在**试一试**中的排名。通常,跨文化的男性和女性在选择配偶时认为这四个品质一样重要:(1)互相吸引/相爱,

(2)可靠的人品,(3)稳定的情绪和成熟,和(4)讨人喜欢的性格(Buss et al., 1990)。然而,除了优先的四个选项,男性和女性在更喜欢的品质上有所不同。在前面的章节中,进化心理学家大卫·巴斯(1994)声称,"男性更喜欢和漂亮年轻的女性配对,而女性更喜欢有财力和社会地位的男人配对"(p.239)。他称,这种偏好已经在人类进化的历史中得到适应。对于一个男人来说,漂亮和年轻暗示着健康和生育能力——最好的机会就是把他的基因传递给下一代。对于一个女人来说,财力和社会地位会给她和她的孩子提供安全感(Buss & Shackelford, 2008)。正如在第 11 章里提出的,社会角色理论主张性别差异在配偶偏好里受到经济和社会力量以及进化的力量的影响(Eagly & Wood, 1999)。

▲你更有可能被一个和你相似而不是和你相反的人吸引。

观看关于约会和寻找伴侣的视频 www.mypsychlab.com

记一记——吸引力

1. 把下面的每种情况和适当的术语相匹配。
   _____(1) 很多人经常在图书馆看到苏珊并开始喜欢她。
   _____(2) 利蒂希娅认为卡特是英俊的,所以他必须是受欢迎的和善于交际的。
   _____(3) 特拉维斯和费斯正在约会并且都很有吸引力。

   a. 相配假说
   b. 晕轮效应
   c. 曝光效应

2. 人们通常被那些与他们自己_____的人所吸引。

3. 根据跨文化观点,哪项品质对于男人和女人而言是未来伴侣最需要拥有的?

   a. 互相吸引/相爱
   b. 可靠的人品
   c. 稳定的情绪和成熟
   d. 讨人喜欢的性格
   e. 以上所有

   答案:1. (1) c (2) b (3) a 2. 相似 3. e

顺从、服从和屈从

你认为自己是一个独立思考的个体吗？大多数人认为是的。尤其在西方文化中，个性和独立思考都被给予了高度重视。但当有人说服你去做你自己不想做的事情时，你的独立思考发生了什么？正如你可能从经验中学习到的，我们都会通过一种方式或另一种方式受制于社会影响。

16.6 阿希在他著名的从众实验中发现了什么？

顺从

如果你来自西方国家，毋庸置疑你已经学会了重视你的独立性。然而，有时候我们会跟随对我们而言无论是作为个人还是我们所属的小组成员都有利的他人的领导。举例说，当你正在开车时，每个司机独立行动好还是遵守交通规则好，比如在红灯时停车？当然，也有需要遵从他人的指导才能解决的情况。

为达成群体目标，我们通过顺从和遵守社会规范来抑制个人需要。**顺从**（conformity）是为了符合一个团体的社会规范或他人的期望而改变或接受一个行为或态度。**社会规范**（social norms）是被一个特定群体的成员所期望的行为和态度的标准。如果我们想要与社会融合，一些顺从是必须的。在任何时候我们不能因为我们高兴而在马路的另一边开车。我们遵从别人的期望为了得到他们的尊重或认可，他们的友谊或爱，甚至他们的陪伴（Christensen et al.，2004）。实际上，研究者已经发现在大部分学生反对吸烟、喝酒和吸毒的学校上学的青少年，比那些在大多数人赞同这些行为的学校上学的同龄人有更少的可能使用这些物质（Kumar et al.，2002；O'Malley et al.，2006）。

顺从的一个最著名的实验由所罗门·阿希（Asch，1951，1955）主持，他设计了正如图16.1所示的简单测试。八名男性参与者围绕一张大桌子坐着，一个接一个地被要求回

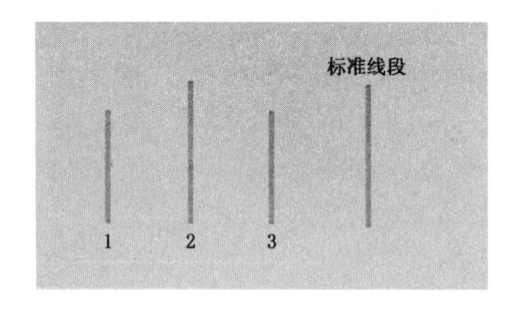

图16.1 阿希的经典从众实验 如果你是阿希的实验里八个参与者中的一个，被要求选出一条线段（1、2，或3）与标准线段匹配，正如图中看到的，你会选择哪条线段？如果其他人都选线段3，你会顺从他们并回答线段3吗？来源：Asch(1955)。

> **顺从** 为了符合一个团体的社会规范或他人的期望而改变或接受一个行为或态度。
>
> **社会规范** 被一个特定群体的成员所期望的行为和态度的标准。

答三条自然线中哪条与标准线匹配接近。但八个人中只有一个人是实际的参与者；另外的人是实验助手。有18次测试——18条不同的线与之匹配。在这12次测试中，助手都给了相同的错误回答，这个举动自然也迷惑了天真的参与者。显而易见地，阿希发现5%的被试遵循不正确的答案，大多数的时间都一致，70%的被试有时候遵循不正确的答案，但剩下的25%的被试是完全独立的，从未被群体所动摇。

在不同规模的群体实验中，阿希发现跟随大多数人的观点的趋势仍能发挥充分威力，甚至只有3个同盟者多数一致的时候也是如此。出人意外的是，有15个同盟者多数一致比3个同盟者多数一致不会产生更高的顺从率。阿希也发现如果有另一个人提出反对意见，顺从的趋势也不会这么强烈。当在群体中一个同盟者反对大多数人的错误答案时，天真的被试者的错误率大大降低，从32%降至10.4%。

团体意志（group think）是一个术语，社会心理学家欧文·贾尼斯应用它来描述经常出现在结合紧密的团体在决策制定过程中的一类顺从。举例说，在伊拉克战争的第一年期间，在阿布格莱布参与虐待囚犯的军官和士兵可能构成这样的群体（Reicher & Haslam，2004）。当这类紧密结合的团体在制定决策时，相较客观评估所有备选方案，他们更关心保护群体团结和一致性，个人成员会对提出异议而犹豫。团体还可能从外部怀疑对立观点，并开始相信不能犯错误。对于指导团体意志，贾尼斯提出对可选择的观点和对任何异议与疑问的表达，鼓励公开讨论是必要的。他进一步地建议外部专家旁听并挑战团队观点。每当评价一个有选择性的政策时，至少有一个团体成员应该扮演故意唱反调的人。最后，为了避免在工作场合中的团体意志，在考虑解决问题和制定决策时，经理应该保留他们自己的意见（Bazan，1998）。

在顺从上的一些其他研究和大五人格维度显示，低神经质但高亲和力和责任心的人比那些在这些维度得分情况相反的人更有可能顺从（DeYoung et al.，2002）。但是，与传统的观念相反，女性比男性更不可能顺从（Eagly & Carli，1981）。如果影响来源被视为属于个人自己的团体，他的顺从性就越大（Abrams et al.，1990）。即使如此，如果他们提出一个很有条理、陈述清晰的观点并且在拥护自己的观点时特别一致，那么在一个问题上持有少数意见的那些人在改变大多数人的观点上有更多的影响（Wood et al.，1994）。

16.7 在不同的情况中，研究者对米尔格拉姆的经典服从实验有什么发现？
服从

你能想象这样一个世界吗？在这里每个人经常只是做他或她想做的，而不尊重规则或权威？只有在我们发现红灯或不匆忙时，我们才会停下。有人可能会做这样的决定，他喜欢你的车胜过他自己的车然后偷走它。或者更糟，有人可能因为对你的亲密伴侣有兴

团体意志 一个结合紧密的团体的成员在制定决策时，相对于客观评价所有备选方案，他们更关心保护群体团结和一致性的倾向。

趣而杀了你。

显然,依照权威的规则和命令予以**服从**(obedience)有助于确保社会生存和运作顺畅。然而,无争议的服从会导致人类做出难以置信的令人发指的行为。在人类历史中最黑暗的一章就源于德国纳粹军官对执行阿道夫·希特勒消灭犹太人和其他"不受欢迎的人"的命令的服从。

出于对什么驱使纳粹死亡集中营的守卫服从上级的好奇,社会心理学家斯坦利·米尔格拉姆在19世纪60年代进行了一个在心理学历史上最惊人的实验。他在纽黑文市和康涅狄格州的各种不同报纸上刊登了一则广告,上面说道:"招募:在耶鲁大学上学且能担任记忆研究学科方面的志愿者。"很多人回复了广告,年龄在20岁到50岁之间的40名男性参与者被选上。然而,代替记忆实验的是一个分阶段进行的戏剧。阵容如下:

● 实验者:一名31岁的高中生物老师,穿着灰色的实验室工作服,表现一种严厉和严肃的态度。
● 学习者:一个中年男人(一个演员和实验者的同谋者)。
● 老师:其中一个志愿者。

◀在斯坦利·米尔格拉姆的服从实验里,"老师"被引导去相信他们能对正如图中展示的用设备固定住的"学习者"提供电击。

实验者引导老师和学习者走进一个房间,学习者被绑在装有电动装置的椅子上。老师会受到45伏特的试样电击,为了测试设备和向老师展示学习者会感受到什么的目的。接下来,剧本要求学习者抱怨有心脏病并说他希望电击不会太痛苦。实验者承认更强的电击将会有伤害但又急忙补充,"虽然电击极其痛苦,但它们不会造成永久性的组织损伤"(Milgram,1963,p.373)。

而后,实验者把老师带到一个相邻房间,让他坐在一个有30个旋钮的仪器操纵板前。他被告知左边的第一个开关,只传递了15伏特的电流,但是每一个成功开启的开关都比前一个开关高出15伏,直到最近出现的一个开关,达到450伏特。仪表板上的开关被标记的名称从"轻微的震动"到"危险:严重的冲击"。实验者通知老师们阅读给初学者的文字目录以此来测试他们的记忆力。当初学者做出了正确的选择时,老师会继续下一页。

服从 依据有权威的规则和命令的表现。

如果学生没有答对，老师被要求按下开关让他们受到震击，从一个开关转移到右边的那个开关——接收另外15伏的电压——每当学生打错一个问题。

学生一开始表现得很好，然后开始答错四分之三的题目。老师开始按下开关。当他犹豫时，实验者督促他继续。如果他依旧犹豫，实验者会说："这个实验要求你这样继续。"更强硬的，"你没有其他的选择，你必须这么做。"(Milgram，1936，p.374)。在第二十个开关，300伏特，剧情需要学习者重击墙并且尖叫，"让我从这个地方出去，让我出去，我心里难受，让我出去！"(Meyer，1982，p.461)。根据这个观点，学习者没有回答更多的问题。如果老师表现出了他的关心和不愿意继续进行这项实验，实验者会回答道："不管学习者是否喜欢，你必须这么去做。"(Milgram，1936)。如果老师坚持要停止实验，实验者会勒令他这么去做。

在米尔格拉姆的研究中，40个参与者中你认为到最后会遵守实验规定的有多少个？450伏特，在开启第二十个开关之前没有一个参与者停止，直到差不多300伏时，学习者开始重击墙面。

模拟什么因素更有可能或更不可能导致服从 www.mypsychlab.com

像米尔格拉姆一样的研究在今天不能被实施，因为它将会违反美国心理协会对研究者要求的伦理规范。然而，欺骗一直是社会心理学家研究的一部分。为了完成一次欺骗，一个研究者必须经常用一个或者更多的同谋——那些在心理学研究实验中扮演参与者的人们实际是实验助手，比如在米尔格拉姆实验中的学习者。一个不知情的被试——像是米尔格拉姆研究中的老师——他同意参与这项实验但是并没有意识到其被掩盖的真正目的。

欺骗在后续研究中是一个关键的元素，以至于米尔格拉姆着手解决服从中的限制点。在某一项研究中，米尔格拉姆(1965)区别于传统的实验程序：每个试验包括三名教师，其中两名是同伙，另外一名是不知情的被试。一个同伙被安排在150伏后拒绝继续，另一个同伙被安排在210伏后拒绝继续。在这个场景中，40个被试里的36个(90%)在最大电击来临前会选择拒绝实验者，相比于在初期的试验，40个里只有14个会这么做。在米尔格拉姆的实验中，正如阿希的从众研究中，拒绝服从的另一个人的出现会给参与者很多勇气去挑战权威。

16.8 用于获得屈从的三大技巧是什么？
屈从

当别人想要你做什么的时候你一般会做些什么？这里有许多人们常有的表现，并不是出于顺从或服从，但是依照希望、建议或者直接满足别人的要求。这种类型的表现称作**屈从**(compliance)。人们使用一种**以退为进技巧**(foot-in-the-door technique)去获得他人的屈从,首先设计得到一个小小请求的良好回应。它的目的是为了使一个人更有可能同意之后的一个更大的要求(从一开始就期望得到的结果)。

以退为进技巧的一个典型的研究是,自称代表消费者群体的一个研究者拜访了许多家庭,并且问这些人在接到电话时是否介意回答一些关于他们曾经使用过的汤具用品的小问题。后来,几天过后,同一个人召集了那些同意第一个要求的人,询问他们,是否能够让自己的五或六名助手,在他们的家中管理库存实验的产品。研究者告诉这些人,盘点将会进行2个小时,并且盘点小组会搜查家里所有的抽屉、柜子和壁橱。将近53%的人初步同意了其中较大的要求,相比较只接触到大请求的控制组的22%(Freedman & Fraser, 1996)。

吃闭门羹技巧(door-in-the-face technique)指首先提出一个很大的不合理的请求。期望先会被拒绝但随后提出一个相对小的请求会有良好的反应(从开始就期望的结果)。在关于吃闭门羹技巧的一个著名的研究中,大学生走进校园,他们被要求作为未成年犯的辅导员无薪服务最少两年,这两年中每个星期两个小时。正如你可以想象的,没有一个人同意(Cialdini et al., 1978)。然后实验者提出一个小得多的请求,询问学生是否同意带一群未成年人进行一次两个小时的动物园旅程。一半的学生答应了,一个相当高的服从率。研究者用另一组大学生作为控制组,要求他们只回应那个较小的进行动物园之旅的请求。当较小的请求单独提出时,只有17%的人同意。

另一种获得顺从的方法是**低球技巧**(low-ball technique)。一个非常有吸引力、会令人们致力于参加的行动的条款,被提出而后有利的条款逐渐减少。这项技术常被引用在研究中,大学生被要求参加一个为他们自己获得信贷的实验课程。在学生答应参与以后,他们被告知将在早上7点碰面。控制组的被试在第一次要求登记的时候就被告知了开会时间。超过50%的低球小组的成员答应参与,但控制组的成员只有25%答应了(Cialdini et al., 1978)。

记一记——顺从、服从和屈从

1. 将下面的每种情况和适当的术语匹配。

_____(1)尚塔尔同意签署一份用于为建造新学校而增收税收的信件。后来,她同意打100个电话来鼓励人们投票支持这项措施。

> **屈从** 依照希望、建议或者为满足他人直接要求而行动。
> **以退为进技巧** 最开始提出一个小请求而得到良好的回应,目的在于使一个人更有可能同意之后更大的要求的一种策略。
> **吃闭门羹技巧** 一个人先提出别人会拒绝的一个很高要求的不合理请求,而后提出一个会有良好反应的、相对小一点的请求的一种策略。
> **低球技巧** 一个非常有吸引力的、会令人们致力于参加的行动的条款,被提出后有利的条款逐渐减少。

_____（2）利蒂希娅巴特拒绝捐赠 20 美元的电话请求但同意给 5 美元。

_____（3）英同意照顾她隔壁的邻居并告知她的三个侄子也去那里。

a. 吃闭门羹技巧

b. 低球技巧

c. 以退为进技巧

2. 多少百分比的被试在阿希的最初研究中从未顺从大多数的一致不正确的反应？

3. 多少百分比的被试在米尔格拉姆最初的服从实验中施加了最大电击 450 伏？

4. 当一个团体中的成员更在意保护群体团结而非在作出决定中评估所有可能的备选方案，_____发生了。

答案：1.（1）c （2）a （3）b 2. 25％ 3. 65％ 4. 团体意志

群体影响

你曾做过真的不想做但为了与朋友保持友谊而做的某些事吗？你可能曾看过一部你真的很不感兴趣的电影或发生过你宁愿呆在家里时却要去海滩的情况。作为团队的一员意味着你要经常放弃一点个性，但回报是团队的支持和友爱。显然，当我们作为小的或大的团体中的一员时，我们表现出各种各样的不同的方式。当我们所在的是由陌生人组合起来的团体，那会发生什么呢？这样的团体也会影响我们的行为吗？

16.9 社会助长如何影响表现？

社会助长

在特定的情况中，仅仅是他人的实体存在就能帮助或者阻碍个人表现。**社会助长**（social facilitation）这个术语就是指任何在表现上的效应，无论是积极的还是消极的，都归因于他人的存在。这个现象的研究集中于两种类型效应：(1) **观众效应**（audience effects），被动的观众对表现的影响，和 (2) **联合行动效应**（co-action effects），由于其他人从事相同的任务而造成的对表现的影响。

在最初的一个社会心理学研究中，诺尔曼·特里普利特（Triplett, 1898）关注于联合行动效应。他注意到在官方记录中，自行车赛车手和其他选手比赛时的速度快于和时间赛跑的速度。这种形式的表现是骑自行车竞争特有的吗？或者说人们在他人面前工作会比自己单独工作时更快和更努力的情况是一种更普遍的现象吗？特里普利特设立

> **社会助长** 任何积极或消极的对表现的影响都归因于他人的存在，要么作为观众要么作为合作者。
>
> **观众效应** 被动的观众对表现的影响。
>
> **联合行动效应** 由于和其他人从事相同的任务而造成的对表现的影响。

的一项研究中,他告诉40个孩子在两种情况中任意一种发生时都尽可能快地缠住鱼竿卷筒:(1)单独或者(2)在其他孩子面前执行相同的任务。他发现当有其他孩子一同卷筒时工作得更快。但是后来在社会助长作用的研究中发现,在有他人在场的时候,人们的表现会在简单的任务上有所提高,但在困难的任务上会受到妨碍(Michaels et al.,1982)(见图16.2)。

```
他人在场                  激励被唤起增强,         →  表现提高
(观众效应、联合行动效应)  →  主导反应增强。           我们有经验和简单的任务
                                              →  表现变差
                                                 我们缺乏经验和困难的任务
```

图16.2 社会助长作用:在有他人存在时的表现 他人的存在(无论是观众还是从事相同工作的合作者)都可能有相反的作用,要么提高个人表现要么阻碍个人表现。为什么呢?首先,他人的存在会提高自己的警觉;第二,提高警觉会引起个人在擅长的工作上有更好的表现,而在对他/她而言困难的工作上有更糟糕的表现。来源:Zajonc & Sales(1966)。

16.10 社会懈怠是什么,什么因素能减轻社会懈怠?

社会懈怠

你有过被一个老师或教授指定到一个团体中工作并在任务的最后觉得你自己已经承载超过你拥有的工作量?这种感受是普遍的。研究者拉坦纳用**社会懈怠**(social loafing)这个词来指当人们与他人共事完成任务时比他们单独工作时付出更少的努力的倾向(Latane et al.,1979)。社会懈怠发生在当一个人对团体的贡献不被认同和个人既不因为好的表现被表扬也不因为坏的表现被责备的情况下(Williams et al.,1981)。社会懈怠在许多场合都是一个问题,尤其是当员工可以自由上网时(Lim,2002)。然而,展现高水平的责任心的人相比他们的同龄人,不太可能有社会懈怠(Tan & Tan,2008)。

模拟社会助长和社会懈怠 www.mypsychlab.com

如果你曾必须做一个班级群体项目,你可能已经注意到社会懈怠这种现象。有趣的是,成就动机也会影响社会懈怠(Hart et al.,2004)。研究者测试被试关于成就动机的水平并配对。每一对都被要求尽可能想出刀叉的用处。表现出成就动机的被试的努力程度取决于伙伴的努力程度。当与努力工作的人配对时,具有成就动机的人付出很少;也就是说他们参与社会懈怠。但与不工作的人配对时则相反。相反地,具有高成就动机的被试在工作中很努力,无论他们伙伴的参与度如何。

在一个实验中,拉坦纳等人(Latané et al.,1979)让男生尽可能地大声叫喊和鼓掌,先单独之后再一起。两人一组时,他们各自发出了71%的声音;四人一组时,每个人只发挥

社会懈怠 与他人共同完成任务时比单独工作时更少付出努力的倾向。

▶在一个团体中学习会引起社会懈怠。

了51%的独奏效应;六人一组时,每个人只做了40%的努力。但是哈金斯和杰克逊(Harkins & Jackson, 1985)发现当团体中的参与者被引导去相信每个人的付出都能被观察和他/她的表现都能被评估,社会懈怠就会消失。针对一些标准来评估团体绩效可能可以消除社会懈怠(Harkins & Szymanski, 1989)。

八十几个关于多元文化的社会懈怠的实验研究已经开展,包括中国台湾、日本、印度、中国大陆和美国。在所有的文化研究中,各种各样任务中的社会懈怠在某种程度上是明显的。但它似乎在个人主义的西方文化中更常见,比如美国(Karau & Williams, 1993)。

16.11 社会角色如何影响个人表现?
社会角色

社会角色(social roles)是社会定义的认为适合个人在给定组织中的特定位置。这些角色有时候快速显著地塑造我们的行为。考虑心理学家菲利普·津巴多(Zimbardo, 1972)模拟监狱的典型实验。大学生志愿者被随机分配作为看守员和囚犯。穿着制服和拿着小棍棒的看守员认真地执行严厉的规则。囚犯被脱光衣服搜查和消毒,被分到监狱制服、被编上标号,然后被锁在小小的空格子间里。看守员很快地适应了这个新的角色,有些甚至变得无情和残酷。一个看守员记得强迫让囚犯空手打扫厕所。囚犯开始表现得低下和屈服。角色扮演变得很真实——以至于实验不得不只进行了六天就结束。

观看关于斯坦福监狱实验的视频 www.mypsychlab.com

津巴多调用了社会心理学家利昂·费斯汀格的**去个性化**(deindividuation)概念来解释研究结果(Festinger, Pepitone, & Newcomb, 1952; Zimbardo, 1969)。去个性化发生在由于群体自居作用,个人失去对自我身份的认同。很多社会心理学家认为去个性化解

社会角色　社会定义的认为适合个人在给定组织中的特定位置。
去个性化　由于群体自居作用,个人失去自我身份认同的一种社会心理过程。

释了趁乱打劫的现象,一种成为群体中的一部分时会造成人们违反规范而个人单独时则会遵守规范的现象。

然而英国的心理学家亚历山德拉·哈斯拉姆和斯蒂芬·赖歇尔(Haslam & Reicher, 2008)却怀疑去个性化假说。他们认为斯坦福监狱的实验结果是被**社会认同**(social identity)所塑造的,或者一种和他人共同参与创造群体身份而使个人成员对抗这种压力源的趋势(Haslam et al., 2009)。因此,他们说在斯坦福监狱实验中的参与者是被压力源影响了,津巴多给出的关于作为监狱负责人的这一压力源(Haslam & Reicher, 2006)。津巴多指出看守员可以作出任何必要的手段,以使囚犯确信他们是无能为力的,包括必要时做出对他们造成伤害的行为。

◀津巴多的实验总结了随机分配参与者扮演监狱看守员还是囚犯的社会角色监狱实验。社会角色影响参与者的行为:囚犯开始表现得像真正的囚犯,监狱看守员表现得像真正的监狱看守员。

在相似的研究,BBC 的监狱实验中,赖歇尔和哈斯拉姆并非完全向看守员或者囚犯看齐。看守员可以控制囚犯的外界环境、他们的作息表等,但是研究者并不给予任何说明关于他们可以如何对待囚犯。在这种情况下,看守员并不辱骂囚犯。当要求解释为什么如此人道地对待囚犯时,看守员解释说,当他们有机会残忍地对待囚犯时,想象到他们自己的生活里的权威人物(例如他们的父母)的对待方式促使他们好好地对待囚犯。

在 BBC 实验中的囚犯也表现得与那些在斯坦福的实验中的囚犯不同。在实验的几天里,研究者引入了一个曾经有过工会谈判背景的新囚犯到那批囚犯中。当由新成员把新的想法带入群体,结果发现,囚犯关于他们地位的信念的改变与看守员有关。此外,新的囚犯告诉他们如何使用集体讨价还价策略来说服看守员满足他们的需求。结果,令人惊讶的研究结果是,看守员感觉在两组中,他们这组更受欺负和承担更多的压力。

BBC 的监狱实验结果质疑了斯坦福的监狱实验中基于角色的解释。还表明当个人扮演社会角色时去个性化发生的程度可能取决于该团体受到的领导的类型。此外,实际上当囚犯学习成为好的集体议价师,对群体的认同可能对某些情况适用。

> **社会认同** 和他人共同参与创造群体身份而使个人成员对抗这种压力源的社会心理过程。

另一种重要的关于社会角色的观点是它们可以对行为产生积极作用。在调查青少年学习障碍的经典研究中,普林斯卡和布朗(Palinscar & Brown,1984)提出在小组学习对话中,学生的学习行为被分配扮演老师还是学生的角色所深深影响。扮演老师的参与者比扮演学生的可以更有效地阅读任务且可以从中学习到更多。

记一记——群体影响

1. _____引起在简单任务上有更好的表现而在困难任务上有更糟糕的表现。
2. 社会懈怠更有可能发生在_____不能被识别的情况下。
3. 根据津巴多,_____的过程影响了斯坦福的监狱实验中参与者的表现。

答案:1. 社会助长作用 2. 个人付出 3. 去个性化

态度和态度改变

我们在日常对话中频繁使用态度这个词。比如说,我们有时候说一个人"态度不好"。但什么是态度呢?

16.12 态度的三大成分是什么?

态度

本质上来说,**态度**(attitude)就是沿着一个连续的范围从正面到负面作出关于个人、对象、情况或问题的相对稳定的评价(Petty et al.,1997)。大多数态度有三个成分:(1)认知成分,包括关于态度对象的想法或信念;(2)情感成分,由对态度对象的感受组成;(3)行为成分,由对态度对象的行动组成(Breckler,1984)。举个例子,想想你对于运动的态度。在积极的方面,你可能相信运动是一件好事。这就是态度的认知成分。情感成分可能包括你锻炼后感到很舒服。锻炼本身就是一个行为成分。在消极的方面,你可能相信运动是无聊的(认知)。关于你对运动服的感受(情感)可能使你想要逃避去健身房(行为)。图16.3说明了态度的这些成分。态度可以让我们评价人、对象和情况,也能为社会环境中的组织结构和一致性做准备(Fazio,1989)。态度也能帮助我们处理社会信息(Pratkanis,1989),指导我们的行为(Sanbonmatsu & Fazio,1990),影响我们的社会判断和决定(Jamieson & Zanna,1989)。

一些态度通过亲身经历一些人、对象、情况和问题而获得。另外一些态度是通过孩子听到父母亲、家人、朋友和老师表达的关于特定问题或人的积极的或消极的态度所获得。大众传媒,包括广告,影响了人们的态度,并且因为他们的努力每年收获数十亿美元。然

> **态度** 沿着一个连续的范围从正面到负面作出关于个人、对象、情况或问题的相对稳定的评价。

```
                        ┌──────────────────┐
                        │   对运动的态度    │
                        └─────────┬────────┘
          ┌───────────────────────┼───────────────────────┐
┌─────────────────────┐ ┌─────────────────────┐ ┌─────────────────────┐
│     认知成分         │ │     情感成分         │ │     行为成分         │
│(关于态度对象的想法和信念)│ │(关于态度对象的感受)   │ │(对态度对象采取行动的倾向)│
│  "运动有利于你的健康。"│ │  "运动让我感觉良好。" │ │  "我每天运动。"      │
│  "运动很无聊。"       │ │"我不想穿着运动服见人。"│ │  "我逃避运动。"      │
└─────────────────────┘ └─────────────────────┘ └─────────────────────┘
```

图 16.3　态度的三大成分　态度就是一个关于个人、对象、情况或问题的相对稳定的评价。我们的大多数态度都有(1)认知成分,(2)情感成分,和(3)行为成分。

而,正如你所期待的,通过人们直接经历而形成的态度要比那些间接获得的态度要强大的多,也更不容易改变(Nieto-Hernandez et al., 2008)。然而一旦形成,当我们与分享态度的人交往时,态度会有所增强(Visser & Mirabile, 2004)。

在有争议的话题上活跃的讨论,甚至只与那些同意我们意见的人讨论,都可能提高关于我们态度的分析思考的能力。研究者约瑟夫和狄安娜·库恩(Kuhn, 2002)要求大学生与其他学生合作参与一个关于争议性话题的六人一组的讨论。参与者被分配到三种实验情境。其中一种,涉及的伙伴都同意讨论。另一种,所有的伙伴都不同意。第三种情况,三个讨论伙伴赞同,另外三个不赞同参与者。六个星期以后约瑟夫和库恩发现那些曾与同意他们观点的人讨论过话题的人或有同等数量的支持者和不支持者表现出在批判性话题中提高得最快。他们从这些结果中推断出只有在讨论中平衡你与他人分享的观点,与不同意你观点的人讨论一个争议性问题才会有帮助。

我们经常听到改变行为的关键是改变态度。然而,20 世纪中期的一系列研究表明只有约 10% 的态度可以预测行为(Wicker, 1969)。举个例子,人们可能表现出强烈的支持保护环境和保护自然资源的态度,然而却不把他们的废纸带入回收中心或循环使用(Knussen & Yule, 2008)。然而,如果持有强烈态度,就可以更好预测行为,可以存放在容易获取的记忆中(Bassili, 1995;Fazio & Williams, 1986;Kraus, 1995),和强烈地影响持有者的兴趣(Sivacek & Crano, 1982)。

16.13　什么是认知失调和如何减轻认知失调?

认知失调

当态度自相矛盾时或心态和行为不一致时会发生什么?根据心理学家利昂·费斯汀格(Festinger, 1957)的观点,如果人们发现他们的一些态度存在矛盾或他们的态度与行为不一致,他们更可能经历不愉快的状态称为**认知失调**(cognitive dissonance)。心理学家相信认知失调来自维护自尊的渴望(Stone, 2003)。人们常常通过改变行为或心态或通过某种方式解释不

> **认知失调**　人们意识到他们的一些态度或他们的态度与行为之间存在矛盾的不愉快状态。

一致或者轻视其重要性来尝试减轻认知失调(Crano & Prislin, 2006; Matz & Wood, 2005)。

吸烟为认知失调创造了一个极好的情境。面对吸烟与一系列疾病有关的堆积如山的证据,吸烟者该做什么?为减轻认知失调的最健康的但可能不那么简单的方式就是改变行为——停止吸烟。另一种方法就是改变态度来使自己确信吸烟不像说的那么危险。吸烟者也可能告诉自己他们会在造成永久性伤害以前停止吸烟,或者医学发展如此之快因此治愈癌症和废气已经指日可待。图16.4说明吸烟者可能采用来减轻认知失调的想法。

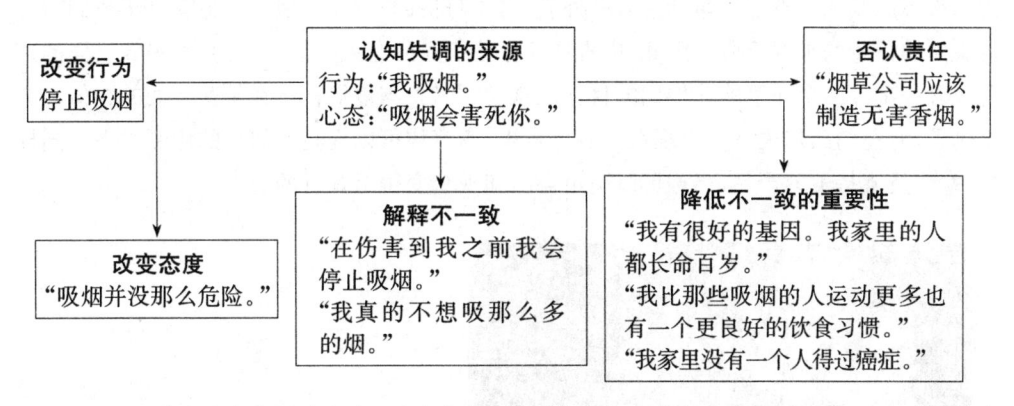

```
改变行为              认知失调的来源              否认责任
停止吸烟              行为:"我吸烟。"            "烟草公司应该
                     心态:"吸烟会害死你。"         制造无害香烟。"

                     解释不一致                 降低不一致的重要性
改变态度              "在伤害到我之前我会         "我有很好的基因。我家里的人
"吸烟并没那么危险。"    停止吸烟。"                都长命百岁。"
                     "我真的不想吸那么多         "我比那些吸烟的人运动更多也
                     的烟。"                    有一个更良好的饮食习惯。"
                                              "我家里没有一个人得过癌症。"
```

图16.4 减轻认知失调的方法 当人们意识到他们的心态与行为存在矛盾时,认知失调就会发生。人们尝试(1)改变行为、(2)否认责任、(3)改变态度、(4)解释不一致或(5)降低其重要性。这里有一个吸烟者根据他/她的习惯可能使用的方法来减轻认知失调的例子。

在经典的研究中,费斯汀格和卡尔·史密斯(1959)把研究被试单独分配到一个房间做无聊的游戏。一完成游戏,被试被要求告诉下一个被试游戏很有意思。参与者被随机分配到两组实验中。一组被支付1美元来遵循指示,而另外一组则被支付20美元。费斯汀格和卡尔·史密斯假定在被试自尊里的冲突和他们撒谎的行为会导致认知失调。被试如何解决这种分歧和避免这种由于撒谎而对自尊造成的威胁?正如费斯汀格和卡尔·史密斯假定的,被支付1美元的被试通过使他们自己确信游戏是有趣的来解决分歧——在心态里的改变。相反地,被支付20美元的被试通过相对于付出一定程度的努力而收获了相当大笔钱的基础上来为他们对下一个被试撒谎的行为做辩护。因此,他们并不认为谎言对它们的自尊构成威胁。

📖 模拟认知失调 www.mypsychlab.com

16.14 说服的元素是什么?
说服
你曾尝试过说服另一个人同意你的政治意见或同意做你想让他们做的事情吗? **说服**

说服 故意影响另一个人的态度和/或行为的企图。

(persuasion)是一种刻意的去影响别人心态和/或行为的意图。劝说是工作经历、社会经历，甚至家庭生活中的普遍一部分。研究者已经发现说服的四大要素：(1)传播的来源(谁正在做说服)、(2)听众(说服谁)、(3)消息(要准备说什么)和(4)媒介(消息传播的方式)。

消息来源的可信度(传播者)是一个强烈影响消息说服力的因素(Klucharev, Smidts, & Fernandez, 2008)。使来源更有说服力的因素是可信度、吸引力和可爱程度。一个可信的传播者是一个具有专业知识(知识主体信手拈来)和可信度(真实性和完整性)的传播者。来源的其他特点——包括迷人的外表、名人身份、与听众相似——也有利于我们对有说服力的信息的来源反应。因此，广告往往由吸引人的名人主演。然而，大多数这样的广告包含一个或两个元素能让他们的目标观众看到名人与他们自己在某些方面的相似。举个例子，专业的高尔夫球员出现在产品广告里，商声称可以提高任何人的比赛水平。同样地，女演员支持美容产品，声称可以满足自己和观众变得更好看的需求。

◀名人比其他人更能让人信服。

观众特点也影响对说服力的反应。总体上来说，人们更容易被一个认为与他们个人有关的而不是与他们的日常生活只有较远关系的信息所说服(Claypool et al., 2004)。证据表明，如果观众并不充分了解这个问题、不太聪明或已经同意了这个观点，那么片面的消息也往往很有说服力。一个有两方面的消息(一个问题的两个方面都提到了)当观众在这个问题上消息灵通，相当聪明或最初是反对这个观点时起到最好的效果(Hovland et al., 1949; McGuire, 1985)。人们也倾向更小心地细看与他们现有的相反信念的争论和发挥更多的努力反驳它们；他们更有可能判定这样的争论是弱于那些支持他们信念的争论(Edwards & Smith, 1996)。

消息应该合理、有逻辑和不带情感的("只是事实")；它也可以有明确的情感("令人发指")；或者是两种的组合。激发恐惧看起来是一个说服人们停止吸烟、定期照胸部 X 光和系安全带的有效方法(Dillard & Anderson, 2004)。基于恐惧的请求是最有效的，当观众可以采取明确的行动来避免担心的预期结果出现(Buller et al., 2000; Stephenson & Witte, 1998)。然而，当基于饮食变化的好处而不是饮食习惯的坏处制定营养信息更有效(van Assema et al., 2002)。

说服的另一个重要因素就是重复(Claypool et al., 2004)。然而，当说服听众的信息内容与个人有关,这种内容重复的作用最有效(Claypool et al., 2004)。因此,为了确定一条重复的信息很有说服力,说服者必须把信息发送到合适的听众。

记一记——态度和态度改变

1. 态度的三大成分是_____、_____和_____。
2. 改变态度可以减轻认知_____。
3. 可信度与传播者的_____和_____直接有关。
4. 对于消息灵通的听众,_____信息比_____信息更有说服力。
5. 基于_____的请求是最有效的,如果向人们提供明确的行动,他们可以采用从而避免可怕的结果。

答案:1. 认知的 情感的 行为的 2. 失调 3. 专业知识 真实度 4. 两方面的 单方面的 5. 恐惧

亲社会行为

对几天甚至几小时内发生的一场大规模的悲剧,记者会报告成千上万的人已经在某些方面上提供帮助,通常通过捐钱给救援组织。比如说,在 2005 年卡特里娜飓风袭击海岸不久后,美国人和其他国家的人捐助了超过 4 亿美元的善款给慈善机构,承诺用这笔钱来帮助这场飓风的受害者(Perry, Wallace, & Wilhelm, 2005)。在基本的人类美德方面,这给了我们支持的信念。但当人们忽视需要帮助的人,这又代表了什么呢? 在 1964 年发生的一个著名案例中,纽约居民凯蒂被谋杀,而她的邻居冷眼旁观,显然对她的困境漠不关心。

16.15 什么促使人去帮助另一个人?
帮助的理由

亲社会行为(prosocial behavior)有许多种类——有利于他人的行为,例如帮助、合作和同情。这种冲动在生命早期就出现。研究者认为年轻的孩子在同伴遇难时会同情地回应,这通常出现在 2 岁前(Hoffman, 2007)。**利他行为**(altruism)这个术语通常指旨在帮助他人,需要自我牺牲和不为个人利益而付出的行为。巴特森(Batson, 2006)相信我们是出于共情而帮助——通过站在他们的角度,把我们自己放在他们的处境里的能力。

投入是影响利他行为的另外一个因素。在有关系的环境中,我们更可能地致力于表

亲社会行为 有利于他人的行为,例如帮助、合作和同情。

利他行为 旨在帮助他人,需要自我牺牲和不为个人利益而付出的行为。

现出利他行为(Powell & Van Vugt, 2003)。当利他行为的代价很高时,投入的影响最强烈。举个例子,你更有可能捐肾给你的家庭成员而不是一个陌生人。

对利他行为的社会评价是另一个能影响个人关于利他行为的决策的变量。在帮助他人方面,文化有不同的规范——也就是说,社会责任规范。根据米勒等人(Miller et al., 1990)的观点,在危及生命的情况下,美国人倾向于感到有责任去帮助家人、朋友甚至是陌生人,只有家人是在中度危险情况下就予以帮助。相反,在印度的社会责任规范扩展到只要是中度甚至是轻度危险就帮助陌生人。

📺 观看关于富有的回报的视频 www.mypsychlab.com

无论利他行为的动机是什么,那些经常帮助他人的人明显获益更多(Poulin & Cohen Silver, 2008)。一个好处就是帮助更多的人,他们能变得更无私。换句话说,无私的行为会产生或增强一个人利他的态度。随着这种态度的改变,对生命感恩也会增强。因此,对于那些被帮助的人和帮助者自己,利他行为的代价和益处相互平衡。

16.16 什么是旁观者效应以及它为何产生?

旁观者效应

各种各样的社会环境有利于决定是否帮助他人。一个例子就是**旁观者效应**(bystander effect):在紧急情况下,随着旁观者人数的增加,受害者从他们身上得到帮助的可能性降低,并且如果得到帮助,也有可能被耽误。心理学家已经声明旁观者效应解释了为什么凯蒂的邻居没来帮助她。

在经典研究中,达林和拉坦纳(Darley & Latané, 1968a)把一组研究参与者单独分配到一个小房间并告诉他们通过对讲机来参加一个小组讨论。一些参与者被告知说他们将只与另一个参与者交流;另一些相信有另两个参与者;还有一些被告知说另有五人会参与进来。其实这个研究里没有其他参与者——只有帮助实验者的同盟者事先录制好的声音。讨论开始后不久,通过对讲机在喊救命的一个同盟者的声音被听到,暗示着他癫痫发作。相信只有自己听到受害者声音的参与者,85%的人在发作结束前寻找帮助。当参与者相信另一个人已经听到发作的声音,62%的人寻求帮助。但当他们相信另外四个人已经意识到紧急情况,只有31%的参与者尝试在发作结束前得到帮助。图16.5显示旁观者的数量如何影响准备提供帮助的人数和他们的回应速度。

达林和拉坦纳的研究(1968a)表明,旁观者在紧急情况的现场时,通常觉得应该与集

> **旁观者效应** 影响亲社会行为的一个社会因素:在紧急情况下,随着旁观者人数的增加,受害者从他们身上得到帮助的可能性就降低,并且如果得到帮助,也有可能被耽误。

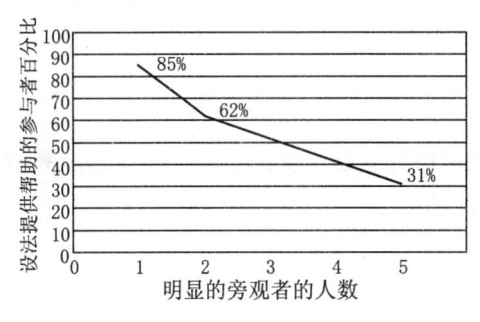

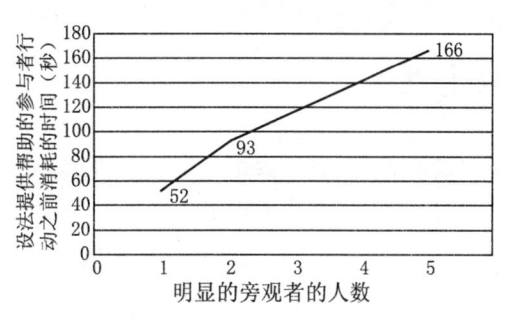

图 16.5　旁观者效应　达林和拉坦纳的对讲机实验说明，参与者越相信有多人在同一紧急现场，越会花费更多的时间来反应和帮助在困境中的人。来源：Darley&Latané(1968a)。

体共同承担帮助的责任，即一种**责任扩散**(diffusion of responsibility)的现象。因此，与他/她单独一个人时承担全部的责任相比，每个人都感觉到被迫提供帮助的程度较轻；每个旁观者会想，"其他人肯定会做些什么"。旁观者效应的另一方面是其他表现得平静的旁观者的影响。当其他人看起来很平静时，我们可能推断出没有什么糟糕的事，干预是不必要的(Darley & Latané, 1968)。

讽刺的是，关于灾难，例如恐怖袭击和自然灾害，旁观者效应很大程度地减轻。实际上，人们很有可能付出非凡的努力来帮助在这种情况下的其他人。翻回到几页前，我们注意到风暴登陆后几天内人们捐了多少钱给卡特里娜飓风的受害者。但这种发生在特殊事件里的现象在无数的利他主义的个人行为中也可以看到。对大规模灾害的公共反应的研究预测了这样的反应(Shepperd, 2001)。

▲为什么人们忽视卧倒在人行道上的无意识的人？责任扩散是一个可能的解释。

记一记——亲社会行为

1. _____ 涉及不期望回报地帮助他人。
2. 随着在紧急情况中的旁观者人数的增加，受害者受到帮助的可能性将会_____。
3. 帮助他人的文化标准被称为_____。

答案：1. 利他行为　2. 降低　3. 社会责任规范

责任扩散　旁观者在紧急情况的现场时，通常觉得应该与集体共同承担帮助的责任，与他/她单独一个人时承担全部的责任相比，每个人都感觉到被迫提供帮助的程度较轻。

攻击性

多年来攻击性一直是一个持久的社会心理学研究主题。**攻击性**（aggression）就是故意对别人施加身体或心理上的伤害。攻击性行为有很多的形式且发生在各种各样的情境中——在家中、在工作上甚至存在于马路上的司机。

16.17 哪些生理因素被认为与攻击性有关？
攻击性的生理因素

西格蒙德·弗洛伊德认为人类有一种攻击本能，它可以转变为内在的自我毁灭或外在的对他人的攻击或暴力。尽管很多心理学家排斥这个观点，但他们承认生理因素确实与之有关。关于24对双胞胎和领养研究和一些人格的元分析显示，攻击性与遗传可能达到0.5的相关关系（Miles & Carey, 1997）。双生子和领养研究已经显示，孩子的攻击性与基因有关（Baker et al., 2007）。此外，很多研究者相信，倾向于个人攻击性的基因可能会导致个体对环境中的攻击模范更敏感（Rowe, 2003）。

一个似乎与攻击性有紧密关系的生理因素是自主神经系统的低唤醒水平（Caramashi, de Boer, & Koolhaas, 2008）。低唤醒水平（低心跳率和较低的反应性）与反社会行为有关，且低唤醒水平倾向似乎是遗传的（Herpetz et al., 2007）。低唤醒水平的人倾向于需找刺激和兴奋，且常常看起来无所畏惧，甚至在面对危险时。

◀ 酒精会损害大脑处理信息的功能，导致经常做出糟糕决定。因为这个原因，酒精经常与攻击性有关。

生理上，男性比女性富有攻击性（Hyde, 2005），研究者已在男性体内的睾酮激素和攻击性之间找到高相关性（Archer, 1991；Dabbs & Morris, 1990）。所以，我们先前讨论的表现出低唤醒水平的个体的睾酮素与攻击性有极高的相关性（Popma et al., 2007）。此外，睾酮素和攻击性之间的联系有一个社会动机。具有高睾酮素水平和高攻击性的青春

攻击性 故意对别人施加身体或心理上的伤害。

期男性倾向于从事导致攻击性的冒险，例如无缘无故地侮辱别人、更喜欢结交有相似的激素水平和行为特征的同龄人（Vermeersch，T'Sjoen，Kaufman，& Vincke，2008）。研究者推测在这样的男性中，冒险行为的周期和攻击性与高水平的睾酮激素分泌有关。此外，暴力行为与低水平的神经递质血清素有关（Gartner & Whitaker-Azimitia，1996；Mitsis et al.，2000；Toot et al.，2004）。脑损伤、脑肿瘤和颞叶癫痫都与攻击性和暴力行为有关（Guimaraes et al.，2004）。

酒精和攻击性是相伴而生。许多实验研究的元分析表明，酒精与攻击性有关（Foran & O'Leary，2008）。使用影响大脑前额叶的酒精和其他毒品可能会通过扰乱正常的执行功能引起人类和其他动物的攻击性（Lyvers，2000）。约有三分之一的暴力犯罪者都是醉酒的人（Bureau of Justice Statistics，2005）。

以下的**复习**总结了造成攻击性的生理因素。

复习——造成攻击性的生理因素

原　因	证　据
遗　传	如果同卵双胞胎中的一个具有攻击性，另一个就有50％的机会也有这种攻击性
低唤醒水平	低唤醒水平的人寻找增加觉醒的刺激和兴奋物
高睾酮水平	已经发现高睾酮水平与一些攻击方式有联系
神经障碍	脑肿瘤和其他的神经疾病与攻击性有关
酒精中毒	约有三分之一的暴力犯罪者都是醉酒者

16.18 其他哪些因素促成了攻击性？
其他影响攻击性的因素

除了生理因素，其他哪些变量能导致攻击性？**挫折攻击假说**（frustration-aggression hypothesis）提出挫折导致攻击（Dollard et al.，1939；Miller，1941）。如果一场交通堵塞造成你约会迟到，为此你感到受挫，你是会按你的喇叭，朝车窗外大声喊**猥亵**的话语还是耐心地坐着和等待呢？挫折并不总是会引起攻击性，但在很紧急和似乎不合理的情况下特别容易产生（Doob & Sears，1939；Pastore，1950）。伯科威茨（Berkowitz，1988）提出即使挫折是公平的，且并不特别指向某人，如果它唤醒了消极情感，也能引起攻击性。

回应挫折的攻击并不总是专注于挫折的实际原因。如果首选的目标太具有威胁性或不可能予以攻击，攻击就有可能转移。举个例子，对父母生气的孩子可能把他们的沮丧发泄在一个年轻的兄弟姐妹上。有时候，并非要对令人沮丧的情况负责的少数群体的成员或其他无辜的对象会成为被转移的攻击对象，这一做法被称为**寻找替罪羊**（scapegoating）

挫折攻击假说　挫折导致攻击的理论。

(Koltz,1983)。举例来说,纵横美国历史,最新的移民浪潮——19世纪晚期的爱尔兰人和意大利人,19世纪70年代的越南人和其他亚洲团体,以及现在的拉丁美洲人——被归咎于那时候那些因为经济斗争早已经住在美国的人。

当人们经受疼痛(Berkowitz,1983)或在吵闹或有异味的环境中时,(Potton et al.,1979)往往会变得有攻击性。在一些研究中,酷热也与攻击性有关(Anderson & Anderson,1996;Rotton & Cohn,2000)。这些和其他研究为认知-新联合取向模型(一种认为愤怒和攻击来源于反感的事情和不高兴的情绪状态的模型,比如悲哀、不幸和沮丧)提供了支持(Berkowitz,1990)。当愤怒的人评价反感的情况和对参与其中的人的动机做出归因时,伯科威茨模型的认知成分出现了。作为认知评价的结果,愤怒的初始反应可以加剧、减轻或被抑制。这种过程令人可能在他/她的攻击倾向上采取要么更多要么更少的行动。

个人空间(personal space)是每个人周边的区域,就像一个无形的泡泡,是一个人认为他或她自己的一部分,用来调节与他人交往的亲密程度。个人空间对保护隐私和调节与他人亲密程度起到作用。个人空间的大小根据个人或与他人相互作用和互动的性质改变。当个人空间被缩小,攻击会发生。

拥挤(crowding)——关于何谓狭小空间有太多主观判断——经常导致更高的生理唤醒(Lawrence & Andrews,2004)。拥挤的影响因文化和情境而不同。研究者已经研究了在印度以男性作为户主的家庭、中产阶级的男性、女性大学生这些不同人群受拥挤的影响(Evans & Lepore,1993)。在这些研究中,心理问题与家庭拥挤有关。此外,研究已经显示,每个居住单位里有越多的居民,暴力事件的数量就越多(Paulus et al.,1988)。然而在一个非典型的监狱环境里的人口成员被精确地限制,因为他们倾向于具有攻击性。

最后,研究者罗伊和朱迪·埃德尔森已经发现可能导致团体成员对外人采取攻击性行为的一些信念(Eidelson & Eidelson,2003)。一个群体都确信的信念就是这个组的成员都优于其他人,带有一种为一个特定的任务而"被选中"的感觉。自己特有的团体有一个对外人合理的抱怨观点也可以引发攻击。相信他们自己是易受攻击的团体成员可能证明攻击是防御的正当形式。相同地,那些确信外人尊重团体成员权利的承诺不能相信的人也会表现得富有攻击性。最后,如果团体成员相信攻击是他们唯一可用的解决不满或保护自己的策略,他们可能付诸暴力。集团领导人无论对团体成员的信念是鼓励还是使他们沮丧,都起到了重要作用。因此,积极的领导能力可能可以防止群体间攻击。

> **寻找替罪羊** 寻找少数群体成员或其他无辜对象当作攻击对象,尽管他们与令人沮丧的情况无关。
>
> **个人空间** 每个人周边的区域,就像一个无形的泡泡,是一个人认为他或她自己的一部分,用来调节与他人交往的亲密程度。
>
> **拥挤** 关于何谓狭小空间有太多主观判断。

▶ 拥挤可能有也可能没有压力，取决于情况——在一个拥挤的机场候机楼等待比在成为马丁·路德金的一次集会的一员更有可能被认为是有压力的。

16.19 根据社会学习理论，什么导致了攻击性？
攻击性社会学习理论

攻击性社会学习理论认为，人们通过观察攻击模范和通过对攻击反应的强化来学习表现得富有攻击性（Bandura，1973）。众所周知，容忍暴力行为的群体和亚文化群有更高的攻击性，这与具有高侵略性状态的成员相一致。攻击性社会学习理论的提倡者，阿尔伯特·班杜拉（1976）称在亚文化、家庭和媒体中的攻击模型对增加社会中的攻击程度有重要作用。

受到虐待的孩子一定日复一日地经受侵害和看到被效仿的攻击。此外，受虐待很明显会增加孩子长大后虐待他/她自己孩子的风险（Burton，2003）。然而，在最初研究结果和对其他60个研究分析的基础上，奥利弗（Oliver，1993）推断出只有三分之一的受过虐待的人会成为日后的施虐者。

大多数残暴的父母并没有在童年被虐待（Widom，1989）。尽管受过虐待和忽视的儿童有较高的成为违法者、犯罪者或暴力者的风险，但大多数的他们并没有变得恶毒残暴（DuMont，Widom，& Czaja，2007）。一些研究者表示，更高攻击性的风险可能并不只是一个暴力家庭环境的结果，一定程度上受到基因的影响（DiLalla & Gottesman，1991）。一些受到虐待的孩子变得沉默寡言和孤僻，而不是变得有攻击性和恶毒残暴（Dodge et al.，1990）。

正如你在第5章学到的，研究证据压倒性地支持电视暴力与观众的攻击性有关的观点（Coyne et al.，2004；Huesmann et al.，2003）。电视暴力对天生有高度攻击性的人甚至有更糟糕的消极影响（Bushman，1995）。研究者已经发现，玩暴力的电子游戏和攻击性之间存在相关（Anderson & Dill，2000）。此外，花费更多的时间玩这样的暴力游戏会增加攻击性（Colwell & Payne，2000）。然而，荷兰的研究者发现，选择暴力电子游戏的男孩倾向于变得更有攻击性、较差的智力和较少的亲社会行为（Weigman & van Schie，1998）。因此，攻击性与电子游戏的关系可能取决于具有攻击性的个人喜欢具有攻击特点的娱乐媒体的倾向。

16.20 促成性侵犯的是哪些因素？
性侵犯

性侵犯(sexual aggression)是一个或多个参与者不同意或者被迫参与的任何类型的性接触(National Center for Injury Prevention and Control[NCIPC]，2002)。显然，这个定义非常广泛，包括许多类型的性接触：

- 性暴力——强迫或胁迫他人参与任何形式的性行为
- 强奸——包括性交过程中的性攻击
- 约会/熟人强奸——发生在有社会关系前提下的强奸
- 性虐待——集中于一个脆弱个体(一个孩子或上了年纪的人)的性暴力

女性比男性更有可能成为性侵犯的牺牲品(Basile, Chen, Lynberg, & Saltzman, 2007)。在美国，对比2%的男性，约11%的女性在她们的大学时代经历了一些类型的性侵犯(Basile et al., 2007)。在大多数情况下，犯罪者是现任或前任的亲密伴侣。

观看关于暴力与约会的视频 www.mypsychlab.com

有趣的是，世界卫生组织报道导致针对女性性暴力的因素在全世界是相似的(WHO, 2002a)。除了表16.1中的这些因素，其他一些个人特点也与性侵犯有关。举个例子，与其他类型犯罪的罪犯相比，强奸犯更不可能同情他们的受害者，可能起因之一是他们自己在童年时期受到的性侵害经历的负面影响(Fernandez & Marshall, 2003; Simons et al., 2002)。此外，性犯罪者比其他刑事犯罪者更有可能相信男性应该比女性占优势(Reidy, Shirk, Sloan, & Zeichner, 2009)。

表16.1　导致对女性实施性侵犯的因素

犯罪者当中	受害人当中
早期性接触或遭到性侵害的历史	不愿意向当局报告性暴力
关于性别角色刻板印象的极端观点	对不想发生性关系软弱的言语拒绝
对女人的憎恶	对性别角色刻板印象的极端观点
对性暴力的幻想	对强奸神话的接受
对色情文学的参与	贫穷
与对他人实施过性侵犯的同伴的接触联系	酒精和/或毒品的使用
对强奸神话的接受(例如，女性喜欢被强奸)	
贫穷	
酒精和/或毒品的使用	

来源：NCIPC(2000); WHO(2002b)。

> **性侵犯**　一个或多个参与者不愿同意或者被迫参与的任何类型的性接触。

对另一个人的控制欲也可能部分解释针对孩子的性侵犯。不幸的是,这种行为太普遍。在美国,每年超过100万起孩童被性侵犯的案例被官方报道出来(NCIPC,2002)。专家估计约有17%的女性孩童和8%的男性孩童被性侵犯(Putnam,2003)。根据世界卫生组织,在大多数国家,15岁以下的女孩比成年女性更经常被性侵犯(WHO,2002b)。在美国,大约60%的性侵犯受害者是15岁以下的女性,29%更是在10岁以下。

一些研究者已经提出恋童癖(偏爱儿童作为性伴侣)的倾向可能是由于大脑错乱导致性欲亢进的结果,特别是右额叶或颞叶的前部(Burns & Swerdlow, 2003; Mendez et al., 2000)。然而,研究者也提出经验因素很重要。一个调查发现,性虐待儿童的犯罪者比那些对成年人犯下性罪行的犯罪者更有可能对孩童进行性侵犯(Simons, Wurtele, & Durham, 2008)。不管是什么导致恋童癖,治疗遭受过性侵犯的孩童的治疗师可能关注到不正常的性幻想,这种性幻想被认为是施虐者采取行动的引发物(Swaffer et al., 2000)。

记一记——攻击性

1. 攻击性与男性的高雄性_____激素有关。
2. 攻击性_____理论指出攻击行为是通过榜样习得的。
3. _____理论是一个人被困在交通堵塞中几个小时之后做出攻击的最好解释。
4. 如果一个对父母生气的孩子向一个年轻的兄弟姐妹做出攻击性行为,_____已经发生了。
5. 将下面的定义与性暴力的类型相配对。

    _____(1) 性侵犯   a. 包含在性侵犯中
    _____(2) 强奸   b. 强迫或威胁发生性接触的任何类型
    _____(3) 性虐待   c. 在有社会关系前提下强迫或威胁发生性接触
    _____(4) 约会/熟人强奸   d. 与一个不同意的脆弱的人发生性接触

    答案:1. 睾酮素 2. 社会学习 3. 挫折攻击 4. 寻找替罪羊 5. (1) b (2) a (3) d (4) c

---

偏见和歧视

你知道偏见和歧视之间的区别吗?**偏见**(prejudice)由依据人们的性别、宗教、种族或特定团体的加入而采取的对他人的态度(通常是消极的)组成。偏见包含可以升级为仇恨的信念和情感(不是行为)。**歧视**(discrimination)由行为构成——根据他们的性别、宗教、

> **偏见** 依据人们的性别、宗教、种族或特定团体的加入而采取的对他人的态度(通常是消极的)。
>
> **歧视** 根据他们的性别、宗教、种族或特定团体的加入而采取的对他人的行动(通常是消极的)。

种族或特定团体的加入而采取的对他人的行动(通常是消极的)。很多美国人经历过偏见和歧视——少数种族群体(种族歧视)、女性(性别歧视)、老年人(年龄歧视)、残疾人、同性恋、宗教团体和其他。偏见和歧视的根源是什么？

16.21 什么因素导致偏见和歧视的产生？
偏见和歧视的根源

社会心理学家已经提出了一些理论来解释偏见和歧视的心理基础。此外，许多研究也提供了对于它们起源的理解。

现实冲突理论。 最古老的一种解释，关于偏见如何引起各种各样的社会团体之间的竞争，而这种相互竞争是为了稀缺资源——好的工作、家庭、学校诸如此类，称为**现实冲突理论**(realistic conflict theory)，这种观点提出，随着竞争日趋激烈，偏见、歧视和仇恨也同样存在于竞争团体中。一些历史证据支持现实冲突理论。在美国定居者和努力向西面陆地扩张的美国原住民之间存在着很深的偏见和怨恨。在19世纪30年代和40年代移居到美国的众多爱尔兰和德国移民者感受到经济萧条的其他美国人来自正面的强烈偏见和仇恨。但关于偏见和歧视的态度和行为则无法仅仅用经济矛盾和竞争来解释。

内部团体和外部团体。 偏见也可以来源于人们把世界划分成不同的类别，应用了一个"我们与他们对抗"的心态(Turner et al., 1987)。**内部团体**(in-group)是有着一种强烈归属感的社会组织，其他人被排除在外。大学兄弟会和联谊会的成员往往表现出强烈的内部团体情感。**外部团体**(out-group)包括个人特别是被内部团体鉴定认为不具有归属感的人。我们对抗他们的想法会导致过度竞争、敌意、偏见、歧视甚至战争。如果对外来者的种族纯净度哪怕怀有一丝怀疑，怀有偏见的个人就不愿意让他们的种族内部团体接受外来者(Blascovich et al., 1997)。

由谢里夫主持的一个著名实验表明内部团体/外部团体冲突如何相当快地升级为偏见和敌意，即使在非常类似的团体之间。研究者在罗伯的洞穴夏令营中开展他们的实验。被试者是来自俄克拉荷马市的22个聪明、适应力好、11岁和12岁的中产阶级白人男孩。被分为两组并住在单独的小屋里，这些男孩所有的日常生活和游戏都分开进行。在第一个星期里，群体团结、友谊与合作在每个小组里发展起来。一个组称他们自己为"响尾蛇"；另一个组取了叫"老鹰"的名字。

在实验的第二个星期里，竞争事件被故意安排，因此一个小组的目标"只有在牺牲另一组"的前提下可以被实现(Sherif, 1958, p.353)。小组对互相竞争很高兴，群体间冲突

现实冲突理论 随着社会团体之间由于稀缺资源的竞争日趋激烈，偏见、歧视和仇恨也日趋激烈。

内部团体 有着强烈归属感的社会群体，其他人被排除在外。

外部团体 由个人特别是被内部团体鉴定不属于团体的人组成的社会群体。

也很快出现。骂人开始了,冲突爆发了,相互来回指摘。在实验的第三个星期里,研究者试图结束敌意并把竞争转向合作。仅仅因为愉快的活动而集合成团体,比如吃饭和看电影。"但离减少冲突还很远,这些情况只在痛斥竞争组和相互攻击的时候有机会发生……他们在餐桌上互扔纸张、食物和叫绰号"(Sherif,1956,pp.57—58)。

最后,研究者制造了一个严重的危机,只有当所有的男孩联合他们的努力、资源与合作,这个危机才能解除。遭到实验者破坏的水供应只有所有男孩一起合作才可以恢复。经过一个星期几个需要合作的行动开展后,恶性竞争向交流合作屈服。小组之间的友谊发展起来,在实验结束之前,宣布和平。朝着同一个目标的一起工作已经把敌意化为友谊。

社会认知理论。根据社会认知理论,人们学习到了偏见和仇恨的态度,以同样的方式,他们也学习了其他的态度。如果孩子听到他们的父母、老师、同龄人和其他人公开表达了对不同种族、人种或文化团体的偏见,他们可能会很快地学会这种态度。如果父母、同龄人和其他人用微笑奖励孩子,并赞同孩子模仿他们自己的偏见(操作性条件反射),孩子可能会更快地学到这些偏见。菲利普斯和齐勒(Phillips & Ziller,1997)提出人们也以同样的方式学着不抱偏见。

社会认知(social cognition)涉及人们加工社会信息的典型方式——用于对社会世界注意、理解和记忆信息的心理加工。我们用来简化、分类和管理社会世界的加工与我们扭曲世界的加工是同一个。因此,正如我们在第11章中对性别刻板印象的解释,偏见不仅仅来源于强烈的负面情绪和对其他社会团体的憎恨,也来源于支配我们如何思考和处理社会信息的冷静的认知加工(Kunda & Oleson,1995)。

人们简化、分类和管理世界的一个方法就是使用刻板印象。**刻板印象**(stereotypes)就是对于不同社会群体(种族、人种或宗教)的成员的性格特征、态度和行为广泛共享的信念,对"他们"的假设通常都相似。一旦一个刻板印象形成,对于挑战他们信念的信息,人们会更加关注证实他们信念的信息(Wigboldus et al.,2003)。

模拟无意识的刻板印象 www.mypsychlab.com

麦克雷和他的同事(Macrae et al.,1994)提出,人们在与他人互动过程中会运用刻板印象,因为这样做可以花费更少的精力去了解作为个体的其他人。刻板印象可以让人们快速、自动(考虑不周)地形成对他人的看法和应用他们的心理资源到其他活动上(Sherman et al.,2009)。然而,有偏见的个体并不一定对给定组的所有成员使用同等的刻板印象。一方面,他们对与自己有私人关系的人比对陌生人有更少的可能应用刻板印

> **社会认知** 用于对社会世界注意、理解和记忆信息的心理加工。
> **刻板印象** 对于不同社会群体(种族、人种或宗教)成员的性格特征、态度和行为的广泛共享的信念,对"他们"的假设通常都相似。

象(Tuner et al., 2008)。甚至当通过相关信息而应用刻板印象在他人身上时,刻板印象可以被缓和或被放大。举个例子,谢丽尔·凯萨和珍妮弗·普拉德哈特(Kaiser & Pratt-Hyatt, 2009)要求白人大学生根据人格测试结果评价几个虚构的同龄人的"亲和力"。依照测试结果,研究者给参与者提供关于虚构的同龄人的种族信息和他们对立场的反应比如"我所属于的种族/民族是我是谁的重要反映。"凯萨和珍妮弗·普拉德哈特发现,如果同龄人带有重要的高水平的种族身份,参与者最有可能报告关于虚构的非洲裔和拉丁裔美国同龄人的负面第一印象。

◀你能觉察到图中显示的年轻女孩的差异吗?研究显示人们通常对他们所属团体里的成员觉察到更多的差异,对他们不熟悉的团体里的成员察觉到更多的相似性。

一些研究已经表明人们倾向于在他们所属的团体内(内部团体)觉察到更多的差异或更多的变化,但在其他组的成员内(外部团体)看到更多的相似性(Ostrom et al., 1993)。举个例子,美国白人在他们自己身上看到了更多的差异,但在非裔美国人或亚裔美国人的团体里看到更多的相似性。这种思维上的趋势也可以建立在性别、年龄或任何其他的特征之上。一个经典的研究表明,一个由100个年轻大学生组成的小组相信他们自己的小组比100个年老美国人组成的小组有更多的可变性或多样性,因为学生认为他们几乎是相同的(Linville et al., 1989)。一个与老年人相关的研究表明,他们在自己的年龄组比在大学生年龄组时感知到更多。年龄刻板印象比性别刻板印象更明显和消极(Kite et al., 1991)。

对于其他组成员的变化更不灵敏的倾向可能会导致出现一种从自己的种族或文化团体的角度来看待别人的普遍趋势。这种趋势经常被称为**种族中心主义**(ethnocentrism)。在工作设置中,种族中心主义可能会妨碍我们了解来自不同背景的同事对相同事件截然不同的理解情况。比如说,研究者已经发现美国黑人比美国白人因为本质上的种族问题,更有可能理解存在于不同种族间上下级里消极的遭遇(Johnson et al., 2003)。更

种族中心主义 从自己身处的种族或文化角度来看待情况的倾向。

糟糕的是，每组的成员相信这些观点要么是对的要么是错的。因为种族中心主义，白人坚持认为他们的观点是正确的。而美国黑人也会对于他们的观点采取相同的态度。除了这个问题，很多组织给员工提供培训机会来帮助他们了解这些差异并不仅仅涉及一种观点，即一个是正确的另一个就是错误的。相反，每个观点都是值得被另一个所尊重的。

16.22 什么证据表明偏见和歧视在减少？
偏见在减少吗？

很少人会欣然承认抱有偏见。戈登·奥伯特（Allport，1954），偏见研究先驱说之一，"偏见是情感的徘徊，而击败了智力"（p.328）。甚至那些在理智上真心反对偏见的人可能仍带有一些偏见（Devine，1989）。然而，大多数人是歉疚的，当他们了解到他们自己怀有偏见的想法或参与到歧视性行为当中（Amodio, Devine, & Harmon-Jones, 2007）。

在美国社会中，有偏见正在减少的证据吗？观点支持之一是奥巴马在2008年当选为总统。不仅因为他是美国第一位黑人总统，而且大多数美国人，特别是美国黑人，认为他的当选在种族关系中是一个巨大的进步（Rasmussenreports.com，2009）。此外，盖洛普民意测试显示，美国白人在20世纪的后几十年里在种族歧视上变得更宽容（Gallup & Hugick，1990）。在1990年当白人被问及如果美国黑人搬到他们隔壁居住，他们是否会移居时，对比1965年的65%，93%的人说不会。如果将有大批的美国黑人要住进他们的社区，68%的美国白人说他们不会搬离。此外，白人和黑人绝大多数都同意在过去的几十年里，在美国的少数族裔的条件已得到改善（Public Agenda Online，2002）。然而，研究显示，当被要求解释他们为什么不参与到与其他种族更多的社会接触中时，害怕被拒绝仍然是人们引用的理由（Shelton & Richeson，2005）。

回忆一下，态度并不总是能预测行为。在一个研究中，研究者要求参与者判断一个假想的女性是否能够胜任家长-教师组织的主席（Lott & Saxon，2002）。向参与者提供了一些有关女性的职业和教育的信息。除此之外，依据随机分配，他们被告知这个女性是拉美裔、盎格鲁撒克逊人或犹太人。实验者发现，相信这个女性是拉丁裔的参与者比那些被告知这个女性是盎格鲁撒克逊人或犹太人的参与者更有可能说她不能胜任这个职位。这些研究表明种族刻板印象的存在仍然显而易见。但我们也可以做很多事来对抗偏见和歧视，正如下面的应用。

应用——"忘却"偏见

现在的大学生群体比以前更为多样化。在美国，少数族裔的成员上大学的人数更多。来自世界各地不同文化的人们为了继续深造来到美国。因此，对于很多年轻人来说，大学生活代表了一个与来自不同种族、人种或文化群体的人交往的难得机会。学生要如何最大程度地利用好这个机会来"忘却"他们可能带到大学中的偏见呢？

群体间接触

正如你在罗伯洞穴实验中学到的(Sherif & Sherif, 1967),群体间接触有时候会加剧刻板印象。然而在合理的情况下,群体间接触会减少偏见。大学会为来自不同背景的学生提供一个环境,能让他们一起学习,接受同样的测验(期中考试和期末考试),培养对学校精神的共同感受,加入其成员来自不同背景且分享共同目标的俱乐部等。因此,在适当的情况下,群体间接触会减少偏见(Page-Gould, Mendoza-Denton, & Tropp, 2008)。

拼图技术

诸如拼图技术的方法,在大学课堂里运作得很好,同时也是适用于非正式互动的一种游戏,代表了一种更直接的方法。在拼图游戏里每一个成员都分配到少量的信息来解决问题并教授给另一个参与者。该组织必须使用所有的个人信息来解决问题。这种方法增加了参与者之间的互动,并帮助培养成员对其他民族和种族团体的共情(Aronson, 1988; Anonson et al., 1978; Singn, 1991; Walker & Crogan, 1998)。一个额外的好处是它是用来解决问题的一种新的有效途径。

多样化教育

很多大学提供了学生和教员参加研讨会和讲习班的机会,旨在打击种族主义。在这样的设置下,参与者了解了可能不同于他们自己的种族和文化观点。他们也学会识别可能被别人理解为种族主义的行为,即使这可能并不是他们的意愿。研究者已经发现这类计划有助于减少存在于参与者中的自动刻板印象(Hill & Augoustinos, 2001; Rudman, Ashmore, & Gary, 2001)。

开展关于偏见和歧视的讨论

也许减少大学校园中的偏见和歧视的最大的可能性在于学术风气的本质。传统上来说,在饭店聚集的大学班会以及俱乐部会议,在咖啡店通宵达旦的研讨会议和在宿舍的深夜辩论,常常能对各种活跃的话题的讨论起到重要作用。当我们听到别人热情地讲关于种族歧视、性别歧视和其他不公平的类型,我们有可能采取更宽容的态度对待我们自己。

因此,当下一次你听到有人发表你觉得是种族歧视、性别歧视或任何方式的偏见的声明,大声说出来!你永远不会知道你的发声可能会有多大影响。

记一记——偏见和歧视

1. 将下面的各项描述与对应的术语配对。
   _____(1) 达琳认为所有的白人都是种族主义者。　　a. 刻板印象
   _____(2) 贝蒂的薪水是5 000美元,远远少于她的男性同事。　　b. 歧视
   _____(3) 比尔不喜欢警察。　　c. 偏见
2. 一个内部群体的成员通常不喜欢_____的人。
3. 社会认知理论表明偏见通过_____和_____产生和维护。
4. 偏见和_____通过诋毁他人来巩固自我形象。

答案:1.(1) a　(2) b　(3) c　2.外部群体　3.建模　强化　4.歧视

总结与回顾

社会知觉 p.541

16.1 为什么第一印象如此重要？ p.541

第一印象很重要，因为：(1)人们会更加小心地注意到关于另一个人的第一信息；(2)一旦印象形成，它为解释后面的信息提供了框架。

16.2 情境归因和气质归因之间的区别是什么？ p.541

归因就是关于我们自己或者他人行为的推论。在情境归因中，人们把一个人的行为归于某些在情境中起作用的因素。气质归因的推论原因则是内部的，比如一个人的特质、动机或者态度。人们倾向把他们自己的缺点主要归因于情境因素而把他人的缺点主要地归因于气质因素，即一种被称为观察者效应的倾向。

吸引力 p.542

16.3 什么因素有助于吸引力？ p.542

邻近有利于吸引力，因为这更容易与在周边的人发展关系。邻近也增加了重复接触的可能性，并且有一种由于反复接触而更积极地倾向刺激的趋势（曝光效应）。我们的情绪和情感影响我们多大程度上被我们遇见的人所吸引。我们也倾向喜欢那些喜欢我们的人（相互作用）。另一些因素也有助于吸引力，如相同的年龄、性别、种族、经济程度和相似的观点和兴趣。

16.4 外表吸引力有多重要？ p.543

对所有年龄段的人而言，迷人的外表是吸引力的一个主要因素。人们把积极的品质归于具有迷人外表的现象称为晕轮效应。

16.5 心理学家如何解释浪漫和相配？ p.543

心理学家已经提出用配对假说来解释这一发现：人们通常被那些与自己相似的人吸引。另一些人认为人会选择与自己的性格互补的人做伴侣。进化心理学家认为女性和男性被一个人吸引是基于那个人可以有助于建立和支持一个家庭。

顺从、服从和屈从 p.545

16.6 阿希在他著名的从众实验中发现了什么？ p.545

在阿希的经典从众研究中，5%的参与者一直顺从持相同错误意见的多数人；70%的参与者有些时候顺从；而剩下的25%完全独立。

16.7 在不同的情况中，研究者对米尔格拉姆的经典服从实验有什么发现？ p.546

参与者几乎完全服从在一个破旧的办公室重复做实验的实验者，而不是在耶鲁大学做实验的实验者。然而，当参与者与反对实验者的人搭配在一起时，他们几乎都不服从。

16.8 用于获得屈从的三大技巧是什么？ p.547

用来获得屈从的三大技巧是以退为进技巧、吃闭门羹技巧和低球技巧。

群体影响 p.549

16.9 社会助长如何影响表现？p.549

当其他人在现场时,要么作为观众要么作为合作者,人们在简单工作上的表现通常通过社会促进作用得到提高。然而,在困难工作上的表现常常会受损。

16.10 社会懈怠是什么,什么因素能减轻社会懈怠？p.549

社会懈怠就是当人们和他人合作完成一个共同任务时,他们比自己单独工作的时候倾向于付出更少的努力。它很有可能发生在个人生产被监视的时候或成果中有个人股份的时候。

16.11 社会角色如何影响个人表现？p.550

个人行为可以被与特定的社会角色相联系的期望所指导。这种角色的作用既可以是积极的也可以是消极的。

态度和态度改变 p.551

16.12 态度的三大成分是什么？p.551

态度通常有认知、情感和行为三大成分。

16.13 什么是认知失调和如何减轻认知失调？p.553

认知失调是一种令人不愉快的状态,它会在当人们意识到自己的态度前后矛盾或者态度与行为存在矛盾时发生。人们会通过改变行为或态度、否认责任、通过解释消除矛盾或者通过轻视它的重要性来减轻认知失调。

16.14 说服的元素是什么？p.553

说服的四个元素是交流、听众、信息和媒体。

亲社会行为 p.555

16.15 什么促使人去帮助另一个人？p.555

一些亲社会行为是出于利他主义。在其他情况下,文化规范影响助人行为。我们更有可能帮助那些与我们有承诺关系或与我们相似的需要的帮助的人。

16.16 什么是旁观者效应以及它为何产生？p.555

旁观者效应是影响亲社会行为的一个社会因素:随着旁观者人数的增加,受害者受到帮助的概率会减少,即使受到帮助也有可能耽误。旁观者效应可能在某种程度上是由于责任扩散或受到其他看起来平静的旁观者的影响。

攻击性 p.556

16.17 哪些生理因素被认为与攻击性有关？p.556

与攻击性有关的生理因素有基因联系、低唤醒水平、高睾酮水平、低 5-羟色胺水平、脑损伤或者某些脑部疾病和酗酒。

16.18 其他哪些因素促成了攻击性？p.558

挫折攻击假说认为,挫折产生侵犯并且这种侵犯可能是针对造成这种挫折的人或被替换到了另一个目标上。攻击性伴随着反感的情境,例如疼痛、高温、噪音、恶臭,和令人不愉快的情感状态,比如忧伤、悲痛和沮丧。对隐私的侵犯和拥挤也可能导致攻击性。最后,相信自己所属的团体的优越性可能会造成对他人的攻击性。

16.19 根据社会学习理论,什么导致了攻击性? p.559

根据社会学习理论,人们通过模仿在家庭、亚文化和媒体中观察到的攻击行为模式而获得积极响应,从而增强攻击反应。

16.20 促成性侵略的是哪些因素? p.559

促成性侵犯的因素包括滥用酒精和其他物质、贫穷、强奸误解的认同和早期性接触或受伤害的历史。

偏见和歧视 p.561

16.21 什么因素导致偏见和歧视的产生? p.561

偏见包括对由于性别、宗教、种族或加入特定的团体引起的他人的态度(通常是消极的)。歧视包括反对别人的行为(通常是消极的),也是由于相同的因素。偏见能引起对稀缺资源的竞争或将世界划分为不同社会范畴的倾向——内部集团或外部集团。根据社会认知理论,偏见和其他的态度一样,以相同的方式习得——通过模仿和强化。

16.22 什么证据表明偏见和歧视在减少? p.563

与过去相比,美国白人不太可能反对住在多个种族混居的社区。但是在美国,各族群对于偏见和歧视在一定程度上仍存在问题这一观点持不同的意见。

关键术语

行动者—观察者效应 p.541
团体意志 p.545
攻击性 p.557
现实冲突理论 p.561
歧视 p.561
找寻替罪羊 p.558
气质归因 p.541
自利性偏见 p.542
配对假说 p.543
观众效应 p.549
情境归因 p.541
曝光效应 p.542
联合行动效应 p.549
服从 p.546
认知失调 p.553
外部团体 p.561

责任扩散 p.557
邻近 p.542
晕轮效应 p.543
利他行为 p.555
内部集团 p.561
态度 p.551
低球技巧 p.548
归因 p.541
性侵犯 p.559
吃闭门羹效应 p.548
旁观者效应 p.555
社会认知 p.549
种族中心主义 p.563
社会助长 p.549
以退为进技巧 p.548
社会认同 p.550

个人空间 p.558　　　　　　　社会懈怠 p.549
顺从 p.547　　　　　　　　　挫折攻击假说 p.558
说服 p.553　　　　　　　　　社会规范 p.545
遵从 p.545　　　　　　　　　偏见 p.561
社会心理学 p.540　　　　　　拥挤 p.558
基本归因误差 p.542　　　　　首因效应 p.541
社会角色 p.550　　　　　　　去个性化 p.550
亲社会行为 p.555　　　　　　刻板印象 p.562

章末测验

选择题

1. 当赛奇被雇用时，他的新老板深受触动，因为他是由他的前任老板极力推荐的。工作三个月后，赛奇的老板发现赛奇的前任老板给他一个好的推荐只是为了摆脱他。尽管如此，赛奇的新老板仍认为他是一个相当好的职员。这种总体印象可能是由于＿＿＿＿＿。

　　a. 首因效应　　　　　　　b. 晕轮效应
　　c. 自利性偏差　　　　　　d. 认知失调

2. 在阿普莉尔和贾斯汀度过第一个美好约会的两星期后，他没有再约她。以下哪种情况是以情境归因来解释他为什么没有再约她。

　　a. "他是一个失败者。"
　　b. "他明显是一个乖男孩。"
　　c. "他太忙碌以至于没有时间约她。"
　　d. "他可能只是想看看他能追到多少女人。"

3. 以下哪个品质对于男性和女性在跨文化等级的配偶选择不重要？

　　a. 性格外向　　　　　　　b. 情绪稳定
　　c. 讨人喜欢的性格　　　　d. 可靠的人品

4. 在阿希的研究中，当＿＿＿＿＿时，人们不大可能与提供一个错误判断的同盟者交往。

　　a. 以相同的年龄作为同盟军的主题
　　b. 至少一个同盟表示反对意见
　　c. 在团队中相对于非同盟者，有更多的同盟者
　　d. 以相同的性别作为同盟军的主题

5. 根据米尔格拉姆的研究调查结果，我们能推断出服从权威的倾向＿＿＿＿＿。

　　a. 如今比在 20 世纪 60 年代更强烈
　　b. 对女性而言比对男性更强烈
　　c. 如果权威人物是男性的话比对女性更强烈
　　d. 很强烈但如果超过一个人反抗就会被减弱

6. 路易丝发现当她让丈夫同意一个小的请求时,例如摆放好干净的盘子,她可以更成功地让他同意大一点的要求比如清理车库。路易丝采用了哪条策略?

  a. 以退为进技术(一点点来技术)   b. 吃闭门羹技术

  c. 折扣技巧   d. 低球技巧

7. 根据特里普利特的研究,以下哪种情况会产生最好的表演?

  a. 在被动的观众面前表演。

  b. 为一个老师表演。

  c. 表演和其他人一样的任务。

  d. 在一个你希望与他发生一段浪漫感情的人的面前表演。

8. 凯莎是一个随遇而安的人,她最近得到一份做机场行李安检员的工作。她的一个朋友在机场看到了凯莎,他很惊讶于她严谨的态度。凯莎的行为是被_____所影响。

  a. 社会职业   b. 社会习俗

  c. 社会风俗   d. 社会角色

9. 哪种类型的看法是最坚定和最难以改变的?

  a. 间接获得的看法。   b. 通过直接经验形成的看法。

  c. 观察到的他人的看法。   d. 采用别人的看法。

10. 麦克在订购一个双层培根奶酪汉堡的过程中,记起了他女朋友曾告诉他牛肉和培根不利于他的心脏。"你听到的所有关于牛肉和培根的报道都有可能是假的。"麦克这样想着并继续他的订购。麦克对于牛肉和培根的相关媒体报道的评价帮助他解决_____。

  a. 社会助长   b. 认知失调

  c. 旁观者效应   d. 利他行为

11. 假设你要说服你的同学:政府应该结束当前的社会保障制度而让人们参与到私人退休账户。以下哪种策略最有效?

  a. 提出有利于你观点的证据,不要涉及相反的观点。

  b. 描述人们当前认为无知和愚蠢的制度。

  c. 忽略相关的事实并吸引你同学的情感。

  d. 提出赞成和反对改变社会保障制度的理由。

12. 如果你开始在大学食堂有些哽塞,研究表明,当_____时,你将最不可能得到帮助。

  a. 现在食堂里只有少数几个人。   b. 在食堂里的大多数人和你是同龄人。

  c. 你的外形很迷人。   d. 食堂非常拥挤。

13. 阿道夫·希特勒和纳粹因为德国的经济问题指责德国人。由于一种令人沮丧的情况而责备少数群体是一个_____的例子。

  a. 认知失调   b. 责任分散   c. 寻找替罪羊   d. 挫折侵犯理论

14. 根据攻击性行为的社会学习理论,以下哪个选项不利于攻击性行为的习得?

a. 攻击性反应增强。　　　　　　　b. 攻击组的成员有更高的地位。

c. 人们必须争夺稀缺资源。　　　　d. 人们观察攻击性模范。

15. 性侵犯者比其他刑事罪犯更有可能相信_____。

a. 女性更喜欢被性侵犯。

b. 一个女人如果真的拒绝那就不可能被侵犯。

c. 男性应该比女性优越。

d. 男性不可能成为被强奸的受害者。

16. 以下哪个选项是偏见的例子?

a. 其他男孩不让胡安打篮球因为他是西班牙裔。

b. 瓦莱里不能晋升因为她是韩国人。

c. 菲尔和苏做相同的工作,但菲尔得到更高的工资。

d. 斯坦认为大多数白人是种族主义者。

17. 人们避免参与和少数族裔成员的社会互动,这与他们声称的_____主张不同。

a. 他们害怕被其他群体拒绝。

b. 他们不相信与其他群体互动会有什么好处。

c. 他们满足限制在自己的群体成员的关系内。

d. 他们对与其他群体互动不感兴趣。

简答题

18. 根据印象形成的研究,一个人应采取哪些步骤以确保给未来的雇主留下好的第一印象?

19. 根据你在这个章节里学到的群体对个人行为的影响,在群体中分配学生工作的优点和缺点是什么?

20. 支持和反对攻击性行为生物起源假设的证据是什么?

答案见第774页。

附录 A　统计方法

在第 1 章,我们为你介绍了心理学家用来研究行为和心理过程的方法。然而,无论研究者使用什么方法,最常用的一个应用数学的分支是**统计**(statistics),用来组织、描述、得到定量研究的结果。我们会探索心理学家使用的两种基本统计——描述性统计和推断性统计。

描述性统计

描述性统计(descriptive statistics)是用来组织、总结和描述数据的统计方法。简单地说,描述性方法是计算事物和描述计算过程的复杂方式。举个例子,数钱时,你可能会描述总数,不同面额的纸币的数目,以及你拥有的硬币数目。你甚至可以记一笔一美元、五美元、两角五分、十分和其他数目的账单,你可能一周的每一天都数钱,然后说,"我这周平均每天有 22.43 美元。周一我赚了将近 50 美元,但是到周五,我只剩 5 美元",所有的这些动作——数你的钱,把你的钱和硬币分门别类并把结果做成图表,平均你一周拥有的钱,描述你的钱从一周的开始到最后的变化——都通过描述性统计完成。类似地,研究者使用描述性统计,包括了集中趋势、变异性和相关。在心理学上很常见的是,这些方法被应用到测试的结果上,如你在第 7 章和第 13 章学到的应用在课堂上的各种测试。

集中趋势测量

集中趋势测量(measure of central tendency)通过描述分数分布的中心或中部来测

统计　用来组织、描述,得到定量研究的结果的应用数学分支。

描述性统计　用来组织、总结和描述数据的统计方法。

集中趋势测量　通过描述分数分布中心或中部来测量的方法(例如平均数、中位数或者众数)。

定。应用最广泛、最为人熟悉的集中趋势的方法是平均数,一组分数的算术平均值。平均数是通过把所有单个分数相加,然后以总分数除以分数数目来计算。

卡尔有时候在专业研究上做得很好,但是偶尔拖延和测验失败。表 A.1 展示了卡尔如何在他最后一学期的心理课上演示第七个测验。卡尔通过把所有单个分数相加,以总分数除分数数目来计算**平均数**(mean)。卡尔的测验分数的平均数,或者说,平均分是 80。

表 A.1　卡尔的心理学测验分数

测验 1	98	测验 6	68
测验 2	74	测验 7	86
测验 3	86	总计:	560
测验 4	92	平均分:560÷7=80	
测验 5	56		

表 A.2　十个人的年收入

被　试	年收入	
1	$ 1 000 000	
2	$ 50 000	
3	$ 43 000	
4	$ 30 000	
5	$ 28 000	$ 27 000 =中位数
6	$ 26 000	
7	$ 22 000	众　数
8	$ 22 000	
9	$ 16 000	
10	$ 10 000	
总计:	$ 1 247 000	
平均数:$ 1 247 000÷10= $ 124 700		
中位数:$ 27 000		
众数:$ 22 000		

平均数是一种重要和广泛使用的测量集中趋势的方法,但是,当一组数据中包含一个或多个极端数据的话,平均数会产生误导作用。表 A.2 列出了十个人的年收入,由多到少排列。当 1 百万美元的收入被几份更微薄的收入平分了,因此这个平均数没有提供这组

> **平均数**　一组分数的算术平均值;通过把所有单个分数相加,然后以总分数除以分数数目来计算。

数据的真实写照。当一个或一些个体数据远远高于或者低于一组的中间水平,应该使用集中趋势的不同测量方法。当一组数据从低到高排列时,**中位数**(median)是中间的分数或者值。当分数有奇数个,最中间那个分数就是中位数。当分数数目刚好平分,中位数就是最中间两个数的平均数。在表 A.2 中,从高到低排列的十个收入值中,中位数是 $27 000,这是中间 $28 000 和 $26 000 的收入的平均值。中位数 $27 000 的收入比平均数 $124 700 更真实地反映了这几人的收入水平。

另一个集中趋势的测定方法是**众数**(mode)。众数很容易找到,因为它是在一组数据中最频繁出现的那个数。表 A.2 中年收入的众数是 $22 000。

用表格和图表来描述数据

100 个学生在记完包含 20 个新单词的词表 24 小时之后,一个研究者要求他们回想这些单词。研究者使用**频数分布**(frequency distribution)来整理这些数据——显示分数在相等组距上的分布。为了整理这 100 个测验分数,研究者打算以每两分为组距,表 A.3 显示了频数分布的结果。

表 A.3　100 个单词表测验分数的频数分布

组　距	在每一组距中的评分记录	在每一组距中的分数数目(频数)
1—2	|	1
3—4	||	2
5—6	卌 |	6
7—8	卌 卌 卌 |||	18
9—10	卌 卌 卌 卌 |||	23
11—12	卌 卌 卌 卌 |||	23
13—14	卌 卌 卌 ||	17
15—16	卌 |||	8
17—18	|	1
19—20	|	1

然后调查者制作了一个**直方图**(histogram),描绘了一个显示了每个组距中的分数数目及频数分布的条形图。这个组距在图表中以横轴表示,每个组距的分数频数在图表中以竖轴表示。图 A.1 显示了 100 个测验分数的频数直方图。

> **中位数**　当一组数据从低到高排列时,中间的分数或者值。
> **众数**　在一组数据中最频繁出现的那个数。
> **频数分布**　显示分数在相等组距上的分布。
> **直方图**　每个组距中的分数数目及频数分布的条形图。

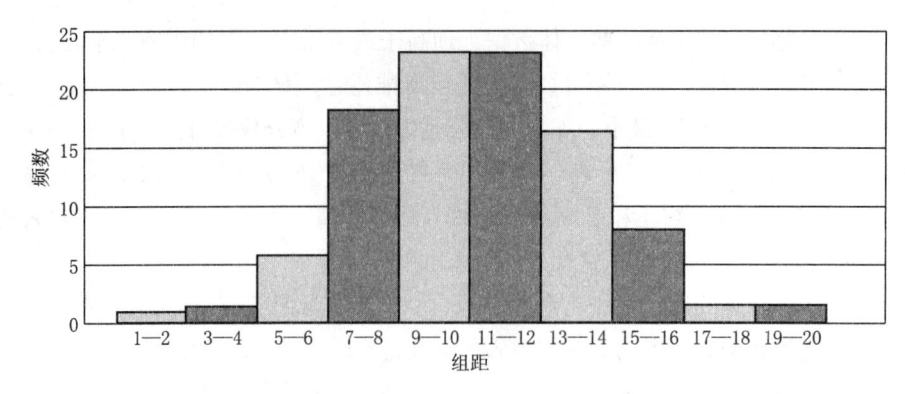

图 A.1 频数直方图 从表 A.3 得到的单词表测验分数的频数分布,以直方图的形式被绘制在这里。每两分为组距作为横轴。每个组距中,分数的频数被绘制在竖轴上。

另一个常见的展示频数数据的方法是**频数多边形图**(frequency polygon)。正如在直方图中,组距以横轴表示,每个组距的分数频数以竖轴表示。在频数多边形图中,每个组距由该组的中间位置点来表示,它到横轴的垂直距离就是它在这个组距中的频数。画线来连接点,正如图 A.2 所示。直方图和频数多边形图是两种完全不同的显示数据的方式。

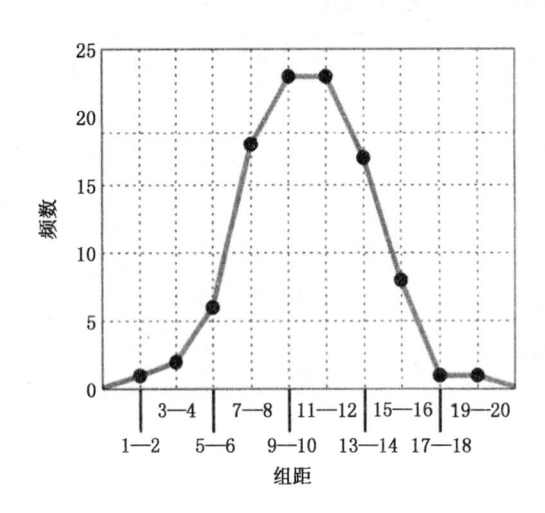

图 A.2 频数多边形图 表 A.3 的单词表测验分数频数分布以频数多边形图的形式绘制在这里。每两点为一个组距作为横轴。分数的频数绘制在竖轴上。

变异性测量

除了测量集中趋势,研究者也需要对一系列数据进行**变异性**(variability)的测量——分数从平均值出发,分散的程度是什么。在表 A.4 中,两组平均值和中位数都是 80。然而,第二组的分数集中在平均数周围,而第一组的分数在平均数周围零散分布。

最简单的变异性的测量是**极差**(range)——在分数分布中最高和最低分数的差异。

> **频数多边形图** 描述每个频数分布组距中的频数或数量的线状图。
> **变异性** 分数从平均值出发,分散的程度是什么。
> **极差** 在分数分布中最高和最低分数的差异。

表 A.4 显示了第一组的极差是 47，说明极高的变异性。而第二组的极差只是 7，显示变异性很小。但是，极差只能显示最低分和最高分之间的差异；不能阐述位于它们之间的分数差异。

表 A.4　平均数和中位数完全相同的两小组分数的极差和标准差比较

第　一　组		第　二　组	
测　验	分　数	测　验	分　数
1	99	1	83
2	99	2	82
3	98	3	81
4	80 中位数	4	80 中位数
5	72	5	79
6	60	6	79
7	52	7	76
总计：	560	总计：	560
平均值：	560÷7＝80	平均值：	560÷7＝80
中位数：	80	中位数：	80
极差：	99－52＝47	极差：	83－76＝7
标准差：	18.1	标准差：	2.14

标准差（standard deviation）是反映分数的分布偏离和与平均值差异的描述性数据。标准差越大，分数分布的变异性就越大。表 A.4 记录了两个测验分数分布的标准差。在第一组中，18.1 的标准差反映了分布上的巨大变异性。第二组中，小的标准差 2.14 显示了变异性很低，你可以看见分数都在平均数周围分布。

正态曲线

你可能还记得，在第 7 章中，我们介绍了**正态曲线**（normal curve）。心理学家和其他科学家经常使用这种重要的频数分布类型来得到描述性数据。如果很多人测量任何一种特质（比如身高或智商），绝大多数的值会集中在中间，极少数个体测量结果过低或过高。注意，在正态分布中略超过 68％的分数平均值不超过 1 个标准差（34.13％的分数在平均值以上，34.13％的分数在平均值以下）。正态分布中 95.5％的分数处在平均值上下的 2 个标准差内。正态分布中的绝大部分分数——99.72％——在平均值上下的 3 个标准差内。

> **标准差**　反映分数的分布偏离和与平均值差异的描述性数据。
> **正态曲线**　对称的钟形频率分布，代表了分数是如何分布的；大部分的分数落在平均数周围，极少数落在比平均数要高或低的位置。

使用正态[标准]曲线的属性和知道正态分布的平均数和标准差，我们可以在分布中看到，任何一个分数与其他分数相比而言，坐落在或高或低的地方。举个例子，韦氏智力量表中，平均智商是100，标准差是15。因此，99.72%的人处在平均值上下3个标准差内，即智商在55到145之间。

相关系数

在第1章中，我们曾提到，**相关系数**（correlation coefficient）就是说明两个变量之间的关系的方向和程度的数值。相关系数可以从+1.00（一个完美的正相关）到0.00（不相关）到−1.00（一个完美的负相关），正如图A.3所示。一个**正相关**（positive correlation）说明了两个变量在同一个方向上变化。一个变量的升高会引起另一个变量的升高，或者说，一个变量的降低会引起另一个变量的降低。这是大学生花在他们学习上的时间和成绩的正相关。他们学习的时间越长，分数就越高。**负相关**（negative correlation）指的是一个变量的升高会引起另一个变量的降低。学生花在看电视上的时间和花在学习上的时间之间存在负相关。他们花在看电视上的时间越久，花在学习上的时间越少，反之亦然。

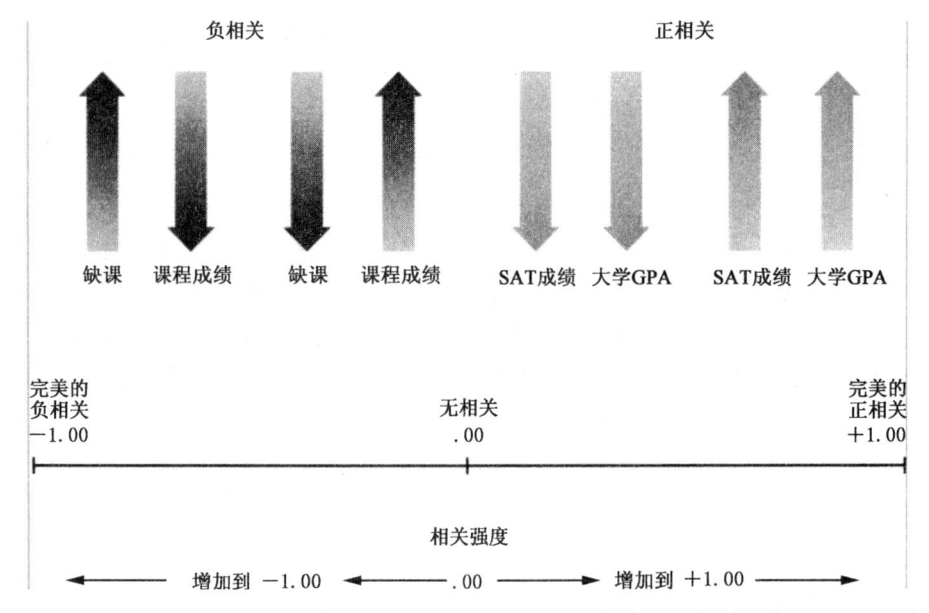

图A.3 理解相关系数　相关系数可以从+1.00（一个完美的正相关）到0.00（不相关）到−1.00（一个完美的负相关）。正如箭头所指示的，只有在一个变量的升高会引起另一个变量的降低的时候，才会产生负相关，反之亦然。只有当两个变量一起升高或降低的时候，正相关才会存在。

> **相关系数**　说明两个变量之间的关系的方向和程度的数值。相关系数可以从+1.00（一个完美的正相关）到0.00（不相关）到−1.00（一个完美的负相关）。
> **正相关**　在同一个方向上变化的两个变量之间的关系。
> **负相关**　一个变量的升高会引起另一个变量的降低的两个变量之间的关系。

在线性相关系数中的符号（＋或－）说明两个变量的变化是在同一方向还是相反方向。（如果没有符号出现，这个相关性被看成是正相关。）线性相关系数的数值显示了两个变量之间关系的相关强度，数字越大，关系越强。举个例子，相关性为值－0.70 比＋0.56 的相关性要高；相关性为－0.85 和＋0.85 的相关性一样高。相关性为 0.00 显示了这两个变量之间不存在任何关系。智商和鞋的码数就是两个没有相关性的变量。

表 A.5 展现了 11 个学生的高中和大学平均分数这两个变量的测量。观察数据，我们可以看到 11 个学生中的 6 个在高中的平均分数更高，而另 5 个在大学的平均分数更高。表现更加确切的关系的图片请见图 A.4 中的散点图。高中平均分数（变量 X）为横轴，而大学平均分数（变量 Y）为竖轴。

表 A.5　11 个学生的高中和大学平均分数

学　生	高中平均分数（变量 X）	大学平均分数（变量 Y）	学　生	高中平均分数（变量 X）	大学平均分数（变量 Y）
1	2.0	1.8	7	3.0	2.8
2	2.2	2.5	8	3.2	3.3
3	2.3	2.5	9	3.3	2.9
4	2.5	3.1	10	3.5	3.2
5	2.8	3.2	11	3.8	3.5
6	3.0	2.2			

每一个小圆点代表的是 11 个学生所在的位置，高中平均分数即变量 X，大学平均分数即变量 Y。举个例子，第一个学生由一个小圆点来代表，其中横轴（x）上的高中平均分数是 2.0，竖轴（y）上的大学平均分数是 1.8，这两者的交点就是那个小圆点。图 A.4 中的散点图显示，高中和大学的平均分数高度相关，因为点都处于对角线的周围。这也显示了

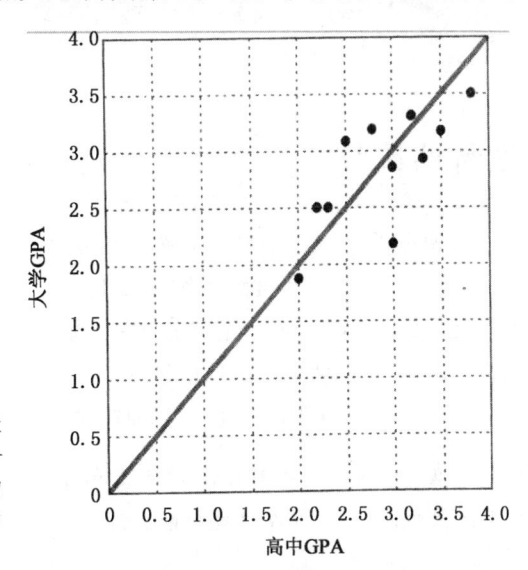

图 A.4　散点图　这个散点图显示了表 A.5 列出的 11 个学生的高中和大学平均分数这两个变量的高度相关性。每个学生的分数由一个小圆点来表示，高中平均分数为横轴，而大学平均分数为竖轴。

正相关,因为点均匀地分布在上升对角线的左右两边。11个学生的高中和大学平均分数的线性相关系数是0.71。如果相关性是完美的(1.00)。所有的点都会刚好落在这条对角线上。

散点图显示相关性是低、中等还是高,以及是正相关还是负相关。点均匀地分布在上升的对角线的左右两边显示正相关。点均匀地分布在下降的对角线的左右两边显示负相关。点离对角线越近,相关性也越高。一定要记住,相关性并不能够证明因果。即使一个完美的相关关系(+1.00或-1.00)也并不意味着一个变量的产生是由于另一个变量引起的。相关性只是说明两个变量之间有关联。

不是所有变量之间的关系不是正相关就是负相关。一些变量之间的关系具有曲线特征。

当两个变量在一个特定的点上存在正相关(或负相关)的时候,存在曲线关系然后又变回直线。举个例子,在大约到40岁或者45岁的时候,体力和年纪成正相关。随着年龄从儿童到中年,手劲也随之增加。但是过了中年之后,这个关系变成了负相关。不断增加的年龄和降低的手劲有关。图A.5展示了这种曲线关系的散点图。

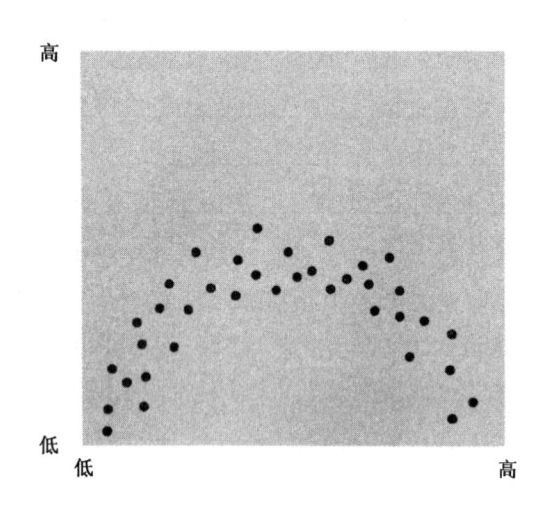

图A.5 曲线关系的散点图
这个散点图展示了一个曲线关系,直到某一点为止呈现正相关,之后呈现负相关。年龄和手劲拥有曲线关系:手劲力量随着年龄增长到40岁而一直增加,随后随着年龄增加一直减小。

推断性统计

正如你所知,描述性统计是关于计数、列表和其他使用数据来联系不同类型数据的信息的方法。相比之下,**推断性统计**(inferential statistics)建立在可能性上。举个例子,你知道硬币抛出正面的概率是二分之一,或者50%。知道了这个,如果你能掷一枚硬币无数次,出现正面和背面的次数应该各一半。这种做法就是推论性统计。

当研究者使用推断性统计时,他们决定研究结果在研究范围之外的情境下的代表性

> **推断性统计** 推断性统计建立在可能性上。对样本的观察和测量,对更多的人群做出推断,并估算在这些推断上可以有多少信心,从而推断出更大的人群的特点。

程度。举个例子，一项研究的被试获得了测试的平均分数，在做这项研究的心理学家想知道，如果可以测试总体中的每个人，那么这个人的平均分数与总的平均数多大程度上契合。这样子来说，推断性统计允许研究者根据对样本的观察和测量，对更多的人群做出推论；并估算在这些推论上有多少把握。回忆第1章，**总体**（population）是指研究者有兴趣的整个群体——可以适用研究结果的群体。举个例子，美国所有已登记的选民的人口。通常，研究者无法直接测量和研究整个人群。总的来说，他们对从人群中选出的相关的小**样本**（sample）做出推论。然后，研究者对更大的人群得出结论，因此，这个样本必须要有代表性——也就是说，这些特点反映了更大人群的特点（看第1章来了解更多的代表性样本）。

统计显著性

假设200名学生被随机分配到心理学创新教学的实验组，或接受传统教学的对照组。在学期末的时候，研究者发现，实验组的平均测验分数比控制组的更高。为了得到教学方法造成的差异的结论，研究者必须使用**显著性检验**（tests of statistical significance），来估算多少次实验结果可能偶然发生。从统计学意义上来检验估计表示为概率。0.05的可能性意味着这个实验结果在100次实验中发生不超过5次。0.05的显著性水平通常作为研究者推断他们的实验结果的统计显著性的最低要求。通常意义上的水平更有说服力，例如0.01的水平。这个0.01的水平意味着100次不会发生超过一次的结果的可能性。

研究人员的推论并不是绝对的。他们建立在可能性上，通常只是一个可能性而已，不管怎么渺小，这个实验结果肯定会偶然发生。因此，正如我们在第1章所说的，**重复**（replication），不同参与者和不同调查者重复进行研究，要求判断哪个给出的结果是可靠的。

总体 研究者有兴趣的可以适用他们研究结果的群体；他们从总体中选定的一个团体。

样本 任何一个从整个总体中被选定做研究的一部分。

显著性检验 分析一个特定研究的结果偶然发生的可能性的统计测验。

重复 不同参与者和不同调查者来证明研究结果的重复研究的过程。

附录 B 工作中的心理学

工业心理学或者组织心理学(industrial/organizational(I/O) psychology)专家将心理学原理和研究结果应用到各种组织上——工厂、零售店、运输公司、医院、军队、政府和非营利组织、志愿者组织。I/O心理学有三个广泛的子领域：人事心理学、组织心理学和人因心理学。我们将一一作具体了解。

人事心理学

人事心理学(personnel psychology)是工业心理学或者组织心理学中关注招聘、培训和评估员工的适当且有效策略设计的子领域。

招聘员工

如果你拥有一个生意，想要得到一些帮助，你如何开始？是不是最好先考虑，你需要多少个员工以及你需要每个员工为你做什么？

职业分析。人事心理学家通常是以**职业分析**(job analysis)来开始招聘过程的，包括决定要做的工作和这个工作所需要的工作技能。举个例子，想象一个生产男式衬衫的工厂。工人们需要把裁剪好的各种织物片缝在一起。拥有既会裁剪又会缝的工人，效率就

工业心理学家或者组织心理学家(I/O) 将心理学原理和研究结果应用到工作中的心理学家。

人事心理学 工业心理学或者组织心理学中关注招聘、培训和评估员工的适当且有效策略的分支。

职业分析 人事心理学家对职业分类的测量，决定他们要做的工作和这个工作所需要的工作技能。

高多了,或者拥有一些会裁剪的工人、一些会缝制的工人不是更好吗?一个全面的职业分析可以决定裁剪和缝制任务是要分配给不同类别或同一类别的工人。职业分析的最后结果是**职业描述**(job description),与给定的工作类别有关的责任概述。一个合适的职业描述,是建立在一个完整的职业分析上的,这是一个寻找和雇用最好的工人的关键因素(Bowen,2003)。

招聘、选择和测验。招聘(recruitment)涉及对一个特定位置上的合适人选的鉴定。举个例子,想要聘用大学毕业生的雇用者常用的招聘策略是参与校园招聘会。雇用者可能也会用到就业机构,在面试之前对员工进行筛选和资格预审。很多雇用者把空缺的职位放到网页上,例如 monster.com。另外,也会有专门为特定领域服务的网站,例如 book-jobs.com 和 mymusicjob.com,求职者可以了解这些行业的就业机会。

选择(selection)是将申请和工作匹配起来的过程。为了促进这个过程,人事心理学家制定了适当的评估工具。其中一个工具就是就业中的应用。人事心理学家经常负责设计应用程序,方便雇用者获得有关候选人之前的工作经验、教育背景、与职位相关的额外技能等信息。

在一些情况下,人事心理学家使用心理学或者其他测验来辅助选择过程。这些测验可以测量一般能力、特定能力(例如,机械能力)、物理技能(例如,打字速度)或人格。举个例子,雇用者使用《人员和职业评估的鉴别能力测试》来预测申请者会如何应对不同类型的训练(Bennett, Seashore, & Wesman, 1990)。图 B.1 中的那个术语和那些组成抽象推理量表的测验很类似,这对寻求就业的申请人来说很适合,例如,计算机程序员、汽车修理师、制图员和其他技术行业。人事心理学家负责确保用于组织、管理和使用的程序测试可

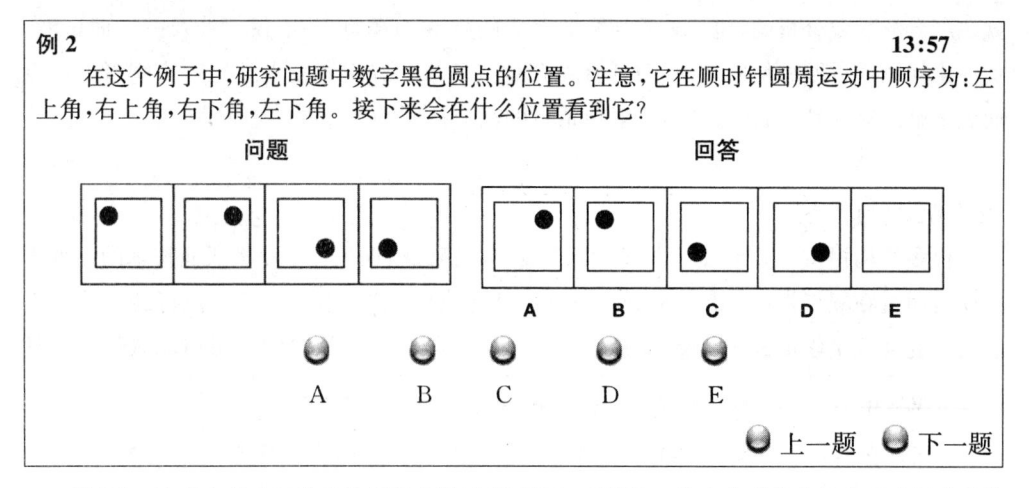

图 B.1 人员和职业评估的鉴别能力测试(DAT for PCA) 这个出现的人员和职业评估的鉴别能力测试的抽象推理量表的电脑版本。来源:Bennett, Seashore, & Wesman(1990)。

职业描述 与给定的工作类别有关的责任概述;职业分析的最后结果。
招聘 对一个特定位置上的合适人选的鉴定。
选择 将申请和工作匹配起来的过程。

靠和有效。举个例子,研究者已经发现人格的自我评价的有效性,可以让求职者使用测验来描述他们自己的工作,而不是从总体上介绍(Hunthausen et al.,2003)。

大公司使用的新的就业前测试涉及**评估中心**(assessment center),这是一种用来测试求职者并进行工作模拟等综合评估的设施。在评估中心,试验可用于大量的求职者。这些中心通常为全面的采访提供舒适的环境设置,申请人与人事心理学家和其他人力资源专业人士一起工作。举个例子,在一家大航空公司的评估中心里飞行员的申请者是由专业人员和高级飞行员来评估的(Damitz et al.,2003)。

评估中心通常让申请人在提供的模拟工作情境下进行测试。一个这样的模拟已经使用超过30年,就是**文件筐测验**(in-basket test)(Frederickson,1962)。在这个测验中,给予管理职位的申请者他们工作上可能会处理的一堆备忘录、报告和其他类型的文件。他们应该在这个文件筐内容的基础上作出决策。一个申请者的表现分析是建立在他或她的决定质量,以及他或她在规定时间内的效率的基础上的。

因为评估中心在选择过程中包含了工作模拟,这样比那些仅仅基于面谈和测试来说,可以进行更有效的评价(Arthur et al.,2003)。此外,与传统的就业前的方法相比而言,评估中心的评定能够更好地预测申请者之后的职业表现。然而,这些中心的建立和维持费用都很昂贵,因此,机构需要平衡评估中心的花费和选择过程中的收入(Harel et al.,2003)。

面试。人事心理学家的另一项重要工作是设计**结构化面试**(structured interviews),这是由标准化面试题和用于所有求职者的程序组成的。结构化面试是最有用的,这是建立在声音的职业分析的,包括询问与职业有关的技能和经验,并不仅仅涉及一个面试者。标准化问题通过回顾他们如何应对同样的问题,来帮助雇用者公平地比较应聘者。一旦面试结束以后,多个面试者会讨论对申请者的反应认同和不认同的地方。

员工培训与发展

很多机构提供由人事心理学家为员工设计的正式培训项目。获得职业技术的一种方式就是通过**在职培训**(on-the-job training),一种使员工接受指令而实际执行的工作。在职培训的变式是**学徒制**(apprenticeship),使新员工与一个有经验的员工组成队伍。通常

评估中心 一种用来测试求职者并进行工作模拟等综合评估的设施。

文件筐测验 在这个工作模拟测验中,给予管理职位的申请者他们工作上可能会处理的一堆备忘录、报告和其他类型的文件。在限定的时间里,他们应该在这个文件筐内容的基础上作出决策。

结构化面试 由标准化面试题和用于所有求职者的程序组成的。

在职培训 一种使员工接受指令而实际执行的工作。

学徒制 使新员工与一个有经验的员工组成队伍。

来说,让有经验的员工来指导新手逐步全权负责相关工作。就**脱产培训**(off-the-job training)来说,职工在回去工作的时候,需要观看视频或证明,并且希望实现他们所学到的东西。

管理培训经常涉及**轮岗**(job rotation)。在这种培训中,职工在短期时间内体验不同的职位。举个例子,一个饭店的管理培训可能花几周来学习怎么擦桌子和洗碗,然后学习服务生的工作。然后,通过做备料厨师的工作来学习厨房运作。然后,他会学到饮料管理和会计程序的工作。当轮岗过程结束以后,有潜能的管理者就会知道饭店里每个工作是如何运作的了。

评估员工

大部分机构使用正式的过程来决定每个员工在他或她的职位上做得怎么样。这个过程被称为**绩效考核**(performance appraisal)。在这些例子上,用合适的评估策略是很直截了当的。比如说,工作是缝制衬衫的一个员工每天理应生产出给定数量的衬衫。如果他生产得少了一些的话,他会被视为表现不如人意。如果他的生产效率超过目标值,那么他被看作表现得出人意料。

然而,大部分的工作都包括表现期望,不一定是有形的,比如每天所要生产的衬衫数量。为了保证员工评估尽可能客观,很多机构使用**行为评定量表**(behavioral observation scales)。这些工具要求应答者,如员工、同事和/或管理者,来评价一个员工在可观察行为上的表现。举个例子,管理者可能从参加会议上的表现来评价一个员工,就是从定期出席的行为和建设性回答来看。

另一个评估方法是**目标管理**(management by objectives,MBO)。在这个策略上,下属和管理者一起设立表现目标。另外,他们在如何测量目标达成情况和多少时间内完成一个目标上达成一致。有时候,向着目标前进的进程也需要评估。员工的加薪、奖金和晋升都和这一进程有关。

一个新的相关的评估策略是**360度评价**(360-degree evaluation),也就是把管理者、同事、下属和员工自己对员工工作表现的评价综合起来,很多人都把这种方法看作比管理者

脱产培训 职工在回去工作的时候,需要观看视频或证明,并且希望实现他们所学到的东西。

轮岗 职工在相关的一些短期时间内,用来在一个组织中体验不同的职业。

绩效考核 用来决定每个员工在他或她的职位上做得怎么样的正式过程。

行为评定量表 要求应答者来评价一个员工的可观察行为上的表现,员工评估的工具。

目标管理 下属和管理者一起设立表现目标。另外,他们在如何测量目标达成情况和多少时间内完成一个目标上达成一致。

360度评价 把管理者、同事、下属和员工自己对员工工作表现的评价综合起来。

主导的评估更加公平、有意义。然而,研究显示,360度评价的信效度是有限的(Brett & Atwater, 2001; Hoffman et al., 2001; LeBreton et al., 2003)。这些缺陷大部分与不同来源的不一致评价有关(Valle & Bozeman, 2002);举个例子,自我评估和管理者评估通常相差很大。

你觉得谁是员工表现更好的评估者——员工还是管理者?在一个关于这个问题的研究中,研究者收集了员工及其管理者,处在类似职位上的同事,还有下属对他工作表现的评价(Atkins & Wood, 2002)。这些评价被用来预测员工在工作模拟实验中的表现,他们发现最精确的预测来自管理者和下属。员工会趋向于对自己和同事的能力估计过高。事实上,在工作模拟实验中表现最差的人往往自我评价和同事评价的分数最高。这些研究结果支持了一些工业/组织心理学家的观点,也就是无论雇用者使用什么评估方法,管理者都在不停地评估我们,从而使我们做得更好(McFall, Jamieson, & Harkins, 2009)。

虽然如此,但是也有一些研究显示,在收到几个不同来源的关于他们工作表现的反馈以后,员工能够更好地认清自己的长处和短处(B. Green, 2002)。此外,参与360度评价时要对员工保持积极的态度(Maurer et al., 2002)。因此,很多专家坚持,虽然360度评价有局限性,它对行为评估还是有用的。

组织心理学

专家把**组织心理学**(organizational psychology)定义为:在正式机构中对个人和组织的研究。我们将从使用不同策略来使下属更加积极有效开展工作的粗略介绍开始我们对组织心理学的讨论。

管理方法

如果你在一个机构中任管理者,那么你的中心职责之一就是完全确保你的下属各司其职。决定使员工完成分配到的任务的最佳方法在I/O心理学家中存在很多争议。

科学管理(scientific management)的假设,是由心理学家弗雷德里克·泰勒发展而来的方法,当工作要求建立实证证据时,员工和他们的管理者合作最好。在20世纪早期,泰勒主导了时间运动研究,他检测了在一个给定的生产功能中,最少的时间内所确切的物理运动。一次,泰勒完成了一个特殊任务的**时间运动研究**(time-motion studies),他训练所有参与任务的人用完全相同的方式来做。雇用者发现,泰勒的方法使工厂工人的生产力

组织心理学 在正式机构中对个人和组织的研究。

科学管理 管理方法的一种,当工作要求建立实证证据时,员工和管理者合作最好的一种假设。

时间运动研究 检测在一个给定的生产功能中,最少的时间内所确切的物理运动的一种研究。

显著提升。

如今，科学管理通常被称为 **X 理论**(Theory X)(McGregor，1960)。这种管理方法注重工作效率，也就是说，员工能将专业的工作任务做到什么地步。X 理论的批评家声称，X 理论忽略了心理效率，或者职业对员工的积极心理影响。强调心理效率的管理理论被称为 **Y 理论**(Theory Y)。

Y 理论的一个常见的目标是**工作简化**(job simplification)，将任务和特殊职位进行标准化的过程。举个例子，如果你去一个快餐店的厨房区域，你会看到展示如何不同的食物是被组装的巨幅海报。这种类型的工作简化声称，员工会因为海报的影响，较少体验到与职业相关的压力。

为了减轻工人的无聊，管理者使用另一种 Y 理论策略。**工作丰富化**(job enrichment)是改变职业的过程，这样子会更有动力，通常通过增加责任，但一般只分配给经理。举个例子，员工可能被要求评估所执行的任务并提出如何能更有效地完成的建议。工作丰富化可能也涉及允许员工在决定什么时候和如何完成工作上的更大自由。这个灵活性导致员工更高程度的工作满意度(Culpan & Wright，2002；Schaubroeck et al.，2007)。

另一种 Y 理论策略是**参与式管理**(participative management)，在决策过程中涉及管理者和下属。一个相关的技术是员工和**自我管理团队**(self-managed teams)的组织，这样就对计划、实施和评估工作完全负责。所有队伍里的员工水平相同，为实现集体责任或未能达到规定的目标。组织员工进入自我管理团队可以提高生产(Glassop，2002)。然而，研究表明，在以下情况下生产力最有可能提高：

● 管理者必须允许队伍进行自我管理，抵制微观管理的诱惑(Tata & Prasad，2004)。

● 队伍成员必须致力于不断学习和改进(Bunderson & Sutcliffe，2003；Druskat & Pescosolido，2002)。

● 团队成员必须互相尊重，并为领袖分担责任(Solansky，2008)。

与自我管理团队类似的是**质量研讨小组**(quality circle)，一个由员工组成的小组，他们定期开会来寻找提高工厂生产力、提高产品质量或者降低成本的方法。成员可能代表一个机构中的不同部门，或者来自同一部门。通常来说，质量研讨小组是由接受团队组建

X 理论　这种管理方法注重工作效率，或者员工能将专业的工作任务做到什么地步。

Y 理论　强调心理效率，或者职业对员工的积极心理影响的程度的方法。

工作简化　将任务和特殊职位进行标准化的过程。

工作丰富化　改变职业的过程，这样子会更有动力。

参与式管理　在决策过程中涉及管理者和下属。

自我管理团队　对计划、实施和评估工作完全负责的员工组织。

质量研讨小组　由员工组成的小组，他们定期开会来寻找提高工厂生产力，提高产品质量，或者降低成本的方法。

和领导技能的特殊培训的个人来领导的。然而,这样的领导并不是传统意义上的管理者。相反,他们是主持人,目标是将质量研讨小组的成员的参与度达到最大化。

领导力

每个组织都有管理者,但管理者往往不一定是起作用的领导者。**领导力**(leadership)被定义为使个人去做领导者想要他们去做的事情的能力。什么造就了一个好的领导者?为了回答这个问题,心理学家已经设计了许多分类系统,用来识别不同类型的领袖。我们将讨论三种类型的领袖:魅力型领导、交易型领导和变革型领导。

魅力型领导。魅力型领导(charismatic leaders)是通过他们个性十足的力量来领导的。在很多案例中,魅力型领导在领导能力中,非常需要力量和非凡的信心。他们通常比其他人更加深信自己的目标,即使它涉及个人的自我牺牲(De Cremer, 2002)。魅力型领导通常都很有说服力,使其追随者感到信服,分享他们的热情,投入到自己的目标中去(Brown & Trevino, 2009)。邪教的领导人,和人类历史上的许多黑暗的人物一样,如阿道夫·希特勒,往往都是这种类型的。但是其他魅力型领导,比如马丁·路德·金、小罗伯特·F.肯尼迪,这些人都是积极的力量。另外,领导力专家将富兰克林·D.罗斯福和罗纳德·里根,两位魅力的领袖,归为持截然不同的政治哲学的美国总统(Deluga, 1998)。

交易型领导和变革型领导。许多关于领导的研究主要集中在交易型和变革型领导之间的差异上。**交易型领导**(transactional leaders)主要集中于激励追随者完成常规的目标。在工作场所,交易型领导认为工作绩效是一种交易,工人的工资是他们在做应该做的事的回报。因此,传统型领导往往会保持组织的现状,因为它不鼓励任何员工或领导做任何超出了明确要求的范围的事。员工做他们的工作,领导人支付他们的薪水。

相比之下,**变革型领导**(transformational leaders)鼓励跟随者完成常规目标的实现。同时也鼓励他们追求卓越的目标,超越现状(Gumusluoglu & Ilsev, 2009)。通常来说,良好组织的领导人能够结合交易型和变革型领导,从而有效地管理一个组织或团队(Al-Dmour & Al-Awamleh, 2002; Bass et al., 2003; Dvir et al., 2002; Kark et al., 2003)。

变革型领导的概念由组织心理学研究者伯纳德·贝斯发展完全。贝斯(Bass, 1998)断言,变革型领导才能有四个维度:第一个维度是个人魅力。变革型领导的人格吸引跟随者,并让他们以作为这个领导的一分子而感到自豪。有人格魅力的变革型领导的很好的例子是赫伯·凯莱赫,也就是西南航空公司的创始者。在20世纪70年代,凯莱赫带着航空旅行应该和城市公交一样普遍的想法,开始从事航空事业。因此,航空旅行必须要便宜

领导力　使个人去做领导者想要他们去做的事情的能力。

魅力型领导　通过他们个性十足的力量来领导的。

交易型领导　集中于激励追随者完成常规的达成目标。

变革型领导　鼓励跟随者完成常规目标和追求卓越的目标,超越现状。

和可靠。航空的员工因为他在做他梦想的工作的信心，相信自己是工业革命的参与者。西南航空公司从一开始至现在，仍然是该行业中的最成功公司之一。

变革型领导的第二个维度是鼓舞。这个涉及标志的使用来明确组织目标。举个例子，2001年时，联合包裹速递服务公司（UPS）开始赞助美国纳斯卡车赛的赛车。结合对其汽车的赞助，它推出了一系列获奖的电视广告，包括其广为熟悉的棕色卡车参加美国纳斯卡车赛。并把公司的标志，它的卡车，与一个标志着公司目标的比赛概念联系在一起：尽可能迅速地运送客户的包裹。

变革型领导第三个维度是智力激发，主要集中于解决问题的理性。鼓励跟随者在数据和逻辑的基础上做决定，而不是靠感情。举个例子，心理学系的两个教授要教一门工业/组织心理学的课程，但是每学期感兴趣的学生不够多。由变革型领导提出的逻辑上的解决办法，就是教授各上一学期。

最后，变革型领导把每个追随者当成是一个个体，称为个性化关怀的领导维度。他们相信组织或机构，通过鼓励个人表达和个人成长，达到最好的服务状态。商务领导人，在设计补偿方案的时候，那就是根据员工个人的努力，让员工分享公司的利润。

解释领导效能的差异。什么使领导者有效率？一个可能的解释，**特质理论**（trait approach），是指领导者拥有帮助他们影响他人的内在特性。换句话说，特质理论坚持认为，一些人是天生的领导者。跨文化研究显示，不同社会的领导者证实有类似的特质，比如问题解决的能力，都支持这个观点（Robie et al., 2001）。

关于领导才能的不同观点由**情景理论**（situational approach）提出。从这个观点来看，领导的效能是由领导者的特质和他所要领导的位置的匹配程度决定的。举个例子，领导才能的研究者相信，美国总统富兰克林·D.罗斯福在他的任期内，应对历史挑战（"二战"期间的经济大萧条）时仍在继续塑造他的领导能力。

但是领导才能能够学会吗？解释领导才能的**行为理论**（behavioral approach）坚持相信，领导才能是可以学的，事实上，是由领导表现出的具体行为所传达的。很多研究者将领导行为分为两大类：关怀和初始结构。关怀包括沟通领导者与作为个人的追随者的利益的行为。相比之下，初始结构围绕在集中于一个任务和完成的方法的行为上。最有效率的是，一个领导必须知道什么时候和如何证明各种行为（Schermerhorn et al., 2000）。

有效的领导行为可以通过正式训练来获得（Levenson, 2009）。然而，一些研究显示，人格特质决定了领导者在关怀和初始结构上学习的程度如何（Wang & Chen 2002）。因此，训练可以帮助促进学习，但是可以利用预先存在的特质，通过正式的培训，克服成为一

特质理论 领导者拥有帮助他们影响他人的内在特性。
情景理论 领导的效能是由领导者的特质和他所要领导的位置的匹配程度决定的。
行为理论 领导才能是可以学的，事实上，是由领导表现出的具体行为。

个有效率的领导者尚且存在的缺陷。

领导行为方法上的最近的变化,就是**领导—成员交换理论**(leader-member exchange [LMX] theory),这是建立在领导者和跟随者产生相互影响的基础上的。与此同时,LMX理论把领导者、跟随者之间关系的情感层面加入考虑之中(Dasborough & Ashkanasy, 2002)。根据 LMX 理论的拥护者所说的,领导者对拥有亲密关系的个人(圈内成员之间)和关系不亲近的个人(圈外成员之间)表现不同。

但是领导者对待圈内成员和圈外成员之间的转变真的完全不同吗?研究显示,领导者更倾向于给圈内成员分派更加有趣的任务。此外,圈内成员在领导者的决策上比圈外成员更有影响力。领导者和圈内成员之间的对话和圈外成员的人相比而言,经常包括个人陈述。进一步来说,正如你从自己的工作经历可以了解到的是,圈外成员经常会对圈内成员感到愤怒,甚至可能会辞职,从而逃避这种被排斥在外的不开心的感受。毫不奇怪的是,圈内成员和圈外成员相比,体验到更高水平的工作满意度,得到更多工资和晋升机会。

工作场所的多样性

如今的劳动力和过去相比大不相同。什么因素促进了这个变化?

全球化。工作场所多样性的一个来源是**全球化**(globalization),也就是随着运输系统和沟通技术的发展,全世界的员工都加入更加频繁的联系中。这样的发展意味着相隔万里的工作场所,也可能频繁相互联系。对一个正在美国公司工作的员工来说,和日本的供应商、波兰的消费者,或者在肯尼亚的同个公司的同事有日常联系,不再是一件不寻常的事情。

另外,现在的员工不仅仅和自己每天一起工作的群体成员有交流,和其他组织成员也有更多的互动。大部分的工业/组织心理学家相信,多样性是工作场所上值得拥有的特点(Society for Industrial & Organizational Psychology[SIOP], 2002)。一个实际理由是,当他们雇用有残疾的员工时,无论是男是女、什么年龄层、性取向、文化背景,和与他们的客户相同的种族地位,都会提供更好的服务(Cioffi, 2003)。另外,可能更重要的是,寻求多样性的原因是它促进了公平感,也就是积极的组织气氛的组成部分(Burns & Schapper, 2008)。什么是达到多元化工作场所的最好方法?

反歧视行动。组织可以提高多样性的一种方法是积极寻求建立一个包含尽可能多的种族和文化的工会。这个过程被称为**反歧视行动**(affirmative action)。很多人把这个反

领导—成员交换理论 建立在领导者和跟随者产生相互影响的基础上,也把领导者、跟随者之间关系的情感层面加入考虑。

全球化 随着运输系统和交流技术的发展,全世界的工人都加入更加频繁的联系中的趋势。

反歧视行动 组织可以提高多样性的一种方法是积极寻求建立一个包含尽可能多的种族和文化的工会。

歧视行动看成是固定的种族配额的同义词（Arriola & Cole, 2001; Crosby, Iyer & Sinchareon, 2006）。然而，真正的反歧视运动的项目集中于开放性招募、选择和晋升过程，从而能够使妇女和少数族裔获得职位，他们历史上一直都没有代表性。举个例子，这样一个项目的一个组成部分，可能涉及赞助享有历史的非裔美国院校的招聘会。另一个是为妇女和少数族裔提供特殊的培训机会，从而帮他们获得领导才能的技术。

完成反歧视运动目标的一个关键是使少数族裔的候选人也有职业选择过程。研究者发现，少数族裔申请者比白人申请者更可能从这个过程中退出（Ployhart et al., 2002），可能是因为他们更担心聘前测试，并觉得测试无效（Chan, 1997）。因此，组织可以通过提供数据，从而显示出他们要做的测验是预测工作表现，对白人和少数族裔来说，都是公平的，这样，可以在申请者中保有更多的少数族裔成员。

训练管理者，从而避免面试中的刻板想法，对建立和维持一个多样化的工作场所来说很重要。这个过程，有时候被称为失真管理，涉及学习辨别社会信息各个方面的过程，比如说，模式化，当发生的时候，有意识地努力减少影响。另外，面试者不允许询问申请者一些话题，比如说残疾或者婚姻状况。因为这个理由，如果被面试者提到了这样的信息，这些面试者必须学会如何故意忘记它（Oien & Goernert, 2003）。

多元化培训。一旦一个组织有多样化的工作场所，怎么使员工在一起和谐地工作？多元化培训是一种方法。为了保持效率，多元化培训必须包括可以提高员工对种族中心主义和不同团体观点的意识。

一旦目标意识达到，多元化的训练师经常会集中于相互沟通技术的发展。用在这个意图上的公共活动被称为国际会议（SIOP, 2002）。训练师把参与者分到"文化"中，并叫他们采用代表四类文化规范的行为：问候、个人空间、目光接触和个人主义/集体主义。举个例子，一种文化的参与者可能和别人见面时用握手的方式；在对话时保持6英尺（约1.8米）的个人空间，在社会的相互作用中避免目光接触，通过以团队成员的身份而不是个人的身份被提及。相比之下，另一种文化的参与者可能通过点头来问候他人，保持2英尺（约60厘米）的个人距离，在和他人讲话时盯着对方看，通过个人，而不是团队的形式谈论自己，从而展示个人主义取向。在练习过分配的规范之后，每个参与者与来自另一种文化的人进行配对。同伴间相互进行自我介绍，并找到关于对方的一个特征。之后，参与者讨论，他们应该如何在情感上回应不同的规范和每个人的行为如何影响了其他人的意见。这个活动的结果是参与者以自己文化为基础的社会行为和来自不同文化背景的人是如何感知他们的。

多元化培训真的有帮助吗？一个研究发现，训练影响由受培训者的人格决定；对全新体验持开放态度的人受益最多（Lievens et al., 2003）。其他研究显示出，男人可能最初对多元化培训不开放的程度高于女性，但他们也得到了类似的好处（Lin & Rancer, 2003）。直到现在，大部分的研究显示，多元化培训至少帮助处理不同文化的供应商、同事或者顾客的员工，他们对自己和他人的相互作用感觉更积极（Cioffi, 2003）。此外，学着去认识种族中心主义，美国的做事方式是帮助美国的移民，来应对工作和生活在一个陌生的文化中受到的相关压力(Caruana 和 Chircop，2001)。

人因心理学

当伊拉克战争在2003年爆发时，前线的士兵经常被要求戴着面具，这样可以保护他们不受化学和生物武器的侵害。你能想象在这种情况下怎么开展正常活动吗，比如说戴着这种面具，怎么说话和吃东西？这样的问题是**人因心理学**(human factors psychology)主要关注的问题，经常被称为**工效学**(ergonomics)。人因心理学最重要的功能之一就是学习和提高员工和工作场所的物理和社会特点联系的方法。

工作场所设计

如今很多工作场所都是根据人因心理学家的开放式设计来安排的。在一个开放式的设计中，大量员工被放在很大的空间里。有时候，员工之间有其他种类或分区的屏障。这样的设计允许机构通过安排需要的个人工作空间，来灵活使用大的空间。此外，开放式设计建造起来比较便宜，因为拥有的墙和门更少。

然而，很多员工不喜欢开放式设计(Brennan, Chugh & Kline, 2002)。其一，这些工作场所比个人工作场所更加嘈杂，以及员工有时候会抱怨经常被打扰和缺乏隐私(Ettorre, 1995)。另外，私人办公室被认为是一种身份的象征，处于管理层的员工也希望有带门的房间。他们坚持，他们需要会见下属，与同事和上司讨论决策需要私人空间。结果就是，大部分的开放式设计至少包括一些私人空间，通常是管理者的办公室和会议室。

作业周域(workspace envelope)指的是员工个体执行职业任务时的三维空间。一些工作范围比其他的更加舒适。是什么造成了这种差异？

在作业周域的设计中需要考虑到的一个因素是物理尺寸。对人因心理学家来说，对工作场所舒适度最重要的助力之一是可调节的家具。在现在的很多工作场所中，椅子、桌子和工作范围的其他特点，可以调整到符合95%的人，从身高63到74英尺的男性和女性。

近些年来，很多由人因心理学家介绍的作业周域的创新，加入了电脑使用的方面。低劣的计算机工作站的设计与越来越多的工伤有关，如慢性颈、肩和手腕疼痛，以及视疲劳和头痛(Sarkis, 2000)。结果，建立计算机工作站的一般准则就发展起来了(Kothiyal & Bjornerem, 2009；见图B.2)。举个例子，人因专家建议，直接把显示屏放在键盘后面。然而，一些研究显示，允许每个员工调节自己所有的物理成分和工作场所，从而适合自己的喜好，这样子是减少电脑损伤的更好方法(Krumm, 2001)。此外，给员工的电脑装一个软

人因心理学 工业/组织心理学的子领域，处理员工和工作场所的物理和社会特点联系的方法。

工效学 人因心理学。

作业周域 员工个体执行职业中的任务时的三维空间。

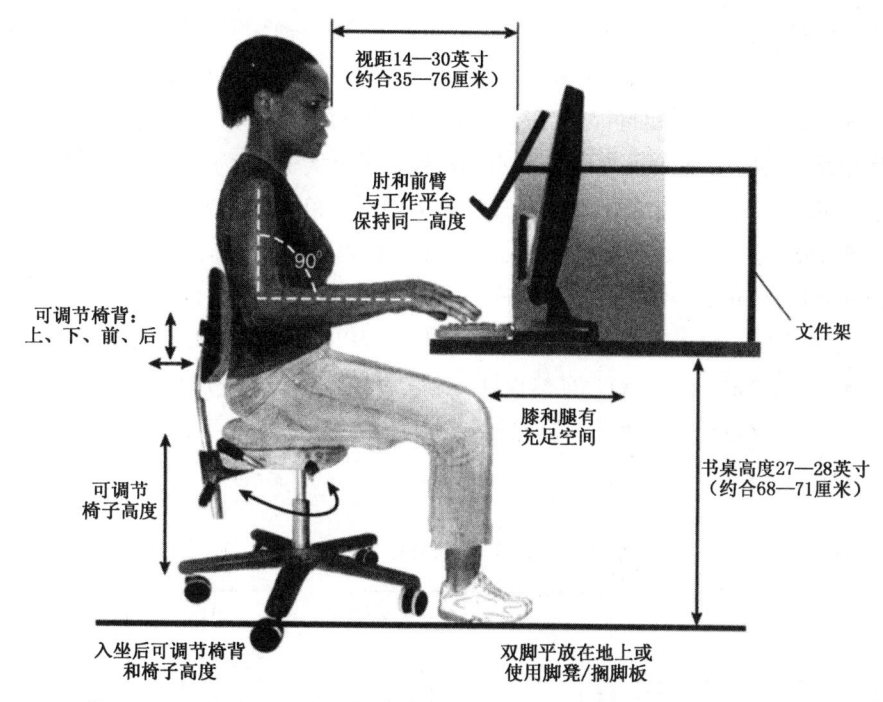

图 B.2 符合人体工程学的工作站设计 通过在工作站设计中加入人体工程学的法则,人因工程师减少了与工作相关的疾病的风险(Kothiyal & Bjornerem, 2009)。来源:南澳大利亚政府(2007)。

件,可以提醒他们小憩一下,并做一下减少肌肉损伤和眼睛疲劳的保健操,就是一个减少损伤的有效的方法(Krasowska,1996)。

工作生活质量运动

正如你在第 12 章学到的,工作可能是高度紧张的,尤其是当工作和生活中的角色冲突的时候。举个例子,中年人有时候发现自己,也就是一些观察者所理解的"世代三明治",对孩子和上了年纪的父母都有照料的责任。"三明治"的要求有时候和中年人的职业起了冲突,员工频繁尝试如何能使自己在同一时间内不止帮到一个地方的人。同样地,新成为父母的人,当需要平衡想要回去工作的想法和对家里没人照顾的宝宝之间的矛盾时,也面对同样问题。工作和生活中的角色的相互影响是**工作—生活平衡**(work-life balance)的核心,也是当代人因心理学的主要强调点。

研究表明,工作—生活平衡不仅仅影响员工的身心健康,也影响他们的工作表现(Thompson, Brough, & Schmidt, 2006)。此外,员工相信当上司和他们分享工作—生活平衡的观点的时候,员工的工作满意度增加。因此,如今很多机构在寻找帮助员工达到工作—生活平衡的目标的方法。

> **工作—生活平衡** 工作和生活角色相互影响。

为了满足现在的员工工作—生活平衡的需要,人因心理学家发展出了**工作生活质量运动**(quality of work-life movement)。工作生活质量(QWL)运动的拥护者强调,职业和工作场所设计应该建立在对员工工作经历的质量分析的基础上。这个想法就是,当人们在工作中越开心的时候,他们会更加具有创造性。举个例子,司内托儿中心就是出于工作生活质量的考虑的一个新措施,这是由于和过去四十年相比,有孩子的年轻妈妈的数量增加了。在1970年,只有18％的有小于6岁孩子的妈妈被雇用(National Institute of Child Health and Human Development [NICHD],2003)。相比之下,在21世纪,将近三分之二的妈妈在外工作。正如图B.3中显示的,大部分1岁以下的孩子的妈妈都被雇用了(Current Population Survey,2009)。虽然提供一个司内托儿中心很贵,但是QWL拥护者坚持认为,这对为人父母的员工而言,能够减少缺勤率和降低压力水平(Thompson & Aspinwall,2009)。

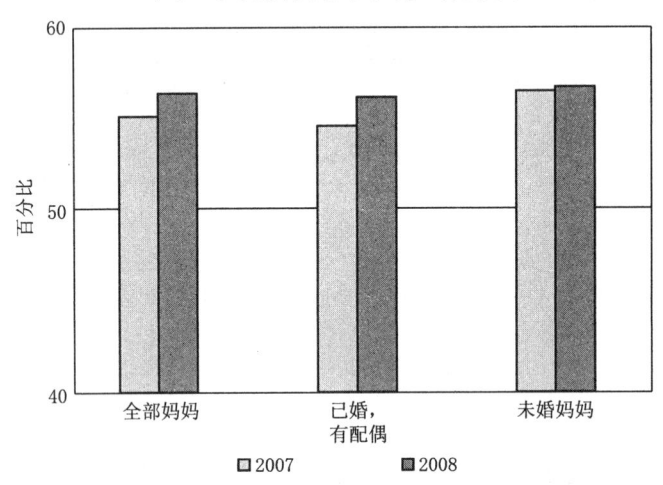

图 B.3 年轻妈妈的参与劳动力 在美国,大部分婴儿的妈妈被雇用。结果,雇用者更关注员工对照料孩子的关心,而过去,只有极少数这样的女性出来工作。来源:Community Population Survey(2009)。

另一个QWL新措施是**远程办公**(telecommuting)。远距离工作者在自己家里工作,与自己的工作场合通过电脑、传真机和电话联系。一些远距离工作者每天都在家里工作;其他的远距离工作者每周只有一两天在家里。允许员工远距离地完成一些组织目标。举个例子,远程办公减少了开车上班的员工数量,从而减少污染和机构必须提供的停车场的数量。另外,远程办公给员工提供了很大的灵活性和人身自由。举个例子,他们可以在正

工作生活质量运动 建立在对员工工作经历的质量分析的基础上,从而减低与工作有关的压力。

远程办公 员工在自己家里工作,与自己的工作场合通过电脑、传真机和电话联系。

常的工作时间里或者午夜选择是否要准备书面报告。这种灵活性可以提高工作满意度(Wilde, 2000)。此外,远程办公帮助平衡工作和家庭责任。对有残疾的员工来说,也可以免去走来走去的困难。美国政府的数据显示,17%的员工现在在家工作(U.S. Bureau of Labor Statistic, 2005)。

另外与 QWL 运动有关的两个新措施是弹性上班制和工作分担。弹性上班制允许员工创造自己的工作时间表。大部分使用弹性上班制的机构有员工必须出席的确定时间(通常被称为核心时间)。在另外时间里,只要员工在要求的时间里做完工作之后,去留随意。很多员工利用弹性上班制来减少工作—家庭冲突(Geurt et al., 2009)。其他人利用这个选择权,通过在他们认为最有创造力的时间里到工作场所来,从而提高自己的工作表现。另外,弹性上班制的员工觉得,他们遭受的与交通有关的压力减小了——也就是说,他们并不用像传统时间表一样,担心高峰时段的交通堵塞或者火车、公交车晚点(Lucas & Heady, 2002)。研究者发现,弹性上班制帮助建立员工的忠诚度,因此减少了人员的流动率(Roehling et al., 2001)。

工作分担是 QWL 运动的新措施,也就是两个及以上的员工分担一份全职工作。举个例子,一个接待员的职位周一、周三、周五由一个人来做,另一个人做周二和周四。事实上,在一周中,一份工作由不同的个人来完成,在理论上是可能的。员工发现,工作分担是一种帮助员工在一段由于生病或怀孕的原因而缺席的时间之后,慢慢恢复到全职工作的极其有效的方法(Krumm, 2001)。

作为努力教育雇用者学习 QWL 政策和实践的好处的一部分,美国心理学会(APA)开辟了可以申请作为心理健康工作场所奖的项目(APA, 2006)。领奖人包括布朗工程公司(阿拉巴马州),宝洁(威斯康星州),奥雅纳工程实验室(犹他州),The Comporium Group(南卡罗来纳州),IBM 公司的 T.J.沃森研究实验室(纽约),伟大的河流健康系统(Lowa),和格林烟囱学校(纽约)。根据五项标准来评定申请者:

1. 员工参与:员工参与决策和自我管理工作队伍;
2. 健康和安全:充分的健康保险,有权利使用健康中心和精神健康服务,工作场所安全的培训,以及健康生活方式选择的提升;
3. 员工成长和发展:发展,学费补偿和技能提升培训的机会;
4. 工作生活平衡:灵活的工作时间表,儿童和老人看护的帮助,家庭假期福利;
5. 员工识别:公平补偿,颁奖仪式,根据表现增加薪酬,奖金。

答 案

第 1 章

章末测验(边码 35~36)

1. b 2. d 3. b 4. c 5. d 6. c 7. a 8. d 9. b 10. c 11. d 12. d 13. c 14. c 15. d 16. c 17. b

第 2 章

章末测验(边码 72~73)

1. a 2. b 3. b 4. b 5. c 6. d 7. b 8. c 9. b 10. a 11. c 12. d 13. c 14. a 15. a 16. d 17. d

第 3 章

章末测验(边码 113~114)

1. c 2. c 3. d 4. b 5. c 6. a 7. b 8. d 9. c 10. b 11. a 12. c 13. d 14. a 15. a 16. a 17. a

第 4 章

章末测验(边码 147~148)

1. c 2. b 3. a 4. c 5. a 6. d 7. a 8. a 9. a 10. a 11. c 12. a 13. a 14. a 15. c 16. c 17. a

第 5 章

章末测验(边码 183~184)

1. d 2. d 3. d 4. b 5. b 6. d 7. d 8. d 9. b 10. b 11. d 12. c 13. c 14. c 15. a 16. a 17. a 18. a

第 6 章

章末测验(边码 217~218)

1. d 2. a 3. c 4. a 5. a 6. c 7. d 8. b 9. c 10. c 11. c 12. c 13. c

14. c 15. c 16. b 17. b

第 7 章

章末测验(边码 259~260)

1. b 2. b 3. c 4. c 5. d 6. c 7. c 8. b 9. c 10. b 11. d 12. d 13. a
14. b 15. c 16. d 17. b

第 8 章

章末测验(边码 299~300)

1. d 2. a 3. c 4. a 5. d 6. b 7. b 8. b 9. a 10. c 11. b 12. a 13. d
14. c 15. a 16. a 17. b

第 9 章

章末测验(边码 334~335)

1. b 2. a 3. b 4. b 5. a 6. b 7. c 8. d 9. d 10. c 11. a 12. a 13. a
14. c 15. a 16. d 17. c

第 10 章

章末测验(边码 368~369)

1. a 2. a 3. d 4. d 5. b 6. b 7. c 8. d 9. a 10. c 11. d 12. a 13. d
14. a 15. b 16. d 17. c

第 11 章

章末测验(边码 407~408)

1. b 2. b 3. d 4. b 5. b 6. d 7. a 8. a 9. c 10. b 11. a 12. a 13. b
14. b 15. d 16. d 17. a

第 12 章

章末测验(边码 438~439)

1. c 2. c 3. a 4. b 5. b 6. c 7. d 8. a 9. c 10. b 11. a 12. a 13. c
14. d 15. c 16. b 17. b

第 13 章

章末测验(边码 468~470)

1. c 2. a 3. c 4. b 5. b 6. c 7. a 8. b 9. b 10. d 11. b 12. c 13. b
14. b 15. c 16. b 17. a

第 14 章

章末测验(边码 506~508)

1. d 2. b 3. d 4. d 5. d 6. c 7. b 8. b 9. d 10. a 11. a 12. c 13. d
14. d 15. c 16. d 17. b

第 15 章

章末测验(第 537~538)

1. c 2. b 3. a 4. a 5. c 6. b 7. b 8. a 9. c 10. a 11. d 12. a 13. a

14. b 15. d 16. d 17. a

第 16 章

章末测验(边码 567~568)

1. a 2. c 3. a 4. b 5. d 6. a 7. c 8. d 9. b 10. b 11. d 12. d 13. c 14. c 15. c 16. d 17. a

术语表

A型行为模式:一种具有很强的时间紧迫感,没有耐心,有过分的竞争欲,敌对且易怒的行为方式;是导致冠心病的一种风险因素。

B型行为模式:一种具有比较轻松的心情,很容易相处,并且不会显得急迫的行为方式。与A型人相比,他们会很有耐心,对别人没有敌意。

D型行为模式:这种类型的人表现出一种长期的情绪困扰并且会趋向抑制消极情绪的表达。

g因素:斯皮尔曼用于表示一般智力的词,g因素某种程度上潜藏在所有心理操作之下。

Φ现象:黑暗房间里几个固定灯光有序地开和关,导致被试感觉是一个光点从一点移动到另一点的似动现象。

阿尔茨海默病:由广泛的脑细胞病变和损伤引起的痴呆,渐进且无法治愈。

安慰剂效应:被试根据自己对处理的期望而不是处理本身来应答处理时发生的现象。

半规管:内耳中感受头部转动的三个充满液体的管道。

榜样:示范行为或是其行为被模仿的个体。

饱和度:颜色的纯度,或光波产生与其波长相同的程度。

被害妄想:一种错误的观念,认为一些人或者一些组织试图以各种方式来伤害自己。

本我:人格的无意识部分,包括生的本能和死的本能,遵循愉快原则的运作,是力比多的来源。

毕生发展观:认为发展贯穿人的一生的观点,需要借助跨学科的研究来对发展有进一步的理解。

编码:将外界信息转化为可被存储在记忆中的形式的过程。

编码失败:当信息从未进入长时记忆时所产生的一个导致遗忘的原因。

变换性别:个体生理性别和心理性别不符合的状况。

变性人：在全部时间的基础上以对立性别方式生活的个体。

变性术：在以一种性别生活一段时间之后分配到相反的性别。

辨别刺激：标志着某个确定的反应或行为是否有可能得到奖励、被忽视，或是惩罚的一个刺激。

标准化：建立常模以用于比较将来接受测验的人的分数；使用规定的程序实施测验。

表面结构：说的或写的（或是标记的）句子的字面意思。

表象：头脑中感觉经验的表征——视觉、听觉、味觉、运动觉、嗅觉和触觉。

勃起功能障碍：男性反复经历不能保持性交所需要的坚挺的勃起的性功能障碍；也被称为阳痿。

部分强化：一些但不是全部正确反应被强化的强化模式。

部分强化效应：发生在一部分，而不是全部的正确反应被强化时对消退的强烈反抗。

操作性条件反射：由于行为产生的结果导致自发行为改变的频率增加的一种学习类型。

多导生理记录仪：通过检测心率、血压、呼吸率和皮电反应变化来测谎的装置。

差别阈限：有一半次数觉察出差异的刺激值。

尝试—试错学习：当一个反应在若干不成功的反应之后与一个成功的问题解决方案形成联结时所产生的学习。

常模：根据一大群人的测验分数范围建立的标准，这群人被选择来为以后该测验的受试者提供比较的基准。

超感官知觉：通过非已知感官通道的方法来获得有关对象、事件或其他人的想法等信息的方式。

超我：人格的道德层次，包括道德心和自我理想。

陈述性记忆：是长时记忆的一个子系统，储存事实、信息以及个人的生活事件，它们可以通过口语或者以图像的形式回到意识中，通过陈述性记忆表达出来。也叫外显记忆。

成就动机：是驱使人们追求在学术方面成就的因素。

成就需要：完成一些困难的事情并且有卓越表现的需要。

惩罚：由某种结果引起的行为频率的减少。

吃闭门羹技巧：一个人先提出别人会拒绝的一个很高要求的不合理请求，而后提出一个会有良好反应的相对小一点的请求的一种策略。

痴呆：由大脑退化导致的一组神经系统上的疾病，在记忆和思维上出现的问题会影响一个人的情绪、社交以及机体功能。

痴呆症：患者因大脑退化导致的失去记忆和处理信息能力的神经系统疾病的集合。

初级强化物：能满足生存的基本生理需要，不用依靠学习的一种强化物。

触觉：与触感有关的感觉。

传统行为婚姻疗法（TBCT）：一种重在改变行为的配偶疗法。

创伤后应激障碍（PTSD）：对灾难性事件和慢性严重压力的一种持续、强烈的应激反应。

创造力：产生原创的、合适的并且有价值的想法或是问题解决方案的能力。

曝光效应：由于反复地接触而更积极地倾向刺激的趋势。

雌激素：促进女性第二性征发育和控制月经周期的雌激素。

双性：一个人身上结合了男性和女性理想的性格特征。

次级强化物：通过与其他强化物的联结获得或习得的一种强化物。

刺激：在环境中有机体能够对其作出反应的任何事件或物体。

催眠：催眠师运用专业知识去诱导改变另一个人主观的思想、情绪、感觉、知觉或行为的过程。

存储：保留和维持记忆中的信息的过程。

错觉：对环境中的真实刺激一种不正确的知觉或错误的知觉。

错乱型精神分裂症：最严重的一种精神分裂症，表现为严重的社会退缩、妄想、荒谬、不合时宜地发笑、做鬼脸、怪诞的举止和其他怪异的行为。

代币法：通过代币强化来激发社会期许行为的一种程序，可以兑换成所需的物品或是特权；一种通过用表征性奖励即可在后来兑换想要的条目或优先权来规范行为的技术。

代表性启发法：一种基于新事物或情境与原有典型事物或情境的相似程度或者匹配程度来进行判断的思维策略。

代表性样本：能够反映兴趣总体的样本，包括相同比例的重要子组，该比例在总体中相同。

代谢率：身体里燃烧卡路里提供能量的速度。

低球技巧：一个非常有吸引力的会令人们致力于行动的条款，被提出后有利的条款逐渐减少。

第二性征：不直接涉及生殖，但是区分了成熟男性和成熟女性的一些生理特征；在青春期出现，与性成熟有关但不直接包括在生殖范围内的生理特征。

第一性征：内部和外部的生殖器官；生殖器。

电报式言语：遵从固定的单词顺序，并且只由三个单词或者基本内容词构成的短句。

电休克疗法（ECT）：一种生物化学的治疗方法，电流穿过两大脑半球，通常用来治疗那些想要自杀、患有严重抑郁症的患者。

动机：激发、引导和维持个体进行活动的心理过程；加强并引导行为朝向一定目标发展的需求和欲望。

动机性遗忘：通过抑制和潜抑来遗忘一些痛苦、恐惧和不愉快的经历，从而达到保护自己的目的。

短时记忆（STM）：根据声音进行编码，30秒以内不进行复述还能保存7(5～9)个左右项目的记忆系统，也可称为工作记忆。

顿悟：突然领悟问题情境中各要素之间的关系，使得解决方案显而易见。

俄狄浦斯情结：发生于性器期，男性儿童对其母亲形成潜意识的性欲而对父亲产生敌意的一种矛盾。

耳蜗：内耳中充满液体的螺旋状骨室，包含基底膜和毛细胞（听觉感受器）。

发散性思维：产生多个想法、答案或是对没有统一答案的问题有多种解决方案的能力。

发展心理学：研究整个生命过程中个体的成长、发展、变化的一门心理学分支。

反射：对一定刺激天生、自主、非习得的反应（比如：眨眼、吮吸和抓握）；一种对特定刺激的不随意反应，比如一阵气流引起的眨眼反应或是当食物进入嘴里引起的唾液分泌。

泛化：在操作性条件反射中，对类似于最初被强化反应的刺激作出习得反应的倾向；在经典条件作用中，对与最初的条件刺激相类似的刺激作出反应的倾向。

范式：被储存在个体记忆中的与个人经历有关的特有事例，或者实例。

防御机制：自我对抗焦虑和维持自尊的方式。

放纵型父母：放纵型父母往往很少给孩子制定规则或是给予要求，并且很少强制孩子做什么。他们允许孩子自己做决定并且控制自己的行为。

非陈述性记忆：长时记忆子系统的一种，能储存动作技能、习惯和简单的经典条件反射，也称作内隐记忆。

非快速眼动梦：发生于非快速眼动睡眠时期，明显比快速眼动梦缺少流畅性和可记性。

非快速眼动睡眠（NREM）：非快速眼动睡眠。由四个阶段组成，其特征是呼吸和心率慢且有规律，无快速眼动，血压和脑部活力达到 24 小时中的最低点。

非条件刺激（US）：一种引起特定非条件反射并不用预先学习的刺激。

非条件反射（UR）：一种由不用预先学习的非条件刺激引起的反应。

非指导疗法：任何允许治疗进程的方向由来访者控制的疗法；来访者中心疗法就是一个例子。

肥胖：BMI 超过 30。

分化：区别相似刺激的习得能力，以便只对最初的条件刺激而不会对相似的刺激产生条件反射。

分离焦虑：父母离开时，婴幼儿表现出来的恐惧和焦虑，出现在 8~24 个月大的时候，12~18 月大的时候到达顶峰。

分离性身份识别障碍（DID）：是解离性障碍的一种，两个及以上显著且独特的人格会出现在同一个身体中，并且一个人格对另外人格的信息存在记忆截断现象。

分散练习：在一些较短时间的练习之间插入一些休息时间。

负强化：由于增加行为导致不愉快的条件或刺激的终止而造成的行为增加。

复述：有目的地重复背诵信息，以将其维持在短时记忆里的行为。

概念：一种心理范畴，用于表征一类或一组物体、人、组织、事件、处境或者具有共同特点的关系。

视杆细胞：看起来像细长圆柱，能感受弱光的视网膜上的光感受器细胞。

感觉:感官接受视觉、听觉和其他感官刺激并传输到大脑的过程。
感觉记忆:信息保留时间为零点几秒到两秒不等的记忆系统。
感觉接受器:感觉器官中的特别细胞,该细胞能觉察某一类型的感觉刺激——光、声波、气味等等并作出反应,再将刺激转换成神经冲动。
感觉适应:感觉感受器习惯恒定不变刺激水平的过程。
干扰说:遗忘由信息储存和回忆期间受到其他刺激的干扰所致。
高潮期:性反应周期的第三阶段,以累积的性张力和不自觉的肌肉收缩突然放电为标志。
高级条件作用:当多个条件刺激联结在一起建立一系列信号时发生的条件作用。
高原期:性反应周期的第二阶段,在准备性高潮时肌张力和流入生殖器的血液增多。
睾酮:最重要的雄激素,影响男性第二性征与性冲动的发育和平衡,在女性体内存在少量以平衡性兴趣和响应性。
格式塔:德语词汇,大致指人感知的整个形式、图案或组合。
格式塔心理学:该流派强调个体将知觉对象看作整体,并且整体大于局部之和。
个案研究:对个人或者一个小团体进行深度的研究,通常持续一段时间,是一种描述性研究方法。
个体潜意识:荣格理论中,潜意识层面包括所有意识能触及的思想、知觉和经验,也包括被压抑的记忆、欲望和冲动。
毛细胞:耳蜗中与基底膜相连的听觉感受器。
工作动机:是唤醒、引导、衡量和维持工作者对工作的付出的条件和过程。
工作记忆:在理解、记忆或者使用信息去解决一个问题或者与他人交流时的一个记忆子过程。
功能固着:不能以新颖的方式使用熟悉的东西成功解决问题,因为倾向于以惯有的功能看待这些东西。
攻击性行为:故意对别人施加身体或心理上的伤害。
巩固失败:在巩固过程中阻止长时记忆形成的任何干扰。
构造主义:心理学理论中第一个正式的流派,分析个体的意识体验的基本元素或结构。
固定比率模式:在固定次数的正确、非强化的反应之后再给予强化的一种模式。
固定时距模式:一段特定时间过去后,接着第一个正反应给予强化的一种模式。
固着:个体在性心理发展的某个阶段得到过分或过少的满足将可能导致固着。
关键期:个体发展过程中环境影响能起最大作用的时期。
关系疗法：治疗师试图改善病人的人际关系或创造新的关系来支持病人改善心理问题。
观察学习(模塑):通过观察他人的行为以及行为的后果习得;模仿习得。
观察者效应：把我们自己的缺点主要归因于外部或者情境因素,而把别人的缺点主要归因于内部或者气质因素的倾向。

观众效应：被动的观众对表现的影响。

广场恐惧症：在不可能逃离或者一个人经历了过度的焦虑或者惊恐发作却无法得到帮助的情况下产生的强烈恐惧感。

广泛性发育障碍（PDDs）：儿童在人际关系上存在的严重的困扰。

广泛性焦虑症：焦虑症的一种，表现为个体受慢性的、过度的担心困扰长达6个月及以上。

归纳推理：从特殊事实或个案中得到一般结论的推理形式。

过度学习：当你可以一字不错地背诵时仍不断地练习和学习。

行为矫正：基于经典条件反射、操作性条件反射或是观察学习的学习原则，通过一套系统程序改变行为的一种方法。

行为疗法：认为异常行为是习得的，遵循操作性条件反射和经典条件反射。通过观察学习来消除不合理不适当的行为并以更合适的行为反应来代替它们。

行为主义：约翰·华生建立的心理学流派，认为心理学应该研究可以观察、可以测量的行为，并且强调环境对于行为起着决定性的作用。

横向研究：研究者对不同年龄组的被试在同一时间内进行观测比较，从而确定某些特征与年龄有关的差异。

虹膜：眼球的彩色部分，虹膜使得瞳孔扩张和收缩以调节进入眼球的光线量。

后习俗水平：科尔伯格提出的道德推理的最高水平。在这一水平，人们会权衡道德的选择，意识到有时法律会和基本人权冲突。

忽视型父母：忽视型父母对孩子放任自流，他们不参与孩子的生活。

幻觉：假想的感觉。

换能：感觉感受器将感觉刺激转化为神经冲动的过程。

黄体酮：在月经周期的调节和为怀孕准备子宫内膜中发挥重要作用。

回忆：必须通过搜索记忆中的信息来得到需要的信息的记忆任务。

混杂变量：不同于自变量的因素或条件，因在组别中不相等，造成因变量组间差异。

获得性免疫缺陷综合征：由HIV病毒引起的不可治愈的毁灭性疾病，逐渐削弱人体的免疫系统，让人容易受到机会性感染，通常会导致死亡。

机能主义：早期的心理学流派，主要关注人和动物如何使用心理过程来适应环境。

积极惩罚：由额外的结果引起的行为减少。

基本归因误差：把别人的行为归因于性格因素的倾向。

基本情绪：情绪并不是学习而来的，它是普遍通用的，各种情绪在不同文化中都是通过相同的面部表情反映出来的，而且情绪的形成取决于儿童发育的生物时间表；恐惧、生气、厌恶、惊奇、开心和悲伤通常被认为是基本情绪。

基本心理能力：瑟斯顿的观点，七种相对独特的能力，单独地或联合地涉及所有智力活动。

基础研究：寻找新的知识并解释和发展一般科学认识。

激活论：表明人们被驱使维持一个最佳的警觉状态和心理与生理活化状态的理论。

激励动机：当觉醒水平过低（比如好奇和探索）时，驱使人类和其他的动物增加刺激。

集体潜意识：荣格理论中，最难到达的潜意识层面，包括人类进化全过程的普遍经验。

集中练习：长时间不间断地学习。

记忆：包含对信息的编码、存储和提取的认知过程。

家庭治疗：家庭治疗包括了整个家庭，目标是帮助家庭成员达成一致，通过改变来帮助消除分歧，改善交流问题，并在团体中创造更多的理解与和谐。

假设：对于两个或两个以上的变量的关系进行预测。

组织：由皮亚杰提出，指结合以往经验做出推论并将其纳入到新的经验中的心理过程。

焦虑症：一种心理障碍，表现为对未来可能发生的事情产生频繁的恐惧。

角膜：位于眼球前壁的一层透明保护层，可以曲折进入瞳孔的光线。

觉醒：人的警觉状态和心理与生理活化的状态。

节省分数：再学习与初次学习相比节省时间的百分比。

解离性迷游症（FEWG）：解离性障碍的一种，指一个人完全忘记了自己的身份，会离开家，并且为自己设定一个新的身份。

解离性失忆症：是解离症的一种，指的是部分丧失或完全丧失回忆个人信息或者确定过去经验的能力。

解离症：在难以承受的压力之下产生的一种心理障碍，患者的意识从他们的同一性和（或）关于个人重要事件的记忆中分离出来。

戒断症状：定期使用某种药物，停用后出现的生理和心理症状（通常与药物本身所产生的症状相反）。

紧张型精神分裂症：是精神分裂症的一种，它的特征是表现出完全的静止、昏迷或是过度的兴奋和激动。这种类型的精神分裂症患者可能会在一个奇怪的姿势或者位置上保持静止并且持续很长一段时间。

进化心理学：主要研究在漫长的进化过程中，面对环境的压力，人类如何使其行为适应生存的需要。

近因效应：回忆一段材料最后几个项目比回忆中间几个项目更容易。

经典条件反射：有机体学会将一个刺激和另一个刺激联系在一起的一种学习类型。

惊恐发作：突然发作的强烈的焦虑、害怕或者恐惧之感。

晶体智力：一种包括口头表达能力和知识积累的智力类型，往往随着年龄增长而提高。

晶状体：位于虹膜和瞳孔之后的双凸面透明组织。可以通过改变形状对位于不同距离的物体进行聚焦。

精神动力疗法：一种试图揭开可以解释病人现在困难的童年经历的心理疗法。

精神分裂症:是一种严重的心理障碍,表现为脱离现实,产生幻觉、错觉,不适当情感或者情感贫乏,有思考障碍,不合群或者其他怪异行为。

精神分析:弗洛伊德提出的关于人格的理论和心理疗法的术语;弗洛伊德在他的人格理论和心理障碍治疗中都使用了这个术语。无意识是精神分析理论的主要动力;最早的精神动力疗法,由弗洛伊德建立并使用在自由联想、梦的解析和移情中。

精神类药物:一种可以改变情绪、知觉或者思维的物质;若被允许作为药物使用,则称为受控物质。

精细复述:将新的信息与你已知的信息联系起来,使新信息更便于记忆的一种记忆策略。

镜像神经系统:细胞组成的网络,大脑用来解释并产生动作和与情绪相关的行为。

句法:用来说明词汇排列和组合以构成词组和句子的语法部分。

工作倦怠:缺乏能量、热情,悲观厌世,常会导致慢性压力。

决策:考虑多个选项并从中选择的过程。

绝对阈限:有50%的概率可以被知觉到的最小感官刺激。

抗抑郁药物:一种会降低中枢神经系统活性、减缓身体机能、降低对外界环境的敏感性的药物;又名"镇静剂"。

科学的研究方法:指一套有序的、系统的研究步骤,研究者可以遵循该研究步骤确定研究问题、设计问题的研究方案、收集和分析数据、得出结论、交流成果。

可变比率模式:基于一个平均比率,在可变数量的非条件反射之后给予强化物的一种模式。

可变时距模式:基于一个平均时间,第一次正确反应后接着可变数量的非强化反应给予强化物。

可得性启发法:一种认知经验方法,评估事件发生概率或者事件重要性是基于它在记忆中的可获得性。

可见光谱:人的视觉可以感受电磁波谱中一段很小的波长范围。

可逆性:当一个物体只在外观上发生改变时,它可以被恢复原状。

刻板印象:对于不同社会群体(种族、人种或宗教)的成员的性格特征、态度和行为的广泛共享的信念,包括对"他们"的假设通常都相似。

恐慌症:个体所经历的反复产生并且不可预知的强烈的焦虑、害怕和恐惧之感。

恐惧症:对于一些特定物体、场所或者活动的持久且不合理的担心,而实际上几乎不会构成什么威胁。

控制组:实验中,与实验组类似,处于相同的实验环境,但没有接受处理的一组;用来对比。

夸大妄想:一种错误的观念,认为自己是一个名人,或是拥有一些伟大的知识、能力或权威的重要人物。

快速眼动反跳:快速眼动睡眠缺失将导致快速眼动睡眠量的增加,常伴有不愉快的梦或噩梦。

快速眼动梦：几乎连续发生在每一个快速眼动睡眠期，梦境具有故事性情节，而且明显比非快速眼动期的梦更生动、更具视觉性、更富情感性。

快速眼动睡眠(REM)：一种典型的睡眠模式，伴随有快速眼动，大范围的肌肉麻痹，心率和呼吸快而不规则，脑电波活动增加，还伴有梦境。

框架：被呈现的方式使得要么强调潜在收益或潜在损失的结果。

理论：用来解释许多分散的事件如何联系在一起的总的原理或一系列原理。

锂：一种用来治疗双相障碍的药物，适合的维持剂量可以减少躁狂和抑郁的发作时间。

利他行为：旨在帮助他人，需要自我牺牲和不为个人利益而付出的行为。

连续强化：每次期望或正确反应后被实施的强化；形成新反射最有效的方法。

联合行动效应：由于和其他人从事相同的任务而影响表现的现象。

联觉：一种对普通刺激会体验到不寻常感觉的能力。

邻近：物理或地理的邻近；吸引力的主要原因。

淋病：一种细菌性性传染病，对男性造成阴茎流出脓状液体和排尿疼痛；如果不接受治疗，女性可能患上盆腔炎并且可能不孕。

领悟疗法：一种认为心理健康取决于自我认知的心理治疗方法。

流体智力：一种包括抽象推理和心理灵活性的智力类型，在20岁出头时到达巅峰，并随着年龄的增长缓慢下降。

麻醉剂：一类从罂粟中提取出来并被用来生产具有止痛和镇静作用的抗抑郁药。

盲点：视神经穿过视网膜位置是没有视杆细胞和视锥细胞的，这一位置被称为盲点。

锚定：过高估计一个因素的重要性，排斥其他有关因素。

梅毒：一种存在三个可预测阶段过程的细菌性性传染病；如果不接受治疗，最终能致命。

门控理论：指脊髓中的一些区域像门一样，能切断和阻止一些痛觉信号进入大脑。

梦的激活—整合假说：该假说认为梦是快速眼动睡眠期大脑试图对脑细胞随机发出的神经信号进行整合、使其变得有意义的结果。

梦的进化理论：该观点认为生动的梦帮助人们演习与敌人对抗的技能。

梦的认知理论：认为梦是做梦者在睡眠时进行的思考。

面部反馈假说：指特定的面部表情的肌肉运动会让人产生相应的情绪（例如微笑让人觉得开心）。

描述性研究方法：对描述行为的研究方法。

明度：指对光的强度的描述。

冥想：一种技能。通过冥想，我们将注意力集中于一个物体、一个单词、自身呼吸或是肢体动作以排除杂念，从而增强幸福感或改变我们的意识状态。

模塑效果：通过新反射的获得向榜样学习新行为。

陌生人焦虑：6—7个月开始，婴儿对陌生人产生的恐惧。这个现象在十二个半月前会越来越强烈，然后开始减轻。

目标导向学说：这个观点认为成就动机取决于个体采用四个目标取向中的哪一种（掌握/趋近，掌握/回避，成绩/趋近，成绩/回避）。

男性性高潮障碍：一种男性没有射精或者只有在极长时间的艰苦努力下才能射精的性功能障碍。

内耳：耳朵最里面的部分。

内啡肽：人体自身天然的止痛药，能消除疼痛并产生幸福感。

内稳态：一种为了确保生存而维持内在状态平衡的身体的自然趋势。

内部动机：想要以某种方式表现的行为出于个人享受和满足感。

逆行性遗忘：对失去意识前发生的事情失去记忆。

逆向工作：通过确定目标发现解决问题所需的步骤，然后逆向工作达到当前的状态的一种启发法；也称为逆向搜索。

女性性高潮障碍：一种女性尽管有足够的性刺激但始终无法达到性高潮或延迟到达高潮的性功能障碍。

女性性唤起障碍：一种女性对于性刺激不能感受到性唤起或者不能实现或维持适当的阴道润滑的性功能障碍。

旁观者效应：影响亲社会行为的一个社会因素：在紧急情况下，随着旁观者人数的增加，受害者从他们身上得到帮助的可能性降低，并且如果得到帮助，也有可能被耽误。

胚胎：受精后第三周到第八周由人体主要系统、器官、结构组成并有发育成生物成体能力的雏体。

盆腔炎：女性骨盆器官中的传染病，能够由未经处理的衣原体和淋病引起，并且导致疼痛、瘢痕组织甚至不孕或宫外孕。

批判性思维：客观评估要求、命题和结论的方法，根据所呈现出来的证据来决定它们是否遵循逻辑。

偏见：依据人们的性别、宗教、种族或一个特定团体的加入而采取的对他人的态度（通常是消极的）。

偏执型精神分裂症：是精神分裂症的一种，表现为夸大妄想或者被害妄想。

频率：一秒钟声波完成的循环次数，决定声音的音高，测量单位是赫兹。

平衡：改变图式使其更加符合现实环境的心理过程。

期望理论：一种用员工对自己在工作上努力的效益和价值看法来解释工作动机的方法。

歧视：根据性别、宗教、种族或特定团体的加入而采取的对他人的行动（通常是消极的）。

启动：通过这一现象，先前接受的刺激（例如一个词语或一张图片）能够提高之后命名该刺激或相关刺激的速度或准确度。

启发法：一种来自生活经验的单凭经验的方法，决策和问题解决中经常用到，即使准确性和实用性没有保证。

启发诱因：在不熟悉的情境中因榜样展示从而表现出类似的行为。

气质：一个人独有的行为模式或对环境独特的反应方式。

前摄应对：为了避免潜在压力情境的产生或削弱其影响，个体所采取的积极行动。

前庭感觉：检测移动、提供身体空间定位信息的感官。

前习俗水平：科尔伯格提出的道德推理的第一个水平，这一水平的道德推理被别人的标准所支配，而不是被个体自己的是非判断。对某一行为的判断基于它所产生的看得到的后果。

前意识：暂不处于意识领域但容易进入其中的个体记忆、情感、经历和认知。

潜伏学习：可以在没有明显强化的情况下发生，并且直到有机体产生这样做的动机时才会展现出来的学习。

潜抑：完全将不愉快的记忆从意识中移除，从而使个体再也意识不到曾经发生的痛苦事件。

潜意识：弗洛伊德认为，潜意识是影响人类行为的主要动力，包含被抑制的记忆和不为意识所接纳的本能冲动、欲望和愿望。

强化：由于行为产生的结果使得行为频率增加的过程。

强化刺激物：跟随着一个反射出现，并加强或是增加反射发生可能性的事物。

强化方式：给予部分强化，产生不同比率、不同反应模式以及对消退的不同抵抗程度的系统过程。

强迫观念：持续的无意识想法、想象或冲动，并且会导致入侵意识和产生极大的痛苦。

强迫行为：依靠一种持续的、不合理的、无法控制的动力来重复某种行为或者惯例。

强迫症：焦虑症的一种，指一个人反复产生强迫观念或强迫行为，或者两者兼有。

亲代投资理论：解释性态度和性行为的性别差异是男人或女人必须致力于为人父母而付出的一个时间和精力的机能。

亲社会行为：有利于他人的行为，例如帮助、合作和同情。

青春期：以快速的身体发育和心理变化为标志的一段时期，并且性成熟在这一时期达到顶点。

清醒梦：做梦者意识到正在做梦，同时还可以控制梦的内容。

情景记忆：陈述性记忆的一种，记录个体经历过的事件。

情绪：一个可辨认的感觉状态，涉及生理唤醒，对于情况的认知评价或者导致内部机体状态的刺激，和表达这种状态的外显行为。

情绪表达规则：一种社会性的规则，规定一般应该在什么情况下表达什么样的情绪才是适当的。

情绪智力：将情绪知识应用于日常生活的能力。

驱力：一种由潜在的需要产生的内在的紧张或者觉醒状态，有机生命体倾向于减少它。

　　屈从：依照希望、建议或者为满足他人直接要求而行动。

　　躯体形式障碍(so-MAT-uh-form)：身体症状的出现是心理因素导致的，而不是任何已知疾病导致的。

　　趋避冲突：一种选择同时有优点也有缺点时所产生的冲突。

　　去个性化：由于群体自居作用，个人失去对自我身份的认同的一种社会心理过程。

　　权威型父母：权威型的父母会给孩子设立很高但是切合实际、有理有据的标准，实施限制并且鼓励独立和进行开放式的交流。

　　人本主义心理学：关注人的独特性，认为人有选择、成长和心理健康的能力。

　　人本主义疗法：一种假定人们有能力和自由去选择合理的生活并做出合理决定的心理治疗法。

　　人格：一个人在行为、思想、感觉上的特征模式。

　　人格障碍：儿童早期或青少年期发展起来的长期而僵化的适应不良。

　　人工神经网络(ANNs)：想要模拟人类大脑的电脑系统。

　　人工智能：在问题解决、判断和决策中模拟人类思维的计算机程序。

　　人际关系疗法(IPT)：一种以帮助人们更好理解抑郁并找出与其人际关系有关的问题为目的而建立的简短心理疗法。

　　人类免疫缺陷病毒：导致艾滋病的病毒。

　　人乳头状瘤病毒：引起生殖器尖锐湿疣的病毒；也被认为是宫颈癌的原因之一。

　　认知：涉及信息获取、存储、提取和应用的心理过程，包括感觉、知觉、记忆、表象、概念形成、推理、决策、问题解决和语言。

　　认知地图：对类似迷宫这样的空间位置排列形成的心理表征。

　　认知过程：心理过程如思维、认知、问题解决、记忆和形成心理表征。

　　认知失调：人们意识到他们的一些态度或他们的态度与行为之间存在矛盾的一种不愉快状态。

　　认知心理学：认知心理学流派认为人是环境的积极参与者，主要研究记忆、问题解决、推理、决策、感觉、语言等其他认知形式。

　　认知疗法：治疗师认为不良行为是由于不合理的想法、信念和观点导致的。

　　韧性：承担义务、控制、挑战三个要素的集合，拥有韧性的人更能应对较高的压力水平和保持身心健康。

　　色盲：无法将某些颜色区分开来的能力。

　　色调：指特定颜色感知的光的维度。

　　闪光灯记忆：当个体第一次听闻十分令人惊讶、恐慌、激动的事件时，形成的一种鲜明的记忆。

　　舌尖效应(TOT)：对于已经学过的某种信息非常熟悉，但是不能够提取的一种现象。

　　设定点：当一个人不试着去增加或减少体重时人体体重维持在一个正常的水平。

设置目标：运用目标设置的手段来提高行为表现水平，包括建立一个困难的独特目标，而非仅仅让员工们在漫无目的的情况下尽力表现。

社会动机：那些需要通过经历或者与他人的互动交流的习得动机（比如交友或者成就的需要）。

社会规范：被一个特定群体的成员所期望的行为和态度的标准。

社会角色：社会定义的认为适合个人在给定的组织中的特定位置。

社会认同：和他人参与创造群体身份而使个人成员对抗这种压力源的社会心理过程。

社会认知：用于对社会世界的注意、理解和记忆信息的心理加工。

社会懈怠：人们与他人共同完成任务时比他们单独工作时付出更少努力的倾向。

社会心理学：试图解释实际的、想象的或者隐含的他人的存在如何影响我们的思想、感受和行为的一个分支。

社会助长：任何积极的或消极的对表现的影响都归因于他人的存在，要么作为观众要么作为合作者。

社交恐惧症：一种不合理的恐惧，患者会避免任何社交场所或者表演，因为他们担心自己在他人面前表现得笨拙、愚蠢，或者没有能力而使自己尴尬或者受到羞辱。

深层结构：句子的深层意思。

深度知觉：感受三维视觉世界，以及精确判断距离的能力。

神经科学：将心理学、生物学、生物化学、药学和其他学科结合起来研究神经系统的结构和功能的一门学科。

神经性贪食症：一种慢性疾病，有反复、难以控制的暴饮暴食行为的特点。

神经性厌食症：神经性厌食症特征是对肥胖有着无法抵抗的、非理性的恐惧，强迫自己节食到达自我饥饿状态，过度减少体重。

生理节律：在每二十四小时周期里，身体机能和行为从高点到低点的有规律的波动。

生理性别：作为男性或女性的生理状态。

药物生理依赖：一种强制药物使用模式，当药物停止使用时，使用者会产生药物耐受性以及难受的戒断症状。

生物反馈：使用敏感装备给予人们内在心理过程的精确反馈，以便他们可以学着联系实际来练习控制它们。

生物心理学：研究具体的行为和对应的具体的生理过程之间的联系，有助于解释个体之间的差异。

生殖器：男性或女性的内部和外部生殖器官。

生殖器尖锐湿疣：由人乳头状瘤病毒（HPV）引起的生长在生殖器的疣。

生殖器疱疹：由单纯疱疹病毒引起的性传染病，造成生殖器上出现疼痛的水疱；目前不可治愈，感染经常复发而且在爆发高峰期具有高度传染性。

生殖腺：性腺体；女性的卵巢和男性的睾丸。

失眠：一种以难以入睡、难以保持睡眠、早醒、浅睡眠、不安或睡眠质量差为特征的睡眠障碍。

实验法:能够确定两个或更多条件或变量间因果关系的唯一一种研究方法。

实验观察:实验室环境下的一种研究方法。研究者能运用更多的控制以及精确衡量反应的工具。

实验组:实验中,设置自变量的一组被试。

视交叉上核:一对位于下丘脑的很小的脑结构,控制生理节律、生物钟。

视觉后像:刺激停止后所保留下来的感觉印象。

视神经:从视网膜将视觉信息传递到大脑两半球的神经。

视网膜:位于眼球内表面、包含视觉感受器的一层组织。

视崖:用于测量婴儿深度知觉能力的一种装置。

适应:当晶状体将物体图像聚焦到视网膜时所产生的平凸行为。

手段—目的分析:将当前状态与目标状态进行对比,形成并采取一系列步骤以缩小两者之间的差距的启发策略。

守恒:事物的知觉特征无论如何变化,它的量始终保持不变。

首因效应:关于他人的一个总体印象或评价更多被接受到的第一印象而不是后来接收到的信息影响的倾向。

首因效应:回忆一段材料中开头的几个项目比回忆中间几个项目更容易。

受精卵:精子和卵子结合形成的一个单细胞。

衰退说:遗忘的最古老的理论。观点是,如果记忆得不到强化,将会随着时间消退,最终完全消失。

双避冲突:在两个都不合意的事物中做选择时而产生的冲突。

双盲检法:无论是主试还是被试都不知道谁在实验组,谁在控制组,直到实验数据收集完毕的一种程序;实验者偏差的一种控制。

双趋冲突:在两个都合意的事物之间做选择时产生的冲突。

双眼深度线索:依赖于双眼共同工作的深度线索。

双语:流利使用至少两种语言。

睡眠失调:一类睡眠障碍,睡眠定时、质量和数量受损。

睡眠呼吸暂停:一种以周期性睡眠呼吸停止和个体必须为了重获呼吸而短暂苏醒为特征的睡眠障碍。

睡眠周期:一个持续大约 90 分钟的睡眠期,包括一个或多个 NREM 睡眠和紧随其后的 REM 睡眠。

顺从:为了符合一个团体的社会规范或他人的期望而改变或接受一个行为或态度。

顺行性遗忘:无法对大脑损伤或大脑手术之后的事件形成长时记忆,但是事故之前的记忆和短时记忆未受影响。

顺应:修改已有图式或建立新图式并将其纳入新物体、新事件、新经验、新信息中的心理过程。

说服：故意影响另一个人的态度和/或行为的企图。

斯金纳箱：一种带有能传送食物给动物被试设备的隔音装置；用于操作性条件反射实验。

塑造：一种操作性条件反射的方法，由逐渐塑造一个期望的行为（反应）组成，通过加强朝着期望反应方向发展的任何动作，从而渐渐地引导这些反应接近最终的目标。

算法：采取系统的逐步的程序，就像数学公式，如果应用合适和执行恰当，就能确保某类问题解决。

随机分配：为实验组和控制组挑选被试的程序，使用一个随机程序来保证每一个被试选入任意组中的可能性相同；对选择偏差的控制。

胎儿：从妊娠第九周到出生期间伴随人体各个结构、器官、系统的进一步完善而逐渐发育的胎体。

胎儿醇中毒综合征：胎儿发育早期孕妇的酒精摄入导致胎儿面部畸形，智力延迟和行为问题。

态度：沿着连续的范围从正面到负面作出关于个人、对象、情况或问题的相对稳定的评价。

特定恐惧症：一种对特定物体或者场所的明显恐惧，是除了广场恐惧症和社交恐惧症之外的所有恐惧症的一个通用标签。

特质：人的品质或特征，在不同情况下都具有稳定性，被用来描述或解释人格。

提取：出现在记忆库中的信息被唤起的过程。

提取失败：回想不起原本知道的事。

提取线索：能够帮助你提取一段特定记忆的某种刺激或是信息单位。

体重指数（BMI）：体重与身高之间相关关系的测量方法。

替代疗法：没有被科学论证有效的任何疗法或治疗。

条件刺激（CS）：和一个非条件刺激重复配对之后与之相联系，并引起一个条件反射的中性刺激。

条件反射（CR）：由于一个条件刺激与一个非条件刺激的重复配对而引起的习得性反应。

条件反射：习得的不随意反应。

调查：一种描述性研究方法。研究者用面谈或者问卷调查来收集关于一群人的态度、信念、经历或者行为的信息。

听觉：听力的感觉和加工。

绝经：即月经的终止。这一现象通常发生在45岁至55岁之间，标志着生育能力的丧失。

同化：新的物体、事件、经验和信息被纳入已有图式的这一心理过程。

同一性危机：青少年在建立自我同一性过程中所经历的情绪上的混乱和焦虑。

瞳孔：眼球有色部分中心的小开口。

投射测验：一种人格测验，测验材料包括墨水斑点、模棱两可的人物情境或不完整的句子，人们会将他们内在的想法、感觉、害怕或矛盾投射到实验材料上。

突发性睡眠症：一种以白天困倦为特征的无法治愈的睡眠障碍，发作时患者几乎立即进入快速眼动睡眠。

图式：人类已有的知识经验网络，能够被运用到相似的情境中。综合的知识框架和对人、事物以及事件的设想，能够影响人们对信息的编码和回忆。

团体治疗：一种以几名来访者（通常是7到10个）面对一或两名治疗师来解决个人问题的疗法。

推理：一种基于一系列事实得出结论的思维形式。

外耳：耳朵可见部分，由耳廓和耳道组成。

外部动机：想要以某种方式表现的行为是为了获得某些外来的奖励或者是为了避免一些讨厌的结果。

完美式爱情：根据斯滕伯格的理论，它是最完整的爱情类型，包括亲密、激情和承诺三种成分。

妄想：不符合当地文化传统的错误的信仰。

微睡眠：从清醒到睡眠短暂的打盹（2到3秒），通常发生在个体睡眠缺失的情况下。

韦伯定律：所有感官的最小可觉差（JND）取决于刺激的比例或百分比变化而不是固定量的变化。

维持性复述：重复短时记忆中的信息直到它不再需要重复，最后信息可能会进入长时记忆。

伪科学：失真的为支持一些声明的理论和/或研究。

未分型精神分裂症：通用术语，在不能明确地将某些症状归到某类精神分裂症名下时使用。

味觉：对味道的感觉。

味觉厌恶：强烈的厌恶和/或恶心或者不适联系在一起的对特定食物的逃避。

味蕾：许多舌乳头中的结构，含有60至100个味觉感受细胞。

安慰剂：一种给予控制组的惰性或无害的物质，作为对安慰剂效应的控制。

文化公平智力测验：智力测验所使用的问题不会使那些与主流文化或优势文化不同的人处于劣势地位。

问题解决：达到预定目标的想法和行动不是能够轻易得到的。

无条件的积极关注：毫不保留的关怀和不带任何偏见地接纳他人。

无意视盲：发生在当我们把注意从一个物体转移到另一个物体的时候，在这个过程中，我们会忽视那些我们并不直接关注的物体改变。

无意义音节：用于记忆研究的由中间一个元音、两边各一个辅音组成的没有实际意义的字母组合。

习得性无助：通过反复接触逃脱不了或无法避免的厌恶事件习得，对厌恶环境的一种被动屈从。

习惯化：婴儿习惯一个刺激后，对这个刺激的反应或关注减少的现象。

习俗水平：科尔伯格提出的道德推理的第二个水平。在这一水平，个体内化了其他人的判断标准并利用它来进行道德推理。

系列位置效应：如果按某种顺序记忆信息，那么回忆最初和最后的项目的效果比回忆中间项目的效果好。

系统决策：在仔细考虑所有可能选项后作出决定。

罗夏墨迹测验：一种投射测验，由十张墨迹图片组成，要求被试描述图片；该测验可以用于测量人格、鉴别诊断、计划和评估治疗、预测行为。

显梦：弗洛伊德认为它是做梦者能够回忆的梦。

相关法：用来建立两个特征、事件或者行为之间的关系（相关）程度的方法。

相关系数：显示了两个变量之间关系的强度和方向的数值。范围是＋1.00（一个完美的正相关）到－1.00（一个完美的负相关）。

相配假说：人们倾向于选择与他们外貌和其他条件相似的爱人为配偶。

消极惩罚：由远离的结果引起的行为减少。

消退：在操作性条件反射中，由于强化的停止造成条件反射的减弱和最终消失；在经典条件作用中，由于不带有非条件刺激的条件刺激的反复呈现导致条件反射减弱和最终的消失。

消退期：性反应周期的最后阶段，在此期间身体恢复到未唤起的状态。

效度：测验能够测量出想要测量的东西的能力。

效果律：桑代克学习定律其中的一条，规定无论将来以同样方式作出的反应倾向是加强还是减弱，反应的结果或效果将是确定的。

心境障碍：极端的和不必要的情感和情绪障碍。

心理学：一门研究个体的行为及心理过程的科学。

精神药物依赖：是一种对药物带来的欣快感的欲望或无法抵制的冲动。

心理语言学：研究语言的获得、产生和应用，以及语言的语音和符号是如何转换为意义的。

精神障碍：造成情绪困扰和(或)实质性功能损害的心理过程和(或)行为模式。

心理疗法：运用心理学方法而不是生物方法针对情绪和行为障碍的治疗方法。

新生儿：出生一个月以内的婴儿。

信度：当同样的人参加测验并且之后在相同的测验或测验的另一种形式上进行再测，测验给出几乎相同的分数的能力。

信息素：由人和其他动物分泌的化学物质，能有效影响同一物种其他成员的行为。

信息加工理论：将人的思维比作电脑来研究心理结构和过程；一种研究思维结构和过程的方法，以计算机为模型来解释人类的思维。

形式概念：被一系列规则明确定义的形式定义或分类系统；也被称为人工概念。

兴奋期:性反应周期的第一阶段,以男性勃起和女性阴蒂肿胀阴道润滑为特征。

性别:以对作为男性或女性的行为的期望为基础,对于男性化或女性化的心理学和社会文化的定义。

性别分配:把一个生殖器模糊的孩子培育成男性或女性的决定。

性别恒定性:理解行为和服饰不会影响性别稳定性;在6到8岁获得。

性别角色:对每个性别的适宜行为的文化期待。

性别认同:成为男性或女性的感知;在2到3岁之间获得。

性别稳定性:意识到性别是恒久不变的特点;在4到5岁获得。

性传染病:主要通过亲密的性接触传播的感染病。

性反应周期:根据马斯特斯和约翰逊的观点,男性和女性性反应的典型周期由四个阶段组成:兴奋期、高原期、高潮期和消退期。

气质归因:把行为归于某些内部因素,比如一个人的特质、动机或态度,是一种内部归因。

性功能障碍:一种造成显著痛苦和人际交往困难的持续性或复发性问题,可能会涉及任何以下方面或组合——性欲、性唤起或者是性爱或高潮的快感。

性交:阴茎阴道性交。

性交疼痛:一种与性交相关的生殖器疼痛为标志的性交疼痛疾病;在女性中更为常见。

性取向:一个人的性吸引力、情欲和性活动的方向,朝向对立性别的成员(异性恋),朝向自己的性别(同性恋),朝向两种性别(双性恋)。

性染色体:一对决定人生物性别的染色体(女性XX,男性XY)。

性厌恶症:一种以厌恶和主动避免与性伴侣的生殖器接触为特征的性功能障碍。

性欲障碍:一种以性活动中的性欲或兴趣低或无为标志的性功能障碍。

雄激素:男性激素。

嗅觉:对气味的感觉。

嗅球:鼻腔上两个火柴头形状的结构,大脑当中首先获得嗅觉刺激的器官。

选择性注意:屏蔽不相关的感觉输入从而使得我们能将注意力集中在单一的信息资源上。

学习:通过经验获得的在行为、知识、能力和态度上比较持久的变化,不归因于疾病、损伤或者成熟。

学习障碍:智力分数在平均分或优秀范围内,但是在掌握某门具体的学业技能方面有困难,最常见的是阅读。

学者综合征:一个智力水平很低的人能完成高创造力或困难的心理技能的现象。

寻找替罪羊:寻找少数群体成员或其他无辜对象作为攻击对象,尽管他们与令人沮丧的情况无关。

压力:能够对个体产生威胁或挑战,并且必须伴随产生一些适应以及调节的行为模式的生理及心理的反应状态。

压力源：能够产生身体上和情绪上的压力的刺激或事件。

压抑：一种防御机制，包括将痛苦或有危险的记忆、思想或知觉从意识排除并压制在无意识中，也阻止无意识的性和攻击冲动进入意识。

阿斯伯格症：和自闭症儿童的特征相同，但是患儿拥有语言和认知技能。

演绎推理：从一般到特殊的推理，或者从一般原理中得出特殊结论。

厌恶疗法：一种行为疗法，令人厌恶的刺激伴随具有伤害性的或社会适应性不良的行为出现，直到这个行为变得和疼痛或不舒服的感觉联系在了一起。

验证：指采用不同的被试，最好是不同的调查者对研究进行重复，以证实研究结果。

样本：总体的一部分，用来得出关于整个群体的结论。

药物耐受性：当药效在机体内逐步降低，为达到与原来相等的反应和药效，机体就必须逐步增加用药剂量的一种状态。

耶克斯—多德森定律：认为当个人的唤醒水平最符合任务难度的要求时，行为表现也会达到最佳水平；简单的任务需要高唤醒水平，中等难度的任务需要中等的唤醒水平，复杂的任务需要较低的唤醒水平。

衣原体病：在两性中发现的具有高度感染性的性传染病，会导致女性不孕。

依恋：婴儿和照顾者之间的早期亲密关系。

移情：发生在精神分析中的一种情感反应，通过移情，来访者把重要关系中的感觉和态度对分析师呈现出来。

移置：发生在短时记忆的容量被用完时，每个新进入的项目取代了一个现存的并且之后被遗忘的项目。

遗传力：估计一个特质受遗传影响程度的指标。

遗觉象：几分钟后将视觉刺激从眼前拿走时，能够用保留的图像去回答关于视觉刺激的问题的一种保留视觉刺激图像的能力。

遗忘症：由意识缺失、大脑损伤或其他心理原因导致部分或全部记忆丧失。

疑病：躯体形式障碍的一种，人们会过分专注于自己的身体健康，并担心他们的躯体症状是一些严重疾病的信号，尽管医生已经保证他们没有任何疾病。

以情绪为焦点的应对：包括为了减少情绪的影响而重新评估压力源的应对。

来访者中心疗法：一种由卡尔·罗杰斯建立的无方向性的、人本主义的疗法，治疗师创造一个接纳的气氛并且表现出共情，让来访者解放自己并释放他们的自然天性从而来自我实现。

以退为进技巧：最开始提出一个小请求而得到良好的回应，目的在于使一个人更有可能同意之后更大的要求的一种策略。

以问题为焦点的应对：减少、缓和或排除压力源本身的一种直接应对。

异睡症：睡眠障碍，此时人的睡眠中出现通常只在清醒时期才会发生的行为和心理状态。

抑制解除效果：由于榜样这样做而没有受到惩罚从而表现出先前被抑制行为。
抑制效果：榜样由于表现出此行为受到惩罚，因而抑制这种行为。
意识：一个人随时可以感知到的思想、情感、感觉和记忆。
意识：在给定任何时间里，我们所能知觉到的一切——我们的想法、情感、感觉和对外界环境的知觉。
意识的其他状态：由睡眠、冥想、催眠和药物产生的在意识方面的改变。
因变量：实验最终所要测量的变量，假设变化是操纵自变量引起的。
因果假设：两个或更多个变量之间因果关系的预测。
阴道痉挛：一种由于不经意的肌肉收缩使得阴道收紧甚至关闭，从而导致性交疼痛或者无法性交的性交疼痛疾病。
双性人：一个人的内在器官与他或她的外在生殖器不同的情况。
音色：声音的独特品质，辨别同样音高和响度的声音。
音素：口语中的最小语音单位。
应对：一个人通过行动和思考去面对繁重或无法抵抗的事情的努力。
应用研究：基于具体解决实际问题并提高生活质量的研究。
有氧运动：是一种持续利用大量肌肉组织，重复活动并且增加氧的消耗和加快呼吸心跳的运动。
幼儿期遗忘：年龄较大的儿童和成人相对无法回忆起幼儿期的事件。
语素：语言的最小意义单位。
语言：一种运用一套按照语法规则组织的社会共同的、而不是任意的符号系统交流思想和感情的工具。
过度规则化：未正确运用语法规则来表述不规则名词的复数形式和动词过去式的现象。
语义：语素、词汇和句子的意义。
语义记忆：陈述性记忆的一种，保存常识或者主观事实和信息。
语音意识：对单词发音的敏感性以及对这一单词由哪些字母组成的认识。
预期性遗忘：遗忘原本打算做的事。
阈下知觉：感知和对低于阈值的刺激做出反应的能力。
元记忆：个体对自己记忆过程的认知和控制。
原始动机：由生理需求产生的紧张或者兴奋的状态，不需要学习。
原型（prototype）：包含了一个概念最共同、最典型特征的实例。
原型（archetypes）：存在于集体潜意识中，个体对人类普遍情境特定的遗传性反应倾向。
晕轮效应：通常把额外的有利的品质归于那些有魅力的人的倾向。
运动感觉：提供全身部位的相对位置和全身或部分位置移动的感官。
再认：个体必须确认事物是否熟悉或在之前是否遇到过的记忆任务。

再认启发法：一旦从认知启发迁移到决定的一个因素被识别出来，决策过程就终止的一种策略。

再学习法：测量记忆的一种方法，在这种方法中，记忆力表示再学习与初次学习相比节省时间的百分比。

早泄：在进入之前、之中或之后的短时间内但是在男性的期望之前，在微小刺激下发生性高潮和射精的一种慢性或复发性高潮障碍；男性中最常见的性功能障碍。

躁狂发作：以过度的兴奋、膨胀的自尊、盲目的乐观和多动为显著标志的一段时期，一旦患者的活动受到阻碍，他们就会产生敌意并且夸大妄想。

躁郁症：是心境障碍的一种，表现为躁狂发作和抑郁交替出现，患者处于两者之间时通常表现正常。

责任扩散：对出现紧急情况的现场，旁观者通常觉得应该与集体共同承担帮助的责任，与他/她单独一个人时承担全部的责任相比，每个人都感觉到较轻程度地被迫去帮助。

战或逃反应：交感神经系统在人们遇到威胁时促进激素的分泌，从而使躯体准备与威胁对抗或逃脱的反应。它是对压力的一种反应。

长时程增强(LTP)：突触中神经传递效率提高并持续几个小时或更长的现象。

长时记忆(LTM)：储存永久或相对永久记忆的记忆系统，这一记忆系统的存储容量没有已知的限制。

真两性畸形：同时拥有睾丸和卵巢的个体。

振幅：声音响度的测量；单位是分贝。

正强化：由于额外的结果而造成的行为上的增加。

知觉：感官信息被积极组织和解释的过程。

知觉定势：一种对于你将会知觉到什么的期待，可以影响你真正知觉到的东西。

知觉恒常性：当距离、看的角度和光线发生变化时，我们知觉事物的特性如尺寸、形状、亮度还是保持稳定的现象。

直觉：根据"直觉"或"本能"进行快速判断。

致幻剂：这一类的药物会改变和扭曲人对于时间和空间的观念，改变人的心情，使人产生虚幻的感觉，并导致幻觉；又名致幻剂。

致畸剂：对胎儿发育有消极影响的病毒和其他有害的化学制剂。

智力：个体理解复杂想法、有效适应环境、从经验中学习、进行不同形式的推理和通过心理努力克服困难的能力。

智力商数(IQ)：一种智力指数，最初通过个体心理年龄除以实际年龄然后乘以100得到，但是现在通过比较个体分数和其他同龄人的分数得到。

智力障碍：通过智力分数低于70并且相对其年龄而言有严重的适应功能缺陷所反映的智力低能。

中耳：该部分包括听小骨，它联系鼓膜和前庭窝并扩大声波。

中央凹：视网膜中心一小部分区域，因为它拥有锥体细胞的最大聚集量所以提供最清晰和最灵敏的视觉。

　　重度抑郁症：心境障碍的一种，表现为巨大的悲伤、失望和绝望。

　　重建：重建好比是一个事件的账户，由一些花絮拼凑起来，包括精确或不精确的信息。

　　逐步消除法：一种根据重要性标准逐步对选项进行评价的决策策略。

　　逐次接近法：一系列渐进的步骤，每一步都更类似于最后的期望反应。

　　主观夜：每24小时，生物钟告诉个体应该去睡觉。

　　注意：通过感觉分类并选择其中一些信息进一步再加工的过程。

　　注意缺陷多动障碍（ADHD）：以儿童注意力无法集中且身体过度活跃为特征的一种障碍。

　　专家系统：设计用来执行高度特殊功能的电脑程序。

　　专制型父母：专制型父母会随意制定规则，并想要孩子无条件服从，他们经常对孩子的错误行为进行体罚，并且重视服从权威。

　　转换障碍：躯体形式障碍的一种，一个人感受到运动和身体部分感觉功能的丧失；这种丧失没有生理原因，但是和一些心理问题有关。

　　状态依赖记忆效应：当人们身处与信息编码时相同的药理状态或心理状态时，回忆的效果更好。

　　视锥细胞：能使人在光线充足的条件下看到色彩和细节，但对弱光不起反应的视网膜上的光感受器细胞。

　　自闭症：儿童与同龄人相比语言能力十分有限，无法加入互惠的人际关系并且具有十分有限的兴趣范围等一系列症状。

　　自变量：实验中的因素或条件，被有意地操纵以确定它是否造成其他行为或条件的变化。

　　自然恢复：在一段休息时间过后有机体再接触最初的条件刺激而使一个已经消退的反应（以一个更弱的形式）重新出现。

　　自利性偏差：我们把自己的成功归于气质原因和把我们的失败归于情境原因的倾向。

　　自然概念：不是来自定义而是来自日常知觉和经验的概念；也被称为模糊概念。

　　自然观察：一种描述性研究方法，研究者观察和记录自然状态下的行为，没有影响和控制的意图。

　　自上而下的加工：一种信息加工过程，运用个体已有的经验和概念知识，以识别"整体"的自然性，然后逻辑上推断整体组成成分。

　　自我：在弗洛伊德的理论中，自我是人格合理、理性和现实部分，遵循现实原则。

　　自我实现：追求代表个人成就和成长自定义的目标。

　　自我效能：个体对自己是否能够成功地完成某一成就行为的主观判断。

　　自下而上的加工：一种信息加工过程，在这个过程中刺激的个体性成分在大脑里结合，先验知识被用来对这些组成模式进行推断。

　　自由联想：通过让病人展现出现在脑海中的随意的想法、感觉或图像，从而来探索无意识的一种精神分析技术。

　　自主运动错觉：明显感觉到的移动是由眼球的运动而不是由观察到物体的运动导致的。

　　综合行为婚姻疗法(IBCT)：同时强调行为改变和相互接纳的配偶疗法。

　　总体：研究者感兴趣的整个群体，研究者想把调查结果推广到这个群体；样本就是从这个群体中挑选出来的。

　　总体慢化：神经传导速度下降而导致的生理和心理功能的放缓。

　　纵向研究：在一段较长的时期内对同一组被试进行定期研究。

　　组块：将信息点组织或聚集成更大的单位，使其更加便于记忆的一种记忆策略。

　　最小可觉差(JND)：一个人能在50%的时间里检测到的最小感觉变化。

参考文献

"48% say Obama's inauguration signals new era of race relations." Retrieved February 14, 2009 from http://www.rasmussenreports.com/public_content/politics/obama_administration/january_2009/48_say_obama_s_inauguration_signals_new_era_of_race_relations.

Abbot, N. C., Stead, L. F., White, A. R., Barnes, J., & Ernst, E. (2000). Hypnotherapy for smoking cessation. *Cochrane Database System Review, 2,* CD001008.

Abe, M., Herzog, E., Yamazaki, S., Straume, M., Tei, H., Sakaki, Y., & Menaker, M. (2002). Circadian rhythms in isolated brain regions. *Journal of Neuroscience, 22,* 350–356.

Abraham, H., & Duffy, F. (2001). EEG coherence in post-LSD visual hallucinations. *Psychiatry Research: Neuroimaging, 107,* 151–163.

Abramowitz, J. S. (1997). Effectiveness of psychological and pharmacological treatments for obsessive-compulsive disorder: A quantitative review. *Journal of Consulting and Clinical Psychology, 65,* 44–52.

Abrams, D., Crisp, R., Marques, S., Fagg, E., Bedford, L., & Provias, D. (2008). Threat inoculation: Experienced and imagined intergenerational contact prevents stereotype threat effects on older people's math performance. *Psychology and Aging, 23,* 934–939.

Abrams, D., Wetherell, M., Cochrane, S., Hogg, M. A., & Turner, J. C. (1990). Knowing what to think by knowing who you are: Self-categorization and the nature of norm formation, conformity and group polarization. *British Journal of Social Psychology, 29*(Pt. 2), 97–119.

Accardo, P., Tomazic, T., Fete, T., Heaney, M., Lindsay, R., & Whitman, B. (1997). Maternally reported fetal activity levels and developmental diagnoses. *Clinical Pediatrics, 36,* 279–283.

Achtman, R., Green, C., & Bavelier, D. (2008). Video games as a tool to train visual skills. *Restorative Neurology and Neuroscience, 26,* 435–436.

Ackerman, S., Zuroff, D. C., & Moskowitz, D. S. (2000). Generativity in midlife and young adults: Links to agency, communion and subjective well-being. *International Journal of Aging and Human Development, 50,* 17–41.

Ackroyd, G., D'Cruz, O., & Sharp, S. (2007). *Somnambulism.* Retrieved February 7, 2009 from http://emedicine.medscape.com/article/1188854-overview.

Adam, M., & Reyna, V. (2005). Coherence and correspondence criteria for rationality: Experts' estimation of risks of sexually transmitted infections. *Journal of Behavioral Decision Making, 18,* 169–186.

Addis, M., & Mahalik, J. (2003). Men, masculinity, and the contexts of help seeking. *American Psychologist, 58,* 5–14.

Adelman, W., & Ellen, J. (2002). Adolescence. In A. Rudolph, R. Kamei, & K. Overby (Eds.), *Rudolph's fundamental of pediatrics* (3rd ed., pp. 70–109). New York: McGraw-Hill.

Ader, D., & Johnson, S. (1994). Sex in psychological research: Sampling, reports, analysis and discussion in APA journals. *American Psychologist, 49,* 216–218.

Ader, R. (1985). CNS immune systems interactions: Conditioning phenomena. *Behavioral and Brain Sciences, 9,* 760–763.

Ader, R. (2000). On the development of psychoneuroimmunology. *European Journal of Pharmacology, 405,* 167–176.

Ader, R., & Cohen, N. (1982). Behaviorally conditioned immunosuppression and murine systemic *Lupus erythematosus. Science, 215,* 1534–1536.

Adler, A. (1927). *Understanding human nature.* New York: Greenberg.

Adler, A. (1956). In H. L. Ansbacher & R. R. Ansbacher (Eds.), *The individual psychology of Alfred Adler: A systematic presentation in selections from his writings.* New York: Harper & Row.

Adler, J. (1997, Spring/Summer). It's a wise father who knows.... *Newsweek* [Special Edition], p. 73.

Adler, L., Spencer, T., McGough, J., Jiang, H., & Muniz, R. (2009). Long-term effectiveness and safety of dexmethylphenidate extended-release capsules in adult ADHD. *Journal of Attention Disorders, 12,* 449–459.

Agras, W. S., Walsh, T., Fairburn, C. G., Wilson, T., & Kraemer, H. C. (2000). A multicenter comparison of cognitive-behavioral therapy and interpersonal psychotherapy for bulimia nervosa. *Archives of General Psychiatry, 57,* 459–466.

Ahmad, S. (1994, November). *Culturally sensitive caregiving for the Pakistani woman.* Lecture presented at the Medical College of Virginia Hospitals, Richmond, VA.

Ainsworth, M. (2000). ABCs of "internet therapy." *Metanoia* [Electronic version]. Retrieved from www.metanoia.org.

Ainsworth, M. D. S. (1973). The development of infant-mother attachment. In B. Caldwell & H. Ricciuti (Eds.), *Review of child development research* (Vol. 3). Chicago: University of Chicago Press.

Ainsworth, M. D. S. (1979). Infant-mother attachment. *American Psychologist, 34,* 932–937.

Ainsworth, M. D. S., Blehar, M. C., Walters, E., & Wall, S. (1978). *Patterns of attachment.* Hillsdale, NJ: Erlbaum.

Ajdacic-Gross, V., Ring, M., Gadola, E., Lauber, C., Bopp, M., Gutzwiller, F., & Rossler, W. (2008). Suicide after bereavement: An overlooked problem. *Psychological Medicine, 38,* 673–676.

Akehurst, L., Bull, R., Vrij, A., & Kohnken, G. (2004). The effects of training professional groups and lay persons to use criterion-based content analysis to detect deception. *Applied Cognitive Psychology, 18,* 877–891.

Al-absi, M., Hugdahl, K., & Lovallo, W. (2002). Adrenocortical stress responses and altered working memory performance. *Psychophysiology, 39,* 95–99.

Albeck, S., & Kaydar, D. (2002). Divorced mothers: Their network of friends pre- and post-divorce. *Journal of Divorce & Remarriage, 36,* 111–138.

Albrecht, K. (1979). *Stress and the manager: Making it work for you.* Englewood Cliffs, NJ: Prentice-Hall.

Al-Dmour, H., & Al-Awamleh, R. (2002). Effects of transactional and transformational leadership styles of sales managers on job satisfaction and self-perceived performance of sales people: A study of Jordanian manufacturing public shareholding companies. *Dirasat: Administrative Sciences, 29*, 247–261.

Alexander, G. (2003). An evolutionary perspective of sex-typed toy preferences: Pink, blue, and the brain. *Archives of Sexual Behavior, 32*, 7–14.

Alexander, G., Wilcox, T., & Woods, R. (2009). Sex differences in infants' visual interest in toys. *Archives of Sexual Behavior, 38*, 427–433.

Alford, W., Malouff, J., & Osland, K. (2005). Written emotional expression as a coping method in child protective services officers. *International Journal of Stress Management, 12*, 177–187.

Ali, M., Blades, M., Oates, C., & Blumberg, F. (2009). Young children's ability to recognize advertisements in web page designs. *British Journal of Developmental Psychology, 27*, 71–83.

Alleman, J. (2002). Online counseling: The Internet and mental health treatment. *Psychotherapy: Theory, Research, Practice, Training, 39*, 199–209.

Allen, B. (2008). An analysis of the impact of diverse forms of childhood psychological maltreatment on emotional adjustment in early adulthood. *Child Maltreatment, 13*, 307–312.

Allen, B. P. (1997). *Personality theories: Development, growth, and diversity* (2nd ed.). Boston: Allyn & Bacon.

Allen, G., Buxton, R. B., Wong, E. C., & Courchesne, E. (1997). Attentional activation of the cerebellum independent of motor involvement. *Science, 275*, 1940–1943.

Allen, K. W. (1996). Chronic nailbiting: A controlled comparison of competing response and mild aversion treatments. *Behaviour Research and Therapy, 34*, 269–272.

Allison, T., Puce, A., & McCarthy, G. (2000). Social perception from visual cues: Role of the STS region. *Trends in Cognitive Sciences, 4*, 267–278.

Allport, G. W. (1954). *The nature of prejudice.* Reading, MA: Addison-Wesley.

Allport, G. W., & Odbert, J. S. (1936). Trait names: A psycholexical study. *Psychological Monographs, 47* (1, Whole No. 211), 1–171.

Al-Owidha, A., Green, K., & Kroger, J. (2009). On the question of an identity status category order: Rasch model step and scale statistics used to identify category order. *International Journal of Behavioral Development, 33*, 88–96.

Alsaker, F. D. (1995). Timing of puberty and reactions to pubertal changes. In M. Rutter (Ed.), *Psychosocial disturbances in young people* (pp. 37–82). New York: Cambridge University Press.

Altermatt, E., & Pomerantz, E. (2003). The development of competence-related and motivational beliefs: An investigation of similarity and influence among friends. *Journal of Educational Psychology, 95*, 111–123.

Amado, S., & Ulupinar, P. (2005). The effects of conversation on attention and peripheral detection: Is talking with a passenger and talking on the cell phone different? *Transportation Research, 8*, 383–395.

Aman, M., Hollway, J., Leone, S., Masty, J., Lindsay, R., Nash, P., & Arnold, L. (2009). Effects of risperidone on cognitive-motor performance and motor movements in chronically medicated children. *Research in Developmental Disabilities, 30*, 386–396.

Amato, S. (1998). Human genetics and dysmorphy. In R. Behrman & R. Kliegman (Eds.), *Nelson essentials of pediatrics* (3rd ed., pp. 167–225). Philadelphia: W. B. Saunders.

American Academy of Pediatrics (AAP). (2002). *Television: How it affects children.* Retrieved July 2, 2004 from http://www.aap.org/family/tv1.htm.

American Association of Retired Persons. (2002). *Evaluating health information on the Internet: How good are your sources?* Retrieved November 1, 2002, from http://www.aarp.org/confacts/health/wwwhealth.html.

American Cancer Society. (2002). *Cancer facts & figures/2002.* Retrieved November 10, 2002, from http://www.cancer.org/downloads/STT/CancerFacts&Figures2002TM.

American Indian Higher Education Consortium. (1999). *Tribal colleges: An introduction.* Alexandria, VA: Author. Retrieved June 15, 2006 from http://www.aihec.org/documents/Research/intro.pdf.

American Obesity Association. (2005). *Obesity surgery.* Retrieved June 1, 2009 from http://obesity1.tempdomainname.com/education/advisor.shtml.

American Psychiatric Association. (2000a). *Practice guidelines for eating disorders.* Retrieved January 31, 2005 from http://www.psych.org.

American Psychiatric Association. (2000b). *The diagnostic and statistical manual of mental disorders* (4th ed., Text Revision). Washington, DC: Author.

American Psychiatric Association. (2006). *Practice guidelines for treatment of patients with eating disorders* (3rd ed.). Retrieved October 12, 2006 from http://psych.org/psych_pract/treatg/pg/EatingDisorders3ePG_04-28-06.pdf.

American Psychological Association. (1994). *Interim report of the APA Working Group on Investigation of Memories of Childhood Abuse.* Washington, DC: Author.

American Psychological Association. (2000). Psychologists in the red [Online factsheet]. Retrieved March 7, 2002, from http://www.apa.org/ppo/issues/ebsinthered.html.

American Psychological Association (APA). (2002). Ethical principles of psychologists and code of conduct. *American Psychologist, 57*, 1060–1073.

American Psychological Association (APA). (2003b). Guidelines on multicultural education, training, research, practice, and organizational change for psychologists. *American Psychologist, 58*, 377–402.

Amminger, G., Leicester, S., Yung, A., Phillips, L., Berger, G., Francey, S., Yuen, H., & McGorry, P. (2006). Early-onset of symptoms predicts conversion to non-affective psychosis in ultra-high risk individuals. *Schizophrenia Research, 84*, 67–76.

Amodio, D., Devine, P., & Harmon-Jones, E. (2007). A dynamic model of guilt: Implications for motivation and self-regulation in the context of prejudice. *Psychological Science, 18*, 524–530.

An, J., & Cooney, T. (2006). Psychological well-being in mid to late life: The role of generativity development and parent-child relationships across the lifespan. *International Journal of Behavioral Development, 30*, 410–421.

Anand, B. K., & Brobeck, J. R. (1951). Hypothalamic control of food intake in rats and cats. *Yale Journal of Biological Medicine, 24*, 123–140.

Andersen, B. L., & Cyranowski, J. M. (1995). Women's sexuality: Behaviors, responses, and individual differences. *Journal of Consulting and Clinical Psychology, 63,* 891–906.

Anderson, C., & Bushman, B. (2001). Effects of violent video games on aggressive behavior, aggressive cognition, aggressive affect, physiological arousal, and prosocial behavior: A meta-analytic review of the scientific literature. *Psychological Science, 12,* 353–359.

Anderson, C. A., & Anderson, K. B. (1996). Violent crime rate studies in philosophical context: A destructive testing approach to heat and southern culture of violence effects. *Journal of Personality and Social Psychology, 70,* 740–756.

Anderson, C. A., & Dill, K. E. (2000). Video games and aggressive thoughts, feelings, and behavior in the laboratory and in life. *Journal of Personality & Social Psychology, 78,* 772–790.

Anderson, D. (2003). *Longitudinal study of formal operations in college students.* Paper presented at the annual Meeting of the American Psychological Association. August, 2003, Toronto, Ontario.

Anderson, R. (2002). Deaths: Leading causes for 2000. *National Vital Statistics Reports, 50* (16), 1–86.

Anderson, S., & Patrick, A. (2006). *Doctor Dolittle's delusion: Animals and the uniqueness of human language.* New Haven, CT: Yale University Press.

Andreasen, N. C., Arndt, S., Alliger, R., Miller, D., & Flaum, M. (1995). Symptoms of schizophrenia: Methods, meanings, and mechanisms. *Archives of General Psychiatry, 52,* 341–351.

Andreasen, N. C., & Black, D. W. (1991). *Introductory textbook of psychiatry.* Washington, DC: American Psychiatric Press.

Andreasen, N. C., Cohen, G., Harris, G., Cizaldo, T., Parkkinen, J., Rezai, K., & Swayze, V. W. (1992). Image processing for the study of brain structure and function: Problems and programs. *Journal of Neuropsychiatry and Clinical Neurosciences, 4,* 125–133.

Andrews, G., & Erskine, A. (2003). Reducing the burden of anxiety and depressive disorders: The role of computerized clinician assistance. *Current Opinion in Psychiatry, 16,* 41–44.

Anokhin, A., Vedeniapin, A., Sitevaag, E., Bauer, L., O'Connor, S., Kuperman, S., Porjesz, B., Reich, T., Begleiter, H., Polich, J., & Rohrbaugh, J. (2000). The P300 brain potential is reduced in smokers. *Psychopharmacology, 149,* 409–413.

Arafa, M., & Shamloul, R. (2007). A randomized study examining the effect of 3 SSRI on premature ejaculation using a validated questionnaire. *Therapeutics and Clinical Risk Management, 3,* 527–531.

Aram, D., & Levitt, I. (2002). Mother-child joint writing and storybook reading: Relations with literacy among low SES kindergarteners. *Merrill-Palmer Quarterly, 48,* 202–224.

Araujo, L. (2009). Stochastic parsing and evolutionary algorithms. *Applied Artificial Intelligence, 23,* 346–372.

Archer, J. (1991). The influence of testosterone on human aggression. *British Journal of Social Psychology, 82*(Pt. 1), 1–28.

Archer, J. (1996). Sex differences in social behavior: Are the social role and evolutionary explanations compatible? *American Psychologist, 51,* 909–917.

Arehart-Treichel, J. (2002). Researchers explore link between animal cruelty, personality disorders. *Psychiatric News, 37,* 22.

Ariatti, A., Benuzzi, F., & Nichelli, P. (2008). Recognition of emotions from visual and prosodic cues in Parkinson's disase. *Neurological Sciences, 29,* 219–227.

Armstrong, M., & Shikani, A. (1996). Nasal septal necrosis mimicking Wegener's granulomatosis in a cocaine abuser. *Ear Nose Throat Journal, 75,* 623–626.

Arnett, J. (2000). Emerging adulthood: A theory of development from the late teens through the twenties. *American Psychologist, 57,* 774–783.

Arnett, J. (2007). Socialization in emerging adulthood: From the family to the wider world, from socialization to self-socialization. In J. Grusec, & P. Hastings (Eds.), *Handbook of socialization: Theory and research* (pp. 208–231). New York: Guilford Press.

Arnett, J. J. (2001). Conceptions of the transition to adulthood: Perspectives from adolescence to midlife. Journal of Adult Development, 8, 133–143.

Aronson, E. (1988). *The social animal* (3rd ed.). San Francisco: W. H. Freeman.

Aronson, E., Stephan, W., Sikes, J., Blaney, N., & Snapp, M. (1978). *Cooperation in the classroom.* Beverly Hills, CA: Sage.

Arriaga, P., Esteyes, F., Carneiro, P., & Monteiro, M. (2006). Violent computer games and their effects on state hostility and physiological arousal. *Aggressive Behavior, 32,* 146–158.

Arriola, K., & Cole, E. (2001). Framing the affirmative-action debate: Attitudes toward out-group members and White identity. *Journal of Applied Social Psychology, 31,* 2462–2483.

Arthur, W., Day, E., McNelly, T., & Edens, P. (2003). A meta-analysis of the criterion-related validity of assessment center dimensions. *Personnel Psychology, 56,* 125–154.

Artman, L., Cahan, S., & Avni-Babad, D. (2006). Age, schooling, and conditional reasoning. *Cognitive Development, 21,* 131–145.

Asch, S. E. (1951). Effects of group pressure upon the modification and distortion of judgments. In H. Guetzkow (Ed.), *Groups, leadership, and men.* Pittsburgh, PA: Carnegie Press.

Asch, S. E. (1955). Opinions and social pressure. *Scientific American, 193,* 31–35.

Asher, S., & Paquette, J. (2003). Loneliness and peer relations in childhood. *Current Directions in Psychological Science, 12,* 75–78.

Aspendorf, J. B., Warkentink, V., & Baudonniere, P. M. (1996). Self-awareness and other-awareness II: Mirror self-recognition, social contingency awareness, and synchronic imitation. *Developmental Psychology, 32,* 313–321.

Assefi, S., & Garry, M. (2003). Absolut memory distortions: Alcohol placebos influence the misinformation effect. *Psychological Science, 14,* 77–80.

Astington, J., & Jenkins, J. (1999). A longitudinal study of the relation between language and theory-of-mind development. *Developmental Psychology, 35,* 1311–1320.

Athanasselis, T., Bakamadis, S., Dologlou, I., Cowie, R., Douglas-Cowie, E., & Cox, C. (2005). ASR for emotional speech: Clarifying the issues and enhancing performance. *Neural Networks, 18,* 437–444.

Atkins, P., & Wood, R. (2002). Self-versus others' ratings as predictors of assessment center ratings: Validation evidence for 360-degree feedback programs. *Personnel Psychology, 55*, 871–904.

Atkinson, R. C., & Shiffrin, R. M. (1968). Human memory: A proposed system and its controlled processes. In K. W. Spence & J. T. Spence (Eds.), *The psychology of learning and motivation* (Vol. 2, pp. 89–195). New York: Academic.

Au, J. G., & Donaldson, S. I. (2000). Social influences as explanations for substance use differences among Asian-American and European-American adolescents. *Journal of Psychoactive Drugs, 32*, 15–23.

Aubé, J., & Koestner, R. (1992). Gender characteristics and adjustment: A longitudinal study. *Journal of Personality and Social Psychology, 63*, 485–493.

Augustyn, M. (2003). "G" is for growing: Thirty years of research on children and *Sesame Street*. *Journal of Developmental & Behavioral Pediatrics, 24*, 451.

Aunola, K., Stattin, H., & Nurmi, J. E. (2000). Parenting styles and adolescents' achievement strategies. *Journal of Adolescence, 23*, 2205–2222.

Autism Society of America. (2006). *Treatment*. Retrieved July 18, 2006 from http://www.autism-society.org/site/PageServer?pagename=Treatment.

Axel, R. (1995, October). The molecular logic of smell. *Scientific American, 273*, 154–159.

Ayllon, T., & Azrin, N. (1965). The measurement and reinforcement of behavior of psychotics. *Journal of the Experimental Analysis of Behavior, 8*, 357–383.

Ayllon, T., & Azrin, N. (1968). *The token economy: A motivational system for therapy and rehabilitation*. New York: Appleton-Century-Crofts.

Azar, B. (2000). A web of research. *Monitor on Psychology, 31* [Online version]. Retrieved March 13, 2002, from http://www.apa.org/monitor/.

Azrin, N. H., & Holz, W. C. (1966). Punishment. In W. K. Honig (Ed.), *Operant behavior: Areas of research and application*. New York: Appleton-Century-Crofts.

Azurmendi, A., Braza, F., Sorozabal, A., García, A., Braza, P., Carreras, M., Muñoz, J., Cardas, J., & Sánchez-Martin, J. (2005). Cognitive abilities, androgen levels, and body mass index in 5-year-old children. *Hormones and Behavior, 48*, 187–195.

Babor, T. (2004). Brief treatments for cannabis dependence: Findings from a randomized multisite trial. *Journal of Consulting & Clinical Psychology, 72*, 455–466.

Bach, M., & Hoffman, M. B. (2000). Visual motion detection in man is governed by non-retinal mechanisms. *Vision Research, 40*, 2379–2385.

Bach, P., & Hayes, S. (2002). The use of acceptance and commitment therapy to prevent the rehospitalization of psychotic patients: A randomized controlled trial. *Journal of Consulting and Clinical Psychology, 70*, 1129–1139.

Bäckman, L., Almkvist, O., Nyberg, L., & Anderson, J. (2000). Functional changes in brain activity during priming in Alzheimer's disease. *Journal of Cognitive Neuroscience, 12*, 134–141.

Baddeley, A. (1998). *Human memory: Theory and practice*. Boston, MA: Allyn & Bacon.

Baer, J. (1996). The effects of task-specific divergent-thinking training. *Journal of Creative Behavior, 30*, 183–187.

Bagby, R. M., Rogers, R., & Buis, T. (1994). Detecting malingering and defensive responding on the MMPI-2 in a forensic inpatient sample. *Journal of Personality Assessment, 62*, 191–203.

Bahrick, H. P., Bahrick, P. O., & Wittlinger, R. P. (1975). Fifty years of memory for names and faces: A cross-sectional approach. *Journal of Experimental Psychology: General, 104*, 54–75.

Bahrick, H. P., Hall, L. K., & Berger, S. A. (1996). Accuracy and distortion in memory for high school grades. *Psychological Science, 7*, 265–271.

Bailey, B., & Konstan, J. (2006). On the need for attention-aware systems: Measuring effects of interruption on task performance, error rate, and affective state. *Computers in Human Behavior, 22*, 685–708.

Bailey, J. M., & Benishay, D. S. (1993). Familial aggregation of female sexual orientation. *American Journal of Psychiatry, 150*, 272–277.

Bailey, J. M., & Pillard, R. C. (1991). A genetic study of male sexual orientation. *Archives of General Psychiatry, 48*, 1089–1096.

Bailey, J. M., & Pillard, R. C. (1994). The innateness of homosexuality. *Harvard Mental Health Letter, 10*(7), 4–6.

Bailey, J. M., & Zucker, K. J. (1995). Childhood sex-typed behavior and sexual orientation: A conceptual analysis and quantitative review. *Developmental Psychology, 31*, 43–55.

Bailey, J. M., Nothnagel, J., & Wolfe, M. (1995). Retrospectively measured individual differences in childhood sex-typed behavior among gay men: Correspondence between self- and maternal reports. *Archives of Sexual Behavior, 24*, 613–622.

Bailey, J. M., Pillard, R. C., Neale, M. C., & Agyei, Y. (1993). Heritable factors influence sexual orientation in women. *Archives of General Psychiatry, 50*, 217–223.

Baillargeon, R., & DeVos, J. (1991). Object permanence in young infants: Further evidence. *Child Development, 62*, 1227–1246.

Bajic, D., & Rickard, T. (2009). The temporal dynamics of strategy execution in cognitive skill learning. *Journal of Experimental Psychology: Learning, Memory, and Cognition, 35*, 113–121.

Baker, L., Jacobson, K., Raine, A., Lozano, D., & Bezdjian, S. (2007). Genetic and environmental bases of childhood antisocial behavior: A multi-informant twin study. *Journal of Abnormal Psychology, 116*, 219–235.

Baldwin, J. D., & Baldwin, J. I. (1997). Gender differences in sexual interest. *Archives of Sexual Behavior, 26*, 181–210.

Ball, S. G., Baer, L., & Otto, M. W. (1996). Symptom subtypes of obsessive-compulsive disorder in behavioral treatment studies: A quantitative review. *Behaviour Research and Therapy, 34*, 47–51.

Ballenger, J. C., Pecknold, J., Rickels, K., & Sellers, E. M. (1993). Medication discontinuation in panic disorder. *Journal of Clinical Psychiatry, 54*(10, Suppl.), 15–21.

Baltes, P. B., Reese, H. W., & Lipsitt, L. P. (1980). Life-span developmental psychology. *Annual Review of Psychology, 31*, 65–110.

Baltimore, D. (2000). Our genome unveiled. *Nature, 409*, 814–816.

Bandura, A. (1969). *Principles of behavior modification*. New York: Holt, Rinehart & Winston.

Bandura, A. (1973). *Aggression: A social learning analysis.* Englewood Cliffs, NJ: Prentice-Hall.

Bandura, A. (1976). On social learning and aggression. In E. P. Hollander & R. C. Hunt (Eds.), *Current perspectives in social psychology* (4th ed., pp. 116–128). New York: Oxford University Press.

Bandura, A. (1977a). *Social learning theory.* Englewood Cliffs, NJ: Prentice-Hall.

Bandura, A. (1986). *Social functions of thought and action: A social-cognitive theory.* Englewood Cliffs, NJ: Prentice-Hall.

Bandura, A. (1997a, March). Self-efficacy. *Harvard Mental Health Letter, 13*(9), 4–6.

Bandura, A. (1997b). *Self-efficacy: The exercise of control.* New York: Freeman.

Bandura, A., Adams, N. E., & Beyer, J. (1977). Cognitive processes mediating behavioral change. *Journal of Personality and Social Psychology, 35,* 125–139.

Bandura, A., Jeffery, R. W., & Gajdos, E. (1975). Generalizing change through participant modeling with self-directed mastery. *Behaviour Research and Therapy, 13,* 141–152.

Bandura, A., Ross, D., & Ross, S. A. (1961). Transmission of aggression through imitation of aggressive models. *Journal of Abnormal and Social Psychology, 63,* 575–582.

Bandura, A., Ross, D., & Ross, S. A. (1963). Imitation of film-mediated aggressive models. *Journal of Abnormal and Social Psychology, 66,* 3–11.

Barbarich, N., McConaha, C., Gaskill, J., La Via, M., Frank, G., Achenbach, S., Plotnicov, K., & Kaye, W. (2004). An open trial of olanzapine in anorexia nervosa. *Journal of Clinical Psychiatry, 65,* 1480–1482.

Barberá, E. (2003). Gender schemas: Configuration and activation processes. *Canadian Journal of Behavioural Science, 35,* 176–184.

Bard, P. (1934). The neurohumoral basis of emotional reactions. In C. Murchison (Ed.), *Handbook of general experimental psychology* (pp. 264–311). Worcester, MA: Clark University Press.

Bargiel-Matusiewicz, K., Trzcieniecka-Green, A., Krupa, A., & Krzystanek, M. (2005). Reaction phases following HIV positive diagnosis. *Archives of Psychiatry and Psychotherapy, 7,* 63–69.

Barker, L. (2006). Teaching evolutionary psychology: An interview with David M. Buss. *Teaching of Psychology, 33,* 69–76.

Barnes, P., Bloom, B., & Nahin, R. (2008). Complementary and alternative medicine use among adults and children: United States, 2007. *National Health Statistics Reports, 12,* 1–24.

Barnett, R., & Hyde, J. (2001). Women, men, work, and family. *American Psychologist, 56,* 781–796.

Barrick, M., Mount, M., & Judge, T. (2001). Personality and performance at the beginning of the new millennium: What do we know and where do we go next? *International Journal of Selection and Assessment, 9,* 9–30.

Barsh, G. S., Farooqi, I. S., & O'Rahilly, S. (2000). Genetics of body-weight regulation. *Nature, 404,* 644–651.

Barsky, A. J. (1993, August). How does hypochondriasis differ from normal concerns about health? *Harvard Mental Health Letter, 10*(3), 8.

Bartlett, F. C. (1932). *Remembering: A study in experimental and social psychology.* London: Cambridge University Press.

Bartoshuk, L. M., & Beauchamp, G. K. (1994). Chemical senses. *Annual Review of Psychology, 45,* 419–449.

Barzman, D., McConville, B., Masterson, B., McElroy, S., Sethuraman, G., Moore, K., Kahwaty, A., & Nelson, D. (2005). Impulsive aggression with irritability and responsive to divalproex: A pediatric bipolar spectrum disorder phenotype? *Journal of Affective Disorders, 88,* 279–285.

Basco, M. (2006). *The bipolar workbook.* New York: Guilford Press.

Basic Behavioral Science Task Force of the National Advisory Mental Health Council. (1996). Basic behavioral science research for mental health: Perception, attention, learning, and memory. *American Psychologist, 51,* 133–142.

Basile, K., Chen, J., Lynberg, M., & Saltzman, L. (2007). Prevalence and characteristics of sexual violence victimization. *Violence and Victims, 22,* 437–448.

Bass, B. (1998). *Transformational leadership: Industrial, military and educational impact.* Mahwah, NJ: Lawrence Erlbaum.

Bass, B., Avolio, B., Jung, D., & Berson, Y. (2003). Predicting unit performance by assessing transformational and transactional leadership. *Journal of Applied Psychology, 88,* 207–218.

Bass, E., & Davis, L. (1988). *The courage to heal.* New York: Harper & Row.

Bassili, J. N. (1995). Response latency and the accessibility of voting intentions: What contributes to accessibility and how it affects vote choice. *Personality and Social Psychology Bulletin, 21,* 686–695.

Bates, M., Labouvie, D., & Voelbel, G. (2002). Individual differences in latent neuropsychological abilities at addictions treatment entry. *Psychology of Addictive Behaviors, 16,* 35–46.

Bateson, G. (1982). Totemic knowledge in New Guinea. In U. Neisser (Ed.), *Memory observed: Remembering in natural contexts.* San Francisco: W. H. Freeman.

Batson, C. (2006). "Not all self-interest after all": Economics of empathy-induced altruism. In D. De Cremer, M. Zeelenberg, & J. Murnighan (Eds.), *Social psychology and economics* (pp. 281–299). Mahwah, NJ: Lawrence Erlbaum Associates Publishers.

Baumrind, D. (1967). Child care practices anteceding three patterns of preschool behavior. *Genetic Psychology Monographs, 75,* 43–88.

Baumrind, D. (1971). Current patterns of parental authority. *Developmental Psychology Monographs, 4*(1, Pt. 2).

Baumrind, D. (1980). New directions in socialization research. *American Psychologist, 35,* 639–652.

Baumrind, D. (1991). The influence of parenting style on adolescent competence and substance use. *Journal of Early Adolescence, 11,* 56–95.

Bavelier, D., Tomann, A., Hutton, C., Mitchell, T., Corina, D., Liu, G., & Neville, H. (2000). Visual attention to the periphery is enhanced in congenitally deaf individuals. *Journal of Neuroscience, 20,* 1–6.

Bazan, S. (1998). Enhancing decision-making effectiveness in problem-solving teams. *Clinical Laboratory Management Review, 12,* 272–276.

Bean, P., Loomis, C., Timmel, P., Hallinan, P., Moore, S., Mammel, J., & Weltzin, T. (2004). Outcome variables for anorexic males and females one year after discharge from residential treatment. *Journal of Addictive Diseases, 23,* 83–94.

Bean, R., Perry, B., & Bedell, T. (2002). Developing culturally competent marriage and family therapists: Treatment guidelines for non-African American therapists working with African American families. *Journal of Marital & Family Therapy, 28,* 153–164.

Bechara, A. (2005). Decision making, impulse control and loss of willpower to resist drugs: A neurocognitive perspective. *Nature Neuroscience, 18,* 1458–1463.

Beck, A. T. (1976). *Cognitive therapy and the emotional disorders.* New York: New American Library.

Beck, A. T. (1991). Cognitive therapy: A 30-year retrospective. *American Psychologist, 46,* 368–375.

Beck, A. T. (1993). Cognitive therapy: Past, present, and future. *Journal of Consulting and Clinical Psychology, 61,* 194–198.

Beck, J. (1995). *Cognitive therapy: Basics and beyond.* New York: Guilford Press.

Beck, J. G. (1995). Hypoactive sexual desire disorder: An overview. *Journal of Consulting and Clinical Psychology, 63,* 919–927.

Bee, H., & Boyd, D. (2010). *The Developing Child* (12th ed.). Boston, MA: Allyn & Bacon.

Beets, M., & Foley, J. (2008). Association of father involvement and neighborhood quality with kindergartners' physical activity: A multilevel structural equation model. *American Journal of Health Promotion, 22,* 195–203.

Beets, M., & Pitetti, K. (2004). One-mile run/walk and body mass index of an ethnically diverse sample of youth. *Medicine & Science in Sports & Exercise, 36,* 1796–1803.

Beilin, H., & Fireman, G. (1999). The foundation of Piaget's theories: Mental and physical action. *Advances in Child Development and Behavior, 27,* 221–246.

Békésy, G. von. (1957). The ear. *Scientific American, 197,* 66–78.

Bekker, M., & Spoor, S. (2008). Emotional inhibition, health, gender, and eating disorders: The role of (over) sensitivity to others. In A. Vingerhoets, I. Nyklicek, & J. Denollet (Eds.), *Emotion regulation: Conceptual and clinical issues* (pp. 170–183). New York: Springer Science and Business Media.

Belcourt-Dittloff, A., & Stewart, J. (2000). Historical racism: Implications for Native Americans. *American Psychologist, 55,* 1164–1165.

Bell, A. P., Weinberg, M. S., & Hammersmith, S. K. (1981). *Sexual preference: Its development in men and women.* Bloomington: Indiana University Press.

Bell, L., & Bell, D. (2005). Family dynamics in adolescence affect midlife well-being. *Journal of Family Psychology, 19,* 198–207.

Bell, M. A., & Fox, N. A. (1992). The relationship between frontal brain electrical activity and cognitive development during infancy. *Child Development, 63,* 1142–1163.

Belsky, J., & Fearon, R. (2002). Infant-mother attachment security, contextual risk, and early development: A moderational analysis. *Development & Psychopathology, 14,* 293–310.

Belsky, J., Rovine, M., & Fish, M. (1989). The developing family system. In M. Gunnar (Ed.), *Minnesota symposium on child psychology: Vol. 22. Systems and development.* Hillsdale, NJ: Erlbaum.

Bem, S. (1974). The measurement of psychological androgyny. *Journal of Consulting and Clinical Psychology, 42,* 155–162.

Bem, S. L. (1977). On the utility of alternative procedures for assessing psychological androgyny. *Journal of Consulting and Clinical Psychology, 45,* 196–205.

Bem, S. L. (1981). Gender schema theory: A cognitive account of sex typing. *Psychological Review, 88,* 354–364.

Bem, S. L. (1985). Androgyny and gender schema theory: A conceptual and empirical integration. In T. B. Sonderegger (Ed.), *Nebraska symposium on motivation: Psychology of gender* (Vol. 32, pp. 179–226). Lincoln: University of Nebraska Press.

Benarroch, E. (2008). Suprachiasmatic nucleus and melatonin: Reciprocal interactions and clinical correlations. *Neurology, 71,* 594–598.

Benazzi, F. (2000). Late-life atypical major depressive episode: A 358-case study in outpatients. *American Journal of Geriatric Psychiatry, 8,* 117–122.

Bengtson, V., Rosenthal, C., & Burton, L. (1990). Families and aging: Diversity and heterogeneity. In R. H. Binstock & L. K. George (Eds.), *Handbook of aging and the social sciences* (3rd ed., pp. 263–287). San Diego: Academic.

Benjafield, J. G. (1996). *A history of psychology.* Boston: Allyn & Bacon.

Benjamin, L., & Crouse, E. (2002). The American Psychological Association's response to *Brown v. Board of Education*: The case of Kenneth B. Clark. *American Psychologist, 57,* 38–50.

Bennett, G., Seashore, H., & Wesman, A. (1990). *Differential aptitude test for personnel and career assessment.* San Antonio, TX: NCS Pearson.

Bennett, M. R. (2000). The concept of long-term potentiation of transmission at synapses. *Progress in Neurobiology, 60,* 109–137.

Bennett, N., Domachowske, J., & Grella, M. (2007). *Gonorrhea.* Retrieved July 13, 2009 from http://emedicine.medscape.com/article/964220-overview.

Bennett, W. I. (1990, November). Boom and doom. *Harvard Health Letter, 16,* 1–4.

Ben-Porath, Y. S., & Butcher, J. N. (1989). The comparability of MMPI and MMPI-2 scales and profiles. *Psychological Assessment: A Journal of Consulting and Clinical Psychology, 1,* 345–347.

Bensafi, M., Zelano, C., Johnson, B., Mainland, J., Khan, R., & Sobel, N. (2004). Olfaction: From sniff to percept. In M. Gazzaniga (Ed.), *The cognitive neurosciences* (pp. 259–280). Cambridge, MA: MIT Press.

Ben-Zur, H., Duvdevany, I., & Lury, L. (2005). Associations of social support and hardiness with mental health among mothers of adult children with intellectual disability. *Journal of Intellectual Disability Research, 49,* 54–62.

Berg, A., Hoffman, L., Hassing, L., McClearn, G., & Johansson, B. (2009). What matters, and what matters most, for change in life satisfaction in the oldest-old? A study over 6 years among individuals 80+. *Aging & Mental Health, 13,* 198–201.

Bergem, A. L. M., Engedal, K., & Kringlen, E. (1997). The role of heredity in late-onset Alzheimer's disease and vascular dementia. *Archives of General Psychiatry, 54,* 264–270.

Bergen, G., Chen, L., Warner, M., & Fingerhut, L. (2008). *Injury in the United States: 2007 chartbook.* Retrieved June

11, 2009 from http://www.cdc.gov/nchs/data/misc/injury2007.pdf.

Berkowitz, L. (1983). Aversively stimulated aggression: Some parallels and differences in research with animals and humans. *American Psychologist, 38,* 1135–1144.

Berkowitz, L. (1988). Frustrations, appraisals, and aversively stimulated aggression. *Aggressive Behavior, 14,* 3–11.

Berkowitz, L. (1990). On the formation and regulation of anger and aggression: A cognitive-neoassociationistic analysis. *American Psychologist, 45,* 494–503.

Bernat, E., Shevrin, H., & Snodgrass, M. (2001). Subliminal visual oddball stimuli evoke P300 component. *Clinical Neurophysiology, 112,* 159–171.

Berndt, T. J. (1992). Friendship and friends' influence in adolescence. *Current Directions in Psychological Science, 1,* 156–159.

Bernstein, I. L. (1985). Learned food aversions in the progression of cancer and its treatment. *Annals of the New York Academy of Sciences, 443,* 365–380.

Bernstein, I. L., Webster, M. M., & Bernstein, I. D. (1982). Food aversions in children receiving chemotherapy for cancer. *Cancer, 50,* 2961–2963.

Berquier, A., & Aston, R. (1992). Characteristics of the frequent nightmare sufferer. *Journal of Abnormal Psychology, 101,* 246–250.

Berry, J. W. (2003). Conceptual approaches to understanding acculturation. In K. M. Chun, P. B. Organista, & G. Marín (Eds.), *Acculturation: Advances in theory, measurement, and applied research* (pp. 17–38). Washington, DC: American Psychological Association.

Berry, J. W., Kim, U., Minde, T., & Mok, D. (1987). Comparative studies of acculturative stress. *International Migration Review, 21,* 491–511.

Berthoud, H., & Morrison, C. (2008). The brain, appetite, and obesity. *Annual Review of Psychology, 59,* 55–92.

Bhalla, R., Moraille-Bhalla, P., & Aronson, S. (2009). *Depression.* Retrieved June 11, 2009 from http://emedicine.medscape.com/article/286759-overview.

Bhatt, R., Wilk, A., Hill, D., & Rovee-Collier, C. (2004). Correlated attributes and categorization in the first half-year of life. *Developmental Psychobiology, 44,* 103–115.

Bhatt, S., Mbwana, J., Adeyemo, A., Sawyer, A., Hailu, A., & VanMeter, J. (2009). Lying about facial recognition: An fMRI study. *Brain and Cognition, 69,* 382–390.

Bhugra, D. (2005). The global prevalence of schizophrenia. *Public Library of Science, 5.* [Online only, no pages.] Retrieved July 18, 2006 from http://medicine.plosjournals.org/perlserv?request=getdocument&doi=10.1371/journal.pmed.0020151.

Bialystok, E., Shenfield, T., & Codd, J. (2000). Languages, scripts, and the environment: Factors in developing concepts of print. *Developmental Psychology, 36,* 66–76.

Bianchini, K., Etherton, J., Greve, K., Heinly, M., & Meyers, J. (2008). Classification accuracy of MMPI-2 validity scales in the detection of pain-related malingering: A known-groups study. *Assessment, 15,* 435–449.

Bienenfeld, D. (2008). *Personality disorders.* Retrieved June 12, 2009 from http://emedicine.medscape.com/article/294307-overview.

Bienvenu, O., Hettema, J., Neale, M., Prescott, C., & Kendler, K. (2007). Low extraversion and high neuroticism as indices of genetic and environmental risk for social phobia, agoraphobia, and animal phobia. *American Journal of Psychiatry, 164,* 1714–1721.

Bierman, A., Fazio, E., & Milkie, M. (2006). A multifaceted approach to the mental health advantage of the married: Assessing how explanations vary by outcome measure and unmarried group. *Journal of Family Issues, 27,* 554–582.

Bierut, L., Dinwiddie, S., Begleiter, H., Crowe, R., Hesselbrock, V., Nurnberger, J., Porjesz, B., Schuckit, M., & Reich, T. (1998). Familial transmission of substance dependence: Alcohol, marijuana, cocaine, and habitual smoking: A report from the collaborative study on the genetics of alcoholism. *Archives of General Psychiatry, 55,* 982–988.

Billiard, M., Pasquiré-Magnetto, V., Heckman, M., Carlander, B., Besset, A., Zachariev, Z., Eliaou, J. F., & Malafosse, A. (1994). Family studies in narcolepsy. *Sleep, 17,* S54–S59.

Biondi, M., & Picardi, A. (2003). Increased probability of remaining in remission from panic disorder with agoraphobia after drug treatment in patients who received concurrent cognitive-behavioural therapy: A follow-up study. *Psychotherapy & Psychosomatics, 72,* 34–42.

Birch, D. (1998). The adolescent parent: A fifteen-year longitudinal study of school-age mothers and their children. *Internal Journal of Adolescent Medicine & Health, 19,* 141–153.

Bishop, J., & Lane, R. C. (2000). Father absence and the attitude of entitlement. *Journal of Contemporary Psychotherapy, 30,* 105–117.

Bishop, R. (2005). Cognitive psychology: Hidden assumptions. In B. Slife, J. Reber, & F. Richardson (Eds.), *Critical thinking about psychology: Hidden assumptions and plausible alternatives.* Washington, DC: American Psychological Association.

Bjorklund, D. F., & Coyle, T. R. (1995). Utilization deficiencies in the development of memory strategies. In F. E. Weinert & W. Schneider (Eds.), *Research on memory development: State of the art and future directions.* Hillsdale, NJ: Erlbaum.

Bjorklund, D. F., Cassel, W. S., Bjorklund, B. R., Brown, R. D., Park, C. L., Ernst, K., & Owen, F. A. (2000). Social demand characteristics in children's and adults' memory and suggestibility: The effect of different interviewers on free recall and recognition. *Applied Cognitive Psychology, 14,* 421–433.

Björkqvist, K., Lagerspetz, K. M. J., & Kaukiainen, A. (1992). Do girls manipulate and boys fight? Developmental trends in regard to direct and indirect aggression. *Aggressive Behavior, 18,* 117–127.

Blagrove, M., & Hartnell, S. (2000). Lucid dreaming: Associations with internal locus of control, need for cognition and creativity. *Personality & Individual Differences, 28,* 41–47.

Blascovich, J., Wyer, N. A., Swart, L. A., & Kibler, J. L. (1997). Racism and racial categorization. *Journal of Personality and Social Psychology, 72,* 1364–1372.

Blatt, S. J., Sanislow, C. A., III, Zuroff, D. C., & Pilkonis, P. A. (1996). Characteristics of effective therapists: Further analyses of data from the National Institute of Mental Health Treatment of Depression Collaborative Research Program. *Journal of Consulting and Clinical Psychology, 64,* 1276–1284.

Blatt, S., Zuroff, D., & Hawley, L. (2009). Factors contributing to sustained therapeutic gain in outpatient treatments of depression. In R. Levy, & J. Ablon (Eds.), *Handbook of evidence-based psychodynamic psychotherapy: Bridging the gap between science and practice* (pp. 279–301). Totowa, NJ: Humana Press.

Blaylock, B. (2005). In memoriam: Elisabeth Kübler-Ross, 1926–2004. *Families, Systems, & Health, 23*, 108–109.

Blaylock, B. (2005). In memoriam: Elisabeth Kübler-Ross. *Family, Systems, & Health, 23*, 108–109.

Bloch, C., Kaiser, A., Kuenzli, E., Zappatore, D., Haller, S., Franceschini, R., Luedi, G., Radue, E., & Nitsch, C. (2009). The age of second language acquisition determines the variability in activation elicited by narration in three languages in Broca's and Wernicke's area. *Neuropsychologia, 47*, 625–633.

Bloom, B. S. (Ed.). (1985). *Developing talent in young people*. New York: Ballantine.

Bloom, B., & Cohen, R. (2007). Summary health statistics for U.S. children: National Health Interview Survey, 2006. *Vital Health Statistics, 10*, 1–87.

Bloomer, C. M. (1976). *Principles of visual perception*. New York: Van Nostrand Reinhold.

Blumenthal, J., Emery, C., Maden, D., Schiebolk, S., Walsh-Riddle, M., George, L., McKee, D., Higginbotham, M., Cobb, R., & Coleman, R. (1991). Long-term effects of exercise on physiological functioning in older men and women. *Journals of Gerontology: Psychological Sciences, 46*, P352–361.

Blumer, D. (2002). The illness of Vincent van Gogh. *American Journal of Psychiatry, 159*, 519–526.

Blyth, D. A., Simmons, R. G., Bulcroft, R., Felt, D., VanCleave, E. F., & Bush, D. M. (1981). The effects of physical development on self-image and satisfaction with body-image for early adolescent males. In R. G. Simmons (Ed.), *Research in community and mental health* (Vol. 2). Greenwich, CT: JAI.

Bobes, J., Gibert, J., Ciudad, A., Alvarez, E., Cañas, F., Carrasco, J., Gascón, J., Gómez, J., & Gutiérrez, M. (2003). Safety and effectiveness of olanzapine versus conventional antipsychotics in the acute treatment of first-episode schizophrenic inpatients. *Progress in Neuro-Psychopharmacology & Biological Psychiatry, 27*, 473–481.

Boer, D., Starkey, N., & Hodgetts, A. (2008). The California Psychological Inventory: 434- and 260-item editions. In G. Boyle, G. Matthews, & D. Saklofske (Eds.), *The SAGE handbook of personality theory and assessment, Vol. 2: Personality measurement and testing*. Thousand Oaks, CA: Sage Publications.

Bogen, J. E., & Vogel, P. J. (1963). Treatment of generalized seizures by cerebral commissurotomy. *Surgical Forum, 14*, 431.

Bohannon, J. N., III. (1988). Flashbulb memories for the Space Shuttle disaster: A tale of two theories. *Cognition, 29*, 179–196.

Bohannon, R., Larkin, P., Cook, A., Gear, J., & Singer, J. (1984). Decrease in timed balance test scores with aging. *Physical Therapy, 64*, 1067–1070.

Bollini, A., Walker, E., Hamann, S., & Kestler, L. (2004). The influence of perceived control and locus of control on the cortisol and subjective responses to stress. *Biological Psychology, 67*, 245–260.

Bonanno, G. A., Keltner, D., Holen, A., & Horowitz, M. J. (1995). When avoiding unpleasant emotions might not be such a bad thing: Verbal-autonomic response dissociation and midlife conjugal bereavement. *Journal of Personality and Social Psychology, 69*, 975–989.

Bonnefond, A., Härmä, M., Hakola, T., Sallinen, M., Kandolin, I., & Virkkala, J. (2006). Interaction of age with shift-related sleep-wakefulness, sleepiness, performance, and social life. *Experimental Aging Research, 32*, 185–208.

Bonson, K., Grant, S., Contoreggi, C., Links, J., Metcalfe, J., Weyl, H., Kurian, V., Ernst, M., & London, E. (2002). Neural systems and cue-induced cocaine craving. *Neuropsychopharmacology, 26*, 376–386.

Borbely, A. A. (1984). Sleep regulation: Outline of a model and its implications for depression. In A. A. Borbely & J. L. Valatx (Eds.), *Sleep mechanisms*. Berlin: Springer-Verlag.

Borbely, A. A., Achermann, P., Trachsel, L., & Tobler, I. (1989). Sleep initiation and initial sleep intensity: Interactions of homeostatic and circadian mechanisms. *Journal of Biological Rhythms, 4*, 149–160.

Borden, W. (2009). *Contemporary psychodynamic theory and practice*. Chicago: Lyceum Books.

Boren, J., Leventhal, A., & Pigott, H. (2009). Just how effective are antidepressant medications? Results of a major new study. *Journal of Contemporary Psychotherapy, 139*, 93–100.

Bornstein, M., DiPietro, J., Hahn, C., Painter, K., Haynes, O., & Costigan, K. (2002). Prenatal cardiac function and postnatal cognitive development: An exploratory study. *Infancy, 3*, 475–494.

Boron, J., Turiano, N., Willis, S., & Schaie, K. (2007). Effects of cognitive training on change in accuracy in inductive reasoning ability. *Journals of Gerontology: Series B: Psychological Sciences and Social Sciences, 62B*, P45–P52.

Boscardin, C., Muthén, B., Fisher, D., & Baker, E. (2008). Early identification of reading difficulties using heterogeneous developmental trajectories. *Journal of Educational Psychology, 100*, 192–208.

Bosse, R., Aldwin, C. M., Levenson, M. R., & Workman-Daniels, K. (1991). How stressful is retirement? *Journal of Gerontology, 46*, 9–14.

Bouchard, T. J., Jr. (1994). Genes, environment, and personality. *Science, 264*, 1700–1701.

Bouchard, T. J., Jr. (1997, September/October). Whenever the twain shall meet. *The Sciences, 37*, 52–57.

Bouchard, T. J., Jr., Lykken, D. T., McGue, M., Segal, N. L., & Tellegen, A. (1990). Sources of human psychological differences: The Minnesota study of twins reared apart. *Science, 250*, 223–228.

Bouhuys, A., Flentge, F., Oldehinkel, A., & van den Berg, M. (2004). Potential psychosocial mechanisms linking depression to immune function in elderly subjects. *Psychiatry Research, 127*, 237–245.

Bourassa, M., & Vaugeois, P. (2001). Effects of marijuana use on divergent thinking. *Creativity Research Journal, 13*, 411–416.

Bouton, M., Vurbic, D., & Woods, A. (2008). D-Cycloserine facilitates context-specific fear extinction learning. *Neurobiology of Learning and Memory, 90*, 504–510.

Bovbjerg, D. H., Redd, W. H., Maier, L. A., Holland, J. C., Lesko, L. M., Niedzwiecki, D., Rubin, S. C., & Hakes, T.

B. (1990). Anticipatory immune suppression and nausea in women receiving cyclic chemotherapy for ovarian cancer. *Journal of Consulting and Clinical Psychology, 58,* 153–157.

Bowden, C., Lecrubier, Y., Bauer, M., Goodwin, G., Greil, W., Sachs, G., & von Knorring, L. (2000). Maintenance therapies for classic and other forms of bipolar disorder. *Journal of Affective Disorders, 59*(1), S57–S67.

Bowen, C. (2003). A case study of job analysis. *Journal of Psychological Practice, 8,* 46–55.

Bowen-Reid, T., & Harrell, J. (2002). Racist experiences and health outcomes: An examination of spirituality as a buffer. *Journal of Black Psychology, 28,* 18–36.

Bower, G. H. (1973, October). How to . . . uh . . . remember! *Psychology Today,* 63–70.

Bower, G. H., Thompson-Schill, S., & Tulving, E. (1994). Reducing retroactive interference: An interference analysis. *Journal of Experimental Psychology: Learning, Memory, and Cognition, 20,* 51–66.

Bowers, K. S. (1992). Imagination and dissociative control in hypnotic responding. *International Journal of Clinical and Experimental Hypnosis, 40,* 253–275.

Bowlby, J. (1969). *Attachment and loss* (Vol. 1). New York: Basic Books.

Boyce, J., & Shone, G. (2006). Effects of aging on smell and taste. *Postgraduate Medical Journal, 82,* 239–241.

Boyce, W., & Shonkoff, J. (2009). Developmental-behavioral pediatrics. In C. Rudolph, A. Rudolph, M. Hostetter, G. Lister, & N. Siegel (Eds.), *Rudolph's pediatrics* (22nd ed. pp. 401–532). New York: McGraw-Hill.

Boyles, S. (2007). *CDC: 2 million in U.S. have chlamydia.* Retrieved June 8, 2009 from http://www.medicinenet.com/script/main/art.asp?articlekey=82607.

Bozorg, A., & Benbadis, S. (2008). *Narcolepsy.* Retrieved February 7, 2009 from http://emedicine.medscape.com/article/1188433-overview.

Brady, S., & Matthews, K. (2006). Effects of media violence on health-related outcomes among young men. *Archives of Pediatric Adolescent Medicine, 160,* 341–347.

Brain imagining and psychiatry—Part I. (1997, January). *Harvard Mental Health Letter, 13,* 1–4.

Braten, L., & Olaussen, B. (1998). The learning and study strategies of Norwegian first-year college students. *Learning & Individual Differences, 10,* 309–327.

Brawman-Mintzer, O., & Lydiard, R. B. (1996). Generalized anxiety disorder: Issues in epidemiology. *Journal of Clinical Psychiatry, 57*(7, Suppl.), 3–8.

Brawman-Mintzer, O., & Lydiard, R. B. (1997). Biological basis of generalized anxiety disorder. *Journal of Clinical Psychiatry, 58*(3, Suppl.), 16–25.

Bray, G. A., & Tartaglia, L. A. (2000). Medicinal strategies in the treatment of obesity. *Nature, 404,* 672–677.

Breckler, S. J. (1984). Empirical validation of affect, behavior, and cognition as distinct attitude components. *Journal of Personality and Social Psychology, 47,* 1191–1205.

Breedlove, S. M. (1994). Sexual differentiation of the human nervous system. *Annual Review of Psychology, 45,* 389–418.

Breggin, P., & Cohen, D. (2000). *Your drug may be your problem: How and why to stop taking psychiatric medications.* New York: HarperCollins.

Breivik, H., Collett, B., Ventafridda, V., Cohen, R., & Gallacher, D. (2006). Survey of chronic pain in Europe: Prevalence, impact on daily life, and treatment. *European Journal of Pain, 10,* 287–333.

Breland, K., & Breland, M. (1961). The misbehavior of organisms. *American Psychologist, 16,* 681–684.

Brennan, A., Chugh, J., & Kline, T. (2002). Traditional versus open office design. *Environment and Behavior, 34,* 279–299.

Brenner, I. (2009). A new view from the Acropolis: Dissociative identity disorder. *Psychoanalytic Quarterly, 78,* 57–105.

Brent, D. A., Bridge, J., Johnson, B. A., & Connolly, J. (1996). Suicidal behavior runs in families: A controlled family study of adolescent suicide victims. *Archives of General Psychiatry, 53,* 1145–1152.

Brent, D., Oquendo, M., Birmaher, B., Greenhill, L., Kolko, D., Stanley, B., Zelazny, J., Brodsky, B., Bridge, J., Ellis, S., Salazar, J., & Mann, J. (2002). Familial pathways to early-onset suicide attempt. *Archives of General Psychiatry, 59,* 801.

Bressan, P., & Pizzighello, S. (2008). The attentional cost of inattentional blindness. *Cognition, 106,* 379–383.

Bretherton, I. (1992). The origins of attachment theory: John Bowlby and Mary Ainsworth. *Developmental Psychology, 28,* 759–775.

Brett, J., & Atwater, L. (2001). 360-degree feedback: Accuracy, reactions, and perceptions of usefulness. *Journal of Applied Psychology, 86,* 930–942.

Brewer, C., Hopkins, J., Kimble, G., Matlin, M., McCann, L., McNeil, O., Nodine, B., Quinn, V., & Saundra. (1993). Curriculum. In T. McGovern (Ed.), *Handbook for enhancing undergraduate education in psychology* (pp. 161–182). Washington, DC: APA.

Bridges, K. M. B. (1932). Emotional development in early infancy. *Child Development, 3,* 324–341.

Briese, V., Stammwitz, U., Friede, M., & Henneicke-von Zepelin, H. (2007). Black cohosh with or without St. John's wort for symptom-specific climacteric treatment: Results of a large-scale, controlled, observational study. *Maturitas, 57,* 405–414.

Brigham, J., Bennett, L., Meissner, C., & Mitchell, T. (2007). The influence of race on eyewitness memory. In R. Lindsay, D. Ross, J. Read, & M. Toglia (Eds.), *Handbook of eyewitness psychology: Memory for people* (pp. 257–281). Mahwah, NJ: Lawrence Erlbaum & Associates.

Brody, A., Saxena, S., Fairbanks, L., Alborzian, S., Demaree, H., Maidment, K., & Baxter, L. (2000). Personality changes in adult subjects with major depressive disorder or obsessive-compulsive disorder treated with paroxetine. *Journal of Clinical Psychiatry, 61,* 349–355.

Brody, J. E. (1995, August 30). Hormone replacement therapy for men: When does it help? *The New York Times,* p. C8.

Brondolo, E., ver Halen, N., Pencille, M., Beatty, D., & Contrada, R. (2009). Coping with racism: A selective review of the literature and a theoretical and methodological critique. *Journal of Behavioral Medicine, 32,* 64–88.

Bronfenbrenner, U. (1979). *The ecology of human development.* Cambridge, MA: Harvard University Press.

Bronfenbrenner, U. (1989). Ecological systems theory. *Annals of Child Development, 6,* 187–249.

Bronfenbrenner, U. (1993). The ecology of cognitive development: Research methods and fugitive findings. In R. Wozniak and K. Fischer (Eds.), *Development in context: Acting and thinking in specific environments*. Hillsdale, NJ: Erlbaum.

Brook, J., Pahl, K., & Rubenstone, E. (2008). Epidemiology of addiction. In M. Galanter, & H. Kleber, (Eds.), *The American Psychiatric Publishing textbook of substance abuse* (4th ed.). (pp. 29–45), Arlington, VA: American Psychiatric Publishing, Inc.

Brook, U., & Boaz, M. (2005). Attention deficit and hyperactivity disorder/learning disabilities (ADHD/LD): Parental characterization and perception. *Patient Education & Counseling, 57*, 96–100.

Broughton, W. A., & Broughton, R. J. (1994). Psychosocial impact of narcolepsy. *Sleep, 17*, S45–S49.

Brown, A. (2004). The déjà vu illusion. *Current Directions in Psychological Science, 13*, 256–259.

Brown, A., & Day, J. (1983). Macrorules for summarizing text: The development of expertise. *Journal of Verbal Learning and Verbal Behavior, 22*, 1–14.

Brown, G. W., Harris, T. O., & Hepworth, C. (1994). Life events and endogenous depression: A puzzle reexamined. *Archives of General Psychiatry, 51*, 525–534.

Brown, M., & Treviño, L. (2009). Leader-follower values congruence: Are socialized charismatic leaders better able to achieve it? *Journal of Applied Psychology, 94*, 478–490.

Brown, R. (1973). *A first language: The early stages*. Cambridge, MA: Harvard University Press.

Brown, R. J., & Donderi, D. C. (1986). Dream content and self-reported well-being among recurrent dreamers, past-recurrent dreamers, and nonrecurrent dreamers. *Journal of Personality and Social Psychology, 50*, 612–623.

Brown, R., & Kulik, J. (1977). Flashbulb memories. *Cognition, 5*, 73–99.

Brown, R., & McNeil, D. (1966). The "tip of the tongue" phenomenon. *Journal of Verbal Learning and Verbal Behavior, 5*, 325–337.

Brown, R., Cazden, C., & Bellugi, U. (1968). The child's grammar from I to III. In J. P. Hill (Ed.), *Minnesota symposium on child psychology* (Vol. 2, pp. 28–73). Minneapolis: University of Minnesota Press.

Brown, T. (2007). Relationships among dimension of temperament and DSM-IV anxiety and mood disorder constructs. *Journal of Abnormal Psychology, 116*, 313–328.

Brownell, K. D., & Wadden, T. A. (1992). Etiology and treatment of obesity: Understanding a serious, prevalent, and refractory disorder. *Journal of Consulting and Clinical Psychology, 60*, 505–517.

Bruce, M. (2006). A systematic and conceptual review of posttraumatic stress in childhood cancer survivors and their parents. *Clinical Psychology Review, 26*, 233–256.

Bruch, M., Fallon, M., & Heimberg, R. (2003). Social phobia and difficulties in occupational adjustment. *Journal of Counseling Psychology, 50*, 109–117.

Brummett, B., Babyak, M., Williams, R., Barefoot, J., Costa, P., & Siegler, I. (2006). NEO personality domains and gender predict levels and trends in body mass index over 14 years during midlife. *Journal of Research in Personality, 40*, 222–236.

Brundage, S. (2002). *Preconception health care*. Retrieved November 30, 2006 from http://www.aafp.org/afp/20020615/2507.html.

Brunetti, A., Carta, P., Cossu, G., Ganadu, M., Golosio, B., Mura, G., & Pirastru, M. (2002). A real-time classification system of thalassemic pathologies based on artificial neural networks. *Medical Decision Making, 22*, 18–26.

Brydon, L., Magid, K., & Steptoe, A. (2006). Platelets, coronary heart disease, and stress. *Brain, Behavior, and Immunity, 20*, 113–119.

Buchanan, N., & Fitzgerald, L. (2008). Effects of racial and sexual harassment on work and the psychological well-being of African American women. *Journal of Occupational Health Psychology, 13*, 137–151.

Buchert, S., Laws, E., Apperson, J., & Bregman, N. (2008). First impressions and professor reputation: Influence on student evaluations of instruction. *Social Psychology of Education, 11*, 397–408.

Buckingham, H. W., Jr., & Kertesz, A. (1974). A linguistic analysis of fluent aphasics. *Brain and Language, 1*, 29–42.

Bucur, B., Madden, D., Spaniol, J., Provenzale, J., Cabeza, R., White, L., & Huettel, S. (2008). Age-related slowing of memory retrieval: Contributions of perceptual speed and cerebral white matter integrity. *Neurobiology of Aging, 29*, 1070–1079.

Buhusi, C., & Meck, W. (2002). Differential effects of methamphetamine and haloperidol on the control of an internal clock. *Behavioral Neuroscience, 116*, 291–297.

Buis, J. M., & Thompson, D. N. (1989). Imaginary audience and personal fable: A brief review. *Adolescence, 24*, 773–781.

Buller, D. B., Burgoon, M., Hall, J. R., Levine, N., Taylor, A. M., Beach, B. H., Melcher, C., Buller, M. K., Bowen, S. L., Hunsaker, F. G., & Bergen, A. (2000). Using language intensity to increase the success of a family intervention to protect children from ultraviolet radiation: Predictions from language expectancy theory. *Preventive Medicine, 30*, 103–113.

Bunderson, J., & Sutcliffe, K. (2003). Management team learning orientation and business unit performance. *Journal of Applied Psychology, 88*, 552–560.

Bureau of Justice Statistics. (2005). *Criminal victimization in the United States: Statistics tables*. Retrieved February 14, 2009 from http://www.ojp.gov/bjs/abstract/cvusst.htm.

Burke, A., Heuer, F., & Reisberg, D. (1992). Remembering emotional events. *Memory and Cognition, 20*, 277–290.

Burns, J., & Swerdlow, R. (2003). Right orbitofrontal tumor with pedophilia symptom and constructional apraxia sign. *Archives of Neurology, 60*, 437–440.

Burns, P., & Schapper, J. (2008). The ethical case for affirmative action. *Journal of Business Ethics, 83*, 369–379.

Burt, D. B., Zembar, M. J., & Niederehe, G. (1995). Depression and memory impairment: A meta-analysis of the association, its pattern, and specificity. *Psychological Bulletin, 117*, 285–305.

Burton, D. (2003). Male adolescents: Sexual victimization and subsequent sexual abuse. *Child & Adolescent Social Work Journal, 20*, 277–296.

Bushman, B. (2002). Does venting anger feed or extinguish the flame? Catharsis rumination, distraction, anger and aggressive responding. *Personality & Social Psychology Bulletin, 28*, 724–731.

Bushman, B. J. (1995). Moderating role of trait aggressiveness in the effects of violent media on aggression. *Journal of Personality and Social Psychology, 69*, 950–960.

Bushman, B., & Cantor, J. (2003). Media ratings for violence and sex: Implications for policymakers and parents. *American Psychologist, 58*, 130–141.

Bushman, B., & Huesmann, R. (2006). Short-term and long-term effects of violent media on aggression in children and adults. *Archives of Pediatric Adolescent Medicine, 160*, 348–352.

Buss, D. (1998). Sexual strategies theory: Historical origins and current status. *The Journal of Sex Research, 35*, 19–32.

Buss, D. (2003). *The evolution of desire: Strategies of human mating*. New York: Basic Books.

Buss, D. M. (1994). The strategies of human mating. *American Scientist, 82*, 238–249.

Buss, D. M. (1999). *Evolutionary psychology: The new science of the mind*. Boston: Allyn & Bacon.

Buss, D. M. (2000a). *The dangerous passion: Why jealousy is as necessary as sex and love*. New York: Free Press.

Buss, D. M. (2000b). Desires in human mating. *Annals of the New York Academy of Sciences, 907*, 39–49.

Buss, D. M., Abbott, M., Angleitner, A., Asherian, A., Biaggio, A., Blanco-Villasenor, A., Bruchon-Schweitzer, M., et al. (1990). International preferences in selecting mates: A study of 37 cultures. *Journal of Cross-Cultural Psychology, 21*, 5–47.

Buss, D., Larsen, R., Westen, D., & Semmelroth, J. (1992). Sex differences in jealousy: Evolution, physiology, and psychology. *Psychological Science, 3*, 251–255.

Buss, D., & Shackelford, T. (2008). Attractive women want it all: Good genes, economic investment, parenting proclivities, and emotional commitment. *Evolutionary Psychology, 6*, 134–146.

Buss, D., Shackelford, T., Kirkpatrick, L., & Larsen, R. (2001). A half century of mate preferences: The cultural evolution of values. *Journal of Marriage and the Family, 63*, 491–503.

Bussey, K., & Bandura, A. (1999). Social cognitive theory of gender development and differentiation. *Psychological Review, 106*, 676–713.

Butcher, J. N. (1992, October). International developments with the MMPI–2. *MMPI–2 News & Profiles, 3*, 4.

Butcher, J. N., & Graham, J. R. (1989). *Topics in MMPI–2 interpretation*. Minneapolis: Department of Psychology, University of Minnesota.

Butcher, J. N., & Rouse, S. V. (1996). Personality: Individual differences and clinical assessment. *Annual Review of Psychology, 47*, 89–111.

Butcher, J. N., Dahlstrom, W. G., Graham, J. R., Tellegen, A., & Kaemmer, B. (1989). *Manual for the restandardized Minnesota Multiphasic Personality Inventory: MMPI–2. An administrative and interpretive guide*. Minneapolis: University of Minnesota Press.

Butcher, J. N., Graham, J. R., & Ben-Porath, Y. S. (1995). Methodological problems and issues in MMPI, MMPI-2, and MMPI-A research. *Psychological Assessment, 7*, 320–329.

Butler, L., Waelde, L., Hastings, T., Chen, X., Symons, B., Marshall, J., Kaufman, A., & Nagy, T. (2008). Meditation with yoga, group therapy with hypnosis, and psychoeducation for long-term depressed mood: A randomized pilot trial. *Journal of Clinical Psychology, 64*, 806–820.

Butler, R., & Lewis, M. (1982). *Aging and mental health* (3rd ed.). St. Louis: Mosby.

Byne, W. (1993). Sexual orientation and brain structure: Adding up the evidence. Paper presented at the annual meeting of the International Academy of Sex Research. Pacific Grove, CA.

Byne, W. (1994). The biological evidence challenged. *Scientific American, 270*, 50–55.

Cabýoglu, M., Ergene, N., & Tan, U. (2006). The mechanism of acupuncture and clinical applications. *International Journal of Neuroscience, 116*, 115–125.

Cahill, L., & McGaugh, J. (1995). A novel demonstration of enhanced memory associated with emotional arousal. *Consciousness & Cognition, 4*, 410–421.

Cahn, B., & Polich, J. (2006). Meditation states and traits: EEG, ERP, and neuroimaging studies. *Psychological Bulletin, 132*, 180–211.

Cain, C., & LeDoux, J. (2008). Emotional processing and motivation: In search of brain mechanisms. In A. Eliot (Ed.), *Handbook of approach and avoidance motivation* (pp. 17–34). New York: Psychology Press.

Calhoun, S., & Dickerson Mayes, S. (2005). Processing speed in children with clinical disorders. *Psychology in the Schools, 42*, 333–343.

Camp, D. S., Raymond, G. A., & Church, R. M. (1967). Temporal relationship between response and punishment. *Journal of Experimental Psychology, 74*, 114–123.

Campbell, F., & Ramey, C. (1994). Effects of early intervention on intellectual and academic achievement: A follow-up study of children from low-income families. *Child Development, 65*, 684–698.

Campbell, F., Pungello, E., Miller-Johnson, S., Burchinal, M., & Ramey, C. (2001). The development of cognitive and academic abilities: Growth curves from an early childhood educational experiment. *Developmental Psychology, 37*, 231–242.

Campbell, F., Ramey, D., Pungello, E., Spurling, J., & Miller-Johnson, S. (2002). Early childhood education: Young adult outcomes from the Abecedarian Project. *Applied Developmental Science, 6*, 42–57.

Campbell, F., Wasik, B., Pungello, E., Burchinal, M., Barbarin, O., Kainz, K., Sparling, J., & Ramey, C. (2008). Young adult outcomes of the Abecedarian and CARE early childhood educational interventions. *Early Childhood Research Quarterly, 23*, 452–466.

Campbell, S. S. (1985). Spontaneous termination of ad libitum sleep episodes with special reference to REM sleep. *Electroencephalography & Clinical Neurophysiology, 60*, 237–242.

Campos, J. J., Langer, A., & Krowitz, A. (1970). Cardiac responses on the visual cliff in prelocomotor human infants. *Science, 170*, 196–197.

Camras, L., Meng, Z., Ujiie, T., Dharamsi, S., Miyake, K., Oster, H., Wang, L., Cruz, J., Murdoch, A., & Campos, J. (2002). Observing emotion in infants: Facial expression, body behavior, and rater judgments of responses to an expectancy-violating event. *Emotion, 2*, 179–193.

Cannon, T., Cadenhead, K., Cornblatt, B., Woods, S., Addington, J., Walker, E., Seidman, L., Perkins, D., Tsuang, M., McGlashan, T., & Heinssen, R. (2008). *Archives of General Psychiatry, 65*, 28–37.

Cannon, T. D., Kaprio, J, Lönnqvist, J., Huttunen, M., & Koskenvuo, M. (1998). The genetic epidemiology of schizophrenia in a Finnish twin cohort: A population-based modeling study. *Archives of General Psychiatry, 55*, 67–74.

Cannon, W. B. (1927). The James-Lange theory of emotions: A critical examination as an alternative theory. *American Journal of Psychology, 39*, 106–112.

Cannon, W. B. (1929). *Bodily changes in pain, hunger, fear and rage* (2nd ed.). New York: Appleton.

Cannon, W. B. (1935). Stresses and strains of homeostasis. *American Journal of Public Health, 189*, 1–14.

Capel, B. (2000). The battle of the sexes. *Mechanisms of Development, 92*, 89–103.

Caramaschi, D., de Boer, S., & Koolhaas, J. (2008). Is hyper-aggressiveness associated with physiological hypoarousal? A comparative study on mouse lines selected for high and low aggressiveness. *Physiology & Behavior, 95*, 591–598.

Cardoso, S. H., de Mello, L. C., & Sabbatini, R. M. E. (2000). How nerve cells work. Retrieved from http://www.epub.org.br/cm/n09/fundamentos/transmissao/voo_i.htm.

Carlson, G. (2009). Treating the childhood bipolar controversy: A tale of two children. *American Journal of Psychiatry, 166*, 18–24.

Carlson, J., Watts, R., & Maniacci, M. (2006). Adlerian personality theory and psychotherapy. In J. Carlson, R. Watts, & M. Maniacci (Eds.), *Adlerian therapy: Theory and practice* (pp. 43–62). Washington, CD: American Psychological Association.

Carlson, N. R. (1998). *Foundations of physiological psychology* (4th ed.). Boston: Allyn & Bacon.

Carlsson, I., Wendt, P. E., & Risberg, J. (2000). On the neurobiology of creativity. Differences in frontal activity between high and low creative subjects. *Neuropsychologia, 38*, 873–885.

Carmeli, E., Reznick, A., Coleman, R., & Carmeli, V. (2000). Muscle strength and mass of lower extremities in relation to functional abilities in elderly adults. *Gerontology, 46*, 249–257.

Carnagey, N., & Anderson, C. (2005). The effects of reward and punishment in violent video games on aggressive affect, cognition, and behavior. *Psychological Science, 16*, 882–889.

Carpenter, S. (2001, March). Everyday fantasia: The world of synesthesia. *APA Monitor on Psychology* [Online version], 32.

Carpentier, P., de Jong, C., Dijkstra, B., Verbrugge, C., & Krabbe, P. (2005). A controlled trial of methylphenidate in adults with attention deficit/hyperactivity disorder and substance use disorders. *Addiction, 100*, 1868–1874.

Carr, A. (2009). The effectiveness of family therapy and systemic interventions for child-focused problems. *Journal of Family Therapy, 31*, 3–45.

Carrier, J. (1980). Homosexual behavior in cross-cultural perspective. In J. Marmor (Ed.), *Homosexual behavior* (pp. 100–122). New York: Basic Books.

Carroll, J., & Snowling, M. (2004). Language and phonological skills in children at high risk of reading difficulties. *Journal of Child Psychology & Psychiatry, 45*, 631–640.

Carroll, K. M., Rounsaville, B. J., Nich, C., Gordon, L. T., Wirtz, P. W., & Gawin, F. (1994). One-year follow-up of psychotherapy and pharmacotherapy for cocaine dependence: Delayed emergence of psychotherapy effects. *Archives of General Psychiatry, 51*, 989–997.

Carskadon, M. A., & Dement, W. C. (1989). Normal human sleep: An overview. In M. H. Kryger, T. Roth, & W. C. Dement (Eds.), *Principles and practice of sleep medicine* (pp. 3–13). Philadelphia: W. B. Saunders.

Carson, R., Butcher, J., & Mineka, S. (2000). *Abnormal psychology and modern life* (11th ed.). Boston: Allyn & Bacon.

Caruana, A., & Chircop, S. (2001). The dark side of globalization and liberalization: Helpfulness, alienation and ethnocentrism among small business owners and managers. *Journal of Nonprofit & Public Sector Marketing, 9*, 63–73.

Case, A., & Paxson, C. (2004). *Sex differences in morbidity and mortality*. National Bureau of Economic Research Working Paper No. 10653. Retrieved July 7, 2006 from http://www.nber.org/papers/W10653.

Case, R. (Ed.). (1992). *The mind's staircase: Exploring the conceptual underpinnings of children's thought and knowledge*. Hillsdale, NJ: Erlbaum.

Caspi, A. (2000). The child is father of the man: Personality continuities from childhood to adulthood. *Journal of Personality & Social Psychology, 78*, 158–172.

Cassell, M., Halperin, D., Shelton, J., & Stanton, D. (2006). Risk compensation: The Achilles' heel of innovations in HIV protection? *British Medical Journal, 332*, 605–607.

Castro-Fornieles, J., Bargalló, N., Lázaro, L., Andrés, S., Falcon, C., Plana, M., & Junqué, C. (2009). A cross-sectional and follow-up voxel-based morphometric MRI study in adolescent anorexia nervosa. *Journal of Psychiatric Research, 43*, 331–340.

Cates, J., Herndon, N., Schulz, S., & Darroch, J. (2004). *Our voices, our lives, our futures: Youth and sexually transmitted diseases*. Retrieved June 29, 2006 from http://www.jomc.unc.edu/youthandSTDs/ourvoicesreport.pdf.

Cattell, H., & Schuerger, J. (2003). *Essentials of 16PF assessment*. New York: John Wiley & Sons, Inc.

Cattell, R. B. (1950). *Personality: A systematic, theoretical, and factual study*. New York: McGraw-Hill.

Cattell, R. B., Eber, H. W., & Tatsuoka, M. M. (1977). *Handbook for the 16 personality factor questionnaire*. Champaign, IL: Institute of Personality and Ability Testing.

CBS News. (July 31, 2002). Fear of public speaking. Retrieved February 14, 2003, from http://www.cbsnews.com/stories/2002/07/30.

Ceci, S., & Bronfenbrenner, U. (1985). "Don't forget to take the cupcakes out of the oven": Prospective memory, strategic time-monitoring, and context. *Child Development, 56*, 152–164.

Centers for Disease Control and Prevention (CDC). (2009d). *Racial and ethnic approaches to community health (REACH U.S.)*. Retrieved June 10, 2009 from http://www.cdc.gov/nccdphp/publications/aag/pdf/reach.pdf.

Centers for Disease Control (CDC). (2006d). Youth risk behavior surveillance: United States, 2005. *Morbidity & Mortality Weekly Report, 55*, 1–112.

Centers for Disease Control (CDC). (2008). *About the childhood lead poisoning prevention program*. Retrieved May 8, 2009 from http://www.cdc.gov/nceh/lead/about/program.htm.

Centers for Disease Control (CDC). (2008). *Understanding suicide fact sheet*. Retrieved May 28, 2009 from http://www.cdc.gov/ViolencePrevention/pdf/Suicide-FactSheet-a.pdf.

Centers for Disease Control and Prevention. (2002). Nonfatal self-inflicted injuries treated in hospital emergency departments—United States, 2000. *Morbidity & Mortality Weekly Report, 51*, 436–438.

Centers for Disease Control and Prevention (CDC). (1999). Physical activity and health. Retrieved January 29, 2003, from http://www.cdc.gov/needphp/sgr/ataglan.htm.

Centers for Disease Control and Prevention (CDC). (2003a). About minority health. Retrieved August 8, 2003, from http://www.cdc.gov/omh/AMH/AMH.htm.

Centers for Disease Control and Prevention (CDC). (2003b). *Hearing Loss* [Online factsheet]. Retrieved May 13, 2003, from http://www.cdc.gov/ncbddd/dd/ddhi.htm.

Centers for Disease Control and Prevention (CDC). (2004a). Surveillance summaries. *Morbidity & Mortality Weekly Report, 53*, 1–100.

Centers for Disease Control and Prevention (CDC). (2004b). *Syphilis and men who have sex with men*. Retrieved July 3, 2006 from http://www.cdc.gov/std/syphilis/STDFact-MSM&Syphilis.htm.

Centers for Disease Control and Prevention (CDC). (2005a). *About minority health*. Retrieved February 2, 2005 from http://www.cdc.govomh/AMH/AMH.htm.

Centers for Disease Control and Prevention (CDC). (2005b). *HIV/AIDS surveillance report: HIV infection and AIDS in the United States, 2004*. Retrieved July 3, 2006 from http://www.cdc.gov/hiv/topics/surveillance/basic.htm#exposure.

Centers for Disease Control and Prevention (CDC). (2005c). Mental health in the United States: Prevalence of diagnosis and medication treatment for attention-deficit/hyperactivity disorder-United States, 2003. *Morbidity & Mortality Weekly Report, 54*, 842–847.

Centers for Disease Control and Prevention (CDC). (2005d). *Trends in reportable sexually transmitted diseases in the United States, 2004*. Retrieved July 3, 2006 from http://www.cdc.gov/std/stats/04pdf/trends2004.pdf.

Centers for Disease Control and Prevention (CDC). (2006a). HPV Vaccine questions and answers. Retrieved June 29, 2006 from http://www.cdc.gov/std/hpv/STDFact-HPV-vaccine.htm#vaccine.

Centers for Disease Prevention and Control (CDC). (2009a). *Trends in reportable sexually transmitted diseases in the United States, 2007*. Retrieved June 8, 2009 from http://www.cdc.gov/std/stats07/trends.htm.

Centers for Disease Prevention and Control (CDC). (2009b). *Other sexually transmitted diseases*. Retrieved June 8, 2009 from http://www.cdc.gov/std/stats07/other.htm.

Centers for Disease Prevention and Control (CDC). (2009c). *HIV/AIDS surveillance report*. Retrieved June 8, 2009 from http://www.cdc.gov/hiv/topics/surveillance/resources/reports/2007report/pdf/2007SurveillanceReport.pdf.

Ceron-Litvoc, D., Soares, B., Geddes, J., Litvoc, J., & de Lima, M. (2009). Comparison of carbamazepine and lithium in treatment of bipolar disorder: A systematic review of randomized controlled trials. *Human Psychopharmacology: Clinical and Experimental, 24*, 19–28.

Chaitow, L., & DeLany, J. (2002). *Clinical application of neuromuscular techniques*. London: Elsevier Science Limited.

Challis, B. (1996). Implicit memory research in 1996: Introductory remarks. *Canadian Journal of Experimental Psychology, 50*, 1–4.

Chambless, D. L., & Goldstein, A. J. (1979). Behavioral psychotherapy. In R. J. Corsini (Ed.), *Current psychotherapies* (2nd ed., pp. 230–272). Itasca, IL: F. E. Peacock.

Chamorro-Premuzic, T., & Furnham, A. (2003). Personality predicts academic performance: Evidence from two longitudinal university samples. *Journal of Research in Personality, 37*, 319–338.

Chan, D. (1997). Racial subgroup differences in predictive validity perceptions on personality and cognitive ability tests. *Journal of Applied Psychology, 82*, 311–320.

Chan, J., Thomas, A., & Bulevich, J. (2009). Recalling a witnessed event increases eyewitness suggestibility. *Psychological Science, 20*, 66–73.

Chandler, D. (2002). *Semiotics: The basics*. London: Routledge.

Chang, F., & Burns, B. (2005). Attention in preschoolers: Associations with effortful control and motivation. *Child Development, 76*, 247–263.

Chang, V. (2005). U.S. obesity, weight gain, and socioeconomic status. *CHERP Policy Brief, 3*. Retrieved July 7, 2006 from http://www.cherp.research.med.va.gov/cherpdocs/issuebriefs/Policy%20Brief_Fall2005.pdf.

Chao, R. (2001). Extending research on the consequences of parenting style for Chinese Americans and European Americans. *Child Development, 72*, 1832–1843.

Chaplin, W. F., Philips, J. B., Brown, J. D., Clanton, N. R., & Stein, J. L. (2000). Handshaking, gender, personality, and first impressions. *Journal of Personality and Social Psychology, 19*, 110–117.

Charles, S., Mather, M., & Carstensen, L. (2003). Aging and emotional memory: The forgettable nature of negative images for older adults. *Journal of Experimental Psychology, 132*, 310–324.

Chart, H., Grigorenko, E., & Sternberg, R. (2008). Identification: The Aurora battery. In J. M. Plucker, & C. Callahan (Eds.), *Critical issues and practices in gifted education: What the research says* (pp. 281–301). Waco, TX: Prufrock Press.

Chase, M. H., & Morales, F. R. (1990). The atonia and myoclonia of active (REM) sleep. *Annual Review of Psychology, 41*, 557–584.

Chassin, L., Presson, C., Sherman, S., & Kim, K. (2003). Historical changes in cigarette smoking and smoking-related beliefs after 2 decades in a midwestern community. *Health Psychology, 22*, 347–353.

Chavez, M., & Spitzer, M. (2002). Herbals and other dietary supplements for premenstrual syndrome and menopause. *Psychiatric Annals, 32*, 61–71.

Chee, M., Tan, J., Zheng, H., Parimal, S., Weissman, D., Zagorodnov, V., & Dinges, D. (2008). Lapsing during sleep deprivation is associated with distributed changes in brain activation. *Journal of Neuroscience, 28*, 5519–5528.

Chen, J. C., Borson, S., & Scanlan, J. M. (2000). Stage-specific prevalence of behavioral symptoms in Alzheimer's disease in a multi-ethnic community sample. *American Journal of Geriatric Psychiatry, 8*, 123–133.

Chen, X., Chang, L., & He, Y. (2003). The peer group as a context: Mediating and moderating effects on relations between academic achievement and social functioning in Chinese children. *Child Development, 74*, 710–727.

Cherry, E. (1953). Some experiments on the recognition of speech with one and two ears. *Journal of the Acoustical Society of America, 25*, 975–979.

Chess, S. (2005). Wisdom from teachers. *Journal of the American Academy of Child & Adolescent Psychiatry, 44*, 623–624.

Chickering, A., & Reisser, L. (1993). *Education and identity* (2nd ed.). San Francisco: Jossey-Bass.

Chilosi, A., Cipriani, P., Bertuccelli, B., Pfanner, L., & Cioni, G. (2001). Early cognitive and communication development in children with focal brain lesions. *Journal of Child Neurology, 16*, 309–316.

Cho, K. (2001). Chronic "jet lag" produces temporal lobe atrophy and spatial cognitive deficits. *Nature Neuroscience, 4*, 567–568.

Cho, K., Ennaceur, A., Cole, J., & Kook Suh, C. (2000). Chronic jet lag produces cognitive deficits. *Journal of Neuroscience, 20*, RC66.

Cho, S., Ku, J., Park, J., Han, K., Lee, H., Choi, Y., Jung, Y., Namkoong, K., Kim, J., Kim, I., Kim, S., & Shen, D. (2008). Development and verification of an alcohol craving-induction tool using virtual reality: Craving characteristics in social pressure situations. *CyberPsychology & Behavior, 11*, 302–309.

Choi, H., & Smith, S. (2005). Incubation and the resolution of tip-of-the-tongue states. *Journal of General Psychology, 132*, 365–376.

Choi, I., Dalal, R., Kim-Prieto, C., & Park, H. (2003). Culture and judgment of causal relevance. *Journal of Personality & Social Psychology, 84*, 46–59.

Chollar, S. (1989). Conversation with the dolphins. *Psychology Today, 23*, 52–57.

Chomsky, N. (1986). *Knowledge of language: Its nature, origin, and use*. New York: Praeger.

Chomsky, N. (1990). On the nature, use and acquisition of language. In W. G. Lycan (Ed.), *Mind and cognition* (pp. 627–646). Oxford, England: Blackwell.

Chou, K., Chi, L., & Chow, N. (2004). Sources of income and depression in elderly Hong Kong Chinese: Mediating and moderating effects of social support and financial strain. *Aging & Mental Health, 8*, 212–221.

Chowdhury, R., Ferrier, I., & Thompson, J. (2003). Cognitive dysfunction in bipolar disorder. *Current Opinion in Psychiatry, 16*, 7–12.

Christakis, D., Zimmerman, F., DiGiuseppe, D., & McCarty, C. (2004). Early television exposure and subsequent attentional problems in children. *Pediatrics, 113*, 708–713.

Christensen, A., Atkins, D., Berns, S., Wheeler, J., Baucom, D., & Simpson, L. (2004). Traditional versus integrative behavioral couple therapy for significantly and chronically distressed married couples. *Journal of Consulting and Clinical Psychology, 72*, 176–191.

Christensen, A., Wheeler, J., & Jacobson, N. (2008). In D. Barlow (Ed.), *Clinical handbook of psychological disorders: A step-by-step treatment manual* (4th ed., pp. 662–689). New York: Guilford Press.

Christensen, L. (2007). *Experimental methodology*. Boston, MA: Allyn & Bacon.

Christensen, L. B. (1997). *Experimental methodology* (7th ed.). Boston: Allyn & Bacon.

Christianson, S-Å. (1992). Emotional stress and eyewitness memory: A critical review. *Psychological Bulletin, 112*, 284–309.

Chrousos, G., & Kino, T. (2007). Glucocorticoid action networks and complex psychiatric and/or somatic disorders. *Stress: The International Journal on the Biology of Stress, 10*, 213–219.

Chu, S., & Downes, J. J. (2000). Long live Proust: The odour-cued autobiographical memory bump. *Cognition, 75*, B41–B50.

Church, M., Elliot, A., & Gable, S. (2001). Perceptions of classroom environment, achievement goals, and achievement outcomes. *Journal of Educational Psychology, 93*, 43–54.

Church R. M. (1963). The varied effects of punishment on behavior. *Psychological Review, 70*, 369–402.

Church, R. M. (1989). Theories of timing behavior. In S. P. Klein & R. Mowrer (Eds.), *Contemporary learning theories: Instrumental conditioning theory and the impact of biological constraints on learning*. Hillsdale, NJ: Erlbaum.

Cialdini, R. B., Cacioppo, J. T., Basset, R., & Miller, J. A. (1978). Low-ball procedure for producing compliance: Commitment then cost. *Journal of Personality and Social Psychology, 36*, 463–476.

Cioffi, R. (2003). Communicating with culturally and linguistically diverse patients in an acute care setting: Nurses; experiences. *International Journal of Nursing Studies, 40*, 299–306.

Clancy, S. (2007). *Abducted: How people come to believe they were kidnapped by aliens*. Cambridge, MA: Harvard University Press.

Clark, L., Watson, D., & Reynolds, S. (1995). Diagnosis and classification of psychopathology: Challenges to the current system and future directions. *Annual Review of Psychology, 46*, 121–153.

Clark, M. (2009). Suppose Freud had chosen Orestes instead. *The Journal of Analytical Psychology, 54*, 233–252.

Clay, R. (2003). Researchers replace midlife myths with facts. *APA Monitor on Psychology, 34*, 36.

Claypool, H., Mackie, D,. Garcia-Marques, T., McIntosh, A., & Udal, A. (2004). The effects of personal relevance and repetition on persuasive processing. *Social Cognition, 22*, 310–335.

Clayton, K. N. (1964). T-maze choice learning as a joint function of the reward magnitudes for the alternatives. *Journal of Comparative and Physiological Psychology, 58*, 333–338.

Clayton, V. (2004, September 8). *What's to blame for the rise in ADHD?* Retrieved November 22, 2004 from http://www.msnbc.msn.com/id/5933775/.

Cleveland, H., & Wiebe, R. (2003). The moderation of adolescent-to-peer similarity in tobacco and alcohol use by school levels of substance use. *Child Development, 74*, 279–291.

Clifford, E. (2000). Neural plasticity: Merzenich, Taub, and Greenough. *Harvard Brain* [Special Issue], *6*, 16–20.

Cloitre, M., Koenen, K., Cohen, L., & Han, H. (2002). Skills training in affective and interpersonal regulation followed by exposure: A phase-based treatment for PTSD related to childhood abuse. *Journal of Consulting and Clinical Psychology, 70*, 1067–1074.

Cloos, J., & Ferreira, V. (2009). Current use of benzodiazepines in anxiety disorders. *Current Opinion in Psychiatry, 22*, 90–95.

Clow, A. (2001). Behavioral conditioning of the immune system. In D. Peters (Ed.), *Understanding the placebo effect in complementary medicine* (pp. 51–66). London: Harcourt Publishers Limited.

Coelho, J., Jansen, A., Roefs, A., & Nederkoorn, C. (2009). Eating behavior in response to food-cue exposure: Examining the cue-reactivity and counteractive-control models. *Psychology of Addictive Behaviors, 23*, 131–139.

Cohan, C., & Kleinbaum, S. (2002). Toward a greater understanding of the cohabitation effect: Premarital cohabitation and marital communication. *Journal of Marriage & Family, 64*, 180–192.

Cohen, D., Yoon, D., & Johnstone, B. (2009). Differentiating the impact of spiritual experiences, religious practices, and congregational support on the mental health of individuals with heterogeneous medical disorders. *International Journal for the Psychology of Religion, 19*, 121–138.

Cohen, H., & Amerine-Dickens, M., & Smith, T. (2006). Early intensive behavioral treatment: Replication of the UCLA model in a community setting. *Journal of Developmental & Behavioral Pediatrics, 27*, S145–S155.

Cohen, S. (1996). Psychological stress, immunity, and upper respiratory infections. *Current Directions in Psychological Science, 5*, 86–89.

Cohen, S., Doyle, W., & Baum, A. (2006). Socioeconomic status is associated with stress hormones. *Psychosomatic Medicine, 68*, 414–420.

Cohen, S., Doyle, W. J., Skoner, D. P., Rabin, B. S., & Gwaltney, J. M., Jr. (1997). Social ties and susceptibility to the common cold. *Journal of the American Medical Association, 277*, 1940–1944.

Colby, A., Kohlberg, L., Gibbs, J., & Lieberman, M. (1983). A longitudinal study of moral judgment. *Monographs of the Society for Research in Child Development, 48* (1–2, Serial No. 200).

Cole, C., Arafat, C., Tidhar, C., Tafesh, W., Fox, N., Killen, M., Ardila-Rey, A., Leavitt, L., Lesser, G., Richman, B., & Yung, F. (2003). The educational impact of Rechov Sumsum/Shara'a Simsim: A *Sesame Street* television series to promote respect and understanding among children living in Israel, the West Bank and Gaza. *International Journal of Behavioral Development, 27*, 409–422.

Cole, P. M. (1986). Children's spontaneous control of facial expression. *Child Development, 57*, 1309–1321.

Cole, R., Smith, J., Alcala, Y., Elliott, J., & Kripke, D. (2002). Bright-light mask treatment of delayed sleep phase syndrome. *Journal of Biological Rhythms, 17*, 89–101.

Cole, W. (2006). Accrediting culture: An analysis of tribal and historically black college curricula. *Sociology of Education, 79*, 355–387.

Collaer, M. L., & Hines, M. (1995). Human behavioral sex differences: A role for gonadal hormones during early development. *Psychological Bulletin, 118*, 55–107.

College Board. (1998). *SAT and gender differences: Research summary*. Retrieved July 3, 2006 from http://www.collegeboard.com/repository/rs04_3960.pdf.

Collins, N. L. (1996). Working models of attachment: Implications for explanation, emotion, and behavior. *Journal of Personality and Social Psychology, 71*, 810–832.

Collins, W. A., & Gunnar, M. R. (1990). Social and personality development. *Annual Review of Psychology, 41*, 387–416.

Colwell, J., & Payne, J. (2000). Negative correlates of computer game play in adolescents. *British Journal of Psychology, 91*(Pt. 3), 295–310.

Community Population Survey. (2009). *Employment characteristics of families in 2008*. Retrieved June 23, 2009 from http://www.bls.gov/news.release/archives/famee_05272009.pdf.

Coney, J., & Fitzgerald, J. (2000). Gender differences in the recognition of laterally presented affective nouns. *Cognition and Emotion, 14*, 325–339.

Connelly, K. (2008). *Sleep disorder: Night terrors*. Retrieved February 7, 2009 from http://emedicine.medscape.com/article/914360-overview.

Consumer Reports. (1995, November) Mental health: Does therapy help? 734–739.

Conway, M. A., Cohen, G., & Stanhope, N. (1991). On the very long-term retention of knowledge acquired through formal education: Twelve years of cognitive psychology. *Journal of Experimental Psychology: General, 120*, 395–409.

Coons, P. M. (1994). Confirmation of childhood abuse in child and adolescent cases of multiple personality disorder and dissociative disorder not otherwise specified. *Journal of Nervous and Mental Disease, 182*, 461–464.

Coren, S. (1993). *The left-hander syndrome: The causes and consequences of left-handedness*. New York: Vintage Books.

Corenblum, B., & Meissner, C. (2006). Recognition of faces of ingroup and outgroup children and adults. *Journal of Experimental Child Psychology, 93*, 187–206.

Cornelius, M. D., Leech, S. L., Goldschmidt, L., & Day, N. L. (2000). Prenatal tobacco exposure: Is it a risk factor for early tobacco experimentation? *Nicotine & Tobacco Research, 2*, 45–52.

Correll, C., Penzner, J., Parikh, U., Mughal, T., Javed, T., Carbon, M., & Malhotra, A. (2006). Recognizing and monitoring adverse events of second-generation antipsychotics in children and adolescents. *Child and Adolescent Psychiatric Clinics of North America, 15*, 177–206.

Costa E Silva, J. A., Chase, M., Sartorius, N., & Roth, T. (1996). Special report from a symposium held by the World Health Organization and the World Federation of Sleep Research Societies: An overview of insomnias and related disorders—recognition, epidemiology, and rational management. *Sleep, 19*, 412–416.

Cowan, C. P., & Cowan, P. A. (1992, July/August). Is there love after baby? *Psychology Today*, 58–63.

Cowan, N. (1988). Evolving conceptions of memory storage, selective attention, and their mutual constraints within the human information-processing system. *Psychological Bulletin, 104*, 163–191.

Cowan, R., O'Connor, N., & Samella, K. (2003). The skills and methods of calendrical savants. *Intelligence, 31*, 51–65.

Cowley, E. (2005). Views from consumers next in line: The fundamental attribution error in a service setting. *Journal of the Academy of Marketing Science, 33*, 139–152.

Coyne, S., Archer, J., & Eslea, M. (2004). Cruel intentions on television and in real life: Can viewing indirect aggression increase viewers' subsequent indirect aggression? *Journal of Experimental Child Psychology, 88,* 234–253.

Craig, I., & Plomin, R. (2006). Quantitative trait loci for IQ and other complex traits: Single-nucleotide polymorphism genotyping using pooled DNA and microarrays. *Genes, Brain & Behavior, 5,* 32–37.

Craik, F. I. M., & Lockhart, R. S. (1972). Levels of processing: A framework for memory research. *Journal of Verbal Learning and Verbal Behavior, 11,* 671–684.

Craik, F. I. M., & Tulving, E. (1975). Depth of processing and the retention of words in episodic memory. *Journal of Experimental Psychology: General, 104,* 268–294.

Crano, W., & Prislin, R. (2006). Attitudes and persuasion. *Annual Review of Psychology, 57,* 345–374.

Cravens, H. (1992). A scientific project locked in time: The Terman genetic studies of genius, 1920s–1950s. *American Psychologist, 47,* 183–189.

Criglington, A. (1998). Do professionals get jet lag? A commentary on jet lag. *Aviation, Space, & Environmental Medicine, 69,* 810.

Crisler, M., Brooks, J., Ogle, J., Guirl, C., Alluri, P., & Dixon, K. (2008). Effect of wireless communication and entertainment devices on simulated driving performance. *Journal of the Transportation Research Board, 2069,* 48–54.

Crits-Christoph, P. (1992). The efficacy of brief dynamic psychotherapy: A meta-analysis. *American Journal of Psychiatry, 149,* 151–158.

Crits-Christoph, P., Gibbons, M., Losardo, D., Narducci, J., Schamberger, M., & Gallop, R. (2004). Who benefits from brief psychodynamic therapy for generalized anxiety disorder? *Canadian Journal of Psychoanalysis, 12,* 301–324.

Crits-Christoph, P., Gibbons, M., Ring-Kurtz, S., Gallop, R., Stirman, S., Present, J., Temes, C., & Goldstein, L. (2008). Changes in positive quality of life over the course of psychotherapy. *Psychotherapy, Theory, Research, Practice, Training, 45,* 419–430.

Crockenberg, S., & Leerkes, E. (2005). Infant temperament moderates associations between childcare type and quantity and externalizing and internalizing behaviors at 2 1/2 years. *Infant Behavior & Development, 28,* 20–35.

Cromie, W. (2001, May 10). Getting into the rhythms of Alzheimer's disease. *Harvard University Gazette* [Electronic version]. Retrieved October 17, 2003, from http://www.news.harvard.edu/gazette/2001/05.10/01-alzheimers.html.

Cromie, W. (2002, January 17). Scientists get the skinny on fat cells. *Harvard Gazette.* Retrieved June 16, 2006, from http://www.dfci.harvard.edu/res/research/fatcells.asp.

Crone, E., Wendelken, C., Donohue, S., van Leijenhorst, L., & Bunge, S. (2006). Neurocognitive development of the ability to manipulate information in working memory. *Proceedings for the National Academy of Sciences, 103,* 9315–9320.

Crosby, F., Iyer, A., & Sincharoen, S. (2006). Understanding affirmative action. *Annual Review of Psychology, 57,* 585–612.

Crowder, R. G. (1992). Sensory memory. In L. R. Squire (Ed.), *Encyclopedia of learning and memory.* New York: Macmillan.

Crowe, L. C., & George, W. H. (1989). Alcohol and human sexuality: Review and integration. *Psychological Bulletin, 105,* 374–386.

Crowther, J., Kichler, J., Shewood, N., & Kuhnert, M. (2002). The role of familial factors in bulimia nervosa. *Eating Disorders: The Journal of Treatment & Prevention, 10,* 141–151.

Csikszentmihaly, M., Abuhamdeh, S., & Nakamura, J. (2005). Flow. In A. Elliot, & C. Dweck (Eds.), *Handbook of competence and motivation* (pp. 598–608). New York: Guilford Publications.

Csikszentmihalyi, M. (1996, July/August). The creative personality. *Psychology Today, 29,* 36–40.

Csikszentmihalyi, M., & Nakamura, J. (2006). Creativity through the life span from an evolutionary systems perspective. In C. Hoare (Ed.), *Handbook of adult development and learning* (pp. 243–254). New York: Oxford University Press.

Cui, X-J., & Vaillant, G. E. (1996). Antecedents and consequences of negative life events in adulthood: A longitudinal study. *American Journal of Psychiatry, 153,* 21–26.

Cull, W. L. (2000). Untangling the benefits of multiple study opportunities and repeated testing for cued recall. *Applied Cognitive Psychology, 14,* 215–235.

Culpan, O., & Wright, G. (2002). Women abroad: Getting the best results from women managers. *International Journal of Human Resource Management, 13,* 784–801.

Cummings, H., & Vandewater, E. (2007). Relation of adolescent video game play to time spent in other activities. *Archives of Pediatrics & Adolescent Medicine, 161,* 684–689.

Cunningham, M.,, Roberts, A., Barbee, A., Druen, P., & Wu, C. (1995). "Their ideas of beauty are, on the whole, the same as ours": Consistency and variability in the cross-cultural perception of female physical attractiveness. *Journal of Personality and Social Psychology, 68,* 261–279.

Curci, A., Luminet, O., Finkenauer, C., & Gisler, L. (2002). Flashbulb memories in social groups: A comparative test-retest study of the memory of French president Mitterrand's death in a French and a Belgian group. *Memory, 9,* 81–101.

Dabbs, J. M., Jr., & Morris, R. (1990). Testosterone, social class, and antisocial behavior in a sample of 4,462 men. *Psychological Science, 1,* 209–211.

Dahloef, P., Norlin-Bagge, E., Hedner, J., Ejnell, H., Hetta, J., & Haellstroem, T. (2002). Improvement in neuropsychological performance following surgical treatment for obstructive sleep apnea syndrome. *Acta Oto-Laryngologica, 122,* 86–91.

Daily Hampshire Gazette [Electronic version]. (September 7, 2002). Two missing after 9/11 found. Retrieved November 8, 2002, from http://www.gazettenet.com.

Dakof, G. A. (2000). Understanding gender differences in adolescent drug abuse: Issues of comorbidity and family functioning. *Journal of Psychoactive Drugs, 32,* 25–32.

Dale, N., & Kandel, E. R. (1990). Facilitatory and inhibitory transmitters modulate spontaneous transmitter release at cultured Aplysia sensorimotor synapses. *Journal of Physiology, 421,* 203–222.

Daley, T., Whaley, S., Sigman, M., Espinosa, M., & Neumann, C. (2003). IQ on the rise: The Flynn Effect in rural Kenyan children. *Psychological Science, 14,* 215–219.

Dallard, I., Cathebras, P., & Sauron, C. (2001). Is cocoa a psychotropic drug? Psychopathological study of self-labeled "chocolate addicts." *Encephale, 27*, 181–186.

Dallery, J., Silverman, K., Chutuape, M., Bigelow, G., & Stitzer, M. (2001). Voucher-based reinforcement of opiate plus cocaine abstinence in treatment-resistant methadone patients: Effects of reinforcer magnitude. *Experimental & Clinical Psychopharmacology, 9*, 317–325.

Damasio, A. R. (1994). *Descartes' error: Emotion, reason, and the human brain*. New York: Lyons Press.

Damasio, A. R. (1999). *The feeling of what happens: Body and emotion in the making of consciousness*. New York: Harcourt.

Damasio, A., Grabowski, T., Bechara, A., Damasio, H., Ponto, L., Parvizi, J., & Hichwa, R. (2000). Subcortical and cortical brain activity during the feeling of self-generated emotions. *Nature Neuroscience, 3*, 1049–1056.

Damitz, M., Manzey, D., Kleinmann, M., & Severin, K. (2003). Assessment center for pilot selection: Construct and criterion validity and the impact of assessor type. *Applied Psychology: An International Review, 52*, 193–212.

Dang-Vu, T., Schabus, M., Desseilles, M., Schwartz, S., & Maquet, P. (2007). Neuroimaging of REM sleep and dreaming. In D. Barrett, & P. McNamara (Eds.), *The new science of dreaming: Volume 1. Biological aspects* (pp. 95–113). Westport, CT: Praeger Publishers.

Danielides, V., Katotomichelakis, M., Balatsouras, D., Riga, M., Tripsianis, G., Simopoulou, M., & Nikolettos, N. (2009). Improvement of olfaction after endoscopic sinus surgery in smokers and nonsmokers. *Annals of Otology, Rhinology, & Laryngology, 118*, 13–20.

Dantzker, M., & Eisenman, R. (2003). Sexual attitudes among Hispanic college students: Differences between males and females. *International Journal of Adolescence & Youth, 11*, 79–89.

Darley, J. M., & Latané, B. (1968a). Bystander intervention in emergencies: Diffusion of responsibility. *Journal of Personality and Social Psychology, 8*, 377–383.

Darley, J. M., & Latané, B. (1968b, December). When will people help in a crisis? *Psychology Today*, pp. 54–57, 70–71.

Darwin, C. (1872/1965). *The expression of emotion in man and animals*. Chicago: University of Chicago Press. (Original work published 1872).

Dasborough, M., & Ashkanasy, N. (2002). Emotion and attribution of intentionality in leader-member relationships. *Leadership Quarterly, 13*, 615–634.

Dasen, P. R. (1994). Culture and cognitive development from a Piagetian perspective. In W. J. Lonner & R. Malpass (Eds.), *Psychology and culture* (pp. 145–149). Boston: Allyn & Bacon.

Daurignac, E., Toga, A., Jones, D., Aronen, H., Hommer, D., Jernigan, T., Krystal, J., & Mathalon, D. (2005). Applications of morphometric and diffusion tensor magnetic resonance imaging to the study of brain abnormalities in the alcoholism spectrum. *Alcoholism: Clinical and Experimental Research, 29*, 159–166.

Davalos, D., Kisley, M., & Ross, R. (2002). Deficits in auditory and visual temporal perception in schizophrenia. *Cognitive Neuropsychiatry, 7*, 273–282.

Davidson, A., Castanon-Cervantes, O., Leise, T., Molyneux, P., & Harrington, M. (2009). Visualizing jet lag in the mouse suprachiasmatic nucleus and peripheral circadian timing system. *European Journal of Neuroscience, 29*, 171–180.

Davidson, J. R. T. (1997). Use of benzodiazepines in panic disorder. *Journal of Clinical Psychiatry, 58*(2, Suppl.), 26–28.

Davies, L. (2003). Singlehood: Transitions within a gendered world. *Canadian Journal on Aging, 22*, 343-352.

Davis, S., Butcher, S. P., & Morris, R. G. M. (1992). The NMDA receptor antagonist D-2-amino-5-phosphonopentanoate (D-AP5) impairs spatial learning and LTP in vivo at intracerebral concentrations comparable to those that block LTP in vitro. *Journal of Neuroscience, 12*, 21–34.

Davis, T. L. (1995). Gender differences in masking negative emotions: Ability or motivation? *Developmental Psychology, 31*, 660–667.

Dawood, K., Kirk, K., Bailey, J., Andrews, P., & Martin, N. (2005). Genetic and environmental influences on the frequency of orgasm in women. *Twin Research, 8*, 27–33.

Day, S., & Schneider, P. (2002). Psychotherapy using distance technology: A comparison of face-to-face, video, and audio treatment. *Journal of Counseling Psychology, 49*, 499–503.

Dayan, P., & Huys, Q. (2008). Serotonin, inhibition, and negative mood. *Public Library of Science: Computational Biology*, e4. Retrieved February 2, 2009 from http://dx.doi.org/10.1371%2Fjournal.pcbi.0040004.

Dayan, P., & Huys, Q. Serotonin, inhibition, and negative mood. *Public Library of Science: Computational Biology*. Retrieved July 26, 2009 from http://www.ploscompbiol.org/article/info:doi/10.1371/journal.pcbi.0040004.

Dayan, P., & Huys, Q. Serotonin, inhibition, and negative mood. *Public Library of Science: Computational Biology*. Retrieved July 26, 2009 from http://www.ploscompbiol.org/article/info:doi/10.1371/journal.pcbi.0040004.

D'Azevedo, W. A. (1982). Tribal history in Liberia. In U. Neisser (Ed.), *Memory observed: Remembering in natural contexts*. San Francisco: W. H. Freeman.

de Castro, J. M., & de Castro, E. S. (1989). Spontaneous meal patterns of humans: Influence of the presence of other people. *Journal of Clinical Nutrition, 50*, 237–247.

De Coteau, T., Hope, D., & Anderson, J. (2003). Anxiety, stress, and health in northern plains Native Americans. *Behavior Therapy, 34*, 365–380.

De Cremer, D. (2002). Charismatic leadership and cooperation in social dilemmas: A matter of transforming motives? *Journal of Applied Social Psychology, 32*, 997–1016.

de Groot, E., Verheul, R., & Trijsburg, R. (2008). An integrative perspective on psychotherapeutic treatments for borderline personality disorder. *Journal of Personality Disorders, 22*, 332–352.

de Haan, L., Linszen, D., & Gorsira, R. (1997). Early intervention, social functioning, psychotic relapse and suicide of patients with recent onset schizophrenia and other psychotic disorders. *Dutch Journal of Psychiatry, 39*, 24–36.

de Leon, M. J., Convit, A., George, A. E., Golomb, J., de Santi, S., Tarshish, C., Rusinek, H., Bobinski, M., Ince, C., Miller, D., & Wisniewski, H. (1996). In vivo structural studies of the hippocampus in normal aging and in incipient Alzheimer's disease. *Annals of the New York Academy of Sciences, 777*, 1–13.

De Raad, B., & Kokkonen, M. (2000). Traits and emotions: A review of their structure and management. *European Journal of Personality, 14,* 477–496.

De Roo, M., Klauser, P., Muller, D., & Sheng, M. (2008). LTP promotes a selective long-term stabilization and clustering of dendritic spines. *Public Library of Science: Biology, 6,* e219.

de Wit, H. (2009). Impulsivity as a determinant and consequence of drug use: A review of underlying processes. *Addiction Biology, 114,* 22–31.

Deacon, B., & Olatunji, B. (2007). Specificity of disgust sensitivity in the prediction of behavioral avoidance in contamination fear. *Behaviour Research and Therapy, 45,* 2110–2120.

Deady, D., Smith, M., Sharp, M., & Al-Dujaili, E. (2006). Maternal personality and reproductive ambition in women is associated with salivary testosterone levels. *Biological Psychology, 71,* 29–32.

Deak, G., Ray, S., & Brenneman, K. (2003). Children's perseverative appearance-reality errors are related to emerging language skills. *Child Development, 74,* 944–964.

Debiec, J., & LeDoux, J. (2009). The amygdala and the neural pathways of fear. In P. Shiromani, T. Keane, & J. LeDoux, (Eds.), *Post-traumatic stress disorder: Basic science and clinical practice* (pp. 23–38). Totowa, NJ: Humana Press.

DeCasper, A. J., & Fifer, W. P. (1980). Of human bonding: Newborns prefer their mothers' voices. *Science, 208,* 1174–1176.

DeCasper, A. J., & Spence, M. J. (1986). Prenatal maternal speech influences newborns' perception of speech sounds. *Infant Behavior and Development, 9,* 133–150.

Deci, E. L., Koestner, R., & Ryan, R. M. (1999). A meta-analytic review of experiments examining the effects of extrinsic rewards on intrinsic motivation. *Psychological Bulletin, 125,* 627–668.

Deese, J. (1959). On the prediction of occurrence of particular verbal intrusions in immediate recall. *Journal of Experimental Psychology, 58,* 17–22.

Dekle, D. (2006). Viewing composite sketches: Lineups and showups compared. *Applied Cognitive Psychology, 20,* 383–395.

DeKosky, S., Williamson, J., Fitzpatrick, A., Kronmal, R., Ives, D., Saxton, J., Lopez, O., Burke, G., Carlson, M., Fried, L., Kuller, L., Robbins, J., Tracy, R., Woolard, N., Dunn, L., Snitz, B., Nahin, R., & Furberg, C. (2008). Ginkgo biloba for the prevention of dementia. *Journal of the American Medical Association, 300,* 2253–2262.

Dekovic, M., & Janssens, J. M. A. M. (1992). Parents' child-rearing style and child's sociometric status. *Developmental Psychology, 28,* 925–932.

Delgado, J., & Anand, B. (1953). Increased food intake induced by electrical stimulation of the lateral hypothalamus. *American Journal of Physiology, 172,* 162–168.

DeLongis, A., Folkman, S., & Lazarus, R. S. (1988). The impact of daily stress on health and mood: Psychological and social resources as mediators. *Journal of Personality and Social Psychology, 54,* 486–495.

Deluga, R. (1998). American presidential proactivity, charismatic leadership, and rated performance. *Leadership Quarterly, 9,* 265–291.

Dement, W., & Kleitman, N. (1957). The relation of eye movements during sleep to dream activity: An objective method for the study of dreaming. *Journal of Experimental Psychology, 53,* 339–346.

Dennis, W. (1968). Creative productivity between the ages of 20 and 80. In B. L. Neugarten (Ed.), *Middle age and aging* (pp. 106–114). Chicago: University of Chicago Press.

Denny, K., & Steiner, H. (2009). External and internal factors influencing happiness in elite collegiate athletes. *Child Psychiatry & Human Development, 40,* 55–72.

Denollet, J., (1997). Personality, emotional distress and coronary heart disease. *European Journal of Personality, 11,* 343–357.

DeNuys, W., & Van Gelder, E. (2009). Logic and belief across the lifespan: The rise and fall of belief inhibition during syllogistic reasoning. *Developmental Science, 12,* 123–130.

DePaulo, B., & Morris, W. (2005). Singles in society and in science. *Psychological Inquiry, 16,* 57-83.

DePrince, A., & Freyd, J. (2004). Forgetting trauma stimuli. *Psychological Science, 15,* 488–492.

Devanand, D., Xinhua, L., Tabert, M., Pradhaban, G., Cuasay, K., Bell, K., de Leon, M., & Doty, R. (2008). Combining early markers strongly predicts conversion from mild cognitive impairment to Alzheimer's disease. *Biological Psychiatry, 64,* 871–879.

Devine, P. G. (1989). Stereotypes and prejudice: Their automatic and controlled components. *Journal of Personality and Social Psychology, 56,* 5–18.

Dew, R., Daniel, S., Armstrong, T., Goldston, D., Triplett, M., & Koenig, H. (2008). Religion/spirituality and adolescent psychiatric symptoms: A review. *Child Psychiatry & Human Development, 39,* 381–398.

Dewald, G., Haymond, M., Spurbeck, J., & Moore, S. (1980). Origin of chi46,XX/46,XY chimerism in a human true hermaphrodite. *Science, 207,* 321–323.

Dewsbury, D. A. (2000). Introduction: Snapshots of psychology circa 1900. *American Psychologist, 55,* 255–259.

DeYoung, C., Peterson, J., & Higgins, D. (2002). Higher-order factors of the Big Five predict conformity: Are there neuroses of health? *Personality & Individual Differences, 33,* 533–552.

Diaper, A., & Hindmarch, I. (2005). Sleep disturbance and its management in older patients. In S. Curran, & R. Bullock, (Eds.), *Practical old age psychopharmacology* (pp. 177–194). Oxon, Oxford, United Kingdom: Radcliffe Publishing Ltd.

Dick, D., & Mustanski, B. (2006). Pubertal development and health-related behavior. In L. Pulkkinen, J. Kaprio, & R. Rose (Eds), *Socioemotional development and health from adolescence to adulthood. Cambridge studies on child and adolescent health* (pp. 108–1250). New York: Cambridge University Press.

Dickens, W., & Flynn, R. (2001). Heritability estimates versus large environmental effects: The IQ paradox resolved. *Psychological Review, 108,* 346–369.

Dickenson, A. (2002). Gate control theory of pain stands the test of time. *British Journal of Anaesthesia, 88,* 755–757.

Dietz, W. H. (1989). Obesity. *Journal of the American College of Nutrition, 8* (Suppl.), 139–219.

Dijksterhuis, A., & Aarts, H. (2003). On wildebeests and humans: The preferential detection of negative stimuli. *Psychological Science, 14,* 14–18.

DiLalla, L. F., & Gottesman, I. I. (1991). Biological and genetic contributors to violence—Widom's untold tale. *Psychological Bulletin, 109,* 125–129.

Dillard, J., & Anderson, J. (2004). The role of fear in persuasion. *Psychology & Marketing, 21,* 909–926.

Dilorio, C., McCarty, F., DePadilla, L., Resnicow, K., Holstad, M., Yeager, K., Sharma, S., Morisky, D., & Lundberg, B. (2009). Adherence to antiretroviral medication regimens: A test of a psychosocial model. *AIDS and Behavior, 13,* 10–22.

Dion, K., Berscheid, E., & Walster, E. (1972). What is beautiful is good. *Journal of Personality and Social Psychology, 24,* 285–290.

Dipboye, R. L., Fromkin, H. L., & Wilback, K. (1975). Relative importance of applicant sex, attractiveness, and scholastic standing in evaluation of job applicant resumes. *Journal of Applied Psychology, 60,* 39–43.

DiPietro, J., Bornstein, M., Costigan, K., Pressman, E., Hahn, C., Painter, K., Smith, B., & Yi, L. (2002). What does fetal movement predict about behavior during the first two years of life? *Developmental Psychobiology, 40,* 358–371.

DiPietro, J., Bornstein, M., Hahn, C., Costigan, K., & Achy-Brou, A. (2007). Fetal heart rate and variability: Stability and prediction to developmental outcomes in early childhood. *Child Development, 78,* 1788–1798.

DiPietro, J., Hodgson, D., Costigan, K., & Johnson, T. (1996a). Fetal antecedents of infant temperament. *Child Development, 67,* 2568–2583.

DiPietro, J., Hodgson, D., Costigan, K., Hilton, S., & Johnson, T. (1996b). Fetal neurobehavioral development. *Child Development, 67,* 2553–2567.

Dixson, B., Dixson, A., Morgan, B., & Anderson, M. (2007). Human physique and sexual attractiveness: Sexual preferences of men and women in Bakossiland, Cameroon. *Archives of Sexual Behavior, 36,* 369–375.

Dobson, R., & Baird, T. (2006, May 28). "Women learn to play it like a man." *Timesonline.co.uk.* Retrieved July 3, 2006 from http://www.timesonline.co.uk/article/0,,2089-2200093.html.

Dodge, K. A., Bates, J. E., & Pettit, G. S. (1990). Mechanisms in the cycle of violence. *Science, 250,* 1678–1683.

Dodge, K. A., Cole, J. D., Pettit, G. S., & Price, J. M. (1990). Peer status and aggression in boys' groups: Developmental and contextual analyses. *Child Development, 61,* 1289–1309.

Dodson, C. S., Koutstaal, W., & Schacter, D. L. (2000). Escape from illusion: Reducing false memories. *Trends in Cognitive Sciences, 4,* 391–397.

Dohanich, G. (2003). Ovarian steroids and cognitive function. *Current Directions in Psychological Science, 12,* 57–61.

Dohrenwend, B. (2006). Inventorying stressful life events as risk factors for psychopathology: Toward resolution of the problem of intracategory variability. *Psychological Bulletin, 132,* 477–495.

Dollard, J., Doob, L. W., Miller, N., Mowrer, O. H., & Sears, R. R. (1939). *Frustration and aggression.* New Haven: Yale University Press.

Domjan, M, & Purdy, J. E. (1995). Animal research in psychology: More than meets the eye of the general psychology student. *American Psychologist, 50,* 496–503.

Doniger, A., Adams, E., Utter, C., & Riley J. (2001). Impact evaluation of the "Not Me, Not Now" abstinence-oriented, adolescent pregnancy prevention communication program, Monroe County, New York. *Journal of Health Communication, 6,* 45–60.

Doob, L. W., & Sears, R. R. (1939). Factors determining substitute behavior and the overt expression of aggression. *Journal of Abnormal and Social Psychology, 34,* 293–313.

Downing, P., Jiang, Y., Shuman, M., & Kanwisher, N. (2001). A cortical area selective for visual processing of the human body. *Science, 293,* 2470–2473.

Dreikurs, R. (1953). *Fundamentals of Adlerian psychology.* Chicago: Alfred Adler Institute.

Drevets, W. C., Price, J. L., Simpson, J. R., Jr., Todd, R. D., Reich, T., Vannier, M., & Raichle, M. E. (1997). Subgenual prefrontal cortex abnormalities in mood disorders. *Nature, 386,* 824–827.

Drevets, W., Price, J., & Furey, M. (2008). Brain structural and functional abnormalities in mood disorders: Implications for neurocircuitry models of depression. *Brain Structure and Function, 213,* 93–118.

Drews, F., Pasupathi, M., & Strayer, D. (2008). Passenger and cell phone conversations in simulated driving. *Journal of Experimental Psychology: Applied, 14,* 392–400.

Drug Enforcement Administration. National Drug Intelligence Center. (2003). *National Drug Threat Assessment/2003* [Online report]. Retrieved October 22, 2003, from http://www.usdoj.gov/ndic/pubs3/3300/pharm.htm.

Drug Free Workplace. (2002, September). Designer Drugs. *National Medical Report* [Electronic version]. Retrieved May 25, 2003, from http://www.drugfreeworkplace.com/drugsofabuse/designer.htm.

Drummond, S. P. A., Brown, G. G., Gillin, J. C., Stricker, J. L., Wong, E. C., & Buxton, R. B. (2000). Altered brain response to verbal learning following sleep deprivation. *Nature, 403,* 655–657.

Drummond, S., Brown, G., Stricker, J., Buxton, R., Wong, E., & Christian, G. (1999). Sleep deprivation-induced reduction in cortical functional response to serial subtraction. *NeuroReport, 10,* 3745–3748.

Druskat, V., & Pescosolido, A. (2002). The content of effective teamwork mental models in self-managing teams: Ownership, learning and heedful interrelating. *Human Relations, 55,* 283–314.

Dryer, D. C., & Horowitz, L. M. (1997). When do opposites attract? Interpersonal complementarity versus similarity. *Journal of Personality and Social Psychology, 72,* 592–603.

Duckworth, A., & Seligman, M. (2006). Self-discipline gives girls the edge: Gender in self-discipline, grades, and achievement test scores. *Journal of Educational Psychology, 98,* 198–208.

Duggan, J. P., & Booth, D. A. (1986). Obesity, overeating, and rapid gastric emptying in rats with ventromedial hypothalamic lesions. *Science, 231,* 609–611.

DuMont, K., Widom, C., & Czaja, S. (2007). Predictors of resilience in abused and neglected children grown-up: The role of individual and neighborhood characteristics. *Child Abuse & Neglect, 31,* 255–274.

Duncker, K. (1945). On problem solving. *Psychological monographs, 58,* 270.

Dunn, J., Cutting, A., & Fisher, N. (2002). Old friends, new friends: Predictors of children's perspective on their friends at school. *Child Development, 73,* 621–635.

Durbin, C., & Klein, D. (2006). Ten-year stability of personality disorders among outpatients with mood disorders. *Journal of Abnormal Psychology, 115,* 75–84.

Durex. (2005). *Durex Global Sex Survey 2005.* Retrieved July 3, 2006 from http://www.durex.com/cm/gss2005results.asp.

Duyme, M. (1988). School success and social class: An adoption study. *Developmental Psychology, 24,* 203–209.

Dvir, T., Eden, D., Avolio, B., & Shamir, B. (2002). Impact of transformational leadership on follower development and performance: A field experiment. *Academy of Management Journal, 45,* 735–744.

Dye, M., Hauser, P., & Bavelier, D. (2008). Visual skills and cross-modal plasticity in deaf readers: Possible implications for acquiring meaning from print. *Annals of the New York Academy of Science, 1145,* 71–82.

Dyl, J., Kittler, J., Phillips, K., & Hunt, J. (2006, in press). Body dysmorphic disorder and other clinically significant body image concerns in adolescent psychiatric inpatients: Prevalence and clinical characteristics. *Child Psychiatry and Human Development.*

Dy-Liacco, G., Piedmont, R., Murray-Swank, N., Rodgerson, T., & Sherman, M. (2009). Spirituality and religiosity as cross-cultural aspects of human experience. *Psychology of Religion and Spirituality, 1,* 35–52.

Eagly, A. H., & Carli, L. (1981). Sex of researchers and sex-typed communications as determinants of sex differences in influence-ability: A meta-analysis of social influence studies. *Psychological Bulletin, 90,* 1–20.

Eagly, A. H., & Wood, W. (1999). The origins of sex differences in human behavior: Evolved dispositions versus social roles. *American Psychologist, 54,* 408–423.

Eastman, C., Gazda, C., Burgess, H., Crowley, S., & Fogg, L. (2005). Advancing circadian rhythms before eastward flight: A strategy to prevent or reduce jet lag. *Sleep: Journal of Sleep and Sleep Disorders Research, 28,* 33–44.

Easton, C. J., Swann, S., & Sinha, R. (2000). Prevalence of family violence in clients entering substance abuse treatment. *Journal of Substance Abuse Treatment, 18,* 23–28.

Ebbinghaus, H. E. (1885/1964). *Memory: A contribution to experimental psychology* (H. A. Ruger & C. E. Bussenius, Trans.). New York: Dover. (Original work published 1885).

Ebster, C., & Kirk-Smith, M. (2005). The effect of the human pheromone androstenol on product evaluation. *Psychology & Marketing, 22,* 739–749.

Education Trust. (2004). *College results online: A new tool for school counselors.* Retrieved April 28, 2006 from http://www2.edtrust.org/NR/rdonlyres/B43D90B7-2264-4060-9F8E-FA7B9566A538/0/college_results_online.pdf.

Edwards, K., & Smith, E. E. (1996). A disconfirmation bias in the evaluation of arguments. *Journal of Personality and Social Psychology, 71,* 5–24.

Egeth, H. E. (1993). What do we not know about eyewitness identification? *American Psychologist, 48,* 577–580.

Eibl-Eibesfeldt, I. (1973). The expressive behavior of the deaf-and-blind-born. In M. von Cranach & I. Vine (Eds.), *Social communication and movement.* New York: Academic Press.

Eichenbaum, H., & Fortin, N. (2003). Episodic memory and the hippocampus: It's about time. *Current Directions in Psychological Science, 12,* 53–57.

Eichenbaum, H., & Otto, T. (1993). LTP and memory: Can we enhance the connection? *Trends in Neurosciences, 16,* 163.

Eidelson, R., & Eidelson, J. (2003). Dangerous ideas. *American Psychologist, 58,* 182–192.

Eisenberg, N., Chang, L., Ma, Y., & Huang, X. (2009). Relations of parenting style to Chinese children's effortful control, ego resilience, and maladjustment. *Development and Psychopathology, 21,* 455–477.

Eisold, B. (2005). Notes on lifelong resilience: Perceptual and personality factors implicit in the creation of a particular adaptive style. *Psychoanalytic Psychology, 22,* 411–425.

Ekman, P. (1972). Universals and cultural differences in facial expression of emotion. In J. Cole (Ed.), *Nebraska symposium on motivation* (Vol. 19). Lincoln: University of Nebraska Press.

Ekman, P. (1993). Facial expression and emotion. *American Psychologist, 48,* 384–392.

Ekman, P., & Campos, J. (2003). Richard Stanley Lazarus (1922–2002). *American Psychologist, 58,* 756–757.

Ekman, P., & Friesen, W. V. (1975). *Unmasking the face: A guide to recognizing emotions from facial clues.* Englewood Cliffs, NJ: Prentice-Hall.

Ekman, P., & O'Sullivan, M. (1991). Who can catch a liar? *American Psychologist, 46,* 913–920.

Ekman, P., Levenson, R. W., & Friesen, W. V. (1983). Autonomic nervous system activity distinguishes among emotions. *Science, 221,* 1208–1210.

Ekman, P., O'Sullivan, M., & Frank, M. (1999). A few can catch a liar. *Psychological Science, 10,* 263–266.

Elal, G., Altug, A., Slade, P., & Tekcan, A. (2000). Factor structure of the Eating Attitudes Test (EAT) in a Turkish university sample. *Eating and Weight Disorders: Studies on Anorexia, Bulimia, and Obesity, 5,* 46–50.

Elbert, T., Pantev, C., Wienbruch, C., Rockstroh, B., & Taub, E. (1995). Increased cortical representation of the fingers of the left hand in string players. *Science, 270,* 305–307.

Elizur, Y., & Mintzer, A. (2003). Gay males' intimate relationship quality: The roles of attachment security, gay identity, social support, and income. *Personal Relationships, 10,* 411–435.

Elkin, I., Gibbons, R. D., Shea, M. T., Sotsky, S. M., Watkins, J. T., Pikonis, P. A., & Hedeker, D. (1995). Initial severity and differential treatment outcome in the National Institute of Mental Health Treatment of Depression Collaborative Research Program. *Journal of Consulting and Clinical Psychology, 63,* 841–847.

Elkin, I., Shea, M. T., Watkins, J. T., et al. (1989). National Institute of Mental Health Treatment of Depression Collaborative Research Program: General effectiveness of treatments. *Archives of General Psychology, 46,* 971–982.

Elkind, D. (1967). Egocentrism in adolescence. *Child Development, 38,* 1025–1034.

Elkind, D. (1974). *Children and adolescents: Interpretive essays on Jean Piaget* (2nd ed.). New York: Oxford University Press.

Elliott, R., Friston, K. J., & Dolan, R. J. (2000). Dissociable neural responses in human reward systems. *Journal of Neuroscience, 20,* 6159–6165.

Ellis, A. (1961). *A guide to rational living.* Englewood Cliffs, NJ: Prentice-Hall.

Ellis, A. (1977). The basic clinical theory of rational-emotive therapy. In A. Ellis & R. Grieger (Eds.), *Handbook of rational-emotive therapy* (pp. 3–33). New York: Springer.

Ellis, A. (1993). Reflections on rational-emotive therapy. *Journal of Consulting and Clinical Psychology, 61,* 199–201.

Ellis, A. (2004a). Why I (really) became a therapist. *Journal of Rational-Emotive & Cognitive Behavior Therapy, 22,* 73–77.

Ellis, A. (2004b). Why rational-emotive behavior therapy is the most comprehensive and effective form of behavior therapy. *Journal of Rational-Emotive & Cognitive Behavior Therapy, 22,* 85–92.

Ellis, B., Bates, J., Dodge, K., Fergusson, D., Horwood, J., Pettit, G., & Woodward, L. (2003). Does father absence place daughters at special risk for early sexual activity and teenage pregnancy? *Child Development, 74,* 801–821.

Ellison, P., & Nelson, A. (2009). Brain development: Evidence of gender differences. In E. Fletcher-Janzen (Ed.), *The neuropsychology of women: Issues of diversity in clinical neuropsychology* (pp. 11–30). New York: Springer Science and Business Media.

Else-Quest, N., Hyde, J., Goldsmith, H., & Van Hulle, C. (2006). Gender differences in temperament: A meta-analysis. *Psychological Bulletin, 132,* 33–72.

Embick, D., Marantz, A., Miyashita, Y., O'Neil, W., & Sakai, K. L. (2000). A syntactic specialization for Broca's area. *Proceedings of the National Academy of Science, 97,* 6150–6154.

Engel, G. (1977). The need for a new medical model: A challenge for biomedicine. *Science, 196,* 126–129.

Engel, G. (1980). The clinical application of the biopsychosocial model. *American Journal of Psychiatry, 137,* 535–544.

Engels, G. I., Garnefski, N., & Diekstra, R. F. W. (1993). Efficacy of rational-emotive therapy: A quantitative analysis. *Journal of Consulting and Clinical Psychology, 61,* 1083–1090.

Engen, T. (1982). *The perception of odors.* New York: Academic Press.

Epstein, J., Stern, E., & Silbersweig, D. (2001). Neuropsychiatry at the millennium: The potential for mind/brain integration through emerging interdisciplinary research strategies. *Clinical Neuroscience Research, 1,* 10–18.

Erdogan, A., Kocabasoglu, N., Yalug, I., Ozbay, G., & Senturk, H. (2004). Management of marked liver enzyme increase during clozapine treatment: A case report and review of the literature. *International Journal of Psychiatry in Medicine, 34,* 83–89.

Erel, O., & Burman, B. (1995). Interrelatedness of marital relations and parent-child relations: A meta-analytic review. *Psychological Bulletin, 118,* 108–132.

Erikson, E. H. (1980). *Identity and the life cycle.* New York: Norton.

Erlacher, D., & Schredl, M. (2008). Cardiovascular responses to dreamed physical exercise during REM lucid dreaming. *Dreaming, 18,* 112–121.

Escher, M., Desmeules, J., Giostra, E., & Mentha, G. (2001). Hepatitis associated with kava, a herbal remedy for anxiety. *BMJ: British Medical Journal, 322,* 139.

Espelage, D., Holt, M., & Henkel, R. (2003). Examination of peer-group contextual effects on aggression during early adolescence. *Child Development, 74,* 205–220.

Estes, W. K. (1994). *Classification and cognition.* New York: Oxford University Press.

Ettore, B. (1995, November). When the walls come tumbling down. *Management Review, 84,* 33–37.

Evans, D., & Zarate, O. (2000). *Introducing evolutionary psychology.* New York: Totem Books.

Evans, G. W., & Lepore, S. J. (1993). Household crowding and social support: A quasiexperimental analysis. *Journal of Personality and Social Psychology, 65,* 308–316.

Evans, S., Huxley, P., Gately, C., Webber, M., Mears, A., Pajak, S., Medina, J., Kendall, T., & Katona, C. (2006). Mental health, burnout and job satisfaction among mental health social workers in England and Wales. *British Journal of Psychiatry, 188,* 75–80.

Exner, J. (2003). *The Rorschach: A comprehensive system* (4th ed.). New York: John Wiley & Sons, Inc.

Exner, J. E. (1993). *The Rorschach: A comprehensive system: Vol. 1. Basic foundations* (3rd ed.). New York: Wiley.

Eysenbach, G., Powell, J., Kuss, O., & Sa, E. (2002). Empirical studies of health information for consumers on the World Wide Web: A systematic review. *JAMA: Journal of the American Medical Association, 287,* 2691–2700.

Eysenck, H. (1994). The outcome problem in psychotherapy: What have we learned? *Behaviour Research and Therapy, 32,* 477–495.

Eysenck, H. J. (1990). Genetic and environmental contributions to individual differences: The three major dimensions of personality. *Journal of Personality, 58,* 245–261.

Fackelmann, K. (1997). Marijuana on trial: Is marijuana a dangerous drug or a valuable medicine? *Science News, 151,* 178–179, 183.

Fagiolini, M., & Hensch, T. K. (2000). Inhibitory threshold for critical-period activation in primary visual cortex. *Nature, 404,* 183–186.

Fagot, B. (1995). Observations of parent reactions to sex-stereotyped behavior: Age and sex effects. *Child Development, 62,* 617–628.

Fairbank, J., Spangler, W., & Williams, S. (2003). Motivating creativity through a computer-mediated employee suggestion management system. *Behaviour & Information Technology, 22,* 305–314.

Faith, R., Leventhal, T., & Brooks-Gunn, J. (2008). Seven years later: Effects of a neighborhood mobility program on poor Black and Latino adults' well-being. *Journal of Health and Social Behavior, 49,* 119–130.

Falconnier, L. (2009). Socioeconomic status in the treatment of depression. *American Journal of Orthopsychiatry, 79,* 148–158.

Falloon, I. R. H. (1988). Expressed emotion: Current status. *Psychological Medicine, 18,* 269–274.

Famighetti, R. (Ed.). (1997). *The world almanac and book of facts 1998.* Mahwah, NJ: World Almanac Books.

Fan, J., Wong, C., Carroll, S., & Lopez, F. (2008). An empirical investigation of the influence of social desirability on the factor structure of the Chinese 16PF. *Personality and Individual Differences, 45,* 790–795.

Fang, C., & Myers, H. (2001). The effects of racial stressors and hostility on cardiovascular reactivity in African American and Caucasian men. *Health Psychology, 20,* 64–70.

Fanous, A., Gardner, C., Prescott, C., Cancro, R., & Kendler, K. (2002). Neuroticism, major depression and gender: A population-based twin study. *Psychological Medicine, 32,* 719–728.

Fantz, R. L. (1961). The origin of form perception. *Scientific American, 204,* 66–72.

Farabee, D., Shen, H., & Sanchez, S. (2004). Program-level predictors of antipsychotic medication adherence. *International Journal of Offender Therapy and Comparative Criminology, 48,* 561–571.

Farber, B., Khurgin-Bott, R., & Feldman, S. (2009). The benefits and risks of patient self-disclosure in the psychotherapy of women with a history of childhood sexual abuse. *Psychotherapy: Theory, Research, Practice, Training, 46,* 52–67.

Farley, S., Adams, J., Lutton, M., & Scoville, C. (2005). What are effective treatments for oppositional and defiant behaviors in preadolescents? *Journal of Family Practice, 54,* 162–165.

Farooqi, I., & O'Rahilly, S. (2005). New advances in the genetics of early onset obesity. *International Journal of Obesity, 29,* 1149–1152.

Farwell, L., & Smith, S. (2001). Using brain MERMER testing to detect concealed knowledge despite efforts to conceal. *Journal of Forensic Sciences, 46,* 1–9.

Faryna, E., & Morales, E. (2000). Self-efficacy and HIV-related risk behaviors among multiethnic adolescents. *Cultural Diversity and Ethnic Minority Psychology, 6,* 42–56.

Fasotti, L. (2003). Executive function retraining. In J. Grafman, & I. Robertson (Eds.), *Handbook of neuropsychology: Volume 9: Plasticity and rehabilitation* (pp. 67–78). Amsterdam, Elsevier Science.

Faunce, G. (2002). Eating disorders and attentional bias: A review. *Eating Disorders: The Journal of Treatment & Prevention, 10,* 125–139.

Favaro, A., Santonastaso, P., Monteleone, P., Bellodi, L., Mauri, M., Rotondo, A., Erzegovesi, S., & Maj, M. (2008). Self-injurious behavior and attempted suicide in purging bulimia nervosa: Associations with psychiatric comorbidity. *Journal of Affective Disorders, 105,* 285–289.

Fazio, R. H. (1989). On the power and functionality of attitudes: The role of attitude accessibility. In A. R. Pratkanis, S. J. Breckler, & A. G. Greenwald (Eds.), *Attitude structure and function* (pp. 153–179). Hillsdale, NJ: Erlbaum.

Fazio, R. H., & Williams, C. J. (1986). Attitude accessibility as a moderator of the attitude perception and attitude-behavior relations: An investigation of the 1984 presidential election. *Journal of Personality and Social Psychology, 51,* 505–514.

Federal Interagency Forum on Aging-Related Statistics. (FIFARS). (2009). *2008 Older American update: Key indicator of wellness.* Retrieved May 18, 2007 from http://www.agingstats.gov/agingstatsdotnet/main_site/default.aspx.

Feeney, K. (2007). The legal bases for religious peyote use. In M. Winkelman, & T. Roberts (Eds.), *Psychedelic medicine: New evidence for hallucinogenic substances as treatments* (Vol. 1, pp. 233–250). Westport, CT: Praeger Publishers.

Feine, R. (2002). *13 indicators of quality child care: Research update.* Report presented to the Office of the Assistant Secretary for Planning and Evaluation and the Health Resources and Services Administration/Maternal and Child Health Bureau, U.S. Department of Health and Human Services. Retrieved June 10, 2006 from http://aspe.hhs.gov/hsp/ccquality%2Dind02/.

Feldman, D., & Brecht, M. (2005). Map plasticity in somatosensory cortex. *Science, 310,* 810–815.

Feng, X., Keenan, K., Hipwell, A., Henneberger, A., Rischall, M., Butch, J., Coyne, C., Boeldt, D., Hinze, A., & Babinski, D. (2009). Longitudinal associations between emotion regulation and depression in preadolescent girls: Moderation by the caregiving environment. *Developmental Psychology, 45,* 798–808.

Feng, X., Keenan, K., Hipwell, A., Henneberger, A., Rischall, M., Butch, J., Coyne, C., Boeldt, D., & Hinze, A. (2009). Longitudinal associations between emotion regulation and depression in preadolescent girls: Moderation by the caregiving environment. *Developmental Psychology, 45,* 798–808.

Fenton, W. S., & McGlashan, T. H. (1991). Natural history of schizophrenia subtypes: I. Longitudinal study of paranoid, hebephrenic, and undifferentiated schizophrenia. *Archives of General Psychiatry, 48,* 969–977.

Fenton, W. S., & McGlashan, T. H. (1994). Antecedents, symptom progression, and long-term outcome of the deficit syndrome in schizophrenia. *American Journal of Psychiatry, 151,* 351–356.

Fernald, A. (1993). Approval and disapproval: Infant responsiveness to vocal affect in familiar and unfamiliar languages. *Child Development, 64,* 637–656.

Fernandez, Y., & Marshall, W. (2003). Victim empathy, social self-esteem, and psychopathy in rapists. *Sexual Abuse: Journal of Research & Treatment, 15,* 11–26.

Fernández-Dols, J.-M., & Ruiz-Belda, M.-A. (1995). Are smiles a sign of happiness? Gold medal winners at the Olympic games. *Journal of Personality and Social Psychology, 69,* 1113–1119.

Festinger, L. (1957). *A theory of cognitive dissonance.* Evanston, IL: Row, Peterson.

Festinger, L., & Carlsmith, J. M. (1959). Cognitive consequences of forced compliance. *Journal of Abnormal and Social Psychology, 58,* 203–210.

Festinger, L., Pepitone, A., & Newcomb, T. (1952). Some consequences of de-individuation in a group. *The Journal of Abnormal and Social Psychology, 47,* 382–389.

Feusner, J., & Bystritsky, A. (2005). Managing treatment-resistant OCD. *Psychiatric Times.* Retrieved June 18, 2009 from http://www.psychiatrictimes.com/ocd/article/10168/52481?pageNumber=1.

Field, M., & Duka, T. (2002). Cues paired with a low dose of alcohol acquire conditioned incentive properties in social drinkers. *Psychopharmacology, 159,* 325–334.

Field, T. (2009). Origins of complementary and alternative therapies. In T. Field (Ed.), *Complementary and alternative therapies research* (pp. 13–21). Washington, DC: American Psychological Association.

Field, T., Schanberg, S. M., Scfidi, F., Bauer, C. R., Vega-Lahr, N., Garcia, R., Nystrom, J., & Kuhn, C. (1986, May). Tactile/kinesthetic stimulation effects on preterm neonates. *Pediatrics, 77,* 654–658.

Filiapas, H., & Ullman, S. (2006). Child sexual abuse, coping responses, self-blame, posttraumatic stress disorder, and adult sexual revictimization. *Journal of Interpersonal Violence, 21,* 652–672.

Finch, A. E., Lambert, M. J., & Brown, G. (2000). Attacking anxiety: A naturalistic study of a multimedia self-help program. *Journal of Clinical Psychology, 56,* 11–21.

Findling, R., McNamara, N., Stansbrey, R., Gracious, B., Whipkey, R., Demeter, C., Reed, M., Youngstrom, E., & Calabrese, J. (2006). Combination lithium and divalproex sodium in pediatric bipolar symptom restabilization. *Journal of the American Academy of Child & Adolescent Psychiatry, 45,* 142–148.

Fink, B., & Penton-Voak, I. (2002). Evolutionary psychology of facial attractiveness. *Current Directions in Psychological Science, 11,* 154–158.

Fink, B., Brookes, H., Neave, N., Manning, J., & Geary, D. (2006). Second to fourth digit ratio and numerical competence in children. *Brain and Cognition, 61,* 211–218.

Fischbach, G. D. (1992). Mind and brain. *Scientific American, 267,* 48–56.

Fischer, K. (2008). Dynamic cycles of cognitive and brain development: Measuring growth in mind, brain, and education. In A. Battro, K. Fischer, & P. Lena (Eds.), *The educated brain* (pp. 127–150). Cambridge: Cambridge University Press.

Fivush, R., & Nelson, K. (2004). Culture and language in the emergence of autobiographical memory. *Psychological Science, 15,* 573–577.

Fixx, J. F. (1978). *Solve It! A perplexing profusion of puzzles.* New York: Doubleday.

Flavell, J. H. (1992). Cognitive development: Past, present, and future. *Developmental Psychology, 28,* 998–1005.

Flavell, J. H. (1996). Piaget's legacy. *Psychological Science, 7,* 200–203.

Flavell, J. H., Green, F. L., & Flavell, E. R. (1995). Young children's knowledge about thinking. *Monographs of the Society for Research in Child Development, 60*(1, Serial No. 243).

Fleeson, W. (2004). Moving personality beyond the person-situation debate: The challenge and the opportunity of within-person variability. *Current Directions in Psychological Science, 13,* 83–87.

Fleming, J. D. (1974, July). Field report: The state of the apes. *Psychology Today,* pp. 31–46.

Fletcher, J. M., Page, B., Francis, D. J., Copeland, K., Naus, M. J., Davis, C. M., Morris, R., Krauskopf, D., & Satz, P. (1996). Cognitive correlates of long-term cannabis use in Costa Rican men. *Archives of General Psychiatry, 53,* 1051–1057.

Florida Institute for Neurologic Rehabilitation, Inc. (2002). V.D.2. Case study [Online report]. Retrieved May 25, 2003, from http://www.floridainstitute.com.

Florio, V., Fossella, S., Maravita, A., Miniussi, C., & Marzi, C. (2002). Interhemispheric transfer and laterality effects in simple visual reaction time in schizophrenics. *Cognitive Neuropsychiatry, 7,* 97–111.

Flowers, L. (2002). The impact of college racial composition on African American students' academic and social gains: Additional evidence. *Journal of College Student Development, 43,* 403–410.

Flowers, L., & Pascarella, E. (1999). Cognitive effects of college racial composition on African American students after 3 years of college. *Journal of College Student Development, 40,* 669–677.

Flynn, J. (1999). Searching for justice: The discovery of IQ gains over time. *American Psychologist, 54,* 5–20.

Flynn, J. (2003). Movies about intelligence: The limitations of g. *Current Directions in Psychological Science, 12,* 95–99.

Flynn, J. R. (1987). Race and IQ: Jensen's case refuted. In S. Modgil, & C. Modgil (Eds.), *Arthur Jensen: Consensus and controversy.* New York: Palmer Press.

Foa, E. B. (1995). How do treatments for obsessive-compulsive disorder compare? *Harvard Mental Health Letter, 12*(1), 8.

Fogel, J., Albert, S., Schnabel, F., Ditkoff, B., & Neugut, A. (2002). Internet use and social support in women with breast cancer. *Health Psychology, 21,* 398–404.

Foley, D., Ancoli-Israel, S., Britz, P., & Walsh, J. (2004). Sleep disturbances and chronic disease in older adults: Results of the 2003 National Sleep Foundation Sleep in America Survey. *Journal of Psychosomatic Research, 56,* 497–502.

Folkman, S. (1984). Personal control and stress and coping processes: A theoretical analysis. *Journal of Personality and Social Psychology, 46,* 839–852.

Folkman, S., & Lazarus, R. S. (1980). An analysis of coping in a middle-aged community sample. *Journal of Health and Social Behavior, 21,* 219–239.

Folkman, S., Chesney, M., Collette, L., Boccellari, A., & Cooke, M. (1996). Postbereavement depressive mood and its prebereavement predictors in HIV^+ and HIV^- gay men. *Journal of Personality and Social Psychology, 70,* 336–348.

Foran, H., & O'Leary, K. (2008). Alcohol and intimate partner violence: A meta-analytic review. *Clinical Psychology Review, 28,* 1222–1234.

Ford, C. S., & Beach, F. A. (1951). *Patterns of sexual behavior.* New York: Harper & Row.

Forey, J. P., Walker, S., Poston, C., II, & Goodrick, G. K. (1996). Future directions in obesity and eating disorders. *Addictive Behaviors, 21,* 767–778.

Foulkes, D. (1996). Sleep and dreams: Dream research: 1953–1993. *Sleep, 19,* 609–624.

Fourkas, A., Bonavolotá, V., Avenanti, A., & Aglioti, S. (2008). Kinesthetic imagery and tool-specific modulation of corticospinal representations in expert tennis players. *Cerebral Cortex, 18,* 2382–2390.

Fourkas, A., Ionta, S., & Aglioti, S. (2006). Influence of imagined posture and imagery modality on corticospinal excitability. *Behavioural Brain Research, 168,* 190–196.

Fox, E., Lester, V., Russo, R., Bowles, R. J., Pichler, A., & Dutton, K. (2000). Facial expressions of emotion: Are angry faces detected more efficiently? *Cognition and Emotion, 14,* 61–92.

Fox, N. A., & Bell, M. A. (1990). Electrophysiological indices of frontal lobe development: Relations to cognitive and affective behavior in human infants over the first year of life. *Annals of the New York Academy of Sciences, 608,* 677–698.

Francis, P. (2003). Glutamatergic systems in Alzheimer's disease. *International Journal of Geriatric Psychiatry, 18,* S15–S21.

Francis-Smythe, J., & Smith, P. (1997). The psychological impact of assessment in a development center. *Human Relations, 50,* 149–167.

Francks, C., Maegawa, S., Lauren, J., Abrahams, B., Velayos-Baeza, A., Medland, S., Colella, S., Groszer, M., McAuley, E., Caffrey, T., Timmusk, T., Pruunsild, P., Koppel, I., Lind, P., Matsumoto-Itaba, N., Nicod, J., Xiong, L., Joober, R., Enard, W., Krinsky, B., Nanba, E., Richardson, A., Riley, B., Martin, N., Strittmatter, S., Moller, H., Rujescu, D., St. Clair, D., Muglia, P., Roos, J., Fisher, S., Wade-Martins, R., Rouleau, G., Stein, J., Karayiorgou, M., Geschwind, D., Ragoussis, J., Kendler, K., Airaksinen, M., Oshimura, M., DeLisi, L., & Monaco, A. (2007). LRRTM1 on chromosome 2p12 is a maternally suppressed gene that is associated paternally with handedness and schizophrenia. *Molecular Psychiatry, 12,* 1129–1139.

Frank, E., Kupfer, D. J., Wagner, E. F., McEachran, A. B., & Cornes, C. (1991). Efficacy of interpersonal psychotherapy as a maintenance treatment of recurrent depression: Contributing factors. *Archives of General Psychiatry, 48,* 1053–1059.

Frank, M., Formaker, B., & Hettinger, T. (2003). Taste response to mixtures: Analytic processing of quality. *Behavioral Neuroscience, 117,* 228–235.

Frankenburg, W. K., Dodds, J. B., Archer, P., et al. (1992). *Denver II training manual.* Denver: Denver Developmental Materials.

Franklin, A., Pilling, M., & Davies, I. (2005). The nature of infant colour categorization: Evidence from eye-movements on a target detection task. *Journal of Experimental Child Psychology, 91,* 227–248.

Franks, P., Gold, M., & Fiscella, K. (2003). Sociodemographics, self-rated, health, and mortality in the U. S. *Social Science & Medicine, 56,* 2505–2514.

Frantz, K., Hansson, K., Stouffer, D., & Parsons, L. (2002). 5-HT-sub-6 receptor antagonism potentiates the behavioral and neurochemical effects of amphetamine but not cocaine. *Neuropharmacology, 42,* 170–180.

Franz, C. E., McClelland, D. C., & Weinberger, J. (1991). Childhood antecedents of conventional social accomplishment in midlife adults: A 36-year prospective study. *Journal of Personality and Social Psychology, 60,* 586–595.

Fratiglioni, L., & Wang, H. (2007). Brain reserve hypothesis in dementia. *Journal of Alzheimer's Disease, 12,* 11–22.

Frazer, A. (1997). Antidepressants. *Journal of Clinical Psychiatry, 58*(6, Suppl.), 9–25.

Frazer, N., Larkin, K., & Goodie, J. (2002). Do behavioral responses mediate or moderate the relation between cardiovascular reactivity to stress and parental history of hypertension? *Health Psychology, 21,* 244–253.

Frederickson, N. (1962). Factors in in-basket performance. *Psychological Monographs, 76.*

Fredricks, J., & Eccles, J. (2002). Children's competence and value beliefs from childhood through adolescence growth trajectories in two male-sex-typed domains. *Developmental Psychology, 38,* 519–533.

Fredrikson, M., Annas, P., Fischer, H., & Wik, G. (1996). Gender and age differences in the prevalence of specific fears and phobias. *Behaviour Research and Therapy, 34,* 33–39.

Freedman, J. L., & Fraser, S. C. (1966). Compliance without pressure: The foot-in-the-door technique. *Journal of Personality and Social Psychology, 4,* 195–202.

Freeman, C. (2004). *Trends in educational equity of girls & women.* Retrieved July 3, 2006 from http://nces.ed.gov/pubs2005/2005016.pdf.

Freeman, W. J. (1991). The physiology of perception. *Scientific American, 264,* 78–85.

Freud, A. (1958). *Adolescence: Psychoanalytic study of the child* (Vol. 13). New York: Academic Press.

Freud, S. (1900/1953a). The interpretation of dreams. In J. Strachey (Ed. and Trans.), *The standard edition of the complete psychological works of Sigmund Freud* (Vols. 4 and 5). London: Hogarth Press. (Original work published 1900).

Freud, S. (1905/1953b). Three essays on the theory of sexuality. In J. Strachey (Ed. and Trans.), *The standard edition of the complete psychological works of Sigmund Freud* (Vol. 7). London: Hogarth Press. (Original work published 1905).

Freud, S. (1920/1963b). *A general introduction to psychoanalysis* (J. Riviere, Trans.). New York: Simon & Schuster. (Original work published 1920).

Freud, S. (1922). *Beyond the pleasure principle.* London: International Psychoanalytic Press.

Freud, S. (1925/1963a). *An autobiographical study* (J. Strachey, Trans.). New York: W.W. Norton. (Original work published 1925).

Freud, S. (1930/1962). *Civilization and its discontents* (J. Strachey, Trans.). New York: W. W. Norton. (Original work published 1930).

Freud, S. (1933/1965). *New introductory lectures on psychoanalysis* (J. Strachey, Trans.). New York: W. W. Norton. (Original work published 1933).

Freudenberger, H., & Richelson, G. (1981). *Burnout.* New York: Bantam Books.

Friedman, J. M. (1997). The alphabet of weight control. *Nature, 385,* 119–120.

Friedman, J. M. (2000). Obesity in the new millennium. *Nature, 404,* 632–634.

Friedman, M., & Rosenman, R. H. (1974). *Type A behavior and your heart.* New York: Fawcett.

Friedman, M. I., Tordoff, M. G., & Ramirez, I. (1986). Integrated metabolic control of food intake. *Brain Research Bulletin, 17,* 855–859.

Friedrich, M. (2005). Molecular studies probe bipolar disorder. *JAMA: Journal of the American Medical Association, 293,* 535–536.

Froc, D., & Racine, R. (2005). Interactions between LTP- and LTD-inducing stimulation in the sensorimotor cortex of the awake freely moving rat. *Journal of Neurophysiology, 93,* 548–556.

Fuchs, L., Fuchs, D., & Zumeta, R. (2008). Response to intervention: A strategy for the prevention and identification of learning disabilities. In E. Grigorenko, (Ed.), *Educating individuals with disabilities: IDEA 2004 and beyond* (pp. 115–135). New York: Spring Publishing Company.

Fuligni, A. J., & Stevenson, H. W. (1995). Time use and mathematics achievement among American, Chinese, and Japanese high school students. *Child Development, 66,* 830–842.

Furnham A., Swami, V., Arteche, A., & Chamorro-Premuzic, T. (2008). Cognitive ability, learning approaches and personality correlates of general knowledge. *Educational Psychology, 28*, 427–437.

Fuzhong, L., Harmer, P., Fisher, K., & McAuley, E. (2004). Tai Chi: Improving balance and predicting subsequent falls in older persons. *Medicine & Science in Sports & Exercise, 36*, 2046–2052.

Gaertner, L., Sedikides, C., & Chang, K. (2008). On pancultural self-enhancement: Well-adjusted Taiwanese self-enhance on personally valued traits. *Journal of Cross-Cultural Psychology, 39*, 463–477.

Gaggioli, A., & Riva, G. (2007). A second life for telehealth? *Annual Review of CyberTherapy and Telemedicine, 5*, 29–36.

Galambos, N., Barker, E., & Almeida, D. (2003). Parents do matter: Trajectories of change in externalizing and internalizing problems in early adolescence. *Child Development, 74*, 578–594.

Galambos, N., Turner, P., & Tilton-Weaver, L. (2005). Chronological and subjective age in emerging adulthood: The crossover effect. *Journal of Adolescent Research, 20*, 538–556.

Gallo, L., Troxel, W., Matthews, K., Jansen-McWilliams, L., Kuller, L., & Suton-Tyrrell, K. (2003). Occupation and subclinical carotid artery disease: Are clerical workers at greater risk? *Health Psychology, 22*, 19–29.

Gallup, G., Jr., & Hugick, L. (1990). Racial tolerance grows, progress on racial equality less evident. *Gallup Poll Monthly*, No. 297, 23–32.

Galton, F. (1874). *English men of science: Their nature and nurture*. London: Macmillan.

Gana, K., Allouche, J., & Beaugrand, C. (2001). The effect of sex-role orientation on the participation of married men in household tasks. *Revue Internationale de Psychologie Expérimentale, 14*, 151–164.

Ganellen, R. J. (1996). Comparing the diagnostic efficiency of the MMPI, MCMI-II, and Rorschach: A review. *Journal of Personality Assessment, 67*, 219–243.

Gangestad, S., Thornhill, R., & Garver-Apgar, C. (2005). Adaptations to ovulation. *Current Directions in Psychological Science, 14*, 312–316.

Garcia, J., & Koelling, A. (1966). Relation of cue to consequence in avoidance learning. *Psychonomic Science, 4*, 123–124.

Gardner, H. (1983). *Frames of mind: The theory of multiple intelligences*. New York: Basic Books.

Gardner, H., & Hatch, T. (1989). Multiple intelligences go to school: Educational implication of the theory of multiple intelligences. *Educational Researcher, 18*(8), 6.

Gardner, R. A., & Gardner, B. T. (1969). Teaching sign language to a chimpanzee. *Science, 165*, 664–672.

Garfield, C. (1986). *Peak performers: The new heroes of American business*. New York: Morrow.

Garmon, L. C., Basinger, K. S., Gregg, V. R., & Gibbs, J. C. (1996). Gender differences in stage and expression of moral judgment. *Merrill-Palmer Quarterly, 42*, 418–437.

Garrett, M., Garrett, J., & Brotherton, D. (2001). Inner circle/outer circle: A group technique based on Native American healing circles. *Journal for Specialists in Group Work, 26*, 17–30.

Garry, M., & Loftus, E. F. (1994). Pseudomemories without hypnosis. *International Journal of Clinical and Experimental Hypnosis, 42*, 363–373.

Gartner, J., & Whitaker-Azimitia, P. M. (1996). Developmental factors influencing aggression: Animal models and clinical correlates. *Annals of the New York Academy of Sciences, 794*, 113–120.

Garza-Mercer, F., Christensen, A., & Doss, B. (2006). Sex and affection in heterosexual and homosexual couples: An evolutionary perspective. *Electronic Journal of Human Sexuality, 9*. Retrieved July 3, 2006 from http://www.ejhs.org/volume9/Garza.htm.

Gates, A. I. (1917). Recitation as a factor in memorizing. *Archives of Psychology, 40*.

Gavin, J., Scott, A., & Duffield, J. (2006). *Passion, intimacy and commitment in online dating: Time versus channel effects*. Paper presented at the International Association for Relationship Research Conference. July, 2006, University of Crete, Greece.

Gawin, F. H. (1991). Cocaine addiction: Psychology and neurophysiology. *Science, 251*, 1580–1586.

Gawronski, B., Alshut, E., Grafe, J., Nespethal, J., Ruhmland, A., & Schulz, L. (2002). Processes of judging known and unknown persons. *Zeitschrift fuer Sozialpsychologie, 33*, 25–34.

Gazelle, H., & Ladd, G. (2003). Anxious solitude and peer exclusion: A diathesis-stress model of internalizing trajectories in childhood. *Child Development, 74*, 257–278.

Gazzaniga, M. (1970). *The bisected brain*. New York: Appleton-Century-Crofts.

Gazzaniga, M. (1989). Organization of the human brain. *Science, 245*, 947–952.

Gazzaniga, M. S. (1983). Right hemisphere language following brain bisection: A 20-year perspective. *American Psychologist, 38*, 525–537.

Ge, L., & Thomas, S. (2008). A cross-cultural comparison of the deliberative reasoning of Canadian and Chinese accounting students. *Journal of Business Ethics, 82*, 189–211.

Ge, X., Brody, G., Conger, R., Simons, R., & Murry, V. (2002). Contextual amplification of pubertal transition effects on deviant peer affiliation and externalizing behavior among African American children. *Developmental Psychology, 38*, 42–54.

Geary, D., Hoard, M., Byrd-Craven, J., Nugent, L., & Numtee, C. (2007). Cognitive mechanisms underlying achievement deficits in children with mathematical learning disability. *Child Development, 78*, 1343–1359.

Geary, D., Lin, F., Chen, G., & Saults, S. (1999). Contributions of computational fluency to cross-national differences in arithmetical reasoning abilities. *Journal of Educational Psychology, 91*, 716–719.

Geary, N. (2004). Endocrine controls of eating: CCK, leptin, and ghrelin. *Physiology & Behavior, 81*, 719–733.

Geen, R. G. (1984). Human motivation: New perspectives on old problems. In A. M. Rogers & C. J. Scheier (Eds.), *The G. Stanley Hall lecture series* (Vol. 4). Washington, DC: American Psychological Association.

Gehart, D., & Lyle, R. (2001). Client experience of gender in therapeutic relationships: An interpretive ethnography. *Family Process, 40*, 443–458.

Gehring, D. (2003). Couple therapy for low sexual desire: A systematic approach. *Journal of Sex & Marital Therapy, 29*, 25–38.

Geiselman, R. E., Schroppel, T., Tubridy, A., Konishi, T., & Rodriguez, V. (2000). Objectivity bias in eye witness performance. *Applied Cognitive Psychology, 14*, 323–332.

Geleernter, J., & Kranzler, H. (2008). Genetics of addiction. In M. Galanter, & H. Kleber (Eds), *The American Psychiatric Publishing textbook of substance abuse* (4th ed., pp. 17–28). Arlington, VA: American Psychiatric Publishing, Inc.

Geller, S., & Studee, L. (2005). Botanical and dietary supplements for menopausal symptoms: What works, what does not. *Journal of Women's Health, 14*, 634–649.

George, H., Swami, V., Cornelissen, P., & Tovee, M. (2008). Preferences for body mass index and waist-to-hip ratio do not vary with observer age. *Journal of Evolutionary Psychology, 6*, 207–218.

George, T., & Weinberger, A. (2008). Nicotine and tobacco. In M. Galanter, & H. Kleber (Eds), *The American Psychiatric Publishing textbook of substance abuse* (4th ed., pp. 201–214). Arlington, VA: American Psychiatric Publishing, Inc.

German, T., & Barrett, H. (2005). Functional fixedness in a technologically sparse culture. *Psychological Science, 16*, 1–5.

Gerull, F., & Rapee, R. (2002). Mother knows best: The effects of maternal modelling on the acquisition of fear and avoidance behaviour in toddlers. *Behaviour Research & Therapy, 40*, 279–287.

Geurts, S., Beckers, D., Taris, T., Kompier, M., & Smulders, P. (2009). Worktime demands and work-family interference: Does worktime control buffer the adverse effects of high demands. *Journal of Business Ethics, 83*, 229–241.

Gevins, A., Leong, H., Smith, M. E., Le, J., & Du, R. (1995). Mapping cognitive brain function with modern high-resolution electroencephalography. *Trends in Neurosciences, 18*, 429–436.

Gibbons, A. (1991). Déjà vu all over again: Chimp-language wars. *Science, 251*, 1561–1562.

Gibson, E., & Walk, R. D. (1960). The "visual cliff." *Scientific American, 202*, 64–71.

Gibson, J. (1994). The visual perception of objective motion and subjective motion. *Psychological Review, 101*, 318–323.

Giedd, J. N., Rapoport, J. L., Garvey, M. A., Perlmutter, S., & Swedo, S. E. (2000). MRI assessment of children with obsessive-compulsive disorder or tics associated with streptococcal infection. *American Journal of Psychiatry, 157*, 2281–2283.

Gigerenzer, G. (2004). Dread risk, September 11, and fatal traffic accidents. *Psychological Science, 15*, 286–287.

Gigerenzer, G., & Todd, P. for the ABC Research Group (1999). *Simple heuristics that make us smart.* Oxford, England: Oxford University Press.

Gilbert, D. (2006). *Stumbling on happiness.* New York: Alfred A. Knopf.

Gillespie, C., & Ressler, K. (2005). Emotional learning and glutamate: Translational perspectives. *CNS Spectrums, 10*, 831–839.

Gilligan, C. (1982). *In a different voice: Psychological theory and women's development.* Cambridge, MA: Harvard University Press.

Gillon, E. (2008). Men, masculinity, and person-centered therapy. *Person-Centered and Experiential Psychotherapies, 7*, 120–134.

Gillon, G., & Young, A. (2002). The phonological awareness skills of children who are blind. *Journal of Visual Impairment & Blindness, 96*, 38–49.

Ginzburg, K., Solomon, Z., & Bleich, A. (2002). Repressive coping style, acute stress disorder, and post-traumatic stress disorder after myocardial infarction. *Journal of the American Psychosomatic Society, 64*, 748–757.

Giraud, A., Price, C., Graham, J., & Frackowisk, R. (2001). *Neuropsychopharmacology, 124*, 1307–1316.

Girolamo, G., & Bassi, M. (2003). Community surveys of mental disorders: Recent achievements and works in progress. *Current Opinion in Psychiatry, 16*, 403–411.

Glannon, W. (2006). Neuroethics. *Bioethics, 20*, 37–52.

Glantz, L. A., & Lewis, D. A. (2000). Decreased dendritic spine density on prefrontal cortical pyramidal neurons in schizophrenia. *Archives of General Psychiatry, 57*, 65–73.

Glassop, L. (2002). The organizational benefits of teams. *Human Relations, 55*, 225–249.

Glazer, W. M., Morgenstern, H., & Doucette, J. T. (1993). Predicting the long-term risk of tardive dyskinesia in outpatients maintained on neuroleptic medications. *Journal of Clinical Psychiatry, 54*, 133–139.

Gleaves, D. J. (1996). The sociocognitive model of dissociative identity disorder: A reexamination of the evidence. *Psychological Bulletin, 120*, 42–59.

Glick, P., Lameiras, M., Fiske, S., Eckes, T., Masser, B., Volpato, C., Manganelli, A., Pek, J., Huang, L., Sakalli-Ugurlu, N., Castro, Y., D'Avila Pereira, M., Willemsen, T., Brunner, A., Sex-Materna, I., & Wells, R. (2004). Bad but bold: Ambivalent attitudes toward men predict gender inequality in 16 nations. *Journal of Personality and Social Psychology, 86*, 713–738.

Global Fund to Fight AIDS, Tuberculosis, and Malaria, (2006). *Global Fund ARV factsheet.* Retieved July 3, 2006 from http://www.theglobalfund.org/en/files/publications/factsheets/aids/ARV_Factsheet_2006.pdf.

Glover, J. A., & Corkill, A. J. (1987). Influence of paraphrased repetitions on the spacing effect. *Journal of Educational Psychology, 79*, 198–199.

Gluck, M. A., & Myers, C. E. (1997). Psychobiological models of hippocampal function in learning and memory. *Annual Review of Psychology, 48*, 481–514.

Glucksman, M., & Kramer, M. (2004). Using dreams to assess clinical change during treatment. *The Journal of the American Academy of Psychoanalysis and Dynamic Psychiatry, 32*, 345–358.

Godden, D. R., & Baddeley, A. D. (1975). Context-dependent memory in two natural environments: On land and underwater. *British Journal of Psychology, 66*, 325–331.

Gogtay, N., Giedd, J., Lusk, L., Hayashi, K., Greenstein, D., Vaituzis, A., Nugent, T., Herman, D., Clasen, L., Toga, A., Rapoport, J., & Thompson, P. (2004). Dynamic mapping of human cortical development during childhood through early adulthood. *Proceedings of the National Academy of Science, 101*, 8174–8179.

Gökcebay, N., Cooper, R., Williams, R. L., Hirshkowitz, M., & Moore, C. A. (1994). Function of sleep. In R. Cooper (Ed.), *Sleep.* New York: Chapman & Hall.

Goldberg, L. (1993). The structure of phenotypic personality traits. *American Psychologist, 48*, 26–34.

Goldstein, D., & Gigerenzer, G. (2002). Models of ecological rationality: The recognition heuristic. *Psychological Review, 109,* 75–90.

Goleman, D., Kaufman, P., & Ray, M. (1992). *The creative spirit.* New York: Dutton.

Gollan, T., & Brown, A. (2006). From tip-of-the-tongue (TOT) data to theoretical implications in two steps: When more TOTs means better retrieval. *Journal of Experimental Psychology: General, 135,* 462–483.

Gollan, T., & Silverberg, N. (2001). Tip-of-the-tongue states in Hebrew-English bilinguals. *Bilingualism: Language and Cognition, 4,* 63–83.

Golz, A., Netzer, A., Westerman, S., Westerman, L., Gilbert, D., Joachims, H., & Goldenberg, D. (2005). Reading performance in children with otitis media. *Otolaryngology: Head and Neck Surgery, 132,* 495–499.

Gonsalves, B., Reber, P., Gitelman, D., Parrish, T., Mesulam, M., & Paller, K. (2004). Neural evidence that vivid imagining can lead to false remembering. *Psychological Science, 15,* 655–660.

Gonzalez, R., Ellsworth, P. C., & Pembroke, M. (1993). Response biases in lineups and showups. *Journal of Personality and Social Psychology, 64,* 525–537.

Goodwin, P., Leszcz, M., Ennis, M., Koopmans, J., Vincent, L., Guther, H., Drysdale, E., Hundleby, M., Chochinov, H., Navarro, M., Speca, M., & Hunter, J. (2001). The effect of group psychosocial support on survival in metastatic breast cancer. *New England Journal of Medicine, 345,* 1719–1726.

Goodwin, R., & Fitzgibbon, M. (2002). Social anxiety as a barrier to treatment for eating disorders. *International Journal of Eating Disorders, 32,* 103–106.

Gorman, J. (2007). *The essential guide to psychiatric drugs* (4th ed.). New York: St. Martin's Press.

Gormezano, I. (1984). The study of associative learning with CS-CR paradigms. In D. L. Alkon & J. Farley (Eds.), *Primary neural substrates of learning and behavioral change* (pp. 5–24). New York: Cambridge University Press.

Gottesman, I. I. (1991). *Schizophrenia genesis: The origins of madness.* New York: W. H. Freeman.

Gottesmann, C. (2000). Hypothesis for the neurophysiology of dreaming. *Sleep Research Online, 3,* 1–4.

Gough, H. (1987). *California Psychological Inventory: Administrator's Guide.* Palo Alto: Consulting Psychologists Press.

Gould, E. R., Reeves, A. J., Graziano, M. S. A., & Gross, C. (1999). Neurogenesis in the neocortex of adult primates. *Science, 286,* 548.

Government of South Australia. (2007). *Safeguards: Computer workstation design guidelines.* Retrieved June 23, 2009 from http://www.safework.sa.gov.au/uploaded_files/gs661i.pdf.

Gow, A., Whiteman, M., Pattie, A., & Deary, I. (2005). Goldberg's IPIP Big-Five factor markers: Internal consistency and concurrent validation in Scotland. *Personality and Individual Differences, 39,* 317–329.

Grabe, S., Ward, L., & Hyde, J. (2008). The role of the media in body image concerns among women: A meta-analysis of experimental and correlational studies. *Psychological Bulletin, 134,* 460–476.

Graham, D., Adams, J., Murray, L., & Jennett, B. (2005). Neuropathology of the vegetative state after head injury. *Neuropsychological Rehabilitation, 15,* 198–213.

Graham, K. S., Simons, J. S., Pratt, K. H., Patterson, K., & Hodges, J. R. (2000). Insights from semantic dementia on the relationship between episodic and semantic memory. *Neuropsychologia, 38,* 313–324.

Graham, S. (1992). "Most of the subjects were white and middle class": Trends in published research on African Americans in selected APA journals, 1970–1989. *American Psychologist, 47,* 629–639.

Granic, I., & Patterson, G. (2006). Toward a comprehensive model of antisocial development: A dynamic systems approach. *Psychological Review, 113,* 101–131.

Greden, J. F. (1994). Introduction Part III. New agents for the treatment of depression. *Journal of Clinical Psychiatry, 55* (2, Suppl.), 32–33.

Greeff, A., & Malherbe, H. (2001). Intimacy and marital satisfaction in spouses. *Journal of Sex & Marital Therapy, 27,* 247–257.

Green, B. (2002). Listening to leaders: Feedback on 360-degree feedback one year later. *Organization Development Journal, 20,* 8–16.

Green, J., & Shellenberger, R. (1990). *The dynamics of health and wellness: A biopsychosocial approach.* Fort Worth: Holt, Rinehart & Winston.

Green, J. P., & Lynn, S. J. (2000). Hypnosis and suggestion-based approaches to smoking cessation: An examination of the evidence. *International Journal of Clinical Experimental Hypnosis, 48,* 195–224.

Green, R., MacDorman, K., Ho, C., & Vasudevan, S. (2008). Sensitivity to the proportions of faces that vary in human likeness. *Computers in Human Behavior, 24,* 2456–2474.

Greenberg, R., & Goldman, E. (2009). Antidepressants, psychotherapy or their combination: Weighting options for depression treatments. *Journal of Contemporary Psychotherapy, 39,* 83–91.

Greenberg, W. (2009). *Obsessive-compulsive disorder.* Retrieved June 11, 2009 from http://emedicine.medscape.com/article/287681-overview.

Greenfield, S., & Hennessy, G. (2008). Assessment of the patient. In M. Galanter, & H. Kleber (Eds), *The American Psychiatric Publishing textbook of substance abuse* (4th ed., pp. 55–78). Arlington, VA: American Psychiatric Publishing, Inc.

Greenglass, E., & Fiksenbaum, L. (2009). Proactive coping, positive affect, and well-being: Testing for mediation using path analysis. *European Psychologist, 14,* 29–39.

Greenwald, A. (1992). New look 3: Unconscious cognition reclaimed. *American Psychologist, 47,* 766–779.

Greenwald, A., Spangenberg, E., Pratkanis, A., & Eskenazi, J. (1991). Double-blind tests of subliminal self-help audiotapes. *Psychological Science, 2,* 119–122.

Greer, M. (2005). Keeping them hooked in. *APA Monitor on Psychology, 36,* 60.

Gregory, R. J. (1996). *Psychological testing: History, principles, and applications* (2nd ed.). Boston: Allyn & Bacon.

Greist, J. H. (1992). An integrated approach to treatment of obsessive compulsive disorder. *Journal of Clinical Psychiatry, 53*(4, Suppl.), 38–41.

Grey, N., Salkovskis, P., Quigley, A., Clark, D., & Ehlers, A. (2008). Dissemination of cognitive therapy for panic disorder in primary care. *Behavioural and Cognitive Psychotherapy, 36,* 509–520.

Griffith, R. M., Miyago, O., & Tago, A. (1958). The universality of typical dreams: Japanese vs. Americans. *American Anthropologist, 60,* 1173–1179.

Griffiths, M., & Chandler, D. (1998). Gendered editing and camerawork techniques in advertisements for children's toys on British television. Retrieved July 3, 2006 from http://users.aber.ac.uk/dgc/toyads.html.

Grigorenko, E. (2003). Epistasis and the genetics of complex traits. In R. Plomin, J. DeFries, I. Craig, & P. McGuffin (Eds.), *Behavioral genetics in the postgenomic era.* (pp. 247–266). Washington, DC: American Psychological Association.

Grigorenko, E., Meier, E., Lipka, J., Mohatt, G., Yanez, E., & Sternberg, R. (2004). Academic and practical intelligence: A case study of the Yup'ik in Alaska. *Learning & Individual Differences, 14,* 183–207.

Grinker, J. A. (1982). Physiological and behavioral basis for human obesity. In D. W. Pfaff (Ed.), *The physiological mechanisms of motivation.* New York: Springer-Verlag.

Grochowicz, P., Schedlowski, M., Husband, A., King, M., Hibberd, A., & Bowen, K. (1991). Behavioral conditioning prolongs heart allograft survival in rats. *Brain, Behavior, and Immunity, 5,* 349–356.

Gron, G., Wunderlich, A. P., Spitzer, M., Tomczrak, R., & Riepe, M. W. (2000). Brain activation during human navigation: Gender-different neural networks as substrate of performance. *Nature Neuroscience, 3,* 404–408.

Groome, L., Mooney, D., Holland, S., Smith, L., Atterbury, J., & Dykman, R. (1999). Behavioral state affects heart rate response to low-intensity sound in human fetuses. *Early Human Development, 54,* 39–54.

Gross, J. (2002). Emotion regulation: Affective, cognitive, and social consequences. *Psychophysiology, 39,* 281–291.

Grossenbacher, P., & Lovelace, C. (2001). Mechanisms of synesthesia: Cognitive and physiological constraints. *Trends in Cognitive Sciences, 5,* 36–41.

Grossman, J., & Ruiz, P. (2004). Shall we make a leap-of-faith to disulfiram (Antabuse)? *Addictive Disorders & Their Treatment, 3,* 129–132.

Grünbaum, A. (2006). Is Sigmund Freud's psychoanalytic edifice relevant to the 21st century? *Psychoanalytic Psychology, 23,* 257–284.

Guangyuan, S. (2005). A follow-up study on the effect of attributional training for achievement motivation. *Psychological Science (China), 28,* 52–55.

Guenole, N., & Chernyshenko, O. (2005). The suitability of Goldberg's Big Five IPIP personality markers in New Zealand: A dimensionality, bias, and criterion validity evaluation. *New Zealand Journal of Psychology, 34,* 86–96.

Guilford, J. P. (1967). *The nature of human intelligence.* New York: McGraw-Hill.

Guimaraes, C., Franzon, R., Souza, E., Schmutzler, K., Montenegro, M., de S. Queiroz, L., Cendes, F., & Guerreiro, M. (2004). Abnormal behavior in children with temporal lobe epilepsy and ganglioglioma. *Epilepsy & Behavior, 5,* 788–791.

Gumusluoglu, L., & Ilsev, A. (2009). Transformational leadership, creativity, and organizational innovation. *Journal of Business Research, 62,* 461–473.

Gur, R. C., Turetsky, B., Mastsui, M., Yan, M. Bilker, W., Hughett, P., & Gur, R. E. (1999). Sex differences in brain gray and white matter in healthy young adults: correlations with cognitive performance. *Journal of Neuroscience, 19,* 4067–4072.

Gur, R., Gunning-Dixon, F., Bilker, W., & Gur, R. (2002). Sex differences in temporolimbic and frontal brain volumes of healthy adults. *Cerebral Cortex, 12,* 998–1003.

Gurin, J. (1989, June). Leaner, not lighter. *Psychology Today,* pp. 32–36.

Guthrie, R. V. (1998). *Even the rat was white* (2nd ed.). Boston: Allyn & Bacon.

Haag, L., & Stern, E. (2003). In search of the benefits of learning Latin. *Journal of Educational Psychology, 95,* 174–178.

Habel, U., Kuehn, E., Salloum, J., Devos, H., & Schneider, F. (2002). Emotional processing in psychopathic personality. *Aggressive Behavior, 28,* 394–400.

Haber, R. N. (1980). How we perceive depth from flat pictures. *American Scientist, 68,* 370–380.

Haberlandt, D. (1997). *Cognitive psychology* (2nd ed.). Boston: Allyn & Bacon.

Hackel, L. S., & Ruble, D. N. (1992). Changes in the marital relationship after the first baby is born: Predicting the impact of expectancy disconfirmation. *Journal of Personality and Social Psychology, 62,* 944–957.

Hada, M., Porjesz, B., Begleiter, H., & Polich, J. (2000). Auditory P3a assessment of male alcoholics. *Biological Psychiatry, 48,* 276–286.

Hada, M., Porjesz, B., Chorlian, D., Begleiter, H., & Polich, J. (2001). Auditory P3a deficits in male subjects at high risk for alcoholism. *Biological Psychiatry, 49,* 726–738.

Hagberg, M., Hagberg, B., & Saveman, B. (2002). The significance of personality factors for various dimensions of life quality among older people. *Aging & Mental Health, 6,* 178–185.

Haines, R., Poland, B., & Johnson, J. (2009). Becoming a "real" smoker: Cultural capital in young women's accounts of smoking and other substance use. *Sociology of Health & Illness, 31,* 66–80.

Häkkänen, H., & Summala, H. (1999). Sleepiness at work among commercial truck drivers. *Sleep, 23,* 49–57.

Hakuta, K., Bialystok, E., & Wiley, E. (2003). Critical evidence: A test of the critical-period hypothesis for second-language acquisition. *Psychological Science, 14,* 31–38.

Halaas, J. L., Gajiwala, K. S., Maffei, M., Cohen, S. L., Chait, B. T., Rabinowitz, D., Lallone, R. L., Burley, S. K., & Friedman, J. M. (1995). Weight-reducing effects of the plasma protein encoded by the obese gene. *Science, 269,* 543–546.

Halama, P., & Strízenec, M. (2004). Spiritual, existential or both? Theoretical considerations on the nature of "higher" intelligences. *Studia Psychologica, 46,* 239–253.

Hald, A., Nedergaard, S., Hansen, R., Ding, M., & Heegaard, A. (2009). Differential activation of spinal cord glial cells in murine models of neuropathic and cancer pain. *European Journal of Pain, 13,* 138–145.

Halemaskel, B., Dutta, A., & Wutoh, A. (2001). Adverse reactions and interactions among herbal users. *Issues in Interdisciplinary Care, 3,* 297–300.

Halford, G. (2002). Information-processing models of cognitive development. In U. Goswami (Ed.), *Blackwell handbook of childhood cognitive development* (pp. 555–574). New York: Wiley-Blackwell.

Hall, C. (1953). A cognitive theory of dream symbols. *The Journal of General Psychology, 48*, 169–186.

Hall, G. (1904). *Adolescence*. Englewood Cliffs, NJ: Prentice Hall.

Hall, L., & Love, C. (2003). Finger-length ratios in female monozygotic twins discordant for sexual orientation. *Archives of Sexual Behavior, 32*, 23–28.

Hallschmid, M., Benedict, C., Born, J., Fehm, H., & Kern, W. (2004). Manipulating central nervous mechanisms of food intake and body weight regulation by intranasal administration of neuropeptides in man. *Physiology & Behavior, 83*, 55–64.

Halonen, J., Appleby, D., Brewer, C., Buskist, W., Gillem, A., Halpern, D., Hill, G., Lloyd, M., Rudmann, J., & Whitlove, V. (2002). *Report on undergraduate psychology major learning goals and outcomes*. Washington DC: American Psychological Association. Retrieved April 20, 2006 from http://www.apa.org/ed/pcue/taskforcereport2.pdf.

Halpern, D., Benbow, C., Geary, D., Gur, R., Hyde, J., & Gernsbache, M. (2007). The science of sex differences in science and mathematics. *Psychological Science in the Public Interest, 8*, 1–51.

Halpern, J., Sherwood, A., Hudson, J., Yurgelun-Todd, D., & Pope, H. (2005). Psychological and cognitive effects of long-term peyote use among Native Americans. *Biological Psychiatry, 58*, 624–631.

Ham, P. (2003). Suicide risk not increased with SSRI and antidepressants. *Journal of Family Practice, 52*, 587–589.

Hamann, S., Monarch, E., & Goldstein, F. (2002). Impaired fear conditioning in Alzheimer's disease. *Neuropsychologia, 40*, 1187–1195.

Hamer, D. H., Hu, S., Magnuson, V. L., Hu, N., & Pattatucci, A. M. L. (1993). A linkage between DNA markers on the X chromosome and male sexual orientation. *Science, 261*, 321–327.

Hamilton, C. S., & Swedo, S. E. (2001). Autoimmune-mediated, childhood onset obsessive-compulsive disorder and tics: A review. *Clinical Neuroscience Research, 1*, 61–68.

Hamilton, J., & Gotlib, I. (2008). Neural substrates of increased memory sensitivity for negative stimuli in major depression. *Biological Psychiatry, 63*, 1155–1162.

Hampson, S., Goldberg, L., Vogt, T., & Dubanoski, J. (2006). Forty years on: Teachers' assessments of children's personality traits predict self-reported health behaviors and outcomes at midlife. *Health Psychology, 25*, 57–64.

Hancock, P., & Ganey, H. (2003). From the inverted-u to the extended-u: The evolution of a law of psychology. *Journal of Human Performance in Extreme Environments, 7*, 5–14.

Haney, M. (2008). Neurobiology of stimulants. In M. Galanter, & H. Kleber (Eds), *The American Psychiatric Publishing textbook of substance abuse* (4th ed., pp. 143–156). Arlington, VA: American Psychiatric Publishing, Inc.

Hanley, N. A., Hagan, D. M., Clement-Jones, M., Ball, S. G., Strachan, T., Salas-Cortés, L., McElreavey, K., Lindsay, S., Robson, S., Bullen, P., Ostre, H., & Wilson, D. I. (2000). *SRY*, *SOX9*, and *DAX1* expression patterns during human sex determination and gonadal development. *Mechanisms of Development, 91*, 403–407.

Hanley, S., & Abell, S. (2002). Maslow and relatedness: Creating an interpersonal model of self-actualization. *Journal of Humanistic Psychology, 42*, 37–56.

Hannover, B., & Kuehnen, U. (2002). "The clothing makes the self" via knowledge activation. *Journal of Applied Social Psychology, 32*, 2513–2525.

Hanoch, Y., & Vitouch, O. (2004). When less is more: Information, emotional arousal and the ecological reframing of the Yerkes-Dodson law. *Theory & Psychology, 14*, 427–452.

Hansen, M., Janssen, I., Schiff, A., & Zee, P. (2005). The impact of school daily schedule on adolescent sleep. *Pediatrics, 115*, 1555–1560.

Hansson, R., & Stroebe, M. (2007). The dual process model of coping with bereavement and development of an integrative risk factor framework. In R. Hansson, & M. Stroebe (Eds.), *Bereavement in late life: Coping, adaptation, and developmental influences* (pp. 41–60). Washington, DC: American Psychological Association.

Harackiewicz, A., Barron, A., Pintrich, A., Elliot, A., & Thrash, A. (2002). Revision of achievement goal theory: Necessary and illuminating. *Journal of Educational Psychology, 94*, 638–645.

Hardt, J., Jacobsen, C., Goldberg, J., Nickel, R., & Buchwald, D. (2008). Prevalence of chronic pain in a representative sample in the United States. *Pain Medicine, 9*, 803–812.

Hare, R. D. (1995, September). Psychopaths: New trends in research. *Harvard Mental Health Letter, 12*(3), 4–5.

Harel, G., Arditi-Vogel, A., & Janz, T. (2003). Comparing the validity and utility of behavior description interview versus assessment center ratings. *Journal of Managerial Psychology, 18*, 94–104.

Harkins, S. G., & Jackson, J. M. (1985). The role of evaluation in eliminating social loafing. *Personality and Social Psychology Bulletin, 11*, 456–465.

Harkins, S. G., & Szymanski, K. (1989). Social loafing and group evaluation. *Journal of Personality and Social Psychology, 56*, 941–943.

Harlow, H. F., & Harlow, M. K. (1962). Social deprivation in monkeys. *Scientific American, 207*, 137–146.

Harlow, H. F., Harlow, M. K., and Suomi, S. J. (1971). From thought to therapy: Lessons from a primate laboratory. *American Scientist, 59*, 538–549.

Harlow, J. M. (1848). Passage of an iron rod through the head. *Boston Medical and Surgical Journal, 39*, 389–393.

Harms, P., Roberts, B., & Winter, D. (2006). Becoming the Harvard Man: Person-environment fit, personality development, and academic success. *Personality and Social Psychology Bulletin, 32*, 851–865.

Harper, D., Volicer, L., Stopa, E., McKee, A., Nitta, M., & Satlin, A. (2006). Disturbance of endogenous circadian rhythm in aging and Alzheimer disease. *American Journal of Geriatric Psychiatry, 13*, 359–368.

Harris Poll. (2009, January 28). *Here's Jay! Jay Leno is America's favorite television personality*. Retrieved June 8, 2009 from http://www.harrisinteractive.com/harris_poll/pubs/Harris_Poll_2009_01_28.pdf.

Harris, G. (2004, February 28). Pfizer gives up testing Viagra on women. *NYTimes.com*. Retrieved July 3, 2006 from http://www.nytimes.com/2004/02/28/business/28viagra.html?ex=1393390800&en=eccf3ce764e04dd3&ei=5007&partner=USERLAND.

Harris, J. (2005). The increased diagnosis of "Juvenile Bipolar Disorder": What are we treating? *Psychiatric Services, 56*, 529–531.

Harris, J. A., Rushton, J. P., Hampson, E., & Jackson, D. N. (1996). Salivary testosterone and self-report aggressive and pro-social personality characteristics in men and women. *Aggressive Behavior, 22*, 321–331.

Harris, R. A., Brodie, M. S., & Dunwiddie, T. V. (1992). Possible substrates of ethanol reinforcement: GABA and dopamine. *Annals of the New York Academy of Sciences, 654*, 61–69.

Hart, J., Karau, S., Stasson, M., & Kerr, N. (2004). Achievement motivation, expected coworker performance, and collective task motivation: Working hard or hardly working? *Journal of Applied Social Psychology, 34*, 984–1000.

Hart, S., Petrill, S., Thompson, L., & Plomin, R. (2009). The ABCs of math: A genetic analysis of mathematics and its links with reading ability and general cognitive ability. *Journal of Educational Psychology, 101*, 388–402.

Harter, S. (2006). The development of self-esteem. In M. Kernis (Ed.), *Self-esteem issues and answers: A sourcebook of current perspectives*. New York: Psychology Press.

Harvard School of Public Health. (2004). *Reinventing aging: Baby boomers and civic engagement*. Boston, MA: Center for Health Communication, Harvard School of Public Health.

Hasan, H., & Power, T. (2004). Children's appraisal of major life events. *American Journal of Orthopsychiatry, 74*, 26–32.

Hasel, L., & Kassin, S. (2009). On the presumption of evidentiary independence. *Psychological Science, 20*, 122–126.

Haslam, S. A., & Reicher, S. (2006). Stressing the group: Social identity and the unfolding dynamics of responses to stress. *Journal of Applied Psychology, 91*, 1037–1052.

Haslam, S., & Reicher, S. (2008). Questioning the banality of evil. *The Psychologist, 21*, 16–19.

Haslam, S., Jetten, J., Postmes, T., & Haslam, C. (2009). Social identity, health and well-being: An emerging agenda for applied psychology. *An International Review, 58*, 1–23.

Hatashita-Wong, M., Smith, T., Silverstein, S., Hull, J., & Willson, D. (2002). Cognitive functioning and social problem-solving skills in schizophrenia. *Cognitive Neuropsychiatry, 7*, 81–95.

Hattrup, K., O'Connell, M., & Labrador, J. (2005). Incremental validity of locus of control after controlling for cognitive ability and conscientiousness. *Journal of Business and Psychology, 19*, 461–481.

Hauser, M. D. (1993). Right hemisphere dominance for the production of facial expression in monkeys. *Science, 261*, 475–477.

Hawley, K., & Weisz, J. (2003). Child, parent and therapist (dis)agreement on target problems in outpatient therapy: The therapist's dilemma and its implications. *Journal of Consulting & Clinical Psychology, 71*, 62–70.

Haxby, J., Gobbini, M., Furey, M., Ishai, A., Schouten, J., & Pietrini, P. (2001). Distributed and overlapping representations of faces and objects in ventral temporal cortex. *Science, 293*, 2425–2430.

Haxby, J., Hoffman, E., & Gobbini, M. (2002). Human neural systems for face recognition and social communication. *Biological Psychiatry, 51*, 59–67.

Hayatbakhsh, M., Najman, J., McGee, T., Bor, W., & O'Callaghan, M. (2009). Early pubertal maturation in the prediction of early adult substance use: A prospective study. *Addiction, 104*, 59–66.

HCF Nutrition Foundation. (2003). *The benefits of fiber*. Retrieved January 29, 2003 from http://www.hcf-nutrition.org/fiber/fiberben_article.html.

He, W., Sengupta, M., Velkoff, V., & DeBarros, K. (2005). *65+ in the United States: 2005*. Retrieved June 15, 2006 from http://www.census.gov/prod/2006pubs/p23-209.pdf.

Head, D., Snyder, A., Girton, L., Morris, J., & Buckner, R. (2005). Frontal-hippocampal double dissociation between normal aging and Alzheimer's disease. *Cerebral Cortex, 15*, 732–739.

Heaton, P., Davis, R., & Happé, F. (2008). Research note: Exceptional absolute pitch perception for spoken words in an able adult with autism. *Neuropsychologia, 46*, 2095–2098.

Heaton, T. (2002). Factors contributing to increasing marital stability in the U.S. *Journal of Family Issues, 23*, 392–409.

Hebb, D. O. (1949). *The organization of behavior*. New York: John Wiley & Sons.

Hebebrand, J., & Hinney, A. (2009). Environmental and genetic risk factors in obesity. *Child and Adolescent Psychiatric Clinics of North America, 18*, 83–94.

Hébert, S., Béland, R., Dionne-Fournelle, O., Crête, M., & Lupien, S. (2005). Physiological stress response to video-game playing: The contribution of built-in music. *Life Sciences, 76*, 2371–2380.

Hecht, S., Shlaer, S., & Pirenne, M. H. (1942). *Journal of General Physiology, 25*, 819.

Hedges, L. B., & Nowell, A. (1995). Sex differences in mental test scores, variability, and numbers of high-scoring individuals. *Science, 269*, 41–45.

Hedtke, K., Ruggiero, K., Fitzgerald, M., Zinzow, H., Saunders, B., Resnick, H., & Kilpatrick, D. (2008). A longitudinal investigation of interpersonal violence in relation to mental health and substance use. *Journal of Consulting and Clinical Psychology, 76*, 633–647.

Heil, M., Rolke, B., & Pecchinenda, A. (2004). Automatic semantic activation is no myth. *Psychological Science, 15*, 852–857.

Hellige, J. B. (1990). Hemispheric asymmetry. *Annual Review of Psychology, 41*, 55–80.

Hellige, J. B. (1993). *Hemispheric asymmetry: What's right and what's left*. Cambridge, MA: Harvard University Press.

Henderson, C., Orbell, S., & Hagger, M. (2009). Illness schema activation and attentional bias to coping procedures. *Health Psychology, 28*, 101–107.

Henkel, L., Franklin, N., & Johnson, M. (2000). Cross-modal source monitoring confusions between perceived and imagined events. *Journal of Experimental Psychology: Learning, Memory and Cognition, 26*, 321–335.

Henkel, L. (2004). Erroneous memories arising from repeated attempts to remember. *Journal of Memory and Language, 50*, 26–46.

Henneman, L., Marteau, T., & Timmermans, D. (2008). Clinical geneticists' and genetic counselors' views on the communication of genetic risks: A qualitative study. *Patient Education and Counseling, 73*, 42–49.

Henningfield, J. E., & Ator, N. A. (1986). *Barbiturates: Sleeping potion or intoxicant?* New York: Chelsea House.

Henson, R., Shallice, T., Gorno-Tempini, M., & Dolan, R. (2002). Face repetition effects in implicit and explicit memory as measured by fMRI. *Cerebral Cortex, 12*, 178–186.

Herbert, T. B., & Cohen, S. (1993). Depression and immunity: A meta-analytic review. *Psychological Bulletin, 113*, 472–486.

Herek, G. (2002). Gender gaps in public opinion about lesbians and gay men. *Public Opinion Quarterly, 66*, 40–66.

Herek, G. (2006). Legal recognition of same-sex relationships in the United States: A social science perspective. *American Psychologist, 61*, 607–621.

Herkenham, M. (1992). Cannabinoid receptor localization in brain: Relationship to motor and reward systems. *Annals of the New York Academy of Sciences, 654*, 19–32.

Hernandez, L., & Hoebel, B. G. (1989). Food intake and lateral hypothalamic self-stimulation covary after medial hypothalamic lesions or ventral midbrain 6-hydroxydopamine injections that cause obesity. *Behavioral Neuroscience, 103*, 412–422.

Herness, S. (2000). Coding in taste receptor cells: The early years of intracellular recordings. *Physiology and Behavior, 69*, 17–27.

Heron, M., Hoyert, D., Murphy, S., Xu, J., Kochanek, K., & Tejada-Vera, B. (2009). Deaths: Final data for 2006. *National Vital Statistics Reports, 57*, 1–80.

Herpetz, S., Vloet, T., Mueller, B., Domes, G., Willmes, K., & Herpetz-Dahlmann, B. (2007). Similar autonomic responsivity in boys with conduct disorder and their fathers. *Journal of the American Academy of Child & Adolescent Psychiatry, 46*, 535–544.

Herrnstein, R. J., & Murray, C. (1994). *The bell curve: Intelligence and class structure in American life.* New York: Free Press.

Hertz, R. (2004). A naturalistic analysis of autobiographical memories triggered by olfactory visual and auditory stimuli. *Chemical Senses, 29*, 217–224.

Heru, A. (2006). Family psychiatry: From research to practice. *American Journal of Psychiatry, 163*, 962–968.

Hespos, S., & Baillargeon, R. (2006). Décalage in infants' knowledge about occlusion and containment events: Converging evidence from action tasks. *Cognition, 99*, B31–B41.

Hetherington, A. W., & Ranson, S. W. (1940). Hypothalamic lesions and adiposity in the rat. *Anatomical Record, 78*, 149–172.

Heyman, G., Gee, C., & Giles, J. (2003). Preschool children's reasoning about ability. *Child Development, 74*, 516–534.

Hidalgo, J., Gras, C., Lapeira, J., Verdejo, M., del Campo, J., & Rabadan, F. (2009, in press). Functional status of elderly people with hearing loss. *Archives of Gerontology and Geriatrics.*

Higbee, K. L. (1977). *Your memory: How it works and how to improve it.* Englewood Cliffs, NJ: Prentice-Hall.

Higgins, A. (1995). Educating for justice and community: Lawrence Kohlberg's vision of moral education. In W. M. Kurtines & J. L. Gerwirtz (Eds.), *Moral development: An introduction* (pp. 49–81). Boston: Allyn & Bacon.

Higgins, E., & George, M. (2009). *Brain stimulation therapies for clinicians.* Arlington, VA: American Psychiatric Publishing, Inc.

Hightower, J., O'Hare, A., & Hernandez, G. (2006). Blood mercury reporting in NHANES: Identifying Asian, Pacific Islander, Native American, and Multiracial Groups. *Environmental Health Perspectives, 114*, 173–175.

Hilgard, E. R. (1986). *Divided consciousness: Multiple controls in human thought and action.* New York: Wiley.

Hilgard, E. R. (1992). Dissociation and theories of hypnosis. In E. Fromm & M. R. Nash (Eds.), *Contemporary hypnosis research.* New York: Guilford.

Hill, M., & Augoustinos, M. (2001). Stereotype change and prejudice reduction: Short- and long-term evaluation of a cross-cultural awareness programme. *Journal of Community & Applied Social Psychology, 11*, 243–262.

Hipwell, A. E., Goossens, F. A., Melhuish, E. C., & Kumar, R. (2000). Severe maternal psychopathology and infant–mother attachment. *Developmental Psychopathology, 12*, 2157–2175.

Hittner, J., & Daniels, J. (2002). Gender-role orientation, creative accomplishments, and cognitive styles. *Journal of Creative Behavior, 36*, 62–75.

Hobson, J. A. (1988). *The dreaming brain.* New York: Basic Books.

Hobson, J. A. (1989). *Sleep.* New York: Scientific American Library.

Hobson, J. A., & McCarley, R. W. (1977). The brain as a dream state generator: An activation-synthesis hypothesis of the dream process. *American Journal of Psychiatry, 134*, 1335–1348.

Hockett, C. (1959). Animal "language" and human language. *Human Biology, 31*, 32–39.

Hodges, J. R., Graham, N., & Patterson, K. (1995). Charting the progression in semantic dementia: Implications for the organisation of semantic memory. *Memory, 3*, 463–495.

Hoenig, K., & Scheef, L. (2005). Mediotemporal contributions to semantic processing: fMRI evidence from ambiguity processing during semantic context verification. *Hippocampus, 15*, 597–609.

Hofer, H., Carroll, J., Neitz, J., Neitz, M., & Williams, D. (2005). Organization of the human trichromatic cone mosaic. *Journal of Neuroscience, 25*, 9669–9679.

Hoffman, C., Olson, D., & Haase, S. (2001). Contrasting a 360-degree feedback measure with behaviorally-based assessment tools: An application of generalizability theory. *Psychologist-Manager Journal, 5*, 59–72.

Hoffman, M. (2007). The origins of empathic morality in toddlerhood. In C. Brownell, & C. Kopp (Eds.), *Socioemotional development in the toddler years: Transitions and transformations* (pp. 132–145). New York: Guilford Press.

Hofstede, G. (1980). *Culture's consequences: International differences in work-related values.* Beverly Hills, CA: Sage.

Hofstede, G. (1983). Dimensions of national cultures in fifty countries and three regions. In J. Deregowski, S. Dzuirawiec, and R. Annis (Eds.), *Explications in cross-cultural psychology.* Lisse: Swets and Zeitlinger.

Holden, C. (1996). Sex and olfaction. *Science, 273*, 313.

Hollan, S., Stewart, M., & Strunk, D. (2006). Enduring effects for cognitive therapy in the treatment of depression and anxiety. *Annual Review of Psychology, 57*, 285–316.

Holland, J. G., & Skinner, B. F. (1961). *The analysis of behavior.* New York: McGraw-Hill.

Holland, J. L. (1973). *Making vocational choices: A theory of careers.* Englewood Cliffs, NJ: Prentice Hall.

Holland, J. L. (1992). *Making vocational choices: A theory of vocational personalities and work environments* (2nd ed.). Odessa, FL: Psychological Assessment Resources.

Hollon, S., Thase, M., & Markowitz, J. (2002). Treatment and prevention of depression. *Psychological Science in the Public Interest, 3,* 39–77.

Holmes, T. H., & Masuda, M. (1974). Life change and illness susceptibility. In B. S. Dohrenwend & B. P. Dohrenwend (Eds.), *Stressful life events: Their nature and effects.* New York: Wiley.

Holmes, T. H., & Rahe, R. H. (1967). The social readjustment rating scale. *Journal of Psychosomatic Research, 11,* 213–218.

Holt-Lunstad, J., Uchino, B., Smith, T., Olson-Cerny, C., & Nealey-Moore, J. (2003). Social relationships and ambulatory blood pressure: Structural and qualitative predictors of cardiovascular function during everyday social interactions. *Health Psychology, 22,* 388–397.

Home, S., & Biss, W. (2005). Sexual satisfaction as more than a gendered concept: The roles of psychological well-being and sexual orientation. *Journal of Constructivist Psychology, 18,* 25–38.

Hooten, W., Wolter, T., Ames, S., Hurt, R., Viciers, K., Offord, K., & Hays, J. (2005). Personality correlates related to tobacco abstinence following treatment. *International Journal of Psychiatry in Medicine, 35,* 59–74.

Horberry, T., Anderson, J., Regan, M., Triggs, T., & Brown, J. (2006). Driver distraction: The effects of concurrent in-vehicle tasks, road environment complexity and age on driving performance. *Accident Analysis & Prevention, 38,* 185–191.

Horgan, J. (1995, November). Gay genes, revisited. *Scientific American, 273,* 26.

Horn, J. L. (1982). The theory of fluid and crystallized intelligence in relation to concepts of cognitive psychology and aging in adulthood. In F. I. M. Craik & S. Trehub (Eds.), *Aging and cognitive processes* (pp. 201–238). New York: Plenum Press.

Horne, J. (1992). Annotation: Sleep and its disorders in children. *Journal of Child Psychology and Psychiatry, 33,* 473–487.

Horney, K. (1937). *The neurotic personality of our time.* New York: W. W. Norton.

Horney, K. (1939). *New ways in psychoanalysis.* New York: W. W. Norton.

Horney, K. (1945). *Our inner conflicts.* New York: W. W. Norton.

Horney, K. (1950). *Neurosis and human growth.* New York: W. W. Norton.

Horney, K. (1967). *Feminine psychology.* New York: W. W. Norton.

Horstmann, G. (2003). What do facial expressions convey: Feeling states, behavioral intentions, or action requests? *Emotion, 3,* 150–166.

Hoshi, R., Pratt, H., Mehta, S., Bond, A., & Curran, H. (2006). An investigation into the sub-acute effects of ecstasy on aggressive interpretive bias and aggressive mood—Are there gender differences? *Journal of Psychopharmacology, 20,* 291–301.

Hovland, C. I., Lumsdaine, A. A., & Sheffield, F. D. (1949). *Experiments on mass communication.* Princeton, NJ: Princeton University Press.

Howard, A. D., Feighner, S. D., Cully, D. F., Arena, J. P., Liberator, P. A., Rosenblum, C. I., et al. (1996). A receptor in pituitary and hypothalamus that functions in growth hormone release. *Science, 273,* 974–977.

Howard, M. (2002). When does semantic similarity help episodic retrieval? *Journal of Memory & Language, 46,* 85–98.

Hrushesky, W. J. M. (1994, July/August). Timing is everything. *The Sciences,* pp. 32–37.

Hubel, D. H. (1963). The visual cortex of the brain. *Scientific American, 209,* 54–62.

Hubel, D. H. (1995). *Eye, brain, and vision.* New York: Scientific American Library.

Hubel, D. H., & Wiesel, T. N. (1959). Receptive fields of single neurons in the cat's striate cortex. *Journal of Physiology, 148,* 547–591.

Hubel, D. H., & Wiesel, T. N. (1979). Brain mechanisms of vision. *Scientific American, 241,* 130–144.

Hubel, D., & Wiesel, T. (2005). *Brain and visual perception: The story of a 25-year collaboration.* New York: Oxford University Press.

Huesman, L., Moise-Titus, J., Podolski, C., & Eron, L. (2003). Longitudinal relations between children's exposure to television violence and their aggressive and violent behavior in young adulthood. *Developmental Psychology, 39,* 201–221.

Huessman, L., & Podolski, C. (2003). Punishment: A psychological perspective. In S. McConville (Ed.), *The use of punishment* (pp. 55–88). Portland, OR: Willan Publishing.

Hughes, J. (2008). A review of recent reports on autism: 1000 studies published in 2007. *Epilepsy & Behavior, 13,* 425–437.

Huizink, A., & Mulder, E. (2006). Maternal smoking, drinking or cannabis use during pregnancy and neurobehavioral and cognitive functioning in human offspring. *Neuroscience & Biobehavioral Reviews, 30,* 24–41.

Hull, C. L. (1943). *Principles of behavior.* New York: Appleton-Century-Crofts.

Hummer, R. A., Rogers, R. G., Nam, C. B., & Ellison, C. G. (1999). Religious involvement and U.S. adult mortality. *Demography, 36,* 273–285.

Hunthausen, J., Truxillo, D., Bauer, T., & Hammer, L. (2003). A field study of frame-of-reference effects on personality test validity. *Journal of Applied Psychology, 88,* 545–551.

Hunton, J., & Rose, J. (2005). Cellular telephones and driving performance: The effects of attentional demands on motor vehicle crash risk. *Risk Analysis, 25,* 855–866.

Hur, Y. (2009). Genetic and environmental covariations among obsessive-compulsive, symptoms, neuroticism, and extraversion in South Korean adolescent and young adult twins. *Twin Research and Human Genetics, 12,* 142–149.

Hurry, J., & Sylva, K. (2007). Long-term outcomes of early reading intervention. *Journal of Research in Reading, 30,* 227–248.

Huttenlocher, P. (1994). Synaptogenesis, synapse elimination, and neural plasticity in human cerebral cortex. In C. Nelson (Ed.), *The Minnesota symposia on child psychology* (Vol. 27, pp. 35–54). Hillsdale, NJ: Erlbaum.

Hyde, J. (2005). The gender similarities hypothesis. *American Psychologist, 60,* 581–592.

Hyde, J., Fennema, E., & Lamon, S. (1990). Gender differences in mathematics performance: A meta analysis. *Psychological Bulletin, 107,* 139–155.

Iacoboni, M. (2009). Imitation, empathy, and mirror neurons. *Annual Review of Psychology, 60*, 653–670.

Iacono, W., Malone, S., & McGue, M. (2008). Behavioral disinhibition and the development of early-onset addiction: Common and specific influences. *Annual Review of Clinical Psychology, 4*, 325–348.

Iglowstein, I., Jenni, O., Molinari, L., & Largo, R. (2003). Sleep duration from infancy to adolescence: Reference values and generational trends. *Pediatrics, 111*, 302–307.

Intons-Peterson, M., & Fournier, J. (1986). External and internal memory aids: When and how often do we use them? *Journal of Experimental Psychology: General, 115*, 267–280.

Isay, R. A. (1989). *Being homosexual: Gay men and their development*. New York: Farrar, Straus, & Giroux.

Ishii, K., Reyes, J., & Kitayama, S. (2003). Spontaneous attention to word content versus emotional tone: Differences among three cultures. *Psychological Science, 14*, 39–46.

Itano, N. (2008). The U.S.'s $18.8-billion global AIDS initiative-5 years later. *Scientific American*, Retrieved June 8, 2009 from http://www.scientificamerican.com/article.cfm?id=us-global-aids-initiative.

Izard, C. (2009). Emotion theory and research: Highlights, unanswered questions, and emerging issues. *Annual Review of Psychology, 60*, 1–25.

Izard, C. E. (1971). *The face of emotion*. New York: Appleton-Century-Crofts.

Izard, C. E. (1977). *Human emotions*. New York: Plenum Press.

Izard, C. E. (1990). Facial expressions and the regulation of emotions. *Journal of Personality and Social Psychology, 58*, 487–498.

Izard, C. E. (1992). Basic emotions, relations among emotions, and emotion-cognition relations. *Psychological Review, 99*, 561–565.

Jacklin, C. N. (1989). Female and male: Issues of gender. *American Psychologist, 44*, 127–133.

Jackson, J., Bogg, T., Walton, K., Wood, D., Harms, P., Lodi-Smith, J., Edmonds, G., & Roberts, B. (2009). Not all conscientiousness scales change alike: A multimethod, multisample study of age differences in the facets of conscientiousness. *Journal of Personality and Social Psychology, 96*, 446–459.

Jacobson, N., & Christensen, A. (1996). *Acceptance and change in couple therapy: A therapist's guide to transforming relationships*. (New York: Norton).

Jacobson, N., & Margolin, G. (1979). *Marital therapy: Strategies based on social learning and behavior exchange principles*. New York: Brunner/Mazel.

Jaffee, S., Moffitt, T., Caspi, A., & Taylor, A. (2003). Life with (or without) father: The benefits of living with two biological parents depend on the father's antisocial behavior. *Child Development, 74*, 109–126.

James, W. (1884). What is an emotion? *Mind, 9*, 188–205.

James, W. (1890). *Principles of psychology*. New York: Holt.

Jamieson, D. W., & Zanna, M. P. (1989). Need for structure in attitude formation and expression. In A. R. Pratkanis, S. J. Breckler, & A. G. Greenwald (Eds.), *Attitude structure and function* (pp. 383–406). Hillsdale, NJ: Erlbaum.

Jamison, K. (1995). *An unquiet mind: A memoir of moods and madness*. New York: Vintage Books.

Janicki-Deverts, D., Cohen, S., Matthews, K., & Cullen, M. (2008). History of unemployment predicts future elevations in C-reactive protein among male participants in the Coronary Artery Risk Development in Young Adults (CARDIA) Study. *Annals of Behavioral Medicine, 36*, 176–185.

Janis, I. (2007). Groupthink. In R. Vecchio (Ed.), *Leadership: Understanding the dynamics of power and influence in organizations* (2nd ed., pp. 157–169). Notre Dame, IN: University of Notre Dame Press.

Janis, I., (1982). *Groupthink: Psychological studies of policy decisions and fiascoes* (2nd ed.). Boston: Houghton Mifflin.

Jansz, J. (2005). The emotional appeal of violent video games for adolescent males. *Communication Theory, 15*, 219–241.

Jansz, J., & Martens, L. (2005). Gaming at a LAN event: The social context of playing video games. *New Media & Society, 7*, 333–355.

Jarrold, C., Butler, D. W., Cottington, E. M., & Jimenez, F. (2000). Linking theory of mind and central coherence bias in autism and in the general population. *Developmental Psychology, 36*, 1126–1138.

Jarvin, L., Newman, T., Randi, J., Sternberg, R., & Grigorenko, E. (2008). Matching instruction and assessment. In J. Plucker, & C. Callahan (Eds.), *Critical issues and practices in gifted education: What the research says* (pp. 345–365). Waco, TX: Prufrock Press.

Jaynes, J. (1976). *The origin of consciousness and the breakdown of the bicameral mind*. Boston: Houghton Mifflin.

Jefferson, J. W. (1996). Social phobia: Everyone's disorder? *Journal of Clinical Psychiatry, 57*(6, Suppl.), 28–32.

Jeffrey, S. (2009, April 3). Wyeth, Elan amend phase 3 protocols for bapineuzumab in Alzheimer's. Retrieved May 29, 2009 from http://www.medscape.com/viewarticle/590592.

Jelicic, M., & Bonke, B. (2001). Memory impairments following chronic stress? A critical review. *European Journal of Psychiatry, 15*, 225–232.

Jellinek, E. M. (1960). *The disease concept of alcoholism*. New Brunswick, NJ: Hillhouse Press.

Jenike, M. A. (1990, April). Obsessive-compulsive disorder. *Harvard Medical School Health Letter, 15*, 4–8.

Jenkins, J. H., & Karno, M. (1992). The meaning of expressed emotion: Theoretical issues raised by cross-cultural research. *American Journal of Psychiatry, 149*, 9–21.

Jenkins, J. J., Jimenez-Pabon, E., Shaw, R. E., & Sefer, J. W. (1975). *Schuell's aphasia in adults: Diagnosis, prognosis, and treatment* (2nd ed.). Hagerstown, MD: Harper & Row.

Jewell, J. (2008). *Fragile X syndrome*. Retrieved February 3, 2009 from http://emedicine.medscape.com/article/943776-overview.

Jiang, B., Kronenberg, F., Nuntanakorn, P., Oiu, M., & Kennelly, E. (2006). Evaluation of the botanical authenticity and phytochemical profile of black cohosh products by high-performance liquid chromatography with selected ion monitoring liquid chromatography-mass spectrometry. *Journal of Agricultural and Food Chemistry, 54*, 3242–3253.

Jing, L., (2004). Neural correlates of insight. *Acta Psychologica Sinica, 36*, 219–234.

Johnson, A., Vernon, P., Harris, J., & Jang, K. (2004). A behavior genetic investigation of the relationship between leadership and personality. *Twin Research, 7*, 27–32.

Johnson, J., Simmons, C., Trawalter, S., Ferguson, T., & Reed, W. (2003). Variation in black anti-white bias and target distancing cues: Factors that influence perceptions of "ambiguously racist" behavior. *Personality & Social Psychology Bulletin, 29,* 609–622.

Johnson, S., Bremner, G., Slater, A., Mason, U., Foster, K., & Cheshire, A. (2003). Infants' perception of object trajectories. *Child Development, 74,* 94–108.

Johnson, S. C. (2000). The recognition of mentalistic agents in infancy. *Trends in Cognitive Sciences, 4,* 22–28.

Johnson, W., Bouchard, T., McGue, M., Segal, N., Tellegen, A., Keyes, M., & Gottesman, I. (2007). Genetic and environmental influences on the verbal-perceptual-image rotation (VPR) model of the structure of mental abilities in the Minnesota study of twins reared apart. *Intelligence, 35,* 542–562.

Johnson, W., McGue, M., & Iacono, W. (2006). Genetic and environmental influences on academic achievement trajectories during adolescence. *Developmental Psychology, 42,* 514–532.

Johnston, L. D., O'Malley, P. M., Bachman, J. G., & Schulenberg, J. E. (2008, December 11). Various stimulant drugs show continuing gradual declines among teens in 2008, most illicit drugs hold steady. University of Michigan News Service: Ann Arbor, MI. Retrieved February 7, 2009 from http://www.monitoringthefuture.org.

Johnston, L. E., O'Malley, P. M., & Bachman, J. G. (1997). *National survey results on drug use from the Monitoring the Future Study, 1975–1996/97: Vol. 1. Secondary school students.* The University of Michigan Institute for Social Research; National Institute on Drug Abuse, 5600 Fishers Lane, Rockville, MD 20857; USDHHS, Public Health Service, National Institutes of Health.

Johnston, L. E., O'Malley, P. M., & Bachman, J. G. (2001). *Monitoring the Future national results on adolescent drug use: Overview of key findings, 2000* (NIH Publication No. 01-4923). Rockville MD: National Institute on Drug Abuse.

Joiner, T., Van Orden, K., Witte, T., & Rudd, M. (2009). Diagnoses associated with suicide. In Joiner, T., Van Orden, K., Witte, T., & Rudd, M. (Eds.), *The interpersonal theory of suicide: Guidance for working with suicidal clients* (pp. 21–51). Washington, DC: American Psychological Association.

Jokela, M., Kivimäki, M., Elovainio, M., & Keltikangas-Järvinen, L. (2009). Personality and having children: A two-way relationship. *Personality and Social Psychology, 96,* 218–230.

Jonas, J. M., & Cohon, M. S. (1993). A comparison of the safety and efficacy of alprazolam versus other agents in the treatment of anxiety, panic, and depression: A review of the literature. *Journal of Clinical Psychiatry, 54* (10, Suppl.), 25–45.

Jones, C. (2007). *Weight loss desire prompts Americans to change diet.* Retrieved June 3, 2009 from http://www.foodnavigator-usa.com/Science-Nutrition/Weight-loss-desire-prompts-Americans-to-change-diet.

Jones, E. E. (1976). How do people perceive the causes of behavior? *American Scientist, 64,* 300–305.

Jones, E. E. (1990). *Interpersonal perception.* New York: Freeman.

Jones, E. E., & Nisbett, R. E. (1971). *The actor and the observer: Divergent perceptions of the causes of behavior.* New York: General Learning.

Jones, H. E., Herning, R. I., Cadet, J. L., & Griffiths, R. R. (2000). Caffeine withdrawal increases cerebral blood flow velocity and alters quantitative electroencephalography (EEG) activity. *Psychopharmacology, 147,* 371–377.

Jones, M. C. (1924). A laboratory study of fear: The case of Peter. *Pedagogical Seminary, 31,* 308–315.

Jones, P. (2005). The American Indian Church and its sacramental use of peyote: A review for professionals in the mental-health arena. *Mental Health, Religion, & Culture, 8,* 227–290.

Jones, S. (2003). *Let the games begin: Gaming technology and entertainment among college students.* Washington, D.C.: Pew Internet and American Life Project. Retrieved May 17, 2006 from http://www.pewinternet.org/PPF/r/93/report_display.asp.

Joseph, R. (2000). Fetal brain behavior and cognitive development. *Developmental Review, 20,* 81–98.

Joynt, R. (2000). Chapter 42: Aging and the nervous system. In T. Beers (Ed.) *Merck Manual of Geriatrics* (3rd Ed.). [Online edition] Retrieved October 12, 2006 from http://www.merck.com/mrkshared/mmg/sec6/ch42/ch42a.jsp.

Judd, L. L., Akiskal, H. S., Zeller, P. J., Paulus, M., Leon, A. C., Maser, J. D., Endicott, J., Coryell, W., Kunovac, J. L., Mueller, T. I., Rice, J. P., & Keller, M. B. (2000). Psychosocial disability during the long-term course of unipolar major depressive disorder. *Archives of General Psychiatry, 57,* 375–380.

Julien, R. M. (1995). *A primer of drug action* (7th ed.). New York: W. H. Freeman.

Jung, C. G. (1933). *Modern man in search of a soul.* New York: Harcourt Brace Jovanovich.

Jung, C. G. (1961). *Memories, dreams, reflections* (R. Winston & C. Winston, Trans.). New York: Random House.

Kagan, J., & Herschowitz, N. (2005). *A young mind in a growing brain.* Hillsdale, NJ: Lawrence Erlbaum Associates.

Kahn, R., Mosure, D., Blank, S., Kent, C., Chow, J., Boudov, M., Brock, J., Tulloch, S., & the Jail Monitoring Project. (2005). Chlamydia trachomatis and Neisseria gonorrhoeae prevalence and coinfection in adolescents entering selected U.S. juvenile detention centers, 1997–2002. *Sexually Transmitted Diseases,* 2005;32(4):255-259.

Kahneman, D., & Tversky, A. (1984). Choices, values, and frames. *American Psychologist, 39,* 341–350.

Kahneman, D., Krueger, A., Schkade, D., Schwarz, N., & Stone, A. (2006). Would you be happier if you were richer? A focusing illusion. *Science, 312,* 1908–1910.

Kail, R., & Hall, L. (1999). Sources of developmental change in children's word-problem performance. *Journal of Educational Psychology, 91,* 660–668.

Kail, R., & Miller, C. (2006). Developmental change in processing speed: Domain specificity and stability during childhood and adolescence. *Journal of Cognition and Development, 7,* 119–137.

Kaiser, C., & Pratt-Hyatt, J. (2009). Distributing prejudice unequally: Do Whites direct their prejudice toward strongly identified minorities? *Journal of Personality and Social Psychology, 96,* 432–445.

Kakkar, R. (2009). *Central sleep apnea.* Retrieved December 16, 2009 from http://emedicine.medscape.com/article/ 304967-overview.

Kalidini, S., & McGuffin, P. (2003). The genetics of affective disorders: Present and future. In R. Plomin, J. Defries, I. Craig, & P. McGuffin (Eds.), *Behavioral genetics in the postgenomic era* (pp. 481–502). Washington, DC: American Psychological Association.

Kalish, H. I. (1981). *From behavioral science to behavior modification.* New York: McGraw-Hill.

Kallio, S., & Revonsuo, A. (2003). Hypnotic phenomena and altered states of consciousness: A multilevel framework of description and explanation. *Contemporary Hypnosis, 20,* 111–164.

Kaltiala-Heino, R., Marttunen, M., Rantanen, P., & Rimpela, M. (2003). Early puberty is associated with mental health problems in middle adolescence. *Social Science & Medicine, 57,* 1055–1064.

Kaltiala-Heino, R., Rimpelae, M., Rissanen, A., & Rantanen, P. (2001). Early puberty and early sexual activity are associated with bulimic-type eating pathology in middle adolescence. *Journal of Adolescent Health, 28,* 346–352.

Kamel, H. (2001). Sexuality in aging: Focus on the institutionalized elderly. *Annals of Long-Term Care: Clinical Care and Aging, 9,* 64–72.

Kanaya, Y., Nakamura, C., & Miyake, D. (1989). Cross-cultural study of expressive behavior of mothers in response to their five-month-old infants' different emotion expression. *Research and Clinical Center for Child Development Annual Report, 11,* 25–31.

Kandel, D. B., & Davies, M. (1996). High school students who use crack and other drugs. *Archives of General Psychiatry, 53,* 71–80.

Kane, J. M. (1996). Treatment-resistant schizophrenic patients. *Journal of Clinical Psychiatry, 57*(9, Suppl.), 35–40.

Kanner, A. D., Coyne, J. C., Schaefer, C., & Lazarus, R. S. (1981). Comparison of two modes of stress measurement: Daily hassles and uplifts versus major life events. *Journal of Behavioral Medicine, 4,* 1–39.

Kaplan, H. S. (1974). *The new sex therapy: Active treatment of sexual dysfunction.* New York: Brunner/Mazel.

Karacan, I. (1988). Parasomnias. In R. L. Williams, I. Karacan, & C. A. Moore (Eds.), *Sleep disorders: Diagnosis and treatment* (pp. 131–144). New York: John Wiley.

Karau, S. J., & Williams, K. D. (1993). Social loafing; a meta-analytic review and theoretical integration. *Journal of Personality and Social Psychology, 65,* 681–706.

Kark, R., Shamir, B., & Chen, G. (2003). The two faces of transformational leadership: Empowerment and dependency. *Journal of Applied Psychology, 88,* 246–255.

Karni, A., Tanne, D., Rubenstein, B. S., Askenasy, J. J. M., & Sagi, D. (1994). Dependence on REM sleep of overnight improvement of a perceptual skill. *Science, 265,* 679–682.

Karniol, R., Grosz, E., & Schorr, I. (2003). Caring, gender role orientation, and volunteering. *Sex Roles, 49,* 11–19.

Kastenbaum, R. (1992). *The psychology of death.* New York: Springer-Verlag.

Katerndahl, D., Burge, S., & Kellogg, N. (2005). Predictors of development of adult psychopathology in female victims of childhood sexual abuse. *Journal of Nervous and Mental Disease, 193,* 258–264.

Katon, W. (1996). Panic disorder: Relationship to high medical utilization, unexplained physical symptoms, and medical costs. *Journal of Clinical Psychiatry, 57*(10, Suppl.), 11–18.

Katz, G., Knobler, H., Laibel, Z., Strauss, Z., & Durst, R. (2002). Time zone change and major psychiatric morbidity: The results of a 6-year study in Jerusalem. *Comprehensive Psychiatry, 43,* 37–40.

Katzell, R. A., & Thompson, D. E. (1990). Work motivation: Theory and practice. *American Psychologist, 45,* 144–153.

Kaut, K., Bunsey, M., & Riccio, D. (2003). Olfactory learning and memory impairments following lesions to the hippocampus and perirhinal-entorhinal cortex. *Behavioral Neuroscience, 117,* 304–319.

Kawanishi, Y., Tachikawa, H., & Suzuki, T. (2000). Pharmacogenomics and schizophrenia. *European Journal of Pharmacology, 410,* 227–241.

Kaye, J., & Jick, H. (2003). Incidence of erectile dysfunction and characteristics of patients before and after the introduction of sildenafil in the United Kingdom: Cross sectional study with comparison patients. *British Medical Journal, 326,* 424–425.

Kazdin, A., & Benjet, C. (2003). Spanking children: Evidence and issues. *Current Directions in Psychological Science, 12,* 99–103.

Keating, C. R. (1994). World without words: Messages from face and body. In W. J. Lonner & R. Malpass (Eds.), *Psychology and culture* (pp. 175–182). Boston: Allyn & Bacon.

Keech, R. (2002). Ophthalmology. In A. Rudolph, R. Kamei, & K. Overby (Eds), *Rudolph's fundamentals of pediatrics* (3rd ed., pp. 847–862). New York: McGraw-Hill.

Keesey, R. E., & Powley, T. L. (1986). The regulation of body weight. *Annual Review of Psychology, 37,* 109–133.

Keitner, G. I., Ryan, C. E., Miller, I. W., & Norman, W. H. (1992). Recovery and major depression: Factors associated with twelve-month outcome. *American Journal of Psychiatry, 149,* 93–99.

Keitner, N., & Boschini, D. (2009). Electroconvulsive therapy. *Perspectives in Psychiatric Care, 45,* 66–70.

Keller, H., Schlomerich, A., & Eibl-Eibesfeldt, I. (1988). Communication patterns in adult-infant interactions in western and non-western cultures. *Journal of Cross-Cultural Psychology, 19,* 427–445.

Keller, S., Maddock, J., Laforge, R., Velicer, W., & Basler, H. (2007). Binge drinking and health behavior in medical students. *Addictive Behaviors, 32,* 505–515.

Kelly, D., Wehring, H., Linthicum, J., Feldman, S., McMahon, R., Love, R., Wagner, T., Shim, J., & Fowler, D. (2009). Cardiac-related findings at autopsy in people with severe mental illness treated with clozapine or risperidone. *Schizophrenia Research, 107,* 134–138.

Kelner, K. L. (1997). Seeing the synapse. *Science, 276,* 547.

Kendler, K. S., & Diehl, S. R. (1993). The genetics of schizophrenia: A current genetic-epidemiologic perspective. *Schizophrenia Bulletin, 19,* 261–285.

Kendler, K. S., MacLean, C., Neale, M., Kessler, R., Heath, A., & Eaves, L. (1991). The genetic epidemiology of bulimia nervosa. *American Journal of Psychiatry, 148,* 1627–1637.

Kendler, K. S., Neale, M. C., Kessler, R. C., Heath, A. C., & Eaves, L. J. (1992). The genetic epidemiology of phobias in women. *Archives of General Psychiatry, 49,* 273–281.

Kendler, K. S., Neale, M. C., Kessler, R. C., Heath, A. C., & Eaves, L. J. (1993). The lifetime history of major depression in women: Reliability of diagnosis and heritability. *Archives of General Psychiatry, 50*, 863–870.

Kennedy, C. (2002). Effects of REM sleep deprivation on a multiple schedule of appetitive reinforcement. *Behavioural Brain Research, 128*, 205–214.

Kennedy, Q., Mather, M., & Carstensen, L. (2004). The role of motivation in the age-related positivity effect in autobiographical memory. *Psychological Science, 15*, 208–214.

Kenney-Benson, G., Pomerantz, E., Ryan, A., & Patrick, H. (2006). Sex differences in math performance: The role of children's approach to schoolwork. *Developmental Psychology, 42*, 11–26.

Kenny, D., & Schreiner, I. (2009). Predictors of high-risk alcohol consumption in young offenders on community orders: Policy and treatment implications. *Psychology, Public Policy, and Law, 15*, 54–79.

Kensinger, E., Brierley, B., Medford, N., Growdon, J., & Corkin, S. (2002). Effects of normal aging and Alzheimer's disease on emotional memory. *Emotion, 2*, 118–134.

Kenwright, M., & Marks, I. (2004). Computer-aided self-help for phobia/panic via Internet at home: A pilot study. *British Journal of Psychiatry, 184*, 448–449.

Kesner, R. (2009). Tapestry of memory. *Behavioral Neuroscience, 123*, 1–13.

Kessler, R. C., Stein, M. B., & Berglund, P. (1998). Social phobia subtypes in the National Comorbidity Survey. *American Journal of Psychiatry, 155*, 613–619.

Kessler, R., Adler, I., Barkley, R., Biederman, J., Conners, C., Demler, O., Faraone, S., Greenhill, L., Howes, M., Secnik, K., Spencer, T., Ustun, T., Walters, E., & Zaslavsky, A. (2006). The prevalence and correlates of adult ADHD in the United States: Results from the National Comorbidity Survey Replication. *American Journal of Psychiatry, 163*, 716–723.

Kessler, R., Chiu, W., Demler, O., & Walters, E. (2005a). Prevalence, severity, and comorbidity of 12-month *DSM-IV* disorders in the National Comorbidity Survey replication. *Archives of General Psychiatry, 62*, 617–627.

Kessler, R., Berglund, P., Demler, O., Jin, R., & Walters, E. (2005b). Lifetime prevalence and age-of-onset distributions of *DSM-IV* disorders in the National Comorbidity Survey Replication. *Archives of General Psychiatry, 62*, 593–602.

Khaleefa, O., Abdelwahid, S., Abdulradi, F., & Lynn, R. (2008). The increase of intelligence in Sudan 1964–2006. *Personality and Individual Differences, 45*, 412–413.

Kickul, J., Lester, S., & Finkl, J. (2002). Promise breaking during radical organizational change. *Journal of Organizational Behavior, 23*, 469–488.

Kiecolt-Glaser, J. K., Fisher, L. D., Ogrocki, P., Stout, J., Speicher, C. E., & Glaser, R. (1987). Marital quality, marital disruption, and immune function. *Psychosomatic Medicine, 49*, 13–34.

Kiecolt-Glaser, J. K., Glaser, R., Gravenstein, S., Malarkey, W. B., & Sheridan, J. (1996). Chronic stress alters the immune response to influenza virus vaccine in older adults. *Proceedings of the National Academy of Science, 93*, 3043–3047.

Kihlstrom, J. (2007). Consciousness in hypnosis. In P. Zelazo, M. Moscovitch, & E. Thompson, *The Cambridge handbook of consciousness* (pp. 445–479). New York: Cambridge University Press.

Kilbride, J. E., & Kilbride, P. L. (1975). Sitting and smiling behavior of Baganda infants. *Journal of Cross-Cultural Psychology, 6*, 88–107.

Kilpatrick, D., Ruggiero, K., Acierno, R., Saunders, B., Resnick, H., & Best, C. (2003). Violence and risk of PTSD, major depression, substance abuse/dependence, and comorbidity: Results from the National Survey of Adolescents. *Journal of Consulting and Clinical Psychology, 71*, 692–700.

Kim, E., Bayles, K., & Beeson, P. (2008). Instruction processing in young and older adults: Contributions of memory span. *Aphasiology, 22*, 753–762.

Kim, J. J., Mohamed, S., Andreasen, N. C., O'Leary, D. S., Watkins, L., Ponto, L. L. B., & Hichwa, R. D. (2000). Regional neural dysfunctions in chronic schizophrenia studied with positron emission tomography. *American Journal of Psychiatry, 157*, 542–548.

Kim, L., & Makdissi, A. (2008). *Hyperparathyroidism*. Retrieved February 26, 2009 from http://emedicine.medscape.com/article/127351-overview.

Kimura, D. (1992). Sex differences in the brain. *Scientific American, 267*, 118–125.

King, B., & Bostic, J. (2006). An update on pharmacologic treatments for autism spectrum disorders. *Child and Adolescent Psychiatric Clinics of North America, 15*, 161–175.

Kinsey, A. C., Pomeroy, W. B., & Martin, C. E. (1948). *Sexual behavior in the human male*. Philadelphia: W. B. Saunders.

Kinsey, A. C., Pomeroy, W. B., Martin, C. E., & Gebhard, P. H. (1953). *Sexual behavior in the human female*. Philadelphia: W. B. Saunders.

Kirby, D. (2001). *Emerging answers: Research findings on programs to reduce teen pregnancy (summary)*. Washington, DC: National Campaign to Prevent Teen Pregnancy. Retrieved June 13, 2006 from http://www.teenpregnancy.org/resources/data/pdf/emeranswsum.pdf.

Kirchner, T., & Sayette, M. (2003). Effects of alcohol on controlled and automatic memory processes. *Experimental & Clinical Psychopharmacology, 11*, 167–175.

Kirsch, I., & Lynn, S. J. (1995). The altered state of hypnosis: Changes in the theoretical landscape. *American Psychologist, 50*, 846–858.

Kirshner, H., & Jacobs, D. (2008). Aphasia. Retrieved February 3, 2009 from http://emedicine.medscape.com/article/1135944-overview.

Kirvan, C., Swedo, S., Snider, L., & Cunningham, M. (2006). Antibody-mediated neuronal cell signaling in behavior and movement disorders. *Journal of Neuroimmunology, 179*, 173–179.

Kisilevsky, B., Hains, S., Lee, K., Xie, X., Huang, H., Ye, H., Zhang, K., & Wang, A. (2003). Effects of experience on fetal voice recognition. *Psychological Science, 14*, 220–224.

Kitayama, S., & Markus, H. R. (2000). The pursuit of happiness and the realization of sympathy: Cultural patterns of self, social relations, and well-being. In E. Diener & E. M. Suh (Eds.), *Subjective well-being across cultures*. Cambridge, MA: MIT Press.

Kite, M. E., Deaux, K., & Miele, M. (1991). Stereotypes of young and old: Does age outweigh gender? *Psychology and Aging, 6*, 19–27.

Kiyokawa, Y., Shimozuru, M., Kikusui, T., Takeuchi, Y., & Mori, Y. (2006). Alarm pheromone increases defensive and risk assessment behaviors in male rats. *Physiology & Behavior, 87,* 383–387.

Klaczynski, P., Fauth, J, & Swanger, A. (1998). Adolescent identity: Rational vs. experiential processing, formal operations, and critical thinking beliefs. *Journal of Youth & Adolescence, 17,* 185–207.

Klatzky, R. L. (1980). *Human memory: Structures and processes* (2nd ed.). New York: W. H. Freeman.

Klatzky, R. L. (1984). *Memory and awareness: An information-processing perspective.* New York: W. H. Freeman.

Kleinman, A., & Cohen, A. (1997, March). Psychiatry's global challenge. *Scientific American, 276,* 86–89.

Kleinmuntz, B., & Szucko, J. J. (1984). A field study of the fallibility of polygraph lie detection. *Nature, 308,* 449–450.

Klerman, E., & Dijk, D. (2008). Age-related reduction in the maximal capacity for sleep: Implications for insomnia. *Current Biology, 18,* 1118–1123.

Kliegman, R. (1998). Fetal and neonatal medicine. In R. Behrman & R. Kliegman (Eds.), *Nelson essentials of pediatrics* (3rd ed., pp. 167–225). Philadelphia: W. B. Saunders.

Kline, G., Stanley, S., Markan, H., Olmos-Gallo, P., St. Peters, M., Whitton, S., & Prado, L. (2004). Timing is everything: Pre-engagement cohabitation and increased risk for poor marital outcomes. *Journal of Family Psychology, 18,* 311–318.

Klinnert, M. D., Campos, J. J., Sorce, J. F., Emde, R. N., & Suejda, M. (1983). Emotions as behavior regulators: Social referencing in infancy. In R. Plutchik & H. Kellerman (Eds.), *Emotions in early development: Vol. 2: The emotions* (pp. 57–86). New York: Academic Press.

Klucharev, V., Smidts, A., & Fernandez, G. (2008). Brain mechanisms of persuasion: How "expert power" modulates memory and attitudes. *Social Cognitive and Affective Neuroscience, 3,* 353–366.

Kluft, R. P. (1984). An introduction to multiple personality disorder. *Psychiatric Annals, 14,* 19–24.

Knafo, D. (2009). Freud's memory erased. *Psychoanalytic Psychology, 26,* 171–190.

Knapp, C., Ciraulo, D., & Kranzler, H. (2008). Neurobiology of alcohol. In M. Galanter, & H. Kleber (Eds), *The American Psychiatric Publishing textbook of substance abuse* (4th ed., pp. 111–128). Arlington, VA: American Psychiatric Publishing, Inc.

Knickmeyer, R., Baron-Cohen, S., Raggatt, P., Taylor, K., & Hackett, G. (2006). Fetal testosterone and empathy. *Hormones & Behavior, 49,* 282–292.

Knobloch-Westerwick, S., & Alter, S. (2006). Mood adjustment to social situations through mass media use: How men ruminate and women dissipate angry moods. *Human Communication Theory, 32,* 58–73.

Knussen, C., & Yule, F. (2008). "I'm not in the habit of recycling": The role of habitual behavior in the disposal of household waste. *Environment and Behavior, 40,* 683–702.

Knyazev, G. (2009). Is cortical distribution of spectral power a stable individual characteristic? *International Journal of Psychophysiology, 72,* 123–133.

Kobasa, S. (1979). Stressful life events, personality, and health: An inquiry into hardiness. *Journal of Personality and Social Psychology, 37,* 1–11.

Kobasa, S. C., Maddi, S. R., & Kahn, S. (1982). Hardiness and health: A prospective study. *Journal of Personality and Social Psychology, 42,* 168–177.

Kobrin, J., Patterson, B., Shaw, E., Mattern, K., & Barbuti, S. (2008). *Validity of the SAT for predicting first-year college grade point average.* Retrieved May 7, 2009 from http://professionals.collegeboard.com/profdownload/Validity_of_the_SAT_for_Predicting_First_Year_College_Grade_Point_Average.pdf.

Kochavi, D., Davis, J., & Smith, G. (2001). Corticotropin-releasing factor decreases meal size by decreasing cluster number in Koletsky (LA/N) rats with and without a null mutation of the leptin receptor. *Physiology & Behavior, 74,* 645–651.

Koenig, L., & Vaillant, G. (2009). A prospective study of church attendance and health over the lifespan. *Health Psychology, 28,* 117–124.

Kohlberg, L. (1966). A cognitive-developmental analysis of children's sex-role concepts and attitudes. In E. E. Maccoby (Ed.), *The development of sex differences* (pp. 82–173). Stanford, CA: Stanford University Press.

Kohlberg, L. (1968, September). The child as a moral philosopher. *Psychology Today,* pp. 24–30.

Kohlberg, L. (1969). *Stages in the development of moral thought and action.* New York: Holt, Rinehart & Winston.

Kohlberg, L. (1976). Moral stages and moralization: The cognitive developmental approach. In Lickona, T. (Ed.), *Moral development and behavior: Theory, research, and social issues.* New York: Holt.

Kohlberg, L. (1981). *Essays on moral development,* Vol. 1. *The philosophy of moral development.* New York: Harper & Row.

Kohlberg, L. (1984). *Essays on moral development,* Vol. 2. *The psychology of moral development.* San Francisco: Harper & Row.

Kohlberg, L. (1985). *The psychology of moral development.* San Francisco: Harper & Row.

Kohlberg, L., & Ullian, D. Z. (1974). In R. C. Friedman, R. M. Richart, & R. L. Vande Wiele (Eds.), *Sex differences in behavior* (pp. 209–222). New York: Wiley.

Köhler, T., Tiede, G., & Thoens, M. (2002). Long and short-term forgetting of word associations: An experimental study of the Freudian concepts of resistance and repression. *Zeitschrift fuer Klinische Psychologie, Psychiatrie und Psychotherapie, 50,* 328–333.

Köhler, W. (1925). *The mentality of apes* (E. Winter, Trans.). New York: Harcourt Brace Jovanovich.

Kolivas, E., Riordan, P., & Gross, A. (2008). Overview of behavioral treatment with children and adolescents. In M. Hersen, & D. Reitman (Eds.), *Handbook of psychological assessment, case conceptualization, and treatment, Vol. 2: Children and adolescents.* Hoboken, NJ: John Wiley & Sons, Inc.

Koltz, C. (1983, December). Scapegoating. *Psychology Today,* pp. 68–69.

Konarski, J., McIntyre, R., Grupp, L., & Kennedy, S. (2005). Is the cerebellum relevant in the circuitry of neuropsychiatric disorders? *Journal of Psychiatry & Neuroscience, 30,* 178–186.

Konishi, M. (1993). Listening with two ears. *Scientific American, 268,* 66–73.

Konstantareas, M. (2006). Social skill training in high functioning Autism and Asperger's disorder. *Hellenic Journal of Psychology, 3,* 39–56.

Koob, G. (2008). Neurobiology of addiction. In M. Galanter, & H. Kleber (Eds), *The American Psychiatric Publishing textbook of substance abuse* (4th ed., pp. 3–16). Arlington, VA: American Psychiatric Publishing, Inc.

Koob, G., & Le Moal, M. (2008). Addiction and the brain antireward system. *Annual Review of Psychology, 59,* 29–53.

Kopelowicz, A., Liberman, R., & Zarate, R. (2007). In P. Nathan, & J. Gorman (Eds.), *A guide to treatments that work* (3rd ed.). New York: Oxford University Press.

Kopinska, A., & Harris, L. (2003). Spatial representation in body coordinates: Evidence from errors in remembering positions of visual and auditory targets after active eye, head, and body movements. *Canadian Journal of Experimental Psychology, 57,* 23–37.

Kopp, C., & Kaler, S. (1989). Risk in infancy: Origins and implications. *American Psychologist, 44,* 224–230.

Kopp, D., Spitzer, C., Kuwert, P., Barnow, S., Orlob, S., Lüth, H., Freyberger, H., & Dudeck, M. (2009). Psychiatric disorders and childhood trauma in prisoners with antisocial personality disorder. *Fortschiritte der Neurologie, Psychiatrie, 77,* 152–159.

Koppenhaver, D., Hendrix, M., & Williams, A. (2007). Toward evidence-based literacy interventions for children with severe and multiple disabilities. *Seminars in Speech & Language, 28,* 79–90.

Korczak, P., Kurtzberg, D., & Stapells, D. (2005). Effects of sensorineural hearing loss and personal hearing aids on cortical event-related potential and behavioral measures of speech-sound processing. *Ear and Hearing, 26,* 165–185.

Korobov, N., & Thorne, A. (2006). Intimacy and distancing: Young men's conversations about romantic relationships. *Journal of Adolescent Research, 21,* 27–55.

Kosslyn, S. M. (1988). Aspects of a cognitive neuroscience of mental imagery. *Science, 240,* 1621–1626.

Kothiyal, K., & Bjørnerem, A. (2009). Effects of computer monitor setting on muscular activity, user comfort and acceptability in office work. *Work: A Journal of Prevention, Assessment and Rehabilitation, 32,* 155–163.

Kounios, J., Fleck, J., Green, D., Payne, L., Stevenson, J., Bowden, E., & Jung-Beeman, M. (2008). The origins of insight in resting-state brain activity. *Neuropsychologia, 46,* 281–291.

Koutsky, L. A., et al. (1992). A cohort study of the risk of cervical intraepithelial neoplasia Grade 2 or 3 in relation to papillomavirus infection. *New England Journal of Medicine, 327,* 1272.

Kovacs, D., Mahon, J., & Palmer, R. (2002). Chewing and spitting out food among eating-disordered patients. *International Journal of Eating Disorders, 32,* 112–115.

Kovas, Y., Haworth, C., Dale, P., & Plomin, R. (2007). The genetic and environmental origins of learning abilities and disabilities in the early school years. *Monographs of the Society for Research in Child Development, 72,* 1–144.

Kowatch, R., Suppes, T., Carmody, T., Bucci, J., Hume, J., Kromelis, M., Emslie, G., Weinberg, W., & Rush, A. (2000). Effect size of lithium, divalproex sodium, and carbamazepine in children and adolescents with bipolar disorder. *Journal of the American Academy of Child & Adolescent Psychiatry, 39,* 713–720.

Kozak, M. J., Foa, E. B., & McCarthy, P. R. (1988). Obsessive-compulsive disorder. In C. G. Last & M. Herson (Eds.), *Handbook of anxiety disorders* (pp. 87–108). New York: Pergamon Press.

Kozel, F., Johnson, K., Mu, Q., Grenesko, E., Laken, S., & George, M. (2005). Detecting deception using functional magnetic resonance imaging. *Biological Psychiatry, 58,* 605–613.

Krakow, B., & Zadra, A. (2006). Clinical management of chronic nightmares: Imagery rehearsal therapy. *Behavioral Sleep Medicine, 4,* 45–70.

Krantz, D. S., Grunberg, N. E., & Baum, A. (1985). Health psychology. *Annual Review of Psychology, 36,* 349–383.

Krantz, M. (1987). Physical attractiveness and popularity: A predictive study. *Psychological Reports, 60,* 723–726.

Kranzler, H. R. (1996). Evaluation and treatment of anxiety symptoms and disorders in alcoholics. *Journal of Clinical Psychiatry, 57*(6, Suppl.).

Krasowska, F. (1996, February). Software, sites can subdue strain. *Occupational Health and Safety, 65,* 20.

Kraus, S. J. (1995). Attitudes and the prediction of behavior: A meta-analysis of the empirical literature. *Personality and Social Psychology Bulletin, 21,* 58–75.

Krcmar, M., & Cooke, M. (2001). Children's moral reasoning and their perceptions of television violence. *Journal of Communication, 51,* 300–316.

Krebs, D., & Denton, K. (2005). Toward a more pragmatic approach to morality: A critical evaluation of Kohlberg's model. *Psychological Review, 112,* 629–649.

Kripke, D., Garfinkel, L., Wingard, D., Klauber, M., & Marler, M. (2002). Mortality associated with sleep duration. *Archives of General Psychiatry, 59,* 131–136.

Kripke, D., Youngstedt, S., Elliott, J., Tuunainen, A., Rex, K., Hauger, R., & Marler, M. (2005). Circadian phase in adults of contrasting ages. *Chronobiology International, 22,* 695–709.

Kroger, J. (2007). Why is identity achievement so elusive? *Identity, 7,* 331–348.

Krueger, J. M., & Takahashi, S. (1997). Thermoregulation and sleep: Closely linked but separable. *Annals of the New York Academy of Sciences, 813,* 281–286.

Krueger, W. C. F. (1929). The effect of overlearning on retention. *Journal of Experimental Psychology, 12,* 71–81.

Krumm, D. (2001). *Psychology at work: An introduction to industrial/organizational psychology.* New York: Worth.

Kübler-Ross, E. (1969). *On death and dying.* New York: Macmillan.

Kubzansky, L., Cole, S., Kawachi, I., Vokonas, P., & Sparrow, D. (2006). Shared and unique contributions of anger, anxiety, and depression to coronary heart disease: A prospective study in the normative aging study. *Annals of Behavioral Medicine, 31,* 21–29.

Kucharska-Pietura, K., & Klimkowski, M. (2002). Perception of facial affect in chronic schizophrenia and right brain damage. *Acta Neurobiologiae Experimentalis, 62,* 33–43.

Kuhn, D. (2008). Formal operations from a twenty-first century perspective. *Human Development, 51,* 48–55.

Kumar, R., O'Malley, P., Johnston, L., Schulenberg, J., & Bachman, J. (2002). Effects of school-level norms on student substance abuse. *Prevention Science, 3,* 105–124.

Kumpfer, K., Alvarado, R., Smith, P., & Ballamy, N. (2002). Cultural sensitivity and adaptation in family-based prevention interventions. *Prevention Science, 3,* 241–246.

Kunda, Z., & Oleson, K. C. (1995). Maintaining stereotypes in the face of disconfirmation: Construction grounds for subtyping deviants. *Journal of Personality and Social Psychology, 68,* 565–579.

Kunz, D., & Herrmann, W. M. (2000). Sleep-wake cycle, sleep-related disturbances, and sleep disorders: A chronobiological approach. *Comparative Psychology, 41* (2, Suppl. 1), 104–105.

Kupersmidt, J. B., & Coie, J. D. (1990). Preadolescent peer status, aggression, and school adjustment as predictors of externalizing problems in adolescence. *Child Development, 61,* 1350–1362.

Kurdek, L. (2009). Assessing the health of a dyadic relationship in heterosexual and same-sex partners. *Personal Relationships, 16,* 117–127.

Kurup, R., & Kurup, P. (2002). Detection of endogenous lithium in neuropsychiatric disorders. *Human Psychopharmacology Clinical & Experimental, 17,* 29–33.

LaFrance, M., Hecht, M., & Paluck, E. (2003). The contingent smile: A meta-analysis of sex differences in smiling. *Psychological Bulletin, 129,* 305–334.

Lafuente, M., Grifol, R., Segarra, J., Soriano, J., Gorba, M., & Montesinos, A. (1997). Effects of the Firstart method of prenatal stimulation on psychomotor development: The first six months. *Pre- & Peri-Natal Psychology Journal, 13,* 317–326.

Lai, J., Evens, P., Ng, S., Chong, A., Siu, O., Chan, C., Ho, S., Ho, R., Chan, P., & Chan, C. (2005). Optimism, positive affectivity, and salivary cortisol. *British Journal of Health Psychology, 10,* 467–484.

Laird, R., Pettit, G., Bates, J., & Dodge, K. (2003). Parents' monitoring-relevant knowledge and adolescents' delinquent behavior: Evidence of correlated developmental changes and reciprocal influences. *Child Development, 74,* 752–768.

Lal, S. (2002). Giving children security: Mamie Phipps Clark and the racialization of child psychology. *American Psychologist, 57,* 20–28.

Lam, L., & Kirby, S. (2002). Is emotional intelligence an advantage? An exploration of the impact of emotional and general intelligence on individual performance. *Journal of Social Psychology, 142,* 133–143.

Lamb, M., & Lewis, C. (2005). The role of parent-child relationships in child development. In M. Bornstein & M. Lamb (Eds.), *Developmental science: An advanced textbook* (5th ed., pp. 429–468). Hillsdale, NJ: Lawrence Erlbaum Associates.

Lamberg, L. (1996). Narcolepsy researchers barking up the right tree. *Journal of the American Medical Association, 276,* 265–266.

Lambert, M. (2003). Suicide risk assessment and management: Focus on personality disorders. *Current Opinion in Psychiatry, 16,* 71–76.

Lamborn, S. D., Mounts, N. S., Steinberg, L., & Dornbusch, S. M. (1991). Patterns of competence and adjustment among adolescents from authoritative, authoritarian, indulgent, and neglectful families. *Child Development, 62,* 1049–1065.

Lamplugh, C., Berle, D., Millicevic, D., & Starcevic, V. (2008). Pilot study of cognitive behaviour therapy for panic disorder augmented by panic surfing. *Clinical Psychology & Psychotherapy, 15,* 440–445.

Landers, D. (2007). The arousal-performance relationship revisited. In D. Smith, & M. Bar-Eli (Eds.), *Essential readings in sport and exercise psychology* (pp. 211–218). Champaign, IL: Human Kinetics.

Landry, D. W. (1997, February). Immunotherapy for cocaine addiction. *Scientific American, 276,* 42–45.

Lang, A. R., Goeckner, D. J., Adesso, V. J., & Marlatt, G. A. (1975). Effects of alcohol on aggression in male social drinkers. *Journal of Abnormal Psychology, 84,* 508–518.

Lang, A., Craske, M., Brown, M., & Ghaneian, A. (2001). Fear-related state dependent memory. *Cognition & Emotion, 15,* 695–703.

Lange, C. G., & James, W. (1922). *The emotions* (I. A. Haupt, Trans.). Baltimore: Williams and Wilkins.

Lange, E., & Verhaeghen, P. (2009). No age differences in complex memory search: Older adults search as efficiently as younger adults. *Psychology and Aging, 24,* 105–115.

Langer, E. J., & Rodin, J. (1976). The effects of choice and enhanced personal responsibility for the aged: A field experiment in an institutional setting. *Journal of Personality and Social Psychology, 34,* 191–198.

Langer, G., Arndt, C., & Sussman, D. (2004). *Primetime Live poll: American sex survey analysis.* Retrieved July 3, 2006 from http://abcnews.go.com/Primetime/PollVault/story?id=156921&page=1.

Langer, P., Holzner, B., Magnet, W., & Kopp, M. (2005). Hands-free mobile phone conversation impairs the peripheral visual system to an extent comparable to an alcohol level of 4–5g 100 ml. *Human Psychopharmacology: Clinical and Experimental, 20,* 65–66.

Langevin, B., Sukkar, F., Léger, P., Guez, A., & Robert, D. (1992). Sleep apnea syndromes (SAS) of specific etiology: Review and incidence from a sleep laboratory. *Sleep, 15,* S25–S32.

Langlois, J. H. (1985). From the eye of the beholder to behavioral reality: The development of social behaviors and social relations as a function of physical attractiveness. In C. P. Herman (Ed.), *Physical appearance, stigma, and social behavior.* Hillsdale, NJ: Erlbaum.

Langlois, J. H., Kalakanis, L., Rubenstein, A. J., Larson, A., Hallam, M., & Smoot, M. (2000). Maxims or myths of beauty? A meta-analytic and theoretical review. *Psychological Bulletin, 126,* 390–423.

Lao, J., & Kuhn, D. (2002). Cognitive engagement and attitude development. *Cognitive Development, 17,* 1203–1217.

Larson, R., & Verma, S. (1999). How children and adolescents spend time across the world: Work, play, and developmental opportunities. *Psychological Bulletin, 125,* 701–736.

Latané, B., Williams, K., & Harkins, S. (1979). Many hands make light the work: The causes and consequences of social loafing. *Journal of Personality and Social Psychology, 37,* 822–832.

Latham, G., & Pinder, C. (2005). Work motivation theory and research at the dawn of the twenty-first century. *Annual Review of Psychology, 56,* 485–516.

Latner, J., & Wilson, T. (2004). Binge eating and satiety in bulimia nervosa and binge eating disorder: Effects of macronutrient intake. *International Journal of Eating Disorders, 36,* 402–415.

Lattal, K. A., & Neef, N. A. (1996). Recent reinforcement-schedule research and applied behavior analysis. *Journal of Applied Behavior Analysis, 29,* 213–230.

Laughlin, P., Hatch, E., Silver, J., & Boh, L. (2006). Groups perform better than the best individuals on letters-to-numbers problems: Effects of group size. *Journal of Personality and Society Psychology, 90,* 644–651.

Lauman, E., Paik, A., & Rosen, R. (1999). Sildenafil for iatrogenic serotonergic antidepressant medication-induced sexual dysfunction in 4 patients. *Journal of Clinical Psychiatry, 60,* 33–35.

Laumann, E. O., Gagnon, J. H., Michael, R. T., & Michaels, S. (1994). *The social organization of sexuality.* Chicago: University of Chicago Press.

Laurent, J., Swerdik, M., & Ryburn, M. (1992). Review of validity research on the Stanford-Binet Intelligence Scale: Fourth Edition. *Psychological Assessment, 4,* 102–112.

Lauriello, J., McEvoy, J., Rodriguez, S., Bossie, C., & Lasser, R. (2005). Long-acting risperidone vs. placebo in the treatment of hospital inpatients with schizophrenia. *Schizophrenia Research, 72,* 249–258.

Lauritsen, M., Pedersen, C., & Mortensen, P. (2004). The incidence and prevalence of pervasive developmental disorders: A Danish population-based study. *Psychological Medicine, 34,* 1339–1346.

Law, A., Logie, R., & Pearson, D. (2006). The impact of secondary tasks on multitasking in a virtual environment. *Acta Psychologica, 122,* 27–44.

Lawrence, A. (2003). Factors associated with satisfaction or regret following male-to-female sex reassignment surgery. *Archives of Sexual Behavior, 32,* 299–315.

Lawrence, C., & Andrews, K. (2004). The influence of perceived prison crowding on male inmates' perception of aggressive events. *Aggressive Behavior, 30,* 273–283.

Lawrence, V., Houghton, S., Douglas, G., Durkin, K., Whiting, K., & Tannock, R. (2004). Children with ADHD: Neuropsychological testing and real-world activities. *Journal of Attention Disorders, 7,* 137–149.

Layton, L., Deeny, K., Tall, G., & Upton, G. (1996). Researching and promoting phonological awareness in the nursery class. *Journal of Research in Reading, 19,* 1–13.

Lazar, T. A. (2000). Sexual differentiation of the brain. Akira Matsumoto (Ed.). *Trends in Neurosciences, 23,* 507.

Lazarus, R. S. (1966). *Psychological stress and the coping process.* New York: McGraw-Hill.

Lazarus, R. S. (1984). On the primacy of cognition. *American Psychologist, 39,* 124–129.

Lazarus, R. S. (1991a). Cognition and motivation in emotion. *American Psychologist, 46,* 352–367.

Lazarus, R. S. (1991b). Progress on a cognitive-motivational-relational theory of emotion. *American Psychologist, 46,* 819–834.

Lazarus, R. S., & DeLongis, A. (1983). Psychological stress and coping in aging. *American Psychologist, 38,* 245–253.

Lazarus, R. S., & Folkman, S. (1984). *Stress, appraisal, and coping.* New York: Springer.

Leach, A., Talwar, V., Lee, K., Bala, N., & Lindsay, R. (2004). "Intuitive" lie detection of children's deception by law enforcement officials and university students. *Law and Human Behavior, 28,* 661–685.

LeBreton, J., Burgess, J., Kaiser, R., Atchley, E., & James, L. (2003). The restriction of variance hypothesis and interrater reliability and agreement: Are ratings from multiple sources really dissimilar? *Organizational Research Methods, 6,* 80–128.

Lecomte, T., & Lecomte, C. (2002). Toward uncovering robust principles of change inherent to cognitive-behavioral therapy for psychosis. *American Journal of Orthopsychiatry, 72,* 50–57.

LeDoux, J. E. (1996). *The emotional brain: The mysterious underpinnings of emotional life.* New York: Simon & Schuster.

LeDoux, J. E. (2000). Emotion circuits in the brain. *Annual Review of Neuroscience, 23,* 155–184.

Lee, I., & Kesner, R. (2002). Differential contribution of NMDA receptors in hippocampal subregions to spatial working memory. *Nature Neuroscience, 5,* 162–168.

Lee, J., Kelly, K., & Edwards, J. (2006). A closer look at the relationships among trait procrastination, neuroticism, and conscientiousness. *Personality and Individual Differences, 40,* 27–37.

Lee, M., Cummins, T. (2004). Evidence accumulation in decision making: Unifying the "take the best" and the "rational" models. *Psychonomic Bulletin & Review, 11,* 343–352.

Lehman, B., Taylor, S., Kiefe, C., & Seeman, T. (2009). Relationship of early life stress and psychological functioning to blood pressure in the CARDIA study. *Health Psychology, 28,* 338–346.

Lehman, D., & Nisbett, R. (1990). A longitudinal study of the effects of undergraduate training on reasoning. *Developmental Psychology, 26,* 952–960.

Leichtman, M. D., & Ceci, S. J. (1995). The effects of stereotypes and suggestions on preschoolers' reports. *Developmental Psychology, 31,* 568–578.

Leitenberg, H., & Henning, K. (1995). Sexual fantasy. *Psychological Bulletin, 117,* 469–496.

Lengua, L., & Kovacs, E. (2005). Bidirectional associations between temperament and parenting and the prediction of adjustment problems in middle childhood. *Journal of Applied Developmental Psychology, 26,* 21–38.

Lengua, L., Long, A., Smith, K., & Meltzoff, A. (2005). Pre-attack symptomatology and temperament as predictors of children's responses to the September 11 terrorist attacks. *Journal of Child Psychology and Psychiatry, 46,* 631–645.

Lenneberg, E. (1967). *Biological foundations of language.* New York: Wiley.

Leon, M. (1992). The neurobiology of filial learning. *Annual Review of Psychology, 43,* 337–398.

Leonard, K., & Hornish, G. (2005). Changes in Marijuana Use Over the Transition Into Marriage. *Journal of Drug Issues, 35,* 409–430.

Lerman, D. C., & Iwata, B. A. (1996). Developing a technology for the use of operant extinction in clinical settings: An examination of basic and applied research. *Journal of Applied Behavior Analysis, 29,* 345–382.

Lerman, D. C., Iwata, B. A., Shore, B. A., & Kahng, S. W. (1996). Responding maintained by intermittent reinforcement: Implications for the use of extinction with problem behavior in clinical settings. *Journal of Applied Behavior Analysis, 29,* 153–171.

Lerner, J., & Tiedens, L. (2006). Portrait of the angry decision maker: How appraisal tendencies shape anger's influence on cognition. *Journal of Behavioral Decision Making, 19,* 115–137.

Lerner, J., Gonzalez, R., Small, D., & Fischoff, B. (2003). Effects of fear and anger on perceived risks of terrorism: A national field experiment. *Psychological Science, 14,* 144–150.

Lesch, K. (2003). Neuroticism and serotonin: A developmental genetic perspective. In R. Plomin, J. DeFries, I. Craig, & P. McGuffin (Eds.), *Behavioral genetics in the postgenomic era* (pp. 389–423). Washington, DC: American Psychological Association.

Leshowitz, B., Eignor DiCerbo, K., & Okun, M. (2002). Effects of instruction in methodological reasoning on information evaluation. *Teaching of Psychology, 29,* 5–10.

Leuchter, A., Cook, I., Witte, E., Morgan, M., & Abrams, M. (2002). Changes in brain function of depressed subjects during treatment with placebo. *American Journal of Psychiatry, 159,* 122–129.

LeVay, S. (1991). A difference in hypothalamic structure between heterosexual and homosexual men. *Science, 253,* 1034–1037.

LeVay, S. (1993). *The sexual brain.* Cambridge, MA: MIT Press.

LeVay, S., & Hamer, D. H. (1994). Evidence for a biological influence in male homosexuality. *Scientific American, 270,* 44–49.

Levenson, A. (2009). Measuring and maximizing the business impact of executive coaching. *Consulting Psychology Journal: Practice and Research, 61,* 103–121.

Levenson, R. W. (1992). Autonomic nervous system differences among emotions. *Psychological Science, 3,* 23–27.

Levin, B. (2005). Factors promoting and ameliorating the development of obesity. *Physiology & Behavior, 86,* 633–639.

Levitt, E. E., & Duckworth, J. C. (1984). Minnesota Multiphasic Personality Inventory. In D. J. Keyser & R. C. Sweetland (Eds.), *Test critiques* (Vol. 1, pp. 466–472). Kansas City: Test Corporation of America.

Lew, J. (2006). *Asian Americans in class: Charting the achievement gap among Korean American youth.* New York: Teachers College Press.

Lewald, J. (2004). Gender-specific hemispheric asymmetry in auditory space perception. *Cognitive Brain Research, 19,* 92–99.

Lewin, C., & Herlitz, A. (2002). Sex differences in face recognition: Women's faces make the difference. *Brain & Cognition, 50,* 121–128.

Lewis, M. (1995, January/February). Self-conscious emotions. *American Scientist, 83,* 68–78.

Ley, R., Backhed, F., Turnbaugh, P., Lozupone, C., Knight, R., & Gordon, J. (2005). Obesity alters gut microbial ecology. *Proceedings of the National Academies of Sciences, 102,* 11070–11075.

Li, J. (2003). U.S. and Chinese cultural beliefs about learning. *Journal of Educational Psychology, 95,* 258–267.

Liao, P., Uher, R., Lawrence, N., Treasure, J., Schmidt, U., Campbell, I., Collier, D., & Tchanturia, K. (2009). An examination of decision making in bulimia nervosa. *Journal of Clinical and Experimental Neuropsychology, 31,* 455–461.

Lickona, T. (1978). Moral development and moral education. In J. Gallagher, & J. Easley (Eds.), *Knowledge and development, Vol. 2.* New York: Plenum.

Liddle, H. (2002). *Multidimensional family therapy for adolescent cannabis users. Cannabis Youth Treatment (CYT) Series, 5.* Rockville, MD: Center for Substance Abuse Treatment.

Lidz, C., & Macrine, S. (2001). An alternative approach to the identification of gifted culturally and linguistically diverse learners: The contribution of dynamic assessment. *School Psychology International, 22,* 74–96.

Lievens, F., Harris, M., Van Keer, E., & Bisqueret, C. (2003). Predicting cross-cultural training performance: The validity of personality, cognitive ability, and dimensions measured by an assessment center and a behavioral description interview. *Journal of Applied Psychology, 88,* 476–489.

Lijia, Z. (2000). China's grey peril. *China Review, 16.* [Online] Retrieved October 12, 2006 from http://www.gbcc.org.uk/iss16_2.htm.

Lijtmaer, R. (2001). Splitting and nostalgia in recent immigrants: Psychodynamic considerations. *Journal of the American Academy of Psychoanalysis, 29,* 427–438.

Lilienfeld, Lynn, S., Namy, L., & Woolf, N. (2009). *Psychology: From inquiry to understanding.* Boston, MA: Allyn & Bacon.

Lilienfeld, S., Kirsch, I., Sarbin, T., Lynn, S., Chaves, J., Ganaway, G., & Powell, R. (1999). Dissociative identity disorder and the sociocognitive model: Recalling the lessons of the past. *Psychological Bulletin, 125,* 507–523.

Lilienfeld, S., Lynn, S., & Lohr, J. (2004). Science and pseudoscience in clinical psychology: Initial thoughts, reflections, and considerations. In S. Lilienfeld, S. Lynn, & J. Lohr (Eds.), *Science and pseudoscience in clinical psychology* (pp. 1–16). New York: Guilford Press.

Lim, V. (2002). The IT way of loafing on the job: Cyberloafing, neutralizing and organizational justice. *Journal of Organizational Behavior, 23,* 675–694.

Lin, Y., & Rancer, A. (2003). Sex differences in intercultural communication apprehension, ethnocentrism, and intercultural willingness to communicate. *Psychological Reports, 92,* 195–200.

Lindau, S., Schumm, P., Laumann, E., Levinson, W., O'Muircheartaigh, C., & Waite, L. (2007). A study of sexuality and health among older adults in the United States. *New England Journal of Medicine, 357,* 762–774.

Linder, J., & Gentile, D. (2009, in press). Is the television rating system valid? Indirect, verbal, and physical aggression in programs viewed by fifth grade girls and associations with behavior. *Journal of Applied Developmental Psychology.*

Lindsay, D., Hagen, L., Read, J., Wade, K., & Garry, M. (2004). True photographs and false memories. *Psychological Science, 15,* 149–154.

Lindwall, M., Rennemark, M., & Berggren, T. (2008). Movement in mind: The relationship of exercise with cognitive status for older adults in the Swedish National Study on Aging and Care (SNAC). *Aging & Mental Health, 12,* 212–220.

Linebarger, D., & Walker, D. (2005). Infants' and toddlers' television viewing and language outcomes. *American Behavioral Scientist, 48,* 624–645.

Linton, M. (1979, July). I remember it well. *Psychology Today,* pp. 80–86.

Linville, P. W., Fischer, G. W., & Salovey, P. (1989). Perceived distributions of the characteristics of in-group and out-group members: Empirical evidence and a computer simulation. *Journal of Personality and Social Psychology, 57,* 165–188.

Lippa, R. (2005a). *Gender, nature, and nurture*. Hillsdale, NJ: Lawrence Erlbaum Associates.

Lipsitt, L. P. (1990). Learning processes in the human newborn: Sensitization, habituation, and classical conditioning. *Annals of the New York Academy of Sciences, 608*, 113–123.

Lishman, W. A. (1990). Alcohol and the brain. *British Journal of Psychiatry, 156*, 635–644.

Littlefield, A., Sher, K., & Wood, P. (2009). Is "maturing out" of problematic alcohol involvement related to personality change? *Journal of Abnormal Psychology, 118*, 360–374.

Litwin, H. (2005). Correlates of successful aging: Are they universal? *International Journal of Aging & Human Development, 61*, 313–333.

Litwin, H. (2006). Social networks and self-rated health: A cross-cultural examination among older Israelis. *Journal of Aging and Health, 18*, 335–358.

Liu, O., & Wilson, M. (2009). Gender differences and similarities in PISA 2003 mathematics: A comparison between the United States and Hong Kong. *International Journal of Testing, 9*, 20–40.

Liu, S., Liao, H., & Pratt, J. (2009). The impact of media richness and flow on e-learning technology acceptance. *Computers & Education, 52*, 599–607.

Livingston, E., Huerta, S., Arthur, D., Lee, S., De Shields, S., & Heber, D. (2002). Male gender is a predictor of morbidity and age a predictor of mortality for patients undergoing gastric bypass surgery. *Annals of Surgery, 236*, 576–582.

Lock, C. (2004). Deception detection: Psychologists try to learn how to spot a liar. *Science News, 166*, 72.

Loehlin, J. C. (1992). *The limits of family influence: Genes, experience, and behavior*. New York: Guilford.

Loehlin, J. C., Lindzey, G., & Spuhler, J. N. (1975). *Race differences in intelligence*. San Francisco: Freeman.

Loehlin, J. C., Willerman, L., & Horn, J. M. (1988). Human behavior genetics. *Annual Review of Psychology, 39*, 101–133.

Loewenstein, G., Rick, S., & Cohen, J. (2008). Neuroeconomics. *Annual Review of Psychology, 59*, 647–672.

Loftus, E. (2003). Our changeable memories: Legal and practical implications. *Nature Reviews: Neuroscience, 4*, 231–234.

Loftus, E. (2004). Memories of things unseen. *Current Directions in Psychological Science, 13*, 145–147.

Loftus, E. (2005). Planting misinformation in the human mind: A 30-year investigation of the malleability of memory. *Learning & Memory, 12*, 361–366.

Loftus, E. F. (1979). *Eyewitness testimony*. Cambridge, MA: Harvard University Press.

Loftus, E. F. (1993a). Psychologists in the eyewitness world. *American Psychologist, 48*, 550–552.

Loftus, E. F. (1997). Creating false memories. *Scientific American, 277*, 71–75.

Loftus, E. F., & Loftus, G. R. (1980). On the permanence of stored information in the human brain. *American Psychologist, 35*, 409–420.

Loftus, E., & Bernstein, D. (2005). Rich false memories: The royal road to success. In A. Healy (Ed.), *Experimental cognitive psychology and its applications* (pp. 101–113). Washington, DC: American Psychological Association.

Logothetis, N. (2008). What we can do and what we cannot do with fMRI. *Nature, 453*, 869–878.

London, E. D., Ernst, M., Grant, S., Bonson, K., & Weinstein, A. (2000). Orbitofrontal cortex and human drug abuse: Functional imaging. *Cerebral Cortex, 10*, 334–342.

Long, D., & Baynes, K. (2002). Discourse representation in the two cerebral hemispheres. *Journal of Cognitive Neuroscience, 14*, 228–242.

Lonsdorf, T., Weike, A., Nikamo, P., Schalling, M., Hamm, A., & Ohman, A. (2009). Genetic gating of human fear learning and extinction: Possible implications for gene-environment interaction in anxiety disorder. *Psychological Science, 20*, 198–206.

Lopes, A., de Mathis, M., Canteras, M., Salvajoli, J., Del Porto, J., & Miguel, E. (2004). Update on neurosurgical treatment for obsessive compulsive disorder. *Revista Brasileira de Psiquiatria, 26*, 62–66.

Lott, B., & Saxon, S. (2002). The influence of ethnicity, social class and context on judgments about U.S. women. *Journal of Social Psychology, 142*, 481–499.

Love, J., Kisker, E., Ross, C., Raikes, H., Constantine, J., Boller, K., Brooks-Gunn, J., Chazan-Cohen, R., Raullo, L., Brady-Smith, C., Fuligni, A., Schochet, P., Paulsell, D., & Vogel, C. (2005). The effectiveness of Early Head Start for 3-year-old children and their parents: Lessons for policy and programs. *Developmental Psychology, 41*, 885–901.

Lovett, S. B., & Flavell, J. H. (1990). Understanding and remembering: Children's knowledge about the differential effects of strategy and task variables on comprehension and memorization. *Child Development, 61*, 1842–1858.

Lowell, B. B., & Spiegelman, B. M. (2000). Towards a molecular understanding of adaptive thermogenesis. *Nature, 404*, 652–660.

Lubart, T. (2003). In search of creative intelligence. In R. Sternberg, J. Lautrey, & T. Lubart (Eds.), *Models of intelligence: International perspective* (pp. 279–292). Washington, DC: American Psychological Association.

Lubman, D. I., Peters, L. A., Mogg, K., Bradley, B. P., & Deakin, J. F. (2000). Attentional bias for drug cues in opiate dependence. *Psychological Medicine, 30*, 169–175.

Lucas, J., & Heady, R. (2002). Flextime commuters and their driver stress, feelings of time urgency, and commute satisfaction. *Journal of Business & Psychology, 16*, 565–572.

Luchins, A. S. (1957). Experimental attempts to minimize the impact of first impressions. In C. I. Hovland (Ed.), *Yale studies in attitude and communication: Vol. 1. The order of presentation in persuasion* (pp. 62–75). New Haven, CT: Yale University Press.

Lucio, E., Reyes-Lagunes, I., & Scott, R. L. (1994). MMPI-2 for Mexico: Translation and adaptation. *Journal of Personality Assessment, 63*, 105–116.

Luiselli, J., & Hurley, A. (2005). The significance of applied behavior analysis in the treatment of autism spectrum disorders (ASD). *Mental Health Aspects of Developmental Disabilities, 8*, 128–130.

Lundy, J. (2002). Age and language skills of deaf children in relation to theory of mind development. *Journal of Deaf Studies & Deaf Education, 7*, 41–56.

Lustig, C., & Hasher, L. (2002). Working memory span: The effect of prior learning. *American Journal of Psychology, 115*, 89–101.

Lustig, C., Konkel, A., & Jacoby, L. (2004). Which route to recovery? Controlled retrieval and accessibility bias in retroactive interference. *Psychological Science, 15*, 729–735.

Lutz, A., Brefczynski-Lewis, J., Johnstone, T., & Davidson, R. (2008). Regulation of the neural circuitry of emotion by compassion meditation: Effects of meditative expertise. *Public Library of Science One, 3*, e1897.

Lydiard, R. B., Brawman-Mintzer, O., & Ballenger, J. C. (1996). Recent developments in the psychopharmacology of anxiety disorders. *Journal of Consulting and Clinical Psychology, 64*, 660–668.

Lynn, R. (2006). *Race differences in intelligence: An evolutionary analysis.* Atlanta, GA: Washington Summit Books.

Lynn, R. (2008). *The global bell curve: Race, IQ, and inequality worldwide.* Augusta, GA: Washington Summit Publishers.

Lynn, R. (2009). What has caused the Flynn effect? Secular increases in the development quotients of infants. *Intelligence, 37*, 16–24.

Lyon, M., Cline, J., Totosy de Zepetnek, J., Jie Shan, J., Pang, P., & Benishin, C. (2001). Effect of the herbal extract combination *Panax quinquefolium* and *Ginko biloba* on attention-deficit hyperactivity disorder: A pilot study. *Journal of Psychiatry & Neuroscience. 26*, 221–228.

Lyvers, M. (2000). "Loss of control" in alcoholism and drug addiction: A neuroscientific interpretation. *Experimental and Clinical Psychopharmacology, 8*, 225–245.

Maas, A., Cadinu, M., Boni, M., & Borini, C. (2005). Converting verbs into adjectives: Asymmetrical memory distortions for stereotypic and counterstereotypic information. *Group Process & Intergroup Relations, 8*, 271–290.

Maccoby, E. E. (1992). The role of parents in the socialization of children: An historical overview. *Developmental Psychology, 28*, 1006–1017.

Maccoby, E. E., & Martin, J. A. (1983). Socialization in the context of the family: Parent-child interaction. In P. H. Mussen (Ed.), *Handbook of child psychology* (4th ed., Vol. 4). New York: John Wiley.

MacDonald, A., Pogue-Geile, M., Johnson, M., & Carter, C. (2003). A specific deficit in context processing in the unaffected siblings of patients with schizophrenia. *Archives of General Psychiatry, 60*, 57–65.

Macht, M., & Mueller, J. (2007). Immediate effects of chocolate on experimentally induced mood states. *Appetite, 49*, 667–674.

Mack, A., & Rock, I. (1998). *Inattentional blindness.* Cambridge, MA: MIT Press.

Macrae, C. N., Milne, A. B., & Bodenhausen, G. V. (1994). Stereotypes as energy-saving devices: A peek inside the cognitive toolbox. *Journal of Personality and Social Psychology, 66*, 37–47.

MacWhinney, B. (2005). Language development. In M. Bornstein & M. Lamb, (Eds.), *Developmental science: An advanced textbook* (5th ed., pp. 359–387) Hillsdale, NJ: Lawrence Erlbaum Associates.

Madden, M., & Lenhart, A. (2006). *Pew Internet and American life project: Online dating.* Retrieved July 3, 2006 from http://www.pewinternet.org/pdfs/PIP_Online_Dating.pdf.

Maguire, E. A., Gadian, D. G., Johnsrude, I. S., Good, C. D., Ashburner, J., Frackowiak, R. S. J., & Frith, C. D. (2000). Navigation-related structural change in the hippocampi of taxi drivers. *Proceedings of the National Academy of Science, 97*, 4398–4403.

Maguire, E., Nannery, R., & Spiers, H. (2006). Navigation around London by a taxi driver with bilateral hippocampal lesions. *Brain, 129*, 2894–2907.

Maguire, E., Wpiers, H., Good, C., Hartley, T., Frackowiak, R., & Burgess, N. (2003). Navigation expertise and the human hippocampus: A structural brain imaging analysis. *Hippocampus, 13*, 208–217.

Mahler, H., Kulik, J., Gibbons, F., Gerrard, M., & Harrell, J. (2003). Effects of appearance-based intervention on sun protection intentions and self-reported behaviors. *Health Psychology, 22*, 199–209.

Maiden, R., Peterson, S., Caya, M., & Hayslip, B. (2003). Personality changes in the old-old: A longitudinal study. *Journal of Adult Development, 10*, 31–39.

Maier, S. F., & Laudenslager, M. (1985, August). Stress and health: Exploring the links. *Psychology Today,* pp. 44–49.

Main, M., & Solomon, J. (1990). Procedures for identifying infants as disorganized/disoriented during the Ainsworth Strange Situation. In M. Greenberg, D. Cicchetti, & M. Cummings (Eds.), *Attachment in the preschool years: Theory, research, and intervention* (pp. 121–160). Chicago: University of Chicago Press.

Malcolm, S., & Keenan, J. (2005). Hemispheric asymmetry and deception detection. *Laterality, 10*, 103–110.

Malik, A., & D'Souza, D. (2006). Gone to pot: The association between cannabis and psychosis. *Psychiatric Times, 23.* Retrieved May 15, 2006 from http://www.psychiatrictimes.com/article/showArticle.jhtml?articleId=185303874.

Malkoff, S. B., Muldoon, M. F., Zeigler, Z. R., & Manuck, S. B. (1993). Blood platelet responsivity to acute mental stress. *Psychosomatic Medicine, 55*, 477–482.

Malle, B. (2006). The actor-observer asymmetry in attribution: A (surprising) meta-analysis. *Psychological Bulletin, 132*, 895–919.

Maltz, W. (1991). *The sexual healing journey: A guide for survivors of sexual abuse.* New York: HarperCollins.

Mancini, J., Lethel, V., Hugonenq, C., & Chabrol, B. (2001). Brain injuries in early foetal life: Consequences for brain development. *Developmental Medicine & Child Neurology, 43*, 52–60.

Manderscheid, R., & Henderson, M. (2001). *Mental health, United States, 2000.* Rockville, MD: Center for Mental Health Services. Retrieved January 14, 2003 from http://www.mentalhealth.org/publications/allpubs/SMA01-3537/.

Maner, J., Gailliot, M., & Miller, S. (2009). The implicit cognition of relationship maintenance: Inattention to attractives. *Journal of Experimental Social Psychology, 45*, 174–179.

Mangen, A. (2008). Hypertext fiction reading: Haptics and immersion. *Journal of Research in Reading, 31*, 404–419.

Manhal-Baugus, M. (2001). E-therapy: Practical, ethical, and legal issues. *CyberPsychology and Behavior, 4*, 551–563.

Mann, S., Vrij, A., & Bull, R. (2004). Detecting true lies: Police officers' ability to detect suspects' lies. *Journal of Applied Psychology, 89*, 137–149.

Manzardo, A., Stein, L., & Belluzi, J. (2002). Rats prefer cocaine over nicotine in a two-level self-administration choice test. *Brain Research, 924*, 10–19.

Marcia, J. (1966). Development and validation of ego identity status. *Journal of Personality & Social Psychology, 3*, 551–558.

Marcia, J. (1980). Identity in adolescence. In J. Adelson (Ed.), *Handbook of adolescent psychology* (pp. 159–187). New York: Wiley.

Marcia, J. (2002). Identity and psychosocial development in adulthood. *Identity, 2*, 7–28.

Marcia, J. (2007). Theory and measure: The Identity Status Interview. In M. Watzlawik, & A. Born (Eds.), *Capturing identity: Quantitative and qualitative methods* (pp. 1–14). Lanham, MD: University Press of America.

Mares, M., & Woodward, E. (2005). Positive effects of television on children's social interactions: A meta-analysis. *Media Psychology, 7*, 301–322.

Mareschal, D. (2000). Object knowledge in infancy: Current controversies and approaches. *Trends in Cognitive Sciences, 4*, 408–416.

Markey, C., Markey, P., Schneider, C., & Brownlee, S. (2005). Marital status and health beliefs: Different relations for men and women. *Sex Roles, 53*, 443–451.

Marks, I. M. (1972). Flooding (implosion) and allied treatments. In W. S. Agras (Ed.), *Behavior modification*. New York: Little, Brown.

Marlatt, G. (2005). Treating outside the box: Discussion. *Behavior Therapist, 28*, 122–123.

Marlatt, G. A., & Rohsenow, D. J. (1981, December). The think-drink effect. *Psychology Today*, pp. 60–69, 93.

Marlowe, F., Apicella, C., & Reed, D. (2005). Men's preferences for women's profile waist-to-hip ratio in two societies. *Evolution and Human Behavior, 26*, 458–468.

Marriott, L., & Wenk, G. (2004). Neurobiological consequences of long-term estrogen therapy. *Current Directions in Psychological Science, 13*, 173–176.

Marsh, A., Elfenbein, H., & Ambady, N. (2003). Nonverbal "accents": Cultural differences in facial expressions of emotion. *Psychological Science, 14*, 373–376.

Marsh, A., Elfenbein, H., & Ambady, N. (2007). Separated by a common language: Nonverbal accents and cultural stereotypes about Americans and Australians. *Journal of Cross-Cultural Psychology, 38*, 284–301.

Marshall, G., & Zimbardo, P. (1979). Affective consequences of inadequately explained physiological arousal. *Journal of Personality and Social Psychology, 37*, 970–988.

Marshall, R. D., Schneier, F. R., Fallon, B. A., Feerick, J., & Liebowitz, M. R. (1994). Medication therapy for social phobia. *Journal of Clinical Psychiatry, 56*(6, Suppl.), 33–37.

Marshall, W. L., & Segal, Z. (1988). Behavior therapy. In C. G. Last & M. Hersen (Eds.), *Handbook of anxiety disorders* (pp. 338–361). New York: Pergamon.

Martel, M., Pierce, L., Nigg, J., Jester, J., Adams, K., Puttler, L., Buu, A., Fitzgerald, H., & Zucker, R. (2009). Temperament pathways to childhood disruptive behavior and adolescent substance abuse: Testing a cascade model. *Journal of Abnormal Child Psychology, 37*, 363–373.

Martikainen, P., & Valkonen, R. (1996). Mortality after the death of a spouse: Rates and causes of death in a large Finnish cohort. *American Journal of Public Health, 86*, 1087–1093.

Martin, C. L., & Little, J. K. (1990). The relation of gender understanding to children's sex-typed preferences and gender stereotypes. *Child Development, 61*, 1427–1439.

Martin, C., & Halverson, C. (1981). A schematic processing model of sex typing and stereotyping in children. *Child Development, 52*, 1119–1134.

Martin, C., & Ruble, D. (2002). Cognitive theories of early gender development. *Psychological Bulletin, 128*, 903–933.

Martin, J. (2003). *Neuroanatomy: Text and atlas*. New York: McGraw-Hill.

Martin, J., & Ross, H. (2005). Sibling aggression: Sex differences and parents' reactions. *International Journal of Behavioral Development, 29*, 129–138.

Martin, J., Hamilton, B., Sutton, P., Ventura, S., Menacker, F., & Kirmeyer, S. (2006). Births: Final data for 2004. *National Vital Statistics Reports, 55*, 1–102.

Martin, R. (2006). The neuropsychology of sentence processing: Where do we stand? *Cognitive Neuropsychology, 23*, 74–95.

Martinez, C. (1986). Hispanics: Psychiatric issues. In C. B. Wilkinson (Ed.), *Ethnic psychiatry* (pp. 61–88). New York: Plenum.

Martinez, C. (2006). Abuse family experiences and object relation disturbances: A case study. *Clinical Case Studies, 5*, 209–219.

Martinez, M., & Belloch, A. (2004). The effects of a cognitive-behavioural treatment for hypochondriasis on attentional bias. *International Journal of Clinical & Health Psychology, 4*, 299–311.

Masataka, N. (1996). Perception of motherese in a signed language by 6-month-old deaf infants. *Developmental Psychology, 32*, 874–879.

Masland, R. H. (1996). Unscrambling color vision. *Science, 271*, 616–617.

Maslow, A. (1970). *Motivation and personality*. New York: Harper & Row.

Maslow, A. (1987). *Motivation and Personality* (3rd Ed.). New York: Harper & Row.

Mason, B., Goodman, A., Chabac, S., & Lehert, P. (2006). Effect of oral acamprosate on abstinence in patients with alcohol dependence in a double-blind, placebo-controlled trial: The role of patient motivation. *Journal of Psychiatric Research, 40*, 383–393.

Massey Cancer Center. (2006). *Familial cancer: Genetic counseling and consultation services*. Retrieved November 30, 2006 from http://www.massey.vcu.edu/discover/?pid=1888.

Masten, A., & Powell, J. (2003). A resilience framework for research, policy, and practice. In S. Luthar (Ed.), *Vulnerability and resilience: Adaptation in the context of childhood adversities* (pp. 1–28). New York: Cambridge University Press.

Masters, W. H., & Johnson, V. E. (1975). *The pleasure bond: A new look at sexuality and commitment*. Boston: Little, Brown.

Masters, W., & Johnson, V. (1966). *Human sexual response*. Boston: Little, Brown.

Mather, G. (2006). *Foundations of perception*. New York: Psychology Press.

Mathew, R. J., & Wilson, W. H. (1991). Substance abuse and cerebral blood flow. *American Journal of Psychiatry, 148*, 292–305.

Mathur, P., Graybeal, C., Feyder, M., Davis, M., & Holmes, A. (2009). Fear memory impairing effects of systemic treatment with the NMDA antagonist, Ro 25-6981, in mice: Attenuation with aging. *Pharmacology, Biochemistry, and Behavior, 91,* 453–460.

Mathy, R. (2002). Suicidality and sexual orientation in five continents: Asia, Australia, Europe, North America, and South America. *International Journal of Sexuality & Gender Studies, 7,* 215–225.

Matlin, M. W. (1989). *Cognition* (2nd ed.). New York: Holt, Rinehart & Winston.

Matlin, M. W., & Foley, H. J. (1997). *Sensation and perception* (4th ed.). Boston: Allyn & Bacon.

Matsuda, L., Lolait, S. J., Brownstein, M. J., Young, A. C., & Bonner, T. I. (1990). Structure of a cannabinoid receptor and functional expression of the cloned CDNA. *Nature, 346,* 561–564.

Matsumoto, D., Yoo, S., Hirayama, S., & Petrova, G. (2005). Development and validation of a measure of display rule knowledge: The Display Rule Assessment Inventory. *Emotion, 5,* 23–40.

Matsunami, H., Montmayeur, J-P., & Buck, L. B. (2000). A family of candidate taste receptors in human and mouse. *Nature, 404,* 601–604.

Matta, D., & Knudson-Martin, C. (2006). Father responsivity: Couple processes and the coconstruction of fatherhood. *Family Process, 45,* 19–37.

Matthews, K., Shumaker, S., Bowen, D., Langer, R., Hunt, J., & Kaplan, R. (1997). Women's health initiative: Why now? What is it? What's new? *American Psychologist, 52,* 101–116.

Matychuk, P. (2005). The role of child-directed speech in language acquisition: A case study. *Language Sciences, 27,* 301–379.

Matz, D., & Wood, W. (2005). Cognitive dissonance in groups: The consequences of disagreement. *Journal of Personality & Social Psychology, 88,* 22–37.

Maurer, T., Mitchell, D., & Barbeite, F. (2002). Predictors of attitudes toward a 360-degree feedback system and involvement in post-feedback management development activity. *Journal of Occupational & Organizational Psychology, 75,* 87–107.

Mayer, R., Roberts, R., & Barsdale, S. (2008). Human abilities: Emotional intelligence. *Annual Review of Psychology, 59,* 507–536.

Mayer, R., Hegarty, M., Mayer, S., & Campbell, J. (2005). When static media promote active learning: Annotated illustrations versus narrated animations in multimedia instruction. *Journal of Experimental Psychology: Applied, 11,* 256–265.

Mayo Clinic. (2005). *Weight loss: 6 strategies for success.* Retrieved June 16, 2006, from https://www.mayoclinic.com/health/weight-loss/HQ01625.

Mayo Clinic. (2006). *Sleep tips for the perpetually awake.* Retrieved December 16, 2006 from http://mayoclinic.com/health/sleep/HQ01387.

Mayo Clinic. (2007). *Hypnosis.* Retrieved February 8, 2009 from http://www.mayoclinic.com/health/hypnosis/SA00084.

Mazur, J. E. (1993). Predicting the strength of a conditioned reinforcer: Effects of delay and uncertainty. *Current Directions in Psychological Science, 2*(3), 70–74.

Mazzoni, G., & Memon, A. (2003). Imagination can create false autobiographical memories. *Psychological Science, 14,* 186–188.

McBride-Chang, C., & Treiman, R. (2003). Hong Kong Chinese kindergarteners learn to read English analytically. *Psychological Science, 14,* 138–143.

McCabe, R., & Gifford, S. (2009). Psychological treatment of panic disorder and agoraphobia. In M. Antony, & M. Stein (Eds.), *Oxford handbook of anxiety and related disorders* (pp. 308–320). New York: Oxford University Press.

McCartney, K., Harris, M. J., & Bernieri, F. (1990). Growing up and growing apart: A developmental meta-analysis of twin studies. *Psychological Bulletin, 107,* 226–237.

McClearn, G. E., Johansson, B., Berg, S., Pedersen, N. L., Ahern, F., Petrill, S. A., & Plomin, R. (1997). Substantial genetic influence on cognitive abilities in twins 80 or more years old. *Science, 276,* 1560–1563.

McClelland, D. C. (1958). Methods of measuring human motivation. In J. W. Atkinson (Ed.), *Motives in fantasy, action and society: A method of assessment and study.* Princeton, NJ: Van Nostrand.

McClelland, D. C. (1961). *The achieving society.* Princeton, NJ: Van Nostrand.

McClelland, D. C. (1985). *Human motivation.* New York: Cambridge University Press.

McClelland, D. C., Atkinson, J. W., Clark, R. W., & Lowell, E. L. (1953). *The achievement motive.* New York: Appleton-Century-Crofts.

McClelland, J. L., McNaughton, B. L., & O'Reilly, R. C. (1995). Why there are complementary learning systems in the hippocampus and neocortex: Insights from the successes and failures of connectionist models of learning and memory. *Psychological Bulletin, 102,* 419–457.

McCrae, R. (1984). Situational determinants of coping responses: Loss, threat, and challenge. *Journal of Personality and Social Psychology, 46,* 919–928.

McCrae, R. R., & Costa, P. T., Jr. (1990). *Personality in adulthood.* New York: Guilford.

McCrae, R. R., Costa, P. T., Jr., Ostendorf, F., Angleitner, A., Hrebickova, M., Avia, S. J., Sanchez-Bernardos, M. L., Kusdil, M. E., Woodfield, R., Saunders, P. R., & Smith, P. B. (2000). Nature over nurture: Temperament, personality, and life span development. *Journal of Personality & Social Psychology, 78,* 173–186.

McCrae, R., & Costa, P. (2008). Empirical and theoretical status of the five-factor model of personality traits. In G. Boye, G. Metthews, & D. Saklofske (Eds.), *The SAGE handbook of personality theory and assessment, Vol. 1: Personality theories and models* (pp. 273–297). Thousand Oaks, CA: Sage Publications.

McCue, J. M., Link, K. L., Eaton, S. S., & Freed, B. M. (2000). Exposure to cigarette tar inhibits ribonucleotide reductase and blocks lymphocyte proliferation. *Journal of Immunology, 165,* 6771–6775.

McCullough, M. E., Hoyt, W. T., Larson, D. B., Koenig, H. G., & Thoresen, C. (2000). Religious involvement and mortality: A meta-analytic review. *Health Psychology, 19,* 211–222.

McDonald, J. L. (1997). Language acquisition: The acquisition of linguistic structure in normal and special populations. *Annual Review of Psychology, 48,* 215–241.

McDonald, L. (2004, April 28). China may grow old before it gets rich. *Sydney Morning Herald.* Retrieved September 10, 2004 from http://www.smh.com.au/articles/

2004/04/27/1082831569621.html?from=storyhs&oneclick=true.

McDowell, C., & Acklin, M. W. (1996). Standardizing procedures for calculating Rorschach interrater reliability: Conceptual and empirical foundations. *Journal of Personality Assessment*, 66, 308–320.

McElree, B., Jia, G., & Litvak, A. (2000). The time course of conceptual processing in three bilingual populations. *Journal of Memory & Language*, 42, 229–254.

McFadden, D. (2002). Masculinization effects in the auditory system. *Archives of Sexual Behavior*, 31, 99–111.

McFadden, D. (2008). Masculinization effects in the auditory system. *Archives of Sexual Behavior*, 31, 99–111.

McFall, S., Jamieson, J., & Harkins, S. (2009). Testing the mere effort account of the evaluation-performance relationship. *Journal of Personality and Social Psychology*, 96, 135–154.

McGee, A., & Skinner, M. (1987). Facial asymmetry and the attribution of personality traits. *British Journal of Social Psychology*, 26, 181–184.

McGregor, D. (1960). *The human side of enterprise*. New York: McGraw-Hill.

McGue, M., Bouchard, T. J., Jr., Iacono, W. G., & Lykken, D. T. (1993). Behavioral genetics of cognitive ability: A life-span perspective. In R. Plomin & G. E. McClearn (Eds.), *Nature, nurture and psychology* (pp. 59–76). Washington, DC: American Psychological Association.

McGuire, W. J. (1985). Attitudes and attitude change. In G. Lindzey & E. Aronson (Eds.), *Handbook of social psychology* (Vol. 2, 3rd ed.). New York: Random House.

McInerney, F. (2000). "Requested death": A new social movement. *Social Science and Medicine*, 50, 137–154.

McIntyre, R., & Jerrell, J. (2009). Polypharmacy in children and adolescents treated for major depressive disorder: A claims database study. *Journal of Clinical Psychiatry*, 70, 240–246.

McKee, T., Harvey, E., Danforth, J., Ulaszek, W., & Friedman, J. (2004). The relation between parental coping styles and parent-child interactions before and after treatment for children with ADHD and oppositional behavior. *Journal of Clinical Child and Adolescent Psychology*, 33, 158–168.

McLeod, J., Pescosolido, B., Takeuchi, D., & White, T. (2004). Public attitudes toward the use of psychiatric medications for children. *Journal of Health and Social Behavior*, 45, 53–67.

McNally, R. (2003). Recovering memories of trauma: A view from the laboratory. *Current Directions in Psychological Science*, 12, 32–35.

McNally, R. (2003). The demise of pseudoscience. *The Scientific Review of Mental Health Practice*, 2, 97–101.

McNally, R., Lasko, N., Clancy, S., Macklin, M., Pitman, R., & Orr, S. (2004). Psychophysiological responding during script-driven imagery in people reporting abduction by space aliens. *Psychological Science*, 15, 493–497.

McNally, R., Perlman, C., Ristuccia, C., & Clancy, S. (2006). Clinical characteristics of adults reporting repressed, recovered, or continuous memories of childhood sexual abuse. *Journal of Consulting & Clinical Psychology*, 74, 237–242.

McNamara, P., McLaren, D., & Durso, K. (2007). Representation of the self in REM and NREM dreams. *Dreaming*, 17, 113–126.

Mednick, S. A., & Mednick, M. T. (1967). *Examiner's manual, Remote Associates Test*. Boston: Houghton-Mifflin.

Medzerian, G. (1991). *Crack: Treating cocaine addiction*. Blue Ridge Summit, PA: Tab Books.

Mehagnoul-Schipper, D., van der Kallen, B., Colier, W., van der Sluijs, M., van Erning, L., Thijssen, H., Oeseburg, B., Hoefnagel, W., & Jansen, R. (2002). Simultaneous measurement of cerebral oxygenation changes during brain activation by near-infrared spectroscopy and functional magnetic resonance imaging in healthy young and elderly subjects. *Human Brain Mapping*, 16, 14–23.

Mehlsen, M. (2005). The paradoxical life satisfaction of old age. *Psyke & Logos*, 26, 609–628.

Meier, R. P. (1991). Language acquisition by deaf children. *American Scientist*, 79(1), 60–70.

Meijer, W., de Groot, R., van Gerven, P., van Boxtel, M., & Jolles, J. (2009). Level of processing and reaction time in young and middle-aged adults and the effect of education. *European Journal of Cognitive Psychology*, 21, 216–234.

Meltzer, H. (1930). Individual differences in forgetting pleasant and unpleasant experiences. *Journal of Educational Psychology*, 21, 399–409.

Meltzer, H., Alphs, L., Green, A., Altamura, A., Anand, R., Bertoldi, A., Bourgeois, M., Chouinard, G., Islam, Z., Kane, J., Krishnan, R., Lindenmayer, J., & Potkin, S. (2003). Clozapine treatment for suicidality in schizophrenia: International suicide prevention trial. *Archives of General Psychiatry*, 60, 82–91.

Meltzoff, A. N. (1988). Imitation of televised models by infants. *Child Development*, 59, 1221–1229.

Melzack, R., & Wall, P. D. (1965). Pain mechanisms: A new theory. *Science*, 150, 971–979.

Melzack, R., & Wall, P. D. (1983). *The challenge of pain*. New York: Basic Books.

Mendez, M. F., Chow, T., Ringman, J., Twitchell, G., & Hinkin, C. H. (2000). Pedophilia and temporal lobe disturbances. *Journal of Neuropsychiatry & Clinical Neurosciences*, 12, 171–176.

Merson, M. (2006). The HIV/AIDS pandemic at 25: The global response. *New England Journal of Medicine*, 354, 2414–2417.

Meschyan, G., & Hernandez, A. (2002). Is native-language decoding skill related to second-language learning? *Journal of Educational Psychology*, 94, 14–22.

Meyer, A. (1997, March/April). Patching up testosterone. *Psychology Today*, 30, 54–57, 66–70.

Meyer, G. & Wuerger, S. (2001). Cross-modal integration of auditory and visual motion signals. *Neuroreport: For Rapid Communication of Neuroscience Research*, 12, 2557–2560.

Meyer, G., Hilsenroth, M., Baxter, D., Exner, J., Fowler, J., Piers, C., & Resnick, J. (2002). An examination of interrater reliability for scoring the Rorschach Comprehensive System in eight data sets. *Journal of Personality Assessment*, 78, 219–274.

Meyer, P. (1972). If Hitler asked you to electrocute a stranger, would you? In R. Greenbaum & H. A. Tilker (Eds.), *The challenge of psychology* (pp. 456–465). Englewood Cliffs, NJ: Prentice-Hall.

Meyer-Bahlburg, H. (2008). Treatment guidelines for children with disorders of sex development. *Neuropsychiatrie de l'Enfance et de l'Adolescence*, 56, 339–344.

Meyer-Bahlburg, H. F. L., Ehrhardt, A. A., Rosen, L. R., & Gruen, R. S. (1995). Prenatal estrogens and the development of homosexual orientation. *Developmental Psychology*, 31, 12–21.

Meyer-Bahlburg, H., Dolezal, C., Baker, S., & New, M. (2008). Sexual orientation in women with classical or non-classical congenital adrenal hyperplasia as a function of degree of prenatal androgen excess. *Archives of Sexual Behavior, 37,* 85–99.

Michaels, J., Bloomel, J., Brocato, R., Linkouts, R., & Rowe, J. (1982). Social facilitation and inhibition in a natural setting. *Replications in Social Psychology, 2,* 21–24.

Middlebrooks, J. C., & Green, D. M. (1991). Sound localization by human listeners. *Annual Review of Psychology, 42,* 135–159.

Miles, D. R., & Carey, G. (1997). Genetic and environmental architecture of human aggression. *Journal of Personality and Social Psychology, 72,* 207–217.

Milgram, S. (1963). Behavioral study of obedience. *Journal of Abnormal and Social Psychology, 67,* 371–378.

Milgram, S. (1965). Liberating effects of group pressure. *Journal of Personality and Social Psychology, 1,* 127–134.

Miller, G. A. (1956). The magical number seven, plus or minus two: Some limits on our capacity for processing information. *Psychological Review, 63,* 81–97.

Miller, G. A., & Gildea, P. M. (1987). How children learn words. *Scientific American, 257,* 94–99.

Miller, J. G., & Bersoff, D. M. (1992). Culture and moral judgment: How are conflicts between justice and interpersonal responsibilities resolved? *Journal of Personality and Social Psychology, 62,* 541–554.

Miller, J. G., Bersoff, D. M., & Harwood, R. L. (1990). Perceptions of social responsibilities in India and in the United States: Moral imperatives or personal decisions? *Journal of Personality and Social Psychology, 58,* 33–47.

Miller, J., Lynam, D., Zimmerman, R., Logan, T., Leukefeld, C., & Clayton, R. (2004). The utility of the Five Factor Model in understanding risky sexual behavior. *Personality and Individual Differences, 36,* 1611–1626.

Miller, L. (1988, February). The emotional brain. *Psychology Today,* pp. 34–42.

Miller, L. (1989, November). What biofeedback does (and doesn't) do. *Psychology Today,* pp. 22–23.

Miller, L. (2005). What the savant syndrome can tell us about the nature and nurture of talent. *Journal for the Education of the Gifted, 28,* 361–373.

Miller, N. E. (1941). The frustration-aggression hypothesis. *Psychological Review, 48,* 337–342.

Miller, N. E. (1985, February). Rx: Biofeedback. *Psychology Today,* pp. 54–59.

Miller, N. S., & Gold, M. S. (1994). LSD and Ecstasy: Pharmacology, phenomenology, and treatment. *Psychiatric Annals, 24,* 131–133.

Miller, S. A. (2000). Children's understanding of preexisting differences in knowledge and belief. *Developmental Review, 20,* 227–282.

Millman, R. (2005). Excessive sleepiness in adolescents and young adults: Causes, consequences, and treatment strategies. *Pediatrics, 115,* 1774–1786.

Milner, B. (1966). Amnesia following operation on the temporal lobes. In C. W. M. Whitty & O. L. Zangwill (Eds.), *Amnesia* (pp. 109–133). London: Butterworth.

Milner, B. (1970). Memory and the medial temporal regions of the brain. In K. H. Pribram & D. E. Broadbent (Eds.), *Biology of memory.* New York: Academic Press.

Milner, B., Corkin, S., & Teuber, H. L. (1968). Further analysis of the hippocampal amnesic syndrome: 14-year follow-up study of H. M. *Neuropsychologia, 6,* 215–234.

Milos, G., Spindler, A., Ruggiero, G., Klaghofer, R., & Schnyder, U. (2002). Comorbidity of obsessive-compulsive disorders and duration of eating disorders. *International Journal of Eating Disorders, 31,* 284–289.

Milton, J., & Wiseman, R. (2001). Does psi exist? Reply to Storm and Ertel (2001). *Psychological Bulletin, 127,* 434–438

Min, J. (2004, August 31). South Korea to introduce filial piety bill. *Straits Times Interactive.* Retrieved September 10 2004 from http://straitstimes.asia1.com.sg/eyeoneastasia/story/0,4395,270186,00.html.

Mindell, J. (1999). Developmental features of sleep. *Child & Adolescent Psychiatric Clinics of North America, 8,* 695–725.

Mineka, S., & Oehlberg, K. (2008). The relevance of recent developments in classical conditioning to understanding the etiology and maintenance of anxiety disorder. *Acta Psychologica, 127,* 567–580.

Mischel, W. (1966). A social-learning view of sex differences in behavior. In E. E. Maccoby (Ed.), *The development of sex differences* (pp. 56–81). Stanford, CA: Stanford University Press.

Mischel, W. (1973). Toward a cognitive social learning reconceptualization of personality. *Psychological Review, 80,* 252–283.

Mischel, W. (1977). The interaction of person and situation. In D. Magnusson & N. S. Endler (Eds.), *Personality at the crossroads: Current issues in interactional psychology.* Hillsdale, NJ: Lawrence Erlbaum.

Mischoulon, D. (2002). The herbal anxiolytics kava and valerian for anxiety and insomnia. *Psychiatric Annals, 32,* 55–60.

Mishra, R. (1997). Cognition and cognitive development. In J. Berry, P. Dasen, & T. Saraswathi (Eds.), *Handbook of cross-cultural psychology* (Vol. 2). Boston, MA: Allyn & Bacon.

Mishra, R., & Singh, T. (1992). Memories of Asur children for locations and pairs of pictures. *Psychological Studies, 37,* 38–46.

Mistry, J., & Rogoff, B. (1994). Remembering in cultural context. In W. J. Lonner & R. Malpass (Eds.), *Psychology and culture* (pp. 139–144). Boston: Allyn & Bacon.

Mitchell, S. (2002). Psychodynamics, homosexuality, and the question of pathology. *Studies in Gender & Sexuality, 3,* 3–21.

Mitsis, E. M., Halperin, J. M., & Newcorn, J. H. (2000). Serotonin and aggression in children. *Current Psychiatry Reports, 2,* 95–101.

Mitsonis, C., Potagas, C., Zervas, I, & Sfagos, K. (2009). The effects of stressful life events on the course of multiple sclerosis: A review. *International Journal of Neuroscience, 119,* 315–335.

Moeller-Leimkuehler, A., Schwarz, R., Burtscheidt, W., & Gaebel, W. (2002). Alcohol dependence and gender-role orientation. *European Psychiatry, 17,* 1–8.

Mohan, J. (2006). Cardiac psychology. *Journal of the Indian Academy of Applied Psychology, 32,* 214–220.

Mohanty, A., & Perregaux, C. (1997). Language acquisition and bilingualism. In J. Berry, P. Dasen, & T. Saraswathi (Eds.), *Handbook of cross-cultural psychology* (pp. 217–254). Boston: Allyn & Bacon.

Mohr, D., Goodkin, D., Nelson, S., Cox, D., & Weiner, M. (2002). Moderating effects of coping on the relationship between stress and the development of new brain lesions in multiple sclerosis. *Psychosomatic Medicine, 64*, 803–809.

Moldofsky, H., Gilbert, R., Lue, F. A., & MacLean, A. W. (1995). Sleep-related violence. *Sleep, 18*, 731–739.

Molloy, G., Perkins-Porras, L., Strike, P., & Steptoe, A. (2008). Type-D personality and cortisol in survivors of acute coronary syndrome. *Psychosomatic Medicine, 70*, 863–868.

Molnar, M., Potkin, S., Bunney, W., & Jones, E. (2003). MRNA expression patterns and distribution of white matter neurons in dorsolateral prefrontal cortex of depressed patients differ from those in schizophrenia patients. *Biological Psychiatry, 53*, 39–47.

Monk, T. H. (1989). Circadian rhythms in subjective activation, mood, and performance efficiency. In M. H. Kryger, T. Roth, & W. C. Dement (Eds.), *Principles and practice of sleep medicine* (pp. 163–172). Philadelphia: W. B. Saunders.

Monnot, M., Foley, R., & Ross, E. (2004). Affective prosody: Whence motherese. *Behavioral and Brain Sciences, 27*, 518–519.

Monnot, M., Quirk, S., Hoerger, M., & Brewer, L. (2009). Racial bias in personality assessment: Using the MMPI-2 to predict psychiatric diagnoses of African American and Caucasian chemical dependency inpatients. *Psychological Assessment, 21*, 137–151.

Monteleone, P., Santonastaso, P., Tortorella, A., Favaro, A., Fabrazzo, M., Castaldo, E., Caregaro, L., Fuschino, A., & Maj, M. (2005). Serotonin transporter polymorphism and potential response to SSRIs in bulimia nervosa. *Molecular Psychiatry, 10*, 716–718.

Montoya, M. (2008). I'm hot, so I'd say you're not: The influence of objective physical attractiveness on mate selection. *Personality and Social Psychology Bulletin, 34*, 1315–1331.

Moore, R., Vadeyar, S., Fulford, J., Tyler, D., Gribben, C., Baker, P., James, D., & Gowland, P. (2001). Antenatal determination of fetal brain activity in response to an acoustic stimulus using functional magnetic resonance imaging. *Human Brain Mapping, 12*, 94–99.

Moore-Ede, M. (1993). *The twenty-four hour society.* Reading, MA: Addison-Wesley.

Moraglia, G. (1994). C. G. Jung and the psychology of adult development. *Journal of Analytical Psychology, 39*, 55–75.

Moran, M. G., & Stoudemire, A. (1992). Sleep disorders in the medically ill patient. *Journal of Clinical Psychiatry, 53* (6, Suppl.), 29–36.

Moreno, R., Mayer, R. E., Spires, H., & Lester, J. (2001). The case for social agency in computer-based teaching: Do students learn more deeply when they interact with animated pedagogical agents? *Cognition and Instruction, 19*, 177–213.

Morewedge, C., & Norton, M. (2009). When dreaming is believing: The (motivated) interpretation of dreams. *Journal of Personality and Social Psychology, 96*, 249–264.

Morgan, C. D., & Murray, H. A. (1935). A method for investigating fantasies: The Thematic Appercetion Test. *Archives of Neurology and Psychiatry, 34*, 289–306.

Morgan, C. D., & Murray, H. A. (1962). Thematic Appercetion Test. In H. A. Murray et al. (Eds.), *Explorations in personality: A clinical and experimental study of fifty men of college age* (pp. 530–545). New York: Science Editions.

Morgan, C. L. (1996). Odors as cues for the recall of words unrelated to odor. *Perceptual and Motor Skills, 83*, 1227–1234.

Morgan, R., & Flora, D. (2002). Group psychotherapy with incarcerated offenders: A research synthesis. *Group Dynamics: Theory, Research, and Practice, 6*, 203–218.

Morofushi, M., Shinohara, K., & Kimura, F. (2001). Menstrual and circadian variations in time perceptions in healthy women and women with premenstrual syndrome. *Neuroscience Research, 41*, 339–344.

Morris, J. S., Frith, C. D., Perrett, D. I., Rowland, D., Young, A. W., Calder, A. J., & Dolan, R. J. (1996). A differential neural response in the human amygdala to fearful and happy facial expressions. *Nature, 383*, 812–815.

Morris, P., Bloom, D., Kemple, J., & Hendra, R. (2003). The effects of a time-limited welfare program on children: The moderating role of parents' risk of welfare dependency. *Child Development, 74*, 851–874.

Morrison, J. (2001). *DSM-IV made easy: The clinician's guide to diagnosis.* New York: Guilford Press.

Morrison, P., Allardyce, J., & McKane, J. (2002). Fear knot: Neurobiological disruption of long-term memory. *British Journal of Psychiatry, 180*, 195–197.

Morrow, B. A., Roth, R. H., & Elsworth, J. D. (2000). TMT, a predator odor, elevates mesoprefrontal dopamine metabolic activity and disrupts short-term working memory in the rat. *Brain Research Bulletin, 52*, 519–523.

Mościcki, E. K. (1995). Epidemiology of suicidal behavior. *Suicide and Life-Threatening Behavior, 25*, 22–31.

Moser, G., & Robin, M. (2006). Environmental annoyances: An urban-specific threat to quality of life? *European Review of Applied Psychology, 56*, 35–41.

Moulin, D., Clark, A., Speechley, M., & Morley-Forster, P. (2002). Chronic pain in Canada: Prevalence, treatment, impact and the role of opioid analgesia. *Pain Research & Management, 7*, 179–184.

Mufson, L., Gallagher, T., Dorta, K., & Young, J. (2004). A group adaptation of interpersonal psychotherapy for depressed adolescents. *American Journal of Psychotherapy, 58*, 220–237.

Mui, A. C. (1992). Caregiver strain among black and white daughter caregivers: A role theory perspective. *The Gerontologist, 32*, 203–212.

Mukerjee, M. (1997). Trends in animal research. *Scientific American, 276*, 86–93.

Muller, L. (2002). Group counseling for African American males: When all you have are European American counselors. *Journal for Specialists in Group Work, 27*, 299–313.

Müller, M., Regenbogen, B., Sachse, J., Eich, F., Härtter, S., & Hiemke, C. (2006). Gender aspects in the clinical treatment of schizophrenic inpatients with amisulpride: A therapeutic drug monitoring study. *Pharmacopsychiatry, 39*, 41–46.

Mumme, D., & Fernald, A. (2003). The infant as onlooker: Learning from emotional reactions observed in a television scenario. *Child Development, 74*, 221–237.

Mumtaz, S., & Humphreys, G. (2002). The effect of Urdu vocabulary size on the acquisition of single word reading in English. *Educational Psychology, 22*, 165–190.

Munafó, M., Yalcin, B., Willis-Own, S., & Flint, J. (2008). Association of the dopamine D4 receptor (DRD4) gene and approach-related personality traits: Meta-analysis and new data. *Biological Psychiatry, 63,* 197–206.

Munroe, R. H., Shimmin, H. S., & Munroe, R. L. (1984). Gender role understanding and sex role preference in four cultures. *Developmental Psychology, 20,* 673–682.

Munzar, P., Li, H., Nicholson, K., Wiley, J., & Balster, R. (2002). Enhancement of the discriminative stimulus effects of phencyclidine by the tetracycline antibiotics doxycycline and minocycline in rats. *Psychopharmacology, 160,* 331–336.

Muris, P., van der Heiden, S., & Rassin, E. (2008). Disgust sensitivity and psychopathological symptoms in non-clinical children. *Journal of Behavior Therapy and Experimental Psychiatry, 39,* 133–146.

Murnen, S., Wright, C., & Kaluzny, G. (2002). If "boys will be boys," then girls will be victims? A meta-analytic review of the research that relates masculine ideology to sexual aggression. *Sex Roles, 46,* 359–375.

Murphy, S., & Faulkner, D. (2006). Gender differences in verbal communication between popular and unpopular children during an interactive task. *Social Development, 15,* 82–208.

Murray, B. (1998, June). Dipping math scores heat up debate over math teaching. *APA Monitor on Psychology, 29,* 34–35.

Murray, B. (2002). Finding the peace within us. *APA Monitor on Psychology, 33,* 56–57.

Murray, D. (2009). Infectious diseases. In C. Rudolph, A. Rudolph, M. Hostetter, G. Lister, & N. Siegel (Eds.), *Rudolph's pediatrics* (22nd ed., pp. 867–1174). New York: McGraw-Hill.

Murray, D. W. (1995, July/August). Toward a science of desire. *The Sciences, 35,* 244–249.

Murray, H. (1938). *Explorations in personality.* New York: Oxford University Press.

Murray, H. A. (1965). Uses of the Thematic Apperception Test. In B. I. Murstein (Ed.), *Handbook of projective techniques* (pp. 425–432). New York: Basic Books.

Murray, J., Liotti, M., Ingmundson, P., Mayburg, H., Pu, Y., Zamarripa, F., Liu, Y., Woldorff, M., Gao, J., & Fox, P. (2006). Children's brain activations while viewing televised violence revealed by fMRI. *Media Psychology, 8,* 24–37.

Must, O., te Njienhuis, J., Must, A., & van Vianen, A. (2009). Comparablity of IQ scores over time. *Intelligence, 37,* 25–33.

Nader, K., Schafe, G. E., & Le Doux, J. E. (2000). Fear memories require protein synthesis in the amygdala for reconsolidation after retrieval. *Nature, 406,* 722–726.

Nagumey, A., Reich, J., & Newsom, J. (2004). Gender Moderates the Effects of Independence and Dependence Desires During the Social Support Process. *Psychology & Aging, 19,* 215–218.

Nagy, W., Berninger, V., & Abbott, R. (2006). Contributions of morphology beyond phonology to literacy outcomes of upper elementary and middle-school students. *Journal of Educational Psychology, 98,* 134–147.

Narita, M., Kaneko, C., Miyoshi, K., Nagumo, Y., Kuzumaki, N., Nakajima, M., Nanjo, K., Matsuzawa, K., Yamazaki, M., & Suzuki, T. (2006). Chronic pain induces anxiety with concomitant changes in opioidergic function in the amygdala. *Neuropsychopharmacology, 31,* 739–750.

Narr, K., Woods, R., Thompson, P., Szeszko, P., Robinson, D., Dimtcheva, T., Gurbani, M., Toga, A., & Bilder, R. (2007). Relationships between IQ and regional cortical gray matter thickness in healthy adults. *Cerebral Cortex, 17,* 2163–2171.

Nasim, A., Belgrave, F., Corona, R., & Townsend, T. (2009). Predictors of tobacco and alcohol refusal efficacy for urban and rural African-American adolescents. *Journal of Child & Adolescent Substance Abuse, 18,* 221–242.

National Alliance for Mental Illness (NAMI). (2003). *Panic disorder.* Retrieved July 19, 2006 from http://www.nami.org/Template.cfm?Section=By_Illness&Template=/TaggedPage/TaggedPageDisplay.cfm&TPLID=54&ContentID=23050.

National Cancer Institute. (2000). *Questions and answers about smoking cessation.* Retrieved January 29, 2003, from http://cis.nci.nih.gov/fact/8_13.htm.

National Center for Chronic Disease Prevention and Health Promotion. (2006). *The health consequences of involuntary exposure to tobacco smoke: A report of the surgeon general.* Retrieved July 7, 2006 http://www.cdc.gov/TOBACCO/sgr/sgr_2006/index.htm.

National Center for Education Statistics (NCES). (2003). *Highlights from the Trends in International Mathematics and Science Study.* Washington, DC: Author. Retrieved June 5, 2006 from http://nces.ed.gov/pubsearch/pubsinfo.asp?pubid=2005005.

National Center for Education Statistics (NCES). (2004). Digest of Education Statistics 2003. Retrieved October 12, 2006 from http://nces.ed.gov/pubsearch/pubsinfo.asp?pubid=2005025.

National Center for Education Statistics (NCES). (2006). *Digest of Education Statistics, 2005.* Retrieved January 31, 2009 from http://nces.ed.gov/programs/digest/d06/index.asp.

National Center for Education Statistics (NCES). (2007). *The condition of education.* Retrieved July 3, 2007 from http://nces.ed.gov/programs/coe/2007/pdf/08_2007.pdf.

National Center for Education Statistics (NCES). (2008). *Digest of Education Statistics, 2007.* Retrieved January 31, 2009 from http://nces.ed.gov/programs/digest/d07/index.asp.

National Center for Education Statistics (NCES). (2008). *Trends in International Mathematics and Science Study (TIMSS): TIMSS 2007 results.* Retrieved May 9, 2009 from http://nces.ed.gov/timss/results07.asp.

National Center for Health Statistics (NCHS). (2000). *Health, United States, 2000 with adolescent health chartbook.* Retrieved from http://www.cdc.gov/nchs/products/pubs/pubd/hus/hestatus.htm.

National Center for Health Statistics (NCHS). (2001a). Death rates for 358 selected causes, by 10-year age groups, race, and sex: United States, 1999–2000. *National Vital Statistics Report, 49,* (8). [Electronic version]. Retrieved November 10, 2002, from http://www.cdc.gov/nchs/data/dvs/VS00100.WTABLE12.pdf.

National Center for Health Statistics (NCHS). (2001b). Deaths from each cause, by 5-year age groups, Hispanic origin, race for non-Hispanic population, and sex: United

States, 1999–2000. *National Vital Statistics Report, 49*, (11). [Electronic version]. Retrieved November 10, 2002, from http://www.cdc.gov/nchs/fastats/pdf/nvsr49_11tb2.pdf.

National Center for Health Statistics (NCHS). (2002a). Deaths, percent of total deaths, and death rates for the 15 leading causes of death in 5-year age groups, by race and sex: United States, 1999–2000. *National Vital Statistics Report, 50*, (16). [Electronic version]. Retrieved November 10, 2002, from http://www.cdc.gov/nchs/data/dvs/LCWK1_2000.pdf.

National Center for Health Statistics (NCHS). (2002b). *Fast stats A to Z: Mental health*. [Online fact sheet]. Retrieved November 9, 2002, from http://www.cdc.gov/nchs/fastats/mental.htm.

National Center for Health Statistics (NCHS). (2004). *Prevalence of overweight and obesity among adults: United States, 1999–2002*. Retrieved February 1, 2005 from http://www.cdc.gov/nchs/products/pubs/pubd/hestats/obese/obse99.htm.

National Center for Health Statistics (NCHS). (2005). *Health, United States, 2005*. Retrieved July 5, 2006 from http://www.cdc.gov/nchs/data/hus/hus05.pdf#053.

National Center for Health Statistics (NCHS). (2007). *Prevalence of overweight among children and adolescents: United States 2003-2004*. Retrieved June 19, 2007 from http://www.cdc.gov/nchs/products/pubs/pubd/hestats/overweight/overwght_child_03.htm.

National Center for Health Statistics (NCHS). (2008). *Prevalence of overweight, obesity and extreme obesity among adults: United States, trends 1976-1980 through 2005-2006*. Retrieved June 1, 2009 from http://www.cdc.gov/nchs/products/pubs/pubd/hestats/overweight/overweight_adult.pdf.

National Center for Injury Prevention and Control (NCIPC). (2000). Rape fact sheet. Retrieved January 21, 2003, from http://www.cdc.gov/ncipc/factsheets/rape.htm.

National Center for Injury Prevention and Control (NCIPC). (2002). Injury fact book 2001–2002. Retrieved January 20, 2003, from http://www.cdc.gov/ncipc/fact_book/12_Child_Maltreatment.htm.

National Education Association (NEA) Higher Education Research Center. (2004). Rethinking graduation rates as accountability measures. *Update, 10*, 1–6. Retrieved April 28, 2006 from http://www2.nea.org/he/heupdate/vol10no1.pdf.

National Health and Nutrition Examination Survey (NHANES). (2002). *Use of dietary supplements*. Retrieved June 10, 2009 from http://www.cdc.gov/nchs/data/nhanes/databriefs/dietary.pdf.

National Institute of Child Health and Human Development (NICHD) Early Child Care Research Network (2003). Does amount of time spent in child care predict socioemotional adjustment during the transition to kindergarten? *Child Development, 74*, 976–1005.

National Institute of Child Health and Human Development (NICHD). (2003). Does amount of time spent in child care predict socioemotional adjustment during the transition to kindergarten? *Child Development, 74*, 976–1005.

National Institute of Mental Health (NIMH). (2001). *The numbers count: Mental disorders in America* (NIMH Report No. 01–4584). Washington, DC: Author.

National Institute of Mental Health (NIMH). (2009). *Suicide in the U.S.: Statistics and prevention*. Retrieved June 11, 2009 from http://www.nimh.nih.gov/health/publications/suicide-in-the-us-statistics-and-prevention/index.shtml.

National Institute on Alcohol Abuse and Alcoholism (NIAAA). (2004). *Alcohol: What you don't know can harm you*. Retrieved July 7, 2004 from http://pubs.niaaa.nih.gov/publications/WhatUDontKnow_HTML/dontknow.htm.

National Institutes of Health (NIH). (2003). HIV/AIDS statistics. Retrieved November 11, 2003 from http://www.niaid.nih.gov/factsheets/aidsstat.htm.

National Mental Health Association (NHMA). (2005). NMHA position statement: Involuntary mental health treatment. Retrieved July 13, 2006 from http://www.nmha.org/position/ps36.cfm.

National Research Council. (2003). *The polygraph and lie detection*. Washington, DC: National Academies Press.

National Science Foundation (NSF). (2000). Women, minorities, and persons with disabilities in science and engineering: Annual report to the U.S. Congress. Washington, DC: Author.

Neale, J., Bzdega, T., & Wroblewska, B. (2000). N-acetylaspartylglutamate: The most abundant peptide neurotransmitter in the brain in the mammalian central nervous system. *Journal of Neurochemistry, 75*, 443–452.

Negro, P., Palladino-Negro, P., & Louza, M. (2002). Do religious mediumship dissociative experiences conform to the sociocognitive theory of dissociation? *Journal of Trauma & Dissociation, 3*, 51–73.

Neisser, U., & Harsch, N. (1992). Phantom flashbulbs: False recollections of hearing the news about Challenger. In E. Winograd & U. Neisser (Eds.), *Affect and accuracy in recall: Studies of "flashbulb" memories* (pp. 9–31). New York: Cambridge University Press.

Neisser, U., Boodoo, G., Bouchard, T. J., Jr., Boykin, A. W., Brody, N., Ceci, S. J., Halpern, D. F., Loehlin, J. C., Perloff, R., Sternberg, R. J., & Urbina, S. (1996). Intelligence: Knowns and unknowns. *American Psychologist, 51*, 77–101.

Neitz, M., & Neitz, J. (1995). Numbers and ratios of visual pigment genes for normal red-green color vision. *Science, 267*, 1013–1016.

Nelson, J. (2009). *Psychology, religion, and spirituality*. New York: Spring Science and Business Media.

Nelson, J. C. (1997). Safety and tolerability of the new antidepressants. *Journal of Clinical Psychiatry, 58*(6, Suppl.), 26–31.

Nelson, T. (1996). Consciousness and metacognition. *American Psychologist, 51*, 102–116.

Nestadt, G., Samuels, J., Riddle, M., Bienvenu, J., Liang, K., LaBuda, M., Walkup, J., Grados, M., & Hoehn-Saric, R. (2000). A family study of obsessive-compulsive disorder. *Archives of General Psychiatry, 57*, 358–363.

Nestor, P., Graham, K., Bozeat, S., Simons, J., & Hodges, J. (2002). Memory consolidation and the hippocampus: Further evidence from studies of autobiographical memory in semantic dementia and frontal variant frontotemporal dementia. *Neuropsychologia, 40*, 633–654.

Neubauer, A., Grabner, R., Fink, A., & Neuper, C. (2005). Intelligence and neural efficiency: Further evidence of the influence of task content and sex on the brain–IQ relationship. *Cognitive Brain Research, 25,* 217–225.

Neupert, S., Mroczek, D., & Spiro, A. (2008). Neuroticism moderates the daily relation between stressors and memory failures. *Psychology and Aging, 23,* 287–296.

Neville, H. J., Bavelier, D., Corina, D., Rauschecker, J., Karni, A., Lalwani, A., Braun, A., Clark, V., Jezzard, P., & Turner, R. (1998). Cerebral organization for language in deaf and hearing subjects: Biological constraints and effects of experience. *Proceedings of the National Academy of Sciences, 95,* 922–929.

Newberg, A., Alavi, A. Baime, M., Pourdehnad, M., Santanna, J. d'Aquili, E. (2001). The measurement of cerebral blood flow during the complex cognitive task of meditation: A preliminary SPECT study. *Psychiatry Research: Neuroimaging, 106,* 113–122.

Newberry, H., Duncan, S., McGuire, M., & Hillers, V. (2001). Use of nonvitamin, nonmineral dietary supplements among college students. *Journal of American College Health, 50,* 123–129.

Newcomb, A. F., Bukowski, W. M., & Pattee, L. (1993). Children's peer relations: A meta-analytic review of popular, rejected, neglected, controversial, and average sociometric status. *Psychological Bulletin, 113,* 99–128.

Newell, B. (2005). Re-visions of rationality? *Trends in the Cognitive Sciences, 9,* 11–15.

Newell, B., Lagnado, D., & Shanks, D. (2007). *Straight choices: The psychology of decision making.* New York: Psychology Press.

Newell, P., & Cartwright, R. (2000). Affect and cognition in dreams: A critique of the cognitive role in adaptive dream functioning and support for associative models. *Psychiatry: Interpersonal & Biological Processes, 63,* 34–44.

Newschaffer, C., Falb, M., & Gurney, J. (2005). National autism prevalence trends from United States special education data. *Pediatrics, 115,* e277–e282.

Newsweek. (2006, June 19). "Learning to adapt: Community colleges offer older workers an affordable way to reinvent themselves and find their place in a changing economy." Retrieved June 15, 2006 from http://msnbc.msn.com/id/13249473/site/newsweek/.

Ng K., Tsui, S., & Chan, W. (2002). Prevalence of common chronic pain in Hong Kong adults. *Clinical Journal of Pain, 18,* 275–281.

Nguyen, H., & Ryan, A. (2008). Does stereotype threat affect test performance of minorities and women? A meta-analysis of experimental evidence. *Journal of Applied Psychology, 93,* 1314–1334.

Nicholl, C. S., & Russell, R. M. (1990). Analysis of animal rights literature reveals the underlying motives of the movement: Ammunition for counter offensive by scientists. *Endocrinology, 127,* 985–989.

Nickerson, R. S., & Adams, M. J. (1979). Long-term memory for a common object. *Cognitive Psychology, 11,* 287–307.

Nicol, S. E., & Gottesman, I. I. (1983). Clues to the genetics and neurobiology of schizophrenia. *American Scientist, 71,* 398–404.

Nieto-Hernandez, R., Rubin, G., Cleare, A., Weinman, J., & Wessely, S. (2008). Can evidence change belief? Reported mobile phone sensitivity following individual feedback of an inability to discriminate active from sham signals. *Journal of Psychosomatic Research, 65,* 453–460.

Nisbett, R. E., & Wilson, T. D. (1977). The halo effect: Evidence for unconscious alteration of judgments. *Journal of Personality and Social Psychology, 35,* 250–256.

Nishida, M., Pearsall, J., Buckner, R., & Walker, M. (2008). REM sleep, prefrontal theta, and the consolidation of human emotional memory. *Cerebral Cortex, 19,* 1158–1166.

Nishiike, S., Nakagawa, S., Tonoike, M., Takeda, N., & Kubo, T. (2001). Information processing of visually-induced apparent self motion in the cortex of humans: Analysis with magnetoencephalography. *Acta Oto-Laryngologica, 121,* 113–115.

Nishimura, H., Hashikawa, K., Doi, K., Iwaki, T., Watanabe, Y., Kusuoka, H., Nishimura, T., & Kubo, T. (1999). Sign language "heard" in the auditory cortex. *Nature, 397,* 116.

Noise Pollution Council. (2003). Comparing standards for safe noise exposure. Retrieved May 16, 2003, from http://www.nonoise.org/hearing/exposure/standardschart.htm.

Noller, P. (2005). Communication with parents and other family members: The implications of family process for young people's well-being. In A. Williams, C. Thurlow (Eds.), *Talking adolescence: Perspectives on communication in the teenage years. Language as social action* (pp. 207–227). New York: Peter Lang Publishing.

Nonacs, R. (2007). *Postpartum depression.* Retrieved June 15, 2009 from http://emedicine.medscape.com/article/271662-overview.

Norcross, J., Karpiak, C., & Lister, K. (2005). What's an integrationist? A study of self-identified integrative and (occasionally) eclectic psychologists. *Journal of Clinical Psychology, 61,* 1587–1594.

Noriko, S. (2004). Identity development pre- and post-empty nest women. *Japanese Journal of Developmental Psychology, 15,* 52–64.

Norman, S., Norman, G., Rossi, J., & Prochaska, J. (2006). Identifying high- and low-success smoking cessation subgroups using signal detection analysis. *Addictive Behaviors, 31,* 31–41.

Norman, W. (1963). Toward an adequate taxonomy of personality attributes: Replicated factor structure in peer nomination personality ratings. *Journal of Abnormal & Social Psychology, 66,* 574–583.

Noyes, R., Jr., Burrows, G. D., Reich, J. H., Judd, F. K., Garvey, M. J., Norman, T. R., Cook, B. L., & Marriott, P. (1996). Diazepam versus alprazolam for the treatment of panic disorder. *Journal of Clinical Psychiatry, 57,* 344–355.

Nunn, J., Gregory, L., Brammer, M., Williams, S., Parslow, D., Morgan, M., Morris, R., Bullmore, E., Baron-Cohen, S., & Gray, J. (2002). Functional magnetic resonance imaging of synesthesia: Activation of V4/V8 by spoken words. *Nature Neuroscience, 5,* 371–375.

Nurnberg, H., Hensley, P., Lauriello, J., Parker, L., & Keith, S. (1999). Sildenafil for women patients with antidepressant-induced sexual dysfunction. *Psychiatric Services, 50,* 1076–1078.

Nutt, D. (2000). Treatment of depression and concomitant anxiety. *European Neuropsychopharmacology, 10* (Suppl. 4), S433–S437.

Nyberg, L., Eriksson, J., Larsson, A., & Marklund, P. (2006). Learning by doing versus learning by thinking. An fMRI study of motor and mental training. *Neuropsychologia, 44,* 711–717.

Oakhill, J., Garnham, A., & Reynolds, D. (2005). Immediate activation of stereotypical gender information. *Memory & Cognition, 33*, 972–983.

O'Brien, C. P. (1996). Recent developments in the pharmacotherapy of substance abuse. *Journal of Consulting and Clinical Psychology, 64*, 677–686.

Offer, D., Kaiz, M., Ostrov, E., & Albert, D. (2002). Continuity in family constellation. *Adolescent & Family Health, 3*, 3–8.

Ogawa, A., Mizuta, I., Fukunaga, T., Takeuchi, N., Honaga, E., Sugita, Y., Mikami, A., Inoue, Y., & Takeda, M. (2004). Electrogastrography abnormality in eating disorders. *Psychiatry & Clinical Neurosciences, 58*, 300–310.

Ohayan, M., Carskadon, M., Guilleminault, C., & Vitiello, M. (2004). Meta-analysis of quantitative sleep parameters from childhood to old age in healthy individuals: Developing normative sleep values across the human lifespan. *Sleep, 27*, 1255–1273.

Ohring, R., Graber, J., & Brooks-Gunn, J. (2002). Girls' recurrent and concurrent body dissatisfaction: Correlates and consequences over 8 years. *International Journal of Eating Disorders, 31*, 404–415.

Oien, K., & Goernert, P. (2003). The role of intentional forgetting in employee selection. *Journal of General Psychology, 13*, 97–110.

Okura, Y., Akira, M., Kuniko, K., Park, I., Matthias, S., & Matsumoto, Y. (2006, in press). Nonviral amyloid-beta DNA vaccine therapy against Alzheimer's disease: Long-term effects and safety. *Proceedings of the National Academy of Sciences*.

Oliver, J. E. (1993). Intergenerational transmission of child abuse: Rates, research, and clinical implications. *American Journal of Psychiatry, 150*, 1315–1324.

Olsen, R. (2008). GABA. In American College of Neuropsychopharmacology (ACNP) (Eds.), *Neuropsychopharmacology: The fifth generation of progress* (pp. 159–161). Nashville, TN: Author.

Olson, M., Krantz, D., Kelsey, S., Pepine, C., Sopko, G., Handberg, E., Rogers, W., Gierach, G., McClure, C., & Merz, C. (2005). Hostility scores are associated with increased risk of cardiovascular events in women undergoing coronary angiography: A report from the NHLBI-sponsored WISE study. *Psychosomatic Medicine, 67*, 546–552.

O'Malley, P., Johnston, L., Bachman, J., Schulenberg, J., & Kumar, R. (2006). How substance use differs among American secondary schools. *Prevention Science, 7*, 409–420.

O'Neill, M., Bard, K., Linnell, M., & Fluck, M. (2005). Papers: Maternal gestures with 20-month-old infants in two contexts. *Developmental Science, 8*, 352–359.

Ong, A., Fuller-Rowell, T., & Burrow, A. (2009). Racial discrimination and the stress process. *Journal of Personality and Social Psychology, 96*, 1259–1271.

Ono, H. (2003). Women's economic standing, marriage timing and cross-national contexts of gender. *Journal of Marriage & Family, 65*, 275–286.

Orman, M. (1996). How to conquer public speaking fear. Retrieved February 15, 2003, from http://www.stresscure.com/jobstress/speak.html.

Orne, M. (1983, December 12). Hypnosis "useful in medicine, dangerous in court." *U.S. News & World Report*, pp. 67–68.

Ortega-Alvaro, A., Gilbert-Rahola, J., & Micó, J. (2006). Influence of chronic treatment with olanzapine, clozapine, and scopolamine on performance of a learned 8-arm radial maze task in rats. *Progress in Neuro-Psychopharmacology & Biological Psychiatry, 30*, 104–111.

Ossorio, P., & Duster, T. (2005). Race and genetics: Controversies in biomedical, behavioral, and forensic sciences. *American Psychologist, 60*, 115–128.

Öst, L-G., & Westling, B. E. (1995). Applied relaxation vs. cognitive behavior therapy in the treatment of panic disorder. *Behavior Research and Therapy, 33*, 145–158.

Ostrom, T. M., Carpenter, S. L., Sedikides, C., & Li, F. (1993). Differential processing of in-group and out-group information. *Journal of Personality and Social Psychology, 64*, 21–34.

Otto, M. W., Pollack, M. H., Sachs, G. S., Reiter, S. R., Meltzer-Brody, S., & Rosenbaum, J. F. (1993). Discontinuation of benzodiazepine treatment: Efficacy of cognitive-behavioral therapy for patients with panic disorder. *American Journal of Psychiatry, 150*, 1485–1490.

Overmeier, J. B., & Seligman, M. E. P. (1967). Effects of inescapable shock upon subsequent escape and avoidance responding. *Journal of Comparative and Physiological Psychology, 67*, 28–33.

Owen, M., & O'Donovan, M. (2003). Schizophrenia and genetics. In R. Plomin, J. Defries, I. Craig, & P. McGuffin (Eds.), *Behavioral genetics in the postgenomic era* (pp. 463–480). Washington, DC: American Psychological Association.

Ozkan, T., & Lajunen, T. (2005). Why are there sex differences in risky driving? The relationship between sex and gender-role on aggressive driving, traffic offences, and accident involvement among young Turkish drivers. *Aggressive Behavior, 31*, 547–558.

Page-Gould, E., Mendoza-Denton, R., & Tropp, L. (2008). With a little help from my cross-group friend: Reducing anxiety in intergroup contexts through cross-group friendshps. *Journal of Personality and Social Psychology, 95*, 1080–1094.

Pais, S. (2009). A systemic approach to the treatment of dissociative identity disorder. *Journal of Family Psychotherapy, 20*, 72–88.

Paivio, S. C., & Greenberg, L. S. (1995). Resolving "unfinished business": Efficacy of experiential therapy using empty-chair dialogue. *Journal of Consulting and Clinical Psychology, 63*, 419–425.

Pakkenberg, B., Pelvig, D., Marner, L., Bundgaard, M. J., Gundersen, H., Nyengaard, J., & Regeur, L. (2003). Aging and the human neocortex. *Experimental Gerontology, 38*, 95–99.

Palinscar, A. S., & Brown, A. L. (1984). Reciprocal teaching of comprehension-fostering and comprehension-monitoring activities. *Cognition and Instruction, 1*, 117–175.

Pansu, P., & Gilibert, D. (2002). Effect of causal explanations on work-related judgments. *Applied Psychology: An International Review, 51*, 505–526.

Papadopoulos, F., Ekbom, A., Brandt, L., & Ekselius, L. (2009). Excess mortality, causes of death and prognostic factors in anorexia nervosa. *British Journal of Psychiatry*, 194, 10–17.

Paraherakis, A., Charney, D., & Gill, K. (2001). Neuropsychological functioning in substance-dependent patients. *Substance Use & Misuse*, 36, 257–271.

Park, D., & Reuter-Lorenz, P. (2009). The adaptive brain: Aging and neurocognitive scaffolding. *Annual Review of Psychology*, 60, 173–196.

Park, K. A., & Waters, E. (1989). Security of attachment and preschool friendships. *Child Development*, 60, 1076–1081.

Parke, R. D. (1977). Some effects of punishment on children's behavior–revisited. In E. M. Hetherington, E. M. Ross, & R. D. Parke (Eds.), *Contemporary readings in child psychology*. New York: McGraw-Hill.

Parker, J. G., & Asher, S. R. (1987). Peer relations and later personal adjustment: Are low-accepted children at risk? *Psychological Bulletin*, 102, 357–389.

Parkinson, W. L., & Weingarten, H. P. (1990). Dissociative analysis of ventromedial hypothalamic obesity syndrome. *American Journal of Physiology*, 259, 829–835.

Parsons, T., & Rizzo, A. (2008). Affective outcomes of virtual reality exposure therapy for anxiety and specific phobias: A meta-analysis. *Journal of Behavior Therapy and Experimental Psychiatry*, 39, 250–261.

Partinen, M. (1994). Epidemiology of sleep disorders. In M. Kryger, T. Roth, & W. C. Dement (Eds.), *Principles and practice of sleep medicine* (pp. 437–453). Philadelphia: W. B. Saunders.

Parvizi, J., & Damasio, A. (2001). Consciousness and the brainstem. *Cognition*, 79, 135–159.

Pascarella, E. (1999). The development of critical thinking: Does college make a difference? *Journal of College Student Development*, 40, 562–569.

Pascarella, E., & Terenzi, P. (1991). *How college affects students: Findings and insights from twenty years of research*. San Francisco: Jossey-Bass.

Pascual-Leone, A., Dhuna, A., Altafullah, I., & Anderson, D. C. (1990). Cocaine-induced seizures. *Neurology*, 40, 404–407.

Passaro, E. (2008). *Insomnia*. Retrieved February 7, 2009 from http://emedicine.medscape.com/article/1187829-overview.

Pastore, N. (1950). The role of arbitrariness in the frustration-aggression hypothesis. *Journal of Abnormal and Social Psychology*, 47, 728–731.

Patel, N., Delbello, M., Bryan, H., Adler, C., Kowatch, R., Stanford, K., & Strakowski, S. (2006). Open-label lithium for the treatment of adolescents with bipolar depression. *Journal of the American Academy of Child & Adolescent Psychiatry*, 45, 289–297.

Patterson, C. J. (1995). Sexual orientation and human development: An overview. *Developmental Psychology*, 31, 3–11.

Patterson, G. R., Crosby, L., & Vuchinich, S. (1992). *Journal of Quantitative Criminology*, 8, 335–355.

Paul, W. E. (1993). Infectious diseases and the immune system. *Scientific American*, 269, 90–99.

Paulhaus, D., Harms, P., Bruce, M., & Lysy, D. (2003). The over-claiming technique: Measuring self-enhancement independent of ability. *Journal of Personality & Social Psychology*, 84, 890–904.

Paulus, P. B., Cox, V. C., & McCain, G. (1988). *Prison crowding: A psychological perspective*. New York: Springer-Verlag.

Paunonen, S. V., Keinonen, M., Trzebinski, J., Forsterling, F., Grishenko-Roze, N., Kouznetsova, L., & Chan, D. W. (1996). The structure of personality in six cultures. *Journal of Cross-Cultural Psychology*, 27, 339–353.

Pause, B. (2004). Are androgen steroids acting as pheromones in humans? *Physiology & Behavior*, 83, 21–29.

Pause, B. M., & Krauel, K. (2000). Chemosensory event-related potentials (CSERP) as a key to the psychology of odors. *International Journal of Psychophysiology*, 36, 105–122.

Pavlov, I. P. (1927/1960). *Conditioned reflexes: An investigation of the physiological activity of the cerebral cortex* (G. V. Anrep, Trans.). New York: Dover. (Original translation published 1927).

Pawlowski, B., & Jasienska, G. (2008). Women's body morphology and preferences for sexual partners' characteristics. *Evolution and Human Behavior*, 29, 19–25.

PayScale, Inc. (2009). *Popular jobs for psychology majors*. Retrieved April 2, 2009 from http://www.payscale.com/best-colleges/jobs-for-psychology-majors.asp.

Pearsall, N., Skipper, J., & Mintzes, J. (1997). Knowledge restructuring in the life sciences: A longitudinal study of conceptual change in biology. *Science Education*, 81, 193–215.

Pecjak, S., & Paklaj, C. (2006). Dimensions of reading motivation and reading achievement in 3rd and 7th grade students. *Studia Psychologica*, 48, 11–29.

Pedersen, D. M., & Wheeler, J. (1983). The Müller-Lyer illusion among Navajos. *Journal of Social Psychology*, 121, 3–6.

Pedersen, S., & Denollet, J. (2003). Type D personality, cardiac events, and impaired quality of life: A review. *European Journal of Cardiovascular Prevention and Rehabilitation*, 10, 241–248.

Pederson, S., Van Domburg, R., & Theuns, D. (2004). Type D personality is associated with increased anxiety and depressive symptoms in patients with an implantable cardioverter defibrillator and their partners. *Psychosomatic Medicine*, 66, 714–719.

Peeters, M., & Oerlemans, W. (2009). The relationship between acculturation orientations and work-related well-being: Differences between ethnic minority and majority employees. *International Journal of Stress Management*, 16, 1–24.

Penfield, W. (1969). Consciousness, memory, and man's conditioned reflexes. In K. Pribram (Ed.), *On the biology of learning* (pp. 129–168). New York: Harcourt Brace Jovanovich.

Pennisi, E. (1997). Tracing molecules that make the brain-body connection. *Science*, 275, 930–931.

Peplau, L. (2003). Human sexuality: How do men and women differ? *Current Directions in Psychological Science*, 12, 37–40.

Pepperberg, I. (2006). Grey parrot (Psittacus erithacus) numerical abilities: Addition and further experiments on a zero-like concept. *Journal of Comparative Psychology*, 120, 1–11.

Pepperberg, I. M. (1991, Spring). Referential communication with an African grey parrot. *Harvard Graduate Society Newsletter*, 1–4.

Pepperberg, I. M. (1994a). Numerical competence in an African grey parrot (*Psittacus erithacus*). *Journal of Comparative Psychology, 108,* 36–44.

Pepperberg, I. M. (1994b). Vocal learning in grey parrots (*Psittacus erithacus*): Effects of social interaction, reference, and context. *The Auk, 111,* 300–314.

Perls, F. S. (1969). *Gestalt therapy verbatim.* Lafayette, CA: Real People Press.

Perron, H., Mekaoui, L., Bernard, C., Veas, F., Stefas, I., & Leboyer, M. (2008). Endogenous retrovirus type W GAG and envelope protein antigenemia in serium of schizophrenic patients. *Biological Psychiatry, 64,* 1019–1023.

Perry, S., Wallace, N., & Wilhelm, I. (2005). Donations for victims of Katrina reach $404 million. *Chronicle of Philanthropy.* [Online edition] Retrieved October 29, 2006 from http://philanthropy.com/free/update/2005/09/2005090201.htm.

Pert, C. B., Snowman, A. M., & Snyder, S. H. (1974). Localization of opiate receptor binding in presynaptic membranes of rat brain. *Brain Research, 70,* 184–188.

Peskind, E. R. (1996). Neurobiology of Alzheimer's disease. *Journal of Clinical Psychiatry, 57*(14, Suppl.), 5–8.

Peterson, A. C. (1987, September). Those gangly years. *Psychology Today,* pp. 28–34.

Peterson, B. (2002). Longitudinal analysis of midlife generativity, intergenerational roles, and caregiving. *Psychology & Aging, 17,* 161–168.

Peterson, B. (2006, May 11). China's Age Bank: Volunteers log time with elderly, so they can get care as they age. Retrieved June 15, 2006 from http://www.cbsnews.com/stories/2006/05/11/asia_letter/main1609394.shtml.

Peterson, L. R., & Peterson, M. J. (1959). Short-term retention of individual verbal items. *Journal of Experimental Psychology, 58,* 193–198.

Petitto, L. A., & Marentette, P. R. (1991). Babbling in the manual mode: Evidence for the ontogeny of language. *Science, 251,* 1493–1496.

Petrill, S. (2003). The development of intelligence: Behavioral genetic approaches. In R. Sternberg, J. Lautrey, & T. Lubart (Eds.), *Models of intelligence: International perspective* (pp. 81–90). Washington, DC: American Psychological Association.

Petry, N. (2002). Psychosocial treatments for pathological gambling: Current status and future directions. *Psychiatric Annals, 32,* 192–196.

Petty, R. & Briñol, P. (2008). Persuasion: From single to multiple to metacognitive processes. *Perspectives on Psychological Science, 3,* 137–147.

Petty, R. E., Wegener, D. T., & Fabrigar, L. R. (1997). Attitudes and attitude change. *Annual Review of Psychology, 48,* 609–647.

Pew Research Center. (2006). *Global gender gaps.* Retrieved June 29, 2006 from http://pewglobal.org/commentary/display.php?AnalysisID=90.

Phillips, G. P., & Over, R. (1995). Differences between heterosexual, bisexual, and lesbian women in recalled childhood experiences. *Archives of Sexual Behavior, 24,* 1–20.

Phillips, S. T., & Ziller, R. C. (1997). Toward a theory and measure of the nature of nonprejudice. *Journal of Personality and Social Psychology, 72,* 420–434.

Piaget, J. (1963). *Psychology of intelligence.* Patterson, NJ: Littlefield, Adams.

Piaget, J. (1964). *Judgment and reasoning in the child.* Patterson, NJ: Littlefield, Adams.

Piaget, J., & Inhelder, B. (1969). *The psychology of the child.* New York: Basic Books.

Piazza, M., & Dehaene, S. (2004). From number neurons to mental arithmetic: The cognitive neuroscience of number sense. In M. Gazzaniga (Ed.), *The cognitive neurosciences* (pp. 865–876). Cambridge, MA: MIT Press.

Pich, E. M., Pagliusi, S. R., Tessari, M., Talabot-Ayer, D., van Huijsduijnen, R. H., & Chiamulera, C. (1997). Common neural substrates for the addictive properties of nicotine and cocaine. *Science, 275,* 83–86.

Pierrehumbert, B., Miljkovitch, R., Plancherel, B., Halfon, O., & Ansermet, F. (2000). Attachment and temperament in early childhood: Implications for later behavior problems. *Infant and Child Development, 9,* 17–32.

Pihl, R. O., Lau, M. L., & Assaad, J-M. (1997). Aggressive disposition, alcohol, and aggression. *Aggressive Behavior, 23,* 11–18.

Pike, J., & Jennings, N. (2005). Commercials on children's perceptions of gender appropriate toy use. *Sex Roles, 52,* 83–91.

Piko, B. (2006). Adolescent smoking and drinking: The role of communal mastery and other social influences. *Addictive Behaviors, 31,* 102–114.

Pilcher, J. J., Lambert, B. J., & Huffcutt, A. I. (2000). Differential effects of permanent and rotating shifts on self-report sleep length: A meta-analytic review. *Sleep, 23,* 155–163.

Pillemer, D. B. (1990). Clarifying the flashbulb memory concept: Comment on McCloskey, Wible, and Cohen (1988). *Journal of Experimental Psychology: General, 119,* 92–96.

Pillow, D. R., Zautra, A. J., & Sandler, I. (1996). Major life events and minor stressors: Identifying mediational links in the stress process. *Journal of Personality and Social Psychology, 70,* 381–394.

Pillsworth, E., Haselton, M., & Buss, D. (2004). Ovulatory shifts in female sexual desire. *Journal of Sex Research, 41,* 55–65.

Pilowsky, T., Yirmiya, N., Arbelle, S., & Mozes, T. (2000). Theory of mind abilities of children with schizophrenia, children with autism, and normally developing children. *Schizophrenia Research, 42,* 2145–2155.

Pinel, J. (2007). *Basics of Biopsychology.* Boston: Allyn & Bacon.

Pinel, J. P. L. (2000). *Biopsychology* (4th ed.). Boston: Allyn & Bacon.

Pinikahana, J., Happell, B., & Keks, N. (2003). Suicide and schizophrenia: A review of literature for the decade (1990–1999) and implications for mental health nursing. *Issues in Mental Health Nursing, 24,* 27–43.

Pinker, S. (1994). *The language instinct: How the mind creates language.* New York: Morrow.

Pinker, S. (2002). *The blank slate.* New York: Viking Penguin.

Pittenger, D. (2005). Cautionary comments regarding the Myers-Briggs Type Indicator. *Consulting Psychology Journal: Practice and Research, 57,* 210–221.

Pittman, L., & Chase-Lansdale, P. (2001). African American adolescent girls in impoverished communities: Parenting style and adolescent outcomes. *Journal of Research on Adolescence, 11,* 199–224.

Plaks, J., Grant, H., & Dweck, C. (2005). Violations of implicit theories and the sense of prediction and control: Implications for motivated person perception. *Journal of Personality & Social Psychology, 88,* 245–262.

Plewa, M. (2009). *Panic disorders.* Retrieved June 11, 2009 from http://emedicine.medscape.com/article/806402-overview.

Plomin, R. (2001). Genetics and behavior. *Psychologist, 14,* 134–139.

Plomin, R., & Dale, P. S. (2000). Genetics and early language development: A UK study of twins. In D. V. M. Bishop & L. B. Leonard (Eds.), *Speech and language impairment in children: Causes, characteristics, intervention and outcome.* Oxford: Oxford University Press.

Plomin, R., & Rende, R. (1991). Human behavioral genetics. *Annual Review of Psychology, 42,* 161–190.

Plomin, R., DeFries, J. C., & Fulker, D. W. (1988). *Nature and nurture during infancy and early childhood.* New York: Cambridge University Press.

Plomin, R., DeFries, J. C., McClearn, G. E., & Rutter, M. (1997). *Behavioral genetics* (3rd ed.). New York: Freeman.

Plomin, R., Defries, J., Craig, I., & McGuffin, P. (2003). *Behavioral genetics in the postgenomic era.* Washington, DC: American Psychological Association.

Plous, S. (1996). Attitudes toward the use of animals in psychological research and education: Results from a national survey of psychologists. *American Psychologist, 51,* 1167–1180.

Ployhart, R., McFarland, L., & Ryan, A. (2002). Examining applicants' attributions for withdrawal from a selection procedure. *Journal of Applied Social Psychology, 32,* 2228–2252.

Plummer, D. L., & Slane S. (1996). Patterns of coping in racially stressful situations. *Journal of Black Psychology, 22,* 302–315.

Polderman, T., de Geus, E., Hoekstra, R., Bartels, M., van Leeusen, M., Verhulst, F., & Posthuma, D. (2009). Attention problems, inhibitory control, and intelligence index overlapping genetic factors: A study in 9-, 12-, and 18-year-old twins. *Neuropsychology, 23,* 381–391.

Pollack, R. H. (1970). Müller-Lyer illusion: Effect of age, lightness contrast and hue. *Science, 179,* 93–94.

Pollak, S., Messner, M., Kistler, D., & Cohn, J. (2009). Development of perceptual expertise in emotion recognition. *Cognition, 110,* 242–247.

Pontieri, F. C., Tanda, G., Orzi, F., & Di Chiara, G. (1996). Effects of nicotine on the nucleus accumbens and similarity to those of addictive drugs. *Nature, 382,* 255–257.

Popma, A., Vermeiren, R., Geluk, C., Rinne, T., van den Brink, W., Knol, D., Jansen, L., van Engeland, H., & Doreleijers, T. (2007). Cortisol moderates the relationship between testosterone and aggression in delinquent male adolescents. *Biological Psychiatry, 61,* 405–411.

Poponoe, D., & Whitehead, B. D. (2000). Sex without strings, relationships without rings: Today's young singles talk about mating and dating. In National Marriage Project, "The State of Our Unions, 2000." Retrieved from http://marriage.rutgers.edu/2000.htm.

Popper, K. (1972). *Objective knowledge: An evolutionary approach.* New York: Oxford University Press.

Porjesz, B., Begleiter, H., Reich, T., Van Eerdewegh, P., Edenberg, H., Foroud, T., Goate, A., Litke, A., Chorlian, D., Stimus, A., Rice, J., Blangero, J., Almasy, L., Sorbell, J., Bauer, L., Kuperman, S., O'Connor, S., & Rohrbaugh, J. (1998). Amplitude of visual P3 event-related potential as a phenotypic marker for a predisposition to alcoholism: Preliminary results from the COGA project. *Alcoholism: Clinical & Experimental Research, 22,* 1317–1323.

Porjesz, B., Rangaswamy, M., Kamarajan, C., Jones, K., Padmanabhapillai, A., & Begleiter, H. (2005). The utility of neurophysiological markers in the study of alcoholism. *Clinical Neurophysiology, 116,* 993–1018.

Porrino, L. J., & Lyons, D. (2000). Orbital and medial prefrontal cortex and psychostimulant abuse: Studies in animal models. *Cerebral Cortex, 10,* 326–333.

Porte, H. S., & Hobson, J. A. (1996). Physical motion in dreams: One measure of three theories. *Sleep, 105,* 3329–3335.

Porter, F. L., Porges, S. W., & Marshall, R. E. (1988). Newborn pain cries and vagal tone: Parallel changes in response to circumcision. *Child Development, 59,* 495–505.

Posada, G., Jacobs, A., Richmond, M., Carbonell, O., Alzate, G., Bustamante, M., & Quiceno, J. (2002). Maternal caregiving and infant security in two cultures. *Developmental Psychology, 38,* 67–78.

Posey, D., Puntney, J., Sasher, T., Kem, D., & McDougle, C. (2004). Guanfacine treatment of hyperactivity and inattention in pervasive developmental disorders: A retrospective analysis of 80 cases. *Journal of Child & Adolescent Psychopharmacology, 14,* 233–241.

Posserud, M., Lundervold, A., & Gilberg, C. (2006). Autistic features in a total population of 7–9-year-old children assessed by the ASSQ (Autism Spectrum Screening Questionnaire). *Journal of Child Psychology and Psychiatry, 47,* 167–175.

Postel, M., de Jong, C., & de Haan, H. (2005). Does e-therapy for problem drinking reach hidden populations? *American Journal of Psychiatry, 162,* 2393.

Postman, L., & Phillips, L. W. (1965). Short-term temporal changes in free recall. *Quarterly Journal of Experimental Psychology, 17,* 132–138.

Potter, G., Helms, M., & Plassman, B. (2008). Associations of job demands and intelligence with cognitive performance among men in late life. *Neurology, 70,* 1803–1808.

Potts, N. L. S., Davidson, J. R. T., & Krishman, K. R. R. (1993). The role of nuclear magnetic resonance imaging in psychiatric research. *Journal of Clinical Psychiatry, 54* (12, Suppl.), 13–18.

Poulin, M. & Cohen Silver, R. (2008). World benevolence beliefs and well-being across the life span. *Psychology and Aging, 23,* 13–23.

Powell, C., & Van Vugt, M. (2003). Genuine giving or selfish sacrifice? The role of commitment and cost level upon willingness to sacrifice. *European Journal of Social Psychology, 33,* 403–412.

Powell, L., Shahabi, L., & Thoresen, C. (2003). Religion and spirituality: Linkages to physical health. *American Psychologist, 58,* 36–52.

Power, F. C., Higgins, A., & Kohlberg, L. (1989). *Lawrence Kohlberg's approach to moral education.* New York: Columbia University Press.

Powlishta, K. K. (1995). Intergroup processes in childhood: Social categorization and sex role development. *Developmental Psychology, 31,* 781–788.

Poynton, T., Carlson, M., Hopper, J., & Carey, J. (2006). Evaluation of an innovative approach to improving middle school students' academic achievement. *Professional School Counseling, 9,* 190–196.

Pöysti, L., Rajalin, S., & Summala, H. (2005). Factors influencing the use of cellular (mobile) phone during driving and hazards while using it. *Accident Analysis & Prevention, 37,* 47–51.

Poznanski, M., & Thagard, P. (2005). Changing personalities: Towards realistic virtual characters. *Journal of Experimental & Theoretical Artificial Intelligence, 17,* 221–241.

Pozzi, M. (2003). A three-year-old boy with ADHD and Asperger's syndrome treated with parent-child psychotherapy. *Journal of the British Association of Psychotherapists, 41,* 16–31.

Prabhu, V., Porjesz, B., Chorlian, D., Wang, K., Stimus, A., & Begleiter, H. (2001). Visual P3 in female alcoholics. *Alcoholism: Clinical & Experimental Research, 25,* 531–539.

Pratkanis, A. R. (1989). The cognitive representation of attitudes. In A. R. Pratkanis, S. J. Breckler, & A. G. Greenwald (Eds.), *Attitude structure and function* (pp. 71–93). Hillsdale, NJ: Erlbaum.

Pratt, M., Danso, H., Arnold, M., Norris, J., & Filyer, R. (2001). Adult generativity and the socialization of adolescents: Relations to mothers' and fathers' parenting beliefs, styles, and practices. *Journal of Personality, 69,* 89–120.

Preda, A., & Albucher, R. (2008). *Phobic disorders.* Retrieved June 11, 2009 from http://emedicine.medscape.com/article/288016-overview.

Premack, D. (1971). Language in chimpanzees. *Science, 172,* 808–822.

Premack, D., & Premack, A. J. (1983). *The mind of an ape.* New York: Norton.

Pressley, M., & Wharton-McDonald, R. (1997). Skilled comprehension and its development through instruction. *School Psychology Review, 26,* 448–466.

Price, D., Finniss, D., & Benedetti, F. (2008). A comprehensive review of the placebo effect: Recent advances and current thought. *Annual Review of Psychology, 59,* 565–590.

Prigerson, H. G., Bierhals, A. J., Kasl, S. V., Reynolds, C. F., III, Shear, M. K., Day, N., Beery, L. C., Newsom, J. T., & Jacobs, S. (1997). Traumatic grief as a risk factor for mental and physical mortality. *American Journal of Psychiatry, 154,* 616–623.

Pring, L., & Hermelin, B. (2002). Numbers and letters: Exploring an autistic savant's unpractised ability. *Neurocase, 8,* 330–337.

Provine, R. R. (1996, January/February). Laughter. *American Scientist, 84,* 38–45.

Pryke, S., Lindsay, R. C. L., & Pozzulo, J. D. (2000). Sorting mug shots: Methodological issues. *Applied Cognitive Psychology, 14,* 81–96.

Public Agenda Online. (2002). *The issues: Race.* Retrieved November 13, 2002 from http://www.publicagenda.com/issues/overview.dfm?issue_type=race.

Pulvermüller, F., Mohr, B., Schleichert, H., & Veit, R. (2000). Operant conditioning of left-hemispheric slow cortical potentials and its effect on word processing. *Biological Psychology, 53,* 177–215.

Purnine, D., & Carey, M. (1998). Age and gender differences in sexual behavior preferences: A follow-up report. *Journal of Sex & Marital Therapy, 24,* 93–102.

Puskas, J., Edwards, F., Pappas, P., O'Brien, S., Peterson, E., Kilgo, P., & Ferguson, T. (2007). Off-pump techniques benefit men and women and narrow the disparity in mortality after coronary bypass grafting. *Annals of Thoracic Surgery, 84,* 1447–54.

Putnam, F. (2003). Ten-year research update review: Child sexual abuse. *Journal of the American Academy of Child & Adolescent Psychiatry, 42,* 269–278.

Putnam, F. W. (1989). *Diagnosis and treatment of multiple personality disorder.* New York: Guilford Press.

Putnam, F. W. (1992). Altered states: Peeling away the layers of a multiple personality. *The Sciences, 32,* 30–36.

Putnam, S., & Stifter, C. (2005). Behavioral approach-inhibition in toddlers: Prediction from infancy, positive and negative affective components, and relations with behavior problems. *Child Development, 76,* 212–226.

Putzke, J., Rickert, E., Duke, L., Marson, D., & Harrell, L. (2000). Differential automatic processing deficits in early stage Alzheimer's disease. *Aging, Neuropsychology, and Cognition, 7,* 112–118.

Pyevich, D., & Bogenschultz. M. (2001). Herbal diuretics and lithium toxicity. *American Journal of Psychiatry, 158,* 1329.

Quadrel, M. J., Fischhoff, B., & Davis, W. (1993). Adolescent (in)vulnerability. *American Psychologist, 48,* 102–116.

Quaid, K., Aschen, S., Smiley, C., & Nurnberger, J. (2001). Perceived genetic risks for bipolar disorder in patient population: An exploratory study. *Journal of Genetic Counseling, 10,* 41–51.

Quesnel, C., Savard, J., Simard, S., Ivers, H., & Morin, C. (2003). Efficacy of cognitive-behavioral therapy for insomnia in women treated for nonmetastatic breast cancer. *Journal of Consulting & Clinical Psychology, 71,* 189–200.

Quick, N., & Janik, V. (2008). Whistle rates of wild bottlenose dolphins (Tursiops truncatus): Influences of group size and behavior. *Journal of Comparative Psychology, 122,* 305–311.

Quill, T. (2007). Legal regulation of physician-assisted death: The latest report cards. *New England Journal of Medicine, 356,* 1911–1913.

Quiroga, T., Lemos-Britton, Z., Mostafapour, E., Abbott, R., & Berninger, V. (2002). Phonological awareness and beginning reading in Spanish-speaking ESL first graders: Research into practice. *Journal of School Psychology, 40,* 85–111.

Rabinowitz, P. (2000). Noise-induced hearing loss. *American Family Physician, 61,* 1053.

Raeikkoenen, K., Matthews, K., & Salomon, K. (2003). Hostility predicts metabolic syndrome risk factors in children and adolescents. *Health Psychology, 22,* 279–286.

Ragozzino, M., Detrick, S., & Kesner, R. (2002). The effects of prelimbic and infralimbic lesions on working memory for visual objects in rats. *Neurobiology of Learning & Memory, 77,* 29–43.

Rahe, R. J., Meyer, M., Smith, M., Kjaer, G., & Holmes, T. H. (1964). Social stress and illness onset. *Journal of Psychosomatic Research, 8,* 35–44.

Rahman, Q., & Wilson, G. (2003a). Born gay? The psychobiology of human sexual orientation. *Personality and Individual Differences, 34*, 1337–1382.

Rahman, Q., & Wilson, G. (2003b). Large sexual-orientation-related differences in performance on mental rotation and judgement of line orientation tasks. *Neuropsychology, 17*, 25–31.

Raja, M. (2006). The diagnosis of Asperger's syndrome. *Directions in Psychiatry, 26*, 89–104.

Rajagopal, N. (2008). Myers-Briggs Type Indicator (MBTI): Examining behavioural aspects of executives in IT. *Abhigyan, 26*, 20–29.

Ramey, S., Ramey, C., & Lanzi, R. (2007). In J. Jacobson, J. Mulick, & J. Rojahn (Eds.). *Handbook of intellectual and developmental disabilities: Issues in clinical child psychology* (pp. 445–463). New York: Springer Publishing Co.

Ramsey, J., Langlois, J., Hoss, R., Rubenstein, A., & Griffin, A. (2004). Origins of a stereotype: Categorization of facial attractiveness by 6-month-old infants. *Developmental Science, 7*, 201–211.

Randel, B., Stevenson, H., & Witruk, E. (2000). Attitudes, beliefs, and mathematics achievement of German and Japanese high school students. *International Journal of Behavioral Development, 24*, 190–198.

Rangaswamy, M., Jones, K., Porjesz, B., Chorlian, D., Padmanabhapillai, A., Karajan, C., Kuperman, S., Rohrbaugh, J., O'Connor, S., Bauer, L., Schuckit, M., & Begleiter, H. (2007). Delta and theta oscillations as risk markers in adolescent offspring of alcoholics. *International Journal of Psychophysiology, 63*, 3–15.

Rangaswamy, M., Jones, K., Porjesz, B., Chorlian, D., Padmanabhapillai, A., Karajan, C., Kuperman, S., Rohrbaugh, J., O'Connor, S., Bauer, L., Schuckit, M., & Begleiter, H. (2007). Delta and theta oscillations as risk markers in adolescent offspring of alcoholics. *International Journal of Psychophysiology, 63*, 3–15.

Rapp, S., Espeland, M., Shumaker, S., Henderson, V., Brunner, R., Manson, J., Gass, M., Stefanick, M., Lane, D., Hays, J., Johnson, K., Coker, L., Dailey, M., & Bowen, D. (2003). Effect of estrogen plus progestin on global cognitive function in postmenopausal women: The Women's Health Initiative Memory Study: A randomized controlled trial. *Journal of the American Medical Association (JAMA), 289*, 2663–2672.

Rasetti, R., Mattay, V., Wiedholz, L., Kolachana, B., Hariri, A., Callicott, J., Meyer-Lindenberg, A., & Weinberger, D. (2009). Evidence that altered amygdala activity in schizophrenia is related to clinical state and not genetic risk. *American Journal of Psychiatry, 166*, 216–225.

Rathbun, R., Liedtke, M., Lockhart, S., & Greenfield, R. (2009). HIV infection, antiretroviral therapy. Retrieved June 8, 2009 from http://emedicine.medscape.com/article/1533218-overview.

Ratty, H., Vaenskae, J., Kasanen, K., & Kaerkkaeinen, R. (2002). Parents' explanations of their child's performance in mathematics and reading: A replication and extension of Yee and Eccles. *Sex Roles, 46*, 121–128.

Ravindran, A., & Ravindran, L. (2009). Depression and comorbid anxiety: An overview of pharmacological options. *Psychiatric Times, 26*. Retrieved June 18, 2009 from http://www.psychiatrictimes.com/cme/display/article/10168/1421225?pageNumber=2.

Ravindran, A., da Silva, T., Ravindran, L., Richter, M., & Rector, N. (2009). Obsessive-compulsive spectrum disorders: A review of the evidence-based treatments. *Canadian Journal of Psychiatry, 54*, 331–343.

Ray, S., & Bates, M. (2006). Acute alcohol effects on repetition priming and word recognition memory with equivalent memory cues. *Brain and Cognition, 60*, 118–127.

Raz, N., Lindenberger, U., Rodrigue, K., Kennedy, K., Head, D., Williamson, A., Dahle, C., Gerstorf, D., & Acker, J. (2006). Regional brain changes in aging healthy adults: General trends, individual differences and modifiers. *Cerebral Cortex, 15*, 1679–1689.

Razoumnikova, O. M. (2000). Functional organization of different brain areas during convergent and divergent thinking: An EEG investigation. *Cognitive Brain Research, 10*, 11–18.

Rea, M., Bierman, A., Figueiro, M., & Bullough, J. (2008). A new approach to understanding the impact of circadian disruption on human health. *Journal of Circadian Rhythms, 6*, 7.

Reed, S., Ludman, E., Newton, K., Grothaus, L., LaCroix, A., Nekhlyudov, L., Spangler, L., Jordan, L., Ehrlich, K., & Bush, T. (2009). Depressive symptoms and menopausal burden in the midlife. *Maturitas, 62*, 306–310.

Reicher, S., & Haslam, A. (2004). The banality of evil: Thoughts on the psychology of atrocity. *Anthropology News, 45*, 14–15.

Reidy, D., Shirk, S., Sloan, C., & Zeichner, A. (2009). Men who aggress against women: Effects of feminine gender role violation on physical aggression in hypermasculine men. *Psychology of Men & Masculinity, 10*, 1–12.

Reinhardt, J., Boerner, K., Horowitz, A., & Lloyd, S. (2006). Good to have but not to use: Differential impact of perceived and received support on well-being. *Journal of Social and Personal Relationships, 23*, 117–129.

Reis, H. T., Wilson, I. M., Monestere, C., Bernstein, S., Clark, K., Seidl, E., Franco, G., Gioioso, E., Freeman, L., & Radoane, K. (1990). What is smiling is beautiful and good. *European Journal of Social Psychology, 20*, 259–267.

Reisner, A. (2003). The electroconvulsive therapy controversy: Evidence and ethics. *Neuropsychology Review, 13*, 199–219.

Reite, M., Buysse, D., Reynolds, C., & Mendelson, W. (1995). The use of polysomnography in the evaluation of insomnia. *Sleep, 18*, 58–70.

Rescorla, R. (2008). Conditioning of stimuli with nonzero initial value. *Journal of Experimental Psychology: Animal Behavior Processes, 34*, 315–323.

Rescorla, R. A. (1967). Pavlovian conditioning and its proper control procedures. *Psychological Review, 74*, 71–80.

Rescorla, R. A., & Wagner, A. R. (1972). A theory of Pavlovian conditioning: Variations in the effectiveness of reinforcement and nonreinforcement. In A. Black & W. F. Prokasy (Eds.), *Classical conditioning: II. Current research and theory*. New York: Appleton.

Restak, R. (1988). *The mind*. Toronto: Bantam.

Restak, R. (1993, September/October). Brain by design. *The Sciences*, pp. 27–33.

Reuters News Service. (2006, June 30). Japan elderly population ratio now world's highest. Retrieved July 3, 2006 from http://today.reuters.co.uk/news/newsArticle.aspx?type=worldNews&storyID=2006-06-

30T084625Z_01_T83766_RTRUKOC_0_UK-JAPAN-POPULATION.xml&archived=False.

Revonsuo, A. (2000). The reinterpretation of dreams: An evolutionary hypothesis of the function of dreaming. *Behavioral & Brain Science, 23,* 877–901.

Reyna, V. (2004). How people make decisions that involve risk: A dual-processes approach. *Current Directions in Psychological Science, 13,* 60–66.

Reyna, V., & Adam, M. (2003). Fuzzy-trace theory, risk communication, and product labeling in sexually transmitted diseases. *Risk Analysis, 23,* 325–342.

Reyner, L. A., & Horne, J. A. (1998). Evaluation of "in-car" countermeasures to sleepiness: Cold air and radio. *Sleep, 21,* 46–50.

Reynolds, A., & Temple, J. (2008). Cost-effective early childhood development programs from preschool to third grade. *Annual Review of Clinical Psychology, 4,* 109–139.

Rhéaume, J., & Ladouceur, R. (2000). Cognitive and behavioural treatments of checking behaviours: An examination of individual cognitive change. *Clinical Psychology & Psychotherapy, 7,* 118–127.

Rice, M. L. (1989). Children's language acquisition. *American Psychologist, 44,* 149–156.

Richards, M., Miller, B., O'Donnell, P., Wasserman, M., & Colder, C. (2004). Parental monitoring mediates the effects of age and sex on problem behaviors among African American urban young adolescents. *Journal of Youth and Adolescence, 33,* 221–233.

Richter, T., & Späth, P. (2006). Recognition is used as one cue among others in judgment and decision making. *Journal of Experimental Psychology: Learning, Memory, and Cognition, 32,* 150–162.

Richter, W., Somorjai, R., Summers, R., Jarmasz, M., Ravi, S., Menon, J. S., et al. (2000). Motor area activity during mental rotation studied by time-resolved single-trial fMRI. *Journal of Cognitive Neuroscience, 12,* 310–320.

Rickels, K., Schweizer, E., Weiss, S., & Zavodnick, S. (1993). Maintenance drug treatment for panic disorder II. Short- and long-term outcome after drug taper. *Archives of General Psychiatry, 50,* 61–68.

Ridderinkhof, K., Scheres, A., Oosterlaan, J., & Sergeant, J. (2005). Delta plots in the study of individual differences: New tools reveal response inhibition deficits in AD/HD that are eliminated by methylphenidate treatment. *Journal of Abnormal Psychology, 114,* 197–215.

Rideout, V., Roberts, D., & Foehr, U. (2005). *Generation M: Media in the lives of 8–18 year-olds.* Washington, D.C.: Kaiser Family Foundation. Retrieved May 18, 2006 from http://www.kff.org/entmedia/entmedia030905pkg.cfm.

Riedel, G. (1996). Function of metabotropic glutamate receptors in learning and memory. *Trends in Neurosciences, 19,* 219–224.

Riegle, R. (2005). Viewpoint: Online courses as video games. *Campus Technology,* June 15, 2005. Retrieved May 5, 2006 from http://www.campus-technology.com.

Rieker, P., & Bird, C. (2005). Rethinking gender differences in health: Why we need to integrate social and biological perspectives. *The Journals of Gerontology Series B: Psychological Sciences and Social Sciences, 60,* S40–S47.

Righetti, P. (1996). The emotional experience of the fetus: A preliminary report. *Pre- & Peri-Natal Psychology Journal, 11,* 55–65.

Riley, K., Snowdon, D., & Markesbery, W. (2002). Alzheimer's neurofibrillary pathology and the spectrum of cognitive function: Findings from the Nun study. *Annals of Neurology, 51,* 567–577.

Rimland, B. (1978). Inside the mind of the autistic savant. *Psychology Today, 12,* 69–80.

Rivas-Vasquez, R. (2001). St. John's Wort (Hypericum Perforatum): Practical considerations based on the evidence. *Professional Psychology: Research and Practice, 32,* 329–332.

Roan, S. (2000, March 6). Cyber analysis. *L.A. Times.*

Roberts, B. W., & DelVecchio, W. F. (2000). The rank-order consistency of personality traits from childhood to old age: A quantitative review of longitudinal studies. *Psychological Bulletin, 126,* 3–25.

Roberts, B., Kuncel, N., Shiner, R., Caspi, A., & Goldberg, L. (2007). The power of personality: The comparative validity of personality traits, socioeconomic status, and cognitive ability for predicting important life outcomes. *Perspectives on Psychological Science, 2,* 313–345.

Roberts, G., Treasure, D., & Conroy, D. (2007). Understanding the dynamics of motivation in sport and physical activity: An achievement goal interpretation. In G. Tenenbaum, & R. Eklund (Eds.), *Handbook of sport psychology* (3rd ed., pp. 3–30). Hoboken, NJ: John Wiley & Sons, Inc.

Roberts, J., & Bell, M. (2000). Sex differences on a mental rotation task: Variations in electroencephalogram hemispheric activation between children and college students. *Developmental Neuropsychology, 17,* 199–223.

Roberts, P., & Moseley, B. (1996, May/June). Fathers' time. *Psychology Today, 29,* 48–55, 81.

Robertson, G. L. (1983). Thirst and vasopressin function in normal and disordered states of water balance. *Journal of Laboratory and Clinical Medicine, 101,* 351–371.

Robertson, I. H., & Murre, J. M. J. (1999). Rehabilitation of brain damage: Brain plasticity and principles of guided recovery. *Psychological Bulletin, 125,* 544–575.

Robie, C., Johnson, K., Nilsen, D., & Hazucha, J. (2001). The right stuff: Understanding cultural differences in leadership performance. *Journal of Management Development, 20,* 639–650.

Robins, C. J., & Hayes, A. M. (1993). An appraisal of cognitive therapy. *Journal of Consulting and Clinical Psychology, 61,* 205–214.

Robins, R. W., Gosling, S. D., & Craik, K. H. (1999). An empirical analysis of trends in psychology. *American Psychologist, 54,* 117–128.

Robins, R., & Trzesniewski, K. (2005). Self-esteem development across the lifespan. *Current Directions in Psychological Science, 14,* 158–162.

Robinson, F. (1970). *Effective Study* (4th ed.). New York: Harper & Row.

Robles, T., Glaser, R., & Kiecolt-Glaser, J. (2005). Out of balance: A new look at chronic stress, depression, and immunity. *Current Directions in Psychological Science, 14,* 111–115.

Robles, T., Shaffer, V., Malarkey, W., & Kiecolt-Glaser, J. (2006). Positive behaviors during marital conflict: Influences on stress hormones. *Journal of Social and Personal Relationships, 23,* 305–325.

Rocha-Rego, V., Fiszman, A., Portugal, L., Pereira, M., de Oliveira, L., Mendlowicz, M., Marques-Portella, C., Berger, W., Coutinho, E., Mari, J., Figueira, I., & Volchan, E. (2009). Is tonic immobility the core sign among conventional peritraumatic signs and symptoms listed for PTSD? *Journal of Affective Disorders, 115,* 269–273.

Rock, I., & Palmer, S. (1990). The legacy of Gestalt psychology. *Scientific American, 263,* 84–90.

Rodin, J. (1985). Insulin levels, hunger, and food intake: An example of feedback loops in body weight regulation. *Health Psychology, 4,* 1–24.

Rodin, J., & Salovey, P. (1989). Health psychology. *Annual Review of Psychology, 40,* 533–579.

Rodin, J., Wack, J., Ferrannini, E., & DeFronzo, R. A. (1985). Effect of insulin and glucose on feeding behavior. *Metabolism, 34,* 826–831.

Rodriguez, A., & Bohlin, G. (2005). Are maternal smoking and stress during pregnancy related to ADHD symptoms in children? *Journal of Child Psychology and Psychiatry, 46,* 246–254.

Rodríguez, C., & Church, A. (2003). The structure and personality correlates of affect in Mexico: Evidence of cross-cultural comparability using the Spanish language. *Journal of Cross-Cultural Psychology, 34,* 211–223.

Roediger, H. (2008). Relativity of remembering: Why the laws of memory failed. *Annual Review of Psychology, 59,* 225–254.

Roediger, H. L., III. (1980). The effectiveness of four mnemonics in ordering recall. *Journal of Experimental Psychology: Human Learning and Memory, 6,* 558–567.

Roehling, P., Roehling, M., & Moen, P. (2001). The relationship between work-life policies and practices and employee loyalty: A life course perspective. *Journal of Family & Economic Issues, 22,* 141–170.

Roehrich, L., & Kinder, B. N. (1991). Alcohol expectancies and male sexuality: Review and implications for sex therapy. *Journal of Sex and Marital Therapy, 17,* 45–54.

Roesch, S. C., & Amirkhan, J. H. (1997). Boundary condition for self-serving attributions: Another look at the sports pages. *Journal of Applied Social Psychology, 27,* 245–261.

Roesch, S., & Weiner, B. (2001). A meta-analytic review of coping with illness: Do causal attributions matter? *Journal of Psychosomatic Research, 50,* 205–219.

Rogers, C. R. (1951). *Client-centered therapy: Its current practice, implications, and theory.* Boston: Houghton Mifflin.

Rogoff, B., & Mistry, J. (1985). Memory development in cultural context. In M. Pressley & C. Brainerd (Eds.), *The cognitive side of memory development.* New York: Springer-Verlag.

Roisman, G., Masten, A., Coatsworth, J., & Tellegen, A. (2004). Salient and emerging developmental tasks in the transition to adulthood. *Child Development, 75,* 123–133.

Romach, M., Busto, U., Somer, G., et al. (1995). Clinical aspects of chronic use of alprazolam and lorazepam. *American Journal of Psychiatry, 152,* 1161–1167.

Roopnarine, J., Fouts, H., Lamb, M., & Lewis-Elligan, T. (2005). Mothers' and fathers' behaviors toward their 3- to 4-month-old infants in lower, middle, and upper socioeconomic African American families. *Developmental Psychology, 41,* 723–732.

Roorda, A., & Williams, D. R. (1999). The arrangement of the three cone classes in the living human eye. *Nature, 397,* 520–521.

Roozendaal, B., Catello, N., Vedana, G., Barsegyan, A., & McGaugh, J. (2008). Noradrenergic activation of the basolateral amygdala modulates consolidation of object recognition memory. *Neurobiology of Learning and Memory, 90,* 576–579.

Rosch, E. (1978). Principles of categorization. In E. Rosch & B. Lloyd (Eds.), *Cognition and categorization.* Hillsdale, NJ: Erlbaum.

Rosch, E. H. (1973). Natural categories. *Cognitive Psychology, 4,* 328–350.

Rosch, E. H. (1987). Linguistic relativity. *Et Cetera, 44,* 254–279.

Rose, J., (2006). Nicotine and nonnicotine factors in cigarette addiction. *Psychopharmacology, 184,* 274–285.

Rosekind, M. R. (1992). The epidemiology and occurrence of insomnia. *Journal of Clinical Psychiatry, 53*(6, Suppl.), 4–6.

Rosen, E., Chung-Hsin, H., Wang, X., Sakai, S., Freeman, M., Gonzalez, F., & Spiegelman, B. (2002). C/EBPalpha induces adipogenesis through PPARgamma: a unified pathway. *Genes and Development, 16,* 22–26.

Rosen, R. C. (1996). Erectile dysfunction: The medicalization of male sexuality. *Clinical Psychology Review, 16,* 497–519.

Rosen, R. C., & Leiblum, S. R. (1995). Treatment of sexual disorders in the 1990s: An integrated approach. *Journal of Consulting and Clinical Psychology, 63,* 877–896.

Rosenfeld, J. P. (1995). Alternative views of Bashore and Rapp's (1993) alternatives to traditional polygraphy: A critique. *Psychological Bulletin, 117,* 159–166.

Rosenhan, D. L. (1973). On being sane in insane places. *Science, 179,* 250–258.

Rosenvinge, J. H., Matinussen, M., & Ostensen, E. (2000). The comorbidity of eating disorders and personality disorders: A meta-analytic review of studies published between 1983 and 1998. *Eating and Weight Disorders: Studies on Anorexia, Bulimia, and Obesity, 5,* 52–61.

Rosenzweig, M. R. (1961). Auditory localization. *Scientific American, 205,* 132–142.

Rosenzweig, S. (1938). A basis for the improvement of personality tests with special reference to the M-F battery. *Journal of Abnormal & Social Psychology, 33,* 476–488.

Rosik, C. H., & Byrd, A. D. (2007). Marriage and the civilizing of male sexual nature. *American Psychologist, 62,* 711–712

Ross, C. (2009). Errors of logic and scholarship concerning dissociative identity disorder. *Journal of Child Sexual Abuse, 18,* 221–231.

Ross, C. A., Norton, G. R., & Wozney, K. (1989). Multiple personality disorder: An analysis of 236 cases. *Canadian Journal of Psychiatry, 34,* 413–418.

Ross, J., Baldessarini, R. J., & Tondo, L. (2000). Does lithium treatment still work? Evidence of stable responses over three decades. *Archives of General Psychiatry, 57,* 187–190.

Rosser, R. (1994). *Cognitive development: Psychological and biological perspectives.* Boston, MA: Allyn & Bacon.

Rossow, I., & Amundsen, A. (1997). Alcohol abuse and mortality: a 40-year prospective study of Norwegian conscripts. *Social Science & Medicine, 44,* 261–267.

Roth, T. (1996). Social and economic consequences of sleep disorders. *Sleep, 19,* S46–S47.

Rotter, J. B. (1966). Generalized expectancies for internal versus external control of reinforcement. *Psychological Monographs, 80*(1, Whole No. 609).

Rotter, J. B. (1971, June). External control and internal control. *Psychology Today*, pp. 37–42, 58–59.

Rotter, J. B. (1990). Internal versus external control of reinforcement: A case history of a variable. *American Psychologist*, 45, 489–493.

Rotton, J., & Cohn, E. G. (2000). Violence is a curvilinear function of temperature in Dallas: A replication. *Journal of Personality & Social Psychology*, 78, 1074–1082.

Rotton, J., Frey, J., Barry, T., Milligan, M., & Fitzpatrick, M. (1979). The air pollution experience and physical aggression. *Journal of Applied Social Psychology*, 9, 397–412.

Rouch, I., Wild, P., Ansiau, D., & Marquie, J. (2005). Shiftwork experience, age and cognitive performance. *Ergonomics*, 48, 1282–1293.

"Round-the-clock baby TV channel to debut." (2006, May 11). Retrieved May 11, 2006 from http://www.news.yahoo.com.

Rowe, D. (2003). Assessing genotype-environment interactions and correlations in the postgenomic era. In R. Plomin, J. DeFries, I. Craig, & P. McGuffin (Eds.), *Behavioral genetics in the postgenomic era* (pp. 71–86). Washington, DC: American Psychological Association.

Rowe, D. C. (1987). Resolving the person-situation debate: Invitation to an interdisciplinary dialogue. *American Psychologist*, 42, 218–227.

Rowe, J., & Kahn, R. (1998). *Successful aging*. New York: Pantheon.

Rowley, S. (2000). Profiles of African American college students' educational utility and performance: A cluster analysis. *Journal of Black Psychology*, 26, 3–26.

Ruan, Y., Cao, X., Qian, H., Zhang, L., Qin, G., Jiang, Z., Song, B., Hu, W., Liang, S., Chen, K., Yang, Y., Li, X., Wang, J., Chen, X., Hao, C., Song, Y., Xing, H., Wang, N., & Shao, Y. (2006, in press). Syphilis among female sex workers in Southwestern China: Potential for HIV transmission. *Sexually Transmitted Diseases*, 33.

Rubin, K., Burgess, K., & Hastings, P. (2002). Stability and social-behavioral consequences of toddlers' inhibited temperament and parenting behaviors. *Child Development*, 73, 483–495.

Rubin, K., Coplan, R., & Bowker, J. (2009). Social withdrawal in childhood. *Annual Review of Psychology*, 60, 141–171.

Rubin, K., Coplan, R., Chen, X., Buskirk, A., & Wojslawowica, J. (2005). Peer relationships in childhood. In M. Bornstein, & M. Lamb. (Eds.), *Developmental science: An advanced textbook* (pp. 469–512). Mahwah, NJ: Lawrence Erlbaum Associates.

Rubinstein, G. (2001). Sex-role reversal and clinical judgment of mental health. *Journal of Sex & Marital Therapy*, 27, 9–19.

Rudman, L., Ashmore, R., & Gary, M. (2001). "Unlearning" automatic biases: The malleability of implicit prejudice and stereotypes. *Journal of Personality & Social Psychology*, 81, 856–868.

Ruffman, T., Slade, L., Devitt, K., & Crowe, E. (2006). What mothers say and what they do: The relation between parenting, theory of mind, language and conflict/cooperation. *British Journal of Developmental Psychology*, 24, 105–124.

Ruggero, M. A. (1992). Responses to sound of the basilar membrane of the mammalian cochlea. *Current Opinion in Neurobiology*, 2, 449–456.

Rumbaugh, D. (1977). *Language learning by a chimpanzee: the Lana project*. New York: Academic Press.

Rushton, J., & Jensen, A. (2003). African-White IQ differences from Zimbabwe on the Wechsler Intelligence Scale for Children-Revised are mainly on the g factor. *Personality & Individual Differences*, 34, 177–183.

Rushton, J., & Jensen, A. (2005). Thirty years of research on race differences in cognitive ability. *Psychology, Public Policy, and Law*, 11, 235–294.

Russell, J. A. (1995). Facial expressions of emotion: What lies beyond minimal universality? *Psychological Bulletin*, 118, 379–391.

Russell, T., Rowe, W., & Smouse, A. (1991). Subliminal self-help tapes and academic achievement: An evaluation. *Journal of Counseling and Development*, 69, 359–362.

Rutishauser, U., Mamelak, A., & Schuman, E. (2006). Single-trial learning of novel stimuli by individual neurons of the human hippocampus-amygdala complex. *Neuron*, 49, 805–813.

Ryan, R., Kim, Y., & Kaplan, U. (2003). Differentiating autonomy from individualism and independence: A self-determination theory perspective on internalization of cultural orientations and well-being. *Journal of Personality and Social Psychology*, 84, 97–110.

Ryder, J., Tunmer, W., & Greaney, K. (2008). Explicit instruction in phonemic awareness and phonemically based decoding skills as an intervention strategy for struggling readers in whole language classrooms. *Reading and Writing*, 21, 349–369.

Sachs, G., Grossman, F., Ghaemi, S., Okamoto, A., & Bosden, C. (2002). Combination of a mood stabilizer with risperidone or haloperidol for treatment of acute mania: A double-blind, placebo-controlled comparison of efficacy and safety. *American Journal of Psychiatry*, 159, 1146–1154.

Sack, R., Auckley, D., Auger, R., Carskadon, M., Wright, K., Vitiello, M., & Zhdanova, I. (2007a). Circadian rhythm sleep disorders: Part I, Basic principles, shift work and jet lag disorders. An American Academy of Sleep Medicine review. *Sleep*, 30, 1460–1483.

Sack, R., Auckley, D., Auger, R., Carskadon, M., Wright, K., Vitiello, M., & Zhdanova, I. (2007b). Circadian rhythm sleep disorders: Part II, advanced sleep phase disorder, delayed sleep phase disorder, free-running disorder, and irregular sleep-wake rhythm. An American Academy of Sleep Medicine review. *Sleep*, 30, 1484–1501.

Sackeim, H. A., Prudic, J., Devanand, D. P., Nobler, M. S., Lisanby, S. H., Peyser, S., Fitzsimons, L., Moody, B. J., & Clark, J. (2000). A prospective, randomized, double-blind comparison of bilateral and right unilateral electroconvulsive therapy at different stimulus intensities. *Archives of General Psychiatry*, 57, 425–434.

Sackett, P., Hardison, C., & Cullen, M. (2004). On interpreting stereotype threat as accounting for African American-White differences on cognitive tests. *American Psychologist*, 59, 7–13.

Sacks, O. (1984). *A leg to stand on*. New York: Harper & Row.

Sadeghniiat-Haghighi, K., Aminian, O., Pouryaghoub, G., & Yazdi, Z. (2008). Efficacy and hypnotic effects of melatonin in shift-work nurses: Double-blind, placebo-controlled crossover trial. *Journal of Circadian Rhythms*, 6, 10.

Sadeh, A., Gruber, R., & Raviv, A. (2003). The effect of sleep restriction and extension on school-age children: What a difference an hour makes. *Child Development, 74,* 444–455.

Saevarsson, S., Kristiansson, A., & Hjaltason, H. (2009). Unilateral neglect: A review of causes, anatomical localization, theories and interventions. *Laeknabladid, 95,* 27–33.

Safdar, S., Friedmeier, W., Matsumoto, D., Yoo, S., Kwantes, C., Kakai, H., & Shigemasu, E. (2009). Variations of emotional display rules within and across cultures: A comparison between Canada, USA, and Japan. *Canadian Journal of Behavioural Science, 41,* 1–10.

Sahoo, F., Sahoo, K., & Harichandan, S. (2005). Big Five factors of personality and human happiness. *Social Science International, 21,* 20–28.

Salat, D., Buckner, R., Snyder, A., Greve, D., Desikan, R., Busa, E., Morris, J., Dale, A., & Fischl, B. (2004). Thinning of the cerebral cortex in aging. *Cerebral Cortex, 14,* 721–730.

Salisch, M. (2001). Children's emotional development: Challenges in their relationships to parents, peers, and friends. *International Journal of Behavioural Development, 25,* 310–319.

Salmon, D., & Bondi, M. (2009). Neuropsychological assessment of dementia. *Annual Review of Psychology, 60,* 257–282.

Salmon, J., Owen, N., Crawford, D., Bauman, A., & Sallis, J. (2003). Physical activity and sedentary behavior: A population-based study of barriers, enjoyment, and preference. *Health Psychology, 22,* 178–188.

Salovey, P., & Pizarro, D. (2003). The value of emotional intelligence. In R. Sternberg, J. Lautrey, & T. Lubart (Eds.), *Models of intelligence: International perspective* (pp. 263–278). Washington, DC: American Psychological Association.

Salthouse, T. (2009). When does age-related cognitive decline begin? *Neurobiology of Aging, 30,* 507–514.

Salvaggio, M., Lutwick, L., Seenivasan, M., & Kumar, S. (2009). *Herpes simplex.* Retrieved July 13, 2009 from http://emedicine.medscape.com/article/218580-overview.

Sanbonmatsu, D., & Fazio, R. (1990). The role of attitudes in memory-based decision making. *Journal of Personality and Social Psychology, 59* 614–622.

Sánchez, G. (1932). Group differences and Spanish-speaking children—a critical review. *Journal of Applied Psychology, 16,* 549–558.

Sánchez, G. (1934). Bilingualism and mental measures. A word of caution. *Journal of Applied Psychology, 18,* 765–772.

Sanes, J. N., & Donoghue, J. P. (2000). Plasticity and primary motor cortex. *Annual Review of Neuroscience, 23,* 393–415.

Santiago-Rivera, A., & Altarriba, J. (2002). The role of language in therapy with the Spanish-English bilingual client. *Professional Psychology: Research & Practice, 33,* 30–38.

Saper, C., Scammell, T., & Lu, J. (2005). Hypothalamic regulation of sleep and circadian rhythms. *Nature, 437,* 1257–1263.

Sarfati, Y. (2000). Deficit of the theory-of-mind in schizophrenia: Clinical concept and review of experimental arguments. *Canadian Journal of Psychiatry, 45,* 4363–4368.

Sarkis, K. (2000, May). Computer workers at risk for stress injuries. *Occupational Hazards, 62,* 33.

Sarrio, M., Barbera, E., Ramos, A., & Candela, C. (2002). The glass ceiling in the professional promotion of women. *Revista de Psicologia Social, 17,* 167–182.

Sateia, M. J., Doghramji, K., Hauri, P. J., & Morin, C. M. (2000). Evaluation of chronic insomnia. An American Academy of Sleep Medicine review. *Sleep, 23,* 243–308.

Sattler, J. (2008). *Assessment of children: Cognitive foundations* (5th ed.). San Diego, CA: Jerome M. Sattler, Publisher.

Sattler, J., & Dumont, R. (2004). *Assessment of children: WISC-IV and WPPSI-III supplement.* San Diego, CA: Jerome M. Sattler, Publisher.

Saudino, K. (2005). Special article: Behavioral genetics and child temperament. *Journal of Developmental & Behavioral Pediatrics, 26,* 214–223.

Savage-Rumbaugh, E. S. (1986). *Ape language.* New York: Columbia University Press.

Savage-Rumbaugh, E. S. (1990). Language acquisition in a nonhuman species: Implications for the innateness debate. *Developmental Psychology, 26,* 599–620.

Savage-Rumbaugh, E. S., Sevcik, R. A., Brakke, K. E., & Rumbaugh, D. M. (1992). Symbols: Their communicative use, communication, and combination by bonobos (*Pan paniscus*). In L. P. Lipsitt & C. Rovee-Collier (Eds.). *Advances in infancy research* (Vol. 7, pp. 221–278). Norwood, NJ: Ablex.

Sax, L., & Bryant, A. (2006). The impact of college on sex-atypical career choices of men and women. *Journal of Vocational Behavior, 68,* 52–63.

Sax, L., Lindholm, J., Astin, A., Korn, W., & Mahoney, K. (2002). *The American freshman: National norms for fall 2002.* Los Angeles, CA: Higher Education Research Institute UCLA.

Sazci, A., Ergul, E., Kucukali, I., Kara, I., & Kaya, G. (2005). Association of the C677T and A1298C polymorphisms of methylenetetrahydrofolate reductase gene with schizophrenia: Association is significant in men but not in women. *Progress in Neuro-Psychopharmacology & Biological Psychiatry, 29,* 1113–1123.

Scarpa, A., & Raine, A. (2007). Biosocial bases of violence. In D. Flannery, A. Vazsonyi, & I. Waldman (Eds), *The Cambridge handbook of violent behavior and aggression.* (pp. 151–169). New York: Cambridge University Press.

Scarr, S. (1997). Why child care has little impact on most children's development. *Current Directions in Psychological Science, 6,* 143–147.

Scarr, S., & Weinberg, R. (1976). The influence of "family background" on intellectual attainment. *American Sociological Review, 43,* 674–692.

Schaal, B., Marlier, L., & Soussignan, R. (1998). Olfactory function in the human fetus: Evidence from selective neonatal responsiveness to the odor of amniotic fluid. *Behavioral Neuroscience, 112,* 1438–1449.

Schab, F. R. (1990). Odors and the remembrance of things past. *Journal of Experimental Psychology: Learning, Memory, and Cognition, 16,* 648–655.

Schachter, S., & Singer, J. (1962). Cognitive, social, and physiological determinants of emotional state. *Psychological Review, 69,* 379–399.

Schaie, K. (2005). *Developmental influences on adult intelligence: The Seattle longitudinal study.* New York: Oxford University Press.

Schaie, K. (2008). Historical processes and patterns of cognitive aging. In S. Hofer, & D. Alwin (Eds.), *Handbook of cognitive aging: Interdisciplinary perspectives* (pp. 368–383). Thousand Oaks, CA: Sage Publications.

Schaie, K. (2009). "When does age-related cognitive decline begin?" Salthouse again reifies the "cross-sectional fallacy." *Neurobiology of Aging*, 30, 528–529.

Schaie, K. W. (1993). Ageist language in psychological research. *American Psychologist*, 48, 49–51.

Schaie, K. W., & Willis, S. L. (1996). *Adult development and aging* (4th ed.). New York: HarperCollins.

Schaie, W., & Willis, S. (2005). *Mind alert: Intellectual functioning in adulthood: Growth, maintenance, decline, and modifiability*. Lecture presented at the Joint Conference of the American Society on Aging and the National Council on the Aging as part of the Mind-Alert Program. Retrieved June 10, 2006 from http://geron.psu.edu/sls/publications/MindAlert.pdf.

Schaubroeck, J., Walumbwa, F., Ganster, D., & Kepes, S. (2007). Destructive leader traits and the neutralizing influence of an "enriched" job. *Leadership Quarterly*, 18, 236–251.

Schenck, C. H., & Mahowald, M. W. (1995). A polysomnographically documented case of adult somnambulism with long-distance automobile driving and frequent nocturnal violence: Parasomnia with continuing danger as a noninsane automatism? *Sleep*, 18, 765–772.

Schenck, C. H., & Mahowald, M. W. (2000). Parasomnias. Managing bizarre sleep-related behavior disorders. *Postgraduate Medicine*, 107, 145–156.

Scherer, K. R., & Wallbott, H. G. (1994). Evidence for universality and cultural variation of differential emotion response patterning. *Journal of Personality and Social Psychology*, 66, 310–328.

Scherger, J. (2005). The biopsychosocial model is shrink-wrapped, on the shelf, and ready to be used, but waiting for a new process of care. *Families, Systems, & Health*, 23, 444–447.

Schermerhorn, J., Hunt, J., & Osborn, R. (2000). *Organizational Behavior* (7th ed.). New York: John Wiley & Sons.

Schiff, M., & Lewontin, R. (1986). *Education and class: The irrelevance of IQ genetic studies*. Oxford, England: Clarendon.

Schiller, F. (1993). *Paul Broca: Explorer of the brain*. Oxford: Oxford University Press.

Schlosberg, S. (2004). *The curse of the singles table: A true tale of 1001 nights without sex*. New York: Warner Books.

Schlosberg, S. (2006). *Suzanne Schlosberg's really important rules for Internet dating*. Retrieved July 3, 2006 from http://www.suzanneschlosberg.com/dating_rules.html.

Schmidt, P., Murphy, J., Haq, N., Rubinow, D., & Danaceau, M. (2004). Stressful life events, personal losses, and perimenopause-related depression. *Archives of Women's Mental Health*, 7, 19–26.

Schmitt, N., Fuchs, A., & Kirch, W. (2008). Mental health disorders and work-life balance. In A. Linos, & W. Kirch (Eds.), *Promoting health for working women* (pp. 117–136). New York: Springer.

Schneider, E., Lang, A., Shin, M., & Bradley, S. (2004). Death with a story: How story impacts emotional, motivational, and physiological responses to first-person shooter video games. *Human Communication Research*, 30, 361–375.

Schneider, W., & Pressley, M. (1989). *Memory development between 2 and 20*. New York: Springer-Verlag.

Schofield, J. W. (2006). Internet use in schools: Promise and problems. In R. Sawyer (Ed.), *Cambridge handbook of the learning sciences* (pp. 521–534). New York: Cambridge University Press.

Schofield, J. W., & Francis, W. D. (1982). An observational study of peer interaction in racially mixed "accelerated" classrooms. *Journal of Educational Psychology*, 74, 722–732.

Scholz, U., Dona, B., Sud, S., & Schwarzer, R. (2002). Is general self-efficacy a universal construct? Psychometric findings from 25 countries. *European Journal of Psychological Assessment*, 18, 242–251.

Schou, M. (1997). Forty years of lithium treatment. *Archives of General Psychiatry*, 54, 9–13.

Schreppel, T., Egetemeir, J., Schecklmann, M., Plichta, M., Pauli, P., Ellgring, H., Fallgatter, A., & Herrmann, M. (2008). Activation of the prefrontal cortex in working memory and interference resolution processes assessed with near-infrared spectroscopy. *Neuropsychobiology*, 57, 188–193.

Schuckit, M., Smith, T., & Pierson, J. (2006). Relationships among the level of response to alcohol and the number of alcoholic relatives in predicting alcohol-related outcomes. *Alcoholism: Clinical & Experimental Research*, 30, 1308–1314.

Schultz, W. (2006). Behavioral theories and the neurophysiology of reward. In S. Fiske, A. Kazdin, & D. Schacter (Eds), *Annual Review of Psychology* (Vol. 57, pp. 87–116). Palo Alto, CA: Annual Reviews.

Schulz, T., Whitehead, H., Gero, S., & Rendell, L. (2008). Overlapping and matching of codas in vocal interactions between sperm whales: Insights into communication function. *Animal Behavior*, 76, 1977–1988.

Schunk, D. (2008). *Learning theories: An educational perspective* (5th ed.). Upper Saddle River, NJ: Prentice-Hall.

Schupp, H., Junghöfer, M., Weike, A., & Hamm, A. (2003). Emotional facilitation of sensory processing in the visual cortex. *Psychological Science*, 14, 7–13.

Schwartz, G. (1982). Testing the biopsychosocial model: The ultimate challenge facing behavioral medicine? *Journal of Consulting and Clinical Psychology*, 50, 1040–1052.

Schwartz, N. (1999). Self-reports: How the questions shape the answers. *American Psychologist*, 54, 93–105.

Schwartz, S., & Maquet, P. (2002). Sleep imaging and the neuro-psychological assessment of dreams. *Trends in Cognitive Sciences*, 6, 23–30.

Schwartz, S., & Zamboanga, B. (2008). Testing Berry's model of acculturation: A confirmatory latent class approach. *Cultural Diversity and Ethnic Minority Psychology*, 14, 275–285.

Scott, A., & Fraser, T. (2008). Decreased usage of electroconvulsive therapy: Implications. *British Journal of Psychiatry*, 192, 476.

Sedikides, C., Gaertner, L., & Toguchi, Y. (2003). Pancultural self-enhancement. *Journal of Personality & Social Psychology*, 84, 60–79.

Seeman, T., Dubin, L., & Seeman, M. (2003). Religiosity/spirituality and health. *American Psychologist*, 58, 53–63.

Segall, M. H. (1994). A cross-cultural research contribution to unraveling the nativist/empiricist controversy. In J. Lonner & R. Malpass (Eds.), *Psychology and culture* (pp. 135–138). Boston: Allyn & Bacon.

Segall, M. H., Campbell, D. T., & Herskovitz, M. J. (1966). *The influence of culture on visual perception.* Indianapolis: Bobbs-Merrill.

Seidman, A. (2005). Minority student retention: Resources for practitioners. In G. Gaither (Ed.), *Minority retention: What works?* (pp. 7–24). San Francisco, CA: Jossey-Bass.

Self, M., & Zeki, S. (2005). The integration of colour and motion by the human visual brain. *Cerebral Cortex, 15,* 1270–1279.

Seligman, M. (1995). The effectiveness of psychotherapy: The *Consumer Reports* study. *American Psychologist, 50,* 965–974.

Seligman, M. (1996). Science as an ally of practice. *American Psychologist, 51,* 1072–1079.

Seligman, M. E. P. (1970). On the generality of the laws of learning. *Psychological Review, 77,* 406–418.

Seligman, M. E. P. (1972). Phobias and preparedness. In M. E. P. Seligman & J. L. Hager (Eds.), *Biological boundaries of learning.* Englewood Cliffs, NJ: Prentice Hall.

Seligman, M. E. P. (1975). *Helplessness: On depression, development and death.* San Francisco: Freeman.

Seligman, M. E. P. (1990). *Learned optimism: How to change your mind and your life.* New York: Simon & Schuster.

Seligman, M. E. P. (1991). *Learned optimism.* New York: Knopf.

Seligman, M., & Csikszentmihalyi, M. (2000). Positive psychology: An introduction. *American Psychologist, 55,* 5–14.

Seligman, M., Rashid, T., & Parks, A. (2006). Positive psychotherapy. *American Psychologist, 61,* 774–788.

Seligman, M., Steen, T., Park, N., & Peterson, C. (2005). Positive psychology progress: Empirical validation of interventions. *American Psychologist, 60,* 410–421.

Selkoe, D. J. (1997). Alzheimer's disease: Genotypes, phenotype, and treatments. *Science, 275,* 630–631.

Sell, R. L., Wells, J. A., and Wypij, D. (1995). The prevalence of homosexual behavior and attraction in the United States, the United Kingdom and France: Results of national population-based samples. *Archives of Sexual Behavior, 24,* 235–248.

Selye, H. (1956). *The stress of life.* New York: McGraw-Hill.

Senchak, M., Leonard, K., & Greene, B. (1998). Alcohol use among college students as a function of their typical social drinking context. *Psychology of Addictive Behaviors, 12,* 62–70.

Sensky, T., Turkington, D., Kingdon, D., Scott, J. L., Scott, J., Siddle, R., O'Carroll, M., & Barnes, T. R. E. (2000). A randomized controlled trial of cognitive-behavioral therapy for persistent symptoms in schizophrenia resistant to medication. *Archives of General Psychiatry, 57,* 165–172.

Sepkowitz, K., (2006). One disease, two epidemics—AIDS at 25. *New England Journal of Medicine, 354,* 2411–2414.

Serido, J., Almeida, D., & Wethington, E. (2004). Chronic stressors and daily hassles: Unique and interactive relationships with psychological distress. *Journal of Health and Social Behavior, 45,* 17–33.

Serpell R., & Hatano, G. (1997). Education, schooling, and literacy. In J. Berry, P. Dasen, & T. Saraswathi (Eds.), *Handbook of cross-cultural psychology* (Vol. 2). Boston, MA: Allyn & Bacon.

Sexton, T., & Alexander, J. (2000, December). Functional family therapy. *Juvenile Justice Bulletin (Family Strengthening Series),* 1–8.

Shaffer, D., Gould, M. S., Fisher, P., Trautman, P., Moreau, D., Kleinman, M., & Flory, M. (1996). Psychiatric diagnosis in child and adolescent suicide. *Archives of General Psychiatry, 53,* 339–348.

Shaffer, M., Harrison, D., Gregersen, H., Black, J., & Ferzandi, L. (2006). You can take it with you: Individual differences and expatriate effectiveness. *Journal of Applied Psychology, 91,* 109–125.

Share, D., & Leiken, M. (2004). Language impairment at school entry and later reading disability: Connections at lexical versus supralexical levels of reading. *Scientific Studies of Reading, 8,* 87–110.

Sharma, S. (2006). *Parasomnias.* Retrieved December 16, 2006 from http://www.emedicine.com/med/topic3131.htm.

Sharon, I., & Sharon, R. (2007). *Dissociative disorders.* Retrieved June 12, 2009 from http://emedicine.medscape.com/article/294508-overview.

Sharpe, P. (2002). Preparing for primary school in Singapore: Aspects of adjustment to the more formal demands of the primary one mathematics syllabus. *Early Child Development & Care, 172,* 329–335.

Shaunessy, E., Karnes, F., & Cobb, Y. (2004). Assessing potentially gifted students from lower socioeconomic status with nonverbal measures of intelligence. *Perceptual & Motor Skills, 98,* 1129–1138.

Shaw, J. I., & Steers, W. N. (2001). Gathering information to form an impression: Attribute categories and information valence. *Current Research in Social Psychology, 6,* 1–21.

Shaw, J. S., III. (1996). Increases in eyewitness confidence resulting from postevent questioning. *Journal of Experimental Psychology: Applied, 2,* 126–146.

Shaw, V. N., Hser, Y.-I., Anglin, M. D., & Boyle, K. (1999). Sequences of powder cocaine and crack use among arrestees in Los Angeles County. *American Journal of Drug and Alcohol Abuse, 25,* 47–66.

Shears, J., Robinson, J., & Emde, R. (2002). Fathering relationships and their associations with juvenile delinquency. *Infant Mental Health Journal, 23,* 79–87.

Sheets, R., & Mohr, J. (2009). Perceived social support from friends and family and psychosocial functioning in bisexual young adult college students. *Journal of Counseling Psychology, 56,* 152–163.

Shelton, J., & Richeson, J. (2005). Intergroup contact and pluralistic ignorance. *Journal of Personality & Social Psychology, 88,* 91–107.

Sher, L. (2004). Type D personality, cortisol and cardiac disease. *Australian and New Zealand Journal of Psychiatry, 38,* 652–653.

Sherbourne, C. D., Wells, K. B., & Judd, L. L. (1996). Functioning and well-being of patients with panic disorder. *American Journal of Psychiatry, 153,* 213–218.

Sherer, R. (2006). Drug abuse hitting middle-aged more than Gen-Xers. *Psychiatric Times, 23.* Retrieved May 15, 2006 from http://www.psychiatrictimes.com/article/showArticle.jhtml?articleId=185303195.

Sherif, M. (1956). Experiments in group conflict. *Scientific American, 195,* 53–58.

Sherif, M. (1958). Superordinate goals in the reduction of intergroup conflict. *American Journal of Sociology, 63,* 349–358.

Sherif, M., & Sherif, C. W. (1967). The Robbers' Cave study. In J. F. Perez, R. C. Sprinthall, G. S. Grosser, & P. J. Anastasiou, *General psychology: Selected readings* (pp. 411–421). Princeton, NJ: D. Van Nostrand.

Sherman, J., Kruschke, J., Sherman, S., Percy, E., Petrocelli, J., & Conrey, F. (2009). Attentional processes in stereotype formation: A common model for category accentuation and illusory correlation. *Journal of Personality and Social Psychology, 96,* 305–323.

Sherman, J., Kruschke, J., Sherman, S., Percy, E., Petrocelli, J., & Conrey, F. (2009). Attentional processes in stereotype formation: A common model for category accentuation and illusory correlation. *Journal of Personality and Social Psychology, 96,* 305–323.

Shiffrin, R., (1999). Thirty years of memory. In C. Izawa (Ed.), *On human memory: Evolution, progress, and reflections on the 30th anniversary of the Atkinson-Shiffrin model* (pp. 17–33). Hillsdale, NJ: Lawrence Erlbaum Associates.

Shim, G., Kang, D., Choi, J., Jung, M., Kwon, S., Jang, G., & Kwon, J. (2008). Prospective outcome of early intervention for individuals at ultra-high risk for psychosis. *Early Intervention Psychiatry, 2,* 277–284.

Shimamura, A. P., Berry, J. M., Mangela, J. A., Rusting, C. L., & Jurica, P. J. (1995). Memory and cognitive abilities in university professors: Evidence for successful aging. *Psychological Science, 6,* 271–277.

Shinar, D., Tractinsky, N., & Compton, R. (2005). Effects of practice, age, and task demands, on interference from a phone task while driving. *Accident Analysis & Prevention, 37,* 315–326.

Shiner, R. (2000). Linking childhood personality with adaptation: Evidence for continuity and change across time into late adolescence. *Journal of Personality and Social Psychology, 78,* 310–325.

Shneidman, E. (1989). The Indian summer of life: A preliminary study of septuagenarians. *American Psychologist, 44,* 684–694.

Shu, H., Anderson, R., & Wu, N. (2000). Phonetic awareness: Knowledge of orthography-phonology relationships in the character acquisition of Chinese children. *Journal of Educational Psychology, 92,* 56–62.

Shumaker, S., Legault, C., Rapp, S., Thal, L., Wallace, R., Ockene, J., Hendrix, S., Jones, B., Assaf, A., Jackson, R., Kotchen, J., Wassertheil-Smoller, S., & Wactawski-Wende, J. (2003). Estrogen plus progestin and the incidence of dementia and mild cognitive impairment in postmenopausal women: The Women's Health Initiative Memory Study: A randomized controlled trial. *Journal of the American Medical Association (JAMA), 289,* 2651–2662.

Siegel, J. (2005). Functional implications of sleep development. *Public Library of Science: Biology, 3,* e178.

Siegfried, N., Muller, M., Deeks, J., & Volmink, J. (2009). Male circumcision for prevention of heterosexual acquisition of HIV in men. *Cochrane Database of Systematic Reviews, 2,* Online article No. CD003362.

Simons, D. & Chabris, C. (1999). Gorillas in our midst: Sustained inattentional blindness for dynamic events. *Perception, 28,* 1059–1074.

Simons, D., Wurtele, S., & Durham, R. (2008). Developmental experiences of child sexual abusers and rapists. *Child Abuse & Neglect, 32,* 549–560.

Simons, D., Wurtele, S., & Heil, P. (2002). Childhood victimization and lack of empathy as predictors of sexual offending against women and children. *Journal of Interpersonal Violence, 17,* 1291–1307.

Simons, J., & Carey, K. (2002). Risk and vulnerability for marijuana use problems. *Psychology of Addictive Behaviors, 16,* 72–75.

Simpkins, S., Davis-Kean, P., & Eccles, J. (2006). Math and science motivation: A longitudinal examination of the links between choices and beliefs. *Developmental Psychology, 42,* 70–83.

Simunovic, F., Yi, M., Wang, Y., Macey, L., Brown, L., Krichevsky, A., Andersen, S., Stephens, R., Benes, F., & Sonntag, K. (2009, in press). Gene expression profiling of substantia nigra dopamine neurons: Further insights into Parkinson's disease pathology. *Brain, 131.*

Singh, B. (1991). Teaching methods for reducing prejudice and enhancing academic achievement for all children. *Educational Studies, 17,* 157–171.

Singh, D. (1993). Adaptive significance of female physical attractiveness: role of waist-to-hip ratio. *Journal of Personality and Social Psychology, 65,* 293–307.

Singh, D. (1995). Female judgment of male attractiveness and desirability for relationships: Role of waist-to-hip ratio and financial status. *Journal of Personality and Social Psychology, 69,* 1089–1101.

Singh, D., & Singh, D. (2006). Role of body shape on judgment of female health and attractiveness: An evolutionary perspective. *Psihologijske Teme, 15,* 331–350.

Singh, M., Patel, J., & Gallagher, R. (2005). Chronic pain syndrome. Retrieved February 7, 2009 from http://emedicine.medscape.com/article/310834-overview.

Singh-Manoux, A., Marmot, M., & Adler, N. (2005). Does subjective social status predict health and change in health status better than objective status? *Psychosomatic Medicine, 67,* 855–861.

Sinha, S., & Mishra, R. (2007). Do parenting behavior patterns contribute to parent–child relationship? *Psychological Studies, 52,* 37–44.

Sivacek, J., & Crano, W. D. (1982). Vested interest as a moderator of attitude-behavior consistency. *Journal of Personality and Social Psychology, 43,* 210–221.

Skinner, B. (1957). *Verbal behavior.* New York: Appleton Century.

Skinner, B. F. (1953). *Science and human behavior.* New York: Macmillan.

Skrabalo, A. (2000). Negative symptoms in schizophrenia(s): The conceptual basis. *Harvard Brain, 7,* 7–10.

Sluzki, C. (2004). House taken over by ghosts: Culture, migration, and the developmental cycle of a Moroccan family invaded by hallucination. *Families, Systems, & Health, 22,* 321–337.

Small, G. (2005). *Effects of a 14-day healthy aging lifestyle program on brain function.* Paper presented at the 44th Annual Meeting of the American College of

Neuropsychopharmacology. December 11–15, 2005. Waikoloa, Hawaii.

Smith, B., Elliott, A., Chambers, W., Smith, W., Hannaford, P., & Penny, K. (2001). The impact of chronic pain in the community. *Family Practice*, *18*, 292–299.

Smith, D. (2007). *Introduction to special education* (6th ed.). Boston: Pearson Allyn & Bacon.

Smith, M. L., Glass, G. V., & Miller, T. I. (1980). *The benefits of psychotherapy*. Baltimore, MD: Johns Hopkins University Press.

Smith, N., Young, A., & Lee, C. (2004). Optimism, health-related hardiness and well-being among older Australian women. *Journal of Health Psychology*, *9*, 741–752.

Smith, S. M., Glenberg, A., & Bjork, R. A. (1978). Environmental context and human memory. *Memory & Cognition*, *6*, 342–353.

Smith, T., & Ruiz, J. (2002). Psychosocial influences on the development and course of coronary heart disease: Current status and implications for research and practice. *Journal of Consulting and Clinical Psychology*, *70*, 548–568.

Smolar, A. (1999). Bridging the gap: Technical aspects of the analysis of an Asian immigrant. *Journal of Clinical Psychoanalysis*, *8*, 567–594.

Smolensky, M., & Lamberg, L. (2000). *The body clock guide to better health*. New York: Macmillan/Henry Holt.

Snarey, J. R. (1985). Cross-cultural universality of social-moral development: A critical review of Kohlbergian research. *Psychological Bulletin*, *97*, 202–232.

Snarey, J. R. (1995). In communitarian voice: The sociological expansion of Kohlbergian theory, research, and practice. In W. M. Kurtines & J. L. Gerwirtz (Eds.), *Moral development: An introduction* (pp. 109–134). Boston: Allyn & Bacon.

Snow, C. (1993). Bilingualism and second language acquisition. In J. Gleason, & N. Ratner, (Eds.), *Psycholinguistics* (pp. 391–416). Fort Worth, TX: Harcourt.

Snowden, J. S., Griffiths, H. L., & Neary, D. (1996). Semantic-episodic memory interactions in semantic dementia: Implications for retrograde memory function. *Cognitive Neuropsychology*, *13*, 1101–1137.

Snyder, A., Bahramali, H., Hawker, T., & Mitchell, D. (2006). Savant-like numerosity skills revealed in normal people by magnetic pulses. *Perception*, *35*, 837–845.

Snyder, D., Castellani, A., & Whisman, M. (2006). Current status and future directions in couple therapy. *Annual Review of Psychology*, *57*, 317–344.

Soares-Weiser, K., & Fernandez, H. (2007). Tardive dyskinesia. *Seminars in Neurology*, *27*, 159–69.

Society for Industrial and Organizational Psychology, Inc. (SIOP). (2002). An instructor's guide for introducing industrial-organizational psychology. Retrieved June 10, 2003, from http://www.siop.org.

Society for Personality and Social Psychology. (2006). *What is a personality/social psychologist?* Retrieved July 26, 2006, from http://www.spsp.org/what.htm

Söderfeldt, B., Rönnberg, J., & Risberg, J. (1994). Regional cerebral blood flow in sign language users. *Brain and Language*, *46*, 59–68.

Soederberg Miller, L. (2009). Age differences in the effects of domain knowledge on reading efficiency. *Psychology and Aging*, *24*, 63–74.

Soei, E., Koch, B., Schwarz, M., & Daum, I. (2008). Involvement of the human thalamus in relational and non-relational memory. *European Journal of Neuroscience*, *28*, 2533–2541.

Soenen, S., Mariman, E., Vogels, N., Bouwman, F., den Hoed, M., Brown, L., & Westerterp-Plantenga, M. (2009). Relationship between perilipin gene polymorphisms and body weight and body composition during weight loss and weight maintenance. *Physiology & Behavior*, *96*, 723–728.

Sokol, R., Webster, K., Thompson, N., & Stevens, D. (2005). Whining as mother-directed speech. *Infant and Child Development*, *14*, 478–490.

Sokolov, E. N. (2000). Perception and the conditioning reflex: Vector encoding. *International Journal of Psychophysiology*, *35*, 197–217.

Solansky, S. (2008). Leadership style and team processes in self-managed team. *Journal of Leadership & Organizational Studies*, *14*, 332–341.

Solms, M. (2007a). The interpretation of dreams and the neurosciences. In L. Mayes, P. Fonagy, & M. Target (Eds.), *Developmental science and psychoanalysis: Integration and innovation* (pp. 141–158). London: Karnac Books.

Solms, M. (2007b). Freud returns. In F. Bloom (Ed.), *Best of the brain from Scientific American* (pp. 35–46). Washington, DC: Dana Press.

Solomon, S., Rothblum, E., & Balsam, K. (2004). Pioneers in partnership: Lesbian and gay male couples in civil unions compared with those not in civil unions and married heterosexual siblings. *Journal of Family Psychology*, *18*, 275–286.

Solso, R. (1991). *Cognitive psychology* (3rd ed.). Boston: Allyn & Bacon.

Sonnentag, S. (2003). Recovery, work engagement, and proactive behaviour: A new look at the interface between work and non-work. *Journal of Applied Psychology*, *88*, 518–528.

Soreff, S., & McInnes, L. (2008). *Bipolar affective disorder*. Retrieved June 11, 2009 from http://emedicine.medscape.com/article/286342-overview.

Soto, C., & John, O. (2009). Using the California Psychological Inventory to assess the Big Five personality domains: A hierarchical approach. *Journal of Research in Personality*, *43*, 25–38.

Southwick, S., Gilmartin, R., Mcdonough, P., & Morrissey, P. (2006). Logotherapy as an adjunctive treatment for chronic combat-related PTSD: A meaning-based intervention. *American Journal of Psychotherapy*, *60*, 161–174.

Spanos, N. P. (1986). Hypnotic behavior: A social-psychological interpretation of amnesia, analgesia, and "trance logic." *Behavioral and Brain Sciences*, *9*, 499–502.

Spanos, N. P. (1991). A sociocognitive approach to hypnosis. In S. J. Lynn & J. W. Rhue (Eds.), *Theories of hypnosis: Current models and perspectives* (pp. 324–361). New York: Guilford.

Spanos, N. P. (1994). Multiple identity enactments and multiple personality disorder: A sociocognitive perspective. *Psychological Bulletin*, *116*, 143–165.

Spataro, L., Sloane, E., Milligan, E., Wieseler-Frank, J., Schoeniger, D., Jakich, B., Barrientos, R., Maier, S., & Watkins, L. (2004). Spinal gap junctions: Potential involvement in pain facilitation. *Journal of Pain*, *5*, 392–405.

Spearman, C. (1927). *The abilities of man*. New York: Macmillan.

Spector, F., & Maurer, D. (2009). Synesthesia: A new approach to understanding the development of perception. *Developmental Psychology, 45*, 175–189.

Spence, J., Helmreich, R., & Stapp, J. (1974). The Personal Attributes Questionnaire: A measure of sex role stereotypes and masculinity-femininity. *JSAS, Catalog of Selected Documents in Psychology, 4*, 43–44.

Spencer, R., Zelaznik, H., Diedrichsen, J., & Ivry, R. (2003). Disrupted timing of discontinuous but not continuous movements by cerebellar lesions. *Science, 300*, 1437–1439.

Sperling, G. (1960). The information available in brief visual presentations. *Psychological Monographs: General and Applied 74* (Whole No. 498), 1–29.

Sperry, R. W. (1964). The great cerebral commissure. *Scientific American, 210*, 42–52.

Sperry, R. W. (1968). Hemisphere deconnection and unity in conscious experience. *American Psychologist, 23*, 723–733.

Spirito, A., Jelalian, E., Rasile, D., Rohrbeck, C., & Vinnick, L. (2000). Adolescent risk taking and self-reported injuries associated with substance use. *American Journal of Drug and Alcohol Abuse, 26*, 113–123.

Spitzer, M. W., & Semple, M. N. (1991). Interaural phase coding in auditory midbrain: Influence of dynamic stimulus features. *Science, 254*, 721–724.

Sporer, S. L., Penrod, S., Read, D., & Cutler, B. (1995). Choosing, confidence, and accuracy: A meta-analysis of the confidence-accuracy relation in eyewitness identification studies. *Psychological Bulletin, 118*, 315–327.

Spreen, O., Risser, A., & Edgell, D. (1995). *Developmental Neuropsychology*. New York: Oxford University Press.

Spurgeon, S. (2009). Wellness and college type in African American male college students: An examination of differences. *Journal of College Counseling, 12*, 33–43.

Squire, L. R. (1992). Memory and the hippocampus: A synthesis from findings with rats, monkeys, and humans. *Psychological Review, 99*, 195–231.

Squire, L. R., Knowlton, B., & Musen, G. (1993). The structure and organization of memory. *Annual Review of Psychology, 44*, 453–495.

St. Jacques, P., Dolcox, F., & Cabeza, R. (2009). Effects of aging on functional connectivity of the amygdala for subsequent memory of negative pictures. *Psychological Science, 20*, 74–84.

Stafford, J., & Lynn, S. (2002). Cultural scripts, memories of childhood abuse, and multiple identities: A study of role-played enactments. *International Journal of Clinical & Experimental Hypnosis, 50*, 67–85.

Starr, J., & Lonie, J. (2008). Estimated pre-morbid IQ effects on cognitive functional outcomes in Alzheimer disease: A longitudinal study in a treatment cohort. *BMC Psychiatry, 8*, 27.

Stattin, H., & Magnusson, D. (1990). *Pubertal maturation in female development*. Hillsdale, NJ: Erlbaum.

Steblay, N. M. (1992). A meta-analytic review of the weapon focus effect. *Law and Human Behavior, 16*, 413–424.

Steele, C., & Aronson, J. (1995). Stereotype threat and the intellectual test performance of African Americans. *Journal of Personality & Social Psychology, 69*, 797–811.

Steeves, R. (2002). The rhythms of bereavement. *Family & Community Health, 25*, 1–10.

Steffens, A. B., Scheurink, A. J., & Luiten, P. G. (1988). Hypothalamic food intake regulating areas are involved in the homeostasis of blood glucose and plasma FFA levels. *Physiology and Behavior, 44*, 581–589.

Steffensen, M., & Calker, L. (1982). Intercultural misunderstandings about health care: Recall of descriptions of illness and treatments. *Social Science and Medicine, 16*, 1949–1954.

Stein, M. B., & Kean, Y. M. (2000). Disability and quality of life in social phobia: Epidemiologic findings. *American Journal of Psychiatry, 157*, 1606–1613.

Stein, M. B., Walker, J. R., & Forde, D. R. (1996). Public-speaking fears in a community sample: Prevalence, impact on functioning, and diagnostic classification. *Archives of General Psychiatry, 53*, 169–174.

Stein-Behrens, B., Mattson, M. P., Chang, I., Yeh, M., & Sapolsky, R. (1994). Stress exacerbates neuron loss and cytoskeletal pathology in the hippocampus. *Journal of Neuroscience, 14*, 5373–5380.

Steinberg, L., & Dornbusch, S. (1991). Negative correlates of part-time employment during adolescence: Replication and elaboration. *Developmental Psychology, 27*, 304–313.

Steinberg, L., Blatt-Eisengart, I., & Cauffman, E. (2006). Patterns of competence and adjustment among adolescents from authoritative, authoritarian, indulgent, and neglectful homes: A replication in a sample of serious juvenile offenders. *Journal of Research on Adolescence, 16*, 47–58.

Steinberg, L., Elman, J. D., & Mounts, N. S. (1989). Authoritative parenting, psychosocial maturity, and academic success among adolescents. *Child Development, 60*, 1424–1436.

Steinberg, L., Lamborn, S. D., Darling, N., Mounts, N. S., & Dornbusch, S. M. (1994). Over-time changes in adjustment and competence among adolescents from authoritative, authoritarian, indulgent, and neglectful families. *Child Development, 65*, 754–770.

Stephenson, M. T., & Witte, K. (1998). Fear, threat, and perceptions of efficiency from frightening skin cancer messages. *Public Health Review, 26*, 147–174.

Steptoe, A. (2000). Stress, social support and cardiovascular activity over the working day. *International Journal of Psychophysiology, 37*, 299–308.

Stern, W. (1914). *The psychological methods of testing intelligence*. Baltimore: Warwick and York.

Sternberg, R. (2006). A duplex theory of love. In R. Sternberg, & K. Weis (Eds.). *The new psychology of love*. New Haven, CT: Yale University Press.

Sternberg, R. J. (1985a). *Beyond IQ: A triarchic theory of human intelligence*. New York: Cambridge University Press.

Sternberg, R. J. (1986a). *Intelligence applied: Understanding and increasing your intellectual skills*. San Diego: Harcourt Brace Jovanovich.

Sternberg, R. J. (1986b). A triangular theory of love. *Psychological Review, 93*, 119–135.

Sternberg, R. J. (1987). Liking versus loving: A comparative evaluation of theories. *Psychological Bulletin, 102*, 331–345.

Sternberg, R. J. (2000). The holey grail of general intelligence. *Science, 289*, 399–401.

Sternberg, R. J., Wagner, R. K., Williams, W. M., & Horvath, J. A. (1995). Testing common sense. *American Psychologist, 50*, 912–927.

Stetler, C., Chen, E., & Miller, G. (2006). Written disclosure of experiences with racial discrimination and antibody response to an influenza vaccine. *International Journal of Behavioral Medicine, 13*, 60–68.

Stevens, M., Golombok, S., & Beveridge, M. (2002). Does father absence influence children's gender development? Findings from a general population study of preschool children. *Parenting: Science & Practice, 2*, 47–60.

Stevenson, H. W. (1992). Learning from Asian schools. *Scientific American, 267*, 70–76.

Stevenson, H. W., Chen, C., & Lee, S. Y. (1993). Mathematics achievement of Chinese, Japanese, and American children: Ten years later. *Science, 259*, 53–58.

Stevenson, H. W., Lee, S. Y., & Stigler, J. W. (1986). Mathematics achievement of Chinese, Japanese, and American children. *Science, 231*, 693–699.

Stewart, G., Fulmer, I., & Barrick, M. (2005). An exploration of member roles as a multilevel linking mechanism for individual traits and team outcomes. *Personnel Psychology, 58*, 343–365.

Stewart, N. (2009). The cost of anchoring on credit-card minimum repayments. *Psychological Science, 20*, 39–41.

Stewart, V. M. (1973). Tests of the "carpentered world" hypothesis by race and environment in America and Zambia. *International Journal of Psychology, 8*, 83–94.

Stigler, J., & Stevenson, H. (1991). How Asian teachers polish each lesson to perfection. *American Educator*, 12–20, 43–47.

Still, C. (2001). Health benefits of modest weight loss. Retrieved January 29, 2003, from http://abcnews.go.com/sections/living/Healthology/weightloss_benefits011221.html.

Stilwell, N., Wallick, M., Thal, S., & Burleson, J. (2000). Myers-Briggs type and medical specialty choice: A new look at an old question. *Teaching & Learning in Medicine, 12*, 14–20.

Stockhorst, U., Mayl, N., Krueger, M., Huenig, A., Schottenfeld-Naor, Y., Huebinger, A., Berreshaim, H., Steingrueber, H., & Scherbaum, W. (2004). Classical conditioning and conditionability of insulin and glucose effects in healthy humans. *Physiology & Behavior, 81*, 375–388.

Stone, J. (2003). Self-consistency for low self-esteem in dissonance processes: The role of self-standards. *Personality and Social Psychology Bulletin, 29*, 846–858.

Stone, K., Karem, K., Sternberg, M., McQuillan, G., Poon, A., Unger, E., & Reeves, W. (2002). Seroprevalence of human papillomavirus type 16 infection in the United States. *Journal of Infectious Diseases, 186*, 1396–1402.

Stout, M. (2005). *The sociopath next door: The ruthless versus the rest of us.* New York: Broadway Books.

Stovall, K. C., & Dozier, M. (2000). The development of attachment in new relationships: Single subject analyses for 10 foster infants. *Developmental Psychopathology, 12*, 2133–2156.

Strack, F., Martin, L. L., & Stepper, S. (1988). Inhibiting and facilitating conditions of facial expressions: A nonobtrusive test of the facial feedback hypothesis. *Journal of Personality and Social Psychology, 54*, 768–777.

Strange, B., Hurlemann, R., & Dolan, R. (2003). An emotion-induced retrograde amnesia in humans is amygdala- and b-adrenergic-dependent. *Proceedings of the National Academy of Science, 100*, 13626–13631.

Strauss, E., Sherman, E,. & Spreen, O. (2006). *A compendium of neuropsychological tests: Administration, norms, and commentary* (3rd ed.). New York: Oxford University Press.

Strawbridge, W. J., Cohen, R. D., Shema, S. J., & Kaplan, G. A. (1997). Frequent attendance at religious services and mortality over 28 years. *American Journal of Public Health, 87*, 957–961.

Strayer, D., & Drews, F. (2004). Profiles in driver distraction: Effects of cell phone conversations on younger and older drivers. *Human Factors, 46*, 640–649.

Strickland, B. R. (1995). Research on sexual orientation and human development: A commentary. *Developmental Psychology, 31*, 137–140.

Stroebe, M., & Schut, H. (1999). The dual process model of coping with bereavement: Rationale and description. *Death Studies, 23*, 197–224.

Strohmetz, D., Rind, B., Fisher, R., & Lynn, M. (2002). *Journal of Applied Social Psychology, 32*, 300–309.

Stromeyer, C. F., III. (1970, November). Eidetikers. *Psychology Today*, pp. 76–80.

Strough, J., Leszczynski, J., Neely, T., Flinn, J., & Margrett, J. (2007). From adolescence to later adulthood: Femininity, masculinity, and androgyny in six age groups. *Sex Roles, 57*, 385–396.

Stubbs, P. (2000). *Mental health care online.*

Stuss, D., Gow, C., & Hetherington, C. (1992). "No longer Gage": Frontal lobe dysfunction and emotional changes. *Journal of Consulting and Clinical Psychology, 60*, 349–359.

Styne, D., & Glaser, N. (1998). Endocrine disorders. In R. Behrman & R. Kliegman (Eds.), *Nelson essentials of pediatrics* (3rd Ed., pp. 647–693). Philadelphia: W. B. Saunders.

Suarez, M. G. (1983). Implications of Spanish-English bilingualism in the TAT stories. Unpublished doctoral dissertation, University of Connecticut.

Sugimura, K., Phinney, J., Yamazaki, M., & Takeo, K. (2009). Compliance, negotiation, and self-assertion in Japanese adolescents' disagreements with parents. *International Journal of Behavioral Development, 33*, 77–87.

Sugita, M., & Shiba, Y. (2005). Genetic tracing shows segregation of taste neuronal circuitries for bitter and sweet. *Science, 309*, 781–785.

Suldo, S., Mihalas, S., Powell, H., & French, R. (2008). Ecological predictors of substance use in middle school students. *School Psychology Quarterly, 23*, 373–388.

Sullivan, A., Maerz, J., & Madison, D. (2002). Anti-predator response of red-backed salamanders (Plethodon cinereus) to chemical cues from garter snakes (Thamnophis sirtalis): Laboratory and field experiments. *Behavioral Ecology & Sociobiology, 51*, 227–233.

Sullivan, A. D., Hedberg, K., & Fleming, D. W. (2000). Legalized physician-assisted suicide in Oregon—The second year. *New England Journal of Medicine, 342*, 598–604.

Sullivan, E., Fama, R., Rosenbloom, M., & Pfefferbaum, A. (2002). A profile of neuropsychological deficits in alcoholic women. *Neuropsychology, 16*, 74–83.

Sullivan, M., Thibault, P., Andrikonyte, J., Butler, H., Catchlove, R., & Lariviere, C. (2009). Psychological influences on repetition-induced summation of activity-related pain in patients with chronic low back pain. *Pain, 141*, 70–78.

Sung, K. (2008). Serial and parallel attentive visual searches: Evidence from cumulative distribution functions of response times. *Journal of Experimental Psychology: Human Perception and Performance, 34,* 1372–1388.

Super, C. W. (1981). Behavioral development in infancy. In R. H. Munroe, R. L. Munroe, & B. B. Whiting (Eds.), *Handbook of cross-cultural human development* (pp. 181–269). Chicago: Garland.

Super, D. (1971). A theory of vocational development. N. H. J. Peters & J. C. Hansen (Eds.), *Vocational guidance and career development* (pp. 111–122). New York: MacMillan.

Super, D. (1986). Life career roles: Self-realization in work and leisure. In D. T. H. & Associates (Eds.), *Career development in organizations* (pp. 95–119). San Francisco: Jossey-Bass.

"Survey: Four in 10 American adults play video games." (2006, May 9). Retrieved May 12, 2006 from http://www.foxnews.com.

Swaffer, T., Hollin, C., Beech, A., Beckett, R., & Fisher, D. (2000). An exploration of child sexual abusers' sexual fantasies before and after treatment. *Sexual Abuse: A Journal of Research and Treatment, 2,* 61–68.

Swain, I. U., Zelazo, P. R., & Clifton, R. K. (1993). Newborn infants' memory for speech sounds retained over 24 hours. *Developmental Psychology, 29,* 312–323.

Swami, V., Einon, D., & Furnham A. (2007). Cultural significance of leg-to-body ratio preferences? Evidence from Britain and rural Malaysia. *Asian Journal of Social Psychology, 10,* 265–269.

Swanson, L. W. (1995). Mapping the human brain: past, present, and future. *Trends in Neurosciences, 18,* 471–474.

Swartz, H., Frank, E., Frankel, D., Novick, P., & Houck, P. (2009). Psychotherapy as monotherapy for the treatment of bipolar II depression: A proof of concept study. *Bipolar Disorders, 11,* 89–94.

Sweatt, J. D., & Kandel, E. R. (1989). Persistent and transcriptionally dependent increase in protein phosphorylation in long-term facilitation of Aplysia sensory neurons. *Nature, 339,* 51–54.

Sweller, J., & Levine, M. (1982). Effects of goal specificity on means-end analysis and learning. *Journal of Experimental Psychology: Learning, Memory, and Cognition, 8,* 463–474.

Symister, P., & Friend, R. (2003). The influence of social support and problematic support on optimism and depression in chronic illness: A prospective study evaluating self-esteem as a mediator. *Health Psychology, 22,* 123–129.

Szewczyk-Sokolowski, M., Bost, K., & Wainwright, A. (2005). Attachment, temperament, and preschool children's peer acceptance. *Social Development, 14,* 379–397.

Taaffe, D., Irie, F., Masaki, K., Abbott, R., Petrovitch, H., Ross, G., & White, L. (2008). Physical activity, physical function, and incident dementia in elderly men: The Honolulu-Asia Aging Study. *Journal of Gerontology: Series A: Biological Sciences and Medical Sciences, 63A,* 529–535.

Takahashi, S., Matsuura, M., Tanabe, E., Yara, K., Nonaka, K., Fukura, Y., Kikuchi, M., & Kojima, T. (2000). Age at onset of schizophrenia: Gender differences and influence of temporal socioeconomic change. *Psychiatry and Clinical Neurosciences, 54,* 153–156.

Tamminga, C., & Vogel, M. (2005). Images in neuroscience: The cerebellum. *American Journal of Psychiatry, 162,* 1253.

Tan, H., & Tan, M. (2008). Organizational citizenship behavior and social loafing: The role of personality, motives, and contextual factors. *Journal of Psychology: Interdisciplinary and Applied, 142,* 89–108.

Tanda, G., Pontieri, F. E., & Di Chiara, G. (1997). Cannabinoid and heroin activation of mesolimbic dopamine transmission by a common µ1 opioid receptor mechanism. *Science, 276,* 2048–2050.

Tanner, J. (1990). *Fetus into man: Physical growth from conception to maturity.* Cambridge, MA: Harvard University Press.

Tan-Niam, C., Wood, D., & O'Malley, C. (1998). A cross-cultural perspective on children's theories of mind and social interaction. *Early Child Development & Care, 144,* 55–67.

Tata, J., & Prasad, S. (2004). Team self-management, organizational structure, and judgments of team effectiveness. *Journal of Managerial Issues, 16,* 248–265.

Tate, D., Paul, R., Flanigan, T., Tashima, K., Nash, J., Adair, C., Boland, R., & Cohen, R. (2003). The impact of apathy and depression on quality of life in patients infected with HIV. *AIDS Patient Care & STDs, 17,* 117–120.

Taub, G., Hayes, B., Cunningham, W., & Sivo, S. (2001). Relative roles of cognitive ability and practical intelligence in the prediction of success. *Psychological Reports, 88,* 931–942.

Tay, C., Ang, S., & Dyne, L. (2006). Personality, biographical characteristics, and job interview success: A longitudinal study of the mediating effects of interviewing self-efficacy and the moderating effects of internal locus of causality. *Journal of Applied Psychology, 91,* 446–454.

Taylor, C., & Luce, K. (2003). Computer- and Internet-based psychotherapy interventions. *Current Directions in Psychological Science, 12,* 18–22.

Taylor, S. (2008). Current issues and new directions in psychology and health: Bringing basic and applied research together to address underlying mechanisms. *Psychology & Health, 23,* 131–134.

Tchanturia, K., Liao, P., Uher, R., Lawrence, N., Treasure, J., & Campbell, I. (2007). An investigation of decision making in anorexia nervosa using the Iowa Gambling Task and skin conductance measurements. *Journal of the International Neuropsychological Society, 13,* 1–7.

Teachman, B., Marker, C., & Smith-Janik, S. (2008). Automatic associations and panic disorder; Trajectories of change over the course of treatment. *Journal of Consulting and Clinical Psychology, 76,* 988–1002.

Teachman, J. (2003). Premarital sex, premarital cohabitation and the risk of subsequent marital dissolution among women. *Journal of Marriage and Family, 65,* 444–455.

Teitelbaum, P. (1957). Random and food-directed activity in hyperphagic and normal rats. *Journal of Comparative and Physiological Psychology, 50,* 486–490.

Tellegen, A., Lykken, D. T., Bouchard, T. J., Jr., Wilcox, K. J., Segal, N. L., & Rich, S. (1988). Personality similarity in twins reared apart and together. *Journal of Personality and Social Psychology, 54,* 1031–1039.

Teng, E., Stefanacci, L., Squire, L. R., & Zola, S. M. (2000). Contrasting effects on discrimination learning after hippocampal lesions and conjoint hippocampal-caudate lesions in monkeys. *Journal of Neuroscience, 20,* 3853–3863.

Tennant, C. (2002). Life events, stress and depression: A review of the findings. *Australian & New Zealand Journal of Psychiatry, 36,* 173–182.

Tepper, B. (2008). Nutritional implications of genetic taste variation: The role of PROP sensitivity and other taste phenotypes. *Annual Review of Nutrition, 28,* 367–388.

Tepper, B., & Ullrich, N. (2002). Influence of genetic taste sensitivity to 6-n-propylthiouracil (PROP), dietary restraint and disinhibition on body mass index in middle-aged women. *Physiology & Behavior, 75,* 305–312.

Tercyak, K., Johnson, S., Roberts, S., & Cruz, A. (2001). Psychological response to prenatal genetic counseling and amniocentesis. *Patient Education & Counseling, 43,* 73–84.

Terlecki, M., & Newcombe, N. (2005). How important is the digital divide? The relation of computer and videogame usage to gender differences in mental rotation ability. *Sex Roles, 53,* 433–441.

Terman, L. M. (1925). *Genetic studies of genius, Vol. 1: Mental and physical traits of a thousand gifted children.* Stanford, CA: Stanford University Press.

Terman, L. M., & Oden, M. H. (1947). *Genetic studies of genius, Vol. 4: The gifted child grows up.* Stanford, CA: Stanford University Press.

Terman, L. M., & Oden, M. H. (1959). *Genetic studies of genius, Vol. 5: The gifted group at mid-life.* Stanford, CA: Stanford University Press.

Terman, L., & Miles, C. (1936). *Sex and personality: Studies in masculinity and femininity.* New York: McGraw-Hill.

Termine, N. T., & Izard, C. E. (1988). Infants' responses to their mother's expressions of joy and sadness. *Developmental Psychology, 24,* 223–229.

Terracciano, A., McCrae, R., Brant, L., & Costa, P. (2005). Hierarchical linear modeling analyses of the NEO-PI-R Scales in the Baltimore Longitudinal Study of Aging. *Psychology and Aging, 20,* 493–506.

Terrace, H. (1979, November). How Nim Chimpski changed my mind. *Psychology Today,* 65–76.

Terrace, H. S. (1981). A report to an academy. *Annals of the New York Academy of Sciences, 364,* 115–129.

Thapar, A., O'Donovan, M., & Owen, M. (2005). The genetics of attention deficit hyperactivity disorder. *Human Molecular Genetics, 14,* R275–R282.

Thase, M. E., & Kupfer, D. J. (1996). Recent developments in the pharmacotherapy of mood disorders. *Journal of Consulting and Clinical Psychology, 64,* 646–659.

Thaxton, L., & Myers, M. (2002). Sleep disturbances and their management in patients with brain injury. *Journal of Head Trauma Rehabilitation, 17,* 335–348.

The Economist. (2004, July 8.) Lie detection: Making windows in men's souls. Retrieved June 16, 2006 from http://www.economist.com/printedition/displayStory.cfm?Story_ID=2897134.

Thirthalli, J., & Benegal, V. (2006). Psychosis among substance users. *Current Opinion in Psychiatry, 19,* 239–245.

Thomas, A., Chess, S., & Birch, H. G. (1970). The origin of personality. *Scientific American, 223,* 102–109.

Thompson, B., Brough, P., & Schmidt, H. (2006). Supervisor and subordinate work-family values: Does similarity make a difference? *International Journal of Stress Management, 13,* 45–63.

Thompson, L., & Aspinwall, K. (2009). The recruitment value of work/life benefits. *Personnel Review, 38,* 195–210.

Thompson, P., Dutton, R., Hayashi, K., Toga, A., Lopez, O., Aizenstein, H., & Becker, J. (2005). Thinning of the cerebral cortex visualized in HIV/AIDS reflects CD4+ T lymphocyte decline. *Proceedings of the National Academies of Science, 102,* 15642–15647.

Thompson, P., Vidal, C., Giedd, J., Gochman, P., Blumenthal, J., Nicolson, R., Toga, A., & Rapoport, J. (2001). Mapping adolescent brain change reveals dynamic wave of accelerated gray matter loss in very early-onset schizophrenia. *Proceedings of the National Academy of Sciences, 98,* 11650–11655.

Thompson, R., Emmorey, K., & Gollan, T. (2005). "Tip of the fingers" experiences by deaf signers. *Psychological Science, 16,* 856–860.

Thorndike, E. (1898). Some experiments on animal intelligence. *Science, 7*(181), 818–824.

Thorndike, E. L. (1911/1970). *Animal intelligence: Experimental studies.* New York: Macmillan. (Original work published 1911).

Thorpe, M., Pittenger, D., & Reed, B. (1999). Cheating the researcher: A study of the relation between personality measures and self-reported cheating. *College Student Journal, 33,* 49–59.

Thorsteinsson, E., & Brown, R. (2009). Mediators and moderators of the stressor-fatigue relationship in nonclinical samples. *Journal of Psychosomatic Research, 66,* 21–29.

Thurstone, L. L. (1938). *Primary mental abilities.* Chicago: University of Chicago Press.

Tideman, E., Nilsson, A., Smith, G., & Stjernqvist, K. (2002). Longitudinal follow-up of children born preterm: The mother-child relationship in a 19-year perspective. *Journal of Reproductive & Infant Psychology, 20,* 43–56.

Tidey, J., O'Neill, S., & Higgins, S. (2002). Contingent monetary reinforcement of smoking reductions, with and without transferal nicotine, in outpatients with schizophrenia. *Experimental and Clinical Psychopharmacology, 10,* 241–247.

Tiedemann, J. (2000). Parents' gender stereotypes and teachers' beliefs as predictors of children's concept of their mathematical ability in elementary school. *Journal of Educational Psychology, 92,* 144–151.

Tinkle, M. B. (1990). Genital human papillomavirus infection: A growing health risk. *Journal of Obstetric, Gynecologic, & Neonatal Nursing, 19,* 501–507.

Toastmasters International. (2003). Ten tips for successful public speaking. Retrieved November 25, 2003, from http://www.toastmasters.org/pdfs/top10.pdf.

Tobin, M. (2007). Psychopharmacology column: Why choose selegiline transderman system for refractory depression? *Issues in Mental Health Nursing, 28,* 223–228.

Tohidian, I. (2009). Examining linguistic relativity hypothesis as one of the main views on the relationship between language and thought. *Journal of Psycholinguistic Research, 38,* 65–74.

Tolman, E. C. (1932). *Purposive behavior in animals and men.* New York: Appleton-Century-Crofts.

Tolman, E. C., & Honzik, C. H. (1930). Introduction and removal of reward, and maze performance in rats.

University of California Publications in Psychology, 4, 257–275.

Tomkins, S. (1962). *Affect, imagery, and consciousness: The positive effects* (Vol. 1). New York: Springer.

Tomkins, S. (1963). *Affect, imagery, and consciousness: The negative effects* (Vol. 2). New York: Springer.

Tooby, J., & Cosmides, L. (2005). Conceptual foundations of evolutionary psychology. In D. Buss (Ed.), *Handbook of evolutionary psychology* (pp. 5–67). Hoboken, NJ: Wiley.

Toot, J., Dunphy, G., Turner, M., & Ely, D. (2004). The SHR Y-chromosome increases testosterone and aggression, but decreases serotonin as compared to the SKY Y-chromosome in the rat model. *Behavior Genetics, 34*, 515–524.

Topolinski, S., & Strack, F. (2009). The architecture of intuition: Fluency and affect determine intuitive judgments of semantic and visual coherence and judgments of grammaticality in artificial grammar learning. *Journal of Experimental Psychology: General, 138*, 39–63.

Torgesen, J., Wagner, R., Rashotte, C., Rose, E., Lindamood, P., Conway, T., & Garvan, C. (1999). Preventing reading failure in young children with phonological processing disabilities: Group and individual responses to instruction. *Journal of Educational Psychology, 91*, 594–603.

Torrey, E., (1992). *Freudian fraud: The malignant effect of Freud's theory on American thought and culture*. New York: Harper Collins.

Totterdell, P., & Kellett, S. (2008). Restructuring mood in cyclothymia using cognitive behavior therapy: An intensive time-sampling study. *Journal of Clinical Psychology, 64*, 501–518.

Tourangeau, R., Smith, T. W., & Rasinski, K. A. (1997). Motivation to report sensitive behaviors on surveys: Evidence from a bogus pipeline experiment. *Journal of Applied Social Psychology, 27*, 209–222.

Trautner, H., Gervai, J., & Nemeth, R. (2003). Appearance-reality distinction and development of gender constancy understanding in children. *International Journal of Behavioral Development, 27*, 275–283.

Trautner, H., Ruble, D., Cyphers, L., Kristen, B., Behrendt, R., & Hartmann, P. (2005). Rigidity and flexibility of gender stereotypes in childhood: Developmental or differential? *Infant and Child Development, 14*, 365–381.

Traverso, A., Ravera, G., Lagattolla, V., Testa, S., & Adami, G. (2000). Weight loss after dieting with behavioral modification for obesity: The predicting efficiency of some psychometric data. *Eating and Weight Disorders: Studies on Anorexia, Bulimia, and Obesity, 5*, 102–107.

Triplett, N. (1898). The dynamogenic factors in pacemaking and competition. *American Journal of Psychology, 9*, 507–533.

Troglauer, T., Hels, T., & Christens, P. (2006). Extent and variations in mobile phone use among drivers of heavy vehicles in Denmark. *Accident Analysis & Prevention, 38*, 105–111.

Troxel, W., Matthews, K., Bromberger, J., & Sutton-Tyrrell, K. (2003). Chronic stress burden, discrimination, and subclinical carotid artery disease in African American and Caucasian women. *Health Psychology, 22*, 300–309.

Trull, T., Stepp, S., & Durrett, C. (2003). Research on borderline personality disorder: An update. *Current Opinion in Psychiatry, 16*, 77–82.

Tsai, J., Knutson, B., & Fung, H. (2006). Cultural variation in affect valuation. *Journal of Personality and Social Psychology, 90*, 288–307.

Tsai, S., Kuo, C., Chen, C., & Lee, H. (2002). Risk factors for completed suicide in bipolar disorder. *Journal of Clinical Psychiatry, 63*, 469–476.

Tsang, L., Harvey, C., Duncan, K., & Sommer, R. (2003). The effects of children, dual earner status, sex role traditionalism, and marital structure on marital happiness over time. *Journal of Family and Economic Issues, 24*, 5–26.

Tsang, W., & Hui-Chan, C. (2003). Effects of Tai Chi on joint proprioception and stability limits in elderly subjects. *Medicine & Science in Sports & Exercise, 35*, 1962–1971.

Tsao, D., Freiwald, W., Tootell, R., & Livingstone, M. (2006). A cortical region consisting entirely of face-selective cells. *Science, 311*, 670–674.

Tueth, M. J. (2000). Exposing financial exploitation of impaired elderly persons. *American Journal of Geriatric Psychiatry, 8*, 104–111.

Tulving, E. (1974). Cue-dependent forgetting. *American Scientist, 62*, 74–82.

Tulving, E. (1989). Remembering and knowing the past. *American Scientist, 77*, 361–367.

Tulving, E. (1995). Organization of memory: Quo vadis? In M. S. Gazzaniga (Ed.), *The cognitive neurosciences*. Cambridge, MA: MIT Press.

Tulving, E. (2002). Episodic memory: From mind to brain. *Annual Review of Psychology, 53*, 1–25.

Tulving, E., & Thompson, D. M. (1973). Encoding specificity and retrieval processes in episodic memory. *Psychological Review, 80*, 352–373.

Turner, C. F., Danella, R. D., & Rogers, S. M. (1995). Sexual behavior in the United States, 1930–1990: Trends and methodological problems. *Sexually Transmitted Diseases, 22*, 173–190.

Turner, J. C., Hogg, M. A., Oakes, P. J., Reicher, S. D., & Wetherell, M. S. (1987). *Rediscovering the social group: A self-categorization theory*. Oxford, England: Blackwell.

Turner, R., Hewstone, M., Voci, A., & Vonofakou, C. (2008). A test of extended intergroup contact hypothesis: The mediating role of intergroup anxiety, perceived ingroup and outgroup norms, and inclusion of the outgroup in the self. *Journal of Personality and Social Psychology, 95*, 843–860.

Turunen, J., Mantyselka, P., Kumpusalo, E., & Ahonen, R. (2005). Frequent analgesic use at population level: Prevalence and patterns of use. *Pain, 115*, 374–381.

Tversky, A. (1972). Elimination by aspects: A theory of choice. *Psychological Review, 79*, 281–299.

Tversky, A., & Kahneman, D. (1974). Judgment under uncertainty: Heuristics and biases. *Science, 185*, 1124–1130.

Tweed, R., & Lehman, D. (2002). Learning considered within a cultural context: Confucian and Socratic approaches. *American Psychologist, 57*, 89–99.

Tye, K., Stuber, G., Ridder, B., Bonci, A., & Janak, P. (2008). Rapid strengthing of thalamo-amygdala synapses mediates cue-reward learning. *Nature, 453*, 1253–1257.

Uddin, S., & Jarmi, T. (2009). REM sleep behavior disorder. Retrieved September 9, 2009 from http://emedicine.medscape.com/article/1188651-overview.

Ueki, Y., Mima, T., Kotb, M., Sawada, H., Saiki, H., Ikeda, A., Begum, T., Reza, F., Nagamine, T., & Fukuyama, H. (2006). Altered plasticity of the human motor cortex in Parkinson's Disease. *Annals of Neurology, 59*, 60–71.

Uman, L., Chambers, C., McGrath, P., & Kisely, S. (2008). A systematic review of randomized controlled trials examining psychological interventions for needle-related procedural pain and distress in children and adolescents: An abbreviated Cochrone review. *Journal of Pediatric Psychology, 33*, 842–854.

Umberson, D., Williams, K., Powers, D., Liu, H., & Needham, B. (2006). You make me sick: Marital quality and health over the life course. *Journal of Health and Social Behavior, 47*, 1–16.

Underwood, B. J. (1957). Interference and forgetting. *Psychological Review, 64*, 49–60.

Underwood, B. J. (1964). Forgetting. *Scientific American, 210*, 91–99.

United Nations. (2008). *Millennium development goals report*. Retrieved June 8, 2009 from http://www.un.org/millenniumgoals/2008highlevel/pdf/newsroom/mdg%20reports/MDG_Report_2008_ENGLISH.pdf.

United States Department of Health and Human Services. (2005). *Aim for a healthy weight*. Retrieved June 3, 2009 from http://www.nhlbi.nih.gov/health/public/heart/obesity/aim_hwt.pdf.

University of Michigan Transportation Research Institute (UMTRI). (2003). Ready for the road: Software helps teens drive safely. *UMTRI Research Review, 34*, 1–2.

U.S. Bureau of Labor Statistics. (2005). *Women in the labor force: a Databook*. Retrieved July 28, 2006, from http://www.bls.gov/cps/wlf-databook2005.htm.

U.S. Census Bureau. (1997). *Statistical abstracts of the United States 1997* (117th ed.). Washington, DC: U.S. Government Printing Office.

U.S. Census Bureau. (2000). Native resident population estimates of the United States by sex, race, and Hispanic origin. Population Estimates Program, Population Division. Retrieved from http://www.census.gov/populationestimates/nation/nativity/nbtab003.txt.

U.S. Census Bureau. (2001). *Statistical abstract of the United States*. Washington, DC: U.S. Government Printing Office.

U.S. Census Bureau. (2004a). *Educational attainment in the United States: 2003*. Retrieved June 15, 2006 from http://www.census.gov/prod/2004pubs/p20-550.pdf.

U.S. Census Bureau. (2004b). *Income 2003: Press release*. Retrieved July 5, 2006 from http://www.census.gov/Press-elease/www/releases/archives/income_wealth/002484.html.

U.S. Census Bureau. (2005). *Living arrangements of children under 18 years old: 1960 to present*. Retrieved June 10, 2006 from http://www.census.gov/population/socdemo/hh-fam/ch1.pdf.

U.S. Census Bureau. (2006). *2005 American community survey*. Retrieved November 19, 2006 from http://www.census.gov/acs/www/index.html.

U.S. Department of Energy. (2006). *Human Genome Project information*. Retrieved September 21, 2006 from http://www.ornl.gov/sci/techresources/Human_Genome/home.shtml.

U.S. Department of Health and Human Services. (2000). *Reducing tobacco use: A report of the Surgeon General—executive summary*. Atlanta: Department of Health and Human Services, Centers for Disease Control and Prevention, National Center for Chronic Disease Prevention and Health Promotion, Office on Smoking and Health.

U.S. Department of Health and Human Services. (2001). Ecstasy: Teens speak out [Online factsheet]. Retrieved October 22, 2003, from http://www.health.org/govpubs/prevalert/v4/8.aspx.

U.S. Food and Drug Administration (FDA). (2004, October 15). *Suicidality in children and adolescents being treated with antidepressant medication*. Retrieved May 12, 2005, from http://www.fda.gov/cder/drug/antidepressants/SSRIPHA200410.htm.

Usher, E., & Pajares, F. (2006). Sources of academic and self-regulatory efficacy beliefs of entering middle school students. *Contemporary Educational Psychology, 31*, 125–141.

Utsey, S., Chae, M., Brown, C., & Kelly, D. (2002). Effect of ethnic group membership on ethnic identity, race-related stress and quality of life. *Cultural Diversity & Ethnic Minority Psychology, 8*, 367–378.

Vaccarino, V., Abramson, J., Veledar, E., & Weintraub, W. (2002). Sex differences in hospital mortality after coronary artery bypass surgery: Evidence for a higher mortality in younger women. *Circulation, 105*, 1176.

Valeo, T. (2008). Role of sleep in memory and learning elucidated in new studies. *Neurology Today, 8*, 16.

Valkenburg, P., & Vroone, M. (2004). Developmental changes in infants' and toddlers' attention to television entertainment. *Communication Research, 31*, 288–311.

Valle, M., & Bozeman, D. (2002). Interrater agreement on employees' job performance: Review and directions. *Psychological Reports, 90*, 975–985.

Valtonen, H., Suominen, K., Haukka, J., Mantere, O., Arvilommi, P., Leppämäki, S., & Isometsä, E. (2009). Hopelessness across phases of bipolar I or II disorder: A prospective study. *Journal of Affective Disorders, 115*, 11–17.

Van Assema, P., Martens, M., Ruiter, A., & Brug, J. (2002). Framing of nutrition education messages in persuading consumers of the advantages of a healthy diet. *Journal of Human Nutrition & Dietetics, 14*, 435–442.

Van Boven, L., White, K., Kamada, A., & Gilovich, T. (2003). Intuitions about situational correction in self and others. *Journal of Personality & Social Psychology, 85*, 249–258.

Van Cauter, E. (2000). Slow-wave sleep and release of growth hormone. *Journal of the American Medical Association, 284*, 2717–2718.

van den Hout, M., & Merckelbach, H. (1991). Classical conditioning: Still going strong. *Behavioural Psychotherapy, 19*, 59–79.

Van der Elst, W., Van Boxtel, M., Van Breukelen, G., & Jolles, J. (2006). The Stroop color-word test: Influence of age, sex, and education; and normative data for a large sample across the adult age range. *Assessment, 13*, 62–79.

Van der Zee, K., Thijs, M., & Schakel, L. (2002). The relationship of emotional intelligence with academic intelligence and the Big Five. *European Journal of Personality, 16*, 103–125.

van Ginneken, V., Sitnyakowsky, L., & Jeffery, J. (2009). "Infectobesity": Viral infections (especially with human adenovirus-36: Ad-36) may be a cause of obesity. *Medical Hypotheses, 72*, 383–388.

Van Lancker, D. (1987, November). Old familiar voices. *Psychology Today*, pp. 12–13.

Van Lommel, S., Laenen, A., & d'Ydewalle, G. (2006). Foreign-grammar acquisition while watching subtitled television programmes. *British Journal of Educational Psychology, 76*, 243–258.

van Schoor, G., Bott, S., & Engels, R. (2008). Alcohol drinking in young adults: The predictive value of personality when peers come around. *European Addiction Research, 14*, 125–133.

van Vianen, A., & Fischer, A. (2002). Illuminating the glass ceiling: The role of organizational culture preferences. *Journal of Occupational & Organizational Psychology, 75*, 315–337.

Vandell, D. L., & Mueller, E. C. (1980). Peer play and friendships during the first two years. In H. C. Foot, A. J. Chapman, & J. R. Smith (Eds.), *Friendship and social relations in children*. New York: Wiley.

Vander Meer, R., & Alonso, L. (2002). Queen primer pheromone affects conspecific fire ant (Solenopsis invicta) aggression. *Behavioral Ecology & Sociobiology, 51*, 122–130.

Vanno, J. (2007). *American prejudice*. Retrieved February 14, 2009 from http://www.zogby.com/gsn/GSNReport.pdf

Vargha-Khadem, F., Gadian, D. G., Watkins, D. E., Connelly, A., Van Paesschen, W., & Mishkin, M. (1997). Differential effects of early hippocampal pathology on episodic and semantic memory. *Science, 277*, 376–380.

Vasterling, J., Duke, L., Brailey, K., Constans, J., Allain, A., & Sutker, P. (2002). Attention, learning, and memory performances and intellectual resources in Vietnam veterans: PTSD and no disorder comparisons. *Neuropsychology, 16*, 5–14.

Veldhorst, M., Smeets, A., Soenen, S,. Hochstenbach-Waelen, A, Hursel, R., Dipvens, K., Lejeune, M., Luscombe-Marsh, N., & Westerterp-Plantenga, M. (2008). Protein-induced satiety: Effects and mechanisms of different proteins. *Physiology & Behavior, 94*, 300–307.

Vermeersch, H., T'Sjoen, G., Kaufman, J., & Vincke, J. (2008). The role of testosterone in aggressive and non-aggressive risk-taking in adolescent boys. *Hormones and Behavior, 53*, 463–471.

Vieta, E. (2003). Atypical antipsychotics in the treatment of mood disorders. *Current Opinion in Psychiatry, 16*, 23–27.

Villani, S. (2001). Impact of media on children and adolescents: A 10-year review of the research. *Journal of the American Academy of Child & Adolescent Psychiatry, 40*, 392–401.

Villegas, A., Sharps, M., Satterthwaite, B., & Chisholm, S. (2005). Eyewitness memory for vehicles. *Forensic Examiner, 14*, 24–28.

Vincent, K. R. (1991). Black/white IQ differences: Does age make the difference? *Journal of Clinical Psychology, 47*, 266–270.

Vincent, K. R. (1993, Fall). On the perfectibility of the human species: Evidence using fixed reference groups. *TCA Journal*, pp. 60–63.

Vincent, M., & Pickering, M. R. (1988). Multiple personality disorder in childhood. *Canadian Journal of Psychiatry, 33*, 524–529.

Violari, A., Cotton, M., Gibb, D., Babiker, A., Steyn, J., Madhi, S., Jean-Philippe, P., & McIntyre, J. (2008). Early antiretroviral therapy and mortality among HIV-infected infants. *New England Journal of Medicine, 359*, 2233–2244.

Visser, P., & Mirabile, R. (2004). Attitudes in the social context: The impact of social network composition on individual-level attitude strength. *Journal of Personality & Social Psychology, 87*, 779–795.

Vitousek, K., & Manke, F. (1994). Personality variables and disorders in anorexia nervosa and bulimia nervosa. *Journal of Abnormal Psychology, 103*, 137–147.

Voisey, J., Swagell, C., Hughes, I., Morris, C., van Daal, A., Noble, E., Kann, B., Heslop, K., Young, R., & Lawford, B. (2009). The DRD2 gene 957C>T polymorphism is associated with posttraumatic stress disorder in war veterans. *Depression and Anxiety, 26*, 28–33.

Volicer, L., Harper, D., Manning, B., Goldstein, R., & Satlin, A. (2001). Sundowning and circadian rhythms in Alzheimer's disease. *American Journal of Psychiatry, 158*, 704–711.

Von Dras, D. D., & Siegler, I. C. (1997). Stability in extraversion and aspects of social support at midlife. *Journal of Personality and Social Psychology, 72*, 233–241.

Vos, P., Visser, A., Garssen, B., Diuvenvoorden, H., & de Haes, H. (2006). Effects of delayed psychosocial interventions versus early psychosocial interventions for women with early stage breast cancer. *Patient Education and Counseling, 60*, 212–219.

Votruba, S., Horvitz, M., & Schoeller, D. (2000). The role of exercise in the treatment of obesity. *Nutrition, 16*, 179–188.

Vroomen, J., Driver, J., & deGelder, B. (2001). Is cross-modal integration of emotional expressions independent of attentional resources? *Cognitive, Affective & Behavioral Neuroscience, 1*, 382–387.

Wachs, T., Gurkas, P., & Kontos, S. (2004). Predictors of preschool children's compliance behavior in early childhood classroom settings. *Journal of Applied Developmental Psychology, 25*, 439–457.

Wade, T., & DiMaria, C. (2003). Weight halo effects: Individual differences in personality evaluations as a function of weight. *Sex Roles, 48*, 461–465.

Waite, L., & Joyner, K. (2001). Emotional satisfaction and physical pleasure in sexual unions: Time horizon, sexual behavior, and sexual exclusivity. *Journal of Marriage & the Family, 63*, 247–264.

Wald, G. (1964). The receptors of human color vision. *Science, 145*, 1007–1017.

Wald, G., Brown, P. K., & Smith, P. H. (1954). Iodopsin. *Journal of General Physiology, 38*, 623–681.

Walitzer, K., & Demen, K. (2004). Alcohol-focused spouse involvement and behavioral couples therapy: Evaluation of enhancements to drinking reduction treatment for male problem drinkers. *Journal of Consulting & Clinical Psychology, 72*, 944–955.

Walker, D. (2000). Online therapy? Not yet. *CBS News*. New York: CBS.

Walker, E., Kestler, L., Bollini, A., & Hochman, K. (2004). Schizophrenia: Etiology and course. *Annual Review of Psychology, 55*, 401–430.

Walker, E., Mittal, V., & Tessner, K. (2008). Stress and the hypothalamic pituitary adrenal axis in the developmental course of schizophrenia. *Annual Review of Clinical Psychology, 4,* 189–216.

Walker, I., & Crogan, M. (1998). Academic performance, prejudice and the jigsaw classroom: New pieces to the puzzle. *Journal of Community & Applied Social Psychology, 8,* 381–393.

Walker, L. (1989). A longitudinal study of moral reasoning. *Child Development, 60,* 157–166.

Walker, M., & Stickgold, R. (2006). Sleep, memory, and plasticity. In S. Fiske, A. Kazdin, & D. Schacter (Eds.) *Annual Review of Psychology: 57.* (pp. 139–166).

Wallace, M., Luine, V., Arellanos, A., & Frankfurt, M. (2006). Ovariectomized rats show decreased recognition memory and spine density in the hippocampus and prefrontal cortex. *Brain Research, 1126,* 176–182.

Wallentin, M. (2009). Putative sex differences in verbal abilities and language cortex: A critical review. *Brain and Language, 108,* 175–183.

Wallien, M., & Cohen-Kettenis, P. (2008). Psychosexual outcome of gender-dysphoric children. *Journal of the American Academy of Child & Adolescent Psychiatry, 47,* 1413–1423.

Walsh, D., Gentile, D., VanOverbeke, M., & Chasco, E. (2002). *MediaWise video game report card.* National Institute on Media and the Family. Retrieved May 18, 2006 from http://www.mediafamily.org/research/report_vgrc_2002-2.shtml.

Wang, X., & Perry, A. (2006). Metabolic and physiologic responses to video game play in 7- to 10-year-old boys. *Archives of Pediatric Adolescent Medicine, 160,* 411–415.

Wang, Z., & Chen, M. (2002). Managerial competency modeling: A structural equation testing. *Psychological Science (China), 25,* 513–516.

Ward, C. (1994). Culture and altered states of consciousness. In W. J. Lonner & R. Malpass (Eds.), *Psychology and culture* (pp. 59–64). Boston: Allyn & Bacon.

Wark, G. R., & Krebs, D. L. (1996). Gender and dilemma differences in real-life moral judgment. *Developmental Psychology, 32,* 220–230.

Warren, G., Schertler, E., & Bull, P. (2009). Detecting deception from emotional and unemotional cues. *Journal of Nonverbal Behavior, 33,* 59–69.

Warshaw, M. G., & Keller, M. B. (1996). The relationship between fluoxetine use and suicidal behavior in 654 subjects with anxiety disorders. *Journal of Clinical Psychiatry, 57,* 158–166.

Waschbusch, D., & King, S. (2006). Should sex-specific norms be used to assess attention-deficit/hyperactivity disorder or oppositional defiant disorder? *Journal of Consulting and Clinical Psychology, 74,* 179–185.

Washington University School of Medicine. (2003). *Epilepsy surgery* [Online factsheet]. Retrieved September 29, 2003, from http://neurosurgery.wustl.edu/clinprog/epilepsysurg.htm.

Watamura, S., Donzella, B., Alwin, J., & Gunnar, M. (2003). Morning-to-afternoon increases in cortisol concentrations for infants and toddlers at childcare: Age differences and behavioral correlates. *Child Development, 74,* 1006–1020.

Watson, D. (2001). Dissociations of the night: Individual differences in sleep-related experiences and their relation to dissociation and schizotypy. *Journal of Abnormal Psychology, 110,* 526–535.

Watson, D. (2002). Predicting psychiatric symptomatology with the Defense Style Questionnaire-40. *International Journal of Stress Management, 9,* 275–287.

Watson, J. B., & Rayner, R. (1920). Conditioned emotional reactions. *Journal of Experimental Psychology, 3,* 1–14.

Weaver, M., & Schnoll, S. (2008). Hallucinogens and club drugs. In M. Galanter, & H. Kleber (Eds), *The American Psychiatric Publishing textbook of substance abuse* (4th ed., pp. 191–200). Arlington, VA: American Psychiatric Publishing, Inc.

Webb, W. (1995). The cost of sleep-related accidents: A reanalysis. *Sleep, 18,* 276–280.

Webb, W. B. (1975). *Sleep: The gentle tyrant.* Englewood Cliffs, NJ: Prentice-Hall.

Weber, R., Ritterfeld, U., & Mathiak, K. (2006). Does playing violent video games induce aggression? Empirical evidence of a functional magnetic resonance imaging study. *Media Psychology, 8,* 39–60.

Weber, S. E. (1996). Cultural aspects of pain in childbearing women. *Journal of Obstetric, Gynecologic & Neonatal Nursing, 25,* 67–72.

Wechsler, D. (1939). *The measurement of adult intelligence.* Baltimore: Williams & Wilkins.

Weeks, D. L., & Anderson, L. P. (2000). The interaction of observational learning with overt practice: Effects on motor skill learning. *Acta Psychologia, 104,* 259–271.

Weichold, K., Buttig, S., & Silbereisen, R. (2008). Effects of pubertal timing on communication and stress reactivity in young women during conflict discussions with their mothers. *Journal of Youth and Adolescence, 37,* 1123–1133.

Weigman, O., & van Schie, E. G. (1998). Video game playing and its relations with aggressive and prosocial behaviour. *British Journal of Social Psychology, 37*(Pt. 3), 367–378.

Weinbrenner, A., Peus, V., Inta, D., English, S., & Zink, M. (2009). Risperidone-associated increase in triglyceride levels. *American Journal of Psychiatry, 166,* 113–114.

Weiner, I. B. (1997). Current status of the Rorschach Inkblot Method. *Journal of Personality Assessment, 68,* 5–19.

Weinfield, N., Ogawa, J., & Sroufe, L. (1997). Early attachment as a pathway to adolescent peer competence. *Journal of Research on Adolescence, 7,* 241–265.

Weisberg, M. (2008). 50 years of hypnosis in medicine and clinical health psychology: A synthesis of cultural crosscurrents. *American Journal of Clinical Hypnosis, 51,* 13–27.

Weissman, M. M., Bland, R. C., Canino, G. J., Faravelli, C., Greenwald, S., Hwu, H-G., Joyce, P. R., Karam, E. G., Lee, C-K., Lellouch, J., Lepine, J-P., Newman, S. C., Rubio-Stepic, M., Wells, J. E., Wickramaratne, P. J., Wittchen, H-U., & Yeh, E-K. (1996). Cross-national epidemiology of major depression and bipolar disorder. *Journal of the American Medical Association, 276,* 293–299.

Weissman, M. M., Bland, R. C., Canino, G. J., Greenwald, S., Hwu, H-G., Lee, C. K., Newman, S. C., Oakley-Browne, M. A., Rubio-Stipec, M., Wickramaratne, P. J., Wittchen, H-U., & Yeh, E-K. (1994). The cross national epidemiology of obsessive compulsive disorder. *Journal of Clinical Psychiatry, 55*(3, Suppl.), 5–10.

Weitzman, M., Byrd, R., & Auinger, P. (1999). Black and white middle class children who have private health insurance in the United States. *Pediatrics, 104,* 151–157.

Welch, K. (2007). *Family Life Now.* Boston: Allyn & Bacon.

Wells, B., & Twenge, J. (2005). Changes in young people's sexual behavior and attitudes, 1958–1987: A cross-temporal meta-analysis. *Review of General Psychology, 9,* 249–261.

Wells, D. L., & Hepper, P. G. (2000). The discrimination of dog odours by humans. *Perception, 29,* 111–115.

Wells, G. L. (1993). What do we know about eyewitness identification? *American Psychologist, 48,* 553–571.

Wells, G. L., Malpass, R. S., Lindsay, R. C., Fisher, R. P., Turtle, J. W., & Fulero, S. M. (2000). From the lab to the police station. A successful application of eyewitness research. *American Psychologist, 55,* 6581–6598.

Wells, K. (2007). The short- and long-term medical effects of methamphetamine on children and adults. In Covey, H. (Ed.) *The methamphetamine crisis: Strategies to save adddicts, families, and communities* (pp. 57-74). Westport, CT: Praeger Publishers.

Welsh, D. (2009). Predictors of depressive symptoms in female medical-surgical hospital nurses. *Issues in Mental Health Nursing, 30,* 320–326.

Werker, J., & Desjardins, R. (1995). Listening to speech in the first year of life: Experiential influences on phoneme perception. *Current Directions in Psychological Science, 4,* 76–81.

Wertheimer, M. (1912). Experimental studies of the perception of movement. *Zeitschrift fur Psychologie, 61,* 161–265.

Wertz, K., & Hermann, B. G. (2000). Large-scale screen for genes involved in gonad development. *Mechanisms of Development, 98,* 51–70.

Wesensten, N., Balenky, G., Kautz, M., Thorne, D., Reichardt, R., & Balkin, T. (2002). Maintaining alertness and performance during sleep deprivation: Modafinil versus caffeine. *Psychopharmacology, 159,* 238–247.

West, M. J., Coleman, P. D., Flood, D. G., & Troncoso, J. C. (1994). Differences in the pattern of hippocampal neuronal loss in normal ageing and Alzheimer's disease. *Lancet, 344,* 769–772.

Wetherell, J., Gatz, M., & Craske, M. (2003). Treatment of generalized anxiety disorder in older adults. *Journal of Consulting & Clinical Psychology, 71,* 31–40.

Wetter, M. W., Baer, R. A., Berry, T. R., Robison, L. H., & Sumpter, J. (1993). MMPI-2 profiles of motivated fakers given specific symptom information: A comparison to matched patients. *Psychological Assessment, 5,* 317–323.

Wheatley, D. (2001). Stress-induced insomnia treated with kava and valerian. Singly and in combination. *Human Psychopharmacology Clinical & Experimental, 16,* 353–356.

Wheatley, D. (2005). Medicinal plants for insomnia: a review of their pharmacology, efficacy and tolerability. *Journal of Psychopharmacology, 19,* 414–421.

Wheeler, M. A., Stuss, D. T., & Tulving, E. (1997). Toward a theory of episodic memory: The frontal lobes and autonoetic consciousness. *Psychological Bulletin, 121,* 331–354.

Wheeler, M., & McMillan, C. (2001). Focal retrograde amnesia and the episodic-semantic distinction. *Cognitive, Affective & Behavioral Neuroscience, 1,* 22–36.

Whisenhunt, B. L., Williamson, D. A., Netemeyer, R. G., & Womble, L. G. (2000). Reliability and validity of the Psychosocial Risk Factors Questionnaire (PRFQ). *Eating and Weight Disorders: Studies on Anorexia, Bulimia, and Obesity, 5,* 1–6.

Whisman, M. (2008). *Adapting cognitive therapy for depression: Managing complexity and comorbidity.* New York: Guilford Press.

Whitehead, B., & Popenoe, D. (2005). *The state of our unions: The social health of marriage in America: 2005: What does the Scandinavian experience tell us?* Retrieved June 15, 2006 from http://marriage.rutgers.edu/Publications/SOOU/TEXTSOOU2005.htm.

Whitman-Elia, G., & Queenan, J. (2005). Ovotestis. In G. Letterie et al. (Eds.), *e-Medicine Clinical Knowledge Base.* Retrieved July 3, 2006 from http://www.emedicine.com/med/topic1702.htm.

Whitmore, D., Foulkes, N. S., & Sassone-Corsi, P. (2000). Light acts directly on organs and cells in culture to set the vertebrate circadian clock. *Nature, 404,* 87–91.

Whorf, B. L. (1956). Science and linguistics. In J. B. Carroll (Ed.), *Language, thought, and reality: Selected writings of Benjamin Lee Whorf.* Cambridge, MA: MIT Press.

Wicker, A. W. (1969). Attitudes versus action: The relationship of verbal and overt behavioral responses to attitude objects. *Journal of Social Issues, 25,* 41–78.

Widom, C. S. (1989). Does violence beget violence? A critical examination of the literature. *Psychological Bulletin, 106,* 3–28.

Widom, C. S., & Morris, S. (1997). Accuracy of adult recollections of childhood victimization: Part 2. Childhood sexual abuse. *Psychological Bulletin, 9,* 34–46.

Wiederhold, B., & Wiederhold, M. (2008). Virtual reality with fMRI: A breakthrough cognitive treatment tool. *Virtual Reality, 12,* 259–267.

Wiersema, J., & Roeyers, H. (2009). ERP correlates of effortful control in children with varying levels of ADHD symptoms. *Journal of Abnormal Child Psychology, 37,* 327–336.

Wigboldus, D., Dijksterhuis, A., & Van Knippenberg, A. (2003). When stereotypes get in the way: Stereotypes obstruct stereotype-inconsistent trait inferences. *Journal of Personality & Social Psychology, 84,* 470–484.

Wilbram, M., Kellett, S., & Beail, N. (2008). Compulsive hoarding: A qualitative investigation of partner and carer perspectives. *British Journal of Clinical Psychology, 47,* 59–73.

Wilde, C. (2000, April 10). The new workplace: Telework programs are on the rise. *Information Week, 781,* 189.

Wilken, J. A., Smith, B. D., Tola, K., & Mann, M. (2000). Trait anxiety and prior exposure to non-stressful stimuli: Effects on psychophysiological arousal and anxiety. *International Journal of Psychophysiology, 37,* 233–242.

Williams, D., & Mohammed, S., (2009). Discrimination and racial disparities in health: Evidence and needed research. *Journal of Behavioral Medicine, 32,* 20–47.

Williams, K., Harkins, S. G., & Latané, B. (1981). Identifiability as a deterrent to social loafing: Two cheering experiments. *Journal of Personality and Social Psychology, 40,* 303–311.

Williams, L. M. (1994). Recall of childhood trauma: A prospective study of women's memories of child sexual abuse. *Journal of Consulting and Clinical Psychology, 62,* 1167–1176.

Willoughby, J. C., & Glidden, L. M. (1995). Fathers helping out: Shared child care and marital satisfaction of parents of children with disabilities. *American Journal on Mental Retardation, 99,* 399–406.

Willoughby, T., Anderson, S., Wood, E., Mueller, J., & Ross, C. (2009). Fast searching for information on the Internet to use in a learning context: The impact of domain knowledge. *Computers & Education, 52*, 640–648.

Wilson, G., & Sysko, R. (2006). Cognitive-behavioral therapy for adolescents with bulimia nervosa. *European Eating Disorders Review, 14*, 8–16.

Wilson, T. (2006). *Androgen insensitivity syndrome*. Retrieved June 8, 2009 from http://emedicine.medscape.com/article/924996-overview.

Wilson, T. (2008). *Congenital adrenal hyperplasia*. Retrieved June 8, 2009 from http://emedicine.medscape.com/article/919218-overview.

Wilson, W., Mathew, R., Turkington, T., Hawk, T., Coleman, R. E., & Provenzale, J. (2000). Brain morphological changes and early marijuana use: A magnetic resonance and positron emission tomography study. *Journal of Addictive Diseases, 19*, 1–22.

Winch, R. F. (1958). *Mate selection: A study of complementary needs*. New York: Harper & Row.

Winograd, E. (1988). Some observations on prospective remembering. In M. M. Gruneberg, P. E. Morris, & R. N. Sykes (Eds.), *Practical aspects of memory: Current research and issues: Vol. 1* (pp. 348–353). Chichester, England: John Wiley & Sons.

Winsler, A., & Naglieri, J. (2003). Overt and covert verbal problem-solving strategies: Developmental trends in use, awareness, and relations with task performance in children aged 5 to 17. *Child Development, 74*, 659–678.

Wirth, S., Yanike, M., Frank, L., Smith, A., Brown, E., & Suzuki, W. (2003). Single neurons in the monkey hippocampus and learning of new associations. *Science, 300*, 1578–1581.

Witelson, S. F. (1985). The brain connection: The corpus callosum is larger in left-handers. *Science, 229*, 665–668.

Witt, L., Burke, L., Barrick, M., & Mount, M. (2002). The interactive effects of conscientiousness and agreeableness on job performance. *Journal of Applied Psychology, 87*, 164–169.

Wittenberg, M., Bremmer, F., & Wachtler, T. (2008). Perceptual evidence for saccadic updating of color stimuli. *Journal of Vision, 8*, 1–9.

Wolford, G., Miller, M. B., & Gazzaniga, M. (2000). The left hemisphere's role in hypothesis formation. *Journal of Neuroscience, 20*, 1–4.

Wolfram, H., Mohr, G., & Borchert, J. (2009). Gender role self-concept, gender-role conflict, and well-being in male primary school teachers. *Sex Roles, 60*, 114–127.

Wolpe, J. (1958). *Psychotherapy by reciprocal inhibition*. Palo Alto, CA: Stanford University Press.

Wolpe, J. (1973). *The practice of behavior therapy* (2nd ed.). New York: Pergamon.

Wolsko, P., Eisenberg, D., Davis, R., & Phillips, R. (2004). Use of mind-body medical therapies: Results of a national survey. *Journal of General Internal Medicine, 19*, 43–50.

Wolters, C. (2003). Understanding procrastination from a self-regulated learning perspective. *Journal of Educational Psychology, 95*, 179–187.

Wolters, C. (2004). Advancing achievement goal theory using goal structures and goal orientations to predict students' motivation, cognition, and achievement. *Journal of Educational Psychology, 96*, 136–250.

Wood, J. M., Nezworski, M. T., & Stejskal, W. J. (1996). The Comprehensive System for the Rorschach: A critical examination. *Psychological Science, 7*, 3–10.

Wood, W., & Conway, M. (2006). Subjective impact, meaning making, and current and recalled emotions for self-defining memories. *Journal of Personality, 75*, 811–846.

Wood, W., & Eagly, A. (2007). Social structure origins of sex differences in human mating. In S. Gangestad, & J. Simpson (Eds.), *The evolution of mind: Fundamental questions and controversies* (pp. 383–390). New York: Guilford Press.

Wood, W., Lundgren, S., Ovellette, J. A., Busceme, S., & Blackstone, T. (1994). Minority influence: A meta-analytic review of social influence processes. *Psychological Bulletin, 115*, 323–345.

Woodman, G., & Luck, S. (2003). Serial deployment of attention during visual search. *Journal of Experimental Psychology: Human Perception and Performance, 29*, 121–138.

Woodruff-Pak, D. (2001). Eyeblink classical conditioning differentiates normal aging from Alzheimer's disease. *Integrative Physiological & Behavioral Science, 36*, 87–108.

Woody, E. Z., & Bowers, K. S. (1994). A frontal assault on dissociated control. In S. J. Lynn & J. W. Rhue (Eds.), *Dissociation: Clinical, theoretical and research perspectives* (pp. 52–79). New York: Guilford.

World Health Organization (WHO). (2001). Global prevalence and incidence of selected curable sexually transmitted infections. Retrieved June 29, 2006 from http://www.who.int/docstore/hiv/GRSTI/index.htm.

World Health Organization (WHO). (2002a). Sexual violence factsheet. Retrieved January 21, 2003, from http://www.who.int/violence_injury_prevention.

World Health Organization (WHO). (2002b). Violence against women: Rape and sexual assault. Retrieved January 20, 2003, from http://www.who.int/gender/violence/v6.pdf.

World Health Organization (WHO). (2008). *Female genital mutilation*. Retrieved June 8, 2009 from http://www.who.int/mediacentre/factsheets/fs241/en/.

Worrel, J. A., Marken, P. A., Beckman, S. E., & Ruehter, V. L. (2000). Atypical antipsychotic agents: A critical review. *American Journal of Health System Pharmacology, 57*, 238–255.

Worrell, F., & Cross, W. (2004). The reliability and validity of Big Five inventory scores with African American college students. *Journal of Multicultural Counseling and Development, 32*, 18–32.

Wright, C., Wedig, M., Williams, D., Rauch, S., & Albert, M. (2006). Novel fearful faces activate the amygdala in healthy young and elderly adults. *Neurobiology of Aging, 27*, 361–374.

Wright, J. C., & Mischel, W. (1987). A conditional approach to dispositional constructs: The local predictability of social behavior. *Journal of Personality and Social Psychology, 53*, 1159–1177.

Wright, N., & Wales, J. (2004). An unusual case of hermaphroditism. *Journal of Pediatric Endocrinology and Metabolism, 17*, 905–908.

Wyrobek, A., Eskenazi, B., Young, S., Arnheim, N., Tiemann-Boege, I., Jabs, E., Glaser, R., Pearson, F., & Evenson, D. (2006, in press). Advancing age has differential effects on DNA damage, chromatin integrity, gene mutations, and aneuploidies. *Proceedings of the National Academies of Sciences.*

Xia, Y., Xie, X., Zhou, Z., DeFrain, J., Meteredith, W., & Combs, R. (2005). Chinese adolescents' decision-making, parent–adolescent communication and relationships. In G. Peterson, S. Steinmetz, & S. Wilson (Eds.), *Parent–youth relations: Cultural and cross-cultural perspectives* (pp. 287–311). New York: Haworth Press.

Xiong, G., Bourgeois, J., Marks, S., Liu, D., Chang, C., Yellowlees, P., & Hilty, D. (2007). *Hypochondriasis.* Retrieved June 12, 2009 from http://emedicine.medscape.com/article/290955-overview.

Yackinous, C., & Guinard, J. (2002). Relation between PROP (6-n-propylthiouracil) taster status, taste anatomy and dietary intake measures for young men and women. *Appetite, 38,* 201–209.

Yanagita, T. (1973). An experimental framework for evaluation of dependence liability in various types of drugs in monkeys. *Bulletin of Narcotics, 25,* 57–64.

Yanike, M., Wirth, S., & Suzuki, W. (2004). Representation of well-learned information in the monkey hippocampus. *Neuron, 42,* 477–487.

Yasui-Furukori, N., Saito, M., Nakagami, T., Kaneda, A., Tateishi, T., & Kaneko, S. (2006). Association between multidrug resistance 1 (MDR1) gene polymorphisms and therapeutic response to bromperidol in schizophrenic patients: A preliminary study. *Progress in Neuro-Psychopharmacology & Biological Psychiatry, 30,* 286–291.

Yates, W. (2008). *Anxiety disorders.* Retrieved June 11, 2009 from http://emedicine.medscape.com/article/286227-overview.

Yen, C., & Su, Y. (2006). The associations of early-onset methamphetamine use with psychiatric morbidity among Taiwanese adolescents. *Substance Use & Misuse, 41,* 35–44.

Ying, Y. (2009). Strengthening intergenerational/intercultural ties in immigrant families (SITIF): A parenting intervention to bridge the Chinese American intergenerational acculturation gap. In N. Trinh, Y. Rho, F. Lu, & K. Sanders (Eds.), *Handbook of mental health and acculturation in Asian American families: Current clinical psychiatry* (pp. 45–64). Totowa, NJ: Humana Press.

Yolken, R., & Torrey, E. (2008). Are some cases of psychosis caused by microbial agents? A review of the evidence. *Molecular Psychiatry, 13,* 470–479.

Young, R. (2005). Neurobiology of savant syndrome. In C. Stough (Ed.), *Neurobiology of exceptionality* (pp. 199–215). New York: Kluwer Academic/Plenum Publishers.

Yousef, D. (2002). Job satisfaction as a mediator of the relationship between job stressors and affective, continuance, and normative commitment: A path analytical approach. *International Journal of Stress Management, 9,* 99–112.

Zajonc, R. B. (1980). Feeling and thinking: Preferences need no inferences. *American Psychologist, 35,* 151–175.

Zajonc, R. B. (1984). On the primacy of affect. *American Psychologist, 39,* 117–123.

Zajonc, R. B., & Sales, S. M. (1966). Social facilitation of dominant and subordinate responses. *Journal of Experimental Social Psychology, 2,* 160–168.

Zald, D. H., & Pardo, J. V. (2000). Functional neuroimaging of the olfactory system in humans. *International Journal of Psychophysiology, 36,* 165–181.

Zaragoza, M. S., & Mitchell, K. J. (1996). Repeated exposure to suggestion and the creation of false memories. *Psychological Science, 7,* 294–300.

Zatorre, R., Belin, P., & Penhune, V. (2002). Structure and function of the auditory cortex: Music and speech. *Trends in Cognitive Sciences, 6,* 37–46.

Zazzali, J., Sherbourne, C., Hoagwood, K., Greene, D., Bigley, M., & Sexton, T. (2008). The adoption and implementation of an evidence based practice in child and family mental health services organizations: A pilot study of functional family therapy in New York State. *Administration and Policy in Mental Health and Mental Health Services Research, 35,* 38–49.

Zborowski, M. (1952). Cultural components in response to pain. *Journal of Social Issues, 8,* 16–30.

Zhan, H., Feng, X., & Luo, B. (2008). Placing elderly parents in institutions in urban China: A reinterpretation of filial piety. *Research on Aging, 30,* 543–571.

Zhang, L. (2002). Thinking styles and the Big Five personality traits. *Educational Psychology, 22,* 17–31.

Zhang, Y., Goonetilleke, R., Plocher, T., & Liang, S. (2005). Time-related behaviour in multitasking situations. *International Journal of Human-Computer Studies, 62,* 425–455.

Zimbardo, P. (1969). The human choice: Individuation, reason, and order versus deindividuation, impulse, and chaos. *Nebraska Symposium on Motivation, 17,* 237–307.

Zimbardo, P. G. (1972). Pathology of imprisonment. *Society, 9,* 4–8.

Zimbardo, P., & Gerrig, R. (2009). *Psychology and life.* Boston, MA: Allyn & Bacon.

Zimmerman, M., Posternak, K., & Chelminski, I. (2002). Symptom severity and exclusion from antidepressant efficacy trials. *Journal of Clinical Psychopharmacology, 22,* 610–614.

Zinbarg, R., & Griffith, J. (2008). Behavior therapy. In J. Lebow, (Ed.), *Twenty-first century psychotherapies: Contemporary approaches to theory and practice* (pp. 8–42). Hoboken, NJ: John Wiley & Sons, Inc.

Zinkernagel, C., Naef, M., Bucher, H., Ladewig, D., Gyr, N., & Battegay, M. (2001). Onset and pattern of substance use in intravenous drug users of an opiate maintenance program. *Drug & Alcohol Dependence, 64,* 105–109.

Zito, J., Safer, D., dosReis, S., Gardner, J., Magder, L., Soeken, K., Boles, M., Lynch, F., & Riddle, M. (2003). Psychotropic practice patterns for youth: A 10-year perspective. *Archives of Pediatric and Adolescent Medicine, 157,* 17–25.

Zoghbi, H. (2003). Postnatal neurodevelopmental disorders. *Science, 302,* 826–830.

Zola, S. M., Squire, L. R., Teng, E., Stenfanacci, L., Buffalo, E. A., & Clark, R. E. (2000). Impaired recognition memory in monkeys after damage limited to the hippocampal region. *Journal of Neuroscience, 20,* 451–463.

Zubieta, J., Bueller, J., Jackson, L., Scott, D., Xu, Y., Koeppe, R., Nichols, T., & Stohler, C. (2005). Placebo effects mediated by endogenous opioid activity on μ-opioid receptors. *The Journal of Neuroscience, 25,* 7754–7762.

Zucker, A., Ostrove, J., & Stewart A. (2002). College-educated women's personality development in adulthood: Perceptions and age differences. *Psychology & Aging, 17,* 236–244.

图片版权目录

Cover Stockphoto.com; Brandon Blinkenberg/Shutterstock

Chapter 1 Page 1 STEVE SKJOLD/PhotoEdit Inc. p. 5 Bob Daemmrich/The Image Works p. 7 Joe McBride/Joe McBride/Stone/Getty Images p. 7 Brown Brothers p. 8 Archives of the History of American Psychology - The University of Akron p. 8 With permission of the University Archives, Columbia University in the City of New York p. 9 Paolo Bona/Art Life Images p. 11 Lon C. Diehl/PhotoEdit Inc. p. 12 Nassawadox/The Image Works p. 13 Getty Images p. 18 N. DeVore/Anthro-Photo File p. 19 AP Wide World Photos p. 19 Inti St. Clair/Blend/IPNStock Royalty Free p. 23 ImageState Media Partners Limited p. 28 Getty Images p. 30 Stock Photo/Black Star p. 31 Richard Nowitz/Phototake NYC.

Chapter 2 Page 37 Tom Grill/Corbis RF p. 38 Photo Researchers, Inc. p. 39 Photo Researchers, Inc. p. 43 Bob Daemmrich/PhotoEdit Inc. p. 47 Royalty-Free/Corbis RF p. 52 Arthur Glauberma/Photo Researchers, Inc. p. 54 Rune Hellestad/© Rune Hellestad/CORBIS All Rights Reserved p. 55 Mike Theiler/Pool via CNP/Newscom p. 57 Reprinted with permission from Damasio et al., SCIENCE 264:1102-105 (1994), Fig. 5B . Copyright 2011 AAAS. p. 60 Tony Freeman/PhotoEdit Inc. p. 63 Photo Researchers, Inc. p. 63 Yoav Levy/Phototake NYC p. 63 Getty Images p. 63 WDCN/Univ. College London/Photo Researchers, Inc. p. 67 Dann Tardif/© (Photographer)/CORBIS All Rights Reserved p. 68 Michael Newman/PhotoEdit Inc.

Chapter 3 Page 74 Nikos Giakoumidis/AP Wide World Photos p. 76 Phillip Condit II/Getty Images p. 77 Richard Drew/AP Wide World Photos p. 79 Omikron/Photo Researchers, Inc. p. 83 Robert Harbison p. 83 Robert Harbison p. 88 Robert S. Preston/Scanning electron micrographs by Dr. Robert S. Preston and Prof. Joseph E. Hawkins, Kresge Hearing Research Institute, University of Michigan Medical School. p. 91 David Young Wolff/PhotoEdit Inc. p. 92 Hideo Haga/The Image Works p. 93 Omikron/Photo Researchers, Inc. p. 96 Eric Limon/Shutterstock p. 99 © 2009 Magic Eye Inc. p. 99 © 2009 Magic Eye Inc. p. 101 Kent Meireis/The Image Works p. 101 James Randkliev/Getty Images p. 101 Bernd Euler/plus 49/The Image Works p. 101 Mike Yamashita/Woodfin Camp & Associates, Inc. p. 101 David Muench/© David Muench/CORBIS All Rights Reserved p. 101 Syracuse Newspapers/The Image Works p. 101 Pete Turner/Getty Images p. 103 Richard Lord Enterprises, Inc./The Image Works p. 104 Figure from Simons & Chabris (1999). Provided by Daniel Simons p. 106 David Young-Wolff/PhotoEdit Inc. p. 108 Ted Pink/Alamy Images.

Chapter 4 Page 115 Bill Freeman/PhotoEdit Inc. p. 116 Image Source/Art Life Images - Royalty Free p. 117 Robert Freck/Getty Images p. 120 David Frazier/Getty Images p. 125 Kent Meireis/The Image Works p. 125 Jose Luis Pelaez/© (Photographer)/CORBIS All Rights Reserved p. 128 Emmanuel Mignot, M.D./Emmanuel Mignot, M.D., Stanford University School of Medicine p. 128 Emmanuel Mignot, M.D./Emmanuel Mignot, M.D., Stanford University School of Medicine p. 128 Emmanuel Mignot, M.D./Emmanuel Mignot, M.D., Stanford University School of Medicine p. 131 Everett Collection p. 132 Photosindia/Getty Images, Inc. p. 133 Bubbles Photolibrary/Alamy Images p. 136 National Picture/Topham/The Image Works p. 137 Ghislain & Marie David de Lossy/Getty Images p. 138 Noah Berger/AP Wide World Photos p. 140 Royalty-Free/Corbis RF p. 140 Stockdisc/Getty Images, Inc. - Stockdisc p. 143 Rich Pedroncelli/AP Wide World Photos p. 144 Michael Newman/PhotoEdit Inc.

Chapter 5 Page 149 ArenaPal/Topham/The Image Works p. 151 CORBIS- NY p. 154 Yellow Dog Productions/Getty Images, Inc. p. 156 Archives of the History of American Psychology - The University of Akron p. 157 Royalty-Free/Corbis RF p. 157 Tony Freeman/PhotoEdit Inc. p. 159 KEVIN LAUBACHER/Getty Images, Inc. - Taxi p. 159 National Fluid Milk Processor Promotion Board p. 160 Image courtesy of The Advertising Archives p. 162 Getty Images p. 164 ARTHUR TILLEY/Getty Images, Inc. - Taxi p. 165 Dennis MacDonald/Art Life Images p. 170 Dennis MacDonald/PhotoEdit Inc. p. 170 Jeff Greenberg/The Image Works p. 172 Patrick Robert/CORBIS- NY p. 172 Rachel Epstein/PhotoEdit Inc. p. 178 Albert Bandura, D. Ross & S.A. Ross, Imitation of film-mediated aggressive models. "Journal of Abnormal and Social Psychology", 1963, 66. p.8 p. 179 Richard Drew/AP Wide World Photos.

Chapter 6 Page 185 Karan Kapoor/Riser/Getty Images p. 188 Kent Wood/Photo Researchers, Inc. p. 189 Corbis RF p. 192 Chris Trotman/CORBIS- NY p. 193 Ariel Skelley/© Ariel Skelley/CORBIS All Rights Reserved p. 194 Randy Faris/Corbis RF p. 197 Spencer Grant/Photo Researchers, Inc. p. 199 Louis Lanzano/AP Wide World Photos p. 199 M. & E. Bernheim/Woodfin Camp & Associates, Inc. p. 200 James Shaffer/PhotoEdit Inc. p. 202 © Bettmann/CORBIS All Rights Reserved p. 203 Everett Collection p. 206 Michael Newman/PhotoEdit Inc. p. 207 Ros Drinkwater/Alamy Images p. 211 David R. Frazier/PhotoEdit Inc.

Chapter 7 Page 219 Bob Daemmrich/PhotoEdit Inc. p. 221 Everett Collection p. 222 Jaques Brown/AP Wide World Photos p. 223 Jim Simmen/Getty Images Inc. - Stone Allstock p. 223 Art Wolfe/Getty Images Inc. - Stone Allstock p. 225 Jeff Greenberg/PhotoEdit Inc. p. 228 Topham/The Image Works p. 229 Adam Nadel/AP Wide World Photos p. 231 Michael D. Margol/PhotoEdit Inc. p. 231 Michael D. Margol/PhotoEdit Inc. p. 233 Bob Daemmrich/The Image Works p. 235 Frans Lanting/© Frans Lanting/Minden Pictures p. 238 Bernard Wolf Photography p. 238 Rafael Macia/Photo Researchers, Inc. p. 238 B Alexander/Photo Researchers, Inc. p. 239 National Library of Medicine p. 245 Lon C. Diehl/PhotoEdit Inc. p. 247 Peter Chen/The Image Works p. 248 Michael Newman/PhotoEdit Inc. p. 252 Charles Gupton/Getty Images p. 253 Arlene Collins p. 255 Peter Menzel Photography.

Chapter 8 Page 261 Jeff Greenberg/The Image Works p. 263 Amy Etra/PhotoEdit Inc. p. 264 David Young-Wolff/PhotoEdit Inc. p. 267 Science Photo Library/Photo Researchers, Inc. p. 267 Photo Lennart Nilsson/Albert Bonniers Forlag AB p. 267 Photo Lennart Nilsson/Albert Bonniers Forlag AB p. 267 ICAM/Mona Lisa/LookatSciences/Phototake NYC p. 268 George Steinmetz Photography p. 271 Mark Richards/Mark Richards/PhotoEdit/Courtesy of Joe Campos & Rosanne Kermoian p. 274 Martin Rogers/Stock Boston p. 276 Laura Dwight/PhotoEdit Inc. p. 279 Doug Goodman/Photo Researchers, Inc. p. 279 Doug Goodman/Photo Researchers, Inc. p. 282 Corbis RF p. 285 Frank Siteman/PhotoEdit Inc. p. 288 Charles Mistral/Alamy Images p. 289 Christina Kennedy/PhotoEdit Inc. p. 291 Geri Engberg Photography/The Image Works p. 292 Michael Newman/PhotoEdit Inc. p. 293 Graham Light/Alamy Images.

Chapter 9 Page 301 Malie Rich-Griffith/infocusphotos.com/Alamy Images p. 303 Bill Bachmann/The Image Works p. 304 Larry Kolvoord/The Image Works p. 305 George Shelley/CORBIS- NY p. 306 David young-Wolff/PhotoEdit Inc. p. 309 David Young-Wolff/PhotoEdit Inc. p. 312 Paul Barton/© Paul Barton/CORBIS All Rights Reserved p. 314 Jeff Greenberg/PhotoEdit Inc. p. 316

Vince Streano/© (Photographer)/CORBIS All Rights Reserved p. 316 AFP/Getty Images p. 320 Ellen Senisi p. 322 W McIntyre/Photo Researchers, Inc. p. 322 Paul Barton/Paul Barton p. 325 Emily Parrino/Kentucky New Era/AP Wide World Photos p. 327 David Young-Wolff/PhotoEdit Inc. p. 327 Phototake NYC p. 327 Phototake NYC p. 330 Ariel Skelley/CORBIS- NY p. 330 David Young-Wolff/PhotoEdit Inc.

Chapter 10 Page 336 Rick Rycroft/AP Wide World Photos p. 337 Ethan Miller/Getty Images p. 339 Don Mason/© Don Mason/CORBIS All Rights Reserved p. 340 Tony Neste/Anthony Neste p. 346 Irene Springer/Pearson Education/PH College p. 346 Bruce Forster/Getty Images Inc. - Stone Allstock p. 351 Vince Bucci/Getty Images p. 355 Colin Young-Wolff/PhotoEdit Inc. p. 357 Paul Ekman, Ph.D./Paul Ekman Group, LLC. p. 357 Paul Ekman, Ph.D./From Ekman & Friesen, 1975. ©Paul Ekman 1975. p. 357 Paul Ekman, Ph.D./From Ekman & Friesen, 1975. ©Paul Ekman 1975. p. 357 Paul Ekman, Ph.D./From Ekman & Friesen, 1975. ©Paul Ekman 1975. p. 357 Paul Ekman, Ph.D./From Ekman & Friesen, 1975. ©Paul Ekman 1975. p. 357 Paul Ekman, Ph.D./Paul Ekman Group, LLC. p. 358 Hannah Mason/© Hannah Mason/CORBIS All Rights Reserved p. 358 David Young-Wolff/PhotoEdit Inc. p. 359 Corbis RF p. 360 Alamy Images p. 363 Colin Young-Wolff/PhotoEdit Inc. p. 365 Richard Lord/The Image Works.

Chapter 11 Page 370 Lori Adamski Peek/Getty Images p. 375 Peter Cade/Getty Images Inc. - Stone Allstock p. 376 Arnold Gold/New Haven Register/The Image Works p. 380 Jorge Uzon/© (Photographer)/CORBIS All Rights Reserved p. 380 Arnd Wiegmann/CORBIS- NY p. 386 CORBIS- NY p. 387 Richard Hutching/Photo Researchers, Inc. p. 387 Carl Glassman/The Image Works p. 392 Tom & Dee Ann McCarthy/© (Photographer)/CORBIS All Rights Reserved p. 394 Paul Drinkwater/NBC/Everett Collection p. 395 JIM BOURG/CORBIS- NY p. 402 Stephen Chernin/Getty Images, Inc. p. 402 Urbano Delvalle/Getty Images/Time Life Pictures p. 402 Getty Images, Inc. p. 402 N. Hashimoto/CORBIS- NY p. 402 Frank Trapper/© (Photographer)/CORBIS All Rights Reserved p. 402 Allsport/[Photographer]/Allsport Concepts/Getty Images p. 402 AP Wide World Photos p. 402 Pierre Verdy/Getty Images.

Chapter 12 Page 409 Matthew McDermott/Polaris Images p. 411 Michael Greenlar/The Image Works p. 414 M. Granitsas/The Image Works p. 414 Spencer Grant/PhotoEdit Inc. p. 416 Ariel Skelley/CORBIS- NY p. 421 Jeff Greenberg/The Image Works p. 424 Christopher Fitzgerald/The Image Works p. 426 Eric Cahan/© Eric Cahan/CORBIS All Rights Reserved p. 427 Ronnie Kaufman/CORBIS- NY p. 431 Courtesy www.adbusters.org p. 432 Haraz Ghanbari/AP Wide World Photos.

Chapter 13 Page 440 Ausloeser/© Ausloeser/CORBIS All Rights Reserved. p. 442 UPI/CORBIS- NY p. 444 Tom Prettyman/PhotoEdit Inc. p. 447 Bettmann/© Bettmann/CORBIS All Rights Reserved p. 449 CORBIS- NY p. 455 James Atoa/Everett Collection p. 456 Chris Arend/Getty Images Inc. - Stone Allstock p. 459 dpa/Landov Media.

Chapter 14 Page 471 Rosanne Olson/Getty Images p. 473 Robert Harbison/Robert Harbison p. 473 Dean Conger/© Dean Conger/CORBIS All Rights Reserved p. 482 Bubbles Photolibrary/Alamy Images p. 484 Bruce Ayres/Getty Images p. 487 AP Wide World Photos p. 490 Will Hart/Will Hart p. 493 "Courtesy, Dr. Arthur W. Toga, Laboratory of Neuro Imaging" p. 501 Robin Nelson/PhotoEdit Inc.

Chapter 15 Page 509 Zigy Kaluzny/Getty Images Inc. - Stone Allstock p. 511 Allen/AP/Wide World Photos p. 511 Michael Rougier/Getty Images/Time Life Pictures p. 515 Bruce Ayres/Getty Images Inc. - Stone Allstock p.516 David Young-Wolff/PhotoEdit Inc. p.517 AP Wide World Photos p. 518 Geri Enberg Photography/The Image Works p. 527 W & D McIntyre/Photo Researchers, Inc. p. 534 Michael Newman/PhotoEdit Inc.

Chapter 16 Page 539 Chrissie Cowan/The Image Works p. 540 Charles Gatewood/The Image Works p. 544 Tony Freeman/PhotoEdit Inc. p. 546 Courtesy of Alexandra Milgram. Copyright 1968 by Stanley Milgram. Copyright renewed 1993 by Alexandra Milgram. From the film OBEDIENCE, distributed by Penn State Media Sales. p. 550 Mark Richards/PhotoEdit Inc. p. 551 Philip G. Zimbardo. p. 554 Reuters/Landov Media p. 556 Robert Brenner/PhotoEdit Inc. p. 557 Getty Images p. 558 Paul Gish p. 562 Gary A. Conner/PhotoEdit Inc.

Figure Credits

Chapter 1 Figure 1.4 p. 24 Data from Lang et al. (1975).

Chapter 2 Figure 2.2 p. 40 Adapted from Lilienfeld (2009). Figure 2.5 p. 45 Adapted from Lilienfeld (2009). Figure 2.10 p. 53 Based on Gazzaniga (1983). Figure 2.11 p. 54 Based on Gazzaniga (1983).

Chapter 3 Figure 3.5 p. 81 Gerrig & Zimbardo, 2008/Figure 4.10 p. 104 from PSYCHOLOGY & LIFE, 18th edition by Richard Gerrig & Philip Zimbardo. Copyright © 2008, 2005, 2002 by Pearson Education, Inc. Reproduced by permission of Pearson Education, Inc. Figure 3.11 p. 94 Llinas et al., 1993/From p. 3594 in Mogilner, A; Grossman, JA; Ribary, U; Joliot, M; Volkmann, J; Rapaport, D; Beasley, RW, and Llinas, RR, "Somatosensory cortical plasticity in adult humans revealed by magnetoencephalography" in *Proceedings of the National Academy of Sciences of the United States of America*, April 1993, 15;90(8):3593-7. Copyright © 1993 by National Academy of Sciences. Reprinted by permission. Figure 3.12 p. 95 Hardt et al. (2008); Breivik, et al. (2006); Moulin et al. (2002); Ng et al. (2002); Smith et al. (2000). Figure 3.18 p. 1021 source–others/"Old Woman/Young Woman" by E. G. Boring. Figure 3.19 p. 107 Filchock/"Check[ellipsis]and Double Check" by Martin Filchock, *Highlights for Children*, May 1995. Copyright © 1995 by Highlights for Children, Inc. Reprinted by permission of Highlights for Children, Inc., Columbus, Ohio.

Chapter 4 Figure 4.1 p. 118 Smolensky & Lamberg, 2000/Figure title "Rhythm of Life" from THE BODY CLOCK GUIDE TO BETTER HEALTH by Michael Smolensky and Lynne Lamberg. Copyright © 2000 by Michael Smolensky and Lynne Lamberg. Reprinted by arrangement with Henry Holt and Company, LLC. Figure 4.3 p. 125 Foley, Ancoli-Israel, Britz, & Walsh (2004): Iglowstein, Jenni, Molinari, & Largo (2003); Hansen, Janssen, Schiff, & Ziff (2005); Millman (2005); Mindell (1999); Ohayan, Carskadon, Guilleminault, & Vitiello (2004). Figure 4.5 p. 141 Johnston, et al. (2008)/Figure 1 from Johnston, L. D., O'Malley, P. M., Bachman, J. G., & Schulenberg, J. E. (December 11, 2008). "Various stimulant drugs show continuing gradual declines among teens in 2008, most illicit drugs hold steady." University of Michigan News Service: Ann Arbor, MI. http://www.monitoringthefuture.org. Figure 4.6 p. 142 Faryna & Morales (2000); Au & Donaldson (2000).

Chapter 5 Figure 5.3 p. 154 Data from Pavlov (1927/1960), p. 58. Figure 5.4 p. 155 Data from Pavlov (1927/1960). Table 5.1 p. 169 Wood, Wood, & Boyd/ Figure from p. 135 in MASTERING THE WORLD OF PSYCHOLOGY 1st edition by Samuel E. Wood, Ellen Green Wood, & Denise Boyd. Copyright © 2004 by Pearson Education, Inc. Reproduced by permission of Pearson Education, Inc. Review It box p. 174 Wood, Wood, & Boyd (2004)/Figure from p. 138 in MASTERING THE WORLD OF PSYCHOLOGY 1st edition by Samuel E. Wood, Ellen Green Wood, & Denise Boyd. Copyright © 2004 by Pearson Education, Inc. Reproduced by permission of

Pearson Education, Inc. Figure 5.8 p. 176 Tolman & Honzik (1930)/From "Introduction and removal of reward, and maze performance in rats" by E. C. Tolman & C. H. Honzik, (1930), *University of California Publications in Psychology, 4*, pp. 257-275. Copyright University of California. Reprinted by permission of the publisher.

Chapter 6 Figure 6.3 p. 188 Peterson & Peterson, 1959/From "Short-term Retention of Individual Verbal Items" by L. R. Peterson & M. J. Peterson (1959), *Journal of Experimental Psychology, 58*, 193-198. Figure 6.4 p. 191 Wood, Wood, & Boyd, 2008/Figure 6.3, p. 181 from MASTERING THE WORLD OF PSYCHOLOGY 3rd edition by Samuel E. Wood, Ellen Green Wood, & Denise Boyd. Copyright © 2008 by Pearson Education, Inc. Reproduced by permission of Pearson Education, Inc. Figure 6.6 p. 196 Data from Godden & Baddeley (1975). Figure 6.7 p. 204 Adapted from Maguire, et al. (2000)/From E. A. Maguire, D. G. Gadian, I. S. Johnsrude, C. D. Good, J. Ashburner, R. S. J. Frackowiak, and C. D. Frick, "Navigation-Related Structural Change in the Hippocamp of Taxi Drivers," (2000), *Proceedings of the National Academy of Sciences of the United States of America*, 97, pp. 4398-4403. Copyright © 2000 by National Academy of Sciences. Reprinted by permission. Figure 6.9 p. 208 Data from Ebbinghaus (1885/1913). Try It box p. 209 Nickerson & Adams (1979)/From p. 297 in "Long-Term Memory for a Common Object" by R. S. Nickerson & M. J. Adams, (1979), *Cognitive Psychology, 11*, pp. 287-307. Copyright © 1979. Reprinted by permission of Elsevier, Inc. Figure 6.12 p. 213 Data from Krueger (1929).

Chapter 7 Try It box p. 228 Fixx, 1978/From SOLVE IT! A Perplexing Profusion of Puzzles by James F. Fixx. Copyright © 1978 by James F. Fixx. Used by permission of Doubleday, a division of Random House, Inc. Figure 7.1 p. 233 Hakuta, et al. (2003)/Figures 2 & 3, p. 37, "English Proficiency in Chinese- and Spanish-Speaking Immigrants to the United States" from Hakuta, Bialystock, & Wiley (2003), "Critical Evidence: A Test of the Critical–Period Hypothesis for Second-Language Acquisition", *Psychological Science, 14*, pp. 31-38. Copyright © 2003. Reprinted by permission of Wiley-Blackwell. Figure 7.2 p. 235 Premack (1971)/Adaptation of Figure 1, p. 809, "Sarah's Symbols" from "Language in Chimpanzee?" by D. Premack, *Science*, 172, May 1, 1971. Copyright © 1979 by AAAS. Reprinted by permission of Copyright Clearance Center on behalf of the publisher. Figure 7.5 p. 243 Adapted from the Raven Standard Progressive Matrices Test. Figure 7.7 p. 249 Campbell & Ramey (1994)/Figure 1, p. 690 from "Effects of Achievement: A Follow-Up Study of Children from Low-Income Families" by F. Campbell & C. Ramey (1994), *Child Development*, 65, pp. 684-698. Copyright © 1994. Reprinted by permission of Society for Research in Child Development. Figure 7.8 p. 255 Adapted from Carlsson, et al. (2000)/From "On the Neurobiology of Creativity: Differences in Frontal Activity between High and Low Creative Subjects" by I. Carlsson, P. E. Wendt, & J. Risberg, (2000), *Neuropsychologia, 38*, pp. 873-885. Copyright © 2000. Reprinted by permission of Elsevier.

Chapter 8 Figure 8.2 p. 266 Bee & Boyd (2010)/Figure, p. 42 from THE DEVELOPING CHILD 12th edition by H. Bee & D. Boyd. Copyright © 2010 by Allyn & Bacon. Reprinted by permission of Pearson Education, Inc. Figure 8.4 p. 270 Frankenburg, et al. (1992)/From DENVER II TRAINING MANUAL. Denver: Denver Developmental Materials, 1992. Figure 8.6 p. 273 Based on Thomas & Chess (1970). Figure 8.8 p. 281 Bee & Boyd (2010)/Figure from THE DEVELOPING CHILD 12th edition by H. Bee & D. Boyd. Copyright © 2010 by Allyn & Bacon. Reprinted by permission of Pearson Education, Inc.

Chapter 9 Figure 9.1 p. 308 CDC (2006d). Figure 9.2 p. 310 Colby, et al. (1983)./Figure 1, p. 46 in "A Longitudinal Study of Moral Judgment" by A. Colby, L. Kohlberg, J. Gibbs & M. Lieberman,

(1983), *Monographs of the Society for Research in Child Development*, 48 (1-2, Serial No. 200). Copyright © 1983. Reprinted by permission of the Society for Research in Child Development. Figure 9.3 p. 317 Based on Schaie (2005). Figure 9.4 p. 318 National Center for Education Statistics/National Center for Education Statistics (2005). Figure 9.5 p. 319 NCES (2004); NEA (2004); Education Trust (2004). Figure 9.6 p. 320 Data from U.S. Census Bureau (2006). Figure 9.7 p. 328 He et al. (2005).

Chapter 10 Figure 10.3 p. 344 Maslow (1987)/From MOTIVATION AND PERSONALITY 3rd edition by A. H. Maslow, ed. by R. D. Frager & J. Fadiman. Copyright © 1987. Reprinted by permission of Pearson Education, Inc., Upper Saddle River, NJ. Figure 10.4 p. 347 National Center for Health Statistics (2008). Figure 10.6 p. 355 Damasio et al. (2000)./Figure 3, p. 1051 from "Subcortical and Cortical Brain Activity during the Feeling of Self-Generated Emotions" by A. R. Damasio, T. J. Grabowski, A. Bechara, H. Damasio, L. L. B. Ponto, J. Parvizi, and R. D. Hichwa, (October 2000), *Nature Neuroscience*, 3(10), pp. 1049-1056. Copyright © 2000. Reprinted by permission of Copyright Clearance Center on behalf of the publisher. Figure 10.7 p. 365 Based on Sternberg (1986b).

Chapter 11 Figure 11.1 p. 372 Welch/Figure 5.1, p. 146, "Sexual Development" in FAMILY LIFE NOW: A Conversation about Marriage, Family, and Relationships by K. J. Welch. Copyright © 2007. Reprinted by permission of Pearson Education, Inc. Try It box p. 379 Singh (1993)/Figure 2, p. 298 from "Adaptive Significance of Female Physical Attractiveness: Role of Waist-to-Hip Ratio" by D. Singh (1993), Journal of Personality & Social Psychology, 65, pp. 293-307. Copyright © 1993 by American Psychological Association. Figure 11.3 p. 383 Hyde, Fennema, & Lamon (1990)/Figure 1, p. 149 from "Gender Differences in Mathematics Performance" A Meta-Analysis" by J. S. Hyde, E. Fennerma, & S. J. Lamon (1990), *Psychological Bulletin*, 107, pp. 139-155. Copyright © 1990 by American Psychological Association. Figure 11.4 p. 384 Kimura (1992)/From "Sex Differences in the Brain" by D. Kimura, (1992), *Scientific American*, 267, pp. 118-125. Copyright © 1992. Reprinted by permission of Scientific American, Inc. Figure 11.7 p. 404 CDC (2009c).

Chapter 12 Think About It p. 410 Kanner et al. (1981)/Table from "Comparison of Two Modes of Stress Measurement: Daily Hassles and Uplifts versus Major Life Events" by A. D. Kanner, J. C. Coyne, C. Shaefer, and R. S. Lazarus, (1981), *Journal of Behavioral Medicine*, 4, pp. 1-39. Copyright © 1981 by Springer Publishing Group. Reprinted by permission of Copyright Clearance Center on behalf of the publisher. Try It box p. 412 Holmes & Masuda (1974)/From "Life Change and Illness Susceptibility" by T. H. Holmes and M. Masuda in STRESSFUL LIFE EVENTS: Their Nature and Effects ed. by B. S. Dohrenweld & B. P. Dohrenweld. Copyright © 1974. Reprinted by permission of John Wiley & Sons, Inc. Figure 12.1 p. 414 Albrecht (1979). Figure 12.2 p. 418 Selye (1956). Figure 12.3 p. 419 Based on Lilienfeld (2009). Figure 12.4 p. 420 Based on Folkman (1984). Figure 12.5 p. 422 Based on Green & Shellenberger (1990). Figure 12.6 p. 423 Lilienfeld (2009)/Figure, p. 507, from PSYCHOLOGY: From Inquiry to Understanding by S. O. Lilienfeld. Copyright © 2008. Reprinted by permission of Pearson Education, Inc. Figure 12.7 p. 425 Pinel (2007)/Figure, p. 432, from BASICS OF BIOPSYCHOLOGY by J. Pinel. Copyright © 2007. Reprinted by permission of Pearson Education, Inc. Figure 12.8 p. 434 Barnes et al. (2008).

Chapter 13 Figure 13.3 p. 452 Cattell & Schuerger (2003)/Figure 8.3, p. 271 from ESSENTIALS OF 16PF ASSESSMENT by Cattell, H., & Schuerger, J. Copyright © 2003. Reprinted by permission of John Wiley & Sons, Inc. Figure 13.4 p. 455 Adapted from Bouchard (1994).

Chapter 14 Figure 14.1 p. 477 Data from Bhugra (2005) & Kessler et al. (2005a). Figure 14.2 p. 485 Based on Weissman et al. (1996). Figure 14.3

p. 487 Data from NCHS (2001a, 2002a). Figure 14.4 p. 491 Based on Walker et al. (2004) Figure 14.5 p. 491 Based on Nicol & Gottesman (1983). Figure 14.6 p. 493 Thompson et al. (2001)/Figure 5, p. 11563 in "Mapping Adolescent Brain Change Reveals Dynamic Wave of Accelerated Gray Matter Loss in Very Early-Onset Schizophrenia" by P. M. Thompson, C. Vidal, J. N. Giedd, P. Gochman, J. Blumenthal, R. Nicolson, A. W. Toga & J. L. Rapoport, Proceedings of the National Academy of Sciences of the United States of America, (September 25, 2001), 98, pp. 11650-11655. Copyright © 2001 by National Academy of Sciences. Reprinted by permission.

Chapter 15 Table 15.1 p. 521 Beck (1995)/Derived from pp. 118-120 in COGNITIVE THERAPIES: Basics and Beyond by J. Beck. Copyright © 1995 by The Guilford Press. Reprinted by permission of Guilford Publications, Inc. Figure 15.2 p. 522 Basco (2006)/Worksheet 1.2 from THE BIPOLAR WORKBOOK: Tools for Controlling Your Mood Swings by Monica Ramirez Basco. Copyright © 2006 by The Guilford Press. Reprinted by permission of the Guilford Publications, Inc. Figure 15.3 p. 523 Data from Mandersheid & Henderson (2001).

Chapter 16 Figure 16.1 p. 545 Based on Asch (1955). Figure 16.2 p. 549 Based on Zajonc & Sales (1966). Figure 16.5 p. 556 Data from Darley & Latané (1968a).

Appendix B Figure B.1 p. B-2 Bennett, Seashore & Wesman (1990)/*Differential Aptitude Tests for Personnel and Career Assessment (DAT for PCA)*. Copyright © 1989, 1982, 1972 by NCS Pearson, Inc. Reproduced with permission. All rights reserved. Figure B.2 p. B-10 "Preferred Posture," adapted slightly and reprinted as it appears in *Computer Workstations: Design Guidelines*, updated October 19, 2006, published by SafeWork SA, Department of the Premier and Cabinet, Government of South Australia. Figure B.3 p. B-11 Community Population Survey (2009).

图书在版编目(CIP)数据

心理学的世界/(美)塞缪尔·E.伍德(Samuel E.Wood),(美)埃伦·格林·伍德(Ellen Green Wood),(美)丹妮斯·博伊德(Denise Boyd)著;陈莉译.—7版.—上海:上海社会科学院出版社,2017

(心理学核心课)

书名原文:The World of Psychology,7th Edition

ISBN 978-7-5520-2103-5

Ⅰ.①心… Ⅱ.①塞… ②埃… ③丹… ④陈… Ⅲ.①心理学-教材 Ⅳ.①B84

中国版本图书馆 CIP 数据核字(2017)第 193298 号

Authorized translation from the English language edition, entitled WORLD OF PSYCHOLOGY, THE, 7th Edition by WOOD, SAMUEL E.; WOOD, ELLEN GREEN; BOYD, DENISE, published by Pearson Education, Inc., Copyright © 2011, 2008, 2005, 2002, 1999 Pearson Education, Inc., publishing as Allyn and Bacon, 75 Arlington Street, Boston, MA 02116.
All rights reserved. No part of this book may be reproduced or transmitted in any form or by any means, electronic or mechanical, including photocopying, recording or by any information storage retrieval system, without permission from Pearson Education, Inc.
CHINESE SIMPLIFIED language edition published by SHANGHAI ACADEMY OF SOCIAL SCIENCES PRESS, Copyright © 2017.

本书封面贴有 Pearson Education 防伪标签,无标签者不得销售。
版权所有,侵权必究。侵权举报电话:010-62782989　13701121933

上海市版权局著作权合同登记号:图字 09-2017-653 号

心理学的世界(第七版)

著　者:(美)塞缪尔·E.伍德　埃伦·格林·伍德　丹妮斯·博伊德
译　者:陈　莉
责任编辑:赵秋蕙
封面设计:黄婧昉
出版发行:上海社会科学院出版社
　　　　　上海顺昌路 622 号　邮编 200025
　　　　　电话总机 021-63315900　销售热线 021-53063735
　　　　　http://www.sassp.org.cn　E-mail:sassp@sass.org.cn
照　排:南京理工出版信息技术有限公司
印　刷:上海市崇明县裕安印刷厂
开　本:787×1092 毫米　1/16 开
印　张:57.5
插　页:4
字　数:1243 千字
版　次:2018 年 1 月第 1 版　2018 年 3 月第 1 次印刷

ISBN 978-7-5520-2103-5/B·227　　　　　定价:188.00 元

版权所有　翻印必究